150 Jahre
Kohlhammer

Peter Erath, Kerstin Balkow

Soziale Arbeit

Eine Einführung

Verlag W. Kohlhammer

Dieses Werk einschließlich aller seiner Teile ist urheberrechtlich geschützt. Jede Verwendung außerhalb der engen Grenzen des Urheberrechts ist ohne Zustimmung des Verlags unzulässig und strafbar. Das gilt insbesondere für Vervielfältigungen, Übersetzungen, Mikroverfilmungen und für die Einspeicherung und Verarbeitung in elektronischen Systemen.
Die Wiedergabe von Warenbezeichnungen, Handelsnamen und sonstigen Kennzeichen in diesem Buch berechtigt nicht zu der Annahme, dass diese von jedermann frei benutzt werden dürfen. Vielmehr kann es sich auch dann um eingetragene Warenzeichen oder sonstige geschützte Kennzeichen handeln, wenn sie nicht eigens als solche gekennzeichnet sind.
Es konnten nicht alle Rechtsinhaber von Abbildungen ermittelt werden. Sollte dem Verlag gegenüber der Nachweis der Rechtsinhaberschaft geführt werden, wird das branchenübliche Honorar nachträglich gezahlt.

1. Auflage 2016

Alle Rechte vorbehalten
© W. Kohlhammer GmbH, Stuttgart
Gesamtherstellung: W. Kohlhammer GmbH, Stuttgart

Print:
ISBN 978-3-17-028727-3

E-Book-Formate:
pdf: ISBN 978-3-17-028728-0
epub: ISBN 978-3-17-028729-7
mobi: ISBN 978-3-17-028730-3

Für den Inhalt abgedruckter oder verlinkter Websites ist ausschließlich der jeweilige Betreiber verantwortlich. Die W. Kohlhammer GmbH hat keinen Einfluss auf die verknüpften Seiten und übernimmt hierfür keinerlei Haftung.

Vorwort

Wer dieses Buch zur Hand nimmt, hat sich meist schon dafür entschieden, mit dem Studium der Sozialen Arbeit zu beginnen. Wir glauben, dass der Beruf „Sozialarbeiter/in" eine gute Wahl darstellt, weil die damit verbundene Tätigkeit in einem Feld stattfindet, das aufgrund seiner historischen Entwicklung und seiner spezifischen Eigenart noch sehr wenig durch enge Vorgaben und Regulierungen, straffe Führungssysteme oder rigide Ergebnisvorgaben besetzt ist. Eine Tätigkeit im Bereich der Sozialen Arbeit eröffnet eine Vielzahl von Möglichkeiten, sich als ganze Person mit den eigenen Qualitäten einzubringen, etwa als Drogenberater/-in, als professionelle/r Begleiter/in von Menschen mit Behinderung oder psychischen Erkrankungen, als Leiter/in eines Sozialdienstes, als Qualitätsbeauftragte/r oder Sozialarbeitswissenschaftler/in etc.

Gerade weil es sich bei der Sozialen Arbeit um eine sehr komplexe Tätigkeit handelt, die nicht nur ein vielfältiges konzeptionelles und methodisches Wissen voraussetzt, sondern auch die Fähigkeit zum eigenständigen wissenschaftlichen Denken und Arbeiten, sind die gestellten Anforderungen sehr hoch. Aufgrund der Fülle der mit den verschiedenen Aufgaben verbundenen Themenstellungen und Diskurse ist unser Buch in vier Teile gegliedert: Teil I identifiziert und systematisiert unterschiedliche Problemstellungen und diskutiert vorhandene Lösungsvorschläge im Bereich der „Praxis". Teil II mit dem Untertitel „Wissenschaft" liefert das erforderliche wissenschaftliche Grundwissen, welches die (meta)theoretischen Voraussetzungen dafür bietet, um Soziale Arbeit als Ganzes beobachten und verstehen zu können. Teil III führt dann die grundlegenden Anforderungen auf, die an das „Studium" der Sozialen Arbeit gestellt werden müssen. Teil IV mit dem Titel „Profession" skizziert schließlich die Diskurse, die geführt werden müssen, um die Soziale Arbeit gegenüber ihrer Klientel und der Gesellschaft entsprechend klar zu positionieren und sich von frei-gemeinnützigen Tätigkeiten genügend profiliert abzusetzen.

Natürlich sind ein Autor und eine Autorin nicht annähernd in der Lage, neben dem üblichen Lehr- und Forschungsbetrieb ein so umfängliches Werk in einem angemessenen Zeitraum fertigzustellen. Unser besonderer Dank gilt daher insbesondere Devi Erath für die Beratung bei methodologischen Fragen, Markus Rossa für wichtige Beiträge zur Professionsentwicklung, Philipp Huslig-Haupt für die Federführung im Bereich der Literaturrecherchen, Jutta Harrer für zeitaufwändige Hilfen bei der Manuskriptgestaltung und Rosalie Müller für weitere Unterstützungsleistungen.

Für Geduld, Unterstützung und aufmunternde Worte sei unseren beiden Ehepartnern Beatrix Erath und Gunnar Balkow unendlich gedankt!

Peter Erath und Kerstin Balkow

Inhaltsverzeichnis

Vorwort 5

Einführung 13

Teil I Soziale Arbeit als Praxis

1 Aufgaben, Ziele und Strategien der Sozialen Arbeit 21
- 1.1 Soziale Arbeit als historisch vermittelte Praxis des Helfens .. 22
- 1.2 Strategien der Sozialen Arbeit 25
- 1.3 Funktionen der Sozialen Arbeit 28
- 1.4 Zur Realisierung der drei Strategien der Sozialen Arbeit 34

2 Arbeitsfelder, Zielgruppen und Methoden der Sozialen Arbeit 37
- 2.1 Kinder- und Jugendhilfe 37
- 2.2 Erziehungs- und Familienhilfe 40
- 2.3 Erwachsenenbildung 42
- 2.4 Altenhilfe 44
- 2.5 Gefährdetenhilfe/Resozialisierung 46
- 2.6 Gesundheit/Rehabilitation 48
- 2.7 Armut und Ausgrenzung 51
- 2.8 Interkulturelle/Internationale Soziale Arbeit 53
- 2.9 Sozialraumorientierte Soziale Arbeit 55
- 2.10 Sozialwirtschaft 57

3 Personales und fachliches Handeln in der Sozialen Arbeit 60
- 3.1 Soziale Arbeit als personale Praxis: Persönlichkeit und Kompetenzprofil 61
- 3.2 Soziale Arbeit als fachliche Praxis: Arbeitshilfen und Handlungskonzepte 64
- 3.3 Soziale Arbeit als personal verantwortete und fachlich begründete Praxis 84

4 Voraussetzungen und Rahmenbedingungen der Sozialen Arbeit ... 87
- 4.1 Soziale Arbeit im Welfare Mix 88
- 4.2 Soziale Arbeit als Praxis des „Förderns und Forderns" im aktivierenden Sozialstaat 92
- 4.3 Soziale Arbeit als administrative Praxis im Neuen Steuerungsmodell 94
- 4.4 Soziale Arbeit als verbandliche Praxis im Wohlfahrtspluralismus 97
- 4.5 Soziale Arbeit als organisationale Praxis: Qualitätsmanagement 101

    4.6   Praxis zwischen Ideal-Selbst und konkreten Arbeits-
           bedingungen 110

5 Soziale Arbeit als mündige Praxis 113
    5.1   Soziale Arbeit als reflektierte Praxis 113
    5.2   Soziale Arbeit als reflexive Praxis 117
    5.3   Soziale Arbeit als diversitäre Praxis 125
    5.4   Soziale Arbeit als interprofessionelle Praxis 128

6 Soziale Arbeit als zukunftsfähige Praxis 132

Teil II Soziale Arbeit als Wissenschaft

7 Soziale Arbeit und Wissenschaft 139
    7.1   Warum braucht Soziale Arbeit Wissenschaft? 139
    7.2   Was ist Wissenschaft? 141
    7.3   Ist die Soziale Arbeit bereits wissenschaftsfähig? 145
    7.4   Zusammenfassung und Bewertung 151

8 Gegenstand der Sozialarbeitswissenschaft und Typus 153
    8.1   Terminologische Klärungen 153
    8.2   Soziale Arbeit als transdisziplinäre Wissenschaft 159
    8.3   Soziale Arbeit als disziplinäre Einheit 161
    8.4   Interdisziplinarität der Sozialarbeitswissenschaft 164
    8.5   Zusammenfassung und Bewertung 168

9 Das Programm der Wissenschaft der Sozialen Arbeit 170
    9.1   Theoriebildung: Entwicklung konkurrierender Theorien
           und Modelle 171
    9.2   Forschung: Empirische Überprüfung von Theorien 173
    9.3   Konsistenzprüfung: Sicherung des Wissensbestands
           der Disziplin 175
    9.4   Wissenstransfer: Entwicklung von Empfehlungen
           zur Gestaltung der Praxis 177
    9.5   Anschlussfähigkeit: Wissenschaftlicher Austausch
           und konsistente Lehre 179
    9.6   Zusammenfassung und Bewertung 181

10 Hermeneutische Sozialarbeitswissenschaft 182
    10.1 Das Paradigma: Helfen als Verstehen und Begleiten 182
    10.2 Hermeneutische Theorien der Sozialen Arbeit 184
    10.3 Modelle der hermeneutischen Sozialen Arbeit 197
    10.4 Hermeneutische Methoden und Techniken 204
    10.5 Zusammenfassung und Bewertung 214

11	**Normative Sozialarbeitswissenschaft** 217
	11.1 Das Paradigma: Helfen als Normieren und Aufbauen 217
	11.2 Normative Theorien der Sozialen Arbeit 218
	11.3 Normative Modelle der Sozialen Arbeit 234
	11.4 Normative Methoden und Techniken 242
	11.5 Zusammenfassung und Bewertung 247
12	**Empirische Sozialarbeitswissenschaft** 249
	12.1 Das Paradigma: Helfen als Diagnostizieren und Intervenieren 249
	12.2 Empirische Theorien der Sozialen Arbeit 251
	12.3 Modelle der empirischen Sozialarbeitswissenschaft 262
	12.4 Empirische Methoden und Techniken 271
	12.5 Zusammenfassung und Bewertung 274
13	**Kritische Sozialarbeitswissenschaft** 277
	13.1 Das Paradigma: Helfen als Kritisieren und Emanzipieren ... 277
	13.2 Kritische Theorien der Sozialen Arbeit 279
	13.3 Modelle der Kritischen Sozialen Arbeit.................... 290
	13.4 Kritische Methoden und Techniken 301
	13.5 Zusammenfassung und Bewertung 306
14	**Systemisch-konstruktivistische Sozialarbeitswissenschaft** 309
	14.1 Das Paradigma: Helfen als Irritieren und Konstruieren 309
	14.2 Systemisch-konstruktivistische Theorien der Sozialen Arbeit 312
	14.3 Systemisch-konstruktivistische Modelle 324
	14.4 Systemisch-konstruktivistische Methoden und Techniken ... 329
	14.5 Zusammenfassung und Bewertung 332
15	**Sozial-ökologische Sozialarbeitswissenschaft** 334
	15.1 Paradigma: Helfen als Bilanzieren und Befähigen 334
	15.2 Theorien der sozialökologischen Sozialen Arbeit 335
	15.3 Modelle der sozialökologischen Sozialen Arbeit 346
	15.4 Sozial-ökologische Methoden und Techniken............... 357
	15.5 Zusammenfassung und Bewertung 364
16	**Forschung in der Sozialen Arbeit** 367
	16.1 Entwicklung und Stand der Sozialarbeitsforschung 368
	16.2 Empirisch-quantitative Sozialarbeitsforschung.............. 372
	16.3 Empirisch-qualitative Sozialarbeitsforschung 380
	16.4 Theoretische Sozialarbeitsforschung 383
	16.5 Praxisforschung... 390

Teil III Studium

17 Der Studiengang Soziale Arbeit 403
  17.1 Die Akademisierung der Sozialen Arbeit 403
  17.2 Die Bologna-Reform 404
  17.3 Die neuen Studienabschlüsse 405
  17.4 Wichtige Aspekte bei der Studienwahl 413

18 Lehr- und Beteiligungsformen an Hochschulen 416
  18.1 Akademisches Lehren und Lernen 416
  18.2 Praktisches Lehren und Lernen 420

19 Selbststudium, wissenschaftliches Arbeiten, studentische Forschung 425
  19.1 Regeln des wissenschaftliches Arbeitens und Forschens 425
  19.2 Anleitung zu selbstständigem wissenschaftlichen Arbeiten .. 428
  19.3 Hinweise für die Durchführung empirischer Arbeiten 433
  19.4 Einige Tipps für angehende Sozialarbeitswissenschaftler/innen 436

20 Soziale Arbeit als akademische Tätigkeit 438

Teil IV Soziale Arbeit als Profession

21 Vom Beruf zur Profession 447
  21.1 Stadien der Verberuflichung der Sozialen Arbeit 448
  21.2 Versuche zur professionstheoretischen Bestimmung Sozialer Arbeit 452
  21.3 Soziale Arbeit als „postmoderne" Profession 463
  21.4 Professionalisierung durch Akademisierung und Selbstorganisation 465

22 Soziale Arbeit als berufliche Tätigkeit – Positionen und Aufgaben 470
  22.1 Schwierigkeiten bei der Personalentwicklung und Karriereplanung 471
  22.2 Positionen, Aufgaben und Fallbeispiele 475
  22.3 Personalentwicklung als Zukunftsaufgabe 485

23 Die Profession und ihre Klientel 488
  23.1 Soziale Arbeit als schützende Profession: der Klient/die Klientin 489
  23.2 Soziale Arbeit als ausführende Profession: der Proband/die Probandin 492
  23.3 Soziale Arbeit als gestaltende Profession: der Adressat/die Adressatin 493

	23.4	Soziale Arbeit als Dienstleistung: der Nutzer/die Nutzerin ...	497
	23.5	Soziale Arbeit als Geschäft: der Kunde/die Kundin	499
	23.6	Soziale Arbeit als rechtliche Praxis: der/die Leistungsberechtigte	502
	23.7	Soziale Arbeit als politische Praxis: der Bürger/die Bürgerin	503
	23.8	Soziale Arbeit als verständigungsorientiertes Handeln	505
24	**Profession und frei-gemeinnützige Tätigkeit**		**507**
	24.1	Vom Ehrenamt zur frei-gemeinnützigen Tätigkeit	508
	24.2	Die (zunehmend) freiwillige Gesellschaft – Zur Datenlage ...	511
	24.3	Frei-gemeinnützige Tätigkeit im Spannungsfeld unterschiedlicher Interessen	512
	24.4	Funktionen frei-gemeinnütziger Tätigkeiten	516
	24.5	Soziale Arbeit und Freiwilligen(mit)arbeit	518
	24.6	Freiwilligenmanagement	521
25	**Profession und Öffentlichkeit**		**526**
	25.1	Selbst- und Fremdbild der Profession	527
	25.2	Grundprobleme der öffentlichen Darstellung	528
	25.3	Soziale Arbeit und Öffentlichkeitsarbeit (Public Relations) ..	535
	25.4	Die Herausforderung an die Profession: Arbeiten am komplexen Bild	538
26	**Soziale Arbeit als etablierte und anschlussfähige Profession**		**540**
Literaturverzeichnis			**550**
Abbildungsverzeichnis			**585**

Einführung

Ausgangspunkt

Die hier vorgelegte Einführung in die Soziale Arbeit will die Leser/innen[1] dabei unterstützen, sich einen Überblick über den Stand der Diskussion in allen wichtigen Bereichen der Sozialen Arbeit zu verschaffen. Ausgangsprämisse ist, dass die gegenwärtige und möglicherweise auch zukünftige Gesellschaft nur dann noch dazu bereit ist, eine über Steuergeld finanzierte Praxis der psychosozialen Hilfen aufrechtzuerhalten, wenn die Soziale Arbeit sich ihrerseits dazu verpflichtet, sich kontinuierlich zu verbessern. Geschehen kann dies jedoch nur, wenn die dafür Verantwortlichen bereit sind, Soziale Arbeit vierfach zu unterscheiden, nämlich als

1. *Praxis*, welche autonom agiert und sich zunächst pragmatisch etabliert;
2. *Wissenschaft*, die dabei hilft, gängige Programme durch Theoriebildung und Forschung zu reflektieren und zu legitimieren;
3. *Studium*, welches allein auf Dauer den Zugang zur entsprechenden Tätigkeit eröffnet sowie
4. *Profession*, die erst die Voraussetzung dafür bietet, dass fachliche und ethische Standards entwickelt und flächendeckend umgesetzt werden können (siehe Abb. 1).

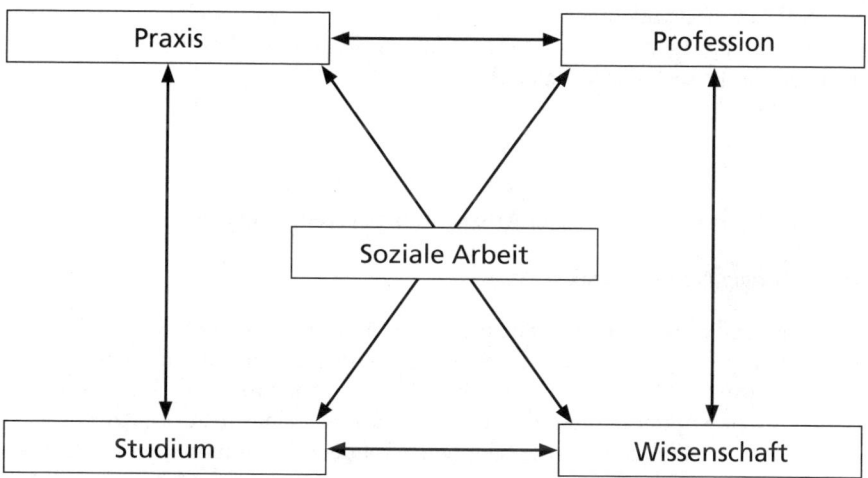

Abb. 1: Soziale Arbeit als Praxis, Profession, Wissenschaft und Studium

---

1 Der/die Verfasser/in haben sich in diesem Buch um eine genderneutrale Schreibweise bemüht. Ebenso wichtig war ihnen jedoch auch eine klare und verständliche Sprache. Insofern bitten wir für die dadurch manchmal notwendigen Kompromisse um Verständnis.

Zielsetzung des Buches

Die hier vorliegende Darstellung will den Leser/innen einen Überblick über die verschiedenen Fachdebatten geben und zugleich einen Beitrag zur weiteren Entwicklung der Sozialarbeitswissenschaft leisten. Dazu gilt es,

1. Soziale Arbeit als unverzichtbare, komplexe und zukunftsfähige Praxis einer modernen bzw. postmodernen Gesellschaft zu kennzeichnen und zu begründen;
2. Soziale Arbeit als eine Wissenschaft zu konstituieren, die in der Lage ist, vorhandene Paradigmen, Theorien und Modelle systematisch einzuordnen, auf ihre Relevanz zu befragen und die Ergebnisse der Sozialarbeitsforschung umfassend darzulegen und methodenkritisch zu diskutieren;
3. die seitens der Studierenden erforderlichen Bedingungen für den Einstieg in das Studium der Sozialen Arbeit sowie die Möglichkeiten einer wissenschaftlichen Weiterqualifizierung zu benennen und zu charakterisieren;
4. die in der derzeitigen Diskussion herausragenden professionstheoretischen Fragen zu identifizieren und die dahinter liegenden Argumentationsmuster zu befragen, zu durchdenken und zu diskutieren.

Gerade für Studierende und Praktiker/innen der Sozialen Arbeit ist die Kenntnis der verschiedenen Argumentationen und Positionen vor allem deshalb von großem Nutzen, weil sie damit sowohl einen Einblick und Vorausblick in die mit der beruflichen Tätigkeit zusammenhängenden fachlichen Debatten erhalten als auch eine Einführung in den Diskussionsstand ihrer professionellen „Community". Sich darin auszukennen und kompetent zu bewegen, ist eine Grundvoraussetzung für die bewusste und kompetente Aufnahme und Durchführung einer Tätigkeit im Bereich der Sozialen Arbeit!

Aufbau des Buches

Diese Einführung in die Soziale Arbeit ist in vier Teile gegliedert:

Teil I Soziale Arbeit als Praxis

Im ersten Teil erfolgt eine Einführung in den Bereich „Soziale Arbeit als Praxis". Dabei geht es zunächst darum zu zeigen, dass sich Soziale Arbeit zuallererst als Praxis konstituiert und etabliert hat. Die Ziele und Aufgaben der Sozialen Arbeit, die im ersten Kapitel dargestellt werden, sind Folge einer historischen Entwicklung, die dazu geführt hat, dass heute insbesondere drei Intentionen mit der Sozialen Arbeit verbunden werden: Intervention, Prävention, Gesellschaftskritik (Kap. 1). Wie bedeutend der Beitrag der Sozialen Arbeit in modernen Gesellschaften geworden ist, soll im zweiten Kapitel dargelegt werden. Denn in den letzten 30 Jahren hat sich eine kontinuierliche Ausweitung ihrer Arbeitsfelder und Zielgruppen vollzogen, sodass man sagen kann: Soziale Arbeit ist in allen sozialen Bereichen der Gesellschaft zu einer unverzichtbaren Mitspielerin geworden (Kap. 2). Welche Voraussetzungen Sozialarbeiter/innen mitbringen müssen, um im Rahmen dieser ständig steigenden Anforderungen fachlich fundiert und personal verantwortlich handeln zu können, wird im dritten Kapitel beschrieben. Zentrale Kompetenzen, wie z. B. die Selbst-, Sozial- und Methodenkompetenz werden beschrieben und wichtige Konzepte für fachliches und methodisches Handeln als Grundlage für gute Praxis vorgestellt (Kap. 3). Über die Voraussetzungen und Bedingungen sozialarbeiterischen Handelns informiert das vierte Kapitel. Denn Soziale Arbeit ist eingebunden in rechtliche, wohlfahrtsstaatliche, ökonomische etc. Bedingungen, die es zur Kenntnis zu nehmen und im Rahmen von Qualitätsmanagementsystemen im Sinne der Ziele und Aufgaben der Sozialen Arbeit umzusetzen gilt (Kap. 4). Natürlich kann die Soziale Arbeit ihre komplexen Aufgaben nicht einfach erledigen und abhaken. Die jeweiligen Zielsetzungen müssen aufgrund der konkreten Umstände häufig verändert und eingeschlagene Wege umgelenkt werden. Sozialarbeiter/innen kommen also nicht ohne eine ständige Reflexion ihrer Praxis aus. Dies schließt auch die Notwendigkeit der Zusammenarbeit mit anderen Professionen ein (Kap. 5).

Zusammenfassend kann also im letzten Kapitel dieses Teils formuliert werden: Gute Praxis kann dann entstehen, wenn sich die Soziale Arbeit ihrer Stärken als Praxis bewusst ist. Sie muss ihren historischen Wurzeln treu bleiben und zunächst vor allem pragmatisch und konkret vor Ort handeln. Dieses Handeln muss aber eng an den Interessen der Klienten und Klientinnen orientiert bleiben und daher im Dialog mit dem Ziel erfolgen, diese dabei zu unterstützen, zu autonomen und verantwortungsbewussten Subjekten ihres eigenen Lebens zu werden (Kap. 6).

Teil II   Soziale Arbeit als Wissenschaft

Im zweiten Teil erfolgt eine Einführung in den Bereich der „Wissenschaft der Sozialen Arbeit". Dabei geht es zunächst darum zu zeigen, dass Soziale Arbeit sich nicht nur als Praxis oder Profession verstehen darf, sondern sich auch ganz explizit als Wissenschaft konstituieren muss. Denn die Anschlussfähigkeit an das Wissenschaftssystem erlaubt der Sozialen Arbeit, ihre eigene Reflexionsfähigkeit zu vertiefen und damit ihre gesellschaftliche Anerkennung zu steigern (Kap. 7). Das daran anschließende Kapitel befasst sich mit der Überlegung, wie die Sozialarbeitswissenschaft im Gefüge der bereits existierenden Wissenschaften zu denken ist und inwiefern sie sowohl als disziplinäre Einheit wie auch als interdisziplinäre Wissenschaft entworfen werden kann (Kap. 8). Ein nächstes Kapitel setzt sich dann mit der Frage auseinander, in welche Richtung sich die Sozialarbeitswissenschaft programmatisch entwickeln muss, um Anschluss an die allgemeine Wissenschaftsentwicklung zu gewinnen und welche Fragestellungen es zu beantworten gilt: Theoriebildung, Forschung, Konsistenzprüfung, Wissenstransfer, Lehre (Kap. 9). In den sich daran anschließenden Kapiteln 10 bis 15 werden die verschiedenen erkenntnistheoretischen Zugänge vorgestellt: die hermeneutische Theorie, welche die Soziale Arbeit als eine Synthese von Verstehens- und psychosozialen Unterstützungsleistungen konstruiert (Kap. 10), die normative Theorie, die der Sozialen Arbeit den Auftrag der Normensetzung und Wertevermittlung erteilt (Kap. 11), die empirische Theorie, die Soziale Arbeit am Ideal der technisch optimalen Intervention ausrichtet (Kap. 12), die kritische Theorie, die der Sozialen Arbeit die Aufgabe der Veränderung gesellschaftlicher Verhältnisse zuweist (Kap. 13), die systemisch-konstruktivistische Theorie, die von der Unmöglichkeit von Interventionen ausgeht (Kap. 14) und die sozialökologische Theorie, die Soziale Arbeit als Vermittlungsarbeit zwischen Subjekt und dessen Umwelt begreift (Kap. 15). Alle sechs Theoriestränge werden zunächst bezüglich ihrer Kernaussagen kurz charakterisiert, daran schließen sich dann jeweils die Darstellung wichtiger zeitgenössischer Theorien, Modelle sowie exemplarisch ausgewählter Methoden und Techniken an. Das diesen Teil abschließende Kapitel bietet schließlich einen Überblick über den Stand der Sozialarbeitsforschung. Unterschiedliche Forschungstypen werden präsentiert und anhand von Beispielen kurz veranschaulicht und diskutiert (Kap. 16).

Teil III Soziale Arbeit als Studium

Im dritten Teil erfolgt eine Auseinandersetzung mit den Fragestellungen rund um das Thema: „Studium der Sozialen Arbeit". Dazu erfolgt zunächst eine Einführung in die Besonderheiten des Studiengangs sowie in die modular aufgebaute Studienstruktur. Diese muss vor dem Hintergrund der Vorgaben der Bologna-Erklärung, die im Jahr 1999 von 29 europäischen Bildungsministern und Bildungsministerinnen unterschrieben worden ist, interpretiert und verstanden werden (Kap. 17). Es folgt dann eine Einführung in die Traditionen und Gepflogenheiten akademischen Lehrens und Lernens sowie in die Verfahren zur Steuerung und Umsetzung der praktischen Studienanteile. Daraus resultieren wichtige Tipps für Studierende zur Gestaltung des Praktikums (Kap. 18). Das anschließende Kapitel führt dann in die Regeln des wissenschaftlichen Arbeitens und Forschens ein, gibt Anleitungen zum selbstständigen wissenschaftlichen Arbeiten und erläutert und konkretisiert Grundsätze bei der Entwicklung von Forschungsdesigns sowie von Master- und Promotionsarbeiten (Kap. 19). Im abschließenden Kapitel wird noch einmal thesenartig zusammengefasst, was von zukünftigen Sozialarbeitern und Sozialarbeiterinnen erwartet wird und warum heute ein Studium und die ständige Weiterbildung zu unverzichtbaren Voraussetzungen dieser Tätigkeit geworden sind (Kap. 20).

Teil IV Soziale Arbeit als Profession

Im vierten Teil findet eine intensive Auseinandersetzung mit dem Themenbereich „Soziale Arbeit als Profession" statt. Dazu erfolgt zunächst eine kurze historische Einführung in die verschiedenen Stadien der Verberuflichung der Sozialen Arbeit, in ausgewählte Professionstheorien und deren Grundproblematik. Schließlich werden noch einige Bedingungen formuliert, die Voraussetzung dafür sind, dass die Soziale Arbeit als anerkannte Profession gelten kann (Kap. 21). Daran anschließend werden Fragen der Berufseinmündung und Karriereentwicklung behandelt. Dabei werden anhand von Fallgeschichten mögliche berufliche Positionen im Bereich der Sozialen Arbeit aufgezeigt und die Frage diskutiert, was in den Organisationen geschehen muss, um auch noch zukünftig genügend Interessentinnen und Interessenten für dieses Berufsfeld gewinnen zu können

(Kap. 22). Dass die Soziale Arbeit sehr unterschiedliche Begriffe für die Benennung der Personen, mit denen sie es zu tun hat, verwendet und welche Konsequenzen dies jeweils für die praktische Arbeit hat, wird im folgenden Kapitel dargestellt. Die teilweise häufig unbedachte Verwendung von Begriffen wie Klient/in, Adressat/in, Proband/in, Nutzer/in, Kunde/Kundin, Leistungsberechtigte/r etc. lässt darauf schließen, dass die Organisationen aufgerufen sind, hier Entscheidungen bei der Verhältnisbestimmung zu treffen, die für alle bindend sind und Orientierung geben (Kap. 23). Danach wird der Zusammenhang zwischen Ehrenamt und Profession im Bereich der Sozialen Arbeit thematisiert. Dabei geht es vor allem darum zu zeigen, dass die Soziale Arbeit die vielfältigen Veränderungen im Bewusstsein, im Bereich der Motivation, der Erwartungen etc. von „frei-gemeinnützig Tätigen" zur Kenntnis nimmt und Strategien entwickelt, um das gegenseitige Verhältnis zum Vorteil aller Klienten und Klientinnen zu gestalten (Kap. 24). Ähnliches gilt für das Verhältnis zur Öffentlichkeit: Hier gilt es sich darüber im Klaren zu werden, welches Bild Soziale Arbeit nach außen vermitteln möchte und welche Strategien dazu beitragen können, sie angemessen zu repräsentieren. Momentan zumindest bietet die Soziale Arbeit ein eher uneinheitliches Bild, das zu Nachteilen in der öffentlichen Wahrnehmung und Bewertung führen muss (Kap. 25). Abschließend stellt sich dann noch einmal die Frage, was geschehen kann, um die Soziale Arbeit als Profession zu etablieren. Eine Grundvoraussetzung dafür ist die notwendige Anerkennung durch andere Personen und Teilsysteme der Gesellschaft. Diese wird möglich, wenn es der Sozialen Arbeit stärker als bislang gelingt, ihre Anschlussfähigkeit unter Beweis zu stellen: an die konkrete Aufgabe, an methodische Entwicklungen, an organisationale Bedingungen, an Wissenschaft, an andere Professionen sowie an berufsständisch-gewerkschaftliche und internationale Entwicklungen (Kap. 26).

TEIL I SOZIALE ARBEIT ALS PRAXIS

1 AUFGABEN, ZIELE UND STRATEGIEN DER SOZIALEN ARBEIT

Fragt man die Bürger/innen nach den Tätigkeiten von Sozialarbeiter/innen, so erhält man in der Regel eher vage Antworten. Fragt man sie aber nach deren Bedeutung, dann können sich die meisten eine Gesellschaft ohne diese nicht vorstellen. Nicht immer wird dies so spektakulär ausgedrückt, wie im folgenden Zitat:

> „Wer Sozialarbeiter wird, der ist, denke ich mir, ein Mensch, der anderen helfen will, der seinen Teil zu einer besseren Welt beitragen will. Sozialarbeiter sehen nur Elend, werden die halbe Zeit beschimpft und bedroht – nicht selten von denen, denen sie helfen wollen – und sind schlecht bezahlt. Darüber hinaus ist, was sie machen, ja sowieso verkehrt. Wer, der noch alle Tassen im Schrank hat, will Sozialarbeiter werden? Glücklicherweise gibt es immer noch Idealisten, die das wollen, denn gebraucht werden sie ja schon, diese Fußmatten der Gesellschaft."
> (http://britblog.blog.de/2010/01/24/sozialarbeiter-tun-leid-7863612/)

Damit zeigt sich, dass der Sozialen Arbeit offensichtlich ein unverzichtbarer Stellenwert in dieser Gesellschaft zukommt, nicht aber unbedingt allen klar ist, worin deren spezifische Aufgabe besteht. Dabei ist die Frage doch so einfach zu beantworten. Man muss sich dazu nur mit vier eng miteinander verbundenen Fragen auseinandersetzen, die wie folgt lauten:

1. Wer hat die Soziale Arbeit begründet?
2. Wie ist sie entstanden und was hat sie schließlich so bedeutsam werden lassen?
3. Was macht ihre aktuelle historische Gestalt aus?
4. Inwiefern lassen sich grundlegende Strukturen erkennen?

Diese und andere grundsätzliche Fragen sollen in diesem Kapitel behandelt werden. Dazu wird in einem ersten Unterkapitel dargestellt, wie Soziale Arbeit entstanden ist, wie sie sich historisch entwickelt hat und welche Aufgaben sie sich heute stellt (Kap. 1.1). Daran anschließend werden vor dem Hintergrund historischer Vergleiche die grundlegenden Strategien dargestellt und systematisiert, denen sich die Soziale Arbeit verpflichtet sieht. Es handelt sich dabei um drei unabhängige und miteinander zusammenhängenden Aspekte: den der Intervention, der Prävention und den der Gesellschaftskritik (Kap. 1.2). Ob sich die Soziale Arbeit darauf beschränken kann, ihre systemeigenen Strategien umzusetzen oder ob ihr nicht noch weitere oder ganz andere gesellschaftliche Funktionen zukommen müssen, wird im darauffolgenden Teilkapitel diskutiert. Hier ergeben sich unterschiedliche Perspektiven aus soziologischer, politikwissenschaftlicher und ethischer Sicht. Die Soziale Arbeit muss sich bewusst sein, dass von diesen Theorien nicht nur wichtige Hinweise kommen, sondern auch die Gefahr der „Instrumentalisierung" ausgeht, die dazu führen könnte, dass sie ihren eigentlichen Auftrag verfehlt (Kap. 1.3). Abschließend wird dann anhand eines praktischen Beispiels, der Arbeit in einem Frauenhaus, zu verdeutlichen versucht, wie die professionseigenen Strategien konkret umgesetzt werden können. Die Organisationen der Sozialen Arbeit müssen dazu innerbetriebliche Strukturen schaffen, die es ihnen erlauben, sowohl konzeptionell (ganzheitlich) zu denken als auch arbeitsteilig und differenziert (im Sinne der drei Strategien) zu handeln (Kap. 1.4).

1.1 Soziale Arbeit als historisch vermittelte Praxis des Helfens

Um die Frage zu beantworten, wer die Soziale Arbeit erstmalig entwickelt und begründet hat, ist es nicht nötig, mit den alten Griechen oder frühen Christen etc. zu beginnen, wie dies in vielen Einleitungen geschieht (siehe z. B. Engelke et al. 2014). Denn dazu bietet uns das hermeneutische Denken eine überraschend einfache Antwort. Nach Wilhelm Dilthey, einem der Begründer dieser Denkrichtung, ist es „das Leben selbst", das soziale und kulturelle Bewegungen auslöst und etabliert, denn „jede Lebensäußerung hat eine Bedeutung, sofern sie als ein Zeichen etwas ausdrückt, als ein Ausdruck auf etwas hinweist, das dem Leben angehört" (Dilthey 1979, S. 234). Einfacher formuliert: Wenn der Mensch, wenn das Leben die Soziale Arbeit nicht bräuchte, dann gäbe es sie auch nicht bereits schon so lange. Da es sie aber offensichtlich gibt, lässt sich ihr tieferer Sinn rückblickend erschließen: Soziale Arbeit ist eine historische Weiterentwicklung einfacher und natürlicher Formen des menschlichen Helfens, des gebenden Miteinanders etc. und somit eine „kulturelle Objektivation", die es zu erschließen, zu verstehen und zeitgemäß zu interpretieren gilt.

Betrachtet man die Geschichte und die jeweilige Bedeutung der Sozialen Arbeit bzw. ihrer Vorläufer/innen aus dieser Perspektive, so lassen sich bis zum heutigen Tag mindestens sechs Entwicklungsstadien erkennen (Marburger 1981, S. 46 ff.):

(1) Noch im Mittelalter (6. bis 15. Jahrhundert) waren die Armen ein notwendiger Stand im Gefüge der damaligen, auf das Jenseits gerichteten sozialen Ordnung. Die Existenz dieses „Bettelstands" ermöglichte es den Gläubigen (und das waren damals alle Menschen), gottgefällig zu leben. Denn das Almosengeben war „neben Beten und Fasten eine Möglichkeit der ‚satisfactio', der Genugtuung für begangene Sünden, sowie eine religiöse Pflicht eines jeden Christen" (ebd., S. 48). Die Armen erhielten ihre besondere Bedeutung somit als Empfänger/innen der Almosen, die den Geber/innen dabei helfen konnten, dem göttlichen Jenseits näherzukommen.

(2) Erst zu Beginn der Neuzeit, also etwa seit dem 16. Jahrhundert, entwickelten nicht nur die allmählich sich konstituierende Handwerkerschaft, sondern auch z. B. die Vertreter/innen des Pietismus und des Calvinismus eine kritische Einstellung gegenüber dem Bettelwesen. Bettler/innen baten ihrer Ansicht nach nicht aus echter Bedürftigkeit um ein Almosen, sondern aus fehlendem Arbeitswillen oder schlicht aus Faulheit.

"Aus der gottgewollten und gottgefälligen Armut wurde (...) ein negativ zu sanktionierendes, individuelles Versagen, wodurch der einzelne jetzt (...) aufgrund der ihm unterstellten Arbeitsscheuigkeit vor Gott und der Welt schuldig wird." (Nowicki, in: Marburger 1981, S. 49)

Ziel der Armenpflege oder Armenfürsorge war von nun an die Beseitigung des Bettels durch Arbeit in Werk- und Zuchthäusern. Gleichzeitig sollten die Kinder der Armen in Waisenhäusern und Schulen zur Arbeit erzogen und damit früh auf ihren Stand als arbeitende Arme vorbereitet werden.

(3) Nachdem der Staat sich im Rahmen der Industrialisierung des 19. Jahrhunderts zunehmend aus der Armenfürsorge zurückgezogen hatte, entstanden freie gesellschaftliche Hilfsorganisationen, die nach Unabhängigkeit vom Staat strebten, „da sie, getragen von der ‚christlichen Barmherzigkeit', den Strafcharakter öffentlicher Fürsorge aufheben und durch Erziehungsbemühungen ersetzen wollten" (Vahsen 1975, in: ebd., S. 54). Erst als mit der zunehmenden Proletarisierung dieser Bevölkerungsgruppen bestimmte soziale Phänomene wie z. B. Verwahrlosung, Kriminalität und frühe Invalidität unter den Kindern und Jugendlichen bedeutsamer wurden, griff der Staat – mit dem Mittel der Fürsorgeerziehung – stärker ein. Die Armen waren jetzt zu einem Problem der öffentlichen Ordnung geworden und mussten erzogen bzw. gebändigt werden!

(4) Die sich zu Beginn des 20. Jahrhunderts entwickelnde sozialpädagogische (Reform)Bewegung konzentrierte sich dann unter dem Begriff der „Jugendwohlfahrt" noch stärker auf die Diskussion präventiver Maßnahmen im Bereich der Arbeit mit Kindern und Jugendlichen. Sozialpädagogische Institutionen sollten neben die Familie und Schule treten und den damit entstehenden Bereich der Jugendhilfe als eigenständigen Bereich nicht nur auf Krankheit, sondern auch auf die Gesunderhaltung der Jugend ausrichten (Nohl 1965, S. 45). Als „dritte Säule" des Erziehungssystems sollte sie für die gesellschaftliche und staatliche Erziehung außerhalb der Schulen und Familien zuständig sein (Bäumer 1981/1929).

(5) Nach der Katastrophe des Dritten Reichs wurde dann in den 1960er Jahren der Ruf nach einer sozialpädagogischen Durchdringung aller Lebensalter und Lebenslagen laut. Im Rahmen der Emanzipationsbewegung begann sich schließlich der Gedanke festzusetzen, dass nicht nur Kinder und Jugendliche, sondern alle Menschen einer stetigen „kritischen Bewusstseinsbildung" bedürfen. Eine „Sozialpädagogik der Lebensalter" (Böhnisch 2012) sollte jetzt dazu beitragen, dass alle Altersgruppen Hilfen bei der Lebensbewältigung und Lebensgestaltung erhalten.

(6) Erst seit den 1980er Jahren wurde – parallel dazu – insbesondere unter dem Einfluss sozialökologischer und konstruktivistischer Theorien der Sozialen Arbeit, deutlich, dass sich eine Einheit der sozialen Hilfen unter dem Bezugspunkt der „sozialen Integration" nicht mehr herstellen lässt. Denn, wie will die Sozialpädagogik in einer (post)modernen Gesellschaft einem „gesellschaftlichem Mandat Geltung verschaffen", ohne in Gefahr zu geraten, „daß sich die AdressatInnen von ihren Angeboten abwenden beziehungsweise von diesen nicht mehr erreicht werden, weil sich die Bildungs-, Hilfe- und Unterstützungsleistungen allzu konträr zu den Lebensstilen und -entwürfen artikulieren" (Thole/Cloos

2000, S. 290). Unsere heutige Gesellschaft benötigt offensichtlich eine Soziale Arbeit, die die Menschen nicht mehr auf einheitliche Normen hin verpflichtet, wie z. B. Ehestand, Familie, (Lebens-)Beruf etc., sondern dynamische Hilfen zur Verfügung stellt, die den Einzelnen auch die Chance geben, einen eigenen Weg zu gehen und trotzdem gegen alle möglichen Risiken und Wechselfälle des Lebens abgesichert zu sein.

Insbesondere Zacher (im Anschluss an Kaufmann 1982) hat die wachsende Bedeutung der Sozialen Arbeit für die moderne Gesellschaft damit begründet, dass sie zum unverzichtbaren Teil des Sozialstaats geworden sei (Zacher 1992, S. 362). Demnach interveniert der Sozialstaat nicht nur rechtlich (Recht für die sozial Schwächeren) und ökonomisch (Umverteilung wirtschaftlicher Mittel), sondern sehr stark auch in Form von sozialarbeiterischen (und pädagogischen) Dienstleistungen. Sozialarbeiter/innen dienen demnach „ohne eine andere Eigengesetzlichkeit dem ‚Sozialen'", sie arbeiten in der „‚Intimsphäre' des Sozialstaats" (ebd., S. 363 f.) und setzen dort die sozialstaatlichen Ziele um.

„Aber in der Mitte des ‚Sozialen', wo der Mensch mit dem Menschen das ‚Soziale' bewirkt, herrscht Unmittelbarkeit. Daß dort Autonomie der Sozialarbeit notwendig ist, ist für Politik und Gesellschaft nicht nur Schranke, sondern mehr noch Vorwand, sich aus der Verantwortung zu lösen und zwischen sich und der Sozialarbeit einen Grenzwald an Vorbehalten wachsen zu lassen" (Zacher 1992, S. 364).

Aufgabe der Sozialarbeit ist es demnach, die für den Sozialstaat wichtige dienstleistende Intervention zu erbringen, insofern die anvisierten Ziele demokratisch legitimiert und ethisch vertretbar sind:

„Solche Defizite können dadurch kompensiert werden, daß den Betroffenen oder den Menschen, die für sie Verantwortung tragen oder übernehmen, die Kompetenz vermittelt wird, den Nachteil selbst zu mindern oder auszugleichen. Solche Defizite können aber auch dadurch kompensiert werden, daß der Nachteil der Betroffenen durch Dienste gemindert oder ausgeglichen wird. Wann das eine oder das andere richtig ist, ergibt sich aus der Sache, Situation und Potenzialen. In der Regel werden beide Weisen der Intervention zusammenwirken müssen, um ein Optimum an Kompensation zu leisten. Genau darum geht es bei dem Thema ‚Sozialarbeit'" (Zacher 1992, S. 375).

Die hier vorgenommene wohlfahrtspolitische Zuordnung beinhaltet natürlich für die Soziale Arbeit die Gefahr der Funktionalisierung, wie sie insbesondere von Mollenhauer (1964) geäußert wurde. Allerdings zeigt das Beispiel der nordischen Länder, dass zwischen Sozialarbeit und Sozialstaat nicht nur Konkurrenz und gegenseitiges Dominanzstreben herrschen müssen, sondern es auch zu einer Zusammenarbeit zum gegenseitigen Vorteil kommen kann (Schönig 2006). Und auch wenn dies möglicherweise zu einer Ausweitung und zur heutigen Unübersichtlichkeit der Hilfen für Menschen geführt hat, gibt es zu dieser aktuellen, geschichtlich entstandenen und aus dem Leben der Menschen heraus begründeten Form einer angebots- und dienstleistungsorientierten Sozialen Arbeit in einer

Gesellschaft, die den Einzelnen ein Optimum an Freiheit verspricht, derzeit keine Alternative. Was nicht ausschließt, dass sich das Leben weiterentwickeln und die Soziale Arbeit irgendwann in der Zukunft eine neue Gestalt annehmen wird.

1.2 Strategien der Sozialen Arbeit

1.2.1 Klassische Strategien des Helfens

Wie aber lässt sich erklären, warum die „professionelle" Soziale Arbeit im modernen Sozialstaat eine so große Rolle spielt? Nach Niklas Luhmann (1973) hängt dies mit der Eigenart der modernen Gesellschaft zusammen, einer Gesellschaftsform, die in besonderem Maße auf Organisationen und Professionen angewiesen ist. Daher gibt es seiner Ansicht nach professionelle Formen des Helfens erst seit Beginn des 20. Jahrhundert. Zuvor lassen sich zwei andere Strategien des Helfens unterscheiden:

(1) In der archaischen Gesellschaft, in der die Menschen in Gruppen und Stämmen zusammenlebten, kann Hilfe – aufgrund der Reziprozität der Lagen – noch gegenseitig erfolgen. So helfen die Helfenden in dieser Hilfeform, die Luhmann durch den Begriff der „Dehnung der Dankbarkeit" charakterisiert, vor allem deshalb, weil hier Hilfe als „Dankespflichten" für Geschenke, Einladungen oder bereits erhaltene Hilfeleistungen erwartet werden (Luhmann 1973, S. 26). Dankbarkeit zeigt sich damit als Gegenseitigkeit, so wie wir sie heute noch im Rahmen der Nachbarschaftshilfe praktizieren. Nachbarn danken sich für gegenseitige Hilfeleistungen nicht etwa durch Geld- oder Sachleistungen (das würde unter Umständen die „gute" Nachbarschaft gerade zerstören), sondern durch die „stillschweigende" Zusage zukünftiger Gegenleistungen.

(2) In der hochkultivierten Stände- bzw. Klassengesellschaft ist dann die Gleichwertigkeit der Lagen nicht mehr gegeben. Jetzt differenziert sich eine neue Hilfeform („Ausbeutung der Mildtätigen") heraus, bei der die Helfer/innen in Form einer Spende oder Gabe helfen. Demnach liegt Helfen jetzt nicht mehr im ureigensten (Selbst-)Interesse der Helfenden, sondern zumindest teilweise in ihrer altruistischer Haltung, eine Haltung, die aus Sicht der Helfenden lediglich (durch Dankesbezeugungen) honoriert, aber nicht mehr reziprok vergolten werden kann. Helfen wird jetzt zur „guten Tat", zur Tugend stilisiert, von der sowohl die Spender, die Hilfe ermöglichen, als auch die Helfenden (in Form des Priesters, des Arztes etc.), die die Hilfe umsetzen, gleichermaßen durch Statusgewinn profitieren (Luhmann 1973, S. 29 ff.).

Beide Hilfeformen genügen aber nach Luhmann nicht mehr den Anforderungen der modernen Gesellschaft des beginnenden 20. Jahrhunderts, die durch Rationalität, Effizienz und der Suche nach Sicherheit geprägt ist. Hilfe muss nun, damit sie effektiv ist, erwartbar sein (der/die Schuldner/in muss wissen, dass es Schuldnerberatung gibt) und sie muss vor allem zeitnah geleistet werden (der/die Schuldnerberater/in muss (fast) jederzeit zur Verfügung stehen, um effiziente Hilfe leisten zu können). Denn jede Verzögerung im Hilfeablauf könnte dazu führen, dass das Funktionieren der Gesellschaft in Gefahr gerät. Damit diese Voraussetzungen gegeben sind, muss Hilfe organisiert und standardisiert werden: Eine neue Profession, und damit ein Ausbildungssystem, eine Bezugswissenschaft etc. müssen geschaffen und neue Organisationen müssen gebildet werden, die sich ausschließlich dieser Aufgabe widmen.

Luhmann hat allerdings auch darauf hingewiesen, dass mit der Einführung dieser neuen Form des Helfens die alten nicht überflüssig geworden sind (ebd., S. 37): Nachbarn sollen sich weiter gegenseitig helfen und Reiche sollen weiter für wohltätige Zwecke spenden. Nur ist er der Ansicht, dass sich die moderne Gesellschaft nicht mehr auf diese Formen allein verlassen kann, sondern dass es einer neuen, neutralen, von persönlichen Motiven unabhängigen Hilfeform bedarf. Einer Sozialen Arbeit also, deren Leistung darin besteht, die Existenz der modernen, individualisierten und funktionsorientierten Gesellschaft im Bereich der vielfältigen und unvorhersehbaren „Wechselfälle des Lebens" (Zacher 1992) zu sichern und die Menschen in unterschiedlichsten Problemlagen mit unterschiedlichsten Biografien so zu unterstützen, dass sie wieder autonom leben und sich in die Gesellschaft (re)inkludieren können.

1.2.2 Die modernen Strategien: Intervention, Prävention und Gesellschaftskritik

Auch wenn Luhmann aus seiner soziologischen Sicht heraus die Erwartbarkeit und schnelle Verfügbarkeit der Hilfe als besonders wichtige Leistung der Sozialen Arbeit für die Gesellschaft betrachtet, so stellt sich doch die Frage, ob sich darin die Intentionen der Sozialen Arbeit selbst vollständig widerspiegeln. Ein Blick in die Geschichte der Sozialen Arbeit zeigt, dass beinahe zeitgleich drei keinesfalls miteinander konkurrierende Strategien zur Bearbeitung sozialer Probleme innerhalb der Sozialen Arbeit entwickelt wurden:

(1) Intervention
Die erste Strategie der nach Luhmann erwartbaren und möglichst zeitnahen Hilfe, die der „Intervention", zielt darauf ab, soziale Probleme so konkret und zügig wie möglich zu lösen. Eine solche Form der Hilfe wurde vor allem durch die Begründer/innen der modernen Sozialarbeit an der Wende vom 19. zum 20. Jahrhundert wie z. B. Alice Salomon (1926) gefordert und entwickelt. Die zentrale Methode, die für die Sozialarbeiter/innen lange im Zentrum aller Aktivitäten stand, war das „Case Work": Klienten und Klientinnen sollten im Rahmen eines zunehmend differenzierter strukturierten Arbeitsprozesses (Anamnese, Diagnose, Intervention, Evaluation) dabei begleitet werden, ihre sozialen Probleme, orientiert am Prinzip der „Hilfe zur Selbsthilfe", zu bearbeiten und schließlich zu lösen. Die Theoretisierung und Evaluierung dieser Methode hat dann zu einer Ausdifferenzierung in weitere Modelle, wie z. B. dem Case Management, der Verhaltensorientierten Beratung, der Aufgabenzentrierten Sozialarbeit etc. geführt.

(2) Prävention

Aus der zunehmenden Kenntnis der gesellschaftliche Probleme unmittelbar auslösenden sozialen Bedingungen heraus (heute oftmals als Risikofaktoren bezeichnet) entwickelte sich eine zweite Strategie: die der „Prävention". Diese Strategie ist insbesondere dem Einfluss der „sozialpädagogischen Bewegung" des späten 19. Jahrhunderts auf die Soziale Arbeit geschuldet, für die Herman Nohl folgendes konstatiert:

> „Die Arbeit der öffentlichen Jugendhilfe und insbesondere der Jugendämter ist, soweit ich sehe, erwachsen aus der Hilfe gegen den einzelnen Notfall, der allerdings so massenhaft auftrat, dass dem Fürsorger der Charakter der Individualhilfe zu verschwinden drohte. Es muss aber immer erst ein Unglück passiert sein, das die Jugendhilfe danach wieder gutzumachen sucht. Hier liegt meines Erachtens der schwere Konstruktionsfehler im Aufbau der ganzen Arbeit. Worauf alles ankäme wäre: der Arbeit der Jugendhilfe eine positive Wendung zu geben, die das Jugendamt zu einem selbstständigen Organ der Volkserziehung machte, dessen große Aufgabe natürlich auch das Heilen aufgebrochener Schäden wäre, dessen vorangehende, primäre Leistung aber eine aufbauende Arbeit an unserer Jugend – soweit sie nicht in der Schule stattfindet – im Zusammenhang unserer gesamten Volksbildung ist" (Nohl 1965, S. 45).

Demnach muss offensichtlich eine sich ihrer moralischen Pflichten bewusste Soziale Arbeit ihr praktisches Wissen um die Ursachen sozialer Probleme auch dazu nutzen, Methoden und Verfahren vorzuschlagen und durchzuführen, die dazu beitragen können, soziale Probleme erst gar nicht entstehen zu lassen.

Präventionsarbeit spielt heute in vielen Bereichen der Pädagogik, Sozialarbeit, Medizin, Gesundheit etc. eine wichtige Rolle. Der Begriff steht dabei für alle Bemühungen, Probleme dadurch frühzeitig zu verhindern, dass die Ursachen für die Entstehung dieser Probleme beseitigt oder zumindest verringert werden. Dabei geht es vor allem darum, Risikofaktoren zu beeinflussen, „zu einem Zeitpunkt, zu dem noch keine manifesten Symptome feststellbar sind, die sich jedoch einstellen würden, wenn nichts unternommen wird" (Heinrichs et al. 2008, S. 10, siehe dazu Kap. 10.3.4).

(3) Gesellschaftskritik

Da wo interventive und präventive Maßnahmen nicht ausreichen, um die Ursachen sozialer Probleme zu erfassen, bleibt als weitere logische Möglichkeit nur übrig, im Rahmen einer umfassende „Gesellschaftskritik" die gesellschaftlichen Strukturen auf ihre problemauslösende oder -verstärkende Funktion zu hinterfragen. Solche Ursachen können sein: Armut, Arbeitslosigkeit, Ungleichheit, Exklusion etc. So waren z. B. bereits die Vertreter/innen der „schottischen Schule der Soziologie" des 18. Jahrhunderts der Ansicht, dass soziale Probleme durch die „kranke Gesellschaft" verursacht würden und es somit strategisch sinnvoll sein könnte, die Gesellschaft zu beeinflussen bzw. zu verändern (Soydan 1999, S. 16). Insbesondere Klaus Mollenhauer hat dann diese Strategie in den 1960er Jahren entwickelt und vertreten:

„Die Sozialpädagogik ist nicht nur gleichzeitig mit der industriellen und bürgerlichen Gesellschaft entstanden, sondern sie hängt auch der Art nach eng mit dieser zusammen, denn sie sieht sich dem Werden einer Gesellschaft gegenüber, deren Unvollkommenheiten dem Sozialpädagogen unmittelbar als materielle und psychische Ausbeutung, Benachteiligung und Beschädigung, Unterdrückung und Disziplinierung von Menschen entgegentreten. Das aber bedingt, dass der sozialpädagogischen Tätigkeit immer auch ein sozialpolitischer Gedankengang innewohnt. (...) Die sozialpädagogische Erziehungsrichtung nimmt daher nie nur den direkten Weg auf den einzelnen zu, sondern schließt die Absicht zur Veränderung der Erziehungsbedingungen (Stadtteilarbeit, Gemeinwesenarbeit, politische Aktion) mit ein. Das enge Verhältnis zwischen Sozialpädagogik, Institutionenkritik, Sozialstaatsproblematik und ökonomischen Problemen hat hier seinen Grund" (Mollenhauer 1964, S. 293 f.).

Moderne Verfahren und Methoden zur Umsetzung der Strategie der Gesellschaftskritik treten heute vor allem z. B. im Bereich der feministischen oder antirassistischen Sozialen Arbeit, im Bereich der Solidarökonomie oder der Sozialraumarbeit auf (siehe dazu v. a. Kap. 13).

Abbildung 2 zeigt noch einmal das Zusammenspiel der drei Intentionen der Sozialen Arbeit. Wichtig ist, dass dabei der „Gesellschaftskritik" eine doppelte Aufgabe zukommt. Zum einen bildet sie eine unverzichtbare Strategie der Sozialen Arbeit, zum anderen kann ihre Perspektive auch dazu genutzt werden, die beiden anderen Strategien einer kritischen Betrachtung zu unterziehen.

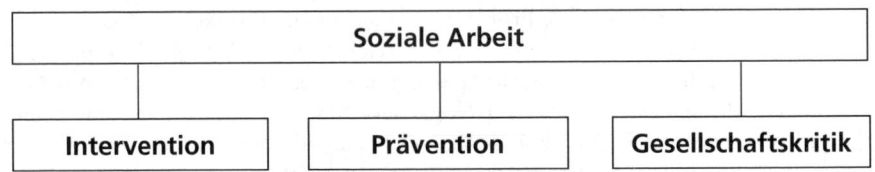

Abb. 2: Soziale Arbeit als Intervention, Prävention und Gesellschaftskritik

1.3 Funktionen der Sozialen Arbeit

Die drei dargestellten (selbstgesetzten) Strategien der Sozialen Arbeit wurden natürlich im Laufe der Geschichte zunehmend ausdifferenziert, theoretisiert und reflektiert und haben auch bei Soziologen/Soziologinnen, Politiker/innen und Bürger/innen zu einer lang andauernden Auseinandersetzung darüber geführt, was eigentlich die (von außen feststellbare) gesamtgesellschaftliche Aufgabe (die gesellschaftliche Funktion) der Sozialen Arbeit ist. Da in diesem Streit bislang keine Einigung erzielt werden konnte (siehe dazu Bommes/Scherr 1996), können wir heute zwischen fünf möglichen unterschiedlichen Funktionszuschreibungen unterscheiden: einer streng auf konkrete Hilfeleistungen fokussierten (1), einer generalisierten, Hilfe und Prävention verbindenden (2), einer gesellschaftskritischen (3), einer alle Strategien übergreifenden, ganzheitlich-integrationistischen

(4) und einer offenen, dezisionistischen (willkürlichen), d. h. von den jeweiligen Sozialarbeiter/innen mehr oder weniger willkürlich bestimmten Funktion (5):

(1) Insbesondere zwei wichtige Vertreter der konstruktivistisch-systemtheoretischen Sozialarbeitswissenschaft, Niklas Luhmann (1973) und Dirk Baecker (1994), sind der Ansicht, dass sich die Soziale Arbeit, um in der modernen Gesellschaft anerkannt zu sein, auf eine ganz spezifische Funktion, nämlich die der sozialen Hilfe, beschränken müsse. Dabei muss ihrer Ansicht nach die Selbstbeschränkung so weit gehen, dass

- sie nur da tätig werden soll und darf, wo sie sich sicher ist, dass eine Intervention auch erfolgreich durchgeführt werden kann. Dies ist jedoch nur dann der Fall, wenn klar definierte und wissenschaftlich erprobte Programme (oder Konzepte) vorhanden sind, die dann zum Einsatz gebracht werden können. In allen anderen (und insbesondere in komplexen) Fällen muss auf eine Intervention verzichtet und darauf vertraut werden, dass Nicht-Professionelle, wie z. B. Nachbarn, Ehrenamtliche etc., eine unspezifische Hilfe leisten. Denn während man von Professionellen Effektivität und Effizienz erwartet, wird den Nicht-Professionellen das Scheitern einer Hilfehandlung nicht als Fehler zugerechnet;
- sie sich in keinem Falle mit Problemen befassen darf, für die sie keine Expertise besitzt, wie z. B. mit solchen der Gesellschafts- oder Wirtschaftsstruktur. Denn für diese Fragen sind andere Teilsysteme der Gesellschaft verantwortlich und kompetent. Die Soziale Arbeit würde ihren gesellschaftlichen Auftrag, der ihr erst ihre Existenzberechtigung gibt, überschreiten, wenn sie sich hier einmischen würde.

Deutlich wird dabei: Luhmann und Baecker wollen der Sozialen Arbeit einen festen Platz in Gesellschaft und Wissenschaft zuweisen und damit die Statusunsicherheit vieler Sozialarbeiter/innen gegenüber anderen Berufen beenden. Diese Spezialisierung führt allerdings dazu, dass die beiden anderen Strategien von anderen Professionen erbracht werden müssen. Ihrer Ansicht nach sollte man die Prävention den Pädagogen/Pädagoginnen und Lehrer/innen und die Fragen der Gesellschaftskritik den Politiker/innen und den politisch interessierten Bürger/innen überlassen.

(2) Michael Bommes und Albert Scherr (1996), die die Soziale Arbeit ebenfalls aus einer soziologischen Perspektive betrachtet und bewertet haben, halten das Niveau des professionellen und wissenschaftlichen Denkens und Handelns im Bereich der Sozialen Arbeit für unbefriedigend. Sie glauben jedoch im Gegensatz zu Luhmann und Baecker nicht daran, dass man dies ändern könnte, da die Ursachen dafür ihrer Ansicht nach vor allem in der theoretisch und praktisch nicht bewältigten „diffusen Allzuständigkeit" der Sozialen Arbeit (ebd., S. 93, Ferchhoff 1993, S. 708) liegt. Weil sozialpädagogische und sozialarbeiterische Aufgaben nicht voneinander getrennt, sondern vermischt werden müssen, kann sich hier „keine singuläre wissenschaftliche Theorie der Sozialen Arbeit" (Bommes/Scherr 1996, S. 93) entwickeln und kann folglich auch keine klare berufliche Identität geschaffen werden. Der Begriff der Sozialen Arbeit wird dementsprechend zu einem „historisch etablierten Einheitsetikett für heterogene Praktiken", „deren Zu-

sammenhang nur noch darin besteht, daß sie als Soziale Arbeit die berufliche Ausbildung zum Sozialarbeiter/Sozialpädagogen voraussetzen" (ebd.).

Nach Bommes/Scherr lässt sich offensichtlich das Dilemma der Sozialen Arbeit nicht lösen: Sie muss den sozialen Problemen (um der Sache willen) offen entgegentreten. Damit aber lässt sie zu viele Strategien zu und muss die daraus resultierende methodische Unbestimmtheit mit dem Makel der „Semi-Profession" in Kauf nehmen, was zu einer deutlichen Abwertung gegenüber anderen Berufen, wie z. B. Arzt, Anwältin etc., führt, deren Aufgaben sich eindeutig beschreiben und von anderen Berufen abgrenzen lassen.

(3) Insbesondere Giesecke (1973) und Mollenhauer (1964) haben der Sozialarbeit/Sozialpädagogik vor allem die Funktion der „Gesellschaftskritik" zugewiesen. Nach Mollenhauer (1964, S. 291 ff.) lässt sich deren die Struktur und Funktion durch vier Grundprobleme kennzeichnen:

- „Die Sozialpädagogik ist nicht nur gleichzeitig mit der industriellen und bürgerlichen Gesellschaft entstanden, sondern sie hängt auch der Art nach eng mit dieser zusammen" (ebd., S. 293). Insofern ist die sozialpädagogische Tätigkeit nicht von sozialpolitischen Fragestellungen zu trennen. „Die sozialpädagogische Erziehungsrichtung nimmt daher nie nur den direkten Weg auf den einzelnen zu, sondern schließt die Absicht zur Veränderung der Erziehungsbedingungen (Stadtteilarbeit, Gemeinwesenarbeit, politische Aktion) mit ein (...) Das enge Verhältnis zwischen Sozialpädagogik, Institutionenkritik, Sozialstaatsproblematik und ökonomischen Problemen hat hier seinen Grund" (ebd., S. 294).
- „Die sozialpädagogische Praxis geschieht in einem Spannungsfeld zwischen dem als normal Geltenden und den vielen Formen von Abweichungen bis hin zur juristisch definierten Kriminalität." Da sich für eine kritische Sozialpädagogik jedoch hinter dem Normalitätsbegriff gesellschaftliche Ideologien über „das Normale", „Gesunde", „Richtige" etc. verbergen, kann dieser nicht als Ausgangspunkt für sozialpädagogische Interventionen herangezogen werden. Will die Sozialpädagogik nicht zur Agentin des Staates werden, darf sie nur dort intervenieren, „wo die physische Existenz des jungen Menschen in Mitleidenschaft gezogen wird (...) oder eindeutig beschreibbare psychische Schäden (im Sinne einer Beeinträchtigung der Autonomie und Initiative, P. E.) auftreten" (Mollenhauer 1964, S. 295).
- Offensichtlich kann die Sozialpädagogik ihre Prinzipien nicht klar angeben. Allgemein kann formuliert werden, dass sie insbesondere da tätig wird, wo Grundbedürfnisse nicht erfüllt werden, „ohne deren Befriedigung nur eine deprivierte Existenz möglich ist" (ebd., S. 296).
- Aufgrund der Erbringung der Hilfeleistungen durch freie Träger besteht die Gefahr einer „Minderung demokratischer Kontroll-Möglichkeiten, besonders der demokratisch legitimierten Jugendämter" (ebd.).

Aufgrund der Komplexität des Gegenstandes erscheint auch für Mollenhauer eine Gesamttheorie der Sozialpädagogik/Sozialarbeit nicht möglich. Er schlägt dagegen vor, eine „Mehrzahl von Theorien anzustreben, die sich je nach dem Handlungsobjekt des Erziehungshandelns" (ebd., S. 297) unterscheiden.

Insgesamt kommt Mollenhauer aufgrund seiner Analyse zu einer wenig schmeichelhaften Analyse: der durch die Problematik des doppelten Mandats geprägten Situation der Sozialarbeiter/innen:

> *„Einerseits ist er abhängiger Agent einer Institution, die an einem relativ starren System von Problem- und Lösungsklassifikationen festhält, er kann aber andererseits innerhalb dieser Institutionen keine stabile Berufstätigkeit aufbauen, da seine tägliche Praxis ihn mit den originären Problemen der Lebenswelt des Klienten konfrontiert, denen gegenüber die institutionalisierten Klassifikationen als dysfunktional erscheinen" (ebd., S. 299).*

(4) Eine Sozialarbeitswissenschaftlerin, die sich vehement für die Verklammerung der drei oben dargestellten Strategien der Intervention, Prävention und Gesellschaftskritik einsetzt, ist Silvia Staub-Bernasconi. Ihrer Ansicht nach besteht die Aufgabe der Sozialen Arbeit gerade darin

> *„(...) Dinge und Ideen miteinander in Verbringung (zu) bringen, die in unseren Gesellschaften und ihren öffentlichen Diskursen meist säuberlich getrennt sind, ja in der Regel als schlechthin unvereinbar gelten: Es ist die Verknüpfung von Nähe und Distanz, von Privat-, Intimbereich- und Öffentlichkeitsinklusive Rechtsbereich, von Obhut, Schutz und Freiheit, von individueller Sicherheit und struktureller Gerechtigkeit – kurz: von Liebe oder Fürsorglichkeit und Macht (Senett)" (Staub-Bernasconi 1995, S. 16).*

Um dies einzulösen, muss die Sozialarbeit aus der Bescheidenheit und Binnenorientierung herauszufinden:

> *„Die strukturelle Chance dieser Profession sehe ich darin, dass sie das extrem schwierige Verhältnis zwischen menschlicher Bedürfniserfüllung, menschlichem Lernen und sozialen Organisationsformen in ihrem eigenen Problem- und Arbeitsfeld konkret kennenlernen und sich die Aufgabe stellen kann, in diesem Bereich alte und neue Lösungsformen zu erproben. Die kulturelle Chance dieser Profession ist die, dass sie das Verhältnis von Liebe und Macht theoretisch reflektieren und so zu Vorstellungen wissender, befreiender wie verpflichtender Liebe und Macht – im Unterschied zu blinder, bedrängender, grenzenloser, erstickender, kurz, behindernder Liebe gelangen müsste" (ebd., S. 18).*

Staub-Bernasconi gelingt es damit in beeindruckender Weise, die Gesamtaufgabe der Sozialen Arbeit zu benennen, ohne allerdings eine Lösung für die Frage anzubieten, wie sich daraus eine feste berufliche Position ableiten ließe. Staub-Bernasconi setzt offensichtlich auf Sozialarbeiter/innen, die als Personen (bereits) genügend kompetent und selbstbewusst sind, um sich in einer komplexen Welt – zum Wohle der eigenen Klientel – methodisch offen und generalistisch ausgerichtet durchsetzen zu können.

(5) Eine angesichts der derzeitigen Lage der Sozialen Arbeit ganz radikale Konsequenz zieht der Sozialarbeitswissenschaftler Heiko Kleve. Seiner Ansicht nach hat es in postmodernen Gesellschaften, die durch Ambivalenz und Uneindeutigkeit gekennzeichnet sind, keinen Sinn mehr, der Sozialarbeit eine konkrete

Funktion zuzuweisen. Im Gegenteil, „die Postmoderne erlaubt es, aus der modernen Not der sozialarbeiterischen Identitätsproblematik eine postmoderne Tugend der sozialarbeiterischen Identität der Identitätslosigkeit zu machen" (Kleve 2003, S. 120).

Grund für diese Eigenschaftslosigkeit ist nach Kleve ein doppelter Generalismus. So ist die Sozialarbeit „universell generalistisch", weil sie viele Zielgruppen teilweise über ganze Lebensphasen hinweg begleitet, „spezialisiert generalistisch" ist sie, weil sie sich mit Hilfe ihrer Organisationen auf unterschiedliche Arbeitsgebiete und Zielgruppenorientierungen begrenzt, im konkreten methodischen Arbeiten dann aber einen „ganzheitlichen Ansatz" favorisiert.

„Aufgrund ihrer spezialisiert-generalistischen Orientierung steht die Sozialarbeit fast zwangsläufig zwischen vielen Stühlen, handelt sie sich vielfältige Ambivalenzen ein, ist sie mit den widersprüchlichen System- und Lebenswelten der Menschen konfrontiert. Genau daraus resultiert ihre fragmentierte Identität, pointiert ausgedrückt: ihre Identität der Identitätslosigkeit. Daraus erwachsen auch ihre sozialen Funktionen, die man als vermittelnde, transversale Funktionen bezeichnen kann" (ebd., S. 122).

Sozialarbeiter/innen müssen demnach in einer ausdifferenzierten Gesellschaft zwischen den verschiedenen Fachsprachen vermitteln, sie sind „Kommunikationsvirtuosen" (ebd., S. 122 im Anschluss an Münch), sie überspringen Professions- und Disziplingrenzen, sie generieren „ein Spezialwissen zweiter Ordnung" (ebd., S. 123) und erweisen sich so als „Trendsetter" künftiger Professionsentwicklungen, „weil Probleme, die andere Professionen gerade zu sehen beginnen, der Sozialarbeit schon lange vertraut sind" (Knoll, in: ebd., S. 123).

Mit dieser Argumentation appelliert Kleve an das Selbstbewusstsein und den Stolz der Sozialarbeiter/innen. Sie sollen offensichtlich auf die klassischen Insignien, die für eine anerkannte gesellschaftliche Position wichtig sind, verzichten und zu „Lebens- und Berufskünstlern" werden, die sich einer konstruktivistischen Denkweise verschreiben und sich an den daraus resultierenden Methoden ausrichten (siehe dazu Kap. 14.2.3).

Abbildung 3 zeigt noch einmal zusammenfassend die verschiedenen Positionen im Streit um die gesellschaftliche Funktion der Sozialen Arbeit. Grundsätzlich gilt: Alle dargestellten Funktionszuschreibungen sind vor allem aus drei Gründen heraus mit Vorsicht zu betrachten:

- Funktionszuschreibungen sind in der Regel interessengeleitet: Während es den einen darum geht, der Sozialen Arbeit möglichst viele Kompetenzen und ein hohes gesellschaftliches Ansehen zuzuschreiben, geht es anderen darum, die Soziale Arbeit möglichst klein zu halten. Dahinter stehen dann zumeist politische und professionspolitische Interessen.
- Funktionszuschreibungen bergen für die Soziale Arbeit die Gefahr in sich, instrumentalisiert und für fremde Zwecke eingesetzt zu werden. So soll die Soziale Arbeit z. B. Jugendliche ruhig halten bzw. beschäftigen, ohne dass dafür etwa die notwendigen Voraussetzungen wie z. B. Ausbildungs- und Arbeitsplätze geschaffen werden.

- Unterschiedliche Funktionszuschreibungen (z. B. spezialistisch vs. generalistisch) werden meist als Dilemma oder Konflikt aufgefasst – so als ob es darum gehen müsse, sich zwischen den verschiedenen Funktionen zu entscheiden!

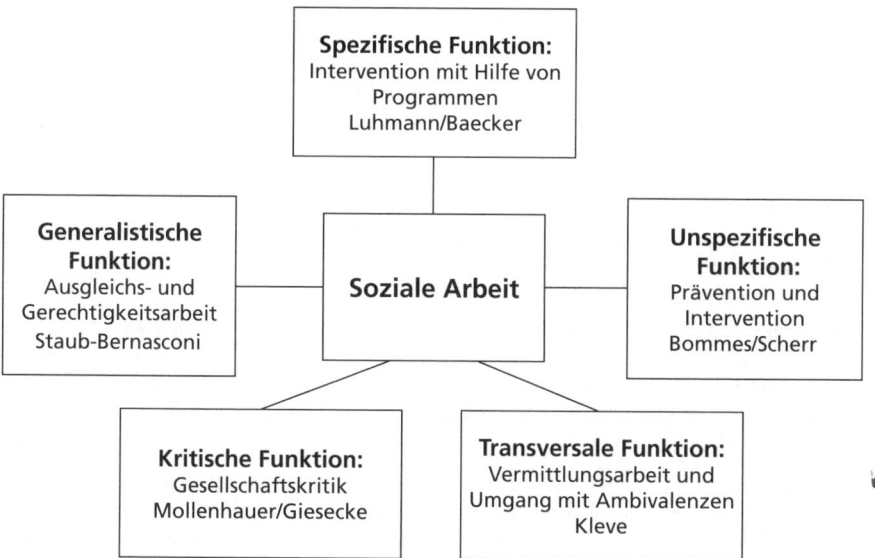

Abb. 3: Unterschiedliche Funktionsbeschreibungen der Sozialen Arbeit

Die Gefahr, die in allen Zuschreibungen liegt, ist die, dass sich die Soziale Arbeit auf diese Weise fremdbestimmen lässt und dadurch Schaden erleidet. Viel wichtiger für sie wäre es deshalb, die eigene Agenda voranzutreiben, über konkrete Leistungen und Ergebnisse auf sich aufmerksam zu machen und sich dementsprechend gesellschaftlich zu positionieren. Selbstüberschätzung ist hier genauso fehl am Platz, wie Selbstunterschätzung.

> *So hat etwa die Debatte um die Frage, warum sich Jugendliche zum Dschihadismus hinwenden und bereit sind, dem IS beizutreten, die Erwartung entstehen lassen, dass das Problem durch ein Mehr an Sozialarbeiter/innen und Sozialpädagogen/ Sozialpädagoginnen, die der Hoffnungslosigkeit in den Vorstädten durch Hilfeangebote entgegentreten, gelöst werden könnte. Gerade in diesem Fall muss die Soziale Arbeit aber bereit dazu sein, den zu hoch gesteckten Erwartungen entgegenzutreten und darauf hinweisen, dass solche Probleme vielfältigste Ursachen haben und auch entsprechend systemisch bekämpft werden müssen, auch wenn es verlockend erscheint, in dieser Situation als Retterin herbeigerufen zu werden.*

1.4 Zur Realisierung der drei Strategien der Sozialen Arbeit

Wenn die Soziale Arbeit ihrer eigenen Bestimmung treu bleiben will (und das sollte sie, andernfalls kann keine authentische und qualifizierte Praxis entstehen), dann muss sie ihre drei Strategien – Intervention, Prävention und Gesellschaftskritik – theoretisch begründen, empirisch überprüfen, deren konkrete Umsetzung aber der jeweiligen Praxis überlassen. Denn ganz pragmatisch betrachtet müssen schon aus Gründen der Effizienz und Effektivität viele Fragen vor Ort entschieden werden:

> *Wenn sich z. B. Sozialarbeiter/innen besser dafür eignen, Schüler/innen zu „coachen", Berufswahlunterricht zu erteilen oder Maßnahmen der Schuldenprävention, der Sexualerziehung etc. in Schulen durchzuführen, einfach deshalb, weil sie die entsprechenden (Beratungs-)Erfahrungen mitbringen, lösungsoffene Zugänge verfolgen und damit ihre Botschaften auf Schüler/innen authentischer und damit besser wirken, dann kann dies zur Folge haben, dass ein neues Arbeitsfeld (wie z. B. Schulsozialarbeit) entsteht, das von den Schulen zunehmend ernst genommen wird. Andere Arbeitsfelder können dagegen abgegeben bzw. aufgegeben werden, wenn sich herausstellt, dass neue oder andere Berufsgruppen geeignetere Qualifikationen mitbringen, wie etwa im Bereich der Kindertagesstätten, wo das neue Berufsbild des/der „Erziehers/Erzieherin in früher Kindheit" mit Sicherheit dazu führen wird, dass auf Dauer keine Sozialarbeiter/innen mehr dort tätig sein werden etc.*

Wichtig ist hier zu erkennen: Die Soziale Arbeit ist nicht nur passive Auftragnehmerin von Funktionszuschreibungen einer jeweils historisch vorfindlichen Gesellschaft. Sie kann deshalb nicht einfach Befehle ausführen, sondern sie muss immer wieder prüfen, ob sie für deren Umsetzung zuständig und kompetent genug ist und ob sie damit ihren drei Strategien gleichermaßen verpflichtet bleiben kann:

- der Intervention, die darauf abzielt, Problemlagen so schnell wie möglich zu beseitigen;
- der Prävention, die dazu da ist, bestimmte Gruppen vor zukünftigen Problemlagen zu schützen; und
- der Gesellschaftskritik, die dazu dient, in der Praxis gewonnene Einsichten über die Entstehung und Bearbeitung von Problemlagen auf die Frage hin zu überprüfen, ob nicht auch strukturelle und/oder materielle Gründe zur Problemverschärfung beitragen.

Alle drei Strategien können natürlich niemals von einer Person allein gleichzeitig umgesetzt werden, sondern müssen arbeitsteilig bearbeitet werden. Voraussetzung dafür ist jedoch eine ganzheitliche Sichtweise, die konzeptionell abgebildet und dann im Rahmen der jeweiligen organisationalen Strukturen abgearbeitet wird. Die fachliche Qualität zum Beispiel eines Frauenhauses hängt also vor allem davon ab, ob und inwiefern die in dieser Einrichtung tätigen Sozialarbeiterinnen die Strategien der Intervention, Prävention und Gesellschaftskritik so gegeneinander abwägen und umsetzen, dass sie insgesamt der Bedeutung und Ernsthaftigkeit des Problems vor Ort gerecht werden können. Frauenhauskonzepte (wie alle anderen Konzepte auch) müssen also breit angelegt und so offen bleiben, dass sie genügend variabel sind, um den spezifischen Belangen Rechnung tragen zu können. An den nachstehend dargestellten Schwerpunktsetzungen des Frauenhauses Osnabrück kann man gut erkennen, wie eine Organisation alle drei Strategien der Sozialen Arbeit übernehmen und umsetzen kann:

Konzeptionelle Schwerpunkte der Arbeit im Frauenhaus Osnabrück:

Arbeit mit Frauen

1. Problembezogene Hilfen: Einzel- und Gruppengespräche, Gezielte Beratung zur psychischen Unterstützung,
Beratung zur Sicherung der materiellen Existenz (Unterhalts- und Leistungsansprüche, Wohnraumbeschaffung usw.), Beratung in Fragen der Berufstätigkeit, Ausbildung, Umschulung bzw. Vermittlung entsprechender institutioneller Kontakte, rechtliche Informationen zu Problemen von Trennung und Scheidung, Beratung bei Konflikten zwischen Müttern und Kindern, allgemeine Fragen der Erziehung bzw. Therapie, Vermittlung von Therapieangeboten, z. B. bei Sucht oder schweren psychischen Problemen.
2. Praktische Hilfen: Abholen von Frauen und Kindern ins Frauenhaus von einem vereinbarten Treffpunkt, schützende Begleitung der Frauen zu ihren Wohnungen, um Kinder, Dokumente, Gegenstände des persönlichen Bedarfs herauszuholen, Begleitung der Frauen zu Behörden, Gerichten, Anwälten usw., Hilfen zum Aufbau einer neuen Existenz.
3. Arbeit mit Kindern: Betreuung der Kleinkinder bei Bedarf, Schularbeitenhilfe, Einzelbetreuung, gezielte Freizeitangebote, Zusammenarbeit mit Schulen, Freizeiteinrichtungen, Gruppenangebote für Vorschul- und Schulkinder, Kontakt zu pädagogischen/therapeutischen Einrichtungen, schützende Begleitung im Bedarfsfall.
4. Zusammenarbeit mit anderen Institutionen: Kontakte und Zusammenarbeit mit sozialen Einrichtungen und Behörden (z. B. andere Frauenhäuser, Frauenberatungsstellen, Mädchenhaus, Jugend- und Sozialamt, psychologische Beratungsstellen, Ärzte, Krankenhäuser, Polizei usw.). Diese Kontakte finden im Einverständnis oder mit Wissen der Betroffenen statt.
5. Nachgehende Beratung und Hilfen für ehemalige Bewohnerinnen: Weitergehende Beratungs- und Hilfeangebote für die Zeit nach dem Frauenhausaufenthalt, praktische Hilfen auch in Form von Einzel- und Gruppengesprächen.
6. Öffentlichkeitsarbeit: Um gesellschaftliche Veränderungen im Sinne der von Gewalt betroffenen Frauen zu erreichen, ist die Öffentlichkeitsarbeit ein notwendiger und wichtiger Aufgabenbereich der Frauenhausarbeit.

Wir wollen auf die in allen Lebensbereichen so selbstverständlich akzeptierte Benachteiligung von Frauen hinweisen und den Zusammenhang zwischen der struk-

> turellen und der privaten Gewalt herstellen. Wir wollen das Machtverhältnis zwischen den Geschlechtern aufzeigen, das in der körperlichen Gewalt von Männern gegen Frauen lediglich einen besonders krassen Ausdruck findet. Für diese Tatsache sensibel zu machen, auf Verständnis, Bewusstsein- und Verhaltensänderung hinzuwirken, ist das Ziel der Öffentlichkeitsarbeit des Frauenhauses. Ebenso wichtig ist es auch, über Grundsätze, die Arbeitsweise und die Situation des Frauenhauses aufzuklären, sowie über die Lebensbedingungen der im Frauenhaus lebenden Frauen.
> Grundlage der Hilfe ist in erster Linie der menschliche und gewaltfreie Stil des Hauses und das solidarische Verhalten zwischen den dort lebenden und arbeitenden Frauen.
> (http://www.frauenhaus-os.de/downloads/Arbeitskonzept.pdf)

Intern gilt es dann, die jeweiligen Aufgabenstellungen bestimmten fachlich kompetenten Personen zuzuweisen. Aus diesem Grund kann keine Organisation der Sozialen Arbeit auf die Darstellung von spezifischen Zielsetzungen und methodischen Arbeitsansätzen im Rahmen von schriftlich auszuarbeitenden Einrichtungskonzepten verzichten. Geschulte Leser/innen erkennen beim Lesen solcher Konzepte recht schnell, wie eine Einrichtung sich ausrichtet und welche Schwerpunktsetzungen im Bereich von Intervention, Prävention und Gesellschaftskritik erfolgen. Da sich die Soziale Arbeit immer an der Situation der konkreten Adressaten/Adressatinnen orientierten muss, gibt es keine Folien und standardisierten Verfahren, sondern nur Orientierungen, die im Rahmen von Leitbildern und Konzeptionen zu verdeutlichen sind. Gemessen werden kann die Qualität der Arbeit dann daran, inwiefern diese Schwerpunktsetzungen konzeptionell erfasst und adressatinnen- und sozialraumgerecht plausibilisiert werden können. Denn Soziale Arbeit ist, wie später noch gezeigt werden soll, eine „reflexive Praxis" (siehe Kap. 5.2). Eine solche setzt grundsätzlich sowohl konzeptionell-methodische Entscheidungen auf der organisationalen als auch konkret-situative Entscheidungen auf der Seite der Verantwortlichen voraus.

2 ARBEITSFELDER, ZIELGRUPPEN UND METHODEN DER SOZIALEN ARBEIT

Die im ersten Kapitel aufgestellte Behauptung, dass die Soziale Arbeit einen wichtigen Beitrag für die moderne Gesellschaft leistet, lässt sich leicht belegen, wenn man einen Blick auf die einzelnen Handlungsfelder der Sozialen Arbeit wirft. Bis in die Gegenwart hinein wurden und werden ständig neue Aufgaben entdeckt und übernommen. Auf diese Weise kommen ständig neue Handlungsfelder hinzu, für die die Präsenz von Sozialarbeiter/innen als unverzichtbar angesehen wird. Dabei fällt eine Einteilung der verschiedenen Handlungsfelder nicht leicht, da das gesamte Feld der Sozialen Arbeit nicht einheitlich konstruiert, sondern historisch zufällig entstanden ist und die dabei verwendeten Begriffe unterschiedlichen Systematiken entsprechen. Trotzdem soll im Folgenden ein Einblick in die Vielfalt der Handlungsfelder gegeben werden. Dies fordert die Profession heraus und bietet zugleich einen großen Vorteil: die Sozialarbeiter/innen erhalten somit die Möglichkeit, sich im Laufe ihrer beruflichen Karriere anhand sich verändernder Interessen und Präferenzen immer wieder neu zu orientieren.

Die folgende Darstellung der Handlungsfelder folgt klassischen Einteilungen, wie sie u. a. von Chassé/Wensierski (2008), Heimgartner (2009), Bieker/Floerecke (2011) sowie Thole (2012) vorgelegt worden sind. Vorgestellt werden die Bereiche Kinder- und Jugendhilfe (Kap. 2.1), Erziehungs- und Familienhilfe (Kap. 2.2), Erwachsenenbildung (Kap. 2.3), Altenhilfe (Kap. 2.4), Gefährdetenhilfe/Resozialisierung (Kap. 2.5), Gesundheit/Rehabilitation (Kap. 2.6), Armut und Ausgrenzung (Kap. 2.7), Interkulturelle/Internationale Soziale Arbeit (Kap. 2.8), Sozialraumorientierte Soziale Arbeit (Kap. 2.9) sowie Sozialwirtschaft (Kap. 2.10). Jeder Bereich wird zunächst überblicksartig beschrieben, dann werden die einzelnen konkreten Arbeitsfelder, Tätigkeitsbereiche und Zielgruppen zur besseren Übersicht tabellarisch dargestellt. Danach werden die mit den Bereichen verbundenen Anforderungen an die Sozialarbeiter/innen, die dort tätig sein wollen, präzisiert. Abschließend werden dann noch wichtige und aktuelle Literaturhinweise gegeben. Die Darstellung versteht sich insgesamt als ein Versuch, Orientierung und Klarheit zu schaffen, wobei die vorgenommenen Einteilungen aber weder als absolut noch als abschließend zu verstehen sind.

2.1 Kinder- und Jugendhilfe

(1) Grundsätzliches

Um die Vielfalt und Bandbreite der hier vorhandenen Arbeitsfelder hervorzuheben, soll im Folgenden im Anschluss an Chassé/Wensierski (2008) eine Trennung zwischen der „Kinder- und Jugendhilfe" und den „Hilfen zur Erziehung" (Kap. 2.2) vorgenommen werden (anders: Struck/Schröer 2015). Dabei werden „die Erziehungshilfen als Hilfen bei Problemen des Aufwachsens unterschieden von der Kinder- und Jugendarbeit als allgemeiner Sozialisationshilfe" (Chassé/ Wensierski 2008, S. 14).

Unter Kinder- und Jugendhilfe (siehe Abb. 4) lassen sich demnach alle die Arbeitsbereiche subsumieren, die Kinder und Jugendlichen bei ihrer Sozialisation und Persönlichkeitsentwicklung unterstützen und zum Erwerb sozialer und personaler Kompetenzen beitragen.

	Kinder- und Jugendhilfe	
	Angebote	Methoden/Techniken/ Prinzipien
Jugendsozialarbeit	Berufsbezogene Bildungsarbeit, Berufsvorbereitung, Eingliederungshilfen, Jugendwohnheime, Lehrwerkstätten	Beratung, Betreuung, Beschäftigung, Qualifikation, Partizipation
(offene) Jugendarbeit	Bau- und Abenteuerspielplätze, Bewegung und Sport, Bildungsangebote, Cliquenarbeit, Freizeitangebote, Jugendzentren, Jugendverbände, Jugendbildungsstätten, Mädchenarbeit, Maßnahmen der Jugenderholung	Bildung, Erlebnispädagogik, Emanzipation, Freiwilligkeit, Gruppenarbeit, Partizipation, Prävention, Raumaneignung, Selbstorganisation, Unverbindlichkeit
Jugendkulturarbeit	Interkulturelle Angebote, Jugendkunst- und Musikschulen, Kindermuseen, Medienorientierte Angebote, Spielmobile, Sportorientierte Angebote	Gestaltung, Projektarbeit, Kunstpädagogik, Kulturarbeit, Projektarbeit, Theaterpädagogik, Musikpädagogik, Sportpädagogik
Mobile Jugendarbeit/Streetwork	Zielgruppenspezifische Maßnahmen und Projekte, Rockmobile, Spielmobile	Beratung, Betreuung, Streetwork, Gruppenarbeit, Orientierung, Information, Sozialraumorientierung, Vernetzung, Bildungsarbeit, Unterstützung, Freizeitgestaltung, Kritische Solidarität, Aufsuchende Arbeit, Niedrigschwelligkeit, Freiwilligkeit, Unverbindlichkeit
Schulsozialarbeit	Thematisch flexible Angebotsstrukturen, themenbezogene Projekte, Beratung	Förderung der Selbstbestimmung und Selbsterfahrung, Partizipation, Beratung, Prävention, Integration, Soziale Gruppenarbeit, Elternarbeit, Unterstützung, Kooperation, Sozialraumorientierung

Abb. 4: Arbeitsfelder, Angebotsformen und Methoden der Kinder- und Jugendhilfe

Durch die Erschließung von Handlungs- und Aneignungsräumen sollen Kinder und Jugendliche in ihrer Gesamtentwicklung gefördert werden. Daher sind die Angebote prinzipiell an alle Kinder und Jugendlichen unter 27 Jahren ohne spezielle Problemlagen gerichtet, wobei sich die meisten Angebote an Sechs- bis 18jährige richten, meist freiwilliger Natur sind und von freien Trägern angeboten werden (Heimgartner 2009, S. 208 ff.). Die rechtliche Grundlage dazu bildet das achte Sozialgesetzbuch.

(2) Anforderungen

Aufgabe der Sozialarbeiter/innen in diesem Arbeitsfeld ist es, die Entwicklungsbedürfnisse der verschiedenen Zielgruppen zu erkennen, stabilisierende und unterstützende Veränderungsmöglichkeiten aufzuzeigen, die jeweiligen Handlungsspielräume zu vergrößern und wichtige Anliegen hör- bzw. sichtbar zu machen. Dazu zählt auch die Aufgabe, Entwicklungs- und Bildungsmöglichkeiten aufzuzeigen, die eine eigenständige Lebensbewältigung ermöglichen. Zu den konkreten Anforderungen dabei zählt, mit der Vielfalt und Offenheit des Feldes umgehen zu können. Spontaneität ist ebenso gefragt wie Offenheit im methodischen Handeln und konzeptionellen Arbeiten. Dabei muss ein Mittelweg zwischen pädagogischem Auftrag und Selbstverwaltung gefunden werden. Die vorfindlichen jugendlichen Lebenswelten müssen akzeptiert und kulturelle Gegensätze ausgehalten werden. Außerdem muss es den dort Tätigen trotz meist begrenzter finanzieller und struktureller Ressourcen gelingen, attraktive Projekte zu entwickeln und durchzuführen (Wensierski 2008, S. 43 ff.). Da knapp 50 % der Angebote der Kinder- und Jugendhilfe freiwillige und/oder offene Angebote sind, ist es eine besondere Herausforderung, sie so zu konzipieren, dass diese für Kinder und Jugendliche attraktiv sind und damit auch tatsächlich von ihnen genutzt werden (Deinet 2011, S. 57 ff.). Darüber hinaus muss nicht nur zu den Jugendlichen, sondern auch zu Schulen, Kooperationspartnern, Ehrenamtlichen, Verbänden etc. ein Zugang gefunden und gepflegt werden (Wensierski 2008, S. 43 ff.). Dies setzt Kooperationsfähigkeit, Kompromissbereitschaft und Verhandlungsstärke seitens der Professionellen voraus.

(3) Weiterführende Informationen

Links:
Arbeitsgemeinschaft für Kinder- und Jugendhilfe: http://www.agj.de
Bundesarbeitsgemeinschaft Offene Kinder und Jugendeinrichtungen e. V.:
http://www.offene-jugendarbeit.info
Deutscher Bundesjugendring: http://www.dbjr.de
Die Landesjugendringe: http://www.landesjugendring.de

Handbücher:
Deinet, U./Sturzenhecker, B. (Hrsg.) (2005): Handbuch Offene Kinder- und Jugendarbeit. Wiesbaden: Verlag für Sozialwissenschaften.

40 Arbeitsfelder, Zielgruppen und Methoden der Sozialen Arbeit

Henschel, A. (2008): Jugendhilfe und Schule: Handbuch für eine gelingende Kooperation. Wiesbaden: VS Verlag für Sozialwissenschaften.
Jordan, E./Maykus S./ Stuckstätte, E. (2012): Kinder- und Jugendhilfe. Einführung in Geschichte und Handlungsfelder, Organisationsformen und gesellschaftliche Problemlagen. 3. Aufl. Weinheim: Beltz Juventa.

Zeitschriften:
Unsere Jugend, Reinhardt Verlag, erscheint zehnmal jährlich
Deutsche Jugend, Julius Beltz Verlag, erscheint elfmal jährlich

2.2 Erziehungs- und Familienhilfe

(1) Grundsätzliches

Nach dem achten Sozialgesetzbuch werden Hilfen zur Erziehung dann notwendig, wenn Probleme des Aufwachsens von Kindern und Jugendlichen entstehen. Dabei handelt es sich um öffentliche Aufgaben zur Erziehung und Bildung ebenso wie um die Ausübung des staatlichen Wächteramtes (Struck/Schröer 2015, S. 804). Übergeordnete Ziele der Hilfen zur Erziehung sind in § 1 (3) SGB VIII festgelegt. Sie dienen der Förderung der Entwicklung, dem Abbau und der Vermeidung von Benachteiligung, der Unterstützung von Erziehungsberechtigten, dem Schutz vor Gefahren und der Schaffung positiver Lebensbedingungen (siehe Abb. 5). Die primäre Zuständigkeit liegt auf der kommunalen Ebene, eine zentrale Rolle spielt dabei das Jugendamt. Die Leistungen werden jedoch in der Regel von anderen Trägern, z. B. der freien Wohlfahrtspflege erbracht (Stuck/Schröer 2015, S. 804 ff.).

Erziehungs- und Familienhilfe		
	Angebote	Methoden/Techniken/ Prinzipien
Ambulante Erziehungshilfen	Erziehungsberatung, Familienberatung, Allgemeiner Sozialdienst, Jugendberatung, Erziehungsbeistandschaft, Spezialisierte Beratungen (Behinderungen, Sucht, Krankheit etc.), Tagesgruppen, Sozialpädagogische Familienhilfe, Soziale Gruppenarbeit	Beratung, Begleitung, Unterstützung, Prävention, Ressourcenorientierung, Kooperation, Prozessorientierung, Partizipation
Kinder- und Jugendschutz	Krisenintervention, Kinderschutzzentren, Inobhutnahme, Gefährdungseinschätzung, Frühe Hilfen, Elternarbeit	Diagnostische Beurteilung, Beratung, Krisenintervention, Förderung und Stabilisierung der elterlichen Erziehungsfähigkeit, Prävention, Intervention

Erziehungs- und Familienhilfe		
Adoption	Adoptionsdienste, Stiefeltern-, Verwandten- und Fremdadoptionen, Interstaatliche Adoptionen, Adoptionsverfahren, Adoptionsberatung	Beratung, Betreuung, Unterstützung
Vollzeitpflege	Ergänzungsfunktionen für elterliche Sorge, Kurzzeitpflege, Übergangspflege, Dauerpflege, Adoptionspflege, Pflegekinderdienst, Pflegefamilien	Beratung, Gesetzliche Vertretung, Erziehung, Unterstützung, Betreuung, Information, Fallverlaufsbesprechungen
Stationäre Erziehungshilfen	Heimerziehung, Sozialpädagogische Lebensgemeinschaften, Wohngruppen, Geschlossene Unterbringung, Inobhutnahme, Intensive sozialpädagogische Einzelbetreuung, Gruppenhäuser, Betreutes Jugendwohnen, Krisenbetten	Versorgung, Erziehung, Bildung, Beratung, Animation, Partizipation, Krisenintervention, Verselbständigung, Strukturierung des Alltags

Abb. 5: Arbeitsfelder, Angebotsformen und Methoden der Erziehungs- und Familienhilfe

(2) Anforderungen

Die Erziehungs- und Familienhilfe findet in besonderem Maße im Spannungsfeld von Hilfe und Kontrolle statt. Gerade in diesem Kontext ist es wichtig, dass Fachkräfte in der Lage sind, tragfähige Arbeitsbeziehungen aufzubauen, die einem hohen fachlichen und methodischen Standard genügen. Dazu bedarf es einer empathischen, wertschätzenden Haltung gegenüber dem Klientel, die Fähigkeit, Hilfen so zu gestalten, dass dadurch keine Selbsthilfepotenziale verbaut werden, strategisches, langfristiges Denken sowie die Fähigkeit zur Zusammenarbeit in multi- und interdisziplinären Teams. Fachliche und methodische Kompetenzen werden vor allem im Bereich der Gesprächsführung und Beratung benötigt, umfassende Rechtskenntnisse sind unabdingbar, ebenso wie theoretische Kenntnisse über Kindheits- und Jugendverläufe (Gissel-Palkovich 2011, S. 100 ff., Trede 2011, S. 132).

(3) Weiterführende Informationen

Links:
Bundesarbeitsgemeinschaft Kinder- und Jugendschutz: http://www.bag-jugend¬schutz.de
Fachkräfteportal der Kinder- und Jugendhilfe: http://www.jugendhilfeportal.de
Internationale Gesellschaft für erzieherische Hilfen: http://www.igfh.de

Handbücher:
Britsch, V. (2001): Handbuch Erziehungshilfen. Münster: Voltum.
Macsenaere, M. (Hrsg.) (2014): Handbuch der Hilfen zur Erziehung. Freiburg i. Br.: Lambertus.

Zeitschriften:
Forum Erziehungshilfe herausgegeben von der internationalen Gesellschaft für erzieherische Hilfen, erscheint fünfmal jährlich
Forum Jugendhilfe herausgegeben von der Arbeitsgemeinschaft für Kinder- und Jugendhilfe – AGJ, erscheint viermal jährlich
Jugendhilfe herausgegeben vom Luchterhand Verlag, erscheint sechsmal jährlich

2.3 Erwachsenenbildung

(1) Grundsätzliches

Die Erwachsenenbildung ist zunächst der Disziplin Erziehungswissenschaften zuzuordnen und beschreibt unter anderem die Konzeptionalisierung und Erforschung der Bildungsangebote und -prozesse Erwachsener. Dabei umfasst Erwachsenenbildung „Bildungsvorgänge in institutionellen Kontexten (Bildungswerke, Akademien, Volkshochschulen, Fernkurse etc.) wie auch in lebensweltlichen Zusammenhängen (Bürgerinitiativen, Vereine etc.)" (Dewe 2015, S. 376). Im Mittelpunkt stehen jedoch meist die institutionalisierten Formen des lebenslangen Lernens, sei dies betrieblicher, arbeitsmarkspezifischer oder bildungspolitischer Art.

Eine besondere Rolle spielen dabei sowohl die Betriebliche Sozialarbeit, die schwerpunktmäßig der Beratung und Unterstützung in arbeitsrechtlichen und gesundheitlichen Fragen dient, als auch die Feministischen Sozialarbeit, die sich mit ihren Angeboten speziell an die Gruppe der Frauen richtet (siehe Abb. 6).

	Erwachsenenbildung	
	Angebote	Methoden/Techniken/ Prinzipien
Betriebliche Sozialarbeit	Beratung, soziale Integration, Konfliktbewältigung, Information, Schulungen, Öffentlichkeitsarbeit, organisationsbezogene Maßnahmen, Teambildende Maßnahmen	Beratung, Begleitung, Unterstützung, Prävention, Intervention, Information
Erwachsenenbildung	Volkshochschulen, Betriebliche Weiterbildung, Berufliche Weiterbildung, Bildungswerke, Akademien, politische Bildung	Wissensvermittlung, Beratung, Unterstützung

	Erwachsenenbildung	
Feministische Sozialarbeit	Selbsterfahrungsgruppen, Frauenprojekte, Frauenhäuser, Frauenpolitische Initiativen, Frauennotruf, Bildungsprojekte, Gesundheitszentren	Beratung, Betreuung, Unterstützung, Empowerment, Politisierung, Weiterbildung, Bildung, Parteilichkeit, Unterbringung

Abb. 6: Arbeitsfelder, Angebotsformen und Methoden der Erwachsenenbildung

(2) Anforderungen

Sozialarbeiter/innen, die in diesem Bereich arbeiten wollen, benötigen neben wichtigen grundlegenden Kompetenzen auch didaktisch-methodische Fähigkeiten im Bereich der verschiedenen zu vermittelnden Inhalte, wie z. B. Sprachen, Kommunikation bzw. der spezifischen Arbeitsbereiche der jeweiligen Zielgruppe.

Für die Betriebliche Sozialarbeit gilt, dass sowohl Interessen des Unternehmens wie auch die Interessen der Arbeitnehmer/innen im Blick behalten werden müssen. Hier gilt es, die unterschiedlichen Erwartungen und Zielsetzungen ebenso zu vereinbaren wie betriebswirtschaftliches und sozialarbeiterisches Denken und Handeln (Stoll 2013). Bei der Feministischen Sozialarbeit hingegen ist neben fachlichen, methodischen, sozialen und reflexiven Kompetenzen vor allem die Bereitschaft gefragt, Parteilichkeit als Handlungsmaxime zu akzeptieren und umzusetzen (http://www.feministisches-institut.de/feministische_soziale-arbeit/).

(3) Weiterführende Informationen

Links:
Bundesfachverband für betriebliche Sozialarbeit e. V.: *http://www.bbs-ev.de*
Deutsches Institut für Erwachsenenbildung Bonn: *http://www.die-bonn.de*
Feministisches Institut Hamburg: *http://www.feministisches-institut.de*
GEB. Gesellschaft für Erwachsenenbildung e. V.: *http://www.geb-erwachsenenbildung.de*

Handbücher:
Ehlert, G. (2012): *Gender in der Sozialen Arbeit: Konzepte, Perspektiven, Basiswissen.* Schwalbach a. Ts.: Wochenschau Verlag.
Fuhr, T./Gonon, P./Hof, C. (Hrsg.) (2011): *Erwachsenenbildung/Weiterbildung.* Paderborn: Schöningh UTB.
Klein, S. (Hrsg.) (2010): *Praxishandbuch betriebliche Sozialarbeit: Prävention und Intervention in modernen Unternehmen.* Kröning: Asanger.
Tippelt, R. (2010): *Handbuch Erwachsenenbildung/Weiterbildung.* 5. Aufl. Wiesbaden: VS Verlag für Sozialwissenschaften.

Zeitschriften:
Die Zeitschrift für Erwachsenenbildung herausgegeben vom Deutschen Institut für Erwachsenenbildung, erscheint viermal jährlich

2.4 Altenhilfe

(1) Grundsätzliches

Seit den 1980er Jahren hat die Soziale Arbeit mit alten Menschen einen konzeptionellen und institutionellen Aufschwung erfahren. Getrieben vom sozialen und demografischen Wandel haben Kommunen und Länder damit begonnen, „verschiedene Strukturdefizite im Bereich der Altenhilfe durch Sozialarbeit" (Schmidt 2008, S. 215) zu bearbeiten. Dadurch entstand ein sehr vielgestaltiges Arbeitsfeld (siehe Abb. 7), das sich durch eine überaus heterogene Zielgruppe auszeichnet: „Zwischen den Lebenssituationen von frühzeitig Verrenteten, rüstigen Betagten und abhängigen Chronischkranken im hohen Alter entspannt sich ein immer weiter gefasster Bogen, dem die Leitbilder und Konzepte Sozialer Altenarbeit differenziert zu entsprechen haben" (ebd., S. 221).

	Altenhilfe	
	Angebote	**Methoden/Techniken/ Prinzipien**
Ambulante Altenhilfe	Sozialstationen, Häusliche Pflege, Mobile Soziale Dienste, Angehörigenarbeit, Beratung, Pflegeflankierende Maßnahmen, Pflegestützpunkte, Koordinierungsstellen	Vernetzung von Hilfeinstanzen, Care Management, Beratung, Evaluation, Leistungsdiversifikation, Organisation, Koordinierung
Hospizarbeit	Angehörigenarbeit, Sterbebegleitung, Ambulante Lebenshilfe, Stationäre Einrichtungen, Teilstationäre Dienste, Verlustarbeit	Unterstützung, Beratung, Begleitung, Öffentlichkeitsarbeit
Offene Altenarbeit	Themenbezogene Projekte, Selbstorganisierte Lebensgestaltung, Kulturarbeit, Freizeit- und Begegnungsstätten, Altenbüros, Seniorengesellschaften, Pflegestützpunkte, Bildungsangebote, Generationenarbeit	Beratung, Betreuung, Unterstützung, Bildung, Selbsthilfeförderung, Soziale Integration, Bewältigung
Stationäre Altenhilfe	Altenwohnheime, Altenpflegeheime, Altenwohnstifte, Kultur- und Freizeitangebote, Angehörigenarbeit, Heimbeirat, Qualitätssicherung, Gerontologische Konzeptentwicklung	Betreuung, Beratung, Organisation, Integration, Intervention, Kooperation und Vernetzung, Öffentlichkeitsarbeit

Abb. 7: Arbeitsfelder, Angebotsformen und Methoden der Altenhilfe

(2) Anforderungen

Im Bereich der Altenhilfe ist eine klare Abgrenzung der Bereiche Sozialarbeit und Pflege besonders wichtig. Im sozialarbeiterischen Kontext geht es darum, psychosoziale Bereiche abzudecken, Mitarbeiter/innen zu führen, Fort- und Weiterbildungen zu konzipieren und zu organisieren, multi- und interdisziplinäre Kooperationsformen zu entwickeln etc. Dazu werden sozialgerontologische Kompetenzen ebenso benötigt wie konzeptionelle, administrative und organisationsbezogene Fähigkeiten. Außerdem stellen Kooperationsfähigkeit und ein partnerschaftlicher Arbeitsstil, die Bereitschaft zur Supervision und Fortbildungen, psychosoziale Belastbarkeit und ein professioneller Umgang mit Nähe, Distanz und Tod wichtige Voraussetzungen dar (Schweppe 2012; Mühlum 2011, S. 310 ff.). Für die Arbeit im Hospiz ist darüber hinaus eine „hospizliche Grundhaltung" erforderlich, die sich im Respekt vor der Würde und Selbstbestimmung der Sterbenden zeigt. Hier gilt es, eine ganzheitliche Sicht zu bewahren und Sterbende nicht alleine zu lassen. Dazu bedarf es neben fachlicher Kompetenzen einer ethischen Grundhaltung. Die Bereitschaft zur Kooperationsfähigkeit und Zusammenarbeit in multiprofessionellen Teams und mit Ehrenamtlichen sind unverzichtbar (Mühlum 2011, S. 307 ff.).

(3) Weiterführende Informationen

Links:
Deutsche Gesellschaft für Gerontologie und Geriatrie e. V.: http://www.dggg-online.de
Deutscher Hospiz- und PalliativVerband e. V.: http://www.dhpv.de
Forum für eine kultursensible Altenhilfe: http://www.kultursensible-altenhilfe.de
Sozialarbeit im Altenheim: http://www.altenheimsozialarbeit.de

Handbücher:
Aner, K./Karl, U. (Hrsg.) (2010): Handbuch Soziale Arbeit und Alter. Wiesbaden: VS Verlag für Sozialwissenschaften.
Menke, M. (2015): Gesundheit, Pflege, Altern: Grundwissen für heilpädagogische, soziale und pflegerische Berufe. Stuttgart: Kohlhammer.
Zippel, C. (2009): Soziale Arbeit für alte Menschen: ein Handbuch für die berufliche Praxis. Frankfurt a. M.: Mabuse.

Zeitschriften:
Die Hospiz-Zeitschrift herausgegeben vom Fachforum für Hospiz- und Palliativarbeit, erscheint vierteljährlich
Zeitschrift für Gerontologie und Geriatrie, herausgegeben von Springer Medizin, erscheint achtmal jährlich

2.5 Gefährdetenhilfe/Resozialisierung

(1) Grundsätzliches

Im Bereich der Gefährdetenhilfe und Resozialisierung wird mit Personen gearbeitet, deren Lebenslagen durch kriminelles, gewalttätiges etc. Verhalten extrem problematisch sind (siehe Abb. 8). „So lässt sich Soziale Arbeit in der ‚Gefährdetenhilfe' als Intervention in die Lebenssituationen und Lebensphasen bezeichnen, in denen der Mensch in seiner Fähigkeit, seinen Alltag in gelingender Weise so massiv gefährdet ist, das externe Hilfe nötig ist" (Klug 2003, S. 11). Da die Begrifflichkeit der „Gefährdetenhilfe/Resozialisierung" nicht unumstritten ist, da mit dieser Bezeichnung eine Stigmatisierung einhergehen kann (ebd., S. 9 ff.), wird in manchen Publikationen und Studiengängen auch die Bezeichnung „Abweichendes Verhalten" präferiert.

	Gefährdetenhilfe/Resozialisierung	
	Angebote	**Methoden/Techniken/ Prinzipien**
Bewährungshilfe/ Straffälligenhilfe	Resozialisierung, Wiedereingliederung, Gerichtshilfe, Bewährungshilfe, Führungsaufsicht, Soziale Hilfe in der Untersuchungshaft, Beratung, Angehörigenarbeit, Prävention, Hilfen zur Erziehung, Soziale Trainings, Täter-Opfer-Ausgleich, Haftentlassenenhilfe, Strafvollzug, Jugendstrafvollzug	Beratung, Vermittlung, Diagnose, Begutachtung, Kontrolle, Training, Case Management, Unterstützung, Intervention
Gewalt	Täter-Opfer-Ausgleich, Trainings, Projekte	Kompetenzerwerb, Bildung, Beratung, Erziehung, Unterstützung, Prävention
Jugendgerichtshilfe	Mitwirkung im Verfahren, Ermittlung, Berichten, Überwachung der Weisungen und Auflagen, Vorschlag zu Sanktionen, Wiedereingliederung, Initiierung außergerichtlicher Konfliktregelungen (Täter-Opfer-Ausgleich), Vorbereitung auf die Gerichtsverhandlung	Analyse, Beratung, Einzelfallhilfe, Dokumentation, Teilnahme am Verfahren, Gruppenarbeit, Biografiearbeit, Erziehung, Krisenintervention, Betreuung, Prävention, Öffentlichkeitsarbeit
Rechtsextremismus	Projekte, Programme, Außerschulische Jugend- und Bildungsarbeit, Aufbau von Vernetzungsstrukturen, Aussteigerarbeit, Opferberatung, Angehörigenberatung, Menschenrechtserziehung	Beratung, Projektarbeit, Bildungsarbeit, Netzwerkarbeit, Prävention, Biografiearbeit, Konfrontation, Sozialraumorientierung

Gefährdetenhilfe/Resozialisierung		
Schuldnerberatung	Schuldnerberatungsstellen, Konsumberatung, Wirtschaftssozialarbeit, finanzielle und rechtliche Beratung, Schuldenregulierung, Haushaltsberatung	Beratung, Vernetzung, Öffentlichkeitsarbeit, Unterstützung, Prävention, Krisenintervention
Wohnungslosenhilfe	Notunterkünfte, Teestuben, Wärmestuben, Fachstellen, Koordinierungsstellen, Ambulante Hilfen, Bahnhofsmission, Begegnungsstätten, Betreute Wohnformen	Streetwork, Beratung, Betreuung, Unterbringung, Prävention, Sozialraumorientierung, Sicherung der Grundversorgung, Partizipation, Öffentlichkeitsarbeit, Nachsorge

Abb. 8: Arbeitsfelder, Angebotsformen, Methoden der Gefährdetenhilfe/Resozialisierung

(2) Anforderungen

Voraussetzung für ein erfolgreiches Arbeiten in diesem Arbeitsfeld ist die Bereitschaft zu niedrigschwelligem Handeln. Dazu müssen Fachkräfte in der Lage sein, auf die jeweiligen Erwartungen der Klientel respektvoll einzugehen. Zudem muss die Bereitschaft gegeben sein, Hilfe auch an unterschiedlichsten Orten anzubieten. Den Betroffenen ist mit Offenheit, Akzeptanz und Anerkennung gegenüberzutreten. Da die Angebote meist im regionalen Hilfesystem vernetzt sind, gehören Kooperationsfähigkeit, Teamfähigkeit und die Fähigkeit zur Zusammenarbeit in einem multi- und interdisziplinären Team ebenfalls zu den Anforderungen des Arbeitsfeldes (Simon 2011, S. 224 f.). Eine Vielzahl der oben genannten Interventionen findet im Zwangskontext statt. Hier ist davon auszugehen, dass die Motivation der Klientel, die eigene Lage zu verändern, nicht immer gegeben und Hilfe nicht immer erbeten ist. Dies stellt eine besondere Herausforderung an die Fachkräfte dar, da sie darin kompetent sein müssen, die Kontakte dennoch motivierend zu gestalten und trotz teilweise diffiziler Ausgangsbedingungen erfolgreiche Beziehungsgestaltung zu leisten. Hierzu bedarf es insbesondere methodischer und fachlicher Versiertheit, aber auch Empathie und Authentizität (Klug/Zobrist 2013).

(3) Weiterführende Informationen

Links:
Bundesarbeitsgemeinschaft Wohnungslosenhilfe: http://www.bag-wohnungslosenhilfe.de
Bundesarbeitsgemeinschaft für Straffälligenhilfe: http://www.bag-s.de
DBH Fachverband für Soziale Arbeit, Strafrecht und Sozialpolitik: http://www.dbh-online.de
Fachverband Sucht e.V: http://www.sucht.de

Handbücher:
Cornel H. et al. (Hrsg.) (2009): Resozialisierung. Handbuch. 3. Aufl. Baden-Baden: Nomos.
Dollinger, B. (Hrsg.) (2010): Handbuch Jugendkriminalität: Kriminologie und Sozialpädagogik im Dialog. Wiesbaden: VS Verlag für Sozialwissenschaften.
Lehmann M./Behrens M./Drees H. (Hrsg.) (2014): Gesundheit und Haft: Handbuch für Justiz, Medizin, Psychologie und Sozialarbeit. Lengerich: Pabst Science.
Lutz, R./Simon, T. (2012): Lehrbuch der Wohnungslosenhilfe: Eine Einführung in Praxis, Positionen und Perspektiven. Weinheim, München: Juventa.
Schweder, M. (Hrsg.) (2015): Handbuch Jugendstrafvollzug. Weinheim: Beltz Juventa.

Zeitschriften:
Bewährungshilfe: Soziales, Strafrecht, Kriminalpolitik herausgegeben vom DBH-Fachverband für Soziale Arbeit, Strafrecht und Kriminalpolitik, erscheint viermal jährlich
FORUM STRAFVOLLZUG – Zeitschrift für Strafvollzug und Straffälligenhilfe herausgegeben von der Gesellschaft für Fortbildung der Strafvollzugsbediensteten e. V., erscheint fünfmal jährlich
Wohnungslos: Aktuelles aus Theorie und Praxis zu Armut und Wohnungslosigkeit herausgeben von der Bundesarbeitsgemeinschaft Wohnungslosenhilfe e. V., erscheint viermal jährlich

2.6 Gesundheit/Rehabilitation

(1) Grundsätzliches

Der Bereich der Gesundheit ist für die Soziale Arbeit von großer Bedeutung. Gesundheit und Krankheit wurden bereits im 19. Jahrhundert im Zusammenhang mit sozialen Fragen und Problemen der materiellen Versorgung in Verbindung gebracht (Ansen 2015, S. 876). Somit wird auch zunehmend deutlich, welche Bedeutung Soziale Arbeit in diesem Arbeitsfeld einnehmen kann (siehe Abb. 9). Jedoch ist anzumerken, dass gesundheitsbezogene Fragestellungen in Wissenschaft und Praxis insbesondere von Bezugsdisziplinen wie Medizin, Soziologie und Psychologie bearbeitet werden und hier noch deutliche Entwicklungspotenziale für die Soziale Arbeit gesehen werden (Homfeldt/Sting 2015, S. 620 f.).

	Gesundheit/Rehabilitation	
	Angebote	Methoden/Techniken/Prinzipien
Behinderung	Soziale Anamnese, Krisenintervention, Beratungsdienste, Berufsbildungseinrichtungen, Berufsfördereinrichtungen,	Beratung, Öffentlichkeitsarbeit, Prävention, Integration, Partizipation, Anwaltschaftliches Handeln, Case und Care Manage-

	Gesundheit/Rehabilitation	
	Tageswerkstätten Selbsthilfeeinrichtungen, Integrationsfachdienste, Betreutes Wohnen, Ambulante Betreuung, Werkstätten für behinderte Menschen, Ambient-Assisted-Living-Konzepte	ment, Netzwerkarbeit, Information, Begleitung, Empowerment, Sozialraumorientierung, Training, Kompetenzförderung, Unterstützung, Betreuung
Klinische Sozialarbeit	Sozialrechtliche Beratung, Krisenintervention, Schnittstellenmanagement, Sterbe- und Trauerbegleitung, Erschließung sozialer Sicherungsleistungen, Organisation der häuslichen Versorgung, Hilfeplanung, Angehörigenarbeit	Soziale Anamnese, Problemdiagnose, Unterstützung, Beratung, Begleitung, Öffentlichkeitsarbeit, Betreuung, Unterstützung, Netzwerkarbeit, Einzelfallhilfe, Care und Case Management, Mediation, Soziale Gruppenarbeit
Psychiatrie	Beratungsdienste, Betroffenenorganisationen, Tagesstätten, Betreute Wohngemeinschaften, Sozialpsychiatrische Dienste, Kriseninterventionsdienste, Begegnungsstätten, Gemeindepsychiatrische Zentren, Psychosoziale Arbeitskreise, Berufliche Rehabilitation	Soziale Anamnese, Krisenintervention, Beratung, Angehörigenarbeit, Einzelfallhilfe, Soziale Gruppenarbeit, Netzwerkarbeit, Sozialraumorientierung, Organisationsentwicklung, Case Management, Prävention, Betreuung, Mediation, Assistenz, Empowerment, Qualifizierung, Beratung, Psychoedukation
Rehabilitation	Berufliche Rehabilitation, Sozialrechtliche Beratung, Krisenintervention, Vorbereitung der Rückkehr nach Hause, Schnittstellenmanagement	Beratung, Bewältigung, Sozialraumorientierung, Integration, Partizipation, Case und Care Management, Netzwerkarbeit
Sexualität und Familienplanung	Schwangerschaftskonfliktberatung, Sexualerziehung, Sexualberatung, Sexualität und Behinderung, Projektarbeit, Beratung von Einrichtungen (Heime, Frauenhäuser etc.), Medienerstellung	Beratung, Information, Prävention, Fort- und Weiterbildung, Gesundheitserziehung, Projektarbeit, Multiplikatorenarbeit, Empowerment
Sucht	Nachsorge, Einrichtungen der Sucht- und Drogenhilfe, Beratung, Angehörigenarbeit, Therapievorbereitung, Unterstützung bei der praktischen Lebensführung, Soziale Integration, Präventionsprogramme, Suchtberatungsstellen, Drogenberatungsstellen, Überlebenshilfen, Kontaktlä-	Case Management, Prävention, Beratung, Begleitung, Unterstützung, Betreuung, Krisenintervention, Kooperation, Öffentlichkeitsarbeit, Politische Arbeit, Motivationsarbeit, Nachsorge, Behandlung

Gesundheit/Rehabilitation	
den, Therapieeinrichtungen, Entgiftungseinrichtungen, Entzugseinrichtungen	

Abb. 9: Arbeitsfelder, Angebotsformen, Methoden im Bereich Gesundheit/Rehabilitation

(2) Anforderungen

Fachkräfte im Bereich Gesundheit und Rehabilitation benötigen spezifische personale, soziale und methodische Kompetenzen. Primär werden Beratungskompetenz, Gesprächsführungskompetenz, Planungs- und Organisationsfähigkeit, Verhandlungskompetenzen, Kooperationsbereitschaft, Teamfähigkeit und die Bereitschaft, sich Sichtweisen anderer Disziplinen anzueignen, vorausgesetzt. Kenntnisse der einschlägigen Rechtsgrundlagen und Regelungen sowie medizinische Grundkenntnisse sind für die Zusammenarbeit in interdisziplinären Teams unverzichtbar (Schartmann/Bieker 2011, S. 194 ff.). Dazu zählt auch ein professioneller Umgang mit der Sozialverwaltung, Wissen über die jeweiligen Zuständigkeiten und vor allem die Fähigkeit, in den jeweiligen Fachsprache adäquat zu kommunizieren zu können (Ansen 2015, S. 879). Neben Fach- und Methodenkompetenzen, sind vor allem Sozialkompetenzen gefragt: Empathie, Reflexionsfähigkeit, Problemlösungsfähigkeit, Offenheit sowie Konfliktfähigkeit (Schartmann/Bieker 2011, S. 194 ff.). Nicht nur im Bereich der Psychiatrie ist es „von besonderer Relevanz, dass sich Soziale Arbeit in diesem Kontext selbstbewusst professionell und eigenständig positioniert und nicht eine Chamäleonexistenz annimmt, indem sie sich anderen Berufsgruppen anpasst und unterordnet" (Domes 2008, S. 24).

(3) Weiterführende Informationen

Links:
Deutsche Gesellschaft für soziale Psychiatrie dgsp: http://www.psychiatrie.de
Deutsche Vereinigung für Rehabilitation DVfR: http://www.dvfr.de
Deutsche Vereinigung für Soziale Arbeit im Gesundheitswesen e. V.: http://www.¬dvsg.org
Zentralstelle für klinische Sozialarbeit: http://www.klinische-sozialarbeit.de

Handbücher:
Baudis, R. (2014): Abhängigkeit und Entscheiden: Ein Handbuch. Rudersberg: Verlag für Psychologie, Sozialarbeit und Sucht.
Gahleitner, S. (2008): Klinische Sozialarbeit: Zielgruppen und Arbeitsfelder. Bonn: Psychiatrie-Verlag.
Homfeldt, H./Sting, S. (2006): Soziale Arbeit und Gesundheit: Eine Einführung. München: Reinhardt.

Röh, D. (2009): Soziale Arbeit in der Behindertenhilfe, München: Reinhardt.

Zeitschriften:
FORUM Sozialarbeit + Gesundheit herausgegeben von der Deutschen Vereinigung für Soziale Arbeit im Gesundheitswesen e. V., erscheint viermal jährlich
Teilhabe herausgegeben von der Bundesvereinigung Lebenshilfe e. V., erscheint viermal jährlich
Psychosoziale Umschau herausgegeben vom Psychiatrie Verlag, erscheint viermal jährlich

2.7 Armut und Ausgrenzung

(1) Grundsätzliches

Soziale Arbeit ist immer auch eng mit Fragen der Armut und der sozialen Benachteiligung konfrontiert. Dabei ist festzustellen, dass sich vor allem in den letzten Jahren Entwicklungen verzeichnen lassen, die darauf hinweisen, dass „gesellschaftlich und politisch größere soziale Ungleichheiten akzeptiert werden, als noch in den 60er und 70er Jahren und (...) soziale Polarisierungen, Kürzungen sozialer Leistungen, Steuersenkungen konsensfähiger zu sein scheinen als soziale Gerechtigkeit und der Ausbau des Sozialstaats" (Iben 2008, S. 273). Hinzukommt, dass Armut in der Bevölkerung zunimmt, die Schere zwischen Arm und Reich weiter wächst und Armut immer breitere soziale Schichten betrifft oder bedroht (ebd.). Dabei steht in Deutschland nicht die „absolute" Armut im Fokus der sozialarbeiterischen Interventionen, hier wird auf die sozialstaatlichen Sicherungsmöglichkeiten verwiesen. Vielmehr zeigt sich, dass sich Armut „in hochmodernen Gesellschaften nicht allein als Problem materiell benachteiligter Lebenslagen darstellt, sondern insbesondere als soziales Problem einer vielschichtigen gesellschaftlichen Desintegration" (ebd., S. 275). Dabei geht es vor allem um Fragen der Teilhabe und Integration (siehe Abb. 10).

	Armut und Ausgrenzung	
	Angebote	Methoden/Techniken/ Prinzipien
Arbeitsmarkt-integration	Psychosoziale Beratung, Arbeitslosenprojekte, Bewerbungstrainings, Sozialrechtliche Beratung, Hilfen bei der Arbeitssuche, Zeitorganisation, Politische Arbeit, Übergang Schule/Beruf, Angebote der Arbeitsförderung	Prävention, Bildung, Beratung, Orientierung, Unterstützung, Netzwerkarbeit, Parteilichkeit, Öffentlichkeitsarbeit, Gruppenarbeit, Begleitung, Einzelfallhilfe, Biografiearbeit
Soziale Hilfe	Sozialhilfe, Beratungsstellen, Sozialpädagogische Beratung,	Unterstützung, Beratung, Begleitung, Öffentlichkeitsarbeit,

	Armut und Ausgrenzung	
	Leistungsberatung, Allgemeiner Sozialer Dienst	Bildung, Netzwerkarbeit, Information, Politische Arbeit

Abb. 10: Arbeitsfelder, Angebotsformen, Methoden im Bereich Armut und Ausgrenzung

(2) Anforderungen

Besondere Bedeutung kommt hier spezifischen Fachkompetenzen zu: Sowohl hinsichtlich der Lebenswelten der Klientel als auch bezüglich rechtlicher und methodischer Grundlagen gilt es, umfassende Kenntnisse zu erwerben und anzuwenden. Außerdem muss die Fähigkeit zur systematischen Kooperation mit anderen Stellen und Professionen vorhanden sein. Neben Offenheit, Akzeptanz, Sachkompetenz und der Fähigkeit zur Netzwerkarbeit geht es auch darum, menschliche Lebensumstände in ihrer Komplexität zu erkennen und zu bearbeiten. Erwartet wird zudem eine ressourcen- und lösungsorientierte Herangehensweise. Des Weiteren müssen Sozialarbeiter/innen in diesem Bereich ganz besonders in der Lage sein, diverse Spannungsverhältnisse aushalten zu können. Hierbei geht es neben dem klassischen doppelten Mandat „Hilfe und Kontrolle" insbesondere um die Abwägung gesellschaftlicher und politischer Erwartungen und fachlicher Notwendigkeiten sowie die Vermittlung zwischen unterschiedlichen Lebenswelten und Lebensrealitäten (Stuckstätte 2011, S. 186 ff.).

(3) Weiterführende Informationen

Links:
Institut für Arbeitsmarkt und Berufsforschung: http://www.iab.de

Handbücher:
Huster, E. (Hrsg.) (2012): Handbuch Armut und soziale Ausgrenzung. Wiesbaden: Springer VS.
Zander, M. (Hrsg.) (2010): Kinderarmut: Einführendes Handbuch für Forschung und soziale Praxis. Wiesbaden: VS Verlag für Sozialwissenschaften.

Zeitschriften:
Straßen- und Obdachlosenzeitungen in vielen Großstädten

2.8 Interkulturelle/Internationale Soziale Arbeit

(1) Grundsätzliches

Der Ansatz der interkulturellen Sozialen Arbeit richtet sich in gleichen Teilen an Angehörige der Mehrheitsgesellschaft und an Angehörige kultureller Minderheiten (Nieke 2015, S. 717 f.).

„Meist wird mit interkultureller sozialer Arbeit jedoch einfach die Aufgabe angesprochen, Menschen mit Migrationsgeschichte in ihrer spezifischen Lebenslage, die durch freiwillige oder erzwungene Wanderung von einem Sprach- und Kulturraum in einen neuen zunächst ihrer Alltagskompetenz beraubt sind, Hilfen zur effektiveren Bewältigung dieses Kompetenzverlustes zu geben" (ebd., S. 721).

Die Benennung der Zielgruppe hat sich dabei im Laufe der Jahre gewandelt. Von Gastarbeiter/innen, Ausländer/innen, Migranten und Migrantinnen bis hin zu Menschen mit Migrationshintergrund oder Migrationsgeschichte (ebd.). Heute sind in diesem Bereich auch insbesondere Bürgerkriegs- und Armuts-Flüchtlinge sowie Asylbewerber/innen eine bedeutende Zielgruppe.

Der Begriff der internationalen Sozialen Arbeit bezeichnet alle Aktivitäten im internationalen Bereich, die sich zum Ziel gesetzt haben, Hunger, Armut, Krankheit, Benachteiligungen etc. weltweit zu bekämpfen.

„Die internationalen Perspektiven Sozialer Arbeit gewinnen im Zuge von global ausgerichteten und transnationalen Aktivitäten und Anforderungen zunehmend an Bedeutung und Soziale Arbeit als Wissenschaft und als Profession ist selbst Akteurin in diesem Bereich. Fachliche Ausbildung, Expertise und Organisation im Kontext internationaler Sozialer Arbeit sind Bausteine einer Einmischung in weltweite gesellschaftliche, politische und wirtschaftliche Diskurse als Anwälte und Anwältinnen derjenigen, die selbst ihre Stimme nicht erheben können. Es geht aber auch darum, in eigener Sache die Formulierung professioneller Standards zu gestalten, ohne dabei die unterschiedlichen Bedingungen und (postkolonialen) Entwicklungen im globalen Norden bzw. Süden zu vernachlässigen" (DGSA o. J.).

Interkulturelle und internationale Soziale Arbeit stehen dabei in einem engen Austauschverhältnis (siehe Abb. 11)

	Interkulturelle/Internationale Soziale Arbeit	
	Angebote	Methoden/Techniken/ Prinzipien
Asyl/Flüchtlinge	Aufnahmestellen, Unterkünfte, Wohnheime, Rückkehrberatung, Sprachliche und berufliche Bildung, Traumazentren, Freizeitgestaltung, Psychosoziale Bera-	Beratung, Motivationsarbeit, Koordination von Ehrenamtlichen, Öffentlichkeitsarbeit, Projektarbeit, Krisenintervention, Unterstützung, Advokatorisches

	Interkulturelle/Internationale Soziale Arbeit	
	tung, Rechtliche Beratung, Asylsozialberatung	Handeln, Begleitung, Politische Arbeit
Friedens- und Konflikt-erziehung	Umgang mit Konflikten, Umgang mit Gewalt, Gewaltfreie Konfliktaustragung, Versöhnungsarbeit, Mediaton, Sozial- und Friedensdienste, Austauschprogramme, Projekte	Prävention, Bildung, Erziehung, Öffentlichkeitsarbeit, Beratung, Training, Mediation
Katastrophen-hilfe	Koordinierung von Transport, Verteilung von Hilfsgütern, Koordination der Helfer, Bereithaltung von Hilfsgütern, Katastrophenmanagement, Spendenakquise, Krisenintervention, Trauerbegleitung	Intervention, Beratung, Öffentlichkeitsarbeit, Psychosoziale Unterstützung, Versorgung, Kooperation, Betreuung
Migration	Migrationsberatungsstellen, Sozialberatung, Bildungsarbeit, Kulturarbeit, Integrationsprojekte, Rückkehrberatung, Aussiedlerarbeit, Migrationsdienste	Beratung, Kooperation, Vermittlung, Case Management, Projektarbeit, Sozialraumorientierung, Prävention, Begleitung, Unterstützung

Abb. 11: Arbeitsfelder im Bereich Interkulturelle/Internationale Soziale Arbeit

(2) Anforderungen

In diesen beiden Bereichen werden vor allem fachliche Kompetenzen bezüglich migrationsspezifischer und interkultureller Thematiken erwartet. Unter interkultureller Kompetenz wird hier das Wissen um andere Kulturen und um die gegenwärtige und vergangene Lebenssituation der Migranten und Migrantinnen ebenso verstanden wie die Fähigkeit, sich dementsprechend zu verhalten. Im vorgestellten Arbeitsfeld werden zudem weitreichende Kenntnisse der entsprechenden Rechtsgrundlagen und -verfahren benötigt. Voraussetzung hierfür ist die Bereitschaft, sich kontinuierlich fort- und weiterzubilden, da insbesondere das Ausländer- und Asylrecht ständig Neuerungen und Änderungen unterworfen ist (Keßler 2011, S. 250 ff.). Zudem sind fremdsprachliche Fähigkeiten und eine wertschätzende, offene Haltung gegenüber einer heterogenen Gesellschaft gefordert. „Gleichzeitig ist soziale Arbeit mit weiteren Herausforderungen konfrontiert, wenn Haltungen und Einstellungen von Migrantenfamilien den eigenen sowie den hiesigen gesellschaftlichen Normen widersprechen" (Stöcker-Zafari 2011, S. 237). Da es in hohem Maße zur Zusammenarbeit mit Netzwerk- und Kooperationspartnern kommt, ist Teamfähigkeit eine weitere wichtige Kompetenz (ebd., S. 238 ff.).

(3) Weiterführende Informationen

Links:
Forum Migration: http://www.migration-online.de
Informationsverbund Asyl: http://www.ayl.net
Europäischer Dachverband von Flüchtlings- und Migrantenorganisationen:
http://www.ecre.org

Handbücher:
Classen, G. (2008): Sozialleistungen für MigrantInnen und Flüchtlinge. Handbuch für die Praxis. Karlsruhe: von Loeper.
Eppenstein, T./Kiesel, D. (2008): Soziale Arbeit interkulturell. Theorien, Spannungsfelder, reflexive Praxis. Stuttgart: Kohlhammer.
Kunz, T./Puhl, R. (Hrsg.) (2011): Arbeitsfeld Interkulturalität: Grundlagen, Methoden und Praxisansätze der Sozialen Arbeit in der Zuwanderungsgesellschaft. Weinheim: Beltz Juventa.

Zeitschriften:
Asylmagazin herausgegeben vom Informationsverbund Asyl und Migration, erscheint zehnmal jährlich

2.9 Sozialraumorientierte Soziale Arbeit

(1) Grundsätzliches

„Der Sozialraum als Arbeitsfeld der Sozialen Arbeit nimmt insofern eine Sonderstellung zu anderen Handlungsfeldern ein, da der ‚Sozialraum' weder eine Zielgruppe beschreibt noch per se problematisch ist. Gleichwohl hat die Sozialraumorientierung als Arbeitsprinzip und Methode Eingang in sehr unterschiedliche Konzepte der Sozialen Arbeit gefunden und sich heute vielfach (...) etabliert" (Schönig 2011, S. 405).

Ziel ist es dabei vor allem, ausgehend von den Interessen der jeweiligen Bewohner/innen und unter deren aktiven Mitwirkung, strukturelle Veränderungen im Sozialraum anzustoßen und zu einer Verbesserung der lebensweltlichen Bedingungen beizutragen (siehe Abb. 12).

	Sozialraumorientierte Soziale Arbeit	
	Angebote	Methoden/Techniken/Prinzipien
Netzwerkarbeit	Angebote und Projekte zur Interaktion, Praktische Hilfen, Netzwerkförderung, Koordinierung	Netzwerkanalyse, Beratung, Unterstützung, Intervention, Information

Sozialraumorientierte Soziale Arbeit		
Soziale Arbeit im virtuellen Raum	Onlineberatung, Darbietung von Information (Foren, Informationsseiten etc.), Angebote zu Medienkompetenz	Prävention, Bildung, Erziehung, Öffentlichkeitsarbeit, Beratung, Partizipation, Kooperation, Information
Sozialplanung	Bezirkssozialarbeit, Sozialraumbudgets, Erstellung bezirksbezogener Angebote	Aktivierende Befragung, Sozialraumanalyse, Aktivierung, Ressourcenorientierung, Beratung
Sozialraumorientierung	Quartiersbezogene Interventionen, Konzeptentwicklung, Sozialraumbudgets, Projekte und Programme zur Aneignung von Raum, Quartiersmanagement, Netzwerkmanagement	Beratung, Kooperation, Beratung, Parteilichkeit, Öffentlichkeitsarbeit, Unterstützung, Befähigung, Sozialraumanalyse

Abb. 12: Arbeitsfelder, Angebote, Methoden der Sozialraumorientierten Sozialen Arbeit

(2) Anforderungen

Soziale Arbeit im Sozialraum zeichnet sich vor allem durch ein hohes Maß an Kooperation mit unterschiedlichen Stellen und Professionen aus. Hierzu müssen „Strukturen, Prozesse und Kulturen unterschiedlicher Organisationen, Disziplinen und Professionen" (Becker 2014, S. 32) erkannt und gestaltet werden. Daher sind neben Fach- und Handlungskompetenzen vor allem Kompetenzen wie Team- und Organisationsfähigkeit besonders zentral. Durch das hohe Maß an Partizipation und Bürgerbeteiligung müssen Fachkräfte vor allem darauf hinwirken, dass das jeweilige Engagement gefördert und verstetigt werden kann. Hierzu sind neben den fachlichen und methodischen insbesondere auch soziale und reflexive Kompetenzen erforderlich (ebd.).

(3) Weiterführende Informationen

Links:
Umfassende Informationen zum Thema Sozialraum: http://www.sozialraum.de
Institut für Stadtteilentwicklung, Sozialraumorientierte Arbeit und Beratung:
https://www.uni-due.de/biwi/issab/

Handbücher:
Deinet, U. (2009): Methodenbuch Sozialraum. Wiesbaden: VS Verlag für Sozialwissenschaften.
Deinet, U./Krisch, R. (2006): Der sozialräumliche Blick der Jugendarbeit. Methoden und Bausteine zur Konzeptentwicklung und Qualifizierung. Wiesbaden: Leske & Budrich.

Früchtel, F./Cyprian, G./Budde, W. (2009): Sozialer Raum und Soziale Arbeit, Textbook: Theoretische Grundlagen. Wiesbaden: VS Verlag für Sozialwissenschaften.
Kessl, F./Reutlinger, C. (2007): Sozialraum. Eine Einführung. Wiesbaden: VS Verlag für Sozialwissenschaften.

Zeitschriften:
Sozialraum.de, Online-Zeitschrift abrufbar unter http://www.sozialraum.de

2.10 Sozialwirtschaft

(1) Grundsätzliches

Professionelle Soziale Arbeit muss verwaltet, koordiniert, organisiert und gemanagt werden. Dabei spielen die Anforderungen der Märkte und Marktmechanismen ebenso eine Rolle wie sozialpolitische, gesellschaftliche und fachliche Bedingungen (Wöhrle 2015, S. 1562 f.). Als sozialwirtschaftliche Unternehmen werden die Unternehmen bezeichnet, die soziale Dienstleistungen oder Güter erbringen, und solche Einrichtungen und Unternehmen, die ein soziales Ziel durch die Erbringung ihrer Leistung anstreben (Wendt 2013, S. 13 ff.). „Sozialwirtschaftliche Organisationen haben typische Fragestellungen, eigenartige Zielsetzungen, Besonderheiten in der Leitungsorganisation, merkwürdige Kundenbeziehungen und komplizierte Rechts- und Organisationsformen" (Halfar et al. 2014, S. 5). Zugleich hat auch der Bereich der Sozialinformatik in dem Maße an Bedeutung gewonnen, in dem im Zusammenhang mit Management- und Verwaltungsprozessen Daten erhoben, verwaltet und für Entscheidungen aufbereitet werden müssen. Den Informationstechnologien kommt dabei eine herausragende Bedeutung zu (siehe Abb. 13).

	Sozialwirtschaft	
	Angebote	Methoden/Techniken/ Prinzipien
Sozialmanagement	Organisation, Steuerung, Erweiterung des Handlungs- und Erfahrungsspielraumes, Leitbilderstellung, Führung und Leitung, Sicherung von und Versorgung mit Mitteln, Allokation von Ressourcen, wirtschaftliche Eingliederungsgestaltung, Qualitätsmanagement, Finanzierungsmanagement, Marketing, Personalentwicklung, Strategieentwicklung, Wirkungsmessung	Organisation, Führung, Effektivitätskontrolle, Effizienzkontrolle, Monitoring, Controlling, SROI, Analysen

	Sozialwirtschaft	
Sozial- informatik	IT im Sozialmanagement (Fach-software, Dokumenten- und Wissensmanagamentsysteme, Spezialsoftware), IT-gestützte institutionelle Kommunikation (Mailsysteme, Darbietung von Information: Foren, Informationsseiten etc.), IT-gestützte Adressatenkommunikation (Online-Medien, Online-Beratung, Telearbeit), Angebote zu Medienkompetenz, fachspezifische IT-Angebote (z. B. Software zur Erstellung von Hilfeplänen), konzeptionelle Entwicklung	Ausführung, technische Konzipierung, Evaluation, Analyse, Einführung von Hard- und Software, Mediendidaktik, Beratung

Abb. 13: Arbeitsfelder, Angebotsformen und Methoden der Sozialwirtschaft

(2) Anforderungen

Im Bereich der Sozialwirtschaft gilt es, besondere Kompetenzen nachzuweisen, die man sich gegebenenfalls durch Zusatzausbildungen, Masterstudiengänge und Fortbildungen aneignen muss. Grundsätzlich wird die Fähigkeit zu betriebswirtschaftlichem Denken, zu angemessenem Wirtschaften, zum Erkennen von Bedarfen und der Fähigkeit zu kreativer Problemlösung erwartet (Wendt 2013). Belange der Einrichtungen müssen in betriebswirtschaftliche und/oder technische Sprachen übersetzt und die Besonderheiten der Sozialen Arbeit im wirtschaftlichen Handeln berücksichtigt werden. Die Einflüsse des Managements ebenso wie der IT-Anwendungen müssen auf die konkrete fachliche Praxis hin reflektiert werden (Kreidenweis 2012). Dazu bedarf es genauer betriebswirtschaftlicher bzw. technischer Kenntnisse sowie Wissen um die fachlichen, methodischen und sozialen Herausforderungen der Arbeitsfeldes. Strukturelle und politische Bedingungen der Sozialwirtschaft müssen dabei ebenso Berücksichtigung finden wie interne Vorgaben und Ausrichtungen (Halfar et al. 2014).

(3) Weiterführende Informationen

Links:
Fachverband Informationstechnologie in Sozialwirtschaft und Sozialverwaltung e. V.: https://www.finsoz.de
Management im Non-Profit-Sektor: http://www.nonprofit.de

Handbücher:
Halfar, B. et al. (2014): Controlling in der Sozialwirtschaft. Handbuch. Baden-Baden: Nomos.

Kreidenweis, H. (2012): Lehrbuch Sozialinformatik. 2. Aufl. Baden-Baden: Nomos.
Nicolini, H. (2012): Sozialmanagement: Grundlagen. Köln: Bildungsverlag EINS.

Zeitschriften:
IT-Report für die Sozialwirtschaft, herausgegeben von der Arbeitsstelle für Sozialinformatik, Katholische Universität Eichstätt-Ingolstadt, erscheint jährlich
Sozialwirtschaft. Zeitschrift für Führungskräfte in sozialen Unternehmungen, herausgegeben von der Nomos-Verlag-Gesellschaft, erscheint sechsmal jährlich

3 PERSONALES UND FACHLICHES HANDELN IN DER SOZIALEN ARBEIT

Bereits beim Durchlesen der beiden ersten Kapitel dürfte deutlich geworden sein, dass es sich bei der Sozialen Arbeit um eine komplexe und verantwortungsvolle Tätigkeit handelt, die nicht nur ein hohes Maß an persönlichen Kompetenzen voraussetzt, sondern auch fachliches Wissen benötigt.

> *„Professionelle (Sozialarbeiter/innen, d. V) müssen ihre Situations- und Problemanalysen, die Entwicklung von Zielen und die Planung ihrer Interventionen verständigungsorientiert, multiperspektivisch und revidierbar gestalten. Es wird von ihnen erwartet, dass sie ihre Handlungen transparent und intersubjektiv überprüfbar halten, und dass sie diese berufsethisch rechtfertigen, unter Zuhilfenahme wissenschaftlicher und erfahrungsbezogener Wissensbestände begründen und hinsichtlich ihrer Wirksamkeit bilanzieren können"* (Spiegel 2013, S. 9).

In diesem Kapitel werden daher die grundlegenden Kompetenzen von Sozialarbeiter/innen und die Kenntnisse, die bezüglich des fachlichen Handelns vorhanden sein müssen, beschrieben.

Dazu werden zunächst die drei wichtigsten zu entwickelnden personalen Kompetenzen, nämlich die Selbst-, Sozial- und Methodenkompetenz dargestellt. Dabei wird davon ausgegangen, dass Studierende der Sozialen Arbeit wesentliche Voraussetzungen für den vollständigen Erwerb dieser Kompetenzen bereits zum Zeitpunkt der Aufnahme eines Studiums – als Teil ihrer Persönlichkeitsstruktur – mitbringen. Allerdings müssen sie in jedem Falle weiterentwickelt und später ein Berufsleben lang vertieft werden (Kap. 3.1).

Darüber hinaus benötigen die Praktiker/innen auch ein Wissen über fachliche Handlungskonzepte, die es ihnen erlauben, die vielfältigen, im Rahmen der verschiedenen Hilfeprozesse vorkommenden Aktivitäten methodisch zu strukturieren und zu organisieren. Einige wichtige Handlungskonzepte werden hier im Folgenden vorgestellt und diskutiert (Kap. 3.2): Das ASPIRE-Konzept von Carole Sutton (Kapitel 3.2.1), das Konzept zur Lösung „kritischer Ereignisse" von Kurt Possehl (Kapitel 3.2.2), das Konzept des „sozialpädagogischen Könnens" von Burkhard Müller (Kapitel 3.2.3) sowie die mehrstufigen und mehrdimensionalen Handlungskonzepte von Brigitta Michel-Schwartze (Kapitel 3.2.4), Marianne Meinhold (Kapitel 3.2.5), Hiltrud von Spiegel (Kapitel 3.2.6) und Maja Heiner (Kapitel 3.2.7).

Das dritte Unterkapitel fasst dann noch einmal alle dargestellten Aspekte zusammen und weist auf die besondere Bedeutung des personalen und fachlichen Handelns aus Sicht der Ethik der Sozialen Arbeit hin (Kap. 3.3).

3.1 Soziale Arbeit als personale Praxis: Persönlichkeit und Kompetenzprofil

Immer wieder wird von Berufsverbänden, Ausbildungsinstitutionen und Hochschulen betont, dass sich die Gesamtkompetenz der Sozialarbeiter/innen aus Haltung, Können und Wissen zusammensetzt (Effinger o. J., S. 2; Heiner 2010). Die verschiedenen dazu notwendigen Kompetenzen werden unterschiedlich klassifiziert und eingeteilt. So hat beispielsweise der Deutsche Berufsverband für Soziale Arbeit neun Schlüsselkompetenzen der Sozialen Arbeit formuliert: Strategische Kompetenz, Methodenkompetenz, Sozialpädagogische Kompetenz, Sozialrechtliche Kompetenz, Sozialadministrative Kompetenz, Personale und Kommunikative Kompetenz, Berufsethische Kompetenz, Sozialprofessionelle Beratungskompetenz, Praxisforschungs- und Evaluationskompetenz (Nodes 2007). Maja Heiner (2010) begnügt sich im Rahmen ihres Modells mit drei Kompetenzbereichen: Selbstkompetenz, Fallkompetenz und Systemkompetenz (ebd., 12 f.), andere Autoren/Autorinnen unterteilen in Selbstkompetenz, Sozialkompetenz und Methodenkompetenz (ebd., S. 52 f.)

Selbstkompetenz	Sozialkompetenz	Methodenkompetenz
Umgang mit der eigenen Person	Umgang mit anderen Personen	Fähigkeit zur Lösung von technischen Aufgaben
• Haltung • Empathiefähigkeit • Reflexionsfähigkeit • Menschenkenntnis • Authentizität • Stresskompetenz • Frustrationstoleranz • Mut • Konstruktive Lebenseinstellung • Motivation • Lernbereitschaft • Selbstbewusstsein • Selbstorganisation • Fähigkeit zur Eigeninitiative	• Kommunikationsfähigkeit • Interaktionsfähigkeit • Kooperationsfähigkeit • Teamfähigkeit • Verantwortungsbewusstsein • Fähigkeit zur Beziehungsgestaltung • Risikobewusstsein • Konfliktfähigkeit • Kritikfähigkeit • Netzwerkkompetenz • Interkulturelle Kompetenz • Führungskompetenz • Verhandlungsfähigkeit	• Kreativität • Organisationsfähigkeit • Problemlösungskompetenz • Fähigkeit zur Entscheidungsfindung • Präsentationskompetenz • Moderationskompetenz • Rhetorische Kompetenz • Lese- und Lernkompetenz • Medienkompetenz • Fähigkeit zur Situationsanalyse und Planung • Arbeitsorganisation • Projektmanagement

Abb. 14: Wichtige Kompetenzbereiche in der Sozialen Arbeit[2]

Einen Überblick über die für Sozialarbeiter/innen wichtigsten Kompetenzformen und den jeweils damit verbunden Spezifikationen bietet Abbildung 14. Diese

---

2 Siehe dazu auch Heiner 2010; Effinger o. J.

werden im Folgenden kurz vorgestellt. Ausführungen zur Fachkompetenz finden sich dann in Kapitel 3.2.

Warum diese Kompetenzen unabdingbar sind, erschließt sich auf den ersten Blick: Sozialarbeiter/innen arbeiten mit Menschen, sie beraten, begleiten, informieren, verhandeln, schlichten, sie müssen mit Menschen Kontakt aufnehmen, in Beziehung treten und im Dialog Lösungen und Strategien erarbeiten. Dazu benötigen sie nicht nur persönliche Kompetenzen, wie zum Beispiel ein gewisses Maß an Selbstbewusstsein, Empathiefähigkeit und Verantwortungsbewusstsein, sondern auch soziale Fähigkeiten, wie z. B. Kommunikationsfähigkeit und interkulturelles Geschick sowie methodische Kompetenzen, wie beispielsweise die Fähigkeit, Verhandlungs- und Problemlösetechniken sachgemäß einsetzen zu können.

(1) Selbstkompetenz: die Fähigkeit zum Umgang mit der eigenen Person

Eine wichtige Voraussetzung für einen förderlichen Umgang mit der eigenen Person ist in jedem Fall eine konstruktive Einstellung zum eigenen Leben. Eine pragmatische Orientierung hilft darüber hinaus bei der Suche nach einfachen Lösungen. Menschenkenntnis und Authentizität erleichtern zudem die Analyse der Situation und Organisation der Hilfe, zumal „die meisten Praxissituationen zu komplex sind, als dass alle Handlungsalternativen im Voraus bedacht werden könnten, um für das ihre Bewältigung relevante, explizite Wissen vorab bereitzustellen" (Heiner 2010, S. 58).

In einem Beruf, der noch wenig technisiert ist, in dem man sich stets neu auf die unterschiedlichsten Menschen in meist schwierigen Lebenslagen einlassen und Lösungen mit den betroffenen Klienten verhandeln muss, gehört auch eine Portion Mut und Selbstbewusstsein zu den grundlegenden Kompetenzen (Bieker 2014, S. 16). Und ständig, ganz unabhängig vom Arbeitsfeld und Arbeitsauftrag muss das eigene Verhalten reflektiert werden, muss eine gesunde Selbstwahrnehmung die realistische Einschätzung einer Situation ermöglichen, um daraus Konsequenzen für das weitere Vorgehen ziehen zu können etc.

(2) Sozialkompetenz: die Fähigkeit zum Umgang mit anderen Personen

Sozialarbeiter/innen interagieren nicht nur mit Klienten und Klientinnen. Auch im Team, innerhalb der Organisation und in der Zusammenarbeit mit Trägern und Netzwerkpartnern müssen Entscheidungen getroffen, Projekte organisiert, Informationen ausgetauscht und verarbeitet sowie Ergebnisse dargestellt werden. Voraussetzung dafür, dass die damit verbundenen Prozesse in Gang kommen können, bilden verschiedene Kompetenzen, wie etwa: Kommunikation positiv und wertschätzend gestalten, Konflikte verbalisieren und lösen, Kritik sachlich äußern und Verhandlungen zielorientiert führen zu können.

Gerade angesichts einer sich kulturell ausdifferenzierenden Gesellschaft ist die Fähigkeit zu einer Nähe und Distanz ermöglichenden, respektvollen, genderkorrekten etc. Kommunikation extrem wichtig geworden. Sozialarbeiter/innen benötigen hier eine kulturspezifische Sensibilität, um in den verschiedensten Situationen, an den verschiedensten Orten und unter unterschiedlichsten Begleitumständen sprach- und konfliktfähig zu bleiben.

(3) Methodenkompetenz: die Fähigkeit zur Lösung von technischen Aufgaben

Auch hierzu bedarf es einer Vielzahl an Kompetenzen. Neben den basal erscheinenden Kompetenzen des strukturierten Lesens und des Lernens sind hier Organisationsfähigkeit, Moderationsfähigkeiten, rhetorische und kreative Kompetenzen genauso gefragt wie Kooperationsfähigkeit, Teamfähigkeit, Konfliktfähigkeit, Kritikfähigkeit, Führungskompetenz und Verantwortungsbewusstsein.

Einige dieser beschriebenen Kompetenzen sind sicher bei vielen Studierenden bereits vorhanden und lassen sich in der Ausbildung vertiefen und verfestigen, andere müssen im Rahmen von Methodenseminaren gänzlich neu erworben werden. Eine Befragung von Absolventinnen und Absolventen an der Evangelischen Hochschule für Soziale Arbeit in Dresden konnte zeigen, „welche Handlungskompetenzen, Fähigkeiten und Fertigkeiten den Kern sozialarbeiterischen Könnens bilden und welchen Anteil das Studium an deren Entwicklung hat" (Effinger o. J., S. 4). Die Frage, woran ein/e gute Sozialarbeiter/in zu erkennen sei, wurde von 93 % der Befragten mit „Kommunikationsfähigkeit" beantwortet. Dahinter folgten „berufspraktische Erfahrungen" (89 %), „Teamfähigkeit", „persönliche Reife" und „Lebenserfahrung" (85 %) sowie „Fachwissen" (75 %). Betrachtet man die Ergebnisse zu den Kompetenzen, die die Befragten für die Soziale Arbeit als relevant ansehen, stechen insbesondere „Teamfähigkeit", „Empathie", „Reflexionsfähigkeit", „Konfliktfähigkeit" und „Zuhören können" hervor, gefolgt von „Ressourcen mobilisieren können" und „Sich schnell auf neue Situationen einstellen können". Die geringste Zustimmung erfuhren Kompetenzen wie „Fürsorglichkeit" und „Einstellung". Interessant sind die Ergebnisse der Studie zur Frage, wann die Kompetenzen erworben wurden. Vor allem vor dem Studium waren dies: „Zuhören können", „Empathie", „Teamfähigkeit", „Humor", „Fähigkeit zum Altruismus", „Fürsorglichkeit" und „Einstellung". Während des Studiums standen insbesondere Fachkompetenzen im Vordergrund („Sich gut in Rechtsfragen auskennen"), aber auch die Aneignung von Reflexionsfähigkeit. Während der Berufspraxis eigneten sich die Befragten vor allem Kompetenzen an, wie z. B. „Sich schnell auf andere Situationen einstellen können", „Widersprüche aushalten", „Ressourcen mobilisieren" und „Sich distanzieren" können. Während des Studiums wurden neben dem Erwerb von Fachwissen, soziale und kommunikative Kompetenzen sowie selbstständiges Lernen und Arbeiten erlernt (Effinger o. J., S. 6 ff.). Außerdem werden dort Fähigkeiten in den Bereichen „Entscheidungen treffen", „Informationen verarbeiten", „Arbeiten organisieren", „Prüfungen vorbereiten", „wissenschaftliches Arbeiten" (Schreiben), „Präsentieren", „Moderieren", „Medienkompetenz" geübt und vertieft. Dies geschieht nicht automatisch und nebenher, sondern erfordert

Eigeninitiative. Der Erwerb von Problemlösungskompetenz beispielsweise erfordert eine fortwährende selbstständige, kritische Auseinandersetzung mit den Lehrinhalten, mit Theorien, Methoden und Konzepten. Ebenso aber das Wahrnehmen der Lernangebote, den selbstorganisierten Austausch mit Lehrenden und Kommilitonen und Kommilitoninnen wie eine eigenständige studentische Lebensführung (Bieker 2014, S. 16 f.).

Erst die Kombination der vielfältigen Kompetenzen lässt ein einzigartiges Kompetenzprofil entstehen. Eine gute Haltung alleine reicht genauso wenig wie exzellentes Fachwissen. Auf die Verbindung und Nutzung der Kompetenzen kommt es an (Heiner 2010).

3.2 Soziale Arbeit als fachliche Praxis: Arbeitshilfen und Handlungskonzepte

3.2.1 ASPIRE: Ein Grundschema für professionelles Handeln

Die englische Psychologin Carole Sutton stellte Studierenden der Sozialarbeit und der Gemeinwesenarbeit bereits im Jahr 1994 ein Arbeitskonzept vor, das ihrer Ansicht nach in der Lage ist, sowohl die spezifischen Bedürfnisse der Klientel zu erfassen als auch sie über planerische und kommunikative Verfahren in die Lage zu versetzen, eigenverantwortliche Entscheidungen zu treffen (ebd., S. 7).

Dabei steht das Kürzel ASPIRE für die Buchstaben bzw. Begriffe AS (Assessment), P (Planning), I (Implementation) und RE (Review and Evaluation). Darunter werden verschiedene Fragen subsumiert, die helfen sollen, die sozialarbeiterische Tätigkeit auszurichten und den Hilfeprozess bewusst zu steuern (siehe Abb. 15).

Ohne im Einzelnen genauere methodisch-theoretische Vorgaben zu machen, bietet Sutton auf diese Weise eine erste Orientierung für die jeweils Handelnden, wobei ein Handlungsprozess niemals sofort zum Abschluss kommen muss, sondern immer wieder neu begonnen und beendet werden kann.

ASPIRE besticht damit durch seine Einfachheit und Schlichtheit, die vier Schritte sind klar definiert und heute für viele andere Handlungsbereiche wegweisend (Bruhn 2013, S. 21 ff.). Methodisch jedoch bleibt das Konzept völlig offen. Dies mag für einfache Fragestellungen im Rahmen eines Care-Management-Prozesses ausreichen (Sutton erwähnt das Beispiel einer alten Dame, die aufgrund eines Krankenhausaufenthaltes vergessen hatte, die Gasrechnung zu bezahlen und der deshalb die Gaszufuhr gestoppt wurde). Ob dieses Handlungsmodell sich aber auch für komplexe Fragestellungen eignet, bei denen es – wie in der Sozialarbeit üblich – zu einer Kumulation von zugleich psychischen, materiellen, sozialen etc. Problemlagen kommt, muss in Frage gestellt werden. Insgesamt wirkt das Modell ambivalent: Es hilft studentischen Einsteigern/Einsteigerinnen die Arbeit zu strukturieren, es verführt aber zugleich dazu anzunehmen, alle Probleme ließen sich auf diese simple Weise lösen.

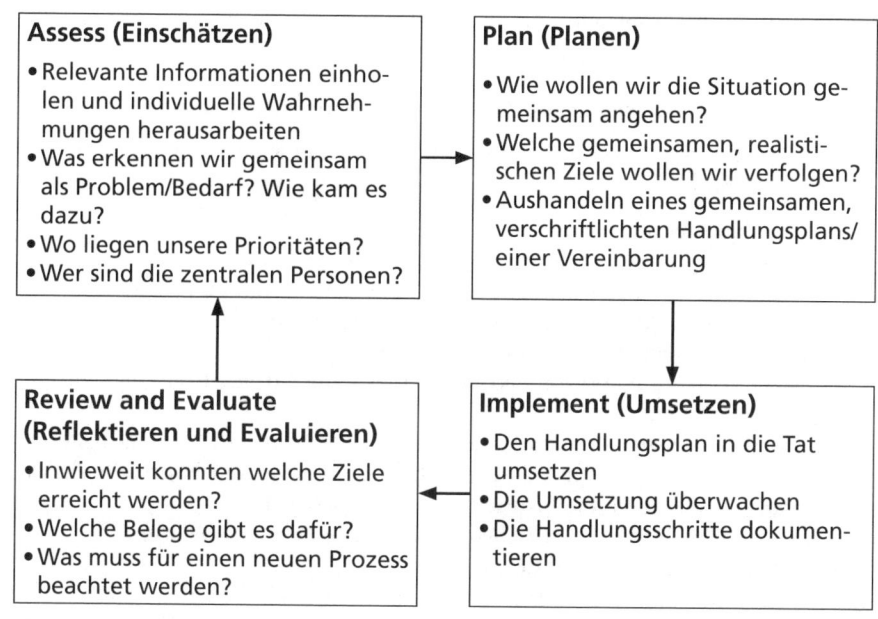

Abb. 15: Der ASPIRE-Prozess

3.2.2 Sozialarbeiterisches Handeln als Problemlöseprozess

Kurt Possehl geht davon aus, dass sich methodisches Handeln im Bereich der Sozialarbeit als Abfolge von Situationen interpretieren lässt, „die sich hinsichtlich der Wahrscheinlichkeit unterscheiden, mit der sie zum Gelingen oder Misslingen des gesamten Handlungsprozesses beitragen" (Possehl 1993, S. 392). Kritische Situationen sind insofern Ereignisse oder Situationen, die für den weiteren Handlungsverlauf von besonders großer Bedeutung sind.

Auf der Basis eigener Untersuchungen identifiziert er insbesondere folgende wichtige Komponenten kritischer Situationen:

- emotionales Agieren der Klientel
- Verweigerung der Mitarbeit durch Klienten/Klientinnen
- Ausüben von Druck auf den/die Sozialarbeiter/in durch die Klientel
- überraschender Wechsel der Interaktionsebene durch Klienten/Klientinnen
- auf Sozialarbeiter/in gerichtete Kontakt-, Beziehungs- und Zuwendungswünsche der Klientel
- Ausüben von Druck auf den/die Sozialarbeiter/in durch Andere
- die emotionale Situation der Sozialarbeiter/innen

Demzufolge plädiert er dafür, „in der Arbeit mit Klienten weniger von einem Modell der Kooperation und mehr von einem Modell des Interessenkonflikts auszugehen" (ebd., S. 407). Dabei gilt es, „Methoden der Verhandlungsführung in den Mittelpunkt des Interesses" (ebd., S. 408) zu rücken und das sozialarbeiterische Handeln als einen allgemeinen Problemlöseprozess anzulegen.

Im Rahmen dieses Problemlösungsprozesses gibt es verschiedene Stadien, die immer wieder neu zu durchlaufen sind:

1 Problemanalyse/Bewertung der Problemstruktur/Schlussfolgerung

Ausgangspunkt der „Diagnostik" ist nicht nur der/die Klient/in und das jeweilige Problem, sondern

- der jeweilige Gesamtzusammenhang
  - der bisherige Beratungsverlauf und das bisherige Vorgehen
  - die Struktur der Beziehung zwischen Sozialarbeiter/in und Klientel
  - die emotionale Situation der Sozialarbeiterin/des Sozialarbeiters
  - der institutionelle Hintergrund oder Rahmen
  - das Verhalten anderer Interaktionspartner (Angehörige, Kollegen/Kolleginnen, Lehrer/innen usw.).
- die jeweilige aktuelle Arbeitssituation des Sozialarbeiters/der Sozialarbeiterin
  - institutioneller Hintergrund oder Rahmen; offizielle und informelle Anforderungen, die durch die Institution definiert werden
  - Struktur der Beziehung zwischen Sozialarbeiter/in und Klient/in
  - Verhalten anderer Interaktionspartner
  - emotionale Situation der Sozialarbeiterin/des Sozialarbeiters
  - Klient/in und sein/ihr Problem (ebd., S. 412).

Aus der Problemanalyse schließt sich dann eine „zusammenfassende Beurteilung der Problemstruktur und Schlussfolgerungen" (ebd., S. 413) nach folgendem Schema an:

- Definition des Problems
- Beurteilung des Risikos
- Handlungsnotwendigkeit für die Soziale Arbeit
- Möglichkeiten des fachlichen Zugangs
- Schwerpunkte für den Arbeitsansatz
- einschränkende Bedingungen für die Wahl eines Handlungsansatzes
- Handlungsansatz
- Verantwortlichkeit und Rolle des Sozialarbeiters/der Sozialarbeiterin
- Einschätzung der eigenen Kompetenz
- zukünftige Entwicklung und Erfolgsaussichten (ebd., S. 414).

2 Zielbestimmung

Nach Possehl besteht die Gefahr, dass Ziele nicht explizit formuliert werden und dies eine ungenügende kognitive Strukturierung des Handelns zur Folge haben könnte. Allerdings können die Ziele im sozialen Bereich nicht immer eindeutig sein, hier gilt es immer wieder auf „relativ vage Globalziele" auszuweichen und dabei konkrete Ziele lediglich „für die nächsten Handlungsschritte" (ebd., S. 418) zu formulieren. Ständig erforderlich werden Zielanpassungen. Ziele sind zudem nicht nur in Bezug auf die Klientel wichtig, sondern auch bezogen auf die Interessen des Sozialarbeiters/der Sozialarbeiterin wie z. B. das Ziel, „sich gegen Versuche des Klienten zu schützen, den SozA unter Druck zu setzen" (ebd., S. 419).

3 Suche nach Lösungs- bzw. Handlungsmöglichkeiten und Beurteilung der Lösungsmöglichkeiten

Hier gilt es nach Possehl mit Hilfe von Trainingsmaßnahmen und fallbezogenem Üben zu verhindern, dass nur eine Lösungsmöglichkeit gesehen wird. Gefundene Lösungen können dann nach den Kriterien der Begründbarkeit, Anwendbarkeit, Realisierbarkeit, Erfolgswahrscheinlichkeit, Wertverträglichkeit und Kosten auf ihre Angemessenheit überprüft werden (ebd., S. 421 ff.).

4 Handlungsentschluss

Nach der Analyse der unterschiedlichen Lösungsmöglichkeiten muss eine „bewusst und eindeutig sprachlich formulierte Entscheidung für ein bestimmtes Ziel und für eine Lösungs- bzw. Handlungsmöglichkeit" (ebd., S. 422) gefasst werden. Dieser Handlungsentschluss muss direkt formuliert werden, da er erst so die gedankliche Selbstkontrolle erlaubt. Bezüglich der Umsetzung des Handlungsentschlusses ergeben sich dann natürlich Probleme.

„Der SozA steht also im Beratungsprozess vor der Doppelaufgabe, an der Lösung des gestellten Klientenproblems zu arbeiten und gleichzeitig immer wieder den Beratungsprozess selbst neu zu organisieren und neu zu strukturieren. So trivial diese Feststellung ist, so häufig scheitern Beratungsprozesse genau an dieser Doppelaufgabe des SozA" (ebd., S. 433).

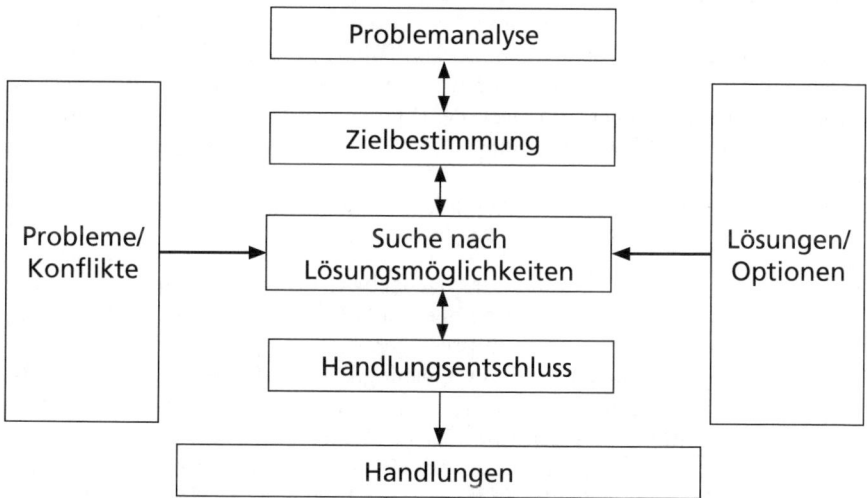

Abb. 16: Sozialarbeiterisches Handeln als Problemlösungsprozess

Da ein komplexer Hilfeprozess kaum umfassend planbar ist, muss der Prozess der Beratung (Schritte 1 bis 4) immer wieder neu durchgeführt werden. Auf diese Weise pendelt der/die Sozialarbeiter/in ständig zwischen Problemanalyse und Handlungsabschluss hin- und her (siehe Abb. 16). Im Rahmen der Steuerung des

Hilfe- oder Beratungsprozesses kann er/sie Maßnahmen durchführen, die sowohl an einzelnen Personen, an der jeweiligen Interaktionssituation oder auch der Arbeitsbeziehung zwischen Sozialarbeiter/in und Klient/in ansetzen kann (ebd., S. 434 ff.).

Insgesamt versucht Possehl damit methodisch dem Gedanken der „Hilfe zur Selbsthilfe" Rechnung zu tragen. Er legt den Hilfeprozess als Beratungs- bzw. Reflexionsprozess an, in dem die besondere Aufgabe des Sozialarbeiters/der Sozialarbeiterin darin besteht, Handlungsmöglichkeiten stets neu kognitiv zu strukturieren und zu reflektieren. Der Beratungsprozess wird als konflikthaft und damit offen für neue Lösungen konstruiert. Die Umsetzung der jeweils entwickelten Optionen bzw. des Handlungsentschlusses muss dann mit dem Klienten/der Klientin zusammen erfolgen. Wie dies methodisch umgesetzt werden kann und welche Rolle hier genau die Sozialarbeiter/innen spielen, wird aber nicht mehr näher ausgeführt.

3.2.3 Das Handlungskonzept der multiperspektivischen Fallarbeit

Mit seinem Konzept der fallbezogenen Arbeit versucht Burkhard Müller (1994; 2012) die gesamte Komplexität eines psychosozialen Problems zu erfassen. Durch eine systematisierende Analyse und fallbezogene Aufarbeitung der Ebenen und Dimensionen sozialpädagogischen Handelns soll so ein „multiperspektivisches Vorgehen" bzw. ein „sozialpädagogisches Fallverstehen" (Müller 1994, S. 15) möglich und hilfeorientiert durchgeführt werden. Grundlage für Müller ist dabei das Selbstverständnis, dass Fallarbeit eine „nicht technologische Theorieanwendung meint, sondern auf einen selbstreflexiven ‚kasuistischen Diskurs' verweist", welcher nur vor dem Hintergrund einer „Kunstlehre des Fallverstehens" (Dilthey, in: Müller 2012, S. 15) angemessen geführt werden kann.

Dabei geht er von der „Arbeitshypothese" (ebd., S. 20) aus, dass insbesondere drei „Annahmen in je spezifische Weise" vorausgesetzt werden müssen:

- „die Annahme, es gehe darum, das Sachgebiet, auf dem Sozialpädagogen Experten sind, möglichst präzise und operational zu beschreiben" (ebd., S. 17);
- „die Annahme, soziale Arbeit müsse – gerade in Abgrenzung gegen spezialisierte Expertenkulturen und ihrer Eigenlogik – die Frage nach der Lebenswelt, den ‚Bewältigungsaufgaben' und jeweiligen gesellschaftlichen ‚Problemkonstellationen' ins Zentrum rücken" (ebd., S. 18);
- „die Annahme, Soziale Arbeit sei primär eine hermeneutische Aufgabe der Entschlüsselung individueller Problemkonstellationen im Medium personaler Arbeitsbeziehungen, also ‚Beziehungsarbeit' im weiten Sinne" (ebd., S. 19 f.).

Auf diese Weise kann und muss das „Allgemeinwissen über Sozialpädagogik" sich nach Müller der „Frage nach seiner Brauchbarkeit" (1994, S. 24) stellen, wobei die besondere Schwierigkeit darin besteht, dass die Sozialpädagogik „nur zum Teil durch eine besondere Zuständigkeit definiert ist", ihr Gegenstand „zum anderen Teil aber gerade darin besteht, Zuständigkeiten zu klären und mit Betroffenen gemeinsam auszuhandeln, welche Hilfe sie brauchen" (ebd., S. 55). Nach Müller muss es deshalb im Rahmen einer sozialpädagogischen Kasuistik gelingen, den Einzelfall „in den Alltagsverstand, in die sinnliche Wahrnehmung *hinein*zuführen, sie selbstreflexiv und kritisch zu machen und *dafür* nutzbares Wissen zu erschließen" (ebd., S. 23 f., kursiv i. O.). Sozialwissenschaftliches Einzel- und sozialpädagogisches Theoriewissen dürfen hier nur als „Hilfsmittel" verwendet werden und müssen sich die Frage nach ihrer „Brauchbarkeit für diesen Zweck gefallen lassen" (ebd., S. 24).

Um ein solchermaßen eher unpräzises sozialpädagogisches Handeln praktikabel zu machen, entwickelt Müller folgende „Typologien fachlichen Handelns" (ebd., S. 50): die multiperspektivische Betrachtungsweise (1), das dynamische Handlungsschema (2) und, daraus abgeleitet, das Modell der sozialpädagogischen Fallarbeit (3):

(1) Die multiperspektivische Betrachtungsweise

Die erste Typologie von Müller beruht auf dem für die „sozialpädagogische Fallarbeit" spezifischen Konstrukt der „multiperspektivischen Betrachtung" (2012, S. 65). Darin gilt es vor allem die drei Fragen nach dem „Fall von …?" „Fall für …?" und „Fall mit …?" zu stellen und zu beantworten. Diese Fragen sollen dabei helfen, die komplexe Struktur sozialpädagogischer Problemstellungen – die immer eine „multiperspektivische Betrachtung des Falles" (ebd., S. 51) einschließt – zu erhellen.

> *„Eine Typologie dieser Arbeit beansprucht nicht ‚Diagnose', d. h. objektive Analyse von Wirklichkeit zu sein, sondern ‚Deutung'. Ihr Maßstab ist Brauchbarkeit für und Erhellung von praktische(n) Zusammenhänge(n). Die Deutung eines Falles als ‚Fall von' schließt dabei keineswegs aus, ihn gleichzeitig – in anderer Beleuchtung – als ‚Fall für' und ‚Fall mit' zu lesen"* (ebd., S. 32).

Durch die Entwicklung und Hinzufügung verschiedener „Arbeitsregeln" versucht Müller die jeweiligen Aufgabenstellungen zu präzisieren und zu konkretisieren:

- „Fall von?"

„1. Arbeitsregel: Bearbeitung als *Fall von* heißt klären und abwägen relevanter Sachaspekte, insbesondere wenn sie in Spannung zueinander stehen" (2012, S. 42, kursiv i. O.).

Hierbei geht es um das fachgerechte Herstellen einer „Wenn-Dann-Beziehung" zwischen dem jeweiligen Fall und dem „anerkannten Allgemeinen", auf welches der Fall zu beziehen ist (z. B. ein Fall von Gefährdung des Kindeswohls, ein Fall von Unterhaltsverweigerung etc.). Auf diese Weise lässt sich der Fall systematisch einer Fallgruppe zuordnen und bezüglich seiner Problematik und möglicher Hilfemaßnahmen klassifizieren. Für diesen Bereich gilt dann eine zusätzliche Arbeitsregel:

„4. Arbeitsregel: Fallarbeit unter Sachaspekten (Fall von) heißt Nutzung anerkannten Expertenwissens auf fallangemessene Weise. Dazu gehört Wissen über gesetzliche Aufgaben und Verfahren des sozialstaatlichen Auftrags ebenso wie anderes Wissen (z. B. sozialwissenschaftliches oder medizinisches), soweit es nötig ist, um Sachlagen zu klären" (ebd., S. 50).

- „Fall für?"

„2. Arbeitsregel: Bearbeitung als *Fall für* heißt, die Tätigkeiten anderer für den Fall relevanter Instanzen zu erkennen und das mögliche dafür zu tun, dass diese ihren Part auf eine förderliche Weise mitspielen" (ebd., kursiv i. O.).

In ihren Handlungsweisen tangieren Sozialarbeiter/innen oft andere Zuständigkeitsbereiche und Kompetenzen. Deshalb gilt es zu prüfen, welche weiteren sozialen, rechtlichen, medizinischen etc. Dienste bzw. Experten/Expertinnen im Einzelnen neben dem Sozialarbeiter/der Sozialarbeiterin „für" die Bearbeitung des Falles zuständig sind: Dazu benötigt diese neben dem eigenen „Expertenwissen" vor allem „Verweisungswissen" (1994, S. 43), wobei folgende Arbeitsregel gelten soll:

„5. Arbeitsregel: Wo Fallarbeit ein Zusammenwirken mit dafür relevanten Instanzen erfordert (z. B. Ämter, Rechtspflege, Schulen, Kollegen anderer Einrichtungen etc.), braucht sie ‚Verweisungswissen', wie ‚gut informierte Bürger' es haben: Dazu gehört sowohl Wissen, wie, wo, von wem Unterstützung zu holen ist, als auch Wissen, um das Handeln jener Instanzen fallbezogen kritisch prüfen zu können" (2012, S. 56).

Verhindert wird somit, dass der/die Sozialarbeiter/in sich Kompetenzen anmaßt, die er/sie nicht hat (haben kann) und es dadurch zu Fehlern kommt.

- „Fall mit?"

„3. Arbeitsregel: Bearbeitung als *Fall mit* heißt davon auszugehen, dass Fälle nur gemeinsam mit Betroffenen gelöst werden können und dass die größte Herausforderung aller Fallarbeit darin besteht, deren Mitarbeit zu gewinnen und die Hindernisse dafür abzubauen" (2012, S. 43, kursiv i. O.).

Hier geht es also darum, in der Zusammenarbeit zwischen Sozialarbeiter/innen und den jeweiligen Klienten/Klientinnen zu einem „fairen", „respektvollen" etc. Umgang zu kommen und einen Punkt zu finden, „an dem sie *Miteinander*, coproduktiv wirken können" (1994, S. 48). Die daraus entstehende „Abhängigkeit" des sozialpädagogischen Tuns vom „Handeln seiner Adressaten" muss nach Müller „gewollt und Ausdruck fachlichen Könnens sein". Sie darf nicht als „bedauerliches Technologiedefizit" (ebd., S. 49) verstanden werden. Zudem gilt:

„6. Arbeitsregel: Fallarbeit als ‚Beziehungsarbeit' braucht Fähigkeiten zu einem respektvollen und humanen Umgang mit anderen, muss aber damit rechnen, dass diese Fähigkeiten hart geprüft werden, wenn Menschen in Lebenskrisen stecken. Geduld, Standfestigkeit, Selbsteinsicht und Humor müssen dann professionell kultiviert werden" (2012, S. 63).

(2) Das dynamische Handlungsschema

Bei der zweiten für Müller wichtigen Typologie greift er auf ein „vor allem im klinisch-therapeutischen Kontext" (2012, S. 66) gebräuchliches Schema zurück, das professionelles Interventionshandeln in eine „Abfolge von Anamnese, Diagnose, Intervention und Evaluation" (ebd.) bringt. Im Rahmen dieses Grundmodells will Müller die besonderen Aufgaben herausarbeiten, die sich für einen sozialpädagogischen Gebrauch dieses Schemas stellen. Dabei formuliert er im wesentlichen „Arbeitsregeln", die auf der jeweiligen Stufe zu beachten sind:

Anamnese bedeutet demnach,

- einen Fall wie einen unbekannten Menschen kennenzulernen;
- einen Problemfall erst umsichtig wahrzunehmen, ehe man versucht, seine Hintergründe zu erkunden;
- sensibel mit Hintergrundwissen umgehen und mit schnellen Einordnungen in bekannte Raster vorsichtig sein;
- den eigenen Zugang zum Fall besser kennenlernen;
- sich eine Reihe von Fragen zu stellen, die den Blick öffnen: Was weiß ich genau (Und was nicht?) Woher und von wem weiß ich das? Wie kam es zu dem, was ich weiß? Welche Geschichte gibt es noch dazu? (Was ist denkbar?)
- unterschiedliche Sichtweisen und Ebenen des Falles nebeneinanander zu stellen, ohne vorschnell zu werden.

und endet mit der Erkenntnis: „Anamnese ist nie vollständig. sie muss es auch nicht sein. Sie beginnt immer wieder von Neuem" (ebd., S. 109 ff.).

Sozialpädagogische Diagnose bedeutet demnach

- zu klären, was für welche Beteiligten in einer Fallsituation das Problem ist;
- zu klären, was für mich selbst als dem/der nach Diagnose praktisch Fragenden das Problem ist;
- sich nicht nur an der Klärung von Sachfragen, sondern auch von Gefühlsbeziehungen zu bewähren;
- zu klären, welche Mandate zum Handeln auffordern;
- zu klären, wer über welche Mittel zur Lösung des Problems verfügt;
- mögliche Mittel zur Lösung eines Falles auf unerwünschte Nebeneffekte zu prüfen;
- zu prüfen, ob es Vordringlicheres gibt, als die Lösung des Problems;
- zu klären, welche Zuständigkeiten vorhanden sind;
- zu klären, welche Schritte und Ziele ich aus eigener Initiative und welche ich nur durch andere erreichen kann (ebd., S. 124 ff.).

In ähnlicher Weise wie oben werden dann vielfältige Ausführungen zum Thema *Intervention* und *Evaluation* gemacht, weitere Arbeitsregeln formuliert und methodische Details entwickelt. Zusätzlich wird der Nutzen und die Durchführung von „Fall-Genesen", von „sozialen Diagnosen", von „Mandatierungen", von „Ressourcen", „Evaluationsinstrumenten" etc. (2012, S. 117 ff.) deutlich gemacht.

(3) Das Modell der sozialpädagogischen Fallarbeit

Müller verbindet dann in einer Matrix die beiden vorgestellten Schemata miteinander. Auf diese Weise erhält man die in Abbildung 17 dargestellte Matrix, mit deren Hilfe die konkrete Fallarbeit analysiert, geplant, durchgeführt und dokumentiert werden kann.

	Fall von	Fall für	Fall mit
Anamnese			
Diagnose			
Intervention			
Evaluation			

Abb. 17: Matrix sozialpädagogischer Fallarbeit

Mit der Zusammenführung der beiden Typologien will Müller aber keinem „zu schematischen Denken Vorschub leisten" (2012, S. 77). Trotzdem ist er der Ansicht, dass eine sozialpädagogische Kasuistik gerade darin besteht, diese Felder zu füllen und somit „die notwendige Offenheit und Mehrdimensionalität des Prozesses sozialpädagogischer Fallarbeit zur Geltung zu bringen" (ebd.). Insgesamt entsteht so ein Handlungskonzept, das der Entwicklung eines *„offenen Typus* sozialpädagogischer Professionalität" (2012, S. 188, kursiv i. O.) dienen will, die „nicht durch eine spezielle Leitwissenschaft vordefiniert" ist, „in nur eingeschränktem Sinne auf einem Spezialwissen (das sich vom Spezialwissen anderer Personen unterscheidet)" beruht, sich „nicht auf ein spezielles Handlungsfeld begrenzt" und „zieloffen" (2012, S. 188 ff.) bleibt.

Damit liegen die Stärken und Schwächen des Müller'schen Modells nahe beieinander: Er bietet tatsächlich das versprochene „multiperspektivische Modell", das offen für alle Problemfälle bleibt, nimmt aber nicht zur Kenntnis, dass die Entwicklung, zumindest was die Soziale Arbeit anbelangt, bereits weit fortgeschritten ist. Hier geht es in vielen Bereichen schon lange nicht mehr nur um die zieloffene Bearbeitung unterschiedlichster Problemlagen, sondern um eine fachlich fundierte, auf praktischen Erfahrungen und wissenschaftlichen Erkenntnissen beruhenden Fallarbeit, die sich in konkreten Lebensbereichen (Verschuldung, Kinderschutz etc.) konkret und zeitnah zu bewähren hat. Aber ganz offensichtlich ist das von Müller gar nicht intendiert:

> „Das Buch liefert ihnen (den Neulingen, d. V.) eine kleine Aussichtsplattform, die den Weg zur gewachsenen Professionalität überblicken lässt; und es liefert Beschreibungen von Wegmarkierungen, auf die achten sollte, wer nicht ins Abseits geraten will. Es liefert keine genaue Karte des Geländes und keine Lösungsmodelle für die schwierigsten Passagen des Weges. Für erfahrene Praktikerinnen mag es eher nützlich sein, um Orientierungshilfen und Fragestellungen für vertrackte Einzelsituationen zu liefern, in denen die bekannten Lösungsmuster nicht greifen, ein Reparaturset sozusagen, aber kein Ersatz für

speziellere professionelle Strategien. Für beide aber ist es nur Hilfsmittel einer Praxis, die offen dafür ist, sich selbst zu belehren, im Gehen zu lernen" (2012, S. 193).

3.2.4 Arbeitsebenen, Arbeitsprinzipien und Arbeitsschritte in der Fallarbeit

Brigitta Michel-Schwartze (2002; 2009) geht von der praktischen Erkenntnis aus, dass die für die Fallarbeit typische Trennung der verschiedenen Schritte (Anamnese–Diagnose–Behandlung–Evaluation) aufgrund ihrer „faktisch-praktischen Verwobenheit" (Michel-Schwartze 2002, S. 121) nicht durchführbar ist. Deshalb will sie in Anlehnung an Müller dem „linearen Modell" ein „zirkulär wirksames Vier-Ebenen-Modell" (2009, S. 133) gegenüberstellen. Demnach handelt es sich bei den vier Arbeitsschritten nicht um getrennte Maßnahmen, sondern um „Arbeitsebenen", die gleichzeitig stattfinden und somit ineinander verwoben sind

> „Mit dieser neuen Betrachtung der Prozessstruktur aus der Handlungsperspektive erliegen wir nicht länger der Fiktion einer schrittweisen Handlungsabfolge, die dazu verführt, deren einzelne Phasen als abgeschlossen oder abzuschließend einzuschätzen. Eine derartige Unterstellung wäre, wie noch zu zeigen sein wird, insbesondere hinsichtlich der Datensammlung wie auch der Problemdefinition geradezu fatal, da deren Ergebnisse notwendigen Korrekturen nicht mehr zugänglich wären" (2002, S. 121 f.).

> „Wir können uns das als Geschehen auf einer Bühne vorstellen: auf der Vorderbühne holen wir im Gespräch mit der Klientel die benötigten Informationen ein für jene Prozesse, die zeitgleich weiter hinten ablaufen; auf der Hinterbühne wird sortiert und definiert und in der Kulisse wird bereits die Intervention erprobt, bewertet, verworfen und neu gestaltet" (2009, S. 133).

Die demzufolge vorgeschlagenen Handlungsebenen der Informationssammlung, der Problemdefinition, der Intervention und der Evaluation laufen demnach teils parallel, teils zeitlich nacheinander ab und sind so offen zueinander. Diese vier „Arbeitsebenen" werden mit Hilfe von „Arbeitsprinzipien" und detailliert angegebenen „Arbeitsschritten" ergänzt und konkretisiert (siehe Abb. 18).

Arbeitsebenen	Arbeitsprinzipien	Arbeitsschritte
Informations-sammlung	• sich der eigenen Deutungsmuster bewusst sein, • Unterscheiden von Informationen und Beobachtungen bei der Datensammlung, von Annahmen, Unterstellungen und Bewertungen, • generell von der Unvollständigkeit der Informationen ausgehen,	• kritische Reflexion der Informationsquellen, • Trennung der Informationen von Annahmen, Unterstellungen und Bewertungen, • Kontextualisierung der angegebenen Daten, • Ausarbeitung der verschiedenen Pro-

Arbeitsebenen	Arbeitsprinzipien	Arbeitsschritte
	• Informationen über Situationen und Personen kontextualisieren	blemsichtweisen, • Identifizierung dessen, was nicht bekannt ist
Problemdefinition	• bei Gewichtung von Haupt- und Nebenaspekten eines Problems sich der Gefahr eigener „Normalitätsstandards" bewusst sein, • Definition als gemeinsame Aufgabe mit dem Klientensystem wahrnehmen, • Auftragslagen differenzieren und sich Konflikte bewusst machen, • Kompetenzen einbeziehen im Sinne von a) Fähigkeiten (= Problemlösungspotenziale der Klientel) und b) Zuständigkeiten externer Potenziale zur Problembearbeitung, • eigene Rolle und eigene Anteile am Fall reflektieren	• Zielvorstellungen erheben und Auftragsklärung vornehmen, • Sortierungen nach Falltypologien vornehmen, • Reflexion der eigenen Rolle, • Definition des eigentlichen Problems
Intervention	• Fallproblematik in verschiedene Ebenen differenzieren (rechtliche, psycho-soziale, ethische Ebene), • Intervention an Klientenbedarfen und an Klientenressourcen ausrichten, • Macht bewusst und verantwortungsvoll einsetzen – nicht missbrauchen, • nicht Hilflosigkeit legitimieren oder verstärken, sondern Notlagen überbrücken oder Probleme bewältigen helfen	• Reflexion der verschiedenen „Komponenten", wie z. B. – rechtliche Komponente, – ethische Komponente, – psycho-soziale Problemkomponente, – Bedarfskomponente, – Komponente der Ressourcen
Evaluation	• unterschiedliche Ergebniserwartungen aufdecken und „Konsens" überprüfen, • in der Evaluation den Fall auf allen Ebenen rekonstruieren, • Angemessenheit des Zieles und der Hilfe überprüfen, • Veränderungen im Hilfesystem und dessen Adäquanz überprüfen	• Einschätzung der Ergebnisse anhand von vier Größen: a) Stimmen die Erwartungen und die Ziele der Parteien weitgehend überein? b) War die Zielsetzung realitätsgerecht? c) Konnten die eingeleiteten Maßnahmen wirk-

Arbeitsebenen	Arbeitsprinzipien	Arbeitsschritte
		sam sein? d) Waren die angebotenen und durchgeführten Hilfeleistungen angemessen, d. h. person- und situationsadäquat? (2009, S. 135 ff.)

Abb. 18: Arbeitsebenen, Arbeitsprinzipien und Arbeitsschritte

Damit schafft Michel-Schwartze eine Reflexionsbasis für Sozialarbeiter/innen, die vor allem dazu beitragen kann, die verschiedenen Perspektiven der Beteiligten zu würdigen und in die Bewertung des Falles einzubringen. Das Entstehen von Vorurteilen seitens der Professionellen bei der Bewertung des Falles soll so vermieden und möglichst alle Handlungs- und Entscheidungsmöglichkeiten, die ein Fall zulässt, sollen auf diese Weise erkannt und durchdacht werden.

Auf diese Weise entsteht ein Reflexionsmodell, das das methodische Vorgehen „nicht schematisieren oder gar automatisieren", sondern lediglich „strukturieren und transparenter gestalten" (2009, S. 151) will. Zumal sich Michel-Schwartze sehr deutlich dagegen ausspricht, im Rahmen der Fallarbeit lineare Entwicklungen zu erwarten oder klare Erfolgskriterien zu unterstellen. Damit bietet sie eine interessante Reflexionsfläche für die Praxis. Leider führt sie die einzelnen Arbeitsschritte nicht methodisch aus. Deutlich wird nur, dass sie sich sehr stark einer systemtheoretischen, d. h. nichtlinearen, nicht-intervenierenden Interpretation von Hilfeleistung verbunden sieht (siehe 2009, S. 152). Damit aber gerät ihr methodischer Ansatz in einen gewissen Widerspruch zu ihrem Modell der Arbeitsebenen. Denn was hat es für einen Sinn, Hilfeprozesse so differenziert zu strukturieren und zu reflektieren, wie sie es vorschlägt, wenn man dann am Ende davon ausgeht, dass die angestrebten Veränderungen gar „nicht groß" sein müssen und die Erfolge sozialarbeiterischer Interventionen lediglich an den Prinzipien der „Adäquanz" und der „positiven Bedeutung für die Klientel" (ebd., S. 153) gemessen zu werden brauchen? Besteht nicht gerade der Sinn der Fallarbeit darin, ein ganz konkretes Ziel erreichen zu wollen?

3.2.5 Kontext, Prinzipien, Regeln und Verfahren methodischen Handelns

Marianne Meinhold (1994; 2012) will mit ihrem Rahmenmodell methodischen Handelns, das bis heute in der Aus- und Weiterbildung von Sozialarbeiter/innen eine wichtige Rolle spielt, zeigen, „wie aus wissenschaftlich erarbeiteten Konzepten und Ansätzen Handlungen entstehen" (Meinhold 1994, S. 184).

> *„Methodisches Handeln in der Sozialen Arbeit umfaßt alle Tätigkeiten, um die Ereignisse in komplexen sozialen Situationen in einen systematischen Zusammenhang zu bringen. Methodisches Handeln strukturiert den gesamten*

Prozeß der Wahrnehmung von Arbeitsaufträgen, des Nachdenkens über die Notwendigkeit und Legitimation zum Handeln, des Entwerfens und Erprobens von Handlungsplänen und der Auswertung des Geschehens" (ebd., S. 185).

Dazu will sie vier Fixpunkte aufzeigen, die ihrer Ansicht nach ein differenziertes methodisches Handeln erlauben:

- Die Ebene „Arbeitskontext": Sie umfasst den offiziellen Arbeitsauftrag und den sich daraus ergebenden Handlungsspielraum, der im Bereich der Sozialen Arbeit häufig durch ein Spannungsverhältnis zwischen administrativen Erfordernissen und fachlicher Interpretation gekennzeichnet ist.
- Die Ebene „Arbeitsprinzipien": Prinzipien wie „Hilfe zur Selbsthilfe" etc. dienen als Brücken zwischen Denken und Handeln und bieten den Praktikern/Praktikerinnen einen Orientierungsrahmen, mit dem sie ihr Tun verstehen, deuten und legitimieren können. „Arbeitsprinzipien basieren auf unterschiedlichen Wissensbeständen: auf dem Wissen um die Lebenslagen von KlientInnen, auf dem Erklärungswissen aus den Sozialwissenschaften, auf dem Wissen über Verfahren und Arbeitstechniken sowie auf Wertorientierungen der Sozialarbeiterinnen und Sozialpädagoginnen" (ebd., S. 190). Den Arbeitsprinzipien der „sozialräumlichen Orientierung" und der „Ressourcenarbeit" kommt dabei eine besondere Funktion zu.
- Die Ebene „Verfahren und Techniken": Hier handelt es sich um wichtige Kompetenzen der Professionellen, wie z. B. Gespräche führen, Feedback geben, Streit schlichten können etc.
- Die Ebene der Regeln: Zusätzlich formuliert Meinhold auch noch einige Regeln, die Sozialarbeiter/innen zu beachten haben, wie z. B.
  - situationsspezifisch verallgemeinern, statt vorschnell über alle Situationen hinweg zu generalisieren! Situationsspezifische Gegebenheiten dürfen nicht missachtet, sondern müssen erkannt werden.
  - mehrdimensionale Interpretationen erzeugen, statt eindimensionale Erklärungen erzeugen! Auf diese Weise können Widerstände seitens der Klientel oder Institutionsvertreter/innen überwunden werden.
  - widersprüchliche Informationen verarbeiten, statt Entweder-oder-Entscheidungen treffen! Praktiker/innen gehen „forschend" vor und werten z. B. Misserfolge nicht als „negative", sondern als „wertvolle Information".
  - Bestandsaufnahmen mehrdimensional vornehmen! Gleichzeitig sollen immer verschiedene Perspektiven in den Blick genommen werden.

Auf diese Weise entsteht ein in sich schlüssiges Gesamtbild, das zunächst allerdings noch formal bleibt (siehe Abb. 19).

Soziale Arbeit als fachliche Praxis: Arbeitshilfen und Handlungskonzepte 77

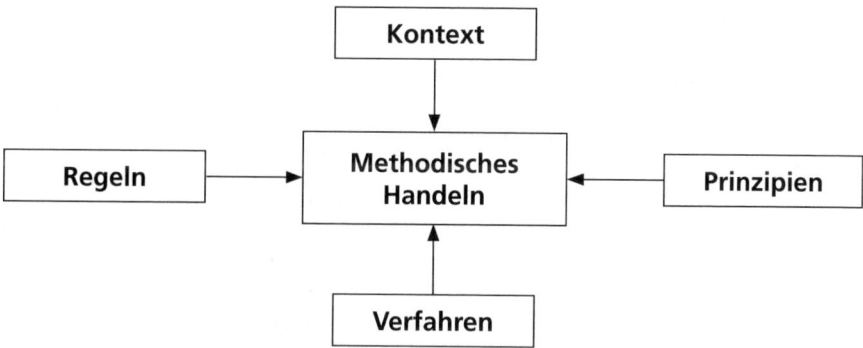

Abb. 19: Methodisches Handeln im Rahmen von vier Einflussgrößen

An einem Beispiel im Rahmen eines Ausbildungsprojekts „Familiendienste" bzw. Sozialarbeit in Sozialstationen versucht Meinhold dann die inhaltliche Relevanz ihres Rahmenmodells zu belegen. Dies gelingt aber lediglich in Ansätzen, da sie jeweils nur die beiden ersten Ebenen (Arbeitskontext und Arbeitsprinzipien) vorstellt, zu benutzende Verfahren und Techniken dagegen nicht erwähnt, auch wenn die Orientierung an Regeln sich im Rahmen der Darstellung teilweise erahnen lässt. Im Rahmen von Praxisreflexion sollte es aber möglich sein, ihr Modell anzuwenden, wobei es die Aufgabe der Lehrenden und Supervisierenden wäre, die verschiedenen Reflexionshilfen methodisch-praktisch zu fundieren. Trotzdem deutet Meinhold abschließend zu Recht an, dass man bei der Anwendung solcher Modelle vorsichtig sein muss:

> „Allerdings ist mir beim Niederschreiben der nachfolgenden Textpassagen (der beiden Praxisberichte, P. E.) aufgefallen, wie unsystematisch das Methodenlehren und -Lernen ‚im Alltag' verläuft. Wir bewegen uns in einem Meer von Nichtwissen, in welchem wir mit unseren Regeln, Prinzipien und Modellen kleine Wissensinseln bauen, die wir manchmal für Festland halten" (ebd., S. 205).

3.2.6 Regeln, Werkzeuge und Arbeitshilfen methodischen Handelns

Ausgangspunkt der Darstellung von Hiltrud von Spiegel ist die Problematik, dass es in der Praxis unmöglich ist, alle gesellschaftlichen, politischen, institutionellen und kontextuellen Einflussfaktoren sowie die persönlichkeitsbedingten Anteile des beruflichen Handelns in eine Gesamtschau zu bringen. Da die berufliche Handlungsstruktur jedoch eine solche Zielrichtung erforderlich macht, ist die Fachkraft gezwungen, momenthafte Aufnahmen im Sinne von „Collagen" oder Montagen zu entwickeln (2013, S. 101).

> „Methodisches Handeln sollte man sich eher als Collage vorstellen: Eine Akteurin kombiniert aussagekräftige Elemente zu einem für sie zentralen Thema. Eine Collage ist eine Montage, die die Sicht der Akteurin zu einem bestimm-

ten Zeitpunkt repräsentiert. Im Gegensatz zu einem Mosaik fügt sich nicht alles harmonisch zusammen: es gibt Widersprüche, Fragmente und Zerrissenheit. Würde dieselbe Akteurin zu einem anderen Zeitpunkt zum gleichen Thema wieder eine Collage anfertigen, fiele diese wahrscheinlich völlig anders aus. Praktikerinnen verwenden Fragmente, die konzeptionell nicht ‚zusammenpassen', die sie mit eigenen Bedeutungen versehen und in jeder Handlungssituation anders kombinieren – collagenhaft eben. Sie setzen experimentell ‚Theorie- und Methodenelemente' nach ihrer erhofften Wirkung ein und legitimieren dieses Vorgehen mit ihrer Erfahrung und ihrem Gefühl für Situation und Kontext. Die Kriterien entspringen ihren persönlichen Theorien darüber, was wirkt und was in dieser Situation richtig wäre" (ebd., S. 103).

Die sich aus solchen Collagen ergebenden methodischen Handlungen dürfen allerdings nicht völlig willkürlich erfolgen, sondern müssen sich – auf der Basis von bereits erworbenen „Wissensbeständen" (S. 45 ff.) und „Handlungskompetenzen" (S. 71 ff.) – an drei wichtigen Vorgaben orientieren: an Regeln methodischen Handelns (1), an Werkzeugen methodischen Handelns (2) und an Arbeitshilfen (3).

1 Regeln für methodisches Handeln

Nach Spiegel müssen die Fachkräfte ihr Handeln methodisch und berufsethisch rechtfertigen. Dazu ist die Einhaltung verschiedener, sehr allgemein formulierter Regeln erforderlich, wie z. B. von

- Regeln hinsichtlich der Charakteristika der beruflichen Handlungsstruktur, wie z. B. „Helferverständnis überprüfen", „Arbeitsaufträge erkunden", „Planung als Unikat gestalten", „kontextbezogen agieren", statt „Technologien Wirkungszusammenhänge entwerfen" etc.
- Regeln hinsichtlich der wissenschaftlichen Arbeitsweise, wie z. B. „persönliches Vorverständnis und eigene Interessen offenlegen", „subjektive Bewertungen (…) relativieren", „konstruierte methodische Vorgehensweisen fachlich begründen", „Handlungsschritte transparent und fachöffentlich nachprüfbar dokumentieren" etc.
- Regeln hinsichtlich des institutionell gestützten Einsatzes der „Person als Werkzeug", wie z. B. „eigene Person reflektiert und experimentell als Werkzeug einsetzen", „professionelle Distanz einüben" etc. (S. 104 f.).

2 Werkzeuge für methodisches Handeln

Die verschiedenen methodischen Vorgehensweisen fasst Spiegel in einem „Werkzeugkasten für methodisches Handeln" (ebd., S. 105) zusammen, der sich aus zwei unterschiedlichen „Werkzeugen" zusammensetzt:

- Handlungsbereiche
 Allgemeine Handlungsmodelle gehen in der Regel von Arbeitsschritten aus, die in einer bestimmten Abfolge durchgeführt werden müssen. Spiegel will diese „Assoziation" vermeiden: „Die Bezeichnung ‚Handlungsbereiche' ge-

stattet mehr Offenheit: Man kann in einem Bereich auf- und ab-, vor- und zurückgehen und manchmal am Ende beginnen" (S. 105). Die von ihr verwendeten Begriffe lauten: Analyse der Rahmenbedingungen, Situations- oder Problemanalyse, Zielentwicklung, Planung und Evaluation.

- Planungstypen
Spiegel gibt nicht explizit die Quelle an, woraus sie die verschiedenen Planungstypen ableitet: Es handelt sich hier um „Situationsgestaltung", „Hilfeplanung", „Konzeptionsentwicklung und Projektplanung" sowie „Selbstevaluation", die alle nur sehr kurz charakterisiert werden (S. 106 f.)

3 Arbeitshilfen für methodisches Handeln

Darunter versteht Spiegel „Analyse-, Planungs- und Reflexionshilfen" (S. 108) für die Strukturierung der Handlungsbereiche, die sie im Rahmen von detaillierten und sehr umfangreichen „Arbeitshilfen" vorlegt. Der von ihr erwähnte „Werkzeugkasten" ist nicht systematisch geordnet, sondern entspricht somit den im Rahmen dieser Arbeitshilfen gegebenen methodischen Hinweisen oder Schritten, die jeweils als Handlungsziele formuliert werden.

Alle drei Elemente ergeben, aufeinander bezogen, die in Abb. 20 dargestellte Matrix. Die genaue Darstellung des Werkzeugkastens erfolgt im Rahmen der einzelnen Arbeitshilfen, die in den nachfolgenden Kapiteln ihres Buches ausführlich dargestellt werden.

Handlungs-bereiche Planungs-typen	Analyse der Rahmen-bedingungen	Situations- oder Problem-analyse	Zielent-wicklung	Planung	Evaluation
Situations-gestaltung	Analyse der Arbeitsaufträge	Situations-analyse	Zielbestimmung	Handlungsplanung	Auswertung der eigenen Handlungen
Hilfeplanung	Auftrags- und Kontextanalyse	Problem-analyse	Aushandlung von Konsenszielen	Operationalisierung von Hilfezielen	Evaluation eines Hilfezeitraums
Konzeptions-entwicklung	Analyse der Ausgangs-situation	Erwartungs-sammlung	Bildung konzeptioneller Ziele	Operationalisierung konzeptioneller Ziele	Konstruktion von Schlüssel-situationen

Handlungs-bereiche Pla-nungs-typen	Analyse der Rahmen-bedingungen	Situations- oder Problem-analyse	Zielent-wicklung	Planung	Evaluation
Projektplanung und Selbstevaluation	Erarbeitung der Aufgabenstellung	Vertiefung der Problem-erklärung	Differenzierung der Projektziele	Erarbeitung der Projekt-konzeption	Durchführung einer Selbstevaluation

Abb. 20: Handlungsbereiche und Planungstypen[3]

Die Darstellung der verschiedenen handlungsleitenden Aspekte und Arbeitshilfen ist in jedem Falle sehr detailliert und informativ. Inhaltlich gesehen bündelt die Darstellung bereits Bekanntes in einer allerdings nicht immer einfach zu durchschauenden Form. Die Botschaft ist aber klar und verständlich: Ohne ein ausreichendes Maß an Strukturiertheit und Transparenz kann Soziale Arbeit die Anforderungen, die heute an einen modernen Beruf gestellt werden, nicht erfüllen.

3.2.7 Arbeitsprinzipien, Handlungskompetenzen, Handlungstypen, Wissensbausteine

Maja Heiner hat sich in verschiedenen Veröffentlichungen zu Themen fachlichen Handelns eher unsystematisch und in unterschiedlicher Weise geäußert. Aufgrund ihres großen Einflusses auf die Entwicklung der Praxis der Sozialen Arbeit soll daher im Folgenden – vor dem Hintergrund dreier wichtiger Quellen (Heiner 1994; 2010; 2012) – der Versuch unternommen werden, verschiedene Elemente ihrer Handlungstheorie darzustellen und aufeinander zu beziehen.

Insgesamt unterscheidet Heiner vier zentrale Begriffe: Arbeitsprinzipien (1), Handlungskompetenzen (2), Handlungstypen (3) und Wissensbausteine (4):

(1) Arbeitsprinzipien

Nach Heiner (1994) lässt sich die Reflexion der Praxis der Sozialen Arbeit durch die Orientierung an 13 verschiedenen „Arbeitsprinzipien methodischen Handelns" durchführen.

1. *„Zeitinseln für die Reflexion der Intervention während des Interaktionsprozesses schaffen.*
2. *Den systemischen und sozialökologischen Charakter sozialer Prozesse betrachten.*

---

3 Nach Spiegel 2013, S. 107 f.

3. *Mehrdimensionale, multiperspektivische und zirkuläre Erklärungen mit den Beteiligten erarbeiten.*
4. *Situationsdeutungen bis zum Eintreffen weiterer Informationen offen halten.*
5. *Handlungen von KlientInnen und KollegInnen kontextbezogen interpretieren.*
6. *Biographische Erfahrungen und kulturelle Prägungen berücksichtigen.*
7. *Reziprozität der Perspektiven sichern und – so weit wie möglich – die Entwicklung symmetrischer Interaktionsprozesse fördern.*
8. *Institutionelle Zwänge gegenüber den KlientInnen offen legen.*
9. *Arbeitsbündnis mit den KlientInnen fortlaufend überprüfen und erneuern.*
10. *Umfeldbezogene, ressourcenerschließende, institutionenübergreifende integrierte Problemlösungen erarbeiten und multiniveaunal handeln.*
11. *Periodisch das vermeintlich Unwahrscheinliche und das befürchtete Unerwünschte in Erwägung ziehen.*
12. *Die Bereitschaft zur Übernahme von Risiken und die Fähigkeit zum Handeln bei unvollständiger oder widersprüchlicher Information entwickeln.*
13. *Gesellschaftliche Normalitätserwartungen, individuelle Bedürfnisse und Fähigkeiten der KlientInnen und institutionelle Anforderungen balancieren"* (Heiner 1994, S. 131).

Diese 13 Arbeitsprinzipien folgen nach Heiner einerseits einer gewissen Prozesslogik und werden andererseits von prozess-unabhängigen Regeln eingerahmt,

- dem aus der Berufsfeldtheorie abgeleiteten „vermittelnden" Auftrag der Sozialen Arbeit: Dabei darf sich die Reflexion methodischen Handelns ihrer Ansicht nach nicht auf eine Betrachtung der Interaktionsprozesse beschränken, sondern muss immer bezogen sein auf eine *„umfassende, systemische Analyse der gesamten Lebensbedingungen der KlientInnen* und der diversen aktivierbaren privaten und öffentlichen, einzelfall- und gemeinwesenbezogenen Ressourcen" (ebd., S. 123);
- der Orientierung an ganzheitlichen, systemischen und sozialökologischen Interventionskonzepten: Hier spielen insbesondere ein sozialräumlicher Ansatz sowie ein prozessorientierter Ansatz, der mit Stichworten wie „rekursiv" und „zirkulär" statt „linear" gekennzeichnet werden kann, eine wichtige Rolle (ebd., S. 123);
- den institutionellen Rahmenbedingungen der Intervention: Dabei soll mit den vier W-Begriffen (Wünschbarkeit, Wirklichkeit [Schwere der Aufgabe], Wirksamkeit, Wirtschaftlichkeit) die Prioritätensetzung einer Intervention geklärt werden.

(2) Handlungskompetenzen

Die verschiedenen Arbeitsprinzipien können nach Heiner nur umgesetzt werden, wenn die dafür verantwortlichen Praktiker/innen über die entsprechenden Handlungskompetenzen verfügen. Dementsprechend versteht Heiner unter dem Begriff „Handlungskompetenz" „Potenziale, über die eine Person verfügt und die notwendig sind, um komplexe und bedeutende Aufgaben zu bewältigen" (2010, S. 12). Dabei unterscheidet sie zwischen „bereichsbezogenen Kompetenzmustern, hierbei handelt es sich um Aspekte der Selbst-, Fall-, und Systemkompetenz, sowie prozessbezogenen Kompetenzmuster, hier geht es um Planungs- und Analysekompetenz, Interaktions- und Kommunikationskompetenz sowie Reflexions- und Evaluationskompetenz" (ebd., S. 12 f., 2012, S. 619 ff., siehe Abb. 21).

Prozess- und bereichsbezogene Kompetenzmuster			
Prozessbezogen / Bereichsbezogen	Planungs- und Analyse-Kompetenz	Interaktions- und Kommunikationskompetenz	Reflexions- und Evaluationskompetenz
Selbstkompetenz Qualifizierung Identitätsentwicklung Selbstmotivierung			
Fallkompetenz Fallanalyse Fallbearbeitung			
Systemkompetenz Angebotskoordination Organisation- und Infrastrukturentwicklung			

Abb. 21: Prozessbezogene und bereichsbezogene Kompetenzmuster[4]

Als „relationales Konzept" lassen sich Handlungskompetenzen erst im konkreten Umgang mit bestimmten Anforderungen und Rahmenbedingungen konkretisieren (ebd., S. 52). Es umfasst drei Bedeutungsdimensionen:

1. *„(1) Die Berechtigung und Verpflichtung in einem bestimmten Aufgabenbereich tätig zu werden (Zuständigkeitsdimension),*
2. *die Fähigkeit, komplexe und bedeutende Aufgaben zu bewältigen (Qualifikationsdimension), und*
3. *die Bereitschaft, dies auch zu tun (Motivationsdimension)"* (ebd., S. 52).

Alle Handlungskompetenzen müssen während des Studiums von den Studierenden entwickelt und dann in der Praxis ausgebaut und in der konkreten Fallarbeit eingesetzt werden.

---

4 Heiner (2010, S. 13; 2012, S. 621)

(3) Handlungstypen

Arbeitsprinzipien und Handlungskompetenzen würden formal bleiben, wenn der Praxis nicht konkrete „Handlungstypen" zur Verfügung gestellt würden, die sich historisch in bestimmten Berufsfeldern entwickelt haben und durch praktisches und wissenschaftliches Wissen zu Typen oder Modellen ausgearbeitet worden wären. Im Bereich der fallbezogenen Arbeit unterscheidet Heiner vier Handlungstypen:

- *Handlungstypus „Koordinierende Prozessbegleitung"*. Kennzeichen: geringe bis mittlere Alltags- und Lebensweltnähe, mittlerer bis hoher Formalisierungsgrad, hoher Anteil an Vernetzungs- und Vermittlungsarbeit, wie z. B. im Bereich der sozialpsychiatrischen Dienste, des ASD, des Sozialdienstes etc.
- *Handlungstypus „Fokussierte Beratung"*. Kennzeichen: ambulante Vorgehensweise, enges Problemspektrum, geringe Alltagsnähe, wie z. B. in den Bereichen Erziehungsberatung, Drogen- und Suchtberatung etc.
- *Handlungstypus „Begleitende Unterstützung und Erziehung"*. Kennzeichen: lebensweltersetzende oder -ergänzende Dienstleistungen, stationäre Angebote etc., wie z. B. bei stationären Angeboten der Behindertenhilfe, Wohngruppen etc.
- *Handlungstypus „Niedrigschwellige Unterstützung, Förderung und Bildung"*. Kennzeichen: geringer Formalisierungsgrad, offene Vorgehensweise, variable Formen der Aktivitäten etc., wie z. B. im Bereich Bürgerhaus, Müttertreff, Seniorencafé etc.

(Heiner 2002, S. 80 ff., kursiv i. O.; 2012, S. 614 f.).

Im Bewusstsein um den jeweiligen Handlungstypus kann es den Praktiker/innen besser gelingen, den jeweils erforderlichen Einsatz von Kompetenzen zu erkennen und umzusetzen. Heiner gibt dafür entsprechend ausführliche Fallbeispiele.

(4) Wissensbausteine

Grundlage des fachlichen Handelns von Sozialarbeitern und Sozialarbeiterinnen ist außerdem das vor allem durch die Wissenschaft zur Verfügung gestellte (Grund)Wissen über bestimmte Phänomene, die im Bereich der Fallarbeit von besonderer Bedeutung sind. Dieses Grundwissen bezeichnet Heiner als „Wissensbausteine" und benennt dabei folgende Themenbereiche:

- Armut, Armutsbewältigung und Armutsprävention
- Migration und Soziale Arbeit
- Personenbezogene Veränderungstheorien
- Strukturbezogene Veränderungstheorien
- Motivation
- Rechtliche und administrative Grundlagen
- Diagnostisches Fallverstehen
- Beziehungen und Beziehungsgestaltung
- Supervision
- Ethik und Moral
- Selbst- und Fremdevaluation.

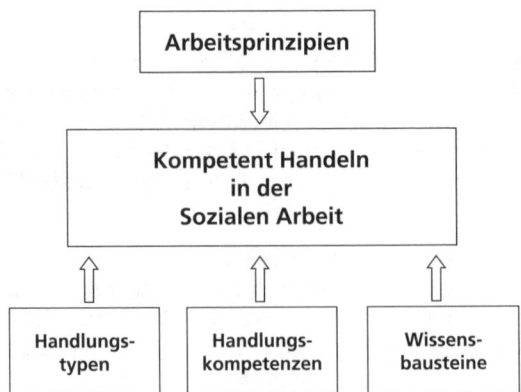

Abb. 22: Arbeitsprinzipien, Handlungskompetenzen, Handlungstypen, Wissensbausteine

Maja Heiner will mit ihrem Modell (siehe Abb. 22) alle Wissensformen und -inhalte, die sich heute aus den verschiedenen lebensweltlichen, kritischen, systemtheoretischen etc. Theorien ableiten lassen, in einem Handlungskonzept zusammenführen. Dabei lassen sich die Aspekte Arbeitsprinzipien, Handlungskompetenzen, Handlungstypen und Wissensbausteine sehr konkret im Rahmen der Fallarbeit und im Kontext kasuistischer Reflexionen anwenden. Dies ergibt insgesamt eine sehr aussagekräftige Einführung in den gesamten Arbeitsbereich und in damit verbundene Tätigkeitsbereiche und methodische Vorgehensweisen.

Somit stehen der Praxis vielfältige Reflexionshilfen zur Verfügung, ohne dass allerdings ein stringentes methodisches Handlungsmodell entsteht. Aber das ist von Heiner auch nicht intendiert: sie will nur aufzeigen, wie eine Soziale Arbeit ansatzweise umgesetzt werden kann, die sich folgende, in sich nicht vollkommen widerspruchfreie Aufgaben zum Ziel setzt:

(a) „ganzheitliche Bearbeitung kumulativer Problemlagen,
(b) Mediation zwischen Individuum und Gesellschaft
(c) Institutionalisierte Hilfe in einer arbeitsteiligen Gesellschaft
(d) Alltagsnahe Mischung von Hilfe und Eingriff und
(e) Interaktionsabhängige Bearbeitung sozialer Probleme" (Heiner 1994, S. 121).

3.3 Soziale Arbeit als personal verantwortete und fachlich begründete Praxis

Ziel der beiden Teilkapitel war es vor allem zu zeigen, dass es sich bei der Sozialen Arbeit nicht um eine Praxis handelt, die lediglich auf Erfahrung basiert und für deren Umsetzung es genügt, Handlungssituationen kritisch zu betrachten. Professionelle Soziale Arbeit spielt sich immer in einem zweifach definierten Rahmen ab. Sie ist abhängig von

1. den seitens des Personals vorhandenen sozialisationsbedingten und im Rahmen der Ausbildung erweiterten bzw. vervollständigten personalen, sozialen und methodischen Kompetenzen. Alle Sozialarbeiter/innen müssen also auf eine angemessene Weise daraufhin geprüft werden, ob sie die persönlichen Voraussetzungen für diese Tätigkeit mitbringen, um ein Kompetenzprofil entwickeln zu können, das den verschiedensten Aufgabenstellungen im Beruf gerecht wird;
2. von den im Rahmen der theoretischen und praktischen Ausbildung erworbenen fachlichen Kompetenzen. Insbesondere die Ausbildungsstätten und Supervisoren/Supervisorinnen der Studierenden und Berufseinsteiger/innen sind dafür verantwortlich, dass diese über das Wissen um unterschiedliche, je nach Fall und Aufgabe einzusetzende Handlungskonzepte und -orientierungen verfügen und in der Lage sind, diese angemessen umzusetzen!

Praktiker/innen benötigen dazu das Wissen über mögliche Handlungskonzepte, innerhalb dessen sie die vielfältigen, im Rahmen der verschiedenen Hilfeprozesse vorkommenden Aktivitäten strukturieren und zuordnen können.

- Das ASPIRE-Konzept von Carole Sutton gibt mit der Unterscheidung zwischen AS= Assessment, P = Planning, I = Intervention und RE = Review/Evaluation ein sehr einfaches Reflexionsschema in Bezug auf praktisches Handeln vor.
- Das Konzept der Problemlösung „kritischer Ereignisse" von Possehl (1993) geht davon aus, dass es im Kontakt zwischen Sozialarbeiter/in und Klient/in ständig zu Interessenskonflikten kommt, die im Rahmen eines permanenten Problemlöseprozesses ausgehandelt und gelöst werden müssen.
- Das Konzept des „sozialpädagogischen Könnens" von Müller (1994; 2012) zielt auf eine angemessene Deutung des Falles im Rahmen zweier „Typologien ab. Dabei werden die klassischen Handlungsschritte Anamnese, Diagnose, Handlung und Evaluation jeweils vor dem Hintergrund dreier Fragestellungen beleuchtet und handlungsleitend: die Frage nach dem „Fall von" sucht nach der passenden diagnostischen Einordnung, die Frage nach dem „Fall für" erlaubt die professionsspezifische und institutionelle Zuordnung, die Frage nach dem „Fall mit" ermöglicht die Identifizierung der verschiedenen Kooperationspartner/innen.
- Das Konzept der unterschiedlichen Handlungsebenen in der Fallarbeit von Michel-Schwartze (2002) versucht zu zeigen, dass Analyse und Handlungsschritte in der Sozialarbeit häufig ineinander verwoben sind. Deshalb wird vorgeschlagen, die Ebenen „Informationssammlung" „Problemdefinition", „Intervention" und „Evaluation" eng an verschiedenen Handlungsprinzipien zu orientieren und aufeinander zu beziehen.
- Das „Rahmenkonzept methodischen Handelns" von Meinhold sieht vor, Handlungsprozesse in der Sozialarbeit auf drei Ebenen zu analysieren und strukturiert aufeinander zu beziehen: durch den „Arbeitskontext", verstanden als Handlungsspielraum, der den Beteiligten zur Verfügung steht, durch „Arbeitsprinzipien", verstanden als Aspekte, an denen Handeln sich ausrich-

ten kann, und durch „Verfahren und Techniken", die sich jeweils problemspezifisch einsetzen lassen.
- H. v. Spiegel entwickelt einen „Werkzeugkasten für methodisches Handeln", der darauf beruht, dass drei Perspektiven konstruktiv miteinander in Verbindung gesetzt werden: Regeln, Werkzeuge und Arbeitshilfen methodischen Handelns.
- Das Konzept des „methodischen Handelns" nach Maja Heiner geht davon aus, dass sozialarbeiterisches Handeln vier Aspekte handlungs- und situationsgerecht miteinander verbinden muss: Arbeitsprinzipien, Handlungskompetenzen, Handlungstypen und Wissensbausteine.

Natürlich dürfen alle diese, das konkrete Handeln der Sozialarbeiter/innen prägende Vorgaben nicht dazu führen, dass ein Modell einer automatisierten, stereotyp verlaufenden und routinenhaft abzuarbeitenden Praxis entsteht. Soziale Arbeit ist immer eine Arbeit mit dem konkreten Menschen, der autonom ist und seine eigene Würde hat. Die Praktiker/innen der Sozialen Arbeit können diesem Anspruch an professionelle Authentizität nur dann gerecht werden, wenn sie sowohl selbst als unverwechselbare Personen in Erscheinung treten als auch fachlich begründete Vorschläge machen und Entscheidungen treffen, die sie dann gegenüber ihren Klientinnen und Klienten begründen, transparent machen und im Dialog miteinander umsetzen.

Konkrete Praxis muss also immer fachlich begründet, zuletzt aber personal verantwortet werden und kann sich nicht hinter Vorgaben oder Modellen verstecken. Gerade das, worüber Sozialarbeiter/innen am Anfang ihrer Karriere womöglich am wenigsten verfügen können, die selbstbewusste, authentische, andere Menschen respektierende etc. Persönlichkeit, entscheidet letztendlich über Erfolg oder Misserfolg einer Maßnahme. Ein solches fachlich begründetes und methodisch bewusstes Handeln ist damit gefordert und muss immer neu „gewagt" werden. Denn: „Nicht im Anonymen, sondern vor einem Gegenüber muss (Soziale Arbeit als Hilfe zur) Selbstbewusstwerdung vollzogen werden; der Mensch fordert den Menschen heraus" (Heydorn 1967, S. 154).

4 VORAUSSETZUNGEN UND RAHMENBEDINGUNGEN DER SOZIALEN ARBEIT

Auch wenn die Praxis der Sozialen Arbeit immer persönlich und fachlich zugleich verantwortet werden muss, so gibt es doch noch weitere Bedingungen des professionellen Handelns zu bedenken und zu berücksichtigen. Sozialarbeiter/innen arbeiten nicht unabhängig und im luftleeren Raum, sondern vor dem Hintergrund politischer und struktureller Vorgaben und auf der Basis organisationaler Regelungen.

Zunächst sieht sich die Soziale Arbeit (eines Landes) in ein nationales wohlfahrtsstaatliches Arrangement eingebettet, innerhalb dessen die spezifische Ausgestaltung des „Welfare Mix" eine entscheidende Rolle spielt. Demzufolge soll eine optimale Mischung aus staatlichen, verbandlichen und privaten Organisationen dazu beitragen, die sozialen Dienste effektiv und kostengünstig zu gestalten (Kap. 4.1). Darüber hinaus hängt die konkrete Gestaltung des jeweiligen Mix sehr stark von gesellschaftspolitischen Vorgaben ab. Als Teil des Modells des „Aktivierenden Sozialstaats" sieht sich die Soziale Arbeit dazu aufgerufen, stärker intervenierend tätig zu werden und zugleich die Klienten/Klientinnen zur Übernahme von Eigenverantwortung zu motivieren. Soziale Arbeit wird jetzt zu einer Sache des „Förderns und Forderns" (Kap. 4.2). Diese (ideologischen) Vorgaben werden dann von den Kommunen und Landkreisen übernommen und umgesetzt. In der Praxis wird heute die Umsetzung des „Neuen Steuerungsmodells" favorisiert, dessen konkrete Auswirkungen vor allem darin bestehen, von der Sozialen Arbeit eine verstärkte Pflicht zum Nachweis der erbrachten Leistungen und eine Ausweitung qualitätssichernder Maßnahmen abzuverlangen (Kap. 4.3). Zudem wird die Praxis der Sozialen Arbeit vor Ort auch durch die besondere Stellung der Wohlfahrtsverbände beeinflusst. Durch sie soll sichergestellt werden, dass die Pluralität der gesellschaftlichen Meinungen und Werte angemessen zum Ausdruck kommt (Kap. 4.4). Schließlich wird die Praxis der Sozialen Arbeit durch die jeweilige Organisation (mit)bestimmt, in der sie stattfindet. Auf der Basis eigener Konzeptionen arbeiten diese die dargestellten Vorgaben ab. In der Regel spielen dabei die einschlägigen Elemente des Qualitätsmanagement eine herausragende Rolle (Kap. 4.5). Erst im Rahmen dieser Regelungen findet das konkrete praktische Handeln dann seine endgültige Gestalt: Fachliche Ziele müssen im Rahmen öffentlicher Strukturen und organisationaler Vorgaben methodisch und personal so angegangen werden, dass sie dazu beitragen, die Lebenssituation der Betroffenen zu verbessern (Kap. 4.6). Abbildung 23 zeigt noch einmal die Gesamtsituation der Sozialen Arbeit als organisiertes Handeln, eingebettet in den spezifischen Welfare Mix einer Gesellschaft und beeinflusst durch die damit verbundenen Steuerungsinstrumente.

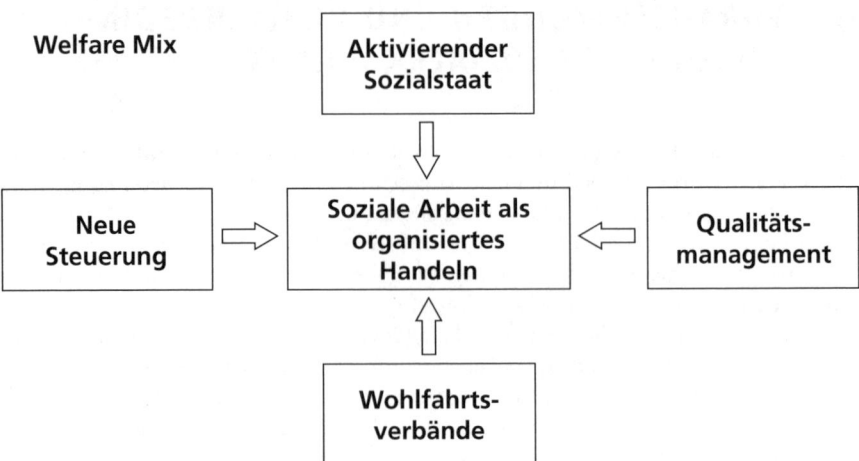

Abb. 23: Soziale Arbeit als organisiertes Handeln im Wohlfahrtsstaat

4.1 Soziale Arbeit im Welfare Mix

Als Teil des wohlfahrtsstaatlichen Arrangements ist die Soziale Arbeit zunächst vor allem von zwei Einflussgrößen betroffen: der konkreten Ausprägung des wohlfahrtsstaatlichen Modells (1) und der spezifischen Form der Organisation des Welfare Mix (2).

(1) Soziale Arbeit im korporatistischen Wohlfahrtsstaat

Esping-Andersen (1998) hat in einer internationalen Vergleichsstudie aufgezeigt, dass die modernen Gesellschaften insbesondere drei unterschiedliche wohlfahrtsstaatliche Modelle ausgebildet haben:

Der liberale Wohlfahrtsstaat

Dieses Modell befindet sich in enger Übereinstimmung mit den Prinzipien einer liberalen Wirtschaftspolitik. Dabei stehen die persönliche Verantwortung der Einzelnen und die Freiheit des Wettbewerbs im Vordergrund. Daher wird das entsprechende soziale Sicherungssystem wesentlich auf der Basis von privaten Versicherungen und Marktorientierung organisiert. Dabei nimmt der Staat in der Regel dadurch seine Verantwortung wahr, dass er alle sozialen Aufgaben weitgehend an private Dienste abgibt und nur solche selbst unterhält (z. B. im Bereich des Kinderschutzes, der Bewährungshilfe etc.), die eine besondere Aufmerksamkeit genießen oder für private Anbieter nicht attraktiv sind. Im Rahmen dieses Modells erscheint die Sozialarbeit „residual": sie beschränkt sich auf die reine Daseinsnachsorge und auf die Zielgruppen, die unverschuldet in Not geraten sind, d. h. insbesondere Kinder, Familien, alte Menschen und Menschen mit Behinderungen.

Der sozialdemokratische Wohlfahrtsstaat

Innerhalb dieses, auf dem Ideal des öffentlichen Guts und der öffentlichen Verantwortung des Staates für Alle fußenden Modells sind alle Bürger/innen unabhängig von ihrer finanziellen Situation berechtigt, soziale Unterstützung gemäß universeller Bedarfskriterien zu erhalten. Alle rechtlichen Vorgaben werden durch den Zentralstaat vorgegeben und auf der kommunalen Ebene umgesetzt. Dies trifft insbesondere auf die nordischen Länder zu. Die Mehrzahl der sozialen Dienste wird von den Kommunen organisiert, nur ein geringer Teil ist privatisiert oder wird von Vereinen angeboten. Aufgabe der Sozialarbeiter/innen in diesem System ist es vor allem, den Bürgern und Bürgerinnen die entsprechenden konkreten Hilfen zukommen zu lassen. Folglich befassen sich Sozialarbeiter/innen zumeist mit der Planung, der Zuweisung und der Konzeptionalisierung und Evaluation sozialer Dienstleistungen.

Der konservativ-korporatistische Sozialstaat

Im Rahmen dieses Modells, das insbesondere durch Bismarck entwickelt wurde und besonders in den deutschsprachigen Ländern existiert, werden die einzelnen Personen weitgehend durch ihren jeweiligen Rang innerhalb der Familie sowie durch ihren Beschäftigungsstatus definiert. Von da aus leiten sich dann die verschiedenen, üblicherweise auf den „Ernährer" ausgerichteten Sozialversicherungen ab, in die die einzelnen Familienmitglieder eingebunden sind. Diese sichern alle ab, lediglich der endgültige Verlust des Beschäftigungsverhältnisses bzw. permanente Arbeitslosigkeit muss demnach durch eine steuerfinanzierte Sozialhilfe abgefedert werden. Aufgrund des Subsidiaritätsprinzips werden zusätzlich erforderliche Hilfen vor allem durch die (erweiterte) Familie und eng mit der Zivilgesellschaft verbundene Einrichtungen der freien Wohlfahrtspflege auf der Basis kommunaler Planungen und Absprachen erbracht.

Alle drei wohlfahrtsstaatlichen Modelle prägen das Selbstverständnis, die Funktion und die Praxis der Sozialen Arbeit in hohem Maße. Für Deutschland bedeutet dies zum Beispiel, dass Soziale Arbeit ohne den Einfluss der Wohlfahrtsverbände und Kirchen auch in Zukunft nicht denkbar ist. Trotzdem taucht bei der Diskussion dieser Modelle immer wieder die Frage auf, wohin uns der Wettbewerb zwischen den verschiedenen Staaten und ihren jeweiligen sozialpolitischen Ideen[5] auf Dauer führen wird: in das nordische Modell eines Wohlfahrtssystems, das allgemein anerkannte Bedarfslagen politisch definiert und per Steuergelder befriedigt, oder in Richtung einer „zunehmenden Hybridisierung der bekannten Wohlfahrtscluster", bei der „individuelle, universelle und verwandtschaftliche/ korporatistische bzw. etatistische Modi genauso durcheinander gemixt werden, wie die Loci von Markt, Staat und Familie" (Kollmorgen 2009, S. 79).[6]

---

5 Siehe dazu: Aiginger/Guger 2006, S. 148. Zur Entwicklung der Hilfestrukturen in den Staaten Osteuropas vor 1989 siehe zusammenfassend: Hering (2004).

6 „Die an den Wirkungen sozialpolitischer Interventionen interessierte Forschung hat gezeigt, dass ‚Wohlfahrt' in verschiedenen Kombinationen von Staat, intermediären In-

(2) Soziale Arbeit und Welfare Mix

Der Wettbewerb zwischen diesen Modellen wird natürlich nicht nur auf der politischen, sondern auch auf der Ebene der administrativen Strukturen ausgetragen. Dabei steht vor allem die Frage im Vordergrund, wie die drei wichtigsten Einflussgrößen im Wohlfahrtsstaat (Staat, Markt, Familie) und die daraus abzuleitenden Organisationstypen (staatliche, private, gemeinnützige Unternehmen) so aufgestellt und miteinander vermischt werden können, dass es zu einer effektiven und effizienten Form des „Welfare Mix" (Bolkovac 2007; Niemelä/Hämäläinen 2001, S. 8) kommt (siehe dazu Abbildung 24).

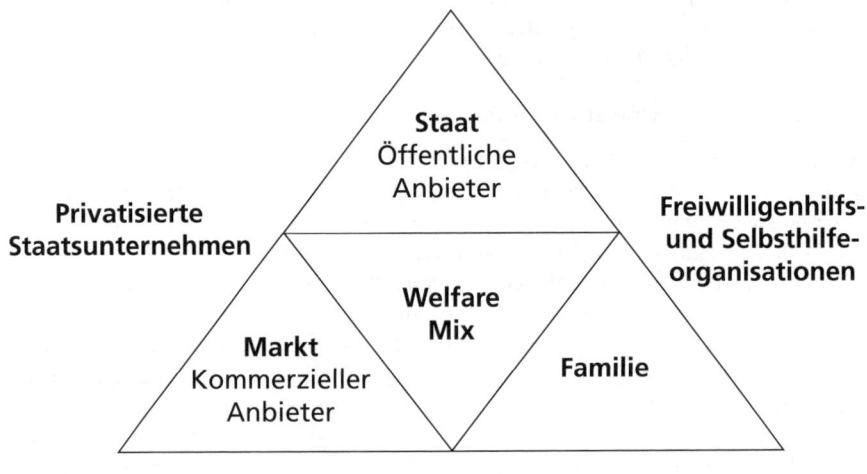

Abb. 24: Die verschiedenen Elemente im Welfare Mix

Die einzelnen Organisationsformen – die natürlich für die darin arbeitenden Fachkräfte der Sozialen Arbeit von großer Bedeutung sind – lassen sich wie folgt charakterisieren:

Öffentliche Anbieter
Darunter sind insbesondere kommunale Dienste und Organisationen der Gebietskörperschaften (Landkreise, Regionale Verbünde etc.) zu subsumieren. Die-

---

stanzen, Firmen und Familien produziert wird. Die Wohlfahrt wird also in jedem Land – und vermutlich auch in jeder Region Europas – in spezifischer Weise durch diese Einflussfaktoren ‚zusammengemixt'. Wenn dieser Umstand nicht zu einem ‚Störfaktor' werden, sondern zum Reichtum der Wohlfahrtskultur Europas beitragen soll, müssen wir uns daran machen, die Rezepte dieser Mixturen zu ergründen" (Hering 2004, S. 133).

se Art der Organisation der Sozialarbeit findet sich vor allem dort, wo es um die Ausübung hoheitlicher Aufgaben (Kinderschutz, Adoptionswesen etc.) oder um öffentlich garantierte Dienstleistungen (Jugendhäuser, Kindertageseinrichtungen, Heime etc.) geht, an denen der öffentliche Träger ein konkretes (politisches) Interesse hat.

Privatisierte Staatsunternehmen
Solche Unternehmen wurden in Deutschland insbesondere seit den 1980er Jahren im Rahmen der Einführung des neuen Steuerungsmodells der KGST mit dem Ziel gegründet, die Kommunen effizienter und schlanker zu machen. Verkehrsbetriebe, die Müllabfuhr sowie die Unternehmen der Gas- und Wasserversorgung waren zunächst städtisch organisiert und wurden schließlich „outgesourct" und als Eigenbetriebe geführt. Inzwischen wird diese Strategie auch auf Krankenhäuser, Altenheime, Kindertageseinrichtungen und Einrichtungen der Sozialen Arbeit übertragen. Teilweise werden solche Unternehmen auch in Form von Stiftungen organisiert und geführt.

Kommerzielle Anbieter
Der Trend, kommerzielle Anbieter bewusst in den Welfare Mix mit einzubeziehen, hat seit einigen Jahren auch Deutschland erreicht. Dabei sollen die angestrebten marktähnlichen Strukturen vor allem dazu dienen, eine gerechte Preisbildung zu ermöglichen und damit verbundene optimale Qualitätsniveaus festzulegen. Private Anbieter finden sich vor allem im Bereich der Leistungen, die durch die Sozialversicherungen abgedeckt und/oder wo Zuzahlungen möglich sind, wie z. B. in Alten- und Pflegeheimen, in Einrichtungen der Kinder- und Jugendhilfe und auch im Bereich der Suchtkrankenhilfe.

Verbandliche Anbieter, Vereine, Nichtregierungsorganisationen
In Deutschland wird die Mehrzahl an sozialen Diensten von Verbänden, Vereinen und Nichtregierungsorganisationen getragen. Diese sind nicht nur regional, sondern immer schon überregional tätig und tragen so dazu bei, Lücken in den Versorgungsnetzen zu schließen. Erwartet wird von ihnen überdies, dass sie sich als dreifach nützlich erweisen. Aufgrund ihrer vielgestaltigen Einbindung in die Gesellschaft erbringen sie einen „zivilgesellschaftlichen Mehrwert", ermöglichen „sinnvolle Querfinanzierungen" und sorgen aufgrund der jeweiligen weltanschaulichen Orientierung für die besondere Motivation ihrer Mitarbeiter/innen (Schlüter/Scholz 2007, S. 192).

Freiwilligenhilfs- und Selbsthilfeorganisationen
Der Hilfe durch Freiwillige und Ehrenamtliche kommt im konservativen Wohlfahrtsstaat eine wichtige Funktion zu. Vor allem seit den 1980er Jahren werden die Bürger/innen verstärkt dazu aufgefordert, sich in Organisationen und Netzwerken zusammenzuschließen und ehrenamtlich tätig zu sein. Durch den Aufbau von Selbsthilfegruppierungen sollen Versorgungsdefizite abgebaut und durch die Rekrutierung von Ehrenamtlichen sollen zeit- und kostenintensive Dienste effizienter gestaltet werden können (siehe dazu insbesondere Kap. 24).

Insgesamt gesehen ist man sich heute darin sicher, dass weder Markt noch Staat, sondern eher institutionell gemischte Formen der Wohlfahrtsproduktion erfolgversprechend sind (Kaufmann 2002, S. 58). Auf Dauer dürfte sich damit ein „regulierter Wettbewerb mit mischfinanzierten Anbietern und Nachfragern etablieren" (Eichhorn 2005, S. 107). Für die Soziale Arbeit bedeutet dies vor allem:

- Alle Anbieter müssen im Rahmen der Sozialplanung gemeinsam dazu beitragen, dass angemessene Hilfestrukturen geschaffen und alle Versorgungslücken geschlossen werden.
- Alle Anbieter müssen sich den Qualitätsanforderungen der übergeordneten Träger unterwerfen. Die Qualität muss regelmäßig extern überprüft und beeinflusst werden. Die Entwicklung nationaler Standards, wie sie z. B. bereits im Bereich der Kindertagesstätten erfolgt, erscheint unausweichlich.
- Alle Anbieter müssen sich einer ständigen Kostenkontrolle unterziehen. Dies könnte bedeuten, dass sich kostengünstige Anbieter am Markt durchsetzen und es zu einer „McDonaldisierung" (Ritzer 1997) der Leistungen der Sozialen Arbeit kommt.

Sozialarbeiter/innen geraten vor diesem Hintergrund möglicherweise in ein Dilemma: auf der einen Seite sollen sie die „Vorgaben staatlicher Rahmenkonzepte und Förderrichtlinien oder Anforderungen der Träger erfüllen (…), um ihre Existenz und die ihrer Dienste abzusichern", auf der anderen Seite sollen sie „die Befähigung derjenigen, die ihre Dienste in Anspruch nehmen, zum Ausgangspunkt ihrer Arbeit machen" (Schmitz 2014, S. 109). Denn „die Rolle von SozialarbeiterInnen ist dabei die des Lobbyisten für Menschen mit sozialen Problemen und Nöten gegenüber Politik und Verwaltung und manchmal auch gegenüber dem eigenen Träger und nicht diejenige des Lobbyisten für politische, staatliche und verbandliche Ziele gegenüber den NutzerInnen" (ebd.).

4.2 Soziale Arbeit als Praxis des „Förderns und Forderns" im aktivierenden Sozialstaat

Kein politisches Ereignis hat die Soziale Arbeit in Deutschland und Europa mehr beeinflusst als die durch Anthony Giddens angestoßene Politik des „Third Way". Ausgangspunkt für Giddens waren die Krisen sowohl im sozialistischen wie im kapitalistischen System, die seiner Ansicht nach insbesondere mit der Problematik des ausufernden und nicht mehr bezahlbaren Wohlfahrtsstaates zusammenhingen. In seinem Buch „Beyond Left and Right" (dt. 1997, siehe auch Giddens 2001) kritisiert Giddens insbesondere die soziale Marktwirtschaft und fordert eine radikale Neuausrichtung der Sozialpolitik: Sie muss darauf abzielen, neue Solidaritäten zu erzeugen, einen demokratischen Dialog zu fördern, den Wohlfahrtsstaat neu zu denken und der zunehmenden Gewalt konfrontativ zu begegnen.

Mit seiner Theorie begründete Giddens nicht nur einen neuen Gesellschaftsentwurf, sondern bot den Politiker/innen, insbesondere zunächst Bill Clinton und Tony Blair, später dann Gerhard Schröder und Gordon Brown, viele Vorschläge zur Gestaltung einer progressiven Mitte-Links Politik. Diese sollte den Rahmen schaffen, dass die Bürger/innen selbstbestimmt und zugleich solidarisch in einer von Globalisierungs- und Transformationsprozessen veränderten Welt leben können. Blair und Schröder haben dann in London am 8. Juni 1999 unter dem Titel „Der Weg nach vorne für Europas Sozialdemokraten" (Blair/Schröder 1999) ein Papier verfasst, in der die Grundsätze für diese neue Mitte-Links-Politik formuliert wurden. Vor dem Hintergrund immer höherer Staatsausgaben und der Forderung der Bürger/innen nach individuellen Rechten fordern sie unter anderem,

- moderne Ansätze des Regierens: der Staat solle weniger „rudern" und mehr „steuern", Abbau von Bürokratie;
- eine auf Wachstum ausgerichtete Steuerpolitik, d. h. insbesondere eine Senkung von Unternehmenssteuern;
- Anpassung der sozialen Sicherungssysteme an neue Realitäten, z. B. bei Frauen und Familien etc.;
- Aktive Arbeitsmarktpolitik: „Beschäftigung fördern und nicht passiver Versorger der Opfer wirtschaftlichen Versagens sein" (ebd., S. 11).

Auswirkungen hatte dieses Konzept auf alle europäischen Länder vor allem deswegen, weil in diesem Zusammenhang die europäischen Beschäftigungsleitlinien zunehmend präzisiert und drei neue Leitziele benannt wurden. Erstens: Vollbeschäftigung, zweitens: Steigerung der Arbeitsplatzqualität und Arbeitsproduktivität, drittens: Verbesserung des sozialen Zusammenhalts und der sozialen Eingliederung. Zwar blieben die Entwicklungen in den meisten Mitgliedsländern hinter den gewünschten oder angepeilten Resultaten zurück, trotzdem gab und gibt es überall Initiativen zur Aktivierung (Klammer/Leiber 2008, S. 99 f.).

In Deutschland sind die Auswirkungen dieser neuen Ideologie vor allem im Bereich der Betreuung von Arbeitslosen spürbar geworden. Hier ist es unter dem Stichwort des aktivierenden Sozialstaats und im Rahmen der neueren Sozialgesetzgebung zu zahlreichen Änderungen im Verhältnis zwischen Staat und Bürger/innen sowie im Verhältnis von Klienten/Klientinnen und Sozialarbeiter/innen gekommen. Zentraler Bestandteil dabei war die Implementierung einer aktivierenden Arbeitsmarktpolitik. Die Entwicklung vom den Markt korrigierenden zum aktivierenden Staat sollte zum Ausdruck bringen, dass sich nicht nur die Finanzierung des Sozialstaats, sondern auch das Leistungsangebot und die damit verbundenen Methoden, nach denen sozialstaatliche Leistungen verteilt werden, verändert haben. Unter dem Schlagwort des Förderns und Forderns wurde eine Engführung der Anspruchsvoraussetzungen beim Arbeitslosengeld, eine Verschärfung von Zumutbarkeitskriterien für die Aufnahme neuer Arbeit und der Ausbau von Sanktionen bei Nichtannahme von Arbeitsmaßnahmen beschlossen. Aufgrund des eher schleppendenden Ausbaus von Beratungs- und Vermittlungsleistungen hat dies inzwischen dazu geführt, dass dem Element des „Forderns" eine größere Bedeutung zukommt als dem des „Förderns" (Klammer/Leiber 2008, S. 115 f.; siehe auch Dahme/Wohlfahrt 2004, S. 25).

Für die Sozialarbeit bedeutet dies, dass die Klienten/Klientinnen jetzt nicht mehr nur Hilfeempfänger/innen sind, sondern aktiv an den jeweiligen Maßnahmen mitwirken müssen. Tun sie dies nicht, müssen sie mit Sanktionen rechnen (zusammenfassend: Candeias 2008). So wird in besonderem Maße die Eigenverantwortlichkeit der Klientel betont, Hilfeangebote – insbesondere zeitintensive wie beispielsweise Hausbesuche – werden gekürzt oder nicht mehr angeboten, Unterstützung wird verweigert, wenn keine Eigenleistung erbracht wird, etc. Dies betrifft inzwischen nicht nur Arbeitsfelder, die in direktem Bezug zur Arbeitsförderung stehen, wo nun primär die (Wieder)Herstellung der Beschäftigungsfähigkeit im Vordergrund steht. Das Prinzip des Forderns und Förderns hat auch Einzug in Arbeitsfelder gehalten, die in einem Zusammenhang mit der Arbeitsförderung gesehen werden (z. B. Schuldnerberatung, Suchtberatung etc.) oder mit den Aufgaben der öffentlichen Hand, in Verbindung stehen (ASD, Jugendarbeit, Hilfen zur Erziehung, Klinische Sozialarbeit etc.) (Seithe 2012, S. 111 ff., S. 240 ff., S. 347 ff.). So verzeichnet beispielsweise Seithe (2012) auch in der Jugendhilfe einen Rückgang kooperativer Maßnahmen, vor allem im Bereich der Elternarbeit und eine Erstarkung von Sanktionen (ebd., S. 240 ff.).

Die Sozialarbeiter/innen reagieren auf diese Entwicklungen in unterschiedlicher Weise:

„Einige denken, dass die neoliberale Politik und ihre Ideologie vorübergehen wird und man sie einfach aussitzen kann. Andere glauben, dass die Folgen und Auswüchse irgendwann überdeutlich werden müssten und man deshalb irgendwann die neue Entwicklung auf ein Mittelmaß zurückschrauben wird. Andere gehen davon aus, dass der einmal in Gang gekommene Prozess der Vermarktlichung Sozialer Arbeit weitergehen und ständig fortschreiten wird" (Seithe 2012, S. 354).

4.3 Soziale Arbeit als administrative Praxis im Neuen Steuerungsmodell

Ein weiterer, vor allem durch die Europäische Gemeinschaft getragener Entwicklungsanstoß für die Praxis kann mit den Begriffen „New Public Management" oder „Neues Steuerungsmodell" gekennzeichnet werden. Dabei geht es vor allem darum, die im Bereich der Kommunen und Gemeinden vorherrschenden bürokratischen Strukturen durch marktorientierte Verfahren zu ersetzen.

Die Grundannahmen, die allen Bestrebungen für eine wirtschaftliche Steuerung und Führung der öffentlichen Verwaltung zugrunde liegen, wurden für Deutschland insbesondere von der Kommunalen Gemeinschaftsstelle für Verwaltungsmanagement (KGST)[7] entwickelt und lassen sich derzeit wie folgt zusammenfassen (Eichhorn 2005, S. 109):

---

7 Siehe dazu die Homepage: http://www.kgst.de/.

- Effizienz- und Steuerungsdefizite in der Verwaltung und in der Organisationsstruktur der Wohlfahrtsverbände und der freigemeinnützigen Träger werden als der entscheidende Ansatzpunkt für die Konsolidierung staatlicher und kommunaler Ausgaben im Sozialbereich gesehen.
- Mithilfe betriebswirtschaftlicher und unternehmensbezogener Managementkonzepte soll in den sozialen Dienstleistungsbereichen (Gesundheit, Soziales, Bildung, Umwelt) ein nachhaltiger Qualitätssteigerungs-, Modernisierungs- und Rationalisierungserfolg erreicht werden.
- Die Einführung marktförmiger Koordinierungs- und Steuerungsinstrumente in Verbindung mit einer besseren Kunden- und Bedarfsorientierung soll zu einer Steigerung der Effizienz und Effektivität der sozialen Dienstleister und der öffentlichen Verwaltung beitragen.

Dabei werden insbesondere folgende neue Steuerungsinstrumente vorgeschlagen:

Outputorientierte Steuerung

Ganz allgemein gesagt geht es bei diesem Konzept insbesondere um die Definition von Prozessen und Zielvorgaben, die im Rahmen einer outputorientierten Steuerung durchgeführt und erreicht werden sollen. Konkrete Leistungs- und Finanzziele bilden die Grundlage für die Planung, Durchführung und das Controlling der Aufgabenerfüllung. Die angeblichen Lücken und Defizite der inputorientierten Steuerung mit ihrer indirekten Steuerung der Aufgabenerfüllung durch Zuteilung der Ressourcen (Personalerhöhung oder Mittelkürzung) werden geschlossen. Outputsteuerung setzt voraus, dass Produkte definiert und Produktdefinitionen erarbeitet werden. Durch Produkte wird das Leistungsangebot einer Einrichtung konkretisiert und präsentiert. Sie sind das Ergebnis der Entscheidungen über die Ressourcenverwendung auf der Basis von Planung unter Beachtung der Zielsetzungen und unter Berücksichtigung von Alternativen (Hensen 2006). Dies bedeutet für die Soziale Arbeit, dass sie ihr Handeln transparent gestalten muss und sich, wenn sie qualitativ hochwertige, professionelle Leistungen erbringen möchte, nicht von anderen Stellen oder Disziplinen Kriterien der Fachlichkeit, Zielorientierung und Erfolg diktieren lassen darf.

Kontraktbildung zwischen Staat und Organisationen der Sozialarbeit

Während in den Kommunen Ziele und Budgets festgelegt werden, gilt es im Rahmen der Outputsteuerung sicherzustellen, dass zwischen Zuschussgebern und Zuschussnehmern Verhandlungen über die Leistungsziele, d. h. über die Quantität und Qualität der Aufgabenerfüllung stattfinden. Diese orientieren sich an den Aufgabenstellungen, dem Ressourceneinsatz, den entsprechenden Kosten und dem Grad der angestrebten Leistungserfüllung. Schließlich werden Vereinbarungen zwischen Kommune und Einrichtung geschlossen, in denen die Auftragnehmer auf die Zielerreichung hin verpflichtet werden (Eichhorn 2005, S. 112).

Für Deutschland ergibt sich daraus das spezifische Problem der Organisationen der freien Wohlfahrtspflege. Da sie in vielen Bereichen kaum mehr gemeinnützig tätig sind und Eigenbeiträge nur noch selten erbringen, geraten sie in einen Interessenkonflikt zwischen ihren ehrenamtlichen Mitgliedern und den Professionellen, was letztendlich dazu führen könnte, dass sich die Wohlfahrtsverbände auf ihre normativen Kern zurückziehen und fachliche Perspektiven vernachlässigen (Jüster 2015, S. 517).

Kontraktbildung im Rahmen des Persönlichen Budgets

Menschen mit Behinderungen haben im Rahmen des SGB IX einen individuellen Anspruch auf Leistungen zur Rehabilitation und gleichberechtigten Teilhabe. Und sie haben ein Recht darauf, über ihr Leben selbst zu bestimmen. Das Persönliche Budget bietet Leistungen zur Teilhabe an. Das Wunsch- und Wahlrecht der behinderten Menschen steht dabei im Vordergrund. Grundsätzlich sieht das Gesetz vor, das Persönliche Budget als Geldleistung auszuzahlen. In der Regel erhalten Budgetnehmer/innen am Monatsanfang ihr Budget für den ganzen Monat. Damit kaufen sie sich dann selbst Unterstützungsleistungen, wie zum Beispiel Assistenz, ein. Als Expertinnen und Experten in eigener Sache entscheiden behinderte Menschen somit selbst, welche Hilfen für sie am besten sind und welcher Dienst und welche Person zu dem von ihnen gewünschten Zeitpunkt eine Leistung erbringen soll. Das SGB IX sieht im Ausnahmefall auch vor, das Persönliche Budget durch Gutscheine zu erbringen, die die Budgetnehmer/innen bei bestimmten Diensten einlösen können. Um dies sicherzustellen, schließen Leistungsträger und Budgetnehmer/in eine Zielvereinbarung ab, in der festgelegt wird, ob und wie der Einsatz der Mittel nachgewiesen werden soll. Dabei soll sich der Nachweis auf die Leistung beziehen, nicht auf den Preis. Ausreichend ist eine Ergebnisqualitätskontrolle. Die Ausgestaltung der Nachweise sollte in einer einfachen und unbürokratischen Form („so wenig wie möglich, so viel wie nötig") abhängig von der Art der Leistung und dem Bedarf stattfinden. Auf diese Weise soll auch die Bereitschaft des Budgetnehmers oder der Budgetnehmerin zu Eigenverantwortung und Selbstbestimmung gestärkt werden (zusammenfassend: Einfach teilhaben o. J.).

Für die Soziale Arbeit bedeutet dies, dass die von den Professionellen angebotenen Leistungen noch stärker parzelliert und definiert werden müssen. Möglicherweise entstehen auf diese Weise dann Gebührenordnungen, wie wir sie aus der Medizin kennen. Denn es ist kaum davon auszugehen, dass solche Kontrakte frei gestaltet und dann von den Kostenträgern umstandslos übernommen werden!

4.4 Soziale Arbeit als verbandliche Praxis im Wohlfahrtspluralismus

Auch die Wohlfahrtsverbände selbst üben einen nicht zu unterschätzenden Einfluss auf die konkrete Praxis der Sozialen Arbeit aus. Denn über die Hälfte aller Sozialarbeiter/innen befindet sich im verbandlichen Dienst – mit teilweise gravierenden Folgen für ihre berufliche Stellung und ihr methodisches Vorgehen.

Die Entstehung der Wohlfahrtsverbände geht auf ein wichtiges gesellschaftspolitisches Gestaltungsprinzip zurück, das der „Subsidiarität". Historisch hat dieses Prinzip seine Wurzeln sowohl im angelsächsischen Liberalismus wie in der katholischen Soziallehre. Demnach kommt der Eigenverantwortung des Einzelnen bzw. der Familie vor allem im Bereich des Sozialen grundsätzlich ein Vorrang gegenüber staatlicher Intervention zu. Auf der Ebene des Staates bedeutet es, dass die Ausgestaltung sozialer Dienste auf der Basis einer „arbeitsteilige(n) Leistungserstellung zwischen Auftrag-gebenden und kontrollierenden öffentlichen Träger(n) und Leistung-erstellenden Freien Träger(n)" (Brinkmann 2014, S. 3) erfolgt.

> *„Das Subsidiaritätsprinzip beinhaltet die Verpflichtung zur partnerschaftlichen Zusammenarbeit von öffentlichen und freien Trägern und ist die Grundlage einer einzigartigen Form der Verbindung von Verbänden und Staatsaktivitäten, dem sogenannten Korporatismus, vor allem im Bezug auf die Wohlfahrtsverbände und Kirchen"* (ebd.).

Erste Korporationen entstanden bereits im 19. Jahrhundert, wie z. B. die Innere Mission als Vorläufer der Diakonie im Jahre 1848 oder der Caritasverband im Jahre 1897, als der Theologe Lorenz Werthmann in Köln zu dessen Gründung aufrief, um die drohende Zersplitterung der katholischen sozialen Hilfsangebote abzuwenden. Darüber hinaus kümmerten sich auch kleinere Wohltätigkeitsvereine um besondere soziale Notlagen und entwickelten eigene Hilfeangebote. Ende des 19. Jahrhunderts schlossen sich die vielen privaten Initiativen zu mehreren, weltanschaulich geprägten und reichsweit tätigen Wohlfahrtsverbänden zusammen. Bereits während des Ersten Weltkrieges wurden in vielen Städten Koordinierungsstellen eingerichtet, um das ungeordnete Nebeneinander von freier und öffentlicher Wohlfahrt zu beenden. In der Weimarer Republik bewirken die Wohlfahrtsverbände dann einen ersten Zusammenschluss: 1924 wird die „Deutsche Liga der freien Wohlfahrtspflege" gegründet.

> *„Die Fürsorgegesetze von 1922 und 1924 schreiben erstmals die Kooperation zwischen freier und öffentlicher Wohlfahrtspflege fest. 1926 werden die Spitzenverbände staatlich anerkannt. Nun erhalten nicht mehr die einzelnen Einrichtungen individuelle finanzielle Unterstützung vom Staat; stattdessen fließen die Zuschüsse an die Spitzenverbände, die sie eigenverantwortlich verteilen. Bis heute gilt die Eigenständigkeit der freien Verbände und die übergeordnete Verantwortung und Förderungspflicht der öffentlichen Wohlfahrtsträger"* (Bundesministerium für Arbeit und Soziales 2015).

Nach dem Ende des NS-Regimes mit seiner Gleichschaltung der Leistungen der Sozialen Arbeit zum Zwecke der Volksgesundheit und Rassenhygiene entwickelte sich in Westdeutschland nichts grundlegend Neues. Die neue Bundesrepublik setzte bei der Konstruktion des Sozialstaats wieder auf die bereits in der Kaiserzeit entstandenen Organisationen der „Freien Wohlfahrtspflege". Das DRK war wegen seiner Verstrickung mit dem „Dritten Reich" nur kurzfristig verboten worden als „unentbehrliche Partner jeder staatlichen sozialen Tätigkeit".[8] Dabei entwickelten sich die Strukturen weitgehend „obrigkeitskonform" (ebd.). Als gemeinnützig anerkannt, steuerlich begünstigt und gegenüber den kommunalen Einrichtungen privilegiert führten die Wohlfahrtsverbände ein ökonomisch gesehen zunehmend „sorgenfreies" Leben unter dem Schutz sozialstaatlicher Leistungen. Und dies geschah, obwohl ihre „fortschrittsfeindlich-restaurative Funktion" zunehmend erkennbar und benannt wurde, „als die Neuen Sozialen Bewegungen seit den 1960er Jahren auf Reformen drängten" (ebd., S. 98). Insgesamt ergaben sich so insbesondere zwei problematische Entwicklungen, die Jüster unter dem Theorem „Verfehlte Modernisierung" folgendermaßen zusammenfasst:

Anpassung an Marktstrukturen

Nach Markus Jüster haben sich die Wohlfahrtsverbände insbesondere seit den 1990er Jahren darum bemüht, sich stärker an die administrativen und ökonomischen Vorgaben der neuen Leistungsmodelle anzupassen. Dadurch haben sie jedoch ihre Monopolstellung verloren und sind zu strukturellen Reformen gezwungen worden, wie z. B. zur Reduktion der Anzahl Ehrenamtlicher, zu einer durchgehenden Professionalisierung der Dienste und zur Einführung von Managementstrukturen. Auf diese Weise mussten sie auch ihre Funktion als „bindende Instanz in der Gesellschaft" vernachlässigen und sich zu einfachen „Lieferanten sozialer Dienstleistungen" (2015, S. 484) degradieren lassen. Inzwischen genügt es,

> „(…) dass die Erfinder (eines) Konzepts über hinreichend Reputation verfügen, das Konzept in aller Munde ist und ein Mindestmaß an Reputation aufweist. Und gerade Wohlfahrtsverbände scheinen davor nicht gefeit, solchen Moden aufzusitzen. Zu verlockend sind das Versprechen von der Machbarkeit des Erfolges und die Aussicht, durch Verwendung des geeigneten Vokabulars den Anschein zu erwecken, ‚das Richtige' zu tun" (Nokielski 1996, in: Jüster 2015, S. 480).

Den Verlust an fachlicher und gesellschaftspolitischer Legitimation versuchten die Verbände dann durch neue Strategien auszugleichen: die Suche nach Nähe zu politischen Entscheidungsstrukturen, die Einführung von Kennzahlensystemen und Qualitätsmanagement, die Auslagerung der „Geschäftsbereiche aus dem Idealverein" und den Aufbau von Holdingstrukturen durch die „Diffusion

---

8 So Innenminister Gerhard Schröder 1956, in: Bauer 2013, S. 97.

von Großeinrichtungen in die Fläche" (ebd., S. 490 f.) sowie durch „Kooperationen, Fusionen, Übernahmen, Konzernbildungen" (Halfar/Kobbelt 2011, S. 1)

> *Ein gutes Beispiel für eine moderne verbandliche Holding ist die „Stiftung Liebenau", die sich von einer regionalen Behinderteneinrichtung in Tettnang (Bodenseekreis) zu einem Großanbieter in Baden-Württemberg und dem Freistaat Sachsen entwickelt hat. Heute arbeiten dort insgesamt fast 2.000 Mitarbeiter/innen. Die Stiftung unterhält nicht nur drei große Unter-Gesellschaften, die St. Gallus-Hilfe für behinderte Menschen gGmbH, das Christliches Sozialwerk gGmbH und die Liebenauer Arbeitswelten, sondern ist offensichtlich „heute (...) als Sozial-, Gesundheits- und Bildungsunternehmen auf kirchlich-katholischer Grundlage in Deutschland, Österreich, Italien, der Schweiz und Bulgarien tätig" (http://www.stiftung-liebenau.de/stiftung-liebenau/kurzportrait/index.html).*

Viele Äußerungen – auch auf der Homepage der Stiftung Liebenau – deuten auf eine Abkehr von der bislang geltenden normativen Ausrichtung hin. Dabei wird insbesondere der Bereich der Besoldung als Schwachstelle im Wettbewerb gesehen und wird die Gemeinnützigkeit zunehmend in Frage gestellt, denn „die an das öffentliche Dienstrecht angelehnten (aber dann doch wiederum gravierend abweichenden, d. V.) diakonischen Tarife passen nicht mehr zu den Realitäten im Sozialmarkt. Bei der Anwendung dieser Tarife geraten diakonische Träger und Einrichtungen immer öfter unter wirtschaftlichen Druck" (Jüster 2015, S. 469). Auf diese Weise werden strukturelle Veränderungen erforderlich, die z. B. im Bereich der Personalführung dazu beitragen, dass Widersprüche „zwischen vorgetragenem sozialpolitischen Anspruch" nach einer „gerechten Vergütung für alle Arbeitnehmer/innen"[9] und „mangelnder Fürsorge für die eigenen Beschäftigten" (vom staatlichen Sektor abweichende, eigene kirchliche Tarife, Einschränkungen im Bereich der persönlichen Freiheiten etc.) entstehen und zu einem zunehmend öffentlichen Vertrauensverlust führen.

---

9 Auffällig ist vor allem, dass bereits heute die Einkommen der Beschäftigten zwischen den öffentlichen und freien Trägern stark variieren. Das durchschnittliche Netto-Monatseinkommen aller Befragten beträgt ca. 1.577,– Euro (bei durchschnittlich 34 Wochenstunden), bei den freien Trägern liegt es jedoch mit ca. 1.400,– Euro (bei durchschnittlich 31 Wochenstunden) noch deutlich niedriger. Besonders kritisch ist die Einkommenssituation der Beschäftigten freier Träger, die keine Leitungsfunktion innehaben: ca. 40 % der befragten Praktiker in Berlin und 31 % in Brandenburg verdienen weniger als 1.250,– Euro netto. In: „Macht und Ohnmacht in der Sozialen Arbeit" – GEW-Studie zur sozialen und beruflichen Lage von Fachkräften der Sozialen Dienste. http://www.gew-berlin.de/20067.htm.

Erosion von Legitimität

Nach Jüster könnte als Folge der konsequenten Professionalisierung und Managerialisierung der Wohlfahrtsverbände die Gefahr entstehen, dass deren lokale Basis erodiert und die Perspektive eines „Mitgliederverbandes" außer Blick gerät. Denn möglicherweise sind ehrenamtliche Vorstände und Helfer/innen immer weniger bereit, aktiv mitzuwirken, wenn alle Vorgaben und Entscheidungen zentral bzw. überregional gefällt und professionell umgesetzt werden. Was den Wohlfahrtsverbänden dabei zunehmend verloren gehen könnte, ist ihr demokratisches Bewusstsein und ein Reagieren auf die neue Bürgerlichkeit. Nach Bauer richten sich die Verbände heute zunehmend wirtschaftlich aus und mobilisieren „ihre konservative, teils reaktionäre Vetomacht zur Verzögerung und moralischen Blockade von Reformen zur Demokratisierung und Weiterentwicklung des Sozialwesens" (Bauer 2013, S. 98). Nach Glänzel/Schmitz (2012) kommt darin ein Problem zum Ausdruck, das insbesondere „hybride Organisationen" strukturell beeinflusst: Sie sind gezwungen, gleichzeitig einer „Investitionslogik" und einer „Solidaritätslogik" zu folgen.

Für Jüster wird auf diese Weise zunehmend eine Soziale Arbeit außerhalb der Wohlfahrtsverbände denkbar und stellt sich die Frage, wie neue Organisationen aussehen könnten, die in der Lage sind, moderne Bürger/innen demokratisch einzubinden und damit eine neue normative Basis aufzubauen. Insbesondere für die Manager/innen im verbandlichen Bereich entstehen damit verschiedene Problematiken:

- Wie stark lokal verortet müssen Organisationen der Sozialen Arbeit sein? Ist es sinnvoll, Organisationen der Sozialen Arbeit überregional zu organisieren und bundesweit zu managen? Verliert die Soziale Arbeit damit nicht ihre Bodenhaftung und verletzt das Prinzip der „Lebensweltorientierung" der Adressaten und Adressatinnen?
- Wie demokratisch muss die Soziale Arbeit sein? Da sich die Praktiker/innen immer schon als Interessenvertreter/innen ihrer Klientel verstanden haben, müsste es das Ziel jeder Praxis sein, zur weiteren Demokratisierung, Innovation und Verbesserung der sozialen Dienste aktiv mit beizutragen. Wenn sich Menschen und deren Lebenslagen ständig verändern und wenn sich gesellschaftliche Entwicklungen nicht aufhalten lassen, dann müssen die damit verbundenen Adaptionsprozesse von einer kritischen Praxis kontinuierlich aufgegriffen, aktiv umgesetzt und ideologiefrei begleitet werden.
- Wie moralisch muss die Soziale Arbeit sein? Wenn sich die Soziale Arbeit an den von ihr selbst gesetzten professionellen Maßstäben messen lassen will, dann muss sie der Praxis der konfessionell organisierten Wohlfahrtsverbände mit deren kircheneigenen (und vom Staat nicht beeinflussbaren) Arbeitsrechtsregelungen kritisch gegenüber stehen. Ansonsten gerät sie in Gefahr, sich den Ansprüchen gegenüber zu verweigern, die an eine „Menschenrechtsprofession" zu stellen sind: Neutralität im Beratungsprozess, Nicht-Diskriminierung bei der Arbeitsplatzsuche, Recht auf freie Organisation in einer Gewerkschaft!

4.5 Soziale Arbeit als organisationale Praxis: Qualitätsmanagement

Zumindest die größeren Einrichtungen der Sozialen Arbeit in Deutschland gehen heute von der Annahme aus, dass Qualität nicht nur subjektiv definiert werden darf, sondern formal beschrieben und im Rahmen von Managementsystemen konzipiert, aufbereitet und zertifiziert werden muss. Erst so können wichtige Messgrößen für den Erfolg eines Betriebes wie z. B. Kundenzufriedenheit, Produkt- und Servicequalität, Prozessqualität, Personalqualität etc. klar definiert und sachgemäß dokumentiert, evaluiert und verbessert werden (siehe dazu überblicksartig: Meinhold/Matul 2011). Dazu schreibt etwa der Paritätische Gesamtverband:

> *"Soziale Organisationen sehen sich zunehmend gefordert, die Qualität ihrer Arbeit öffentlich nachzuweisen. Qualitätsentwicklung und -sicherung auf der Grundlage eines fundierten Qualitätsmanagement ist die Antwort auf diese Herausforderung. Der Paritätische unterstützt seine Mitgliedsorganisationen bei ihren Bemühungen um Qualitätssicherung und -entwicklung mit dem Paritätischen Qualitätssystem. Es handelt sich hierbei um aufeinander abstimmte Angebote der Information, Beratung, Schulung und Dienstleistungen zum Aufbau eines trägerspezifischen Qualitätsmanangement. Das Paritätische Qualitätssystem orientiert sich an anerkannten Normen der DIN EN ISO 9001 und dem EFQM-Modell für Excellence"* (http://www.der-paritaetische.¬de/fachinfos/sozialwirtschaft/qualitaetsmanagement/).

Natürlich muss diese Denkweise, die leicht erkennbar aus dem wirtschaftlichen Bereich stammt, wo Produkte „verkauft" werden sollen, mit großer Vorsicht in den sozialen Bereich hinein übertragen werden. Trotzdem hat sich in den letzten Jahren gezeigt, dass es sich durchaus lohnt, soziale Dienstleistungen von den verschiedenen Begrifflichkeiten des Managements her zu beleuchten (Lambers 2015; Meinhold/Matul 2011, S. 145 ff.). So ist in der Praxis deutlich geworden, dass die Einführung von Qualitätsmanagementsystemen nicht gleich zu einer reinen oder überzogenen Form der „Ökonomisierung" oder „Managerialisierung" der Sozialen Arbeit führen muss (siehe z. B. Buestrich et al. 2008). Denn es steht inzwischen außer Frage, dass jede Person, die um Hilfe nachfragt, ein Anrecht darauf hat, nach besten Qualitätsmaßstäben freundlich, kompetent, zeitnah und vor allem erfolgreich unterstützt zu werden. Damit dies geschehen kann, müssen die entsprechenden Stützprozesse im Bewusstsein der Organisationen verankert sein und muss deren Qualität stets auch beschrieben, gemessen, bewertet und vor allem ständig verbessert werden. Ob dadurch auch immer das erwünschte Resultat entsteht, kann dann gerade deshalb offen bleiben, weil die jeweils ausführende Person und deren Organisation nachweisen können, dass sie das Bestmögliche versucht haben!

Die Einführung von Qualitätsmanagement ist nach Haas/Hanselmann (2005, S. 465) vor allem aufgrund einer veränderten Logik in der Gestaltung des Sozialen weltweit wichtig geworden. Das erlaubt es,

- die Aufmerksamkeit von der Inputfrage weg, hin zur Output-/Outcome-Orientierung zu richten. Im Mittelpunkt steht also nicht mehr so sehr, was im Einzelnen getan wird (das wird oftmals der fachlichen Entscheidung der Einrichtung überlassen), sondern was erreicht werden soll;
- verschiedene Dienstleistungen miteinander zu vergleichen und zu optimieren. Besonders kosteneffektive und zielrelevante Leistungsangebote können so identifiziert und weiterentwickelt werden;
- Leistungsvereinbarungen auf der Basis von Preis-Leistungs-Verhältnissen abzuschließen. Die Kommunen erhalten so die Möglichkeit zum Preis-Vergleich und zur Kostenkontrolle und können damit ihr Versprechen auf eine sparsame Haushaltsführung einlösen.

Im Folgenden sollen einige wichtige Grundsätze des Qualitätsmanagements anhand der Qualitätsnorm ISO 9001-2015, die auch eine Orientierung für soziale Einrichtungen bietet, kurz dargestellt und bezüglich ihrer Relevanz für die Soziale Arbeit erläutert werden (siehe Abbildung 25).

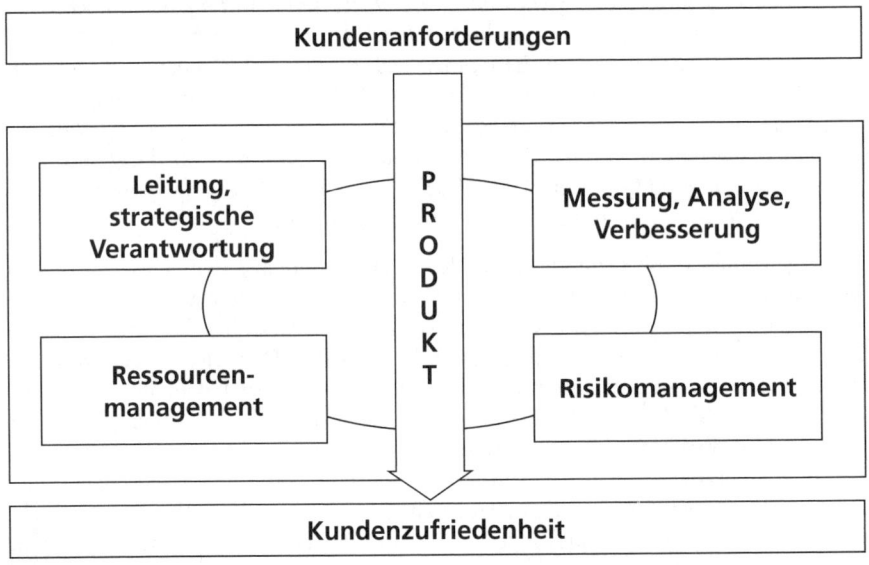

Abb. 25: Grundzüge der ISO 9001

Einhaltung gesetzlicher Vorgaben und Anforderungen

Die Aufgabe des Managements einer Einrichtung besteht zunächst einmal vor allem darin, deren Prozesse so zu steuern, dass sie den gesetzlichen Vorgaben und Rahmenbedingungen genügend Rechnung tragen und die in den Verträgen mit den Kommunen und Landkreisen (z.B. für die Betreuung von Heimkindern, von Pflegebedürftigen etc.) zugesagten fachlichen Leistungen auch zielgenau umgesetzt werden. Näheres dazu regelt § 17 des Ersten Sozialgesetzbuches:

„§17 SGB I

(1) Die Leistungsträger sind verpflichtet, darauf hinzuwirken, daß
1. *jeder Berechtigte die ihm zustehenden Sozialleistungen in zeitgemäßer Weise, umfassend und zügig erhält,*
2. *die zur Ausführung von Sozialleistungen erforderlichen sozialen Dienste und Einrichtungen rechtzeitig und ausreichend zur Verfügung stehen,*
3. *der Zugang zu den Sozialleistungen möglichst einfach gestaltet wird, insbesondere durch Verwendung allgemein verständlicher Antragsvordrucke und*
4. *ihre Verwaltungs- und Dienstgebäude frei von Zugangs- und Kommunikationsbarrieren sind und Sozialleistungen in barrierefreien Räumen und Anlagen ausgeführt werden.*

(2) (...)
(3) In der Zusammenarbeit mit gemeinnützigen und freien Einrichtungen und Organisationen wirken die Leistungsträger darauf hin, daß sich ihre Tätigkeit und die der genannten Einrichtungen und Organisationen zum Wohl der Leistungsempfänger wirksam ergänzen. Sie haben dabei deren Selbständigkeit in Zielsetzung und Durchführung ihrer Aufgaben zu achten."

Auf der Basis einrichtungseigener Maßnahmen des Controlling und des Berichtswesens, bei dem die wesentlichen Ziele formuliert und deren Erreichung beobachtet werden (wobei den Verantwortlichen dabei möglichst viel Initiativ- und Gestaltungsfreiheit übertragen werden soll), werden die anbietenden Einrichtungen dann regelmäßig auf die Einhaltung der vertraglich vereinbarten Regelungen überprüft.

Konzeptionelle Ausrichtung des Angebots an die Kunden/Kundinnen auf der Basis von Datenanalysen und fachlichen Begründungen

Jede Einrichtung, die eine soziale Dienstleistung anbietet, muss zunächst die Kundenwünsche, die Kundenbedürfnisse und die Forderungen des Marktes sorgfältig erheben, um daraus dann die jeweils zu erbringenden Leistungen und damit verbundene Spezifikationen entwickeln zu können. Dazu ist zunächst eine genaue Kenntnis der Lebenslage der Adressaten und Adressatinnen und des damit verbundenen möglichen Hilfebedarfs erforderlich. Die daraus resultierenden Bedarfe müssen dann in Leistungsziele umgesetzt und messbar formuliert werden. Insgesamt können an ein Konzept recht hohe Erwartungen gestellt werden. Beispielhaft kann erwartet werden, dass es

- *„eine Richtung angibt*
- *Grundfragen klärt*
- *Klarheit und Transparenz schafft*
- *eine Orientierungshilfe bietet*
- *dafür sorgt, dass alle am gleichen Strick ziehen*

- *dazu verhilft, dass man besser weiß, was man will*
- *ein bewusstes Arbeiten garantiert*
- *gemeinsame Vorstellungen über die Arbeit und Zusammenarbeit vermittelt"*
(http://www.adhoc-beratung.ch/PDF_Files/4-Seminare/GrundlagenWasist¬ einKonzept.pdf).

Sind die Leistungen dann erbracht, so gilt es die Zufriedenheit der Kunden und Kundinnen mit den Leistungen zu ermitteln und aus Feedback, Kritik und Beschwerden Verbesserungsmöglichkeiten abzuleiten. Auf diese Weise entsteht der Kreislauf der ständigen Verbesserung, ausgelöst durch den ständigen Dialog mit dem Nutzer und dem Team. Nach der Lehre des Qualitätsmanagement beruhen im Übrigen wirksame Entscheidungen grundsätzlich auf der Analyse von Daten und Informationen. Erst die Einhaltung dieses Grundsatzes ermöglicht sachlich fundierte Entscheidungen, die auf einer verlässlichen Datenbasis beruhen.

Während dieser Kreislauf im Bereich der Wirtschaft möglicherweise recht einfach funktioniert, stellt sich im Bereich der sozialen Dienstleistungen das Problem, dass die Nutzer/innen nicht immer die Qualität einer Leistung zu beurteilen in der Lage sind. Die professionelle Reflexion und die Art des methodischen Vorgehens können von ihnen nicht durchschaut und damit nur oberflächlich kritisiert werden. Um diesem Problem vorzubeugen und den Kunden und Kundinnen das Verständnis der Hilfeleistungen zu erleichtern, ist es im sozialen Bereich schon seit Langem übliche Praxis, ein „konzeptionelles Gerüst" zu entwickeln und in einer Weise darzulegen, dass die fachliche Legitimation für die jeweiligen Leistungen deutlich wird.

Wie Abbildung 26 zeigt, reicht es nicht aus, die fachliche Begründung der jeweiligen Ziele, Leistungen und Ergebnisse lediglich konzeptionell zu begründen (konzeptionelle und theoretische Plausibilität). Zusätzlich müssen diese durch ein entsprechendes Datenmanagement dokumentiert, evaluiert und verifiziert werden (empirische Plausibilität durch Datenfeedback). Auf diese Weise wird erst deutlich, dass es einen logisch eindeutigen Zusammenhang zwischen der jeweiligen fachlichen Argumentation und der erwarteten Ergebnisrelation gibt.

Natürlich kann der Erfolg nicht immer zweifelsfrei gemessen werden. Ohne eine angemessene Würdigung des Aspekts der konzeptionellen und theoretischen Plausibilität ließen sich – angesichts der möglichen (objektiven) Erfolglosigkeit einer sozialarbeiterischen Dienstleistung aufgrund vielfältiger Umstände – viele Angebote der Sozialarbeit gar nicht mehr legitimieren. Glücklicherweise ist die Öffentlichkeit immer noch bereit, auch scheinbar wenig erfolgreiche Dienste, wie insbesondere solche für junge Menschen in außerordentlichen persönlichen Schwierigkeiten (§35 SGB VIII: Intensive sozialpädagogische Einzelbetreuung), zu finanzieren, auch wenn nur eine gewisse theoretische Plausibilität der Leistungen zugesagt werden kann.[10]

---

10 Es handelt sich hier häufig um Jugendliche mit massiven Gewalt- oder Suchtproblemen, bei denen die herkömmlichen Formen der Unterstützung durch Betreuung oder

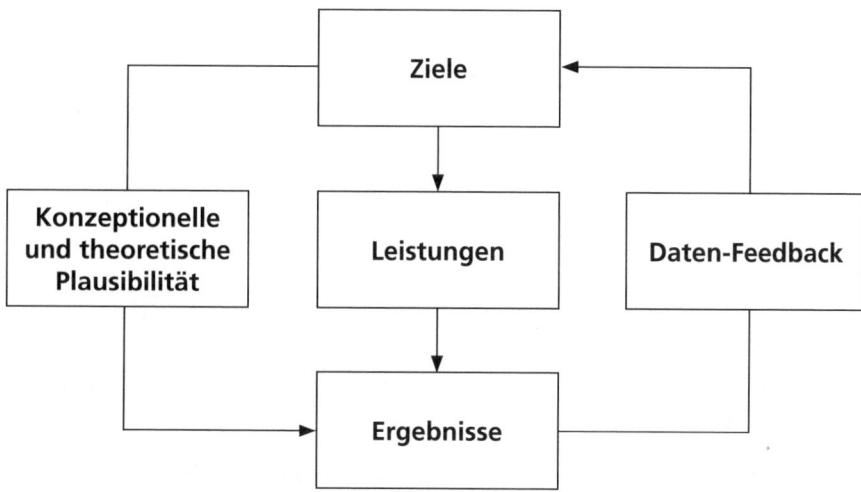

Abb. 26: Konzeptionelles Management[11]

> *Ein Verein zur Unterstützung von Mädchen in der Nähe von Freiburg/Br. ist zur Erkenntnis gelangt, dass sich das klassische Angebot der Sozialen Gruppenarbeit sehr gut mit Pferdearbeit verbinden lässt. Ein entsprechender Geschäftsplan wurde entwickelt und dem örtlichen Jugendamt unter Angabe der Zusatzkosten vorgelegt. Der Plan enthält eine konzeptionelle Grundlegung und möglich messbare Qualitätsziele. Das Jugendamt hält das Angebot für effizient und ist bereit, die entsprechenden Mehrkosten zu tragen (Siehe dazu: http://www.ajutoev.de/).*

Führung und Motivation durch Leitbilder und Visionen

Ein QM-System nach der ISO 9001 ist ein Steuerungsinstrument der Geschäftsführung zur Aufrechterhaltung und Weiterentwicklung des gesamten Unternehmens. Die oberste Leitung muss auf dieser Ebene selbst aktiv lenken und dies auch durch klare Visionen, Leitbilder und Zielvorgaben zum Ausdruck bringen. Auch wenn also der Sinn und Zweck z. B. der Leistungen der Kinder- und Jugendhilfe hinlänglich bekannt sind, so obliegt es doch den zuständigen Führungskräften, für ihre Organisation aussagekräftige, motivierende und ansprechende Aussagen darüber zu treffen, was in welcher Form konkret zu erwarten ist.

Fremdunterbringung gescheitert sind. Hier gibt es neben Beratungs- und Betreuungskonzepten im Inland auch kostenintensive Angebote der Auslandsbetreuung (Wendelin 2010).

11 Erath 2006, S. 235.

Auf diese Weise werden nicht nur die Mitarbeiter/innen, sondern auch die Adressaten und Adressatinnen motiviert, sich mit den Leistungen intensiv auseinanderzusetzen und Freude und Motivation an der Arbeit bzw. der für die sozialen Dienstleistungen unverzichtbaren Bereitschaft zur Ko-Produktion zu entwickeln. Im besten Falle entsteht so ein gemeinsames Ethos, das die Grundlage bildet für individuellen Einsatz, konstruktive Teamarbeit und kollektiven Einsatz.

> **Grundsätze der Verbandspolitik**
>
> *Der Paritätische ist ein Wohlfahrtsverband von eigenständigen Organisationen, Einrichtungen und Gruppierungen der Wohlfahrtspflege, die soziale Arbeit für andere oder als Selbsthilfe leisten. Getragen von der Idee der Parität, das heißt der Gleichheit aller in ihrem Ansehen und ihren Möglichkeiten, getragen von Prinzipien der Toleranz, Offenheit und Vielfalt, will der Paritätische Mittler sein zwischen Generationen und zwischen Weltanschauungen, zwischen Ansätzen und Methoden sozialer Arbeit, auch zwischen seinen Mitgliedsorganisationen.*
>
> *Der Paritätische ist der Idee sozialer Gerechtigkeit verpflichtet, verstanden als das Recht eines jeden Menschen auf gleiche Chancen zur Verwirklichung seines Lebens in Würde und der Entfaltung seiner Persönlichkeit.*
>
> *Der Paritätische fördert das soziale Engagement für den anderen und den Einsatz für die eigenen sozialen Belange. Er hilft den Betroffenen, ihre Interessen zu formulieren, vorzutragen und durchzusetzen.*
>
> *Der Paritätische vertritt mit seinen Mitgliedsorganisationen insbesondere die Belange der sozial Benachteiligten und der von Ungleichheit und Ausgrenzung Betroffenen oder Bedrohten.*
>
> *Der Paritätische wirkt auf eine Sozial- und Gesellschaftspolitik hin, die die Ursachen von Benachteiligung beseitigen, ein selbstbestimmendes Leben ermöglichen und sachgerechte Rahmenbedingungen für eine zeitgemäße soziale Arbeit schaffen will (http://www.der-paritaetische.de/verband/wir-ueber-uns/grundsaetze/).*

Einbeziehung aller Personen und schonender Umgang mit Ressourcen

Auf allen Ebenen machen die Nutzer/innen bzw. Mitarbeiter/innen das Wesen eines Unternehmens aus. Erst deren vollständige Einbeziehung ermöglicht es, ihre gesamten Fähigkeiten zum Nutzen des Unternehmens einzusetzen und die Motivation, das Engagement und die Kreativität zu steigern. Den Führungspersonen muss es also gelingen, die Sozialarbeiter/innen in der Praxis so zu unterstützen, dass ein hoher Grad an Identifikation, an Bereitschaft zur Mitarbeit und an Teamgeist erreicht wird. Dabei spielt natürlich die Frage eine wichtige Rolle, welche Instrumente der Personalführung und -entwicklung zum Einsatz kommen und wie mit Fragen des beruflichen Aufstiegs, der Motivation durch monetäre Anreizsysteme, aber auch der persönlichen Förderung etc. umgegangen wird (siehe dazu Kap. 22.1 und 22.3).

Prozessorientierter Ansatz /Produkt-Realisierung

Das QM-System nach ISO 9001 soll die tatsächlichen betrieblichen Abläufe abbilden. Ein erwünschtes Ergebnis lässt sich effizienter erreichen, wenn Tätigkeiten und dazugehörige Ressourcen als Prozesse geleitet und gelenkt werden. So muss etwa der Aufenthalt eines psychisch Kranken in einer Wohngruppe von der Aufnahme über den konkreten Aufenthalt bis zum Verlassen der Einrichtung lückenlos beschrieben und gesteuert werden.

Dabei kommt insbesondere den Aspekten Prozessgestaltung, Dokumentation und Evaluation eine wichtige Rolle zu.

Prozessgestaltung

Durch den ständigen Dialog mit allen Kunden und Kundinnen erfolgt ein intensiver Austausch über die jeweiligen Hilfeprozesse. Die daraus resultierenden Informationen werden dann bei der weiteren Prozessplanung (Planung von Aktivitäten, Förderprogrammen etc.) berücksichtigt. Alle Hilfeprozesse werden zudem ständig auf ihre Wirksamkeit beobachtet und gegebenenfalls korrigiert oder verbessert.

Dokumentation

Insbesondere im Bereich der Dokumentation sind – nicht zuletzt auch aufgrund von Entwicklungen im Software-Bereich – Standards entwickelt und eingeführt worden, die das alte System der „persönlichen Notizen" oder „Tagebuchaufzeichnungen" ersetzen und eine moderne Aktenführung erlauben. Brack/Geiser (2003) unterscheiden dabei vier Stadien der Dokumentation bzw. Aktenführung

- Erfassung der Ausgangssituation des Klientensystems
  Auf einem „Stammdatenblatt" werden relativ stabile und möglichst objektive Daten des Klienten festgehalten, die Daten der „Situationsanalyse" ergeben sich entweder aus Gesprächen mit den Klienten/Klientinnen oder aufgrund von Beobachtungen der Sozialarbeiter/innen. Hier geht es um eine möglichst sorgfältige Beschreibung der gegenwärtigen Lage, evtl. um die Erhebung der Entstehungsgeschichte/Vorgeschichte sowie die Problembeschreibung der Klienten/Klientinnen (Brack 2002, S. 15; Brack/Geiser 2003, S. 69 f.). Auf dieser Grundlage erfolgt dann eine „Bewertung" durch die Sozialarbeiter/innen als Grundlage der Bewusstmachung über Werte/Ziele und den Veränderungsbedarf. Im Rahmen einer „Prognose" wägt der/die Sozialarbeiter/in dann den Abschlusszustand vor dem Hintergrund des Vergleichs von Intervention versus Nicht-Intervention ab (Brack 2002, S. 16 f.).
- Zielsetzung und Handlungsplan
  Im Rahmen eines „Handlungsplanes" werden nun die einzelnen Teilziele sowie die damit verbundenen Verfahren und Abläufe von Sozialarbeitern und Sozialarbeiterinnen entwickelt und festgehalten. Dieser dient dann als Grundlage für den Aushandlungsprozess mit der Klientel. Ziel ist es, eine „Arbeitsabsprache" bzw. einen „Beratungsvertrag" zu entwickeln, der dann als Ausgangspunkt und Legitimation für die eigentliche Interventions- und Veränderungsphase dient (Brack 2002, S. 17 ff.). Zugleich stellt dieser den

Orientierungspunkt für eine spätere Evaluation der erzielten Ergebnisse dar (Brack/Geiser 2003, S. 83).
- Dokumentation des laufenden Beratungsprozesses
Im Rahmen „prozessbegleitender Aufzeichnungen" bzw. von „Verlaufs- und Aktennotizen" werden dann die einzelnen Vorgänge und Leistungen insbesondere bezüglich der Aspekte Thema/Gesprächsziel, Art der Intervention durch die Fachperson, Vereinbarung/Aufgaben etc. festgehalten. Ähnliches geschieht bei Verhandlungen mit dritten Personen, wie z.B. Angehörigen, Fachdiensten, Ressourcenverwaltern etc. Letztendlich müssen alle Angaben dabei helfen, überprüfen zu können, wie zielgerichtet der Beratungsplan oder die Absprachen durchgeführt wurden (Brack 2002, S. 19 f.).
- Fallabschluss-Dokumentation
Am Ende des Hilfeprozesses kann dann – möglicherweise zusammen mit den Klienten/Klientinnen – überprüft werden, welche Dienstleistungen erbracht, welche Ziele erreicht worden sind und welcher Gesamtaufwand betrieben worden ist (ebd., S. 20 f.).

Insgesamt zeigt die Entwicklung wünschenswerte, aber auch bedenkliche Entwicklungen auf: Auf der einen Seite mag es höchst begrüßenswert erscheinen, dass Sozialarbeiter/innen die einzelnen Hilfeprozesse zunehmend gründlich und umfassend dokumentieren. Ohne diese Voraussetzung können solche Prozesse weder klar strukturiert, noch im Zweifelsfall rückverfolgbar bzw. auf Verbesserungen hin evaluierbar gemacht werden. Auf der anderen Seite gerät sozialarbeiterisches Handeln aber damit in die Gefahr, sich allzu sehr auf die Logik bürokratischen Handelns einzulassen und den advokatorischen Charakter eines offenen Unterstützungsangebots zu wenig zu berücksichtigen.

Evaluation
Während in der Vergangenheit die Einschätzung der eigenen Arbeit in der Regel auf der Basis von Selbstreflexion, Supervision oder Fallarbeit erfolgte, kommt eine moderne Sozialarbeit ohne eine Systematisierung und Objektivierung ihrer Bewertungsmaßstäbe nicht mehr aus. Solche Maßnahmen der kontinuierlichen Evaluation dienen sowohl der systematischen Sammlung und Auswertung von Daten zur Kontrolle der Qualität wie auch der Effektivität und der Effizienz des sozialarbeiterischen Handelns. Ziel ist dabei nicht nur die kritische Selbstvergewisserung über das eigene berufliche Handeln und über die Qualitätsentwicklung der eigenen methodischen Arbeit, sondern auch die Feststellung von Wirkungen auf den Klienten und dessen Umwelt sowie die Erfassung und Behebung von Fehlern und Beschwerden.

Die ständige Verbesserung im Rahmen der ISO 9001 ist für eine gesunde Unternehmensentwicklung essenziell. Mit den Markt- und Kundenerwartungen ändern sich erfolgreiche Unternehmen durch ständige Verbesserung ihrer Produkte/Dienstleistungen und Prozesse. Bei konsequenter und unternehmensweiter Anwendung der ständigen Verbesserung kann das Leistungspotenzial eines Unternehmens gesteigert und der Leistungsvorsprung gesichert werden. Insbesondere im Sozialen Bereich ist es außergewöhnlich schwierig, die Mitarbeiter/

innen zu einer ständigen Verbesserung zu motivieren (http://www.tuev-sued.de/management-systeme/iso-9001).

Wissens-, Risiko- und Change-Management

Die Ende des Jahres 2015 Jahres neu veröffentliche Form der ISO 2001:2015 will die Unternehmen dynamischer und flexibler machen. Dazu wurden insbesondere drei neue Aspekte in die Vorgabe neu mit aufgenommen:

- Wissensmanagement: Wissen gehört zu den wertvollsten Ressourcen eines Unternehmens. Gerade in der heutigen Zeit, in der sich Organisationen in einem komplexen und dynamischen Umfeld mit ständig wachsenden Informations- und Kommunikationstechnologien wiederfinden, ist Wissen ein entscheidender Faktor bei der Sicherung der Leistungs- und Qualitätsfähigkeit eines Unternehmens.
- Risikomanagement: Für Unternehmen und ihre Führungskräfte wird es zunehmend wichtig, externe und interne Einflussfaktoren, wie z. B. gesetzliche Änderungen, Änderungen in den gesellschaftlichen Rahmenbedingungen und Veränderungen in der Mitarbeiterschaft etc., auf die Organisation zu identifizieren und zu überprüfen.
- Change-Management: Die sozialen Problemlagen der Klientel verändern sich ständig. Neue Konzepte werden eingeführt, Teams werden umgestellt etc. Es ist daher wichtig, dass sich die Unternehmen auf solche Veränderungen einstellen und ein durchdachtes Change-Management in die Organisationsführung implementieren. Nur so können neue Strategien, Systeme, Prozesse und Verhaltensweise zielführend und schnell eingeführt werden.[12]

Systemorientiertes Management

Inzwischen ist die Theorie des Qualitätsmanagement weitergeführt worden und hat zur Erkenntnis geführt, dass eine Organisation aus einem ganzen Geflecht von Systemen besteht, die miteinander in unterschiedlichen Wechselbeziehungen stehen. Erst das bewusste Erkennen, Verstehen, Leiten und Lenken der jeweiligen Teilsysteme trägt zur Wirksamkeit und Effizienz des gesamten Unternehmens beim Erreichen seiner Ziele bei (Lambers 2015). Wichtige Teilsysteme sind u. a.

- Normatives Management: Es beschäftigt sich mit den generellen Zielen des Unternehmens, mit den Prinzipien, Normen und Spielregeln, die darauf ausgerichtet sind, die Lebens- und Entwicklungsfähigkeit des Unternehmens zu ermöglichen.
- Strategisches Management: Ist auf den Aufbau, die Pflege und die Nutzung von Erfolgspotenzialen gerichtet, für die Ressourcen eingesetzt werden müssen.

---

12 Siehe dazu im Detail die verschiedenen Themenfelder auf: http://www.certqua.de/.

- Operatives Management: Setzt die normativen und strategischen Vorgaben in operationalisierte Leistungsziele und zielgerichtete Aktivitäten um.
- Projektmanagement: Bezeichnet Prozesse des Initiierens, Planens, Steuerns, Kontrollierens und Abschließens von Projekten, die zur Steigerung der Effizienz eines Unternehmens an weitgehend autonom handelnde Projektgruppe übertragen werden.
- Umweltmanagement: Befasst sich mit den betrieblichen und behördlichen Umwelt(schutz)belangen der Organisation. Es dient zur Sicherung einer nachhaltigen Umweltverträglichkeit der Produkte und Prozesse sowie eines umweltbewussten Verhaltens der Mitarbeiter/innen.
- Sicherheitsmanagement: Dient der Organisation zur systematischen Erkennung, Analyse, Bewertung und Überwachung von Aspekten der Sicherheit und Gesundheit.
- Diversity Management: Wird auch als Vielfaltsmanagement bezeichnet und vor allem im Personalbereich dazu genutzt, die soziale Vielfalt, die das Mitarbeiter/innenpotenzial bereitstellt, offensiv zu nutzen.

Es kann kein Zweifel darüber bestehen, dass die Einführung von Instrumenten zur Qualitätssicherung und zum Qualitätsmanagement gerade die sozialen Einrichtungen in besonderer Weise herausfordert. Damit verbunden ist allerdings auch die Gefahr, dass Prozesse trivialisiert und die Betriebe darüber in fachfremde Hände geraten. Ein Verlust nicht nur an Professionalität, sondern vermutlich auch an wichtigen professionsethischen Werten und Zielsetzungen, wie „Selbstbestimmung", „Alltagsorientierung", „Partizipation" etc., könnte die Folge sein. Entscheidend wird es daher darauf ankommen, ob es den Sozialarbeiter/innen gelingt, sich selbst in Managementpositionen einzubringen und die Methoden und Techniken des Managements (die per se nicht unmoralisch, sondern häufig sehr sinnvoll und positiv sind) so zu nutzen, dass sie der Umsetzung sozialer Prinzipien und Ziele dienen. Eine Verweigerungshaltung gerade in diesem Bereich erscheint eher kontraproduktiv!

4.6 Praxis zwischen Ideal-Selbst und konkreten Arbeitsbedingungen

Betrachtet man überblickartig die verschiedenen Formen des Eingebettetseins der fachlichen Praxis der Sozialen Arbeit in Qualitätsmanagementsysteme, Wohlfahrtsideologien, administrative Steuerungsmodelle und in die verbandlichen Strukturen, so wird deutlich, dass es in der Praxis immer wieder zu Spannungen zwischen den fachlichen Vorstellungen der Praktiker/innen und der jeweiligen Organisation kommen muss. Viele Praktiker/innen erleben diese Einbettung in Strukturen als Beeinträchtigung ihrer Möglichkeiten und drücken dies entsprechend aus.

So lauten einige der Kapitelüberschriften im Buch von Mechthild Seithe und Corinna Wiesner-Rau mit dem Titel „Das kann ich nicht mehr verantworten" aus dem Jahre 2013 wie folgt:

- Die Soziale Arbeit wird Zug um Zug zu einer neoliberal gekennzeichneten Dienstleistung umfunktioniert.
- Prekäre Arbeitsverhältnisse gehören längst zum Alltag der Sozialen Arbeit.
- Fachliche Arbeit wird behindert oder auch verhindert.
- Soziale Arbeit ist heute oft nicht mehr als ein „Tropfen auf den heißen Stein".
- Menschen werden entwürdigt, ausgegrenzt und entwertet – und die Soziale Arbeit muss dabei mitmachen?

Auf diese sich für die Sozialarbeiter/innen ergebende schwierige Situation lassen sich zwei theoretische Beschreibungen anwenden:

(1) Nach Carl Rogers, dem Erfinder der klientenzentrierten Gesprächspsychotherapie, erleben diese Praktiker/innen das Eingebundensein in die jeweiligen Strukturen als Spannungsverhältnis zwischen ihrem *Selbstideal* und dem tatsächlichen *Selbst*. Sie können oder dürfen nicht das tun, was sie eigentlich tun wollen, um dem eigenen Ideal zu entsprechen (Willberg 2015). Daher kommt es schließlich zu unterschiedlichen, negativen und selbstschädigenden Reaktionen, wie Frustration, Rückzug, Burnout etc.

(2) Unter dem Begriff der „professionellen Deformation", der aus dem Französischen stammt, versteht man die Tendenz professionell Tätiger, sich aufgrund der Überidentifikation mit dem Beruf dazu verleiten zu lassen, sich mit wichtigen Eigenschaften so stark zu identifizieren, dass es zu Stereotypen kommt: Lehrer/innen werden dann immer versucht sein, andere Menschen zu „korrigieren", Psychologen und Psychologinnen andere zu „therapieren" und Sozialarbeiter/innen grundsätzlich „verständnisvoll zu reagieren" etc. Hier hat also offensichtlich die Einseitigkeit der verschiedenen Berufsrollen ihre Spuren hinterlassen. Wenn dann solche Sichtweisen auf Strukturen stoßen, die von anderen Leitmotiven geprägt sind (z. B. Effizienz, Rechtsstaatlichkeit, Qualität etc.), dann kann es zu Konflikten kommen, die möglicherweise in ähnlichen Rückzugsformen enden.

Um im Konflikt zwischen persönlichen Motiven und strukturellen Bedingungen erfolgreich agieren zu können, müssen sich Praktiker/innen nach Carl Rogers des Spannungsfeldes zwischen realem Selbst und Selbstideals durch *Selbstexploration* bewusst werden und sich dann auf den Weg einer *Selbstaktualisierung* aufmachen, die er als *Selbstkongruenz* bezeichnet. Es handelt sich hier um einen Zustand der Angleichung von gesundem Selbstideal und einer realistischen Situationsbewertung (Willberg 2015; Rogers 1992).

Aus dem Gesagten ergibt sich somit als Herausforderung an die Sozialarbeiter/innen, die eigenen fachlichen Ziele zu verfolgen, dabei aber die vorhandenen Strukturen und Vorgaben nicht als Einengung zu erleben, sondern als Herausforderungen, derer man sich bedienen kann oder mit denen man möglichst effizient umgehen muss. Anders formuliert: Unter strukturellen Vorgaben engagiert und solidarisch zu handeln setzt bei den Betroffenen voraus, die Bedingungen ihres Handelns als Herausforderung zu betrachten und nicht als Hindernis. Sozialarbeiter/innen müssen dazu „mündig" werden (siehe dazu auch insbesondere Kapitel 5), sie dürfen sich nicht von äußeren Hemmnissen leiten lassen, sondern müssen sich daran machen, diese zu nutzen und zu gestalten.

„*Das reale Selbst gründet im Ich und damit in der Subjektivität der freien Selbstbestimmung. Sie kann objektiv reflektiert werden, aber sie ist nicht als Objekt verfügbar. Selbstbestimmung ist darum letztlich immer eine Angelegenheit der freien **Gewissensentscheidung** des Einzelnen. Ein anderes Wort für Selbstbestimmung ist Mündigkeit*" (Willberg 2015, S. 48, Hervorhebung i. O.).

5 SOZIALE ARBEIT ALS MÜNDIGE PRAXIS

Wenn Praxis umsichtig und „richtig" handeln will, dann darf sie nicht nur an der Fehlervermeidung interessiert sein, sondern muss zugleich auch danach streben, die Dinge zukünftig (noch) besser zu machen. Dies erreicht sie in einer ersten Form zunächst dadurch, dass sie Verfahren schafft und einführt, die den Praktiker/innen dabei helfen, ihre Tätigkeiten und die damit verbundenen Prozesse stets sorgfältig zu beobachten und als „reflektierte Praxis" zu agieren. Gleichzeitig müssen sie in die Lage versetzt werden, Konsequenzen aus möglichen Fehlern zu ziehen (Kap. 5.1). Eine objektivere und weitergehende Form der Reflexion wird nur dann möglich, wenn sich Praxis auch von außen beobachten lässt. Als wichtige externe und anerkannte Beobachtungsinstanzen einer „reflexiven Praxis" bieten sich die Wissenschaft auf der Basis ihrer theoretischen und empirischen Erkenntnisse sowie die Profession, auf der Basis ihrer ethischen und fachlichen Standards an (Kap. 5.2). Angesichts der kulturellen Vielfalt moderner Gesellschaften kann die Soziale Arbeit kaum mehr „Fertigprodukte" anbieten. Um der Intersektionalität und Multikulturalität von Problemlagen gerecht zu werden, muss sie globale ethische Standards anerkennen und sich als „diversitäre Praxis" verstehen (Kap. 5.3). Eine weitere Herausforderung bildet die Notwendigkeit der Zusammenarbeit mit anderen Professionen. Dabei gilt: Je klarer sich die Soziale Arbeit selbst erkennt und abgrenzen kann, umso leichter gelingt es ihr, mit anderen Professionen auf Augenhöhe zu kommunizieren und zu einer „interprofessionellen Praxis" zu werden (Kap. 5.4).

5.1 Soziale Arbeit als reflektierte Praxis

Warum Sozialarbeiter/innen, ähnlich wie andere Professionelle, die es mit Menschen zu tun haben, wie z. B. Lehrer/innen, Erzieher/innen etc., in besonderem Maße ihre Praxis durchdenken und dafür die entsprechenden Kompetenzen entwickeln müssen, ergibt sich nicht zuletzt aus der Komplexität und Unbestimmtheit ihrer Aufgabe heraus. Warum zudem in diesen Bereichen möglicherweise auch ein formal befriedigender Zustand der Standardisierung aller Verfahren in Form einer „Best Practice" nie erreicht werden kann, erscheint aufgrund verschiedener Bedingungen heraus als verständlich:

- Jede sozialarbeiterische Situation ist einmalig. Was in einer konkreten Situation angemessen und hilfreich erscheint, muss es in einer anderen Situation nicht sein.
- Aufgrund der Komplexität der Aufgabenstellung und Unbestimmtheit der Zielsetzung (Hilfe zur Selbsthilfe!) ist es nicht möglich, das entsprechende Handlungsrepertoire umfassend zu beschreiben oder zu systematisieren;
- Die Interventionen der Sozialarbeiter/innen beeinflussen auch die persönliche Integrität der Betroffenen. Eine große Vorsicht und ein entsprechender Takt

im Umgang sind erforderlich, da das konkrete Handeln nicht im Voraus präzise definiert werden kann;
- Sozialarbeiter/innen arbeiten weitgehend im Verborgenen, weder Vorgesetzte noch Supervisoren und Supervisorinnen beobachten in der Regel ihr konkretes Verhalten im Einzelfall. Korrigierende Rückmeldungen werden daher nur selten gegeben;
- Erfolg oder Misserfolg des eigenen Handelns hängen von vielen Faktoren ab und müssen nicht immer fachlich bedingt sein. Einflüsse vonseiten der Nutzer/innen und weiterer Betroffener sind kaum logisch einzuordnen und lassen „richtiges" Handeln kaum identifizierbar erscheinen;
- Was als Erfolg oder Misserfolg des jeweiligen Handelns verstanden wird, kann von unterschiedlichen Akteuren unterschiedlich interpretiert werden.

Bereits Alice Salomon hat aus diesen Umständen den allgemeinen Grundsatz formuliert: „Behandle ungleiche Wesen ungleich!" (1926, S. 61) und damit zum Ausdruck gebracht, dass professionelles sozialarbeiterisches Können vor allem auf der Fähigkeit zu intuitiv-improvisierendem Handeln beruht, d. h. auf einer sensiblen Einlassung auf die situativen und ständig wechselnden Umstände. Dies setzt aber voraus, dass das eigene Handeln permanent in Frage gestellt, und persönliche Routinen und Automatismen immer wieder einer Prüfung unterzogen werden (Häcker 2007).

Folglich müssen Sozialarbeiter/innen lernen und dazu bereit sein, in einen Dialog mit sich selbst, aber auch mit der Klientel, den Kollegen und Kolleginnen etc. einzutreten. Wahrnehmungen müssen von Bewertungen unterschieden werden, Ziele formuliert, Wege zu den Zielen gefunden, gegangen und wiederum überprüft werden.

In der Praxis haben sich hierzu vor allem drei Formen der systematischen Reflexion etabliert:

(1) Praxis als reflektierte (Handlungs-)Praxis

Die Reflexion im Rahmen einer praktischen Tätigkeit umfasst grundsätzlich immer die vier folgenden Elemente, die bereits im ASPIRE-Schema (Sutton 1994) eine wichtige Rolle gespielt haben (siehe dazu Kap. 3.2.1):

- Element 1: Erfassen und Beschreiben. Eine umfassende Analyse führt zur Kenntnisnahme exakter und/oder diffuser Daten und Fallinformationen.
- Element 2: Deuten und Erkennen. Vor diesem Hintergrund kann eine Denkstruktur entstehen, die Erkenntnis stiftet und nachfolgendes Handeln begründet.
- Element 3: Einordnen und Bewerten. Dabei darf nicht nur systematisch und regelgeleitet gehandelt werden. Es gilt fortwährend die Existenz komplexer Problemlagen zu reflektieren und zu berücksichtigen.
- Element 4: Planen und Handeln. Vor diesem Hintergrund kann dann geplant und gehandelt werden. Darin eingeschlossen sind fachliche Überlegungen, aber auch situative Entscheidungen und spontanes Handeln (Abb. 27).

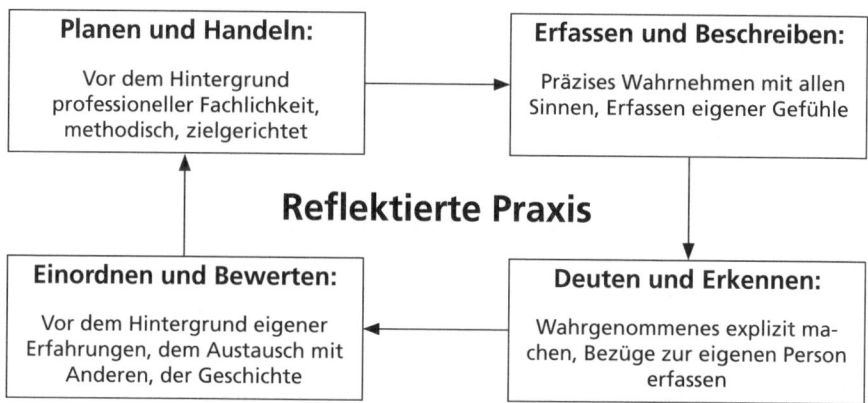

Abb. 27: Schritte bei der Reflexion konkreten Handelns

Insgesamt ergibt sich auf diese Weise ein strukturierter Ablauf, der ständig neu durchgeführt werden kann bzw. muss und die Erkenntnis so spiralförmig weitertreibt.

(2) Praxis als sich ständig verbessernde Praxis

In einer weiterführenden Weise kann diese Form der Reflexion auch dazu genutzt werden, die eigene Praxis ständig zu verbessern und für zukünftiges Handeln zu optimieren. Im Bereich des Qualitätsmanagements, das die Organisationen dazu verpflichtet, Leistungen und Prozesse permanent weiterzuentwickeln, wurde dazu der „PDCA-Zyklus" (Plan, Do, Check, Act) entwickelt. Dieser Zyklus basiert auf der in Japan entwickelten Idee der kontinuierlichen Verbesserung auf dem „Prinzip Gemba", „was in etwa bedeutet: Gehe an den Ort des Geschehens!" (Helmold/Klumpp 2011, S. 22)

Mit diesem Prinzip soll zum Ausdruck kommen, dass Verbesserungen da erkannt, geplant und umgesetzt werden müssen, wo die entsprechenden Kompetenzen vorhanden sind. Und dieser Ort ist nach der Theorie des PDCA-Zyklus die Praxis, da nur die Mitarbeiter/innen selbst aufgrund ihrer exakten Kenntnis der Situation am Arbeitsplatz Fehler erkennen und Verbesserungen bewerten und umsetzen können.

Auch der PDCA-Zyklus (siehe Abb. 28) umfasst vier Elemente, wobei hier vor allem zwischen dem „Do" (als bislang üblicher Vorgehensweise) und dem „Act", als bewusstem verbessertem Handeln unterschieden werden muss.

„Die Realisierung des PDCA-Zyklus stellt die Kernanforderung an lebendige QM-Systeme dar. Die tägliche Routine (do) sollte auf Planungen (Konzepte, Leitlinien, Standards) beruhen, regelmäßig überprüft (check) und weiterentwickelt (act) werden. Alle Qualitätsdokumentationen sind daraufhin zu prüfen, ob von ihnen Konsequenzen abgeleitet werden können. Moderne QM-Systeme orientieren sich daher in ihrer Struktur an den Phasen des PDCA-Zyklus" (Ärztliches Zentrum für Qualität in der Medizin 2009, S. 12).

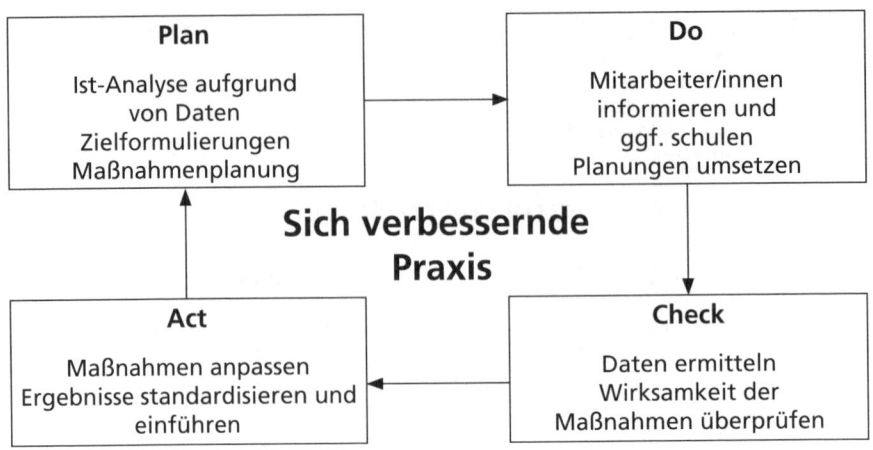

Abb. 28: Der PDCA-Zyklus

(3) Praxis als sich selbst beratende Praxis

Natürlich schützen diese beiden Reflexionsformen die Praxis der Sozialen Arbeit noch nicht vor der eigenen Betriebsblindheit und vor dem Festhalten an möglicherweise erfolglosen Handlungsstrategien und Kognitionen. Will sie hier weiterkommen, dann muss sie die Begrenztheit aller subjektiven Beobachtungsperspektiven erkennen und sich selbst zum Objekt der Beobachtung machen lassen. Sie muss versuchen, ihre blinden Flecken dadurch zu entdecken, dass sie betriebsferne Sozialarbeiter/innen damit beauftragt, sie zu beobachten und ihr im Rahmen von Feedback-Verfahren zu „spiegeln", was sie selbst nicht sehen und erkennen kann.

Aus diesem Grund sind in vielen Bereichen der Sozialen Arbeit insbesondere vier Formen der (autonomen) Fremdbeobachtung als verpflichtende Formen der Praxisreflexion eingeführt worden (siehe Abb. 29):

1. Teamberatung oder kollegiale Beratung: Auf diese Weise soll die oftmals verkürzte Sichtweise der jeweiligen, konkret an einem Fall arbeitenden Praktiker/innen erweitert und in einem geschützten, nicht öffentlichen Raum offen diskutiert, erweitert und durch neue Aspekte angereichert werden. So können neue Handlungswege eröffnet und alte überwunden werden (Lempp 1993).
2. Supervision, Coaching oder Fachberatung: Diese Formen sollen dazu beitragen, sich unter Anleitung von „Expert/innen für Reflexionsprozesse" mit der jeweils zu bearbeitenden Sache intensiv persönlich, sachlich und emotional auseinanderzusetzen, um Blockaden und Missverständnisse erkennen und ausräumen zu können (Buer 2005).
3. Personalentwicklung: Hier geht es darum, Mitarbeiter/innen auf der Basis der fachlichen und organisationalen Bedürfnisse gezielt zu schulen. Auf diese Weise werden die Bildung und Förderung des Personals gleichwie die Entwicklung der gesamten Organisation vorangetrieben (Friedrich 2009).

4. Partizipation der Nutzer/innen: Eine in Deutschland noch wenig genutzte Form einer Erweiterung der Möglichkeiten von Selbstreflexion ist die Einbeziehung der Nutzer/innen in die Entwicklung, Durchführung und Auswertung von Praxen der Sozialen Arbeit. Entscheidend kommt es dabei darauf an, dass die Nutzer/innen nicht nur im konkreten Hilfeprozess selbst zu Wort kommen, sondern dass sie auch in den verschiedenen Gremien (Qualitätszirkel, Team, Vorstand etc.) organisational und damit kontinuierlich verankert sind. Auf diese Weise stehen die Praktiker/innen im ständigen Austausch mit ihren jeweilgen Zielgruppen und lernen, ihre eigenen Vorstellungen vor dem Hintergrund der Gedanken- und Lebenswelt ihrer Klientel zu überprüfen bzw. zu korrigieren (Carr 2007).

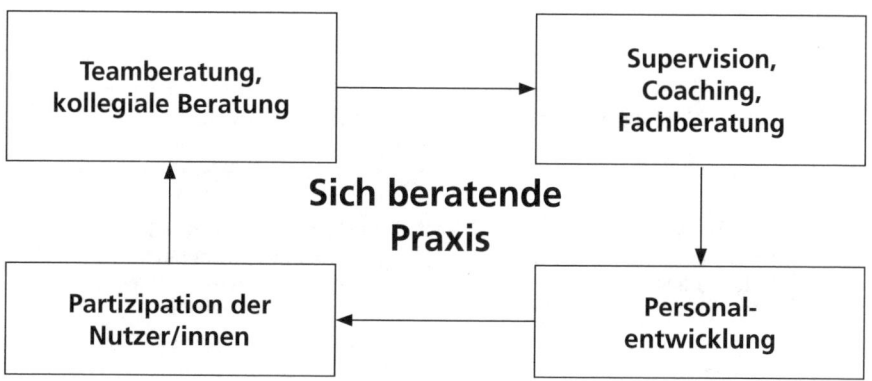

Abb. 29: Die sich beratende Praxis

5.2 Soziale Arbeit als reflexive Praxis

Alle dargestellten Reflexionsperspektiven sind für die Entwicklung und Umsetzung einer „guten Praxis" unverzichtbar. Allerdings reichen auch sie nicht aus, Praxis wirklich umfassend zu reflektieren, da sie durch die jeweiligen subjektiven Sichtweisen der Beteiligten geprägt sind. Diese können miteinander vermittelt oder addiert werden, ergeben aber immer noch nicht einen für die moderne Gesellschaft ausreichenden Reflexionsstand.

Wenn die Praxis mehr sehen will, als sie selbst sehen kann, muss sie sich auch aus Perspektiven heraus beobachten und reflektieren lassen, die nicht zu ihrem (Praxis)System gehören. Dazu muss sie nicht nur bereit sein, sich systemfremden Maßstäben auszusetzen, sondern sich auch fragen zu lassen, ob das, was sie tut, überhaupt Sinn ergibt oder z. B. nicht auch anders oder durch Maßnahmen anderer Systeme besser getan werden könnte. Voraussetzung dafür, dass solche Reflexionsprozesse gelingen, ist es, dass die Soziale Arbeit stark und selbstbewusst genug ist, sich „produktiv verunsichern" zu lassen und die damit verbundenen Prozesse zu nutzen, um stets zu neuen Formen der Selbstaktualisierung und Selbstvergewisserung zu gelangen.

Um neue Formen der Praxisreflexion entdecken zu können, muss die Soziale Arbeit erkennen, dass Praxiswissen immer subjektiv ist und damit nur eine Form des Wissens darstellt. Sie muss sich also auch für anderes Wissen öffnen und hier vor allem für zwei besondere Formen: das „wissenschaftliche Wissen", das sich durch die Anwendung wissenschaftlicher Verfahren legitimiert, und das „professionelle Wissen", das auf einem überbetrieblichen, überregionalen oder internationalen Vergleich gängiger fachlicher Praxen und Methoden auf der Basis des Austausches innerhalb der Profession resultiert (siehe Abb. 30). Denn nur die Profession kann, vertreten durch ihre Standesorganisation, nicht nur besonders anerkannte Verfahren als Standards („state of the art") proklamieren, sondern auch die ihr angehörenden Professionellen auf deren Umsetzung verpflichten.

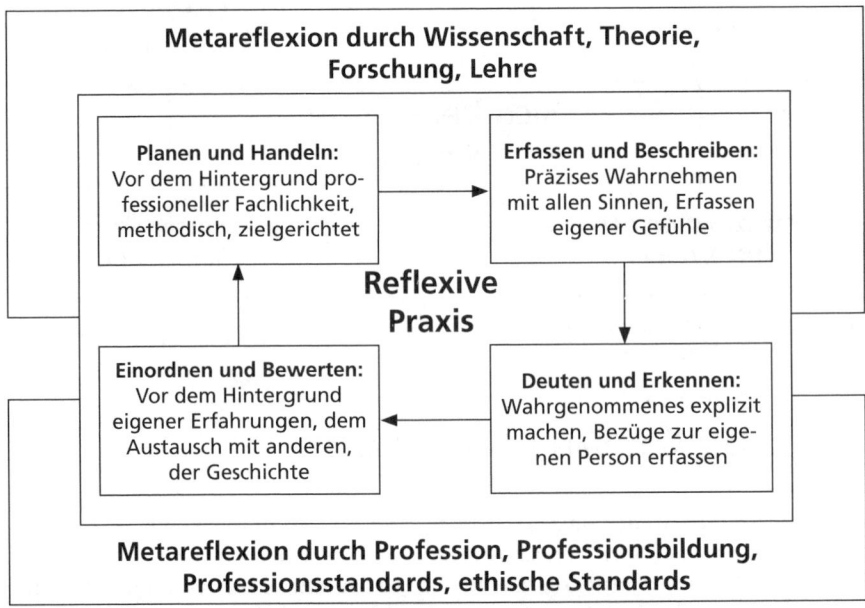

Abb. 30: Von der externen Beobachtung zur sich vergewissernden Praxis

Beide Formen, die wissenschafts- und die professionsorientierte Praxisreflexion können auf verschiedene Weise als Reflexionshilfen eingesetzt werden:

5.2.1 Wissenschaftsbasierte Praxis

Vergleicht man die Aufgaben und Interessen von Wissenschaft und Praxis, dann zeigen sich wichtige grundsätzliche Unterschiede. Während nämlich die Wissenschaftler/innen weitgehend unabhängig und frei denken, arbeiten und ihre Überlegungen der Kritik und der empirischen Überprüfung aussetzen können, ohne etwaige Folgen berücksichtigen zu müssen, stehen die Praktiker/innen nicht nur unter permanentem Erfolgsdruck, sondern auch in einer Abhängigkeit von Vorgesetzten, die bis zur Angst vor Jobverlust führen kann. Möglicherweise liegt darin (und in der Distanz der Forscher/innen zur Praxis) die Tatsache begründet, dass Wissenschaftler/innen gerne den Eindruck der Überlegenheit vermitteln, während Praktiker/innen nicht selten Minderwertigkeitsgefühle zum Ausdruck bringen.

Trotz dieser Unterschiede sind Systeme jedoch gezwungen, miteinander zu kooperieren, und insofern erweist sich die Frage, ob eine Sozialarbeitswissenschaft erforderlich ist oder nicht, eigentlich als überflüssig: Denn kein Praxissystem kann, so kann man dies zurzeit in den Bereichen Pflege, Physiotherapie etc. beobachten, auf Dauer auf Wissenschaft verzichten. Wer öffentlich gesundheitliche Dienste anbietet, muss sich in unserer Gesellschaft durch Wissenschaftlichkeit ausweisen – was darunter auch immer im Einzelnen zu verstehen ist. Für den Bereich der Sozialen Arbeit ist es insbesondere das Verdienst der beiden Soziologen Luhmann (1973) und Baecker (1994) und des Sozialrechtswissenschaftlers Zacher (1992), die Notwendigkeit der Anbindung der Sozialen Arbeit an Wissenschaft erkannt und skizziert zu haben (siehe dazu, Kap. 7). Demnach muss sich eine moderne, an wohlfahrtsstaatlichen Grundsätzen ausgerichtete Gesellschaft, die weder alle Probleme ihrer Mitglieder kennt, noch für jedes bekannte Problem eine Lösung zur Verfügung hat, vor allem auch in wissenschaftlicher Weise mit der Begründung fachlicher Entscheidungen auseinandersetzen. Drei mögliche Verfahren stehen hierbei zur Verfügung:

(1) Reflexive Praxis als theoriegeleitete Praxis

Nach Dewe/Otto (2001, S. 1400) darf eine „reflexive" Praxis sich nicht einfach damit begnügen, das methodisch-praktische Handeln zu optimieren. Ihrer Ansicht nach können die Sozialarbeiter/innen ihre Praxis nur weiterentwickeln, wenn sie sich mit Theorie(n) in Verbindung bringen und einen Raum schaffen, innerhalb dessen die „diskursive Auslegung und Deutung von lebensweltlichen Schwierigkeiten und Einzelfällen mit dem Ziel der Perspektiveneröffnung bzw. der Entscheidungsbegründung" (Dewe/Otto 1984, in: Füssenhäuser 2008, S. 137) möglich wird. Anders gesagt: die Praxis sollte die gesamte Lebenslage ihrer Klientel vor dem Hintergrund sozialpolitischer, pädagogischer etc. Erkenntnisse reflektieren, kritisieren und emanzipativ anreichern können. Die wissenschaftliche Theoriebildung kann dazu jedoch nur ihre Begriffe, Argumentationen und Erklärungsmuster zur Verfügung stellen. Es liegt dann an den Vertretern und Vertreterinnen der Praxis, „wie die Umsetzung in das praktische Handeln der Sozialen Arbeit erfolgt" (ebd., S. 138). Denn während die „Disziplin", hier verstanden als theoretische Sozialarbeitswissenschaft, „durch die Suche nach Begründungszusammenhängen, Analysen und Theorieangeboten charakterisiert" (ebd., S. 139) werden kann, steht die Praxis unter einem konkreten Handlungsdruck. Und diesem Druck können die Praktiker/innen nur angemessen nachgehen, wenn sie ihre Aufgabe im Lichte der Begriffe, Theorien und Prinzipien der Sozialarbeitswissenschaft reflektieren.

Nach Frank Bettinger zeichnet sich eine nicht-reflexive Praxis unter anderem auch noch dadurch aus, dass sie sich „fremde Kategorien und Begrifflichkeiten zu eigen macht" und insbesondere „strukturelle Faktoren in individuelle Defizite und Schwächen transformiert" (Bettinger 2005, S. 356). Deshalb muss sich eine „kritisch-reflexive Soziale Arbeit" seiner Ansicht nach aufklärerisch und kämpferisch aufstellen. Sie zeichnet sich vor allem dadurch aus, „dass sie – orientiert an den Prinzipien der Aufklärung und Emanzipation – Bildungsprozesse in Richtung auf eine selbstbewusste und selbstbestimmte Lebenspraxis, letztlich in Richtung der (politischen Mündigkeit der Subjekte) ermöglicht" (ebd., S. 357).

Bettinger vertritt deshalb eine Kritische Soziale Arbeit, die in der Lage ist, „Diskurse" als durch Kommunikation hergestellte „Konstruktion der Wirklichkeit" (ebd., S. 370) zu begreifen, zu durchschauen und zu beeinflussen. Eine solchermaßen kritisch-reflexive Analyse (hier auf das Beispiel der Jugendhilfeplanung bezogen) sollte sich demnach vor allem orientieren

- *„an der menschlichen Entwicklung und der erforderlichen Erziehung,*
- *am wachsenden Bedürfnis junger Menschen zu selbstständigem Handeln,*
- *an der Befähigung zur Selbstbestimmung (...),*
- *an den sozialen, kulturellen und geschlechtsspezifischen Bedürfnissen und Eigenarten junger Menschen,*
- *an der Gleichberechtigung von Mädchen und Jungen,*
- *am Abbau von Benachteiligungen und Ungleichheiten entlang der Trennlinie von Klasse, Geschlecht, Rasse, Ethnizität und Alter,*
- *am Erhalt bzw. der Schaffung positiver Lebensbedingungen für junge Menschen und ihre Familien sowie an einer kinder- und familienfreundlichen Umwelt, (...)*
- *am Erleben und Erleiden der Subjekte" (ebd., S. 372).*

Vor allem im Rahmen einer kritisch und politisch interpretierten Form der Gemeinwesenarbeit gilt es dann, zusammen mit den Jugendlichen „(kommunale) Strukturen und Entwicklungen (so) zu beeinflussen" (ebd., S. 379), dass Widerstand deutlich und Veränderungen möglich werden.

Dewe/Otto und Bettinger gehen davon aus, dass Praktiker/innen nur dann in der Lage sind, ihre Praxis differenziert zu beobachten und zu verstehen, wenn sie sich auf wissenschaftliche Theorien als übergeordnete Bezugsgrößen beziehen. Auf diese Weise kann Praxis „reflexiv" werden, d. h. rückgebunden an „objektive" Erkenntnisse, die dabei helfen, sie als Teil und Ganzes, als historisch Gewordenes und Gegenwärtiges, als Subjektives und Politisches zu erkennen, zu dekonstruieren und rekonstruieren.

Dann (1994) hat das Wissen, das im Rekurs auf Theorie entsteht, als „Subjektive Theorie" charakterisiert. Es basiert auf

- „relativ stabilen kognitiven Strukturen (mentalen Repräsentationen)" der Praktiker/innen;
- „nicht-bewusstseinsfähigen" und doch „teilweise dem Bewusstsein der Handelnden" zugänglichen Theorien;

- „Wenn-dann-Sätzen", die es erlauben, Ereignisse vorherzusagen, Handlungsentwürfe zu generieren und unerwünschte Ereignisse zu vermeiden (ebd., S. 172).

Kenntnis und Aneignung von Theorien beeinflussen demnach das gesamte Wissen und die Erfahrung der Praktiker/innen. So konnte Dann (1994) für den Bereich der Lehrer/innen zeigen, dass „Lehrkräfte, die in ihrem Konfliktmanagement erfolgreicher sind", sowohl über „komplexere als auch besser organisierte Subjektive Theorien" verfügen (S. 172):

> *„Offensichtlich ist es erfolgreichen Lehrerinnen und Lehrern aufgrund ihrer kognitiven Organisation möglich, unter gleichzeitiger Berücksichtigung vieler Situationsbedingungen mehr oder weniger auf Anhieb die angemessene Maßnahme zu treffen" (ebd., S. 172 f.).*

Seiner Ansicht nach müssen daher Studium, Ausbildung, Praxisberatung und Supervision dazu beitragen, die Subjektiven Theorien der Praktiker/innen für Modifikationen zu öffnen. Dazu ist es erforderlich,

- das bei den Praktiker/innen angesammelte Wissen aufzugreifen und damit die Sozialarbeiter/innen „bei ihren Subjektiven Theorien abzuholen" (ebd., S. 174), um ihnen die gesamte Breite und Tiefe ihres Wissens bewusst zu machen;
- das vorhandene Wissen mit neuen Erkenntnissen zu konfrontieren. Erst dadurch kann es zur Veränderung und zum Austausch einzelner Wissensbestände kommen;
- sicherzustellen, dass sich das neue Wissen besser zur Aufgaben- oder Problembewältigung eignet als das alte. Das neue Wissen muss sich also in neuen Situationen bewähren!

Erst im Prozess „der Integration des neuen Wissens mit dem Vorwissen" (ebd., S. 175) vollzieht sich somit eine professionelle Reflexion, die dazu beiträgt, die Handlungsoptionen der Sozialarbeiter/innen zu erhöhen und die Erfolgsaussichten zu verbessern. Die einzige Schwierigkeit, die sich hierbei ergibt, besteht darin, dass es viele und teilweise gegensätzliche Theorien gibt, aus denen die Praktiker/innen auswählen müssen. Eine Folge davon ist, dass reflexive Praxis vielfältig ausfällt: als kritische Praxis, als konservative, affirmative Praxis, als pragmatische Praxis etc.

(2) Reflexive Praxis als forschungsgeleitete Praxis

Theorien im Bereich der Sozialen Arbeit haben häufig den entscheidenden Nachteil, dass sie hochkomplex sind und nicht auf ihre Relevanz hin überprüft werden können (siehe dazu Kap. 9). Daher raten empirisch argumentierende Wissenschaftler/innen der Praxis, sich nicht so sehr an theoretischen „Plausibilitäten", sondern an empirisch nachgewiesenen „Evidenzen" zu orientieren. Konkret bedeutet dies, dass die Soziale Arbeit zunächst für alle auftretenden Problemlagen Hilfen anbieten kann und soll, dass sie danach aber auch bereit sein muss zu überprüfen bzw. durch Wissenschaft kontrollieren und sicherstellen zu lassen, ob und dass die gewünschten Ziele erreicht worden sind. Erst durch eine kritische Überprüfung von Maßnahmen können auf Dauer „Entscheidungsprogramme" entstehen, die vorgehalten und bei Bedarf eingesetzt werden müssen. Eine mögliche noch vorherrschende Beliebigkeit im Umgang mit Hilfemaßnahmen kann dadurch zunehmend entfallen (Luhmann 1973, S. 33 ff.). Damit solche Programme fachgerecht entstehen und seriös eingesetzt werden können, sind zwei Bedingungen erforderlich: Zum einen eine empirische Sozialarbeitswissenschaft, die es sich zur Aufgabe macht, Interventionsprogramme zu entwickeln und für den Einsatz in der Praxis zu standardisieren, zum anderen Organisationen, die bereit sind, solche Programme vorzuhalten, einzusetzen und im Verbund mit Wissenschaftler/innen zu überprüfen (siehe dazu v. a. Kap. 11 und 16).

(3) Reflexive Praxis als akademische Praxis

Voraussetzung, damit beides gelingt, ist die Etablierung eines Grundverständnisses der Sozialen Arbeit als einer akademischen Praxis. Die Sozialarbeiter/innen müssen erkennen, dass ihre Tätigkeit nur grob strukturiert und standardisiert werden kann und daher grundlegende meta-reflexive Kompetenzen voraussetzt. Diese Kompetenzen können nur in einem Studium erworben werden. Hierbei ist die konsequente Vermittlung wissenschaftlichen Wissens und wissenschaftlicher Kompetenzen an die zukünftigen Praktiker/innen im Rahmen des Studiums die Grundvoraussetzung. Was Studierende dabei in Bezug auf Wissenschaft lernen sollten bezieht sich vor allem auf drei Ebenen:

- Theorie: In diesem Bereich müssen die Studierenden in die Lage versetzt werden, logische von weniger logischen, empirisch geprüfte von weniger empirisch geprüften, bewährte von weniger bewährten etc. Theorien zu unterscheiden. Außerdem müssen sie insbesondere sozialarbeits- und sozialwissenschaftliche Theorien kennen, die für ihren Bereich ansatzweise relevant sein könnten und bei der internen und externen fachlichen Kommunikation eine wichtige Rolle spielen.
- Empirie: Hier sollten die Studierenden über genügend statistisches, methodisches etc. Wissen und den damit verbundenen Kompetenzen verfügen, um z. B. die Validität von als wissenschaftlich bewerteten Ergebnissen überprüfen und gegebenenfalls eigene Untersuchungen (insbesondere Evaluationsverfahren) korrekt durchführen zu können.
- Theorie-Praxis-Wissen: Studierenden sollten im Rahmen ihrer praktischen Ausbildung lernen, theoretische Erkenntnisse als Reflexions- und Entscheidungsbasis in der Praxis anzuwenden. Sie sollten in der Lage sein, dieses Wissen vor dem Hintergrund eigener Erfahrungen sowie der Analyse der regionalen Lebenswelten und gesellschaftlichen Bedingungen der Adressaten und Adressatinnen zu interpretieren und entsprechend einzusetzen.

Das so entstehende reflexionsfähige Wissen der Praktiker/innen kann insofern als „hybrid" bezeichnet werden, als es aus persönlichem und objektivem Wissen besteht und von den Sozialarbeiter/innen im Rahmen eines Kreisgangs entwickelt und zusammengeführt werden muss: Theoretisches Wissen und Forschungsergebnisse werden rezipiert, mit den eigenen Einstellungen, Erfahrungen und dem im Rahmen des Studiums erworbenen Wissen konfrontiert und dienen dann als Ausgangspunkt für eine den neuen Erkenntnissen angepasste Konzeptbildung und für Handlungsentscheidungen, die dann im Nachgang wieder empirisch ausgewertet werden etc.

5.2.2 Professionsbasierte Praxis

Damit sich eine reflexive Praxis auf Dauer etablieren kann, ist nicht nur der Kontakt mit Wissenschaft unverzichtbar. Gleichzeitig müssen sich die Praktiker/-innen auf einer professionellen Basis zusammenschließen, um im Austausch mit Fachkollegen und Fachkolleginnen Praxen vergleichen, neue Fragestellungen entdecken und beste Praxislösungen kommunizieren zu können. Dabei bezieht sich die Reflexion des Handelns aus einer professionellen Warte heraus vor allem auf ethische und fachliche Aspekte:

(1) Reflexive Praxis als ethische Praxis

Die Praxis der Sozialen Arbeit muss – um sich selbst treu bleiben und nach außen einheitlich auftreten zu können – vor allem darauf achten, dass ihre Professionellen im jeweiligen Handeln den Prinzipien der Profession treu bleiben bzw. diese nicht verletzen. Durch den Zusammenschluss der Praktiker/innen in Berufsverbänden muss hier eine gewisse Vereinheitlichung von Praxen erfolgen und eine Sanktionierung im Falle des Verstoßes gegen wichtige Grundsätze möglich werden.

So formuliert etwa der Deutsche Berufsverband für Soziale Arbeit e. V. vor allem zwei Prinzipien, an denen sich professionelle Sozialarbeiter/innen in Deutschland (bzw. die Mitglieder des Verbandes) zu orientieren haben:

1. Menschenrechte und Menschenwürde: Soziale Arbeit basiert auf der Achtung vor dem besonderen Wert und der Würde aller Menschen und aus den Rechten, die sich daraus ergeben. Sozialarbeiter/innen sollen die körperliche, psychische, emotionale und spirituelle Integrität und das Wohlergehen einer jeden Person wahren und verteidigen.
2. Soziale Gerechtigkeit. Sozialarbeiter/innen haben eine Verpflichtung, soziale Gerechtigkeit zu fördern in Bezug auf die Gesellschaft im Allgemeinen und in Bezug auf die Person, mit der sie arbeiten (https://www.dbsh.de/beruf/berufs¬ ethik.html).

Der DBSH verfolgt mit diesem Kodex insbesondere die Absicht, „ein Instrument zu schaffen, das zur Reflexion eigener Werte, zur Auseinandersetzung mit den Werten der Berufskollegen/-kolleginnen und zu mehr Sicherheit mit der eigenen Person und den eigenen moralischen Entscheidungen in der konkreten praktischen Arbeit führt" (Bohmeyer/Kurzke-Maasmeier 2007, S. 168). Inwiefern solche ethischen Codes eine konkrete Wirkung erzielen, gilt als umstritten, die Problematik in Deutschland besteht dabei vor allem darin, dass hier die Berufsverbände keine weiteren Verfahrensschritte einleiten können, um im Einzelfall solche Prinzipien konkret umzusetzen.

Um hier trotzdem die reflexiven Kompetenzen der Professionellen weiter voranbringen zu können, gibt es in manchen Organisationen der Sozialen Arbeit heute bereits „Ethikkomitees", die dazu dienen sollen, ethisch strittige Fragen interdisziplinär zu diskutieren, oder die Form der „ethischen Fallgespräche", eine Methode, die dazu dienen soll, anhand ausgewählter Fragestellungen Beispiele für ethisch richtiges bzw. falsches Verhalten von Professionellen herauszuarbeiten.

Bei all diesen Formen muss es vor allem darum gehen, die Praktiker/innen dazu zu animieren, eingeübte Handlungsabläufe zu unterbrechen, um auf diese Weise „die Bedingungen und normativen Implikationen sozialprofessionellen Handelns" (ebd., S. 178) sichtbar werden zu lassen. Ob sich vor diesem Hintergrund allerdings ein „professionsmoralischer Habitus" (ebd.) wird etablieren können, muss angesichts der Vagheit der Vorgaben allerdings offen bleiben.

(2) Reflexive Praxis als standardisierte Praxis

Zunehmend setzt sich auch die Soziale Arbeit mit der Frage auseinander, auf welche Weise Standards und Prozesse verbessert und die Ergebnisse für die Klientel optimiert und zugleich Entscheidungen im Hilfeprozess wissenschaftlich gestützt werden können. Leider gibt es dazu in Deutschland im Gegensatz zu anderen Ländern keine ausformulierten Vorschläge. Trotzdem gibt es grundsätzliche Überlegungen darüber, wie die Qualität Sozialer Arbeit auf hohen Standards beruhend normiert und wissenschaftliches Wissen und professionelle Erfahrung stärker aufeinander bezogen werden können (Bilson 2005; Wendt 2005).

1. Evidenzbasierte Praxis: Hier wird davon ausgegangen, dass sich aufgrund des gesamten Forschungsstandes innerhalb einer Disziplin vor allem eine einzige Methode als die wirksamste erwiesen hat. Demnach sind alle Praktiker/innen verpflichtet, diese Methode anzuwenden. Eine solche Praxis wird bereits für die moderne Medizin gefordert und weitgehend umgesetzt, im Bereich der Sozialen Arbeit ergeben sich hier grundsätzliche Schwierigkeiten bei der Standardisierung von Verfahren (Dewe 2009).
2. Best Practice: Es handelt sich hierbei um eine organisationale Sichtweise. Wenn ein Unternehmen zu den Besten seiner Branche gehören will, sollte es nur solche Verfahren und Methoden zur Anwendung bringen, die sich auch im Vergleich mit anderen Unternehmen, also im Benchmarking, bestens bewährt haben. Dabei wird zunächst bereichsübergreifend recherchiert, welche Lösungen sich am besten eigenen, dann werden diese in ihrer Gesamtheit (inkl. Strukturen etc.) übernommen und den Mitarbeiter/innen gegenüber verbindlich gemacht (Buckley 2008).
3. Good Practice/What Works?-Practice: Dabei handelt es sich um Lösungen, die noch nicht eindeutig als „beste Praxis" identifiziert werden konnten, sich aber im Rahmen einer bestimmten (organisationalen oder regionalen) Praxis als „gut" erwiesen haben. Einrichtungen, die hierzu keine eigenen Alternati-

ven haben, sollten diese Standards dann übernehmen, stets aber weiter nach besseren Lösungen Ausschau halten.

5.3 Soziale Arbeit als diversitäre Praxis

Der Weg hin zu einer reflektierten und reflexiven Praxis erscheint zunächst einfach und vor allem eine Frage der zur Verfügung stehenden Ressourcen zu sein. Dabei zeigen sich bei deren Umsetzung in postmodernen Gesellschaften aber verschiedene Probleme und Lösungsversuche:

(1) Soziale Arbeit und Subjektbildung

Eine gute Praxis der Hilfe kann nach gängigem Verständnis nur dort entstehen und umgesetzt werden, wo man sich sicher ist, zu wissen, was der Klient/die Klientin will und braucht. Eine solche Bestandserhebung kann durch fachliche Anamnese und Diagnostik erfolgen und setzt lediglich voraus, dass die Gesellschaft willens und fähig ist, das Geforderte (in Form von pädagogischer, psychologischer, ökonomischer, sozialer etc. Unterstützung) bereitzustellen. In einer postmodernen Gesellschaft, d.h. einer Gesellschaft, in der jeder Mensch das Recht hat, das für richtig und gut zu erachten, was er oder sie denkt, erweist sich diese Auftragsklärung als ungemein kompliziert. Denn in einer solchen Gesellschaft die multikulturell und dadurch normativ nicht mehr eindeutig bestimmbar ist, kann sich die Soziale Arbeit bei der inhaltlichen Ausgestaltung ihres Hilfeangebots nicht mehr sicher sein. Sich dabei deshalb allein auf den Wunsch oder Willen des Klienten/der Klientin zu berufen, erweist sich als genauso problematisch. Denn der Mensch ist kein „frei schwebendes" Wesen, sondern erfährt seine „spezifische Fundierung, Rahmung und Reichweite" erst vor dem Hintergrund der „konkreten historischen, materiellen, sozialen, kulturellen, diskursiven und politischen Verhältnisse" (Leiprecht 2013, S. 187f.). Nach Michel Foucault ist das Subjekt ein „unterworfener Souverän" (1980, S. 377, in Leiprecht 2013, S. 189), da kein Individuum zum Subjekt werden kann, „ohne zuvor unterworfen/subjektiviert zu werden oder einen Prozess der ‚Subjektivation' (...) zu durchlaufen" (Butler 2001, S. 15f. in: ebd.). Jedes Subjekt handelt damit letztendlich in einer *„illusorischen Form der Selbstbestimmung*, wobei es in seinen Handlungen andere wiederum bestimmt, es also zugleich *bestimmend* ist"* (ebd., kursiv im Original). Ein Subjekt ist offensichtlich „gleichzeitig fremdbestimmt *und* selbstbestimmt, bestimmt *und* bestimmend, unterdrückt *und* unterdrückend, außengeleitet *und* eigensinnig, unterworfen *und* widerständig" (ebd., S. 189f., kursiv im Original).

Natürlich lassen sich aus dem Dargestellten keine konkreten Tipps für die Beratung ableiten. Deutlich wird hier aber, wie schwierig es in unserer heutigen Gesellschaft ist, anderen Menschen so zu helfen, dass sie sich tatsächlich als selbstbestimmt erfahren und dass die jeweiligen Lösungen mit den rechtlichen Normen der Gesellschaft in Einklang gebracht werden können.

(2) Soziale Arbeit und Intersektionalität

In einer Welt, in der die verschiedenen Möglichkeitsräume der Individuen immer auch zugleich mit bestimmten Verwirklichungschancen oder -hindernissen verbunden sind, muss die Soziale Arbeit zunächst erkennen, dass Diskriminierung und Benachteiligung nie eindimensional erfolgen, sondern gemäß der Metapher von der Straßenkreuzung (englisch: intersection) immer doppelt oder mehrfach. Neben Klasse (Kapitalismus), Geschlecht (Patriarchat) und Rasse (Nationalismus) können auch das Alter, die sexuelle Orientierung oder aber körperliche Beeinträchtigungen („behindert" vs. „normal") betroffen sein (siehe dazu Degele/Winter 2009). Wenn die Soziale Arbeit ihre Klientel also als Subjekte wahrnehmen will, muss sie verhindern, dass Individuen auf einen ganz bestimmten Unterschied oder eine einzige Unterscheidung hin reduziert und damit stigmatisiert werden. Es gilt dann vor allem zu vermeiden, Menschen „in *gruppenbezogene* Schubladen" (ebd., S. 197, kursiv i. O.) zu stecken. Soziale Arbeit muss dazu in der Lage sein, „zumindest ansatzweise die jeweilige Bedeutung von Unterschieden und Unterscheidungen für die beteiligten Subjekte und ihre sozialen Kontexte zu erfassen" (ebd.) und damit entsprechend sensibel umzugehen.

(3) Soziale Arbeit und Multikulturalität

Die Entwicklungen der letzten Jahre, insbesondere die Öffnung der Grenzen für Hunderttausende von Menschen unterschiedlichster Kulturen ist auch von den konservativen Parteien als Signal verstanden worden, dass es heute nicht mehr gelingen kann, Integrationspolitik im klassischen Sinne (als Integration in die Kultur des Aufnahmelandes hinein) betreiben zu können. Zwei Strategien müssen jetzt in den Vordergrund treten:

(a) Zum einen muss Integration als normativ-rechtliche Integration verstanden werden. In diese Richtung zielen alle Vorschläge, die von Neuankömmlingen ein Bekenntnis zum Grundgesetz und den damit in Verbindung stehenden kulturellen Normen erwarten.

Familie X ist muslimischen Glaubens und der Vater weigert sich, mit der für sie zuständigen Sozialarbeiterin im Rahmen eines Falles von Kindeswohlgefährdung zusammen zu arbeiten. Er sei nur zur Kooperation bereit, wenn ihm das Jugendamt einen männlichen Kollegen zuweise. Die Sozialarbeiterin gibt dem Vater zu verstehen, dass sie hier nicht als Privatperson auftritt, sondern als Professionelle, die dazu ausgebildet wurde und entsprechend kompetent ist, Familien in Schwierigkeiten fachlich zu begleiten. Dem Vater stehe nicht zu, sie als Privatperson zu beurteilen, so wie es ihr nicht zustehe, die Familie bezüglich ihrer religiösen Zugehörigkeit zu stigmatisieren!

Gerade um der normativ-rechtlichen Integration willen kann und darf ein solcher Konflikt nicht pragmatisch gelöst werden (das Jugendamt sendet einen männlichen Mitarbeiter). Als Profession, die sich für die Umsetzung der Menschenrechte einsetzt, muss die Soziale Arbeit hier Flagge zeigen!

(b) Zum anderen gilt es, ein neues Verständnis von Kultur zu entwickeln. Kulturen dürfen demnach weniger als Begrenzungen, sondern müssen als Ausdruck subjektiver Möglichkeitsräume und -träume respektiert werden (Straßburger 2009). Immer dort, wo sich kulturell begründete Lebensstile äußern, müssen diese von der Sozialen Arbeit gewürdigt und unterstützt werden, solange sich daraus keine negativen Folgen für Andersdenkende ergeben.

Die Praxis muss sich also in beiden Bereichen normativ positionieren, wobei es keinen Zweifel darüber geben kann, dass jede Form von Diskriminierung und Benachteiligung letztendlich von den Gerichten auf ihre Recht- oder Unrechtmäßigkeit überprüft werden muss. Eine klare Orientierung der Sozialen Arbeit an einer abendländischen Kultur, wie sie z.B. Lamp (2007, S. 225) fordert, lässt sich kaum mit den Grundprinzipien der Profession und den modernen Gesellschaften vereinbaren.

(4) Soziale Arbeit auf dem Weg zu diversitärem Denken

Lange Zeit ist die Soziale Arbeit davon ausgegangen, dass sich grundsätzlich jede Klientel durch ein persönliches oder soziales Defizit kennzeichnen lässt: Türkische Jugendliche haben Sprach- und Ausbildungsprobleme, Arbeitslose haben Kompetenzprobleme, Alleinerziehende sind nicht in der Lage, wichtigen Erziehungsfunktionen nachzukommen, alte Menschen sind verwirrt etc. Auf diese Weise hat sich ein Blick etabliert, der die Mängel in den Vordergrund rückt und mögliche Kompetenzen und Ressourcen der Adressaten und Adressatinnen übersieht.

Die in den letzten Jahren entwickelten Theorien und Modelle zur Diversität fordern deshalb dazu auf, die Klientel in einem neuen Licht zu betrachten und als starke, kreative und widerstandsfähige Individuen zu interpretieren. Auf diese Weise können Sozialarbeiter/innen im Rahmen von drei Grundhaltungen eine neue Weltsicht entwickeln und ein neues Paradigma für die Soziale Arbeit umsetzen (Lamp 2007, S. 184 ff.):

1. Diverse Thinking: Die Vielfalt der Aspekte, die die Klientel ausmacht, muss als Unterschied, Benachteiligung, Bevorzugung, Stereotyp und/oder Vorurteil erkannt und entsprechend sensibel thematisiert (oder nicht thematisiert) werden.
2. Diverse Acting: Dies setzt voraus, dass „neben den fachlichen Kompetenzen (…) intrapersonale und interpersonale Schlüsselkompetenzen" ausgebildet werden müssen, die es der jeweiligen Person erlaubt, „Innovationskompetenz", „Prozesskompetenz" und „Parallelitäts- und Flexibilitätskompetenz" zu entwickeln (ebd., S. 185).
3. Diversity-reflektiertes Selbstkonzept: Sozialarbeiter/innen sollten in der Lage sein, „die eigenen kulturellen Prägungen und die kulturellen Prägungen der

anderen Beteiligten" als „hegemoniale Strukturen (kontinuierlich) zu reflektieren" (ebd.).

Es kann kein Zweifel darüber bestehen, dass diese Grundhaltungen im Bereich der sozialen Organisationen von hohem Wert sind, denn „sie können dadurch dem Ziel der persönlichen, rechtlichen und gesellschaftlichen Anerkennung eines jeden Menschen näher kommen und gleichzeitig im Hinblick auf den Organisationszweck erfolgreicher werden" (Sielert 2004, in: Lamp 2007, S. 186). Allerdings stellt sich die Frage, ob es innerhalb der sozialen Einrichtungen, insbesondere der Wohlfahrtsverbände, bereits genügend Anstöße gibt, die eigenen Organisationsstrukturen zu reflektieren und sich sowohl von der Orientierung an einer „schwachen" Klientel wie an einer eng ausgerichteten und nichtssagenden „normativen Haltung", wie z. B. der christlichen Nächstenliebe, zu lösen.

5.4 Soziale Arbeit als interprofessionelle Praxis

Wenn Soziale Arbeit eine einzigartige, nicht ersetzbare Funktion in unserer Gesellschaft wahrnimmt, so bedeutet dies in der Praxis nicht unbedingt, dass sie auch völlig selbstständig agieren kann. Im Gegenteil: Gerade die Komplexität der psychosozialen Probleme in der modernen Gesellschaft lässt einen anschlussfähigen und damit multiprofessionellen Ansatz bei der Problembearbeitung als unverzichtbar erscheinen. Denn was man mit den Methoden der Sozialen Arbeit nicht bewirken kann, wird unter Umständen auf andere Weise erreicht, und was eine Profession alleine nicht kann, gelingt möglicherweise im Miteinander verschiedener Professionen. Leider zeigen die Forschungsergebnisse zur Praxis der Kooperation allgemein noch ein eher ernüchterndes Bild auf:

> „Die mit der Kooperation einhergehenden besonderen Herausforderungen werden oftmals nicht erkannt bzw. unterschätzt. Unterschiedliche, unpräzise Zielvorstellungen, unklare, nicht artikulierte, differierende Erwartungen, Unkenntnis über Aufgabe, Handlungsmöglichkeiten und Handlungsabläufe der Kooperationspartner, unterschiedliche Handlungslogiken, fehlende oder mangelhafte Rückkopplungsprozesse zwischen Organisationsvertretung und Herkunftsorganisation sowie eine fehlende strukturelle Absicherung des Kooperationshandelns in den beteiligten Organisationen sind die größten Stolpersteine" (Santen/Seckinger 2011, S. 388 f.).

Nach Petra Bauer (2011) lassen sich vier verschiedene Mechanismen der Handlungskoordination zwischen Professionellen aufzeigen:

- Hierarchiebildung: Durch Weisung und Delegation von Vorgesetzten werden die Zuständigkeiten einzelner Professioneller bestimmt und gegenseitig austariert. Allerdings erweist sich dieser Mechanismus „bei komplexeren, wenig operationalisierbaren Aufgabenstellungen als wenig effektiv" (ebd., S. 346).

- Konkurrenz: Die Professionellen werden als „Konkurrenten und Konkurentinnen" definiert und beobachten sich wechselseitig. Auf diese Weise entsteht eine Ordnung, die allerdings nicht immer effizient sein muss.
- Gemeinschaft: Das Handeln aller richtet sich an einer „vermuteten – kollektiven Identität" aus, „es folgt tradierten und geteilten Regeln" (ebd.) und muss ständig neu inszeniert werden. Planbarkeit und Herstellbarkeit sind nur eingeschränkt möglich.
- Kooperation: Durch die gemeinsame Orientierung der „als gleichberechtigt betrachteten Beteiligten" auf ein gemeinsames Ergebnis hin können „Reziprozität der Handlungen" und Teambewusstsein entstehen. Gerade in Bereichen, die nur begrenzt strukturierbar sind und die autonomes Handeln erfordern, gilt (Team-)Kooperation heute als unverzichtbar (ebd., S. 347).

Alle vier Mechanismen der Handlungskoordination tauchen in der Praxis auf, allerdings erscheint nur die vierte Form, die der Kooperation, den Anforderungen an eine Profession voll zu entsprechen. Denn eine Kooperation, die auf Dauer funktionieren soll, muss weitgehend unabhängig von Personen sein und darf durch Personal- und Stellenwechsel nicht ständig aus dem Gleichgewicht geraten. Voraussetzung für eine gelungene Kooperation ist aber dabei, dass die beteiligten Professionellen fachlich eigenständig und anschlussfähig sind. Insgesamt lassen sich folgende Formen der Zusammenarbeit unterscheiden:

(1) Zusammenarbeit zwischen zwei Professionen: Schulsozialarbeit

> *Nur allzu oft sehen sich Schulsozialarbeiter/innen als Gegenspieler der Lehrer/innen. Sie machen diese für die schulischen Probleme ihrer Adressaten und Adressatinnen verantwortlich, da ihr Unterricht und ihre Umgangsweise mit den Schülern und Schülerinnen nicht den Erwartungen der Schulsozialarbeiter/innen entspricht: verständnisvolle treffen hier angeblich auf verständnislose Professionelle! Dabei sind die Schulschwierigkeiten der betreffenden Jugendlichen multikausal bedingt und können auch mit den methodischen Mitteln, die der Schulsozialarbeit zur Verfügung stehen, nicht ohne weiteres gelöst werden. Worauf es also ankommt ist, das Angebot der Schulsozialarbeit konzeptionell anschlussfähig zu machen und passgenau auf die (räumlichen, zeitlichen, personellen etc.) Möglichkeiten, die die betreffende Schule bietet, abzustimmen. Interprofessionelle Gremien sorgen dann dafür, dass die jeweiligen Synergieeffekte zum Tragen kommen.*

Ganz in diesem Sinne belegen empirische Studien für den Bereich der Schulsozialarbeit, dass die Schüler/innen die Gegenwart von zwei unterschiedlichen Professionen als positiv bewerten. Und dies zum einen, weil die Sozialarbeiter/innen „,etwas anderes' einbringen" und damit die vorhandenen Kommunikationsangebote erweitern, zum anderen, weil sie sich nun „an weitere erwachsene Personen wenden können, denen sie nicht im Unterricht beggnen und die nicht als Lehrkräfte fungieren" (Bolay 2011, S. 418). Nach Bolay handelt es sich hier um unterschiedliche „Anerkennungskonfigurationen": Die beiden Professionen vermitteln den Schülern und Schülerinnen jeweils andere Anerkennungserfahrungen und -optionen: So orientierten sich Lehrer/innen „am Maßstab gesellschaftlicher Leistungsvorstellungen" und handeln „primär weisungsorientiert", während Sozialarbeiter/innen sich am „Maßstab ‚gelingender' Subjektbildung" orientieren und „primär aushandlungsorientiert" vorgehen (ebd., S. 428). Werden beide Anerkennungskonfigurationen optimal angeboten, ergibt sich offensichtlich ein Synergiegewinn!

Was den Schülerinnen und Schülern hier zum Vorteil gereicht, ist für die Professionellen nicht einfach umzusetzen. Denn in der Arbeit in einem „Professions- und Erbringungsgefüge eines anderen Leistungssystems" (wie z. B. hier der Schule) müssen die Sozialarbeiter/innen insbesondere darauf achten,

1. „dass ihre spezifische (sozialpädagogische) Fachlichkeit nicht abgeschwächt, unterlaufen oder gar konterkariert wird. Wäre dies der Fall, liefen sie Gefahr, dass ihre spezifische Expertise diffus und ungreifbar würde" (Bolay 2011, S. 416). Dies setzt allerdings voraus, dass sich die Sozialarbeiter/innen ihrer spezifischen Fachlichkeit/Expertise bewusst sind.
2. dass sie Schwierigkeiten bei der Integration ihrer professionellen Sichtweisen in das jeweilige System nicht dadurch kaschieren, dass sie die Leistungen der jeweils anderen Professionellen diffamieren. Denn beide Erfahrungsformen sind unverzichtbar und dürfen nicht gegeneinander ausgespielt werden.

(2) Kooperation im multiprofessionellen Team: Psychiatrie

In der Psychiatrie tauchte die „Sozialfürsorgerin" lange Zeit nur als Gehilfin des Arztes auf. Erst seit den 1960er Jahren entstand die Idee vom multiprofessionellen Team und einer gleichberechtigten Zusammenarbeit der verschiedenen Berufsgruppen, wie Psychiatrie, Psychologie, Sozialarbeit, Logopädie, Pflege etc. Allerdings ist es bis heute nicht gelungen, den „ständigen Widerstreit von kooperativen und hierarchischen Arbeitsformen" aufzulösen: „Oft ist in multiprofessionellen Teams nicht klar, an welchen Punkten tatsächlich Kooperation im Sinne einer gleichberechtigten Zusammenarbeit gefordert ist und an welchen Punkten Entscheidungen hierarchisch getroffen und verantwortet werden" (Bauer 2011, S. 349) müssen. Neu eingeführte Fachbegriffe, wie z. B. der der „Soziotherapie", sprechen jedoch dafür, dass der Sozialen Arbeit zunehmend ein wichtigerer Status eingeräumt wird. Allerdings wird dies nicht sofort dazu führen, dass das Ringen der Klinischen Sozialarbeit „um die Autonomie der Berufsausübung, die selbstständige Definition der Aufgabenstellung und die Ausrichtung auf genuine KlientInnenbedürfnisse" (ebd., S. 351) ohne weitere Anstrengungen erfolgreich sein wird.

(3) Multiprofessionelle Zusammenarbeit in institutionellen Netzwerken

Im Rahmen dieser Kooperation lassen sich grob zwei Formen unterscheiden:

1. Professionsbezogene Netzwerke: Sie dienen vor allem dazu, individuelle Fälle oder Fallgruppen durch verschiedene Organisationen hindurch zu begleiten. Kinder, die im Rahmen der Schulsozialarbeit als auffällig identifiziert worden sind, müssen konkreten Fachkräften im Jugendamt mitgeteilt und fachlich angemessenen sozialpädagogischen Hilfeformen zugeführt werden etc. Häufig beruht diese Form der Kooperation auf persönlichen Erfahrungen und Kontakten. Personelle Fluktuationen führen meist dazu, dass solche Netzwerke nicht auf Dauer existieren und von Konkurrenz bedroht sind (ebd., S. 353).
2. Organisationsbezogene Netzwerke: Hier agieren die jeweiligen Professionellen regional-, stadtteil- und problembezogen. Dadurch können Informationen und Wissen ausgetauscht werden, wobei oft Machtpositionen zu einem Übermaß an politischer Einflussnahme und einem Mangel an Fachlichkeit führen können. Solche Netzwerke werden oftmals kommunal oder regional organisiert und strukturiert. Insbesondere Fabian Kessl (2011) hat zu Recht darauf hingewiesen, dass es gilt, gegenüber einer pauschalen Forderung nach multiprofessionellen Kooperationen vor allem im Zusammenhang mit politischen Programmen, z. B. zur Reduzierung von Jugendgewalt, zur Vernetzung von sozialen Diensten oder zur Dezentralisierung von Hilfemaßnahmen etc., vorsichtig zu sein. Denn häufig zeichnen sich solche Programme lediglich dadurch aus, „dass methodische Instrumente als Lösung präsentiert werden", wie z. B. „die Schaffung von Informationsaustausch und Kommunikationsforen" (ebd., S. 413), dass dann aber der eigentliche Beitrag zur Problemlösung eher symbolisch ausfällt.

Wie offen und umstritten die Rolle der Sozialen Arbeit im Bereich der interprofessionellen Kooperation bis heute ist, soll noch mit Hilfe zweier gegensätzlicher Standpunkte zum Ausdruck gebracht werden:

(1) Petra Bauer ist der Ansicht, dass der Sozialen Arbeit aufgrund ihrer „traditionellen sozialpädagogischen Generalistenrolle" zukünftig ein „Qualifikationsvorteil" zukommen wird, „wenn es darum geht, Schlüsselpositionen in Netzwerken, also z. B. in Koordinierungsstellen, Projektleitungsstellen, Vermittlungsstellen zu besetzen" (Bauer 2011, S. 357). Sie spekuliert offensichtlich darauf, dass Sozialarbeiter/innen dank ihrer persönlichen und fachlichen Kompetenz in der Lage sind, die professionell miteinander Kooperierenden „uneigennützig" zu einen.

(2) Santen/Seckinger gehen davon aus, dass sich die Berufsgruppen und Netzwerke stärker spezialisieren werden und es daher zukünftig noch stärker darauf ankommen wird, „die Schnittstellen zu Diensten und Organisationen anderer Berufsgruppen" deutlich zu markieren. Sie sehen daher die Soziale Arbeit gefordert, „ihre spezifische Problemlösungskompetenz für sich selbst, gerade auch in der Abgrenzung zu anderen Berufen, klar zu bestimmen und gegenüber Dritten sichtbar zu machen", sodass „Organisationen aus anderen gesellschaftlichen Bereichen den Organisationen der Sozialen Arbeit eigenschaftsbasiertes Vertrauen entgegenbringen können" (Santen/Seckinger 2011, S. 401 f.).

6 SOZIALE ARBEIT ALS ZUKUNFTSFÄHIGE PRAXIS

Lässt man noch einmal die bisherigen Kapitel dieses ersten Teiles Revue passieren, so kann man feststellen, dass die Soziale Arbeit als Praxis über klare Strategien verfügt, um ihr Ziel, Menschen in psychosozialen Notlagen zu unterstützen, fachlich korrekt und kompetent umzusetzen. Dabei bilden die personalen, sozialen und methodischen Kompetenzen der Sozialarbeiter/innen und ihr fachliches Knowhow, das in differenzierten Handlungskonzepten zum Ausdruck kommt, eine wichtige Ausgangsbasis. Politisch-rechtliche, wohlfahrtsstaatliche und organisationale Bedingungen fungieren als Rahmenbedingungen für eine Soziale Arbeit, die vielfältige Formen der Reflexion und einer durch wissenschaftliche Verfahren angereicherte Evaluation nutzt, um den Anforderungen der modernen Gesellschaft, wie z. B. nach Subjektorientierung, Intersektionalität und Multikulturalität, im Rahmen einer diversitären Praxis angemessen Rechnung tragen zu können. Soziale Arbeit etabliert sich so als eine Praxis, die interprofessionell anschlussfähig erscheint und als unverzichtbares Teilsystem moderner Gesellschaften gelten kann.

So anerkannt die Soziale Arbeit als Ganzes erscheint, muss sie trotzdem damit leben, dass sie häufig fast ausschließlich nach dem Grad ihrer Wirksamkeit bewertet wird. Selbstverständlich resultieren aus einer solchen engen Beobachtungsperspektive viele Enttäuschungen und Diffamierungen. Dabei gilt: Praxis muss sich zwar letztendlich am Erfolg messen lassen, dadurch jedoch, dass Hilfeleistungen auf individuelle Weise erbracht werden, sich an einzigartige Subjekte richten und millionenfach geschehen, kann sie weder Fehler in der Durchführung ausschließen, noch Misserfolge bei der Zielerreichung verhindern. Dies darf die Soziale Arbeit aber auf keinen Fall dazu bewegen, diese durch eine Flucht in den Lobbyismus, die Ideologisierung oder die Politisierung sozialer Probleme zu vertuschen.

Im Folgenden sollen abschließend und summarisch einige Hinweise gegeben werden, wie sich die Soziale Arbeit als Praxis positionieren muss, um solchen Tendenzen zu widerstehen und zukunftsfähig zu werden bzw. bleiben zu können.

(1) Pragmatische versus prinzipienorientierte Praxis

> „Wenn ein Mensch pragmatisch genannt wird, dann zeichnet ihn nach der allgemeinen Definition vor allem gesunder Menschenverstand und ein Blick für das Machbare aus. Pragmatisch ist jemand auch dann, wenn er über einen guten Geschäftssinn und gleichzeitig über Flexibilität im Denken und Handeln verfügt" (http://pragmatisch.org/).

Pragmatiker/innen gehen eher nüchtern und nicht dogmatisch vor, sie lassen sich von den tatsächlichen Gegebenheiten leiten und pochen nicht auf Grundsätze und unverrückbare Prinzipien. Genau diese Haltung scheint für Sozialarbeiter/innen angemessen zu sein. Denn sie mögen die besten Vorsätze für ihre Arbeit und die höchsten Ziele für ihre Klientel haben, letztendlich müssen sie doch in konkreten Situationen zügig Entscheidungen treffen und dann entsprechend ernsthaft handeln. Natürlich sollen dabei auftauchende Fehler erkannt und behoben werden, trotzdem lassen diese sich nicht immer vermeiden. Den Eindruck zu erwecken, Praktiker/innen in der Sozialen Arbeit käme in unserer Gesellschaft aus moralischen Gründen eine besondere Stellung zu, erscheint aus dieser Perspektive unsinnig: Denn gerade Praktiker/innen zeichnen sich nicht zu sehr durch eine Orientierung an Prinzipien oder Normen aus, sondern am konkreten Nutzen, den eine Handlung erbringt.

Als pragmatisch können wir z. B. Eltern bezeichnen, die über genügend Geld verfügen, um sich ein teures, edles und sehr schönes Auto kaufen zu können. Da sie aber sehr pragmatisch orientiert sind, verzichten sie auf die soziale Anerkennung, die sie von ihren Mitmenschen dadurch erfahren würden und denken lieber an die Probleme, die ein solches Auto im Rahmen der Erziehung von Kleinkindern verursachen würde: die Kinder müssten auf die Sitze aufpassen, es dürfte nicht gegessen, getrunken oder gespielt werden, was bei längeren Urlaubsfahrten kaum zu vermeiden wäre, Schuhe müssten ausgezogen werden etc. Daher sind die Eltern bereit, unorthodoxe Wege zu gehen und sich über bestehende Konventionen hinwegzusetzen: Es ist offensichtlich effizienter (z. B. konfliktfreier, entspannter etc.), mit Kindern in einem Normalauto zu reisen als in einer Edellimousine.

Besser als die Praxis der Sozialen Arbeit auf Prinzipien aufzubauen ist, sie „pragmatisch" auszurichten und zu versuchen, klar zu machen, welchen Nutzen die Gesellschaft durch Soziale Arbeit zu erwarten hat, wie z. B. zufriedenere und aktivere Bürger/innen, ein Mehr an sozialem Frieden, ein Mehr an Inklusion und Integration etc., ohne zu verschweigen, was durch Soziale Arbeit nicht erreicht werden kann, z. B. die ideale Gesellschaft, ein glückliches Leben für alle etc.

Im 2015 stattfindenden Streik der Erzieher/innen und Sozialarbeiter/innen wurde immer wieder argumentiert, dass die Tätigkeit der Erziehung von Kindern und der Hilfe für Menschen in sozialen Schwierigkeiten von so hoher gesellschaftlicher Bedeutung sei, dass die dort Tätigen auch entsprechend hoch tariflich eingruppiert werden müssten. Das Problem dabei ist allerdings, dass eine solche Begründung an Gefühle und Prinzipien appelliert; und die werden naturgemäß nicht von allen Menschen gleich geteilt. „Pragmatischer" wäre es, aufzuzeigen, welchen Nutzen die Eltern und die Gesellschaft von einer höheren Vergütung zu erwarten hätten: besser ausgebildetes und motivierteres Personal, bessere Bildungs- und damit Zukunftschancen der Kinder, mehr Qualität bei der Beratung etc.

(2) Dialogische versus totalitäre Praxis

Auch wenn die Soziale Arbeit über viele effektive Formen der Hilfeleistung verfügt, so bleibt ihre Zielsetzung in der Praxis doch immer paradox: Sie soll Menschen ändern, aber nicht gegen deren Willen handeln, sie soll helfen, aber nicht bevormunden, sie soll stärken, aber nicht die Eigeninitiative der Menschen lähmen etc.

Der Auftrag der Sozialen Arbeit ist es somit, verschiedenste Perspektiven von Individuen, Gruppen und Gemeinschaften im Blick zu haben, wozu ein auf Ausgleich und Balance abzielendes Vorgehen nötig ist. Sozialarbeiter/innen müssen sich nach Mairhofer (2014) dreifach orientieren, denn:

- *„Als Auftraggeber der Sozialen Arbeit gelten einzelne Staatsbürger als leistungsempfangende Adressaten, aber auch das Staatsbürgerkollektiv der Mitglieder des demokratisch verfassten Gemeinwesens.*
- *Als Adressaten der Sozialen Arbeit treten die Bürger einerseits als Nutzer personenbezogener Dienstleistungen auf, andererseits ist die Gesamtbevölkerung als Adressat gesellschaftsbezogener Dienstleistungen zu verstehen.*
- *Als Begünstigte der Sozialen Arbeit lassen sich ebenfalls die dienstleistungsnutzenden Bürger und die Bürger als Kollektiv bestimmen"* (S. 234).

Damit aber muss sich die Praxis von der Vorstellung verabschieden, sie habe ein konkretes Mandat, Personen in bestimmte Richtungen zu ändern oder konkreten Einfluss auf deren Lebensweisen zu nehmen. Dies betrifft vor allem Versuche der Vertreter/innen normativer Theorien (siehe dazu Kap. 11), die allgemeinen Ziele sozialarbeiterischer Hilfe wie ein glückliches, gelingendes, gerechtes Leben etc. substanziell zu konkretisieren und zu verallgemeinern.

Grundsätzlich muss gelten: das Wesen der Sozialen Arbeit in einer freiheitlichen Gesellschaft besteht nicht darin, Lebensweisen zu normieren, sondern darin, Menschen bei der Verfolgung ihrer persönlichen Ziele zu unterstützen. Die Soziale Arbeit sollte sich deshalb davor hüten, dem Bild einer in der Regel durch materielle Werte definierten Glücksformel zu verfallen. Wenn die sozialpolitischen Forderungen der Sozialen Arbeit darauf aufbauen, gebetsmühlenhaft mehr Geld und Unterstützung für ihre Klientel zu fordern, dann entsteht leicht der Eindruck einer „Leerformel", die durch keinerlei empirische Erkenntnis gedeckt ist und die totalitäre Züge trägt: denn auch wenn alle Menschen mehr von allem hätten, so ergäbe dies möglicherweise noch keine Garantie für sozialen Frieden oder die Absenz von sozialen Problemen.

Sehr häufig tragen unbedachte Äußerungen von Vertreter/innen der Sozialen Arbeit zu einer solchen Trivialisierung der Problematik des sozialen Ausschlusses, der, wie oben dargestellt, „intersektional" und nicht eindimensional verläuft, bei, ohne dass dabei die Widersprüchlichkeit und Unausgegorenheit der Argumentation reflektiert würde:

Wenn im Rahmen eines Artikels der FAZ vom 29.09.2015 unter dem Titel „Wie der Vater, so der Sohn" beklagt wird, dass Söhne von arbeitslosen Vätern meist selbst

> wieder in der Arbeitslosigkeit landen und die Sozialverbände daraufhin 280 Millionen Euro für eine Problemlösung fordern, so lassen sich – bei allem Verständnis für die Suche nach einer raschen Lösung des Problems – insbesondere drei Fragen stellen:
>
> 1. Was an diesem Ergebnis ist verwunderlich (oder gar beschämend), wenn wir doch auch wissen und akzeptieren, dass die Söhne von Ärzten und Juristen in den entsprechenden Studiengängen überrepräsentiert sind.
> 2. Wie wollen die Wohlfahrtsverbände diese Mittel einsetzen, vor allem vor dem Hintergrund klarer empirischer Belege, dass eine so spezifische Beeinflussung des Sozialisationskontextes von Kindern (Söhnen) gar nicht möglich ist, es sei denn man versuchte, den Vätern ihre Söhne zu entziehen, mit allen Folgen, die eine Fremdunterbringung in der Regel mit sich bringt.
> 3. Wie kommen die Verbände auf den Betrag von 280 Millionen Euro. Warum wird nicht mehr oder weniger gefordert?

Mit diesem Beispiel soll noch einmal deutlich gemacht werden: Die Soziale Arbeit findet in einem komplexen, hoch differenzierten Feld statt, das von vielfältigen Vorgaben und Zielsetzungen bestimmt ist und das sich nicht eindimensional auflösen lässt, ohne totalitär zu denken und zu handeln. Dazu hat aber niemand ein Recht! Ohne die genaue Kenntnis der Lebenslagen der Betroffenen, ohne den Dialog mit ihrer Klientel (in unserem Beispiel: mit den arbeitslosen Vätern), der offen für subjektive Interpretationen und Gestaltungen ist, kann und wird eine freiwillige Selbständerung nicht möglich werden können. Der konkrete Umgang mit den Klienten und Klientinnen muss nach Leiprecht (2013, im Anschluss an Holzkamp 1983) daher als Dialog mit einem „Subjekt" gedacht werden, das in „Möglichkeitsräumen" eingebettet ist. Erst die Erkenntnis dieser Möglichkeitsräume, welche von biografischen und lebensweltlichen Faktoren beeinflusst werden, erlaubt es dem und der Einzelnen, die damit verbundenen Chancen *„einzuschränken* oder aber (…) zu *erweitern"* (ebd., S. 191, kursiv im Original) und ermöglichen es dann der Sozialen Arbeit, konkrete Hilfestellungen für eigenverantwortliches und zielorientiertes Handeln zu geben.

(3) Mündige versus abhängige Praxis

> *„Aufklärung ist der Ausgang des Menschen aus seiner selbstverschuldeten Unmündigkeit. Unmündigkeit ist das Unvermögen, sich seines Verstandes ohne Leitung eines andern zu bedienen. Selbstverschuldet ist diese Unmündigkeit, wenn die Ursache derselben nicht aus Mangel des Verstandes, sondern der Entschließung und des Mutes liegt, sich seiner ohne Leitung eines andern zu bedienen. „Sapere aude! Habe Mut, dich deines eigenen Verstandes zu bedienen!' ist also der Wahlspruch der Aufklärung"* (Kant 1784, S. 781).

Dieses berühmte Zitat von Immanuel Kant ist für die Praxis der Sozialen Arbeit vor allem deshalb interessant, weil es deutlich macht, dass Unmündigkeit unverschuldet sein kann, z. B. aufgrund der Unreife eines Kindes oder Jugendlichen oder aufgrund von Beeinträchtigungen und Behinderungen bei Erwachsenen. Entscheidend für Kant ist jedoch ein anderes Problem, nämlich das der selbst verschuldeten Unmündigkeit, die er als ein moralisches Problem betrachtet. Die moralische Unmündigkeit hängt seiner Ansicht nach mit der Weigerung des Subjekts zusammen, den Mut, die Entschlossenheit und die Risiko- und Verantwortungsbereitschaft dafür aufzubringen, Entscheidungen zu treffen und tatkräftig umzusetzen. Voraussetzung dafür ist nach Kant Charakterstärke, eine Stärke, die vom Einzelnen gezeigt werden muss, die jedoch nur kollektiv entwickelt werden kann.

Auf die hier vorliegende Fragestellung bezogen bedeutet dies: Es liegt offensichtlich an den Praktikern und Praktikerinnen der Sozialen Arbeit selbst, die für die eigene Mündigkeit notwendigen Voraussetzungen zu schaffen und sich als eine reflektierte, reflexive, diversitäre und multiprofessionelle Praxis zu konstituieren, so wie sie sich in der Präambel der IASSW widerspiegelt:

> *„Soziale Arbeit als Beruf fördert den sozialen Wandel und die Lösung von Problemen in zwischenmenschlichen Beziehungen, und sie befähigt die Menschen, in freier Entscheidung ihr Leben besser zu gestalten. Gestützt auf wissenschaftliche Erkenntnisse über menschliches Verhalten und soziale Systeme greift soziale Arbeit dort ein, wo Menschen mit ihrer Umwelt in Interaktion treten. Grundlagen der Sozialen Arbeit sind die Prinzipien der Menschenrechte und der sozialen Gerechtigkeit"* (https://www.dbsh.de/beruf.html).

Ronald Lutz hat zu Recht auf die Problematik hingewiesen, dass eine solche subjektorientierte und damit „liberale" oder besser „libertäre" Formulierung der Aufgaben der Sozialen Arbeit eine „Neuprogrammierung des Sozialen" zur Folge haben muss, „die wegführt von sozialstaatlichen Programmen alter und eher versorgender Ordnung". Vielmehr gilt es, den einzelnen Menschen in einer Welt, die keine gemeinsame Orientierung mehr für alle zur Verfügung stellen kann, eine Lebensweise zu eröffnen, die ihm gefällt, ohne zu sehr mit anderen Menschen in Konflikt zu geraten. Dies bedeutet aber vor allem, „dass der Anspruch, den Soziale Arbeit eigentlich haben muss, umgesetzt wird: Subjekte in ihren je eigenen Biographien zu unterstützen, Menschen zu selbstverantwortlichem Handeln zu befähigen, ihnen zu helfen, in den jeweiligen Verhältnissen authentisch zu sein" (Lutz 2008, S. 6).

TEIL II SOZIALE ARBEIT ALS WISSENSCHAFT

7 SOZIALE ARBEIT UND WISSENSCHAFT

In diesem Kapitel geht es darum zu zeigen, dass Soziale Arbeit sich nicht nur als Praxis oder Profession verstehen darf, sondern sich auch ganz explizit als Wissenschaft konstituieren muss. Der Sozialen Arbeit kommt in modernen Gesellschaften eine so wichtige Funktion zu, dass sie zu ihrer eigenen Absicherung auf die Anschlussfähigkeit an das Wissenschaftssystem nicht verzichten kann. Dazu erfolgt in diesem Kapitel eine Einführung in die Grundlagen wissenschaftlichen Denkens, zumindest soweit dies für ein Grundstudium im Bereich der Sozialen Arbeit erforderlich ist.[13]

Worin sich die Notwendigkeit einer Wissenschaft für die Soziale Arbeit begründet und warum viele Praktiker/innen die Bedeutung von Wissenschaft oftmals falsch einschätzen, wird im ersten Teilkapitel aufgezeigt (Kap. 7.1). Was Wissenschaft ist und kann, wird dann im Anschluss daran dargelegt (Kap. 7.2). Im darauffolgenden Teilkapitel wird der Frage nachgegangen, inwiefern die Soziale Arbeit die drei Prüfkriterien, die an eine Wissenschaft gestellt werden, bereits erfüllen kann: Metatheoretische Fundierung, Theorienkonkurrenz und Forschung (Kap. 7.3). Alle drei Fragen können – wie schließlich zusammenfassend dargestellt wird – positiv beschieden werden, sodass einer wissenschaftlichen Durchdringung der Sozialen Arbeit, wie sie in diesem Buch durchgeführt wird, nichts mehr im Wege steht (Kap. 7.4).

7.1 Warum braucht Soziale Arbeit Wissenschaft?

Über Wissenschaft im Bereich der Sozialen Arbeit zu sprechen ist schwierig, nicht nur deshalb, weil es viele Politiker/innen, Verbandsvertreter/innen, Bürger/-innen etc. gibt, die wissenschaftliches Denken in diesem Bereich für unnütz halten, sondern weil es aus zwei Gründen bis heute nicht gelungen ist, die Sozialarbeiter/innen selbst davon zu überzeugen, wie wichtig Forschung für die konkrete Arbeit ist. Dafür gibt es zwei Vermutungen:

Praktiker/innen scheinen oftmals der Ansicht zu sein, Soziale Arbeit spiele sich in einem personalen Verhältnis (Sozialarbeiter/in – Klient/in) bzw. sozialkulturellen Raum (Person in Kontext) ab, der so individuell und spezifisch geprägt ist, dass sich die daraus ergebenden Erkenntnisse nicht verallgemeinern ließen. Entscheidungen müssten demnach auf der Basis von eigenen Erfahrungen persönlich und oftmals intuitiv getroffen werden.

Viele Sozialarbeiter/innen sind offensichtlich davon überzeugt, dass eine rein wissenschaftliche Argumentationsweise der Komplexität sozialer Probleme und Interventionen nicht gerecht wird. Und sie fürchten, möglicherweise nicht zu

---

13 Diejenigen Leser/innen, die noch mehr zu den einzelnen Bereichen wissen möchten oder die sich bereits im Masterstudium befinden, finden an den jeweiligen Textstellen Hinweise auf weiterführende Literatur.

Unrecht, dass die Wissenschaft (mit ihrer hohen Diskursmacht) vornehmlich dazu beiträgt, die sozialen Hilfen einzuschränken und die Vertreter/innen der Sozialarbeit zu desavouieren.

Warum es auch in angewandten Wissenschaften, z. B. der Ökonomik (und damit auch der Sozialen Arbeit), sinnvoll ist, wissenschaftlich zu denken, hat Daniel Kahnemann (2012) in seinem Buch „Schnelles Denken, langsames Denken" aufgezeigt. Dabei macht er deutlich, dass Praktiker/innen immer auf der Basis ihrer Erfahrungen und ihrer Intuition handeln und entscheiden müssen. Allerdings sollten sie aufgrund der permanent bestehenden Möglichkeit der Fehleinschätzung dazu bereit sein, ihr Denken gleichzeitig immer auch einer „mentalen Kontrolle" zu unterziehen. Eine eher auf Intuition basierende Vorgehensweise führt nämlich oftmals nicht nur zur „kognitiven Täuschung", sondern auf lange Sicht zu „mentaler Faulheit" oder „Ego-Depletion", was im Buch mit dem Begriff der „Selbstschöpfung" (S. 58) übersetzt wird. Dies bedeutet, dass der/die Betreffende mit den eigenen Erklärungstheorien nicht mehr wirklich zurechtkommt und zu „kognitiven Vereinfachungen" wie z. B. Stereotypisierung, Rassismus, Sexismus etc. tendiert.

> *„Eine Person wurde von einem Nachbarn wie folgt beschrieben: ‚Steve ist sehr scheu und verschlossen, immer hilfsbereit, aber kaum an anderen oder an der Wirklichkeit interessiert. Als sanftmütiger und ordentlicher Mensch hat er ein Bedürfnis nach Ordnung und Struktur und eine Passion für Details.' Ist Steve eher Bibliothekar oder Landwirt?" (ebd., S. 17).*

Nach Kahnemann erklärt sich die Tendenz der meisten Befragten, in Steve einen Bibliothekar zu vermuten, aus dem Umstand, dass „sachdienliche statistische Erwägungen" (ebd.) außer Betracht gelassen werden und er schreibt dazu:

> *„Wussten Sie, dass in den Vereinigten Staaten auf jeden männlichen Bibliothekar zwanzig Landwirte kommen? Weil es so viel mehr Landwirte gibt, wird man höchstwahrscheinlich auch mehr ‚sanftmütige und ordentliche' Menschen auf Traktoren als an Informationsschaltern von Bibliotheken finden" (ebd., S. 17 f.).*

Folglich muss es deshalb im Alltagsleben und in jeder Praxis immer wieder darum gehen, das schnelle Denken (in Form von Intuition, Erfahrungswissen, Routine etc.) mit Hilfe von langsamem Denken (in Form von wissenschaftlich und v. a. empirisch gestützter Reflexion) zu korrigieren. Eine wissenschaftliche Vorgehensweise zeichnet sich demnach vor allem dadurch aus, dass sich alle Aussagen und Ergebnisse wissenschaftlicher Untersuchungen den als allgemein anerkannt geltenden Untersuchungsmethoden stellen und sich so gegenüber dem Prüfkriterium der Wiederholbarkeit und der Generalisierbarkeit bewähren müssen. Was sich einmal im Rahmen eines Forschungsprozesses als wahr erwiesen hat, muss sich demzufolge auch immer wieder an verschiedenen Orten und zu unterschiedlichen Zeiten bestätigen lassen (Krumm 1983).

Beide Wissenstypen, das intuitiv-erfahrungsbasierte und das wissenschaftlich-erkenntniskritische Wissen, müssen also miteinander verbunden werden und sich ergänzen. Dabei darf keine Form des Denkens unter- oder überbewertet werden:

- Gegen die intuitiven Erkenntnismethoden z. B. der Hermeneutik (siehe dazu Kap. 10) spricht vor allem das Phänomen der „kognitiven Täuschung" oder der „Fokussierungsillusion": Sozialarbeiter/innen sind möglicherweise der vollen Überzeugung, dass sie ihre Klienten und Klientinnen gut verstehen, in Wirklichkeit jedoch bewerten sie unbewusst einzelne Aspekte der Person des Klienten/der Klientin stärker und erliegen damit der Tendenz zur „regressiven Vorhersage". Dies bedeutet: Relativ willkürliche Verhaltensweisen kausal aufeinander bezogen ergeben scheinbare Plausibilität.
- Jedoch auch die rein empirische Sichtweise (siehe dazu Kap. 12) darf nicht überschätzt werden. Nicht nur, weil die zu beobachtenden Phänomene durch den Vorgang der Operationalisierung und Messung stark verkürzt werden, sondern vor allem deshalb, weil die Diskursmacht der Wissenschaft in modernen Gesellschaften sehr stark von der dort herrschenden rationalistischen Ideologie (Max Weber) bestimmt wird. Wissenschaftliche Studien im Bereich der Sozialarbeit werden häufig von Politik und Wirtschaft finanziert und deren Hauptinteresse besteht vor allem darin, Einsparungen im sozialen Bereich vorzunehmen, um dieses Geld dann an anderer Stelle (für Baumaßnahmen, Wirtschaftssubventionen etc.) ausgeben zu können. Allerdings stellt sich dabei das Problem, dass, wer am Diskurs um Macht nicht teilnimmt, auch keine Stimme bekommt. Dies bedeutet: Will die Sozialarbeit hier diskursmächtig sein und bleiben, muss sie sich auch dieser Diskursrhetorik der empirischen Wissenschaft und deren Grammatik bedienen (Bourdieu 1998, S. 156 f.).

Als Folge davon sollten Praktiker/innen und Forscher/innen zukünftig immer angeben bzw. versuchen herauszufinden, mittels welcher methodischer Vorgehensweisen Daten oder Ergebnisse entstanden sind, sodass sich die Rezipienten und Rezipientinnen dieser Tatsachen und der damit verbundenen möglichen Einschränkungen bewusst werden. Der/die jeweilige Betrachter/in wird sich dann entscheiden müssen, ob er/sie diese Vorgehensweise als relevant oder irrelevant ansieht. Das heißt natürlich nicht, dass Forschung deshalb willkürlich würde.

Was als wahr oder unwahr, als gute oder schlechte Praxis gilt, muss sich im wissenschaftlichen Diskurs bewähren. Es gilt jedoch dabei stets die jeweiligen Bedingungen der Wissensproduktion mit zu reflektieren und niemand, der/die in der Praxis Verantwortung übernimmt, sollte sich dieser Anstrengung des multiperspektivischen Denkens entziehen.

7.2 Was ist Wissenschaft?

7.2.1 Die Wahrheit der Wissenschaft

Gerade weil Wissenschaft offensichtlich nicht die absolute Wahrheit versprechen kann, haben viele Menschen ihr gegenüber ein gespaltenes Verhältnis. Auf der einen Seite nehmen sie die Errungenschaften insbesondere der modernen Technik gerne wahr, haben tiefen Respekt vor Wissenschaftlern und Wissenschaftlerinnen, die z. B. den Nobel-Preis bekommen, auf der anderen Seite aber haben sie Schwierigkeiten damit, die häufig sich widersprechenden Ergebnisse wissenschaftlicher Theoriebildung und Forschung angemessen einzuordnen. Denn ständig neue Erkenntnisse über Ernährungsfragen, ständig widerlegte Vorhersagen über Wirtschaftskrisen und Fehler bei wissenschaftlichen Gutachten können durchaus so etwas wie Wissenschaftsfrust nach sich ziehen.

Ein wichtiger Grund für diese skeptische bzw. widersprüchliche Haltung unserer Gesellschaft gegenüber Wissenschaft liegt in der meist unbewussten Unterstellung, dass Wissenschaft stets „rein" sein müsse. Dabei handelt es sich um ein Verständnis von Wissenschaft, das insbesondere von John Locke und Francis Bacon im Rahmen des klassischen „Empirismus" und später dann von Karl Popper (1973/1934) im Rahmen seiner Theorie des kritischen Rationalismus entwickelt wurde. Demnach müssen sich Aussagen oder Hypothesen (das sind aus Theorien abgeleitete Aussagen), um wissenschaftlich als „wahr" gelten zu können, einem strengen Reglement unterziehen: eng am Ideal der Naturwissenschaft orientiert werden sie nur dann als „wahr" anerkannt, wenn sie ausschließlich auf Erfahrung basieren, über wiederholbare Experimente und objektive Beobachtungen gewonnen worden sind und jederzeit wieder bestätigt werden können.

Nachdem aber die Wissenschaft erkannt hatte, dass man sich niemals sicher sein kann, ob ein Überprüfungsprozess tatsächlich auch in Zukunft „wiederholbar" ist, blieb ihr gar nichts anderes übrig, als Abschied von der „induktiven Methode" der Erkenntnisgewinnung zu nehmen. Diese geht bzw. ging davon aus, dass aus einer wiederholten Anzahl von bestätigten Ergebnissen auf die „Wahrheit" der betreffenden Theorie geschlossen werden kann (Induktionsprinzip). Wer aber kann sich sicher sein, dass (so ein Beispiel von Popper) der „All-Satz" „Alle Schwäne sind weiß!" nicht doch einmal durch das Vorhandensein bunter oder schwarzer Schwäne widerlegt werden kann. Aus diesem Grunde gelten die wissenschaftlichen Erkenntnisse seit Popper immer nur vorläufig: Jede noch so gut bestätigte Theorie kann jeweils nur als „vorläufig verifiziert" gelten. Dagegen gilt jedoch: Eine Theorie, die sich als nicht wiederholbar erweist, kann und muss endgültig als „falsifiziert" aussortiert werden. Für den/die Wissenschaftler/in folgt daraus, dass sie dem Ergebnis einer Untersuchung neutral gegenüber bleiben können: sowohl die Verifikation wie die Falsifikation einer These oder Theorie bildet einen Erkenntnisfortschritt, und nur darum muss es in der Wissenschaft gehen.

7.2.2 Abstraktes oder konkretes Erkenntnisideal?

Nach Popper müssen entsprechend dieser Kriterien viele Bereiche der angewandten Wissenschaften, wie z. B. die Pädagogik, die Wirtschaftswissenschaften, die Soziale Arbeit, die Soziologie, aber auch die Geschichtswissenschaften oder die Kunst als nicht-wissenschaftsfähig bzw. „pseudo-wissenschaftlich" ausgeschlossen werden. Diese These hat schließlich bei der Tagung der Deutschen Soziologie im Jahr 1961 zu einer denkwürdigen wissenschaftlichen Auseinandersetzung

– dem „Positivismusstreit" – zwischen Karl Popper und dem deutschen Soziologen Theodor W. Adorno geführt (Adorno et al. 1969). Im Rahmen dieser Auseinandersetzung führte Popper einige Thesen zu einem kritisch-rationalen Wissenschaftsverständnis aus. Insbesondere in seiner berühmt gewordenen „sechsten These" formuliert er seinen Standpunkt bezüglich einer „reinen Wissenschaft":

> *„6. Die Methode der Sozialwissenschaften wie auch die der Naturwissenschaften besteht darin, Lösungsversuche für ihre Probleme, von denen sie ausgeht – auszuprobieren. Lösungen werden vorgeschlagen und kritisiert. Wenn ein Lösungsversuch der sachlichen Kritik nicht zugänglich ist, so wird er eben deshalb als unwissenschaftlich ausgeschaltet, wenn auch vielleicht nur vorläufig. (...)*
> *17. Die sogenannte Objektivität der Wissenschaft besteht in der Objektivität der kritischen Methode ... und auch darin, dass die logischen Hilfsmittel der Kritik – die Kategorie des logischen Widerspruchs objektiv sind" (ebd., S. 105 f.).*

Alle Wissenschaften, die sich diesem Erkenntnisideal nicht unterordnen können oder wollen, müssen demnach laut Popper als unwissenschaftlich abgelehnt werden. Dieser Ansicht widersprach dann der deutsche Soziologe Adorno vehement. Nach seiner Ansicht handelt es sich gerade bei der Soziologie um eine Wissenschaft, auch wenn diese sich wegen der Komplexität des Gegenstands „Gesellschaft" nicht immer methodisch „rein" verhalten kann. Nach Adorno muss „(...) das Erkenntnisideal der einstimmigen, möglichst einfachen, mathematisch eleganten Erklärung" da versagen,

> *„wo die Sache selbst: die Gesellschaft nicht einstimmig, nicht einfach ist, auch nicht neutral dem Belieben kategorialer Formung anheimgegeben, sondern anders, als das Kategoriensystem der diskursiven Logik von seinen Objekten vorweg erwartet. Die Gesellschaft ist widerspruchsvoll und doch bestimmbar; rational und irrational in eins, System und brüchig, blinde Natur und durch Bewusstsein vermittelt. Dem muss sich die Verfahrensweise der Soziologie beugen" (ebd., S. 126).*

Was Adorno damit sagen wollte, ist Folgendes: Wir können im Rahmen soziologischer Untersuchungen naturwissenschaftliche Verfahren, wie z. B. die Beobachtung oder den Test, nur eingeschränkt anwenden, da sich die komplexen Vorgänge in einer Gesellschaft nicht vollkommen objektiv und selektiv beobachten lassen. So sind z. B. die Auswirkungen von Arbeitslosigkeit auf Menschen so vielfältig, dass sie sich nur ausschnittweise beobachten lassen. Beobachter müssen also, bevor sie beobachten, eine theoretische Unterscheidung treffen und sich begrenzen. Wissenschaftlich eindeutige Aussagen aber sind in diesen Bereichen nicht zu erreichen.

Jahrzehntelang ist so im Rahmen der Schulforschung versucht worden, die These empirisch zu erhärten, dass die Gesamtschule zu mehr Bildungsgerechtigkeit beiträgt als das dreigliedrige Schulsystem. Natürlich konnte diese These nie wirklich

> verifiziert oder falsifiziert werden, da der Begriff „Bildungsgerechtigkeit" zu komplex ist und sich somit einer empirischen Überprüfung entzieht. Somit konnten immer nur Teilergebnisse erzielt werden, z. B. dass die Gesamtschule nicht zu mehr Sachkompetenz, dafür aber zu mehr Sozialkompetenz beitragen kann (siehe z. B. Fend 1982).

Deshalb ist vor allem in der amerikanischen Soziologie auch schon vor der Zeit des Positivismusstreits versucht worden, eine Lösung für das Problem der Komplexität von Theorien zu suchen und zu finden. Denn wenn naturwissenschaftliche Forschungsverfahren nicht immer möglich sind, dann muss die „scientific community" ihr Theorie- und Methodenverständnis erweitern und alternative Formen und Verfahren zulassen. Merton (1995/1949) hat dazu für den Bereich der Soziologie vorgeschlagen, Theorien nach ihrer unterschiedlichen Reichweite zu unterscheiden: „Theorien mittlerer Reichweite" stehen für ihn im Kontrast zu „Universaltheorien" oder „grand theories" auf der einen und „Mikrotheorien" auf der anderen Seite. Haupttheorien in diesem Sinne sind zwar umfassende Theoriegebäude, diese lassen sich aber vor allem angesichts der Komplexität und kulturellen Bedingtheit von Gesellschaften im Bereich der Soziologie empirisch kaum verifizieren. Dementsprechend gilt es im Rahmen der Soziologie vor allem Theorien mittlerer Reichweite zu entwickeln und zu überprüfen.

Heute geht die moderne Soziologie (Kelle 2008) davon aus, dass in jenen Bereichen der Wissenschaft, wo nicht objektiv beobachtet, gemessen und mathematisch berechnet werden kann, neue „qualitative" Methoden entwickelt werden müssen, die es erlauben, vor dem Hintergrund einer Einschätzung der Schwächen quantitativer Verfahren alternative Verfahren vorzuschlagen. In jedem Projekt müssen Forscher/innen heute also zunächst die Frage klären, welche Methoden am besten für die von ihnen ausgewählten Forschungsfragen geeignet sind (siehe dazu Kap. 16).

Vor diesem Hintergrund der Gleichwertigkeit unterschiedlicher Erkenntnisverfahren ist man sich heute darin einig, dass jede wissenschaftstheoretische Erkenntnis darauf abzielt, hinreichend überprüftes oder gesichertes Wissen über einen Sachverhalt, eine Beziehung oder einen Zusammenhang zu erlangen. Die verschiedenen Resultate unterscheiden sich aber bezüglich des Grades der Gewissheit über die erlangten Resultate – und dies hängt von der jeweils dabei angewandten Erkenntnismethode ab. Vier generelle Quellen lassen sich unterscheiden und müssen jeweils kritisch betrachtet werden:

- Erkenntnis aufgrund intuitiver Einsicht oder „a priori". Unser „gesunder Menschenverstand" legt fest, was er für richtig oder gewiss hält. Hier besteht die Gefahr der vorschnellen Festlegung und des Dogmatismus!
- Erkenntnis durch Rekurs auf traditionelles Wissen. Hierbei wird auf die Erfahrung bzw. das Wissen von Autoritäten rekurriert, die behaupten, dass etwas richtig oder wahr ist. Auf diese Weise blicken wir immer nur zurück und sehen nicht, was möglich ist.

- Erkenntnis, die durch eine spezifische Form der Kommunikation gewonnen wird. Dabei werden in einem herrschaftsfreien Dialog Argumente und Gegenargumente geprüft und schließlich angenommen oder verworfen (Habermas 1981). Hier entscheidet die „Community" über die Richtigkeit einer Aussage. Dabei stellt sich jedoch die Frage, ob etwas allein deshalb schon richtig sein muss, nur weil eine Gruppe das so beschlossen hat?
- Erkenntnis, bei der durch eine wissenschaftlich definierte Vorgehensweise (z. B. durch Befragung oder Experiment) bestimmt wird, was als zutreffend gelten kann und was nicht. Hier entscheiden lediglich Fakten und Daten; allerdings hängt der Erkenntnisprozess davon ab, was der/die Forscher/in genau beobachten will (Louchková/Adams 2001, S. 28).

Alle diese Vorgehensweisen haben zwei Dinge gemeinsam: Zum einen gilt, dass die Feststellung der „Wahrheit" einer Aussage immer nur vorläufig gilt und keine unverrückbare Tatsache darstellt, zum anderen hängt der Wahrheitsgehalt einer Aussage in hohem Maße vom Einverständnis der jeweiligen Rezipienten und Rezipientinnen mit der jeweils angewandten wissenschaftlichen Methode der Erkenntnisgewinnung ab (ebd., S. 28). Insbesondere Foucault hat in diesem Zusammenhang darauf hingewiesen, dass die Frage des Wissens immer mit der Diskursmacht zu tun hat.

„Truth is a thing of this world: it is produced only by virtue of multiple forms of constraint. In addition, it induces regular effects of power. Each society has its regime of truth, its ‚general politics' of truth: that is, the types of discourse which it accepts and makes function as a truth; the mechanisms and instances which enable one to distinguish true and false statements, the means by which each is sanctioned; the techniques and procedures accorded value in the acquisition of truth; the status of those who are charged with saying what counts as true" (Foucault 1980, S. 131).

Allerdings darf diese Erkenntnis, dass Wahrheit immer relativ bleiben muss, nicht zum Schluss führen, letztendlich wäre jede Erkenntnis gleich relativ. Wer wirklich nach der Wahrheit sucht, wird erkennen, dass die o. a. Erkenntnismethoden nicht nur isoliert betrachtet werden dürfen, sondern auch zum Zwecke einer Urteilsbildung aufeinander bezogen werden müssen.

7.3 Ist die Soziale Arbeit bereits wissenschaftsfähig?

Wenn wissenschaftliche Disziplinen dazu da sind, Reflexion zu organisieren, Plausibilitätsprobleme zu kommunizieren und hinreichend gesichertes Wissen zu generieren (Luhmann 1992, S. 111), dann wird man auch im Bereich der Sozialen Arbeit auf Dauer nicht umhin kommen, eine Disziplin Sozialarbeitswissenschaft zu etablieren. Allerdings ist die Begründung einer solchermaßen neuen Disziplin an drei Voraussetzungen gebunden (Erath 2007):

7.3.1 Metatheorie der Sozialarbeitswissenschaft

Nach Luhmann spezifizieren sich wissenschaftliche Disziplinen nicht auf bestimmte Phänomene hin, die dem/der Beobachter/in vorgegeben sind (wie z. B. Hilfe, Gesellschaft, Mensch etc.), sondern entstehen aus theoretisch erzwungenen Unterscheidungen (Luhmann 1990, S. 446 ff.). Wissenschaftliche Gegenstandsfelder sind demnach nicht im Vorhinein vorhanden, sondern bilden sich „nach der Maßgabe ihrer Theorien" (Luhmann 1990, S. 446 ff.). Folglich besteht die Möglichkeit zur Theoriebildung nur innerhalb des Wissenschaftssystems selbst:

„Die Funktion der Wissenschaft beruht mithin auf einer möglichen Reorganisation des Möglichen, auf einer Kombinatorik neuen Stils – und nicht auf einer Abbildung des Vorhandenen, auf einer bloßen Verdoppelung der Gegenstände der Erkenntnis. Das, was die Wissenschaft als Einheit feststellt (zum Beispiel als Ding, als System, als Atom, als Prozess), verdankt seinen Charakter als Einheit dann der Wissenschaft; also dem Begriff, und nicht sich selber" (Luhmann 1990, S. 328).

So haben z. B. sowohl die Anthropologie, die Biologie als auch die Psychologie den Menschen zu ihrem Erkenntnisobjekt. Was sie voneinander unterscheidet, sind die jeweils vorgenommenen „paradigmatischen" Unterscheidungen: so fragt die Anthropologie nach dem Menschen in einer eher evolutionstheoretischen Perspektive, die Biologie von einer Theorie des Lebendigen aus und die Psychologie von einer Perspektive des Erlebens und Verhaltens (Theorie des „Seelenlebens") aus.

Wenn Soziale Arbeit im Wesentlichen eine Praxis ist (siehe dazu Kap. 1) und nun auch als Wissenschaft etabliert werden soll, dann stellt sich also zuerst einmal die Frage, von welchem theoretischen Standpunkt eine Sozialarbeitswissenschaft ausgehen will und kann. Denn eine neue Wissenschaftsdisziplin kann sich nur in Abgrenzung zu den bereits etablierten Wissenschaften konstituieren, sie muss also aus dem Wissenschaftssystem als „Ausdifferenzierungsbewegung innerhalb des Systems" (Luhmann 1990, S. 447) entwickelt werden. Sozialarbeitswissenschaft hat demnach ihren spezifischen Ursprung und die Unterschiede und Ähnlichkeiten im Verhältnis zu anderen Disziplinen aufzuzeigen. Das Eigenständige der Sozialarbeit zeigt sich dann z. B. auch darin, wie Sozialarbeiter/innen etwa psychologisches Wissen anwenden, nämlich gerade nicht in der Weise, wie dies Psychologen und Psychologinnen, Soziologen und Soziologinnen etc. tun würden, sondern in einer eigenständigen, „autonomen" Art.

In Deutschland sind seit den 1990er Jahren viele gewichtige Argumente für die Notwendigkeit einer wissenschaftlichen Bearbeitung des Phänomens „Soziale Arbeit" vorgetragen worden (zusammenfassend Zacher 1992). Zugleich sind viele Versuche unternommen worden, die Soziale Arbeit als Wissenschaft zu begründen (Engelke 2009; Mühlum 2004; Erath 2006; Staub-Bernasconi 2007a), wobei übereinstimmend davon ausgegangen wurde und wird, dass der Unterschied, den die Sozialarbeitswissenschaft zu anderen Disziplinen wie z. B. Psychologie, Soziologie, Politikwissenschaft etc. macht, darin besteht, dass es hier darum geht, psychosoziale Probleme von Menschen professionell zu lösen. Die Aufgabe der Sozialarbeitswissenschaft besteht folglich darin, Theorien und Modelle bereitzustellen, die nicht nur in der Lage sind, die Ursachen solcher Problemlagen multifaktoriell zu erklären, sondern auch Strategien, Modelle und Methoden zu deren Behebung zur Verfügung zu stellen (siehe dazu ausführlich Kap. 8.1).

Die Sozialarbeitswissenschaft versucht somit lediglich das, was in der Praxis der Sozialen Arbeit weitgehend intuitiv geschieht, wissenschaftlich zu systematisieren, zu überprüfen und falls erforderlich zu kritisieren. Mit den Worten von Kahnemann könnte man auch sagen: die Sozialarbeitswissenschaft sorgt dafür, dass auch der Bereich der Sozialen Arbeit über die Fähigkeit zum „langsamen Denken" verfügt und dass eine „differenzierte Sprache" entsteht, die „konstruktive Kritik" zulässt.

„Manchmal können sich Entscheidungsträger (wie z. B. Sozialarbeiter/innen, d. V.) die Stimmen gegenwärtiger Klatschmäuler und zukünftiger Kritiker besser vorstellen, als sie die zögerliche Stimme ihrer eigenen Zweifel hören können. Sie werden bessere Entscheidungen treffen, wenn sie darauf vertrauen, dass ihre Kritiker (weil wissenschaftlich redlich orientiert, d. V.) intellektuell anspruchsvoll und fair sind, und wenn sie erwarten (können), dass ihre Entscheidung danach beurteilt wird, wie sie zustande kam, und nicht nur danach, was dabei herauskam" (Kahnemann 2012, S. 518).

Die Versuche zur wissenschaftlichen Grundlegung einer Sozialarbeitswissenschaft waren vor allem deshalb nicht sofort erfolgreich, weil sie in Deutschland auf eine universitär verankerte Tradition trafen, die davon ausging, dass die professionelle Bearbeitung psychosozialer Probleme nur mit Hilfe erzieherischer und bildender Maßnahmen erfolgen kann. Alles, was sich auf die Reflexion Sozialer Arbeit bezieht, gehört dieser Auffassung nach zur Sozialpädagogik, einem Teilgebiet der Erziehungswissenschaft (siehe dazu Kap. 8.1.2). Allerdings scheint diese Auffassung nur in Deutschland vorherrschend zu sein, da es in den meisten anderen Ländern und Kontinenten keine Diskussion um den Status der Sozialarbeitswissenschaft gibt und sich diese Disziplin dort schon lange an den Universitäten etabliert hat (Soydan 1999).

Aber auch wenn die endgültige universitäre Anerkennung der Sozialarbeitswissenschaft in Deutschland noch immer auf sich warten lässt, so ist inzwischen doch erreicht worden, dass es an den meisten Fachhochschulen explizit Professuren für Sozialarbeitswissenschaft gibt und dass Studierende, die in diesem Bereich promovieren wollen, dies bei einer nicht geringen Anzahl habilitierter Fachhochschulprofessorinnen und Fachhochschulprofessoren bzw. in „kooperativen Promotionsverfahren" (siehe dazu Kap. 17.3.5) auch tun können. Damit ist ein wichtiger Schritt getan, der gesellschaftlichen Bedeutung der Sozialen Arbeit im Wissenschaftssystem Rechnung zu tragen. Zumal es inzwischen auch seitens anderer Fachhochschuldisziplinen die Forderung nach einem eigenständigen Promotionsrecht für die „Hochschulen für angewandte Wissenschaften" (Fachhochschulen) gibt, ähnlich wie es heute schon an den Pädagogischen Hochschulen existiert.

7.3.2 Theorienkonkurrenz, Modellvielfalt, Konzeptauswahl

Hat sich eine bestimmte theoretisch begründete Sichtweise etabliert, dann stellt sich als zweites die Frage, ob die sich neu entwickelnde Wissenschaft bereits über genügend Theorien und Modelle verfügt, die geeignet sind, ihre spezifische Sichtweise deutlich werden zu lassen und die die Möglichkeit zu wissenschaftlichen Auseinandersetzungen darüber erlaubt. Denn Wissenschaft zielt immer auf Erkenntnis ab und eine Voraussetzung dafür ist die Anwendung der Methode der Kritik. Vorhandene Theorien und Modelle müssen sich der kritischen Prüfung aussetzen und die Aufgabe der jeweiligen „Scientific Community" ist es, diese Auseinandersetzungen auf der Basis wissenschaftlicher Regeln zu führen (siehe z. B. Lambers 2015).

Die Beantwortung der Frage, ob die Sozialarbeitswissenschaft heute bereits über genügend theoretisches Wissen bzw. hinreichend diskussionsfähige Theorien verfügt, kann getrost mit „ja!" beantwortet werden. Denn allein der Umfang der in diesem Buch vorgestellten theoretischen Ansätze (siehe Kap. 10 bis 15) ist in der Lage, deutlich zu machen, wie viele begründete Positionen es im Bereich der Sozialarbeitswissenschaft gibt und wie viel Wissen der Praxis heute schon zur Verfügung gestellt werden kann, um die jeweils angewandten Strategien und Modelle zu begründen, kritisch zu betrachten und auszuwerten.

7.3.3 Sozialarbeitsforschung

Eine dritte Voraussetzung einer funktionierenden Wissenschaft bildet schließlich die positive Beantwortung der Frage, ob der Inhalt der jeweiligen Disziplin, d. h. das, was reflektiert, untersucht, beforscht, falsifiziert etc. wird, auch an den Bedingungen und Regeln des Wissenschaftssystems gemessen wird.

Natürlich hat auch die Praxis der Sozialen Arbeit immer schon über Wissen verfügt und Wissen geschaffen. Gewöhnlich geschieht und geschah das im Bereich der täglichen Fallarbeit, wo Sozialarbeiter/innen nicht nur versuch(t)en, das Wissen aus unterschiedlichen Bezugsdisziplinen für eine optimale Praxis zu nutzen, sondern auch um Wissen über die Alltagsprobleme bestimmter Zielgruppen, über Lebensbedingungen exkludierter Personengruppen und deren Selbsthilfestrategien, über unterschiedliche Falltypen etc. zu schaffen. Heute entsteht zudem sehr viel Wissen im Zusammenhang mit der Einführung von Qualitätsmanagementsystemen, wo sich Sozialarbeiter/innen ihr Wissen innerhalb der Organisation bewusst machen und dann teilweise standarisieren und formalisieren. Freilich was die Praxis nicht kann, ist dieses vielfältige „Alltags"-Wissen einer theoretischen oder (im Rahmen von Forschung) empirischen Kritik zu unterziehen und dann in Form von Best Practice – oder Evidence-Based Practice – Wissen zu strukturieren und zu organisieren. Hierfür fehlt ihr nicht nur die Zeit, sondern mangelt es ihr auch an den entsprechenden Kompetenzen. Eine solchermaßen ausgerichtete Überprüfung des Wissens muss und darf der Wissenschaft überlassen bleiben.

In Deutschland forschen dazu bereits viele Professoren, Professorinnen und Forscher/innen im Bereich der Sozialen Arbeit, allerdings ist man noch weit davon entfernt, die gesamte Forschungslandschaft zusammenzuführen und die vielfältigen Forschungsergebnisse überblicksartig zu analysieren und zu kritisieren. Probleme ergeben sich hier vor allem aus der Tatsache, dass die Träger der Sozialen Arbeit (im Gegensatz zu Technologieunternehmen) häufig nur ein geringes Interesse daran haben, Forschungsprojekte zu finanzieren, die grundlagenorientiert sind und nicht sofort einen unmittelbaren Nutzen für die eigenen Einrichtungen und Mitarbeiter/innen erbringen. Wenn sich die Sozialarbeitsforschung hier weiter etablieren will, dann sollte sie sich noch mehr um öffentliche Mittel bemühen und die Produktion wissenschaftlichen Wissens selbst in die Hand nehmen. Da die Sozialarbeitswissenschaft derzeit noch allein an den Hochschulen für Angewandte Wissenschaften angesiedelt ist und diese forschungsmäßig nicht sehr gut ausgestattet sind, besteht hier eine große Entwicklungsaufgabe.

Um die Akzeptanz von Forschungsergebnissen zu erhöhen, müssen Praktiker/-innen und Wissenschaftler/innen weiter dazu bereit sein, zunächst einmal die zwei Modi einer eher anwendungsorientiert ausgerichteten Disziplin zu verstehen (siehe dazu Abb. 31) und damit der Tatsache Rechnung zu tragen, dass die Sozialarbeitsforschung „eine doppelte, nämlich theoretische und technologische Aufgabenstellung zu bewältigen hat" (Sommerfeld 1998a, S. 15, siehe dazu auch Hornstein 1985):

Dabei geht die „akademisch disziplinorientierte Wissensproduktion" (Sommerfeld 1998a, S. 24) davon aus, dass Fragestellungen der Sozialen Arbeit unter der Perspektive von Wissenschaft beobachtet und bewertet werden. Dies geschieht im Allgemeinen dadurch, dass die in einem Forschungsdesign verwendeten Begriffe theoretisiert und operationalisiert und dann mithilfe wissenschaftlich anerkannter Forschungsverfahren überprüft werden. Auf diese Weise entsteht wissenschaftlich anerkanntes Wissen. Aufgabe der Sozialarbeitsforschung in diesem Modus ist es demnach, sowohl „die theoretische Modellbildung durch erfahrungsgesättigte und nachprüfbare Daten zu unterlegen oder zu prüfen" als auch „gesicherte Aussagen über die Realität zu machen, die mittels der Daten abgebildet wurden" (ebd., S. 16 f.).

Die praktisch und transdisziplinär orientierte Wissensproduktion zielt dagegen darauf ab, die „technologische Dimension" zu bewältigen, in dem sie sich selbst an der Entwicklung „professioneller Handlungspläne (Methoden, Verfahren, Konzeptionen)" (ebd., S. 17) beteiligt. Allerdings werden diese Handlungspläne nicht nach den Maßstäben des Systems der Wissenschaft beurteilt, sondern nach dem Leitideal der Wirksamkeit. „Der damit verbundene Umsetzungs- und Beurteilungsprozess sowie die Verantwortung dafür liegt (jetzt jedoch) jenseits der Wissenschaft in der Praxis" (ebd., S. 17).

Somit stellt sich die Frage, wie die Differenz zwischen Wissenschafts- und Praxissystem einerseits aufrechterhalten werden kann, sodass die Systemgrenzen sichtbar bleiben, ohne andererseits Austausch- und Kooperationsprozesse höherer Ordnung zwischen den beiden Systemen zu verhindern. Nach Sommerfeld (ähnlich: Sticher-Gil 1997) kann es – auf lange Sicht – zu einer „kooperativen Verschränkung von Wissenschaft und Praxis" und damit zu einer „Dynamisierung der Wissensproduktion" (ebd., S. 26) kommen, wenn folgende Voraussetzungen geschaffen werden:

Wissenschaft	Praxis
Verfahren	Verfahren
Forschungsmethoden	Interventionsmethoden (Methoden zur sachgerechten Bearbeitung/ Beobachtung von Handlungsanforderungen)
Auseinandersetzung um Wahrheitsfähigkeit	Auseinandersetzung um (intendierte) Wirksamkeit
Anerkennung der Ergebnisse	Anerkennung der Leistungen
Autonome Bearbeitung von Erkenntnisproblemen	Autonome Bearbeitung von Handlungsproblemen
Theorien und Technologien als Ziel	Theorien und Technologien als Mittel

Abb. 31: Differenz zwischen Wissenschaft und Praxis[14]

- Praxisorientierte Forschung bedarf eines höheren Stellenwerts; darin müssen Handlungsprobleme in Erkenntnisprobleme transformiert, bearbeitet und in Form von Problemlösungen der Handlungsebene wieder angeboten werden.
- Sozialarbeitsforschung hat zugleich den Auftrag, für eine „längerfristige und allgemeinere Produktion von Wissen" (Sommerfeld 1998a, S. 28) zu sorgen. Sie muss „auch unabhängig von unmittelbaren Erfordernissen der Praxis ihre eigenen Forschungsfragestellungen aus ihrer Theoriegeschichte und zu ihrer Theorieentwicklung verfolgen" (ebd.).
- Forschung wird zur zentralen Schnittstelle zwischen Wissenschafts- und Praxissystem; wissenschaftliches Wissen wird für die Praxis relevant und Wissenschaft somit zu einem attraktiven Partner für die Organisationen der Sozialen Arbeit.
- Sozialarbeitsforschung wird zur Nahtstelle zwischen Sozialarbeitswissenschaft und den anderen Sozialwissenschaften.

Freilich ist Sommerfeld realistisch genug, um zuzugestehen, dass der Wissenschaft der Sozialen Arbeit für exzellente Forschung oftmals die Mittel und die Kompetenz fehlen (ebd., S. 30 f.). Hier wird es zunehmend erforderlich sein, eu-

---

14 Nach Sommerfeld 1998a, S. 18.

ropäische und außereuropäische Forschungsergebnisse stärker zu rezipieren und über die Instrumente länderübergreifender Kooperation und Konkurrenz sowie des ständigen Wissenstransfers den Erkenntnisgewinn in der Sozialarbeitswissenschaft systematisch zu steigern (Erath 2012). Freilich setzt dies auch eine stärkere Förderung des wissenschaftlichen Nachwuchses in der noch jungen und im Rahmen der Universität noch wenig geschätzten Disziplin voraus.

7.4 Zusammenfassung und Bewertung

Inwiefern Soziale Arbeit als wissenschaftliche Disziplin anerkannt werden kann oder nicht ist eine lange Geschichte von Diskussionen und Einwänden. Dabei sollte man sich aber gewahr sein, dass die Etablierung einer neuen wissenschaftlichen Disziplin unter verschiedenen Aspekten betrachtet werden und sich verschiedenen Prüfkriterien stellen muss:

1. *Gesellschaftliche Bedeutung*: Die Etablierung einer neuen Wissenschaft ergibt natürlich nur dort Sinn, wo ein gesellschaftlicher Bereich entstanden ist, der genügend relevant und zukunftsträchtig ist, um beobachtet zu werden. Insbesondere Zacher (1992) hat auf die überragende rechtliche, ökonomische und soziale Bedeutung der Sozialen Arbeit im modernen Wohlfahrtsstaat hingewiesen. Heute arbeiten in diesem Bereich Hunderttausende von Sozialarbeiterinnen und Sozialarbeitern und dabei entstehen natürlich enorme Kosten, die von den Steuerzahler/innen getragen werden. Selbstverständlich haben jene ein Interesse daran, dass die damit verbundenen Mittel effektiv und effizient eingesetzt werden. Eine Überprüfung der Leistungsfähigkeit der Sozialen Arbeit kann aber nur mithilfe einer referenzeigenen Wissenschaft geschehen, die sich intensiv und kontinuierlich mit der Praxis der Sozialen Arbeit auseinandersetzt, diese beobachtet, begleitet und kritisch kommentiert.
2. *Fachliches Erfordernis*: Grundsätzlich ist stets kritisch zu fragen, ob ein bestimmtes neuartiges Phänomen einer wissenschaftlichen Bearbeitung unterzogen werden soll oder muss. Für die Wichtigkeit einer Sozialarbeitswissenschaft spricht vor allem die Tatsache, dass das gängige Wissenschaftssystem in Deutschland für die Beobachtung der Praxis der Sozialen Arbeit keine Referenzdisziplin zur Verfügung stellen kann: Politikwissenschaft, Soziologie, Psychologie, Ökonomie, (Sozial)Pädagogik etc. beschäftigen sich alle mit Fragen, die im Umfeld der Sozialen Arbeit liegen, aber nicht deren Kern treffen: die Entwicklung und Umsetzung professioneller Strategien zur Bearbeitung psychosozialer Probleme.
3. *Praktische Leistungsfähigkeit*: Dabei stellt sich natürlich für die Praxis und für die Gesellschaft insgesamt die Frage, was die Verwissenschaftlichung der Sozialen Arbeit an individuellem, sozialem, politischem und finanziellem Nutzen verspricht. Bislang gehen viele Politiker/innen sowie die Fachvertreter/innen der Verbände und Kommunen noch stark davon aus, dass die Entwicklung einer Sozialarbeitswissenschaft wenig „Profit" abwirft. Gleichwohl zeigen moderne Forschungsansätze im Bereich der wirkungsorientierten So-

zialarbeitswissenschaft, dass es durchaus sinnvoll ist, die Leistungsfähigkeit der Sozialen Arbeit immer wieder auf den Prüfstand zu stellen (siehe dazu Kap. 12.2.2).
4. **Wissenschaftliches Standing:** Neue wissenschaftliche Disziplinen müssen, bevor sie etabliert werden, zeigen, dass sie den Anforderungen an eine moderne Wissenschaft gewachsen sind. Dies setzt natürlich voraus, dass bereits genügend Anhaltspunkte dafür bestehen, dass sich die neue Disziplin den Regeln der Wissenschaft zu unterziehen bereit ist und ansatzweise folgendes zu leisten in der Lage ist:
   – Eine klare, von anderen Disziplinen abgegrenzte Bestimmung der Forschungsperspektive und der damit verbundenen Metatheorie;
   – bereits bestehende oder in Entwicklung befindliche Bildung und Diskussion von Theorien, Modellen und Konzepten;
   – im Ansatz bereits vorhandene, den wissenschaftlichen Regeln entsprechende Forschungsprojekte und -ergebnisse.

Die Ausführungen in den einzelnen Kapiteln haben gezeigt, dass alle vier Bedingungen in Bezug auf die Sozialarbeitswissenschaft bereits als erfüllt gelten können und dass insofern einer wissenschaftlichen Bestimmung des Gegenstands der Sozialen Arbeit nichts im Wege steht (siehe dazu Kap. 8). Nicht verschwiegen werden darf dabei, dass es der Sozialarbeitswissenschaft jetzt vor allem darum gehen sollte, Fragen der Finanzierung von Theoriebildung, Forschung und Studium zu thematisieren. Denn jede Etablierung einer neuen wissenschaftlichen Disziplin erfordert Planstellen und eine Gewährleistung von Studienangeboten und Studienplätzen. Die Sozialarbeitswissenschaft ist hier abhängig davon, inwieweit insbesondere der Staat bereit ist, die dafür erforderlichen Mittel zur Verfügung zu stellen. Dadurch, dass der Bereich der Sozialen Arbeit kommunal oder regional organisiert und der Bereich der Wissenschaften Sache der einzelnen Bundesländer ist, ergeben sich natürlich Hemmnisse und Schwierigkeiten bei der Finanzierung und Implementierung der Sozialarbeitswissenschaft.

Für das Gelingen einer endgültigen Etablierung der Sozialarbeitswissenschaft an Universitäten spricht auf Dauer vor allem der Vergleich mit anderen Ländern. Soziale Arbeit und Sozialarbeitswissenschaft sind international so stark vertreten, dass ein Land wie Deutschland es sich nicht leisten kann, diesem Bereich keine disziplinäre Aufmerksamkeit zu schenken. Denn nicht zuletzt bildet erst die wissenschaftliche Durchdringung der Sozialen Arbeit mit ihren methodisch gewonnenen Daten den Ausgangspunkt für jede Art von internationalen Vergleichen. Ohne diese sind politische Diskussionen und Entscheidungsprozesse in modernen Gesellschaften jedoch nicht mehr denkbar.

8 GEGENSTAND DER SOZIALARBEITSWISSENSCHAFT UND TYPUS

Bevor der Gegenstand der Sozialarbeitswissenschaft genauer bestimmt werden kann, gilt es, einige Missverständnisse, was die Verwendung der unterschiedlichen Begriffe anbelangt, aus dem Weg zu räumen. Studierende wünschen sich gerne klare Definitionen und Zuschreibungen, nun ist es aber so, dass gerade im wissenschaftlichen Bereich oftmals konkurrierende Deutungen anzutreffen sind. Da es im Bereich der Wissenschaft aber keine Autoritäten gibt, die Entscheidungen über begriffliche Fragen treffen könnten (dies kann nur die Scientific Community auf der Basis von Theoriebildung und Forschung), gilt es, unterschiedlichste Begriffe zur Kenntnis zu nehmen und die Interessen, die sich hinter der jeweiligen Begriffsverwendung verbergen, offenzulegen. Vor diesem Hintergrund können dann eigene Festlegungen getroffen werden.

Im ersten Teil dieses Kapitels werden daher zunächst einige terminologische Klärungen herbeigeführt und, insbesondere der Vorschlag begründet, die Begriffe Sozialarbeit und Soziale Arbeit sowie Sozialarbeitswissenschaft und Wissenschaft der Sozialen Arbeit synonym zu verwenden (Kap. 8.1). Im zweiten Teilkapitel wird dann dem Vorschlag, Soziale Arbeit nicht als wissenschaftliche Disziplin, sondern als „Transdisziplin", d. h. alle Sozialwissenschaften umfassende Querschnittdisziplin, zu bezeichnen, eine Absage erteilt. Dies würde lediglich dazu führen, dass der Status der Sozialarbeitswissenschaft untergraben und der willkürlichen Bestimmung dessen, was Sozialarbeitsforschung ausmacht, Tür und Tor geöffnet würde (Kap. 8.2). Im dritten Teilkapitel wird die Metatheorie des schwedischen Sozialarbeitswissenschaftlers Soydan vorgestellt, die eine plausible Antwort darauf gibt, wie die Sozialarbeitswissenschaft als disziplinäre Einheit konstruiert, theoretisch begründet und forschungsorientiert ausgerichtet werden kann (Kap. 8.3). Dass eine Wissenschaft nie ohne ein modernes Konzept von Interdisziplinarität auskommt, wird dann abschließend begründet und die Art des Verhältnisses der Sozialarbeitswissenschaft zu anderen Disziplinen erläutert und geklärt (Kap. 8.4).

8.1 Terminologische Klärungen

8.1.1 Sozialarbeit und/oder Soziale Arbeit

Damit der Prozess der Verwissenschaftlichung in Gang kommen kann, muss sich die deutsche Soziale Arbeit erst einmal über sich selbst vergewissern. Dies ist nicht einfach und zeigt sich schon daran, dass niemand eine allgemein akzeptierte oder besser „die" richtige Antwort auf die Frage geben kann, was der Begriff „Soziale Arbeit" genau meint. Insgesamt lassen sich für den Bereich der Sozialen Arbeit vier Begriffe finden, die von der Bedeutung her ähnlich, sich aber jeweils doch an bestimmten Punkten „theoretisch" voneinander unterscheiden lassen:

Sozialarbeit

Die Begriffe „Sozialarbeit" bzw. „Sozialarbeiter/in" haben in Deutschland schon spätestens seit 1929 Verwendung gefunden und sind dann im Rahmen des Versuchs, US-amerikanische Entwicklungen im Bereich der „Social Work" aufzugreifen und nach Deutschland zu übertragen, zunehmend übernommen worden (Schilling/Zeller 2012, S. 115). Insgesamt bezeichnet der Begriff Sozialarbeit eine stärker durch direkte Intervention in Form der Zurverfügungstellung von Ressourcen oder des Erteilens von Anweisungen und Aufgaben geprägte Form der Hilfe. Darin kommt die für Deutschland typische Form der pädagogisch-ideologischen Belehrung nicht vor: Klienten und Klientinnen müssen nicht zu „besseren", „kritischeren" etc. Menschen „erzogen" werden, sondern sich ganz pragmatisch mit den Anforderungen, die die Realität an sie stellt, unter Anleitung von Sozialarbeiterinnen und Sozialarbeitern konstruktiv und erfolgreich auseinandersetzen (so z. B. Germain/Gitterman 1999). Damit entfällt jegliche dramatisierende, emotionale oder religiöse Beschreibung der Klientel, die wir der Tradition der deutschen Aufklärung verdanken und die vor allem dazu geführt hat, Klienten/Klientinnen als bemitleidenswert zu unterschätzen.[15] Somit besticht der Begriff durch seine starke Konzentration auf die Strategie der Intervention, während die anderen Interventionsformen Prävention und Gesellschaftskritik eher als hintergründig betrachtet werden.

Sozialpädagogik

Damit ist bereits angedeutet, dass der oftmals alternativ verwendete Begriff „Sozialpädagogik" aus einer aufklärerischen und pietistischen Tradition z. B. der hermeneutischen Pädagogik der 1920er Jahre bei Herman Nohl (1965) bzw. der normativen Sozialpädagogik von Hans Natorp (1985) stammt. In den 1970er Jahren wurde er dann insbesondere von den Sozialpädagogen Mollenhauer (1964), Giesecke (1973) und später von Dewe/Otto (2012) unter einer gesellschaftskritischen Perspektive wieder aufgegriffen. Mit diesem Begriff soll eine stärker erzieherisch-bildende Orientierung der sozialen Hilfen zum Ausdruck kommen: Hilfe wird hier immer schon als Beitrag zur ganzheitlichen Persönlichkeitsbildung der Klienten/Klientinnen verstanden, wobei sich die konkreten Zielsetzungen dafür jeweils aus einer Analyse der Situation der Kultur und der Gesellschaft ergeben. Insbesondere in den 1960er Jahren wurde die Aufgabenstellung der Sozialpädagogik enorm erweitert: aus einer kritischen Perspektive heraus gilt es jetzt, nicht nur Kinder und Jugendliche, sondern auch Erwachsene, mithin die

---

15 Ansatzweise deutlich wird dies heute z. B. an der Verwendung der Begriffe „Schulsozialpädagogik" und „Schulsozialarbeit". Während man bei der pädagogischen Variante davon ausgeht, dass es hier vor allem darum geht, Schüler/innen im Rahmen ihrer Bildungskarriere präventiv und zusätzlich zu unterstützen, basiert die sozialarbeiterische Variante auf der Annahme, dass der Fokus der Aufmerksamkeit auf Jugendliche mit Schulschwierigkeiten zu richten ist: also muss es darum gehen, den betroffenen Schüler/innen via Beratung, Training und konkreter Intervention zeitnah Hilfen zukommen zu lassen (ausführlich: Schulsozialarbeit o. J.; Rossmeissl/Przybilla 2006).

gesamte Gesellschaft zu beeinflussen und zu verändern. In ihrer modernen Variante versteht sich die Sozialpädagogik heute in einer zweifachen Weise:

- als Ansatz, der davon ausgeht, dass soziale Probleme nur im Rahmen einer (all)umfassenden sozialpädagogischen und sozialpolitischen Gesamtstrategie angemessen analysiert, bearbeitet und bewertet werden können (Thiersch 1996);
- als Ansatz, der davon ausgeht, dass die der Zielgruppe der Kinder und Jugendlichen vorbehaltenen pädagogischen Maßnahmen im Rahmen einer zunehmend unübersichtlichen Moderne auf die Menschen aller Lebensalter ausgeweitet werden müssten (Böhnisch 2012). Demnach haben nicht nur junge Menschen Orientierungsprobleme, bei denen die Sozialpädagogik Hilfe leisten kann, sondern auch Erwachsene, Alte etc.

Eine so verstandene Sozialpädagogik hält sich also offensichtlich in der Lage, das Soziale so zu überblicken und zu gestalten, dass eine gerechte, menschenwürdige etc. Gesellschaft entstehen kann. Mit dem Begriff Sozialpädagogik war und ist somit die Hoffnung verbunden, soziale Probleme nicht nur akut im Alltag zu lösen, sondern auch deren Entstehung in der Zukunft auszuschließen. Allerdings entstanden nicht nur seitens der Öffentlichkeit, sondern auch seitens der Vertreter/innen dieser Position zunehmend Zweifel daran, ob in einer modernen Gesellschaft Probleme von Erwachsenen noch pädagogisch gelöst werden können. So zeigt sich bereits 1996 Hans Thiersch, einer der Hauptvertreter des sozialpädagogischen Paradigmas, seiner Sache nicht völlig sicher und stellt sich die Frage, ob das Arbeitsgebiet der Sozialen Arbeit nicht inzwischen den Rahmen der Erziehungswissenschaft und der Sozialpädagogik sprengt. Seine Antwort darauf lautet jedoch, dass „aus hochschulpolitischen und wissenschaftspolitischen Gründen (...) zur Zeit keine Alternative zu einem universitären Ort der Verhandlung der Sozialen Arbeit als den zur Zeit gegebenen" (Thiersch 1996, S. 15) vorhanden ist, auch wenn sich unter bestimmten Umständen „die Verbindung von Pädagogik und Sozialer Arbeit hemmend für die weitere Entwicklung" (ebd., S. 16) erweisen könnte.

Sozialarbeit/Sozialpädagogik

Aufgrund der konkurrierenden Argumentationsmuster, die in den beiden Begriffen zum Ausdruck kommt, fand insbesondere in den 1960er und 1970er Jahren der Sammelbegriff *„Sozialarbeit/Sozialpädagogik"* Verwendung. An den damals entstehenden Fachhochschulen bezeichnete dieser Begriff unter der gängigen Abkürzung „SA/SP" das „zentrale Studienfach" der angehenden Diplomsozialpädagogen und Diplomsozialpädagoginnen bzw. Diplomsozialarbeiter/innen (FH). Zwei Lesearten entstanden damit:

1. Mit dem Sammelbegriff konnte die Gleichwertigkeit und gegenseitige Ergänzungsbedürftigkeit der beiden Begriffe zum Ausdruck gebracht werden. Diesem Verständnis neigten insbesondere die Vertreter/innen der Fachhochschulen zu und tendierten daher zunehmend zu einer pragmatischen, d.h. gleichwertigen Verwendung.

2. Mit dem Sammelbegriff konnte aber auch eine neue Zuordnung ausgedrückt werden: Nach Müller (2002, S. 725) steht der Begriff Sozialarbeit für die Praxis der verschiedenen Hilfe- und Interventionsformen, der Begriff Sozialpädagogik dagegen für deren theoretische Reflexion. Auf diese Weise wurde bewusst oder unbewusst ein Unterordnungsverhältnis zum Ausdruck konstruiert: Die Sozialpädagogik, die, weil sie Theorie liefert, demzufolge nur an den Universitäten gelehrt werden kann, blickt auf die Praxis, die als bloße Anwendung von Theorien dementsprechend an den Fachhochschulen vertreten werden muss.

Soziale Arbeit

Im Falle des Sammelbegriffs SA/SP wurde bereits Ende der 1970er Jahre klar, dass dessen Verwendung nicht zur Lösung des sich dahinter verbergenden Problems dienen konnte, sondern eher zu dessen Verschleierung. So fand, beginnend mit den 1980er Jahren, zunehmend der Begriff der Sozialen Arbeit Verwendung. Dieser Begriff gilt inzwischen als allgemein akzeptiert und wird als eine Art „Versöhnungsbegriff" verstanden, der beide Aspekte der SA/SP vereinen und die theoretische Auseinandersetzung zwischen den universitären Sozialpädagogen/Sozialpädagoginnen und fachhochschulorientierten Sozialarbeitern/Sozialarbeiterinnen entschärfen sollte.[16] Allerdings konnte damit trotzdem (noch) nicht endgültig geklärt werden, wie dieser Begriff zu interpretieren ist und wer darin die Deutungshoheit hat: die pragmatisch argumentierenden Vertreter/innen der Fachhochschulen (jetzt: Hochschulen für angewandte Wissenschaften) oder die paradigmatisch argumentierenden Vertreter/innen der Universitäten im Fach Sozialpädagogik.

Weil natürlich im wissenschaftlichen Bereich niemand die Autorität hat, eine solche Begriffsdebatte zu beenden, sind auch heute noch alle Begriffe in Büchern und Zeitschriften vorzufinden. Dabei erweist sich die Begriffsdebatte auch insofern als überholt, da mit der zunehmenden Internationalisierung des Bereichs Übersetzungs- und Anpassungsprobleme entstanden sind. Im internationalen Bereich wird heute mit dem schwedischen Sozialarbeitswissenschaftler Soydan (1999) davon ausgegangen, dass der Begriff Social Work eine dreifache Bedeutung impliziert: als Praxis, als Wissenschaft und als Forschung. Amerikanische Studierende sind an den Universitäten in der Disziplin Social Work eingeschrieben und eigenen sich diesen Bereich sowohl praktisch als auch wissenschaftlich (im Rahmen von Forschungsprojekten) an. Der deutschsprachige Begriff Sozialpädagogik lässt sich ins Englische nicht angemessen übersetzen (auch nicht durch den Begriff der „Social Education") und findet daher international keine Verwendung.

---

16 „Soziale Arbeit meint als Überbegriff die breite Palette sozialpädagogischer und sozialarbeiterischer Angebote. Sozialpädagogik, Jugendhilfe und Sozialarbeit werden arbeitsfeldspezifisch unterschiedlich verwandt, aber – dem heutigen Diskussionsstand entsprechend – nicht streng voneinander unterschieden" (Thiersch 2012, S. 6).

Daher werden in den folgenden Ausführungen die Begriffe Soziale Arbeit und Sozialarbeit synonym und (zusammen mit dem Begriff „sozialarbeiterisch") immer dort verwendet, wo es darum geht, soziale Probleme durch Intervention, Prävention und Gesellschaftskritik zu thematisieren und zu bearbeiten. Das Begriffspaar Sozialpädagogik bzw. sozialpädagogisch wird nur dort herangezogen, wo es sich eindeutig um die Auseinandersetzung mit pädagogischen Zielgruppen, Zielsetzungen und Methoden (Erziehung, Bildung, Unterrichtung etc.) handelt.

8.1.2 Sozialarbeitswissenschaft und/oder Wissenschaft der Sozialen Arbeit

Eine ähnliche Problematik stellt sich für die Begriffe im Bereich der Sozialen Arbeit, die zur Kennzeichnung der zugehörigen wissenschaftlichen Disziplin verwendet werden.

Sozialarbeitswissenschaft

Der Begriff Sozialarbeitswissenschaft wurde in Deutschland zum ersten Mal von Lutz Rössner im Jahre 1977 verwendet. In Anlehnung an ein von Wolfgang Brezinka entwickeltes Konzept, das den Abschied vom Begriff der Pädagogik und eine Übernahme des Begriffs „Erziehungswissenschaft" vorsieht (Brezinka 1978) fordert Rössner zum ersten Mal in der geschichtlichen Entwicklung eine an empirischen Grundsätzen orientierte Wissenschaft für den Bereich der Sozialarbeit ein. Dieser Ansatz wurde in den 1970er Jahren aber von der überwiegenden Mehrheit der sich der kritischen Theorie verpflichtet fühlenden universitären Sozialpädagogen/Sozialpädagoginnen verworfen. Erst seit 2000 findet der Begriff unter einer neuen Perspektive wieder Verwendung. Es geht jetzt also nicht mehr darum, die Sozialarbeitswissenschaft ausschließlich als empirische Wissenschaft zu definieren, sondern sie von der Dominanz des sozialpädagogischen Paradigmas zu befreien und als vollwertige Disziplin zu etablieren (Mühlum 2004; Bangö 2006; Erath 2006). Der Sozialarbeitswissenschaft wird damit – angelehnt an internationale Vorbilder – die autonome Aufgabe gestellt, Soziale Arbeit als professionelle Praxis wissenschaftlich zu beobachten und zu erforschen.

Wissenschaft der Sozialen Arbeit

Der Begriff der „Wissenschaft der Sozialen Arbeit" wurde vor allem von Engelke (2009) und Staub-Bernasconi (2007a) vorgeschlagen. Damit wollen sie nicht nur zum Ausdruck bringen, dass sie sich vom historisch originären Versuch, Sozialarbeitswissenschaft als empirische Wissenschaft zu konstituieren, abgrenzen, sondern zugleich auch vom heute gängigen Wissenschaftsverständnis: Wissenschaft der Sozialen Arbeit soll einem neuen Typus zugehören, der als angewandte Wissenschaft, Handlungswissenschaft oder transdisziplinäre Wissenschaft gekennzeichnet werden soll (siehe dazu Kap. 8.2)

Sozialpädagogik

Die Verwendung des Begriffs Sozialpädagogik für den Bereich der Wissenschaft der Sozialen Arbeit orientiert sich zum einen an der historisch begründeten Auffassung, dass die Soziale Arbeit aus unterschiedlichen Traditionen zusammengewachsen ist und ihren Zusammenhalt in der Sozialpädagogik gefunden hat (Thiersch 1996, S. 11).

„Die Negativdefinition (der Sozialpädagogik, P. E.) – alles, was nicht Familie und Schule ist – wird so gleichsam positiv gewendet und konkretisiert in einem breiten, differenzierten und sich zunehmend seiner Eigenheit bewußten Verbundsystem von Institutionen und Interventionen. In dieser sich etablierenden sozialpädagogischen Diskussion artikulieren sich unterschiedliche Ansätze zum Selbstverständnis der Sozialpädagogik und ihrer gesellschaftlichen Funktion, Sozialpädagogik als Unterstützung in Anpassungs- und Normalitätserwartungen der Moderne, Sozialpädagogik als Hilfe und Unterstützung des Individuums in seinen Bildungs- und Entwicklungschancen" (Thiersch 1996, S. 8 f.).

Zum anderen lassen sich nach Thiersch aber auch systematisch gesehen alle Fragen zum Thema „Hilfe zur Kunst des Lebens" (Thiersch 1996, S. 9) wissenschaftlich gesehen der Sozialpädagogik zuordnen; auch wenn sich für die Praxis eher der Begriff „Soziale Arbeit" herausgebildet hat. Die strukturellen Gründe dafür liegen nach Thiersch in einer zeitgemäßen Definition der zentralen pädagogischen Begriffe von Heinrich Roth, nämlich „Bildsamkeit" und „Bestimmung" (Roth 1976).

„Dieser Grundgedankengang lässt sich erweitern für die Aufgaben, wie sie sich der Sozialen Arbeit stellen. Bildsamkeit ist dann die Frage nach den im historischen, gesellschaftlichen und sozialen Kontext gegebenen Möglichkeiten von Lernen und Wachstum, die Frage nach Ressourcen, über die Menschen verfügen, die verschüttet sind und geweckt werden können. Bestimmung ist die Frage nach den historisch, sozial und gesellschaftlich definierten Zielen eines gelingenderen Lebens im Zeichen der sozialen Gerechtigkeit und der Selbstzuständigkeit als Subjekt in den Verhältnissen. Dieses Grundmuster gilt im Kontext der Sozialen Arbeit über die traditionelle Fokussierung auf Kinder und Heranwachsende hinaus für Menschen aller Lebensalter in den Konstellationen, in denen sie auf Unterstützung und Hilfe zur Lebensbewältigung angewiesen sind. Es präsentiert sich in einem Handlungsrepertoire, in dem Lernen als Hilfe zur Selbständigkeit sich differenziert zwischen Hilfen zur Erziehung, Bildung, Beratung, Unterstützung, Pflege und Begleitung und in der Organisation von Ressourcen. Das Repertoire der pädagogischen Orte erweitert sich hin zur Gestaltung des Gemeinwesens und der Organisation belastbarer sozialer Infrastrukturen. Diese neuen Figurationen lassen sich lesen als Auslegung jener Schleiermacherschen Grundfigur, nach der Pädagogik das Verhältnis der Generationen zueinander zu verhandeln habe, also das Verhältnis von denen, die Unterstützung, Hilfe und Ermutigung geben können, zu denen, die darauf angewiesen sind. Und: Dass sozialpädagogisches Handeln sich als Handeln versteht, das sich selbst überflüssig machen will, wird in ihrer Maxime, die auf Hilfe zur Selbsthilfe zielt, evident" (Thiersch 2002, S. 107).

Insgesamt ist es heute trotz dieser Argumentation zunehmend zu einer Rückführung des Begriffs der Sozialpädagogik auf das historische Original gekommen. Demnach umfasst die Sozialpädagogik alles, was nicht Familie und Schule ist (Bäumer 1981/1929), und konzentriert sich vorwiegend auf den Bereich der Kinderkrippen und Kindergärten, der offenen Jugendarbeit, der Freizeitpädagogik etc. Daher werden im Folgenden nur noch die Begriffe Sozialarbeitswissenschaft und Wissenschaft der Sozialen Arbeit verwendet werden, es sei denn der Begriff Sozialpädagogik wird im engeren Sinne verstanden oder von den jeweiligen Autoren und Autorinnen explizit benutzt.

8.2 Soziale Arbeit als transdisziplinäre Wissenschaft

Wie bereits in Kapitel 7.3.1 dargestellt spezifizieren sich Wissenschaften auf einen bestimmten Gegenstand hin und beobachten diesen dann mit Hilfe von Theoriebildung und Forschung. So beforscht z. B. die Soziologie das Soziale unter ganz bestimmten Gesichtspunkten und entwickelt dabei dann z. B. Theorien sozialer Systeme, Theorien der Armutsentwicklung etc.

Dieses klassische, disziplinäre Wissenschaftsverständnis wird nun heute zunehmend von Vertretern/Vertreterinnen einer stärker komplexitätsorientierten, holistischen (ganzheitlichen) bzw. ökologischen Sichtweise kritisiert:

(1) So geht etwa die Schweizer Sozialarbeitswissenschaftlerin Sylvia Staub-Bernasconi (1995) davon aus, dass die Soziale Arbeit sich von der „Bescheidenheit" ihres Anspruchs lösen und zu einer Transdisziplin werden soll, die vielfältige, multifaktoriell bedingte Problemstellungen lösen soll, wie z. B. die weltweite Umsetzung der Menschenrechte, die Lösung interkultureller Konflikte etc.

(2) Eine eher konstruktivistische Argumentation verfolgt Kleve (2003). Seiner Ansicht nach ist die Sozialarbeitswissenschaft eine Disziplin, die den Umgang mit Ambivalenzen und Uneindeutigkeiten pflegen muss. Denn das soziale Leben ist widersprüchlich und offen, es lässt sich nicht durch eine einheitliche Denkweise ordnen oder kanalisieren. Daher darf sich die Sozialarbeitswissenschaft nicht einfach in das vorhandene System der Wissenschaften integrieren, da sie so keine völlig neuen und unerwarteten Antworten auf alte und neue Fragen finden kann. „Eigenschaftslosigkeit" wird insofern die zentrale Eigenschaft der Sozialarbeit und „Disziplinlosigkeit" damit logischerweise deren epistemologisches Pendant (siehe auch Bardmann 2005; Bommes/Scherr 1996).

(3) Auch nach Ansicht des belgischen Sozialarbeitssoziologen Jean Foucart (2008) kann die Sozialarbeit aufgrund ihrer pragmatischen und eklektischen Ausrichtung keine eigenständige Disziplin sein bzw. werden (ähnlich: Autès 1999; Robertis 2007; Bommes/Scherr 1996). Allerdings gilt dies seiner Ansicht nach nicht nur für die Sozialarbeit, sondern für alle neuen Wissenschaften, da jegliches Wissen heute in einer hoch ausdifferenzierten Weise entwickelt und dargestellt wird und sich kaum mehr eindeutig disziplinär – man denke nur z. B. an den Begriff „Biochemie" – zuordnen lässt.

"This disciplinary specialisation has accelerated until it has turned into a parcelling up of knowledge, hence the explosion of the increasing numbers of disciplines, with academics and researchers retreating into their own disciplinary silos to study with more and more specialised fields. Consequently, achieving a unity of knowledge has become impossible as no one can encompass all the entire scope of human knowledge which, like the division of labour in the nineteenth century, had been rationalized and fragmented" (Foucart 2008, S. 85).

Sozialarbeit muss entsprechend dieser Position, ähnlich wie die Ökologie oder die Kommunikationswissenschaften, als eine multi-, inter- und transdisziplinäre Wissenschaft konstruiert werden, die keinen eigenen Gegenstand mehr besitzt, sondern die ihre hochdynamische Praxis mit Hilfe von verschiedenen disziplinären Ansätzen beobachtet, erforscht und anregt (siehe z.B. auch Schönig 2012). Gerade am Beispiel der Methodenanwendung in der Sozialarbeit kann man nach Foucart diese pluralistische Perspektive beobachten:

"The methodologies taught are also themselves extremely diversified; including methodologies of research, community work, group work, and individualised social work, which are themselves split up into an addition of multiple tools: system analysis, institutional analysis, case studies etc." (ebd., S. 91).

Allerdings, so wünschenswert möglicherweise eine solche Ausrichtung ist, ergeben sich doch zwei gravierende Einwände.

Der erste Einwand[17] kommt von Wolfgang Welsch (1996, S. 946). Seiner Ansicht nach gebietet es der „Verflechtungscharakter der Disziplinen", den Übergang zu einem Denken in Formen der Transdisziplinarität zu vollziehen. Allerdings wären die Folgen eines solchen Übergangs zu Transdisziplinarität weitreichend:

„Forschungsinstitutionen und Universitäten hätten das Feld des Wissens nicht mehr nach territorialen Herrschaftsbereichen, Domänen, Disziplinen, Fächern zu gliedern, sondern hätten Transdisziplinarität zum Strukturprinzip zu erheben. Die faktische transdisziplinäre Verfassung der disziplinären Gehalte wäre von Anfang an zur Geltung zu bringen. Damit ginge man von gestriger zu heutiger Rationalität oder von bloßer Rationalität zu Vernünftigkeit über. (...) aber (dazu) müßte man das disziplinäre Prinzip der Forschungsorganisation wie der akademischen Lehre revidieren. Es ist verständlich, daß man davor zurückschreckt" (Welsch 1996, S. 946).

Der zweite Einwand lässt sich aus dem ersten schlussfolgern: wenn sogar die „großen" Disziplinen davor zurückschrecken, sich transdisziplinär aufzustellen und wenn es dafür bis heute keine Vorbilder gibt, dann bleibt einer sich neu konstituierenden Sozialarbeitswissenschaft sicher (zumindest vorerst) nichts an-

---

17 Siehe dazu Kleve 2005 (vgl. ausführlich dazu auch Kleve 1999, z.B. S. 73 ff.). Zu den extrem hohen Ansprüchen an eine transdisziplinäre Forschung siehe http://www.isoe.de/ftp/evalunet_leitfaden.pdf.

deres übrig, als sich zunächst ebenso „klassisch" aufzustellen, wie eine „monarchische Wissenschaft" (Gille Deleuze), die zunächst einmal versucht, Anschluss an andere zu finden. Dies zeigt: Problematisch ist, dass der Begriff Transdisziplinarität meist nur dazu verwendet wird, „Wissen aus einem möglichst großen disziplinären Einzugsgebiet für Soziale Arbeit zu erschließen, ohne dass ausführlicher operationalisiert wird, wie dies genau geschieht" (Büchner 2012, S. 119). Damit aber wird die notwendige Integration des neuen Wissens in eine Bezugsdisziplin unmöglich gemacht. Trotzdem ist es natürlich möglich, dass Wissenschaftler/innen im Rahmen komplex angelegter Untersuchungsvorhaben transdisziplinäre Formen der Forschung entwickeln, die dazu geeignet sind, den „Spalt zwischen ‚praxisferner Wissenschaft' und ‚unreflektierter Praxis' zu überbrücken". Allerdings gilt dann, dass – je nach disziplinärem Zugriff – „unterschiedliche Wahrheiten, Bedürfnisse und Problemdefinitionen sichtbar gemacht und aufeinander bezogen" werden. „Die jeweiligen Problemlösungswege sind dann in ihrem Anspruch nicht bereits entschieden, sondern gemeinsam auszuhandeln und dann zu entscheiden" (Hanschitz et al. 2009, S. 186).

8.3 Soziale Arbeit als disziplinäre Einheit

Im Folgenden wird deshalb dafür plädiert, die Soziale Arbeit als eine klassische Wissenschaft zu konstituieren. Eine Begründung, die versucht, die Disziplin Sozialarbeitswissenschaft aus der Autopoiesis des Wissenschaftssystems heraus zu entwickeln, hat Soydan (1999) gegeben. Er hat sich die Aufgabe gestellt – zunächst völlig unabhängig von wissenschaftstheoretischen Schwerpunktsetzungen – dasjenige Reflexionspotenzial zu identifizieren, das von anderen Disziplinen nicht oder nicht ausreichend aufgegriffen wird und welches sinnvollerweise der Sozialarbeitswissenschaft zugeordnet werden kann.

> „The starting point here is that social work has its own set of ideas and concepts and that this set of ideas is specific for social work. By using the set of ideas specific to social work as a criterion, it is possible to delimit the subject in relation to other subjects" (Soydan 1999, S. 4).

Im Rahmen seiner ideengeschichtlichen Analyse kommt Soydan zu dem Ergebnis, dass die Sozialarbeitswissenschaft zwar keinen völlig neuen Gegenstand konstruiert, jedoch eine spezifische neue Sichtweise bietet. Die Eigenart dieser neuen Perspektive kommt dadurch zustande, dass in den Sozialwissenschaften bereits vorhandene und darüber hinausgehende neue Theorien miteinander verklammert werden. Nach Soydan besteht „the core of social work in its striving to integrate theory, programmes of change, and agents of action" (Soydan 1999, S. 7).

> „In spite of a lack of systematic studies of what the discipline has achieved, it can be claimed that there is a kind of attitude towards our social surroundings which may be presumed to constitute a sort of core of social work. It is a basic scientific undertaking to hold together three elements: to have a theory of society or of man as social being, to have a programme, a scheme for

changing problematic situation, and to have a group of people committed to carrying this change through" (ebd., S. 6).

Im Rahmen dieser neuen Sichtweise, die Soydan anhand der Darstellung verschiedener „Klassiker" der Sozialarbeitswissenschaft deutlich macht, lassen sich seiner Ansicht nach insbesondere zwei mögliche Perspektiven innerhalb einer sozialarbeitswissenschaftlichen Denkweise bestimmen (siehe Abb. 32):

Eine erste Perspektive geht dabei „von der Theorie zur Praxis", welche Soydan anhand der Theorie von St. Simon darstellt, aus. Hier zeigt sich Sozialarbeitswissenschaft wesensverwandt, aber nicht identisch mit anderen sozialwissenschaftlichen Disziplinen; insbesondere mit der Soziologie.

„This sociological analysis thus forms the basis of social scientific understanding of the dynamics of society, including its driving forces, the interaction between its various components, problem-generating mechanisms, and so on. As such sociological analysis exceeds its own limits and produces concepts and instruments for disciplines that gradually develop out of the process of specialisation in the social sciences. One of the disciplines that slowly develops is social work. Putting social studies on a scientific basis [during the eighteenth century] constitutes both a foundation and a prerequisite for the development of social work as a practice and as a scientific discipline" (Soydan 1999, S. 16).

		Nature of the causes of social problems	
		Society generates social problems	The individual generates social problems
Development of ideas in the interaction between theory and practice	From theory to Practice	1 Saint-Simon Agent activity	2 Psychological approaches
	From practice to Theory	3 Jane Addams Structural social work	4 Mary Richmond Psychosocial work

Abb. 32: The fields of history of ideas in social work[18]

---

18 Soydan 1999, S. 132.

Die zweite Perspektive verläuft „von der Praxis zur Theorie" und wird von Soydan anhand der Schriften und Werke von Jane Addams und Mary Richmond aufgezeigt. Beide werden von ihm als Praktikerinnen interpretiert, welche sich im Laufe ihrer beruflichen Entwicklung immer stärker von der Praxis ab- und theoretischen Fragen zuwenden; auf diese Weise sehen sie nicht nur die Soziologie, sondern auch die Psychologie in enger Verbindung mit der Sozialarbeitswissenschaft stehend.

Folgt man dieser Argumentation, dann beendet die Sozialarbeitswissenschaft mit dieser Gegenstandsbeschreibung ihren „vor-paradigmatischen" Zustand (Papenkort/Rath 1994, S. 26). Somit hat sie jetzt die Möglichkeit, das zu benennen, was sie ausmacht.

1. Die Einzigartigkeit der Sozialarbeitswissenschaft bezieht sich nicht speziell auf einen der drei Teilaspekte der Definition von Soydan, sondern besteht in deren spezifischer Verklammerung. Demnach befasst sie sich mit der Analyse und Reflexion von Gesellschaft und damit verbundener (psycho-)sozialer Probleme hinsichtlich ihrer Entstehung, Vermeidung, Behebung und ihrer professionellen Bearbeitung. Ihre Perspektive kommt folglich nicht völlig mit denen anderer Disziplinen, wie z. B. der Soziologie, der Psychologie, der Pädagogik oder der Politikwissenschaft, zur Deckung.
2. Sozialarbeitswissenschaftliches Denken und daraus abgeleitetes Handeln kann jetzt als Denken und Handeln definiert werden, das sich an einer neu geschaffenen, noch von keiner anderen Disziplin besetzten Perspektive orientiert. Gleichwohl bleibt es theoretisch und geht in konkretem praktischem Handeln nicht auf. Wer in diesem Sinne denkt und handelt, nutzt das auf den verschiedenen Erklärungs- und Handlungstheorien basierende Wissen in der Absicht, (psycho-)soziale Probleme auf professionellem Wege zu vermeiden oder zu beheben.

Damit ist es nach Soydan gelungen, klare Kriterien in Bezug auf den Gegenstandsbereich der Sozialarbeitswissenschaft zu geben. Eine sozialarbeitswissenschaftliche Theorie darf sich demnach nicht nur auf die Beobachtung bzw. Reflexion eines der drei Elemente beschränken, sondern muss alle drei miteinander verklammern. Auf diese Weise wird sowohl der Unterschied dieser Theorien zu Theorien der Soziologie, Psychologie, Pädagogik etc. deutlich als auch der Umstand erkennbar, warum die Sozialarbeitswissenschaft auf Theorien dieser Bezugsdisziplinen angewiesen ist.

Demzufolge ergibt es auch keinen Sinn, der Sozialarbeitswissenschaft einen besonderen Wissenschaftsstatus als Handlungswissenschaft (z. B. Birgmeier 2011, Birgmeier/Mührel 2011, Staub-Bernasconi 2007) oder als angewandte Wissenschaft (Engelke 2009) zuzuweisen. Die Sozialarbeitswissenschaft ist nicht nur dazu da, aus dem Wissen der Sozialwissenschaften ein konkretes Handlungs- oder Professionswissen abzuleiten, sondern ein eigenständiges Grundlagen- und Handlungswissen zu schaffen, das sich an der Möglichkeit von Intervention, Prävention und Gesellschaftskritik (siehe dazu Kap. 1) orientiert und im Übrigen wissenschaftlich neutral bleibt gegenüber den Wünschen der Praxis nach Zielorientiertheit, Effizienz und Machbarkeit.

Damit ist sehr wohl ausgesagt, dass es Interessensunterschiede zwischen der Sozialen Arbeit als Praxis und der als Wissenschaft gibt. Während die Praxis danach strebt, über Versuch und Irrtum herauszufinden, wie Menschen in sozialen Problemlagen professionell geholfen werden kann, überprüft die Wissenschaft die sich daraus ergebenden Denk- und Handlungsweisen und erforscht sie mit den eigenen methodischen Mitteln in einer neutralen Weise. Das Ziel ist hier, ein bestätigtes Wissen darüber zu erhalten, was sich nachweisen lässt und was nicht. Sozialarbeitswissenschaft erweist sich als „die" Disziplin, die sich aus einer neutralen Position heraus mit Fragen beschäftigt, die im ureigensten Interesse der Praxis liegen, ohne dabei die Sichtweise der Praxis einzunehmen: es geht ihr um die *Beobachtung* der Bedingungen, der Möglichkeiten und Grenzen professioneller Intervention in psycho-soziale und ökosoziale Problemlagen.

8.4 Interdisziplinarität der Sozialarbeitswissenschaft

Folgt man der bisherigen Argumentation, dann steht die Sozialarbeitswissenschaft weder für sich allein, noch ist sie abhängig. Trotzdem wird sie jedoch von den Erkenntnissen, die in anderen Wissenschaften gewonnen werden, beeinflusst:

- Sie übersteigt den Horizont der Soziologie, indem sie sich – über Entstehungsfragen sozialer Probleme hinaus – mit Handlungs- und Professionstheorien zur Bearbeitung und Vermeidung sozialer Probleme befasst.
- Sie greift die psychologische Perspektive der „Intervention in psychische Systeme auf" (Willke 1987) und erweitert diese in Bezug auf den sozialen und gesellschaftlichen Kontext.
- Sie beschäftigt sich mit pädagogischen Fragen der Bestimmung und Bildsamkeit des Menschen, ohne aber den Blick für konkrete Problemlösungen und Hilfeformen zu verstellen.
- Sie versucht, (sozial-)politische Zielsetzungen im Bereich der Exklusionsprobleme strategisch und methodisch umzusetzen, ohne aber diesen Zielsetzungen gegenüber unkritisch zu werden.
- Sie beschäftigt sich mit Fragen der Anwendung und Nutzung des (Sozial) Rechts für die Zwecke ihrer Klientel, ohne sich selbst in juristische Fachdiskussionen einzumischen.
- Sie bedient sich ökonomischer Begriffe, Argumente und Methoden, ohne die kritische Distanz zu einer Betrachtungsweise aufzugeben, die teilweise im Gegensatz zu den eigenen Prinzipien steht etc.

Alle genannten Disziplinen sind also wichtige Bezugswissenschaften (siehe Abb. 33). Aber natürlich steht die Sozialarbeitswissenschaft mit weiteren Disziplinen in einem engen Kontakt, so beispielsweise mit der Verwaltungswissenschaft, der Gesundheitswissenschaft, der Ökologie etc. Dieser Austausch zwischen den Wissenschaften erweist sich als fruchtbar für jede einzelne Disziplin und kann – über strukturelle Koppelungen – zur Steigerung innerdisziplinärer Entwicklungen beitragen. Allerdings steigt dabei auch die Gefahr, dass im Rahmen solcher interdisziplinärer Auseinandersetzungen gerade junge Wissenschaften leicht unter starke Beeinflussung geraten oder sogar eine Vereinnahmung droht.

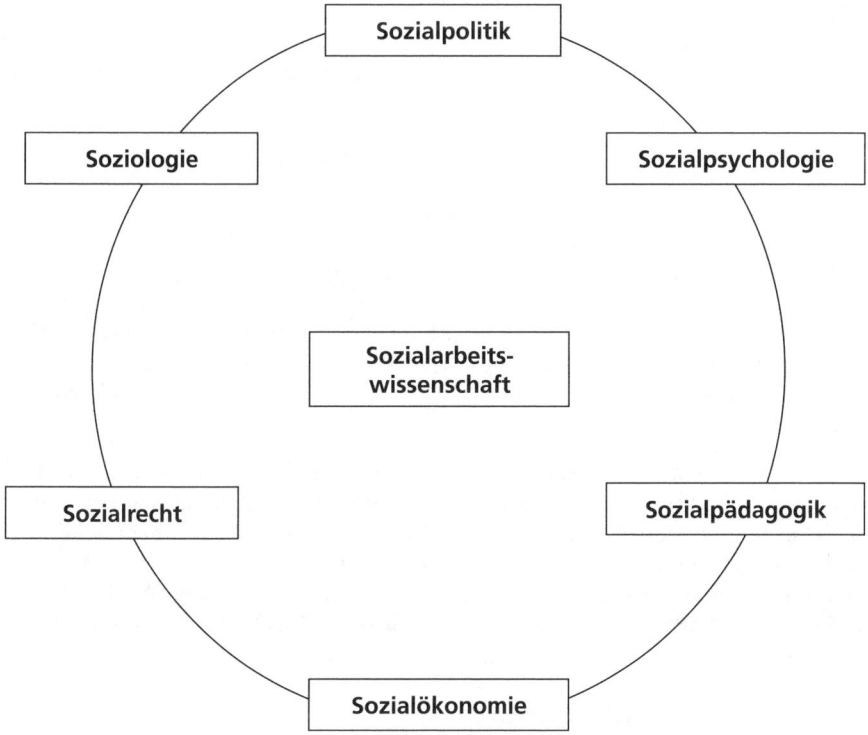

Abb. 33: Die Sozialarbeitswissenschaft und ihre Bezugsdisziplinen

Jüngstes Beispiel für eine solche Kolonialisierung im Bereich der Sozialarbeitswissenschaft stellt die Debatte der „Ökonomisierung" dar. Befürchtet wird von einigen Vertreterinnen und Vertretern, dass sozialarbeitswissenschaftliches Denken zunehmend unter ökonomischen Kategorien betrachtet und bewertet wird und auf diese Weise seine genuine Bestimmung verliert (Bettinger 2012; Seithe 2013). Tatsächlich zeigen auf der einen Seite Entwicklungen, z. B. im Vereinigten Königreich, dass die Einführung von Marktkriterien im sozialen Bereich zu einer überzogenen Managerialisierung führen kann (Adams 2003). Auf der anderen Seite jedoch erscheinen die Wahrnehmung und der Einbezug ökonomischer Aspekte durch die Sozialarbeitswissenschaft natürlich auf Dauer unabdingbar.

Wie aber können Resultate anderer Wissenschaften Eingang in eine Disziplin finden, ohne diese vollständig zu kolonialisieren? Nach Homann/Suchanek

(2000, S. 445 f.) gibt es darüber keine klare und allgemein akzeptierte Antwort; allerdings lassen sich ihrer Ansicht nach drei Modelle unterscheiden:

1. „Modell der Schrebergartenkolonie"

Hier stellt man sich die Welt der Wissenschaften als Schrebergarten vor, innerhalb dessen jede Wissenschaft ein exklusives Eigentumsrecht für „ihren" Bereich besitzt.

> *„Interdisziplinarität bedeutet in diesem Modell, dass man die Resultate der verschiedenen Wissenschaften in derjenigen Weise untereinander austauscht, in der die Früchte, die in den verschiedenen Schrebergärten gewachsen sind, über den Zaun hinweg ausgetauscht werden, zur Gewährleistung einer guten Versorgung aller mit den verschiedenen Erkenntnissen. Einzelergebnisse der Wissenschaften werden zu einem Gesamtbild zusammengetragen, ggf. mit Hilfe der Grundlagenwissenschaft ‚Philosophie', die sich dann gern als Verwalterin der Schrebergartenkolonie versteht und ihre Aufgaben vor allem darin sieht, bei Grenzstreitigkeiten zu richten und das ‚Ganze' im Blick zu halten" (ebd., S. 445).*

Als problematisch erweist sich in diesem Bild, dass die Erkenntnisse der einzelnen Wissenschaften oftmals nicht mehr zusammenpassen, da sie mit unterschiedlichen Methoden und aus unterschiedlichen Perspektiven heraus gewonnen wurden. Ein Konkurrieren zwischen Wissenschaften, Theorien, Modellen etc. wird in dieser Sichtweise nicht zugelassen. Auch das enorme Wachstum der Zahl wissenschaftlicher Disziplinen ist mit diesem Modell nicht mehr erklärbar.

2. „Modell des Flickenteppichs"

Kennzeichnend für dieses Modell ist, dass die Zusammensetzung der verschiedenen Resultate bzw. Erkenntnisse keiner ausgewiesenen oder reflektierten Methode mehr folgt.

> *„Interdisziplinarität bedeutet in diesem Modell, dass der jeweilige Forscher die Resultate verschiedener Wissenschaften derart zusammensetzt, dass sich ein möglichst kohärentes, widerspruchsfreies Gesamtbild für die Erklärung von Phänomenen ergibt" (ebd., S. 446).*

Damit bleibt die „Güte dieser Zusammensetzungen einzelwissenschaftlicher Erkenntnisse" willkürlich. Häufig kommt es zur Spielart des „unreflektierten, unsystematischen, eklektizistischen Zusammenflickens verschiedener Erkenntnisse aus Wissenschaft und Alltag" (ebd., S. 447).

Am Beispiel der Wortschöpfung „Sozialmanagement" können die mit diesem Ansatz verbundenen Schwierigkeiten leicht dargestellt werden. Es handelt sich dabei offensichtlich um einen Wortmix aus sozialem und ökonomischem Vokabular, der – zumindest so lange es keine dezidierten theoretischen Begründer und Vertreter dieses Begriffs gibt – missverständlich bleibt. Er erweckt nämlich den Eindruck, im sozialen Bereich gäbe es im Gegensatz zum wirtschaftlichen Bereich eine andere, besonders „soziale" Form des Managens. Doch trifft dies tatsächlich zu? Bei einem solchen Vorgehen besteht zumindest die Gefahr einer Zusammenführung von etwas, was nicht zusammenpasst. Auf der Strecke bleiben dabei die Klarheit der disziplinären Einordnung und damit die Verständlichkeit und Nachvollziehbarkeit.

3. „Modell des erweiterten Restriktionensets"

Dieses Modell stellt nach Homann/Suchanek das derzeit plausibelste Konzept dar. Unterstellt wird hier, dass jede einzelne Disziplin durch eine hochselektive Problemstellung konstituiert wird. Resultate anderer Wissenschaften können daher nicht einfach übernommen werden; sie erweisen sich aus der Sicht der jeweiligen Nachbardisziplin entweder als bedeutungslos oder als „Restriktionen", da sie sich nicht von außen kontrollieren lassen. Bezogen auf die Sozialarbeitswissenschaft ergeben sich z. B. verschiedene Restriktionen in Bezug auf andere Wissenschaften. Sie muss z. B.

- die von der Soziologie konstatierte Ausdifferenzierung der Gesellschaft in autonome Funktionssysteme als Restriktion in Rechnung stellen – sie erschwert das sozialarbeitswissenschaftliche Erklären und Handeln, da beispielsweise allgemeine, systemübergreifende Orientierungen nicht mehr vorausgesetzt werden können;
- die durch die Pädagogik diskutierten Grenzen der „Bildsamkeit und Bestimmung" einzelner Personen als Restriktion des Handelns mit Behinderten, psychisch Kranken, Demenzkranken etc. zur Kenntnis nehmen, methodisch in Rechnung stellen und Alternativen entwickeln;
- die von der Psychologie entwickelten lern- und verhaltenstheoretischen sowie therapeutischen Theorien zur Kenntnis nehmen, um den biografischen Erlebnissen der Klientel gegenüber sensibel bleiben müssen;
- die von der Politikwissenschaft formulierten Bedingungen und Restriktionen für die Beeinflussung von Macht- und Herrschaftsverhältnissen, für die Gestaltung von Ordnung im Zusammenleben und die „autoritative Allokation von Werten" (Mols et al. 2003, S. 31) zur Kenntnis nehmen und darf nicht annehmen, dass sich politische Veränderungen allein durch altruistisches Wollen oder technisches Handeln durchsetzen lassen;
- die von der Ökonomik formulierte Einsicht, dass Menschen stets gemäß ihres eigenen Vorteils handeln, im Hilfeprozess beachten; und sie muss die Restriktionen erkennen, welche sich daraus auf der Ebene der Organisation, der Professionalisierung und der Steuerung ergeben. Die aus der Sicht der Ökonomie stammenden Theorien der „Knappheit der Mittel", der „Vorteils-/Nachteilskalkulation" etc. erweisen sich für die Sozialarbeitswissenschaft als „Restriktionen", die bei der Konstruktion von Interventionen Berücksichtigung finden müssen;
- in ihren Handlungstheorien die Grenzen erkennen, die sich aus den rechtswissenschaftlichen Normen ergeben, die die „Freiheit des Einzelnen um der Frei-

heit der Anderen willen" (Baumann 1984, S. 28) einschränken, wie das Gebot der Gleichbehandlung, der Nicht-Diskriminierung etc.

Umgekehrt müssen aber auch die anderen Disziplinen die Restriktionen in Rechnung stellen, die sich aus sozialarbeitswissenschaftlichen Erkenntnissen ergeben, z. B. die Tatsache, dass Hilfe immer nur „Hilfe zur Selbsthilfe" sein und nicht einfach (so wie sich dies manche wünschen) verordnet oder mit Gewalt durchgesetzt werden kann. Als besonders geeignet erweist sich diese Sichtweise von Interdisziplinarität deshalb, weil sie den einzelnen Disziplinen erlaubt, die Resultate anderer Disziplinen konstruktiv zu übernehmen, ebenso die unterschiedlichen Problemstellungen der wachsenden Zahl an Wissenschaften zu akzeptieren und sich vor einer unreflektierten Übernahme von Alltagsplausibilitäten zu schützen.

8.5 Zusammenfassung und Bewertung

Betrachtet man die Soziale Arbeit in einer wissenschaftshistorischen Perspektive, so lässt sich feststellen, dass der momentane Stand der terminologischen Entwicklung eine Folge vieler theoretischer Auseinandersetzungen ist. Die konkurrierende Verwendung der Begriffe Sozialarbeit, Sozialarbeit/Sozialpädagogik, Soziale Arbeit, Sozialpädagogik, Sozialarbeitswissenschaft, Wissenschaft der Sozialen Arbeit etc. ist vor dem Hintergrund des Motivs vieler Praktiker/innen und Wissenschaftler/innen zu sehen, die Soziale Arbeit nicht nur praktisch zu verorten, sondern ihr auch ein wissenschaftliches Fundament zu geben. Dazu war und ist es jedoch erforderlich, für sie einen Platz im Wissenschaftssystem zu finden, der noch nicht paradigmatisch besetzt ist bzw. zu keinen zu großen Veränderungen im System (z. B. Umwidmung von Lehrstühlen etc.) führt.

Dabei haben sich vor allem die Vertreter/innen der Sozialpädagogik als Hauptgegner einer pragmatischen Lösung erwiesen. Ihrer Ansicht nach kann die (Sozial)Pädagogik alle in diesem Zusammenhang zu stellenden Fragen und Aufgaben im Rahmen ihrer Theorien der Bildsamkeit und Bestimmung des Menschen reflektieren, erforschen und beantworten.

Warum hier dafür plädiert wird, im Folgenden den Begriff der Sozialpädagogik nicht mehr in einem, den gesamten Bereich der Sozialen Arbeit umfassenden Sinne zu benutzen, sondern nur explizit im Bereich pädagogischer Maßnahmen hat folgende Gründe:

- Die Entwicklung der sozialen Dienste hat in den letzten Jahrzehnten ein immer größeres Ausmaß angenommen, das weit über pädagogische Maßnahmen hinausreicht;
- Die Wahrnehmung der Angebote der Sozialen Arbeit seitens der Klientel hat sich verändert: Sozialarbeiter/innen werden heute als Personen verstanden, die lediglich bei eng begrenzten Frage- und Problemstellungen Unterstützung bieten sollen, aber in einer Funktion als Lebens- und/oder Lebensweltberater/-innen nicht mehr akzeptiert werden;

- Sozialarbeiter/innen selbst erkennen angesichts einer zunehmend pluralistischen, diversitären, multikulturellen und damit unübersichtlichen Gesellschaft, dass es für ihre Klientel keine vorgefertigten Lösungsschemata mehr gibt, die es lediglich anzubieten gilt;
- Die Entwicklung der Fachhochschulen zu „Hochschulen für angewandte Wissenschaften" und die damit verbundene Aufwertung auch und vor allem im Hinblick auf die Förderung von Forschungs- und Entwicklungsaufgaben hat zu einer (inter)disziplinären Landschaft geführt, in der viele andere Disziplinen eine genauso wichtige Nebenrolle für die Soziale Arbeit einnehmen wie die Pädagogik.

9 DAS PROGRAMM DER WISSENSCHAFT DER SOZIALEN ARBEIT

Eine wichtige Aufgabe, welcher sich jede Disziplin zunächst stellen muss, ist die der Selbstvergewisserung. Die Disziplin Sozialarbeitswissenschaft, wie sie hier vorgestellt wird, muss sich hierbei fragen, welcher Wissenschaftscharakter sie auszeichnet und welche wissenschaftlichen Verfahren und Methoden im Rahmen der damit verbundenen Betrachtungsweise Verwendung finden können und sollen. Es handelt sich also um Begründung, Sinn und Grenzen der sozialarbeitswissenschaftlichen Denkweise. In der Wissenschaftstheorie bezeichnet man solche Fragen als methodologisch; dabei handelt es sich um Fragen wie z. B. nach

- Arten und Formen wissenschaftlicher Aussagen „und der in ihnen verwendeten Begriffe, die ihnen entsprechenden Formen der Argumentation, die Verfahrensregeln der Prüfung und Rechtfertigung wissenschaftlicher Aussagen";
- „den Prinzipien, Regelwerken und Methoden wissenschaftlichen Arbeitens";
- der Logik der Forschung;
- „der Untersuchung von wissenschaftlichen Methoden und den Rahmenbedingungen für das wissenschaftliche Arbeiten" (Kron 1999, S. 65 ff.).

Geht man – wie vorgeschlagen – davon aus, dass sich die Sozialarbeitswissenschaft exklusiv mit Fragen der Entstehung sozialer Probleme und deren professioneller Bearbeitung beschäftigt, dann wird deutlich, in welche Richtung sich diese Wissenschaft programmatisch entwickeln muss und welche Fragestellungen es zu beantworten gilt. Dazu werden in diesem Kapitel fünf Aufgaben vorgestellt; eine genaue Ausdifferenzierung findet dann in den nachfolgenden Kapiteln statt.

Das erste Teilkapitel stellt die grundlegende Aufgabe von Wissenschaft vor, nämlich Theorien zu entwickeln, damit eine theoretische Auseinandersetzung als Basis wissenschaftlichen Denkens möglich wird. (Kap. 9.1). Im zweiten Teilkapitel geht es dann darum zu zeigen, wie solche Theorien einer logischen bzw. empirischen Überprüfung unterzogen werden können (Kap. 9.2). Das dritte Teilkapitel beschäftigt sich mit der Frage, wie das vorhandene Wissen regelmäßig überprüft und auf Dauer gesichert werden kann (Kap. 9.3). Im vierten Teilkapitel stellt sich dann mit die Frage, wie aus der Anwendung des aus diesen Theorien resultierenden Wissens sich ein Vorteil bei der Erklärung und Gestaltung dieser Aufgabe ergeben und eine Identifizierung von Bedingungen und Folgen geschehen kann (Kap. 9.4). In einem fünften Teilkapitel geht es schließlich darum, ob die Sozialarbeitswissenschaft in der Lage ist, auf der Basis ihrer Erkenntnisse sich intra- und interdisziplinär wissenschaftlich auszutauschen und eine in sich konsistente Lehre zu entwickeln, die den Studierenden und Lernenden einen einfachen und direkten Zugang zur Disziplin ermöglicht (Kap. 9.5).

9.1 Theoriebildung: Entwicklung konkurrierender Theorien und Modelle

Wissenschaft ist historisch angetreten, um nach der Wahrheit zu forschen. Allerdings standen bis zum Zeitalter der Aufklärung vor allem theologische Wahrheiten im Zentrum. Sie sind und waren vor allem dadurch charakterisiert, dass sie von den Menschen gläubig anerkannt werden mussten, wer dies nicht tat, lief Gefahr, als Ketzer/in oder Leugner/in der Wahrheit bestraft zu werden. Im Laufe der Entwicklung der Wissenschaften seit der Aufklärung ist dann jedoch deutlich geworden, dass die moderne Wissenschaft, weil ihr der Glaube an übersinnliche Erfahrungen abhanden gekommen ist, darauf abzielt, als wissenschaftlich akzeptierte Wahrheiten bzw. Erkenntnisse nur solche Aussagesysteme oder Theorien zuzulassen, die in irgendeiner Weise „methodisch begründet" sind (Poser 2012, S. 24). Auf dieser Basis sind nun vielfältige wissenschaftstheoretische bzw. methodologische Standpunkte zur Theorieentwicklung entstanden (zusammenfassend: Poser 2012).

Zunächst allerdings haben die Wissenschaften die Aufgabe, Theorien zu entwickeln. Dies kann insbesondere durch die Anwendung folgender Verfahren geschehen:

- Durch Beobachtung von Wiederholungen und nachfolgendem Schluss auf Gesetzmäßigkeiten; hierbei entstehen häufig „Daumen-" oder „Faustregeln", anhand derer sich dann die Praktiker/innen orientieren können.
- Durch Beobachtung und Intuition; diese Theorien werden häufig als „heuristisch" bezeichnet, d. h. eine Theorie wird als „Strategie" verstanden, die das Finden von Lösungen zu Problemen ermöglichen soll, zu denen kein mit Sicherheit zum Erfolg führender Algorithmus bekannt ist.
- Durch eine Verallgemeinerung von Geschehnissen, eine solche kann allerdings auch zu Fehleinschätzungen führen.
- Durch Abduktion (lat. „abductio": Wegführung, Entführung), d. h. durch die Erweiterung einer schon bestehenden Erkenntnis im Sinne einer erklärenden Hypothese (Pierce 1973).

Rechnet man die Sozialarbeitswissenschaft zu den Sozialwissenschaften, ist vor allem von der Beeinflussung ihres Denkens durch die dort bereits vorhandenen und maßgeblichen wissenschaftstheoretischen Denktraditionen auszugehen. Alte und neue Theorien der Sozialarbeitswissenschaft müssen demnach an diesen Denktraditionen ansetzen und lassen sich dementsprechend diesen jeweils mehr oder weniger zuordnen oder entsprechend abgrenzen. Ohne ihre Kenntnis ist ein angemessenes Verstehen der zeitgenössischen Theorien kaum möglich.

Diese Denktraditionen werden in den folgenden Kapiteln in Bezug auf den Erkenntnisbereich der Sozialarbeitswissenschaft vorgestellt und umfassen

- die hermeneutische Denktradition, welche davon ausgeht, dass Erkenntnisprozesse Versuche darstellen, Phänomene bezüglich ihrer historisch-kulturellen Entwicklung zu „verstehen" (Kap. 10);

- die normative Denktradition, ausgehend davon, dass Erkenntnisprozesse stets einen Standpunkt seitens des Forschers/der Forscherin voraussetzen, der auf einer Wertsetzung beruht (Kap. 11);
- die empirische Denktradition, für die Erkenntnisprozesse durch die jeweilige Erkenntnismethode bestimmt werden und die die Meinung vertritt, dass nur die Methode der Falsifizierung angemessene wissenschaftliche Ergebnisse zeitigen kann (Kap. 12);
- die kritische Denktradition, die jede Erkenntnis durch die gesellschaftliche Realität beeinflusst sieht und daher davon ausgeht, dass wissenschaftliche Erkenntnis nicht ohne eine historisch-kritische Betrachtungsweise möglich wird (Kap. 13);
- die systemisch-konstruktivistische Denktradition, die unterstellt, dass Erkenntnis nur im Kopf der Betrachter/innen entsteht und insofern „de-konstruktivistisch" auf diese/n zurückgeführt werden muss (Kap. 14);
- die sozialökologische Denktradition, die in der Tradition der Ökologie stehend davon ausgeht, dass sinnvolle wissenschaftliche Erkenntnisse nie isoliert auftreten, sondern uns stets etwas über den Zusammenhang von Person und Umwelt aufzeigen (Kap. 15).

Ob wissenschaftliche Aussagen als Theorien (1), Modelle (2) oder Methoden/Techniken (3) bezeichnet werden, muss nach Maßgabe ihrer allgemeinen Gültigkeit und Überprüfbarkeit entschieden werden.

(1) Als „Theorien" werden dabei alle die Ansätze bezeichnet, die den gesamten Gegenstand der Sozialarbeitswissenschaft, wie er von Soydan formuliert worden ist, wissenschaftstheoretisch zu begründen und systematisch zu umfassen versuchen.

„Unter einer Theorie kann demgemäß ein nach wissenschaftlichen Regeln entstandenes Ergebnis oder Produkt theoretischer und/oder empirischer Erkenntnisse verstanden werden, das in Begriffen und Sätzen ausgedrückt wird. Dabei werden die einzelnen Erkenntnisse als Elemente definiert. In Theorien ist also wissenschaftliche Erkenntnis systematisch zusammengefasst.

Oftmals sind die Theorien sehr komplex. Dies gilt insbesondere für Theorien in den Sozialwissenschaften, wie sie z.B. in der Sozialisations- und Enkulturationsforschung und mithin auch in der Pädagogik vorkommen. Bei aller Komplexität der Theorien sind aber doch Strukturen und Beziehung von Elementen untereinander zu erkennen, die in einem logischen Zusammenhang stehen und die dadurch einen Erkenntnis- bzw. Aussagezusammenhang bilden, der als systematisch kontrolliertes und bewährtes Wissen angesehen werden und der den Anspruch der Allgemeingültigkeit erheben kann" (Kron 1999, S. 75).

(2) Mit dem Begriff „Modell" werden diejenigen Argumentationen bezeichnet, die „von der Praxis zur Theorie" hin entwickelt worden sind und daher einen stark handlungsstrukturierenden Charakter haben. Solche Modelle wie z.B. das „Case Management", das „Prinzip Gemeinwesenarbeit" etc. versuchen zugleich theorie- und anwendungsbezogen zu sein.

„Modelle beziehen sich auf Theorien. Sie können daher als eine Art Vorform von Theorie angesehen werden. Sie enthalten Elemente, die noch nicht zu einer Theorie verknüpft, die aber zur Hypothesenbildung herangezogen werden können;
Modelle beziehen sich auf Handlungen. Sie reduzieren die Komplexität der Handlungszusammenhänge auf einige bedeutsame Elemente, die es in Bezug auf die Konzeptbildung im Auge zu behalten gilt. Sie vereinfachen also, oder sie elementarisieren die Wirklichkeit. (...) Modellen kommt somit sowohl in Bezug auf die Theoriebildung als auch im Hinblick auf die Praxis eine Mittlerrolle zu. Sie haben – für Theorie und Praxis – eine heuristische Funktion"
(Kron 1999, S. 77).

(3) Als Methoden und Techniken wird das häufig in der Realität erprobte, technisch-praktische Wissen bezeichnet, das uns planmäßige und systematische Wege aufzeigt, um zu einem Ziel zu gelangen. Methoden und Techniken zeichnen sich also durch eine geringere Reichweite und durch im Einzelnen zu spezifizierende Vorgehensweisen aus. Häufig sind sie auch mit bestimmten Namen verbunden. Natürlich können nicht alle jeweils relevanten Methoden und Techniken vorgestellt werden, eine Auswahl wird jeweils getroffen und begründet.

Als besonderes Merkmal von Theorien gilt: Aufgrund ihrer nur vorläufigen Gültigkeit müssen sie nicht nur stets aufs Neue überprüft werden, sondern ist auch immer damit zu rechnen, dass konkurrierende Theorien auftreten. Diese Konkurrenz schmälert nicht die Bedeutung von Theorien, sie macht jedoch sowohl Wissenschaftler/innen als auch Praktiker/innen darauf aufmerksam, dass Wissen nie absolut ist, sondern stets historischen, kulturellen, ökologischen etc. Bedingungen unterliegt. Mit Paradigmenstreit oder -wechsel, d. h. der Absage an bislang gut bestätigten Theorien und der Zuwendung zu neuen Ansätzen, ist also stets zu rechnen, auch wenn solche Erkenntnisse nicht immer gleich revolutionär sein müssen (Kuhn 1976). Wissenschaftlich konträre Positionen zu vertreten muss also nicht problematisch sein, wichtig ist nur, dass die jeweiligen Wissenschaftler/innen in der Lage sind, ihre eigene Position mit den dazugehörigen Annahmen zu erkennen und – im Lichte anderer Theorien – zu relativieren.

9.2 Forschung: Empirische Überprüfung von Theorien

Seit den Empiristen des 19. Jahrhunderts und insbesondere seit der Entwicklung des Kritischen Rationalismus durch Karl Popper ist das Wissenschaftsverständnis der modernen Gesellschaft gerade dadurch geprägt, dass es davon ausgeht, dass jede theoretische Erkenntnis sich der empirischen Überprüfbarkeit unterziehen lassen muss. Der Satz „Theorie ohne Empirie ist Ideologie" bringt diese Problematik auf den Punkt: Wer etwas behauptet, ohne dafür einen objektiven, d. h. sichtbaren Beweis zu liefern, wird heute als Scharlatan/in oder Ideologe/Ideologin gebrandmarkt. Jede Theorie, die als wissenschaftlich anerkannt gelten will, muss demnach, um dem Kriterium des intersubjektiv nachvollziehbaren Begründungszusammenhangs zu entsprechen, bezüglich der Kriterien der Messbarkeit, Wiederholbarkeit etc. „formalisiert" werden. Dabei lassen sich historisch zwei Vorgehensweisen unterscheiden:

1. Die Methode der Induktion

Die Begründer/innen und Anhänger/innen des Induktionismus (Induktion von lat. inductio, inducere = hineinführen) sind der Ansicht, dass ein Forschungsprozess immer darauf abzielt, auf der Basis einzelner Beobachtungen auf allgemeingültige Gesetze zurückschließen zu können. Am Anfang des Erkenntnisprozesses steht somit die Beobachtung eines einzelnen Phänomens (z. B. der Tatsache, dass Schwäne weiß sind). Treten nun viele gleiche Ereignisse ein (alle weiteren Schwäne sind weiß), so kann irgendwann daraus eine Theorie abgeleitet werden, die als All-Satz formuliert („Alle Schwäne sind weiß!") und als empirisch genügend bestätigt („verifiziert") gelten kann. Von einzelnen Fällen und den Resultaten wird also eine Regel abgeleitet und kann dann als gute Theorie gelten.

Beispiel:

- Platon war ein Mensch. Aristoteles war ein Mensch. Epikur war ein Mensch. (Fall bzw. Fälle)
- Platon ist gestorben. Aristoteles ist gestorben. Epikur ist gestorben. Meine Großeltern sind gestorben. (Resultate)
- Alle Menschen sind sterblich. (Regel)

2. Die Methode der Deduktion

Nach Popper, dem Begründer des kritischen Rationalismus, können Forscher/innen mittels der induktiven Methode niemals ein absolut sicheres Wissen erhalten. Die Wahrnehmung noch so vieler weißer Schwäne kann nicht ausschließen, dass es auch (irgendwo oder irgendwann) schwarze Schwäne gibt. Er schließt daraus auf drei wichtige Erkenntnisse: Erstens gibt es keine endgültigen wahren Theorien, da niemand weiß, ob sich eine Theorie nicht morgen als falsch erweisen könnte. Theorien können also höchstens als „vorläufig" bestätigt bzw. „noch nicht falsifiziert" gelten. Zweitens spielt es offensichtlich keine Rolle, wie eine Theorie zustande kommt (durch induktiven Schluss oder durch Fantasie), und drittens sind Forscher/innen nicht dazu da, Theorien zu verifizieren, sondern sie kritisch zu überprüfen (sie also der Falsifikation auszusetzen). Denn nur aus einer solchen theoriekritischen Position heraus bleibt ihre Objektivität gegenüber dem Ergebnis gewahrt. Und auch nachgewiesenermaßen falsche Theorien können sich insofern als interessant erweisen, als sie die Wissenschaftler/innen dazu motivieren, nach alternativen, besseren Theorien zu suchen.

Daher führt die Methode der Deduktion nicht vom Beobachtbaren zur Theorie, sondern von der Theorie (dem Allgemeinen) zum Beobachteten (dem Besonderen). Eine bereits bestehende oder vorformulierte Theorie oder Regel wird damit auf ihre Gültigkeit überprüft.

Beispiel:

- Alle Menschen sind sterblich. (Regel)
- Sokrates ist ein Mensch. (Fall)
- Sokrates ist sterblich. (Resultat)

Nach Luhmann ist Wissenschaft aufgrund ihrer deduktionistischen Vorgehensweise dementsprechend das einzige gesellschaftliche System, das Unwissenheit und Unwahrheit zulassen kann.

> *„Andere Funktionssysteme greifen in die Wissenschaft zwar ein, wenn sie in Erfüllung ihrer eigenen Funktionen operieren und ihren eigenen Codes folgen. Aber sie können jedenfalls unter den Bedingungen der modernen Gesellschaft nicht selbst festlegen, was wahr und was unwahr ist (es sei denn mit einer Usurpation dieser Terminologie für eigene Zwecke und mit dem wahrscheinlichen Resultat einer Blamage). Jede außerwissenschaftliche Festlegung dessen, was nicht wahr oder nicht unwahr sein dürfe, macht sich, heute jedenfalls, lächerlich; und extern motivierte Wissenschaftskritik muß sich folglich als ‚Ethik' ausweisen" (Luhmann 1990, S. 293).*

> *„Jedoch nur in der Wissenschaft geht es um codierte Wahrheit, nur hier geht es um Beobachtung zweiter Ordnung, nur hier um die Aussage, dass wahre Aussagen eine vorausgehende Prüfung und Verwerfung ihrer etwaigen Unwahrheit implizieren. Und nur hier hat, da diese Prüfung nie abgeschlossen werden kann, das Wahrheitssymbol einen stets hypothetischen Sinn" (ebd., S. 274).*

Die Schwierigkeiten, die sich heute insbesondere aus der Denkweise des kritischen Rationalismus (der Methode der Deduktion) für Theoriebildung ergeben, liegen darin, dass auf der Basis dieses Wissenschaftsideals nur noch solche Theorien akzeptiert werden können, die man als „rein" bezeichnet, d. h. Theorien, die sich „empirisch" verifizieren bzw. falsifizieren lassen. Dies hat insbesondere in den Sozialwissenschaften zu einer Debatte geführt, ob dort der Anspruch an wissenschaftliche Theorien aufgrund der Komplexität des Gegenstands nicht reduziert oder zumindest eine Unterscheidung zwischen „Theorien unterschiedlicher Reichweite" eingeführt werden sollte (vgl. Kap. 7.2.2).

9.3 Konsistenzprüfung: Sicherung des Wissensbestands der Disziplin

Insbesondere Charles Sanders Pierce hat schon im 19. Jahrhundert (also zu einer Zeit, zu der der Kritische Rationalismus noch nicht entwickelt worden war) darauf hingewiesen, dass sich die Erkenntnisprobleme in den modernen Wissenschaften weder durch Induktion noch durch Deduktion alleine lösen lassen. Hinzukommen muss hier ein drittes Element: die Abduktion. Erst im Zusammenspiel aller drei Erkenntnisweisen kann schließlich ein Kreislauf in Gang gesetzt werden, der dabei hilft, bekannte Theorien nicht nur immer wieder zu überprüfen, sondern aus bekannten Theorien auf neue Hypothesen bzw. Theorien zu schließen und damit den Erkenntnisprozess insgesamt weiter voranzutreiben.

Im Forschungsprozess gilt es also drei Schritte miteinander zu verknüpfen und kontinuierlich weiterzuentwickeln:

(1) Mit der abduktiven Methode zu einer neuen Theorie

Da heute bereits viel Wissen existiert, verdanken wir neues Wissen nicht so sehr der Beobachtung, sondern oftmals der Ableitung aus bereits bestehenden Erkenntnissen. Dieser Vorgang, der Abduktion (lat. wegführen, entführen) genannt wird, setzt die Fantasie und Kreativität der Forscher/innen gezielt ein:

„Die abduktive Vermutung kommt uns blitzartig, sie ist ein Akt der Einsicht, obwohl von außerordentlich trügerischer Einsicht. Es ist wahr, daß die verschiedenen Elemente der Hypothese zuvor in unserem Geist waren; aber die Idee, das zusammenzubringen, von dem wir nie zuvor geträumt hätten, es zusammenzubringen, lässt blitzartig die neue Vermutung in unserer Kontemplation aufleuchten" (Pierce 1973, S. 181).

Viele Erkenntnisse in der Sozialarbeitswissenschaft sind auf diese Weise entstanden. So ist etwa die Vermutung, der Mensch würde in seinem Verhalten von seiner ökologischen Umwelt beeinflusst, auf die biologische und anthropologische Erkenntnis zurückzuführen, dass sich Lebewesen den sich verändernden Umweltbedingungen anpassen. Die dem sozial-ökologischen Denken zugehörigen Sozialarbeitstheorien, die in Kap. 15.2 dargestellt werden, verdanken ihre Existenz somit dem abduktiven Denken. Denn wenn die biologische These stimmt, dann kann auch für den Bereich der Sozialen Arbeit – der es ja auch mit Lebewesen zu tun hat – unterstellt werden, dass es ein gegenseitiges Wechselverhältnis von Klient und Umwelt gibt.

(2) Mit der deduktiven Methode zur Falsifikation oder Verifikation der neuen Theorie

Ist auf diese Weise eine neue Theorie entstanden, muss es in einem zweiten Schritt darum gehen, diese auf ihren Wahrheitsgehalt zu überprüfen. Dazu dient die bereits bekannte Methode der Deduktion. Jetzt gilt es, die Theorie zurechtzuformen, dass sie als Hypothese formuliert und empirisch bearbeitet werden kann. Damit sie den dabei zu entwickelnden überprüfbaren Messkriterien entspricht, muss sie jedoch einen Verlust an „Komplexität" in Kauf nehmen. Bei diesem Prozess der „Entwirklichung" (Schulz 1972, S. 161) kommt es vor allem darauf an, dass der Vollzug dieser Reduktion in methodisch kontrollierter und nicht willkürlicher Weise geschieht (Homann/Suchanek 2000, S. 392). Um im o. a. Beispiel zu bleiben: Erforscht werden könnte etwa, wie sich das soziale Verhalten von Menschen verändert, wenn sozial-ökologische Veränderungen durchgeführt werden, z. B. die Verschönerung des Wohnumfeldes, die Zurverfügungstellung von Spielplätzen, Freizeitgelegenheiten für Jugendliche, die Durchführung von Nachbarschaftstreffen etc.

(3) Mit der induktiven Methode zur Akzeptanz der Theorie

Hat sich die Hypothese empirisch bestätigen lassen, so erhalten wir im Sinne des Kritischen Rationalismus eine vorläufig noch nicht falsifizierte Theorie. Stellt sich bei weiteren Forschungen heraus, dass die Theorie durchaus Bestand hat, dann erhalten wir über den induktiven Schluss die Erkenntnis, dass die Theorie zwar kein vollkommenes, aber doch ein „verhältnismäßiges Vertrauen" verdient. Sie gilt jetzt als „viabel" (lat. lebensfähig), d. h. als eine Theorie, die man bis auf Weiteres gut akzeptieren kann, weil sie sich im praktischen Leben als „tauglich" erwiesen hat. Bestätigt sich also zum Beispiel in mehreren Modellversuchen die Tatsache, dass Veränderungen der Umwelt von Bewohnern und Bewohnerinnen zu Veränderungen im sozialen Verhalten führen, so kann die Soziale Arbeit auf diese Erkenntnis zählen und die zugrunde liegende Theorie als bestätigt annehmen.

In der Wirklichkeit werden somit die drei erkenntnistheoretischen Möglichkeiten – Abduktion, Deduktion und Induktion – zusammengeführt. Wichtig ist nur immer wieder zu akzeptieren, dass wir uns in einem Erkenntnisprozess befinden, der stetig weitergeführt werden muss und immerzu in der Lage ist, nur vorläufige Gewissheiten zu produzieren. Alles andere wäre unwissenschaftlich!

9.4 Wissenstransfer: Entwicklung von Empfehlungen zur Gestaltung der Praxis

Gut bestätigte Theorien taugen nicht nur für wissenschaftliche Zwecke, zugleich können sie in die durch Reduktion vorher abgeblendete Komplexität wieder „eingebettet" werden, wenn Empfehlungen zur Handhabung erfolgen (Homann/Suchanek 2000, S. 393). Sie können dann Praktikern/Praktikerinnen und Politikern/Politikerinnen Erklärungen für bestimmte Phänomene sowie Hinweise auf richtiges Handeln geben.

> *„Wer gestalten will, muss trivialerweise über Kenntnisse jener Zusammenhänge verfügen, über die der ‚Eingriff', die ‚Reform' wirkt bzw. wirken soll. Systematisch aber steht die Erklärung im Dienst der Gestaltung, sie hat ihr letztes Ziel bzw. ihren Sinn in einer Gestaltung der sozialen Welt"* (Homann/Suchanek 2000, S. 395).

Ähnlich wie Homann/Suchanek dies für den Bereich der Wirtschaft formulieren oder Mols et al. (2003) für den Bereich der Politikwissenschaft,[19] so handelt auch die Sozialarbeitswissenschaft nach der Logik „Erklärung zwecks Gestaltung". Erkenntnisse werden nicht einfach um ihrer selbst entwickelt, sondern dienen im Wesentlichen zur Gestaltung, Verbesserung und Veränderung der konkreten Praxis.

Entsprechend der Theorie der Wertfreiheit (Max Weber) sind allerdings nur die wissenschaftlichen Bemühungen mit einem modernen Wissenschaftsverständnis vereinbar, die sich an geltenden Wissenschaftsstandards orientieren und die Sinn- und Wertentscheidungen offen ausweisen. Beim Versuch zu erklären handelt es sich wie in Abbildung 34 dargestellt um einen Dreischritt (Homan/Suchanek 2000, S. 400).

1 Allgemeine Theorie	Explanans 1
2 Anfangsbedingungen	Explanans 2
3 Phänomen	Explanandum

Abb. 34: Dreischritt einer logischen Erklärung

Immer dann, wenn man zwei dieser drei Klassen von Aussagen hat, kann man gemäß dem Gesetz der Logik eine Verbindung herstellen und sich jeweils die dritte Aussage erschließen. Je nachdem, welche zwei Klassen in diesem Dreischritt bekannt sind, ergeben sich drei verschiedene Formen von wissenschaftlicher Forschung:

- Sind (1) und (2) bekannt, können wir (3) ableiten. Dies ist die klassische Form der Erklärung eines Phänomens oder Problems. So kann z. B. die empirisch feststellbare Zunahme von Aggressionshandlungen von Jugendlichen (3) erklärt werden, wenn Gründe (2) vorliegen (wie z. B. die Zunahme der Zahl arbeitsloser Jugendlicher, steigende Armutszahlen, ein Anstieg der Zahl der Schulabbrecher/innen etc.), die die Anwendung der Frustrations-Aggressions-Theorie (1) plausibel erscheinen lassen.
- Sind (1) und (3) bekannt, verhalten sich also Jugendliche zunehmend aggressiv (3), so kann auf der Basis der Frustrations-Aggressionstheorie (1) die Suche nach den Ursachen (2) beginnen. Es stellt sich dann die Frage, welche gesellschaftlichen Bedingungen sich verändert haben etc.
- Sind (2) und (3) bekannt, haben sich also gesellschaftliche Bedingungen negativ verändert (2) und ist die Zahl der Aggressionshandlungen gestiegen (3),

---

19 „Politikwissenschaft und politische Praxis (...) gehören zusammen. Und zwar als sich ergänzende, einander herausfordernde, auch einander mit der notwendigen kritischen Distanz zu sich selbst verstehende Größen." Politikwissenschaft „ist eine das politische Handeln kritisch bedenkende und vordenkende Wissenschaft" (Mols et al. 2003, S. 54).

dann muss hier (falls man der Ansicht ist, die Frustrations-Aggressionstheorie träfe für diesen Fall nicht zu) nach einer neuen Theorie (3) gesucht werden.

Natürlich muss klar sein, dass es in den Sozialwissenschaften, die es mit sehr komplexen Phänomenen wie der Gesellschaft, dem Menschen, psychosozialen Hilfeprozessen etc. zu tun haben, nicht immer leicht fällt, derartige lineare und „einsinnige" Verbindungen zwischen Theorie und zu erklärendem Phänomen zu entwickeln. Für Praktiker/innen ist dieser Umstand von hoher Bedeutung: Wenn sie wissenschaftliche Argumentationen übernehmen, müssen sie immer wissen, wie der/die entsprechende Wissenschaftler/in vorgegangen und auf welcher Basis er/sie zu einem bestimmten Ergebnis gekommen ist.

Dies ist einer der Gründe dafür, warum die Soziale Arbeit häufig als eine „reflexive Praxis" (siehe dazu Kap. 5.2) bezeichnet wird: Es geht hier immer darum, vor dem Hintergrund des aktuell zur Verfügung stehenden Bestandes an wissenschaftlich überprüftem Wissen und dem eigenen Erfahrungswissen konzeptionell und situativ zu handeln. Sollten sich das verwendete Erklärungswissen dann als nicht praktikabel oder nicht zielführend erweisen, ist es wichtig zu akzeptieren, dass der damit verbundene wissenschaftliche Ansatz trotzdem nicht völlig falsch sein muss. Offensichtlich wurden dann in diesen Fällen zusätzliche Merkmale übersehen, welche das soziale Problem weiter bestehen lassen (im vorliegenden Beispiel könnten dies z. B. psychische Erkrankungen etc. sein). Dies darf – wissenschaftlich gesehen – keinen Grund zur Einstellung der Forschungsanstrengungen liefern, sondern muss einen Ansporn darstellen für die Suche nach besseren Lösungsansätzen. Auch hier wird noch einmal deutlich, dass Wissenschaft und Praxis nicht aufeinander verzichten können, sondern sich gegenseitig anregen, kritisieren und unterstützen sollen.

9.5 Anschlussfähigkeit: Wissenschaftlicher Austausch und konsistente Lehre

Damit sich eine Wissenschaft weiterentwickeln kann, ist zudem ein Austausch nach zwei Seiten unverzichtbar:

(1) Wissenschaftlicher Austausch

Zum einen geht es hierbei darum, im Rahmen von wissenschaftlichen Veröffentlichungen, durch Präsenz bei Tagungen und Kongressen, im Rahmen von Auslandsaufenthalten etc. eine rege Kommunikation mit anderen Forschern/Forscherinnen aufrechtzuerhalten. Dazu gibt es für alle Wissenschaften eigene nationale und internationale Fachgruppen und regelmäßige Fachkongresse. Auch Einladungen zu Seminaren, Institutsbesuchen, Arbeitsgruppen oder Gastprofessuren spielen eine Rolle. Alle diese Elemente sind im Bereich der Sozialarbeitswissenschaft inzwischen stark entwickelt, es gibt zentrale Organisationen, wie z. B. die Deutsche Gesellschaft für Soziale Arbeit mit unterschiedlichsten Untergruppierungen, spezifische Forscher/innengruppen, wie z. B. die „Deutsche Gesellschaft für Systemische Soziale Arbeit", eine Vielzahl an Instituten, an nationalen und internationalen Konferenzen etc. Der interdisziplinäre Austausch ist ebenfalls weit vorangeschritten.

(2) Konsistente Lehre

Zum anderen geht es darum, die zu lehrenden Inhalte vor der Weitergabe an die Studierenden immer wieder neu zu durchdenken und sich den kritischen Fragen der Studierenden zu stellen. Inzwischen existiert in diesem Bereich nicht nur ein nationaler Rahmenplan, dazu sind auch eine Fülle an Handbüchern, Einführungen und Rahmencurricula entstanden (siehe dazu Kap. 18). Gerade auch im Bereich des virtuellen Lernens sind zahlreiche Kurse entwickelt worden, die methodisch aufgereitet Einblicke in die Sozialarbeitswissenschaft geben und zur Auseinandersetzung mit der Praxis anregen.

Dabei kann die Lehre für die wissenschaftliche Disziplin und die sie tragenden Professoren und Professorinnen vor allem dann eine wichtige Funktion wahrnehmen, wenn die Studierenden die entsprechenden Inhalte nicht nur unkritisch rezipieren, sondern sich kreativ und aktiv im Rahmen der verschiedenen Präsentationsformen einmischen. Im Wissenschaftsbereich sind alle Beteiligten Lehrende und Lernende zugleich, denn nicht selten kommen wichtige Anstöße für neue Theorien und Konzepte aus der Lehre oder im Rahmen von Diskussionen mit Studierenden.

Um hier wissenschaftlich noch weiter voranzukommen, sind allerdings bestimmte Voraussetzungen erforderlich:

- Studierende der Sozialen Arbeit müssen lernen, Forschungsergebnisse sachgerecht zu interpretieren und eigene Forschungsarbeiten unter Anleitung durchzuführen.
- Der Bereich der Sozialarbeitsforschung muss als verpflichtender Teil bereits im Bachelor-Studium verankert werden.
- Master- und Promotionsstudiengänge müssen sich an den Fragestellungen der Sozialarbeitswissenschaft orientieren und zur Entwicklung der Disziplin beitragen.
- Auch die Praktiker/innen sollten sich regelmäßig forschungsmethodisch fortbilden können und eigene Forschungsvorhaben durchführen dürfen.
- Wichtige Forschungsergebnisse müssen der Praxis zur Verfügung gestellt und dort kommuniziert werden.
- Lehre und Forschung dürfen nicht hinter der nationalen Grenze haltmachen. Ein europäischer und internationaler Austausch ist für eine wissenschaftliche Disziplin unverzichtbar.

9.6 Zusammenfassung und Bewertung

Damit sich die Sozialarbeitswissenschaft noch stärker national und international etablieren kann, muss sie die für eine Disziplin grundlegenden Aufgaben zur Kenntnis nehmen und inhaltlich ausbauen. Es handelt sich dabei um

1. die kontinuierliche Weiterentwicklung von konkurrierenden Theorien und Modellen;
2. die methodisch abgesicherte Untersuchung bestehender Theorien, Hypothesen, Programmen etc. auf ihren wissenschaftlichen Wahrheitsgehalt hin;
3. die angesichts der Unsicherheit des jeweiligen Wissensstandes durchzuführende kontinuierliche Konsistenzprüfung der Theorien, die den Stand der jeweiligen Diskussion abzubilden und den Wissensstand der Disziplin („state of the art") zu verdeutlichen in der Lage ist;
4. die Sicherung des fortlaufenden Wissenstransfers der wissenschaftlichen Erkenntnisse in die Praxis hinein und der Ergebnisse praktischen Handelns in die Wissenschaft zurück;
5. die Sicherung der Weiterentwicklung der Disziplin durch wissenschaftlichen Austausch im nationalen, europäischen und internationalen Raum sowie die Gewährleistung einer konsistenten Lehre zur Sicherung des wissenschaftlichen Nachwuchses.

Alle Aufgabenstellungen können in einer neuen Disziplin nicht sofort zufriedenstellend durchgeführt werden. Trotzdem kann behauptet werden, dass sich im Bereich der Sozialarbeitswissenschaft inzwischen eine immer größer werdende nationale Scientific Community entwickelt hat, die nicht nur in der Lage ist, wissenschaftliche Ergebnisse kritisch zu diskutieren, sondern auch den Dialog mit europäischen und internationalen Partnern und Partnerinnen aufzunehmen. Es gibt insofern keinen Grund mehr, an der Disziplinwürdigkeit der Sozialarbeitswissenschaft zu zweifeln.

10 HERMENEUTISCHE SOZIALARBEITSWISSEN-SCHAFT

10.1 Das Paradigma: Helfen als Verstehen und Begleiten

Die hermeneutische Wissenschaftsperspektive in der Pädagogik wurde insbesondere von Dilthey (1979) und Nohl (1965) entwickelt und befasst sich vor allem mit der geschichtlich-gesellschaftlichen Lebenswelt des Menschen und dessen historisch-kulturellem Kontext. Demnach kann die Praxis des Menschen nur im Rückgang auf das Leben selbst und dessen Geschichtlichkeit verstanden werden. Methodologisches Grundmuster ist dabei das Verstehen des Sinnes und der Bedeutung menschlichen Handelns und deren objektive Folgen, die „kulturellen Objektivationen des Geistes".

Alles was ist, erscheint lediglich als Zeichen und muss auf seinen tieferen Sinn erschlossen werden, das Weinen eines Kindes, der Schmerz eines Patienten, die Erwartungen eines/einer Klienten/Klientin. Denn grundsätzlich gilt:

„*Jede Lebensäußerung hat eine Bedeutung, sofern sie als ein Zeichen etwas ausdrückt, als ein Ausdruck auf etwas hinweist, das dem Leben angehört*" (Dilthey 1979, S. 234).

Die Methode des Verstehens und der historisch-systematischen Rekonstruktion von Lebenswelten und ihrer Bedeutung unterstellt nicht grundsätzlich, dass das Überlieferte, das Gegebene, das Wirkliche immer als das Richtige und Vernünftige zu gelten hat. Offen bleibt in dieser Perspektive jeweils, ob das, was „ist", auch dem entspricht, was sein „soll". Eine Abklärung darüber ist aus einer hermeneutischen Perspektive nur über eine „verstehende Analyse" der Lebenswelt möglich.

Nach Dilthey handelt es sich bei dieser Methode nicht um ein „elementares", sondern um ein „höheres" Verstehen", welches sich im Rahmen eines als „hermeneutischen Zirkel" bezeichneten Vorgangs vollzieht. Dabei wird davon ausgegangen, dass jede Auseinandersetzung mit kulturellen Objektivationen wie z. B. mit Texten, Organisationen, Traditionen etc. sich vor dem Hintergrund eines jeweils momentan vorhandenen Vorverständnisses vollzieht und zu einer Erkenntnis führt, die nur vorläufig ist: denn bei jeder Wiederholung dieses Prozesses entsteht möglicherweise eine neue Interpretation, auf lange Sicht hin aber „höheres Verstehen".

> *So kann z. B. ein Buch beim ersten Lesen als uninteressant erscheinen. Nach Jahren wieder aufgegriffen, haben sich die Lebensumstände des Lesers/der Leserin geändert und die Inhalte des Buches erscheinen in einem neuen Licht. Eine Einordnung in inzwischen erworbenes Wissen wird möglich. Ein erneutes Lesen führt möglicherweise zu einem noch tieferen Verständnis etc. Der Prozess des Verstehens kann also niemals völlig abgeschlossen werden.*

Sicherlich bleibt auch beim hermeneutischen Verstehen immer eine Differenz zwischen der Person, die verstehen will, und dem zu verstehenden Objekt bestehen. Unterschiede treten auch zwischen der Intention des Verfassers/der Verfasserin und der Interpretation des Rezipienten/der Rezipientin auf. Gesellschaftliche Objektivationen können folglich immer nur annäherungsweise verstanden werden, insbesondere aus dem Grund, da alles der Zeitlichkeit unterliegt und sich somit der Kontext, in welchem verstanden wird oder verstanden werden soll, ständig verändert. Eine endgültige Annäherung im Verstehen wird daher erst durch einen objektiven Geist ermöglicht.

„Die Erweiterung unseres Wissens über das im Erleben Gegebene vollzieht sich durch die Auslegung der Objektivationen des Lebens. Und diese Auslegung ist ihrerseits nur möglich von der subjektiven Tiefe des Erlebens aus. Ebenso ist das Verstehen des Singularen nur möglich durch die Präsenz des generellen Wissens in ihm, und dieses generelle Wissen hat wieder im Verstehen seine Voraussetzung. Endlich erreicht das Verstehen eines Teiles des geschichtlichen Verlaufes seine Vollkommenheit nur durch die Beziehung des Teiles zum Ganzen, und der universalhistorische Überblick über das Ganze setzt das Verstehen der Teile voraus, die in ihm vereinigt sind" (Dilthey 1979, S. 152).

Für Dilthey, der als Begründer der geisteswissenschaftlichen bzw. hermeneutischen Pädagogik gilt, kann gerade pädagogisches Handeln nicht durch einen „Actus der Urteilskraft" vorausbestimmt werden, sondern nur aus der konkreten Situation und der sich in ihr erschließenden Struktur heraus. Leben und Praxis sind demnach eine Wirklichkeit, die nur aus sich selbst verstanden werden kann, wobei „Verstehen" dabei, im Wesentlichen, in vier Schritten erfolgt (siehe dazu König/Zedler 1983, S. 88 ff.):

- Im Rahmen einer unsystematischen, aufmerksamen Beobachtung der konkreten Situation geht es darum, eine Fülle von Äußerlichkeiten wahrzunehmen und daraus auf ein Inneres zu schließen.
- Durch Rückgriff auf eigene Erfahrungen wird der Zusammenhang zwischen verschiedenen Verhaltensweisen und deren Sinn deutlich.
- Im Rückgriff auf gemeinsame Erfahrungen wird versucht, den objektiven Sinn oder Geist einer Situation/eines Verhaltens zu erschließen.
- Durch Berücksichtigung der historischen Entwicklung wird es möglich, gesellschaftliche Entwicklungen zu erkennen und Erfahrungen als Ergebnis historischer Entwicklungen zu sehen.

Die hermeneutische Methode besteht also vor allem darin, Gegebenes als geschichtlich zu betrachten, daraus Sinn und Richtung für die Zukunft abzuleiten und dann in vorsichtiger Weise konkret und mit allen Möglichkeiten, die zur Verfügung stehen, die jeweils aktuellen Probleme zu bearbeiten.

Mit dem Wissensstand, der sich aus der Fähigkeit zum „höheren Verstehen" ergibt, kann jetzt der/die Sozialarbeiter/in auf der Basis eigener und vor allem schriftlich niedergelegter Erfahrungen Einfluss auf Menschen in Problemlagen nehmen. Die Hilfe besteht dabei vor allem in Form der Begleitung und vorsichtigen Führung. Auf diese Weise enthält die hermeneutische Soziale Arbeit – begründet im Erfahrungswissen der hermeneutisch gebildeten Sozialarbeiter/innen – immer ein stark pädagogisierendes und psychologisierendes Moment. Die hermeneutische Soziale Arbeit will über eine persönliche Beziehung zum Klienten/zur Klientin eine aufbauende Arbeit ausführen (siehe dazu auch: Bang 1964):

> „Aber das bleibt gewiss richtig: das pädagogische Verhalten, die erzieherische Hingabe an den einzelnen Menschen, den ‚Menschen im Menschen', ist der feste Grund aller aufbauenden Wohlfahrtsarbeit. Die Fürsorgerin fühlt sich nicht als Beamtin zur Überwachung der Durchführung allgemeiner Organisationen und Gesetze, sondern sieht zuerst und immer wieder den Menschen, seine Not und seine Kraft. Sie denkt bei ihrer Hilfe nicht an das Problem des Geburtenrückgangs oder die Auflösung der öffentlichen Ordnung, sondern an diese arme Frau und diesen unglücklichen Jungen" (Nohl 1965, S. 19).

Damit stellt sich die hermeneutische Soziale Arbeit zeitgleich immer zwei Aufgaben: Zum einen will sie die Klientel in ihrer konkreten Problematik annehmen, verstehen und dann unterstützen, zum anderen soll zugleich das dabei entstehende Vertrauensverhältnis dazu genutzt werden, „Subjektbildung" zu ermöglichen. Denn die hermeneutische Soziale Arbeit sieht nicht nur den Menschen, sondern den „Menschen im Menschen" und will dazu beitragen, dass er zu seiner endgültigen Form oder Bestimmung kommt (Nohl 1965, S. 15).

10.2 Hermeneutische Theorien der Sozialen Arbeit

10.2.1 Soziale Arbeit als Fallarbeit und Fallverstehen

Theoretische Grundlagen

Nachdem sich die hermeneutische Theorie (oftmals auch als „Reformpädagogik" bezeichnet) aufgrund wissenschaftstheoretischer Schwächen, vor allem aber wegen ihrer Verstrickung in die Gräuel des Dritten Reiches, in den 1970er und 1980er Jahren weitgehend selbst desavouiert hatte (siehe dazu: Oelkers 2010), setzten erst wieder um 1990 Versuche ein, diese Denktradition für die Praxis der Sozialen Arbeit fruchtbar zu machen. Das neu erwachte Interesse am Verstehen ergab sich aufgrund der steigenden Zahl an Klienten/Klientinnen, die es nun zu betreuen und zu beraten galt. Damit jedoch eine solche, jetzt erforderlich werdende „Fallarbeit"[20] effektiv ausgeführt werden konnte, war seitens der Sozialarbeiter/innen „Fallwissen" erforderlich. Dieses Wissen kann aber nach Haupert/Kraimer (1991) nur geschaffen werden, wenn die Soziale Arbeit die Aufgabe übernimmt, „‚Fälle' in ihrer Struktur zu rekonstruieren und sich dabei der vom Prinzip her unkorrigierbaren Asymmetrie des Beziehungsverhältnisses zwi-

---

20 Insbesondere die Kritische Soziale Arbeit lehnt die Verwendung des Begriffs „Fall" aufgrund seiner möglicherweise verkürzenden und stigmatisierenden Funktion noch heute ab (siehe dazu Kap. 6).

schen Sozialarbeiter/in und Klient bewusst" (ebd., S. 178) zu sein. Implizit versuchen die beiden damit, den hermeneutischen Ansatz weiterzuentwickeln, und zwar sowohl bezüglich dessen methodischer Schwächen im Hinblick auf den Vorgang des Verstehens als auch bezüglich der im Rahmen einer modernen Gesellschaft unhaltbaren Konstruktion des Verhältnisses von Sozialarbeiter/in und Klient/in im Rahmen des pädagogischen Bezugs.

Ausgangspunkt der Argumentation ist dabei die Bemängelung einer „zu wenig ausgeprägten Meinungsbildung im Sinne der Formulierung und Präsentation empirisch gehaltvoller Aussagen zu sozialpädagogischen Wirklichkeits- und Problembereichen" sowie „die unzureichende, eigenständige wissenschaftstheoretische Orientierung und die nicht genügend ausgeprägte, arteigene Theoriebildung" (ebd.).

Folgende Maßnahmen sollen dazu dienen, die angegebenen Mängel zu beheben:

1. Stärkere Integration der Sicht der Betroffenen
Haupert/Kraimer fordern im Anschluss an verschiedene Prämissen des symbolischen Interaktionismus eine größere Nähe des Sozialarbeiters/der Sozialarbeiterin zu den Handlungsfeldern und den darin Agierenden. Zu diesem Zwecke sollen Daten „mit Hilfe elaborierter qualitativ-empirischer Forschungsmethoden erhoben werden" (ebd., S. 184). Auf diese Weise soll eine alltagsorientierte Forschung im Sinne einer Antwort auf „Defizite empirisch-analytischer Forschung" (ebd., S. 185) entstehen.

> *„Durch eine ‚narrative Sozialpädagogik', die in unsere Konzeptualisierung Eingang findet, wird die Integration der Sichtweise von Betroffenen maximal ermöglicht; in der Fallbesprechungsmethode können neben natürlichen Interaktionsprotokollen auch erzählte und andere Texte systematisch zum Gegenstand der Analyse gemacht werden. Das sozialpädagogische Handeln wird dabei als nicht bevormundendes, die Selbsttätigkeit bzw. Eigeninitiative von Adressaten stärkendes Handeln entwickelt, wobei lebensweltliche Relevanzen jeweils einbezogen werden müssen" (ebd., S. 185).*

2. Stärkere Reflexion des Pädagogischen
Gegen Tendenzen einer teilweise zur Bevormundung neigenden emanzipatorischen Sozialpädagogik wollen Haupert/Kraimer im Rahmen einer „alltagsorientierte(n), narrative(n) und mäeutische(n) Pädagogik" erzieherisches und sozialarbeiterisches Handeln so gestaltet wissen,

> *„daß die Autonomie der Lebenspraxis von Heranwachsenden wie Klienten respektiert wird, daß Hilfen als ‚Aufforderung zur Selbsttätigkeit' bereitgestellt werden und daß neben der Vermittlung von Wissen (etwa im Unterricht), der Vermittlung von Normen (etwa als Erziehung zum Staatsbürger) auch prophylaktisch-therapeutische Leistungen erbracht werden, die bei der Bewältigung von Lebenskrisen zum Tragen kommen" (ebd., S. 187).*

3. Pädagogisch inspirierte Erforschung sozialer Problemlagen
Gefordert wird außerdem, dass sich eine „pädagogisch inspirierte Erforschung sozialer Problemlagen" im Rahmen eines „lebensweltlichen Forschungsansatzes" bewegen muss, der objektive Strukturmerkmale des Alltags wahrnimmt, den Zusammenhang zwischen alltagsweltlichen Interpretationen und praktischem Handeln erfasst und die individuelle Praxis in ihren gesamtgesellschaftlichen Bezügen erkennt und aufdeckt (ebd., S. 188). Als Lösung dieser Problematik fordern Haupert/Kraimer vor allem eine enge Verbindung von objektivhermeneutischer und phänomenologisch-rekonstruktiver Sichtweise:

> *„Für die hermeneutisch-rekonstruktive Analyse (objektive Hermeneutik) läßt sich festhalten, dass es deren Ziel ist, objektive Sinnstrukturen sozialen Handelns zu rekonstruieren, welche dem subjektiv-intentionalen Handeln der Individuen als ‚Konstituentien und Determinanten' vorgelagert sind. Demgegenüber stehen im Zentrum der phänomenologisch-rekonstruktiven Analyse (narratives Interview) die im subjektiven Handeln wirksamen kollektiven, lebensweltlichen, institutionellen, kulturellen und universal geteilten Sinnmuster und Handlungsstrukturen" (ebd., S. 189).*

Abeitsweisen und Methoden

Ein Ergebnis dieser Entwicklung soll dann die Wiederentdeckung der Sozialarbeit/Sozialpädagogik als „Kunstlehre" (ebd.) sein, in der ein auf wissenschaftlich fundierter Basis erfolgendes „Fallverstehen" erst möglich wird. Im Rahmen dieser Kunstlehre soll dann eine systematische Auseinandersetzung mit Protokollen und Dokumenten aus der Praxis der sozialen Arbeit erfolgen.

Professionskompetenz stellt sich dann als eine Mischung aus wissenschaftlichen und beruflichen Kompetenzen dar (siehe Abb. 35).

Alleiniges Fallverstehen würde den überindividuellen Zusammenhang aus dem Blick verlieren. Deshalb gilt es Haupert/Kraimer zufolge nach „über das Individuum hinausweisende soziale Gemeinsamkeiten" in Form von „Idealtypen" zu suchen.

> *„Die Konstruktion von Idealtypen dient dem Verstehen sozialer Zusammenhänge und ermöglicht deren klarere Unterscheidung. (...) Typologisches Verstehen schafft eine ‚Verständnisfolie' für das Typische im Individuellen und hat in der Fallbesprechungsmethode seinen sozialpädagogischen Ort. (...) Mit der auf diese Weise gewinnbaren Typizität werden die den Alltag bestimmenden Problembearbeitungs- und -lösungsmuster ersichtlich und für die Handlungspraxis bearbeitbar. Dieses Vorgehen bietet einen ‚Schlüssel zur Entschlüsselung' von sozialpädagogisch relevanten Lebenswelten, es wird eine Möglichkeit eröffnet, Einzelphänomene zu ordnen und auf einen ‚gemeinsamen Nenner' zu bringen" (ebd., S. 191 f.).*

Fallverstehen erscheint damit als eine Synthese aus hermeneutisch-rekonstruktivem und phänomenologisch-rekonstruktivem Vorgehen (siehe Abb. 36).

Hermeneutische Theorien der Sozialen Arbeit 187

Abb. 35: Grundelemente sozialarbeiterischer Professionskompetenz[21]

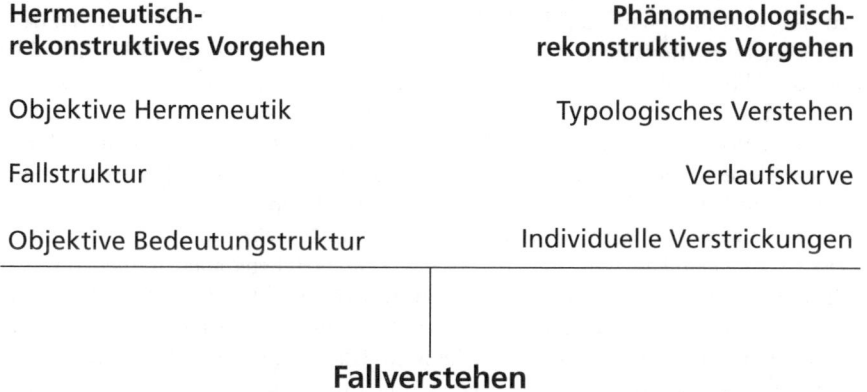

Abb. 36: Theoretisch-empirische Grundlagen des Fallverstehens in der Sozialarbeit

Relevanz

Damit zielen die Interessen von Haupert/Kraimer insbesondere auf die Behebung der methodischen Erkenntnisschwächen des klassischen hermeneutischen Ansatzes mit seiner allzu sehr auf Intuition setzenden Methodik. Mit ihrer Darstellung geben sie einer stärker qualitativ ausgerichteten Sozialarbeitsforschung Auftrieb.[22] Allerdings muss abgewartet werden, inwiefern dieser methodisch auf-

---

21 Haupert/Kraimer 1991, S. 190.
22 Siehe dazu Jakob (1997).

wändige Ansatz von der Profession wirklich aufgegriffen und umgesetzt werden kann oder ob sich in der Praxis nicht doch viel banalere Muster der Fallunterscheidung durchsetzen werden (siehe etwa Schweppe 2003).

10.2.2 Lebensweltorientierte Soziale Arbeit von Hans Thiersch

Theoretische Grundlagen

Nach Wolfgang Wahl (o. J.) haben insbesondere die Theorien von Alfred Schütz (1) und Jürgen Habermas (2) den Lebenswelt-Ansatz geprägt. Hans Thiersch hat ihn sich dann auf eine eigene Weise angeeignet und als Grundlage für seine Theorie der lebensweltorientierten Sozialen Arbeit verwendet.

(1) Ausgangspunkt der Theorie von Alfred Schütz ist die Frage, wie aus dem individuellen Sinnverstehen ein gemeinsames Verstehen, von ihm als „Intersubjektivität" bezeichnet, entsteht. Nach seiner, am Konzept der „ontologisch-transzendentalen Zweideutigkeit" von Edmund Husserl (1976, in: Bergmann 1981, S. 58 ff.) orientierten Theorie, entstehen intersubjektive Vorstellungen dadurch, dass zwei unterschiedliche Elemente der „Sozialwelt" zusammengeführt werden: zum einen die Analyse der sozialen Strukturen, verstanden als objektiv erkennbare und sichtbare Sinnzusammenhänge, und zum anderen die subjektiven Sinnzusammenhänge, d. h. die Erlebensweisen der individuell Handelnden. Eine Zusammenführung dieser beiden Sichtweisen erfolgt nach Schütz im „Alltag" der Handelnden. Auf diese Weise entsteht die Lebensweltkonstruktion ersten Grades. Treffen verschiedene Alltagswelten aufeinander, was z. B. der Fall ist, wenn Wissenschaftler/innen oder andere Beobachter/innen (mit ihren Sinnkonstruktionen) den Alltag von Jugendlichen (mit deren Sinnkonstruktionen) beobachten, so entstehen Konstruktionen zweiten Grades.

Nach Schütz wirft der Lebensweltbegriff jeden Menschen, der eine ihm fremde Lebenswelt verstehen will, im Prozess des Sinnverstehens auch immer auf sich selbst und seine eigenen Konstruktionen zurück (Wahl o. J., S. 15). Auf diese Weise entsteht eine „verstehende Soziologie", die von der Sozialen Arbeit genutzt werden kann, Prozesse des Sinnverstehens zu dekonstruieren und auf ein Zusammenspiel von objektiven und subjektiven Sinn-Konstruktionen zurückzuführen.

(2) Nach Jürgen Habermas kommt Sinnverstehen vor allem durch Sprache zum Ausdruck und kann ein gemeinsames Sinnverstehen im Rahmen einer konkreten Lebenswelt erst im kommunikativen Handeln erzeugt werden. Sozialwissenschaftler/innen stehen somit „einer Wirklichkeit gegenüber, die durch Sprache und Handlung symbolisch vorstrukturiert ist und die nur durch *sinnverstehendes Deuten* erschlossen werden kann. Im kommunikativen Handeln gilt es also, sich auf eine gemeinsame Sicht der Lebenswelt zu verständigen. Lebenswelt in diesem Sinne umfasst also „das gesamte Ensemble von Symbolen, Bedeutungen, Ordnungen und Strukturen, das gegenseitige Kommunikation überhaupt ermöglicht" (ebd., S. 16 f., Hervorhebungen im Original).

Ein Zugang zur Lebenswelt der Akteure wird für den/die Beobachter/in nach Habermas also erst über ein Vorverständnis des sprachlichen oder kommunikativen Handelns der Akteure möglich. Voraussetzung, um ein solches Verständnis zu erlangen, ist die Aufnahme einer „intersubjektiven Beziehung". Um im Beispiel zu bleiben: Der/die Sozialarbeiter/in muss also zunächst zum/zur Interaktionspartner/in des Jugendlichen werden, um ihn/sie dann im Laufe der verschiedenen Interaktionen „verstehen" zu können. Auf diese Weise treffen sich die beiden in der gemeinsamen Kommunikation, wobei jede/r seiner/ihrer eigenen Lebenswelt zugehörig bleibt. Zugleich entsteht eine neue, auch wiederum kommunikativ vermittelte Lebenswelt.

Während jedoch, wie wir oben gesehen haben, Alfred Schütz subjektive und objektive Sinnkonstruktionen im Rahmen von Weltbildern und Lebensformen gleichrangig behandelt, gelangt Habermas darüber hinaus zur Erkenntnis, dass in modernen, spätkapitalistischen Gesellschaften den sozialen Sinnkonstruktionen durch „Systeme" ein gewisser Vorrang eingeräumt werden muss, da hier zunehmend die Medien Geld und Macht die leitende Orientierungsfunktion übernehmen und mit dem Medium der gleichberechtigten Kommunikation in Konkurrenz treten. Am Beispiel ausgeführt: Sozialarbeiter/innen treten dem Klienten/der Klientin nicht nur als gleichberechtigte Subjekte, sondern auch als Beauftragte einer Institution entgegen, die über bürokratische Macht verfügt.

Beide Bereiche stehen sich oftmals kontrovers gegenüber und so kann das Eindringen systembedingter Prozesse in die Lebenswelt zu einer „Kolonialisierung der Lebenswelt" und zu einer Desintegration von Lebenszusammenhängen führen. Die schwierige Aufgabe der Sozialen Arbeit ist dabei, sich so zu positionieren, dass die jeweilige Interpretation der Lebenswelt nicht zu einer völligen Entfremdung der Beteiligten von dieser führt. So ist es offensichtlich nicht sinnvoll, wenn die Soziale Arbeit sich daran beteiligt, Obdachlose in Unterkünfte zu zwingen, wenn diese der Ansicht sind, dass eine solche Unterbringung ihren ureigensten subjektiven Lebensentwürfen widerspricht.

(3) Hans Thiersch entwickelt seine Theorie der lebensweltorientierten Sozialen Arbeit aus seiner bereits in den 1970er Jahren entwickelten Idee einer „Alltagsorientierten Sozialpädagogik" (1978) heraus. Dabei bezieht er sich nur in seinen ersten Entwürfen noch auf von den Habermas entwickelten Versuch, „Gesellschaften gleichzeitig als System und Lebenswelt zu konzipieren" (Habermas 1981, S. 180). Seit etwa 1986 rückt Thiersch die der kritischen Theorie entnommenen Begriffe zunehmend an den Rand, gebraucht die Begriffe Lebensweltorientierung und Alltagsorientierung „synonym" (Thiersch 2012, S. 6) und in einem „hermeneutisch-pragmatischen" Verständnis (2015, S. 48).[23] Gleichzeitig werden jetzt wichtige, insbesondere von Habermas entwickelte kritische Begriffe aufgegeben, dagegen rücken wichtige Begriffe von Ulrich Beck (1986) wie „Verunsicherung", „Risiko", „Angst" etc. nun in den Vordergrund. Offensichtlich ist das Problem des Menschen in der Zweiten Moderne nicht die Ungerechtig-

---

23 Die diesem Auftrag zugrunde liegende Theorie beschreibt er als ein Konzept, „das seinen Ausgang nimmt in der Verbindung des interaktionistischen Paradigmas mit der Tradition der hermeneutisch-pragmatischen Erziehungswissenschaft, das diese aber im Kontext der kritischen Alltagstheorie reformuliert und auf heutige sozialpädagogische Fragestellungen bezieht" (Thiersch et al. 2002, S. 168. Zum metatheoretischen Ansatz von Thiersch siehe auch: Niemeyer 2015, S. 58 ff.).

keit kapitalistischer Verhältnisse, sondern die Angst vor dem Scheitern des eigenen Lebensentwurfs:

> „Wir leben in einer Gesellschaft, die verunsichert ist aus den Strukturen der modernen Arbeitsteilung heraus, der Differenzierung in die unterschiedlichen Lebensbereiche, z. B. des Privaten, Öffentlichen und der Arbeit, die Trennung der eher abstrakt technologischen, an Effizienz, Effektivität und Rationalität orientierten Großstrukturen und den lebensweltlichen, überschaubaren Erfahrungsräumen" (Thiersch 2001, S. 12).

Die Aufgabe der lebensweltorientierten Sozialen Arbeit vollzieht sich demnach im Rahmen des Wechselspiels von Alltag und Institution, Lebenswelt und System. Ziel ist es, die Gesellschaft überschaubarer und deren Lebenswelten humaner und gerechter zu gestalten. Durch die Verwendung ökologischer Begriffe ist sein Ansatz in letzter Zeit noch ambitionierter, aber gleichzeitig immer weniger zielsicher geworden.

> „Lebensweltorientierte Soziale Arbeit könnte man in Analogie zur ökologischen Diskussion als nachhaltige Soziale Arbeit verstehen. Nachhaltige Soziale Arbeit steht im Spagat zwischen den Ressourcen, die es zu respektieren und neu zu schaffen gilt, zwischen den Risiken und Blockaden in lebensweltlichen Verhältnissen und den Möglichkeiten eines kritischen und gekonnten professionellen und institutionellen Handelns. Nachhaltige Soziale Arbeit agiert also in der Perspektive gegen die „Kälte" der Konkurrenzgesellschaft und gegen technologische Verkürzungen der Zukunftsvision von Lebensräumen und Lebensmustern, in denen die Menschen sich anerkannt und als Subjekte in gerechten Verhältnissen erfahren können" (Thiersch et al. 2002, S. 176).

Arbeitsweisen und Methoden

Nach Thiersch ist eine umfassende theoretische Grundlegung der Sozialen Arbeit unverzichtbar, auch wenn aus ihr keine konkrete Arbeitsweise abgeleitet werden kann. Allerdings entsteht vor diesem Hintergrund ein Muster, das selbstreflexives Handeln erlaubt. Dieses Handeln muss sich situationsorientiert und reflexiv an den folgenden fünf „Struktur- und Handlungsmaximen" orientieren:

- Dem Prinzip der Prävention, das für die Schaffung einer belastbaren und unterstützenden Infrastruktur steht, um gerechtere Lebensverhältnisse für alle Menschen zu begünstigen und es erlaubt, in Krisen- und Belastungssituationen so zu agieren, dass eine Dramatisierung der Lage möglichst verhindert wird.
- Der Alltagsorientierung/Alltagsnähe als Handlungsprinzip, das es erlaubt, Unterstützungsformen in hohem Maß auf den Alltag der Adressaten/Adressatinnen zu beziehen. Das heißt konkret, dass Hilfen problemlos erreichbar und so gestaltet sein müssen, dass ein niedrigschwelliger Zugang ermöglicht oder begünstigt wird.
- Der Maxime der Dezentralisierung/Regionalisierung bzw. der Vernetzung, wonach Hilfen vor Ort erhältlich und zugänglich sein müssen. Dazu bedarf es eines tragfähigen Netzwerks auf regionaler Ebene, das sich durch eine

hohe Transparenz sowie gelungene Kommunikationswege auszeichnet und somit möglichst nachhaltig Eingang in die Lebenswelt der Betroffenen findet.
- Dem Prinzip Integration, im Rahmen dessen die Anerkennung des Rechts eines jeden Menschen auf Verschiedenheit Beachtung findet. Auf der Basis einer Kultur des Respekts und der Offenheit innerhalb und außerhalb von Institutionen sollen sich Unterstützungsangebote nicht nur auf „Problemgruppen", sondern auf alle Menschen erstrecken.
- Dem Handlungsprinzip der Partizipation als Basis für die Einlösung des Anspruchs auf Gleichheit. Die Menschen, die Unterstützung in Anspruch nehmen, und jene, die sie gewähren, sollen „auf Augenhöhe" agieren und kommunizieren. Verhandlung und Mitbestimmung sind somit konstitutiv für die Praxis lebensweltorientierter Sozialer Arbeit (Thiersch et al. 2002, S. 173 ff.)

Grundsätzlich definiert Thiersch den Aufgabenbereich der Sozialen Arbeit durch drei wichtige (historisch bedingte) Grenzen, mit denen er verhindern will, dass es zu einem völlig unübersichtlichen „lebensweltlich-ganzheitlichen Mandat" der Sozialen Arbeit kommt (ebd., S. 209),

- durch den „Korpus historisch gewachsener Aufgaben, der sich im Zuge arbeitsteilig spezialisierender Strukturierung des modernen Sozialstaats als Soziale Arbeit ausgebildet hat" (ebd., S. 207),
- durch den ihr gesellschaftlich zugewiesenen „Gestaltungsraum" (ebd., S. 208), und
- durch ihre strikte Orientierung am Prinzip der Hilfe zur Selbsthilfe.

Dabei bleibt die Art der Einflussnahme oder sozialarbeiterischen Intervention seiner Ansicht nach der Reflexionsfähigkeit und Kompetenz des jeweiligen Sozialarbeiters/der jeweiligen Sozialarbeiterin überlassen. Konturieren und umsetzen lässt sich eine solche „offene Strukturiertheit" nach Thiersch et al. (2002) jedoch vor allem durch den Bezug auf „die unterschiedlichen Institutionen mit ihren Leistungsangeboten, Arbeitsaufgaben und Handlungsprofilen" (ebd., S. 210). Insgesamt enthält sein methodisches Konzept drei Bausteine: Rahmenbedingungen (1), Grundmuster des Handelns (2) und Kooperation (3).

(1) Rahmenbedingungen
Diese werden insbesondere gesetzt durch,

- das Arbeitsfeld, das gekennzeichnet ist durch eine „integrierte soziale Infrastruktur" sowie durch „Priorität von Prävention, ambulanter Versorgung und niedrigschwelligen Angeboten"[24] (ebd.),

---

24 „Dieses Programm ist – das ist eine elementare Voraussetzung – nur realisierbar, wenn es mit einer Neudefinition der Bedeutung der unterschiedlichen Aufgaben einhergeht. Allgemeine Dienste müssen aufgewertet werden, die Allgemeinheit z. B. des Allgemeinen Sozialen Dienstes (ASD) gegenüber der Spezialisierung von Beratung, die Allgemeinheit eines gemeinwesenorientierten Arbeitens gegenüber der Fallvertretung im Amt, die Allgemeinheit offen-präventiver Angebote gegenüber speziellen Hilfen" (ebd.).

- die Zurverfügungstellung von „Räumen des Abstands" bzw. „alternativer Lebensräume" (ebd., S. 211), in denen Neuorientierung möglich wird,
- „arbeitsteilig bedingte Unterschiede in der Akzentuierung der Lebensweltorientierung in verschiedenen Institutionen" (ebd., S. 213) sowie des „arbeitsteiligen Zusammenspiels unterschiedlicher Kompetenzen und Positionen" (ebd.),
- das Zusammenspiel der verschiedenen Institutionen auf ein „transparentes Ganzes" (ebd.) sowie der Kooperation und Koordination professioneller und nicht-professioneller Sozialer Arbeit.

(2) Grundmuster des Handelns
Diese zeichnen sich aus durch,

- die Orientierung an der „Eigensinnigkeit der Problemsicht der Adressaten/Adressatinnen im Lebensfeld, am ganzheitlichen Zusammenhang von Problemverständnis und Lösungsressourcen, an den in der Lebenswelt verfügbaren Ressourcen und Kompetenzen" (ebd., S. 215),
- „Takt", der seitens der Sozialarbeiter/innen gegenüber den Adressaten/Adressatinnen erforderlich ist, um die jeweiligen „Möglichkeiten zu sehen und Eigensinn zu respektieren" (ebd., S. 217),
- eine methodische Strukturierung im Rahmen von unterschiedlichen Phasen des jeweiligen Arbeits-, Verständigungs- und Unterstützungsprozesses und
- vertragsähnliche Vereinbarungen bei der Abklärung gegenseitiger Erwartungen und Möglichkeiten sowie der zielgerichteten Reflexion.

(3) Kooperation
Gegen die drohende „Gefährdung des unkoordinierten und verschleierten Nebeneinanders" hilft nach Thiersch „nur die gezielte Anstrengung um Kooperation, Koordination und Planung. (...) Es braucht für die Planung einen Kommunikationsprozess, in dem die Konfrontation mit Erhebungen, Daten und Evaluationen vermittelt ist mit der Anstrengung der Praktiker/innen um Klärung und Verbesserung ihrer Arbeit" (Thiersch et al. 2002, S. 214).

Vor dem Hintergrund dieser drei Bausteine sollen die Sozialarbeiter/innen ihre Arbeit reflektieren und ausrichten, wobei ihnen, auch z. B. bei einem so konkreten Verfahren wie der „lebensweltorientierte(n) Beratung" (Thiersch 2007), keinerlei Vorgaben bezüglich des Einsatzes konkreter Methoden und Techniken gemacht werden. Thiersch will offensichtlich nur Grundsätze anbieten, die dazu beitragen können, den Ansprüchen der Theorie der Alltags- bzw. Lebensweltorientierung auch in der Praxis gerecht zu werden.

„Sie (diese Überlegungen, P. E.) bieten, scheint mir, die Voraussetzungen dafür, dass das so anspruchsvolle und riskante Programm einer Lebensweltorientierung sich auf das freie Gewässer realer Probleme und realer und effektiver Problemlösungen herauszuwagen traut, dass es sich nicht in abgehobener Programmatik, in innerer Schwäche oder im unbearbeiteten Widerspruch von beidem verliert" (Thiersch et al. 2002, S. 220).

Die Sozialarbeiter/innen werden in diesem Konzept zu Analytikern/Analytikerinnen und Mediatoren/Mediatorinnen, die problematische Entwicklungen in der Lebenswelt der Adressaten und Adressatinnen aufdecken und Veränderungen vor allem auf der Ebene des Bewusstseins der Beteiligten vorantreiben sollen. Verpflichtet bleiben sie letztendlich nur dem „Projekt Soziale Gerechtigkeit" (Thiersch 2015, S. 52) sowie ihrer Fähigkeit zur Reflexion, dem Unterscheiden von „emanzipatorisch versöhnenden von den repressiv entzweienden Aspekten der gesellschaftlichen Rationalisierung" (Thiersch 1986, S. 53).

„Auf (...) Relativierungen läßt sich das hier vorgetragene Konzept nicht ein. Es beharrt, gleichsam altmodisch festgelegt in der humanistischen und sozialistischen Tradition der Moderne, darauf, daß trotz aller Schwierigkeiten und Selbstzweifel unverzichtbar sind das Prinzip der Unterscheidung, und der elementaren Unterscheidung von wahr und falsch und die Verantwortung für solche Unterscheidungen" (Thiersch 1986, S. 54).

Relevanz

Die Theorie der lebensweltorientierten Sozialen Arbeit von Thiersch setzt, aus der hermeneutisch-kritischen Tradition kommend, gesellschaftskritisch an, positioniert sich aber dann jedoch zunehmend als ein allgemeines gesellschaftliches Projekt, das „ – neben anderen Konzepten – eine Möglichkeit bietet, das Selbstverständnis der Sozialen Arbeit als Berufsidentität in den neuen Aufgaben und Herausforderungen zu fassen" (Thiersch 2015, S. 45). Soziale Arbeit erhält den eher unbestimmten Auftrag, einen Beitrag zu leisten zu einem Mehr an sozialer Gerechtigkeit für alle, allerdings beschränkt sie dazu die eigene methodische Zugriffsweise weitgehend auf ein Angebot zur Kommunikation und (Selbst-)Reflexion.

Ähnlich wie Staub-Bernasconi mit ihrem Theorem der „Systemizität" (siehe Kap. 11.2.1) versucht auch Thiersch mit dem „Streben nach einer ganzheitlichen Problemsicht" die letztendlich zu hohen Erwartungen an die Profession Soziale Arbeit und die daraus resultierenden „Ansprüche (...), die jenseits der professionellen Redlichkeit liegen" (Koring 2003, in: Wahl o. J., S. 31), abzumildern. Zwei Gründe sprechen dagegen:

1. Nach Giesecke (1987: in: Wahl o. J, S. 31) kommt keine Professionalität ohne eine klare Aussage bezüglich ihrer „arbeitsteiligen Partikularität", d. h. der Handlungsrichtung, der institutionellen Verortung, der methodischen Vorgehensweise, der Erwartungen und Motive der Beteiligten etc. aus. Die Theorie der lebensweltorientierten Sozialen Arbeit bleibt hier völlig vage und entspricht insgesamt eher einer „Handlungsempfehlung, für die es mannigfache Gründe geben mag", die theoretisch betrachtet aber nichtsagend und eher „unbedacht und verschleiernd" (Mollenhauer 1997, in: Niemeyer 2015, S. 59) bleibt.
2. Die ganzheitliche Sichtweise von Thiersch führt außerdem dazu, dass die Theorie der lebensweltorientierten Sozialen Arbeit nicht in der Lage ist, „die Grenzen ihrer Geltung theoretisch selbst (zu) reflektieren" (Dewe 1998, S. 18). Kraus (2014) hat hier zu Recht darauf hingewiesen, dass der Lebens-

weltbegriff nicht ohne den Begriff der Lebenslage und damit eine stärkere Materialisierung und Konkretisierung dessen, was Hilfe erreichen soll, zu denken ist (siehe dazu auch: Bergmann 1981, S. 69 f.).

10.2.3 Sozialraumorientierte Soziale Arbeit

Theoretische Grundlagen

Das Konzept der Sozialraumorientierten oder Sozialräumlichen Sozialen Arbeit setzt zunächst noch am lebensweltorientierten Ansatz an (Deinet 2014, S. 4), reagiert dann aber auf dessen Schwächen, indem es die Unterstützung autonomer „Aneignungsprozesse" durch die jeweils Betroffenen in den Mittelpunkt der Aufmerksamkeit stellt. Auch Spatscheck (2009; 2016) geht, ähnlich wie Kessl/Maurer (2005, S. 111), davon aus, dass es sich beim Begriff Sozialraumorientierung nicht nur um eine Methode im Rahmen des lebensweltorientierten Ansatzes handelt, sondern um einen eigenständigen und übergreifenden Bezugspunkt für die allgemeine Theoriebildung und das fachliche Handeln der Sozialen Arbeit, einem „Paradigma" (Spatscheck 2009, S. 2), das nur noch eine lose Verwandtschaft zum Lebensweltbegriff aufweist, da es einer Doppelstruktur unterliegt: Lebensräume sind demnach sowohl materiell (sozioökonomisch, architektonisch etc.) als auch symbolisch (kommunikativ, subjektorientiert etc.) konstruiert.

> *„Soziale Räume sind keine fertig vorgegebenen ‚Container', sondern relationale Anordnungen von Lebewesen und sozialen Gütern und Strukturen an bestimmten Orten, die dynamisch und interaktiv veränderbar sind. (...) Im Prozess des ‚Spacing' eignen sich Menschen die materiell vorgefundenen Orte an, gehen dabei untereinander Beziehungen ein und machen damit letztlich erst Orte zu Räumen mit einer eigenen Qualität" (Spatscheck 2016, S. 3).*

Nach Spatscheck knüpfen die Vertreter/innen sozialraumorientierter Ansätze an den Aneignungsräumen und Lebenswelten der Betroffenen an, versuchen deren Verständnis und Interpretation von Räumen zu „verstehen" und zu interpretieren, um sie dann im Rahmen der Netzwerkgestaltung für die Soziale Arbeit fruchtbar zu machen.

Arbeitsweisen und Methoden

Nach Spatscheck (2009) lassen sich sechs sozialräumliche Handlungsprinzipien formulieren:

1. Aneignung erkennen, fördern und ermöglichen: Hier geht es darum, Räume anzubieten, die Lern- und Bildungsprozesse zulassen und die dem „zunehmenden selbständig Werden, dem gemeinsamen entdeckenden Handeln und der aktiven und partizipativen Gestaltung sozialer Räume dienen" (ebd., S. 5).
2. Interessenorientierung wahren: Ausgangspunkt jeder Hilfe müssen der Wille und die (langfristigen) Interessen der betroffenen Menschen sein.

3. Selbsthilfekräfte und Eigeninitiative zulassen und fördern: Rein betreuerische Formen der Hilfe sollten stets zugunsten von Prozessen vermieden werden, die auf Aktivierung zielen.
4. Ressourcenorientierung: Stets gilt es, die Ressourcen der Menschen und der Sozialräume zu erkennen und zu nutzen.
5. Zielgruppen- und bereichsübergreifende Orientierung: Spatscheck spricht in diesem Zusammenhang von einer „Entsäulung" (ebd., S. 6) der Hilfsangebote zugunsten von integrativen und komplexen Unterstützungsformen.
6. Kooperation und Koordination verschiedener Angebote: Flexibilisierung und Vernetzung dienen dazu, dem Einzelfall besser gerecht werden zu können.

Sozialstruktur Strukturbezug statt Individualisierung von sozialen Problemen	**Organisation** Regionale Flexibilisierung und Inklusion statt funktionale Differenzierung und Standardisierung
Netzwerk Feldbezug statt Verengung auf den „Fall"	**Individuum** Stärkemodell der Aneignung statt Bedarfsmodell des Hilfeempfängers

Abb. 37: Maxime der Sozialraumorientierung[25]

Abbildung 37 zeigt den Versuch von Früchtel et al., deutlich zu machen, dass es sich bei der sozialraumorientierten Sozialen Arbeit um einen „integrierenden mehrdimensionalen Arbeitsansatz" (2007a, S. 22) handelt, der nicht nur die Individuen, sondern auch Netzwerke, Organisationen und Sozialstruktur mit einschließt und daher an allen vier Aspekten gleichzeitig ansetzen muss. Ausgangspunkt sind dabei soziale Diagnosen, Problem- und Ressourcenanalysen sowie Sozialraumanalysen (ebd., S. 6). Als methodische Vorgehensweisen zur Identifizierung der Wünsche, Bedürfnisse und Bedarfe der Betroffenen schlagen Früchtel et al. (2007a, S. 27 ff.) bezogen auf unterschiedliche „Handlungsfelder" eine Fülle möglicher Methoden vor, die von der Stadtteilerkundung, über Sozialraumprojekte bis zu aktivierenden Befragungen, Demonstrationen und Bürgeranträgen reichen.

Wolfgang Budde und Frank Früchtel (2005) haben die Sozialraumorientierte Soziale Arbeit als „ein Modell zwischen Lebenswelt und Steuerung" bezeichnet. Damit deuten sie zu Recht auf ein Dilemma hin, das sich aus dem Problem heraus ergibt, dass der Ansatz auf wichtigen sozialarbeiterischen Prinzipien, wie z. B. „Mit Stärken arbeiten!", „Mehr tun als Beteiligen!" „Nur der Alltag wirkt integrierend!", „Nicht motivieren, sondern Motivationen suchen" etc., aufzubauen versucht, Prinzipien, die sich dann bei der methodischen Umsetzung nicht nur als äußerst vage erweisen, sondern durch den engen Zusammenhang mit fiskalischen Steuerungsinstrumenten leicht zum Herrschaftsinstrument geraten können.

---

25 Früchtel et al. 2007a, S. 13.

Sozialraumorientiertes Arbeiten soll demnach erstens dazu beitragen, dass „raumbezogene Hilfsquellen (...) wirksam erschlossen und genutzt werden, im sozialen Raum vorhandene Ressourcen (...) zügiger und reibungsloser verzahnt werden und Sozialarbeiter/innen schnell bestimmte Fehlentwicklungen erkennen können" (Budde/Früchtel 2005, S. 18). Zweitens soll dadurch eine neue Form der „unspezifischen Fallarbeit" bzw. „fallunspezifischen Arbeit" (Bestmann 2014) verstanden als eine „vom Einzelfall losgelöste Entwicklung und Recherche von Gelegenheiten und Potenzialen im Sozialraum durch Fachkräfte Sozialer Dienste" (Fehren/Kalter 2014, S. 33) ermöglicht werden. Und drittens wird mit der Sozialraumorientierung die Hoffnung verbunden, dass Qualitätsverluste in der Sozialen Arbeit trotz notwendiger Einsparmaßnahmen aufgefangen und die Finanzierung durch „Sozialraumbudgets" dazu führt, dass die Präventionsarbeit gestärkt wird.

Auch Hinte (2014, S. 17), der den klassischen Sozialraumansatz als Gemeinwesenarbeit (siehe dazu Kap. 13.3.3) maßgeblich begründet hat, fordert einen konsequenten Umbau der Sozialen Arbeit in Richtung „sozialräumliches Arbeiten"; er hält

„(...) die systematische Erkundung des Willens eines Menschen, die nach Aktivität suchende, nicht-betreuende Interaktion, der auf die Kontraktierung von Zielen gerichtete Ressourcenblick, die fallunspezifische Erkundung von Ressourcen im Quartier, die Nutzung von Kontextbedingungen über Zielgruppen und Parzellen hinaus sowie das leistungsfeldübergreifende Management von Hilfeprozessen" (ebd.)

für den Königsweg einer letztendlich lebenswelt- und adressatenorientierten Sozialen Arbeit, die einen Beitrag dazu leisten kann, dass „vorhandenes Geld bestmöglich investiert" wird (ebd., S. 25).

Dieser Ansatz soll im Übrigen auch dazu beitragen, der Präventions- und Versorgungsmentalität der klassischen Sozialpädagogik ein Modell entgegenzusetzen, das „den Willen/die Interessen der leistungsberechtigten Menschen (in Abgrenzung zu Wünschen oder naiv definierten Bedarfen)" zum Ausgangspunkt nimmt und sich bei der Gestaltung von Hilfe konsequent „an den von den betroffenen Menschen formulierten, durch eigene Kraft erreichbaren Ziele (unter weitgehendem Verzicht auf expertokratische Diagnostik)" orientiert. Zudem sollen die Aktivitäten „immer zielgruppen- und bereichsübergreifend angelegt" und eine „Kooperation über leistungsgesetzliche Felder hinweg" (ebd., S. 15) erreicht werden.

Relevanz

Insgesamt sind die Hoffnungen, die mit diesem Ansatz verbunden sind, fast grenzenlos:

*„Solche sozialräumlichen Lösungen haben Vorteile gegenüber Lösungen, die lediglich Ressourcen nutzen, die an den Einsatz von Professionellen gebunden sind. Wenn sie funktionieren, funktionieren sie langfristig, ohne dass Profis als direkte Dienstleister **für** Betroffene fungieren. Nachhaltigkeit entsteht aus*

der Verknüpfung funktionierender Strukturen (Ressourcen des Stadtteils) mit den Ressourcen der Adressaten selbst, die über Gelegenheiten zu Maßanzügen zusammengefügt werden. Das ist nicht nur fiskalisch interessant, sondern wirkt **integrierend**, *weil Menschen in Normalsystemen bleiben"* (ebd., S. 15, Hervorhebungen im Original).

Ob sie wirklich berechtigt sind, erscheint eher zweifelhaft. Sozialraumorientierte Projekte, wie sie z. B. im Rahmen des bundesweiten Städtebauförderungsprogramms Soziale Stadt durchgeführt worden sind, kommen häufig über reine Infrastrukturmaßnahmen nicht hinaus, da sich im Sozialraum unterschiedliche Interessenlagen befinden und bestimmte Bevölkerungsgruppen mehr Einfluss nehmen können als andere. Möglicherweise sollte sich die Soziale Arbeit in Zukunft stärker am Modell einer kritischen „Sozialraumarbeit" orientieren (siehe Kap. 13.3.5). Insbesondere Sebastian Beck und Thomas Perry (2008) machen zudem in einer empirischen Studie deutlich, dass „der individuelle soziale Raum mit klar abgrenzbaren geografischen Räumen kaum mehr beschrieben werden kann und zunehmend weniger mit administrativen Grenzen in Verbindung steht" (S. 121). Deshalb verlieren Wohnorte heute an „alltagsweltlicher Bedeutung" und lassen eine „Bindung an das Quartier" kaum mehr zu. Eine sich der diversitären Tendenzen unserer Gesellschaft bewusste Soziale Arbeit muss sich hier fragen, ob sie nicht einem veralteten Konzept nachtrauert und ob nicht vielmehr gelten muss, „Stadt in einem größeren Zusammenhang zu denken, was unter anderem bedeutet, dass Quartiersbelangen auch für weiter weg wohnende Akteure eine wichtige Bedeutung zukommen kann. Das Quartier an sich hat dagegen oft nur für bestimmte Bewohnersegmente eine höhere Relevanz" (ebd., S. 121).

10.3 Modelle der hermeneutischen Sozialen Arbeit

10.3.1 Aufgabenzentrierte Sozialarbeit

Die Aufgabenzentrierte Sozialarbeit ist ein Modell sozialarbeitswissenschaftlichen Denkens und Handelns,[26] das sich heute, wo es darum geht, Klienten/Klientinnen schnell und effizient zu helfen, zunehmender Aufmerksamkeit erfreut (Hesser, o. J.; Kobel 2006). Ausgangspunkt dieses Modells war die kritische Auseinandersetzung insbesondere von Reid/Shyne (1996, in Doel 1998, S. 196) mit der damals gängigen Art einer offenen, lang andauernden Fallbearbeitung. Dabei entdeckten die beiden Autoren nicht nur, dass die Einführung eines Zeitlimits dazu führte, die Motivation der am Hilfeprozess Beteiligten zu steigern und die Effekte zu optimieren. Zugleich gelang es ihnen, durch die Ein-

---

26 Nach einer Studie von Goldberg et al. 1985 (in Coulshed/Olme 1998, S. 119) konnte dieses Modell bei der Hälfte bis zwei Drittel aller Klienten/Klientinnen im Rahmen der Bewährungshilfe und im Rahmen des Krankenhaussozialdienst erfolgreich und ressourcensparend angewendet werden.

beziehung lern-, system- und dienstleistungstheoretischer Erkenntnisse ein generalistisches Modell zu entwickeln, welches das „Problem" und die jeweils damit verbundene „Aufgabe", und nicht die Klienten/Klientinnen in den Vordergrund stellt. Im Kern geht es bei diesem Modell darum, der Klientel (einer Familie, einer Gruppe etc.) die Gelegenheit zu geben, durch aktive Mitarbeit am Hilfeprozess seine Probleme besser in den Griff zu bekommen.

„Wenn an der Stelle von Problemen von Aufgaben gesprochen wird, die Menschen im Augenblick nicht alleine bewältigen können, rückt der Aspekt des Lernens stärker in den Vordergrund. Es muss gelernt werden, um die Schritte zu finden, die zu Lösungen führen können und es muss gelernt werden, um diese Schritte tatsächlich ausführen zu können" (Hesser o. J., S. 2).

Neben der Phase des Beginns und der Beendigung lassen sich im Rahmen dieses Modells fünf Phasen unterscheiden:

Einstieg
Aufgrund der vielen Unklarheiten zu Beginn des Hilfeprozesses bezüglich der Erwartungen der Beteiligten, der möglichen Ziele etc. versucht der/die Praktiker/in auf der einen Seite, eine Verständigung zwischen sich und dem Klienten/der Klientin zu suchen, auf der anderen Seite aber auch die unterschiedlichen Standpunkte offen zu benennen und zuzulassen. Insbesondere der Aspekt der Macht muss dabei thematisiert werden.

Problemexploration
Diese Phase, in der es darum geht, etwas über die Probleme kennenzulernen und sich auszutauschen, setzt sich aus einer Anzahl kleinerer Schritte zusammen:

- Das Erfassen der Probleme des Klienten/der Klientin, ohne bereits Erklärungen oder Problemlösungen zu diskutieren.
- Das Erkennen zusätzlicher Problemstellungen, die mit den Problemen des Klienten/der Klientin verknüpft sind, ohne dass sie/er sich dieser bewusst ist.
- Die detaillierte Erörterung der einzelnen Teilprobleme, um diese besser verstehen zu können. Interessante Fragen können dabei sein: „An was werden Sie als Erstes erkennen, dass Sie dabei sind, das Problem in den Griff zu bekommen? Was tun Sie, damit das Problem nicht noch schlimmer wird?"
- Das Treffen einer Auswahl der Probleme, die auf der Basis der Beurteilung des Klienten/der Klientin bzw. der Verantwortlichkeiten der jeweiligen Sozialarbeiter/innen bearbeitet werden sollen (Doel 1998, S. 200).

Schriftliche Zielvereinbarung
Nun gilt es festzustellen, welche Ziele dazu beitragen können, die ausgewählten Probleme zu lösen. Die Ziele müssen vom Klienten/von der Klientin erwünscht und erreichbar sein. Entscheidend kommt es darauf an, dass drei Dinge fest vereinbart d. h. auch schriftlich festgehalten werden:

- ein Zeitlimit, innerhalb dessen die Ziele erreicht sein sollen,

- eine klare Struktur für die geplanten Treffen zwischen Klient/in und Sozialarbeiter/in und
- konkrete Indikatoren dafür, woran der Erfolg der Maßnahme festgelegt werden kann.

Planung und Durchführung der Aufgaben
Nachdem die schriftliche Vereinbarung in Kraft getreten ist, stehen die im Plan vereinbarten Teilaufgaben im Zentrum. Stets geht es darum, den jeweiligen Kontext zu erfassen und mögliche Ressourcen zu erkennen. Einen wichtigen Platz nehmen die „Berichterstattungen" des Klienten/der Klientin ein, die dann Ausgangspunkt für weitere Analysen und Entscheidungen werden.

Beendigung
Die Beendigung des Hilfeprozesses ist von außergewöhnlich hoher Bedeutung. Dabei sollten folgende Fragen beantwortet werden:
- Was ist erreicht?
- Was ist noch nicht erreicht?
- Was hat der/die Klient/in alles getan und erreicht?
- Was hat der/die Sozialarbeiter/in getan und erreicht?
- Was kann getan werden, um die eingesetzten Ressourcen für alle Klienten/Klientinnen zu erhalten? (Hesser o. J., S. 3 f.)

Aufgabenzentrierte Sozialarbeit basiert sehr stark auf psychologischen Methoden und Techniken und schließt eine anti-diskriminierende und politisch-unterstützende Haltung seitens des Sozialarbeiters/der Sozialarbeiterin mit ein. Sie betont die Verantwortlichkeit der Klienten/Klientinnen und legt Wert auf eine effiziente Hilfeprozessgestaltung. Damit es im Rahmen des Hilfeprozesses nicht zu Problemen bzw. Störungen kommt, ist insbesondere ein Training der Fragemethoden und -techniken, die in diesem Modell angewendet werden können und sollen, erforderlich.

Insgesamt lässt sich die aufgabenzentrierte Sozialarbeit aufgrund ihres zeitlich ausgerichteten Arrangements leicht in die Praxis umsetzen und auch nachvollziehen, unterschiedliche Stadien lassen sich erkennen und darauf bezogene Frage- und Unterstützungstechniken schlussfolgern. Natürlich hängt der Erfolg dieses Modells wesentlich davon ab, dass die Klienten/Klientinnen in der Lage sind, das entsprechende Denk- und Auffassungsvermögen sowie die erforderliche Disziplin bei der Umsetzung der Veränderungen mitzubringen. Warum es sich dabei um ein hermeneutisches Modell handelt, lässt sich anhand der dabei verwendeten Frage- und Problemlösungstechniken gut zeigen. Sie sind pragmatisch und können von Sozialarbeitern/Sozialarbeiterinnen je nach Zielsetzung und Situation intuitiv eingesetzt werden:

> *„(a) Problemvertiefung: ‚Wenn Sie versuchen, ihren Sohn dazu zu bringen, in die Schule zu gehen, was macht er, wer hilft Ihnen, wie reagieren Sie, was passiert dann?' etc.*

*(b) Aufgabenplanung und Lösungssuche: ‚Was könnten Sie noch tun, könnten Sie das schon vor unserem nächsten Treffen tun; möchten Sie Ihren Ehemann bitten, Sie zu unterstützen; sind wir uns einig über die Vorgehensweise?' etc.
(c) Fehleranalyse: ‚Es scheint so, als dass Ihr Ehemann Sie nicht dabei unterstützt, wenn Sie versuchen, Ihren Sohn zur Schule zu schicken; was könnten wir tun, um ihn dazu zu bewegen?' etc.
(d) Aufgabenverteilung: ‚Wer kann/wird das tun?' etc.
(e) Strukturierung und Zusammenfassung: ‚Wie lange denken Sie, dass wir dazu brauchen? Die Zeit geht zu Ende, was können wir vereinbaren?' etc."
(Doel 1998, S. 131 f.).*

10.3.2 Nachgehende Betreuung

Ausgehend von der Tatsache, dass eine wachsende Zahl junger Menschen in sehr instabilen wirtschaftlichen Verhältnissen oder brüchigen sozialen Beziehungen lebt, im Beschäftigungssektor nicht ankommt und im Bildungssystem scheitert, haben Schroeder/Storz ein Konzept zur „mittelfristigen Betreuung aus der Halbdistanz durch eine kompetente Kontaktperson" (Schroeder/Storz 1994, S. 11) entwickelt. Dieses umfasst ein präventives, auf Beziehung basierendes, komplexes Unterstützungsangebot, dessen Ziel es ist,

> „(...) mit den jungen Menschen (und deren Umfeld) angemessene und aufeinander abgestimmte Entwürfe für die verschiedenen Bereiche ihres Lebens zu entwickeln und zu erproben, ohne dass sie dabei unnötig behindert, beeinträchtigt oder geschädigt werden" (ebd., S. 12).

Voraussetzung für das Gelingen ist eine umfassende und detaillierte Kenntnis der Lebenslage der betreffenden Jugendlichen. Nur diese kann die entsprechende Alltagsbegleitung und Personzentriertheit in einem komplexen Umfeld auf Dauer garantieren und auf diese Weise zu einer gemeinsamen Kooperationspraxis zwischen Helfer/in und Jugendlichem beitragen. Auf diese Weise wird es möglich, Alltagsbegleitung als gemeinsamen „jugendtauglichen" Bildungsprozess anzulegen.

Die Aufgaben der Alltagsbegleiter/innen lassen sich dabei folgendermaßen definieren (ebd.):

- Pläne schmieden und Vorhaben durchstehen.
- Vermitteln und absichern: Alltagsbegleiter/innen treten als Finanz- und Verfahrensberater/innen der Jugendlichen auf, wo nötig stellen sie Kontakte zu entsprechenden Profis her.
- Abpuffern und entschärfen.
- Termine überwachen und koordinieren.
- Entlasten und fürsprechen.

Das Konzept der Alltagsbegleitung zielt nicht nur auf Effekte bei den betroffenen Jugendlichen selbst. Darüber hinaus erhofft es sich positive Auswirkungen für die Gestaltung von Unterricht mit ihnen sowie Auswirkungen auf das Schulleben und das „advokatorische" Selbstverständnis der Schule und der Lehrer/innen insbesondere im Bereich der Haupt- und Sonderschulen. In seiner Grundausrichtung ähnelt dieses Konzept dem Coaching. Es erlaubt den Betreuenden in vielfältige Rollen zu schlüpfen und eine „ganzheitliche" Unterstützung junger Menschen zu etablieren. Es kann allerdings auch dazu führen, dass sich junge Leute „kolonialisiert" bzw. gegängelt fühlen, was wiederum dafür spräche, Hilfen vielgestaltiger anzulegen, um gerade bei jungen Menschen Entwicklungsprozesse (die teilweise ja auch Identifikationsprozesse sind) nicht einzuengen, sondern offen zu gestalten.

Gerade an diesem Modell lässt sich die Problematik einer alltagsoffenen Vorgehensweise zeigen. Denn Schröder/Storz machen keine Angaben dazu, ob diese Tätigkeit der nachgehenden Betreuung eine professionelle oder methodische Ausbildung voraussetzt oder nicht. Tatsächlich begleiten ja viele Ehrenamtliche – heute z. B. im Rahmen der Flüchtlingsbetreuung – andere Menschen, ohne die für solche Tätigkeiten erforderlichen fachlichen Voraussetzungen mitzubringen. Hier kann einiges schiefgehen, was uns insbesondere die Psychoanalyse (siehe dazu insbesondere: Schmidbauer 2007) lehrt: Helfer/innen „übertragen" ihre eigenen Probleme auf andere, sie „projizieren" ihre unreflektierten Wünsche in die Biografien anderer Menschen hinein und tragen so möglicherweise zur Verschlimmerung anstatt zur Verbesserung von Problemsituationen bei. Daher sollten alle Helfer/innen, die sehr eng und persönlich mit Menschen zusammenarbeiten, wenigstens durch erfahrene Sozialarbeiter/innen im Rahmen von Supervisions- oder Coachingverfahren unterstützt werden.

10.3.3 Krisenintervention

Auch bei dem inzwischen sehr populär gewordenen Modell der Krisenintervention handelt es sich um ein dem hermeneutischen Denken zuzuordnendes. Denn trotz intensiver wissenschaftlicher und praktischer Bemühungen ist es bis heute nicht gelungen, eine einigermaßen klare, methodisch eindeutige Beschreibung des damit verbundenen Hilfevorgangs zu fixieren, geschweige denn zu standardisieren (Ortiz-Müller 2010, S. 65). Damit bleibt die Krisenintervention, gerade weil sie, wie im Folgenden gezeigt wird, zahllose Spezifizierungen erfahren hat, weitgehend von den Reflexionen und Entscheidungen der jeweiligen Person abhängig, die die Intervention durchführt.

Nach Sonneck (2000) lassen sich heute folgende Krisen unterscheiden:

- Die traumatische Krise: Sie wird durch ein Schockerlebnis ausgelöst und führt zum Verlust des seelischen Gleichgewichts.
- Die Veränderungskrise: Sie entsteht dadurch, dass die mit wichtigen Entwicklungsschritten verbundenen Anforderungen nicht gemeistert werden, und löst Versagensängste aus.
- Die chronisch-verlängerte Krise: Sie stellt sich ein, wenn eine „konstruktive Krisenbewältigung etwa durch Vermeidungsverhalten" (ebd.) scheitert.

- Das Burnout-Syndrom: Es kann zu einer psychischen Labilität führen, die sich krisenhaft äußern kann.
- Die post-traumatische Belastungsstörung: Sie tritt häufig als Spätfolge einer traumatischen Krise auf.

Wie solche Krisen methodisch zu interpretieren und zu bearbeiten sind, wird von allen vorhandenen Therapierichtungen – entsprechend dem jeweiligen Paradigma – sehr unterschiedlich erklärt. Als wichtige Formen lassen sich hier die Gestalttherapie, die Psychoanalyse, die Gesprächstherapie, die systemische Therapie und die Verhaltenstherapie unterscheiden. Wirklich einig ist man sich in der Fachwelt nur darüber, dass ein Handlungsmodell genügend komplex und mittelfristig angelegt werden muss. Nach Ortiz-Müller (nach Schnyder 2000) umfasst es folgende Stufen:

1. Kontakt herstellen: begrüßen, Setting klären, emotionale Entlastung zulassen;
2. Problemanalyse: Situationsanalyse (Krisenauslöser, -hintergrund, Anamnese), Coping- und Ressourcenanalyse;
3. Problemdefinition: Krise verstehbar beschreiben und frühere Lösungsversuche benennen;
4. Zieldefinition: Zukunftsperspektive, Hoffnung vermitteln;
5. Problembearbeitung: Kriseninterventions-Techniken, Copinganpassung, Umsetzung im Alltag prüfen, gegebenenfalls Medikamente, sozialarbeiterische und juristische Kompetenz vorhalten;
6. Termination: Ist die Krise überwunden, Ablösung vom Berater/von der Beraterin, künftige Krisen vorwegnehmen;
7. Follow-up: Standortbestimmung, Indikation für Psychotherapie prüfen.

Innerhalb dieses Handlungsmodells kann und muss nun der/die Intervenierende sehr einfühlsam und vorsichtig vorgehen. Denn Krisenintervention ist eine Form der „Begegnung (mindestens) zweier Menschen", die auch die Subjektivität des Helfers/der Helferin herausfordert. Welche Krise wie und auf welches Ziel hin gelöst werden kann, muss immer erst noch (hermeneutisch) erschlossen werden.

> „Für den einen ist die Krise des Arbeitsplatzverlustes erst abgewendet, wenn er eine neue Stelle hat, ein anderer findet sich damit ab und lebt unter veränderten, vielleicht eingeschränkten Bedingungen nicht unzufrieden weiter. Ein Dritter kann seine bedrohliche Krankheit akzeptieren und mit ihr leben, während ein Vierter um seiner Selbstbehauptung willen immer weiter kämpfen muss und sich dafür in der Krisenintervention Mut und Kraft holt" (ebd., S. 74).

Wenn zudem Hilfsbedürftige die Fachkompetenz des Helfers/der Helferin an die letzte Stelle setzen, „die mitteilbare Erfahrung der Überwindung eigener persönlicher Krisen" (ebd., S. 75) und die Fähigkeit zur menschlichen Anteilnahme und Toleranz aber an die erste, dann stellt sich die Frage, inwieweit das Modell der Krisenintervention überhaupt professionalisierbar und standardisierbar ist. Möglicherweise bleibt hier nur übrig, die damit befassten Ehrenamtlichen im Rahmen einer vor allem psychologisch ausgerichteten Supervision so zu unterstützen, dass mögliche – für die Betroffenen mit negativen Folgen verbundene – Praxen – weitgehend ausgeschlossen werden können.

10.3.4 Präventionsarbeit

Prävention spielt in vielen Bereichen der Pädagogik, Sozialarbeit, Medizin, Gesundheit etc. eine wichtige Rolle. Der Begriff steht dabei für alle Bemühungen, Probleme frühzeitig zu verhindern, indem Ursachen für die Entstehung dieser Probleme beseitigt oder zumindest vermindert werden.

Präventionsarbeit besteht dabei „in der erfolgreichen Beeinflussung von Risikofaktoren (…) zu einem Zeitpunkt, zu dem noch keine manifesten Symptome feststellbar sind, die sich jedoch einstellen würden, wenn nichts unternommen wird" (Heinrichs et al. 2008, S. 10).

Als wichtige risikoverschärfende und risikomindernde Faktoren, an denen Präventionsarbeit ansetzen sollte, schlägt Heinrichs im Anschluss an Becker (1982, in: ebd.) folgende Aspekte vor:

- Konstitutionelle Vulnerabilität, wie z. B. eine genetische Veranlagung;
- Stressoren, wie z. B. kritische Lebensereignisse, schwierige Umweltbedingungen etc.;
- Förderliche persönliche Ressourcen, wie z. B. vorhandene Kompetenzen;
- Förderliche Umweltressourcen, wie z. B. ein unterstützendes Netzwerk, Familie etc.

Präventionsarbeit kann an der einzelnen Person, an Gruppen oder an gesellschaftlichen oder Umweltbedingungen ansetzen. Insgesamt lassen sich zwei Systematiken unterscheiden:

(1) Nach der Situation der Betroffenen und dem Zeitpunkt der Präventionsarbeit (siehe Abb. 38 und 39), hierbei wird u. a. zwischen primärer, sekundärer und tertiärer Prävention unterschieden:

Formen der Prävention	Definition	Beispiel
Primäre Prävention	Maßnahmen setzen ein, solange das Problem noch nicht aufgetreten ist	Allgemeine Aufklärung über Verschuldungsursachen bei Jugendlichen z. B. an Schulen
Sekundäre Prävention	Maßnahmen zielen darauf ab, Symptome früh zu erkennen und zu beeinflussen	Beratungsstellen für Jugendliche mit Schuldenproblemen
Tertiäre Prävention	Maßnahmen zielen darauf ab, eine Verschlimmerung zu verhindern/zu verzögern	Begleitung von Jugendlichen im Schuldenabbauprozess als Rückfallprophylaxe

Abb. 38: Zeitpunkte der Präventionsarbeit[27]

---

27 In Anlehnung an Heinrichs et al. 2008, S. 9.

(2) Nach konkreten Zielgruppen, siehe Abbildung 39.

Formen der Prävention	Zielsetzung, z. B.	Beispiel
Spezifische Prävention	Verminderung psychischer Störungen	Früherkennungsuntersuchungen bei Kindern im Alter von 6 bis 10 Jahren
Unspezifische Prävention	Verbesserung der Lebensbedingungen im Stadtteil	Hausaufgabenbetreuung für Schulkinder im Stadtteil
Populationsbezogene Prävention	Verbesserung des Gesundheitsstatus der Bevölkerung	Einschränkung der Werbemaßnahmen für Tabakwaren
Zielgruppenbezogene Prävention	Verbesserung der Situation einer bestimmten Zielgruppe	Einrichtung von Automaten für Spritzbestecke für Drogenabhängige

Abb. 39: Zielgruppen und Prävention[28]

Insgesamt stellt sich die Frage, inwieweit Soziale Arbeit an jeder Form von Präventionsarbeit beteiligt sein soll bzw. inwieweit die primäre Prävention nicht vornehmlich die Aufgabe der Schulpädagogik, Sozialpädagogik, Erlebnispädagogik etc. ist. Im Bereich der sekundären und tertiären Prävention scheint die Soziale Arbeit jedoch wegen ihres methodischen Zugriffs und wegen ihrer Detailkenntnis der Lebensprobleme und -lagen der jeweiligen Klientel unverzichtbar

10.4 Hermeneutische Methoden und Techniken

Hermeneutische Methoden und Techniken in der Sozialen Arbeit dienen vor allem dazu, Denken und Handeln von Individuen und Gruppen so zu interpretieren und zu verstehen, dass sich daraus individuelle Hilfeprozesse ableiten lassen. Insgesamt haben sich unter anderem folgende wichtige Begriffe und Vorgehensweisen etabliert.

(1) (Arbeits)Beziehung

Sozialarbeiter/innen handeln im hermeneutischen Denken nicht nur als Professionelle, sondern auch als menschliche Wesen. Dabei lassen sich verschiedene Beziehungskonzepte unterscheiden (siehe dazu Hochuli-Freund/Stotz 2011, S. 88 ff.).

---

28 In Anlehnung an Heinrichs et al. 2008, S. 12.

- Die klassisch gewordene Theorie des „pädagogischen Bezugs" von Herman Nohl geht davon aus, dass der/die Erzieher/in zum Zögling einen ganz natürlichen und emotionalen Kontakt aufnimmt, ähnlich wie es die Mutter beim Kind tut. Für ihn ist die Grundlage jeder Erziehung „das leidenschaftliche Verhältnis eines reifen Menschen zu einem werdenden Menschen und zwar um seiner selbst willen, dass er zu seinem Leben und seiner Form komme" (Nohl 1978/1933, S. 134). Übertragen auf die Arbeit mit Erwachsenen könnte dies bedeuten: Sozialarbeiter/innen akzeptieren ihre Klienten/Klientinnen vollumfänglich und versuchen, auf der Grundlage von Respekt und Solidarität eine Beziehung aufzubauen, die dann entwicklungsfördernde und damit auch problemlösende Funktion haben kann.
- In den 1960er und 1970er Jahren wurde das Konzept der psychoanalytischen Arbeitsbeziehung favorisiert, bei dem auf eine gezielte Einflussnahme auf die Klientel verzichtet wird. Im Vordergrund steht hier der Aufbau einer Beziehungsdynamik, die dadurch entsteht, dass sich der/die Psychoanalytiker/in neutral verhält, sodass in der Kommunikation die (fehlgeleiteten) Denk- und Beziehungsmuster der Klienten/Klientinnen als „Übertragung" zum Ausdruck kommen und dann bearbeitet werden können.
- Das von Ulrich Oevermann (2002) entwickelte Modell des „Arbeitsbündnisses" geht davon aus, dass der Leidensdruck seitens der Klienten/Klientinnen dazu führt, dass diese bereit sind, ein Bündnis auf Zeit mit den Sozialarbeiterinnen und Sozialarbeitern einzugehen. Der/die Professionelle reagiert auf die Äußerungen der Klientinnen/Klienten professionell und stellt diesen seine/ihre Deutungen zur Verfügung.
- Das von Maja Heiner entwickelte Modell der „beziehungsfundierten Passung" (2004, S. 103 ff.) geht davon aus, dass sich die Beziehung zwischen Sozialarbeiter/in und Klient/in im Wechselspiel zwischen Beziehungsorientierung und Autonomieorientierung vollziehen muss. Dabei haben die Sozialarbeiter/-innen sicherzustellen, dass im Rahmen eines „entwicklungsoffenen, ressourcenorientierten und partizipativen Vorgehens (...), das durch behutsame Annäherung und bewusste Zurückhaltung versucht, das Vertrauen der KlientInnen zu gewinnen, sie emotional zu stützen und zugleich durch diese Zurückhaltung zur Förderung ihrer Autonomie und Eigenverantwortung beizutragen" (ebd., S. 111), die damit verbundenen Anforderungen an die Klienten/Klientinnen angemessen dosiert und entsprechend kompetent kommuniziert werden können.

(2) Kommunikation

Dass Sozialarbeiter/innen immerzu reden wollen ist Gegenstand vieler Vorurteile und Witze. Dabei ist es doch leicht zu erkennen, dass dort, wo verstanden werden will, auch geredet (kommuniziert) werden muss. Somit spielt die Schaffung von Voraussetzungen für das Gelingen von Kommunikationsprozessen sowie die Bearbeitung von Problemen, die durch gestörte Formen der Kommunikation entstanden sind, in der sozialarbeiterischen Praxis eine herausragende Rolle.

Dementsprechend erscheinen ein diesbezügliches Wissen und hinreichende methodische Kompetenzen als ein absolutes Muss für jeden in diesem Bereich professionell Handelnden.

Paul Watzlawick (siehe dazu Watzlawick et al. 1996; Watzlawick/Weakland 1990), der die moderne Kommunikationstheorie im Wesentlichen begründet hat,[29] geht dabei von der Annahme aus, dass menschliche Systeme ihre Beziehungen zueinander über Kommunikation definieren und entwickelt darauf aufbauend seine fünf berühmten Axiome der Kommunikation:

1. Man kann nicht nicht kommunizieren.
2. Jede Kommunikation hat einen Inhalts- und Beziehungsaspekt, derart, dass letztere den ersteren bestimmt und daher eine Metakommunikation ist.
3. Die Natur einer Beziehung ist durch die Interpunktion der Kommunikationsabläufe seitens der Partner bedingt.
4. Menschliche Kommunikation bedient sich digitaler und analoger Modalitäten.
5. Zwischenmenschliche Kommunikationsabläufe können symmetrisch und/ oder komplementär sein, je nachdem, ob die Beziehung zwischen den Partnern auf Gleichheit oder Unterschiedlichkeit beruht (Watzlawick 1996).

Aus dieser Festlegung leitet er dann verschiedene weitere theoretische Begriffe ab. Mit dem Begriff der „paradoxen Kommunikation", bezeichnet er eine Situation, bei der der/die Sprecher/in eine Handlungsaufforderung oder Anweisung gibt, die in sich unlogisch ist und gerade das verunmöglicht, was sie zugleich verlangt. Woraus sich für den/die Angesprochene/n eine „Double-bind"-Situation ergibt, die, wenn solche Situationen gehäuft auftreten, zu schwerwiegenden psychischen Erkrankungen führen kann. Außerdem erhalten die Begriffe „Schwierigkeiten" und „Probleme" eine besondere Bedeutung. Schwierigkeiten sind für Watzlawick unerwünschte Tatsachen (Sachlagen oder Situationen), die nicht durch vernünftige Maßnahmen behoben werden können und mit denen man lernen muss zu leben. Probleme hingegen sind Konflikte, die durch falsche Lösungsversuche erzeugt werden.

Aus dem Vorgenannten ergeben sich drei typische Konstellationen im Umgang mit Schwierigkeiten und Problemen:

- Schwierigkeiten werden geleugnet, Probleme entstehen dort, wo Schwierigkeiten nicht vernünftig angegangen werden.
- Es wird versucht, Schwierigkeiten zu lösen, die nicht bestehen oder unlösbar sind.
- Probleme entstehen aufgrund von Paradoxien in Form von Double-Bind.

Auf dieser Grundlage kann der/die Berater/in bzw. Sozialarbeiter/in nun Kommunikationsstörungen beschreiben und mit folgenden Hilfen bearbeiten:

---

29 Siehe dazu auch das Kommunikationsmodell von Schulz von Thun (2001).

- Hilfe durch Metakommunikation
  - bei Störungen der Inhalts- und Beziehungsebene: Hier muss vom Inhaltsaspekt abgegangen, die Kommunikation unterbrochen und die Beziehung selbst zum Gegenstand der Kommunikation gemacht werden;
  - bei Störungen der Interpunktion: Hier sollen die Kommunikationspartner/-innen über ihre Ängste und Befürchtungen sprechen, ohne den/die Kommunikationspartner/in als Verursacher/in des eigenen Verhaltens zu belasten;
  - bei unreflektiert symmetrischen oder komplementären Kommunikationsabläufen: Eine (Meta-)Kommunikation über undiskutierte Bewertungen (z. B. von Rollen) kann zu einer Umwertung der gegenseitigen Zuschreibungen und damit zu einer veränderten (authentischeren) Kommunikation führen;
  - bei paradoxer Kommunikation aufgrund von Doppelbildung: Hier kann der/die Therapeutin das Symptom verschreiben und dadurch eine neue Paradoxie hervorrufen, die den Patienten/die Patientin dazu zwingt, sein/ihr symptomatisches Verhalten aufzugeben.
- Hilfe durch Einsetzen neuer Regeln: Da nach Watzlawick eine gestörte Kommunikation nicht von außen betrachtet werden kann, sind die Betroffenen einer gestörten Kommunikation nicht in der Lage, sich neu zu orientieren. Die Aufgabe des Beraters/der Beraterin liegt deshalb darin, neue Regeln zu definieren und das Durchhalten der Kommunikation nach neuen Regeln zu begleiten.
- Hilfe durch Umdeuten: Die Situation wird auf eine neue Interpretationsebene gehoben. Ein Beispiel dafür ist die „Konfusionstechnik", bei der in der Kommunikation die Erwartungen nicht erfüllt, sondern entgegengesetzte Erwartungen unterstellt werden, was zu einer „Überrumpelung" des/der Kommunikationspartner/in führen soll.

(3) Personenzentrierte Beratung

Nach Carl Rogers' Theorie der klientenzentrierten Beratung wird der Mensch von einer einzigen zentralen Energie, seiner angeborenen Tendenz zur Selbstaktualisierung, Selbsterhaltung und Selbstverwirklichung gesteuert. Diese Selbstaktualisierung ist ein beständiges Streben des Menschen, seine Entwicklungsmöglichkeiten zu entfalten und zu verwirklichen. Außerdem geht er davon aus, dass die vom Einzelnen erworbenen Erfahrungen im Rahmen eines „organismischen Bewertungsprozesses" in Beziehung gesetzt werden zu dessen Streben nach Selbsterhaltung bzw. Selbstaktualisierung. Erfahrungen, die Selbstaktualisierung ermöglichen, werden dabei vom Organismus als positiv bewertet und weiterhin angestrebt, Erfahrungen, die diese verhindern oder die Selbsterhaltung gar bedrohen, werden negativ bewertet und vermieden (Rogers 1992).

Ein Schlüsselbegriff von Rogers ist dabei der des „Selbstkonzepts", das aus dem Real-Selbst und dem Ideal-Selbst gebildet wird. Dieses Bewusstsein über sich selbst, über individuelle Fähigkeiten und Eigenschaften, Stärken und Schwächen erwirbt der Mensch bzw. das Kind vor allem durch Beziehungsbotschaften. Daher ist für Rogers die wertschätzende Haltung des/der Therapeuten/Therapeutin, Erziehers/Erzieherin oder Sozialarbeiters/Sozialarbeiterin, die gekennzeichnet ist durch Anerkennung, Achtung, Wärme und Rücksichtnahme, unabdingbar. Nur eine Wertschätzung seitens der Beratenden kann zu einem positiven Selbstkonzept und somit zu einer hohen Selbstachtung führen. Menschen mit einem positiven Selbstkonzept sind demnach in der Lage, über sich offen und umfassend nachzudenken. Sie können nach Lösungsmöglichkeiten suchen und sind bereit, ihr Selbstkonzept sowie die entsprechenden Verhaltensweisen zu ändern. Hingegen werden Menschen mit negativem Selbstkonzept und geringer Selbstachtung versuchen, ihre jederzeit leicht verletzliche Selbststruktur rigide zu verteidigen und zu schützen.

Förderliche Haltungen der Beratenden müssen demnach dazu beitragen, das zumeist schwache bzw. negative Selbstkonzept des Klienten/der Klientin zu stärken bzw. positiv aufzubauen. Förderliches Verhalten in der Beratung zeichnet sich demnach durch folgende Dimensionen aus (nach Tausch/Tausch 1998):

- Achtung, Wärme, Rücksichtnahme,
- Einfühlendes, nicht-wertendes Verstehen,
- Echtheit,
- fördernde, nicht-dirigierende Einzeltätigkeiten,
- geringe Lenkung (Autonomie).

Das Ziel des Beratungsprozesses ist es nicht, ein bestimmtes Problem zu lösen, sondern dem Individuum zu helfen, sich so zu entwickeln, dass es mit dem gegenwärtigen Problem und mit späteren Problemen auf bessere Weise fertig wird. Folgenden Methoden bzw. Techniken kommt im Rahmen des Beratungsprozesses eine wichtige Funktion zu:

- Spiegeln: Verbalisierung von Erlebnisinhalten durch die Technik des Spiegelns von Wünschen, Hoffnungen und Zielen. Dabei geht es nicht um ein „papageienhaftes" Wiederholen, sondern um ein konstruktives, weiterführendes Spiegeln, um das, was der/die Klient/in vielleicht noch nicht in Worte fassen kann oder was er/sie ausblendet, verfügbar zu machen.
- Aktives Zuhören: Dieser Begriff geht weit über das Hören hinaus und meint ein Wahrnehmen mit allen Sinnen.
- Strukturierung: Rekapitulieren, d. h. Zusammenfassen wesentlicher Punkte, Betonung des „Hier und Jetzt" (Was bedeuten Äußerungen zur Vergangenheit für die heutige Situation?), Gegenüberstellungen (einerseits – andererseits).
- Stimulierung zur Differenzierung: Perspektivenwechsel (Betrachtung von mehreren Standpunkten aus), Konkretisierung (abstrakte Aussagen konkreter formulieren), Akzentuieren (Übertreiben beim Spiegeln von Aussagen) und positive/negative Verbalisierung (wenn Aussagen positive wie negative Aspekte enthalten, wird einer der beiden zur weiteren Differenzierung aufgegriffen).
- Direkte Verhaltensstimulierung: Stimulieren und Bekräftigen von angemessenen Verhaltensweisen, Hinterfragen von unangemessenen Verhaltensweisen, Fragen stellen und konfrontieren.

(4) Mediation

Mediation kann als Form der Konfliktregelung verstanden werden, bei der sich die unmittelbar Betroffenen mit einem Vermittler/einer Vermittlerin auf die einvernehmliche Lösung eines Konflikts auf Zukunft hin zu verständigen suchen. Insgesamt geht es ähnlich wie beim Konfliktmanagement darum, ein für alle Beteiligten befriedigendes und sachorientiertes Arrangement zu finden, allerdings setzt das Verfahren der Meditation in der Regel die grundsätzliche Bereitschaft voraus, zu einer Einigung zu kommen.

Montada/Kals 2001 (S. 179–236) unterscheiden dabei insgesamt sechs Phasen, die ihrerseits in weitere Unterschritte aufgeteilt sind:

1. Vorbereitung
   Orientieren – Parteien zusammenstellen – Ziele klären – Rechte klarstellen – Regeln festlegen – Rahmenbedingungen festlegen – Mediationsvertrag festlegen.
2. Probleme erfassen und analysieren
   Probleme artikulieren – Probleme analysieren – erhoffte Gewinne durch den Konflikt klären.
3. Konfliktanalyse
   Tiefenstrukturen aufdecken – Bedingungen des Konflikts aufdecken.
4. Konflikte und Probleme bearbeiten
   Kreative Lösungsoptionen generieren – wichtige persönliche Anliegen bewusst machen – Anliegen nicht anwesender Dritter reflektieren – Lösungsoptionen bewerten.
5. Mediationsvereinbarung
   Eine Lösung auswählen – Begleitung und Überprüfung der Lösungsumsetzung vereinbaren – die Einigung vertraglich festhalten.
6. Evaluation und Follow-up
   Lösungsumsetzung kurz- und langfristig kontrollieren – summative Evaluation durchführen.

Nicht nur im Bereich der Sozialarbeit, auch im Bereich der Justiz setzt sich Mediation zunehmend als eigenes methodisches Konzept durch. Doch auch hier wie in anderen Bereichen liegen noch zu wenige empirische Forschungsergebnisse vor, die genügend Auskunft geben könnten, ob die vorliegenden Entwürfe über ihren programmatischen Charakter hinaus sich wirklich auch als praxistauglich erweisen können.

(5) Coaching

Unter Coaching versteht man die Begleitung und Betreuung von Einzelnen oder Teams durch einen ausgebildeten Coach mit dem Ziel, gemeinsam einen Weg zu „fahren", der für die Person für das Erreichen ihrer Ziele geeignet ist (Birgmeier 2010). Dabei muss der Coach sowohl die ethisch/konzeptionelle, die methodisch/instrumentelle wie die soziale bzw. die Ebene der Beziehungen im Blick haben. Grundsätzlich lassen sich die Formen des Einzel-Coaching, Projekt-Coaching, Projektleiter-Coaching, Gruppen-Coaching, Team-Coaching und Corporate Coaching unterscheiden.

Die Aufgaben eines Coach im Rahmen dieser Prozesse sind: erklären, zeigen, anweisen, kontrollieren, Feedback geben, gemeinsames Durcharbeiten von Problemen bzw. Situationen mit dem Ziel, neue Fähigkeiten auszuprobieren, und zu erwerben. Als Techniken können unterschiedlichste Formen oder die Delegation von Aufgaben verwendet werden.

Ein Coach kann unterschiedlichste Rollen ausüben, z. B. als

- Betreuer/in, der/die für einen längeren Zeitraum bei der Durchführung und Problembewältigung von Projekten, Lern- oder Arbeitsvorhaben konkrete Unterstützung leistet;
- Dozent/in, der/die Wissen vermittelt, Bildungsprozesse steuert, Fähigkeiten entwickelt etc.;
- Supervisor/in, der/die das Erfahrungslernen sowohl sachlich-fachlich als auch persönlich unterstützt;
- Therapeut/in, der/die persönliche Lebenshilfe bzw. Seelenhilfe in schwierigen inneren und/oder äußeren Lebenssituationen (im nichtärztlichen Sinne) gibt,
- Trainer/in, der/die Lernimpulse durch gezielte Übungen, Aufgaben, Spiele etc. setzt;
- Sponsor/in, der/die Initiativen, Aktionen, Entwicklungen unterstützt, mitträgt oder Gewicht verleiht;
- Starthelfer/in, der/die Initiativen, Innovationen durch Einbringen von Ideen anregt;
- Forscher/in, der/die Hilfen bei Tatsachenermittlung, Bildgestaltung, Diagnose etc. gibt, insbesondere durch Fragen und Ordnen, Hinterfragen und Deuten etc.
- Begleiter/in, der/die Prozesse des Suchens, Bearbeitens, Entscheidens etc. begleitet, moderiert und führt,

Gerade die methodische Vielfältigkeit und die Fülle der Rollen, die der Coach einnehmen kann, macht das Konzept für die Sozialarbeit grundsätzlich attraktiv. Dort wo Menschen – wie etwa im Rahmen eines Case-Management-Prozesses – sowohl unterstützt und begleitet als auch beraten etc. werden, erlaubt die Coaching-Perspektive einen neuen, weniger starren Blick auf die Rolle des Sozialarbeiters/der Sozialarbeiterin. Dieser muss sich allerdings bewusst sein, dass die Vielfalt der einnehmbaren Rollen auch zu einer Rollendiffusion und damit einhergehenden Konflikten führen kann, die dann doch wieder u. U. den Einbezug unterschiedlicher Personen bzw. Funktionen sinnvoll erscheinen lassen (Birgmeier 2010).

(6) Biografie-Arbeit

Biografisches Denken, so wie dies Dorothee Roer (2012) interpretiert, setzt an der Nahtstelle von Individuum und Gesellschaft an. Dabei erweist sich die Gesellschaft aber nicht als zwingende Folie oder Hindernis bei der (Re)Konstruktion der eigenen Biografie, sondern als ein Options- oder Handlungskontext (Heinz, zitiert ebd., S. 55), der es erlaubt, sich selbst als „biografischen Akteur" zu positionieren und selbsttätig in vorhandene „Sozialisations- und Selektionsprozesse" einzubinden (ebd.).

> „Indem Selbstsozialisation zunehmend zu einem Selbstgestaltungsprozess wird, indem Entscheidungen im Lebenslauf sich mehr und mehr an biografischen Relevanzkriterien orientieren, gewinnt Biografie fortschreitend an Struktur, an Kohärenz, sie wird immer mehr zu einer Identität stiftenden Instanz, zu einem ‚Wegweiser' zukünftiger Entwicklung. (...) Identitätsmuster werden lockerer, räumlich und zeitlich weniger fixiert, vielfältiger; Begriffe wie Multiplizität, Patchwork- oder Chamäleon-Identität beschreiben diese Veränderungen bildhaft" (ebd.).

Vor dem Hintergrund dieser theoretischen Bestimmung des Menschen kann jeder nun das eigene Leben durch „Selbstinterpretation, Kommunikation und kollektive Analyse biografischer Erzählungen" (ebd., S. 56) in Besitz nehmen. Daraus folgt der Auftrag an die Soziale Arbeit, nicht nur dieses Wissen über das Denken und Handeln biografischer Akteure ganz allgemein zu erfassen. Zugleich kann der Frage nachgegangen werden, wie Menschen unter den Bedingungen von Armuts- und Exklusionskontexten ihr Wissen nutzen, um sich gegen die damit verbundene gesellschaftliche Unterprivilegierung (strategisch) zur Wehr zu setzen. Dabei kommt es nach Roer darauf an, das Handeln der Klientel weder als Anpassung ermöglichendes Kapital an Ressourcen, noch als „revolutionäres Potenzial" zu interpretieren, sondern es als „realen Ausdruck der Widersprüche ihrer realen Lebenswelt und Biografie" (ebd., S. 59) zu interpretieren.

Biografisches Arbeiten zielt demnach darauf ab, den „NutzerInnen Sozialer Arbeit" die Möglichkeit zu geben,

- „sich selber als biografische AkteurInnen, ExpertInnen ihres eigenen Lebens zu sehen";
- ihre Biografie „als Ressource zu erkennen, dabei Festlegungen und Zerstörungen von Lebensperspektiven nicht zu übersehen und Lösungen als Schritte zur Selbstbemächtigung zu entwickeln";
- das eigene Leben in Besitz zu nehmen und „biografisch ‚endogene', wirklich in der Lebenswelt des Subjekts beheimatete Lösungen" zu entwickeln (ebd., S. 60 f.).

Im Rahmen einer gesprächsorientierten Biografiearbeit hat Völzke (1997) an einem praktischen Beispiel deutlich gemacht, wie Sozialarbeiter/innen biografische Aspekte dadurch erfassen können, dass sie Klienten/Klientinnen dazu bringen, Geschichten zu erzählen. Weil dies oft schwierig ist, schlägt er folgende „Gesprächsregeln zur Hervorlockung von Geschichten" vor:

> „1. In einer erzählrelevanten Alltagssituation oder zu Beginn einer Beratungssituation durch einen gezielten Gesprächsimpuls die Adressatin bzw. den Adressaten einladen, die „Erzählschwelle" zu überwinden.

2. *Entstehen kleinere oder größere Gesprächspausen, dann sollen diese möglichst ausgehalten und nicht vorschnell unterbrochen werden.*
3. *Nach Pausen oder anderen Unterbrechungen durch vorsichtiges Nachfragen an bereits erwähnte Inhalte anknüpfen.*
4. *Das biographische Gespräch wird vor allem durch zugewandtes, aktives Zuhören aufrechterhalten und strukturiert.*
5. *Von entscheidender Bedeutung für die Entwicklung eines konsistenten „roten Fadens" ist die Zurückhaltung mit eigenen Bewertungen und Deutungen des Erzählten" (ebd., S. 271 ff.).*

Biografisch orientierte Fallrekonstruktion sowie Fallbearbeitung erlauben es den Sozialarbeitern/Sozialarbeiterinnen, ihre Interventionen „auf ihre Kompatibilität mit dem biografischen Menschenbild" (ebd.) hin zu überprüfen. Dies kommt dann in neuen Formen des Respekts, der Empathie und der Distanz zum Ausdruck. Denn die Klienten/Klientinnen werden hier als Experten/Expertinnen ihrer eigenen Biografie betrachtet, Problemlösungen sind jetzt nur noch vor dem Hintergrund der durch die jeweilige Biografie vorgezeichneten Möglichkeiten machbar. Natürlich muss und wird die Biografie-Arbeit auch Auswirkungen auf die Sozialarbeiter/innen selbst haben: In dem Maße, wie sie diese Methoden anwenden, werden sie sich selbst ihrer Biografien bewusst und beginnen damit, sich sozialpolitisch zu positionieren und aktiv zu handeln.

(7) Kasuistik

Nach Maja Heiner (2009) kommt der Sozialen Arbeit insbesondere die Aufgabe zu, Ratsuchenden eine oder mehrere Deutungen ihrer Lebenssituation vorzuschlagen, die ihnen dabei helfen, „ihre Probleme in neuem Lichte zu sehen und ungewohnte Lösungsansätze auszuprobieren" (ebd., S. 1). Damit aber solche Deutungen nicht in die Irre führen, sondern einen konkreten Beitrag zur Erfassung oder Überwindung einer bestimmten Problemsituation leisten können, ist seitens des Sozialarbeiters/der Sozialarbeiterin die Kompetenz des Fallverstehens, „d. h. die Fähigkeit der Verknüpfung von verallgemeinerbaren, wissenschaftlich fundierten Erkenntnissen mit der Erfassung der Besonderheiten des Einzelfalles" (ebd.) erforderlich. Die im Laufe der beruflichen Tätigkeit über die zahlreichen Einzelfälle gewonnenen (Teil-) Erkenntnisse und das daraus entstandene allgemeine Wissen über die jeweilige Fallgruppe ergänzen sich so gegenseitig und ermöglichen den Sozialarbeitern/Sozialarbeiterinnen die Entwicklung einer „kasuistischen Kompetenz". Diese besteht dann

- zum einen darin, solche Fälle „analytisch" identifizieren zu können, „die mehr als andere Einzelfälle geeignet erscheinen, entweder alle Aspekte eines allgemeinen Tatbestandes darzustellen oder dies in besonders anschaulicher und idealtypischer Weise zu tun";
- zum anderen darin, einzelne Fallzuordnungen „kommunikativ" zu erschließen und in der „Begegnung" mit den Klient/innen sich „subjektiv" über die Richtigkeit der jeweiligen Annahmen zu vergewissern (ebd., S. 2).

Beide Teilkompetenzen tragen dann dazu bei, zukünftige Verstehens- und Einordnungsprozesse leichter durchführen und damit verbundene Entscheidungen bzw. Lösungsvorschläge besser ableiten zu können. Dies darf jedoch nicht darüber hinwegtäuschen, dass es „den" Fall nicht gibt, sondern dass es sich hier immer um Falldarstellungen „zweiter Ordnung" handelt, die selbst noch („Fall dritter Ordnung", ebd., S. 7) hinterfragt bzw. „dekonstruiert" werden können, um die Fallanalysen ertragreich zu gestalten.

Nach Heiner gilt es sich im Rahmen solcher kasuistischer Prozesse nicht nur des Konstruktionscharakters von Fällen bewusst zu bleiben, sondern es muss auch erkannt werden, dass Falldarstellungen unterschiedlich inszeniert oder instrumentalisiert werden können, etwa als

- Demonstrationsfall: Hier soll etwas präsentiert, belegt, illustriert und begründet werden; es geht dabei darum, Gewissheit zu schaffen und möglicherweise Entscheidungen zu begründen.
- Kaleidoskopfall: Hier erlaubt die Falldarstellung eine mehrdimensionale und vielfältige Deutung, wobei es um die Erkenntnis geht, dass Fälle immer alternativ interpretiert und unterschiedlich aufgelöst werden können.
- Konfusionsfall: Hier erhofft man sich von der Falldarstellung eine Klärung oder Hilfen bei der Einordnung. Dieser Fall ist für den/die Autor/in „vor allem eine Quelle der Irritation und Verunsicherung" (ebd., S. 12).

Ob in der Ausbildung, der Praxis (im Rahmen der Fallbesprechung) oder im Bereich der Wissenschaft angewendet, stets gilt es die entsprechenden Intentionen und damit verbundenen Möglichkeiten der Fallanalyse zu entwickeln und zu nutzen. Allerdings muss dabei beachtet werden, dass kasuistische Verfahren nur dazu dienen können, „eine systematische Unterscheidung und einen Abgleich zwischen Fallbeobachtung, Falldarstellung und Fallinterpretation" (Binneberger, zitiert in ebd., S. 17) durchzuführen. Aus dem jeweiligen Ergebnis darf aber nicht ohne Weiteres abgeleitet werden, was im jeweiligen Fall getan werden kann oder muss. Wir wissen jetzt nur, was der Fall ist, die Entscheidung über mögliche Hilfen für diesen Fall kann hermeneutisch betrachtet nur aus einer Kombination von wissenschaftlich begründetem Fachwissen und praktisch gewonnenem Erfahrungswissen getroffen werden (Thiersch 2015, S. 48).

(8) Hermeneutische Diagnostik

Die Frage, ob die hermeneutische Soziale Arbeit bereits über genügend methodische Instrumente verfügt, um leistungsfähige Formen einer auf dem Theorem der „stellvertretenden Deutung" beruhenden „objektiven" Diagnostik zu entwickeln, wird kontrovers diskutiert. Auf der einen Seite wird hier kritisiert, dass durch Diagnosen immer schon Etikettierungs- und Stigmatisierungsprozesse begünstigt werden, auf der anderen Seite wird die Frage gestellt, ob das für eine solche „Verfahrensmechanik" der „Subsumption eines Einzelfalles unter ein Generelles notwendige Wissen überhaupt vorhanden ist" (Peters 1999, S. 4 f.). Als sicher gilt, dass – zumindest im Bereich der Jugendhilfe – ständig Fall- und damit Hilfeentscheidungen getroffen werden müssen, die, da sie mit erheblichen Kosten und teilweiser Einschränkung der Rechte der Betroffenen (z. B. bei Sorgerechtsentzugsverfahren) verbunden sind, nicht immer – im Rahmen von in Hilfekonferenzen anvisierten Konsensfindungen – gelöst werden können. Denn im Unterschied zu einer klassischen psychosozialen Diagnostik, die auf der Basis von empirischen Belegen erstellt wird, für die es heute bereits vielfältige Instrumentarien gibt und die konkrete Entscheidungsfindungen unterstützen soll (siehe dazu Kap. 15.4), dient die sozialpädagogisch-hermeneutische Diagnose dem/der Sozialarbeiter/in nach Uhlendorff (1997) (nur!) dazu, zwischen der subjektiven Sichtweise Jugendlicher und allgemeinen Entwicklungserwartungen zu vermitteln. In diesem Fall geht es also nicht um eine Festschreibung eines Zustandes, sondern um die kontinuierliche und differenzierte Beobachtung z. B. eines Jugendlichen im Entwicklungsverlauf. Der wissenschaftliche Stellenwert solcher Einschätzungen kann also begrenzt bleiben und eine hermeneutische Reflexion durchaus ausreichend und angemessen sein.

10.5 Zusammenfassung und Bewertung

Hermeneutisches Denken spielt in der Sozialen Arbeit historisch und aktuell nach wie vor eine überragende Rolle. Zielobjekt jeder Beeinflussung ist in dieser Theorie das konkrete Individuum, der Mensch, dem als Kind, Jugendliche/r, Erwachsene/r, als Betreute/r etc. auf eine passende und damit höchst individuelle Weise geholfen werden muss. Daher misst diese Theorie vor allem der Gestaltung der helfenden Beziehung und der auf persönlicher Erfahrung beruhenden Interpretation der individuellen Situation der Klienten/Klientinnen eine wichtige Bedeutung bei. Jede/r Einzelne muss individuell „verstanden" und entsprechend personorientiert unterstützt werden. Gesellschaftliche Bedingungen können sich dabei als hilfreich, aber auch als erschwerend erweisen. Das hermeneutische Denken konstituiert sich „sozial-pädagogisch", darin geht es nicht nur um die Unterstützung der Autonomie und Eigeninteressen der Klientel, sondern immer auch um die Gestaltung gesellschaftlicher Bedingungen, die dem Menschen ein „gutes" Leben erlauben. Allerdings geschieht dies nicht in einem kritischen, reformatorischen Sinn, sondern eher im Rahmen eines an den institutionalisierten Traditionen orientierten, auf Sicherheit bedachten und schützenden Vorgehens.

> *„Hermeneutische und lebensweltheoretische Ansätze lassen sich dadurch kennzeichnen, dass sie an Fragestellungen, Problemen oder Interessen anknüpfen, die im unmittelbaren Lebenszusammenhang von Klienten entstehen. Mit diesem Ausgangspunkt verbunden sind bestimmte methodische Prinzipien der Sozialarbeit, die sich in lebensweltorientierten Konzepten auffinden lassen: Sie sind gekennzeichnet durch Verfahren des Rekonstruierens, Deutens, Verstehens und Erzählens, durch die Prinzipien der Arbeitsgemeinschaft, der Selbsttätigkeit, der Selbstbestimmung, durch die Projekt- und Fallmethode sowie durch das Konzept offener Erfahrungs- und Lernorte"* (Dewe 1998, S. 18).

Wissenschaftstheoretisch gesehen können die klassischen methodischen Vorgehensweisen, die wir vor allem aus den zwanziger Jahren des vergangenen Jahrhunderts kennen, kaum mehr legitimiert werden. Drei moderne theoretische Zugänge bieten sich daher an:

- Nach Haupert/Kraimer kann dem einzelnen Menschen nur dann adäquat geholfen werden, wenn der dafür notwendige Verstehens- und Interpretationsprozess auf der Basis qualitativer Verfahren der Sozialforschung erfolgt und der Klientel ein Recht auf Mitbestimmung im Hilfeprozess eingeräumt wird. Damit wird aus dem individuellen Menschen ein „Fall", der beobachtet, analysiert und unterstützt werden kann. Auf diese Weise wird die Soziale Arbeit zu einer „Kunst des Fallverstehens".
- Nach Thiersch erweist sich diese Betrachtungsweise als zu eng und muss durch eine stärker „ganzheitliche" und damit lebensweltorientierte Betrachtungsweise erweitert werden. Ohne Kenntnis des konkreten Alltags der Adressaten/Adressatinnen lassen sich seiner Ansicht nach keine sinnvollen Hilfeangebote entwickeln. Diese müssen daher über den pädagogischen Bezug hinausreichen und in die Institutionen der Gesellschaft hinein ausgeweitet werden. Ziel einer solchermaßen lebensweltorientierten Sozialen Arbeit ist es dann, vielfältige Hilfen, vor allem in Form von Institutionen und Organisationen, bereitzustellen, die dazu beitragen, dass jeder Mensch in der Gesellschaft seinen (gerechten) Platz findet.
- Die Vertreter/innen der Sozialraumorientierten Sozialen Arbeit plädieren dafür, den lebensweltorientierten Ansatz stärker empirisch zu denken, sodass eine Unterstützung der Lebenswelten und Lebenslagen der Betroffenen auch fallunspezifisch und flexibel erfolgen kann. Zudem erlaubt die Kenntnis über Daten im Sozialraum eine raumbezogene Steuerung und eine damit möglich werdende Stärkung integrativer Kräfte.

Die verschiedenen hermeneutischen Modelle zeichnen sich durch Dialogbereitschaft und Prozessorientierung aus. Im Rahmen der Aufgabenzentrierten Sozialarbeit, der nachgehenden Betreuung, der Krisenintervention, Präventionsarbeit etc. gibt es keine klaren Vorgaben, immer geht es darum, Lebenssituationen zu interpretieren, Fälle zu analysieren und so zu typisieren, dass erfolgversprechende Handlungsoptionen deutlich werden. Methodisch haben Verfahren Vorrang, die auf Kommunikation, Interpretation, Anerkennung, Dialog etc. setzen.

Damit bringt die hermeneutische Denkweise den Vorteil mit sich, dass sich die Sozialarbeiter/innen im Rahmen von Hilfeleistungen qua Interpretation und Kommunikation der jeweiligen Situation sehr individuell auf die einzelnen Klientinnen und Klienten einlassen können. Dieses individuelle und partiell intuitive Verfahren birgt allerdings auch die Gefahr, dass die jeweiligen Formen zu individuell gestaltet und legitimiert und dadurch ineffektiv und dezisionistisch geraten können. Dabei kommt der „Lebenserfahrung" der jeweiligen Sozialarbeiter/innen eine möglicherweise auch durchaus problematische Rolle zu. Grundvoraussetzung in diesem Ansatz ist, dass die Sozialarbeiter/innen in der Lage sind, den Klienten und Klientinnen genügend „Empathie" (wie wir heute anstelle von „Liebe" sagen würden) entgegenzubringen. Die lebensweltorientierten Begleiter/

-innen bringen sich so in eine Position der Stärke, die möglicherweise nicht statthaft ist und zudem missbraucht werden kann.

Natürlich bilden die Erkenntnisse und Methoden der hermeneutischen Sozialarbeitswissenschaft einen unverzichtbaren Kern der Sozialen Arbeit. Ohne den Versuch, Lebenswelten und Lebenslagen zu verstehen, ist eine am Individuum orientierte Hilfe nicht möglich. Interessanterweise geht auch die systemisch-konstruktivistische Sozialarbeitswissenschaft (siehe Kap. 14) von der Notwendigkeit des Verstehens im Hilfeprozess aus, allerdings unter der (paradoxen) Annahme, dass Verstehen aufgrund der Autonomie und Selbstbezüglichkeit der Klientel nur ansatzweise möglich ist und Hilfe deshalb nur unspezifisch, d. h. lösungsoffen, indirekt etc. erfolgen muss. Weitere Kritikpunkte aus Sicht der anderen Theorien liegen auf der Hand: das fehlende Bemühen um wissenschaftlich-empirische Absicherung der Erkenntnisse, die unkritische Haltung gegenüber der gegenwärtigen Gesellschaft, die Unfähigkeit, den Lebensweltbegriff materiell (im Sinne einer Theorie vom guten Leben) zu interpretieren etc.

Hermeneutische Theorien der Sozialen Arbeit machen deutlich, dass die Lebenswelt ein Ort des sozialen Zusammenhangs von Menschen ist, an dem Hilfe ansetzen kann und muss. Was sich aus der damit verbundenen „Nähe" allerdings ergibt und wie Hilfe konkret aussehen kann, muss offen und letztendlich der Kommunikation der Beteiligten (d. h. der gemeinsamen Zukunft) überlassen bleiben. Da wir aber nicht erst seit Luhmann wissen, dass es in der funktional differenzierten Gesellschaft keine/n privilegierte/n Beobachter/in mehr gibt (Luhmann 1987, S. 29, in Felsch 2015, S. 264), sollten sich die Sozialarbeiter/innen mit zu konkreten Rat„schlägen" zurückhalten: Denn in Anlehnung an einen Satz von Deleuze/Guattari muss heute gelten: „In der Lebenswelt gibt es nichts (bzw. nicht viel, d. V.) zu verstehen, aber viel, womit man etwas anfangen kann!" (in: Felsch 2015, S. 269).

11 NORMATIVE SOZIALARBEITSWISSENSCHAFT

11.1 Das Paradigma: Helfen als Normieren und Aufbauen

Die normative Wissenschaftsperspektive wurde vor allem in den Handlungswissenschaften Politik, Ökonomie, Recht und Pädagogik entwickelt. Normativen Theorien liegt in der Regel die Absicht zugrunde, unterschiedlichste Elemente oder Theoreme (z. B. über die Natur des Menschen, über seine Gottebenbildlichkeit etc.) zu einem Theoriekonzept zu verweben, aus dem sich dann oberste Werte (wie z. B. Glück, Gerechtigkeit, Frieden etc.) ableiten lassen, die dann als Ziele formuliert und handlungsleitend konkretisiert werden können. Eine „Allgemeine Pädagogik aus dem Zweck der Erziehung" abzuleiten und auf Normen und Werte zu begründen, die – der Ethik entnommen – in der Erziehung gelten sollten, ist insbesondere von Johann Friedrich Herbart (1806) und den „Neukantianern" versucht worden. Für den Bereich der Sozialpädagogik hat vor allem Paul Natorp (1985) eine normative Theorie entwickelt, die davon ausgeht, dass sich soziale Probleme in dem Maße auflösen, in dem sich die Menschen zu moralischen Subjekten in moralischen Gemeinschaften entwickeln werden. Ziel aller sozialpädagogischer Bemühungen sollte es dementsprechend sein, den einzelnen Menschen in einem (Hegel'schen) Dreischritt von der Natur (Familienerziehung), zum Verstand (schulische Erziehung) und dann schließlich zum Zustand der Vernunft (universitäre Bildung) zu führen. Denn in diesem Zustand, welcher der „Idee der Bildung" entspricht, sieht Natorp das Ziel erreicht: die Vervollkommnung des Menschen nach allen Seiten hin.

So wichtig das Nachdenken über mögliche oberste Normen und Ziele in Pädagogik und Sozialer Arbeit ist, so groß sind allerdings auch die damit verbundenen (erkenntnistheoretischen) Gefahren. Bereits der Soziologe Max Weber hat auf die Problematik hingewiesen, die entsteht, wenn Sachverhalte mit Werturteilen verbunden werden und vor „Kathederpropheten" gewarnt. Wer heute noch eine normative Theorie entwickelt, kann daher immer mit drei grundsätzlichen Einwänden rechnen:

1. Logischer Fehlschluss: Normative Aussagen weisen auf etwas hin, was sein soll. Wie kommt man aber z. B. zur Norm „Glück" (Alle Menschen sollen glücklich sein!). Wer sagt, dass wir alle glücklich sein sollen/können? Aus dem Sein des Menschen lässt sich diese Norm nicht logisch ableiten!
2. Werturteilsfreiheit: Normative Aussagen (wie z. B. Sei glücklich!) lassen sich mit den Methoden der modernen Wissenschaften nicht erfassen oder beobachten. Werturteile lassen sich auch keiner wissenschaftlichen Prüfung unterziehen. Damit müssen sie als unwissenschaftlich ausgeschieden werden.
3. Deduktionsproblem: Aus dem, was sein soll, z. B. „Glück", lässt sich noch lange nicht eindeutig ableiten, welche Schritte unternommen werden sollen, damit alle Menschen diesen Zustand erreichen. Paradoxien entstehen (Darf/muss man Jemanden zu seinem Glück „zwingen"? etc.) und können wissenschaftlich nicht aufgelöst werden.

11.2 Normative Theorien der Sozialen Arbeit

Die modernen normativen Theorien, die im Folgenden vorgestellt werden, versuchen den o. a. Einwänden vor allem dadurch zu begegnen, dass sie das Begründungsproblem von Normen insbesondere auf drei Wegen zu lösen versuchen:

1. Naturalistisch: Oberste Normen werden nicht einfach „a priori" gesetzt, denn dadurch würde man sich dem Vorwurf der Spekulation aussetzen, sondern als „evident" bezeichnet, weil sie sich aus den Bedingungen des Menschseins, z. B. aus „primären oder Bio-Werten" (Obrecht 2015, S. 1) heraus begründen. Ein beispielhafter Entwurf einer solchen Theorie stammt von Sylvia Staub-Bernasconi und Werner Obrecht (Kap. 11.2.1);
2. Intutionistisch: Oberste Normen werden auf einen sozialpolitischen Konsens zurückgeführt, der im Rahmen eines weltweiten Diskurses entstanden ist. Eine solche Theorie bietet uns insbesondere Dieter Röh, der sich dabei auf den Capability-Ansatz von Amartya Sen und Martha Nussbaum bezieht (Kap. 11.2.2);
3. Dezisionistisch: Oberste Normen werden weltanschaulich begründet oder vorhandenen Glaubenssystemen (Christentum, Anthroposophie etc.) entnommen, was zur Folge hat, dass die daraus abgeleitete Theorie keinen universalistischen Anspruch erhebt. Beispielhaft hierfür steht die an christlichen Werten orientierte Theorie der Sozialen Arbeit von Andreas Lob-Hüdephol (Kap. 11.2.3).

11.2.1 Systemisch-prozessuale Soziale Arbeit

Theoretische Grundlagen
Sylvia Staub-Bernasconi und Werner Obrecht orientieren sich mit ihrer systemisch-prozessualen Theorie an der Systemtheorie von Mario Bunge (1989; 1996), einem argentinisch-stämmigen Philosophen und Wissenschaftstheoretiker, der hier – aufgrund der Komplexität und Vielschichtigkeit seiner Argumentation – nicht im Original, sondern vor allem auf der Basis der Ausführungen von Michael Klassen (2010) vorgestellt werden soll. Warum es sich bei der Theorie von Staub-Bernasconi um eine normative handelt, hängt vor allem damit zusammen, dass Bunge eine philosophische Position entwickelt, die „die metatheoretischen und objekttheoretischen Voraussetzungen einer Sozialarbeitswissenschaft" als Basis für eine „allgemeine theoretische wie normative Handlungstheorie" (ebd., S. 78) bietet. Nach Bunge lassen sich im Rahmen seiner Theorie auch normative Fragestellungen lösen, da diese seiner Ansicht nach dazu in der Lage ist, aus elementaren Gesetzmäßigkeiten heraus übergreifende Aussagen über das Ganze zu ermöglichen (Klassen 2010, S. 11).[30] Warum der

---

30 Eine wichtige Rolle bei der Strukturierung und Entwicklung der Welt und der Gesellschaft spielen dabei verschiedene Arten von Systemen, wie z. B. Systeme von Objekten (Moleküle, Organismen, Menschen etc.), die sich zu Sub- oder Suprasystemen (selbst)

Ansatz von Staub-Bernasconi hier sehr ausführlich behandelt wird, hängt damit zusammen, dass sie im deutschsprachigen Raum auch unter Studierenden und Praktikern/Praktikerinnen eine riesige Anhängerschaft hat, die aber häufig nicht mit den Originaltexten vertraut und somit zur Kritik dieses Ansatzes nicht in der Lage ist.

Nach Bunge besitzen Systeme „emergentische Eigenschaften"; damit soll zum Ausdruck gebracht werden, dass das System mehr als die Summe seiner Teile ist. Systeme entstehen dadurch, dass Objekte sich systemisch organisieren, ihrerseits können Systeme – als Subsysteme – zu Komponenten eines Suprasystems werden (ebd., S. 34). Den Menschen selbst betrachtet Bunge als psychobiologisches System, das aufgrund seiner Fähigkeit zur Emergenz materialisiertes „Lebendig-Sein" (ebd., S. 40) ermöglicht. Alles Lebendige strebt nach „bevorzugten Zuständen oder (Soll-)Werten", die sich psychobiologisch ableiten lassen und daher „organismischer Natur" sind. Gesellschaft wiederum bildet für Bunge eine emergentische Ganzheit, in der „jede soziale Veränderung eine Veränderung in der Gesellschaftsstruktur und daher eine Veränderung sowohl auf der sozialen als auch auf der individuellen Ebene" (Bunge 1996, S. 267, zitiert in ebd., S. 51) bewirkt.

Aus diesen Prämissen zieht Bunge vor allem zwei Schlussfolgerungen:
(1) Die ethisch-logische Schlussfolgerung geht davon aus, dass – aufgrund der gegenseitigen Bedingtheit alles Lebendigen – die Handlungen der konkreten Individuen und sozialen Akteure das Ziel der Bedürfnisbefriedigung aller verhindern oder ermöglichen können. Ziel jeglichen Lebens ist demnach der Zustand des „Wohlbefindens", ein Zustand, in dem jedes System bzw. jedes Individuum die Chance hat, seine „legitimen Wünsche zu verfolgen" (Bunge 1989, S. 46 f. in: ebd., S. 71). Dabei lassen sich zwei Befriedigungszustände voneinander unterscheiden

- Die Erfüllung primärer (Fragen von Leben und Tod) und sekundärer „objektiv-bio-psychologischer" Bedürfnisse (Fragen von Gesundheit und Krankheit) tragen zum Zustand des „Wohlbefindens" bei.
- Die Erfüllung tertiärer Bedürfnisse (d. h. das subjektive Gefühl, alle seine Bedürfnisse und Wünsche befriedigen zu können) ist die Voraussetzung für das Empfinden von „Glück" (ebd., S. 71).

Nach Bunge hat der Mensch nur ein Anrecht auf „Wohlbefinden", und dieses Recht kann und muss durch einen entsprechenden Ausgleich von Geben und Nehmen umgesetzt werden. Sein kategorischer Imperativ lautet demzufolge: „Erfreue Dich des Lebens und verhilf anderen, sich des Lebens zu erfreuen!" (ebd., S. 77).

---

organsieren können, oder soziale Systeme, die sich aus „geselligen Tieren" oder „menschlichen Individuen" zusammensetzen und die sich durch kollektive Eigenschaften und Aktivitäten auszeichnen. Diese können in „aggregierte", *strukturelle* (oder *relationale*") und *globale oder emergente* Eigenschaften unterschieden werden (ebd., S. 34 f., Hervorhebung i. O.).

(2) Die erkenntnistheoretische Schlussfolgerung geht davon aus, dass Wissenschaft eine Vielfalt an Erkenntnismethoden (wie z. B. Intuition, Erfahrung, Handlungskompetenz, Vernunft, Konstruktion, kommunikative Kompetenz) zulassen und aufeinander beziehen muss. Wissen kann also kumulativ erworben werden, was zur Folge hat, dass sich die einzelnen, auf der Basis der verschiedenen Methoden gewonnenen Erkenntnisse zu einem Ganzen zusammenfügen lassen. Das damit verbundene Vorgehen bezeichnet Bunge als „wissenschaftlichen Realismus" (ebd., S. 17). Ziel der Sozialarbeitswissenschaft muss es dementsprechend sein, auf der Basis wissenschaftlicher Methoden einen „gesellschaftlich organisierten Zugang zur Wirklichkeit" zu finden und darauf aufbauend „systematische Beschreibungen, „Theorien" und „Interventionstheorien" zu entwickeln (ebd., S. 12).

Vor dem Hintergrund dieses normativ-rationalen Paradigmas entwickelt Staub-Bernasconi ihre Theorie einer systemisch prozessualen Sozialen Arbeit. Ihrer Ansicht nach ist nur ein systemisch-prozessualer Ansatz in der Lage, die Komplexität der Wirklichkeit und damit zugleich den ganzen Menschen zu erfassen (Staub-Bernasconi 1994, S. 13; 2002, S. 246 ff.).

„Aufgrund der Prozeßualität bzw. Systemizität der Wirklichkeit und zur Zeit bereits empirisch überprüfter Theorien kann angenommen werden, daß sich Einflussnahmen auf eine Problemkonfiguration auch auf ‚benachbarte', d. h. mit dem erfaßten Problem relativ eng zusammenhängende Merkmale und Sachverhalte auswirken. Das heißt: Eine Veränderung in der sozioökonomischen Ausstattung, der ökologischen Umwelt oder im körperlichen Bereich kann (muß aber nicht) über Wahrnehmungs-, bildgebende und deutende Prozesse des Zentralnervensystems zu Veränderungen in der neuronalen Vernetzung und bei den psychischen Funktionen, den Erkenntniskompetenzen oder dem Sprachvermögen führen; eine Veränderung in den psychischen Funktionen kann (muß aber nicht) zu einer Veränderung der Bilder, Theorien und Werte oder des offenen Verhaltens, der Handlungskompetenzen und Kommunikationsmuster eines Menschen führen; eine Veränderung der Handlungskompetenzen kann (muß aber nicht) zur Veränderung der sozioökonomischen Position, des Kontextes, des sozialen Netzes, der Austauschmuster, der Behinderungs- oder Begrenzungsregeln eines sozialen Systems führen. Oder umgekehrt: Die Veränderung der sozialen Strukturregeln eines sozialen Systems, einer Organisation kann wiederum (muß aber nicht) zu Veränderungen im Verhalten der Mitglieder dieses Systems führen. Solche Hypothesen zu verfeinern und zu überprüfen, ist Aufgabe der Human- und Sozialwissenschaften, und zwar als Grundlagen und Evaluationsforschung" (Staub-Bernasconi 1994, S. 59 f.).

Während das kommunikative Selbstverständnis davon ausgeht, dass die Rolle der Sozialen Arbeit „im Kontext gegebener Sozialpolitik und neben den anderen Hilfe- und Unterstützungssystemen bescheiden" (Thiersch 1996, S. 13) ausfallen muss, erweitert Staub-Bernasconi den Horizont der Sozialen Arbeit. Indem sie an den Wurzeln der klassischen Armen- und Sozialfürsorge ansetzt, erinnert sie daran, dass es – auch in Zeiten relativen Wohlstandes – nicht nur darum gehen darf, Hilfe als Aufklärung lediglich pädagogisch bewusstseinsbildend anzulegen, sondern sie in einem umfassenden Sinne, auch als ganz konkrete physische, rechtliche, ökologische, ökonomische, politische etc. Intervention zu sehen. Damit lassen sich alle sozialen Probleme auf eine nicht angemessene Bedürfnisbefriedigung bzw. einen nicht angemessenen Bedürfnisausgleich zurückführen. Dabei wird der Bedürfnisbegriff von Staub-Bernasconi („wegen ihrer in der Struktur des Organismus verankerten Natur", Staub-Bernasconi 1995, S. 129) biologisch gefasst, universalisiert und so zum Dreh- und Angelpunkt ihrer Theorie.

Das Problem des Menschen (und damit der Sozialen Arbeit) besteht also darin, „Probleme der Bedürfnisbefriedigung und Wunscherfüllung (...) innerhalb der Struktur sozialer Systeme und in Kooperation und Konflikt mit anderen Menschen" (ebd., S. 130) lösen zu müssen. Der gesellschaftliche Ort der Sozialen Arbeit ist für Staub-Bernasconi insbesondere „der Bereich kumulativer sozialer Probleme und damit die gesellschaftliche Peripherie" (Staub-Bernasconi 1994, S. 55). Von diesen Problemen betroffen sind insbesondere

„Menschen als Mitglieder von sozialen (Teil-)Systemen mit mehrfachen, sich überlagernden und gegenseitig verstärkenden Ausstattungs-, Austausch-, Macht- und Kriterienproblematiken, die sie aufgrund der ihnen zur Verfügung stehenden Ressourcen nicht selber zu lösen vermögen" (ebd.).

Diese Bedürfnisse können nur „innerhalb der Struktur sozialer Systeme und in Kooperation und Konflikt mit anderen Menschen" (Staub-Bernasconi 1995, S. 130) erfüllt werden. Dazu müssen die Menschen „Bedürfnisse und Wünsche im Lichte von sozialen Strukturen und umgekehrt soziale Strukturen im Lichte von Bedürfnissen und Wünschen" bewerten und „entsprechende Ethiken als Systeme von Normen über ökologisch, psychisch, sozial und kulturell wünschbare Handlungsfolgen" (ebd., S. 131; Klassen 2010, S. 70 ff.) konzipieren. Im Rahmen soziokultureller Systeme entwickeln sich dann Strukturregeln, die es erlauben, „die Bedürfnisse ihrer Mitglieder maximal, weitgehendst, teilweise, d. h. selektiv und minimal zu befriedigen oder gar zu negieren und – je nach Interesse und Macht – mit oder ohne direkte Gewalt zurückzubinden" (ebd., S. 133). Dort, wo es schließlich zu Ungereimtheiten kommt, hat die Soziale Arbeit die Aufgabe, gesellschaftliche Antworten auf Problemkonstellationen zu geben, „in denen die sozialökologischen, psychischen, sozialen und kulturellen Ressourcen der Bedürfnisbefriedigung fehlen bzw. nicht dank sozialer Beziehungen und Mitgliedschaften eigenständig erschlossen werden können" (ebd., S. 134).

„Bedürfnisse, die unabhängig von einem kulturellen oder politischen Konsens erfüllt sein müssen, um menschliche Erhaltung und Entfaltung zu ermöglichen, bezeichnen wir als Grundbedürfnisse. Wünsche, die im Prinzip grenzenlos sind, sind dann legitim, wenn deren Erfüllung die Bedürfnisbefriedigung anderer Menschen nicht beeinträchtigt. Bevor also von Scheinbedürfnissen, von Unersättlichkeit oder Bedürfnisinflation und in der Folge von Anspruchsabwehr und der notwendigen Zurückdämmung des Sozialstaates gesprochen werden kann, müssen im Rahmen der Sozialen Arbeit Theorie und Forschung über menschliche Grundbedürfnisse vorangetrieben und Feinkriterien zur Un-

terscheidung zwischen legitimen und illegitimen Wünschen entwickelt werden" (ebd.).

Soziale Arbeit steht also im Spannungsfeld von individuellen und sozialen Bedürfnissen, Wünschen und Werten und verfolgt insofern zwei Ziele:

1. Die individuelle Bedürfnis- und Wunscherfüllung in Zusammenhang mit der Erweiterung des Wissens- und Handlungsspektrums und der verfügbaren physischen, sozio-materiellen und kulturellen Ressourcen, und
2. Den fairen Ausgleich von Pflichten und Rechten zwischen Menschen und sozialen Gruppen, ferner Regeln der Machtbegrenzung wie der gerechten Machtverteilung als Bedingung für sozialen (familiären, organisationellen, gesellschaftlichen) Frieden (ebd., S. 135 f.).

Damit gibt Staub-Bernasconi dem Begriff der Sozialen Arbeit eine sehr umfassende, ganzheitliche Bedeutung. Es ergibt sich ein breites Aufgabenspektrum und die Notwendigkeit zur Bearbeitung vielfältigster Ausstattungsprobleme, Austauschprobleme, Machtprobleme und Kriterienprobleme (1994, S. 14 ff.).

Systemisch-prozessual betrachtet Staub-Bernasconi auch die Funktion der Profession. Ihrer Ansicht nach müssen Sozialarbeiter/innen:

"Dinge und Ideen miteinander in Verbindung bringen, die in unseren Gesellschaften und ihren öffentlichen Diskursen meist säuberlich getrennt sind, ja in der Regel als schlechthin unvereinbar gelten: Es ist die Verknüpfung von Nähe und Distanz, von Privat-, Intimbereich- und Öffentlichkeits- inklusive Rechtsbereich, von Obhut, Schutz und Freiheit, von individueller Sicherheit und struktureller Gerechtigkeit – kurz: von Liebe oder Fürsorglichkeit und Macht (Senett)" (Staub-Bernasconi 1995, S. 16).

Um dies einzulösen, muss die Sozialarbeit aus der Bescheidenheit und Binnenorientierung herauszufinden:

„Die strukturelle Chance dieser Profession sehe ich darin, dass sie das extrem schwierige Verhältnis zwischen menschlicher Bedürfniserfüllung, menschlichem Lernen und sozialen Organisationsformen in ihrem eigenen Problem- und Arbeitsfeld konkret kennenlernen und sich die Aufgabe stellen kann, in diesem Bereich alte und neue Lösungsformen zu erproben. Die kulturelle Chance dieser Profession ist die, dass sie das Verhältnis von Liebe und Macht theoretisch reflektieren und so zu Vorstellungen wissender, befreiender wie verpflichtender Liebe und Macht – im Unterschied zu blinder, bedrängender, grenzenloser, erstickender, kurz, behindernder Liebe gelangen müsste" (ebd., S. 18).

Arbeitsweisen und Methoden

Nach Staub-Bernasconi kann nur eine „klare, differenzierte Gegenstandsbestimmung sozialer Arbeit" die „Basis für die Entwicklung problembezogener sowie wissenschaftsbasierter Arbeitsweisen" (Staub-Bernasconi 1994, S. 58) bilden. Gemäß der „Theorie der Prozeßualität bzw. Systemizität der Wirklichkeit und zur Zeit bereits empirisch überprüfter Theorien" (ebd., S. 59) kann zudem davon ausgegangen werden, dass Einflussnahmen sich gegenseitig bedingen bzw. verstärken. Vor diesem Hintergrund erscheinen ihr folgende Arbeitsweisen am ehesten geeignet, „Ziele, Mittel, Verfahren und berufliche Qualifikationen hypothetisch miteinander verknüpfen" (ebd., S. 61) zu können (siehe dazu auch Klassen 2010, S. 93 ff.).

(1) Ressourcenerschließung
Hauptziel dieser Arbeitsweise „ist die ressourcenmäßige Besserstellung von Individuen, Familien, gesellschaftlichen Gruppen als auch von territorialen und organisationellen Gemeinwesen" (Staub-Bernasconi 1994, S. 62). Im Vordergrund stehen hier vor allem wirtschaftliche und materielle Hilfen, die es mittels Bedürfnisumfragen und -analysen zu erheben gilt.

„Diese Arbeitsweise verlangt von den Fachkräften der Sozialen Arbeit Kenntnisse der menschlichen Bedürfnisse, wie sie untereinander zusammenhängen, was die Folgen ihrer Versagung sind und was Menschen tun oder unterlassen, um diese Folgen zu mildern. Sie verlangt in der aktuellen Situation hohe Sensibilität für nicht verbalisierbare Grundbedürfnisse, begrabene Hoffnungen, problematische, der Not gehorchende Konformität oder Abweichung im Hinblick auf eine behindernde Sozialstruktur und legitime wie illegitime Wünsche. Dies soll durch Einsicht in die eigenen Formen der Bedürfnisbefriedigung und Reaktionen auf Bedürfnis- und Wunschversagung weiter erhellt werden. Zudem braucht es ein Unterscheidungsvermögen für fremde und eigene Behinderungs- und Begrenzungsmacht und den dazugehörigen Regeln. Dazu kommen große Beharrlichkeit und soziale Fantasie im Verfolgen von Zielen, aber auch Kooperations- Verhandlungs- und Konfliktfähigkeit" (ebd., S. 63).

(2) Bewusstseinsbildung
Ziel dieser Arbeitsweise ist die „Erweiterung, Differenzierung und Integration von Begriffen, Aussagen, Bildern und codes (Theorien) zur persönlichen Situation, miteingeschlossen den sozialen kulturellen Kontext als auch die Erhöhung von privaten und öffentlichen Artikulationschancen" (ebd., S. 63). Methodisch wird dies insbesondere durch eine „dialogisch-rekonstruktive Entschlüsselung und Deutung" (ebd.) von Lebenslagen und -situationen mit Hilfe von Techniken zur Bewusstseinsbildung z. B. nach Paulo Freire oder Carl Rogers erreicht. Seitens der Sozialarbeiter/innen ist hier Wissen über „Gehirnstrukturen und -funktionen sowie *„Bewusstheit* über die eigene Erkenntniskompetenz, Biographie und deren Zusammenhang mit der Umwelt, der gesellschaftlichen Position" (ebd., S. 64) vorausgesetzt.

(3) Modell-, Identitäts- und Kulturveränderung
Ziel dieser Arbeitsweise ist „die explizite Veränderung von (Leit-)Bildern, Begriffen, Begriffssystemen, aber auch von Werten und Plänen" (ebd., S. 65) sowie die Bearbeitung von Vorurteilen, falschen Vorstellungen etc. Im Rahmen von Verständigungsprozessen sollen dabei den Teilnehmern/Teilnehmerinnen neue Erfahrungen zugänglich gemacht werden.

"Bei den Fachkräften der Sozialen Arbeit setzt der Einsatz dieser Mittel Wissen über die sozio-strukturellen und -kulturellen und physisch-psychischen Determinanten und Folgen von kollektivierten Deutungsmustern, Stigmatisierungsprozessen sowie über die realen Bedingungen ihrer Veränderbarkeit voraus. Zu ergänzen ist dieses Wissen mit der Bewusstheit über den eigenen Deutungshoriziont (...)" (ebd., S. 66).

(4) Handlungskompetenz-Training und Teilnahmeförderung
Ziele sind hierbei „die Erweiterung, Differenzierung und Integration von Handlungskompetenzen, die Veränderung von Verhaltensmustern der Alltagsbewältigung und die Erhöhung von Teilnahmechancen" (ebd., S. 67). Eingesetzt werden können hier vielfältige Trainingstechniken wie z. B. Rollenspiel, Soziodrama, Verhaltensmodifikation etc.

(5) Soziale Vernetzung und der Ausgleich von Rechten und Pflichten
Diese Arbeitsweise zielt im Wesentlichen auf die Behebung von Problemen der sozialen Isolation sowie asymmetrischer Austauschbeziehungen zwischen Menschen durch Vernetzungsarbeit, Einführung von Regeln der interkulturellen Verständigung, Mediation, Paar- und Familienberatung, motivierende Gespräche etc. Sozialarbeiter/innen benötigen dazu die „Kunst des Interessensausgleichs, aber auch hohe Sensibilität für und Verbalisierung von Asymmetrie" (ebd., S. 69).

(6) Umgang mit Machtquellen und Machtstrukturen
Ziel dieser Arbeitsweise ist es, „Befreiungsprozesse aus Abhängigkeiten zu ermöglichen und zu unterstützen, die Blockierung von legitimen Ansprüchen und Forderungen durch MachtträgerInnen abzubauen und behindernde Machtstrukturen, die der Sozialen Arbeit zugänglich sind, womöglich in begrenzende Machtstrukturen umzuwandeln" (ebd., S. 70). Methodisch geschehen kann dies durch Durchsetzung von „Begrenzungsregeln", z. B. in Form neuer Gesetze oder in Form von „Schutz-, Distanzierungs- und Besinnungsräumen für Verfolgte, Misshandelte, kurz: für Gewaltopfer" (ebd.). Sozialarbeiter/innen brauchen dazu Kompetenzen im Bereich der Entwicklung und Durchsetzung von Machtveränderungsstrategien, des Ausgleichs von Interessen, der Thematisierung von Machtstrukturen etc.

(7) Kriterien- und Öffentlichkeitsarbeit
Gegenstand hier ist die öffentliche Diskussion von gesellschaftlichen Werten und Wertprioritäten mit dem Ziel, missachtetes Recht zu benennen, öffentliche Willkür aufzudecken sowie neue Wertprioritäten zu diskutieren und rechtlich zu fassen. Um dies zu erreichen, müssen Sozialarbeiter/innen den geschützten Binnenraum der Einrichtungen verlassen und Öffentlichkeitsarbeit betreiben, Gremienarbeit durchführen und Strategien zur Durchsetzung politischer Ziele einsetzen.

(8) Sozialmanagement
Diese Arbeitsweise kommt nach Staub-Bernasconi eine Sonderstellung zu, da sie sich nicht auf die Adressaten der Sozialen Arbeit, sondern auf die Träger und deren Personal bezieht. Dabei geht es ihrer Ansicht nach nicht nur um Fragen

„der Wirtschaftlichkeit, Effizienz und Kostentransparenz sozialer Dienste", sondern auch um die „Sozialverträglichkeit von Wirtschaftsorganisationen" (ebd., S. 73). Organisationen sind so zu leiten, „dass ihre soziale Zielsetzung nicht wirtschaftlichen Zielen untergeordnet wird" und Konflikte „nicht auf Kosten der Klientel ausgetragen werden" (ebd., S. 72 f.).

Entdeckungskarten
Handlungstheoretisch gesehen will Staub-Bernasconi zeigen, dass sich das vielzitierte Theorie-Praxis Dilemma auflösen lässt und dass „die Entwicklung und Anwendung von Wissen keine Einbahnstraße ist" (Staub-Bernasconi 1994, S. 75). Dazu stellt sie zwei Denkinstrumente vor, die sie in Anlehnung an Paulo Freire als „Entdeckungskarten" bezeichnet. Mit ihnen soll die „begriffliche Integration von Fakten und theoretischem Denken" (ebd., S. 76) in der Praxis gelingen.

Allgemeintheoretische Dimensionen von Individuen als Mitglieder sozialer Systeme	**Problemdimensionen von Individuen als Mitglieder sozialer Systeme**			
	Ausstattungsdimensionen und -probleme (Bedürfnisse als Basis)	Austauschdimensionen und -probleme (Tauschmedien als Basis)	Machtdimensionen und -probleme (Machtquellen als Basis)	Kriterien-Wertdimensionen und -probleme (Bedürfnisse, Werte als Basis)
Körperliche Ausstattung	Feld 1	Feld 7	Feld 13	Feld 19
Sozialökologische und sozioökonomische Ausstattung	Feld 2	Feld 8	Feld 14	Feld 20
Ausstattung mit Erkenntniskompetenzen	Feld 3	Feld 9	Feld 15	Feld 21
Ausstattung mit Bedeutungssystemen (Wissen)	Feld 4	Feld 10	Feld 16	Feld 22
Ausstattung mit Handlungskompetenzen	Feld 5	Feld 11	Feld 17	Feld 23
Ausstattung mit sozialen Beziehungen/Mitgliedschaften	Feld 6	Feld 12	Feld 18	Feld 24

Abb. 40: Die Problemkarte[31]

---

31 Staub-Bernasconi 1994, S. 77.

(a) Problemkarte

Darunter versteht Staub-Bernasconi ein Strukturgitter (siehe Abb. 40), das „Allgemeintheoretische Dimensionen" und „Problemdimensionen von Individuen als Mitglieder sozialer Systeme" in Beziehung setzt.

Diese Problemkarte ermöglicht „die Bündelung von disparater, detaillierter Information und damit die Übersicht über kumulative Problemlagen" (ebd., S. 77) und erlaubt

- eine (mehr oder weniger) umfassende Analyse der Situation,
- die Bildung von Hypothesen (für „theoretisierende PraktikerInnen" im Unterschied zu den schlichten „Rezeptanwenderinnen" (ebd., S. 79),
- bewusstes, praktisches Handeln „Die theoretisierenden PraktikerInnen können entdecken, was sie ausblenden, falls sie sich aufgrund ihres alltagstheoretischen Vorverständnisses mehr oder weniger ausschließlich auf die Ermittlung von Verhaltensauffälligkeiten oder Deutungsmustern oder Beziehungs- und Kommunikationsstörungen oder von finanziellen Verhältnissen usw. einschränken oder gar den Machtaspekt auslassen" (ebd., S. 78).

(b) Ressourcen- und Machtquellenkarte

Die „Ressourcen- und Machtquellenkarte" – auf deren Abdruck hier bewusst verzichtet wird – erlaubt nach Staub-Bernasconi die Identifizierung sozialer Ebenen und damit auch die Vorstellung „von systematisch aufgelisteten, relevanten individuellen und kollektiven Akteuren" (ebd., S. 79 f.). Auf diese Weise können alle Ebenen auf „vorhandene wie auch fehlende materielle und symbolische Ressourcen hin befragt werden" (ebd., S. 81). Damit wird die Karte zugleich „Entdeckungskarte für Machtquellen auf der Grundlage von bestimmten Ausstattungsmerkmalen" (ebd.). Die Darstellung territorial und funktional organisierter Teilsysteme einer Gesellschaft bis hin zur Weltgesellschaft soll „mindestens denkerisch zur weltweiten Suche nach Ressourcen, Machtquellen und eventuellen Allianzen für Vernetzungen quer zu den Machtzentren" (ebd.) führen.

Relevanz

Soziale Arbeit bewegt sich somit im Spannungsfeld von individuellen und sozialen Werten und versucht nach beiden Seiten hin „gerecht" zu wirken. Dabei erlaubt die systemisch-prozessuale Sichtweise die Annahme, dass Veränderungen von Teilaspekten eine Veränderung von anderen Aspekten nach sich zieht. Die Folge daraus ist allerdings eine sehr pauschale Beschreibung der verschiedenen Arbeitsweisen der Sozialarbeiter/innen und eine Ausweitung der Aufgaben der Sozialen Arbeit ins Unendliche. Staub-Bernasconis Aufruf zum „Ende der Bescheidenheit" (1995) mag geeignet sein, eine zunehmend verunsicherte Profession wachzurütteln, allerdings lassen die von ihr zur Verfügung gestellten Instrumentarien nicht klar genug erkennen, wie die Profession in die Lage versetzt werden könnte, diesen hohen Ansprüchen auch praktisch zu genügen.

11.2.2 Soziale Arbeit als Befähigung zum „guten Leben"

Theoretische Grundlagen

Nach Dieter Röh (2011; 2013) war und ist es immer schon das Ziel der Sozialen Arbeit, „Menschen zu befähigen, ihr Leben in einem guten Sinne führen zu können" (Röh 2011, S. 103). Insofern ergänzen sich seiner Ansicht nach die sozialpädagogische Bildungs- und die sozialarbeiterische Fürsorgetradition und gilt es daher einen Rahmen für die Soziale Arbeit zu suchen, innerhalb dessen eine normative Begründung der Theorie und Praxis der Sozialen Arbeit im Rahmen einer „Real-Utopie" möglich erscheint (Röh 2013, S. 43).

Eine Grundlage bietet hierfür der „Capability Approach", der auf der Theorie von Amartya Sen (2000), einer der Begründer des World Institute for Development and Research (WIDER), und Martha Nussbaum (2006), einer amerikanischen Philosophin und Ethikerin, basiert. Menschen sollen demnach „ein Leben führen können, für das sie sich mit guten Gründen entscheiden können oder konnten, das die Grundlagen der Selbstachtung nicht in Frage stellt" (Sen 2000, S. 29) und das der „Idee eines der Menschenwürde gemäßen Lebens" (Nussbaum 2010, in: Röh 2011, S. 106) entspricht. Ein gutes Leben wird nach Ansicht der beiden möglich, wenn der Staat dem/der Einzelnen nicht nur die dafür erforderlichen Ressourcen zur Verfügung stellt, sondern darüber hinaus diejenigen, die das können, auch noch dazu befähigt, diese Ressourcen zu nutzen und zu erweitern. Denn auf diese Weise treffen persönliche und gesellschaftliche Verwirklichungschancen aufeinander. Am Einzelfall präzisiert: das sprachbegabte Kind bekommt über das System Schule die Möglichkeit, seine Begabung zu entfalten und soll dort (z. B. in Form von Auslandsaufenthalten, Sprachfreundschaften etc.) lernen, selbstbestimmt zu handeln.

Insgesamt formuliert Nussbaum (1997) zehn Capabilities (Fähigkeiten), die als Voraussetzungen für ein menschenwürdiges Leben verstanden werden können. Sie sind vor allem dazu gedacht, „der abstrakten Idee von der Würde der Person ein konkretes Profil und Inhalt zu geben" (ebd.). Die Liste umfasst folgende Fähigkeiten:

1. Leben: („Life"), d. h. die Fähigkeit, ein volles Menschenleben zu führen und nicht in Lebensumständen leben zu müssen, die wir als nicht lebenswert erachten.
2. Gesundheit („Bodily Health"), d. h. die Fähigkeit, sich guter Gesundheit zu erfreuen bzw. die Möglichkeit angemessener Versorgung mit medizinischen und pflegerischen Gütern und Dienstleistungen.
3. Körperliche Integrität („Bodily Integrity"), d. h. Mobilität, Schutz vor äußerer Gewalt sowie sexuelle und reproduktive Selbstbestimmung.
4. Wahrnehmungsfähigkeit, Vorstellungskraft und Intelligenz („Senses, Imagination and Thought"), d. h. die Fähigkeit, sich seiner Sinne und intellektuellen Fähigkeiten zu bedienen, und zwar in einer „wirklich menschlichen Art und Weise", d. h. unter der Voraussetzung angemessener Bildung.
5. Gefühlserfahrung („Emotions"), d. h. die Fähigkeit, Zuneigung zu Dingen und Personen zu entwickeln, jene zu lieben, die uns lieben und die für uns

sorgen, überhaupt zu lieben, zu trauern, Dankbarkeit zu empfinden oder auch Ärger etc.
6. Praktische Vernunft („Practical Reason"), d. h. die Fähigkeit, eine Vorstellung des guten Lebens zu entwickeln und unser Leben entsprechend zu planen und kritisch zu reflektieren (was die Freiheit des Gewissens und der religiösen Orientierung voraussetzt).
7. Sozialität und Anerkennung („Affiliation"), d. h. die Fähigkeiten, mit Anderen und in der Auseinandersetzung mit Anderen zu leben, andere Menschen anzuerkennen und sich mit ihren Situationen zu identifizieren, und die sozialen Grundlagen der Selbstachtung zu haben und zu nutzen, in den Augen Anderer ein würdebegabter Mensch zu sein und als gleich wertvoller Mensch behandelt zu werden (einschließlich des Schutzes vor rassistischer, sexistischer, ethnizistischer, nationalistischer, sozialer und religiös motivierter Diskriminierung).
8. Bezug zu anderen Arten von Lebewesen („Other Species"), d. h. die Fähigkeit, ein angemessenes Verhältnis zu Tieren, Pflanzen und zur natürlichen Umwelt zu entwickeln.
9. Spielerische Entfaltung („Play"), d. h. die Fähigkeit zu lachen, zu spielen und sich zu erholen.
10. Beteiligung („Control over One's Environment"), d. h. die Fähigkeit, (a: politisch) sich wirkungsvoll an den politischen Prozessen beteiligen zu können (was Bürgerrechte und den Schutz der Redefreiheit und Vereinigungsfreiheit voraussetzt), und (b: materiell) Eigentum und gleiche Eigentumsrechte zu besitzen und zu nutzen, das Recht auf Arbeit sowie auf die Realisierung menschenwürdiger Arbeitsbedingungen (einschließlich der gegenseitigen Anerkennung der Arbeitenden im Arbeitsprozess) (Nussbaum 1997).

Die Liste basiert nach Nussbaum auf normativ-ethischen Überlegungen in Bezug auf den Begriff des „menschlichen Wesens" bzw. der „Person", zugleich aber auch auf empirische Tatsachen. Sie gilt nach Nussbaum als nicht abgeschlossen und kann jederzeit weiterentwickelt werden, insofern sich dafür gute Gründe ergeben, die sich aus der Erforschung der artspezifischen menschlichen Lebensform ergeben. Vorschläge zur Formulierung weiterer Capabilities beziehen sich vor allem auf die Fähigkeit zu sinnstiftender Arbeit („capability for work") und die Fähigkeit zur politischen Mitbestimmung („capability for functioning as an equal citizen in a democratic state") (Bovin/Anderson, in: Ziegler et al. (2012, S. 306).

Ziel der Sozialen Arbeit ist es demnach, dafür zu sorgen, dass jedem Menschen die materiellen, institutionellen etc. Bedingungen zur Verfügung gestellt werden, die ihm einen Zugang zum guten menschlichen Leben eröffnen. Damit dies gelingt, gilt es allerdings zunächst ein diagnostisches Klassifikationsschema zu entwickeln, das auf der Basis „ethischer Sensibilität" „Hilfepfade" (Röh 2013a, S. 90) entwickelt, die dazu beitragen, „Soziale Teilhabe als gelingende Lebensführung unter Bedingungen sozialer Gerechtigkeit" auf der Basis von fünf Achsen (Person, Umwelt, Passung, Beziehungen, Dienstleistungen) zu ermöglichen (ebd., S. 88).

Ein besonders wichtiges Element in diesem Ansatz ist das Prinzip der „Fürsorge". Nach Nussbaum geht es nicht nur darum, die eigenen Ziele konsequent zu verfolgen, sondern zugleich auch um die Herstellung einer gerechten Welt.

„Mit anderen Worten, es geht um Bildung, Erziehung und Kompetenzerwerb sowie um die Herstellung bzw. Pflege von solidarischer Gemeinschaft ebenso wie um die Sicherstellung eines sozio-ökonomischen Existenzminimums, dass Jedem und Jeder die Möglichkeiten lässt, mit den erworbenen Kompetenzen eigene Lebenspläne aufzustellen und diese zu realisieren" (Röh 2011, S. 116).

Nach Röh ist daher die Entwicklung von sozialen Klassifikationen „die nächste große Aufgabe und Herausforderung für die Disziplin und Profession Sozialer Arbeit" (2013a, S. 80). Die Soziale Arbeit muss Lebenslagen so klassifizieren können, dass sich „gute, hilfereiche Handlungen" dem jeweilig „erkannten Phänomen" logisch zuordnen lassen (Röh 2013a, S. 85). Auf diese Weise orientiert sie sich strikt an den Menschenrechten und den Prinzipien der sozialen Gerechtigkeit (ebd., S. 87 f.).

Arbeitsweisen und Methoden

Nach Röh verfügt insbesondere die Soziale Arbeit über die „Expertise für die Zusammenhänge zwischen Handlung und Struktur, zwischen Person und Umwelt und schließlich zwischen Verhalten und Verhältnissen" und ist insofern bestens für die „bifokale Unterstützung der daseinsmächtigen Lebensführung durch Stärkung subjektiver Handlungsfähigkeit und Bildung befähigender Strukturen" (2013, S. 262) geeignet. Ihr Ziel ist es dabei, die „Lebensführungskompetenz" des Menschen so zu beeinflussen, dass die subjektiven Verwirklichungschancen erhöht und die optimale Teilhabe aller an Gesellschaft und Gemeinschaft gewährleistet sind. Dabei fungiert die Soziale Arbeit

1. *„als praxeologisches Expertentum das mittels seiner ganzheitlichen, dialogischen Expertise und seinem partizipativen Empowermentverständnis personenbezogene Dienstleistungen anbietet,*
2. *die Menschen in ihrer Lebensführung unterstützt, insofern diese als gefährdet oder prekär markiert werden und zwar insbesondere dann, wenn sich ein Missverhältnis zwischen subjektiver Handlungsfähigkeit und sozialer Struktur ergibt, sodass die Subjekte*
   a. nicht über ausreichende ökonomische und ökologische Mittel verfügen, um den eigenen ‚oikos' (Haushalt) besorgen zu können (soziomaterielle Lage; sozialökologische Ressourcen),
   b. anstehende Entwicklungs- und Bewältigungsaufgaben mithilfe relevanter Anderer und Gemeinschaften nicht meistern können (Entwicklung/Bildung und soziale Unterstützung) und
   c. innerhalb relevanter Lebensbereiche entsprechende Rollen nicht ausüben können (Inklusion/Integration) und damit schließlich ihre daseinsmächtige Lebensführung gefährdet ist" (Röh 2013, S. 256).

Der normative Charakter dieses Ansatzes wird auch durch die Art der Orientierung an „Handlungsprämissen", ganz im Sinne des Kant'schen Imperativ deutlich:

- *„Schaffe und modifiziere solche strukturellen Bedingungen (gesellschaftlicher Möglichkeitsraum), die Menschen mehr Wahlmöglichkeiten eröffnen.*
- *Ermutige und befähige sie, diese Möglichkeiten mittels kluger Wahl zu ergreifen und zu nutzen (subjektiver Möglichkeitsraum) und wenn dies nicht auf Anhieb gelingt,*
- *Akzeptiere, dass Menschen nicht immer gleich oder aktuell die klügste Wahl treffen, wohlwissend, dass sie ihr menschlich Möglichstes tun, um die richtige Wahl zu treffen.*
- *Gib nie auf und versuche stets neu, sie immer (wieder) daseinsmächtiger zu machen"* (Röh 2013, S. 255).

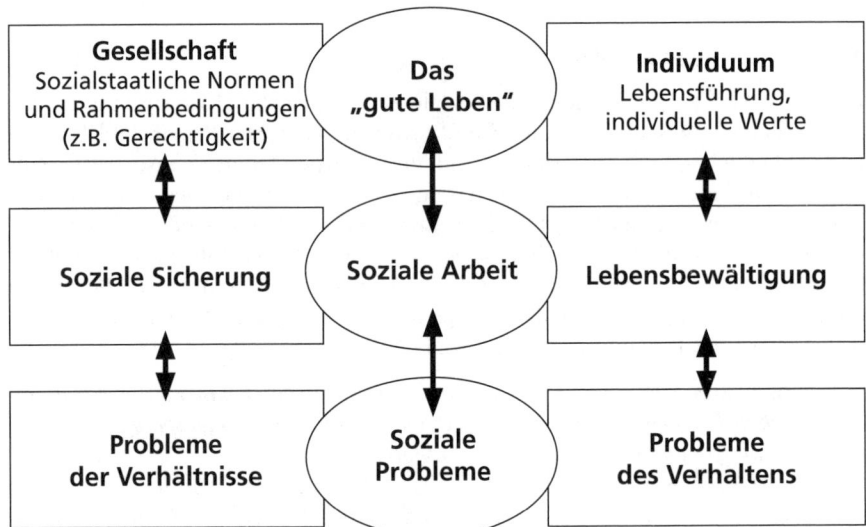

Abb. 41: Der Doppelfokus der Sozialen Arbeit[32]

Abbildung 41 verdeutlicht noch einmal die Ansatzpunkte dieser Form von Sozialer Arbeit, die Röh als „befähigende Gerechtigkeitsprofession Soziale Arbeit" (Röh 2011, S. 118) bezeichnet. Es geht einerseits darum, soziale Verhältnisse so zu gestalten, dass ein soziales Sicherungssystem entsteht, das den Vorstellungen der Chancengerechtigkeit entspricht, anderseits Menschen bei der konkreten Gestaltung ihres Lebens so zu unterstützen, dass in der Summe ein „gutes Leben" entsteht.

---

32 In Anlehnung an: Röh 2011 S. 117.

Relevanz

Was die Röh'sche Position von Staub-Bernasconis unterscheidet ist, dass sie eine konkrete inhaltliche Festlegung auf wichtige Lebensbereiche bietet, innerhalb derer die verschiedenen Fähigkeiten erworben und gelebt werden sollen. Damit gibt sie der Sozialen Arbeit eine konkrete Handhabung in ihrer Wahrnehmung der Defizite und Möglichkeiten ihrer Klientel. Und gleichzeitig macht sie deutlich, dass ganz konkrete materielle, ökonomische und kulturelle Grundlagen vorhanden sein müssen, damit Menschen sich als Subjekte erfahren und ein autonomes Leben führen können. Trotzdem ergeben sich auch hier einige ungelöste Fragen:

- Logische Stringenz der Gesamtliste: Da diese Capabilities mehr oder weniger intuitiv gesetzt und nicht systematisch hergeleitet sind, erscheint eine zu enge Orientierung an diesen Vorgaben problematisch. Und – wenn diese Liste zudem noch erweitert werden kann, dann stellt sich die Frage, ob zwischen den einzelnen Capabilities ein logischer Zusammenhang existiert oder nicht.
- Aussagegehalt einzelner Capabilities: Wenn dem „Bezug zu anderen Lebewesen" (Nr. 8) ein besonderes Gewicht zukommt, so ist damit noch nicht die ethische Frage beantwortet, wie dieses Verhältnis konkret aussehen soll. Geht es hier nur um die Fähigkeit, Tierquälerei und grobe Umweltzerstörung zu vermeiden, oder um die Umsetzung höchster Standards (Verzicht auf Tiernahrung, Flugreisen o. ä.)?
- Paternalismus-/Maternalismusverdacht: Wenn es nicht die Pflicht der einzelnen Individuen ist, „sich für die Realisierung dieser Möglichkeiten in ihrer eigenen Lebenspraxis auch tatsächlich zu entscheiden" (Otto et al. 2010, S. 159), wie geht die Soziale Arbeit dann mit Menschen um, die gegen diese Liste „verstoßen", z. B. durch ein bewusstes Nicht-Funktionieren-Wollen, durch ein selbstverletzendes, gesundheitsgefährdendes Verhalten oder durch die Wahrnehmung von Bürgerrechten z. B. zur Verhinderung von Behinderteneinrichtungen oder Flüchtlingslagern in der Nachbarschaft?[33]

Röh stellt selbst die Frage, wie weit die Fürsorgementalität des Staates und der Sozialen Arbeit gehen darf und wie verhindert werden kann, dass sich beide noch in die persönlichsten Belange der Menschen einmischen und damit jede echte Autonomie und Selbstbemächtigung unterdrücken. Insofern erscheint seine Schlussfolgerung, dass es sich lohne, eine sozialarbeiterische Handlungstheorie auszuarbeiten, „die sowohl auf Fragen der Gerechtigkeit als auch auf Fragen des guten Lebens professionelle Antworten weiß" (Röh 2011, S. 120), als zu optimistisch. Denn wie kann und soll eine Soziale Arbeit aussehen, „die Menschen nicht entmündigt, sie aber auch nicht einer allzu liberalen, vielleicht neoliberal-

---

33 Auch Steckmann muss zugeben, dass „mit dem internen Zusammenhang von fuctionings und capabilities sich schon an(deutet), dass eine gewisse Form von Paternalismus grundsätzlich nicht vermieden werden kann". Denn Nussbaum gesteht dem Staat auch durchaus eine legitime präventive Rolle im Bereich der Gesundheit und dem Lebensstil zu (Steckmann 2010, S. 109).

ökonomischen Politik überlässt" (ebd.), die die „Autonomie der Lebenspraxis" respektiert, diese aber gleichzeitig stellvertretend für die Klientel „als eine objektiv bestimmbare Dimension eines guten menschlichen Lebens bestimmt" (Otto et al. 2010, S. 160).

Eine solche Sichtweise mag nur angehen, wenn man von Sozialer Arbeit spricht, letztendlich aber „sozialpädagogisch" denkt. Denn dann erscheint es durchaus legitim, gegenüber dem als „unreif" gedachten Hilfebedürftigen „auf paternalistische Weise" zu agieren und „legitime Ziele erzieherischen Handelns" durchsetzen zu wollen (Steckmann 2010, S. 111).[34] Für den Bereich der Sozialen Arbeit (auch schon mit Jugendlichen) erscheint diese Position mehr als problematisch. Wer – ob wissenschaftlich oder pragmatisch argumentierend – vermag für andere Menschen zu bestimmen, was ein gutes Leben ausmacht. Denn das, was man definieren kann, ist immer das angeblich gesellschaftlich „Vernünftige", dieses muss aber nicht immer zugleich das sein, was persönlich und individuell als „gut" erfahren und bewertet wird.

11.2.3 Soziale Arbeit und christliche Ethik

Theoretische Grundlagen

Für Deutschland haben insbesondere Lob-Hüdepohl/Lesch (2007, S. 126 ff.) versucht, eine normative Theorie der Sozialen Arbeit auf der Basis einer christlichen Ethik zu begründen. Ausgangspunkt ihrer Argumentation ist die „Missachtung elementarer Ansprüche von Menschen auf Humanität um ihrer selbst willen, wie sie im Nationalsozialismus Teil der Geschichte beruflicher Sozialer Arbeit wurde" (S. 112). Aus dieser historischen Tatsache folgern sie die Notwendigkeit, „die Prinzipien der Menschenrechte als (zeitlos gültige, d. V.) Fundamente Sozialer Arbeit" (ebd.) einzusetzen. Angesichts der Pluralität der Lebensverhältnisse in modernen Gesellschaften schlagen sie – im Anschluss an Kant – das Prinzip der „Autonomie" als „Fundamentalnorm von Menschenwürde" vor, aus dem sie den „unbedingte(n) Respekt vor der Selbstzwecklichkeit und damit der Würde eines jeden Menschen" (ebd., S. 127 f.) ohne Ansehen der Person ableiten.

Vor diesem Hintergrund „entwickeln" sie dann flankierende „ethische Prinzipien", „anhand derer sowohl das konkrete Handeln des Einzelnen wie auch die Gestaltung institutioneller wie gesamtgesellschaftlicher Strukturen insgesamt beurteilt und ausgerichtet werden können" (S. 129).

Diese Prinzipien sind:

- *Gerechtigkeit*, verstanden vor allem als Umsetzung von Bedürfnis- und Chancengerechtigkeit und von Leistungs- und Verteilungsgerechtigkeit;

---

34 Ob man deshalb gleich der Ansicht sein muss, Erziehung sei „eine normativ betriebene und normativ zu betreibende Praxis" (Otto/Ziegler 2012, in: Niemeyer 2015, S. 69), soll dahingestellt bleiben!

- *Solidarität*, vor allem für Menschen in Lebensrisiken und Notlagen, in Form einer „Beistandssolidarität", die auch als „Barmherzigkeit" bezeichnet werden kann (ebd., S. 133);
- *Nachhaltigkeit*, verstanden als eine „dauerhaft-stabile Sicherung und Durchsetzung von Menschenrechten" und als „intergenerationale Nachhaltigkeit" (ebd., S. 134); sowie
- *Subsidiarität*, ein Prinzip, das in Stichworten und Konzepten wie „Hilfe zur Selbsthilfe", „Nachrangigkeit institutioneller Hilfen" und „Ehrenamt", soziale Bewegungen etc. zum Ausdruck kommt (ebd., Hervorhebungen im Original).

Arbeitsweisen und Methoden

Sehr deutlich zeigt sich hier, dass sich Lob-Hüdepohl/Lesch an den klassischen Prinzipien der modernen christlichen Soziallehre orientieren. Diese Prinzipien weisen sich vor allem dadurch aus, dass sie das „Gemeinwohl" aller im Blick haben, an der für heute so wichtigen „Autonomie" des einzelnen Menschen sind sie weniger interessiert. Dies kommt vor allem im Bereich der von Lob-Hüdepohl/Lesch formulierten „professionsmoralischen Grundhaltungen" zum Ausdruck. Hier gehen sie davon aus, dass sich die Klienten/Klientinnen in einer Situation der „Ohn-Macht" befinden, die seitens der Sozialarbeiter/innen zu einer „Begegnungshaltung" führen muss, die „asymmetrisch" ist. Folgende Begriffe in Bezug auf das Verhalten der Sozialarbeiter/innen werden vorgeschlagen:

- Aufmerkend: hier geht es um die grundsätzliche Haltung der Aufmerksamkeit gegenüber der Klientel, das Bemühung um „Verstehen" des Gegenüber etc.;
- Achtsam: diese Eigenschaft tritt an die Stelle des Mitleids und entspricht dem „Bilderverbot" der Bibel: der/die Hilfebedürftige darf nicht auf einen Fall, eine Nummer etc. reduziert werden;
- Assistierend: „Assistenz" regt Veränderungen nur an, tritt aber nicht in Form von „Fürsorge" auf;
- Anwaltschaftlich: hier geht es um die Wahrung der vitalen Interessen des/der Betreuten im Rahmen eines „Quasi-Mandates" (ebd., S. 139 ff.).

Alle Prinzipien und die weiteren Ausführungen zum Handlungskonzept, das sehr allgemein ausfällt („Vom Helfen zum Dienstleisten" – „Mandatiert Entgrenzen" – „Innovatorisch Beraten") und daher hier nicht ausführlich dargestellt wird, werden vor dem Bild des barmherzigen Samariters interpretiert und tragen insgesamt zu einer Sichtweise bei, die man theoretisch-systematisch als eine paternalistisch-konservative Soziale Arbeit bezeichnen könnte. Diese entspricht nur teilweise den Vorstellungen des (internationalen) Berufsverbandes und kollidiert insofern mit zentralen professionellen Grundsätzen.

Bewertung

Gegen eine philosophisch-theologische Begründung der Sozialen Arbeit ist grundsätzlich nichts einzuwenden, zumal Lob-Hüdepohl/Lesch die geistigen Wurzeln ihrer Überlegungen stets offenlegen. Insgesamt entsteht so jedoch eine Form der

„christlichen" bzw. „katholischen" Sozialen Arbeit, wie wir sie in Deutschland bislang noch nicht kennen. Denn, das Problem einer „Faith Based Social Work" (Tangenberg 2005), wie sie vor allem in den USA und den Niederlanden vertreten wird, ist, dass sich eine solche Form der Normierung nicht als eine allgemeine Grundlage für die Soziale Arbeit eignet. Denn hier werden nicht nur wichtige, aus anderen Kontexten bekannte fachliche Prinzipien, wie z. B. Parteilichkeit, politische Einflussnahme, Gesellschaftskritik etc. nicht formuliert, sondern es werden auch die Fragen einer multikulturellen, diversitären und damit weltoffenen und bekenntnisüberschreitenden Sozialen Arbeit kaum thematisiert.

Man darf gespannt sein, ob hier auf lange Sicht ein für Deutschland neuer Weg eingeschlagen wird, bei dem es darum geht, die christlich orientierten Wohlfahrtsverbände stärker zu profilieren und ethisch noch eindeutiger zu positionieren. In jedem Falle müsste eine solche Veränderung dazu führen, dass alle Professionellen darauf achten, ihre Professionsethik stärker eigenständig zu gestalten und deren Umsetzung zu überwachen (siehe dazu Kap. 21 ff.). Denn möglicherweise verfolgt Lob-Hüdepohl – der auch Rektor einer Katholischen Fachhochschule (Berlin) ist – damit einen in einer offenen Gesellschaft legitimen und von den Kirchen aus gesehen konsequenten Weg, nämlich die kirchlichen Fachhochschulen und die christlichen Wohlfahrtsverbände stärker kirchlich-normativ auszurichten und somit die christliche, katholische bzw. evangelische Soziale Arbeit von anderen Anbietern abzugrenzen.

11.3 Normative Modelle der Sozialen Arbeit

11.3.1 Ein rational-normatives Handlungsmodell für die Soziale Arbeit

Werner Obrecht (1996) hat im Anschluss an die Theorie von Bunge und den Ausführungen von Staub-Bernasconi versucht, ein Handlungsmodell für systemisch-prozessual vorgehende Sozialarbeiter/innen zu entwickeln. Dazu muss seiner Ansicht nach in jedem Einzelfall jeweils die Frage beantwortet werden, „welche besonderen Prozesse ‚gute' Handlungen ausmachen und welche Kriterien für die Beurteilung von Handlungen angemessen sind". Solche Fragen gehören seiner Ansicht nach „ins Gebiet der allgemeinen normativen Handlungstheorie" (Obrecht 1996, S. 129).

> *„Alles professionelle Handeln ist – seinen Werten und seinem Selbstverständnis nach – gegenüber dem Auftraggeber und Klienten/Klientinnen oder Kunden/Kundinnen und – was die Nutzung von Ressourcen betrifft – gegenüber der menschlichen Gemeinschaft – verantwortungsvolles, ziel- bzw. problemlösungsorientiertes und deshalb seinem Anspruch nach rationales Handeln, das – von expliziten Problemanalysen ausgehend – explizite Ziele formuliert und diese Ziele mit Hilfe von zielführenden Verfahrensweisen (Methoden) im Rahmen einer Reihe von Schritten zu erreichen sucht und anschliessend den Handlungserfolg überprüft"* (ebd., S. 130).

Obrecht schlägt dem/der Sozialarbeiter/in vor, Ursachen und Probleme durch eine Reihe von „W-Fragen" rational und normativ zu erfassen und dann dementsprechend zu handeln. Diese Fragen sollen im Rahmen eines Handlungsmodells dargestellt werden, das sich an den „fünf Phasen einer rationalen Handlung" orientiert. Die Komplexität des Modells begründet Obrecht mit den ebenfalls komplexen Problemlagen, denen sich die Soziale Arbeit gegenübergestellt sieht.

Professionelle Soziale Arbeit ist für Obrecht „– ihrem Anspruch nach – wissenschaftsbasierte Praxis im Rahmen sozialer Organisationen" (ebd., S. 111), deren „praktisches Ziel (...) die Lösung sozialer Probleme menschlicher Individuen, verstanden als Komponenten sozialer Systeme" (ebd.) ist.

Die Anwendung des Modells rationalen Handelns in der Sozialen Arbeit (siehe Abb. 42) dient Obrecht zum einen für die „Strukturierung und Steuerung aller Arten von selbstbewussten Handlungen, die Handelnde möglichst rational gestalten möchten" (ebd., S. 186), zum anderen erlaubt sie dem/der Sozialarbeiter/in ein möglichst präzises Erfassen psychischer Zustände und Prozesse von Individuen.

Wissensformen	Als Antwort auf
Phase I: Situationsanalyse	
a Bilder (Beschreibungswissen)	Was-, Wann-, Wo- u. Woher-Fragen
aa Gegenwartsbilder	Was-, Wann- und Wo-Fragen (I)
ab Vergangenheitsbilder	Woher-Fragen (II)
ac Zukunftsbilder (-> vgl. Punkt 3)	Wohin-Fragen (-> vgl. Pkt. 3)
b Nomologische Theorien (Erklärungswissen)	Warum- (oder Weshalb)-Fragen
ba Beschreibungstheorien	Aufgrund welcher Gesetzmäßigkeiten? (III)
bb Erklärungstheorien	Aufgrund welcher Mechanismen? (IV)
bc Genetische Theorien	Wie ist die Struktur entstanden? (V)
Phase II: Bewertung und Problemdefinition	
c Werte (Wertwissen)	Was-ist-gut-Fragen (VI)
d Zukunftsbilder (Trends, Prognosen)	Wohin-Fragen (VII)
e Probleme (Problemwissen)	Was-ist-nicht-gut-Fragen (VII)
	Was ist das Problem? (VIII)
Phase III: Zielsetzung und Planung	
f Ziele (Zielwissen) und Probleme	Woraufhin-Fragen
g Interventionswissen	Wie-Fragen
ga Interventionstheorien	Allg. (wertbezogene) Wie-Fragen (IX)
gb situative, auf partikulare Ziele bezogene Pläne	– zielbezogene Wie-Fragen (X)
	– planbezogene Wie-Fragen (XI)
gc Fertigkeiten (Skills)	Womit-Fragen (XII)
h Wissen über materielle Ressourcen	Wer-Fragen (XIII
i Wissen über Handelnde	
Phase IV: Entscheidung und Implementierung des Planes	
j Wissen über Entscheidungen	Welche-Fragen
	Geordnete Abfolgen motor. Operationen

Wissensformen	Als Antwort auf
Phase V: Evaluation	

k Evaluationswissen
  ka Wissen über die Wirksamkeit
    von konkreten Interventionen
  kb Wissen über die
    Wirtschaftlichkeit
    von konkreten Interventionen
  kc Wissen über die Wünschbarkeit
    von konkreten Interventionen
	Fragen nach Wirksamkeit, Wirtschaftlichkeit u. Wünschbarkeit
	Wirksamkeitsfragen (Instrument. Rationalität) (XV)
	Wirtschaftlichkeitsfragen (ökonomischer Rat) (XVI)
	Wünschbarkeitsfragen (Wertrationalität) (XVII)

Abb. 42 Wissensformen und die fünf Phasen einer rationalen Handlung[35]

„Für die Arbeit mit individuellen Klienten/Klientinnen im Rahmen der Sozialen Arbeit bedeutet dies in einem technischen Sinne, dass die Arbeit mit den Wissensformen im Falle individueller Klienten und Klientinnen zur Entwicklung einer Matrix mit maximal 16x16 Feldern führt. Jedes dieser Felder repräsentiert eine spezifische Operation eines Professionellen in bezug auf einen Klienten/eine Klientin oder eine/n andere/n relevante/n Akteur/in. So kann man z. B. die Beschreibungen (das Beschreibungswissen) eines Akteurs, einer Gruppe oder einer sozialen Kategorie von Akteuren beschreiben, man kann es (biografisch-soziologisch) erklären, man kann es bewerten, man kann es zum Gegenstand von Veränderungszielen machen, man kann einen Plan für die Veränderung entwickeln, der sich auf wissenschaftlich begründete Regeln in bezug auf die Veränderungen der entsprechenden Art von Wissen bezieht, man kann schließlich den Plan verwirklichen und das Ergebnis evaluieren. Dasselbe kann man für Erklärungen tun, d. h. für die kognitiven Codes des betrachteten Akteurs, für seine Werte, seine Ziele, sein Regelwissen, seine Pläne, seine Fertigkeiten, seine externen Ressourcen und schließlich auch für die Evaluationen seiner Handlungen" (Obrecht 1996, S. 188 f.).

Weitere Möglichkeiten der Anwendung des Modells sieht Obrecht vor allem in der Klärung des Methodenbegriffs, der professionellen Fall- und Projektarbeit, der klientenbezogenen Dokumentation und Evaluation sowie der Verbesserung der Lehre. Ziel des Handlungskonzepts von Obrecht ist es, eine Reflexionsfolie zu erhalten, die es erlaubt, die vielfältigen Wissensgebiete, auf die sich Sozialbeiter/innen beziehen, in einen gemeinsamen Bezugsrahmen einzubinden und die verschiedenen Wissensformen miteinander zu verknüpfen.

Insbesondere Klassen (2010), dem wir viele Einsichten in die Theorien von Obrecht, Staub-Bernasconi und Bunge verdanken, hat versucht, die Praxisrelevanz dieses Modells etwa am Beispiel der „Erfassung und Erklärung der sozialen Pro-

---

35 Obrecht 1996, S. 132 f.

bleme der Migranten/Migrantinnen und Ansätze zu deren Lösung" (ebd., S. 118) anhand folgender „Reflexionen" zu verdeutlichen:

- Freie Träger sollen „in ihren Integrationsbemühungen über den Leistungsumfang der staatlichen Integrationsmaßnahmen hinaus gehen und ihre Angebote nicht ausschließlich an den rechtlichen Grundlagen, sondern auch an sozialarbeiterischen, eigenem sozialdiagnostischem und handlungstheoretischem Wissen über die migrationsbedingten Sozialen Probleme ausrichten" (ebd., S. 118).
- „Die Funktion der Sozialen Arbeit darf nicht auf die Erfüllung der staatlichen Eingriffsfürsorge reduziert werden, ohne dass eine Unterscheidung zwischen legitimen und illegitimen Eingriffen getroffen wird" (ebd., S. 119).
- Die Sozialarbeiter/innen sollten es nicht als ihre Aufgabe ansehen, „Kontrolle über die Migranten auszuüben und ‚Fehlverhalten' ihrer Klienten an die sanktionierenden Stellen zu melden" (ebd.).
- „Aufgrund ihres professionellen Wissens vermögen sie zwischen legitimen und illegitimen Eingriffen zu unterscheiden" und sind in der Lage, gegen „nationalistische und rassistische Äußerungen und Einstellungen von Staatsvertretern" (ebd.) vorzugehen.
- Erwerbsarbeit und Familie müssen als „wichtige Orte zur Erfüllung monetärer und biopsychosozialer Bedürfnisse der Menschen" betrachtet werden.
- „Soziale Arbeit mit Migranten besteht nicht im bloßen Erfüllen von Gesetzen und Normen, sondern geschieht aufgrund von sozialarbeiterischem Wissen über Soziale Probleme und deren Lösungsmöglichkeiten" (ebd., S. 121).

11.3.2 Soziale Arbeit und „Tripelmandat"

Während die analytische Funktion des systemisch-prozessualen Ansatzes unstrittig erscheint,[36] stellt sich vielen Sozialarbeitern/Sozialarbeiterinnen die Frage, welcher konkrete, sich im Rahmen einer Sachanalyse ergebende Aspekt eines Problems nun tatsächlich bearbeitet werden soll. Die Entscheidung über diesen Sachverhalt kann nach Staub-Bernasconi nur professionstheoretisch gelöst werden. Im Rahmen des „Tripelmandats" der Sozialen Arbeit müssen ihrer Ansicht nach die harten Entscheidungen getroffen, verantwortet und umgesetzt werden. Dieses Mandat setzt sich, wie der Name andeutet, aus verschiedenen Aspekten zusammen, die im Rahmen der Reflexion des/der jeweiligen Sozialarbeiters/Sozialarbeiterin miteinander verbunden werden müssen,

- einem zweifachen „beruflichen Mandat", oftmals auch als „Doppeltes Mandat" bezeichnet, im Rahmen dessen der/die Sozialarbeiter/in „zwischen den Anliegen, Interessen und Rechten der Klientel sowie den Aufträgen, Interessen und Pflichtvorstellungen der Träger" (Staub-Bernasconi 2007, S. 12) vermitteln muss und

---

36 Siehe dazu das ausführliche Beispiel von Klassen zum Thema „Soziale Probleme von Migranten" (Klassen 2010, S. 104 ff.).

- aus einem weiteren „professionellen Mandat", das den/die Sozialarbeiter/in sowohl zur „wissenschaftlichen Fundierung" der angewendeten Methoden und speziellen Handlungstheorien verpflichtet als auch zur Einhaltung des professionellen Ethikkodexes.

Erst dieses Tripelmandat (siehe Abb. 43) gibt der Sozialen Arbeit dann ein Recht auf wahre Autonomie, denn nun kann die Profession aus sich selbst heraus Argumentationen entwickeln und Begründungen für methodisches Handeln liefern.

> *„Wissenschaftsbasierung und Berufskodex verschaffen also der Sozialen Arbeit nicht nur die Basis für unabhängige Urteile über Situation, Probleme, deren Erklärung und Bewertung sowie über die Wahl von Vorgehensweisen, sondern zudem auch eine eigene, allgemeine Legitimations- und Mandatsbasis für eigenbestimmte, professionelle Aufträge. Sie muss bei gravierenden Problemen nicht unbedingt auf ein Mandat, einen Auftrag oder Vertrag warten, der ohnehin auf sich warten ließe"* (ebd., S. 13).

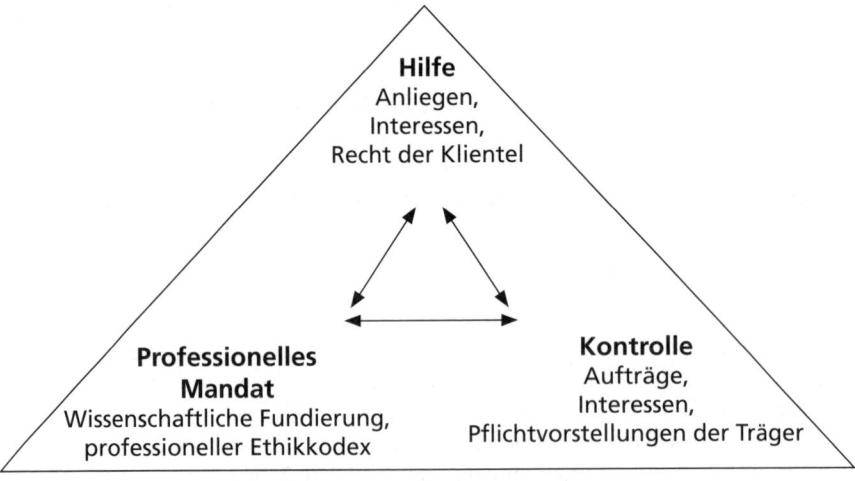

Abb. 43: Das „Tripelmandat" der Sozialen Arbeit

In diesem Zusammenhang stellt sich allerdings die Frage, ob hier eine an den Menschenrechten und anderen allgemeinen Werten orientierte Soziale Arbeit nicht über ihr eigentliches Ziel hinausschießt. Denn gerade der Begriff Mandat ruft zur Vorsicht auf und führt zur Frage, ob sich eine Profession ihr Mandat selbst geben kann, eine Frage, die im Rahmen spezifischer Notsituationen (z. B. Kindesmissbrauch) selbstverständlich erscheint (hier besteht eine gesetzliche Pflicht zum Eingreifen), nicht aber darüber hinaus. Denn Mandate werden immer von konkreten Personen an konkrete Mandatsträger/innen für einen bestimmten Fall erteilt: Der/die Mandatierte ist dann (gesetzlich) verpflichtet, ausschließlich die Interessen seines/seiner „Mandanten/Mandantin" zu vertreten und kann bei Zuwiderhandlung zur Rechenschaft gezogen werden.

Doch wie sollen verschiedenste Mandate miteinander vermittelt werden? Insofern müssen nach dem gängigen Verständnis im Rahmen einer Mandatserteilung zumindest immer zwei Fragen geprüft werden:

- Wer erteilt das Mandat und in welcher Weise sind der/die Mandatgeber/innen rechtlich, demokratisch o. ä. dazu legitimiert?
- Für wie lange soll ein bestimmtes Mandat erteilt werden? Jede/r Hilfebedürftige hat auch das Recht, ein gegebenes Mandat zurückzuziehen, wenn neue Ereignisse dies für ratsam erscheinen lassen.

Unter dieser Perspektive wird deutlich, dass die Idee des Tripelmandats professionspolitisch als attraktiv erscheint, praktisch jedoch (ähnlich dem Dienstleistungstheorem) die Soziale Arbeit in eine falsche Richtung führt. Denn das grundlegende Selbstverständnis der Sozialen Arbeit besteht darin, den Menschen Hilfen auf der Basis eines freiwilligen, die Autonomie des/der Klienten/Klientin unterstützenden Angebots zu offerieren. Ob innerhalb dieser Hilfen ein konkretes, aber dann lediglich zeitlich und inhaltlich begrenztes Mandat erwachsen kann, wird sich zumeist erst in einer konkreten Situation ergeben und muss insofern der konkreten Kommunikation zwischen Sozialarbeiter/in und Klient/in überlassen bleiben.

11.3.3 Soziale Arbeit und Social Justice

Warum hier der englischsprachige Begriff „Social Justice" anstelle des deutschen „Soziale Gerechtigkeit" verwendet wird, hängt vor allem damit zusammen, dass es sich um einen neuen, vor allem im Rahmen der politischen Situation der USA entwickelten Begriff handelt, der ohne die Historie und das gesamte Ausmaß rassistischer Diskriminierungen nicht verstanden werden kann. Dieser Ansatz kritisiert vehement „jegliche gesellschaftliche Diskriminierungsstruktur", die in „unterschiedlichen Feldern (Politik, Justiz, Ökonomie, Kunst, Menschenrechte, Frauenbewegung, Jugendarbeit, Soziale Arbeit u.v. a.)" (Social Justice o.J., S. 1) vorhanden sein kann. In Deutschland ist nach Ansicht von Scherr „eine eigenständige soziologische Thematisierung von Diskriminierung (...) nur in Ansätzen erfolgt" (Scherr 2006, in: Perko 2013, S. 231). Zu sehr existiert offensichtlich noch die Überzeugung, dass wir in einer chancengerechten Gesellschaft leben, in der jeder Mensch seine Möglichkeiten nur auszuschöpfen braucht.[37]

Social Justice fordert die Soziale Arbeit dazu heraus, „hegemoniale Macht- und Herrschaftspraxen zu thematisieren" (ebd., S. 235) und durch geeignete Methoden der Bewusstseinsbildung etc. zu überwinden. Dabei müssen die Menschen (auch) bereit sein, „ihre eigenen Privilegien (zu) reflektieren und bereit (sein), Veränderungen in Kauf zu nehmen und sich für solche einzusetzen – auch auf das Risiko hin, dass sich ihr eigener privilegierter Status verändert" (ebd., S. 236).

---

37 Und das, obwohl die vielfältigen Formen der Diskriminierung, u. a. der Benachteiligung von Frauen am Arbeitsmarkt bis zur offenen oder verdeckten Feindlichkeit gegenüber Migranten/Migrantinnen und Obdachlosen, deutlich erkennbar sind.

Die Ziele dieses Ansatzes sind demnach:

- Verteilungsgerechtigkeit, das heißt, „eine Gesellschaft dahingehend zu gestalten, dass die Ressourcen so verteilt sind, dass alle Menschen physisch und psychisch in Sicherheit und Wohlbefinden leben können";
- Anerkennungsgerechtigkeit, was bedeutet, „eine Gesellschaft so zu gestalten, dass niemand individuell, institutionell und kulturell diskriminiert wird, sondern partizipativ auf allen diesen Ebenen anerkannt wird" (Perko 2013, S. 232).

Obwohl dieser Ansatz auch gesellschaftskritische Elemente enthält, wird doch bei näherem Hinsehen deutlich, dass er vor allem die „alltäglichen und institutionellen sowie kulturellen Praktiken" (Perko 2013, S. 233) einer Gesellschaft kritisiert. Die Ursachen für die strukturelle Diskriminierung werden hier vor allem „in unhinterfragten Normen, Gewohnheiten, in Symbolen, Regeln und Annahmen sowie deren institutionellen Verankerungen, die kollektiv befolgt werden und Ausgrenzung, Marginalisierung sowie konkretes Leiden von Menschen bewirken" (ebd., S. 234), vermutet.

Perko ist überzeugt davon, dass sich die Soziale Arbeit mit dieser Orientierung „ihre" politische Dimension zurückerobern kann. Dies erscheint sehr optimistisch, da die Herstellung von Verteilungs- und Anerkennungsgerechtigkeit zwar ein unmittelbares Bedürfnis von vielen Menschen ist, die auf vielfältigste Weisen diskriminiert und benachteiligt werden. Jedoch führt eine solche Sicht die Soziale Arbeit (noch) nicht aus ihrer „eigenen (kulturellen) Verwobenheit in Macht- und Herrschaftsräumen und -praxen" (ebd., S. 237) heraus, sondern lässt sie lediglich zur Beobachterin und Mediatorin von politischen Verteilungskämpfen werden. An den strukturellen Ursachen der verschiedenen Formen der Ungerechtigkeit kann sie selbst möglicherweise nicht viel ändern.

11.3.4 Antidiskriminierungsarbeit und interkulturelle Bildung

Nachdem die Antidiskriminierungsarbeit und die interkulturelle Bildung lange Zeit in der aufklärerischen Tradition der Pädagogik und Sozialen Arbeit beheimatet waren, sind beide Ansätze in den letzten Jahren sehr stark pragmatisiert worden. Grund dafür ist die Tatsache, dass die normativen Grundlagen der Antidiskriminierung und der Inter- bzw. Multikulturalität über die veränderte öffentliche Meinung in die entsprechende staatliche Wohlfahrtspolitik und damit auch in verschiedene gesetzliche Grundlagen, z. B. in das Allgemeine Gleichbehandlungsgesetz (AGG), Eingang gefunden haben (Treichler 2004; Eckmann/ Eser Davolio 2003). Die Debatte um das „Einwanderungsland" Deutschland und die Debatte um die Frage, ob der Islam zu Deutschland gehört oder nicht, haben zudem gezeigt, dass es hierbei schon längst nicht mehr nur um Fragen der Menschenrechte geht, sondern auch um ökonomische, bevölkerungs- und arbeitsmarktpolitische Fragen.

Vor diesem Hintergrund sind neue funktionalistische Ansätze entstanden, die nicht mehr so sehr gesellschaftskritisch positioniert sind und etwa zur Solidarität mit den Betroffenen etc. aufrufen, sondern die versuchen, einen Beitrag zur Erziehung zur Multikulturalität und gegen Rassismus und Fremdenfeindlichkeit zu leisten. Damit rückt die pragmatische Frage in den Vordergrund, wie auf der Basis der „Anerkennung der Menschenrechte und dem Schutz der menschlichen Würde" eine „echte antirassistische Erziehung *gegen* Rassismus und zum Engagement für Toleranz und Menschenrechte" (Eckmann/Eser Davolio 2003, S. 26, kursiv i. O.) durchgeführt werden sollte. Dabei lassen sich insgesamt drei mögliche Bildungsansätze darlegen:

(1) Interkulturelle Bildung und interkulturelle Kompetenz
Zunehmend gehört es zu den Kernkompetenzen von Mitarbeitern/Mitarbeiterinnen und Managern/Managerinnen im internationalen Bereich, mit kulturellen Differenzen sowohl auf der Ebene von Kollegen/Kolleginnen also auch von Kunden/Kundinnen umzugehen. Solche Trainings sind nicht falsch (zur Kritik merkmalsgestützter Kompetenzkataloge siehe: Eppenstein/Kiesel 2008, S. 130 f.), allerdings werden sie dann problematisch, wenn sie ausschließlich kompetenzorientiert erfolgen und damit die ungleichen Machtverhältnisse, die vorhanden sind, als gegeben wahrnehmen und akzeptieren. Eine so verstandene Interkulturelle Bildung stellt sich lediglich in den Dienst der Umsetzung von Eigeninteressen und führt zu einer Kompetenz, die strategisch orientiert ist, aber nicht zur Humanisierung der Weltgesellschaft beiträgt.

(2) Interkulturelle Bildung und Diversität
Ziel der interkulturellen Bildung ist nicht nur die Befähigung zur konkreten Auseinandersetzung mit der phänomenologisch vorfindbaren Lebenswirklichkeit der Menschen, sondern vor allem die bewusste Kenntnisnahme und das Verstehen der mit den jeweiligen Kulturen verbundenen unterschiedlichen Wahrnehmungen, aus denen Empathie erwachsen kann und zugleich Konflikte entstehen können. Eine umfassende Form der interkulturellen Bildung geht also davon aus, dass unterschiedliche Kulturen multiple Identitäten entstehen lassen, die sich nicht in äußeren Merkmalen erschöpfen, sondern zu Teilaspekten der jeweils eigenen Identität werden. Diese Unterschiedlichkeit gilt es demzufolge nicht nur zu erkennen und zu kennen, sondern sie als kulturelle Vielfalt zu fördern, zu pflegen und überall dort zu schützen, wo Mehrheitsmentalitäten eine gegenseitige Anerkennung und Integration zu unterdrücken suchen. Auf diese Weise muss Diversität institutionalisiert werden und die Interkulturalisierung der Institutionen durch entsprechende Maßnahmen gesichert werden (Schröer o. J.).

(3) Antidiskriminierungsarbeit
Sie basiert auf den theoretischen Grundlagen des Antirassismus und geht von Problemkonstellationen aus, die als Dominanz, Ausbeutung, Diskriminierung etc. aufgrund eines Machtgefälles zum Ausdruck kommen. Nur die antirassistische Sichtweise ist in der Lage, Fragen des Machtgefälles in konkreten Alltagssituationen (im Kontakt mit Behinderten, HIV-Infizierten o. ä.) oder Fragen der individuellen und strukturellen Diskriminierung (z. B. bei der Wohnungssuche, bei der Suche nach einem Ausbildungsplatz etc.) zu reflektieren. Ziel der Anti-

diskriminierungsarbeit ist es zum einen, die Perspektive der Minderheiten einzunehmen und solidarisch zu unterstützen, zum anderen den Schutz ihrer Rechte einzufordern. Hierfür geeignete Methoden sind vor allem die kritische Bewusstmachung der Geschichte des Rassismus, die Durchführung von Gesellschaftsanalysen etc. Basis dieser Arbeit ist ein modernes Staats- und Demokratieverständnis, das den Bürgern und Bürgerinnen gleiche Rechte zugesteht und Diskriminierung als Verstoß gegen Rechtsgrundsätze ahndet (Treichler 2004, S. 92 ff.; Antidiskriminierungsstelle des Bundes 2013).

11.4 Normative Methoden und Techniken

Normative Methoden und Techniken in der Sozialen Arbeit dienen vor allem dazu, auf Individuen und Gruppen so einzuwirken, dass bestimmte normative Zielsetzungen direkt oder indirekt verfolgt werden können. Insgesamt haben sich unter anderem die folgenden wichtigen Begriffe und Vorgehensweisen etabliert. Viele davon weisen allerdings einen sehr starken Bezug zum Erzieherischen auf.

(1) Autonomiebildung
Moderne normative Konzepte gehen davon aus, dass eine bewusste Aneignung moralischer Werte nur durch eine autonome Person erfolgen kann. Also müssen alle Methoden und Techniken darauf abzielen, die Autonomie des/der Betreffenden sowohl in persönlicher, sachlicher als auch moralischer Hinsicht zu stärken (Schumacher 2014, S. 217 ff.). Autonomieförderung geschieht insbesondere durch Methoden, welche die Eigenaktivität anregen, die Platz lassen für Eigenräume und Eigenheiten, die persönliche Gefühle respektieren und eigenen Lebenssinn zulassen (Speck 1991, S. 135 ff.). Denn wer sich selbst achtet, ist auch bereit, die Autonomie der Norm zu respektieren. Die Sozialarbeiter/innen sollten selbst Autonomie entwickelt haben und der Klientel eine stützende pädagogische Grundhaltung entgegenbringen, die von Achtung und Vertrauen geprägt ist und die Bereitschaft enthält, Werte bewusst vorzuleben, zu kommunizieren und zu vermitteln.

(2) Werteerziehung
Lickona (1989) nennt in seinem ausführlichen und sehr differenzierten Handbuch der Moralerziehung in der Familie verschiedene Werte, die insbesondere an Kinder und Jugendliche weitervermittelt werden sollen, wie z. B. der „Glaube an sich selbst", „Ehrlichkeit", „Mut" (Tapferkeit), „Liebe", „Gewissenhaftigkeit", „Sportgeist", „Bescheidenheit" etc. Seiner Ansicht nach ist es unverzichtbar, dass Erwachsene nicht nur Situationen schaffen, in denen die Einhaltung dieser Werte eingefordert werden muss, sondern auch in denen die Bedeutung dieser Werte kommuniziert werden kann. Wie Erzieher/innen sollten auch Sozialarbeiter/innen Werte vertreten, leben und sich durch verschiedene Grundhaltungen auszeichnen: Gegenseitige Achtung, Vertrauen und ein Verhaltensstil,

der Zuwendung und soziale Kontrolle verbindet (Giesecke 2005; Speck 1991, S. 1578 ff.). Geschehen kann dies z. B. im Rahmen einer Entzugsbehandlung, bei der den Patienten/Patientinnen die klare Botschaft vermittelt wird, dass Regeln (z. B. das Abstinenzgebot) eingehalten werden müssen, gleichzeitig aber auch eine Atmosphäre geschaffen wird, die die Einhaltung der Regeln erleichtert.

(3) Interventionstechniken
Bei der Erziehung und Steuerung von Kindern und Jugendlichen, die ein unangepasstes Verhalten zeigen, aber auch im Umgang mit in ihrer moralischen Urteilsfähigkeit eingeschränkten Erwachsenen, können nach Redl (1976) unter anderem folgende Techniken eingesetzt werden:

- Bewusstes Ignorieren
- Eingriff durch Signale
- Kontrolle durch körperliche Nähe und Berührung
- Engagement in einer Interessengemeinschaft
- Affektive Zuwendung
- Spannungsentschärfung durch Humor
- Hilfestellung zur Überwindung von Hindernissen
- Deutung als Eingriff
- Umstrukturierung
- Direkter Appell
- Einschränkung der räumlichen Bewegungsfreiheit und der Verfügbarkeit von Gegenständen
- „Antiseptischer" Hinauswurf
- Physisches Eingreifen
- Erlaubnis und „autoritatives Verbot"
- Versprechen und Belohnungen
- Bestrafungen und Drohungen.

Durch den Einsatz dieser Techniken sollen die Betroffenen erkennen, dass die verschiedenen Interventionen immer sachbezogen sind. Der Eingriff erfolgt „um der Sicherstellung der Norm" willen und ist nicht gegen die betreffende Person gerichtet. Ein Beispiel im Bereich der Schulsozialarbeit bietet hier das „Trainingsraum-Programm" (Claßen/Nießen 2006).

(4) Regeln
In jedem normativen Ansatz spielt die Entwicklung und Durchsetzung von (Gruppen)Regeln eine wichtige Rolle. Denn die Regel repräsentiert nichts anders als die Norm, an der sich alle orientieren sollen. Zum Beispiel kann ein/e Gruppenleiter/in vorschlagen, Gruppenregeln gemeinsam zu erarbeiten, in diesem Falle werden sich die Teilnehmer/innen der moralischen Anforderungen und Probleme, die sich beim gemeinsamen Setzen von Regeln stellen, bewusst. Oder sie/er kann Regeln in die Gruppe einbringen: Die Teilnehmer/innen sollen dann die Regeln (unbewusst) akzeptieren und entsprechend praktisch handeln lernen. Eine Erörterung von Regeln geschieht dann, falls überhaupt erforderlich, nur im Konfliktfall, also im Nachhinein. Regeln müssen immer kritisch geprüft werden.

In jedem Fall ist ein sorgsamer Umgang mit Regeln gefragt. Ein gutes Beispiel gibt Hayden:

> „In diesem Zimmer gibt es nicht viele Regeln, eigentlich nur zwei, falls wir nicht besondere Regeln für besondere Anlässe brauchen. Die erste ist, daß man hier keinem wehtun darf. Nicht einem anderen und nicht dir selber. Die zweite ist, daß man sich bei allem Mühe gibt" (Hayden, in: Speck 1991, S. 146).

(5) Zero-tolerance-Strategie
Unter einer Zero-tolerance-Strategie wird das Vorgehen, z. B. im Bereich der Schule, der Öffentlichkeit, der Entzugsklinik, der Kriminalprävention etc., verstanden, jede Regelverletzung (z. B. Schwänzen, Alkohol trinken etc.) möglichst zeitnah zu sanktionieren, unbeschadet der Tatsache, dass es sich hier um einen Irrtum, Zufall etc. handeln könnte. Auf diese Weise soll sich bei allen Beteiligten ein klares Gerechtigkeitsbewusstsein etablieren, das dann die Grundlage für die Akzeptanz aller Regeln und Normen bietet. Auf dieser klaren normativen Basis können dann später differenziertere Problemstellungen im Rahmen von Gruppendiskussionen entsprechend differenziert behandelt werden (zusammenfassend und kritisch: Skiba/Knesting 2014).

(6) Fairness-Ausschuss
Da sich nach Kohlberg und Kegan (zitiert in Speck 1991, S. 196 f.) moralisches Verhalten über mehrere Stufen hinweg bis hin zum „nachkonventionellen Niveau" entwickelt, das durch die Akzeptanz allgemeiner moralischer Prinzipien (Universalistische Ethik) gekennzeichnet ist, müssen die Lehrer/innen und Erzieher/innen auch durch metakognitive Methoden versuchen, die moralischen Denkformen zu beeinflussen. Geschehen kann dies vor allem durch folgende Methoden (Speck 1991, S. 196 ff.):

- Es werden direkte Lehrinhalte aus dem offiziellen Lehrplan diskutiert, die sich auf typische, moralische Dilemmata beziehen, ausgewählt aus Geschichte und Literatur,
- Gruppenräte von zehn bis 15 Schülern/Schülerinnen befassen sich mit schulpolitisch relevanten Ereignissen, die sich auf die ganze Schulgemeinde oder auf Interessen einzelner Schüler beziehen,
- ein Fairness-Ausschuss, der sich aus einem oder zwei Erwachsenen und einigen Schülern/Schülerinnen zusammensetzt, wird gebildet und befasst sich mit interpersonellen Konflikten innerhalb der Schulgemeinde,
- Vollversammlungen der Schulgemeinde finden statt, um alle betreffende ethisch-moralische Fragen zu diskutieren und Entscheidungen auf der Basis des gleichen Stimmrechts für jeden zu fällen.

(7) Anti-Gewalt-Training/Coolness-Training
Beim Anti-Gewalt- oder Anti-Aggressionstraining (zusammenfassend: Werner 2014) handelt es sich um ein zehn- bis zwanzigmaliges Gruppentreffen, bei dem

jugendliche und erwachsene Straftäter/innen lernen sollen, die Verantwortung für zurückliegende Gewalttaten zu übernehmen, Strategien zu entwickeln, um z. B. auf „Provokationen" gewaltfrei zu reagieren und persönliche Ziele ohne gewalttätige Auseinandersetzungen zu verwirklichen. Voraussetzung für die Teilnahme ist, dass die Betroffenen bereit sind, ihr gewalttätiges Verhalten zu hinterfragen, motiviert sind, es zu ändern und sich zu verpflichten, die Trainingsregeln einzuhalten (Gildhoff-Fröhlich 2006).

Das Coolness-Training (Gall 2011) will dazu beitragen, dass die Klienten/Klientinnen entspannter und kompetenter mit sozialen Konfliktsituationen umgehen. Um dies zu erreichen, werden ähnliche Lernformen wie beim Anti-Gewalt-Training angewandt, so z. B. die eigenen Rollen als Täter/in, Opfer oder Zuschauer/in aufgedeckt bzw. aktuelle Täter-Opfer-Strukturen in einer Gruppe sichtbar gemacht. Zugleich werden grundlegende soziale Kompetenzen wie Wahrnehmen und angemessenes Ausdrücken von Gefühlen, von Strukturen menschlicher Begegnung etc. benannt und eingeübt, Einstellungen und Verhaltensweisen der Kinder und Jugendlichen visualisiert und teilweise thematisiert etc. (http://www.gewaltakademie.de/index.php/coolness-training-ct).

(8) Erzieher/innen- und Sozialarbeiter/innenverhalten
Die Entwicklung von moralischer Autonomie und eigenverantwortlichem Handeln muss vor allem durch bestimmte Kombinationen der elterlichen Erziehungspraktiken gestärkt werden. Nach Speck (1991, S. 153 ff.) geht man in der Psychologie heute übereinstimmend davon aus,

- dass das Autonom-Werden weder durch einen autoritären Erziehungs- oder Handlungsstil noch einen permissiven gefördert wird,
- dass dominant direktive Praktiken Abhängigkeit, Unlust und Aggressivität bedingen können,
- dass ausgeprägt nachgiebiges Verhalten der Erzieher/innen oder Sozialarbeiter/innen Aggressivität, Tyrannei und Willkür begünstigen können,
- dass das Autonom-Werden am ehesten dann gefördert wird, wenn im Rahmen einer stabilen emotionalen Zuwendung normative Klarheit und hilfreiche Kontrolle vorherrschen.

Für Sozialarbeiter/innen bedeutet dies, dass sie in bestimmten Situationen auch bereit sein müssen, ein autoritatives oder konfrontatives Verhalten zu zeigen, um Personen nicht in problematische Situationen geraten zu lassen, vor sich selbst zu schützen oder Situationen erst gar nicht eskalieren zu lassen.

(9) Ethikkodizes
Nicht wenige öffentlich gewordene Skandale im sozialen Bereich haben die Vermutung gestärkt, dass sich auch die Sozialarbeiter/innen selbst einer Überprüfung ihrer ethischen Grundsätze und Orientierungen unterziehen sollten. Denn nicht selten agieren sie selbst diskriminierend oder müssen sich den Vorwurf gefallen lassen, ihren Klienten/Klientinnen Schaden zuzufügen etc. Um solchen Problemen entgegenzuwirken, werden auch in Deutschland zunehmend Methoden und Verfahren entwickelt, die helfen sollen, die Soziale Arbeit als morali-

sche Profession zu etablieren. Bei Ethikkodizes handelt es sich um „ausformulierte Standards, Prinzipien und Regelungen der Verpflichtungen gegenüber den Adressaten des beruflichen Handelns" (Bohmeyer/Kurzke-Maasmeier 2007, S. 164). Ein an bestimmten berufsethischen Prinzipien orientiertes Verhalten wird nicht nur von der IASSW, sondern auch vom Deutschen Berufsverband für Soziale Arbeit (DBSH o. J.) gefordert. Leitorientierung sind dabei die Menschenrechte, die Idee der Sozialen Gerechtigkeit sowie die Aufforderung, Verschiedenheit anzuerkennen und jeglicher negativer Diskriminierung entgegenzutreten! Zudem werden dort wichtige Grundsätze beruflichen Handelns sowie Verhaltensanforderungen gegenüber Klienten/Klientinnen, Kollegen/Kolleginnen formuliert. Allerdings sind viele der aufgeführten Prinzipien so allgemein gehalten, so wenig fachwissenschaftlich fundiert und methodisch konkret formuliert, dass deren Erfüllung oder Nichterfüllung im Einzelfall schwer feststellbar ist.

(10) Ethikkomitees
Insbesondere in Krankenhäusern und Pflegeeinrichtungen, zunehmend aber auch in Einrichtungen für Behinderte, psychisch Kranke etc. werden heute Ethikkomitees gegründet, die dazu beitragen sollen, moralische Entscheidungen von allgemeinem Belang nicht den Einzelnen zu überlassen, sondern vorausschauend und situativ auf diskursive Weise zu lösen. Außerdem entwickeln sie Leitlinien und Empfehlungen für ethisch richtiges Handeln.

Ethikkomitees bestehen meist aus Vertretern/Vertreterinnen der beteiligten Professionen, aus Ethikern/Ethikerinnen und aus Vertretern/Vertreterinnen der jeweiligen Klientel. Wichtige Fragen, die hier gestellt werden, sind z. B. Fragen des Selbstbestimmungsrechts im Bereich der Gesundheit, im Bereich der Begleitung von Kranken oder von Behinderten im Bereich der Familiengründung etc. Allerdings können solche Ethikkomitees die Sittlichkeit einer bestimmten Vorgehensweise nicht absolut begründen oder verwerfen und stellen insofern nur einen formalen, vor allem an Rechtsnormen orientierten Versuch dar, moralische Dilemmata zu lösen.

(11) Ethische Fallgespräche
Sozialarbeiter/innen sind keine Expertinnen/Experten für ethische Fragen, sondern müssen ihre Fähigkeit zur moralischen Entscheidungsfindung im Laufe ihres beruflichen Lebens zunehmend lernen. Als hilfreich haben sich dafür ethische Fallgespräche erwiesen, bei denen, ähnlich wie in der Fallberatung, moralische Fragen offen diskutiert und Lösungsmöglichkeiten erarbeitet werden:

> „Die ethische Fallbesprechung ist ein in Teilen zu entwickelndes und deshalb weithin noch ungenutztes Instrument in der Sozialen Arbeit. Es wird zwar zunehmend in der stationären Kranken- und Altenhilfe angewandt; in den Bereichen Familienhilfe, psychosoziale Beratung, Jugendhilfe und Gemeinwesenarbeit bleibt es bisher jedoch noch ungenutzt" (Bohmeyer/Kurzke-Maasmeier 2007, S. 177).

Diese Vorgehensweise trägt dem Umstand Rechnung, dass die Begründung von Normen heutzutage häufig nur noch im Diskurs möglich ist, d. h. im gemeinsamen Aushandeln der Betroffenen – dieses Aushandeln aber will gelernt sein!

(12) Ethische Standards
Insgesamt stellt sich die Frage, ob es angesichts der Fülle der komplexen Tätigkeiten von Sozialarbeitern/Sozialarbeiterinnen und der damit verbundenen Fehlerquellen und Regelverstöße nicht auf Dauer einer Berufskammer bedarf, die nicht nur in der Lage wäre, Regelverstöße zu ahnden, sondern auch und vor allem auf Dauer eine eigene „professionsspezifische Rechtsprechung" zu entwickeln, die den Praktikern und Praktikerinnen ein Mehr an Sicherheit bei der Entscheidungsfindung im Alltag geben könnte. Zumal angesichts von Regelverletzungen durch Sozialarbeiter/innen, z. B. im Bereich der körperlichen und sexuellen Unversehrtheit von Schutzbefohlenen, die Vorstellung außerordentlich verstörend ist, dass Sozialarbeiter/innen trotz mehrfacher Verfehlungen – in einer ähnlichen Einrichtung, mit einem anderen Träger – weiterhin praktizieren dürfen!

11.5 Zusammenfassung und Bewertung

Im Gegensatz zum hermeneutischen Denken, das der Entwicklung des Lebens in der Gesellschaft offen gegenüber steht, gehen normative Ansätze davon aus, dass es in der Sozialen Arbeit vor allem darum gehen muss, wichtige moralische Werte einer Gesellschaft (wie z. B. Autonomie, Gerechtigkeit, Solidarität, Gleichberechtigung etc.) klar zu definieren. Nur wer das jeweilige Ziel kennt, so wird argumentiert, kann daraus die entsprechenden methodischen Vorgehensweisen, die zur Umsetzung der damit verbundenen Ziele notwendig sind, ableiten. Ähnlich wie im hermeneutischen, erhalten die Sozialarbeiter/innen auch im normativen Ansatz eine (zumindest theoretisch) sehr einflussreiche gesellschaftliche Position zugewiesen: sie beteiligen sich nicht nur an der (philosophisch-ethischen) Begründung der entsprechenden, für alle verbindlichen Werte und Ziele, sondern sorgen auch für deren Umsetzung in ihrem Bereich.

Drei wichtige Theorien konnten im Rahmen dieses Paradigmas benannt werden:

- Der systemisch-prozessuale Ansatz von Staub-Bernasconi und Obrecht versucht, die grundlegenden Normen der Gesellschaft im Sinne der Erkenntnistheorie von Bunge „realwissenschaftlich" zu begründen. Soziale Arbeit muss (!) dort tätig werden, wo Individuen den Problemen der Bedürfnisbefriedigung und Wunscherfüllung ohne ausreichende Ressourcen gegenüberstehen und lernen müssen, innerhalb der Struktur sozialer Systeme und in Kooperation oder Konflikt mit anderen Menschen Lösungen zu finden. Ziel dabei ist, auf der Basis verschiedener Analyseinstrumente alle Aspekte des Lebens eines/r Klienten/Klientin zu durchschauen, zu bewerten und zu beeinflussen.

- Mit seinem eng am Capability-Ansatz von Sen und Nussbaum orientierten Befähigungsansatz weist Röh der Sozialen Arbeit die Aufgabe zu, (mit) dafür zu sorgen, dass jedem Menschen die sozialen, materiellen, institutionellen etc. Bedingungen zur Verfügung stehen, die erforderlich sind, um die insgesamt zehn Capabilities (= Fähigkeiten) entwickeln zu können. Auf diese Weise soll Soziale Arbeit dazu beitragen, dass alle Menschen in die Lage versetzt werden, ein „gutes Leben" führen zu können.
- Auf der Basis einer abendländisch-christlichen Ethik versucht Lob-Hüdepohl eine Sozialarbeitstheorie zu entwickeln, die sich eng an den Prinzipien der katholischen Soziallehre und an neutestamentlichen Denkmustern orientiert. So entsteht eine weltanschaulich geprägte Soziale Arbeit, der nicht zuletzt die politische Dimension fehlt.

Die verschiedenen Modelle der normativen Sozialarbeitswissenschaft zielen vor allem darauf ab, Sozialarbeiter/innen in die Lage zu versetzen, nicht nur rational, sondern auch normativ begründet zu handeln (rational-normatives Handlungsmodell nach Obrecht, Tripelmandat nach Staub-Bernasconi) bzw. wichtige Werte gegenüber der Klientel zu vertreten und sie darin zu unterstützen, diese auch einhalten und umsetzen zu können (Social Justice, Antidiskriminierungsarbeit). Bevorzugt werden in diesem Ansatz vor allem solche Methoden und Techniken eingesetzt, die dazu beitragen, die Entwicklung moralischer Autonomie der Individuen durch direkte Interventionen auf der Werteebene und durch die Thematisierung von moralischen Dilemmata zu unterstützen. Dies schließt Formen der moralischen Selbstreflexion seitens der Sozialarbeiter/innen mit ein.

Insgesamt stehen die verschiedenen Ansätze einer normativen Sozialarbeitswissenschaft für das Ansinnen, der Sozialen Arbeit eine nicht nur pragmatische, sondern auch die Moral der Gesellschaft bewusst beeinflussende Funktion zuzuweisen. Soziale Arbeit will sich hier nicht nur als blinde Erfüllerin sozialstaatlicher Vorgaben instrumentalisieren lassen, sondern versteht sich als Garantin übergreifender Werte, wie z. B. den Menschenrechten, der sozialen Gerechtigkeit, des guten Lebens etc. Dabei erscheint die Verpflichtung zur Umsetzung dieses Anspruchs zweifellos dort zwingend, wo zentrale menschliche Grundwerte eingehalten, Menschen geschützt und grundlegende Rechte für eine bestimmte Klientel eingefordert werden müssen.

Überall dort jedoch, wo sie pragmatisch konkrete Hilfestellungen leistet, in den Bereichen der Beratung, der Begleitung, der Unterstützung etc., muss die Soziale Arbeit selbst die normativ verankerten Freiheitsrechte ihrer Klientel akzeptieren! Moralische Belehrungen sind hier fehl am Platz und widersprächen der eigenen Professionsethik, die nicht das Recht hat, allen Menschen die gleiche, vermeintlich „objektiv bestimmbare Dimension eines guten menschlichen Lebens" (Otto et al. 2010, S. 160) in gut gemeinter Absicht aufzuoktroyieren. Im Gegenteil, die Professionsethik fordert die Sozialarbeitspraxis ja gerade dazu auf, sich selbst daraufhin zu prüfen, ob sie die Menschenrechte ihrer Klientel stets angemessen berücksichtigt oder nicht selbst durch unangemessene, übergriffige, rassistische, sexistische etc. Verhaltensweisen unmoralisch handelt.

12 EMPIRISCHE SOZIALARBEITSWISSENSCHAFT

12.1 Das Paradigma: Helfen als Diagnostizieren und Intervenieren

Die empirische oder kritisch-rationale Wissenschaftsperspektive in der Sozialen Arbeit entwickelte sich aus den verschiedenen Formen des Positivismus und Empirismus heraus und basiert heute insbesondere auf zwei Grundannahmen des Kritischen Rationalismus von Popper (1973/1934) und Albert (1969).

- Die Verifikation von Hypothesen kann aufgrund des Induktionsproblems (das bedeutet, dass es unmöglich ist, aus einer Einzeltatsache auf etwas Allgemeines zu schließen) nicht mehr das Ziel empirischer Forschungsbemühungen sein. An die Stelle des Verifikations- tritt nun das Falsifikationsprinzip. Das bedeutet: es gibt keine wahren Theorien, sondern nur solche, welche sich noch nicht als falsch erwiesen haben (siehe Kap. 7.2).
- Nach Ansicht des Kritischen Rationalismus muss innerhalb theoretischer Aussagesysteme eine strenge Trennung insbesondere zwischen normativen und empirischen Aussagen vorgenommen werden. Normative Aussagen gelten als rein philosophisch-spekulativ und beziehen sich auf Sachverhalte oder Werte, die sein sollten, wie beispielsweise ethische Grundsätze. Aufgrund ihres philosophischen Charakters sind sie einer wissenschaftlichen Überprüfung nicht zugänglich.

Empirische Aussagen dagegen beziehen sich auf tatsächlich beobachtbare Sachverhalte. Alle empirischen Aussagen müssen sich, wenn sie den Anspruch erheben wollen, wissenschaftlich zu sein, besonders gegenüber folgenden Prüfkriterien bewähren:

- Den Regeln der Logik: Sind die Aussagen logisch widerspruchsfrei – besteht also logische Konsistenz?
- Der erfahrungswissenschaftlichen Überprüfbarkeit: Sind die Aussagen nicht tautologisch?
- Konkurrierenden Theorien: Widerspricht die Theorie bereits bewährten Theorien? Können konkurrierende Theorien das Problem besser lösen?
- Der empirischen Anwendung: Sind aus den theoretischen Aussagen singuläre Aussagen deduzierbar, die mit der intersubjektiv wahrnehmbaren Realität in Widerspruch stehen?
- Der Eignung zur Lösung praktischer Probleme: Besitzt die Theorie Handlungsrelevanz? (Krumm 1983, S. 145)

Einer der ersten Sozialarbeitswissenschaftler, der den Versuch startete, diesen Ansatz für die Soziale Arbeit fruchtbar zu machen, war Rössner (1977). Sein Anliegen war es, den Bedarf der Sozialarbeit an wissenschaftlich geprüftem Wissen darzulegen und aufzuzeigen, dass es nur vor diesem Hintergrund „vernünftig" ist, eine solche Institution und Profession in der modernen Gesellschaft bereitzustellen. Dabei spielt die Frage, wie sie möglichst rational und effizient organisiert und entwickelt werden kann, eine zentrale Rolle. Geschehen kann dies nach Rössner nur durch die Orientierung an einer den Naturwissenschaften vergleichbaren Methodologie, ähnlich wie es Brezinka (1978) für die Pädagogik gefordert hat. Dies bedeutet, dass entsprechend dem naturwissenschaftlichen Vorgehen der Beobachtung und Messung auch soziale Tätigkeiten wie Erziehen, Helfen etc. immer im Hinblick auf ihre sichtbaren Wirkungen betrachtet werden müssen. Somit sollten Verhaltensänderungen als Ziel sozialarbeiterischer Interventionen anvisiert werden.

Indem Rössner (1977) die Sozialarbeitswissenschaft als partielle (kritisch rationale) Erziehungswissenschaft begreift, weist er ihr die Funktion einer „Erziehungs-Technologie" zu:

„Ziel ist also die Konzeption einer Erziehungs-Technologie, das heißt die Formulierung eines wissenschaftlichen Satzsystems, das technologische Aussagen von folgender Form enthält: Wenn ein Handelnder (Erzieher) e bei einem anderen Menschen (Zu-Erziehenden) p einen Zustand z bewirken will (die Realisation dieses Zustandes z zum Ziele hat), dann kann e z nur dann realisieren, wenn e die Maßnahmen m realisiert (bzw. die Mittel oder Instrumente i einsetzt bzw. die Bedingungen b herstellt oder vorfindet)" (Rössner 1977, S. 14).

Rössner übernimmt auch die Forderung von Popper, dass eine solche Sozialarbeitswissenschaft stets darauf zu achten hat, dass Aussagesysteme daraufhin überprüft werden müssen, ob sie auch tatsächlich empirisch fassbar sind. Die Folge ist demnach ein Verzicht auf „große" Theorien (gemeint sind hier insbesondere Gesellschaftstheorien):

„Der typische Stückwerk-Ingenieur wird folgendermaßen vorgehen. Er mag zwar einige Vorstellungen von der idealen Gesellschaft ‚als Ganzem' haben (…), aber er ist nicht dafür, daß die Gesellschaft als Ganzes neu geplant wird. (…) Wie Sokrates weiß der Stückwerk-Ingenieur, wie wenig er weiß. Daher wird er nur Schritt für Schritt vorgehen und die erwarteten Resultate stets sorgfältig mit den tatsächlich erreichten vergleichen, immer auf der Hut vor den bei jeder Reform unweigerlich auftretenden unerwünschten Nebenwirkungen. Er wird sich auch davor hüten, Reformen von solcher Komplexität und Tragweite zu unternehmen, daß es ihm unmöglich wird, Ursachen und Wirkungen zu entwirren und zu wissen, was er eigentlich tut" (Popper, zitiert in Rössner 1977, S. 49 f.).

Für Rössner ist Sozialarbeit mit tertiärer Sozialisation gleichzusetzen. Dies bedeutet für die Soziale Arbeit, dass sie an der Verhaltensebene ansetzen und dazu beitragen muss, „Effekte von Dissozialisationen aufzuheben (…), den dissozialisierten Menschen zu einem sozialisierten zu machen. Es geht also – bildlich gesprochen – um einen Umbau (…) des Dispositionsgefüges" (ebd., S. 131). Im Gegensatz zur Erziehung, die auf der Notwendigkeit der Entwicklungstatsache basiert, beruht die Tätigkeit der Sozialarbeit auf „diagnostizierte[r] Dissozialität" (ebd., S. 133). Auf diese Weise gelingt es Rössner, die Position des Sozialarbeiters/der Sozialarbeiterin zu präzisieren: Diese/r wird zum „Sozialdiagnostiker", zur „Sozialdiagnostikerin" im Hinblick auf befürchtete oder festgestellte Dissozialität, tertiäre/r Berater/in sowie Planer/in und Koordinator/in (weiteren) tertiären Erziehens „mit dem Ziel des Abbauens von Dissozialität und des Aufbauens einer sozialisierten Persönlichkeit" (ebd., S. 162).

12.2 Empirische Theorien der Sozialen Arbeit

12.2.1 Verhaltensorientierte Soziale Arbeit

Theoretische Grundlagen

Die Verhaltensorientierte Soziale Arbeit kann vor allem durch „eine zielgerichtete problemorientierte Vorgehensweise und eine ausgeprägte Evidenzbasierung" (Blanz et al. 2013, S. 9) gekennzeichnet werden. Während sie in den USA und in Großbritannien einen hohen Stellenwert einnimmt (Cigno/Bourne 1998), sind die in Deutschland vor allem in den 1970er und 1980er Jahren von Rössner 1977 und Alisch/Rössner 1977 gestarteten Versuche, empirisch-analytisches Denken an die Soziale Arbeit heranzuführen, vom Mainstream der damals überwiegend gesellschaftskritisch orientierten Sozialpädagogik weitgehend ignoriert worden. So kam es in Deutschland nach Frank Como-Zipfel (2013, S. 25 f.) erst nach der Jahrtausendwende zu einer „zweiten Generation" verhaltensorientierter Ansätze, die jetzt nicht mehr ignoriert werden konnten – zu wichtig waren sie inzwischen für die Praxis geworden. Zudem zeigte sich unter dem Einfluss der Diskussion um die „Evidenzbasierung" Sozialer Arbeit sehr deutlich, dass Professionelle nicht nur über kommunikative und hermeneutische, sondern auch analytische und wissenschaftsbasierte methodische Kompetenzen verfügen müssen. So schreibt z. B. Pauls (2011) in Bezug auf die Klinische Sozialarbeit:

> „Die verhaltenstherapeutischen Methoden sind in herausragender Weise empirisch überprüft. Sie stellen dem Klinischen Sozialarbeiter in vielen Situationen praktische Vorgehensmöglichkeiten bereit, wo es um direkte und zielorientierte handlungs- und situationsorientierte Unterstützung, um das Training von Fertigkeiten, den Aufbau von alternativen Verhaltensmöglichkeiten (z. B. auch bei behinderten Menschen), die Arbeit mit Reizkonfrontation oder auch den Abbau kognitiver Verzerrungen geht" (ebd., S. 171).

Die im Jahr 2011 erfolgte Gründung der Deutschen Gesellschaft für Verhaltensorientierte Soziale Arbeit e. V. belegt, dass auch in Deutschland dieses Modell zunehmende Anerkennung findet. Dies zeigt sich i. Ü. auch in der Praxis: Bartmann/Grün (2004) kamen im Rahmen einer Studie zum Ergebnis, dass über ein Drittel der befragten Sozialarbeiter/innen verhaltensorientierte Methoden einsetzen und über 80 % diese für effizient einschätzen.

Die theoretische Basis der Verhaltensorientierten Sozialen Arbeit bilden grundlagenwissenschaftliche Erkenntnisse aus der Psychologie, aus den Verhaltenswissenschaften und aus der Pädagogik und daraus abgeleitete praktische

Methoden und Techniken, die dazu beitragen sollen, normativ vorgegebene Ziele der Sozialen Arbeit zu erreichen. Solche normativen Zielsetzungen können Gewaltlosigkeit, Anti-Rassismus, gesellschaftskonformes Verhalten etc. sein. Nach Blanz/Schermer (2013) kann die Verhaltensorientierte Soziale Arbeit *„als ein empirisch begründetes Konzept der Sozialen Arbeit aufgefasst werden"* (ebd., S. 67, kursiv im Original). Sie zielt dabei vor allem darauf ab, das Erleben und Verhalten von Menschen so zu beeinflussen, dass soziale Probleme weniger dramatisch ausfallen, unter Umständen sogar gelöst werden können oder gar nicht erst entstehen. Ziel der verhaltensorientierten Sozialen Arbeit ist es nach Bördlein (2013)

- soziale Probleme empirisch beschreiben und erklären zu können,
- Prognosen über mögliche zukünftige Probleme zu erstellen und
- über Methoden zu verfügen, „mit denen Zustände und Abläufe innerhalb dieses Realitätsbereichs verändert werden können" (ebd., S. 39).

Die Verhaltensorientierte Soziale Arbeit geht von der Annahme aus, dass jedes Verhalten erlernt wird und damit auch wieder „verlernt" bzw. durch neues Verhalten ersetzt werden kann. Unter Verhalten wird dabei alles verstanden, was eine Person beobachtbar tut. Entscheidend ist nun zu erforschen, wie in Menschen die Bereitschaft gefördert werden kann, ihr bestehendes (dissoziales) Verhalten aufzugeben und neues (prosoziales) Handeln zu erlernen.

„Die Verhaltensorientierte Soziale Arbeit sieht dabei das Verhalten, das ein/e Klient/in gegenwärtig zeigt, als den Ansatzpunkt für Veränderungen an. Sie erfragt beispielsweise, wie ein arbeitsloser Klient seinen Tag strukturiert, welche Schritte er unternimmt, um beruflich wieder Fuß zu fassen etc. Weiterhin ist für sie von Interesse, weshalb er sich so und nicht anders verhält und ob sein Verhalten im Einklang mit den Zielen steht, die er für sich erreichen möchte. Auf dieser Analyse aufbauend werden gemeinsam mit dem Klienten Verhaltensänderungen initiiert. Dabei ist prinzipiell ein transparentes Vorgehen charakteristisch: Mit dem Klienten wird ein Erklärungsmodell für sein Problemverhalten erarbeitet, die Ziele werden gemeinsam festgelegt, der Ablauf und die voraussichtliche Wirkungsweise der Intervention werden besprochen und erklärt. Im Sinne eines ‚informed consent' bilden Klient und BeraterIn eine Arbeitsgemeinschaft, in der das Problem in Kooperation angegangen und gelöst wird" (Blanz et al. 2014, S. 327).

Die Verhaltensorientierte Soziale Arbeit hat ein eigenständiges methodisches Instrumentarium entwickelt, das sich an den Lernformen der Psychologie orientiert (Bördlein 2013, S. 49 ff.):

1. Gemäß der „klassischen Konditionierung" wird durch die zeitliche Koppelung eines bestimmten (verhaltenauslösenden) Reizes mit einem neutralen Reiz der neutrale Reiz zu einem konditionierten Reiz, der wiederum eine konditionierte Reaktion hervorruft, die der Reaktion auf den ursprünglich verhaltensauslösenden Reiz ähnelt. Wenn beispielsweise ein Kind in der Schule ausgelacht wird (verhaltensauslösender Reiz) und daraufhin Scham und

Wut empfindet (Reaktion), kann der neutrale Reiz „Schule" zu einem konditionierten Reiz werden, der die konditionierte Reaktion „Vermeidungsverhalten mit Angst" immer dann auslöst, wenn das Kind in die Schule gehen soll. Klassisch konditionierte Verhaltensweisen können aus Sicht der Verhaltenstherapie z. B. durch systematische Desensibilisierung gelöst werden. Hierbei wird versucht, die angstauslösenden Elemente zu neutralisieren, indem eine „Angsthierarchie" erstellt wird und Schritt für Schritt eine Konfrontation mit diesen angstauslösenden Reizen erfolgt. Die erfolgreiche Bewältigung jedes Schrittes der Konfrontation trägt dazu bei, dass die Angstreaktion vom Reiz „entkoppelt" wird, sodass die Reize keine Angstreaktion mehr auslösen. So kann die Angst vor dem Schulbesuch dadurch abgebaut werden, dass der/die Sozialarbeiter/in die einzelnen Schritte (Schulranzen packen, zum Bus gehen, Busfahren, den Schulhof betreten etc.) gemeinsam und schrittweise mit dem Kind absolviert und auf diese Weise hilft, die damit verbundene Angst abzubauen.

2. Beim „operanten Konditionieren" arbeitet man mit vier Formen der Verstärkung: 1. Bestrafung durch Hinzufügen eines unangenehmen Reizes (z. B. Kind bekommt Hausarrest), 2. Bestrafung durch Wegnehmen eines angenehmen Reizes (z. B. Kind darf nicht mehr fernsehen), 3. Belohnung durch Wegnehmen eines unangenehmen Reizes (z. B. Hausarrest wird aufgehoben) und 4. Belohnung durch Hinzufügen eines angenehmen Reizes (z. B. Kind bekommt etwas Süßes). Diese Formen der Verstärkung sollen dazu führen, dass die Wahrscheinlichkeit des Auftretens eines bestimmten Verhaltens erhöht (bei Nr. 3 und 4) oder verringert wird (bei Nr. 1 und 2). Das Prinzip der operanten Konditionierung ist vor allem zur Unterstützung von Eltern hilfreich, denn sie verstärken oft unbewusst das unangemessene Verhalten ihrer Kinder. Wenn Kinder z. B. laut sind und Eltern ihnen etwas Süßes versprechen, damit sie still sind, kann dies dazu führen, dass Kinder immer wieder unangenehm auf sich aufmerksam machen, um etwas zu bekommen. D. h. es wurde nicht das erwünschte Verhalten (leise sein) verstärkt, sondern das unerwünschte („Wenn ich etwas Süßes will, muss ich nur quengeln!"). Im Rahmen des Elterntrainings können Eltern lernen, nur angemessenes Verhalten ihrer Kinder zu verstärken und unangemessenes durch nicht Beachten oder Bestrafen zu „löschen".

3. Das „Lernen am Modell" (s. Bandura: soziale Lerntheorie) geschieht unwillkürlich immer dann, wenn durch Beobachten eines Anderen (z. B. Alltag, Fernsehen) eine neue Verhaltensoption erkannt und in das eigene Repertoire aufgenommen wird. Es wird insbesondere dann gefördert, wenn der/die Beobachtete/das „Modell" entweder dem/der Beobachter/in ähnelt (z. B. in Alter und sozialem Status), als besonders attraktiv wahrgenommen wird (z. B. Vorbilder, Popstars etc.), eine gute Beziehung zwischen beiden besteht (z. B. Freunde) oder das Modell besonders glaubhaft ist (Authentizität), wobei eine Kombination mehrerer dieser Faktoren die Lernwahrscheinlichkeit stark erhöht. Lernen am Modell kann z. B. in Heimen und Schulen stattfinden oder in der Beziehung zwischen Sozialarbeitern/Sozialarbeiterinnen und Klienten/Klientinnen erfolgen. Nutzbar gemacht werden kann es beispielsweise in ei-

nem arrangierten Treffen zwischen „schwierigen Fans" (jugendliche Hooligans) und Fußballstars, wobei die Jugendlichen ohne weitere „Belehrung" Verhaltensweisen und Einstellungen der Stars übernehmen könnten, wie z. B. Gewaltlosigkeit, Toleranz, Fairness etc. Im Rahmen des Modelllernens muss jedoch darauf hingewiesen werden, dass zwischen Kompetenz (ein Verhalten wurde gelernt) und Performanz (ein gelerntes Verhalten wird tatsächlich gezeigt) unterschieden werden muss. Für das tatsächliche (Nicht-)Zeigen eines erwünschten Verhaltens spielen auslösende Faktoren eine Rolle (z. B. Nicht-/Vorhandensein von Gruppendruck).
4. Verhaltensänderungen können auch dadurch bewirkt werden, dass kognitive Prozesse bewusst gemacht werden. Dieses Prinzip findet sich klassischerweise v. a. in der Depressionstherapie, wobei hier dem Klienten/der Klientin bewusst werden soll, dass ein negatives Verarbeitungsmuster dazu führt, dass Geschehnisse überwiegend negativ interpretiert werden. Durch die Erkenntnis dieses Musters sowie dem bewussten Aufbauen positiver Gedanken und Verhaltensweisen soll ein Heraustreten aus dem „Teufelskreis negativer Gedanken" möglich werden. So kann versucht werden, mit depressiven Klienten und Klientinnen eine Liste der negativsten Gedanken zu erstellen und immer wieder zu durchdenken bzw. positive Affirmationen zu entwickeln, die sich der/die Klient/in immer wieder bewusst machen soll (Coulshed/Orme 1998, S. 153 f.).

Arbeitsweisen und methodisches Handeln

Die Umsetzung des theoretischen Grundlagenwissens in praktische, für die Sozialarbeiter/innen handlungsleitende Praxisempfehlungen, ist ein weiterer Teil der Verhaltensorientierten Sozialen Arbeit. Um Lernprozesse der Klientel optimal vorzubereiten und zu unterstützen, werden verschiedenen Phasen beschrieben (siehe Abb. 44):

1. Herstellen günstiger Voraussetzungen für Lernen: Diese Phase dient dem Aufbau der Motivation sowie der Verständigung über die Notwendigkeit und Angemessenheit des jeweiligen Lern-, Therapie- oder Trainingsprozesses.
2. Verhaltensdiagnostik: Der Ist-Zustand wird beschrieben, Zielzustände werden im Einvernehmen mit dem Klienten/der Klientin definiert und operationalisiert.
3. Implementierung der Verhaltensmodifikation: Angemessene Methoden und Techniken der Verhaltensmodifikation werden ausgewählt und angewendet.
4. Evaluierung der Wirksamkeit: Hier erfolgen Abschlussdiagnostik (Vergleich Ist-Soll-Zustand) und Evaluation des gesamten Hilfeprozesses sowie des Hilfeergebnisses (siehe dazu: Blanz/Schermer 2013, S. 68 f.).

Phasen	Ziele
• günstige Ausgangsbedingungen und Arbeitsbeziehung • Veränderungsmotivation und Compliance	Schaffung von Voraussetzungen

Phasen	Ziele
• Erfassung des Ist-Zustandes • Erfassung des Ziel-Zustandes	Deskription/Explikation Prognose
• Interventionsplanung und Methodenauswahl • Interventionsdurchführung und -anpassung	Intervention
• Erfolgsbewertung	Evaluation

Abb. 44: Phasen und Ziele professionellen Handelns[38]

Als wichtige methodische Elemente der Verhaltensorientierten Sozialen Arbeit gelten unter anderem (Blanz/Schermer 2013, S. 63 ff.):

- *Verhaltensdiagnostik im Rahmen einer „Verhaltensgleichung" (ebd., S. 80)*
  Die Verhaltensdiagnostik orientiert sich hier am „SORCK-Modell" aus der Verhaltenstherapie. Hierbei wird das Problemverhalten auf einer Zeitachse analysiert und so präzisiert, dass ein Zusammenhang zwischen dem Reiz (stimulus S), den Vorgängen innerhalb der Person (organism O), der von der Person gezeigten Reaktion (response R), der folgenden Konsequenz (consequence C) sowie des wiederholten Auftretens dieser Ereignis-Kette (kontingence K) deutlich erkennbar wird. Dabei erfolgt die diagnostische Analyse in vielen zu berücksichtigenden Bereichen, sodass möglichst viele Verursachungshypothesen entwickelt und auf ihre Gültigkeit hin überprüft werden können.
- *Zielfindung nach dem SMART-Modell*
  Um für den Klienten/die Klientin persönlich relevante Zielperspektiven zu entwickeln, ist in der Regel auf die Ebenen „der Lebenswelt-, Bewältigungs-, Entwicklungs- Ressourcen- und Umweltorientierung" (ebd., S. 84) zu achten. Dabei geht es darum, Ziele im Konsens mit den Klienten/Klientinnen zu entwickeln und zu bestimmen sowie diese normativ zu überprüfen (Ist das Ziel tatsächlich ein wünschenswerter positiver Zustand?). Bei der Zielformulierung wird die SMART-Regel zugrunde gelegt: Ziele sollen (S)pezifisch, d. h. in Verhaltensbegriffen definiert, (M)essbar, d. h. in Zahlen ausgedrückt werden, (A)ttraktiv/Akzeptabel, d. h. von allen Beteiligten als zu erreichendes Ziel anerkannt, (R)ealistisch, d. h. mit den eingesetzten Methoden tatsächlich erreichbar und (T)ragfähig bzw. transferfähig sein, d. h. auf Dauer in der Lebenspraxis umgesetzt werden können.
- *Datenerhebung durch Einsatz valider Mess- und Beobachtungsverfahren*
  Hierzu gehören vor allem verhaltensdiagnostische Interviews, Verfahren der systematischen Beobachtung (z. B. Beobachtungsbögen), die Methode der Selbstbeobachtung (z. B. vor dem Hintergrund von Tages- und Wochenplänen) sowie der Einsatz standardisierter Skalen und Fragebögen.

---

38 Nach Kanfer et al. 2012 (in: Blanz/Schermer 2013, S. 68).

- *Intervention auf der Basis verhaltensorientierter Methoden*
  Die verschiedenen Möglichkeiten der Intervention basieren auf verhaltensorientierten Methoden, die aus den oben genannten Lernformen entwickelt wurden. Verhaltensorientierte Methoden sind beispielsweise: Löschung und Gegenkonditionierung (auf der Basis klassischer Konditionierung), positive Verstärkung, Shaping und Chaining (auf der Basis operanten Konditionierens), Rollenspiele (auf der Basis des Lernens am Modell), Problemlöse- und Kausalattributionstraining (auf der Basis kognitiven Lernens) (ebd., S. 87 ff.).
- *Evaluation als Vergleich zwischen diagnostischen und interventionsbezogenen Daten*
  Grundlage der Erfolgsbeurteilung ist der Prä-Post-Vergleich: die zu Beginn erfassten Daten der Problemdiagnose (prä) werden mit den Ergebnissen nach der Intervention (post) dahingehend verglichen, ob sich eine erwünschte Veränderung in Richtung der festgelegten Zielsetzung ergeben hat.

Zusammenfassend lassen sich nach Langfeldt (2008 in: Blanz/Schermer 2013, S. 100) beim methodischen Vorgehen folgende Fragen stellen

1. Sind die Ziele der Interventionsmethode explizit beschrieben?
2. Stellt die Methode einen theoretischen Bezug zum Zielverhalten her?
3. Ist angegeben, für wen die Interventionsmethode geeignet ist?
4. Sind die von der Methode abgeleiteten Techniken rational begründet?
5. Wurde die Wirksamkeit überprüft?
6. Ist mit unerwünschten Nebenwirkungen zu rechnen?
7. Sind die Techniken und Instrumente (Materialien) adressatengerecht?
8. Ist die Methode klar strukturiert (standardisiert) und übersichtlich?
9. Ist angegeben, welche Rahmenbedingungen erfüllt sein müssen?
10. Kann durch explizite Anleitungen die Qualifikation zur Anwendung erworben werden?

Letztendlich geht es dem verhaltensorientierten Ansatz darum, Wirksamkeitsnachweise für die Interventionen der Sozialen Arbeit erbringen zu können. Auf diese Weise soll das Renommée der Sozialen Arbeit gestärkt werden und das wissenschaftliche Niveau der Profession an das anderer Sozialwissenschaften (z. B. der Psychologie, Soziologie etc.) herangeführt werden.

Bewertung

Insgesamt stellt der verhaltensorientierte Ansatz in der Sozialen Arbeit eine Möglichkeit des Umgangs mit sozialarbeiterischen Aufgabestellungen dar und lässt sich in seiner Grundidee auf alle Anwendungsbereiche übertragen. Im Zentrum stehen dabei die Anliegen und Probleme der Klientel, die mittels verhaltensorientierten Interventionen beeinflusst werden sollen. Verhaltensorientierte Interventionen werden somit als sichtbare Maßnahmen verstanden, die zu einer Reduktion unerwünschter bzw. einer Steigerung erwünschter Aspekte des Erlebens und Verhaltens der Klienten/Klientinnen dienen sollen.

Innerhalb des verhaltensorientierten Ansatzes in der Sozialen Arbeit entstehen jedoch drei wesentliche Schwierigkeiten:

1. Das Verfahren eignet sich nicht für komplexe, vor allem von den Betroffenen selbst wenig beeinflussbaren Problemlagen. So handelt es sich beim Phänomen des Alkoholismus zumeist nicht nur um ein individuelles Suchtproblem, sondern um eine komplexe Lebenslage, die in der Regel multifaktoriell bedingt ist.
2. Der Ansatz blendet gesellschaftliche Ursachen von Problemlagen grundsätzlich als nicht bearbeitbar aus. Das bedeutet im Falle von Alkoholismus, dass lediglich auf der individuellen und sozialen Ebene gearbeitet werden kann, Fragen der diese Problematik möglicherweise mit bedingenden Organisations- und Gesellschaftsstruktur (Konkurrenz, Wettbewerb etc.) etwa müssen ausgeklammert werden.
3. Das methodische Vorgehen setzt seitens der Sozialarbeiter/innen ein methodisches Kompetenzniveau voraus, das in den seltensten Fällen vorhanden ist. Denn eine verhaltenstherapeutische Ausbildung erfordert einen großen zeitlichen und wirtschaftlichen Aufwand und eine hohe Konzentration auf die Verhaltenstheorie, etwas, das nur in bestimmten Arbeitsbereichen als sinnvoll erscheint.

12.2.2 Wirkungsorientierte Soziale Arbeit

Theoretische Grundlagen

Eine sich aus der empirischen Perspektive der Sozialen Arbeit weiter ergebende Fragestellung ist die nach der generellen Wirksamkeit der Programme und Interventionen. Diese Frage ist in den letzten Jahren vor allem im Bereich der Maßnahmen der Kinder- und Jugendhilfe gestellt worden und hat zur Entwicklung des Konzepts einer „Wirkungsorientierten Sozialen Arbeit" geführt. Dabei geht es vor allem um die Frage, wie eine für die Soziale Arbeit angemessene Analyse von Wirkungsmechanismen durchgeführt werden kann.

Auch in diesem Bereich folgt die deutsche Soziale Arbeit einem Trend, der sich in Großbritannien bereits in den 1990er Jahren vollzogen hat und der die Berechtigung von Hilfeprogrammen von der Beantwortung der Frage nach dem „what works?"[39] abhängig macht.

Arbeitsweisen und Methoden

Nach Otto/Schneider (2009) kann diese Denkweise nach drei Richtungen hin präzisiert werden: nach der Frage, inwieweit durch geeignete organisationale und manageriale Maßnahmen Soziale Arbeit effizienter, d.h. vor allem billiger gemacht werden kann (1), nach der Frage, inwieweit durch „Wirksamkeitsforschung als empirisch fundiertes Reflexions- und Beschreibungsinstrument zur Optimierung sozialer Praxis" (ebd., S. 1) ein Beitrag zur Weiterentwicklung der Qualität der Sozialen Arbeit geleistet werden kann (2), und nach der Frage nach

---

39 Siehe dazu ausführlich: https://www.gov.uk/guidance/what-works-network.

dem volkswirtschaftlichen Nutzen, den die Interventionen der Sozialen Arbeit für die Gesellschaft erbringen (3).

(1) Effizienz durch organisationale und manageriale Maßnahmen
Insbesondere durch das im Bereich der Sozialen Dienste seit den 1990er Jahren eingeführte Modell der Neuen Steuerung (siehe dazu Kap. 3.2) ist das fachliche und öffentliche Interesse an der Messbarkeit der Ergebnisse der Sozialen Arbeit deutlich gestiegen. Im Rahmen dieser Verfahren sollen die Anbieter sozialer Dienste auf der Grundlage von Leistungsverträgen nicht nur auf konkrete Input-Leistungen (räumliches, zeitliches, personales Angebot etc.), sondern auch auf messbare Output-Kriterien verpflichtet werden. Das hier zum Ausdruck kommende Interesse der Verwaltung liegt demnach vor allem darin, Informationen über erzielte Wirkungen zum Ausgangspunkt von strategischen Entscheidungen (Welche Art der Hilfe soll angeboten, ausgebaut, bezahlt etc. werden?) zu machen.

Nach Polutta (2011) lassen sich hier vor allem folgende Steuerungsebenen unterscheiden:

- Wirkungsorientierte Fallsteuerung: Hierbei werden im Rahmen von Hilfegesprächen zwischen Klient/in und Sozialarbeiter/in möglichst konkret beobachtbare bzw. benennbare Ziele vereinbart und nach dem SMART-Prinzip (spezifisch, messbar, attraktiv/akzeptabel, realistisch, terminiert) formuliert. Daran orientiert sich dann die jeweilige methodische Vorgehensweise.
- Wirkungsbezogene Evaluations- und Controlling-Instrumente: Dabei geht es um die „Erfassung und Analyse quantifizierbarer bzw. standardisierter Daten, sowohl bezogen auf die Hilfeprozesse innerhalb von Organisationen im Sinne des operativen als auch bezogen auf die Überprüfung von Zielerreichung im Sinne des strategischen Controlling" (ebd., S. 375). Dazu gehören z. B. Zufriedenheitsbefragungen, aber auch Daten über „Laufzeiten, Angebotsumfang, Abbruchquoten, Halteraten etc." (ebd.).
- Wirkungsorientierte Bewertungsverfahren: In Deutschland erst in Ansätzen, findet man in den Niederlanden und in Großbritannien Verfahren, bei dem das Maß der Zielerreichung Basis der Vergütung der sozialen Dienste ist; so bekommen soziale Dienste beispielsweise eine „Prämie", wenn es ihnen gelingt, Klienten/Klientinnen wieder in den ersten Arbeitsmarkt zu vermitteln (van der Laan 2000).
- Wirkungsorientierte Rahmensteuerung: Durch die Festlegung von Indikatoren und Kennzahlen können soziale Dienste auf kommunaler Ebene gesteuert werden. Über Formen des Benchmarking können die Preisbildungen verschärft und die Wirkungsorientierung forciert werden.

(2) Wirksamkeitsforschung zur Verbesserung der Qualität
Die Frage, mit welchen Verfahren soziale Praxis optimiert werden kann, ist inzwischen im Rahmen vielfältigster Effekt- und Evaluationsstudien untersucht worden. Dabei kam bislang dem Jugendhilfebereich deshalb eine Vorreiterrolle zu, weil dort enorme Ausgaben entstehen und oftmals die Wirksamkeit der

Maßnahmen nur unzureichend überprüft werden kann. Daher sehen sich die Behörden oftmals dem Vorwurf ausgesetzt, Gelder zu großzügig einzusetzen und Klienten/Klientinnen in vorhandene Hilfeprogramme „abzuschieben", ohne klare Indikationen und nachweisbare Effekte vorweisen zu können. In der Folge sind in diesem Bereich zwei groß angelegte Studien zur Wirksamkeit bestimmter Hilfen durchgeführt worden. Ziel des Forschungsprojekts „Jugendhilfeleistungen" (JULE; Baur et al. 1998) war, einen Überblick über Leistungen und Erfolge der Heimerziehung zu erhalten. Die Forscher/innen kamen darin zu dem Schluss, dass sich der größte Teil (zwei Drittel) der Hilfemaßnahmen als erfolgreich bezeichnen lässt. Das Forschungsprojekt „Effekte erzieherischer Hilfen und ihre Hintergründe" (Schmidt et al. 2002) war eine Längsschnittstudie, die Hilfepläne überprüfbar und Effektmessungen möglich machen sollte. Hier zeigte sich, dass die Ergebnisse von Hilfeverläufen stark von der Qualität der Arbeit der einzelnen Einrichtungen mit dem einzelnen Kind und seiner Familie abhängt (siehe dazu auch Kap. 16.5.4).

Beide Studien stellen einen gelungenen Anfang für eine intensivere Auseinandersetzung der Sozialarbeitswissenschaft mit empirischen Untersuchungen dar. Methodische Schwächen solcher Studien werden jedoch ebenfalls deutlich:

1. Wenn bei den Erhebungen insbesondere das Urteil der Fachkräfte eine ausschlaggebende Rolle spielt, erhält man wenig zuverlässige und objektive Daten, anhand derer man eine wissenschaftliche Bewertung der Ergebnisse vornehmen könnte.
2. Wenn man (sozialpolitisch) nicht grundsätzlich bereit ist, gängige Hilfeformen auch infrage zu stellen, ergeben Vergleichsuntersuchungen zwischen den verschiedenen Formen wenig Sinn und es werden immer solche Ergebnisse gezeitigt, die das Vorhandene bestätigen.
3. Wenn Untersuchungen von Anfang an vom Wunsch geprägt sind, weitgehend positive Ergebnisse zu erzielen, um die Praktiker/innen nicht vor den Kopf zu stoßen, dann sind Ergebnisse immer mit Vorsicht zu betrachten.

Offensichtlich ist die Soziale Arbeit zumindest in Deutschland noch weit davon entfernt, mit Hilfe von im Konsens oder auf der Basis wissenschaftlicher Theorien entwickelten Indikatoren klare Zielvorgaben zu formulieren oder durch Benchmarks den Wert des Geleisteten auch ökonomisch zu erfassen. Es besteht also durchaus noch Bedarf an einer tiefergründigen sozial- und fachpolitischen Auseinandersetzung (Polutta 2011, S. 380) – zumal gerade wichtige Vertreter/innen der Jugendhilfeforschung inzwischen dazu tendieren, den methodischen Ansatz immer noch stärker auszuweiten, ohne dass grundlegende Fragen der Datenmessung geklärt wären. So fordert Macsenaere inzwischen dazu auf, im Bereich der Wirkungsforschung „nicht nur die direkt ersichtliche und objektiv nachweisbare (Aus)Wirkung der Hilfe („effect"), sondern gleichberechtigt auch die subjektive Wirkung beim Leistungsadressaten („impact") und die mittelbare Wirkung auf die Gesellschaft („outcome")" (2013, S. 222) zu berücksichtigen.

International gesehen haben sich in diesem Bereich neben den Versuchen zur Effekt- oder Wirkungsmessung zwei weitere Konzepte etabliert: Zum einen das Konzept der „Evidence-based Practice" (vor allem USA und Großbritannien, Sackett et al. 1997), das davon ausgeht, dass die Praxis dazu verpflichtet werden muss, nur noch solche Programme einzusetzen, die sich in mehreren empirischen Studien als effektiv erwiesen haben. Zum anderen das Konzept der „Accountability" (vor allem in den Niederlanden, Eby/Morgan 2008), das davon ausgeht, dass es die Aufgabe der die jeweiligen Programme durchführenden Sozialarbeiter/innen ist, interventionsbegleitend Rechenschaft über Prozesse und Entwicklungen zu geben und Hilfe da abzubrechen, wo sie nicht effektiv erscheint.

(3) Messung des volkswirtschaftlichen Nutzens der Sozialen Arbeit
Der Frage, inwieweit soziale Einrichtungen auch volkswirtschaftlichen Nutzen erbringen, gehen verschiedene Forschungsgruppen vor allem im Rahmen der Theorie des „Social Return on Investment" (im Folgenden als SROI bezeichnet) nach. Dabei wird von der Annahme ausgegangen, dass es gelingen kann, den tatsächlichen gesellschaftlichen Wert von Sozialausgaben zu messen oder, darüber hinausgehend, zu zeigen, dass die Gesellschaft die von ihr eingesetzten Mittel weitgehend zurückerstattet bekommt. Nach Simsa et al. (2013) handelt es sich beim SROI-Konzept um „eine Spielart der Cost-Benefit-Analyse", die von verschiedenen Organisationen weiterentwickelt wurde (ebd., S. 199).

„Die Grundidee ist die Messung des Impacts, also der einer Intervention direkt zurechenbaren Wirkungen. Der Impact beinhaltet nur jene Veränderungen, die ohne die untersuchte Intervention nicht zustande gekommen wären (...) Dieser Impact wird mit Geldwerten versehen. Ebenso werden die Inputs (verstanden als Investitionen) erfasst und bewertet. Der monetarisierte Impact wird nun in Relation zur Investition gesetzt (gegebenenfalls abzüglich der Kapitalrendite für Investoren)" (ebd., S. 199).

In seiner ursprünglichen Variante ging das SROI-Konzept von drei Wertkategorien aus: dem
ökonomischen Mehrwert (das betriebswirtschaftliche Ergebnis einer Einrichtung), dem sozioökonomischen Mehrwert (die durch die soziale Investition erzielten positiven Wertschöpfungen) und dem sozialen Mehrwert (alle nicht monetär quantifizierbaren Zusatzerträge). Im Gegensatz dazu schlagen Kehl et al. (2012, S. 315) vor, zwischen vier Wirkungsbestimmungen (ökonomische, politische, soziale und kulturelle Funktion) oder Wirkungsarten zu unterscheiden (siehe auch: Halfar 2009, S. 482 ff.):[40]

1. Output: das mengenmäßige Produktionsergebnis
2. Outcome: die gesellschaftlichen Wirkungen und den Nutzen
3. Effect: nachweisbare Wirkungen auf die Zielgruppe und externe stake holders
4. Impact: subjektiv erlebte Wirkung des Leistungsempfängers und externer stake holders

---

40 In einem ähnlichen Zusammenhang spricht Halfar von einer fünften Dimension: Wirkungen auf die Lebensqualität der Klientel, im Sinne einer zustätzlich zu erhebenden „qualitativen Zweitwährung an Lebensqualität" (Halfar 2014, S. 295, 2009a), Schellberg (2009).

Wie Beispiele zeigen (Halfar 2005; Lehmann/Ballweg 2012), lassen sich diese Wirkungsarten im Rahmen von Zielformulierungen durchaus plausibel quantifizieren und (zumindest teilweise) monetarisieren. SROI-Projekte scheinen also in der Lage zu sein zu belegen, dass sozialinvestives Handeln auch dazu beiträgt, ökonomisch bezifferbare Gemeingüter zu erzeugen. Möglicherweise lässt sich der Erkenntniswert dieser Forschungen noch steigern, indem man dazu übergeht, ähnliche Einrichtungen miteinander zu vergleichen, oder Einrichtungen, die neue Ansätze wagen, als Versuchsgruppen zu behandeln, die dann anderen Vergleichsgruppen gegenübergestellt werden (Kehl et al. 2012, S. 317 ff.). Es ist also durchaus denkbar, dass eine kontinuierliche Weiterentwicklung des SROI „zu einem multifunktionalen, flexibel handhabbaren System der Ertragsbewertung Sozialer Investitionen ausgebaut werden kann" (ebd., S. 329). Dies gelingt vor allem dann, wenn die verschiedenen Forschungsgruppen der Versuchung widerstehen, den Social Impact einer sozialen Leistung „nur" als (zu bezahlende) Argumentationshilfe für „FördergeberInnen, NOP-ManagerInnen und Social Entrepreneurs (anzubieten), die die Wirkung ihrer Aktivitäten besser verstehen und kommunizieren möchten" (Simsa et al. 2013, S. 198).

Relevanz

Trotz dieser Erfolge und Möglichkeiten gilt es insgesamt, die Grenzen der Betrachtungs- und Berechnungsweisen sowohl der Wirkungsmessung als auch der SROI-Forschung zu erkennen:

1. Eine unpolitische Wirkungsmessung ist nicht möglich: Die Zusammenführung unterschiedlich bewerteter Sachverhalte in einer Geldeinheit ist ein politischer oder ideologischer Vorgang. Vor allem die Effekte von sozialen Diensten, wie z. B. Gesundheit, Wohlergehen, Autonomie etc., können kaum in Geld gemessen werden und setzen einen gesellschaftlichen (Minimal)Konsens darüber voraus.
2. Die Güte der jeweiligen Messungen ist begrenzt: Bei den verschiedenen Verfahren werden keine einheitlichen, standardisierten, sondern unterschiedlichste sozialwissenschaftliche Forschungsmethoden verwendet, die je nach Standpunkt unterschiedlich bewertet werden können. Qualitative Aspekte können so leicht außer Blick geraten!
3. Effizienz- oder SROI-Werte sind häufig nur eingeschränkt miteinander vergleichbar, oftmals werden die jeweiligen Werte sehr stark überschätzt und langfristige Ergebnisse ausgeblendet. Zudem sind sie vom sozialstaatlichen und (regional)ökonomischen Umfeld beeinflusst und damit selten vergleichbar (Simsa et al. 2013, S. 199 ff.; siehe dazu auch Koch 2014, S. 349).

12.3 Modelle der empirischen Sozialarbeitswissenschaft

12.3.1 Verhaltensorientierte Beratung

(1) Grundlagen

Die verhaltensorientierte Beratung geht vor allem von der Annahme aus, dass unser Verhalten (und damit auch unser Wohlbefinden) sehr stark von dem abhängt, was wir denken und wie wir uns fühlen. Ziel einer Beratung muss es also sein, Einfluss auf die das Verhalten bedingenden kognitiven Muster zu nehmen. Dies erfolgt mit verschiedenen Methoden, insbesondere durch Trainings, z. B. im Bereich der Selbstinstruktion, der Stressimpfung, des Problemlösens, der Kausalattribution und der Modifikation irrationaler Annahmen und automatischer Gedanken (siehe dazu ausführlicher Kap. 12.4). Viele dieser Methoden arbeiten zusätzlich mit Entspannungsverfahren, um die Motivation zu stärken und die Belastung zu dosieren.

(2) Modell/Programm

Im Rahmen eines verhaltensorientierten Beratungsprozesses sollen sich die Sozialarbeiter/innen an folgenden Grundsätzen orientieren (Sheldon in: Coulshed/Orme 1998, S. 119 ff.):

- Man fokussiert auf bestimmte Verhaltensweisen, die den Klienten/Klientinnen und anderen Sorgen machen. Wenn das Verhalten verändert wurde, ist die Sorge weg.
- Grundlagen sind Verhaltens- und Lerntheorien.
- Sozialarbeiter/innen analysieren und beschreiben die Probleme konkret und auf Basis direkter Beobachtung. Die Methoden der Erfassung, Intervention und Evaluation sind klar definiert.
- Faktoren müssen gefunden werden, die das Verhalten beeinflussen.
- Die Aktivposten der Klienten/Klientinnen werden entdeckt und eingesetzt.
- Wichtige Personen aus dem Umfeld der Klienten/Klientinnen werden mit einbezogen.
- Die Intervention basiert auf Forschungsergebnissen zur Effektivität.
- Der Fortschritt wird erfasst, indem subjektive und objektive Messergebnisse einbezogen und Daten vor und nach der Intervention verglichen werden.
- Die Sozialarbeiter/innen achten darauf, Ziele zu erreichen, die für den/die Klienten/Klientin von Bedeutung sind.
- Die Sozialarbeiter/innen helfen den Klienten/Klientinnen, das veränderte Verhalten in vielen Situationen umzusetzen (Generalisierung) und die Verbesserungen auch nach Ende der Intervention zu erhalten.

Abbildung 45 zeigt, worauf Sozialarbeiter/innen bei ihrer Analyse achten müssen, um die richtigen Schlussfolgerungen für mögliche Arbeitsschritte ziehen zu können.

Fokus	Konkrete Aufgaben/Fragen
Sichtbares Verhalten	Wer, was, wann, wie, wie oft, mit wem? Was wird getan, was wird nicht getan? Was wird zu viel, was zu wenig getan? Was ist zur falschen Zeit am falschen Ort?
Zuschreibungen Dritter	Zweifel, Ängste, Frustrationen, Niedergeschlagenheit, die bei involvierten Personen durch das auftretende oder unterlassene Verhalten hervorgerufen werden
Verhalten und damit einhergehende Gedanken und Gefühle	In der Vergangenheit nach Gründen für das Verhalten zu suchen lenkt ab. Das Ausmaß der Problematik kontrollieren, um Handlungen zu begrenzen. Herausfinden, was zur Aufrechterhaltung des Verhaltens beiträgt.
Verhaltenssequenzen	Welches Verhalten muss verstärkt, welches verringert werden? Welche neuen Fähigkeiten (oder Maßnahmen der emotionalen Kontrolle) sind dazu notwendig?
Identifizierung von Bedingungen	Wo treten die Probleme auf? Welche Vorzeichen können identifiziert werden? Was passiert während und nach den Sequenzen?
Etikettierungen	Wie beschreiben oder erklären involvierte Personen das Problem? Inwieweit sind das Vorurteile?
Flexibilität im Zuhören, um eine klare Hypothese bezüglich des Verhaltens zu bekommen	Nicht zu ziel- oder verhaltensorientiert auftreten. Die Faktoren herausfinden, die bisher als nicht relevant eingestuft wurden. Zu einer klaren Aussage bezüglich möglicher Verhaltensänderungen kommen.

Abb. 45: Cognitive behavioural social work[41]

(3) Beispiel

Ein Beispiel für die Umsetzung dieses Modells bietet der Studiengang „Verhaltensorientierte Beratung" der Züricher Hochschule für angewandte Wissenschaften. Dieser richtet sich explizit an Praktiker/innen, „die mit ihren Klientinnen und Klienten an der Veränderung problematischer Einstellungen und Verhaltensweisen arbeiten" wollen. Die Ziele des Studiengangs sind u. a.

Die Teilnehmenden können

- kognitiv-verhaltensorientierte Interventionsverfahren in ihrer sozialarbeiterischen, sozialpädagogischen oder beraterischen Berufspraxis nutzen,
- basierend auf einer systematischen Problem- und Verhaltensanalyse strukturiert und klientenbezogen vorgehen,
- Beratungsverläufe beurteilen und gezielt beeinflussen,
- unzureichender Motivation für Veränderungen methodengestützt begegnen,

---

41 Sheldon in: Payne (1997, S. 115 f.).

- Arbeitsbeziehungen mit Klientinnen und Klienten individuell und konstruktiv gestalten (https://weiterbildung.zhaw.ch/data/soziale-arbeit/cas-verhaltensorientierte-beratung-zhaw.pdf).

Inhaltlich geht es im Studiengang vor allem um die Vermittlung verhaltenstheoretischer Grundlagen und den Erwerb von Kompetenzen im Umgang mit Methoden des kognitiven Lernens. Nähere Details sind nur den Teilnehmern/Teilnehmerinnen des Lehrgangs gegen Entgelt zugänglich, einschlägige Publikationen seitens der Verantwortlichen liegen nicht vor.

Die hier dargestellte Situation lässt erahnen, dass es ein eindeutig festgelegtes Modell oder Programm der verhaltensorientierten Beratung im deutschen Sprachraum noch nicht gibt. Zugleich wird jedoch ersichtlich, dass aber in der Praxis zunehmend der Wunsch besteht bzw. die Notwendigkeit gesehen wird, mit verhaltenstheoretischen und -therapeutischen Elementen zu arbeiten. Ein genuin sozialarbeitswissenschaftliches Modell einer personzentrierten Verhaltensberatung lässt sich – aufgrund seiner hohen Spezifität – jedoch vermutlich nicht entwickeln, sondern muss dem Bereich der verhaltenstherapeutischen Psychotherapie überlassen bleiben.

12.3.2 Verhaltensorientierte Gruppenprogramme

(1) Grundlagen

Gruppenarbeit wird heute im Erwachsenenbereich häufig genutzt, um die Gruppenmitglieder unter Anleitung zu motivieren, bestimmte, oftmals von außen gesetzte Ziele zu erreichen. Der Gruppe kommen dabei unter anderem motivierende und solidarisierende Funktionen zu. Dabei lassen sich drei klassische Formen der Gruppenarbeit unterscheiden (Schmidt-Grunert 2009, S. 56 ff.):

- Gruppenarbeit als methodisches Element: eine Gruppe wird aus einer Gesamtheit (Schulklasse, Betrieb etc.) gebildet und erhält einen Arbeitsauftrag mit einer verbindlichen Zielsetzung. Die Gruppe organisiert sich selbst und setzt den Auftrag eigenständig um.
- Gruppenpädagogik als Mittel zur Erreichung pädagogischer Ziele: eine bestehende Gruppe wird im Rahmen eines weitgehend demokratischen und offenen Prozesses dabei unterstützt, pädagogische Ziele zu erreichen, wie z. B. personale oder soziale Kompetenzen zu erwerben.
- Soziale Gruppenarbeit als klassische Methode der Sozialen Arbeit: der Gruppenprozess soll – im Anschluss an eine soziale Diagnose der Situation ihrer Mitglieder – so „gesteuert" oder „geführt" werden, dass vorhandene Defizite behoben und Ressourcen gestärkt werden können.

(2) Modell/Programm

In den letzten Jahren ist der Ruf nach zielgruppenspezifischeren und verhaltensorientierten Programmen lauter geworden. Hierbei geht es darum, Individuen, die unter massiven Beeinträchtigungen leiden, einer direkten Intervention zu unterziehen und dabei die Gruppe als einen unterstützenden und motivierenden Faktor einzusetzen. Inzwischen existieren hierzu vielfältigste Programme für den Sozial- und Gesundheitssektor. Das Modell einer verhaltensorientierten Gruppenarbeit soll hier an einem Programm zur Reduktion von alkoholassoziiertem Gewaltverhalten (Treatment of Alcoholic Violent Men) veranschaulicht werden (siehe dazu: Klein 2013). Dabei gehen die Urheber/innen des Programms vom Stimulus-Response-Modell aus: auf einen bestimmten Stimulus (z. B. negatives Ereignis) erfolgt eine ganz bestimmte kognitive Reaktion (z. B. die Überzeugung, beeinträchtigt worden zu sein). Diese löst dann ihrerseits bestimmte physiologische und emotionale Reaktionen aus (z. B. körperliche Erregung, Wut) und führt zu motorischen Reaktionen (z. B. Gewaltausübung) und möglichen Konsequenzen etc. Dem Alkohol kommt dabei die Rolle eines Verstärkers zu, da alkoholisierte Menschen erwiesenermaßen eher enthemmt oder labil sind bzw. reagieren.

Ziel des Trainingsprogramms ist, dass „die Teilnehmer zu mehr Selbstbeobachtung (self monitoring, Bewusstheit) über ihre problematischen Gedanken, Gefühle und Verhaltensweisen, besonders als Ursache oder Konsequenz ihres alkoholbezogenen Gewaltverhaltens in der Familie, gelangen" (Klein 2013, S. 148). Dabei kommen den Aspekten „Selbstbeobachtung", „Copingstrategien" und „Transfer in den Alltag und Zukunftsaussichten" eine wichtige Bedeutung zu. Das Programm setzt sich aus folgenden Aspekten zusammen:

1. Klare Definition von Ausschlusskriterien, Gruppenzusammensetzung und Gruppenregeln
2. Inhaltlich konkret definiertes Programm für die zehn Gruppen- und vier Einzelsitzungen
3. Einheitliche Sitzungsstruktur: Hintergrund – Ziele – Überblick – Material – Feedback.

Evaluationsstudien zu diesem Programm haben ergeben, dass die Teilnehmer/innen „ihre problematischen Kognitionen in Bezug auf die aggressionsfördernden Wirkungen von Alkohol deutlich reduzieren konnten" (ebd., S. 154).

(3) Beispiel

Das folgende Beispiel erlaubt – obgleich es sich nicht auf die Soziale Arbeit im engeren Sinne bezieht – die Logik solcher Gruppenprogramme deutlich werden zu lassen:

PRAEDIAS („Diabetes vermeiden – selbst aktiv werden") ist ein strukturiertes Schulungs- und Behandlungsprogramm zur Prävention des Typ-2-Diabetes. Es wurde auf der Basis bereits evaluierter amerikanischer und finnischer Präventionsstudien entwickelt und fokussiert auf eine nachhaltige Lebensstilmodifikation mit den Zielen Gewichtsreduktion, Veränderung des Ernährungsverhaltens und Steigerung der körperlichen Aktivität. Bei PRAEDIAS handelt es sich im Gegensatz zu den Referenzstudien um ein Gruppenprogramm (sechs bis zehn Teilnehmer), das eine bessere Kosten-Nutzen-Relation und damit einhergehend eine bessere praktische Umsetz-

> *barkeit erreichen soll. PRAEDIAS umfasst insgesamt zwölf Kursstunden über einen Zeitraum von einem Jahr. Diese unterteilen sich in eine zweimonatige Veränderungsphase (Kernintervention, acht Gruppentreffen) sowie eine Stabilisierungsphase (vier Gruppentreffen und Begleitmaßnahmen). Mit Hilfe einer Toolbox wird im Rahmen der Nachbetreuung besonders auf individuelle Problemkonstellationen eingegangen. Die Effektivität wurde in einer randomisierten, prospektiven Studie evaluiert. Die Evaluierungsdaten belegen einen signifikanten Effekt dieses selbstmanagementorientierten Präventionsprogramms auf Gewicht und Nüchternglukose. Ebenso konnte durch PRAEDIAS die körperliche Bewegung im Vergleich zur Kontrollgruppe signifikant gesteigert werden. Die kognitive Kontrolle des Essverhaltens war bei Teilnehmern von PRAEDIAS ebenfalls signifikant höher. Die Responderanalyse zeigt, dass eine selbstmanagementorientierte Lebensstiländerung bei Risikopersonen für einen Typ-2-Diabetes hocheffektiv in Bezug auf die Verbesserung glykamischer Parameter und kardiovaskulärer Risikofaktoren ist. Ebenso bessern sich psychologisches Wohlbefinden, Depressivität und Ängstlichkeit als Indikatoren der Lebensqualität. Insgesamt zeigt diese Studie, dass Maßnahmen zur selbstmanagementorientierten Lebensstilmodifikation bei Risikopersonen für einen Typ-2-Diabetes hoch effektiv sind (PRAEDIAS o. J.).*

12.3.3 Token-Economy-Programme

(1) Grundlagen

Unter Token-Economy-Programmen (Tausch-Ökonomie) versteht man systematische Belohnungsprogramme, bei denen mit Hilfe von „tokens" = Tauschgegenständen (z. B. Münzen, Fleißpunkte, Spielmarken) als generalisierte Verstärker erwünschtes Verhalten systematisch aufgebaut werden soll. So können z. B. Kinder dadurch dazu motiviert werden, ihre Hausaufgaben zu erledigen, wenn Sie für jede richtig und sauber durchgeführte Arbeit einen Sammelpunkt erhalten, wobei sie dann bei zehn Punkten sich etwas aus einer Tüte aussuchen können, die Stifte, Farben, Bildkärtchen o. ä. enthält.

> *„Tokens verbinden erwünschtes Verhalten und natürliche Verstärker. Natürliche Verstärker sind Dinge, Aktivitäten, Privilegien, die von den Personen geschätzt werden. Tokens können anschließend oder gleichzeitig gegeben werden (operante Verfahren) und später – wie mit den Klienten verabredet – in primäre Verstärker getauscht werden (5 Fleißpunkte = ein Kinobesuch). Einsatz erfolgt z. B. in klinischen Gruppen (z. B. von chronisch Schizophrenen), bei dissozialen Jugendlichen in Heimen, Gefängnisinsassen, Schulklassen (Verhaltenstherapie)" (http://www.spektrum.de/lexikon/psychologie/token-economy-programm/15629).*

(2) Modell

Nach Belschner et al. (1975, S. 148) müssen Tokensysteme wie folgt eingesetzt werden:

- Tokensysteme bieten sich dann an, wenn eine sofortige Verstärkung nicht möglich ist oder wenn die sofortige Verstärkung ein positives Verhalten unterbrechen würde.
- Bei einem Tokenprogramm muss für jede/n wenigstens ein bedeutsamer Verstärker vorhanden sein.
- Tokenprogramme müssen für die betreffenden Personen verständlich und einsichtig sein, sie dürfen nicht willkürlich von der Person, die den Verstärker verteilt, verändert werden.
- Tokensysteme müssen langsam ausgeblendet werden; es müssen Übergänge zu immateriellen Verstärkern erarbeitet werden.
- Bei Tokenprogrammen mit Gruppenkontingenzen muss die Stärke des Gruppendrucks kontrolliert werden; es muss gewährleistet sein, dass alle Kinder der Gruppe das geforderte Verhalten ausführen können.
- Token müssen in ihrem Wert verständlich sein, sie müssen leicht verteilbar und identifizierbar sein; ihre Verteilung darf das jeweilige Gruppengeschehen nicht wesentlich stören; sie müssen so häufig verteilt werden, dass mit Sicherheit positives Verhalten geformt werden kann (siehe dazu auch: Ahrens-Eipper/Nelius 2015).

(3) Beispiel/Programm

THOP, ein „Therapieprogramm für Kinder mit hyperkinetischem und oppositionellem Problemverhalten" (Döpfner et al. 2007) enthält unter anderem einen Baustein, der den Aufbau und die Umsetzung eines Token-Systems enthält. Die betreffenden Kinder erhalten einen Punkte-Plan, mit dessen Hilfe oppositionelle und hyperkinetische Verhaltensweisen vermindert werden sollen.

„Im Rahmen des Punkte-Plans erhält das Kind immer dann einen Punkt, wenn es ihm gelingt, sich an spezifische Verhaltensregeln zu halten. Die Punkte werden später in Verstärker eingetauscht, wodurch das Kind zur Verhaltensänderung motiviert wird. Die Eltern werden durch den Punkte-Plan zu einem konsistenten Verhalten veranlasst und lernen, ihre Aufmerksamkeit auf das positive Verhalten des Kindes zu richten. Der Punkte-Plan bewirkt eine systematische Verstärkung, die für alle Beteiligten transparent ist. Er stellt ein sehr wirkungsvolles Token-System dar, mit dem spezifische Verhaltensschwierigkeiten geändert werden können." (ebd., S. 275)

Studien zur Wirksamkeit von THOP (das neben dem Punkteplan noch andere Interventionsformen enthält) haben ergeben, dass die Abbrecherquote sehr gering ist (10 %), dass mindestens 40 bis 50 % der Kinder ihre Verhaltensauffälligkeiten vermindern können, sodass die Diagnose einer hyperkinetischen Störung nicht mehr vorliegt. In gleicher Weise vermindern sich die individuellen Verhaltensprobleme der Kinder im Elternhaus und der Schule (ebd., S. 469 ff.).

12.3.4 Soziales Training

(1) Grundlagen

Training kann als Handlungskonzept zur Entwicklung von Wissen, Fähigkeiten, Fertigkeiten, Verhaltensweisen und Einstellungen verstanden werden. Ziel ist es dabei, Leistungen in einer bestimmten Situation zu verbessern oder abrufen zu können. Dabei kann zwischen direkter und indirekter Verbesserung unterschieden werden: Leistung kann sich direkt durch Aneignung von Wissen, Methoden und Strategien für bestimmte Situationen verbessern (z. B. Umgang mit Überforderung, Stress), aber auch durch den Transfer von Wissen, Strategien und Verhaltensweisen auf andere Situationen indirekt auswirken. Trainings beeinflussen die Regulations- und Steuerungsprozesse von Handlungen, indem sie das zugrunde liegende Wissen vervollständigen, korrigieren und Strategien vermitteln und üben, mit denen fehlendes Wissen erworben werden kann. Ziel ist, sowohl die spezifischen (situationsbezogenen) als auch die allgemeinen (generelle Strategien) Kompetenzen der Teilnehmer weiterzuentwickeln.

Verschiedene Trainingsverfahren lassen sich unterscheiden:

a) Psychoregulative Trainingsverfahren: Methoden zur Unterstützung der Aneignung von Wissen und dessen Transformation in Handlungen (z. B. Lerntechniken).
b) Observatives Training: planmäßiges wiederholtes Beobachten anderer Personen als Grundlage für ein Zielverhalten, mit dem eigene Handlungsversuche verglichen und Abweichungen zwischen Soll und Ist beurteilt werden können (z. B. [Video-]Darstellung verschiedener möglicher Umgangsformen mit schreienden Kindern im Bus).
c) Mentales Training: durch das bewusste und wiederholte Sich-Vorstellen von Bewegungen oder Handlungen werden diese gefestigt. So kann etwa die erfolgreiche Bewältigung einer Situation im Geiste durchgespielt und damit geübt werden;
d) Sprachgestütztes Training: Durch ein begleitendes Sprechen während des Trainings werden wichtige Trainingsinhalte gefestigt. Die sprachliche Instruktion des Trainers/der Trainerin kann in die eigene Selbst-Instruktion übernommen und später verkürzt oder komplett weggelassen werden. Diese Art des Trainings basiert auf der Theorie der etappenweisen Bildung geistiger Operationen von Galperin (1975), die davon ausgeht, dass der Prozess vom Nicht-Können einer Handlung bis hin zur effizienten Ausführung durch eine Verkürzung sprachlicher Begleitprozesse und durch den Übergang von äußerer zur inneren Sprache gekennzeichnet ist.
e) Heuristische Regeln: Sie lenken Denkprozesse in eine bestimmte Richtung und regen dazu an, die Differenz zwischen Ausgangspunkt und Zielerreichung aufzuklären und praktische Operationen abzuleiten. Weiter geben sie Impulse zur Aktivierung handlungsbedeutsamen Wissens und unterstützen so eine Tätigkeitssteuerung durch Denken. Z. B. „Welche Vorgehensweisen kennen Sie von ähnlichen Aufgaben her?" oder spezieller „Beachten Sie bei der

Aufgabe folgende Regel/Tatsache! Es ist also nicht möglich, dass..." (Auhagen/Bierhoff 2003, S. 63–65).

Weitere Trainingsformen besonders für Gruppen sind z. B. Qualitätszirkel, Lernwerkstattarbeit, aufgabenorientierter Informationsaustausch etc. Die verschiedenen Formen von Trainings und Lernmethoden können für ein bestimmtes Programm auch miteinander kombiniert werden.

Bei der Gestaltung eines Trainingskonzepts sollten die verschiedenen Quellen für die Motivation (Bedürfnisse, Anreize, Erwartungen etc.) der Teilnehmer/innen berücksichtigt werden, um die Erfolgswahrscheinlichkeit zu erhöhen. Generell folgt die Gestaltung eines Trainingskonzeptes einer Drei-Phasen-Struktur:

1. Einführung als Überblick über Ziele und Module
2. Training als Vermittlung von Wissens- und Orientierungsgrundlagen für die zu erlernenden Tätigkeiten/Verhaltensweisen bzw. Anleitungen für deren selbstständige Aneignung und Bearbeitung von Trainingsaufgaben. Hierbei ist darauf zu achten, dass neben den Instruktionen auch Rückmeldungen eingeplant werden sollten. Außerdem sind Festlegungen über die Wiederholung von Trainingsaufgaben zu treffen.
3. Prüfphase zur Feststellung und Anerkennen des Erfolges

Häufig verwendete Methoden in Trainings sind das Rollenspiel und Strukturlegetechniken. Angewendet werden Trainings heute nicht nur im Bereich der Arbeit mit Kindern und Jugendlichen (Anti-Aggressionstraining, Aufmerksamkeitstraining etc.), sondern auch mit Familien (Elterntraining) bei Senioren (Gedächtnis-, Beweglichkeits-, Alltagsbewältigungstraining) oder bei Straffälligen (Kawamura-Reindl/Schneider 2015). Da in Gruppentrainings subjektive Bedürfnisse und Interessen der Klienten/Klientinnen eher (zu) kurz kommen bzw. dem Ziel untergeordnet werden müssen, sind sie eher als Ergänzung und nicht Ersatz für individuelle Unterstützungsformen zu sehen.

(2) Modelle/Programme

Mit seinem Ansatz zum Gruppentraining sozialer Kompetenzen (GSK) verfolgt zum Beispiel Pfingsten (2007) das Ziel, sozial kompetentes Verhalten in folgenden „Klassen von Situationen" zu verbessern (ebd., S. 92 ff.):

1. Das eigene Recht durchsetzen können!
2. Beziehungen aufrechterhalten oder verbessern können!
3. Um Sympathie werben können!

Pfingsten versteht dabei unter dem Begriff der sozialen Kompetenz „die Verfügbarkeit und Anwendung von kognitiven, emotionalen und motorischen Verhaltensweisen, die in bestimmten sozialen Situationen zu einem langfristig günstigen Verhältnis von positiven und negativen Konsequenzen für den Handelnden führen" (ebd., S. 4). Das GSK vereint mehrere verhaltensorientierte Behandlungsmethoden, wie z. B. „Instruktion und Modellierung", „Bewältigungsmodelle", „kognitive Modellierung", „Rollenspiele", „Videofeedback" etc. (ebd., S. 104 ff.).

Pfingsten führt empirische Befunde an, die zeigen, dass das Training signifikante Verbesserungen hervorruft (ebd., S. 117 ff.).

Nach Langfeldt 2008 (zitiert in Blanz et al. 2014, S. 339) sollten vor dem Einsatz von Gruppenprogrammen folgende zehn Fragen beantwortet werden:

1. Sind die Ziele des Gruppenprogrammes explizit beschrieben?
2. Stellt das Programm einen theoretischen Bezug zum Zielverhalten her?
3. Ist angegeben, für wen das Gruppenprogramm geeignet ist?
4. Sind die im Programm abgeleiteten Techniken und Übungen rational begründet?
5. Wurde die Wirksamkeit (in einer Kontrollgruppen-Studie) überprüft?
6. Ist mit unerwünschten Nebenwirkungen zu rechnen?
7. Sind die Techniken und Instrumente (Materialien) adressatengerecht?
8. Ist das Gruppenprogramm klar strukturiert (standardisiert) und übersichtlich?
9. Ist angegeben, welche Rahmenbedingungen erfüllt sein müssen?
10. Kann durch explizite Anleitungen die Qualifikation zur Anwendung erworben werden?

(3) Beispiel

Im Rahmen eines sozialen Kompetenztrainings will die Arbeitsgruppe Pädagogische Lernförderung e. V. in Wiesbaden Kinder und Jugendliche mit starken sozialen und/oder emotionalen Verhaltensauffälligkeiten im Gruppenkontakt (Schule, Familie, Freizeit) die Möglichkeit geben, sich wieder besser in vorhandene Beziehungsnetze integrieren zu können.

Ziele der Maßnahme sind die Förderung:

- *sozialer und emotionaler Kompetenzen*
- *einer realistischen Selbsteinschätzung*
- *von Teamkompetenz*
- *von Problemlösekompetenz*
- *kommunikativer Kompetenzen etc.*

„Das soziale Kompetenztraining setzt sich im Idealfall zusammen aus Gruppenterminen einerseits und Einzelterminen andererseits. Im Einzelkontakt können Probleme angesprochen, das Verhalten in bestimmten Situationen reflektiert und alternative Handlungskonzepte aufgezeigt und eingeübt werden.

In den Gruppenstunden kann im Zusammenwirken mit anderen Gruppenteilnehmern unter fachlich kompetenter, pädagogischer Anleitung Sozialverhalten trainiert werden.

Die Themen der pädagogischen Alltagsbegleitung und des Kompetenzerwerbs könnten zum Beispiel sein: ‚Ich und meine Familie', soziale Interaktion, Selbst- und Fremdwahrnehmung, Konfliktlösungsstrategien, Konversationstraining, Umgang mit Gefühlen, Bewältigung von Alltagsanforderungen, Freizeitgestaltung, Konzentrationstraining und Schul-Coaching" (Arbeitsgruppe Pädagogische Lernförderung e. V.).

12.4 Empirische Methoden und Techniken

(1) Verhaltensdiagnostik und psychodiagnostische Testverfahren

Um im Rahmen einer Unterstützungsmaßnahme eine psychosoziale Problemlage zu Beginn möglichst umfassend zu erkennen und eine Entscheidung über eine mögliche Vorgehensweise zu optimieren, gilt es, vielfältigste wichtige Daten zu erheben. Besonders hilfreiche Datenerhebungsverfahren für Praktiker/innen sind das verhaltensdiagnostische Interview, die direkte Beobachtung, die Selbstbeobachtung sowie standardisierte Skalen und Fragebögen (Blanz/Schermer 2014, S. 85 ff.). Wichtige Techniken im verhaltensdiagnostischen Interview sind vor allem funktionales Fragen, das Aufdecken automatisierter Muster und die gezielte Einordung der Informationen (Reinecker 2005, S. 51 ff.).

(2) Verhaltensgleichung und Zielbestimmung

Das in der Regel problematische Verhalten von Klienten/Klientinnen lässt sich in dreifacher Weise beschreiben (Blanz/Schermer 2014, S. 65 ff.):

- Qualitativ: als objektiv erkennbare motorische oder physiologische Manifestation bzw. als verdeckte kognitiv-emotionale (subjektive) Manifestation
- Quantitativ: als wiederkehrendes oder zeitlich ausgedehntes bzw. wiederkehrendes Verhalten
- Funktional: als kausales Verhalten, das auf einen konkreten Stimulus reagiert.

Im Rahmen einer Verhaltensgleichung wird ein kausaler Zusammenhang zwischen Stimulus und Response konstruiert (Reinecker 2005, S. 44 ff.). Ausgangspunkt dafür ist ein „hypothetisches Bedingungsmodell" (Blanz/Schermer 2014, S. 82), das in mehreren Schritten geprüft werden muss. Bei der Zielbestimmung der jeweiligen Intervention gilt es, ethische Ansprüche (ist das Ziel moralisch angemessen?), individuelle Ansprüche (ist der/die Klient/in mit dem Ziel einverstanden?) und pragmatische Ansprüche (ist das Ziel unter den gegebenen Voraussetzungen erreichbar?) zu vermitteln Bei der Zielformulierung gilt dann die SMART-Regel (vgl. Kap. 12.2.1).

(3) Gestaltung des Settings

Um die Interventionen im Rahmen von verhaltensorientierten Beratungen, Gruppensitzungen etc. möglichst gut kontrollieren zu können, sollten die Rahmenbedingungen sorgfältig ausgewählt und beobachtet werden. Dabei geht es vor allem darum, personale, räumliche und zeitliche Faktoren klar zu definieren und mit Hilfe von Regeln und Strukturvorgaben den konkreten Ablauf von Sitzungen möglichst transparent und nachvollziehbar zu gestalten.

(4) Respondente Methoden

Diese fußen auf dem Prinzip der klassischen Konditionierung und umfassen die Löschung eines bestimmten Verhaltens oder die Gegenkonditionierung einer Reaktion z. B. durch Entspannungstechniken (Blanz/Schermer 2013, S. 88 f.). Bei sozialen Ängsten kann z. B. das bewusste Durchführen von regelmäßigem autogenem Training oder progressiver Muskelrelaxation regelmäßig zur allgemeinen Entlastung beitragen sowie vor oder nach spezifischen angstbehafteten Situationen, wie z. B. einem wichtigen Gespräch.

(5) Operante Methoden

Hier geht es um Methoden und Techniken des Lernens durch Verstärkung. Zum Einsatz kommen vor allem folgende Verfahren (zusammenfassend: Blanz/Schermer 2013, S. 90 ff.):

- Verhaltensformung (Shaping): die Verstärkung eines bestimmten Verhaltens erfolgt durch eine systematische Anpassung des Verstärkerplans;
- Reaktionsverkettung (Chaining): Einzelkomponenten eines bestimmten komplexen Verhaltens werden miteinander verbunden;
- Löschung (Extinktion): Reize, die ein bestimmtes Verhalten verstärken können, werden systematisch neutralisiert;
- Differenzielle Verstärkung: Löschung unerwünschten und Verstärkung erwünschten Verhaltens werden miteinander kombiniert;
- Nicht funktionaler Verstärkerentzug: Response Cost/Time out;
- Bestrafung: Einsatz eines aversiven Reizes zur Durchsetzung eines bestimmten Verhaltens, z. B. Abbruch der Therapie bei heimlichem Drogenkonsum.

(6) Kognitives Lernen

Darunter versteht man die kognitive Beeinflussung von Verhaltens- und Denkmustern durch verschiedene Methoden und Techniken, wie z. B. (zusammenfassend ebd., S. 94 ff.):

- Instruktion: Sie dient der systematischen und bewussten Informationsübermittlung und der direkten Formulierung von Handlungsvorgaben (z. B. bei einem Elterntraining: „Jetzt nehmen Sie das Belohnungsobjekt in die Hand und zeigen es dem Kind. Sagen Sie ihm...!").
- Selbstinstruktionstraining: Der/die Lernende gibt sich zunehmend selbst Anweisungen, die zuvor vom Trainer formuliert worden sind (z. B. „Ich weiß, dass mein Chef ein verständnisvoller Mensch ist. Deshalb werde ich ihm ganz gelassen antworten!").
- Stressimpfungstraining: Der Umgang mit stressauslösenden Situationen wird konsequent durchgespielt und durch den bewussten Einsatz von Konfrontations- und Entspannungstechniken bearbeitet (So wird z. B. das „Sich-in-einer-Gruppe-zu-Wort-melden" mehrfach unter unterschiedlichen Bedingungen geübt und durch Entspannungspausen begleitet).

- Problemlösetraining: Die Teilnehmer/innen des Trainings lernen in einem interaktiven Prozess, wie sie die unerwünschten Zustände analysieren und effektiv nach durchführbaren Möglichkeiten suchen können, um die Probleme zu lösen.
- Kausalattributionstraining: Kausalattribution bedeutet, dass wir einem Erlebnis oder Ereignis immer eine bestimmte vermutete Ursache zuschreiben. Diese Ursache kann richtig oder falsch sein (z. B. Meine Uhr ist weg – jemand hat sie gestohlen vs. ich habe sie verlegt!) – sowie entweder selbstwertsteigernd („Das habe ich gut gemacht!") oder selbstwertmindernd („Das war Zufall und außerdem hat mir der Herr XY geholfen!"). In einem Kausalattributionstraining sollen sowohl realistische von unrealistischen Ursachenzuschreibungen unterschieden als auch selbstwertsteigernde Attributionen gestärkt und selbstwertmindernde Attributionen abgeschwächt werden.

(7) Motivationsförderung

Im verhaltensorientierten Ansatz spielt die Motivation eine wichtige Rolle. Der Motivationsbegriff bezieht sich aber nicht „auf eine fest umrissene und naturalistisch gegebene Erlebens- oder Verhaltenseinheit", sondern bezeichnet eher formal „die aktivierende Ausrichtung des momentanen Lebensvollzuges auf einen positiv bewerteten Zielzustand" (Rheinberg 2008, S. 16). Handlungen setzen stets motivationale und volitive Aspekte voraus; dabei geht es vor allem um folgende Fragen, die im Rahmen einer optimalen Motivationsförderung beantwortet werden müssen:

- Was ist das erwünschte Ziel? Vor allem mittelschwere Anforderungen regen die Leistungsmotivation optimal an (Atkinson, in: Rheinberg 2008, S. 71).
- Wie stark ist der Wunsch oder das Bedürfnis? Wahrnehmung und Interpretation einer Situation hängen in hohem Maße von der Bedürfnisstärke der wahrnehmenden Person ab (ebd., S. 57), je höher diese ist, umso eher entsteht Leistungsmotivation.
- Welche ablenkenden Faktoren gibt es? Handlungskontrolle über Veränderungs- und Lernprozesse kann dann erzielt werden, wenn es gelingt, willentlich zu beeinflussende Strategien der Handlungskontrolle einzusetzen: Aufmerksamkeitskontrolle, Motivationskontrolle, Emotionskontrolle, handlungsorientierte Misserfolgsbewältigung, Umweltkontrolle, Sparsamkeit der Informationsverarbeitung (Kuhl 1987, in ebd., S. 183).
- Wie „aufwändig" ist ein notwendiges Verhalten im Vergleich zum Nichtstun und Ertragen des Problems? Realistischerweise lösbare, mittelschwere Aufgaben und Zielsetzungen führen dazu, dass erfolgszuversichtliche Personen Aufgaben erfolgreich meistern können.
- Sind mit dem Erreichen des Ziels positive Konsequenzen verbunden? Dies ist vor allem dann gegeben, wenn man ein Resultat sich selbst, also den eigenen Fähigkeiten und nicht äußeren Ursachen zuschreiben kann und zudem weitere positive Konsequenzen (z. B. die Anerkennung von anderen etc.) damit verbunden sind (ebd., S. 61).

Sozialarbeiter/innen sollten also im Rahmen von motivationssteuernden und -beeinflussenden Maßnahmen darauf achten, die o. a. Erkenntnisse in ihrem Handeln zu berücksichtigen.

(8) Selbstmanagement

Selbstmanagement ist ein komplexes Vorgehen, das viele der beschriebenen Methoden kombiniert. Der/die Einzelne lernt hierbei, sein problematisches Verhalten zu erkennen und in eigenverantwortlichem Handeln zu modifizieren. Dabei wird von Folgendem ausgegangen. Die einzelne Person

1. reguliert sich selbst (self-regulation) über Lernprozesse, die durch die soziale, ökologische etc. Umwelt ausgelöst werden, entweder als direkte Umweltereignisse oder als Folge von umweltbeeinflussenden Handlungen (Kanfer/Schefft 1988, S. 46),
2. reagiert im Rahmen eines nichtlinearen, schleifenförmigen Selbstregulationsmodells auf Reize, Reaktionen und unterstellte Ergebniserwartungen (Konsequenzen) durch die Umwelt (ebd., S. 49) und
3. wertet die entsprechenden Informationen und Reaktionen der Umwelt kognitiv und emotional aus (ebd., S. 53).

Selbstmanagement kann insofern auch als Fähigkeit zur Selbstkontrolle, d. h. zu „adaptiver Selbststeuerung sowie eigenständiger Problembewältigung" (Benecke 2014, S. 512 ff.), verstanden werden, d. h. die Fähigkeit, im Vorfeld einer Situation ein Verhalten zu wählen, das für diese als geeignet und erfolgversprechend erscheint. Es geht im Kern also darum, bessere Entscheidungen zu treffen. Unterstützung in Selbstmanagement-Trainings oder -Therapien zielen also vor allem darauf ab, die Klienten und Klientinnen dabei zu unterstützen, realistische und erreichbare Zielsetzungen zu wählen. Dies kann insbesondere durch folgende Kontrollmaßnahmen in folgenden Bereichen geschehen:

- eigenes Verhalten, insbesondere um Versuchungen zu widerstehen,
- im eigenen Erleben von physiologischen und emotionalen Reaktionen,
- in kognitiv- oder imaginär-vermittelten Reaktionen, wie z. B. aufdringliche Gedanken, negative Reaktionen, unerwünschte Bedürfnisse, Zwänge etc. (ebd., S. 60).

12.5 Zusammenfassung und Bewertung

Der empirisch-analytische oder kritisch-rationale Ansatz versucht die Schwächen in der Vorgehensweise der hermeneutischen und normativen Ansätze zu überwinden, indem er sich einer ausschließlich an einem naturwissenschaftlichen Ideal orientierten Wissenschaftsmethode verschreibt. Über Forschung soll sichergestellt werden, dass nur empirisch überprüfte Erkenntnisse als „Wissen" ausgegeben werden dürfen, alles andere „Wissen" ist dementsprechend zu relativieren. Wurde die kritisch-rationale Position von Rössner in den 1970er Jahren eher marginalisiert, so nimmt sie aufgrund der derzeit intensiv stattfindenden öffentlichen Debatte um die Wirksamkeit der Sozialarbeit jetzt eine bedeutende Rolle ein. Da die Sozialarbeit zunehmend unter den Druck gerät, „effizient" arbeiten zu müssen, bleibt ihr gar nichts anderes übrig, als sich an einer Denkweise zu orientieren, die sie in die Lage versetzt, ihre Leistungen und Wirkungen operational zu messen.

Wichtige Theorien der empirischen Sozialarbeitswissenschaft sind

- die Verhaltensorientierte Soziale Arbeit. Sie lehnt sich eng an die grundlagenwissenschaftlichen Erkenntnisse der Psychologie, der Verhaltenswissenschaften und der Pädagogik an und versucht, daraus abgeleitete praktische Methoden und Techniken zu entwickeln, die dazu beitragen sollen, das Verhalten der Klienten/Klientinnen so zu beeinflussen, dass individuell zufriedenstellende und normativ akzeptable Ziele erreicht werden;
- die Wirkungsorientierte Soziale Arbeit. Sie zielt darauf ab, isolierte Effekte oder komplexe (sozialökonomische) Wirkungen der Interventionen Sozialer Arbeit festzustellen, zu messen und zu bewerten.

Wichtige Modelle sind unter anderem

- die verhaltensorientierte Beratung, die von der Annahme ausgeht, dass unser Verhalten (und damit auch unser Wohlbefinden) sehr stark von dem abhängt, was wir denken und wie wir uns fühlen,
- verhaltensorientierte Gruppenprogramme, die dazu dienen, Gruppenmitglieder unter Anleitung dazu zu motivieren, bestimmte, oftmals von außen gesetzte Ziele zu erreichen, und
- Trainingsmaßnahmen, die zur Entwicklung von Wissen, Fähigkeiten, Fertigkeiten, Verhaltensweisen und Einstellungen beitragen können.

In ähnlicher Weise zielen empirisch ausgerichtete Methoden und Techniken vor allem darauf ab, ein bestimmtes unangepasstes oder störendes Verhalten gezielt und messbar zu identifizieren, zu analysieren und mit Hilfe ausgewählter Methoden und Techniken zu beeinflussen.

Insgesamt sollte die Debatte um die empirische Sozialarbeitswissenschaft, die heute auch sehr stark unter dem Stichwort der Evidenzbasierung (Wendt 2005) geführt wird, sehr ernst genommen werden. Denn in einer Gesellschaft, in der kontinuierlich neue und gravierende psychosoziale Beeinträchtigungen, wie z. B. Abhängigkeit, Gewaltbereitschaft etc. als dringend interventionsbedürftig festgestellt werden, ist es die Aufgabe der Sozialen Arbeit, erfolgreiche und effiziente Interventionsprogramme zu entwickeln, zu identifizieren und zu optimieren (Baecker 1994). Freilich muss sich ein solches Paradigma auch kritische Fragen gefallen lassen, wie z. B.

- Wer entscheidet letztendlich, welche Probleme als interventionsbedürftig angesehen werden, und wie kann verhindert werden, dass es zu einer Ausufe-

rung verhaltensverändernder Maßnahmen im Bereich der Sozialen Arbeit kommt?
- Wie kann verhindert werden, dass es zu einer Pragmatisierung der Sozialen Arbeit nach dem Motto kommt: Interveniert wird dort, wo Erfolge möglich sind!
- Welche Rolle spielen zukünftig Verhaltensmodifikationen und -trainings, die unter Zwang angeboten werden?
- Wie kann verhindert werden, dass wichtige, nicht messbare Faktoren außer Blick geraten? etc.

13 KRITISCHE SOZIALARBEITSWISSENSCHAFT

13.1 Das Paradigma: Helfen als Kritisieren und Emanzipieren

Die kritische Wissenschaftsperspektive geht – im Unterschied zur hermeneutischen – von der Historisierung der Wahrnehmung durch die Aufklärung aus. Mit diesem neuen Zeitalter wendet sich der Blick des Menschen in die Zukunft: Es geht darum, die Welt zu durchschauen und entsprechend der Maximen einer Allgemeinen Vernunft zu verbessern. Ausgelöst durch Hegel und Marx werden die menschlichen Lebensverhältnisse nicht länger nur im Sinne des Gegensatzes von Ordnung versus Störung als natürlich gegeben strukturiert, sondern in sozialen Entwicklungskategorien (Stillstand versus Fortschritt) wahrgenommen. Auf der Basis des politischen Anspruchs der Aufklärungsbewegung fordert die kritische Perspektive zur Reflexion der gesellschaftlichen Entwicklung und damit des empirisch jeweils aktuell Gegebenen auf. Ausgangspunkt jeder kritischen Analyse ist dabei die Erfahrung der Individuen im „Kapitalismus" (Marx) bzw. „Spätkapitalismus" (Habermas) oder „flexiblen Kapitalismus" (Sennett), dass es keine „List der Vernunft" (Hegel) gibt, die die Aktivitäten aller Menschen zur Harmonie zusammenführt, sondern im Gegenteil die Erkenntnis, dass

> *„(...) das Individuum sich unentwegt an die ökonomisch-technische Dynamik anpassen (und diese) in der psychischen Tiefenstruktur nicht mehr verarbeiten oder kontrollieren (kann). Um den Konventionen zu entsprechen, flüchtet es sich in eine Kultur, die verspricht, einen sinnhaften Zusammenhang herzustellen, obwohl diese Kultur unter der Verfügungsgewalt partikularer Interessen steht"* (Demirovic 2012, S. 33).

Der Mensch ist offensichtlich in unserem Gesellschaftssystem umgeben von Mächten, die ihn von sich selbst „entfremden" und „enthumanisieren". Damit wird er ungewollt zu „des Menschen Wolf", und kann sich diesem Sog nur entziehen, wenn er versucht, das Ganze in Frage zu stellen und im Rahmen einer kritischen Analyse zu einer umfassenden Wahrheit zu gelangen. Dementsprechend fordert die von Horkheimer/Adorno (1969/1947) auf der Basis des Marxismus entwickelte „Kritische Theorie" zur Kritik an den gesellschaftlichen Vollzugsweisen und zur Erkenntnis des „Falschen", „Unkritischen" „Positivistischen" und „Oberflächlichen" auf:

> *„Was als Triumph subjektiver Rationalität erscheint, die Unterwerfung alles Seienden unter den logischen Formalismus, wird mit der gehorsamen Unterordnung der Vernunft unters unmittelbar Vorfindliche erkauft. Das Vorfindliche als solches zu begreifen, den Gegebenheiten nicht bloß ihren abstrakten raumzeitlichen Beziehungen abzumerken, bei denen man sie packen kann, sondern sie im Gegenteil als die Oberfläche, als vermittelte Begriffmomente zu denken, die sich erst in der Entfaltung ihres gesellschaftlichen, historischen, menschlichen Sinnes erfüllen – der ganze Anspruch der Erkenntnis wird preisgegeben. Er besteht nicht im bloßen Wahrnehmen, Klassifizieren und Berech-*

nen, sondern gerade in der bestimmenden Negation des je Unmittelbaren" (Horkheimer/Adorno 1969/1947, S. 27).

Dabei geht kritische Theorie von der Evidenz des Negativen aus, was sich in verschiedenen Ausprägungen wie z. B. Konkurrenz, Neid, Krieg, Unterdrückung, Rassismus etc. zeigt. Nach Adorno/Horkheimer kann der Mensch nichts anderes tun, als dieses Negative zu negieren, damit im Rahmen dieser „Negation der Negation" (Armut ist negativ, daher muss sie als solche negiert werden) das Mögliche (eine Gesellschaft ohne Armut) aufscheinen kann. Auf diese Weise wird theoretische Erkenntnis möglicherweise praktisch, aber nicht in einer Weise, die konkret ist, sondern die erst noch durch persönliches und soziales Engagement sowie durch solidarisches Handeln erschlossen werden muss. Zugleich kommt es durch diese aufdeckende und kritische Perspektive zu einer Dialektik von individueller und gesellschaftlicher Emanzipation, wodurch Humanisierung erst möglich wird.

Soziale Arbeit erscheint somit als „Arbeit an der Gesellschaft", bei der es nicht so sehr darum geht, eine vorfindliche Praxis „besser" zu machen. Sie wird vielmehr „zu einem „Moment der Diskontinuität (und wirkt) als eine – wenn auch zunächst nur gedankliche – ‚Unterbrechung' der Kontinuität einer eingespielten Praxis" (Anhorn et al. 2012, S. 7). Immer wenn Probleme sichtbar werden, dann gilt es folglich, auch die dafür verantwortlichen gesellschaftlichen Widersprüche aufzudecken und das dabei entstehende kritische Denken in politische Aktionen umzusetzen. Eine „kritische Praxis" muss allerdings trotzdem ein „letztlich theoretisch nicht absicherbares Unterfangen" (Anhorn et al. 2012, S. 10) bleiben, das sich selbst immer als „widersprüchlichen Teil eines historisch-gesellschaftlichen Gesamtprozesses" (ebd., S. 13) erfährt.

Dass die Kritische Soziale Arbeit trotz ihrer abstrakten Denkweise teilweise durchaus erfolgreich war, lässt sich an einigen Entwicklungen aufzeigen, die die Sozialen Arbeit der 1960er und 1970er Jahre heftig bewegt haben und deren Errungenschaften uns heute fast für selbstverständlich erscheinen (Steinacker 2013, S. 40 ff.), wie z. B. die Antipsychiatrie-Bewegung (Basaglia 1971), die dazu beigetragen hat, die „Drehtür-Psychiatrie" zu beenden und psychisch Kranke wohnortnah und nichtstigmatisierend zu behandeln und zu unterstützen, die Integrationsbewegung (Sander 2003), die Kindern mit Behinderungen den Zugang zum allgemeinen Schulsystem eröffnet hat, oder die Selbsthilfebewegung (Moeller 1992), die dazu geführt hat, dass wir heute über viele Selbsthilfezentren verfügen, die die Betroffenen selbst aktiv werden und so besser für ihre eigenen Belange eintreten lassen.

13.2 Kritische Theorien der Sozialen Arbeit

13.2.1 Kritische Soziale Arbeit

Theoretische Grundlagen

Insbesondere Klaus Mollenhauer hat bereits 1964 versucht, die Grundpostulate einer kritischen Erziehungswissenschaft in die Sozialarbeit/Sozialpädagogik zu übertragen. Nach Krüger (2002, S. 66 ff.) handelt es sich hier insbesondere um

- das Emanzipationspostulat, das die Mündigkeit von Mensch und Gesellschaft als Ziel der Erziehung fordert,
- das Postulat vom pädagogischen Handeln als historisch vermittelter Praxis, die es kritisch zu hinterfragen gilt,
- das Postulat der Ideologiekritik und Handlungsforschung, wonach alles Wissen auf die jeweiligen Entstehungsbedingungen und dahinter liegenden Interessen befragt werden muss, sowie
- das Postulat von der Gleichrangigkeit von Theorie und Praxis.

In Deutschland finden sich hier vor allem zwei Personen, die die Position einer kritischen Sozialen Arbeit vertreten, Frank Bettinger (1) und Mechthild Seithe (2):

(1) Kritische Soziale Arbeit (Bettinger)
Ganz im Sinne dieser sich von der kritischen Gesellschaftstheorie aus begründenden Position heraus argumentiert Frank Bettinger, einer der prominentesten Vertreter und Mitbegründer des im Jahr 2005 gegründeten bundesweiten Arbeitskreises Kritische Soziale Arbeit (AKS). Seiner Ansicht nach zeichnet sich die derzeitige Situation der Sozialen Arbeit insbesondere durch folgende Merkmale aus (Bettinger 2012, S. 165 ff.):

- Der Sozialen Arbeit werden bestimmte Funktionen von außen zugeschrieben, die sich sehr stark auf Aufgaben der Kontrolle, der Resozialisierung und der Anpassung beziehen.
- Die Praxis orientiert sich dabei an interessengeleiteten Vorstellungen gesellschaftlicher Normalität und Ordnung: Problemgruppen werden definiert und sollen kontrolliert, diszipliniert, gefördert etc. werden.
- Individuumszentrierte Methoden bestimmen die Hilfeformate: Therapeutische und interventionistische Formate stehen im Vordergrund.
- Das Studium der Sozialen Arbeit trägt lediglich zur Modifizierung alltäglicher Erfahrungen und nicht zur kritischen Reflexion bei.
- Eine Bezugnahme auf „sozialpädagogische bzw. sozial- und erziehungswissenschaftliche Wissensbestände zur Begründung, Reflexion und Kritik ‚professionellen Handelns' ist wenig festzustellen" (ebd., S. 168).

Insgesamt unterwirft sich die traditionelle Soziale Arbeit somit den „hegemonialen Ordnungsvorstellungen von Gesellschaft und politischen Funktionszuweisungen" (ebd., S. 169), anstatt diese zunächst theoretisch infrage zu stellen und

„die Möglichkeiten einer selbstbestimmteren sozialpädagogischen Praxis auszuloten" (ebd., S. 170). Damit dies geschehen kann, muss nach Bettinger erkannt werden, dass Diskurse nicht nur Geschehenes sprachlich abbilden, sondern „herrschaftslegitimierende Techniken der Wirklichkeitsproduktion" darstellen, die „gesellschaftliche Ordnungen in der bürgerlich-kapitalistischen Gesellschaft" (ebd., S. 175) zum Ausdruck bringen. Solche Diskurse werden in sozialen Kämpfen um Anerkennung (Honneth 2010) ausgefochten: Es gilt sie zu durchschauen und auf ihre jeweiligen Interessen hin zu analysieren.

Arbeitsweisen und Methoden

Die Aufgabe einer Kritischen Sozialen Arbeit besteht dementsprechend vor allem darin,

- die vorhandenen disziplinären Diskurse zu analysieren, zu problematisieren und zu kritisieren. Dabei muss erkannt werden, dass viele dieser Diskurse disziplinfremd und kolonialisierend erfolgen;
- einen „selbstbestimmten theoretisch konstituierten Gegenstandsbereich" der Sozialen Arbeit zu definieren, der es erlaubt, ein Professionsverständnis zu entwickeln, das sich „in Theorie, Praxis und analytischer Kompetenz ihrer gesellschaftstheoretischen und ihrer gesellschaftspolitischen Kontexte wie ihrer professionellen Perspektiven bewusst ist, um substanzielle gesellschaftliche Veränderungsprozesse zu ihrem Thema zu machen" (Sünker, zitiert in: Bettinger 2012, S. 184);
- sich von den vorhandenen Funktions- und Aufgabenzuschreibungen durch Staat, Recht, Politik und Kapital zu emanzipieren und sich in den Dienst und die Perspektiven der Adressaten und Adressatinnen zu stellen (ebd., S. 185);
- sich insbesondere die Analyse der Prozesse und Auswirkungen sozialer Ausschließung als eigenem Gegenstandsbereich zuzuschreiben und entsprechend so zu agieren, dass die „Realisierung gesellschaftlicher Teilhabe und Chancengleichheit sowie die Ermöglichung sozialer, ökonomischer, kultureller und politischer Partizipation aller möglich wird" (ebd., S. 186 f.).

Auf der methodischen Ebene bedeutet dies, ungerechte politische Verhältnisse öffentlich zu thematisieren und zu skandalisieren, sich aktiv in politische Debatten einzumischen, Diskurse zu analysieren und zu kritisieren und vor allem, „Bildungs- und Sozialisationsprozesse zu offerieren, die sich einerseits orientieren an den Prinzipien der Aufklärung und Emanzipation sowie der Ermöglichung von Lebensbewältigungskompetenzen, andererseits an den Bedürfnissen, Wünschen, Interessen sowie Willen der Nutzer und Nutzerinnen sozialpädagogischer bzw. sozialarbeiterischer Angebote" (ebd., S. 187).

Relevanz

Dass Bettinger in vielen seiner Texte auffallend häufig die Begriffe „Sozialpädagogik" und „sozialpädagogisch" verwendet, ist kein Zufall. Denn das, was er an Strategien und Methoden vorschlägt, erinnert sehr stark an die sozial-, volks- und bildungspädagogischen Ansätze der Vergangenheit, wie z. B. die von Mollenhauer (1964) und Freire (1971; 1985). Wenn kritische Analyse und Reflexion eine der Grundbedingungen Kritischer Theorie sind, dann sollte es eines der vordringlichen Ziele der Sozialen Arbeit sein, nicht der Klientel konkret zu helfen, sondern sie zur Analyse der gesellschaftlichen Totalität und der eigenen Rolle darin zu befähigen. Nur auf dieser intellektuellen Basis können nämlich praktische Folgerungen aus den jeweiligen Reflexionen, wie z. B. Selbsthilfe, solidarisches Handeln etc., von den jeweilig Beteiligten „autonom" gezogen und – zumindest teilweise – im Rahmen von partizipativen und solidarischen Prozessen umgesetzt werden.

(2) Kritische Soziale Arbeit (Seithe)
Mechthild Seithe (2012; Seithe/Wiesner-Rau 2014), Mitbegründerin der 2011 in Berlin gegründeten Gruppe „Unabhängiges Forum kritische Soziale Arbeit (Ufo)", unterscheidet sich in ihren Ausführungen vor allem dadurch von Frank Bettinger, dass sie weniger an der gesellschaftskritischen Theorie selbst, sondern eher an der Beantwortung der praktischen Frage interessiert ist, wie sich die Soziale Arbeit als eine „kritische, politisch handelnde Profession" (S. 431) aufstellen und dementsprechend tätig werden muss.

Seithe entwickelt ihre Theorie der Kritischen Sozialen Arbeit vor dem Hintergrund einer pessimistischen Grundstimmung. Ihre Bücher enthalten stets eine Ansammlung von negativen Beispielen einer in der Regel an „neosozialen Versprechungen" (ebd., S. 418) orientierten Sozialen Arbeit, worunter Seithe alle mit dem Paradigma des „aktivierenden Sozialstaats" verbundenen Methoden versteht.

„Etwa bis 1985 war es der Sozialen Arbeit im Rahmen einer noch anderen politischen Definition von Sozialstaat sehr wohl möglich, der Aufgabe, insbesondere sozial benachteiligte Menschen zu stützen, angemessen nachzukommen. Das jedoch hat sich in Zeiten des Neoliberalismus radikal geändert. Heute ist innerhalb der Gesellschaft eine letztlich rassistische und sozialdarwinistische Haltung bestimmten Gruppen und Menschen gegenüber häufig nicht nur akzeptiert und toleriert, sondern auch strukturell verankert" (Seithe/Wiesner-Rau 2013, S. 227).

Demzufolge muss sich die Profession ihrer Ansicht gegen den (fremdbestimmten) Auftrag der Sozialpolitik und für den (selbstbestimmten) Versuch der Entwicklung einer Profession mit einem klaren gesellschaftlichen Auftrag entscheiden. Da die Soziale Arbeit dabei in der schwächeren Position gegenüber der Politik bzw. Gesellschaft ist, bleibt ihr zunächst nur die Möglichkeit, grundsätzlichen Widerstand zu leisten und eine treibende Kraft zu sein, „wenn es darum geht, menschenwürdigere sozialpolitische Perspektiven zu eröffnen und fördern" (ebd., S. 401).

Arbeitsweisen und Methoden

Um zu verhindern, dass noch mehr „Sozialarbeitende bewusst oder unbewusst zu Agitatoren einer neosozialen und neoliberalen Politik" (ebd., S. 402) werden, gilt es verschiedene Gegenstrategien zu entwickeln:

- Sich kritisch mit allen Formen sozialtechnologischer Anpassung auseinandersetzen: dazu gilt es, „die Profession im Kontext der aktuellen Entwicklung des (Raubtier- und Casino)Kapitalismus" (ebd., S. 407) zu analysieren.
- Auf sozialpädagogischen Positionen beharren: Damit ist ein „befähigungsorientiertes", eher an pädagogischen Methoden ausgerichtetes, autonomes und professionelles Vorgehen gemeint, das eigene ethische Vorstellungen entwickelt und sich gegen den wirtschaftsliberalen Mainstream durchzusetzen versucht.
- Das politische Mandat der Sozialen Arbeit wieder aufnehmen: hier geht es um die Wiederentdeckung der „Parteilichkeit mit unserer Klientel", der „Aufklärung über das neosoziale Projekt", der „Durchführung alternativer Projekte Sozialer Arbeit" (wie z. B. Projekten der „solidarischen Ökonomie" sowie der Umsetzung einer Form der „Anti-oppressive social work", die nicht noch zur Unterdrückung, sondern zur Befreiung der Menschen bzw. der Klientel beiträgt.
- Die Ehrenamtlichkeit stärken (ebd., S. 413 ff.) und die Entwicklung neuerer Formen „solidarischen, vernetzten, politischen Handelns" auf professioneller und internationaler Ebene" (S. 417 ff.) vorantreiben.

Alle genannten Strategien sollen dazu beitragen, gemeinsame Aktionen von Praxis und Wissenschaft zu entwickeln und gemeinsam politisch zu handeln. Um sie umsetzen zu können, müssen allerdings zuerst noch die theoretischen Voraussetzungen geschaffen werden. Hier fordert Seithe nicht nur die (Re-)Politisierung der Profession selbst, sondern auch die (Re-)Politisierung von Wohlfahrtsverbänden und Hochschulen, damit neue und kritische Formen der „Reflexivität", der „Gegenwehr und Einmischung" und der „Solidarisierung und organisiertem Handeln" entstehen und entwickelt werden können. Denn die Diskriminierung der Klientel erfolgt ihrer Ansicht nach durch die „Behörden und gesellschaftlichen Instanzen, die eine Erwartung forcieren und ihren Rassismus ohne Scham und schlechtes Gewissen praktizieren" (Seithe/Wiesner-Rau 2014, S. 228).

„Eine wirklich politische Debatte mit und im Interesse der professionellen Sozialen Arbeit müsste deshalb auch bereit sein, in ihrem Diskurs Systemfragen zu akzeptieren. Unsere gegenwärtige Gesellschaft ist von zwei maßgeblichen Strukturen geprägt: Wir sind eine Demokratie und wir leben gleichzeitig im Turbokapitalismus. Beides hängt nur sehr bedingt zusammen und es ließe sich sicher demokratischer und menschenwürdiger leben, wenn man auf die andere Seite dieser Scheinehe verzichtete. Das gilt ganz sicher für die Soziale Arbeit und für die Menschen, die diese bei der Bewältigung ihres Lebens brauchen" (ebd., S. 442).

Für die Profession formuliert sie folgende „Lernschritte" (ebd., S. 433 ff.), die dazu dienen sollen, die Soziale Arbeit wirklich reflexiv, kritisch und solidarisch auszurichten:

- Lernschritte und Erkenntnisse im Kontext von Reflexivität: als Bewusstwerden der politischen Hintergründe, der Möglichkeiten der Sozialen Arbeit und als Einsicht in die Notwendigkeit politischer Einflussnahme;
- Lernschritte in Richtung offensichtlicher Gegenwehr: als Entwicklung von Bereitschaft zum Mut zur Einmischung und zum Widerstand;
- Lernschritte in Richtung von Solidarisierung und organisiertem Handeln: als Einsicht in die Notwendigkeit, sich solidarisch zusammenzuschließen und zu lernen, selbstbewusst und im Team (in der Gruppe, in einer sozialen Bewegung) zu handeln.

Dabei muss nach Seithe eine Politisierung der Sozialen Arbeit damit beginnen, dass Politik „zum persönlichen Anliegen" der Sozialarbeiter/innen wird. Denn „dann wird man nicht mehr darüber klagen, dass man keine Zeit dafür hat", sondern „wird begreifen, dass sich diese eingesetzte Zeit doppelt und dreifach lohnt" (Seithe 2013, S. 30), weil sie zu einem Mehr an Selbstbewusstsein sowie an kurz- und langfristigen Erfolgen führen wird.

Relevanz

Seithe kämpft ganz offensichtlich für eine sich ihrer politischen Funktion bewusstere Profession. Allerdings fällt bei vielen Beispielen, die zeigen sollen, wie sehr die Soziale Arbeit unter der ihrer Ansicht nach neoliberalen Politik leidet, auf, dass sie die Sozialarbeiter/innen positiv betrachtet. Diese sind die, die sich aufopfernd für die Benachteiligten einsetzen, wohingegen die Institutionen, die Politik und die Gesellschaft als Ganzes immer negativ dargestellt werden. Damit erweckt sie zumindest den Eindruck, dass eine Kritische Soziale Arbeit die Kritik niemals gegen sich selbst und schon gar nicht gegen ihre Klientel richtet. Möglicherweise reicht jedoch das Prinzip der Parteilichkeit allein nicht aus und besteht auch im Mikrobereich der Sozialen Arbeit genügend Anlass zu kritischer Analyse, kritischer Auseinandersetzung und kritischem Dialog.

13.2.2 Solidarische Soziale Arbeit

Theoretische Grundlagen

Für den Ansatz einer „Solidarischen Sozialen Arbeit" gibt es keine explizite wissenschaftliche Autorität, allerdings wird der Begriff immer wieder von Vertretern und Vertreterinnen der Kritischen Sozialen Arbeit zur Veranschaulichung einer parteilichen Form der Sozialen Arbeit verwendet. Als Kampfbegriff wurde und wird er gerne auch von praktischen Sozialarbeiter/innen aufgegriffen, die der Ansicht sind, dass es nicht angehen kann, sich offen, z. B. im Rahmen von Case-Management- und Kontraktverfahren, gegen die Interessen der Klientel zu stellen und strukturelle Gewalt in Form von Sanktionen (wie z. B. Kürzung von Unterstützungsleistungen etc.) auszuüben (AKS 2013).

Die Vertreter/innen dieser Position werfen der Gesellschaft, insbesondere jedoch den Wohlfahrtsverbänden vor,

- sich nicht mehr auf die Seite der sozial Marginalisierten zu stellen, sondern als Verwalter von Elend zu fungieren;
- unbewusst und bewusst dazu beizutragen, dass die Sozialarbeiter/innen in prekäre Lebenslagen geraten, vor allem durch die Schaffung von unzumutbaren Arbeitsverhältnissen in Form von Zeitverträgen, unbezahlten Praktika, Formen der Unterbezahlung etc. und
- damit insgesamt die Soziale Arbeit ihrer kritischen Funktion zu berauben und sie als „Agent des Sozialstaats" und nicht als „Bestandteil des historischen Emanzipationsprozesses" zu positionieren (AKS 2013, S. 2).

Arbeitsweisen und Methoden

Vor diesem Hintergrund wird die Entwicklung und Einlösung eines Programms gefordert, das sich auf folgende Prinzipien stützt:

- Solidarische Soziale Arbeit beschreibt Lebenslagen benachteiligter Bevölkerungsgruppen als öffentliches und politisches Problem, sie erkennt den Zusammenhang zwischen sozialen Problemen und den Bedingungen des kapitalistischen Marktes.
- Solidarische Soziale Arbeit nutzt reflektierte Begriffe des Sozialen und hält am emanzipatorischen Gehalt der Begriffe „Solidarität" „Hilfe zur Selbsthilfe" etc. fest.
- Solidarische Soziale Arbeit ist fundamental demokratisch und tritt insbesondere auch für die demokratische Gestaltung der eigenen Arbeitsverhältnisse im System der Sozialen Arbeit ein.
- Solidarische Soziale Arbeit solidarisiert sich mit den Verlierern neosozialer Politik: Sie macht Inklusion möglich und stellt Gegenöffentlichkeit und Gegenmacht her.
- Solidarische Soziale Arbeit agiert nie gegen die beteiligten Menschen, sondern handelt gemeinsam mit ihnen.
- Solidarische Soziale Arbeit entwickelt Formen von Widerstand: Sie klärt auf, mischt sich ein, sie vernetzt sich etc.
- Solidarische Soziale Arbeit ist Verweigerung, sie erledigt nicht einfach Forderungen von der Gesellschaft oder des Arbeitgebers, sondern sucht eigene Wege der Aufgabenerfüllung.
- Solidarische Soziale Arbeit ist Praxis, sie beginnt immer sofort (AKS 2013, S. 2 ff.).

Relevanz

Alle diese Prinzipien sind wichtig, allerdings bedürfte jedes von ihnen einer sorgfältigen Analyse und Reflexion, denn eine vorbehaltslose Solidarität mit allen Klienten und Klientinnen der Sozialen Arbeit ist weder möglich noch sinnvoll.

Allgemeine Aufrufe zur Solidarität der Sozialen Arbeit mit Klienten/Klientinnen sind eher dazu geeignet, ihr immer wieder aufs Neue klar zu machen, dass sie sich in keinem Falle gegen die Interessen ihrer Klientel stellen darf. Gleichzeitig muss sie sich der Grenzen ihrer Solidarität bewusst bleiben und diese offen kommunizieren.

13.2.3 Machtkritische Soziale Arbeit

Theoretische Grundlagen

Für Fabian Kessl, der sich selbst als einen „an einzelnen Stellen beteiligten Aktivisten und Sympathisanten" (Kessl 2012, S. 192) der Kritischen Sozialen Arbeit bezeichnet, muss eine kritische Betrachtung der Sozialen Arbeit immer doppeldeutig angelegt werden: als Kritik „vorherrschender Strukturen und Logiken Sozialer Arbeit (Kritik Sozialer Arbeit) und als Alternative zu diesen (Kritische Soziale Arbeit)" (ebd.).

Warum die Kritische Soziale Arbeit nach Kessl sich insbesondere der Herausforderung der „konstruktiven Reflexion der eigenen Verstrickungen" stellen und „Skepsis gegenüber den vorherrschenden Anerkennungsmustern" (ebd., S. 203) aufzubringen bereit sein muss, liegt darin begründet, dass er sich sehr stark an Michel Foucault (einführend: Kleiner 2001) orientiert, einem „Machtanalytiker", der zu zeigen versucht hat, wie sich insbesondere seit dem 19. Jahrhundert die gängigen Formen der Machtausübung verändert haben. Jetzt tritt etwa das Gefängnis an die Stelle des Kerkers, was es ermöglicht, den Gefangenen nicht mehr nur zu disziplinieren, sondern auch zu (re)sozialisieren. Damit sind die Machtverhältnisse nicht endgültig überwunden, sie haben sich nur bezüglich ihrer Strukturen und Methoden verändert. Neue Formen der Macht werden jetzt vor allem (unterstützt durch die Medizin, die Psychologie, die Erziehung und Fürsorge etc.) dazu verwendet, das Soziale zu „steuern".

Auch die Soziale Arbeit wird damit zu einer Instanz der „Regierung des Sozialen" (Kessl 2006, S. 72), sie entkommt den Strukturen der Macht nicht, da sie „Teil der bisherigen wohlfahrtsstaatlichen Regierungsweisen und auch Teil von deren aktuellen neo-sozialen Transformationen" (ebd.) ist. Sie ist es deshalb, weil sie durch „Regieren" versucht, das Feld eventuellen Handelns der anderen zu strukturieren. Will sie sich dieser Machtlogik nicht einfach unterwerfen, muss es ihr Ziel sein, die verschiedenen Formen der Macht zu durchschauen und kritisch zu bleiben bzw. zu werden gegenüber jeder Form von Macht. „Sie muss also die Klientel dabei unterstützen, sich möglichst flügge zu machen und auch selbst möglichst flügge werden – im Gefüge der Macht" (Kessl 2012, S. 201).

In der aktuellen Diskussion der kritischen Sozialen Arbeit sieht er drei „sozialtheoretische Deutungsmuster" (ebd., S. 198), die es zu hinterfragen gilt:

1. Das oft geäußerte Argument einer drohenden „Ökonomisierung Sozialer Arbeit", das nach Kessl Gefahr läuft, den komplexen Zusammenhang zwischen Ökonomie, Politik und Wohlfahrtsstaat zu unterschätzen.

2. Das Argument, man könne über eine ethisch-universalistische Konzeption Sozialer Arbeit, die sich z. B. am Capability Approach (siehe dazu Kap. 11.2.2) orientiert, „die eigene Position aus dem Bereich umstrittener Deutungen und Rekonstruktionen herausheben (...), indem ihr eine vermeintlich wissenschaftliche Grundlage untergeschoben wird" (Celikates 2009, S. 252, zitiert in Kessl 2012, S. 200).
3. Das Argument, dass die Soziale Arbeit durch eine Entpolitisierung der Theoriebildung und eine stärkere Orientierung an den Regeln der Wissenschaft „autonom" werden und sich der „externen sozialen Grenzen" entwinden könne (Neumann/Sandermann 2007, S. 26, zitiert in Kessl 2012, S. 201).

Die vorgelegte komplizierte Argumentation soll am Beispiel der Altenarbeit kurz verdeutlicht werden: Ute Karl (2006) hat in einem Artikel zum Thema Altenarbeit auf eindrucksvolle Weise deutlich gemacht, wie hier zunehmend „neoliberale Rationalitäten" (S. 301) dazu benutzt werden, um diesen Bereich besser „regieren" zu können als früher. Alte Menschen werden nicht mehr alleingelassen, abgeschoben etc., im Gegenteil, man entwickelt modische und attraktive „Leitbilder" wie z. B. „aktives Alter(n)", „erfolgreiches Alter(n)", „produktives Alter (n)". Diese sollen die Gesellschaft von den mit der Betreuung alter Menschen verbundenen Kosten entlasten. So werden alte Menschen mit dem Argument, ihr „Erfahrungswissen" dürfe nicht ungenutzt bleiben, etwa im Rahmen des Bundesprojekts „seniorTrainerinnen" gezielt dazu aufgefordert, sich zu „Ehrenamtlichen" für den Weiterbildungsmarkt „ausbilden" zu lassen, was nur auf den ersten Blick sympathisch und unkonventionell erscheint. Denn was hier nicht mehr gesehen wird ist, dass

1. die Konstruktion dieses neuen gesellschaftlichen Leitbildes für alte Menschen sich im Wesentlichen an den Kriterien des Marktes (Jugend, Gesundheit, Reichtum etc.) orientiert,
2. damit eine „implizite (aber nicht offen kommunizierte, d. V.) Thematisierung (und Marginalisierung, d. V.) eines passiven, gescheiterten oder unproduktiven, womöglich unnützen Alter(n)s" (ebd., S. 316) verbunden ist, und
3. nur für den aufmerksamen Beobachter sichtbar wird, dass es auch hier vor allem um die „Optimierung" von Lebensbereichen im Sinne ihrer ökonomischen Rentabilität geht.

Arbeitsweisen und Methoden

Gerade die Soziale Arbeit steht somit in der Gefahr, den Verheißungen der Liberalisierung und Ökonomisierung aller Lebensbereiche zu folgen. Dies muss als Irrweg erkannt werden und lässt sich nach Kessl nur vermeiden, wenn die Soziale Arbeit drei Anforderungen respektiert und sich auf diese einlässt:

1. Die „Realisierung einer selbstreflexiven OpPosition (sic), d. h. einer ‚kritischen Haltung', die nur gelingen kann, wenn eine kontinuierliche Reflexion der unweigerlichen Verstrickungen im alltäglichen Spiel der Sozialen Arbeit realisiert wird – der Verstrickungen auf professioneller wie disziplinärer Ebene".

2. Das Festhalten an „einer reflexiven Disziplinpolitik", die „wissenschaftlichen Bestimmungsmöglichkeiten nicht überschätzt und ihr Tun immer wieder auf ihre Verwobenheiten mit kulturellen Hegemonien hin befragt".
3. Das Eingehen eines „(temporären) Bündnisses von professioneller Sozialer Arbeit mit sozialen Bewegungen" innerhalb dessen „kollektive Streiträume" möglich werden, „in denen diese konstitutiv verkoppelte Differenz von – professioneller wie disziplinärer – Sozialer Arbeit und sozialen Bewegungen realisiert werden kann" (Kessl 2012, S. 201 ff.).

Noch näher geht Kessl auf methodische Aspekte einer machtkritischen Sozialen Arbeit nicht ein.

Relevanz

Mit dem Instrument der Machtkritik von Bourdieu versetzt Kessl die Soziale Arbeit noch besser in die Lage, ihre Verstricktheit in gesellschaftliche Kommunikations- und Machtprozesse zu erkennen. Auf diese Weise ist die Soziale Arbeit noch differenzierter in der Lage, undurchschaute und unaufgedeckte Machtdiskurse zu erkennen und ihre Klientel dabei zu unterstützen, an solchen Diskursen teilzunehmen. Inwiefern sich daraus konkrete Hinweise für das praktische Handeln ableiten lassen, muss offen bleiben. Möglicherweise liegt gerade darin die Schwäche des Ansatzes.

13.2.4 Feministische Soziale Arbeit

Theoretische Grundlagen

Inwieweit der feministische Ansatz in der Sozialen Arbeit ohne Einschränkungen als Teil des kritischen betrachtet werden muss oder als eigenständig gelten kann, bleibt umstritten, zumal sich inzwischen eine innerfeministische Debatte entwickelt hat, die zu einem Konflikt zwischen der feministischen Überzeugung als solcher und einem „postmodernen Antifeminismus" geführt hat.[42] Feminismus (abgeleitet von französisch féminisme) bezeichnet sowohl eine akademische als auch eine politische Bewegung, die gegen die systematische Diskriminierung und für Gleichberechtigung, Menschenwürde, die Selbstbestimmung von Frauen sowie das Ende aller Formen von Sexismus eintritt. Dabei geht es darum, im Rahmen einer gemeinsamen Betroffenheit von Frauen „Geschlechter-(Macht-)Verhältnisse" (Maurer 2012, S. 315) aufzuspüren und einem „Androzentrismus" in der Gesellschaft zu begegnen, in dem Geschlechtlichkeit „gemacht" wird (Simone de Beauvoir). Denn dieser dient nur dazu, „machtvolle Zuschreibungsprozesse und bedeutsame Sozialisationserfahrungen", die zur Erklärung von Geschlechterdifferenzen zulasten von Mädchen und Frauen stattfinden, als „na-

---

42 So warf im Rahmen einer Talkshow im Jahre 2001 Alice Schwarzer ihrer Kontrahentin Verona Feldbusch vor, nur das „Weibchen" zu spielen, wogegen diese sich des Vorwurfs nicht erwehrte, sondern behauptete, gerne und freiwillig die „Barbie-Rolle" zu spielen (Micus-Loos 2011, S. 1).

türlich" (Micus-Loos 2011, S. 1) zu begründen. Im Gegensatz dazu sollen wichtige Grundsätze der Feministischen Sozialen Arbeit, wie z. B. „Parteilichkeit", „gemeinsame Betroffenheit" etc., und eine Praxis der Stärkung der Unabhängigkeit von Mädchen und Frauen dazu beitragen, diese Erfahrungen zu hinterfragen und zu überwinden.

Arbeitsweisen und Methoden

Im Bereich der Sozialen Arbeit lässt sich die Bedeutung dieser kritischen Perspektive vor allem an folgenden Praxen zeigen:

- Schaffung von Räumen für eine geschlechtshomogene Arbeit: Beratungsstellen, Mädchen- und Frauentreffs etc. sollten es erlauben, „Räume nur für Mädchen und Frauen jenseits von patriarchalen Strukturen zu schaffen", in denen es möglich wird, deren „Verhaltensweisen und Fähigkeiten (...) zu fördern und gesellschaftlich aufzuwerten, Mädchen und Frauen zu stärken, sie zur Unabhängigkeit – beispielsweise von männlichen Zuschreibungen – zu ermutigen (ebd., S. 1 f.).
- Identifikation und Bearbeitung von geschlechtstypischen Zuschreibungsprozessen: Hier geht es darum, geschlechtertypische Erwartungen und Vorstellungen bezüglich der Rolle von Mädchen und Frauen zu benennen, zu hinterfragen und zu überwinden.
- Infragestellung aller binären Differenzordnungen: Ausgelöst durch die Debatte um den Umgang mit unterschiedlichsten sexuellen Orientierungen und insbesondere die Bewertung der gleichgeschlechtlichen Ehe muss die Soziale Arbeit durch Kritik, Prozesse des Empowerment, der Solidarisierung etc dazu beitragen, dass Zuschreibungen und darauf basierende Diskriminierungen nicht unhinterfragt bleiben und dadurch „hegemoniale gesellschaftliche Machtverhältnisse" (Butler 1991, zitiert in ebd., S. 3) konstituiert werden.

Als wichtigstes politisches Prinzip hat sich aus der Debatte die Strategie des „Gender Mainstreaming" heraus entwickelt:

> *„Dieses Vorgehen, für das sich international der Begriff ‚Gender Mainstreaming' etabliert hat, basiert auf der Erkenntnis, dass es keine geschlechtsneutrale Wirklichkeit gibt und Männer und Frauen in sehr unterschiedlicher Weise von politischen und administrativen Entscheidungen betroffen sein können. Das Leitprinzip der Geschlechtergerechtigkeit verpflichtet die Politik, Entscheidungen so zu gestalten, dass sie zur Förderung einer tatsächlichen Gleichberechtigung der Geschlechter beitragen" (http://www.bmfsfj.de/BMFSFJ/¬gleichstellung,did=192702.html, Zugriff am 03.06.2015).*

Allerdings warnen bereits Praktiker/innen einer „genderorientierten Bildung und Beratung" (Manifest 2006) vor einer unkritischen Übernahme dieses Prinzips und vor der „Gefahr der Aufrechterhaltung – wenn nicht gar Zementierung – der Mainstream-Geschlechterordnung durch Gender Mainstreaming und Gender Trainings" (Frey/Hartmann 2006, S. 1):

„Ein bedenklicher Nebeneffekt der Gender-Analyse liegt in der Homogenisierung von Frauen und Männern und in der Ausblendung von Unterschieden innerhalb der Genusgruppen. Zum Zweck der Operationalisierbarkeit geschieht eine Komplexitätsreduktion auf eine duale Geschlechterordnung. Damit laufen Gender-Analysen Gefahr, sich unhinterfragt an einem Doing Gender zu beteiligen, das diejenigen Differenzen dramatisiert, die vorgeblich nur analysiert werden" (ebd., S. 2).

Demnach muss ein „Gender Team" nicht unbedingt paritätisch aus Frauen und Männern bestehen: „Gender als Idee markiert ja gerade die Ablösung eines Denkens in biologisierender Dualität und schematischer Mann-Frau-Differenz" (ebd., S. 3), es setzt (lediglich) die Bereitschaft voraus, „Gender-Kompetenz" mithilfe zweier methodischer Zugriffe zu entwickeln, und zwar

1. Durch eine reflektierende Gender-Praxis: im Dreischritt von Konstruktion – Rekonstruktion – Dekonstruktion gilt es:
   – „Konstruktionen von Zweigeschlechtlichkeit als solche (zu) benennen.
   – Geschlechterunterscheidungen (zu) rekonstruieren statt Geschlechtsunterschiede an(zu)nehmen.
   – das historische, kulturelle und politische Geworden-Sein von Gender nach (zu)zeichnen.
   – Zusammenhänge und Wechselwirkungen von Gender mit anderen sozialen Kategorien (zu) beleuchten.
   – das Genderkorsett aufzubrechen.
   – Gender (zu) dekonstruieren und damit Spielräume für vielfältige geschlechtliche Existenz-und Lebensweisen (zu) eröffnen" (ebd., S. 4).
2. Durch das Verlernen von Geschlechtsstereotypen (Undoing Gender) gilt es,
   – „die Geschlechterordnung (dosiert) (zu) irritieren anstatt von ‚weiblichen' und ‚männlichen' bzw. ‚geschlechtsspezifischen' Verhaltensweisen sprechen.
   – für Offenheit und Unabgeschlossenheit des eigenen Identitätsverständnisses (zu) motivieren.
   – Gender-Paradoxie bewusst (zu) machen.
   – die Zweischneidigkeit von Doing Gender (zu) reflektieren, wie sie sich z. B. in der Anwendung von Gender-Analysen zeigt und Gender-Konzepte (zu) kontextualisieren.
   – Gender als voraussetzungsvolles Konzept von feministischen Theorien und Praktiken (zu) thematisieren und historisch in bewegungspolitischen Kontexten (zu) verorten. Machtfragen (zu) stellen.
   – im Wissen um Dominanzen im Geschlechterverhältnis Privilegstrukturen in den Blick nehmen und konkrete Schritte zur Veränderung (zu) erarbeiten. Partizipationsorientierte Trainings durch(zu)führen.
   – Prozess-und teilnehmendenorientiert vor(zu)gehen.
   – Gender interaktiv statt instruktiv (zu) vermitteln (…). Passgenaue Konzepte zu entwickeln statt Standardrezepturen an(zu)bieten.
   – Gender-Analysen/Gender-Trainings kontextuell und inhaltlich an(zu)passen und Möglichkeiten der Verknüpfung von Gender mit anderen sozialen Kategorien auf(zu)zeigen" (ebd., S. 4 f.).

Relevanz

Die Feministische Soziale Arbeit steht in enger Verbindung mit der Forderung nach einer nichtdiskriminierenden Praxis angesichts der Entdeckung rassistischer und sexistischer Tendenzen innerhalb der Sozialarbeiter/innenschaft, aber auch innerhalb von Kommunen und Stadtteilen. Thompson (1993) geht davon aus, dass diskriminierendes Verhalten sich insbesondere in den Bereichen Geschlecht, Rasse, Alter, Behinderung und etwas weniger in den Bereichen sexuelle Orientierung, Sprache, Nation, Region und Lernschwierigkeiten zeigt und sich gegenseitig (weiblich, älter, ethnische Minorität etc.) steigert. Methodisch kann dem vor allem dadurch entgegengetreten werden, dass sich die Sozialarbeit an Prinzipien orientiert, die die Rechte weiblicher Klientinnen in besonderer Weise schützt.

Insbesondere die Auseinandersetzungen um die Entwicklung einer gendergerechten Sprache, um die gleichwertige Vergütung von männlichen und weiblichen Arbeitskräften, die Angleichung des weiblichen Führungskräfteanteils etc. haben jedoch deutlich gezeigt, wie schwierig es in unserer Gesellschaft ist, solche Probleme in einem Klima der gegenseitigen Anerkennung und Wertschätzung zu thematisieren. Dabei spielt natürlich gerade im sozialen Bereich die Tatsache eine Rolle, dass auch hier die Männer in den Führungspositionen sitzen und Frauen damit nicht einmal in einem ihrer angestammtesten Berufe eine angemessene Anerkennung erfahren (siehe dazu Kap. 22.3). Offensichtlich ist eine Gleichstellung der Geschlechter ohne den damit verbundenen „Kampf um Anerkennung" (Honneth) nicht möglich und bedarf es dazu noch vielfältiger Anstrengungen und Initiativen, so wie sie von der Feministischen Soziale Arbeit zu Recht gefordert werden.

13.3 Modelle der Kritischen Sozialen Arbeit

13.3.1 Empowerment

Insbesondere Herriger (1997/2014) und Stark (1996; Lenz 2002) haben den Empowerment-Ansatz in Deutschland bekannt gemacht. Nach Herriger (im Anschluss an Rappaport 1985) verbirgt sich hinter dem Modell des Empowerment-Ansatzes „ein neues Fortschrittsprogramm für die psychosoziale Arbeit, das mit liebgewonnenen Gewissheiten der helfenden Profession bricht und der sozialen Praxis neue Zukunftshorizonte eröffnet" (Herriger 1997/2014, S. 221). Ziel von Empowermentprozessen ist es dabei, „die Selbstverfügungskräfte des Subjekts" zu stärken und zu erweitern, um auf diese Weise die „Selbstbestimmung über die Umstände des eigenen Alltags" (ebd.) wiederherzustellen. Reflexivität, Parteilichkeit und Solidarität bestimmen dabei das Verhalten der Sozialarbeiter/innen und insofern kann dieser Ansatz, der auch wichtige sozialpsychologische und ökosoziale Elemente enthält, im Grundsatz der kritischen Sozialen Arbeit zugeordnet werden.

Empowermentprozesse sollen dabei vor allem dazu dienen, den Beteiligten zwei grundlegende Erfahrungen zu vermitteln:

1. Kontrollüberzeugung, d.h. die feste Gewissheit der Person, dass sie Brüche und Krisen im Lebenszyklus, sollten sie eintreten, „fest im Griff hat" und
2. Kontrollerfahrung, d.h. das konkrete Erleben, dass man über Fähigkeiten und Fertigkeiten verfügt, um den Alltag aktiv zu gestalten, dass man selbst erfolgreicher Konstrukteur einer nach eigenen Bauplänen veränderten Lebenswelt ist (ebd., S. 222).

Ausgehend vom Verdacht, Sozialarbeit trage durch ihre Hilfeleistungen zur Verstärkung der erlebten Hilflosigkeit seitens des/der Klienten/Klientin bei, bricht das Konzept des Empowerment „mit dieser Einübung der Klienten in eine Haltung der Schwäche und Abhängigkeit" (ebd., S. 224) und versucht, ihnen im Rahmen von in der Regel vier Phasen oder Etappen Auswege aus der erlernten Hilflosigkeit zu eröffnen (Thiele 2002, S. 50).

1. Situation des Aufbruchs/Entry

Die Betroffenen sehen sich als Opfer ihrer Umstände und resignieren. Eine „Kultur des Schweigens" (Paulo Freire) herrscht vor.

2. Mobilisierung/Advancement

Die Betroffenen werden sich aufgrund dramatischer oder aufrüttelnder Ereignisse ihrer bisherigen Ohnmachtserfahrungen bewusst. Es regt sich Ärger. Wut und Empörung lösen Betroffenheit und erste politische Handlungen aus. Die ablehnende Reaktion seitens der politischen und administrativen Autoritäten verstärkt das Bewusstsein bei den Beteiligten, dass etwas getan werden muss.

3. Formierung/Incorporation

Da die Gruppe noch zu schwach ist, um ihre Interessen durchzusetzen, wendet sie sich erst sich selbst zu. Sie formiert sich, indem sie ein eigenes Selbstverständnis (Wir-Gefühl) entwickelt, Ziele und Maßnahmen diskutiert, sich informiert und formiert und auf diese Weise ein „Gefühl kollektiver Stärke" (Herriger 1997, S. 225) entwickelt. Dabei gilt als „vorläufiges Etappenziel: Die Aktivist/innen entdecken gemeinsam neue Ressourcen der Stärke, sie entwickeln politikfähige Durchsetzungsstrategien und erlernen so ‚die grundlegende Grammatik politischer Teilhabe'" (ebd.).

4. Entwickelte Politikfähigkeit/Commitment

In dieser letzten Phase ist die Gruppe politisch handlungsfähig. Sie ist in der Lage, ihre Eigeninteressen zu artikulieren und zu begründen, Bündnispartner/innen zu mobilisieren, mit der Bürokratie zu kommunizieren und sich politisch zu vertreten.[43]

---

43 Stark (2002) unterscheidet folgende Phasen: Mobilisierung – Engagement und Förderung – Integration und Routine – Überzeugung und „brennende Ungeduld" (Stark 2002, S. 58 ff.).

Im Rahmen solcher Prozesse können die Beteiligten von Sozialarbeitern/Sozialarbeiterinnen darin unterstützt werden, sich folgende Kompetenzen anzueignen:
- die Fähigkeit, eigene Entscheidungen zu treffen,
- über einen Zugang zu Informationen und Ressourcen zu verfügen,
- über verschiedene Handlungsalternativen und Wahlmöglichkeiten zu verfügen,
- das Gefühl haben, als Individuum etwas bewegen zu können,
- kritisch denken zu lernen und Konditionierungen zu durchschauen,
- Wut zu erkennen und äußern lernen,
- sich nicht allein zu fühlen, sondern Teil einer Gruppe oder eines sozialen Netzwerkes zu sein,
- zu der Einsicht gelangen, dass jeder Mensch Rechte hat,
- Veränderungen im eigenen Leben und im sozialen Umfeld zu bewirken,
- neue Fähigkeiten zu erlernen, die man für wichtig hält,
- die Wahrnehmung anderer bezüglich der eigenen Handlungskompetenz und -fähigkeit zu korrigieren,
- das innere Wachstum und die innere Entwicklung als einen niemals abgeschlossenen, selbst beeinflussbaren und steuerbaren Prozess zu begreifen,
- sich ein positives Selbstbild zu erarbeiten und Stigmatisierungen zu überwinden.

Dieses Modell kann nach Herriger nicht nur in der angegebenen Stufenfolge beobachtet und angewandt werden, sondern kann auch sehr allgemein zur Veränderung des „Zuschnitt(s) der psychosozialen Arbeitsfelder" (ebd., S. 227) beitragen. Es führt

- zur Verunsicherung der professionellen Praxis und zum Einlassen auf nicht vorhersehbare Entwicklungsprozesse im sozialen Feld,
- zur Entwicklung eines „Aktionsmodells sozialer Arbeit": Hilfe findet nicht mehr in einer Laborsituation statt, sondern bezieht das politische Feld mit ein,
- zum Stiften von Zusammenhängen im Sinne einer fallorientierten bzw. feldorientierten Netzwerkarbeit.

Sozialarbeiter/innen werden diesem Ansatz nur gerecht, wenn sie im Rahmen ihrer Begleitung die am Prozess des Empowerment Beteiligten ständig über die Rahmenbedingungen, die verschiedenen Beteiligten und deren Motive, die jeweiligen Ziele, den Prozess etc. informieren und „Aufklärung und Informationsvermittlung mit dem Ziel durchführen, Partizipation und aktive Mitwirkung im Hilfeprozess zu fördern bzw. anzustoßen" (Lenz 2002, S. 21). Nach Ansicht von Thiele (2002) liegt die Stärke dieses Ansatzes

> *„(...) in seinem spezifischen Hilfeverständnis und dem daraus resultierenden veränderten Blick auf die Praxis der Sozialen Arbeit: Empowerment widersetzt sich entmündigender Hilfe und fordert dazu auf, die konkreten Wünsche und Bedürfnisse von Menschen wirklich ernst zu nehmen. Die Stärke des Konzeptes liegt darüber hinaus darin, dass mit dem Begriff ‚Empowerment'*

viele Aspekte synergetisch zusammengefaßt werden ("umbrella-framework'), was den komplexen individuellen und gesellschaftlichen Realitäten entspricht. Der Empowerment-Begriff hat dabei eine optimistische, kraftvolle und kämpferische Konnotation, was für Professionelle und AdressatInnen gleichermaßen bekräftigend wirkt" (Thiele 2002, S. 62).

Damit sind natürlich zugleich die Schwächen des Konzepts angesprochen. Die oftmals vagen Aussagen geben Anlass zur Befürchtung, dass Empowerment nur als „Haltung", als „Prinzip" oder „Philosophie" wahrgenommen wird, die möglichen Erfolge und Wirkungen jedoch eher außer Acht gelassen werden.

13.3.2 Nicht-unterdrückende Soziale Arbeit

Das im internationalen Raum gängige Modell der „Anti-Oppressive Practice" wird im deutschen Sprachraum als „Nicht unterdrückende Soziale Arbeit" vor allem von Ute Straub (2006; 2006a) vertreten. Die aus Großbritannien und den USA stammenden Hauptvertreter/innen dieses Ansatzes gehen davon aus, dass soziale Probleme und Benachteiligungen vorwiegend „strukturell" verursacht sind und sich diese Tatsache insbesondere auf die Klientel der unterdrückten und stigmatisierten Menschen auswirkt. Dominelli (1998), die als eine der bedeutendsten Begründer/innen gilt, definiert sie als eine Form der Praxis, die auf soziale Trennungen und strukturelle Ungleichheiten im Rahmen der Arbeit mit Klienten/Klientinnen aufmerksam macht. Das Ziel dieser Praxis ist es, die Soziale Arbeit stärker an den „wahren" Bedürfnissen der Klientel ungeachtet ihres jeweiligen Status zu orientieren, vorurteilsfrei zu handeln und damit einen Beitrag zum Empowerment aller Beteiligten zu leisten (Dominelli 1998, S. 7; 2002, S. 83 f.).

Ganz im Sinne der kritischen Theorie haben Sozialarbeiter/innen die Aufgabe, die strukturellen Ursachen der Benachteiligung zu erkennen, sich einzumischen, sie zu verändern und zugleich darauf zu achten, dass sie selbst nicht strukturelle Gewalt ausüben (Dominelli 1998, S. 7; 2002, S. 84). Deshalb reicht es nicht aus, dass er/sie sich in die Gefühlslage des/der Klienten/Klientin hineinversetzt, es gilt zugleich, im Prozess der Veränderung die eigene Macht mit dem Klienten/der Klientin zu teilen. Da dies nur partiell möglich ist, obliegt dem/der Sozialarbeiter/in die Aufgabe, den Hilfeprozess ständig auf offene und verdeckte Machtstrukturen zu beobachten.

Ausgangspunkt der nicht-unterdrückenden Sozialen Arbeit ist die politische Herausforderung, die darin besteht, dass Klient/in und Sozialarbeiter/in gleichermaßen von Autonomie begrenzenden Strukturen und Situationen betroffen sind. Daher benötigt der/die Sozialarbeiter/in ein hohes Maß an Selbstreflexivität in Bezug auf folgende Aspekte:

Soziale Unterschiede: Hier geht es vor allem um unterschiedliche Wahrnehmungen und Urteile aufgrund von Rasse, Geschlecht, Klasse, sexuellen Neigungen, Behinderungen etc.

Die Verbindung von Persönlichem und Politischem: Persönliche Eigenschaften und Lagen werden durch den sozialen Kontext in hohem Maße beeinflusst. Behindert zu sein, hat in einer gegebenen Gesellschaft vielfältige soziale Konsequenzen, die wiederum die Situation des Menschen mit Behinderung extrem beeinträchtigen können.

Macht: Sie wirkt sich auf vielfältigen Ebenen (personal, sozial, kulturell, ökonomisch etc.) aus und alle diese Faktoren müssen ständig berücksichtigt werden, um die Situation eines Menschen angemessen zu verstehen.

Historische und geografische Situation: Die Situation eines Klienten/einer Klientin ist immer abhängig von der konkreten historischen und geografischen Situation.

Reflexivität und gemeinsame Betroffenheit: Sozialarbeiter/in und Klient/in sind gleichermaßen Opfer von struktureller Gewalt und können diese nur im gemeinsamen solidarischen Kampf überwinden (Burke/Harrison 1998, S. 23; Dominelli 2002, S. 84; ähnlich Straub 2006, S. 121).

Das Modell hat seine Stärke darin, aufzuzeigen, dass Sozialarbeiter/innen niemals „gegen" die Interessen ihrer Klientel handeln dürfen und äußerst vorsichtig vorgehen müssen, wenn sie „für" deren Interessen eintreten. Denn allzu schnell können sich Vorurteile einschleichen, die sich nachteilig auf die Interessen der Klientel auswirken. Dies zeigt sich z. B. in der Arbeit mit Menschen mit Behinderung, wobei immer die Gefahr besteht, dass sich die Sozialarbeiter/innen aus gut gemeinten Gründen über die wahren Interessen der Betroffenen hinwegsetzen.

Die Schwächen liegen darin, dass die konkrete methodische Umsetzung des Modells offen bleibt. Dominelli fordert hier ein ständiges „Training" der Beteiligten (1998, S. 20) in den Bereichen einer multikulturellen, diversitätsbewussten Gesellschaft.

Sozialarbeit zeigt hier noch einmal deutlich ihr Doppelgesicht: Sie kann dazu beitragen, dass sich die Verhältnisse verändern, sie kann Klient/innen dazu motivieren, gleichberechtigte Beziehungen zu entwickeln und nach sozialer Gerechtigkeit zu streben, sie steht aber auch immer wieder in der Gefahr, affirmativ zu handeln, indem sie sich vorschnell den Anforderungen einer neoliberalen Gesellschaft unterwirft und „den Zusammenhang zwischen den gesellschaftlichen Bedingungen, in denen sie arbeitet, und der Erzeugung sozialer Problemlagen" (Straub 2006, S. 125) nicht genügend reflektiert.

13.3.3 Das Arbeitsprinzip: Gemeinwesenarbeit

Das Modell der Gemeinwesenarbeit wurde in den 1960er Jahren aus den USA importiert und führte nach Meinung von Wolfgang Hinte in Deutschland sehr schnell zu einer „Erschütterung" der Sozialarbeitslandschaft.

> *„Da war die Rede von Widerstand, Betroffenenbeteiligung, Veränderung von Verhältnissen, Organisation von Gegenmacht, Kampf gegen das Establishment und außerparlamentarischer Organisation von kollektiver Betroffenheit: Vokabeln, die das bundesdeutsche Bürgertum, aber auch die dadurch geprägte bürgerliche soziale Arbeit nachhaltig irritierten. GemeinwesenarbeiterInnen initiierten Mieterinitiativen, Demonstrationen und Stadtteilfeste, sie skandalisierten unzumutbare Wohnverhältnisse, infra-strukturelle Mängel, unsinnige*

Prestigeprojekte oder korrupte Funktionsträger, sie organisierten öffentliche Foren und Pressekampagnen und sorgten auf vielfältige Weise dafür, dass verschiedenste Bevölkerungsgruppen sich im Wohnquartier artikulierten, engagierten und organisierten" (Hinte 2002, S. 535).

War auch das „Arbeitsprinzip Gemeinwesenarbeit" zunächst sehr stark an einer sich emanzipatorisch interpretierenden Pädagogik ausgerichtet, und damit nicht immer an den konkreten Interessen der jeweiligen Betroffenen orientiert, so bestand das Verdienst dieser Form doch darin, „den Blick für die sozialräumliche und lebensweltliche Dimension sozialer Benachteiligung geschärft" (ebd., S. 537) zu haben. Ende der 1970er Jahre kam es jedoch zunehmend zu einer Auflösung des Ansatzes: Gemeinwesenorientierte Projekte konnten sich kaum längerfristig etablieren, sie blockierten aufgrund ihrer institutionsfeindlichen Grundhaltung die Zusammenarbeit mit anderen Diensten, wurden durch das neue Kinder- und Jugendhilfegesetz (KJHG) nicht als Pflichtaufgabe interpretiert und insofern weggekürzt (Hinte 2012, S. 665 ff.). Erst die zunehmende kommunale Finanzkrise in den 1980er Jahren führte schließlich vor dem Hintergrund erziehungskritischer Ansätze (Hinte 1980; 2012, S. 667 ff.) zu einer Wiederentdeckung des sozialen Raums als zentrale Bezugsgröße aktivierenden sozialarbeiterischen Handelns.

Zunehmend wurde erkannt, dass soziale Ausgrenzungsprozesse immer regionalisiert verlaufen.

„In der Folge setzt eine negative Entwicklungsspirale ein. Die betroffenen Regionen siechen dahin, die mobilen Arbeitskräfte wandern dem Kapital nach. Ganze Regionen werden, mit einschneidenden Folgen für die ‚immobile' Bevölkerung, für lange Zeit zur Kapital-, Arbeitsmarkt- und Sozialbrache" (Blume et al. 1984, S. 6, zitiert in Oelschlägel 2001, S. 56).

Auf diese Weise kommt es zu kleinräumigen Disparitäten in den Städten und entwickelt sich eine sozialräumliche Ausgrenzung sozial benachteiligter Gruppen. Die Folgen für die Sozialarbeit sind: sie muss sozialpolitisch aktiv werden, sie darf sich nicht aus der kommunalen Sozialpolitik heraushalten. Eine Sozialpolitisierung der Sozialarbeit muss vornehmlich im Feld der Kommunalpolitik wirksam werden und dies nicht nur durch Hilfeprogramme, sondern auch durch „Skandalisierung" und „Einmischung" (ebd., S. 60).

„In der Sozialraumorientierung geht es nicht darum, mit großem Methodenarsenal und pädagogischer Absicht Menschen zu verändern, sondern darum, Lebenswelten zu gestalten und Arrangements zu kreieren, die dazu beitragen, dass Menschen auch in prekären Lebenssituationen zurechtkommen" (Hinte 2012, S. 668).

Der Sozialarbeit kommt hier demnach eine Doppelaufgabe zu: zum einen muss sie sich parteilich „auf die Seite der Ausgegrenzten stellen und das mit allen ihren methodischen Möglichkeiten" (ebd.). Zum anderen muss sie sich selbst verunsichern lassen und in Frage stellen, sodass es zu einer gleichberechtigten Kooperation zwischen alternativen und traditionellen Trägern kommt.

Sozialarbeit muss also zur Aufklärungsarbeit werden, die den Betroffenen erlaubt, sich selbst eigene Orientierungen und Perspektiven anzueignen, vor allem durch

- „die Herstellung von Infrastrukturen, innerhalb derer die Betroffenen informelle alltägliche Sozialbezüge ausbilden, um sich selbst als Gruppe organisieren zu können" (Winkler 1988, S. 105),
- „die Schaffung von ‚freien' Orten, wo Menschen ihre Bedürfnisse auch gegen das Gesellschaftssystem produzieren können", und damit verbunden
- „die Ermöglichung der handelnden Aneignung gesellschaftlich vorhandener Möglichkeiten" (Oelschlägel 2001, S. 63).[44]

Gemeinwesenarbeit wird von Oelschlägel deshalb als „Arbeitsprinzip" verstanden, da es methodisch noch nicht völlig ausgearbeitet, aber trotzdem genügend konkret ist, um Ansprüche an das Handeln zu formulieren.[45]

- „Das Arbeitsprinzip GWA erkennt, erklärt und bearbeitet, soweit das möglich ist, die sozialen Probleme in ihrer historischen und gesellschaftlichen Dimension: zu diesem Zweck integriert es Theorien, die aus unterschiedlichen Disziplinen entwickelt worden sind (z. B. Politische Ökonomie, Kritische Psychologie). Damit ist es Werkzeug für die theoretische Klärung praktischer Zusammenhänge.
- Das Arbeitsprinzip GWA gibt aufgrund dieser Erkenntnisse die Aufsplitterung in methodische Bereiche auf und integriert Methoden der Sozialarbeit, der Sozialforschung und des politischen Handelns in Strategien professionellen Handelns in sozialen Feldern. Damit ist es Werkzeug für geistige Antizipation praktischer Tätigkeiten, für Strategie und Planung.
- Das Arbeitsprinzip GWA bezieht sich mit seinen Strategien auf ein ‚Gemeinwesen', d. h. auf den Ort (zumeist eine sozialräumliche Einheit: Quartier, Institution o. ä.), wo die Menschen und ihre Probleme aufzufinden sind. GWA als Arbeitsprinzip hat eine ganzheitliche und dialektische Betrachtungsweise; ihre Arbeitsgrundlage sind die Lebensverhältnisse, Lebensformen und -zusammenhänge der Menschen.
- Das Arbeitsprinzip GWA schließt als zentralen Aspekt die Aktivierung der Menschen, mit denen GWA arbeitet, ein; es will sie zu Subjekten politisch aktiven Lernens und Handelns machen, will selbst zu einer ‚Handlungsstrategie für den sozialen Konflikt' (Hummel 1978, S. 175) werden. Dies bedeutet allerdings, dass das Arbeitsprinzip GWA durch seinen normativen Aspekt die

---

44 Hinte (2002, S. 540 ff.) spricht in diesem Zusammenhang von folgenden Aspekten: „1. Orientierung an den geäußerten Interessen der Wohnbevölkerung. 2. Unterstützung von Selbsthilfekräften und Eigeninitiative. 3. Nutzung von Ressourcen der Menschen und des Sozialraums. 4. Zielgruppenübergreifender Ansatz. 5. Bereichsübergreifender Ansatz. 6. Kooperation und Koordination der sozialen Dienste."
45 „Prinzipien haben also eine eigentümliche Zwischenstellung zwischen (kognitivem) Abbild von Prozessen und normativer Vorschrift für zukünftiges Handeln!" (Fuchs, zitiert in ebd., S. 54 f.).

scheinbare Neutralität vieler bisheriger GWA-Konzepte aufgibt und parteilich wird" (Oelschlägel 2001, S. 65 f.).

Ziel der Gemeinwesenarbeit ist die Integration von Menschen in die Lebenswelten hinein. Daher muss sie sich nach Oelschlägel auf die „Totalität der Lebensbedingungen" (Oelschlägel 2001, S. 71) beziehen.

Im Gegensatz zum Empowermentansatz (Kap. 13.3.1) erscheint das Prinzip Gemeinwesenarbeit eher pragmatisch, ressourcenorientiert etc. und weniger pädagogisch ausgerichtet zu sein. Durch diesen empirischen Zug wird es klarer und überprüfbarer; allerdings besteht die Gefahr, dass es sich zunehmend Elemente eines sozialraumorientierten „Quartiersmanagement" aufgreift und damit seinen kritischen Impuls zugunsten der Arbeit am Konkreten, Unmittelbaren, Vorfindlichen aufgibt. Eine solche Gefahr sieht Hinte vor allem im Rahmen einer eng an ökonomischen Überlegungen ausgerichteten Sozialplanung (Hinte 2002).

„Um das klarzustellen: Stadtteilbezogene Arbeit in der Tradition der Gemeinwesenarbeit bezeichnet einen projekt- und themenunspezifischen Prozess einer (in der Regel) mehrjährigen Aktivierung der Wohnbevölkerung, der zwar einzelne Leuchtturmprojekte nicht ausschließt, sich jedoch vornehmlich über eine Vielzahl kleinerer Aktivierungsaktionen darauf richtet, anhand direkt geäußerter und durchaus häufig wechselnder Interessen der Wohnbevölkerung gleichsam eine Grundmobilisierung eines Wohnquartiers zu bewirken, die dann den Humus für größere Einzelprojekte darstellt" (Hinte 2002, S. 113).

13.3.4 Solidarökonomie

Insbesondere Susanne Elsen, Mitbegründerin des „Institut für Nachhaltige Entwicklung und Lokale Ökonomie e. V.", hat das Modell der Gemeinwesenökonomie in die Soziale Arbeit hineingetragen. Im Gegensatz zur klassischen „Sozialökonomie", die sich damit beschäftigt, die Wechselwirkungen zwischen Gesellschaft, Wirtschaft, Ökonomie und Politik zu verstehen, geht die „Soziale Ökonomie des Gemeinwesens" „Solidarökonomie" oder „solidarische" oder „lokale Ökonomie" (Elsen 2007) davon aus, dass es in Zukunft gilt, alternativ zur klassischen Ökonomie neue Formen einer selbstorganisierten, regionalen und lokalen Ökonomie zu entwickeln und zu etablieren.

Die Schwierigkeit, den Ansatz von Elsen systematisch richtig einzuordnen, liegt vor allem darin begründet, dass sie unterschiedlichste Argumentationen zum Ausgangspunkt ihrer Position macht:

(1) Ein erster Ausgangspunkt von Elsen ist die Kritik an der zunehmenden Spaltung der Gesellschaft durch Armut und Ausgrenzung. Ursächlich dafür ist ihrer Ansicht nach der „Marktfundamentalismus", der sich an den Interessen der Reichen und den Geldströmen des Kapitalmarktes orientiert und der die Fähigkeit und Bereitschaft der Staaten untergraben hat, Arbeitsplätze zu sichern und „ihren Bürgern soziale Sicherheit zu gewährleisten" (Elsen 2005, S. 169). Hält diese Entwicklung an und mischt sich die Soziale Arbeit hier nicht ein, so

droht sie selbst zu einer „Vollstreckerin der Repression und der Durchsetzung neuer Verwertungsbedingungen von Arbeitskraft" (ebd., S. 170) zu werden. Wer dieser Entwicklung nicht tatenlos zusehen möchte, muss nach Elsen vor allem dafür eintreten, dass wirtschaftliches Handeln wieder von den Börsen weg „in den Lebenszusammenhang", ins „Ganze" rückgebunden wird.

(2) Der zweite Ausgangspunkt von Elsen ist ökosozial bestimmt. Hier geht es ihr „um die Erhaltung und zukunftsfähige Organisation dessen, was Menschen zum Leben und Zusammenleben brauchen und was der Erhaltung der Evolutionsfähigkeit der Biosphäre dient" (Elsen 2011, S. 94). Hier stehen vor allem Fragen der Natur als Rohstofflieferantin, der Umweltzerstörung durch Schadstoffe sowie der Regenerationsfähigkeit des Ökosystems und der Problematik der zunehmenden Industrialisierung der Landwirtschaft im Vordergrund (ebd., S. 91). Nach Elsen wächst die Bedeutung dieser lokalen Ökonomie weltweit, da hier ein Bewusstsein „globaler Abhängigkeitsverhältnisse" entsteht, das „über räumliche und zeitliche Bindungen hinausweist und universelle Gültigkeit" beanspruchen kann. Auf diese Weise entsteht – „im Wissen um soziales und ökologisches Teilsein" – eine „globalisierte Solidarität" (ebd., S. 96).

(3) Der dritte Ausgangspunkt sind schließlich „die normativen Prämissen der Solidarökonomie" (ebd., S. 95), insbesondere Freiwilligkeit, Solidarität, Kooperation, Demokratie, Selbstorganisation und Gemeinwohlorientierung. Ein soziales Wirtschaften zur Sicherung der Existenz von Menschen und Gemeinwesen wird erst wieder möglich, wenn Menschen sich freiwillig zusammenschließen und das Haushalten sowie das Wirtschaften wieder re-lokalisiert und re-pluralisiert wird. Gemeinwesenorientiertes Wirtschaften als ökonomisches Handeln der lokalen Bevölkerung in ihrem lokalen und regionalen Kontext wird aber nicht als Modell verstanden, das die gegenwärtige Ökonomie ersetzt, sondern eher alternativ die individuelle und gemeinsame Bedürfnisbefriedigung im Lebensumfeld vor Ort sichert. Es geht also nicht mehr primär um die private Profitmaximierung, sondern – als kritische Alternative – um die Bedarfsdeckung, Existenzsicherung und gesellschaftliche Integration der örtlichen Bevölkerung.

„Arbeit in der Gemeinwesenökonomie beruht auf einem erweiterten Blick gesellschaftlich sinnvoller Tätigkeit, die Nachbarschaftshilfe, Familienarbeit, Eigenarbeit, Tausch, Subsistenz, Kooperativarbeit, Erwerbsarbeit und Formen bürgerschaftlichen Engagements umfasst" (ebd., S. 174).

Nach Elsen leben insbesondere die alten landwirtschaftlichen und die neuen, die lokale Wasser- und Energieversorgung sichernden Genossenschaften die Werte dieser alternativen Ökonomie. Inzwischen sind neue Bewegungen hinzugekommen, wie z. B. die „Agenda 21" oder die „Transition Towns Movement", die sich den Aufbau lokaler Politik und Bildungsstrukturen zum Ziel setzen oder dem Aufbau komplementärer Währungen widmen (Elsen 2011, S. 99 ff.; 2007, S. 164 ff.). Eine solchermaßen orientierte Soziale Arbeit hat demzufolge jetzt auch die Aufgabe, sich der wirtschaftlichen Probleme der Menschen zu stellen und dazu beizutragen, dass neue und alte Formen des kooperativen Lebens und Wirtschaftens entstehen, indem „kooperatives Entrepreneurship" gestärkt wird, kooperative Unternehmen bei der Gründung begleitet und „Kooperationsverbünde und Kreislaufökonomien mit gemeinsamer kooperativer Infrastruktur" (ebd., S. 181) gestaltet werden.

Auch wenn Elsen auf sehr interessante Projekte der lokalen Gemeinwesenökonomie, wie z. B. das „Netz Soziale Ökonomie Basel", den „Chiemgauer" etc., wie auch der weltweiten, so z. B. das Mikro-Finanzsystem für Arme in Indien oder Projekte in Lateinamerika (Elsen 2007), hinweisen kann, so muss die praktische Umsetzung dieser Idee doch noch als eher gering eingestuft werden. Möglicherweise hat auch die seit 2010 einsetzende Erholung des Wirtschafts- und Beschäftigungswachstums dazu beigetragen, dass eine breite bürgerliche Basis in Deutschland für solche Projekte (noch) nicht zustande gekommen ist. Insbesondere drei Gründe können hier angeführt werden:

- Solidarität in solchen Netzwerke bedeutet häufig, dass die Mitglieder auf eigene Vorteile verzichten (man bezahlt etwas mehr für alternative Produkte etc.), ohne aber den eigenen Nutzen völlig aus dem Blick zu verlieren. Gerade die Entwicklung z. B. der Mitfahr- und Nachbarschaftstauschbörsen hat gezeigt, dass sich anfänglich als solidarisch initiierte Bewegungen sehr schnell dem Markt anpassen, starke Regelwerke schaffen und quasi-kommerzielle Züge annehmen.
- Entwicklungen im Bereich der Armenhilfe (v. a. die Entwicklung der „Tafeln") und im Bereich der Freiwilligenarbeit haben gezeigt, wie schnell solche Bewegungen durch dirigistische Strukturen korrumpiert werden oder problematische Nebenwirkungen erzeugen: Gute Mitarbeiter/innen sollen jetzt ihre soziale Kompetenz im Rahmen sozialer Projekte beweisen und können dadurch ihre Karrierechancen verbessern (siehe dazu Kap. 24).
- Die im Bereich der Sozialen Arbeit tätigen Hilfsorganisationen nehmen an der Solidarökonomie kaum oder nur widerwillig teil. Denn aufgrund der neuen Steuerungs- und Managementformen im Bereich der Sozialen Arbeit (siehe dazu Kap. 4) sehen sie sich zunehmend dazu gezwungen, sich (privat-)wirtschaftlich und damit „professionell" zu positionieren. Dabei geht es vor allem um optimale Entgeltvereinbarungen und, Kostenerstattungen und weniger um eine konkrete Solidarität und Gemeinwohlorientierung.

Viele Vertreter/innen der solidarischen Ökonomie sehen eine Optimierung des Ansatzes vor allem im Verzicht auf den Faktor Geld. Demnach käme es entscheidend darauf an,

> „(...) geldlose Netzwerke der Kooperation aufzubauen, die im Lauf der Zeit einen ganzen Sektor abseits der Geldwirtschaft bilden könnten. Diese Netzwerke müssten sich durch freie Absprache und wechselseitige Verpflichtung konstituieren. Sie könnten selbst eine neue ‚soziale Gewohnheit' des geldfreien, verbindlichen Umgangs miteinander generieren. Daneben hätten sie die Aufgabe, Institutionen, Entscheidungsprozeduren und Funktionsteilungen zu entwickeln, die eine Produktion und Verteilung ohne Geld ermöglichen und die helfen, dabei auftretende Konflikte konstruktiv zu bearbeiten. Möglicherweise ist die Solidarische Ökonomie in Brasilien und anderen lateinamerikanischen Ländern ein in dieser Hinsicht entwicklungsfähiges Modell. Vom

Staat wäre dabei zu verlangen, dass er solche Sektoren gesetzlich nach seinen (gleichwohl beschränkten) Möglichkeiten vor der Geldwirtschaft schützt und steuerlich bevorteilt" (Exner 2012).

13.3.5 Sozialraumarbeit

Nach Kessl/Reutlinger (2010) reichen weder die unter Kap. 10.2.3 dargestellte Theorie der Sozialraumorientierten Sozialen Arbeit, noch das Prinzip: Gemeinwesenarbeit (Kap. 13.3.3) aus, um die komplizierten Vorgänge in Sozialräumen angemessen zu analysieren und sozialarbeiterisch sinnvoll zu beeinflussen. Die Beteiligung und Aktivierung von Adressaten/Adressatinnen im Sozialraum bei der Planung und Entwicklung sozialer Dienste erscheint sachlich selbstverständlich und die „methodisch-fachlichen Prinzipien des Fachkonzepts Sozialraumorientierung" haben sich zweifellos als „wirkmächtig" (Fehren/Kalter 2014, S. 40) erwiesen. Damit wird die Soziale Arbeit aber noch lange nicht den Problemen gerecht, die sich aus den im Sozialraum befindlichen unterschiedlichen, divergierenden, konkurrierenden etc. Interessen ergeben. Gerade die in vielen Stadtteilen geführten Auseinandersetzungen um die Ansiedlung von Einrichtungen für Kinder, Behinderte oder Asylbewerber/innen haben gezeigt, dass Sozialräume Macht- und Herrschaftsverhältnisse widerspiegeln, die nicht einfach adressat/innenenorientiert und mithilfe zweifelhafter demokratischer Verfahren gestaltet, sondern auch sozialarbeiterisch „parteilich" reflektiert werden müssen. Daher fordern sie (zu Recht) seitens der Sozialarbeiter/innen eine über sozialräumliches Denken hinausgehende (kritisch) „reflexive räumliche Haltung" (ebd., S. 125), die die Möglichkeit einer „sozialraumsensiblen Sozialen Arbeit" (Kessl 2005) eröffnet. Daraus resultiert auch ihr Vorschlag, für diese Art der Arbeit nicht nur im, sondern auch am Sozialraum den Begriff „Sozialraumarbeit" (Kessl/Reutlinger 2010, S. 126) zu verwenden:

„Der Begriff der Sozialraumarbeit verdeutlicht, dass sich eine solche raumbezogene Soziale Arbeit nicht nur als stadtteil- oder quartiersbezogene, sondern immer als (sozial)politische Aktivität versteht. Sozialraumarbeit begreift den Bezug auf soziale Räume insofern immer im Bourdieu'schen Sinne als Bezug auf die eingeschriebenen Macht- und Herrschaftsverhältnisse, in die sie eingewoben ist und die sie damit unweigerlich mit formt" (ebd.).

Soziale Räume gelten in diesem Modell sowohl als materiell (sozioökonomisch, architektonisch etc.) als auch symbolisch (kommunikativ, subjektorientiert etc.) konstruiert, sie „sind keine fertig vorgegebenen ‚Container', sondern relationale Anordnungen von Lebewesen und sozialen Gütern und Strukturen an bestimmten Orten, die dynamisch und interaktiv veränderbar sind. (…) Im Prozess des ‚Spacing' eignen sich Menschen die materiell vorgefundenen Orte an, gehen dabei untereinander Beziehungen ein und machen damit letztlich erst Orte zu Räumen mit einer eigenen Qualität" (Spatscheck 2009, S. 3).

Damit die Sozialraumarbeit nicht zu kurz ansetzt und insbesondere nicht dazu tendiert, soziale Diagnosen, Problem- und Ressourcenanalysen sowie Sozialraumanalysen zu technologisch präventistisch zu konstruieren und zu verwalten (S. 6), müssen nach Kessl/Reutlinger (2010) insbesondere folgende Dilemmata reflektiert werden:

- Homogenisierungsdilemma: Mit jeder sozialraumorientierten Aktivität ist die Gefahr verbunden, „bereits vorliegende Homogenitätsunterstellungen zu reproduzieren" (in dem sie z. B. alle türkischen Mitbürger/innen als Menschen mit Migrationshintergrund gleichsetzen) und „damit das prinzipielle Problem symbolischer Ausschließung bestimmter Bevölkerungsgruppen (eher) verlängern, statt gegen dieses anzugehen" (ebd., S. 128).
- Präventionsdilemma: Hilfen werden häufig so angelegt, dass sie lediglich dazu beitragen, bestimmte Gruppierungen zu stigmatisieren, und nicht so, dass sich diesen Gruppierungen neue Handlungschancen bieten.
- Vernetzungsdilemma: Im Rahmen der Netzwerkarbeit werden oft lediglich bereits vorhandene, para-institutionalisierte Netzwerke re-aktiviert. Es käme aber darauf an, „Netzwerke, die quer zu den dominierenden liegen, (zu) unterstützen oder deren Aufbau an(zu)regen oder zu deren Öffnung für bisher unbeteiligte Personen (zu) motivieren" (ebd., S. 130).
- Milieudilemma: oftmals werden durch sozialraumorientierte Maßnahmen lediglich die bereits repräsentierten Gruppen erfasst, es muss aber auch darum gehen, neue Milieus zu erschließen.

Insgesamt kann sich also auch die Sozialraumarbeit der Prinzipien der Sozialraumorientierung und aller damit verbundenen gängigen, sozialraumorientierten, sozialplanerischen etc. Methoden bedienen. Worauf es aber unbedingt ankommt ist, sie als einen Reflexionsrahmen zu betrachten, der erst die Grundlage für eine „Arbeit am sozialen Raum" bildet. Die Sozialarbeiter/innen dürfen sich – und dies ist vor allem im Rahmen der Debatten um die Einführung von Sozialraumbudgets (Fehren/Kalter 2014, S. 35 f.) deutlich geworden – hier also nicht nur als Moderierende von Planungs- und Entwicklungsprozessen verstehen, sondern müssen sich auch als „aktive Gestalterinnen und ‚bewusste Ausgestalterinnen' sozialer Zusammenhänge begreifen" (ebd., S. 133).

13.4 Kritische Methoden und Techniken

(1) Praxis der Befreiung

Insbesondere Ronald Lutz (2011) hat in jüngster Zeit wieder an die Methoden der „Pädagogik der Befreiung" von Paulo Freire (1971) erinnert und darauf hingewiesen, dass es dazu eines dialogischen Prozesses bedarf, der sich im Rahmen der „problemformulierenden Methode" an folgenden Prinzipien orientiert:
- Dialog/herrschaftsfreie Kommunikation
  Im gemeinsamen, herrschaftsfreien und dauernden Dialog werden wichtige Kompetenzen seitens der Betroffenen freigelegt und gestärkt; Sozialarbeiter/innen arbeiten immer mit den konkreten Personen. Dabei geht es nicht darum, die Betroffenen von oben herab zu belehren oder ihnen ein bestimmtes

Wissen zu vermitteln, das sie dann (wie ein Bankier im Safe) speichern können. Im Dialog werden die Lehrer/innen zu „Lehrer-Schüler" und die Schüler/innen zu „Schüler-Lehrer" (Freire 1971).

> *„Der Übergang von der linearen oder wechselseitig linearen Kommunikation zur interaktiven findet dann statt, wenn die Partner (...) bereit sind, sich ... dieser Was-ist-Frage auszusetzen. Solch eine Inter-Aktion wird hier als rationale Kommunikation bezeichnet" (38). „Als ein idealtypischer Entwurf ist rationale Kommunikation im Blick auf die konkrete Gesellschaft kontrafaktisch"(Schaller 1974, S. 39).*

> *„She or he (the social worker, d. V.) works with, never on, people whom she or he considers subjects, not objects or incidences, of action" (Freire 1985, S. 40).*

- Thematisches Universum/Generative Themen
Soziale Arbeit sucht die Menschen in ihrer Lebenswelt auf und setzt sich mit deren Praxen und den darin zum Ausdruck kommenden Denkweisen auseinander. Die im gemeinsamen Dialog zum Ausdruck kommenden Themenstellungen (generative Themen) werden auf ihre lebensweltliche bzw. biografische Verankerung hin untersucht. Daraus lassen sich Schlüsselwörter ableiten, die dann gemeinsam auf die sich dahinter verbergenden Denkstrukturen und Codes hin „entschlüsselt" werden können.
Wenn also z. B. Bauern täglich mit Armut, Unterdrückung und damit verbundenen Lebensformen wie Alkoholismus, Angst etc. konfrontiert werden, dann können sie ihre Situation am besten analysieren und reflektieren, wenn die Sozialarbeiter/innen ihnen diese Situation in Form von Fotografien, Bildern, Geschichten etc. spiegeln. Paulo Freire hat die sich daraus entwickelnden Themen dann als Grundlagen für seine Alphabetisierungsprogramme benutzt, da er der Ansicht war, dass Menschen besser lernen können, wenn sie von den Inhalten selbst betroffen sind.
- Entfremdung
Dieser Begriff taucht in seiner originalen Bedeutung erstmals bei Karl Marx auf. Demzufolge beschreibt der Begriff die negativen Auswirkungen des Kapitalismus auf die arbeitenden Menschen. Entfremdung tritt dabei sowohl als Entfremdung vom Produkt der Arbeit als auch der Menschen untereinander auf. Dies führt letztendlich zur Entfremdung des Menschen von sich selbst, da der Mensch nach Marx für freies und schöpferisches Handeln geschaffen ist. Dieser Zustand trifft heute natürlich in besonderer Weise auf Menschen zu, die soziale Hilfe benötigen:

> *„Ein durch Unterdrückung, Benachteiligung, Ausschluss, Drogen, Elend und den dauerhaften Bezug von Almosen eingeengtes Leben, das sich mitunter nur noch auf die Zahlungstermine bzw. die Konsultationen des Hilfesystems fixiert, ist seiner Praxis, seiner umgestaltenden, die Begebenheiten verändernden Praxis, enteignet. Es ist in dem Sinne entfremdet, das es sich selber fremd ist und in Resignation und Abhängigkeit versinkt. (...) Das*

Subjekt wird zum Objekt seiner Situation und verhält sich dementsprechend: es ,erwartet', dass andere für ihn da sind" (Lutz 2011, S. 80).

- Kritik
  Sobald die Entfremdung ins Bewusstsein drängt, wird sie zur „inneren Empörung" (Hegel), die Erkenntnisprozesse auslöst, die nicht nur einzelne Aspekte betrifft, sondern zu einer Kritik am Ganzen wird.

  „Das dialektische ideologiekritische Verfahren versucht a) in der Auffassung von Gesellschaft selbst deren gebrochene, dialektisch erst herzustellende Totalität zu „spiegeln" und b) in der Selbstreflexion über die Funktion der sie selbst konstituierenden Methoden die „verlorengegangene" Einheit einer der Totalität von Gesellschaft entsprechenden Erkenntnis wenigstens auf dialektisch-brüchige Art wiederherzustellen" (Schaller 1974, S. 24).

  Nach Schaller vollziehen sich im Rahmen einer solchen kritischen Vorgehensweise bereits zwei wichtige Erkenntnisse:
  1. Die Erkenntnis, dass die soziale Realität nicht so sein muss, wie sie sich darstellt. Es wird jetzt möglich zu erkennen, dass die Welt veränderbar ist.
  2. Bereits das kritische Denken enthält Bilder, die für eine zukünftige Gestaltung des eigenen Lebens und der Gesellschaft wichtig sind. „Hier geschieht in Ansätzen menschliche Emanzipation an Stelle der politischen" (Schaller 1974, S. 93).

- Bewusstseinsbildung/Emanzipation
  Auf der Basis einer kritischen Analyse wird jetzt eine bewusstseinsbildende befreiende Praxis möglich (ausführlich: Stückrath-Taubert 1975), die die Menschen „aus Depression und Abhängigkeit führen, sie zu neuen Aufbrüchen, zu neuen Praxen befähigen und bemächtigen, ihnen Räume zeigen, die sie sich öffnen und erschließen können" (Lutz 2011, S. 80). Damit wird auch eine Befreiung vom „sozialarbeiterischen Kolonialismus" (ebd., S. 82) möglich und erlaubt zugleich die Neugestaltung des Sozialen:

  „In der Emanzipation übernimmt sich der Mensch als seine eigene Aufgabe, die darin besteht, in rational-kommunikativer Lebensführung in Absehung von seiner egoistischen Selbstsucht für die Ausbreitung der Humanität in unserer Gesellschaft einzutreten. Emanzipation macht den Menschen frei als einen, für den die Vermenschlichung unserer Verhältnisse unumgänglich ist (...)" (Schaller 1974, S. 70).

  Eine solche befreiende Praxis muss nicht immer sofort real sein, sie kann auch in Form des Rollenspiels oder des Theaters projekthaft erprobt werden, so wie dies z. B. Augusto Boal (1989) mit seinem „Theater der Unterdrückten" empfiehlt.

- Aktivierung/Befreiung
  Soziale Arbeit soll dazu beitragen, ihre Klientel zu „aktivieren", d. h. sie darin zu unterstützen, „die Fähigkeiten (zur) eigenen Lebensführung neu zu gewinnen" (ebd.). Damit ist ausdrücklich nicht nur eine Partizipation gemeint, „die

lediglich Zustimmung zu Maßnahmen einfordert, um die Erhöhung der Akzeptanz politischer Entscheidungen zu ermöglichen".

„Deswegen verstehe ich Befreiung als Erkennen des eigenen Wesens, der eigenen Fähigkeiten, die eingeengt und verkümmert sind, sich aber wieder jenseits der ‚Empörung' entäußern und zu einer eigenen Gestaltung der Welt entfalten lassen" (Lutz 2011, S. 82).

Eine solche Aktivierung setzt die Solidarität der Sozialarbeiter/innen mit ihrer Klientel, eine gemeinsame Bewusstmachung der sozialen Probleme und eine sich daraus ableitende gemeinsame Praxis der Befreiung voraus.

(2) Verhandeln und Konfliktmanagement

Für andere sich einzusetzen bzw. Konflikte zu managen ist eine wichtige Aufgabe in der Sozialarbeit. Beides wird häufig „aus dem Stand heraus" durchgeführt. Obwohl es dafür durchaus Erkenntnisse und Regeln gibt, die beachtet werden müssen, um das Beste für eine bestimmte Partei oder für beide „herauszuholen". Verhandeln wird dabei definiert als das verbal ausgetragene Ringen um eine gemeinsame Lösungsfindung bei widerstreitenden Interessen von Parteien (Auhagen/Bierhoff 2003, S. 88). Dabei spiegelt sich oft das eigentliche Machtverhältnis zwischen den Parteien wider. Je geringer die Macht einer der Parteien, desto wichtiger sind für sie rhetorische Fähigkeiten. Ein Optimum ist ein Win-Win-Ergebnis, wobei beide Parteien sich als Gewinner sehen können. Voraussetzung dafür ist, dass beiden Parteien nach Abschluss der Verhandlungen die Möglichkeit offenstehen muss, sich nach außen hin mit ihren Verhandlungserfolgen positiv darstellen zu können.

In der Vorbereitung und während der Verhandlung kann die Einschätzung der Gegenseite auf der Basis der „4M" erfolgen (siehe Abb. 46).

Mind: Vernunft und Logik	Hört es sich vernünftig an?
Motivation: Lust	Möchte die Gegenseite zustimmen?
Macht: Druckmittel	Sollte die Gegenseite vorsichtshalber zustimmen?
Mitgabe: Argumente für Dritte	Zustimmung notfalls begründen?

Abb. 46: „4M" zur Einschätzung der Gegenseite[46]

Bei der Vorbereitung auf eine Verhandlung ist es sinnvoll, wenn sich die Beteiligten insbesondere selbst fragen, was sie erreicht sehen wollen, welche Argumente benutzt werden können, wie eine faire Win-Win-Lösung aussehen und insbesondere wie das gemeinsame Ergebnis nach außen für beide nutzbringend „verkauft" werden könnte.

---

46 Auhagen/Bierhoff 2003, S. 96.

Im Gegensatz zum Verhandeln stellt sich beim Konfliktmanagement die Aufgabe, einen tatsächlich vorhandenen und unter Umständen schwerwiegenden sozialen Konflikt zu schlichten. Angenommen wird dabei, dass wenigstens ein Akteur Differenzen im Wahrnehmen und Denken, Vorstellen, Interpretieren, im Fühlen und im Wollen mit dem anderen Akteur erlebt und zwar in der Art, dass beim Verwirklichen dessen, was der Akteur denkt, fühlt oder will, eine Beeinträchtigung durch einen anderen Akteur erfolgt (Auhagen/Bierhoff 2003, S. 123).

Ziel eines nachhaltigen Konfliktmanagements muss es dabei sein,

1. an der Entzerrung der Fehlperzeptionen zu arbeiten, wodurch die korrumpierten Perzeptionsmechanismen wieder entstört und fixierte Vorstellungen berichtigt bzw. abgebaut werden können,
2. dafür zu sorgen, dass das polarisierte Gefühlsleben geheilt wird, sodass wieder Empathie entstehen kann,
3. die Fixierung im Willensbereich auf ultimative Forderungen durch das Untersuchen von Handlungsalternativen und das Überprüfen des eigenen Wollens zu lösen (Auhagen/Bierhoff 2003, S. 126).

(3) Alltagsorientiertes Handeln

Insbesondere Klaus Kurzweg (1987) hat auf sehr plausible Weise versucht, die Theorie einer alltagsorientierten Sozialen Arbeit (Thiersch 1978) im Rahmen des damals neu entwickelten Konzepts der „Mobilen Jugendarbeit" modellhaft in der Arbeit mit drogengefährdeten und marginalisierten Jugendlichen umzusetzen. Dazu entwickelt er eine in sich schlüssige Vorgehensweise, die dem Sozialpädagogen/der Sozialpädagogin sehr konkret vorgibt, welche „emanzipativen Lernschritte" zu gehen sind, um eine Gruppe von Jugendlichen, die durch Drogenkonsum, Schulabbruch, Stigmatisierung etc. gekennzeichnet werden kann, zu einem Mehr an Selbsterkenntnis, Reflexionsfähigkeit und Durchsetzungsmacht zu verhelfen. Ausgehend von der Phase der Annäherung an die Gruppe und des Versuches, deren Vertrauen zu gewinnen, muss wie folgt vorgegangen werden.

1. Gegenpole setzen zum Rauschgift: Die Gruppe lernt, sich für andere Dinge zu interessieren und zu sensibilisieren und so den Gruppenalltag mit Aktionen etc. anzureichern, die persönliche und soziale Entwicklungen ermöglichen.
2. Stabilisierung gelingender Kommunikation: Die Gruppenmitglieder werden zunehmend intern und extern sprachmächtig und tragen zu ihrer „Ich-Stabilisierung durch stetige Entwicklung einer gelingenden Kommunikation in der Bezugsgruppe, Clique, Familie, im Gemeinwesen, in der Schule und am Arbeitsplatz" (ebd., S. 271) bei.
3. Ablösung und lokalpolitisches Handeln: Aktivitäten, die ihren Fokus nicht nur auf die Gruppe selbst, sondern auch auf das Gemeinwesen richten, tragen dazu bei, die jungen Menschen politisch aktiv werden zu lassen (ebd., S. 267 ff.).

Im gesamten Prozess kommt dabei dem/der Sozialarbeiter/in eine initiierende und motivierende Funktion zu. Ähnlich wie bei Paulo Freire (1971) ist er/sie „Lehrer-Schüler" und „Schüler-Lehrer" zugleich. Er/sie muss sich mit der Gruppe entwickeln und zugleich den Balanceakt zwischen Unterstützung und Unterdrückung austarieren. Allerdings setzt dies die Fähigkeit zur kritischen Selbstreflexion voraus, die sich aber stets der Gefahr der Kolonialisierung der Jugendlichen und ihrer Situation bewusst ist.

(4) Selbstkritik

Eine Kritische Soziale Arbeit muss die Prinzipien der Kritik und der Emanzipation auch auf sich selbst anwenden. Ansonsten trägt sie nur zu einer Verstärkung der Benachteiligung der Klientel in Form einer veränderten Unterdrückung bei:

„Allzu oft verbirgt sich hinter der so genannten Lebensweltorientierung, die dem Ansatz einer befreienden Praxis durchaus nahe zu kommen scheint, eine Kolonialisierung von Lebenswelten, da in diese unter dem Signum an der Lebenslage orientierter Hilfen durchaus sanfte Kontrollorgane als sozialarbeiterische Angebote implementiert werden, die neuerlich über den so genannten Aktivierungscode Betroffene zur Selbsterziehung befähigen, sie zur Selbstregulierung gesellschaftlich normierter Anforderungen und Normen ‚bemächtigen' wollen. Dies kann zu neuen Formen disziplinierender Kontrolle gerinnen, insbesondere dann, wenn Aktivierung fehl schlägt oder die erwarteten Ergebnisse nicht erzielt. Eine effiziente Elendsverwaltung ist immerhin im Wachsen begriffen" (Lutz 2011, S. 81).

13.5 Zusammenfassung und Bewertung

Die Kritische Sozialarbeitswissenschaft weist uns darauf hin, dass Gesellschaft stets in Bewegung ist und dass menschlicher Fortschritt nur dann möglich ist, wenn Vorhandenes verändert, immer wieder Gedachtes verworfen und Unsichtbares sichtbar gemacht wird. Soziale Arbeit wird dann möglich als ein kritisches Projekt, wenn sie die „Begrenzungen der Lebensmöglichkeiten sowie der Chancen in Bezug auf Teilhabe und Zugehörigkeit, in Bezug auf den Zugang zu materiellen und immateriellen Ressourcen (…) so bearbeitet, dass sich hier mehr ‚Gleichheit', ‚Solidarität' und ‚Gerechtigkeit' verwirklichen lassen" (Maurer/Kessl 2014, S. 145). Die Kritische Soziale Arbeit geht davon aus, dass Praxis nicht in einem Vakuum stattfindet, sondern massiv durch Vorgaben und Bedingungen der Politik, der Ökonomie und anderer wichtiger Systeme der Gesellschaft beeinflusst wird. Dabei gerät die Soziale Arbeit in einer Gesellschaft des spätkapitalistischen, flexiblen (Turbo-)Kapitalismus in die Gefahr, sich entweder blind den Vorgaben zu unterwerfen oder die möglicherweise so gar nichtintendierten Auswirkungen zu übersehen. Wenn das geschieht, dann vergisst die Soziale Arbeit zunehmend, für wen sie da zu sein hat, nämlich die Schwächsten der Schwachen. Sie wird Teil des Systems, ja sogar zu dessen „Getreuen", das mit ursächlich ist für die Leiden ihrer Klientel:

> *„In Wahrheit gehört es zur irrationalen Planmäßigkeit dieser Gesellschaft, dass sie nur das Leben ihrer Getreuen einigermaßen reproduziert. Die Stufenleiter des Lebensstandards entspricht recht genau der inneren Verbundenheit der Schichten und Individuen mit dem System"* (Horkheimer 1984, S. 135).

Insgesamt versteht sich die Kritische Theorie als eine am Marxismus orientierte, erkenntnistheoretische Theorie, die sich permanent mit der Frage auseinandersetzen muss, „ob ihre Einsichten und ihre theoretische Praxis dem Stand der gesellschaftlichen Entwicklung entsprechen" (Demirovic 2012, S. 28). Für unsere gegenwärtige Zeit gilt immer noch, dass eine Einheit von Theorie und Praxis, von Wunschvorstellung und Realität in Form eines humanen Lebens für alle nicht möglich ist. Demzufolge muss die Kritische Theorie zunächst noch weitgehend reflexiv, sie muss als ein Projekt begriffen werden,

> *„in dem sich alle die marxistischen, feministischen, antirassistischen Bemühungen selbst reflektieren und die emanzipatorischen Praktiken und Theorien darauf hin befragen, wo wir heute hinsichtlich der Aufklärung und Emanzipation stehen und ob nicht unsere Begriffe der Aufklärung das Projekt der Gegenaufklärung befördern"* (Demirovic 2012, S. 31).

Nach Demirovic besteht kein Zweifel darüber, dass die Kritische Theorie auch heute noch aktuell ist. Denn Horkheimer und Adorno wollten über die kritische Analyse, Reflexion und das „befreiende Wort" eine Situation erreichen, die einen „Prozess der grundlegenden Emanzipation und Versöhnung" (ebd., S. 40) ermöglicht und eine „Erweiterung der reflexiven Fähigkeiten der Akteure" erlaubt (Celiaktes in: Demirovic 2012, S. 249). Da niemand mehr eine privilegierte Position der Erkenntnis besitzt, geht es darum, sich gemeinsam und kritisch über die jeweilige historische Situation und deren „Kämpfe und Wünsche" (ebd., S. 252) zu verständigen.

Genau im Sinne dieser Theorie versuchen die Vertreter/innen einer kritischen Sozialarbeitswissenschaft die Soziale Arbeit zu positionieren:

- Im Rahmen des Ansatzes einer Kritischen Sozialen Arbeit fordert Bettinger die Sozialarbeiter/innen dazu auf, die Funktions- und Aufgabenzuschreibungen durch die Gesellschaft kritisch zu analysieren und so zu agieren, dass die gesellschaftlichen Widersprüche nicht nur aufgedeckt, sondern auch überwunden werden können. Seithe formuliert darüber hinaus „Lernschritte" für die Soziale Arbeit, die sie gleichzeitig reflexiver und politisch mutiger machen sollen.
- Kessl analysiert die Situation der Sozialen Arbeit vor dem Hintergrund einer Analyse der Macht im Sinne von Foucault. Demnach muss es das Ziel der Sozialen Arbeit sein, gesellschaftliche Diskurse auf dahinterliegende Leitbilder und Marginalisierungen zu durchschauen und im Verein mit den sozialen Be-

wegungen Entwicklungen anzustoßen, welche die Machtverhältnisse zugunsten der Klientel verbessern helfen.
- Die feministische Soziale Arbeit versucht die Position der Gesellschaftskritik für eine Analyse der Situation von Frauen nutzbar zu machen. Demnach ist die Unterdrückung der Frauen Konsequenz einer Gesellschaftsstruktur, die über soziale Zuschreibungsprozesse Machtpositionen definiert und entsprechend ausstattet.

Verschiedene Modelle übertragen einige Theoreme in bestimmte Arbeitsfelder der Sozialen Arbeit hinein. Dabei spielt zum Beispiel der Empowerment-Ansatz eine maßgebliche Rolle, weil es darum geht, kritische Analysen konkret und arbeitsschrittig umzusetzen. Wichtig sind hier auch die Ansätze der Gemeinwesenarbeit bzw. Sozialraumarbeit, die das Prinzip der kritischen Solidarität in der Weise umzusetzen versuchen, sodass sie, eng an den Anliegen der Betroffenen orientiert und auf der Basis gegenseitiger Anerkennung, sich breit angelegte und nichtausgrenzende Veränderungsprojekte zum Ziel setzen. Das Modell der Solidarökonomie macht zudem deutlich, dass eine Kritische Soziale Arbeit nicht nur pädagogisch ansetzen muss, sondern den Beteiligten auch durchaus einen konkreten materiellen und ökologischen Nutzen einbringen kann.

Wichtige Methoden der Kritischen Sozialen Arbeit sind neben einer auf herrschaftsfreie Kommunikation abzielende, emanzipativ befreiende Bildungsarbeit auch die Mediation und das Konfliktmanagement sowie alltagsorientierte Formen der Begleitung.

Insgesamt bleibt der Ansatz einerseits zu soziologisch, anderseits zu sozialpädagogisch, denn wichtige Anliegen der Sozialen Arbeit werden nicht konkret genug beantwortet:

1. Wo gibt es heute noch Orte, an denen „das mehr oder weniger unbestimmte ‚Unbehagen' in der Gesellschaft" (Maurer 2012, S. 320), das „Rebellische" sich artikulieren und seiner bewusst werden kann? Wollen wir diese Orte überhaupt? Und welche Rolle kommt dabei der Sozialen Arbeit zu?
2. In welche Richtung sollen die kritischen Kräfte gelenkt werden, in einer Gesellschaft, in der die Ordnungen nicht mehr statisch, sondern beweglich geworden sind? Welche Rolle kann Kritik noch spielen, wenn sie nicht mehr als Kritik am System verstanden wird, sondern als Kritik an Teilsystemen?
3. Wie kann die Funktion der Sozialen Arbeit als kritische Instanz der Sozialpolitik unter den Bedingungen des deutschen Sozialstaats erhalten bzw. gestärkt werden. Wie müssen sich Kommunen und Wohlfahrtsverbände ausrichten, damit Begriffe wie „menschlich", „sozial" etc. noch eine Zukunft haben?
4. Was können Sozialarbeitswissenschaftler/innen und Professionelle tun, eingespannt in die Diskrepanz zwischen Administration und Treatment, Wertschätzung und Intervention, Parteinahme und Rollendistanz, um einen Beitrag zu einer humaneren Gesellschaft leisten zu können?

14 SYSTEMISCH-KONSTRUKTIVISTISCHE SOZIAL-ARBEITSWISSENSCHAFT

14.1 Das Paradigma: Helfen als Irritieren und Konstruieren

Neuere konstruktivistische Theorien sind vor allem seit den 1980er Jahren als eine Antwort auf die „Postmoderne" entwickelt worden. Diese neue Epoche ist nach Lyotard (2012/1979) durch ein Bewusstsein geprägt, das eine Antwort zu geben versucht auf die Tatsache, dass es verbindliche Weltsichten oder objektive Wahrheiten nicht mehr gibt und sich diese auch nicht mehr – wie die Vertreter/innen der kritischen oder der normativen Theorie glaub(t)en – durch rationale Kommunikation oder objektive Erkenntnis erreichen lassen. Postmoderne Beobachter/innen müssen heute der Tatsache ins Auge sehen, dass alle Erkenntnis „konstruiert" ist: sie findet lediglich auf der Grundlage eigener Beobachtungen, Empfindungen und Erfahrungen statt und hängt davon ab, welchen Standpunkt der/die Beobachtende einnimmt. So kann z. B. im Fußball heute eine Niederlage sowohl als Sieg und ein Sieg auch als Niederlage ausgegeben werden: Es kommt offensichtlich darauf an, aus welcher Perspektive man das Ereignis betrachten will bzw. kann.

Der Konstruktivismus, der insbesondere auf den Werken von Heinz von Foerster (2005), Ernst von Glaserfeld (1997) und Humberto Maturana (2001) beruht, behauptet in seiner konsequenten Variante, als „radikaler Konstruktivismus", dass objektive Wahrnehmung nicht möglich ist, sondern stets eine Eigenleistung des Gehirns und damit stets „subjektiv" bleibt. Unterstellt man diese These, dann wäre ein Austausch zwischen verschiedenen Individuen und ihrer Wahrnehmung gar nicht oder nur in paradoxer Weise möglich, und könnte sich zudem als möglicherweise krankmachend erweisen.

Gemäßigte Formen des Konstruktivismus gehen daher – vereinfacht gesagt – davon aus, dass

> „(...) gewisse Zweifel an dem Glauben angebracht sind, dass Wissen und Wirklichkeit übereinstimmen. Der Konstruktivismus postuliert, dass Wissen nicht das Ergebnis eines Abbildes im Sinn eines Entdeckens der objektiv vorliegenden Wirklichkeit ist, sondern das Ergebnis eines Erfindens der Wirklichkeit. Das menschliche Gehirn erzeugt kein fotografisches Abbild von Wirklichkeit, sondern es schafft mithilfe von Sinneswahrnehmungen ein eigenes Bild der Welt. Wahr ist, was wahr-genommen wird. Der Konstruktivismus verleugnet die Wirklichkeit selbst nicht. Er behauptet nur, dass die Aussagen über die Wirklichkeit dem eigenen Erleben, der eigenen Geschichte, der eigenen Entwicklung und den eigenen (beschränkten) physischen Möglichkeiten der Wahrnehmung entspringen. Aufgabe des Konstruktivismus ist es deshalb zu zeigen, wie Wirklichkeitskonstruktionen gemacht werden. Mit anderen Worten: Der Konstruktivismus nimmt Abschied von der absoluten Wahrheit" (Springer Gabler Verlag (o. J. a)).

Insbesondere Luhmann hat eine solche gemäßigte Form für die soziologische und damit letztendlich auch sozialarbeitswissenschaftliche Sichtweise fruchtbar gemacht. Er geht davon aus, dass das grundlegende Problem der Erkenntnis, das darin besteht, dass der Mensch die Wirklichkeit objektiv erkennen möchte, dadurch entschärft werden kann, dass insbesondere zwei Veränderungen in der Fragestellung vorgenommen werden:

1. Die Frage des erkennenden Subjekts kann und darf nicht mehr lauten: „Wie ist Erkenntnis möglich?", sondern muss in die Frage umformuliert werden: „Wie ist Erkenntnis möglich, *obwohl* sie keinen von ihr unabhängigen Zugang zur Realität außer ihr' hat?" (Luhmann 1988, in Reinfandt 2015, S. 280, Hervorhebung im Original).
2. Das alte Denkmuster, dem die Gegenüberstellung von Subjekt und Objekt zugrunde liegt, muss der Gegenüberstellung von System und Umwelt weichen. Das Subjekt ist hier nicht mehr Beobachter der Realität, sondern der Kommunikation über diese Realität, die von Systemen gesteuert wird. Damit wird die Kommunikation über Beobachtungen (als die Beobachtung der Beobachtung) die für alle noch verbleibende gemeinsame Realität.

> *Zur Verdeutlichung dieses schwierigen Gedankengangs ein Beispiel aus der Wissenschaft: Die Psychologie als Wissenschaft kann ein Burnout nicht objektiv beschreiben. Sie kann aber Theorien (wie z. B. die Stresstheorie) dazu entwickeln. Diese bilden jedoch nicht die Wirklichkeit ab, sondern entwickeln Konstruktionen, die dieser möglicherweise nahekommen, sie aber niemals erfassen können. Wenn sich Wissenschaftler/innen folglich miteinander unterhalten, so ist ihr Gesprächsgegenstand nicht die Wirklichkeit (Beobachtung erster Ordnung), sondern eine Kommunikation, die sich des Systems Wissenschaft bedient, um die Wirklichkeit begrifflich zu fassen (Beobachtung zweiter Ordnung).*

Warum eine solche gemäßigte konstruktivistische Denkweise sinnvoller ist als die radikale, die davon ausgeht, dass es überhaupt keine objektive Erkenntnis gibt, sondern jede Position subjektiv bleiben muss, begründet Luhmann mit dem Begriff der „Viabilität", den er von E. von Glaserfeld (1997, S. 43) übernimmt. Demnach sind Handlungen, Begriffe und begriffliche Operationen dann „viabel", wenn sie zu den Zwecken oder Beschreibungen passen, für die wir sie benutzen. Damit ist ausgesagt, dass Theorien sich dann als sinnvoll erweisen können, wenn ihnen eine gewisse Bedeutung im Rahmen der Praxis zukommt.

Damit wird zugleich auch deutlich, warum die Systeme im Konstruktivismus eine so wichtige Rolle spielen. Denn wenn unser Zugang zur Wirklichkeit im Wesentlichen darin besteht, über diese Wirklichkeit zu kommunizieren, dann benötigen wir dazu Kommunikation. Die hierfür erforderlichen Begriffe entwickeln sich aber in modernen Gesellschaften nicht mehr so sehr im Alltag, sondern vor allem in den einzelnen (Teil)Systemen der Gesellschaft durch den dort stattfindenden, hoch differenzierten Austausch.

Systeme sind nach Luhmann „Handlungssysteme, die aus konkreten Handlungen (...) gebildet sind und sich durch Sinnbeziehungen zwischen diesen Handlungen von einer Umwelt abgrenzen" (Luhmann, zitiert in: Brunkhorst 1983, S. 206). Diese Sinnbeziehungen nennt Luhmann „Kommunikation", da sie im Gegensatz zur einzelnen Interaktion nicht ständig aufgegeben und neu begonnen werden müssen, sondern immer bestehen. Soziale Systeme operieren also durch Kommunikation; durch Interaktionen werden sie lediglich konstituiert. Sie sind in der Lage, sich der Umwelt anzupassen, wobei die Umwelt des Systems andere Systeme sein können, oder letztendlich eine unbestimmte Komplexität, welche Luhmann als „Welt" bezeichnet. Gegenüber ihrer jeweiligen Umwelt nehmen die Systeme eine spezifische Selektion vor. Sie reduzieren diese nach innen durch ihre eigene Struktur und nach außen durch ihre selektive Perspektive.

„Systembildung ist eine Strategie der Erzeugung selektiver und reduktiver Ordnung. (...) Systeme entstehen dann, wenn 2 Bedingungen erfüllt sind: Wenn zum einen durch die Schaffung von Grenzen gegenüber dem Zufall kontingenter Ereignisse in der Welt Inseln eingeschränkter Beliebigkeit oder partieller Ordnung entstehen, und wenn zum anderen die Relationen zwischen den eingegrenzten Teilen aus Zeitgründen nicht mehr voll realisiert werden können und deshalb nach einem bestimmten Suchmuster nur noch bestimmte selektive Relationen zwischen den Teilen bevorzugt werden. Diese Koinzidenz von produktiver Relationierung und Selektivität der Relationen grenzt Systeme sowohl gegen Unordnung wie auch gegen Überordnung (perfekte Ordnung im Sinne der Realisierung aller möglichen Relationen) ab und konstituiert die fundamentale Differenz von System und Umwelt. Ein System ist deshalb gerade nicht ein Zusammenhang von Elementen, sondern Selektivität eines bestimmten Zusammenhangs, sowohl gegenüber der Umwelt als auch gegenüber den eigenen kontingenten Möglichkeiten" (Willke 1988, S. 43).

Wichtige Eigenschaften von Systemen sind nach Luhmann vor allem die „Autopoiesis", derzufolge sich das System durch die Operationsweise seiner Elemente selbst reproduziert, sowie die „Autonomie", was bedeutet, dass das System bezüglich seiner Operationsweise unabhängig von der Umwelt und somit eigengesetzlich denkt und handelt. Es ist autonom auf die Weise, dass es in der Lage ist, „auf der Grundlage autopoietischer Selbststeuerung spezifische, durch seine Leitdifferenz und seinen Operationsmodus vorgezeichnete Umweltbeziehungen" (Willke 1987, S. 314) zu unterhalten.

Die Frage ist also vor allem, in welcher Weise die Anwendung dieser Denk-Kategorien und Methoden dazu beitragen kann, die Soziale Arbeit theoretisch und praktisch zu unterstützen. Im Rahmen der nachfolgenden Darstellung wird also nicht geprüft, wie klar die verschiedenen Vertreter/innen einer systemisch-konstruktivistischen Sozialarbeitswissenschaft die Soziale Arbeit zu beschreiben in der Lage sind. Viel wichtiger ist es, sich die Frage zu stellen, welche theoretischen und praktischen Erkenntnisse sich aus einer solchen Perspektive ableiten lassen. Für die Soziale Arbeit bedeutet dies aber zugleich, dass sie sich auch selbst als systemisch verfasst betrachten muss.

> *„Ob Sozialarbeiter nun normalisieren, problematisieren oder helfen, jedesmal orientieren sich ihre Erkenntnisse und Handlungen auf ihr Klientel, aber die Ausgangs- und Endpunkte dieser Tätigkeiten sind immer die selbstreferentiell konstituierten Wirklichkeiten (Normen, Werte oder Problemdefinitionen) der Helfer, der sozialen Organisationen bzw. des Funktionssystems Soziale Arbeit"* (Kleve 2010, S. 38).

14.2 Systemisch-konstruktivistische Theorien der Sozialen Arbeit

14.2.1 Sozialarbeit als Teil des Funktionssystems „Soziale Hilfe"

Theoretische Grundlagen

Die Ausführungen von Dirk Baecker aus dem Jahr 1994 hängen sehr stark von der Theorie von Luhmann ab und greifen Ideen auf, die dieser bereits 1973 formulierte. Luhmann war damals schon und ist auch später der Überzeugung, dass die Soziale Arbeit kein eigenes Funktionssystem, wie z. B. politisches System, Erziehungssystem, Wirtschaftssystem, Rechtssystem etc. darstellt, trotzdem aber mit den Mitteln der konstruktivistischen Systemtheorie beschrieben werden kann (Luhmann 1973; 1997, S. 634). Denn für ihn steht außer Zweifel, dass Hilfe in modernen Gesellschaften nicht mehr auf individuellen Motiven beruht, sondern der „Daseinsnachsorge" dienen muss (Luhmann 1973). Als Funktion der Gesellschaft kann sie nur mehr in Form von Verweisen auf und Durchführung von Programmen erbracht werden.

> *„Trotz dieser als Gegenzug herausgeforderten Personalisierung und Professionalisierung liegt der organisatorische Schwerpunkt der Durchführung sozialer Hilfe heute in Entscheidungsprogrammen – das heißt in Regeln, nach denen die Richtigkeit von Entscheidungen beurteilt wird. Im großen und ganzen bestimmt die Optik der Programme das, was an sozialer Hilfe geschieht, bzw. nicht geschieht. Organisierte Arbeit richtet sich nach den Gesichtspunkten, unter denen ihr Ergebnis für gut befunden wird, und wo solche Gesichtspunkte fehlen, bildet sie sie aus"* (Luhmann 1973, S. 33).

Über Hilfe wird hier zweimal entschieden: zum einen über die Anwendung bzw. Nichtanwendung eines bestimmten Programms, zum anderen über die Ausführung des Programms im konkreten Einzelfall. Die Soziale Hilfe braucht sich somit ihre Funktionsfähigkeit nicht ständig neu unter Beweis zu stellen, da es nicht mehr ständig um die Plausibilität oder Nichtplausibilität von Sozialer Hilfe geht, sondern nur noch um die Plausibilität bzw. Nichtplausibilität einzelner Programme.[47]

---

47 Personal und Programme entscheiden jetzt über Hilfe, und zwar „nicht mehr durch den Anblick von Not, sondern durch einen Vergleich von Tatbestand und Programm" (Luhmann 1973, S. 34).

„In diesem Rahmen ist die Entscheidung, zu helfen oder nicht zu helfen, nicht Sache des Herzens, der Moral oder der Gegenseitigkeit, sondern eine Frage der methodischen Schulung und der Auslegung des Programms, mit dessen Durchführung man während einer begrenzten Arbeitszeit beschäftigt ist. Die Problemvorzeichnung, auf die die Organisation verläßlich reagiert, findet sich in ihrer eigenen Struktur" (Luhmann 1973, S. 34).

Baecker (1994) geht nun in seiner Theorie über diese (vorsichtigen) Aussagen von Luhmann weit hinaus und schlägt vor, Sozialarbeit als Teil des autonomen Funktionssystems Soziale Hilfe zu konstruieren. Damit gibt er ihr eine völlig neue, inzwischen vieldiskutierte theoretisch-praktische Perspektive. Seiner Ansicht nach ist die Sozialarbeit im Gegensatz zur Sozialhilfe in einem grundlegenden Dilemma gefangen. Während die Sozialhilfe monetäre und rechtliche Ressourcen „ohne weitere Auffälligkeiten" (Baecker 1994, S. 94) denjenigen, denen geholfen wird, zur Verfügung" stellt, „markiert" die Sozialarbeit „aus Respekt vor den Abweichenden die Abweichung, stabilisiert die Differenz, die die Norm der Norm und die Abweichung der Abweichung versichert, und ruiniert schließlich die Möglichkeit, anders zu helfen als durch die Festschreibung der Hilfsbedürftigkeit" (ebd.). Damit will Baecker zum Ausdruck bringen, dass Hilfeleistungen durch Sozialarbeit in unserer Gesellschaft meist nur dann erfolgen, wenn die betreffende Personengruppe klar definiert ist. Wer nicht entweder als arbeitslos, verschuldet, aggressiv, straffällig geworden etc. klassifiziert werden kann, tut sich schwer, Hilfeleistungen einzufordern. Damit ist aber zugleich auch ausgesagt, dass Sozialarbeit nicht einfach helfen kann, sie braucht dazu den Tatbestand der Abweichung von einer wie auch immer feststehenden Norm. Und auch das reicht noch nicht aus, dieser Tatbestand (z. B. der psychischen Erkrankung) muss zunächst festgestellt, dann bearbeitet und schließlich überwunden werden. Mit diesem Verfahren, das häufig im Bereich der Öffentlichkeitsarbeit der Wohlfahrtsverbände beobachtet werden kann, trägt die Sozialarbeit aber zur Stigmatisierung ihrer Klientel bei. Denn ohne Stigma kann nicht geholfen werden. Damit etabliert sich die Sozialarbeit jedoch „als ein ‚unmögliches' Unterfangen, das die Klientel erst schafft, derer sie sich annimmt, und gleichzeitig die Gesellschaft in Frage stellt, die so etwas überhaupt nötig macht" (ebd.).

Nach Baecker weist dieses (alte) Verfahren einerseits Vorteile auf, da es die gesellschaftliche Aufmerksamkeit auf sich zieht und damit Anerkennung und Ressourcen verspricht. Andererseits aber führt es zu vielfältigen psychischen und moralischen Belastungen der Beteiligten, da diese insgeheim wissen, dass das Verfahren „unterkomplex" gegenüber dem ist, was die Gesellschaft zu bieten hat, und damit andere Möglichkeiten der Beobachtung verstellt (ebd., S. 94). Als besonders problematisch erweist sich dabei die Steuerung von Hilfe angesichts zunehmend anspruchsvoller und massenhaft auftretender Hilfsbedürftigkeit. Hier wird die Sachlage, dass nicht allen geholfen werden kann, nicht nur zum „moralisch attribuierbaren Problem", sondern macht auch die Suche nach Gründen erforderlich, die erklären helfen, warum dieser Gruppe geholfen wird, jener aber nicht.

Zudem zeigt Baecker, dass eine solchermaßen kriterienlose Sozialarbeit drei Verdachtsmomenten unterliegt, die sich nicht auflösen lassen:

> *„Erstens unterliegt alle Hilfe dem Motivverdacht, eher dem Helfenden zu nützen als dem, dem zu helfen ist. Unbekümmert um die Eigenqualität einer Abweichung ist Hilfe die Aufrechterhaltung bestimmter Eigenzustände der Gesellschaft. Zweitens unterliegt alle Hilfe dem Stigmatisierungsverdacht, eher der Kontinuierung der Hilfsbedürftigkeit denn ihrer Behebung zu dienen. (…) Und drittens unterliegt die Hilfe dem Effizienzverdacht, Potenziale der Selbsthilfe eher zu verstellen, denn zu nutzen. Wer Hilfe anbietet, schafft damit Situationen, in denen die Aufrechterhaltung der Hilfsbedürftigkeit aussichtsreicher ist als ihre Selbstbehebung (ebd., S. 93).*

Aus dieser Dilemmastruktur kann die Sozialarbeit nach Baecker nur herausgeführt werden, wenn man „eine zur Kontrolltheorie alternative Gesellschaftstheorie ins Feld führt, die dieser Differenz einen untergeordneten Status zuweist" (ebd., S. 96). Eine solche alternative Gesellschaftstheorie ist nach Baecker die Systemtheorie. Nur sie kann deutlich machen, dass

> *„(…) sich in der modernen Gesellschaft ein Funktionssystem der Sozialen Hilfe ausdifferenziert hat, das mittels des Codes von Helfen versus Nichthelfen Inklusionsprobleme der Bevölkerung in die Gesellschaft betreut, die von anderen Funktionssystemen nicht mehr aufgegriffen werden und von der Politik alleine, also wohlfahrtsstaatlich, nicht mehr betreut werden können" (ebd., S. 95).*

Während es auf der Ebene des Funktionssystems um die Frage des Helfens oder Nichthelfens geht, ergeben sich auf der Ebene der Organisationen und der Programme vielfältige Möglichkeiten der Umsetzung. Der Vorteil dieser Sichtweise ist, dass das System nicht mit seinen Programmen steht oder fällt, sondern zur Beobachtungsinstanz wird, das frei bleibt „in der Beurteilung der Richtigkeit oder Falschheit von Programmen im Hinblick auf einen Code, der zwei Möglichkeiten (nämlich Helfen und Nicht-Helfen, P. E.), und nicht nur eine, vorsieht" (ebd., S. 105 f.).

Von einem Funktionssystem kann nach Baecker vor allem dann gesprochen werden, wenn sich wichtige systemtheoretische „Anschlussbegriffe" wie „Funktion", „operationale Geschlossenheit", „Codierung" etc. verifizieren lassen. Dazu ist es aber erforderlich, nicht von einem System der Sozialarbeit, sondern von einem System der sozialen Hilfen zu sprechen. Dies

1. lässt die Reflexion auf Nichthilfe zu (es muss nicht immer geholfen werden),
2. bringt die Unwahrscheinlichkeit gelingender Hilfe zum Ausdruck (Hilfe ist abhängig von der Kooperationsbereitschaft des Klienten),
3. ermöglicht die Vergleichbarkeit von professioneller und nichtprofessioneller Hilfe und
4. erlaubt die Übernahme der Luhmann'schen Funktionsbestimmung des Helfens als „zeitlichen Ausgleich von Bedürfnissen und Kapazitäten" im Sinne einer „Daseinsnachsorge" (ebd., S. 98),

5. ist geeignet, „durch rekursive Verknüpfung zu einem Netzwerk genau dieser und keiner anderen kommunikativen Operation das System zu reproduzieren" (ebd., S. 99) und damit das System operativ zu schließen.

„Helfen ist eine Kommunikation, die darüber informiert, daß ein Defizit besteht, mitteilt, daß dieses Defizit behoben werden soll und verständlich macht, daß zwischen dem Bestehen eines Defizits und seiner Behebung nicht etwa ein kausal verlässlicher, sondern ein höchst kontingenter Zusammenhang besteht" (ebd., S. 99).

Arbeitsweisen und Methoden

Nach Baecker kann dem Hilfesystem der Code „Helfen" als positiver Wert, der das System bestimmt und Anschlussmöglichkeiten erlaubt, zugewiesen werden. Nichthelfen ist dagegen der negative Wert, „der Reflexionswert, der es einerseits ermöglicht, alle Formen sonstiger Kommunikation daraufhin abzusuchen, ob dort nicht Ansatzpunkte für Defizitkompensation, also für Hilfe bestehen, und es andererseits auch erlaubt, jedes Vorkommen von Hilfe, als kontingent und damit auch als abschließbar, beendbar zu beschreiben" (ebd., S. 100).[48] Helfen ist für Baecker eine Kommunikation, „die darauf abstellt, nicht nur zur Hilfe, sondern auch zur Annahme von Hilfe motivieren zu können" (ebd., S. 101). Damit dies gelingt, zeichnet sich diese Kommunikation durch eine „eigentümliche Kombination" aus zwei methodischen Prinzipien aus:

1. „Permissivität": Dabei unterstellt der/die Sozialarbeiter/in dem Klienten/der Klientin, dass er/sie nicht anders kann. Durch diesen „Zurechnungsverzicht" wird die Motivation des/der Hilfebedürftigen erhalten, sich helfen zu lassen und bei der Hilfeerbringung mitzuwirken;
2. „Reziprozitätsverweigerung": Dies bedeutet den Verzicht auf Reziprozität. Durch die Zusicherung an den Klienten/die Klientin, dass er/sie, im Gegensatz zum Sozialarbeiter/zur Sozialarbeiterin, die Kommunikation von Hilfe jederzeit unterbrechen kann, wird diese/r durch Hilfe nicht auf Dauer gebunden, die Motivation steigt (ebd., S. 102).

Wichtig für die Funktionsweise des Systems der Sozialen Hilfe ist, dass es seine Klientel lediglich stellvertretend inkludiert und dem „Hang zur Selbstkontinuierung" (ebd., S. 103) widersteht. Nach Baecker ist dies nur mit Hilfe eines der Gerechtigkeitsidee verpflichteten Systems möglich.

„Sie (die Gerechtigkeit, P. E) wird zu einer Formel, die das Geschick der Gesamtgesellschaft innerhalb des Systems der sozialen Hilfe abbildet und die Kommunikationen des Systems auf Möglichkeiten einer sich selbst erübrigenden Korrektur dieses Geschicks abzusuchen erlaubt" (ebd., S. 104).

---

48 Hier liegt nach Baecker (1994, S. 106) noch einmal der fundamentale Unterschied zwischen Sozialer Hilfe und Sozialarbeit. Soziale Hilfe reflektiert eine Grundfunktion der Gesellschaft (die es immer gibt), während Sozialarbeit nur da einsetzt wo Hilfe bearbeitbar und kontrollierbar ist, anders formuliert: Soziale Hilfe beschreibt nur die Funktion, Sozialarbeit umfasst dagegen die einzelnen konkreten Programme.

Baecker selbst äußerst sich zum konkreten methodischen Handeln in der Sozialarbeit nur vage, allerdings lassen sich die gleichfalls systemtheoretisch begründeten Ausführungen von Willke (1987; 1988) zur Interventionsproblematik im therapeutischen und organisationalen Bereich leicht auf den Bereich der Sozialarbeit übertragen. Die grundlegende Frage, die sich systemtheoretisch stellt, ist, wie eine Intervention in autonome Systeme, wie sie z. B. die Veränderung einer Person darstellt, möglich ist, wenn doch per definitionem jedes (psychische) System selbstreferenziell und autopoietisch ist. Nach Willke besteht die Kunst der Intervention deshalb darin, mittels geeigneter Verfahren die empfindlichen und kritischen Parameter und Prozesse eines Systems ausfindig zu machen.

„Der entscheidende Punkt ist, daß diese Systeme als strukturdeterminierte, selbst-steuernde Systeme von Umweltereignissen nur zu eigenen Operationen angeregt oder angestoßen, nicht aber determiniert werden können – denn externe Determination wäre das Ende ihrer Autopoiese" *(Willke 1987, S. 336).*

Der Grund dafür liegt in der Tatsache, dass das System

„(...) unabhängig von seiner Umwelt hinsichtlich der Tiefenstruktur seiner Selbststeuerung und seiner daraus folgenden rekursiven Operationsweise (ist). Es ist abhängig von seiner Umwelt hinsichtlich der Konstellationen und Ereignisse, aus denen es Informationen und Bedeutung ableiten kann, welche die Selbstbezüglichkeit seiner Operationen interpunktieren und anreichern. Und es ist abhängig davon, in dieser Abhängigkeit unabhängig zu sein" *(ebd., S. 341).*

Insofern gesehen handelt es sich bei Erziehung, Sozialarbeit, Organisationsentwicklung, Politik etc. um jeweils ähnliche Aufgaben. Es geht darum, auf autonome Systeme so einzuwirken, dass sich Veränderungen ergeben, ohne dass die Richtung dieser Veränderungen vollkommen kontrolliert werden könnte.

Methodisch gesehen ergeben sich daraus Ähnlichkeiten mit der hermeneutischen Vorgehensweise, denn nach Willke kann eine Intervention wenigstens annähernd gelingen, wenn mit der Methode des „Verstehens" gearbeitet wird. Dabei muss es dem/der Sozialarbeiter/in gelingen, über Selbst- und Fremdbeobachtung die Selbstbeschreibung des zu intervenierenden Systems, d. h. des Klienten/der Klientin zu rekonstruieren und so dessen/deren Reaktion auf die Intervention kalkulierbar zu machen. Interventionen zielen demnach vor allem auf Kontextveränderungen, auf welche das Zielsystem gemäß seiner Operationsweise in erwartbarer Weise reagieren wird oder bietet dem System neue Sichtweisen oder Handlungsoptionen an, die von diesem in erwartbarer Weise verarbeitet werden können.

Am Beispiel der paradoxen Intervention macht Willke die mögliche Wirkung solcher systemtheoretisch konstruierten Interventionen deutlich. Dabei wird das (negative) Symptom eines Klienten/einer Klientin (z. B. Herrschsucht des Vaters) positiv konnotiert (jede Familie braucht „Führung").

"Was aus Sicht der Therapeuten als konter-intuitiv erscheint, bedeutet aus der Sicht des intervenierten Systems, daß seine Identität nicht von außen bedroht ist. Die wichtigste Funktion der positiven Konnotation ist mithin, die defensive Abschirmung des Systems gegen neue Informationen zu überwinden und die Sicherheit zu vermitteln, die eine eigenständige Suche nach neuen Informationen erlaubt. Die positive Konnotation wirkt somit als Signal oder Markierung eines Kontextes, innerhalb dessen das betroffene System externe Intervention nicht als Bedrohung auffassen muß, sondern als Anregung zur Ausschöpfung seiner Optionen" (ebd., S. 347).[49]

Sozialarbeit kann folglich Hilfe nur als Kommunikation an andere Systeme (Personen, Systeme etc.) herantragen, sie kann diese Systeme nicht (direkt) beeinflussen. D. h. der Erfolg einer Intervention ist Zufall bzw. Ergebnis der Selbstanpassungen des intervenierten Systems, wobei gilt, dass das intervenierende System sich selbst sowie Koppelungseffekte gegenüber anderen Systemen beobachten und Anschlussfähigkeit herstellen muss.

"Im Rahmen der Bearbeitung jeweils eigener Probleme stellen sich die Systeme in der Umwelt des Sozialhilfesystems darauf ein, daß in bestimmten Fällen geholfen und auch nichtgeholfen wird. Die Wirtschaft rechnet mit Arbeitslosenunterstützung und Streßberatung, (...) die Familien kontrollieren aus Angst vor der Fürsorge ihre Gewaltbereitschaft; und die Personen gewöhnen sich entweder an Kommunikationen im Medium der Fürsorglichkeit und unterlassen, was diese in Frage stellen könnte, oder sie lassen sich schon deswegen auf Hilfe nicht ein, weil sie sich dann auch auf Fürsorglichkeit einlassen müßten" (Baecker 1994, S. 108 f.).

Aus diesem „technologischen Defizit" zu schließen, moderne Gesellschaften könnten auf Sozialarbeit verzichten, ist systemtheoretisch betrachtet trotzdem nicht statthaft. Denn zum einen sind alle Teilsysteme der Gesellschaft mit strukturellen Defiziten behaftet, zum anderen besteht in der modernen Gesellschaft gerade der Anspruch, die Freiheit des individuellen Entschlusses zu respektieren und nicht nur selbstgewählte Inklusion, sondern auch selbstgewählte Exklusion zuzulassen. Aus Sicht der Luhmann'schen Systemtheorie kann Sozialarbeit in modernen Gesellschaften nicht mehr auf individuellen Motiven beruhen, sondern muss sich aus der Funktion eines Teilsystems heraus in Form der Entwicklung von Organisationen und der Durchführung von Programmen konstituieren.

---

49 Ein ähnliches Beispiel zum Thema „Reframing" findet sich bei Kleve (2003). Für Kleve bedeutet Reframing ein „Kontextwechsel", „also ein Ausbruch aus den tradierten Gewohnheiten des Unterscheidens und Bezeichnens, um andere Anschlussdifferenzierungen zu ermöglichen" (Kleve 2003, S. 197). Hier wird i. Ü. noch einmal deutlich, warum die Sozialarbeit mit dem Prinzip der Reziprozitätsverweigerung arbeiten muss. Denn nur dadurch, dass dem Klienten/der Klientin die Möglichkeit eingeräumt wird, die Hilfe nicht anzunehmen bzw. abzulehnen, kann die Wahrscheinlichkeit, dass angenommene Hilfe tatsächlich wirkt, gesteigert werden. Systemisch konstruierte Hilfe ist somit nur als „Koproduktion zwischen Sozialarbeitern und Klienten" (Kaufmann 2002, S. 55) möglich.

Sozialarbeit wird als Teil der sozialen Hilfen auf diese Weise zur Daseinsnachsorge mit dem Ziel der Beseitigung eingetretener Problemfälle. Der Vorteil dieser Konstruktion besteht darin, dass Sozialarbeit – als Teil des Funktionssystems „Soziale Hilfe" – grundsätzlich nicht mehr in Frage gestellt wird. Die Sozialarbeit kann jetzt entsprechend dem Code Helfen/Nichthelfen über die eigene „Zuständigkeit" entscheiden und dann via Programme tätig werden. Gleichzeitig ermöglicht die Codierung auch eine systemimmanente Kommunikation und Beobachtung sowie Überprüfung von Hilfe-Programmen. Hilfe selbst erscheint als eine Kommunikation, die darauf abzielt, nicht direkt zu beeinflussen, sondern diese über strukturelle Koppelung und unter Wahrung der Autonomie der Klienten/Klientinnen deren Selbstanpassung zu ermöglichen.

Relevanz

Auch wenn man, wie Bommes/Scherr (1996) der Ansicht ist, der momentane Zustand der Sozialarbeit (Allzuständigkeit, Diffusität etc.) lasse nicht auf das Vorhandensein eines eigenständigen Funktionssystems schließen, so lassen sich für Baeckers Sichtweise doch viele empirische Belege sammeln:

- die innere Dynamik und die zunehmende Wettbewerbsorientierung im Bereich der Sozialarbeit, die zu einer Optimierung und Weiterentwicklung von Hilfeprogrammen führt,
- die Tendenz in den großen Wohlfahrtsverbänden, die (sozial-)politische Funktion der Benennung und Skandalisierung von sozialen Problemen von den operativen Funktionen der Bearbeitung solcher Probleme zu trennen,
- die Strategien der für die Finanzierung von Angeboten verantwortlichen kommunalen Träger, Effizienz- und Effektivitätsüberlegungen in den Mittelpunkt des Interesses zu rücken,
- die zunehmende Professionalisierung und Akademisierung der Sozialen Berufe.

Natürlich muss der Ansatz seinen gesellschaftspolitischen Preis zahlen. Indem er die Daseinsnachsorge in den Mittelpunkt stellt, rücken nicht nur präventive Aspekte in den Hintergrund (bzw. werden an andere Funktionssysteme wie z. B. das Erziehungssystem verwiesen), gleichzeitig wird darauf verzichtet – etwa im Gegensatz zur alltagsorientierten Theorie von Thiersch –, die gesellschaftlichen Strukturen zu beleuchten und zu beeinflussen, die Hilfsbedürftigkeit erzeugen. Indem sich Sozialarbeit systemkonform verhält, gewinnt sie ein höheres Maß an (rationaler) Reflexions- und Handlungsfähigkeit, sie verliert auf diese Weise jedoch zugleich einen Teil ihrer kritischen Funktion.

14.2.2 Systemische Soziale Arbeit als Kybernetik zweiter Ordnung

Theoretische Grundlagen

Hosemann/Geiling (2013) gehen, ähnlich wie Baecker, von der Luhmann'schen Systemtheorie und damit im Anschluss an von Foerster vom „Modell einer nichtstationären Logik" (2005, S. 158) aus. Demnach sehen Vertreter/innen einer konstruktivistischen Sozialen Arbeit niemals „isoliertes Verhalten Einzelner (...), sondern immer nur Verhalten, welches eingebettet ist in soziale Situationen und soziale Beziehungen. Kennzeichen für diese sozialen Situationen ist, dass sie wechselseitige Beeinflussungsverhältnisse ausmachen" (ebd., S. 158 f.).

Zwei Erkenntnisse lassen sich daraus ableiten. Zum einen sind die Sozialarbeiter/innen selbst Teil der sozialen Situation, und damit Teil der Interaktionen und Beeinflussungen, die stattfinden, zum anderen können sie ihre Interventionen auf die möglichen Veränderungswirkungen hin reflektieren und korrigieren.

„Indem Hilfe auch selbst als zirkulärer und musterhafter Kommunikationszusammenhang gefasst wird, kann beobachtet werden, wie sich sowohl Helfersysteme als auch Klientensysteme im Zusammenhang der Dynamiken des Helfer-Klienten-Systems verändern (Co-Evolution). Diesem Verständnis zufolge geschehen Veränderungen unausweichlich und die professionelle Kunst besteht für Sozialarbeiter darin, zu Veränderungen etwas beizusteuern, indem in die Fremdreferenz des Klientensystems zusätzliche Informationen ‚eingewebt' werden. Diese Arbeit, die sich grundsätzlich am Ziel der Erweiterung von (Struktur-)Möglichkeiten für andere Systeme ausrichtet, kann sich auf die Kontexte der Entscheidung des Klientensystems beziehen und auf dessen Koppelungen mit anderen Systemen" (Hosemann/Geiling 2013, S. 139).

Dadurch, dass die Soziale Arbeit erkennt, dass sie sich in einem Prozess der wechselseitigen Beeinflussung befindet, kann sie als *„Kybernetik zweiter Ordnung"* (ebd., S. 139, Hervorhebung i. O.) verstanden werden:

„Soziale Arbeit blickt auch nicht mehr ‚auf' Klienten, Adressaten und andere Akteure; es werden wechselseitige Beeinflussungsverhältnisse zugrunde gelegt. Die methodisch Handelnden sind selbst dann, wenn sie ‚nur' diagnostizieren, Teil einer zirkulären Dynamik. Die Wahlmöglichkeiten der anderen, ihre Freiheit, ihre Eigensinnigkeit und die demokratischen Verhältnisse sind Teil des Geschehens" (ebd.).

Arbeitsweisen und Methoden

Auf diese Weise werden im Rahmen einer systemischen Handlungsorientierung vielfältige „Reflexionsmöglichkeiten" möglich, wie z. B.:

- die Grenzziehung zwischen Hilfe und Nicht-Hilfe: Die konstruktivistische Sichtweise entlastet die Sozialarbeiter/innen von der „Vorstellung der unmittelbaren und alleinigen Verantwortung" (ebd., S. 141). Damit wird eine permanente Unterscheidung zwischen Hilfe und Nichthilfe auf der Basis von Entscheidungsregeln, die organisationaler oder methodischer Natur sein können, möglich.
- die Berücksichtigung von Kontexten: Sobald sich die Sozialarbeiter/innen bewusst sind, dass sie in systemischen Kontexten arbeiten, die ständigen Wandlungsprozessen unterliegen, kann Hilfeleistung mit deren Wirkung rech-

nen. Größere Zusammenhänge können berücksichtigt und Kontextübergänge genutzt werden.
- die Problem- und Lösungsmodellierung: Dabei muss Unsicherheit ertragen und müssen Risiken auf sich genommen werden. Methodisch bedeutet dies, „gute Fragen zu stellen" (ebd., S. 143). Soziale Arbeit wird so zum Managen von Wissen und Nicht-Wissen und zu einer Frage der Haltung (ebd., S. 144).
- eine multireferenzielle Praxis: Wechselwirkungen zwischen verschiedenen Systemen können in den Blick genommen werden. Soziale Arbeit arbeitet mit anderen Auftraggebern zusammen, bietet ihre Leistungen anderen Systemen an und macht andere Systeme für die eigenen Ziele nutzbar.
- der Wechselbezug von Programm, Organisation und konkreter Interaktion: Sozialarbeiter/innen arbeiten nicht individuell auf der Basis ihrer eigenen Erfahrungen, sondern innerhalb verschiedener Kontexte, die in einer Wechselwirkung miteinander stehen. Dies bedingt nicht nur die Notwendigkeit von Kompromissen, sondern auch die, Verantwortung zu übernehmen (etc.).

Als systemische Handlungsmuster bieten sich dann in der Folge eine Fülle an methodischen Orientierungen an: Hilfesituationen können z. B. durch zirkuläre Fragen systemisch interpretiert, durch Kontextualisierung hypothetisch verstanden und soziale Wirklichkeiten relational mitgestaltet werden etc. (ebd., S. 164 ff., Simon 2000). Darüber hinaus zeigen Hosemann/Geiling eine Fülle weiterer systemischer Interpretationsmöglichkeiten auf, die hier nicht alle angeführt werden können (siehe dazu i. Ü. auch vor allem Pfeifer-Schaupp 1994; 2002; Miller 2001). Entscheidend bleibt festzuhalten, dass die Leistung der Sozialarbeit insbesondere „im Wechseln unterschiedlicher Systemperspektiven in der Zeit" (ebd., S. 242) besteht. Die Folgen davon sind für die professionelle Identität der Sozialarbeiter/innen von großer Bedeutung.

> *„Diese Ausrichtung auf mehrere verschiedene Systeme, auf die Vermittlung zwischen den Ansprüchen der Gesellschaft und den Bedürfnissen und Fähigkeiten von Individuen durch die Soziale Arbeit ist mit ambivalenten Gefühlen von Helfern verbunden, die diese aushalten müssen, wenn sie dem sozialarbeiterischen Leistungsspektrum gerecht werden wollen"* (ebd., S. 242).

Daraus folgt, dass selbst die Ziele einer sozialarbeiterischen Intervention jeweils noch offen bleiben müssen. Auch hier gilt die explizite Würdigung und Wertschätzung von widersprüchlichen Zielsetzungen. Mehrdimensionale Bezüge zu haben (und) diese ständig wechseln zu können wird damit zu einem wesentlichen Merkmal systemischer Sozialarbeit.

Relevanz

Doch auch wenn Hosemann/Geiling an vielen Beispielen aus dem sozialarbeiterischen Kontext die Geeignetheit der systemischen Denkfigur deutlich machen können, so muss doch offen bleiben, ob es sich dabei bereits um eine Theorie, wenigstens um ein Modell oder nicht vielmehr lediglich um einen Transfer systemischer Techniken in den Bereich der Sozialarbeit hinein handelt. Denn ihr (jüngstes) Buch endet abrupt und auch die Einleitung bleibt vage:

"Wir möchten dazu ermutigen, vertraute Denkgewohnheiten aufzulockern, soziale Zusammenhänge mit neuen Begriffen zu analysieren, sich von den daraus entstehenden Ergebnissen zu überzeugen und nicht von theoretischen Ansprüchen einschüchtern zu lassen. Nach unserer Überzeugung liefert die systemische Perspektive eine Fülle tragfähiger Orientierungen, die Position der Sozialen Arbeit zu bestimmten" (2013, S. 8).

14.2.3 Konstruktivistische Soziale Arbeit

Theoretische Grundlagen

Im Rahmen seiner radikal konstruktivistischen Argumentation stellt Kleve (2003; 2007; 2010) die Sozialarbeit als „postmoderne" Profession und Disziplin vor und führt in die Grundlagen der konstruktivistischen Theorie und Praxis der Sozialen Arbeit ein. Dabei spielen für ihn insbesondere zwei Aspekte eine besondere Rolle:

(1) Konstruktivistische Grundlegung der Sozialen Arbeit
Nach Kleve erzeugt die Gesellschaft einen „anwachsenden Professionalisierungs- und Legitimationsdruck", der die Soziale Arbeit dazu nötigt, „ihren Gegenstandsbereich, nämlich das gesellschaftlich, organisatorisch und interaktionell bzw. personell zu bearbeitende soziale Problem, theoretisch in den Blick zu nehmen" (Kleve 2010, S. 141). Nur eine wissenschaftlich begründete Positionierung der Sozialen Arbeit kann demnach deren Professionalität, analog und in Abgrenzung zu anderen Professionen, wie z.B. zu Soziologie, Psychologie etc., kenntlich machen. Eine theoretisch begründete Ausgangslage, um dieses Problem zu lösen, bietet seiner Ansicht nach die Luhmann'sche Analyse und Theorie, wonach „die moderne Gesellschaft als funktional ausdifferenziertes und individuell pluralisiertes Sozialsystem" (ebd., S. 142) begriffen werden kann, in dem es keine für alle plausiblen und akzeptablen Orientierungen mehr gibt. Eine derartige gesellschaftliche Realität erzwingt „einen Verzicht auf Autorität (…) als Mittel des Oktryierens einzigrichtiger, vernünftiger Beschreibungen" (Luhmann 1990, in: ebd.). Diese Perspektive legt einerseits nahe, den Problembeschreibungen der Klientel ein größeres Gewicht zukommen zu lassen, andererseits den „pädagogischen Optimismus" (Hollstein-Brinkmann 1993, in: ebd.) zu begrenzen, da die von der Sozialen Arbeit erwarteten Resultate (z.B. Autonomie, Gleichberechtigung, Partizipation etc.) der Selbstreferenz der Profession und nicht in jedem Falle den Erwartungen der Klientel entsprechen müssen.

Somit ist die Soziale Arbeit in einer postmodernen Gesellschaft nicht mehr in der Lage, soziale Probleme als Abweichungen von der Normalität zu kennzeichnen.[50] Sie muss sich zur Charakterisierung von Problemlagen jetzt auf ihre eigenen semantischen Codes beziehen und zudem auch Nichthilfe als mögliches Pro-

---

50 Ganz anders etwa Schumacher (2007, S. 211), der konstatiert: „Soziale Arbeit steht für die westliche, die christliche Kultur."

gramm vorsehen. Denn im „alteuropäischen Denken", wo Denken noch vom Menschen ausgeht und auf den Menschen bezogen wird, erscheint der postmoderne Mensch als prinzipiell komplex und unvorhersehbar:

> *„Insofern bleibt helfenden Sozialarbeitern auch bei Bedingungen, die zu schlimmsten Befürchtungen Anlass geben, gar nichts anderes übrig, als auf die Selbstorganisationspotenziale der Klienten zu setzen und daran zu glauben, dass schon im nächsten Moment auch andere, günstigere Entwicklungen einsetzen könnten"* (ebd., S. 145).

Nach Kleve kann die Sozialarbeitswissenschaft aus diesen Gründen heraus lediglich eine praktische Disziplin sein, da die konstruktivistische Sichtweise nur eine „Reflexion Sozialer Arbeit" erlaubt, ohne dass daraus logische, empirisch gesicherte und generell gültige (und damit fachlich verbindliche) Erkenntniszusammenhänge abgeleitet werden könnten. Zumal der konstruktivistische Ansatz es auch erlaubt, andere theoretische Realitätskonstruktionen (wie z. B. die Psychoanalyse, den Marxismus etc.) zu beobachten und zu relativieren. Immer geht es um eine Beobachtung zweiter oder dritter Ordnung, also einer Beobachtung, die auch noch die durch die jeweilige Beobachtung getroffenen Unterscheidungen in den Blick nimmt:

> *„Ein derartiges Beobachten wäre schon dann erfolgreich, wenn es die Praktiker dahingehend perturbiert, dass es immer mehr als nur eine (theoretische) Handlungs- und Deutungsmöglichkeit gibt, weil die Komplexität der Praxis immer größer ist als jene unserer Wirklichkeitskonstruktionen"* (ebd., S. 147).

Kleve geht davon aus, dass die Praxis den Umgang mit Ambivalenzen und Uneindeutigkeiten (Kontingenz) lernen kann, dass sich die Probleme aber in der Konstruktion einer Sozialarbeitswissenschaft fortsetzen könnten, die immer unterkomplex erscheinen muss, sofern sie Wissenschaftskonzepte benutzt, die auf Eindeutigkeit ausgelegt sind.

> *„Diese Bewußtheit der Kontingenz, Situationen immer auch anders, ja sogar völlig gegensätzlich deuten zu können, ist für psychosoziale Praktiker offensichtlich eine Selbstverständlichkeit. Was der Praxis, der Profession Sozialarbeit untrennbar eingeschweißt zu sein scheint, entbehrt allerdings die Disziplin Sozialarbeit, die Sozialarbeitswissenschaft"* (Kleve 1999, S. 26).[51]

Radikaler formuliert dies deshalb Bardmann (2005), der davon ausgeht, dass Soziale Arbeit niemals zu einer klaren Theorie finden kann. Sie müssen deshalb einen eigenen, souveränen Weg finden, und sich in ihrer Arbeit zunehmend gegenüber persönlichen Erfahrungen und wissenschaftlicher Begründungen verweigern.

---

51 Ob sich allerdings die Forderung nach der Disziplin „Sozialarbeitswissenschaft" aus der Argumentation Kleves ergibt, mag bezweifelt werden. Denn eine solche Sichtweise geht ja gerade davon aus, dass Eindeutigkeit, Klarheit etc. im Rahmen sozialarbeiterischen Denkens und Handelns nie erreicht werden können.

(2) Professionstheoretische Grundlegung postmoderner Sozialarbeiter/innen
Professionstheoretisch geht Kleve davon aus, dass es in modernen Gesellschaften, die durch Ambivalenz und Uneindeutigkeit gekennzeichnet sind, keinen Sinn mehr hat, nach der Identität der Sozialarbeit zu fragen. Im Gegenteil, „die Postmoderne erlaubt es, aus der *modernen Not* der sozialarbeiterischen Identitätsproblematik eine *postmoderne Tugend* der sozialarbeiterischen Identität der Identitätslosigkeit zu machen" (2003, S. 120, Hervorhebungen durch die Verfasser, siehe dazu ausführlich Kap. 21.3).

Arbeitsweisen und Methoden

Grund für diese Eigenschaftslosigkeit ist nach Kleve ein doppelter Generalismus. So ist die Sozialarbeit „universell generalistisch", weil sie viele Zielgruppen teilweise über ganze Lebensphasen hinweg begleitet, und „spezialisiert generalistisch", weil sie sich mit Hilfe ihrer Organisationen auf unterschiedliche Arbeitsgebiete und Zielgruppenorientierungen begrenzt, im konkreten methodischen Arbeiten dann aber einen „ganzheitlichen Ansatz" favorisiert.

> *„Aufgrund ihrer spezialisiert-generalistischen Orientierung steht die Sozialarbeit fast zwangsläufig zwischen vielen Stühlen, handelt sie sich vielfältige Ambivalenzen ein, ist sie mit den widersprüchlichen System- und Lebenswelten der Menschen konfrontiert. Genau daraus resultiert ihre fragmentierte Identität, pointiert ausgedrückt: ihre Identität der Identitätslosigkeit. Daraus erwachsen auch ihre sozialen Funktionen, die man als vermittelnde, transversale Funktionen bezeichnen kann"* (ebd., S. 122).

Sozialarbeiter/innen müssen zudem in einer ausdifferenzierten Gesellschaft zwischen den verschiedenen Fachsprachen vermitteln, sie sind „Kommunikationsvirtuosen" (Münch, in ebd., S. 122), sie überspringen Professions- und Disziplingrenzen, sie generieren „ein Spezialwissen zweiter Ordnung" (ebd., S. 123) und erweisen sich so als „Trendsetter" künftiger Professionsentwicklungen, „weil Probleme, die andere Professionen gerade zu sehen beginnen, der Sozialarbeit schon lange vertraut sind" (Knoll, in ebd., S. 123).

Damit versucht Kleve, die Schwäche der Sozialarbeit, sich nicht klar identifizieren und methodisch nur sehr allgemein ausweisen zu können, in Stärke umzudeuten. Sozialarbeit erweist sich insofern als postmoderne Profession in einer zumindest noch partiell modernen Gesellschaft. Sie nutzt systemische und konstruktivistische Methoden, um die Autonomiebildung der Klientel zu unterstützen. Eine sich in Entwicklung befindende Sozialarbeitswissenschaft hat nach Kleve dazu beizutragen, „dass die Sozialarbeit ihre Identität weiterhin offen hält, dass sie endlich erkennt, worin die Stärke, die Kompetenz, der Erfolg, die Zukunft der Sozialarbeit liegt: eben in ihrer Offenheit, Fragilität, Collagenhaftigkeit, Ambivalenz" (ebd., S. 124).

Relevanz

Der große Verdienst von Kleve ist, dass er als einer der ersten Sozialarbeitswissenschaftler im Rahmen seiner vielfältigen Publikationen die konstruktivistische

Sichtweise für Studium und Praxis „hoffähig" gemacht hat. Demnach eignet sich diese Sichtweise gut, um die spezifischen Besonderheiten einer individuell entfesselten Gesellschaft zu verstehen und sozialarbeiterisch darauf zu reagieren. Allerdings droht diese Sichtweise manchmal ins „Spielerische" abzugleiten, denn: Zum einen lassen sich nicht alle Probleme der Klientel mittels konstruktivistischer Methoden lösen, oftmals sind soziale Probleme ganz real und treten als Armut, Obdachlosigkeit, Arbeitslosigkeit etc. sehr konkret in Erscheinung. Solche Probleme können konstruktivistisch zwar abgemildert werden, nicht aber eine ganz konkrete Hilfepraxis ersetzen. Zum anderen fehlt dem Ansatz ein eindeutiger Bezug zum Sozialen. Solidarität und Parteilichkeit mit den hilfebedürftigen Personen kommen hier nicht vor, sondern geraten als Kontingenz zum zufälligen Ereignis. Eine solche distanzierte Haltung kollidiert insofern doch sehr deutlich mit dem, was die (weltweit agierende) Profession der Sozialen Arbeit von ihren Mitgliedern einfordert

14.3 Systemisch-konstruktivistische Modelle

14.3.1 Systemische Beratung

Die systemische Beratung geht davon aus, dass sich menschliches Verhalten nicht in einem linearen Kausalzusammenhang erschließt, sondern vielmehr nur zirkulär vor dem Hintergrund der vorhandenen Beziehungsmuster bzw. Kommunikationsstrukturen verständlich wird. Vordergründiges Ziel einer systemischen Intervention ist daher nicht die Veränderung der Person oder deren Charakter, sondern die Veränderung der Beziehungs- bzw. Kommunikationsstrukturen.

Alle Varianten der systemischen Beratung gehen davon aus, dass es Lösungen erster Ordnung gibt, d. h. Veränderungen innerhalb des Systems, und Lösungen zweiter Ordnung, d. h. Veränderungen des Systems selbst. Jede Veränderung von Systemmitgliedern bzw. des Systems hat Auswirkungen auf alle Beziehungsmuster bzw. Kommunikationsstrukturen innerhalb oder außerhalb des Systems (Zirkularität). Bei der Analyse und Veränderung der verschiedenen Systeme werden vom Berater/von der Beraterin insbesondere folgende Haltungen gefordert:

- Allparteilichkeit: Der/die Berater/in nimmt allen beteiligten Personen gegenüber eine gleich wohlwollende Stellung bzw. Position ein. Der/die Symptomträger/in wird gerade nicht als die einzige Person gesehen, bei der Handlungsbedarf besteht.
- Prozessorientierung: Alle Ziele, Lösungsansätze und Schritte werden mit den jeweiligen Familienmitgliedern oder der gesamten Familie prozessspezifisch ausgehandelt, nicht der/die Beratende ist Experte/Expertin, sondern der/die Klient/in bzw. die Familienmitglieder selbst. Auf diese Weise wird zugleich verhindert, dass die Verantwortung für die jeweiligen Probleme allein beim Klienten/der Klientin bleibt.
- Neutralität: Der/die Berater/in ergreift nicht Partei, sondern bleibt gegenüber den verschiedenen Positionen, Erklärungen und Veränderungen des Klientensystems neutral.

- Wertschätzende Kooperationsbeziehung: Durch Fokussierung auf Erfolge und wohlwollende Beharrlichkeit entsteht zunehmend ein Vertrauensverhältnis, das zur Mitarbeit motiviert (Schlippe/Schweitzer 2002; Mücke 1998).

Der systemische Beratungsprozess lässt sich grob in sechs Abschnitte gliedern und durch folgende Fragestellungen methodisch umsetzen (siehe z. B. Schlippe/ Schweitzer 2002; Simon 1993, 2000):

1. Klärung des Auftrags- und Überweisungskontextes
(Fragen nach der Ursache für den Beratungswunsch, nach dem sachlichen bzw. zeitlichen Auslöser, nach der Wahl der Einrichtung bzw. des Beraters/ der Beraterin, nach Einwänden und Befürchtungen etc.).
2. Problembeschreibung/Informationsgewinnung
(Hypothetische Fragen [Opfer-Täter; Zukunftsfragen], Fragen zur Unterschiedsbildung und nach Ausnahmen [Utilisation], Wunder- und oder Verschlimmerungsfragen, Umdeuten-Reframing, positive Konnotation, Verschreibungen: z. B. „So tun, als ob", Skalierungen, Bilanzfragen etc.).
3. Fragen zur Zielfindung
(Fragen nach eigenen Merkmalsunterscheidungen, kontextbezogenen Verhaltensänderungen, inneren Monologen und Vorstellungen, vermuteten Auswirkungen, zeitlichen Dimensionen etc.).
4. Fragen zur Konkretisierung der Zieldefinition
(Fragen nach gewünschten Veränderungszuständen, bewährten Strategien, früheren Erfolgserlebnissen, hilfreichen Bedingungen, möglicher Unterstützung, Einflussmöglichkeiten anderer Beteiligter, Hilfen durch den/die Sozialarbeiter/in, möglichen Zielkonflikten, möglichen Teilschritten etc.).
5. Treffen von Vereinbarungen/Hausaufgaben
(Hypothetische Zukunftsfragen, Fragen nach zeitlicher Gliederung, Vereinbarung von Verträgen, Erteilung von Hausaufgaben, Zielkontrolle etc.).
6. Vorbereiten des Abschlusses
(Offene Fragen, Bilanzfragen etc.).

Natürlich lassen sich die aufgelisteten Fragen nicht nur im spezifisch systemischen Beratungszusammenhang einsetzen. Sie können auch im Rahmen von situativen Anlässen als „Techniken" angewandt werden, z. B. um Gespräche offener zu gestalten, Personen und Systeme zu „irritieren", um so Veränderungen auf non-direktive Weise auszulösen. Konstruktivistische Techniken sind dabei insbesondere das „zirkuläre Fragen" und das „Reframing" (Brunner 2007, S. 659 ff.). Vor dem Hintergrund des Prinzips „Hilfe zur Selbsthilfe" verwehren sie dem Sozialarbeiter/der Sozialarbeiterin jedoch immer die Möglichkeit, allzu konkrete Ratschläge zu erteilen oder direktiv einzugreifen. Ziel der systemischen Vorgehensweise ist es ja gerade, dass der/die Klient/in bzw. das System, angestoßen durch Fragen des Sozialarbeiters/der Sozialarbeiterin, eigene Handlungsmöglichkeiten entdeckt und umsetzt.

14.3.2 Lösungsorientierte Beratung

Der lösungsorientierte Ansatz hat viele Ähnlichkeiten mit dem systemischen. Allerdings richtet er den Blick nicht nur auf die bestehenden Probleme, sondern auch und vor allem auf Lösungen. Er nutzt den Reichtum anderer Therapieformen und konzentriert sich auf die Entwicklung von Ressourcen, wie z. B. Bewältigungsressourcen, Widerstandskräfte etc. Im Rahmen der Beratungsarbeit werden „Lösungsgespräche geführt, die die Aufmerksamkeit auf die individuellen und familiären Lösungskräfte fokussieren, sodass sich Lösungsmuster entwickeln können, die zum Alltagskontext des Patienten passen" (Hesse 1999, S. 49). Lösungsorientierte Beratungsansätze konzentrieren sich auf Ausnahmen eines Problems, „jene Momente, in denen kleine Veränderungen in der Stabilität eines Problemzustands auftreten. Diese Ausnahmen stellen den Schlüssel zu Problemlösungen dar" (Berg 1992, S. 26).

Handlungsimperative im Rahmen einer solchen Vorgehensweise sind insbesondere (ebd.):

- Orientiere dich an den Anliegen und den Aufträgen des Klienten und achte dabei auf die unterschiedlichen Stadien des Wandels, in denen sich der Klient befindet.
- Bevor du dich auf die Suche nach Lösungen begibst, finde heraus, was an den jeweiligen Problemen für wen wie genau hilfreich ist. Was ist „gut" am Problem und was ist das „Gute" am „Schlechten"?
- Sprich mit dem Patienten über das, was in seinem Leben als Selbstorganisation funktioniert, und nutze das, was er kann und/oder sein Umfeld mitbringt.
- Rede mit dem Patienten über erreichbare und praktikable Ziele und lass ihn seine Zukunftsvisionen bezogen auf seinen Lebenszusammenhang realistisch beschreiben.
- Suche nach relevanten Unterschieden zu Problemen, nach Unterschiedsmustern im Vergleich zu Problemmustern.
- Je kleinschrittiger und langsamer dein Vorgehen ist, desto mehr Ressourcen können entdeckt werden und sich entfalten.
- Orientiere dich mehr an der Wirksamkeit deines therapeutischen Vorgehens als an therapeutischen Theorien. Glaub nicht einer Theorie, sondern nutze sie wie ein Handwerkszeug.
- Wenn etwas kaputt ist, mach es nicht ganz.
- Wenn du weißt, was funktioniert, mache mehr davon.
- Wenn etwas nicht funktioniert, lass es sein und mache etwas anderes (Shazer 2008).

Als Interventionsformen eignen sich insbesondere

- Wunderfragen, zur Ermittlung eigener und selbstgewählter Ziele,
- Fragen nach Ausnahmen vom Problem, die der Ausweitung des eigenen Horizontes dienen,
- intensivierende Unterschieds- bzw. Skalierungsfragen, die helfen sollen, problemfreie Zeiten und Situationen zu erleben,

- realitätsbezogene Fragen, die sich auf mögliche erste Schritte in Richtung Problemlösung richten,
- Bewältigungsfragen, die Hinweise auf Ressourcen geben sollen, die den Klienten/die Klientin dabei unterstützen, Lösungen zu entwickeln (Bamberger 2015, S. 328 ff.).

Sehr wichtig ist es dabei, dass der/die Berater/in die richtige Balance zwischen „Problem Talk" und „Solution Talk" findet, da die Klienten/Klientinnen häufig gerne bei ihrer Problemsicht verharren. Schmidt (1999, S. 92) schlägt hier vor, dass der/die Berater/in die Einladung zum „Solution Talk" transparent erläutert und den/die Ratsuchenden auf diese Weise einlädt, eine konstruktivere Perspektive zum Problem einzunehmen.

Der lösungsorientierte Ansatz arbeitet auf der Basis systemtheoretischer Annahmen, konzentriert sich dann jedoch sehr stark auf die Erarbeitung und Umsetzung neuer Perspektiven. Dahinter steckt offensichtlich die Absicht, den Klienten/die Klientin, der bislang nur die Schwierigkeiten gesehen hat, von der Möglichkeit und Attraktivität von Lösungen zu überraschen. Auch dies kann in vielen Fällen der sozialarbeiterischen Praxis eine durchaus sinnvolle Strategie sein.

14.3.3 Systemisches Case Management

Andreas Hampe-Grosser (2006) hat versucht, den von Haye/Kleve (2006) formulierten Ansatz einer helfenden Kommunikation an das Gesamtkonzept des Modells eines „Systemischen Case Management" heranzuführen. Auf diese Weise wird es möglich, dem klassischen ökosozialen Case Management (siehe Kap. 15.3.2) eine konkurrierende Sichtweise entgegenzustellen und deren Möglichkeiten und Grenzen auszuloten. Aus einer konstruktivistischen Sicht heraus zeichnet sich das Case Management mit Multiproblem-Familien insbesondere durch eine neue Form der Beobachtung des Feldes aus. Vor dem Hintergrund der konstruktivistischen Methoden und Techniken können Widersprüche zugelassen und Paradoxien ausgehalten werden. Eine produktivere Verarbeitung der Wirklichkeit wird möglich:

- *Freiwilligkeit/Unfreiwilligkeit:* Hilfeangebote kommen häufig unter einem Problemdruck zustande und führen zu einer Unterlegenheit der Klientel. Entscheidend ist es also, dass die vorhandene Problematik von der Klientel aus definiert und beschrieben wird!
- *Der/die Klient/in: Kunden-, Klagender-, Besucher-Typ:* Das Schema kann davor bewahren, „sehr viel wohlgemeinte und wortreiche Überzeugungskraft in Bereiche zu stecken, in denen der Klient (Typ: Besucher oder Kläger) wenig Lust und Bereitschaft hat, Veränderungen vorzunehmen" (ebd., S. 132). Außerdem können so bei der Klärung von Aufträgen und Erwartungen unterschiedliche Problemwahrnehmungen aufgedeckt werden.
- *Zusammenarbeit zwischen Experten/Expertinnen:* Die Sozialarbeiter/innen dürfen sich nicht als alleinige Experten/Expertinnen, sondern müssen sich als

Experten/Expertinnen unter Experten/Expertinnen betrachten. Auch Familienmitglieder sind z. B. in der Lage, Problemmuster und mögliche Zieldimensionen zu erkennen. Dies setzt seitens der Sozialarbeiter/innen „Mut des Loslassens" voraus (ebd., S. 138).

- *Konstruktive Gesprächsmoderation*: Hampe-Grosser rät dazu, „unangemessen ungewöhnliche Gespräche" (Andersen 1994, in: ebd., S. 139) zu führen. Auf diese Weise erhalten z. B. die Eltern im Beratungsgespräch über ihr Kind die Möglichkeit, sich selbst aktiv Gedanken zu den möglichen Ursachen, Situationen etc. zu machen, in denen das Verhalten auftritt. Damit erfahren die Eltern etwas, das sie noch nicht gedacht oder gewusst haben, ihr Anliegen wird ernst genommen, bleibt jedoch in ihrem Verantwortungsbereich.
- *Hilfeplanung und Aushandlungen*: Kontroverse und übereinstimmende Positionen der unterschiedlichen Beteiligten müssen bewusst gemacht und ausgehandelt werden.
- *Ethische Notwendigkeiten/Zwangskontext*: Der ASD (z. B. des Jugendamtes) muss die soziale Kontrolle bewusst gegenüber den Eltern ausüben. Dies erlaubt es dann den „helfenden" Sozialarbeitern/Sozialarbeiterinnen, sich in eine für die Eltern produktive Funktion einzubringen: „Wie können wir Ihnen helfen, damit Sie uns wieder loswerden?" (Conen, in: ebd., S. 153).
- *Vulnerabilität und Resilienz*: Hier gilt es zu fragen, welche Erkenntnisse sich aus der Risikoforschung ableiten lassen. Zu fragen wäre insbesondere: 1. Welche Stärken und Kompetenzen helfen den Kindern am besten, die Risikolagen ihrer Entwicklungen zu bewältigen? 2. Wie können wir durch pädagogische und heilpädagogische Maßnahmen diese Widerstandskräfte stärken? (ebd., S. 155).

Als Prozessschritte im systemischen Case Management schlägt Hampe-Grosser folgende Einteilung vor.

1. Falleinschätzung: kann von verschiedenen Institutionen (z. B. Polizei, ASD, Jugendamt etc.) durchgeführt werden und offenbart in jedem Falle eine Mehrschichtigkeit des Problems, die es zu erkennen gilt.
2. Problem- und Ressourcenanalyse: Ressourcen können in der Vergangenheit oder Gegenwart (z. B. des Familiensystems) liegen und umfassen nicht nur ökonomische und soziale Ressourcen, sondern vor allem auch kulturelle und kognitive.
3. Hypothesenbildung bezüglich der Problembedingungen: Hypothesen werden nicht darauf hin abgeprüft, ob sie richtig sind, sondern ob sie in der Lage sind, „eine Sinnhaftigkeit des Verhaltens herzustellen" (ebd., S. 168).
4. Zieldefinierung: Hier geht es darum, zwischen objektiven und subjektiven Zielen zu unterscheiden und mögliche Rangfolgen (Präferenzen) zu benennen. Nicht alle Ziele müssen auch erreicht werden.
5. Handlungsplanung und -realisierung (Intervention): Diese entsprechen „einem Design, einer Architektur, ähnlich dem einer therapeutischen Behandlungsplanung, einer Supervision oder einer Organisationsberatung" (ebd., S. 174). Kontext und Rollen müssen beachtet werden.

6. Evaluation, Dokumentation, Berichterstattung: Diese sind Teil des Hilfeprozesses und erfolgen transparent und im Austausch mit allen Beteiligten.

Damit wird deutlich: Wodurch sich das systemisch konstruktivistische vom ökosozialen Case Management unterscheidet, ist die Variabilität im Vorgehen. Probleme, Lösungen, Ressourcen etc. werden nicht nur „objektiv" bzw. „realistisch" abgewogen, sondern als Optionen verstanden, die aber auch widerrufen, verändert, gestaltet etc. werden können. Auf diese Weise entsteht sowohl für die Sozialarbeiter/innen wie die Adressaten/Adressatinnen ein Freiraum, der genutzt werden kann, um Autonomie zu ermöglichen und autopoietische Prozesse zu unterstützen.

14.4 Systemisch-konstruktivistische Methoden und Techniken

Zur systemischen Methodik lässt sich das gesamte Spektrum des in den vergangenen fünf Jahrzehnten in Familientherapie und Systemischer Therapie entstandenen Instrumentariums zählen. Hier können nur einige exemplarisch vorgestellt werden (siehe z. B. auch Ritscher 2007, S. 92 ff.; http://systemische-gesellschaft.de/systemischer-ansatz/methoden/):

(1) Grundprinzipien

- Auftragsklärung und die Bedeutung von Kooperation
  Die Klärung der Auftragssituation spielt eine große Rolle. In jeder Situation hat es der/die Sozialarbeiter/in mit einer Vielfalt von Erwartungen, Hoffnungen und Wünschen zu tun. Dabei gilt es zwischen Anlass („Was führt Sie hierher?"), Anliegen („Was möchten Sie mit meiner Unterstützung erreichen?"), Auftrag („Wie könnte eine gute Hilfe aussehen?") und dem Kontrakt, innerhalb dessen Ziele, Setting, Aufgabenverteilung etc. geklärt werden, zu unterscheiden (Schwing in: Levold/Wirsching 2014, S. 172). Zugleich gilt es, die Anliegen verschiedener anderer Personen, die „unsichtbar" mit im Raum sitzen, zu klären. Mit allen Beteiligten soll eine implizite oder explizite Kooperationsbeziehung entwickelt werden, die von zwei Grundprinzipien geprägt ist (Ritscher 2007; Sydow 2015):
  1. Achtung vor der Autonomie und der Eigendynamik des Systems
     Bei allen Anregungen und Interventionen wird stets der autonomen Entscheidung der Klientel der Vorzug gegeben. Eine Stellvertreterhaltung muss zurückgewiesen werden!
  2. Wirklichkeit als gemeinsame „Konstruktion" – die Veränderung „innerer Landkarten"
     Die konstruktivistische Theorie geht davon aus, dass Wirklichkeit nicht objektiv vorhanden, sondern immer sozial konstruiert ist. Deshalb wird es möglich, jede ihrer Beschreibungen so umzudeuten und zu verändern, dass sie besser verstanden, ausgehalten und gelebt werden können.

(2) Ausgewählte Techniken

- Verstörung von Mustern
  Einem bestimmten Verhalten liegt möglicherweise nicht nur ein bestimmtes Ereignis zugrunde, zugleich verweist es auf eine oder mehrere (Denk- oder Verhaltens-)Muster, die zur Problemlösung abgerufen werden können. Eine wichtige Aufgabe des Sozialarbeiters/der Sozialarbeiterin ist es deshalb, die Klienten/Klientinnen auf Muster aufmerksam zu machen und diese entsprechend zu verändern (Levold/Wirsching 2014, S. 166 ff.).
- Ausnahmen und „Möglichkeitssinn"
  Neue Möglichkeiten des Handelns können entdeckt werden, wenn man nach den Ausnahmen fragt, wie z. B.: „In welchen Augenblicken ist Deine Beziehung zum Partner angenehm?" etc.
- Zirkuläres/konstruktives Fragen
  Eine Person wird in Anwesenheit der anderen danach gefragt, was sie über die Beziehung der anderen denkt – so bekommen diese eine sehr komplexe Rückmeldung darüber, wie ihre Beziehung von der dritten Person wahrgenommen wird (zusammenfassend: Simon 2000).
- Selbstreflexiver Dialog
  Im selbstreflexiven Dialog können Ratsuchende im Selbstgespräch Möglichkeiten zur Lösung oder Minderung eines Problems durchdenken und damit ihren Horizont erweitern.
- Externalisierung
  Der Konflikt einer Person bzw. einer Gruppe wird grammatikalisch in der dritten Person ausgesprochen („Was lässt Sie gegen Ihren eigenen Willen handeln?"). Damit wird Distanz zum Problem und somit ein klarerer Blick darauf ermöglicht.
- Abschlussinterventionen und „Verschreibungen"
  Der/die Berater/in bietet den Betroffenen Zusammenfassungen oder Handlungsvorschläge an, die als Optionen aufgegriffen werden können, nicht müssen. Die damit verbundenen Aufgaben sollen am Vertrauten anknüpfen, jedoch zugleich geeignet sein, die bisherigen Muster „verstören" (Schlippe/Schweitzer 2012).
- Metaphern und Geschichten, Rituale
  Die Verwendung von Metaphern und Geschichten kann dazu beitragen, unsere Konstruktion der Wirklichkeit und das damit verbundene Erleben zu verändern. Komplexe Gefühle, Themen etc. werden so abbildbar. Rituale können eingeführt und dazu genutzt werden, neue Strukturen oder Denkmuster zu entwickeln und zu erproben (Levold/Wirsching 2014, S. 272 ff.)
- Genogramm, Skulpturarbeit, Aufstellungen
  Mit diesen Techniken werden Beziehungen konkretisiert und auf einem Bild oder im Raum abgebildet. Auf diese Weise lassen sich Familienbeziehungen oder wiederkehrende Konstellationen darstellen und beziehungsbestimmende und sich wiederholende Verhaltensweisen visualisieren und analysieren (ebd., S. 227 ff.).

(3) Vier Schritte helfender Kommunikation
Die konstruktivistische Perspektive geht davon aus, dass eine mehrperspektivische und metareferenzielle Beobachtung und Analyse einer Problemsituation auf vier unterschiedlichen Ebenen erfolgen muss:

1. Problemsichten und -definitionen: Diese müssen sowohl aus Sicht des Klienten/der Klientin wie aus Sicht anderer Beteiligter erfasst und miteinander verglichen werden. Auf diese Weise wird eine authentische Problemsicht möglich.
2. Modelle: Hier geht es darum, die bisherigen Denkmuster, Hypothesen und Sichtweisen zu erkennen, mit denen die Klienten/Klientinnen ihre Probleme bearbeitet haben. Dies erlaubt es den Berater/innen, „Schlüsse auf die Wirklichkeit zweiter Ordnung zu zeigen" (Watzlawick 1992, in: Kleve 2010, S. 110), in der diese Lösungsversuche als sinnvoll erachtet werden.
3. Ziele: Mithilfe von Wunderfragen etc. können die Zielvisionen der Klienten/Klientinnen erfasst und daraus abzuleitende Handlungsziele autorisiert werden. Unrealistische Ziele werden identifiziert und modifiziert.
4. Handlungen: Ziel ist die gemeinsame Erarbeitung von Lösungswegen, wobei drei Regeln im Vordergrund stehen sollen: „Repariere nicht, was kaputt ist!"; „Wenn du weißt, was funktioniert, mach mehr davon!"; „Wiederhole nicht, was nicht funktioniert, mach etwas anderes!" (ebd., S. 118).

(4) Neurolinguistisches Programmieren
Neurolinguistisches Programmieren (NLP) ist in Amerika Anfang der 1970er Jahre durch John Grinder und Richard Bandler entstanden. Ausgangspunkt dafür waren die Analyse der Arbeiten von Fritz Perls, dem Begründer der Gestalttherapie, Virginia Satir, der Begründerin der Familientherapie, und Milton H. Erickson, dem Begründer der modernen Hypnotherapie (Bachmann 1998, S. 19). NLP ist ein neurowissenschaftlich basiertes Kommunikationsmodell, welches Menschen dabei unterstützt, sich selbst und andere Menschen besser zu verstehen. Das „N" steht im NLP für den Ablauf von neurologischen Prozessen in unserem Gehirn. Das „L" steht für Linguistik, also alles, was mit unserer Sprache zu tun hat, und das „P" für Programmieren. Dabei geht es um die Veränderung (das „Installieren") der eigenen Programme und der von anderen.

NLP geht von verschiedenen Grundannahmen aus (ebd., S. 59 ff.):

1. Eine Wahlmöglichkeit ist besser als keine Wahlmöglichkeit.
2. Viele Wahlmöglichkeiten sind vorhanden, dem Einzelnen jedoch nicht bewusst.
3. Ressourcen sind vorhanden, sie müssen nur richtig genutzt werden.
4. Unangemessenes oder erfolgloses Verhalten hat einen ursprünglichen Sinn, wird aktuell jedoch zweckwidrig eingesetzt.

Damit gilt, dass „jedes Symptom, das ein Mensch hervorbringt, und jede Verhaltensweise, die er an den Tag legt, (das Bestmögliche ist), was er kreieren kann – gemessen an dem Bewußtseinsstand, in dem er sich gerade befindet" (Raba, in: Bachmann 1998, S. 78).

Wichtige Methoden, die die Verantwortlichen im NLP einsetzen können, sind vor allem das Kalibrieren, Spiegeln (Pacing), Führen, Überlappen, Ankern, Assoziieren und Dissoziieren, Reframing, Future Pacing und Time line (siehe dazu ausführlich ebd., S. 89 ff.). Wichtig ist, dass die Therapeuten/Therapeutinnen über eine umfassende Ausbildung verfügen und wissen, wie Kommunikation funktioniert und wie die verschiedenen Methoden respektvoll eingesetzt werden können (zur Praxis des NLP siehe z. B. Kölsch 2000).

14.5 Zusammenfassung und Bewertung

Der systemisch-konstruktivistische Ansatz hat viele Ähnlichkeiten mit dem hermeneutischen, bei dem es darum geht, anderen dadurch zu helfen, dass man versucht, ihr Verhalten in bestimmten Situationen zu „verstehen". Während die hermeneutische Richtung dann aber dazu tendiert, über den persönlichen Bezug „Nähe" zu schaffen, um dadurch die Möglichkeit einer direkten Beeinflussung der Person zu erhalten, geht der systemisch-konstruktivistische Ansatz davon aus, dass hier gerade keine Nähe, sondern aufgrund der theoretischen Annahmen „Distanz" entsteht. Diese Distanz erlaubt es dann, die Selbstreflexion des Klienten/der Klientin anzuregen, dessen/deren eigene (neue) Entscheidungen zu bestärken und einfache Schritte der Veränderung auf Wunsch unterstützend zu begleiten. Dabei liegt die Stärke des Ansatzes darin, den Klienten/Klientinnen genügend Respekt entgegenzubringen und Hilfe nur an sie heranzutragen, nicht aber verbindlich machen zu wollen. Eine solche Form der Hilfe ist natürlich gerade in einer Zeit, in der die Individuen sich ihrer starken Freiheitsrechte bewusst sind, von großer Bedeutung.

Insgesamt drei Theorien wurden dazu im Text vorgestellt:
- die systemtheoretische Argumentation von Baecker, die davon ausgeht, dass Soziale Arbeit als Teil des Funktionssystems Soziale Hilfe verstanden werden kann, das dazu dient, Hilfen in Form von Programmen so offen und nichtdirektiv an die jeweilige Klientel heranzutragen, dass diese dazu bereit und in der Lage ist, sie autonom und selbstreferenziell zu nutzen;
- die Theorie der Sozialen Arbeit als Kybernetik zweiter Ordnung von Hosemann/Greiling, die Wege aufzeigen will, wie Sozialarbeiter/innen – indem sie sich selbst als Teil einer zirkulären (Hilfe)Dynamik verstehen – dazu beitragen können, Veränderungen im Denken und Verhalten ihrer Klientel zu bewirken;
- die Theorie der konstruktivistischen Sozialen Arbeit von Kleve, die aufzeigt, wie Sozialarbeiter/innen mit Kontingenzen umgehen und damit „doppelt universalistisch" handeln können, wenn sie sich eine Identität aneignen, in der Offenheit und Ambivalenz zentrale Prinzipien sind.

Modelle der systemisch-konstruktivistischen Sozialen Arbeit finden sich vor allem im Bereich der Beratung, die in ihrem Ablauf flexibel ist und sich dadurch auszeichnet, dass Ziele hypothetisch formuliert und Vereinbarungen sowie Hausaufgaben immer wieder auf ihre Sinnhaftigkeit für die zu Beratenden überprüft werden sollten. Beratungen können je nach Anlass stärker systemisch oder lösungsorientiert ausgerichtet sein. Konstruktivistische Denkformen können auch im Rahmen eines systemischen Case Managements eingesetzt werden. Innerhalb und außerhalb solcher Modelle existieren eine Vielfalt an Methoden und Techniken, die situativ einzusetzen sind und vor allem dazu dienen, immer wieder neue Ideen und Lösungsmöglichkeiten anzubieten.

Insgesamt zeichnet sich der systemisch-konstruktivistische Ansatz durch eine starke Subjektorientierung aus und ist daher mit verschiedenen Konsequenzen verbunden:

1. Der Ansatz rückt Fragen der Intervention in den Vordergrund; Fragen der Prävention werden in den Hintergrund bzw. an andere Funktionssysteme, wie z. B. das Erziehungssystem, verwiesen. Gleichzeitig wird darauf verzichtet – etwa im Gegensatz zur kritischen Theorie –, die gesellschaftlichen Strukturen, die Hilfebedürftigkeit möglicherweise erst entstehen lassen, zu beleuchten und zu beeinflussen. Indem sich Sozialarbeit systemkonform verhält, gewinnt sie ein höheres Maß an (rationaler) Reflexions- und Handlungsfähigkeit, sie verliert auf diese Weise jedoch zugleich einen Teil ihrer kritischen Funktion.
2. Der Ansatz erweist sich insbesondere bei den Problemen als effektiv, die auf Kommunikationsstörungen beruhen. Beratung, Mediation, Meta-Reflexion können den Menschen dabei helfen, „nicht-triviale" Probleme zu lösen, d. h. Probleme, bei denen nur die Betroffenen selbst wissen, was richtig für sie ist. Bei konkreten Problemen, wie z. B. einer Verschuldungssituation, kann eine solche Perspektive höchstens „flankierend" eingesetzt werden, um parallel zur Schuldenbearbeitung der Klientel auch das Problem der (systemisch bedingten) Ursachen nahezubringen.
3. Was der Ansatz nicht ermöglicht und erlaubt, ist, dass sich die Sozialarbeiter/innen ganz konkret in die Lebenssituationen von Klienten/Klientinnen „einmischen" und dort „Partei ergreifen" oder sich gar „solidarisch" verhalten. Die Professionellen verharren hier weitgehend in einer beobachtenden Position, alles andere käme einem Paradigmenwechsel gleich und wäre mit dem konstruktivistischen Ansatz unvereinbar.

Zweifellos stellt der systemisch-konstruktivistische Ansatz eine Bereicherung für die Soziale Arbeit dar, weil er die Sozialarbeiter/innen mit Modellen und Techniken versorgt, die eine sowohl analytische wie auch methodische Distanz zum Geschehen erlauben und damit Frustration oder Burnout vorgreifen. Allerdings besteht die Gefahr, dass damit eine rein beobachtende und kommentierende, „intellektuelle" Sozialarbeit entsteht, die ausblendet, dass auch die Sozialarbeiter/innen am lebensweltlichen Geschehen beteiligt sind und sich niemals völlig distanzieren können (sollten). Insofern kann die klare Trennung, die die konstruktivistische Theorie zwischen System und Umwelt macht, zumindest in Beratungssituationen, wo Nähe, Unterstützung, Solidarität etc. zwingend gegeben erscheinen, durchaus als überzogen bezeichnet werden.

15 SOZIAL-ÖKOLOGISCHE SOZIALARBEITS-WISSENSCHAFT

15.1 Paradigma: Helfen als Bilanzieren und Befähigen

Die Bedeutung des ökologischen Denkens (oikos = Haushalt) wurde erst spät in die Sozialwissenschaften eingeführt.[52] Einer der ersten Erziehungswissenschaftler war der russisch-amerikanische Urie Bronfenbrenner (1981), der im Rahmen seiner ökologischen Sozialisationsforschungen der Bedeutung von Umweltfaktoren für die Entwicklung von Kindern und Jugendlichen eine herausragende Bedeutung eingeräumt hat. In die sozialarbeitswissenschaftliche Debatte wurden ökologische Begriffe erst in den 1980er Jahren insbesondere von Wendt im Rahmen der Rezeption des „Life Model" von Germain/Gitterman eingeführt und auf ihren Nutzen hin untersucht und diskutiert.

Die sozial-ökologische Wissenschaftsperspektive geht von einer umfassenden, Person und Umwelt einschließenden, transaktionalen Perspektive aus. Ganz allgemein kann Ökologie als „die Wissenschaft von den Beziehungen des Organismus zur Außenwelt bzw. Umwelt" (Schubert 1994, S. 32) bezeichnet werden. Dabei wird die Umwelt des Menschen als eine von ihm aktiv zu gestaltende Lebenswelt (Habitat), als Soziotop im Sinne einer Lebenschancen gewährenden Umwelt oder im Sinne eines Systems von ineinander verflochtenen Umwelten (Mikro, Meso-, Exo-, Makrosystem) verstanden.

Damit erklärt sich zugleich der enge Zusammenhang zwischen der ökologischen Theorie und einer analytischen Systemtheorie, die – ganz im Gegensatz zur konstruktivistischen – lose und nicht-hierarchische, biologisch-soziale Zusammenhänge und System-Umwelt-Beziehungen in den Vordergrund rückt. System und Umwelt werden also nicht formal (bezüglich ihres Codes etc.) betrachtet, sondern bezüglich *„Art, Grad und Güte der Person(en)-Umwelt-Abgestimmtheit"*, also der „Systemeinbettung" und dem *„wechselseitigen Austauschprozeß (Austauschbeziehung) zwischen Person(en) und Umwelt*, die Transaktion" (Schubert 1994, S. 34, Hervorhebung i. O.).

Die sozial-ökologische Perspektive interessiert sich dabei insbesondere für wechselseitige Beziehungen, komplexe Zusammenhänge und orientiert sich an längeren Zeiträumen. Sie verhält sich nicht wertneutral, sondern entwickelt Richtlinien für menschliches Handeln und stellt Ordnungen wieder her. Ein wichtiges Merkmal des sozial-ökologischen Ansatzes ist es, dass dieser eine analytische und wertfreie Orientierung ablehnt. Einen „normativen" Charakter beansprucht er vor allem deshalb, weil er die Zerstörung der Lebensbedingungen des Menschen thematisiert und auf die Gestaltung einer menschenfreundlicheren Umwelt in Gegenwart und Zukunft abzielt.

---

52 Haeckel hat diesen Begriff 1870 in die Biologie eingebracht, 1921 Park/Burgess in die Sozialökologie und 1963 Lewin in die Psychologie.

Mit seiner komplexen Denkweise ermöglicht der sozial-ökologische Ansatz der Sozialen Arbeit eine völlig neue Denkweise. Denn aus sozial-ökologischer Perspektive wird Soziale Arbeit immer dann erforderlich, wenn Umweltbedingungen die menschliche Selbstorganisation erschweren oder sogar verhindern. Dabei wird davon ausgegangen, dass sich die Binnensteuerung des einzelnen Menschen und die Einflüsse der Umwelt in einem zirkulären Prozess bedingen. Indem die Sozialarbeit sowohl die Person als auch deren Umwelt zu beeinflussen versucht, leistet sie Hilfe bei Problemen mit autonomer Lebensführung.

15.2 Theorien der sozialökologischen Sozialen Arbeit

15.2.1 Sozialarbeit und die „ökologische Metapher": Das „Life Model"

Spätestens mit der dritten, völlig neu bearbeiteten Auflage des theoretischen Ansatzes von Germain/Gitterman (1999) ist es den beiden gelungen, ihr bereits seit langem bekanntes „Life Model" der Sozialen Arbeit sehr eng an die Grundannahmen der Ökologie heranzuführen. Ihrer Ansicht nach eignet sich die Ökologie als eine *„Metapher"* (kursiv i. O.), die die Soziale Arbeit dazu befähigt, „ihre soziale Aufgabe zu erfüllen, nämlich den Menschen zu helfen und die Empfänglichkeit der Umwelt zu fördern, die menschliche Entwicklung, Gesundheit und Befriedigung durch ein funktionierendes soziales Leben ermöglicht. Menschen handeln innerhalb einer materiellen Umwelt, einer Gesellschaft und einer Kultur" (ebd., S. 5).

Theoretische Grundlagen

Insgesamt sieben Grundsätze des ökologischen Denkens bilden dabei den Ausgangspunkt ihrer Theorie (ebd., S. 5–34).

1. Reziprozität der Wechselwirkungen von Mensch und Umwelt

Während im linearen Denken immer nur nach einer kausalen Ursache für die Probleme eines Menschen gesucht wird, geht das ökologisch-zirkuläre Denken davon aus, dass ein spezifisches Verhalten in der Regel das Resultat von vielfältigen Wechselwirkungen darstellt. Sinnvoller als nach einer Ursache zu suchen ist es folglich, die wechselseitige Bedingtheit der verschiedenen „Transaktionen" (= Einflüsse, Bedingungen etc.) zu erkennen und dann entsprechend vorsichtig multidimensional zu intervenieren.

2. Abgestimmtheit von Person und Umwelt

Die Entwicklung der Person kann dann gelingen, wenn die bei einem Menschen vorhandenen Ziele und Bedürfnisse durch die Umwelt Unterstützung finden. Gleichzeitig kann sich jedoch auch die Umwelt zum Positiven verändern (z. B. bezüglich psychosozialer oder ökologischer Belastungsfaktoren), wenn Menschen diesbezüglich förderlich handeln. Entscheidend kommt es also darauf an, dass Sozialarbeiter/innen den Menschen dabei helfen, die jeweilige Person- und

Umweltperspektive in ein gegenseitiges Anpassungsverhältnis zu bringen, das es ihnen erlaubt, sich zu entwickeln und zu verwirklichen.

3. Bedrohung des Anpassungsgleichgewichts durch Lebensbelastungsfaktoren

Nach Ansicht von Germain/Gitterman passt das „Lebensbelastungs-Streßbewältigungs-Paradigma" wie „maßgeschneidert" zur ökologischen Perspektive der sozialen Arbeit (ebd., S. 12). Denn psychosoziale Probleme können als Folge problematischer Veränderungen im Lebenslauf mit vielfältigen, sich gegenseitig verstärkenden Ursachen angesehen werden. Mithilfe der Entwicklung von Copingstrategien können Sozialarbeiter/innen dann versuchen, belastende Umwelteinflüsse zurückzudrängen und entlastende Einflüsse zu fördern, indem sie vorhandene Kompetenzen stärken und Coping- und Umwelt-Ressourcen aktivieren.

4. Mitmenschliche Bezogenheit

Der Hilfeprozess ist so anzulegen, dass zugleich vier lebenswichtige Attribute gestärkt werden: die Beziehungsfähigkeit, die Kompetenzen, das Selbstwertgefühl und die Selbststeuerung des Klienten/der Klientin. Damit kommt zum Ausdruck, dass der ökologische Ansatz nicht wertfrei, sondern bewusst normativ an den wichtigen Merkmalen eines modernen Menschenbildes orientiert ist. Auch hier ist die „Hilfe zur Selbsthilfe" keine Verlegenheitslösung, sondern eine bewusste Entscheidung für den aktiven Menschen.

5. Das Problem der Vulnerabilität

Besonders bei vulnerablen (verletzlichen, weil machtlosen, einflusslosen etc.) Klienten/Klientinnen können strukturelle Einflussgrößen eine wichtige Rolle spielen, wie z. B. politische Diskriminierung oder Benachteiligungen, die sich aus dem Mangel an materiellen und ökosozialen Ressourcen ergeben, wie z. B. Armut, Arbeitslosigkeit, Wohnungslosigkeit, (Umwelt-)Krankheiten etc. Diese Einflussgrößen müssen in der Praxis der Sozialen Arbeit stets reflektiert und, wo immer möglich, methodisch (z. B. im Rahmen der Gemeinwesenarbeit, der politischen Arbeit etc.) berücksichtigt werden, auch wenn die Möglichkeiten hier direkt einzugreifen, eher begrenzt sind.

6. Zuträgliche und nichtzuträgliche Habitate und Nischen

Die Begriffe Habitat und Nische stammen aus der ökologisch-biologischen Forschung und haben sich nach Germain/Gitterman auch als nützlich für die Soziale Arbeit erwiesen. Unter Habitat versteht man die konkreten Gegebenheiten der äußeren Umwelt (Stadt, Land, Stadtteil etc.), die das Leben eines Menschen erleichtern oder erschweren können. In solchen Habitaten schaffen sich Menschen eigene „Nischen" (wie z. B. Rückzug ins Wohnzimmer, Mitwirkung im Sportverein etc.), in denen sie dann mehr oder weniger erfolgreich leben können. Aufgabe der Sozialen Arbeit ist es hier, Sorge dafür zu tragen, dass schädigende oder hemmende „Nischen" aufgebrochen oder neustrukturiert werden.

7. Die Nichtuniformierbarkeit des Lebenslaufs

Der ökologische Ansatz geht im Gegensatz zu entwicklungspsychologischen Ansätzen davon aus, dass unsere individuellen Lebensläufe in der Vielfalt von Kulturen und Umwelten wurzeln und von daher stets nichtuniform und undeterminierbar sind. Sie werden durch historische, individuelle und soziale Faktoren beeinflusst und bleiben damit offen und dynamisch. Aufgabe der Sozialen Arbeit ist es also nicht, die Lebensläufe von Individuen zu fixieren oder zu uniformieren, sondern darauf zu achten, dass die Individualität des/der Einzelnen im Blick bleibt.

Arbeitsweisen und Methoden

Vor diesem theoretischen Hintergrund entwickeln Germain/Gitterman dann die Grundzüge ihres Life Model, die man ungefähr so zusammenfassen könnte:
Die Soziale Arbeit wirkt partnerschaftlich und transparent mit Personen, Gruppen und Umwelten in einer Weise zusammen, die sich an den Interessen und Bedürfnissen der jeweiligen Klientel orientiert. Die Arbeitsweise und der Einsatz von Methoden erfolgt integriert, die Stärken der Person bzw. des Kollektivs werden in den Mittelpunkt gestellt, Entscheidungen gemeinsam gefunden und getroffen.

Formal splitten Germain/Gitterman den Hilfeprozess in drei Teile:
1. Eingangsphase: Beginnen
   Auf der Basis professioneller Empathie geht es darum, gemeinsam mit dem Klienten/der Klientin mögliche Stressoren zu definieren und die Angebote der Beratungsstelle bzw. die möglichen oder notwendigen Vorgehensweisen so zu beschreiben, dass eine aktive Beteiligung erreicht wird.
2. Arbeitsphase: Auf Ziele zugehen
   Hier geht es darum, einerseits „die Verbesserung und Stärkung der Anpassungs- und Problemlösefähigkeiten der Menschen durch die Methoden: Befähigen, Explorieren, Führen und Erleichtern" zu erreichen, andererseits durch Formen des koordinierenden, fürsprechenden und innovativen Handelns sowie der politischen Einflussnahme auf Umweltbedingungen einzuwirken und diese zu verändern (ebd., S. 73 ff.).
3. Ablösungsphase: Die Beendigung der gemeinsamen Arbeit und gegenseitige Ablösung müssen sorgfältig geplant und transparent und empathisch begleitet werden. Sozialarbeiter/in und Klient/in bewerten sowohl die Zusammenarbeit als auch die Problemlösung und erreichen so das Gefühl eines Abschlusses.

Germain/Gitterman geben dann auf dieser konzeptionellen Grundlage auf über 400 Seiten eindrucksvolle Einblicke in die Praxis von Sozialarbeitern/Sozialarbeiterinnen. Das Life Model ist ein Handlungsmodell, bei dem die Soziale Arbeit die Aufgabe hat, zwischen Klient/in und Umwelt so zu vermitteln, dass autonomes Handeln möglich wird. Dabei kann innerhalb eines umfassenden Handlungsrahmens sehr individuell und kreativ vorgegangen werden, der/die Sozialarbeiter/in kann sich auf das Ganze oder auf bestimmte Mitglieder und Subsysteme gesondert einlassen, so wie der Prozess es gerade erfordert.

Relevanz

Mit ihrer Theorie haben Germain/Gitterman dazu beigetragen, die komplexe Aufgabe der Sozialarbeit zu erschließen. Zwei Einschränkungen müssen allerdings gemacht werden:

Germain/Gitterman selbst sprechen nicht von sozial-ökologischer Sozialarbeit, sondern von einer Sozialarbeit unter der „ökologischen Metapher". Sie tun das zu Recht deshalb, weil wichtige Fragen der Ökologie, wie z. B. Umweltverschmutzung, Lärmbelästigung etc., die durchaus in der Umwelt der Adressaten/ Adressatinnen der Sozialen Arbeit eine große Rolle spielen, in ihrer Theorie nicht berücksichtigt werden. Umwelt wird von ihnen weitgehend als „soziale Umwelt" interpretiert.

Im Epilog zu ihrem Buch weisen sie darauf hin, dass die Sozialarbeit sich ständig evolutionär verändert. Daher sind sie der Ansicht, dass heute (gemeint ist 1999) Soziale Arbeit sich nicht nur an ökologischen Aspekten, sondern auch am Feminismus und am sozialen Konstruktivismus orientieren müsse. Damit weisen sie unausgesprochen darauf hin, dass die ökologische Perspektive nicht nur in der Gefahr steht, wichtige Aspekte zu vernachlässigen, sondern auch sich thematisch ins Unendliche auszuweiten. Wie erklärungsmächtig kann aber eine Theorie sein, deren Grundlagen sich so wenig präzisieren lassen?

15.2.2 Die ökosoziale Sozialarbeit

Wendt (1982; 1990; 2010) hat für Deutschland die ökologische Argumentation auf der Basis der Arbeiten von Germain/Gitterman aufgegriffen und theoretisch weiterentwickelt. Eine am „ökosozialen Prinzip" (Wendt 2010) ausgerichtete Soziale Arbeit kann seiner Ansicht nach einen Beitrag dazu leisten, dass Menschen mit ihrem Leben zurechtkommen, dass sie sich in ihrer ökosozialen Umwelt zurechtfinden und selbstständig leben können. Da die ökologische Denkweise nicht in dem Maße eindeutig und abgeschlossen ist, wie dies etwa die anderen wissenschaftstheoretischen Ansätze sind, versucht Wendt insbesondere in seinen grundlegenden Darlegungen aus dem Jahr 1990 die Komplexität seiner Position dadurch zu zeigen, dass er einige Begriffe relativ unsystematisch aneinanderreiht, um sie dann auf ihren möglichen sozialarbeitswissenschaftlichen Gehalt hin zu analysieren.

Theoretische Grundlagen

Ein zentraler Begriff bei Wendt ist der des Haushalts oder Haushaltens (Wendt 2010, S. 102).

> *„Die ökosoziale Theorie wählt den ‚Haushalt' zu seiner zentralen Kategorie, weil dieser Grundbegriff die Gestaltung und Bewältigung des Alltags im einzelnen an den Ertrag im ganzen Leben, an gesellschaftliche Kooperation und Verantwortung für die Natur im Haushalt der Schöpfung knüpft"* (Wendt 1990, S. 29).

Im Rahmen dieser „Haushaltsführung" müssen Menschen immer wieder den Kurs ihres Lebens bestimmen und neu ausrichten. Sie können dabei sowohl das positiv Erreichte als auch die bestehenden Probleme „bilanzieren" und dann entsprechend bearbeiten:

„Hin und wieder muß abgerechnet und die Bilanz des Erreichten gezogen werden. Individuell kann ein Tag daraufhin bilanziert werden, was er gebracht hat oder wieviel ein längerer Einsatz für eine Sache. Ältere Menschen bilanzieren ihr bisheriges Leben. Jüngere schätzen ihre Chancen ab. Im Beruf wird die Bilanz von Tätigkeiten beziehungsweise ihrer Ergebnisse gezogen. Soziale Einrichtungen bilanzieren ihre Aufwendungen und Erfolge, – oft unzulänglich und mit wenig überzeugenden Resultaten. Großunternehmen haben mit der sogenannten Sozialberichterstattung versucht, über den rein wirtschaftlichen Erfolg hinaus ihre Leistungen für die Beschäftigten und im weiteren Sinne für das Gemeinwesen zu belegen. Mit einer ökologischen Bilanzierung gesellschaftlicher Tätigkeiten stehen wir erst am Anfang. Aber sicher ist sie erforderlich wegen der zunehmenden Wechselwirkung von Tun und Lassen im Natur- und Sozialraum" (ebd., S. 29 f.).

Ganz im Sinne der modernen Biologie geht auch die ökosoziale Theorie von der Annahme der Selbstorganisation (Autopoiesis) aus. Demnach stellen sich Organismen selbst her und erhalten sich autonom. Ihre Selbsterhaltung geschieht als ein Prozess interner Determination: das System bezieht sich auf eigene Zustände (Selbstreferenzialität). Die zirkuläre Weise dieser Interaktion erlaubt eine Binnensteuerung und Stabilisierung des Systems, die Einflüsse aus der Umwelt nach eigener Maßgabe berücksichtigt (ebd., S. 34). Sozialarbeiter/innen haben demnach die Aufgabe, die Selbstorganisation der Klienten/Klientinnen und deren Umwelt zu verbessern. Dabei haben sie stets zu berücksichtigen, dass sie die Klienten/Klientinnen nicht selbstständig steuern können, sondern dass sie sich damit begnügen müssen, deren Eigenaktivität anzuregen.

Selbstorganisation und Umweltabhängigkeit treffen sich im Begriff der „Lebenslage". Dieser Begriff lässt sich nach Wendt sowohl als Lebensgeschichte und den daraus erwachsenden Perspektiven, der Umwelt und der Innenwelt interpretieren als auch – mit einem etwas anderen Bild – als Set aus Routinen, Chancen vor dem Hintergrund der gesellschaftlichen Suprastruktur und Infrastruktur:

„(1) Das Relief aus Ansichten, Bedeutungen und Wertungen, in dem die Lage ausgelegt wird, ist ein Produkt selbstorganisierter Einschätzung. Die Person bezieht autonom die auf die vier Dimensionen verteilten Gesichtspunkte aufeinander, und sie organisiert danach ihre Lebenssituation und deren fortlaufende Interpretation.
(2) Bei Auslegung ihrer ganzen Situation verwendet die Person das Resultat (die Lebenslage, auf welche sie sich versteht) als gegenwärtiges Saldo von Soll und Haben in ihrer inneren und äußeren Haushaltung (ihrer somatischen und sozialen Ökologie). (...)
(3) Die Lebenslage ist stets kontextabhängig. Personen und Familien setzen sich in der Gestaltung und Selbstorganisation ihres persönlichen Lebens ab

von anderen Menschen (man pflegt seine Differenz). Und sie suchen zugleich Übereinstimmung auf der Ebene gesellschaftlicher Geltung und allgemeiner Wertschätzung. Lebenslagen werden erwogen in einem sozialen Umfeld, unter kulturellen, ökonomischen und politischen Vorzeichen. Ökologisch bezeichnen sie differenzierte Feldzustände in der Gesellschaft. Meine Lebenslage erlaubt mir, subjektiv und objektiv betrachtet, in von mir und von der Umwelt prädisponierter Weise zu leben. Die Lage stellt die Ökologie meiner Verhältnisse und zugleich die individuelle Konkretion dar, in welcher die gesellschaftlichen Verhältnisse den Menschen „zum Zuge' kommen lassen" (ebd., S. 39).

Wie groß die Gestaltungsfähigkeit des Einzelnen bezüglich seiner ökosozialen Lage ist, beschreibt der Begriff der Nische.

„Nischen entstehen in einer Wechselwirkung von Akteur (Organismus) und Umwelt. Jürg Willi (1988) hat die Übernahme des Nischen-Begriffs aus der Biologie in das gesellschaftliche Leben damit begründet, daß der Mensch sich zwar jeder natürlichen Umwelt anpassen könne, in der konkreten menschlichen Gemeinschaft aber durch soziale Bedingungen und Normen und die kulturell bestimmten eigenen Vorstellungen beschränkt werde. Im soziokulturellen Rahmen gilt die Nische als ‚Wirkungsfeld einer Person'. Darin übernimmt sie Funktionen und Aufgaben und spielt ihre Rolle" (ebd., S. 51).

Arbeitsweisen und Methoden

Aufgabe des Sozialarbeiters/der Sozialarbeiterin ist es in diesem Ansatz vor allem, Ressourcen zu entdecken, Kompetenzen zu stärken und geeignete Netzwerke zur weiteren Unterstützung zu schaffen und zu pflegen.

„Der Sozialarbeiter hat den Auftrag, Verwicklungen und Störungen im System des Zusammenlebens zu beheben sowie Ressourcen aufzuspüren und mobil zu machen, die gegen schädigende Einflüsse und zum Ausgleich allfälliger Belastungen wirksam sind. Er kümmert sich um die soziale Subsistenz von Menschen im Netzwerk ihrer Beziehungen und ihrer Bedeutung wegen auch um die Netzwerke selbst, die den Lebensmöglichkeiten in der Gesellschaft im ganzen unterlegt sind" (Wendt 1982, S. 212).

Als konkrete Unterstützungsformen bieten sich hierbei an:

„(a) Instrumentelle Unterstützung, das sind direkte materielle und finanzielle Hilfen, praktische Mitwirkung und Pflege, auch stellvertretende Erledigung von Angelegenheiten;
(b) informelle Unterstützung, das sind Hinweise, Tipps und Ratschläge; allgemein handelt es sich um die Weitergabe von Wissen gegebenenfalls auch um Mitwirkung und Hilfe bei dessen Interpretation und Anwendung; letztere kann auch der
(c) Bewertungs-Unterstützung zugerechnet werden (‚appraisal support'): in vielen (Entscheidungs)Situationen sind Hinweise nützlich, wie Informationen und speziell selbstreflexiv gewonnene Urteile einzuordnen sind und die eigene

Lage einer Person relativ zu anderen Lagen einzuschätzen ist; man erhält Rückmeldung über sich und sein Verhalten;
(d) emotionale Unterstützung; dazu rechnen die vielzitierten ‚Streichel-Einheiten', Selbstwertbestätigung (esteem support), Zuneigung und einfühlsames Verhalten ebenso wie Möglichkeiten der Aussprache oder auch des Ausweinens;
(e) Unterstützung durch Zusammensein: partnerschaftliche und gemeinschaftliche Aktivitäten bestätigen und bestärken die Beteiligten; das sind objektive Unterstützung per Genossenschaft und subjektive Unterstützung im Gefühl der Einbettung. Allein schon die Anwesenheit anderer freundlicher Menschen erleichtert das Leben und das Ertragen von Belastungen" (ebd., S. 72 f.).

Unterstützung erfolgt dabei im Rahmen dreier Strategien:

1. Beeinflussung der Lebensführung

Aufgabe der Sozialarbeiter/innen ist es zunächst ganz allgemein, die Lebensführung der Menschen, die auf ungleichen Ressourcen basiert und daher ungleich ausfällt, so zu beeinflussen, dass ein zufriedenstellendes Leben möglich wird. Dabei geht es ökosozial gesehen nicht immer um eine völlige Veränderung der Situation der Klientel:

„Sie (die Sozialarbeiter/innen, d. V.) haben in dem bezeichneten Zusammenhang in erster Linie eine vermittelnde Aufgabe: Beratung ist Vermittlung von Information (Rat), materielle Beihilfen sind Vermittlung von Lebensunterhalt, therapeutische Verfahren stellen Vermittlungsprozesse dar, in denen sich eine neue Organisation der Lebensführung ergibt. Welche Ausgangsproblematik auch immer vorliegt, es ist etwas zu arrangieren, zu interpretieren oder einzurichten, wobei der transportierte, der eingerichtete Inhalt (eines gelingenden Lebens) von Sozialarbeitern nicht ausgedacht oder freischaffend hergestellt, sondern aus der gesellschaftlichen Praxis bezogen wird, die eigene Lebenspraxis und die der Klienten inklusive" (ebd., S. 107).

2. Intervention in Mentalitäten

Der Denk- und Handlungsrahmen einer Person wird ökosozial auch als „Mentalität" bezeichnet. Daraus ergibt sich die Aufgabe der Sozialarbeiter/innen, Mentalitäten, d. h. die geistig-seelischen Dispositionen, als Folge von Prägungen durch die soziale Umwelt zu beeinflussen, sodass sich daraus eine Verbesserung der Lebensbewältigung ergibt.

„Jeder Mensch muß sich, lebt er nicht mehr einfach mit überlieferten Anschauungen und Überzeugungen, in seiner Sinnes- und Denkart selber helfen. Er setzt sich mit sich und der Welt auseinander; er reflektiert seine eigene Verfassung in Blick auf die Gesellschaft und Natur, der er angehört. In der gleichen Rücksicht handelt der professionelle Helfer: Er gibt menschlich ein Beispiel, vertritt überlegte Meinungen, setzt sich für Werte ein, stimmt zu oder lehnt ab und begründet seine Haltungen. Es ist gewiß nicht die Sache eines Sozialarbeiters, eine bestimmte Ideologie sozusagen dienstlich zu vertreten (...)

Der beruflich Handelnde teilt sich im sozialen Feld aus einer bestimmten Mentalität heraus mit, – wissend, daß er auf eine Mentalität trifft, die ihm nicht erlaubt, neutral und gleichgültig zu bleiben. Sozialarbeiter sind, soll man sie in ihrem persönlichen Einsatz ernst nehmen, aktive Partner in Diskursen. Keine Meinungsbildner, aber Menschen mit Standpunkten, die sich personenübergreifend am sozial und ökologisch Vertretbaren messen" (ebd., S. 117).

3. Ökosoziales Management

Die Gestaltung des eigenen Lebens verlangt aus Sicht der ökosozialen Theorie ein konzeptionsorientiertes Handeln. Nach Wendt müssen nicht nur Betriebe, sondern auch Organisationen und Veranstaltungen gemanagt werden. Ein solches Management bleibt stets flexibel und prozessorientiert. Es bezieht sich aber nicht nur auf Institutionen, sondern auch auf das familiäre und soziale Leben, d.h. auch auf die Lebensführung im Sinne eines Selbstmanagement und Unterstützungsmanagements.

Insbesondere an der Praxis des Case Managements versucht Wendt dann seinen Ansatz des ökosozialen Managements zu verdeutlichen:

„Das Unterstützungsmanagement folgt gleich anderen Managementtechniken einer bestimmten allgemeinen Strategie: Erst wird die Lage eingeschätzt, problematisiert und analysiert, dann eine günstigere, erwünschte Lage simuliert (zur Zielsetzung), eine Entscheidung für das Vorgehen getroffen (decision making) und sodann das Beschlossene in einem Prozess der Durchführung kontrolliert vollzogen – mit begleitender Bewertung des Erfolgs und erneuter Einschätzung der jeweils erreichten Lage" (ebd., S. 125).

Relevanz

Wendt erweitert und präzisiert die Theorie von Germain/Gitterman um wichtige biologische, soziologische und ökonomische Begriffe, wie z.B. Selbstorganisation, Lebenslage, Netzwerke, Haushalt, Bilanzierung etc. Im Gegensatz jedoch zu deren stark „transaktional" ausgerichteten, offenen, Entwicklung begünstigenden Denkweise betont er vor allem die Bedeutung von Ordnungsstrukturen, wie z.B. „Haushalt", „Management", „Umsorge" etc. Daraus erwachsen drei Probleme:

1. Wendt rückt die Soziale Arbeit in eine eher dominierende und steuernde Rolle, eine Position, die dem ökologischen Denken gerade fremd ist. Den Grund dafür gibt Wendt im Rahmen seines 2010 erschienenen Buches an: Demnach sieht er nach seinen eigenen Angaben das „ökosoziale Prinzip" aus der Perspektive der Sozialwirtschaft.

*„Zentral für die Theorie der Sozialwirtschaft wurde der Grundsatz des Haushaltens in der öffentlichen, gemeinschaftlichen und individuellen Daseinsvorsorge, also eben das Paradigma, das den ökosozialen Ansatz kennzeichnet. Mit diesem Grundsatz wird Wirtschaften als eine **Ökonomie des Seins** erkennbar und von der **Ökonomie des Habens** unterscheidbar"* (Wendt 2010, S. 6, Hervorhebung i. O.).

"Die ökosoziale Theorie ist keine Bindestrich-Ökologie, von der es viele gibt, und nicht gleichzusetzen mit einer sozialen Ökologie, welche die Art und Weise studiert, wie sich die Gesellschaft zu ihrer natürlichen Umwelt verhält. (...) Ihr Gegenstand ist nicht die Umwelt und ihre Veränderung, vielmehr die Bewerkstelligung von Wohlfahrt" (ebd., S. 79).

2. Es gelingt Wendt nicht, die vielen Begriffe, die aus unterschiedlichsten (hermeneutischen, systemischen, ökologischen, empirischen etc.) Denktraditionen stammen, systematisch zu ordnen und aufeinander zu beziehen. So wird völlig Unvereinbares nebeneinandergestellt (z. B. die Begriffe Ordnung und Selbstorganisation) und damit verbundene Widersprüche werden nicht aufgelöst.

3. Damit wird auch deutlich, warum nach Wendt „der ökosoziale Ansatz und die ‚Philosophie' des humandienstlichen Case Managements affin" (2010, S. 170) sind. Jedoch gerade gegenüber einem managerialen Modell muss die Soziale Arbeit wachsam bleiben, denn eine solchermaßen gesteuerte Versorgung und Alimentierung von Klienten/Klientinnen (Wendt spricht in diesem Zusammenhang auch von „Führung" oder „Disposition", ebd., S. 171) kann sehr schnell in einen Widerspruch mit wichtigen ethischen Grundsätzen der Sozialen Arbeit, wie Selbstbestimmung, Dialog, Mitbestimmung etc., geraten und vergessen machen, dass eine sozialarbeiterische Hilfeleistung immer auf eine Beendigung von Hilfe zugunsten von Selbsthilfe abzielen muss.

15.2.3 Soziale Arbeit zwischen Lebensführung und Umwelt

Theoretische Grundlagen

Während einer der ersten programmatischen Aufsätze von Franz-Christian Schubert noch den Titel „Lebensweltorientierte Soziale Arbeit" (Schubert 1993) trägt, wird doch bereits in diesem frühen Text ansatzweise und in späteren Texten vollends deutlich, dass er – im Gegensatz zu Thiersch (siehe dazu Kap. 10.2.2) – einen sehr viel konkreteren Ansatz vertritt (Schubert 2014). Seine Interpretation des Begriffs Lebenswelt ist sehr viel stärker durch die Orientierung am Umweltansatz der Biologie nach Jakob Johann von Uexküll, dem Wegbereiter der modernen Ökologie, sowie am Systemdenken der modernen Systemtheorie und am Konstruktivismus orientiert.

Vor allem die Orientierung an einem eher biologisch-ökologischen Ansatz erlaubt es Schubert, die Lebenswelt stärker empirisch zu erfassen und als einen „Möglichkeitsraum" zu konstruieren, „in dem das Lebewesen immer Handlungsalternativen hat" (ebd., S. 168, siehe auch 2004, S. 144). Wichtige Grundmerkmale seines Ansatzes sind:

- Die Person aktualisiert sich in Situationen; diese bilden für das handelnde Subjekt das jeweilige momentane „Zentrum" (ebd., S. 174) seiner Lebenswelt und die Basis für eine „gelingende Lebensführung" (2014a, S. 1),
- „Lebenswelt und Mensch stehen ständig in einem strukturellen und dynamischen gegenseitigen Austausch- und Beeinflussungsverhältnis, in *Transaktion*" (ebd., S. 169, Hervorhebung i. O.),

- Lebenswelt und Systeme (Institutionen) können sich gegenseitig ergänzen oder behindern. Dabei tragen „Lebensführungssysteme", wie z. B. Familie, Freunde, Arbeit, Szenen etc., dazu bei, Anforderungen und Bedürfnisse „kognitiv-emotional" zu verarbeiten (2014a, S. 6).

Diese Prämissen bindet Schubert in eine „systemtheoretisch-ökologisch gefasste Konzeption" der Person-Umwelt-Transaktion ein, wobei er Umwelt ökologisch im Sinne von Urie Bronfenbrenner (1981) als Mikro-, Meso-, Exo- und Makrosystem interpretiert. Dabei handelt es sich um kein statisches, sondern um ein dynamisches Verhältnis, das von lebenserhaltender Bedeutung ist und dessen Zielzustand als optimale Anpassung „im Sinne eines ökologischen Fließgleichgewichtes" (Schubert 2004, S. 182) bezeichnet werden kann.

Um die Lebenswelt als Umwelt noch näher kategorisieren zu können, bietet Schubert eine Fülle an theoretischen Modellen an, die insbesondere den Gesundheitswissenschaften entnommen sind und die alle transaktional interpretiert werden können,

- den Lebenslage-Ansatz, der es erlaubt, förderliche Potenziale, Risiken und Behinderungen in der Lebenswelt und Lebensgestaltung zu identifizieren,
- das Belastungs-Bewältigungs-Paradigma, das es erlaubt, den Zusammenhang zwischen Belastungen und zu deren Überwindung notwendige Kompetenzen und Ressourcen zu beschreiben, sowie
- der Risikofaktoren-Ansatz, der es erlaubt, Risiken zu identifizieren und präventiv dagegen vorzugehen (siehe dazu auch Schubert 2004a).

Ziel des Gesamtansatzes ist es, „Kompetenzen zur Lebensbewältigung sowie die Lebensqualität selbst zu mehren und zu verbessern durch Optimierung der Transaktionen zwischen Person und Umwelt im Sinne einer Verbesserung von Wahrnehmung, Gestaltung, Nutzung, Entwicklung, Erweiterung und Pflege der Ressourcen von Person und Umwelt einschließlich einer angemessenen Einschätzung der Austauschprozesse selbst" (Schubert 1994, S. 49).

Arbeitsweisen und Methoden

Nach Schubert können keine absoluten Aussagen über den Zusammenhang von objektiven Problemlagen (Belastungen) und subjektiv erlebten Beeinträchtigungen (wie z. B. Stress etc.) gemacht werden. Die erfolgreiche oder nicht-erfolgreiche Bearbeitung von Lebensbelastungen hängt weitgehend davon ab, ob diese vom Individuum aktiv und so autonom wie möglich verarbeitet werden können. Die Beratung zur „Lebensführung" (2014a) wird somit die Kernaufgabe der Sozialen Arbeit, der es dabei gelingen muss, drei psychosoziale Muster zu erkennen und methodisch zu beeinflussen (2004, S. 206 f.):

- Individuelle Überzeugungs- und Deutungsmuster: Gleiche Bedingungen und Ereignisse lösen bei verschiedenen Menschen unterschiedliche Reaktionen aus. Die Soziale Arbeit hilft den Klienten/Klientinnen, mentale Muster zu entwickeln, die es erlauben, erlebte Schwierigkeiten und Belastungen als Herausforderungen zu betrachten und „biopsychosoziale Widerstandskräfte" aufzu-

bauen sowie „Kohärenzsinn", „Wirksamkeitsüberzeugung", „Selbstachtung" etc. zu entwickeln (Schubert 2004a, S. 192).
- Subjektiv eingeschätzte und individuell verfügbare und genutzte Bewältigungsmuster: Viele Menschen empfinden Ohnmacht angesichts der ihnen gestellten Aufgaben und Herausforderungen. Die Vermittlung der Erfahrung von „Selbstwirksamkeit" ermöglicht es den Klienten/Klientinnen, sich neuen und zusätzlichen Anforderungen zu stellen. Im Vordergrund der Arbeit steht somit die Unterstützung bei instrumentellen, kognitiven, palliativen oder emotionsregulierenden und sozial orientierten „Coping-Prozessen" (ebd., S. 180).
- Soziale Unterstützung: Das Leben vieler Klienten/Klientinnen der Sozialen Arbeit ist oftmals durch soziale Isolation negativ beeinflusst. Hilfe sollte sich also auch „sozial" konkretisieren, als emotionale, instrumentell-informative, instrumentell-praktische und materielle, geistige, integrative, Beziehungssicherheit gebende und Selbstwert stabilisierende Unterstützung. Der Aufbau und die Zurverfügungstellung von sozialen Netzwerken, Institutionen sowie die Schaffung von Formen der Selbsthilfe gelten als zentrale Aufgaben der Sozialen Arbeit.

Schubert will auf diese Weise ein Konzept schaffen, das sich nicht rückwärtsgewandt am „richtigen Leben" orientiert, sondern vorwärtsgewandt auf ein Leben hin ausrichtet, das dann gelingen kann, wenn Individuen – im Rahmen einer „reflexiv angelegten transaktionalen Beratung" (2014a, S. 10) – dazu befähigt werden, „sich selbst Zusammenhänge" zu schaffen.

„Damit erreichen sie ein höheres Maß an zukunftsorientierter Selbstbestimmung und Kontrolle über ihre Lebensführung und ihre Lebensumstände. Selbstorganisation, Netzwerkbildung, ökologisch orientierte Lebensweltgestaltung sind die zugehörigen Aktionsbegriffe. Es geht um eine Lebensführung, in der Kooperationsfähigkeit, Reflexionsfähigkeit und Durchhaltevermögen gefordert sind" (Schubert 2004, S. 47).

Relevanz

Mit seiner stark an Theorien und Methoden der modernen Gesundheitswissenschaften orientierten Theorie (Schubert 2004a, S. 140) bietet Schubert der Sozialen Arbeit die Möglichkeit, wichtige Erkenntnisse der modernen Ökologie und Systemtheorie aufzugreifen. Der Mensch als autonomes Wesen, das sein Leben aktiv und wirkmächtig innerhalb seiner sozialen und ökologischen Umwelt gestaltet, wird hier zum Ideal einer postmodernen Gesellschaft stilisiert, wobei der Erfolg oder Misserfolg des jeweiligen Lebens weitgehend von der kompetenten Nutzung der eigenen und externen Ressourcen abhängt.

Allerdings ergeben sich bei der Umsetzung der damit verbundenen Ziele zumindest zwei nicht unerhebliche Probleme:

1. Die Möglichkeit der Gestaltung der individuellen und sozialen Ressourcen darf nicht darüber hinwegtäuschen, dass soziale Unterstützung, wenn sie auf Dauer funktionieren soll, auch geplant und institutionell abgesichert werden

muss. Allerdings besteht die Gefahr, dass Hilfemaßahmen in gutgemeiner Absicht so ausgeweitet werden, dass die „Lebenswelten der Menschen immer mehr zu einem Subsystem degradiert werden und sich die Systemmechanismen immer weiter von den sozialen Alltagsstrukturen absetzen" (Schubert/Veil 2013, S. 4). Denn jede Form des Eingriffs in Lebenswelten kann dazu führen, dass der Wunsch der Klientel, autonom und selbstbestimmt zu leben, noch mehr unterdrückt und an die Anforderungen der Hilfesysteme angepasst wird. Ob die Soziale Arbeit, wie von Schubert/Veil vorgeschlagen, als vermittelnde „intermediäre Instanz" dazu in der Lage ist, „die Wiederverkoppelung der Lebenswelten und infrastrukturellen Systemwelten" zu betreiben (ebd., S. 9), erscheint fraglich, vor allem dann, wenn man zur Kenntnis nimmt, dass Sozialplanungen oftmals sehr stark z. B. von städtebaulichen und wirtschaftlichen Interessen bestimmt werden.
2. Schubert geht in seiner Theorie von einem Modell aus, dessen Umsetzung ganz explizit „auf der Basis eines transaktionalen, d.h. ökologisch-systemischen Wissenschafts- und Handlungsverständnisses" (Schubert 2014, S. 36) erfolgt. Dabei sollen insbesondere Prozesse des „Empowerment" und der „reflexiv gestalteten individuellen Befähigung" zur Verbesserung der „Entwicklungsförderung" und der „sozialen Integration" (Schubert 2014a, S. 10) beitragen. Welche Rolle dabei allerdings der Intervention in die Umwelt zukommt, wird nicht wirklich deutlich formuliert. Wenn Umwelt, wie Schubert sie definiert, so Heterogenes umfasst wie „die soziale (Nachbarschaft; Wohnviertel u. a.), und sozial-kulturelle Umwelt (soziale, gesundheitliche und Bildungseinrichtungen) sowie kulturelle Wertewelt und mediale Umwelt sowie rechtlich-institutionelle und ökonomisch-wirtschaftliche Gegebenheiten und Strukturen" und darüber hinaus „auch infrastrukturelle, verkehrstechnische, bauliche, technische und materiell-ökologische Umwelt" (ebd., S. 5), dann stellt sich die Frage, welche Rolle die Soziale Arbeit bei der Gestaltung dieser Aspekte spielen soll.

Auch hier zeigt sich also wieder das Dilemma einer sozialökologischen Sozialen Arbeit: In der Theorie gibt sie vor, Soziales und Ökologisches zu verbinden, in der Praxis aber wendet sie sich doch sehr stark den Individuen und Gruppen zu. Insbesondere Fragen, die die Meso- und Makrosysteme betreffen, bleiben außen vor, und auch die Frage nach den die konkrete Umwelt bedingenden politischen und ökonomischen Strukturen taucht hier nicht einmal ansatzweise auf. Dabei spielen sie – wie wir nicht erst seit dem Weltklimagipfel von Paris 2015 wissen – eine zentrale Rolle für die sozialökologische Perspektive und für die Lebenssituation der Klientel der Sozialen Arbeit.

15.3 Modelle der sozialökologischen Sozialen Arbeit

15.3.1 Ressourcenorientierte Beratung

Nach Beushausen (2010) hat der Begriff „Ressource" in den letzten Jahren Eingang in zahlreiche beraterische und therapeutische Konzepte gefunden. Darunter werden in einer sozialökologischen Perspektive nicht mehr ausschließlich nur die Stärken und Schwächen von Personen verstanden, die vielerorts in „Profilings" ermittelt werden. Ressourcen werden hier als Möglichkeiten betrachtet, die jemandem zur Verfügung stehen, um seine Problemlage innerhalb eines Kontextes zu beheben (Engel/Sickendiek 2004). Viele Kontexte enthalten unerkannte Ressourcen. Als wichtigste Ressourcen werden vor allem „Begabungen und Fähigkeiten" sowie „Bewältigungsstrategien" bezeichnet (Bürgi/Eberhart 2006, S. 182 f.).

Ressourcenorientierte Beratung geht ganz allgemein davon aus, dass „unsere Lebensführung, unsere Gesundheit, unser Wohlbefinden abhängig sind von der Verfügbarkeit und dem Einsatz von Personen und Umweltressourcen". Dabei beeinflussen sich „Kontextressourcen und persönliche Ressourcen" in einem „zirkulären Prozess" (Beushausen 2010, S. 288) und tragen zu einem wie auch immer gearteten Ergebnis der Passung bzw. Nicht-Passung bei. Die Bedeutung von internen, externen etc. Ressourcen wurde in vielen Untersuchungen, vor allem im Bereich der Gesundheitsförderung empirisch festgestellt.

Im Mittelpunkt der ressourcenorientierten Beratung steht der/die Ratsuchende als Experte/Expertin für sich und die eigene Lebensgestaltung. Menschen in schwierigen Situationen erhalten im Gespräch mit ihren Beratern und Beraterinnen die Gelegenheit, Wünsche und Ideen für eine bessere Zukunft zu beschreiben und Lösungswege zu entwickeln. Ausgangspunkt für eine ressourcenorientierte Beratung sind drei Prinzipien:

1. Respekt: Eine respektvolle Haltung gegenüber den Ratsuchenden ermöglicht diesen Offenheit bei der Schilderung ihrer eigenen Situation, ihrer Schwierigkeiten und Möglichkeiten etc.
2. Glaube an die Wirkmächtigkeit der Ratsuchenden: Die Beratenden sind der festen Überzeugung, dass die Betroffenen bereits über vorhandene Kompetenzen und Ressourcen verfügen, auch wenn sie diese im Moment nicht wahrnehmen oder einsetzen können.
3. Offenheit gegenüber Lösungen: Die Beratung geht von folgender Prämisse in Bezug auf die Ratsuchenden aus: „Handele so, dass du die Anzahl der Möglichkeiten vergrößerst!" (Heinz v. Foerster, in: ebd., S. 290).

In den verschiedenen Beratungseinheiten entsteht somit die Möglichkeit, Ressourcen aufzudecken und für den/die Betroffene/n wieder nutzbar zu machen. Es werden gemeinsam kleine konkrete Schritte erarbeitet, die der/die Ratsuchende tun kann, um eine gewünschte Veränderung zu erreichen. Beushausen gibt dazu folgende Hinweise (ebd., S. 291 ff.):

- Sicherheit schaffen: Zu Beginn einer Beratung geht es vor allem darum, die Ratsuchenden davor zu bewahren, in ihrer körperlichen, seelischen etc. Verfassung weiter beeinträchtigt zu werden. Wichtige hilfreiche Bezugspersonen müssen identifiziert und Risikoverhalten erkannt und minimiert werden.
- Alltag gestalten: Das Bemühen um eine „Wiederherstellung halbwegs strukturierter Lebenszusammenhänge" (ebd., S. 291) sorgt dafür, dass Klient/innen erste Erfolge der Beratung erkennen und zunehmend bereit sind, Veränderun-

gen im eigenen Verhalten, das möglicherweise ressourcenblockierend wirkt, umzusetzen.
- Affektkontrollen aufbauen: Die Ratsuchenden sollen erfahren, dass ihre Erregungen und Affekte kontrollierbar sind. Dazu werden Hilfen angeboten, die dazu beitragen, dass Stress abgebaut oder besser gemanagt werden kann.
- Krisensituationen identifizieren: Die Ratsuchenden erhalten Informationen, wie Krisen entstehen und vermieden werden können. „Die Klienten lernen, kognitiv zu verstehen, warum sie in bestimmten Situationen so reagieren und wieso ihre Reaktion, ihr Modus der Verarbeitung ‚nicht verrückt', sondern nachvollziehbar ist" (ebd., S. 292).
- Klassische Fragen zur Ressourcenentwicklung stellen: Hier bieten sich vor allem konkrete Fragen, Skalierungsfragen etc. an, wie z. B.
  - „Was hat Ihnen Freude gemacht?"
  - „Welches Verhalten von anderen hat Ihnen geholfen?"
  - „Welche Stärken hatten Sie? Welche würden Sie gerne ausbauen?"
  - „Was hat Sie im Leben bewegt und inspiriert?"
  - „Wie gut geht es Ihnen heute, und womit hängt das zusammen?" etc.
- Restitution geminderter Ressourcen: Nicht immer können Ressourcen wiederbelebt werden, hier ist vor allem auf die Bedeutung des Potenzials von Netzwerken, Selbsthilfegruppen und sozialpolitischen Aktivitäten hinzuweisen.

Die Interventionen der Berater/innen dienen dann vor allem dazu, Ratsuchende so zu beeinflussen, „dass sie fähig werden, sich selbst auf einen für sie günstigen Weg zu begeben" (Bürgi/Eberhart 2006, S. 203), z. B. dadurch, dass

- Umwelten und Settings so beeinflusst werden, dass die „Ressourcen des Individuums maximal zur Geltung kommen" können,
- Personen so unterstützt werden, dass sie Umwelten und Settings optimal nutzen können,
- Personen- und Umweltressourcen gegenseitig gestärkt werden (Nestmann 2007, S. 732).

Wichtige Interventionsformen dienen vor allem als Information, als Ermutigung, als Wegbereiter, als kognitive Landkarten und zur Initiierung neuen Verhaltens (ebd., S. 205 ff.).

15.3.2 Systemische Sozialberatung

Die Erkenntnis, dass in modernen Gesellschaften soziale Systeme eine wichtige Funktion wahrnehmen, ist vor allem vom amerikanischen Soziologen Talcott Parsons (1973) entwickelt worden. Die moderne Gesellschaft kann demnach ihr Dilemma, das darin besteht, dass sie für ihren Erhalt sowohl „dynamisch" als auch „stabil" zugleich sein muss, nur dadurch lösen, dass sie bestimmte Funktionen, die von besonderer Bedeutung sind, in Systeme auslagert, wie z. B. Wirtschaft, Recht, Familie etc.

Die Situation einer Gesellschaft hängt dann nur noch vom richtigen Zusammenspiel dieser sozialen Systeme ab, die insbesondere drei Funktionen erfüllen können:

1. eine allgemeine Funktion im Rahmen einer gesamtgesellschaftlichen Aufgabe (z. B. die Familie als System zur Erziehung der Kinder),
2. eine Teilfunktion im Sinne einer Übernahme konkreter Leistungen für andere soziale (Teil-)Systeme (z. B. übernimmt die Familie eine bestimmte Zuarbeit in Bezug auf die Schule) und
3. eine selbstreferenzielle (auf sich selbst bezogene) Funktion zur Durchführung von Aufgaben, die der Erfüllung ihrer eigenen Identität dienen (z. B. sorgt die Familie für ihr eigenes Wohlbefinden etc.) (zusammenfassend: Brunkhorst 1983, S. 203 ff.).

Um die Wirkweise eines Systems zu erkennen, kann neben einem ganzheitlichen auch ein analytisches Verfahren (Rapoport 1986) angewandt werden. Dabei untersucht man die Bestandteile eines Systems einzeln und in ihrem Zusammenwirken und kann so die Funktion und Wirkungsweise des Gesamtsystems verstehen. So hat z. B. René König (2002) versucht, die Funktionsfähigkeit des Systems Familie aus dem gelungenen Zusammenspiel der väterlichen („instrumentellen") und mütterlichen („expressiven") Rolle zu erklären.

Soziale Arbeit kann also diesen (strukturfunktionalistischen) Systembegriff vor allem dazu nutzen, um die Problemlagen der Klientel differenzierter (als Teil eines Ganzen) zu betrachten, Zusammenhänge zwischen unterschiedlichen Einflussfaktoren zu erkennen und die Sozialarbeiter/innen für die Schwierigkeit der Interventionsgestaltung zu sensibilisieren.

„Systemische Herangehensweisen zielen immer auf die Analyse und Beeinflussung von Beziehungen ab: Beziehungen zwischen sozialen Systemen (Einzelpersonen, Familien, Gruppen, Institutionen) und ihrer Umwelt. Ihrer intermediären Funktionen entsprechend ist die Soziale Arbeit für das ganze Netz sozialer und institutioneller Beziehungen der Klienten zuständig. Die systemtheoretische Annahme, dass nicht die Einzelperson (oder einzelne Institution) das Problem darstellt, sondern die Wechselwirkungen zwischen ihr und ihrer Umwelt, ihre Relationierung, bildet die theoretische Grundlage für die ganzheitliche, lebensweltorientierte und sozialökologische Ausrichtung der Sozialen Arbeit" (Heiner 2004, in: Hosemann/Geiling 2013, S. 133).

Vor dem Hintergrund von drei „Sammelbegriffen" hat vor allem Lüssi (2001) versucht, „systemtheoretische Perspektiven für die Sozialarbeit" (ebd., S. 65 ff.) im Sinne von Parsons nutzbar zu machen.

Systemzugehörigkeit
Jeder Mensch ist immer wieder Systemangehöriger, insofern „als er handelnd interagiert mit den anderen Systemangehörigen, in seiner *Rolle* also. Er muss verschiedene Rollen spielen, um sein Leben zu bewältigen – eben weil er auch vielen Sozialsystemen angehört" (ebd., S. 65 f.). Unterschieden wird dabei in Supra- und Subsysteme; Systemgrenzen definieren die Trennungslinie zwischen System

und Umwelt. Menschen sind prinzipiell systembedürftig, müssen sich aber, um dem System angehören zu können, systemkonform verhalten.

Systemfunktionalität
Jedes Sozialsystem erfüllt einen gemäß den gegebenen Verhältnissen systemindividuellen Zweck, übt also eine bestimmte Funktion aus. Entsprechend lassen sich die Handlungen der Systemangehörigen als funktionell oder auch dysfunktionell bezeichnen. Unterschiedliche System-Dysfunktionalitäten sind:

- *Funktionsausfall*, wenn ein/e wichtige/r Systemangehörige/r fehlt und das System seine Funktion nicht mehr erfüllen kann (z. B. Chef im Betrieb, Vater in der Familie, Ehepartner in der Ehe etc.);
- *Fehlfunktion*, wenn das System seinen vom Systemsinn gegebenen Systemzweck nicht mehr erfüllt (z. B. Familie trägt nicht zur Entwicklung der Kinder bei etc.);
- *Funktionskonflikt*, wenn entscheidende Systemangehörige gegeneinander handeln (z. B. Vater gegen Mutter etc.).

Der Sozialarbeit kommt hier die Aufgabe zu, das betreffende *Problemsystem* wieder zu funktionalisieren (ebd., S. 70 f.).

Systembeziehung
Darunter versteht Lüssi „die Relation zwischen zwei oder mehreren Systemen, die nicht Sub- und Suprasysteme voneinander sind" (ebd., S. 71). Hier lassen sich kongruente und inkongruente Systembeziehungen unterscheiden. Negative Systembeziehungen können unterschiedliche Ausprägungen aufweisen:

- mangelnde Systembeziehungen sind durch den Ausfall von Beziehungen gekennzeichnet;
- zweckfremde Systembeziehungen widersprechen dem Zweck mindestens eines der beteiligten System;
- Systemkonflikte führen dazu, dass sich die Systeme gegenseitig in ihrem zweckentsprechenden Funktionieren behindern (ebd., S. 73).

Die Aufgabe der Sozialarbeit ist das Lösen von Problemen, die sich insbesondere anhand der Merkmale Not und subjektive Belastung identifizieren lassen. Dabei wird deren Ursache systemisch als „eine (negative) soziale Relation bzw. einen Komplex von Relationen, kurz: als ein Systemphänomen" (ebd., S. 89) und als Folge der „defizitären und konflikthaften sozialen (persönlichen, materiellen, rechtlichen) *Beziehungen*, in denen die betreffende Person steht" (ebd.), betrachtet. Um die Probleme zu bewältigen, besteht die Notwendigkeit, alle am jeweiligen Problem Beteiligten bezüglich ihrer Position und Funktion zu betrachten und so auszurichten, dass Lösungen möglich sind. Die Leistungen der Sozialarbeit liegen dann insbesondere

- in der individuellen Zuteilung sozialer Ressourcen
- im Lösen sozialer Konflikte unter Gesellschaftsangehörigen und
- in der sozialen Integrationshilfe für deviante Personen.

Charakteristisch für die durch die systemische Sozialarbeit nach Lüssi bewirkte soziale Problemlösung sind insbesondere deren „offene Prozesshaftigkeit, deren Banalität und Komplexität, das Arbiträre, die Optimierung im Negativen sowie das Paranormale" (ebd., S. 130 f.). Vor diesem Hintergrund entwickelt Lüssi schließlich eine sehr praxisbezogene Darstellung der Mittel und Methoden der Sozialarbeit.

„Der Sozialarbeiter versteht das soziale Problem und die soziale Problemlösung primär unter systemischen Gesichtspunkten: in den Kategorien der Systemzugehörigkeit, Systemfunktionalität und Systembeziehung. (…) Er sieht den einzelnen Menschen als systembestimmten und systembedürftigen sozialen Rollenträger in der Beziehung zu anderen Menschen, die ebenso wie er eine Rolle innerhalb sozialsystemischer Zusammenhänge spielen. (…) Er fasst die soziale Problemlösung als eine Neu- bzw. Umorganisation sozialer Zusammenhänge auf, als soziale Systemfunktionalisierung" (ebd., S. 219 f.).

Natürlich handelt es sich hier um einen wichtigen Ansatz für die Soziale Arbeit, der häufig im Rahmen von Hilfekonferenzen und Netzwerkinterventionen verwendet wird. Dieser Ansatz setzt allerdings voraus, dass die jeweils vorliegenden Problemstellungen „trivial", d. h. einer einfachen Lösung zugänglich sind.

Weil Lüssi, wie bereits angemerkt, seine Sozialarbeit auf der Systemtheorie von Parsons aufbaut, bekommt sie eine stark systembewahrende Ausrichtung. Sozialarbeiter/innen sind offensichtlich vor allem dazu da, fehlende Systemzugehörigkeiten festzustellen und dann die betreffenden Systeme wieder „in Ordnung" zu bringen.[53] Aber könnte es im Rahmen sozialarbeiterischer Aufgabenstellungen nicht auch einmal sinnvoll sein, Systeme in Unruhe zu versetzen bzw. dazu anzuregen, ihre Probleme autonom zu regeln?

15.3.3 Ökosoziales Case Management

Allgemeine Grundlagen

Das Modell des Case Management[54] ist heute sowohl im Ursprungsland, den USA, wie auch in allen anderen modernen Gesellschaften im Bereich des Sozial- und Gesundheitssystems nicht mehr wegzudenken (zusammenfassend: Neuffer 2002, S. 38–48). In der Sozialarbeit in Deutschland wurde die Diskussion darüber vor allem durch Lowy (1988) und Wendt (1995) vorangetrieben. Insbesondere seit den 1990er Jahren wird Case Management auch im Zusammenhang mit der Umgestaltung des Sozial- und Gesundheitssystems zunehmend rezipiert und diskutiert. Case Management wird dabei als ein die Sozialarbeit überschrei-

---

53 Dass sich eine solche Sozialarbeit auf der Grundlage einer Soziologie der 1950er Jahre heute noch in einem so erstaunlichen Maße „verkaufen" lässt (das Buch erscheint immerhin in der 5. Auflage), mag insbesondere angesichts der bekannten Kritik am Strukturfunktionalismus von Parsons verwunderlich erscheinen.
54 In Großbritannien findet seit 1993 die Bezeichnung „Care Management" Verwendung (siehe dazu Lloyd 2002, S. 159–168).

tender „zentraler Lösungsansatz für die vielfältigen Versorgungs- und Steuerungsprobleme in modernen, komplexen und hochgradig arbeitsteiligen, damit zumeist auch ineffizienten Sozial- und Gesundheitssystemen" (Ewers 2000, S. 30) angesehen.

Case Management kann außerdem auch als Reaktion auf den hohen Innovationsdruck gewertet werden, der zunehmend auf den einzelnen Leistungserbringern und den Kostenträgern lastet, ein Druck, der in den USA bereits in den 1980er Jahren vorhanden war und der auch insbesondere darauf beruhte, dass zahlreiche stationäre Einrichtungen aus grundsätzlichen Überlegungen aufgelöst und auf diese Weise neue Formen der ambulanten Betreuung erforderlich wurden (siehe zusammenfassend: Schaitl 2001).

„Numerous problem-centered legislative actions, such as the Mental Health Act, Comprehensive Health Services Act, Office of Economic Opportunity, and Model Cities legislation attempted to bring together previously separated programs in medicine, welfare, mental health and planning to function in harmony" (Amado et al. 1989, S. 2).

Dabei spielte vor allem der Gesichtspunkt der Kostenkontrolle eine wichtige Rolle (ebd., S. 4).

Insgesamt unterscheidet das Modell Case Management wichtige Funktionen (1) und Handlungsschritte (2) (Ewers 2000a, S. 63 ff.):

(1) Funktionen des Case Management

- Anwaltschaftliche Funktion (Advocacy): Im Rahmen dieser Funktion übernimmt der/die Case Manager/in die Aufgabe, Menschen zu unterstützen und zu begleiten, die angesichts konfliktträchtiger Lebenssituationen oder Lebensverläufe nicht in der Lage sind, ihre persönlichen Interessen geltend zu machen. Die anwaltschaftliche Unterstützung soll hier dazu beitragen, dass die Betreffenden ihre Bedürfnisse erkennen und bemerkbar machen und entsprechende Hilfen auch tatsächlich erhalten. Zugleich wird das Ziel verfolgt, Lücken im Versorgungssystem aufzudecken und damit zu einem klientengerechten System beizutragen.[55]
- Broker-Funktion: Dies stellt eine Antwort auf die Unübersichtlichkeit und Desintegration moderner sozialer Dienste dar. Case Management dient hier der Vermittlung zwischen den Nutzern/Nutzerinnen und Anbietern sozialer Dienstleistungen. Wichtig ist hier, dass der/die Case Manager/in nicht bei einem der Dienste angesiedelt ist, sondern aus einer neutralen Funktion heraus agiert. In diesem Marktmodell werben verschiedene teilweise gleichwertige, teilweise andersartige Dienste um die Klientel, sodass diese angesichts der Unüberschaubarkeit bei der konkreten Auswahl geschützt bzw. beraten werden muss.

---

55 Anwaltschaftlichkeit (advocacy) wird teilweise auch als eigenständiger Ansatz vertreten, so z. B. Rieger (2003).

- Gate-Keeper-Funktion: Diese selektierende Funktion zielt auf die optimale Zugangssteuerung zu den einzelnen Diensten und Versorgungssystemen und ist deshalb insbesondere im medizinischen Bereich von Bedeutung. Gate Keeper vertreten dabei die Belange einer größeren sozialen Gemeinschaft (der Steuerzahler/innen, der Versicherungsnehmer/innen etc.). Das Assessment dient vor allem dazu, zu entscheiden, welche Hilfen, wirklich erforderlich sind. Darüber haben sie „(...) die Aufgabe, die für eine Versorgung notwendigen Mittel bei den diversen Kostenträgern zu akquirieren und anschließend eine ausgabenorientierte Steuerung des gesamten Versorgungssystems vorzunehmen" (Ewers 2000a, S. 70).

Natürlich finden sich in der Praxis diese drei Funktionen selten in reiner Form und gemeinsam vor. Meistens werden die verschiedenen Funktionen – je nach Ausrichtung – unterschiedlich vermischt. Entsprechend gestaltungsbedürftig und unterschiedlich fallen die einzelnen Formen dann aus. Entscheidend ist jedoch nach Roberts-DeGennaro, dass insbesondere vier wichtige Aspekte beachtet werden: Empowerment, Kundenorientierung, Wirtschaftlichkeit und Qualität (Roberts-DeGennaro 1993, S. 111).

(2) Handlungsschritte im ökosozialen Case Management
Im Rahmen des ökosozialen Ansatzes von Wendt (1990) geht es vor allem darum, in einer Problemlage sowohl effektiv als auch kostengünstig zu helfen (ebd., S. 154).

„Dem Verfahren liegt die doppelte Annahme zugrunde, daß (erstens) Hilfsbedürftige regelmäßig eine Mehrzahl an Schwierigkeiten aufweisen und daß es (zweitens) im persönlichen Beziehungsfeld, im Wohngebiet, in einer Kommune eine Menge Unterstützungsmöglichkeiten gibt. Case Management erschließt die verstreuten, dem Klienten oft unbekannten oder ihm alleine nicht erreichbaren Ressourcen situations-, beziehungsweise problembezogen, und es beteiligt nach Absprache die Dienste und Einrichtungen an der Bewältigung des Problems beziehungsweise der Situation" (Wendt 1990, S. 153).

Bezüglich des Ablaufs des Case-Management-Prozesses unterscheidet Wendt sechs Schritte (ebd., S. 151 ff.):

1. Findephase
2. Einschätzung und Bewertung (Assessment)
3. Planung und Ressourcenvermittlung
4. Management der Durchführung von Unterstützung
5. Kontrolle und Evaluation
6. Beendigung.

Nach Galuske darf sich die Tätigkeit der Sozialarbeiter/innen dabei nicht allein auf mögliche Verhaltensänderungen des Klienten/der Klientin begrenzen; Kern ihrer Arbeit besteht vor allem in der „(...) Ermittlung, Konstruktion und Überwachung eines problematischen Unterstützungsnetzwerkes, zu dem sowohl die informellen sozialräumlichen Ressourcen (Familie, Nachbarn, Freunde, vorhandene Infrastruktur) gehören, als auch die formellen Angebote des (sozialen) Dienstleistungssektors" (Galuske 2002, S. 197).

Dabei muss man sich allerdings im Klaren sein, dass das Modell zwei Schwierigkeiten nicht ohne Weiteres beheben kann:

1. kann es die Sozialarbeiter/innen bei entsprechend wenig Mittel und schwacher Infrastruktur in ein Dilemma führen, da sie die Belange ihrer Klientel, und natürlich auch die Belange ihrer Organisation zu berücksichtigen haben,[56]
2. führt es dort, wo, wie in Deutschland, die Situation der sozialen Dienste durch unterschiedlichste Hilfeangebote und vielfältige Trägerstrukturen, sensiblen Datenschutz etc. gekennzeichnet ist, häufig zu Erschwernissen bei der Koordination der verschiedenen Leistungen.

Insofern muss sich erst noch zeigen, ob sich in einer durch Subsidiarität geprägten Landschaft via Case Management eine bessere Koordination von Versorgungsangeboten und eine stärkere Ausrichtung der Leistungen an Kriterien der Ergebnisorientierung erzwingen lässt, wie dies z. B. Reinald Faß mit seinem „Modell eines ‚dominant steuernden' Case Management" (2009, S. 429) behauptet. Dort sollen „Organisationssysteme die Hilfeerbringung ordnen, bündeln und Hilfeerbringung durch ihre systemeigene Operationsweise von dem sozialen Engagement einzelner Personen unabhängig machen" (ebd., S. 432). Trotzdem scheint auch in Deutschland eine ernsthafte Auseinandersetzung mit dem Case/Care Management unausweichlich zu sein:

„Die Bilanz fällt zwar sehr gemischt aus, aber ein Zurück zu einer Situation, in der Sozialarbeiter ethisch-moralisch sensibilisiert in einen Beruf entlassen werden, in dem ihre Qualifikation vorrangig an einer wenig gerahmten situativen Handlungskompetenz zu messen ist – ein solches Zurück wird es nicht geben. Formalisierungen wie das Case/Care Management können daher nur gestaltend angenommen werden. Sie erduldend hinzunehmen ist ein Akt der Selbstaufgabe" (Hansen 2005, S. 123).

Damit Case Management ein sozialarbeiterisches Modell bleibt bzw. wird, sind vor allem „Beziehungsarbeit, eine größere Sensibilität hinsichtlich psychischer Bedürfnisse und Prozesse, die soziale Probleme begleiten, ein dynamischeres Verständnis von den Systemen, in denen sich die Betroffenen und der Case Manager beggnen und sich auseinandersetzen sowie das Nutzbarmachen von Flexibilität und Eigenverantwortung bei den KlientInnen und die sie umgebenden Ressourcensysteme" (Neuffer 2002, S. 41) erforderlich. Leitlinien des Case Ma-

---

56 So formuliert z. B. Lloyd (2002): „How to negotiate user choice and creative responses to need in a resource constrained environment? How to maintain the therapeutic elements of the professional relationship in a service delivery culture of measurable outcomes, weighed down by bureaucratic procedure? How to provide continuity and attend to longer term processes in a system which appears to disrupt the dynamic interplay between assessment and intervention which social work has carefully nurtured?" (Lloyd 2002, S. 162).

nagement sollten daher die „traditionellen Werte" der sozialen Arbeit wie „Selbstbestimmung, Würde und gegenseitige Verantwortung" (ebd., S. 42) sein. Inwieweit diese allerdings angesichts des zunehmenden Trends zur Budgetierung der Leistungen und zur Schaffung von Anreizsystemen zur Leistungsbegrenzung ein Gegengewicht bilden können, muss erst die Zukunft zeigen.

15.3.4 Aufsuchende Sozialarbeit

Unter aufsuchender Sozialarbeit wird heute im Wesentlichen eine Vorgehensweise verstanden, bei der die Sozialarbeiter/innen im Alltag ansetzen, dann aber nicht nur in kritischer, sondern auch dienstleistungsorientierter Absicht das Lebensumfeld ihrer Zielgruppen aufsuchen und konkret vor Ort, an deren informellen Treffpunkten Unterstützung anbieten. Ihren Ausgangspunkt nahm dieses Modell als „Streetwork" bezeichnet in den 1920er Jahren in den USA. Dort ging es zunächst vor allem darum, einen nicht-repressiven Zugang zu jugendlichen Gangs zu bekommen und deren Probleme als Probleme des Gemeinwesens zu bearbeiten. Ähnliche Ansätze wurden seit den 1960er und 1970er Jahren in der Schweiz, in Holland und schließlich auch in Deutschland erprobt (Gusy et al. 1994, S. 36–64).

Dabei wurde die Konzentration auf die Zielgruppe „Jugendliche" zunehmend aufgegeben und auf andere, als marginalisiert geltende Zielgruppen ausgeweitet, wie z. B. Drogensüchtige, Prostituierte, Kinder auf der Straße, Obdachlose etc., von denen angenommen wurde, dass sie nicht von sich aus auf Sozialarbeiter/innen zugehen, Kontakt aufnehmen und somit Zugang zu bestehenden Hilfeangeboten finden.

„Streetwork ist eine Kontaktform im Sinne aufsuchender Arbeit. StreetworkerInnen arbeiten nicht (nur) in den Räumen einer Institution, sondern begeben sich (auch) in das unmittelbare Lebensumfeld ihrer Zielgruppe, indem sie deren informelle Treffpunkte aufsuchen: Straßenecken, Scenetreffs, Parks, öffentliche Plätze, Ladenpassagen, Fußgängerzonen, Spiel- und Bolzplätze, Schulhöfe, Kneipen, Discos, Spielcenter sowie teilweise auch Privaträume und Wohnungen" (Gref 1995, S. 13).

Aufsuchende Sozialarbeit umfasst in der Regel ein breites Spektrum an Tätigkeitsaspekten (siehe dazu Gusy et al. 1990 sowie Gusy et al. 1994, S. 334–339)

1. Aufbau und Pflege eines Kontaktnetzes in der Szene
   Hier geht es darum, Zugang zur jeweiligen Szene zu bekommen und aufrechtzuerhalten. Dazu ist es wichtig, dass der Sozialarbeiter/die Sozialarbeiterin differenzierte Formen des Zugangs unterscheidet (defensiv: auf sich aufmerksam machen, offensiv: auf die Betroffenen zugehen) sowie durch Präsenz und einfache Unterstützungsleistungen sich bekannt und nützlich zu machen versucht.
2. Aufbau und Pflege eines institutionellen Netzes
   Nur durch vielfältige Kontakte und Zugang zu Ressourcen kann der Sozialarbeiter/die Sozialarbeiterin für seine/ihre Klientel tatsächlich von Nutzen sein.

Deshalb spielt die Konstruktion eines soliden Netzwerks eine außergewöhnlich wichtige Rolle.
3. Primäre Prävention
Aufgrund der Tatsache, dass Streetworker/innen immer wieder mit Personen zusammentreffen, die vielfältigen Risiken ausgesetzt sind (z. B. sexuellem Missbrauch, AIDS-Infektion, Verwahrlosung etc.), gilt es, sowohl in persönlichen Gesprächen mit Betroffenen und Risikogruppen, aber auch im Rahmen von Präsentationen und Vortragsveranstaltungen z. B. im Bereich der Schule falsche Sichtweisen und Vorurteile zu korrigieren und Wissensstände zu aktualisieren.
4. Beratung und Betreuung
Aufgrund ihrer Nähe zum Alltag der Betroffenen können die Sozialarbeiter/-innen schnell und effektiv auf Krisensituationen reagieren und bei aktuellen Problemen konkrete Unterstützung in Form von Besuchen, Reaktivierung von Freundeskreisen, Organisation eines familiären Unterstützernetzes etc. organisieren.
5. Allgemeine psychosoziale Arbeit
Sozialarbeiter/innen sollten in der Lage sein, die vielschichtigen Probleme der Klientel ganzheitlich zu betrachten und auch autonom durchgeführte Prozesse der Information, der Beratung und Unterstützung sowie der Begleitung (auf Ämter etc.) anzubieten und durchzuführen.
6. Szeneinteressenvertretung
Da die Klientel selbst oftmals (zumindest anfänglich) nicht in der Lage ist, sich öffentlich oder politisch zu artikulieren, müssen Sozialarbeiter/innen deren Interessen artikulieren, sodass „1. Ihre Zielgruppe nicht ausgegrenzt wird, 2. Szeneinteressen Gehör finden, 3. materielle Lebensumstände der Szene verbessert und 4. ihre soziale Infrastruktur gestärkt wird sowie 5. individuelle Interessen von Szeneangehörigen Berücksichtigung finden" (Gusy et al. 1990, S. 51).
7. Institutionelle Innovation
Die Auseinandersetzung mit den Bedürfnissen und Interessen der Klientel auf der Straße sollte auch dazu beitragen, infrastrukturelle Versorgungsdefizite abzubauen oder bestehende Hilfeangebote zu optimieren.

Wie dieses Aufgabenspektrum im Einzelnen konkret zusammengeführt werden muss, wird allerdings nicht klar ausgeführt. Nach Gref bedienen sich Streetworker/innen häufig der „Einzelfallhilfe", der „Gruppen- und Clubarbeit" und „arbeiten viele Projekte explizit gemeinwesenorientiert" (Gref 1995, S. 13).[57] Offensichtlich werden bei diesem Modell – ausgehend von der Problematik, gewisse Zielgruppen überhaupt zu erreichen – verschiedene Prinzipien und Arbeitsweisen der Sozialen Arbeit in einer neuen Form zusammengeführt, wobei die Prinzipien „Erreichbarkeit", „Niedrigschwelligkeit" und „Parteilichkeit" im Zentrum der Bemühungen stehen.

---

57 Wie Gref insofern zur These kommt, Streetwork bezeichne eine „methodische Vorgehensweise innerhalb verschiedener Praxisfelder" (Gref 1995, S. 13), bleibt unverständlich.

Vergleicht man das Modell Streetwork mit dem Empowerment- bzw. Gemeinwesenansatz, so wird deutlich, dass die lebensweltnahe Situierung von Streetwork die Gefahr in sich birgt, dass diese Form der Hilfe einen stark betreuerischen, möglicherweise sogar kontrollierenden Charakter erhalten kann, bei dem die Sozialarbeiter/innen vielfach stellvertretend handeln, dadurch jedoch mehr zur Befriedung der momentanen Interessen ihrer Klientel als zu deren Weiterentwicklung beitragen. Es handelt sich somit um ein Modell, das sich durch einen Versuchs- und Wagnischarakter auszeichnet, innerhalb dessen die Rolle der Sozialarbeiter/innen diffus bleibt (Kahl 1995). Diese Schwächen müssen allerdings akzeptiert werden, wenn man Zielgruppen erreichen will, die wir heute oftmals als „vergessene Existenzen", bezeichnen und die eine aufdeckende und einmischende Sozialarbeit erforderlich machen.

15.4 Sozial-ökologische Methoden und Techniken

(1) Ressourcenorientierte Diagnostik

Eine differenzierte Ressourcenerfassung und -aktivierung bildet die Grundlage für eine gezielte Bearbeitung der Probleme der Klientel. Außerdem bewirkt Ressourcenaktivierung „auch unabhängig von der störungsspezifischen Problembearbeitung eine Verbesserung des Wohlbefindens der Klienten" (Klemenz 2003, S. 17). Klemenz unterscheidet im Rahmen seiner Taxonomie Personressourcen (d. h. physische, psychische und soziale Ressourcen) und Umweltressourcen (d. h. ökonomische und ökologische Ressourcen).

Eine solche Ressourcendiagnostik ist „multimodal". Im Rahmen der Ressourcenerfassung werden stets verschiedene Methoden angewendet, wie z. B. „ressourcenorientierte Explorationen von Eltern, Lehrern, Jugendlichen oder Kindern, Erstellung von Ressourcenkarten als Hausaufgabe, Verhaltensbeobachtungen unter der Einnahme einer Ressourcenperspektive oder ressourcenorientierte Testdiagnostik" (ebd., S. 134). Außerdem geschieht sie auch „situationsspezifisch" (ebd., S. 135), d. h. innerhalb wichtiger Lebenssituationen der Klienten/Klientinnen um mögliche Ressourcen möglichst genau eruieren zu können. Eine solchermaßen durchgeführte Ressourcendiagnostik bietet dann sofort wichtige Hinweise und Ansatzpunkte für den gezielten Ausbau der Stärken der Klienten/Klientinnen und dem Neuaufbau von Ressourcen. Zahlreiche Beispiele zur Ressourcendiagnostik bei Kindern und Jugendlichen stellt Klemenz (2003, siehe auch Lenz 2008) detailliert vor.

(2) Genogramm

Beim Genogramm handelt es sich um eine Art „Stammbaum" eines Familiensystems, der sich über verschiedene Generationen hin erstreckt. Dabei werden „jeweils von zwei Personen ausgehend, die gegenwärtig ein Paar sind, mindestens zwei Zweige von Generationen zu einem neuen holistischen System verbunden"

(Stimmer 2012, S. 105). Die theoretische Annahme dabei ist, dass die gesamte Familie und vor allem auch die Vorgenerationen Einfluss auf eine bestimmte Situation ausüben. Genogramme können konflikt- und ursachenorientiert oder auch ressourcen- und stärkenorientiert untersucht werden. Schwierigkeiten können sich vor allem dort ergeben, wo Biografien sehr brüchig und konfliktreich verlaufen sind. Sozialarbeiter/innen bietet die Arbeit mit Genogrammen die Möglichkeit, an zusätzliche, ergänzende Daten und Erkenntnisse zu gelangen und sich so ein Gesamtbild einer biopsychosozialen Situation eines Familiensystems zu machen (Hildenbrand 2015; Matter/Alpanalp 2009).

(3) Life-Events-Diagramm

„Das Life-Events-Diagramm ist ein minimal standardisiertes kreatives Verfahren, das KlientInnen anregt, zunächst stegreifartig über Ereignisse ihres Lebens zu erzählen und in ihre eigenen Lebensgeschichten ‚einzutauchen'" (Stimmer 2012, S. 109). So können die verschiedenen Ereignisse nach positiver oder negativer Bewertung durch die Klientel unterschieden werden. Auf diese Weise entsteht eine „Lebensverlaufslinie" (ebd., S. 112), die dazu beiträgt, Erinnerungen wachzurufen und sich damit auseinanderzusetzen. Dabei steht insbesondere die Frage im Vordergrund, welche Coping-Strategien angewendet wurden und inwiefern diese Strategien auch auf noch aktuelle Problemkonstellationen angewendet werden können oder ob es gilt, neue Lösungsstrategien zu erarbeiten.

(4) Kompetenzdialog

Der Kompetenzdialog (Herriger 1996) dient vor allem dazu, Empowermentprozesse auf individueller Ebene in Gang zu setzen. Drei Phasen bilden den Kern dieser Vorgehensweise:

1. Formulierung einer wünschenswerten Zukunft durch den Klienten/die Klientin.
2. Wiederbelebung und Thematisierung vergangener, positiver, kompetenter und selbstwertsteigernder Lebensereignisse.
3. Entwurf eines Lebensplanes, in Abwägung vorhandener Ressourcen und erreichbarer Ziele.

Der Kompetenzdialog setzt an den Stärken an, die Klienten/Klientinnen sollen den Unterstützungsprozess möglichst selbstbestimmt und positiv gestalten. Die Aufgabe der Sozialarbeiter/innen besteht dementsprechend darin, den Prozess zu strukturieren sowie Ressourcen zu eruieren und zu aktivieren (Stimmer 2012, S. 160).

(5) Ressourcencheck

Eine solche Analyse dient dazu, Menschen darin zu unterstützen, „zumindest im Nahraum ihrer Umwelt nach persönlichen Bewältigungsstrategien zu suchen und Unterstützungsmöglichkeiten in den mikro- und mesosozialen Netzwerken der Umwelt zu erkennen und wahrzunehmen" (Stimmer 2012, S. 197; Früchtel et al. 2007a, S. 60–74).

„Der Begriff verweist auf einen speziellen Blick, den Sozialarbeiter auf lebensgeschichtlich gewonnene Kompetenzen, Talente, Ausstattungen und vorteilhafte Zufälligkeiten und nützliche Netzwerke, die Klienten mitbringen, werfen. Der Check lobt nicht, verstärkt nicht, baut nicht auf, tröstet nicht, sondern nimmt die Stärken der Leute ernst. Er beschreibt, bewundert, analysiert, ist in seinen Inhalten klar und sachlich. Er ist ein Kontrapunkt (manchmal gar eine Kampfansage) zur problemfokussierten Langweiligkeit helfender Beziehungen. Checken heißt dabei wahrnehmen, begreifen und anerkennen von Stärken, die manchmal geradezu ins Auge springen, manchmal nicht so leicht zu entdecken sind oder sogar systematisch übersehen werden, weil man sich so an sie gewöhnt hat, dass sie als Selbstverständlichkeiten im Hintergrund unseres Bewusstseins versunken sind. Der Blickwinkel wird so gewählt, dass auch Kompetenzen sichtbar werden, die mehr oder weniger gelingenden Alltag überhaupt möglich machen, gerade in schwierigen Situationen. Klienten vergewissern sich dabei ihrer eigenen Stärken und Ressourcen über die sie verfügen können, um auf den eigenen Alltag und seine Umwelt Einfluss zu nehmen" (Budde et al. 2004a, S. 14, weiterführend: Budde et al. 2004).

(6) Ecomap

Die Ecomap unterscheidet sich von der Netzwerkkarte dadurch, dass mögliche soziale Kontakte auf einem Formular bereits vorbenannt verzeichnet sind und die Klienten/Klientinnen in einer Sitzung ihre eigene Ecomap anhand dieses Formulars erstellen können. Peter Pantucek (2005; 2009) hat dazu ein Muster entwickelt, in das – im Gegensatz zum Genogramm und der Netzwerkkarte – bereits vielfältigste mögliche Netzwerkpartner/innen eingetragen sind. Die Aufgabe für die Klientel besteht dann darin, auf dieser Grundlage zwischen „positiven und starken", „belastenden oder negativen" Partner/innen sowie denjenigen, „die sie brauchen, die ihnen aber derzeit nicht zur Verfügung stehen", zu unterscheiden. Auf dieser Basis können Sozialarbeiter/innen dann mit ihren Klienten/Klientinnen in ein Gespräch kommen, das die Möglichkeiten und Grenzen von Hilfen analysiert und Hinweise auf erfolgversprechende Strategien zur Veränderung der Problemsituation geben kann (zusammenfassend: Budde/Früchtel 2009).

(7) Netzwerkanalyse, Netzwerkkarte

Der Netzwerkansatz richtet sich vor allem gegen ein allzu sehr individualisierendes (häufig medizinisch-psychologisches) Behandlungsmodell im Bereich der Sozialarbeit. Nach Röhrle/Sommer (1998) lassen sich kognitive (lenkend-führende) und emotional betonte, (fördernd-stützende) Netzwerkformen unterscheiden. Die Ziele können diffus sein und eher darauf abzielen, Stressoren zu mindern, oder spezifisch und darauf abzielen, direkte Wirkungen auf das Befinden der Beteiligten zu erreichen. Im Rahmen dieses Ansatzes dienen „Netzwerkanalysen" vor allem dazu, „Beziehungen einzelner Personen innerhalb relativ abgegrenzter, überschaubarer sozialer Zusammenhänge wie kleiner Landgemeinden, Familien- und Verwandtschaftsbeziehungen sowie städtischer Sozialmilieus" (Lenz 2003, S. 31) zu analysieren. Sie ermöglichen es nämlich, solche Beziehungen als Verknüpfungen von Personen zu beschreiben und durch folgende Aspekte zu charakterisieren:

- Interaktionskriterien wie Häufigkeit der Kontakte, Wechselseitigkeit der Wahlen, direkte und indirekte Verbindungen,
- die Qualität der Interaktionen wie subjektive Wahrnehmung der Erreichbarkeit, Verlässlichkeit, Dauer, Belastbarkeit, Hilfsbereitschaft, empfundene Kontrolle, Abhängigkeit,
- die Rolle der Beteiligten wie Zentralität, Gatekeeper, Brücke, Isolierter,
- Strukturmerkmale wie Größe des sozialen Netzwerks, Dichte, Clusterbildung, Komplexität und Multiplexität (ebd., S. 32 f.).

Im Zentrum der soziologischen Netzwerkanalyse stehen nicht die Eigenschaften von isolierten Akteuren, sondern vielmehr die Beziehungen der Akteure untereinander. Nicht der/die Akteur/in als solche/r, sondern seine/ihre Einbettung in eine reale Struktur interessiert. Die einzelnen Akteure werden gerade nicht als unabhängig voneinander begriffen. Struktur ist nicht die Summe individueller Merkmale in einer Verteilung, sondern sie entsteht durch die Beziehungen zwischen den Akteuren.

Eine Netzwerkkarte kann dazu beitragen, dass alle relevanten Personen, die Qualität der Beziehungen, die Polarisierungen in Form von negativen oder positiven Beziehungen, fehlende Beziehungen in bestimmten Sektoren, z. B. Familie, Freundeskreis sowie die Streuung von Beziehungen zu professionell Helfenden (Abhängigkeiten) bzw. zu Ressourcen festgestellt werden können (Budde/Früchtel 2009).

(8) Netzwerk-Ethnografie

Eine Besonderheit der Netzwerkanalyse ist die Netzwerk-Ethnografie. Dabei geht es darum, Sozialräume unter qualitativen Gesichtspunkten zu untersuchen und auf diese Weise mehr Hintergrundwissen zu erzielen. Im Grunde geht es hierbei darum, verschiedene Formen der Feldforschung anzuwenden und auszuwerten (Girtler 2004). Für Studierende der Sozialen Arbeit eignet sich diese Form deshalb gut, weil sie erlaubt, einen respektvollen Zugang zu fremden Lebenswelten zu gewinnen.

(9) Netzwerkorientierte Interventionen

Netzwerkorientierte Interventionen (siehe dazu Röhrle/Sommer 1998, S. 13–50) dienen dazu, mögliche Personen und Institutionen, die als Netzwerkpartner/innen fungieren können, zu gewinnen und zu erhalten. Die Aufgabe des Netzwerkkoordinators/der Netzwerkkoordinatorin besteht nach Raisch (1998, S. 163 ff.) vor allem in der Netzwerkmoderation. Grundprinzipien sind hier:

- Transparenz, Freiwilligkeit und Partizipation: Netzwerksitzungen müssen transparent und offen sein, im Rahmen dieser Sitzungen darf kein Druck auf Beteiligte ausgeübt werden, im Gegenteil, die Sitzung soll den Beteiligten Möglichkeiten zur Mitbestimmung einräumen.
- Lösungsorientierung: Gegenseitige Schuldvorwürfe und eine zu starke Problemorientierung führen leicht zur Lähmung. Der/die Netzwerkmoderator/in muss deshalb zukunftsorientierte Fragen einbringen, die einen „angstfreien und unbelasteten Raum der Zukunft" (ebd., S. 165) eröffnen.
- Selbstverantwortung: Dem Eindruck, der durch das Instrument der Netzwerksitzung entsteht, der Klient/die Klientin könnte sein/ihr Leben nicht selbständig verantworten, muss kontinuierlich entgegengewirkt werden. Vorhandene Ressourcen, Kompetenzen und Subjektpotenziale sollten deshalb betont werden.
- Würdigung der Selbstwertgefühle und Bedürfnisse: Absichten, Motive und Interessen der Beteiligten müssen gewürdigt und wertgeschätzt werden. Vor diesem Hintergrund entstehen dann Handlungsmöglichkeiten und Spielräume.
- Klärung und Differenzierung verschiedener Standpunkte und Anteile eines Systems: Ein voreiliger Normierungs- und Vereinheitlichungsdruck sollte verhindert werden. Unterschiedliche Betrachtungsweisen müssen mithilfe des Netzwerkmoderators/der Netzwerkmoderatorin zu Ende gedacht werden, damit neue Handlungsoptionen entstehen.
- Neutralität: Die neutrale „allparteiliche" Haltung der Moderierenden ist eine wichtige Voraussetzung, um allen Beteiligten gerecht zu werden und den Dialog immer wieder neu strukturieren zu können.
- Herausnahme des Veränderungsdrucks: Veränderungsdruck wirkt häufig kontraproduktiv. Er kann dadurch gemildert werden, dass vorwiegend Handlungsoptionen erarbeitet werden, deren Umsetzung dann den Einzelnen selbst überlassen bleibt (ebd., S. 163 ff.).

(10) Selbsthilfekontaktstellen

Sie dienen dazu, Menschen, die von irgendeinem psychosozialen Problem betroffen sind, Zugangswege zu Selbsthilfegruppen zu ermöglichen. Die Aufgaben der in den Kontaktstellen arbeitenden Sozialarbeiter/innen besteht vor allem im Bereithalten von Informationen und Räumen, in der Unterstützung beim Aufbau einer Gruppe, der Beratung über das Vorgehen in den Gruppen, der Koordination des Austauschs und der Zusammenarbeit verschiedener Selbsthilfegruppen sowie dem Geben von Hinweisen auf Fördermöglichkeiten und professionelle Versorgungsangebote etc. (Hill et al. 2013, S. 43 f.).

(11) Sozialplanung

Sozialplanung (Böhmer 2015) ist ein „Planungs- und Handlungsprozess, der als soziale Infrastrukturplanung im Rahmen der kommunalen Sozialpolitik" (Deutscher Verein 1986) abläuft. Die Grenzen der Sozialplanung liegen 1. darin, dass Planung auf politischem Wollen beruht und in politisches Handeln eingebunden ist, 2. dass jede Planung auf einer Datenbasis beruht, die in der Regel nicht genügend objektiv ist, und 3. dass die aufgrund der Planungen ausgelösten Interventionen nicht genügend zielsicher gesteuert werden können. Prozesse der Sozialplanung dienen insbesondere der Verbesserung bzw. Anpassung einer sozialen bzw. kommunalen Infrastruktur an sich verändernde Bedürfnisse von Bürgern/Bürgerinnen etc. Hierbei spielen wissenschaftliche Erhebungs-, Analyse- und Bewertungsverfahren eine wichtige Rolle. Sie können quantitativ und qualitativ sein und zielen darauf ab, wichtige bedarfsrelevante Einflussgrößen zu erkennen:

- Bedürfnisse und Interessen der Zielgruppen der zu planenden Einrichtungen und Angebote;
- Lebensbedingungen und Problemlagen der Zielgruppen;
- rechtliche Vorgaben zur Gestaltung der institutionellen Strukturen und Angebote;
- örtlicher Bestand an Einrichtungen und Angeboten;
- Wissen und Veränderungsideen der örtlichen, im Kontext der Problemstellung tätigen haupt- und ehrenamtlichen Fachkräfte;
- Erkenntnisse der Fachdiskussion, die auf die jeweilige Situation übertragbar sind (Herrmann 2015, S. 1379 f.).

Planung wird hier verstanden als „normativ beeinflusste Interpretation von Bedürfnissen, Interessen, Rechten und Sachinformationen" (ebd., S. 1380) mit dezidiert politischem Charakter. Wichtige Prinzipien bei der Sozialplanung sind insbesondere

- Integration: Planungen und Pläne müssen über die verschiedenen Ressorts hinweg im Rahmen einer Gesamtentwicklungsplanung aufeinander abgestimmt werden.
- Interdisziplinarität: Interdisziplinäre Teams sorgen dafür, dass die Planungen soziologischen, ökonomischen, sozialarbeitswissenschaftlichen etc. Standards entsprechen.
- Betroffenenbeteiligung: Alle Planungen müssen mit den Vorstellungen der Bürger/innen und Betroffenen in Einklang gebracht werden (Deutscher Verein 1986, S. 33).

Die große Schwierigkeit bei sozialen Planungsprozessen besteht allerdings darin, dass im Rahmen von Projekten häufig „lediglich Finanzmittel und Personen bereitgestellt werden, ohne dass deren ‚Wirkung' eindeutig prognostizierbar ist (obwohl die Alltagserfahrung lehrt, dass Wirkungen bestehen)" (Ortmann 2005, S. 854) und dass Sozialplanung letztendlich immer noch zu sehr auf Erfahrungswissen basiert.

(12) Arbeiten mit Widerstandsfähigkeit (Resilienz)

Nach Langosch (2015) bezeichnet Resilienz im psychosozialen Bereich die Fähigkeit, „Lebenskrisen und Lebensrisiken ohne anhaltende Beeinträchtigungen durchzustehen und zu bewältigen" (S. 38). Dabei wird davon ausgegangen, dass Menschen dann über Widerstandsfähigkeit verfügen, wenn ihnen schon in früher Kindheit mindestens eine gleichbleibende Bezugsperson zur Verfügung stand, zu der ein stabiles Vertrauensverhältnis entwickelt werden konnte. Im ressourcen- und lösungsorientierten Arbeiten gibt es nun zwei Techniken. Zum einen geht es darum, die jeweilige Person durch Erinnerung an vergangene Erfolgserlebnisse darauf aufmerksam zu machen, was sie schon alles erreicht hat (Stärken- und Ressourcenanalyse), und dann im Rahmen eines „Drei-Schritte-Prozesses" vorzugehen:

1. *„Beispiele für Situationen und Erlebnisse finden, in denen der Klient seine Resilienz in der Vergangenheit bereits gezeigt und genutzt hat, und ihn ermuntern und ermutigen, darüber zu erzählen.*
2. *Den Klienten unter anderem mittels der durch Schritt Nr. 1 gesammelten Beispiele vermitteln, dass er bereits Widerstandsfähigkeit besitzt und diese auch bereits nutzt.*
3. *Den Klienten dabei unterstützen, seine Resilienz-Fähigkeiten bewusst zur Bewältigung derzeitig anstehender Herausforderungen und Schwierigkeiten einzusetzen"* (ebd., S. 40).

(13) Motivierende Gesprächsführung

Motivierende Gesprächsführung (Motivational Interviewing – MI) geht zurück auf die amerikanischen Therapeuten Rollnick und Miller. Diese definieren MI folgendermaßen:

„Motivational Interviewing ist ein kooperativer, zielorientierter Kommunikationsstil mit einer besonderen Aufmerksamkeit auf die Sprache der Veränderung. Es ist daraufhin konzipiert, die persönliche Motivation für und die Selbstverpflichtung auf ein spezifisches Ziel zu stärken, indem es die Motive eines Menschen, sich zu ändern, in einer Atmosphäre von Akzeptanz und Mitgefühl herausarbeitet und erkundet" (Miller/Rollnick 2015, S. 47).

Sie gehen von der Grundannahme aus, dass dauerhafte Verhaltensänderungen umso schwieriger werden, je mehr Druck ausgeübt wird, hingegen das Hervorrufen und Stärken intrinsischer Motivation zu dauerhaften Veränderungen führen kann, weil die Betroffenen nicht prinzipiell gegen eine Veränderung ihres Verhaltens sind, aber ihr ambivalent gegenüberstehen. MI befasst sich demnach vor allem mit folgenden Fragen:

- Wie kann man jemandem helfen, der ein schädigendes Verhaltensmuster nicht ändern will?
- Wie kann man jemandem helfen, der sich ändern möchte, sich dazu aber nicht in der Lage fühlt?

- Wie kann man jemandem, der eine Veränderung begonnen hat, dabei helfen, sie fortzuführen?

Die Motivierende Gesprächsführung bedient sich hierzu einer Reihe von Grundhaltungen, Techniken und Methoden, die vor allem dazu herangezogen werden, Diskrepanzen zwischen Ist- und Sollzustand aufzuzeigen, Ambivalenzen aufzulösen, Zuversicht hinsichtlich der Veränderung zu schaffen und tatsächliche Bereitschaft für verändertes Verhalten zu erreichen. Dabei wird die Prozesshaftigkeit der Motivationsveränderung betont und es werden für die spezifischen Stufen der Veränderungsbereitschaft spezifische Interventionsmethoden gewählt. So geht es in der ersten Phase der MI vor allem um Motivationsförderung durch Erkundung und Auflösung von Ambivalenzen und in der zweiten Phase um eine Stabilisierung der Motivation, um Stärkung der Selbstverpflichtung und tatsächliche Veränderung (Miller/Rollnick 2015).

15.5 Zusammenfassung und Bewertung

Die sozialökologische Sozialarbeitswissenschaft stellt die psychosozialen Probleme der Klientel in einen komplexen Zusammenhang und ist damit in der Lage, Ursachen von problematischen Lebenslagen, aufzuzeigen, z. B. als Folge eines Mangels an Ressourcen, an Infrastruktur, als gesundheitliche Beeinträchtigung durch Umweltgifte. Zahlreiche Begriffe, wie z. B. Haushalt, Lebensordnung, Bilanzierung, Lebenslage, Ressourcen, Netzwerke etc. verdeutlichen den ganzheitlichen und materialistischen Ansatz. Unterstützung erfolgt hier nicht nur kommunikativ, die Sozialarbeiter/innen scheuen sich hier nicht, neben den wichtigen sozialpädagogischen, sozialpsychologischen und rechtlichen Hilfen zu einer konkreten materiellen und instrumentellen Unterstützung beizutragen.

Insgesamt zielt die sozialökologische Sozialarbeit auf die Gestaltung des Zusammenlebens in Einheit mit der den Menschen umgebenden natürlichen und gesellschaftlichen Umwelt. Die Perspektiven der Klientel werden in Betracht gezogen und bilden den Ausgangs- und Endpunkt aller Unterstützungsmaßnahmen. Diese offene sozialökologische Perspektive ist in vielen Bereichen der personenbezogenen Sozialarbeit zu einer zentralen Orientierung geworden. Neue Formen der Beratung und des Case Managements haben sich überall dort durchgesetzt, wo die Problemlagen Einzelner auf komplexe Bedingungszusammenhänge zurückgeführt werden können. Auch die sozialen Netzwerke haben heute angesichts zunehmender Mittelverknappung an Bedeutung gewonnen und tragen dazu bei, die Hilfen für Individuen und Familien durch deren Einbindung in Selbsthilfegruppen und Verwandtschaftssystemen zu effektiveren. Der Ansatz ist durch eine methodische Offenheit gekennzeichnet, oftmals kreatives und spontanes Handeln entsprechen dem Wesen des sozialökologischen Ansatzes.

Die diesbezüglich entwickelten sozialökologischen Theorien lassen sich wie folgt charakterisieren:

- Auf der Basis von sieben Grundsätzen des ökologisch-zirkulären Denkens entwickeln Germain/Gitterman ein Life Model, in dem die Unterstützung durch Sozialarbeiter/innen vor allem dazu beitragen soll, der Klientel ein Leben zu ermöglichen, das als Ausdruck der persönlichen Wünsche und Erwartungen verstanden werden kann und im Einklang mit der sozialen und ökologischen Umwelt steht.
- Im Rahmen seiner „ökosozialen Sozialarbeit" stellt Wendt zentrale Begriffe vor, die die Sozialarbeiter/innen in die Lage versetzen sollen, die komplexen Problemsituationen der Klientel entsprechend zu analysieren (z. B. mit Begriffen wie: Haushalt, Nische, Lebenslage etc.) und es ihnen dann erlauben, auf deren Lebensführung unter Zuhilfenahme von Ressourcen, Unterstützungsmaßnahmen etc. Einfluss zu nehmen. Soziale Arbeit erscheint darin als eine „Sorgearbeit", die „für einen Wandel der Verhältnisse sorgt" (Wendt 2010, S. 12).
- Schubert spricht der Sozialen Arbeit die Aufgabe zu, im Rahmen einer „reflexiv angelegten transaktionalen Beratung" (2014a, S. 10) Menschen zu befähigen, ein Mehr an Selbstbestimmungsfähigkeit zu erlangen. Dieses erlaubt es ihnen dann, ihre Lebensumstände, ihre Selbstorganisation, ihre ökologisch orientierte Lebensgestaltung etc. kompetent und wirkmächtig zu bestimmen.

Als Modelle bietet die sozialökologische Sozialarbeitswissenschaft insbesondere die ressourcenorientierte Beratung, die systemische Sozialberatung, das ökosoziale Case Management und die aufsuchende Sozialarbeit an. Immer geht es dabei darum, Menschen darin zu unterstützen, in und mit ihrer sozialen und ökologischen Umwelt in Einklang zu kommen und trotzdem selbstbestimmt zu leben. Sozial-ökologische Methoden und Techniken spielen in diesem Ansatz eine entscheidende Rolle, eine besondere Bedeutung kommt dabei den verschiedenen Techniken der ressourcenorientierten Diagnostik und Intervention sowie der Netzwerkarbeit zu.

Insgesamt erweist sich der sozialökologische Ansatz als vielversprechend und methodisch extrem ausbaufähig, denn die Möglichkeiten der Sozialen Arbeit, Ressourcen zu entdecken und Umwelten zu gestalten, sind durchaus noch nicht ausgeschöpft. Außerdem erweist er sich in hohem Maße als „empirisch anschlussfähig" und damit jederzeit überprüfbar. Problematisch erscheint dagegen Folgendes:

1. Begriffe wie Haushalt etc. basieren auf Ordnungsmodellen, es ist aber nicht gewiss, ob unsere Natur einer Ordnung unterliegt oder dem Chaos. Eine alternative (systemisch-konstruktivistische) Interpretation einer Situation müsste zumindest theoretisch stets in Erwägung gezogen werden.
2. Begriffe wie Bilanzierung, Ressourcencheck etc. unterstellen, dass alle Menschen rational handeln und daher auch leicht überzeugt und dabei unterstützt werden können, falsche Gewohnheiten ablegen zu können. Menschen agieren aber nicht nur rational, sondern oftmals intuitiv und irrational!
3. Alle dargestellten Theorien und Modelle lassen eine konsequent ökologische Dimension vermissen. Der Umwelt in einem konkreten Sinne, als Wohnumfeld, Infrastruktur, Natur, Luft etc., wird hier zu wenig Aufmerksamkeit ge-

schenkt. Gerade angesichts der Verschmutzung unser Städte und unserer Umwelt kann und darf eine sozial-ökologische Sozialarbeit auf diese Dimension aber nicht verzichten, denn viele Klientinnen und Klienten erleben sich gerade in ihrer Gesundheit durch Umwelteinflüsse eingeschränkt und damit an einer autonomen und zufriedenstellenden Lebensführung gehindert (Coates 2004).

16 FORSCHUNG IN DER SOZIALEN ARBEIT

Über Forschung in der Sozialen Arbeit wird viel geschrieben und vor allem viel geklagt (so z. B. Kubisch 2014, S. 160, Thiersch 2002, S. 153). Dabei zeigt ein Blick in die einschlägige Literatur, in Forschungsdatenbanken und das Internet, dass es eine unüberschaubare Fülle an Forschungs- und Projektberichten gibt. Demnach besteht das Problem offensichtlich vor allem darin, dass es zum einen in Deutschland (im Gegensatz zu anderen Ländern)[58] kaum Forschungsforen gibt, in denen Sozialarbeitswissenschaftler/innen ihre Forschungsergebnisse austauschen und kommunizieren können. Zum anderen muss der Umstand beklagt werden, dass die meisten sozialpädagogischen oder sozialarbeitswissenschaftlichen Institute von den „politisch-administrativen Machtzentren auf Landes- und Bundesebene" (Hansbauer 2012, S. 1211) abhängig sind und daher eher als Kompetenzzentren oder Praxisforschungsinstitute, denn als wissenschaftsorientierte Einrichtungen bezeichnet werden müssen.

Daher gibt es in Deutschland auch keine konsequente Diskussion von Forschungsergebnissen, geschweige denn eine öffentlich formulierte Kritik an schlechter Forschung. Ergebnisse aus Forschungsprojekten werden oftmals einfach zur Kenntnis genommen und nur dann rezipiert, wenn sie für die eigene Argumentation nützlich sind. Auf die Einhaltung guter wissenschaftlicher Standards wird nur wenig Wert gelegt; viele Forschungsprojekte sind eng an den Interessen und Wünschen der Auftraggeber (Kommunen, Wohlfahrtsverbände, Organisationen etc.) ausgerichtet. Wissenschaftliche Kriterien spielen hier häufig eine eher untergeordnete Rolle.[59]

In diesem Kapitel wird ungeachtet dieser Tatsachen die Situation der Forschung im Bereich der Sozialarbeitswissenschaft strukturiert vorgestellt und diskutiert. Dabei werden die verschiedenen Verfahren entlang der gängigen forschungsmethodischen Unterscheidungen ausgerichtet, ausgewählte Beispiele werden exemplarisch vorgestellt. Die Reihenfolge will in keinem Fall eine „Hierarchie der Rationalität" zum Ausdruck bringen. Denn jede Form der Grundlagen-, Praxis- oder Auftragsforschung ist dann „wissenschaftlich akzeptabel", wenn sie sich den gängigen wissenschaftlichen, d. h. vor allem methodischen Maßstäben gegenüber als gewachsen erweist (Maier 1999, S. 131). In einem ersten Teilkapitel wird die Entwicklung und der aktuelle Stand der Diskussion der Sozialarbeitsforschung vorgestellt (Kap. 16.1), in einem zweiten Teilkapitel werden dann Forschungslinien und darin enthaltene exemplarische Forschungsprojekte im Bereich der empirisch-quantitativen sowie der empirisch-qualitativen Sozialarbeitsforschung aufgezeigt (Kap. 16.2). Ein weiteres Teilkapitel präsentiert theoretisch-systematische, vergleichende sowie historische Forschungsansät-

---

58 Für den Bereich der nordischen Länder z. B. „Journal of Nordic Social Work Research", für die USA „Social Work Research" etc.
59 Siehe z. B. Stumpp et al. (2009).

ze (Kap. 16.3). Abschließend erfolgt eine Darstellung unterschiedlicher Formen der Praxisforschung (Kap. 16.4).

16.1 Entwicklung und Stand der Sozialarbeitsforschung

16.1.1 Forschung und Wissen

Dem gängigen wissenschaftstheoretischen Verständnis nach zielt Forschung darauf ab, hinreichend überprüftes oder gesichertes Wissen über einen Sachverhalt, eine Beziehung oder einen Zusammenhang zu erhalten. Dabei haben alle möglichen Vorgehensweisen (siehe dazu Kap. 7.2.2) zwei Dinge gemeinsam: Zum einen ist die Feststellung der „Wahrheit" einer Aussage immer eine Idealvorstellung und keine unverrückbare Tatsache, zum anderen hängt der akzeptierte Wahrheitsgehalt einer Aussage in hohem Maße vom Einverständnis des Rezipienten/der Rezipientin mit der jeweils angewandten wissenschaftlichen Methode der Erkenntnisgewinnung ab (ebd., S. 28). Insbesondere Foucault hat in diesem Zusammenhang darauf hingewiesen, dass die Frage des Wissens immer mit „Diskursmacht" zu tun hat, womit er zum Ausdruck bringen möchte, dass es in unterschiedlichen Gesellschaftstypen unterschiedliche Instanzen gibt, die entscheiden, wie mit Wahrheit umgegangen wird:

> *„Truth is a thing of this world: it is produced only by virtue of multiple forms of constraint. In addition, it induces regular effects of power. Each society has its regime of truth, its ‚general politics' of truth: that is, the types of discourse which it accepts and makes function as a truth; the mechanisms and instances which enable one to distinguish true and false statements, the means by which each is sanctioned; the techniques and procedures accorded value in the acquisition of truth; the status of those who are charged with saying what counts as true"* (Foucault 1980, S. 131).

Es handelt sich dabei um eine Diskursmacht, die in modernen Gesellschaften sehr stark von der herrschenden rationalistischen Ideologie bestimmt wird. Wer am Diskurs teilnehmen will, muss sich deshalb dieser Diskursrhetorik und deren Grammatik bedienen (Bourdieu 1998, S. 156 f.).

Als Folge dieses Problems werden Forscher/innen zukünftig immer anzugeben haben, mittels welcher methodischen Vorgehensweise Daten oder Ergebnisse entstanden sind, sodass sich die Rezipienten/Rezipientinnen folgender Entscheidungen und der damit verbundenen Einschränkungen bewusst werden:

- Den Zweck einer Untersuchung – soll etwas verbessert oder verglichen werden?
- Die damit verbundenen Ziele – geht es hier um Deskription, Analyse oder Evaluation?
- Die theoretische Orientierung – ist sie empirisch oder interpretierend?
- Die methodologische Vorgehensweise – ist sie vorwiegend quantitativ oder eher qualitativ?

- Das Forschungsdesign – was wird verwendet: Fragebögen, Interviews, Gespräche, Fallstudien etc. (Louchková/Adams 2001, S. 34)

Die Leser/innen einer Studie können sich dann entscheiden, ob sie die jeweilige Vorgehensweise als relevant oder möglicherweise unpassend für die konkrete Fragestellung erachten. Was als wahr oder unwahr, als gute oder schlechte Praxis gilt, muss sich demzufolge im wissenschaftlichen Diskurs bewähren. Resultate sind genau zu prüfen, die Erkenntnisse daraus vorläufig und können aufgrund neuer Argumente oder Daten entsprechend korrigiert oder kritisiert werden. Für einen überzeugenden Forschungsstand in einer Disziplin sind daher zwei wichtige Voraussetzungen erforderlich: Erstens gilt es für einen umfassenden Bestand an methodisch sauber durchgeführten Studien zu sorgen, zweitens müssen diese Studien dann im Rahmen von Metaanalysen und Replikationsstudien kontinuierlich auf ihren Wahrheitsgehalt hin überprüft werden.[60]

16.1.2 Forschung und Praxis

Im deutschsprachigen Raum hat sich insbesondere Peter Sommerfeld (1998; 1998a) zur Situation der Sozialarbeitsforschung geäußert. Damit diese ein ausreichendes Maß an Qualität und Quantität erreicht, muss sie seiner Ansicht nach ihrer erkenntnistheoretischen Struktur als „Handlungswissenschaft" Rechnung tragen, und so der Tatsache, „dass sie eine doppelte, nämlich theoretische und technologische Aufgabenstellung zu bewältigen hat" (Sommerfeld 1998, S. 15). Aufgabe der Sozialarbeitsforschung ist es demnach, sowohl „die theoretische Modellbildung durch erfahrungsgesättigte und nachprüfbare Daten zu unterlegen oder zu prüfen" und „gesicherte Aussagen über die Realität zu machen, die mittels der Daten abgebildet wurden", als auch die „technologische Dimension" zu bewältigen, indem sie „professionelle Handlungspläne (Methoden, Verfahren, Konzeptionen)" (ebd., S. 16 f.) selbst entwickelt. Allerdings gilt es dabei immer die unterschiedliche Grundorientierung von Theorie und Praxis zu berücksichtigen:

„Auch diese Handlungspläne sind zunächst Modelle, deren Qualität nach wissenschaftlichen Maßstäben im System der Wissenschaft beurteilt wird. Sie bleiben auch dann Modelle, wenn sie von PraktikerInnen aufgegriffen und umgesetzt werden. Dann allerdings ist das Leitideal für Qualität Wirksamkeit. Dieser Umsetzungs- und Beurteilungsprozeß sowie die Verantwortung dafür liegt aber jenseits der Wissenschaft in der Praxis" (Sommerfeld 1998, S. 17).

Somit stellt sich die Frage, wie die Differenz zwischen Wissenschafts- und Praxissystem einerseits aufrechterhalten werden kann, sodass die Systemgrenzen sichtbar bleiben, ohne andererseits Austausch- und Kooperationsprozesse höherer Ordnung zwischen den beiden Systemen zu verhindern. Nach Sommerfeld

---

60 Siehe dazu ausführlich: Romm (2001).

sind solche Austauschprozesse erst dann möglich, wenn man zugesteht, dass heute unterschiedliche Formen der Wissensproduktion vorhanden sind. „Modus 1" ist „akademisch, disziplinär und hierarchisch" ausgerichtet, „Modus 2" dagegen „in Anwendungskontexten situiert" und „transdisziplinär" (Sommerfeld 1998a, S. 24).

Durch eine Kombination beider Wissensmodi kann es zu einer „kooperativen Verschränkung von Wissenschaft und Praxis" und damit zu einer „Dynamisierung der Wissensproduktion" kommen. Voraussetzung dafür ist jedoch,

> *„das Integrationsproblem, das Theorie-Praxis-Problem, in neuer Weise zu konzipieren, ohne die epistemische Qualität der Wissenschaft durch Entdifferenzierung preiszugeben, und ohne technokratische Herrschaftsmomente zur Geltung zu bringen. Stattdessen erscheint es durch die komplexere Organisation der Wissensproduktion möglich, sowohl handlungsrelevantes, problemlösendes Wissen zu erzeugen, als auch die theoretische und technologische Wissensbasis mittel- und langfristig zu verbessern"* *(ebd., S. 26).*

Für die Sozialarbeitsforschung zieht Sommerfeld folgende Konsequenzen (ähnlich: Sticher-Gil 1997):

1. Praxisorientierte Forschung bedarf eines höheren Stellenwerts; darin müssen Handlungsprobleme in Erkenntnisprobleme transformiert, bearbeitet und in Form von Problemlösungen der Handlungsebene wieder übertragen werden;
2. Sozialarbeitsforschung hat zusätzlich den Auftrag, für eine „längerfristige und allgemeinere Produktion von Wissen" zu sorgen. Sie muss „auch unabhängig von unmittelbaren Erfordernissen der Praxis ihre eigenen Forschungsfragestellungen aus ihrer Theoriegeschichte und zu ihrer Theorieentwicklung verfolgen" (Sommerfeld 1998a, S. 28).

Wenn Sommerfeld sich zusätzlich erhofft, dass die Wissenschaft somit zu einer attraktiven Partnerin für die Organisationen der Sozialen Arbeit wird, dann zeigt dies zugleich, welche Schwierigkeiten zu erwarten sind: Denn nicht jede (zumal kritische) Erkenntnis, die durch Wissenschaft gewonnen ist, wird der Praxis behagen, und nicht jedes Argument, das die Praxis zur Durchsetzung ihrer Interessen benötigt, kann durch eine methodisch saubere Forschung zur Verfügung gestellt werden.

16.1.3 Forschung und Forschungsmethodik

Heute ist sich die wissenschaftliche Community weitgehend darin einig, dass die Sozialarbeitsforschung „keine eigenen Methoden entwickelt und nutzt, sondern sich des gesamten Spektrums der in den Sozialwissenschaften etablierten Methoden empirischer Sozialforschung bedient" (Kubisch 2014, S. 157). Daher kann Sozialarbeitsforschung verstanden werden als „systematische, d. h. theoretisch und methodologisch begründete und überprüfbare Beobachtung, Beschreibung und Rekonstruktion gesellschaftlicher Ausschnitte der Wirklichkeit auf der Basis sozialwissenschaftlicher Erhebungs- und Analyseverfahren" (Lüders 1998, S. 115).

Dieser Schulterschluss mit den methodologischen Qualitätsansprüchen aller anderen Sozialwissenschaften erscheint angesichts zweier Tendenzen wichtig:

1. Insbesondere Hans Thiersch (2002) vertritt im Rahmen seines lebensweltorientierten Ansatzes die Meinung, dass sich eine dieser Theorie verpflichtet fühlende Forschung gerade nicht an den allgemeinen Forschungsstandards orientieren dürfe, sondern sich immer „ihrem Gegenstand angemessen" anzupassen habe und sich somit als „offen", „diffus", „prozesshaft" etc. erweisen müsse. Außerdem sollte sie sich seiner Ansicht nach weitgehend auf „die auch sonst praktizierten, vielfältigen und breit differenzierten qualitativen Verfahren" (ebd., S. 157) beschränken. Inhaltlich habe sich die Sozialarbeitsforschung deshalb vor allem auf die Erforschung der Lebenswelt der Adressaten/Adressatinnen, deren Verhältnis zu den Angeboten der Sozialen Arbeit und zu „pädagogisch inszenierten Lebenswelten in den Institutionen der Sozialen Arbeit" (S. 160) zu konzentrieren.
2. In ähnlicher Weise plädieren die Gründer/innen des Forscher/innen-Netzwerks „Rekonstruktive Soziale Arbeit" für eine ausschließlich qualitative Vorgehensweise. Ziel aller ihrer Forschungsaktivitäten soll sein, „im Dialog zwischen Forschung und Praxis (…) auf der Basis wissenschaftlicher Verfahren die Binnenlogiken professionellen Handelns in der Sozialen Arbeit (z. B. typisierbare Handlungsdilemmata oder Interaktionssituationen)" zu identifizieren und die damit verbundenen „professionsspezifischen Potenziale" herauszuarbeiten. Auf der „Basis dieses theoretischen Wissens" sollen dann praxisrelevante Lösungswege" (http://www.nwrsa.de/ Stichwort Konzeption) entwickelt werden.[61]

Ganz sicher handelt es sich hier bei beiden Strömungen um paradigmatische Engführungen, die (leider) auch dazu beigetragen haben, dass die Ergebnisse der sozialpädagogischen Forschung und der Sozialarbeitsforschung bisher wenig öffentlichen Anklang gefunden haben. Sommerfeld hat hier zu Recht darauf hingewiesen, dass „Vieles, was (…) als Forschung bezeichnet wird", lediglich als „Datenerhebung mit Hilfe von Forschungsmethoden im Praxiskontext" (Sommerfeld 2015, S. 1573) gelten kann. Eine Folge davon ist die Unterwerfung der methodischen Standards der Wissenschaft der Sozialen Arbeit unter die Interessen der Praxis bzw. der jeweiligen Auftraggeber/innen und damit ein Verzicht auf einen „wissenschaftlichen Wahrheitsanspruch". Denn nicht wenige Forschungsarbeiten im Bereich der Sozialen Arbeit lassen sich sehr schnell als methodisch anspruchslos oder falsch und ideologisch bzw. eindeutig interessengeleitet identifizieren. Um wissenschaftliche Forschung aber (relativ) frei von externen Interessen sowie methodisch korrekt durchzuführen, ist es erforderlich,

---

61 Die Gefahr, die mit einer solchen Entscheidung verbunden ist, besteht vor allem darin, dass methodische Maßstäbe einer guten wissenschaftlichen Praxis beschädigt werden könnten. Dies kommt etwa in der Aufforderung von Ingrid Miethe zum Ausdruck, sozialwissenschaftliche Methoden so zu modifizieren, „dass sie zur Reflexion der professionellen Praxis bzw. als Methoden der Intervention genutzt werden können" (Miethe 2007, S. 25).

ein weites Spektrum an möglichen Methoden zu kennen und für die jeweils relevante Fragestellung die passenden Erhebungs- und Auswertungsmethoden zu wählen (Sommerfeld 2015, S. 1577).

Die Sozialarbeitswissenschaft darf, wenn sie als Wissenschaft ernst genommen werden möchte, nicht die Komplexität des Forschungsgegenstands zum Anlass nehmen, um auf bestimmte (z. B. quantitative oder experimentelle) Forschungsmethoden zu verzichten. Jede methodische Auswahl muss sich am Forschungsinteresse und am Ideal der Objektivität der Erkenntnis orientieren. Sind Forschungsergebnisse erzielt worden, dann ist es die Aufgabe der Wissenschaft, deren Zustandekommen zu analysieren und zu kritisieren und auf diese Weise zur Verbesserung von Forschungsmethoden und -projekten beizutragen.

Um die größtmögliche Vielfalt an Perspektiven und Forschungsinteressen zu unterstützen, werden hier im Folgenden alle bekannten sozialwissenschaftlichen Forschungsverfahren und -methoden bezüglich ihrer Zielsetzung, methodischen Vorgehensweisen und Standards vorgestellt und anhand von Beispielen exemplarisch verdeutlicht. Wichtig zu erwähnen ist dabei vor allem die Tatsache, dass es nicht immer nur Sozialarbeitswissenschaftler/innen sein müssen, die für die Soziale Arbeit relevante Forschungen durchführen, sondern in zunehmendem Maße auch interessierte Wissenschaftler/innen aus Psychologie, Soziologie, Gesundheitswissenschaften etc. sich dieser Aufgabe stellen. Für die Sozialarbeitswissenschaft kann eine solche Mitarbeit und Erweiterung des Forschungsrahmens nur von Vorteil sein!

16.2 Empirisch-quantitative Sozialarbeitsforschung

Im Bereich der empirisch-quantitativen Forschung geht es darum, in der Welt erfahrbare Phänomene „objektiv" zu beschreiben sowie Theorien und Annahmen auf ihren Wirklichkeitsgehalt zu überprüfen. Ziel ist die Reduktion der Komplexität von Wirklichkeitsaussagen, die Entwicklung von Modellen und die Möglichkeit zur Verallgemeinerung von Aussagen. Dazu kann in der Regel wie folgt vorgegangen werden:

1. Vorhandene Theorien werden in Hypothesen formuliert,
2. operationalisiert und damit mess- und beobachtbar gemacht,
3. mithilfe von empirischen Daten, die z. B. im Rahmen von Interviews, Fragebögen, Beobachtung, Experiment, Inhaltsanalyse etc. gewonnen werden, überprüft und
4. abschließend statistisch ausgewertet und interpretativ diskutiert.

Hier lassen sich wichtige Forschungsverfahren unterscheiden:

16.2.1 Grundlagenstudien

Eine Grundlagenstudie ist eine empirische Untersuchung zur Erfassung elementarer Erkenntnisse über einen Untersuchungsgegenstand, für den bereits Theorien und Hypothesen bestehen, der aber bisher nur unzureichend oder noch gar nicht erforscht ist. Als „grundlegend" wird eine solche Forschung bezeichnet, weil davon ausgegangen wird, dass hier prinzipiell die Erweiterung des Wissens im Vordergrund steht, und nicht z. B. eine verbesserte Nutzung. Daher kann das in der Grundlagenforschung erzielte Wissen meist nicht „patentiert" oder anderweitig geschützt werden: es ist für alle zugänglich und die durchgeführten Studien können und sollen als Ausgangspunkt für weitere Überlegungen, detailliertere Untersuchungen etc. genutzt werden (Dexheimer 2011, S. 67 f.).

Im Bereich der Sozialen Arbeit geht es hierbei vor allem darum, allgemeine Phänomene, die mit ihr zu tun haben, zu erfassen, empirisch zu verankern und deren Relevanz zu belegen. Grundlagenstudien sind in der Regel quantitativ ausgerichtet und arbeiten mit Experimenten, standardisierten Tests und hochstrukturierten Fragebögen. Sie können aber auch (zusätzlich) Elemente qualitativer Forschung enthalten (siehe dazu: Kelle 2008). Inhalte solcher Grundlagenstudien sind zum Beispiel:

1. Zielgruppenanalysen: Die Überprüfung von Theorien und Hypothesen zur Erfassung und Beschreibung der Ursachen und Bedingungsfaktoren der Problematik ausgewählter Zielgruppen
Natürlich setzt die Arbeit mit Zielgruppen immer eine grundlegende Kenntnis der Lebenssituation, aber auch der die jeweilige Problematik auslösenden oder verstärkenden Einflussfaktoren voraus. Zielgruppenanalysen haben insofern in der Sozialen Arbeit, der Psychologie und vor allem in der Soziologie eine lange Tradition. Gute Forschungsarbeiten zur Situation der verschiedenen Adressaten/Adressatinnen der Sozialen Arbeit setzen nun gerade nicht pragmatisch an, sondern bleiben abstrakt. Die Forscher/innen orientieren sich an ihren Theorien und Ergebnissen und damit am wichtigsten Prinzip quantitativer Studien: der Objektivität.

Sozialpsycholog/innen der Universität Bern haben im Rahmen einer Grundlagenstudie zum Thema „Spielsucht: Prävalenzen, Nutzung der Glücksspielangebote und deren Einfluss auf die Diagnose des Pathologischen Spielens" wichtige Aspekte zur Erfassung und Identifikation von „problematischen und pathologischen Spielern" auf der Basis einer telefonischen bzw. schriftlichen Befragung und quantitativen Auswertung herausgearbeitet. So konnten die Forscher/innen zum Beispiel neben vielen anderen wichtigen Erkenntnissen empirisch belegen, dass Personen, die Spielautomaten außerhalb von Casinos nutzten, ein fünffach erhöhtes Risiko haben, zur Gruppe der problematischen und pathologischen Spielern zu gehören (Brodbeck et al. 2007).

2. Professionsanalysen: Die Überprüfung von Theorien und Hypothesen zur Erfassung und Beschreibung der Profession, der Berufszufriedenheit von Sozialarbeitern und Sozialarbeiterinnen, der Motivation von Studienanfängern und Studienanfängerinnen etc.

Die Situation einer Profession und deren Angehörigen stellt für die Qualität der Praxis eine wichtige Bezugsgröße dar (Nodes 2011). Studien zu diesem Bereich sind insofern interessant, als sie mögliche Rückschlüsse auf notwendige Einflussnahmen oder Veränderungen zulassen. Im Rahmen solcher „Professionsanalysen" steht nicht der Anwendungsbezug im Vordergrund, sondern das Sammeln relevanter Daten, die auf der Basis theoretischer Überlegungen dazu beitragen, den gegenwärtigen Stand der Profession kritisch zu reflektieren.

> *Die 20. Sozialerhebung des Deutschen Studentenwerks (Middendorff et al. 2012) wurde vom HIS Institut für Hochschulforschung im Auftrag des Bundesministeriums für Bildung und Forschung im Jahre 2012 durchgeführt. Vielfältige wesentliche Daten zur Situation der Studierenden wurden mittels schriftlicher Befragung einer repräsentativen Stichprobe erfasst. Hier sollen nur einige, für den Bereich der Fachhochschulen interessante Ergebnisse vorgestellt werden:*
>
> - Ein Fachhochschulstudium „ist nach wie vor besonders attraktiv für Studieninteressierte aus hochschulfernen Schichten: Mehr als sechs von zehn Studierenden an Fachhochschulen kommen aus einem nicht-akademischen Elternhaus (62 %, davon 50 % Bildungsherkunft „mittel" und 12 % „niedrig")" (ebd., S. 14).
> - Nicht der Anteil, aber die absolute Zahl der Studierenden mit Kind hat deutlich zugenommen, gleiches gilt für die Studierenden mit Migrationshintergrund (ebd., S. 18).
> - 87 % der Studierenden (81 % der Fachhochschüler/innen) werden von den Eltern finanziell unterstützt, diese Unterstützung nimmt mit zunehmendem Alter ab (ebd., S. 21).
> - Die Mehrheit der Studierenden geht neben dem Studium einer Erwerbstätigkeit nach (61 % im [Vollzeit-]Erststudium für den Bereich der Fachhochschulen 67 % (ebd., S. 33).

Sehr konsequent enthalten sich die Forscher/innen dieser Studie in ihrem Abschlussbericht jeder Bewertung und Interpretation. Daten werden vorgestellt und mit den Ergebnissen der vergangenen Untersuchungen verglichen, konkrete Schlussfolgerungen jedoch werden bewusst nicht gezogen. Dies ist nun Aufgabe der Hochschuldidaktiker/innen und Lehrenden, die für die jeweiligen Studierenden zuständig sind.

Wie problematisch Professionsanalysen sind, die nur einen geringen Grad an Repräsentativität aufweisen, lässt sich am Beispiel der von der Gewerkschaft für Erziehung und Wissenschaft in Kooperation mit der Max-Traeger-Stiftung 2011 durchgeführten Forschungsarbeit zum Thema: „Macht und Ohnmacht in der Sozialen Arbeit: Strukturen Sozialer Dienstleistungen in Berlin und Brandenburg und ihre Bedeutung für die Beschäftigungssituation der Fachkräfte" (Fachkräftebefragung 2011) zeigen. Ergebnis dieser Untersuchung ist, dass im Bereich der Kinder- und Jugendhilfe die Fachkräfte eher gering verdienen, zu wenig fachlich geschultes Personal vorhanden ist, Aufstiegs- und Entwicklungsmöglichkeiten fehlen und häufige Diskriminierung die Arbeit zusätzlich erschwert. Die Verallgemeinerbarkeit dieser Ergebnisse auf die Situation der Sozialen Arbeit in Deutschland ist aber in keinem Fall gegeben! Denn die Befragung ist weder räumlich noch inhaltlich repräsentativ, da es sich um keine Zufallsstichprobe handelt und nur Mitarbeiter/innen im Bereich der Kinder- und Jugendhilfe, nicht jedoch der gesamten Sozialen Arbeit befragt wurden. Wer mit den Ergebnissen dieser Studie berufspolitisch argumentiert, läuft Gefahr, die berechtigten Anliegen der Mitarbeiter/innen auf mehr Lohn etc. zu gefährden (siehe dazu: GEW 2011, S. 6 f.).

3. Theorienprüfverfahren: Die Überprüfung allgemeiner Theorien und Hypothesen, die für die Soziale Arbeit relevant sind, aber erst noch auf ihren Wahrheitsgehalt überprüft werden müssen
Eine wichtige Theorie, die vor allem seit dem Zweiten Weltkrieg in der Psychologie untersucht wird, ist die der Resilienz. Dieser Begriff bezeichnet die jedem Menschen innewohnende „seelische Widerstandskraft", die hilft, Herausforderungen, Belastungen und schwierige Situationen wirkungsvoll zu meistern und dabei mental gesund zu bleiben. Damit ist sie natürlich für die Soziale Arbeit von hoher Bedeutung.

Im Rahmen der „Mannheimer Resilienz Studie" untersuchte eine Forschergruppe um Manfred Laucht (2009) eine Kohorte von 362 Kindern und ihre Eltern in der Entwicklung seit der Geburt. Auf diese Weise konnten die Konsequenzen frühkindlicher Risikobelastungen bis ins Schulalter nachgewiesen werden. Als Risikokinder gelten Säuglinge mit niedrigem Geburtsgewicht und Kinder postpartal als depressiv eingeschätzter Mütter. Als Schutzfaktoren konnten ein „positives Temperament" des Kindes und ein „supportives, ein Kind ermutigendes und förderndes Interaktionsverhalten der Mutter" (ebd., S. 65, kursiv i. O.) nachgewiesen werden.

Diese Studie ist für die Soziale Arbeit insofern doppelt relevant, als sich hieraus zum einen vorsichtige Folgerungen für Früherkennung und Frühförderung ziehen lassen. Zum anderen könnten Interventionsprogramme entwickelt und experimentelle Studien angeschlossen werden.

Die Forscher/innen Vivien Suchert, Reiner Hanewinkel und Matthis Morgenstern (2013) sind diesem Phänomen in einer grundlagenorientierten Untersuchung mit dem Thema: „Die Vorhersage des erstmaligen Binge Drinking bei Jugendlichen" nachgegangen. Sie konnten anhand empirischer Daten nachweisen, dass Jugendliche, die den Eindruck haben oder wissen, dass sie nur schwer an Alkoholika gelangen können, ein um 26 % geringeres Risiko haben, in eine Binge-Drinking-Situation zu geraten. (https://www.dak.de/dak/download/Studie_IFT_Rauschtrinken_bei_Schuelern-1318998.pdf).

Das Ergebnis dieser Studie zeigt zum einen noch einmal, wie wichtig Grundlagenstudien zur Erkenntnisgewinnung sind, zum anderen aber auch, wie schwierig es ist, eine konkrete Auswertung der Ergebnisse von Grundlagenstudien vorzunehmen. Denn welche konkreten Maßnahmen sollten ergriffen werden, um Jugendlichen den Zugang zu Alkoholika zu erschweren? Und was werden Jugendliche tun, um solche Zugangsbarrieren zu überwinden? Die Beantwortung dieser Fragen übersteigt den Rahmen einer Grundlagenstudie. Hier sind sowohl weitere Forschung erforderlich wie auch der Einbezug von Forschungsergebnissen aus angrenzenden Bereichen (z. B. Soziologie, Psychologie und Medizin) und praktischer Experten/Expertinnen, um eine Umsetzung in sinnvolle Maßnahmen zu ermöglichen.

Grundlagenstudien informieren also darüber, inwiefern theoretische Entwicklungen in einer Disziplin mit der Wirklichkeit übereinstimmen. Wenn Studien allein die Erhebung von Prävalenzen zum Ziel haben, sind sie im Gegensatz zu experimentellen Studien sehr leicht organisier- und durchführbar. Jedoch können sie große Mängel aufweisen. Ob die Studie dann wissenschaftlichen Forderungen standhält, entscheidet sich insbesondere vor dem Hintergrund folgender zu beantwortender Fragen:[62]

- Wird die Fragestellung wirklich so neutral und offen formuliert, dass auch eine Falsifizierung der impliziten Forschungshypothese möglich ist. Oder geht es von Anfang an nur darum, ein bestimmtes (Antwort)Ergebnis zu erhalten?
- Ist die Anzahl der Befragten tatsächlich ausreichend und ist die Zielgruppe repräsentativ und nicht nur lokal oder regional ausgewählt? Studien, die sich auf einzelne Einrichtungen, Kommunen oder Bundesländer beziehen und nur zufällig Erreichbare adressieren, sind wissenschaftlich nicht generalisierbar.
- Ist die der Fragestellung zugrunde liegende Hypothese sinnvoll operationalisiert und sind genügend Daten erhoben worden? Häufig wird der Umfang von Fragebögen und strukturierten Interviewleitfäden pragmatisch gekürzt, um die Probanden nicht zu sehr zu belasten. Das Ergebnis ist dann jedoch eine unzulässige Reduktion der möglichen Variablen.

Insgesamt gilt: Grundlagenstudien sind auch im Bereich von eher angewandten Wissenschaften unverzichtbar, wenn sie anschlussfähig sind: Sie können dann dazu beitragen, vorhandenes Wissen oder vorhandene Vermutungen zu festigen und existierende Praxen anzureichern, zu legitimieren bzw. zu kritisieren.

16.2.2 Experimentelle Studien

Bei experimentellen Studien wird in der Regel eine unabhängige Variable in ihrer Wirkung auf eine Gruppe (Versuchsgruppe) getestet. Eine zweite Gruppe wird dieser Wirkung nicht ausgesetzt (Kontrollgruppe). Veränderungen bei der Versuchsgruppe lassen sich dadurch eindeutig auf die unabhängige Variable zurückführen. Dabei wird zwischen dem natürlichen Experiment, das durch ein

---

62 Siehe dazu: http://www.eufic.org/article/de/expid/wissenschaftliche-studien-verstehen/.

natürliches Ereignis (Unglück, Schicksalsschlag) zustandekommt, dem Quasi-Experiment, bei dem eine Zielgruppe Veränderungen erfährt, andere dagegen nicht, und dem echten Experiment unterschieden, bei dem per Zufallsstichprobe die Teilnehmer/innen aus einer repräsentativen Gesamtheit ausgewählt und dem jeweiligen Treatment ausgesetzt werden.

Natürliche Experimente

Im Rahmen der Erforschung der Fragestellung, welche Auswirkungen eine Ehescheidung auf Kinder hat, konnten gravierende negative Folgen insbesondere für den Bereich der schulischen Leistungen nachgewiesen werden. Eine Erkenntnis, die vor allem im Bereich der Schulsozialarbeit von hoher Bedeutung ist.

"In einer deutschen Untersuchung (vgl. Napp-Peters, 2005) wurden Verhaltensmuster gefunden, die in den meisten Fällen mit mangelnder Verhaltenskontrolle, Konzentrationsmängeln und Schulproblemen einhergingen. Bei den im Schulbereich zu beobachtenden Reaktionen zeigen sich zwei unterschiedliche Verhaltenstendenzen, nämlich einerseits unangemessenes Verhalten bzw. Fehlanpassung und andererseits Überangepasstheit." (Leitner 2009, S. 90).

Quasi-Experimente

Ausgehend vom Forschungsstand, dass sich die Wirkungen von spezifischen und unspezifischen Fördermaßnahmen im Bereich der Sprache nicht signifikant voneinander unterscheiden, haben Martin Schröder und Agi Schründer-Lenzen in einer quasi-experimentellen Studie mit dem Titel „Zur Wirksamkeit von Sprachförderung im Elementarbereich" nachgewiesen, „dass eine zusätzliche, kontinuierliche und professionelle Sprachförderung in Kleingruppen bessere Effekte erzielt als eine Maßnahme ohne zusätzliche Förderung in Kleingruppen" (Schröder/Schründer-Lenzen 2012).

Eine Möglichkeit, einer Ungleichbehandlung der Teilnehmenden durch Gruppenzuweisung zu entgehen ist, ein quasi-experimentelles Design nachträglich herzustellen. Hierbei wird im Rahmen von durchgeführten Projekten versucht, „retrospektiv auf Grundlage der über die Teilnehmer vorliegenden Informationen, eine glaubhafte kontrafaktische Vergleichsgruppe" (Müntnich/Wießner 2002, S. 423) zu konstruieren. Auf der Basis eines solchen Profilings haben Müntnich/Wießner (2002) beispielsweise Arbeitslose in verschiedene Gruppen mit unterschiedlichen Arbeitslosigkeitsrisiken eingeteilt. Personen mit hohem Risiko erhielten dann eine zusätzliche Unterstützung durch Case Management. Auf diese Weise konnte sowohl die Verlässlichkeit der Risikoprognose als auch die Wirksamkeit des Case-Management-Ansatzes überprüft werden (Müntnich/Wießner 2002, S. 425).

Echte Experimente

Beim echten Experiment geht es nicht darum, Zusammenhänge im Sinne von Korrelationen zu finden, d. h. das gemeinsame Auftreten von Phänomenen oder Sachverhalten zu konstatieren, sondern darum, Aussagen über Kausalität, d. h. echte Ursache-Wirkungs-Zusammenhänge zu ermöglichen. Ausgehend von einer Hypothese wird ein Untersuchungsdesign festgelegt, das eine zufällige Zuordnung der Probanden zu der Experimental- oder Kontrollbedingung enthält. Die Untersuchung verläuft nach einem Prä-post-Design, bei dem jeweils vor Beginn und nach Abschluss der Intervention relevante Variablen der Probanden gemessen und anschließend mit statistischen Methoden miteinander verglichen werden.

Die These, dass junge Menschen mit Migrationshintergrund bei der Vergabe von Ausbildungsplätzen diskriminiert werden, wurde in einem einfachen Experiment belegt (SVR 2014), dabei konnten signifikante Unterschiede im Umgang mit deutschen und türkischen Bewerbern/Bewerberinnen festgestellt werden.

> *Dazu wurden je zwei Bewerbungen von gleich gut qualifizierten männlichen Bewerbern mit einem türkischen und einem deutschen Namen für die Ausbildungsberufe Kfz-Mechatroniker und Bürokaufmann bundesweit an rund 1.800 Unternehmen verschickt. Die Auswertung der Rückläufe auf die fiktiven Bewerbungen zeigte: Um eine Einladung zu einem Vorstellungsgespräch zu erhalten, muss ein Kandidat mit einem deutschen Namen durchschnittlich fünf Bewerbungen schreiben, einer mit einem türkischen Namen hingegen sieben. Zusätzliches Ergebnis der Studie: Die Diskriminierungsrate ist bei kleinen Firmen mit weniger als sechs Mitarbeitern deutlich höher als bei mittleren und großen Unternehmen (ebd., S. 22 f.).*

Allerdings erscheint die Diskriminierung am Arbeitsmarkt nach Ansicht der Forschergruppe nicht „exorbitant" hoch, sodass lediglich „pragmatische Konzepte und Maßnahmen zum Abbau der Diskriminierung" angeraten werden (ebd., S. 42).

16.2.3 Replikationsstudien

Replikationsstudien sind Wiederholungsuntersuchungen zur Überprüfung der Ergebnisse einer vorherigen Studie. Dabei werden bereits durchgeführte und ausgewertete Untersuchungen entweder unter identischen Bedingungen noch einmal durchgeführt und überprüft, ob sie zu denselben Ergebnissen führen. Oder das vorhandene Datenmaterial wird darauf hin kontrolliert, ob es die vorgelegten Schlussfolgerungen und Ergebnisse auch tatsächlich legitimiert. Zusätzlich können im Wiederholungsexperiment einzelne Parameter verändert werden, um eine Verbesserung im Design zu erreichen.

Replikationsstudien sind insbesondere dort angezeigt, wo es darum geht, Ergebnisse kritisch zu überprüfen oder erneut zu bestätigen und dadurch ihren Bekanntheitsgrad und Wahrheitsgehalt zu steigern. Insbesondere gilt: Je spektakulärer ein Befund ist, desto skeptischer sollte man sein, ob er sich replizieren lässt. Um die echten von den falschen Befunden zu trennen, sind also Replikationen unerlässlich, und sie sind genauso wichtig wie Original-Studien.

> Der Soziologe Inglehart hatte für die 1970er Jahre die These entwickelt, wonach moderne Menschen aufgrund des höheren Wohlstandes dazu neigen, die Zielsetzungen ihres Handelns von materiellen zu immateriellen Werten zu verlagern. Wissenschaftliche, replikative Überprüfungen haben dann jedoch gezeigt, dass die These vom postmodern begründeten Wertewandel nicht haltbar, sondern ungesichert und höchst fragwürdig ist. Die vermeintlich theoretisch-begründete Plausibilität dieser These hat aber offensichtlich dazu beigetragen, dass die Erkenntnis unkritisch aufgenommen, vielfach publiziert und als wissenschaftlich belegt ausgegeben worden ist. Dagegen muss gelten: „Von der zunehmenden Bedeutung postmaterieller Wertorientierungen kann nicht ausgegangen werden" (Kreutz 1988, S. 196).

Leider gibt es im Bereich der Sozialwissenschaften zurzeit noch viel zu wenige Replikationsstudien. Dies hat zum einen damit zu tun, dass Forscher/innen ihr Vorgehen nur ungenau dokumentieren und damit eine Wiederholung oder Überprüfung ihrer Ergebnisse bewusst oder unbewusst verhindern, zum anderen damit, dass Forschungsergebnisse lediglich zeitnah „konsumiert", für eigene Argumentationen herangezogen und dann schnell wieder vergessen werden (zusammenfassend: Brüderl 2008). Weitere Gründe für eine allgemein niedrige Rate an Replikationsstudien liegen darin, dass sie wissenschaftlich gesehen weder Geld noch Ansehen bringen: eine Finanzierung für eine Replikationsstudie zu bekommen ist schwieriger als für eine neue Forschungsfrage.

Dort, wo Replikationen durchgeführt wurden, hat sich gezeigt, dass fehlerhafte Ergebnisse vor allem durch ungenaues Arbeiten geschehen. Für die Sozialarbeitsforschung und -praxis bedeutet dies, dass allen wissenschaftlichen Befunden eine gehörige Portion an Skepsis entgegengebracht werden muss und dass es bei der Übernahme wichtiger Ergebnisse grundsätzlich ratsam ist, zu überprüfen, wie diese zustandegekommen sind und ob sich nicht Fehler eingeschlichen haben. Immerhin soll der amerikanische Soziologe Martin Feldstein, nachdem man ihm einen Programmierfehler im Rahmen seiner Studie zum Zusammenhang von Sozialstaat und privater Sparquote nachgewiesen hatte (seine Hypothese war, dass ein ausufernder Sozialstaat dazu führt, dass Bürger/innen auf Sparanstrengungen verzichten), geäußert haben: „Ich schäme mich!" (Brüderl 2008, F. 4)

> *„Immerhin: eine Art Quasi-Replikation von Forschungsergebnissen kann man in den Ingenieurwissenschaften und in den angewandten Naturwissenschaften beobachten: Die Replikation von Ergebnissen ergibt sich durch ihre Anwendungen im realen Leben sozusagen nebenbei. Wenn eine neuartig konstruierte Brücke stehen bleibt, dann ist die Tauglichkeit einer neuen Methode durch ‚Replikation', nämlich den Brückenbau, bewiesen. Oder die Brücke*

stürzt ein; dann konnte die Tauglichkeit einer neuen Konstruktionsmethode nicht repliziert werden. Aber: eine solche ‚Replikation durch Anwendung' ist in der Grundlagenforschung nur selten möglich. Und in den Sozial-, Verhaltens- und Wirtschaftswissenschaften, deren Ergebnisse häufig Prognosen sind, haben Replikationsstudien keine Tradition, da Prognosen ohnehin sehr ungenau bzw. Anwendungen sehr selten sind. Wenn ein publiziertes Ergebnis nicht replizierbar ist, dann wird dies vielfach schulterzuckend hingenommen. Mit der impliziten Unterstellung, dass die mangelnde Replizierbarkeit nicht an einer schlechten Analyse liegt, sondern daran, dass die Wirklichkeit sich zwischenzeitlich verändert hat. Gerade in den Sozialwissenschaften wird munter – ggf. im Feuilleton – gestritten und es werden immer weitere neue Hypothesen aufgestellt, statt ernsthaft nach den Gründen für die unterschiedlichen und prognostisch schwachen empirischen Befunde zu suchen. Eine bessere Anerkennung von Replikationsstudien als wissenschaftliche Leistung und bessere Chancen der Publikation dieser trügen dazu bei die Wissenschaftlichkeit empirischer Forschung deutlich zu erhöhen" (Wagner/Huschka 2012, S. 5).

16.3 Empirisch-qualitative Sozialarbeitsforschung

Qualitativ ausgerichtete Formen der Sozialarbeitsforschung dienen vor allem dazu, neue Phänomene zu erkunden, tiefergehende Zusammenhänge zu erfassen und Wissen über schwer erreichbare Zielgruppen zu generieren. Als Methoden zu einer realitätsnahen Erfassung von komplexen Daten eignen sich besonders die teilnehmende Beobachtung, Tiefeninterviews, Fokusgruppen und die qualitative Inhaltsanalyse.

Folgende wichtige qualitative Forschungsarten lassen sich unterscheiden (zusammenfassend: Mayring 2015; Blom 2012):

16.3.1 Biografieforschung

Die Biografieforschung ist ein Forschungsansatz der qualitativen Sozialforschung, der sich in der Regel auf selbsterzählte Lebensgeschichten bezieht. Sie zielt darauf ab, Lebensläufe auf der Basis von Texten, Interviews, Tagebüchern, autobiografischen Erzählungen etc. zu rekonstruieren. Die vorliegenden Texte bzw. Protokolle werden dann nach bestimmten Regeln und Kriterien ausgewertet und interpretiert. Biografische Forschungen gelten als sehr zeitaufwändig, entsprechend „pragmatisch" gehen viele Biografieforscher/innen vor und konzentrieren ihre Analyseschritte auf ausgewählte Aspekte und Zeitspannen (Dexheimer 2011, S. 75 ff.).

(1) Eine Studie zum Thema Gewalterfahrungen von Migrantinnen von Nadja Lehmann (2008) hatte das Ziel, das Erleben häuslicher Gewalt bei Migrantinnen im

> Kontext von Herkunft, Migrationserfahrungen und Situation im Aufnahmeland anhand biografischer Interviews zu erforschen. Hierfür führte sie 15 narrative Interviews und wertete sie nach verschiedenen Aspekten subjektiver und gesellschaftlicher Perspektiven aus. Dabei gelingt es ihr vor allem nachzuweisen, dass die Frauen, die aus unterschiedlichen Kulturen kommen, ihr Schicksal nicht ähnlich, sondern unterschiedlich interpretieren. Für die Soziale Arbeit stellt dies eine wichtige Erkenntnis dar!

> (2) Graßhoff et al. (2015) haben im Rahmen eines Forschungsprojekts 17 biografische Interviews mit Jugendlichen durchgeführt. Ein Ergebnis war dabei unter anderem, dass sich die Lebenslagen der jungen Menschen in der stationären Wohngruppe von denen der Jugendlichen in der offenen Kinder- und Jugendarbeit nicht wesentlich voneinander unterscheiden. „Migration, physische und psychische Krankheit und Genesung, Gewalterfahrungen, Beziehungen zu Familie und Gleichaltrigen sind Themen, die sowohl für die Adressat_innen der stationären Jugendhilfe als auch der offenen Kinder- und Jugendarbeit bedeutsam sind" (ebd., S. 177).

Deutlich wird hier, dass die Ergebnisse qualitativer Studien nur einen geringen Verallgemeinerungsgrad zulassen und in ihrem Aussagewert stark umgrenzt sind. Hilfreich sind diese Studien jedoch neben der detaillierten Erfassung und einer ersten Kategorisierung eines Forschungsbereiches, um zu einer Hypothesengenerierung zu gelangen, die dann Ausgangspunkt von quantitativen Studien sein kann. Wesentlich ist die Kombination qualitativer und quantitativer Forschungsansätze, da sie mit unterschiedlicher Herangehensweise denselben Wirklichkeitsbereich beschreiben und darstellen können, sodass ein umfangreiches und detailliertes Bild entsteht.

16.3.2 Fallstudien

Die Einzelfallanalyse ist nach Mayring (2015) ein bedeutender Ansatz in der qualitativen Forschung. Fallanalysen beleuchten die Zusammenhänge der Funktions- und Lebensbereiche einer Person und deren historischen sowie lebensgeschichtlichen Hintergrund. Hierbei werden besonders interessante Fälle, die typisch oder extrem sind, in allen für die Fragestellung der Untersuchung wichtigen Dimensionen beschrieben und analysiert. Ziel ist „ein ganzheitliches und nur damit realistisches Bild der sozialen Wirklichkeit zu zeichnen" (Lamnek 2005, S. 5). Einzelfallbezogenes Vorgehen bedarf einer „analytischen Intuition", das bedeutet, ein Gespür zu entwickeln für bislang unbeachtete soziale Sachverhalte und unbedachte gesellschaftliche Zusammenhänge, die sich in der Lebensgeschichte von Einzelnen „verstecken" können. Diese sachlich zu analysieren und dabei Ideen und Kategorien zu entwickeln, die diese Zusammenhänge erklären können bzw. damit einen Ausgangspunkt für weitere Hypothesenbildungen zu schaffen, kann Ziel der Einzelfallanalyse sein.

„Das verwendete Material kann vielfältig sein (neben den gängigen Quellen qualitativer Forschung wie z. B. Interviews und teilnehmender Beobachtung auch Daten aus Archiven, Fotos, Zeichnungen, Schulhefte, Tagebücher usw.), allerdings ist eine bestimmte Vorgehensweise erforderlich, um die wissenschaftliche Verwendbarkeit der Daten zu gewährleisten" (Mayring 1997, S. 29).

Mayring (2015, S. 43) nennt hierzu fünf zentrale Aspekte (siehe Abb. 47):

---

1. **Fragestellung** (Was wird untersucht?)
2. **Falldefinition** (Was ist ein Fall, wer wird untersucht?)
3. **Materialsammlung** (Welche (für die Fragestellung aussagekräftigen) Quellen, welche (qualitativen) Methoden kommen zum Einsatz?)
4. **Aufbereitung** (Wie wird das Material dokumentiert/fixiert? Wie kommentiert? Wie werden die Daten zusammengefasst, strukturiert und wie Kategorien gebildet?)
5. **Falleinordnung** (Wie lässt sich der Fall einordnen in einen Zusammenhang, wie vergleichen mit anderen Fällen?)

Abb. 47: Zentrale Aspekte der Fallstudien[63]

Fallstudien finden insbesondere auch dort Verwendung, wo es um detaillierte Erkenntnisse über schwer zugängliche Forschungsfelder geht.

Daniela Neubert (2007) beschreibt im Rahmen einer biografischen Fallrekonstruktion die Entwicklung und Problematik einer Patientin mit Essstörungen. Als Methode setzt sie das narrativ-biografische Interview ein. Dabei unterscheidet sie drei Ebenen der Betrachtung:

- *Die gelebte Lebensgeschichte gibt Auskunft über biografische Daten und objektive Ergebnisdaten.*
- *Die erzählte Lebensgeschichte stellt die „Art und Funktion der Präsentation der Biographin im Interview" (ebd.) in den Vordergrund.*
- *Die erlebte Lebensgeschichte (ebd., S. 70) untersucht die subjektive Bedeutung der verschiedenen Ereignisse.*

Ihre Interpretation und Schlussfolgerung:
„Auf einem schwierigen familiären Hintergrund bildet die Biographin eine Vielzahl von Verhaltensauffälligkeiten mit körperlichen Störungen aus. Sie ist bemüht, das Idealbild einer immer versorgenden und liebenden Mutter in ihrer Mutter zu suchen. Die Erfüllung dieses Wunsches ist bedeutender als die eigene seelische und

---

63 Nach Mayring 2015, S. 43.

> *körperliche Entwicklung. Diese biographische Struktur wird durch institutionelle Betreuung bestätig, was zur Chronifizierung der Erkrankung beiträgt. In der Gesamtheit betrachtet zeigt dieser biographische Verlauf eine Misserfolgsgeschichte."* (ebd., S. 76).

Würde man mehrere solcher Fallgeschichten untersuchen, ließen sich auf Dauer Muster erkennen, die nicht nur eine Typenbildung ermöglichen, sondern ein tiefergehendes Fallverstehen erlauben, das dann mit Interventionen verknüpft werden kann. Dies entspricht im Übrigen genau dem Verfahren, das Haupert/Kraimer (1991) als grundlegende Methode im Bereich der hermeneutischen Sozialarbeitswissenschaft vorgeschlagen haben (siehe dazu Kap. 10.2.1).

16.4 Theoretische Sozialarbeitsforschung

Natürlich muss Forschung nicht immer empirisch sein, sondern kann sich auch anderer Untersuchungsmethoden bedienen. Diese tauchen besonders dort auf, wo eine empirische Vorgehensweise nicht möglich ist oder nur mit einem hohen Aufwand durchzuführen wäre. Folgende Forschungsmethoden kommen hier in Frage:

16.4.1 Systematisches Review

Bei einem systematischen Review handelt es sich um eine Zusammenfassung von Ergebnissen und Schlussfolgerungen aus den einschlägigen Veröffentlichungen, die zu einem bestimmten Thema vorliegen. Bislang werden in den Sozialwissenschaften häufig jedoch nur „so genannte narrative (qualitativ-beschreibende) Reviews erstellt, um den aktuellen empirischen Forschungsstand zu beschreiben" (Weiß/Wagner 2008, S. 250). Eine große Schwierigkeit dieser Reviews ist, dass sie aufgrund des „Operationalisierungschaos", wenig aussagekräftig erscheinen.

> *So werden z. B. in jeder Studie die untersuchten sozialen Phänomene (wie z. B. Schule schwänzen) unterschiedlich gemessen (z. B. über Fehlzeiten an ganzen Tagen vs. während einzelner Stunden; unentschuldigtes Fernbleiben vs. Fernbleiben mit „erfundenen" Entschuldigungen wie (zu) häufigen ärztlichen Attesten, die unglaubwürdig werden oder gefälschten Nachweisen der Eltern etc.). Dies erschwert die Vergleichbarkeit und damit auch die Möglichkeit der Zusammenfassung der erhaltenen Daten. Zudem fehlen in den Einzelpublikationen häufig wichtige Daten (z. B. Fallzahlen, Beschreibung der untersuchten Stichprobe oder, wie erwähnt, die genaue Operationalisierung der untersuchten Variable) (ebd., S. 255).*

Die besondere Bedeutung systematischer Reviews liegt darin, dass sie als Voraussetzung für die Entwicklung der „Evidence-based practice" betrachtet werden. Methodische Vorgehensweisen in einzelnen Disziplinen, wie bspw. der Medizin, der Psychologie, der Sozialen Arbeit etc., werden nur dann als „gute Praxis" und empfehlenswerte Vorgehensweise verstanden, wenn genügend aussagekräftige Studien vorhanden sind, die zu einem insgesamt widerspruchsfreien Ergebnis in Bezug auf das genannte methodische Vorgehen kommen. Die Anforderungen an ein Review wurden von der im Bereich der Medizin tätigen „Cochrane Collaboration" formuliert. Sie ist ein Zusammenschluss von Forschenden verschiedener Universitäten, die es sich zum Ziel gesetzt haben, auf wissenschaftlicher Basis Vorgaben zu diskutieren und festzulegen, die für eine gezielte Überprüfung von Studien und Übertragung wissenschaftlicher Ergebnisse in die Praxis erforderlich sind (siehe dazu: http://www.chochrane.de).

Auf der Grundlage vereinbarter Standards können systematische Reviews entstehen, die einen Forschungsbereich nicht lediglich zusammenfassen, sondern einen konkreten und nachvollziehbaren Überblick über die gegenwärtig vorhandenen Ergebnisse zu einem konkreten Thema geben und Schwierigkeiten sowie Lücken derzeitiger Forschungsbemühungen aufzeigen. Im Bereich der Sozialen Arbeit liegen hier noch keine belastbaren systematischen Reviews vor.

16.4.2 Metastudien

Im Unterschied zu systematischen Reviews, die den Stand der Forschung sprachlich zusammenfassen, haben Metastudien das Ziel, gewonnene Ergebnisse auf Basis statistischer Verfahren zusammenzufassen und durch die damit verbundene Vergrößerung der Fallzahlen zu einem deutlicheren Ergebnis(trend) zu kommen, als dies gewöhnlich bei Einzelstudien mit begrenzter Stichprobengröße möglich ist. Ähnlich zu Reviews ist jedoch die Problematik der Operationalisierung sowie der verwendeten statistischen Auswertungsmethoden, die die Zusammenfassung der Daten häufig deutlich erschweren und zu einem notwendigen Ausschluss vieler Studien aus der Metaanalyse führen.

> *So untersuchte z. B. die US-Amerikanerin Cynthia Franklin mit ihren Mitarbeitern/ Mitarbeiterinnen (2009) die Effektivität der Schulsozialarbeit in den USA mit Hilfe der Metaanalyse. Dabei wurden 21 Studien in die Datenauswahl einbezogen und miteinander verglichen. Als Ergebnis konnte nachgewiesen werden, dass Schulsozialarbeiter/innen einen signifikant erkennbaren positiven Einfluss auf die emotionale, mentale, verhaltens- und fächerbezogene Entwicklung der Schüler/innen haben.*

Metastudien sind für den Status einer wissenschaftlichen Erkenntnis wesentlich, da die Aussagekraft einzelner Studien durch eine Metaanalyse stark zunimmt. Umgekehrt kann deutlich werden, dass ein bislang angenommener Trend wissenschaftlich nicht haltbar ist. Um Metaanalysen zu ermöglichen, müssen jedoch für die betreffende Fragestellung genügend empirisch sauber durchgeführte und vergleichbare Einzelstudien vorliegen sowie die betreffenden Forscher/innen entsprechend kompetent im Bereich der statistischen Verfahren und Berechnungen sein.

16.4.3 Vergleichende Sozialarbeitsforschung

Unter „vergleichender Forschung" versteht man die bewusste Einbeziehung und den Vergleich von Forschungsergebnissen aus unterschiedlichen Ländern. Der Vergleichsforschung kommt im Bereich der Sozialen Arbeit vor allem deshalb eine wichtige Funktion zu, da in den einzelnen Ländern unterschiedlich viel Forschung durchgeführt wird. Ein hilfreicher Weg an Erkenntnisse zu kommen, kann daher darin bestehen, Daten aus anderen Ländern aufzugreifen und, wo möglich, miteinander zu vergleichen und die dabei auftauchenden Übereinstimmungen und Differenzen theoretisch fruchtbar zu machen.

Ausgangspunkt dafür ist das Konzept der „funktionalen Äquivalenz" (Schriewer 2000, S. 40 f.). Die Äquivalenz der Sozialarbeit in verschiedenen Ländern kommt dabei nicht in ihrer Gleichheit der angewandten Methoden, sondern in der Gleichheit des Grundverständnisses Sozialer Arbeit und ihrer Verschiedenheit der Lösungsansätze zum Ausdruck. Unterschiedliche historisch vorfindliche Vorgehensweisen können als Lösungen ein und desselben Problems innerhalb verschiedener Umwelten verstanden werden, die miteinander verglichen und vor allem erklärt werden können. Es finden also durch den Vergleich von Vorgehensweisen zwei gegensätzliche intellektuelle Operationen statt: zum einen eine „Generalisierung" in einem theoretischen Sinne und zum anderen eine „Re-Spezifizierung" in einem historischen Sinne.

1. Generalisierung meint dabei die Darstellung des theoretischen Verständnisses eines besonderen Untersuchungsgegenstandes, wie z. B. Risikomanagement als Bezeichnung für die Bearbeitung möglicher schädlicher Konsequenzen von Interventionen.
2. Unter (Re-)Spezifizierung versteht man dann die Analyse dieses Konzeptes vor dem Hintergrund seiner historisch konkretisierten Realisierung (hier im Beispiel: die Umsetzung von Risikomanagement in unterschiedlichen kulturellen und nationalen Kontexten).

Durch diese beiden Operationen wird das gemeinsame Grundgerüst von Thematiken der Sozialen Arbeit deutlich sowie die Problematik der jeweiligen konkreten Sichtweisen und Umsetzungen. Ersichtlich wird, dass der Wert von Vergleichen nicht darin bestehen kann, einzelne Problemlösungen (Spezifizierungen) einfach in andere Settings (Länder, Kulturen etc.) zu übertragen (Schriewer 2000, S. 52). Der Wert vergleichender Studien zeigt sich eher darin, dass die Praxis sozialarbeiterischen Handelns kulturvergleichend und -übergreifend reflektiert wird und das Erkennen unterschiedlicher Lösungsansätze für gleichartige Probleme zu einem breiteren Verständnis sowohl von Problemlagen als auch für die Vielfalt an gangbaren Hilfeansätzen führt.

Heinz Heckhausen hat in diesem Zusammenhang von der Notwendigkeit einer „theoretischen Integration" (1972, S. 84) gesprochen. Vergleichende Studien müssen seiner Ansicht nach in der Lage sein, verschiedene Fragen befriedigend zu beantworten, wie z. B.

- Aus welcher Perspektive heraus werden die verschiedenen zu vergleichenden Objekte definiert? Gibt es eine übergreifende Definition?
- Welche der betreffenden Dimensionen lassen sich befriedigend vergleichen, welche nicht?
- Nach welchen Kriterien sollen verschiedene Aspekte, Praxen etc. miteinander verglichen werden: Nach Aspekten der Effektivität, der Stringenz, der ideologischen Ausrichtung? (ebd.)

Ähnlich formuliert Züchner (2007) die Aufgabe der „Komparation", die er als eine Art systematischen Vergleichs verschiedener Objekte sieht:

„Die Komparation versucht demgegenüber gezielt Punkte herauszuarbeiten und zu analysieren, indem die Unterschiede und Übereinstimmungen zweier oder mehrerer Phänomene, das Wechselverhältnis von Analogie und Differenz, beschrieben und nach Möglichkeit auch gedeutet und erklärt werden. Die Komparation ist immer auf eine Fragestellung ausgerichtet und geht über eine Gegenüberstellung hinaus. Gleichzeitig wird in der Komparation vorausgesetzt, dass die verglichenen Phänomene bestimmte vergleichbare Strukturen oder Funktionen haben. Dies macht die Bildung empirischer bzw. theoretischer Kategorien notwendig. Die Komparation zielt darauf, Ergebnisse des Vergleichs ableiten zu können, die den Charakter eines allgemeineren Erkenntnisfortschritts haben" (Züchner 2007, S. 19).

Im Rahmen solcher Vergleiche schlagen Friesenhahn/Kniephoff-Knebel (2011, S. 35 ff.) eine fünfstufige Vorgehensweise vor, die als Grundlage für Einzelstudien dienen kann:

1. Festlegung des Tertium Comparationis (das gemeinsame zu vergleichende Merkmal) und damit verbunden der Erkenntnis leitenden Fragestellung.
2. Festlegung von relevanten Vergleichsfaktoren bezogen auf die Fragestellung.
3. Sammlung der je länderspezifischen Daten und Fakten.
4. Gegenüberstellung und Vergleich der erzielten Ergebnisse.
5. Diskussion der Vergleichsergebnisse vor dem Hintergrund kontextueller Deutungen.

Entsprechend dem jeweiligen Ziel eines Vergleichs unterscheidet Wolfgang Mitter (2015) Vergleiche in „aufklärerischer", d. h. analytisch- objektiver, und „melioristischer", d. h. verändernder und verbessernder Absicht. Vergleiche können aber auch danach unterschieden werden, welche wissenschaftstheoretische Perspektive eingenommen und welche methodischen Zugänge gewählt werden. Folgende Perspektiven lassen sich hier unterscheiden:

Phänomenologische Vergleiche

Dabei handelt es sich um die anspruchsloseste Form des Vergleichens. Objekte, Prozesse oder Denkweisen werden phänomenologisch bestimmt (d. h. entsprechend ihrer beobachtbaren Aspekte beschrieben, wie z. B. das Aufgabenfeld und die Kompetenzen der Sozialarbeiter/innen im Krankenhaus) und dann transnational miteinander verglichen. Dazu werden z. B. verschiedene Aspekte der Ausbildung, wie beispielsweise Dauer und Kosten, Curriculuminhalte, Prüfungsbedingungen etc., parallelisierend beschrieben. Zusätzlich können wichtige statistische Daten, gesetzliche Grundlagen, kulturelle Bedingungen etc. hinzugefügt werden.

Normative Vergleiche

Dies bedeutet, im Rahmen eines Vergleiches „Standards" zu setzen, wie ein bestimmter Sachverhalten sein oder nicht sein sollte. So nehmen deutsche Sozialarbeiter/innen mit Verwunderung zur Kenntnis, dass in Großbritannien Kinder bereits ab dem zehnten Lebensjahr juristisch strafmündig sind. Oder: In Großbritannien erhalten Schüler/innen von der Schulkrankenschwester bei Bedarf Verhütungsmittel. Hier entsteht nun ein Anlass, über unterschiedliche Wertvorstellungen zu diskutieren und die verschiedenen Haltungen historisch, kulturell, politisch etc. zu erforschen.

Theoretische Vergleiche

Theoretische Vergleiche basieren auf bestimmten, definierten Begrifflichkeiten, die einen komplexen Sachverhalt in einer knappen Beschreibung erfassen. Hierzu gehören beispielsweise die Begriffe „neue Armut", „Case Management" oder „reflexive Praxis". Nach Luhmann muss hier zunächst eine „theoretisch erzwungene Unterscheidung" eingeführt werden (1997, S. 452): man kann Interventionsformen in verschiedenen Ländern demnach nur vergleichen, wenn man vorher die betreffenden Begrifflichkeiten theoretisch definiert.

Fallorientierte Vergleiche

Hier kann z. B. anhand konkreter Fälle beschrieben werden, wer in einem Land unter welchen Umständen und auf welche Art und Weise Hilfe bekommt. Der Fokus solcher Studien liegt häufig auf bestimmten Zielgruppen der Sozialarbeit (wie z. B. Scheidungskinder, Langzeitarbeitslose etc., siehe dazu: Jurkowski/Tracy, 2000, S. 468). Konkrete Fragestellungen fallorientierter Vergleichsverfahren könnten beispielsweise lauten: „Welche Hilfen erhalten Scheidungskinder in der Zeit während und nach dem Scheidungsprozess in Deutschland, Großbritannien und Dänemark?"

Wolfgang Berg plädiert vor diesem Hintergrund für die Einführung einer Methodik, die er im Anschluss an Hetherington als „case vignette" (Berg 2006, S. 247) bezeichnet. Die dabei zugrunde gelegte Logik geht davon aus, dass sich Sozialarbeit

> *in je spezifischer (nationaler) Weise auf standardisierte Situationen einrichtet, die als „Grundrisse" bezeichnet werden können. Vor dem Hintergrund der verschiedenen „Responses" (also der nationalen Umgangsweisen mit diesen „Grundrissen") können dann die jeweiligen Vorgehensweisen anhand bestimmter Kriterien, wie z. B. Wirtschaftlichkeit, Gerechtigkeit, Fachlichkeit etc. nicht nur verglichen, sondern möglicherweise auch bewertet werden (Waterkamp 2006, S. 197).*

Vergleichende Effekt-, Wirkungs- und Evaluationsstudien

Diese Form von Studien zielt darauf, die Wirkungen von Interventionen, die in unterschiedlichen Ländern durchgeführt werden, zu vergleichen. Im Unterschied zu den oben genannten systematischen Reviews oder Metaanalysen, die vergleichbare Studien zusammenfassen wollen, geht es bei dieser Art des Vergleichs darum, unterschiedliche Interventionen darzustellen und deren Erfolge unter Berücksichtigung der unterschiedlichen gesetzlichen Rahmenbedingungen in den verschiedenen Ländern zu vergleichen. Dabei soll der Vergleich von Programmen insbesondere auf folgende Fragen eine Antwort geben:

> *What is the country's program intended to do (goals, objectives, or strategies)? What public issue of problem is being addressed? How is the issue defined (measured, understood, or perceived)? Why is government involved (local, regional, state/province, or federal)? What is expected of government in addressing the problem? What other organisations and official bodies are expected to play a role? What are obstacles to implementing the program? How does the program reflect the nation's cultural, political, and economic environment? Does the program reflect principles of social insurance or social assistance, prevention or remediation, comprehension or categorization, integration or independence, public governance or privatization? The model also is based on information that describes how the program is funded and administered as well as who is covered and what benefits and services they are entitled to receive"* (Jurkowski/Tracy 2000, S. 462).

Historische Vergleichsstudien

Hier geht es um die Entwicklung der Sozialarbeit in verschiedenen Ländern sowie um die historische Bedeutung bestimmter Fakten und Ereignisse, wie beispielsweise die Einführung bestimmter Gesetze, Migrationsbewegungen oder historisch gewachsener Kulturen etc. (Allemann-Ghionda 2004; Jovelin 2008).

16.4.4 Historische Forschung

Die Historische Sozialarbeitswissenschaft befasst sich mit der Entwicklung der unterschiedlichen Formen Sozialer Arbeit aus geschichtlichen Ereignissen der Vergangenheit heraus. Sie erforscht die Zusammenhänge, Bedingungsgefüge und Auswirkungen historischer Begebenheiten und Interventionsformen sowohl auf die Anfänge wie auch die Weiterentwicklung und heutige Situation der Sozialarbeit. Es wird versucht, frühere und gegenwärtige soziale, politische und gesetzliche Rahmenbedingungen in ihrer Bedeutung für die Sozialarbeit zu verstehen und einzuordnen. Die Darstellung und Erläuterung historischer Situationen ist hilfreich für ein Verständnis der Entwicklungen sowie eine Möglichkeit der Abschätzung (Prognose) zukünftiger Veränderungen.

Analog zur historischen Soziologie kann man die Aufgaben der historischen Sozialarbeitswissenschaft wie folgt beschreiben (Bühl 2003, S. 30 ff.):

1. Erschließung der „*Geschichte als Materialquelle*" (S. 30): Gegenstand der historischen Sozialarbeitsforschung ist das gesamte historische Material, das zu einem gegebenen Zeitpunkt zur Verfügung steht.
2. „*Aufdeckung von Prozessgesetzen*" (S. 31): Es geht um die Aufdeckung „historischer Wandlungsabläufe". Menschen verändern sich permanent und es gilt, die damit verbundenen gesellschaftlichen Prozesse zu erklären.
3. „*Bestimmung der Reichweite von Gesetzesaussagen*" (S. 33): Historische Vergleiche erleichtern die Überprüfung und Weiterentwicklung von Theorien.
4. *Zeitdiagnose* (S. 34): Auf diese Weise können verallgemeinerbare Aussagen für eine bestimmte Epoche herausgearbeitet werden.
5. *Zukunftsplanung* (S. 37): Hier ist die Frage, wie Zukunft auf der Basis des historisch Geschehenen aussehen kann.

Als mögliche Funktionen der Geschichtsforschung werden nach Möller (2007) im Anschluss an Friedrich Nietzsche folgende Aspekte benannt:

- Monumentalische Historie: Vorbildfunktion – Was können wir aus der Geschichte an (Nicht)Wünschenswertem lernen?
- Antiquarische Historie: Traditionsstiftung – Welche Traditionen und Gewohnheiten haben sich über längere Zeiträume gebildet?
- Kritische Historie: Die Vergangenheit kritisieren, um sie zu überwinden. – Welche konkreten oder verallgemeinerbaren Prozesse, Verhaltens- und Denkweisen haben in der Vergangenheit zu welchem Resultat geführt und wie können die Auswirkungen dieser Ereignisse überwunden und ähnliche Entwicklungen in Zukunft vermieden werden?

Entscheidend kommt es auch im Rahmen historischer Forschung darauf an, dass bestimmte methodische Qualitätsstandards eingehalten werden. Dabei geht es vor allem um Quellenkritik (Quellenbeschreibung und Textsicherung), Quelleninterpretation (Inhaltsangabe, Eingrenzung, Auswertung) und die Sicherstellung der intersubjektiven Überprüfbarkeit (ebd.).

Im Bereich der historischen Sozialarbeitswissenschaft liegen inzwischen zahlreiche Publikationen zur Geschichte der Sozialen Arbeit vor, so z. B. von Hering/Münchmeier (2007), Wendt (2008; 2008a), Kuhlmann (2013), Müller (2006). Dabei handelt es sich aber häufig nicht um eine genuin historische Forschung, sondern um Darstellungen historischer Fakten (Wann? Wer? Wie?). Explizit historisch-kritische Forschungsarbeiten im Bereich der Sozialen Arbeit findet man bislang nur in Teilbereichen. Sie dienen häufig dazu,

- die gesellschaftliche Funktion der Sozialen Arbeit aus der Sozialgeschichte, der Sozialpolitik etc. der Bundesrepublik Deutschland zu begründen und herzuleiten (Sachße 1998),
- die Theorieentwicklung in der Sozialen Arbeit anhand verschiedener paradigmatischer Wenden darzustellen (Steinacker 2013, Schröer 1999),
- wichtige Entwicklungen im Bereich der öffentlichen Wohlfahrtspflege, vor allem innerhalb des Verbandswesens, zu verdeutlichen, etwa die Verstrickungen der Sozialverbände vor und während des Dritten Reiches (Hammerschmidt 1999; 2003),
- die Geschichte konkreter Fürsorgeeinrichtungen und deren fachlich-methodische Entwicklungen zu beschreiben und zu erklären (Uhlendorff 2002),
- die Berufsgeschichte der Sozialen Arbeit zu analysieren und zu interpretieren, vor allem vor dem Hintergrund der These von der Sozialen Arbeit als „Frauenberuf" (Sachße 2003).

Historische Arbeiten zu methodischen Fragestellungen liegen noch nicht vor. Das grundlegende Problem hierfür scheint darin zu liegen, dass es noch nicht gelungen ist, Sozialarbeitsforscher/innen zu gewinnen, die daran interessiert und in der Lage sind, historische Fragestellungen methodisch-kritisch zu untersuchen (siehe auch Gängler/Schröer 2005). Hier liegt demnach noch ein Forschungsfeld offen, das wichtige Beiträge zu einer historischen Sozialarbeitsforschung leisten könnte.

16.5 Praxisforschung

Die Praxisforschung als Teilbereich der Sozialarbeitsforschung legt ihren Schwerpunkt auf die Bearbeitung konkreter Themen, mit denen Sozialarbeiter/-innen in ihrem alltäglichen Handlungsfeld konfrontiert sind. Nach Maja Heiner (1988) zeichnet sich Praxisforschung insbesondere dadurch aus, dass sie sowohl die Praxis beruflichen Handelns in der Sozialen Arbeit untersuchen als auch einen Beitrag zur Veränderung leisten will. Im Wesentlichen ist sie vor allem in den verschiedenen Handlungsfeldern sowie bei der Weiterentwicklung von methodisch angelegten Programmen tätig.

Nach Heiner (1988) sind drei idealtypische Formen der Praxisforschung denkbar:

1. Die Forscher/innen forschen und kooperieren nur mit Vertretern/Vertreterinnen der Hierarchiespitze der Praxis. Dabei geht es um Fragen der Wirksamkeit und Effizienz von Programmen. Harte Daten und Fakten werden untersucht, die Auftraggeber/innen spielen eine entscheidende Rolle bei der Durchführung der Forschung.
2. Forscher/innen und Mitarbeiter/innen beteiligen sich gleichermaßen am Forschungsprozess. Dieser dient dazu, Entwicklungen zu beobachten und vor dem Hintergrund der erzielten Daten vorhandene Abläufe oder Prozesse z. B. im Rahmen von Qualitätssicherungsprozessen zu optimieren.

3. Die Forscher/innen beraten die forschenden Praktiker/innen, die für ihren Eigenbedarf z. B. im Rahmen einer forschungsorientierten Supervision Fallstudien und Hilfeverläufe erforschen. Der/die Forscher/in trägt dafür Verantwortung, dass Fragestellungen, Erhebungsmethoden und Auswertungsverfahren angemessen eingesetzt werden (ebd., S. 7 ff.).

Allerdings räumt Heiner ein, dass derzeit zumindest Modell 1 und 3 eher unterentwickelt sind und dass Praxisforschung heute kaum mehr dazu beiträgt, die Praxis zu innovieren (Heiner 1988, S. 13; Jakob 1997, S. 159; Schumann 1997, S. 253). Ursächlich dafür ist vor allem der Umstand, dass sie in der Regel fremdfinanziert ist und den Interessen der jeweiligen Auftraggeber/innen Rechnung tragen muss. Daher ist heute auch sehr schwer, zwischen Praxisforschung und Auftragsforschung (siehe dazu Kap. 16.5.5) zu unterscheiden. Praxisforschung sollte jedoch den gleichen hohen Anforderungen genügen, die im Bereich der Sozialarbeitsforschung allgemein angelegt werden müssen und hierzu gehört auch, dass die Interessen der Auftraggeber/innen eindeutig offengelegt werden.

Will man höhere Standards im Bereich der Praxisforschung gewährleisten, so müssen von der Scientific Community insbesondere solche Formen der Forschung als wissenschaftlich irrelevant und partiell sogar unredlich gemieden werden,

- die Einzelinteressen verfolgen. Im Rahmen solcher Projekte verfügen die Forscher/innen nicht über genügend Autonomie und Freiheit, um ein sachgerechtes Forschungsdesign zu entwickeln und mit der gebotenen Neutralität durchzuführen;
- die forschungsmethodisch unzulänglich angelegt sind. Dort, wo Forscher/innen die Regeln der guten Forschung nicht eingehalten haben, werden die jeweiligen Ergebnisse wissenschaftlich nutzlos. Sie zum Ausgangspunkt weiterer Studien zu machen, ist sinnlos und würde alle in der Folge erzielten Ergebnisse desavouieren.

16.5.1 Evaluationsforschung

Im Bereich der Sozialarbeitsforschung beginnt sich die Skepsis gegenüber den verschiedenen Formen und Methoden der Evaluation auch unter dem Einfluss internationaler Entwicklungen, wie z. B. der Evidence-Based Practice, zunehmend aufzulösen. Viele Evaluationsverfahren zielen direkt auf Innovation und Optimierung (Heiner 1994a; 1996; 1998). Wie wichtig der gesamte Bereich inzwischen geworden ist, zeigt sich auch in der Gründung der „Deutschen Gesellschaft für Evaluation" (DeGEval). Dort wird derzeit unter anderem die Fragestellung diskutiert, inwieweit Evaluationsverfahren sozialwissenschaftlichen Standards entsprechen können und sollen. Kromrey (1999) spricht sich hier für eine Unterscheidung von Nützlichkeitsstandards, Durchführbarkeitsstandards, Fairness- und Korrektheitsstandards sowie Genauigkeitsstandards aus, Bortz und Döring (2006) unterscheiden innerhalb der Evaluationsverfahren die summative von der formativen Evaluation. Die summative Evaluation beurteilt die

Wirksamkeit einer vorgegebenen Intervention zusammenfassend, während die formative Evaluation regelmäßig Zwischenergebnisse erstellt, um bereits stattfindende Prozesse noch modifizieren oder verbessern zu können (Bortz/Döring 2006, S. 113).

Wichtige Methoden der Evaluation im Bereich der Sozialarbeit sind die „Selbstevaluation", die „wechselseitige Evaluation (kollegiales Feedback)" und die „Fremdevaluation".

- Die „Selbstevaluation" wird bereits während der Erbringung einer Leistung durchgeführt. Kennt der/die Mitarbeiter/in die aus einem definierten Qualitätsstandard heraus resultierenden Anforderungen und Werthaltungen, kann er/sie sich schon während der Erbringung der Leistung daran orientieren und sich im Fall von Problemen selbst korrigieren.
- Die Methode der „wechselseitigen Evaluation" setzt voraus, dass im Team eine Atmosphäre herrscht, in der es kaum Konkurrenz gibt und in der jedes Teammitglied offen für die Meinung und das Feedback der Kollegen/Kolleginnen ist. Dann können vor dem Hintergrund gemeinsamer Qualitätsstandards gegenseitige Beobachtungsverfahren bzw. Audits durchgeführt werden.
- Die Notwendigkeit des „kollegialen Feedback" begründet Fengler (1998, S. 16 f.) mit dem blinden Fleck jedes Menschen. Die Methode ermöglicht, den Umgang der Sozialarbeiter/innen mit Klienten/Klientinnen systematisch zu reflektieren, wobei die teilnehmende Beobachtung einer anderen Person z. B. an einem Beratungsgespräch zur Datengewinnung hilfreich sein kann (Bortz/Döring 2006, S. 267).
- Die Methode der „Fremdevaluation" bezieht die Nutzer/innen von sozialen Diensten oder externe Fachleute mit ein und ermöglicht mit Hilfe von Fragebögen, Auswertungsgesprächen oder Audits die Erfassung externer Qualitätsperspektiven. Voraussetzung dafür ist, dass die Einrichtung sich den Anregungen und der Kritik von außen stellt und bereit ist, sich wirklich kontinuierlich auf die Interessen ihrer jeweiligen Adressaten/Adressatinnen hin weiterzuentwickeln. Liegen diese Voraussetzungen vor, dann können Rückmeldungen von Externen eine wichtige Informationsquelle für das Team sein.

Bei der Festlegung und Durchführung eines Evaluationsverfahrens gilt es insbesondere folgende Schritte zu berücksichtigen:

- Ziele der Evaluation festlegen,
- Klärung und Schaffung von organisatorischen, finanziellen, zeitlichen etc. Voraussetzungen und Bedingungen,
- Bestimmung des Gegenstandes und der Fragestellung der Evaluation,
- Operationalisierung des Gegenstandes: Bewertungskriterien entwickeln, Informationsquellen wählen, Methoden zur Datenerhebung festlegen,
- Erhebung und Auswertung der Daten,
- Beurteilung der Qualität der Evaluation,
- Auswertung der Ergebnisse (König 2000, S. 54 ff.).

Als „gute" Evaluationsstudien können die in Kapitel 16.5.3 unter der Rubrik Effekt- und Wirkungsforschung dargestellten Studien (JULE-Studie, JES-Studie) angeführt werden.

16.5.2 Aktionsforschung, Partizipationsforschung

Aktionsforschung als Forschungsmethode wurde vor allem von dem Sozialpsychologen Kurt Lewin (1948) entwickelt und zielt darauf ab, die Beforschten in den Forschungsprozess mit einzubeziehen und ihn dadurch zu einem pädagogischen, emanzipatorischen oder selbstaufklärerischen Prozess zu machen. Sie kann auch als „(radikale) Form der Interventions- bzw. Praxisforschung begriffen werden" (Dexheimer 2011, S. 80; Munsch 2012, S. 1184 ff.).

Eine wichtige Voraussetzung für das Gelingen von Aktionsforschung ist, dass sich Forscher/innen und Praktiker/innen als gleichwertig verstehen und wo immer möglich, gemeinsame Entscheidungen fällen. Nach Konrad lassen sich zwei Pole der Aktionsforschung identifizieren:

1. Aktionsforschung als kritische Aktion: Die Forscher/innen verstehen sich lediglich als kritisch Beteiligte und suchen nach einer engen Verbindung von wissenschaftlicher Reflexion und praktischem Handeln. Nach Altrichter et al. findet Aktionsforschung dann statt, „wenn Menschen ihre eigene Praxis untersuchen und weiterentwickeln, indem sie ihr Handeln und Reflektieren immer wieder aufeinander beziehen" (Konrad 1999, in: Dexheimer 2011, S. 81).
2. Aktionsforschung als kritische Praxisforschung: Die Forscher/innen verstehen sich als Experten/Expertinnen für den Einsatz wissenschaftlicher Methoden zur Analyse und Erhellung der Lebenswelten von Adressaten/Adressatinnen und der Situation von Institutionen (ebd., S. 137). Solche Forschungen sind dadurch gekennzeichnet, dass „in deren Verlauf die ForscherInnen aktiv in das Geschehen im Feld eingreifen mit dem expliziten Ziel, pädagogische Prozesse vor Ort zu beeinflussen bzw. im Forschungsprozess Veränderungen von Praxis im Sinne einer ‚Verbesserung' zu initiieren" (Rosenbauer/Seelmeyer 2005, in: Dexheimer 2011, S. 81).

Natürlich ist es schwierig, die verschiedenen Vorgänge, Entscheidungsprozesse und Abläufe im Rahmen von Aktionsforschungsprojekten „objektiv" oder „neutral" zu beschreiben, da alle am Forschungsprozess Beteiligten zugleich im pädagogischen Prozess der Intervention involviert sind. Methodologische Entscheidungen werden so oft nicht wirklich nachvollziehbar und daher bleibt der Methodeneinsatz meist willkürlich: „Einerseits eröffnet sie programmatische Forschungsspielräume, andererseits kann die methodologische Freiheit aber auch zum ‚Methodenanarchismus' führen" (Dexheimer 2011, S. 83). Zudem hat insbesondere der Anspruch, Aktionsforschung trage im Rahmen eines „Balanceakts" zwischen praktischem und theoretischem Interesse zur Emanzipation aller Beteiligten bei (Kramer et al., in: Unger 2014, S. 17), dazu geführt, dass die

Ziele unklar wurden. Aus diesem Grunde wurde „die Debatte um die Ziele und Methoden der Aktionsforschung (seit den 1980er Jahren, d. V.) teilweise mit anderen Begrifflichkeiten", insbesondere dem der „partizipativen Forschung" (siehe dazu Kap. 16.5.1), weitergeführt.

Im Rahmen von partizipativen Forschungsprojekten geht es daher nicht mehr so sehr um konkrete Aktionen oder Aktivitäten, sondern darum, die soziale Wirklichkeit partnerschaftlich und gemeinsam mit den betroffenen oder interessierten Bürgern/Bürgerinnen zu erforschen und zu beeinflussen (Unger 2014, S. 1). Auf diese Weise soll ein Mehr an gesellschaftlicher Teilhabe ermöglicht werden und zugleich eine Werteorientierung möglich werden: „Soziale Gerechtigkeit, Umweltgerechtigkeit, Menschenrechte, die Förderung von Demokratie und andere Wertorientierungen sind treibende Kräfte" (ebd.).

Dabei ergibt sich das Interesse der Wissenschaft an dieser Form der Forschung insbesondere aus drei Gründen:

1. Partizipation als Bürger/innenbeteiligung wird gesellschaftlich zunehmend wichtiger. Aufgeklärte Bürger/innen lassen sich ansonsten kaum mehr für Veränderungsprozesse gewinnen.
2. Die qualitative Sozialforschung ist forschungsmethodisch auf die Mitwirkung der Untersuchungspersonen angewiesen. Brauchbare Erklärungen und Deutungen der Lebenswirklichkeit kommen nur mit ihrer Hilfe zustande. Innovative Methoden, wie z. B. Photovoice, Community Mapping etc. werden so möglich (ebd., S. 69 ff.).
3. Bei der Produktion von Wissen kann sich die Gesellschaft heute nicht mehr nur auf das Wissenschaftssystem verlassen. Wichtige Erkenntnisse im sozialen und gesundheitlichen Bereich kommen ohne die Mitwirkung aller gesellschaftlichen Kräfte nicht aus.

Partizipatorische Forschungsvorhaben werden häufig im Rahmen von lokalen Planungs-, Gestaltungs- und Veränderungsprojekten realisiert und tragen dazu bei, dass Wissenschaftler/innen, Politiker/innen und Bürger/innen partnerschaftlich zusammenarbeiten.

Im Rahmen des Forschungsprojekts zur „Regionalisierung Sozialer Arbeit in München" (REGSAM) versuchte die Landeshauptstadt München alle Verbände und Vereine, Vertreter/innen der Bürger/innen und weitere „Stake Holders" in einem Projekt mit dem Ziel zusammenzuführen, die sozialen Dienste in den einzelnen Regionen stärker zusammenzuführen und effektiver zu machen. Dabei kam der wissenschaftlichen Begleitung die Aufgabe zu, relevante Daten zu erheben, Meinungen deutlich zu machen und Ergebnisse zu evaluieren. Alle Erhebungen wurden inhaltlich mit allen Beteiligten abgestimmt, Ergebnisse wurden gemeinsam interpretiert (Greca/Erath 1995).

Unger (2014) spricht in diesem Zusammenhang auch von „Community-basierter partizipativer Forschung", die sich insbesondere dadurch auszeichnet, dass alle Beteiligten die jeweilige lokale Bezugsgröße als identitätsstiftende Einheit anerkennen und gleichberechtigt in allen Phasen des Forschungsprozesses zusammenarbeiten. Als Beispiel verweist sie insbesondere auf die Studie „Partizipation und Kooperation in der HIV-Prävention mit Migrant/innen" (PaKoMi), die u. a. mit der Deutschen AIDS-Hilfe e. V. durchgeführt wurde (ebd., S. 33). Dieser Ansatz setzt allerdings voraus, dass ein Interesse an einem Gemeinschaftsbezug besteht und dass gemeinsame Fragestellungen und ein Gefühl der Gemeinsamkeit im Fokus stehen.

16.5.3 Effekt- und Wirkungsforschung

Bei Effekt- und Wirkungsstudien wird davon ausgegangen, dass die Inanspruchnahme einer bestimmten Leistung deutlich erkennbare Auswirkungen auf die Empfänger/innen bzw. deren Umwelt zur Folge hat. Analog zum klinischen Modell wird unterstellt, dass auf ein bestimmtes „Treatment" auch bestimmte messbare „Effekte" zu gewärtigen sind.

„Dabei wird die Wirkungsrichtung in der Regel monolinear konzipiert: Im Rahmen von Zielbestimmungen ‚wirkt' professionelles Handeln, bzw. ein Interventionssetting, auf Klienten ein, die mit entsprechenden Veränderungen ihres Verhaltens reagieren. Diese Verhaltensänderungen sind umgekehrt auf die Programmstimuli rückführbar und können gemessen werden – absolut oder im Hinblick auf den Grad der Zielerreichung" (Schaarschuch/Oelerich 2005, S. 15).

Damit geht es bei dieser Art von Forschung um die Identifizierung von Ziel-Mittel-Korrelationen. Dabei besteht die große Schwierigkeit darin, Effektivität, verstanden als Grad der Zielerreichung, entsprechend operational sichtbar und damit objektiv messbar zu machen. Wie kompliziert solche, vermeintlich einfachen Effektbeschreibungen sind, zeigt unter anderem der Begriffswirrwarr, der inzwischen entstanden ist: Häufig wird zwischen Input, Output und Outcome unterschieden, ohne dass die dabei zugrunde gelegten Definitionen genügend eindeutig ausfallen (siehe z. B. Bleck 2011, S. 26 ff.).

Wichtige Forderungen an die Wirkungsforschung sind vor allem (Micheel 2013, S. 183 ff.):

- eine empirisch fundierte Datengrundlage,
- ein methodisch objektiviertes Vorgehen zur Verhinderung von Verzerrungen (also keine Formen der Selbstevaluation zulassen),
- eine Messung zu verschiedenen Messzeitpunkten und der Einbezug einer Kontrollgruppe.

Als exemplarisch für eine gelungene Effekt- oder Wirkungsforschung werden häufig zwei neuere Studien genannt, die allerdings den o. a. Forderungen nur ansatzweise entsprechen:

> Das Forschungsprojekt „Jugendhilfeleistungen" (JULE; Baur et al., 1998) untersuchte die Leistungen und Grenzen erzieherischer Hilfen am Beispiel von Heimerziehung. Ziel der Studie war, einen auf breiter empirischer Basis gewonnenen repräsentativen Überblick über die Leistungen und Erfolge stationärer und teilstationärer Erziehungshilfen zu bekommen. Die JULE-Studie war als retrospektive Längsschnittuntersuchung der Hilfen nach SGB VIII §§ 32, 34 und 4 angelegt, die die Entwicklungen der jungen Menschen auf mehreren zeitlichen Ebenen untersucht.
>
> Dabei flossen 284 analysierte Akten von sechs beteiligten Jugendämtern in die Untersuchung ein. Da die Studie die Anonymität der Betroffenen wahren sollte, ließ sich das ursprünglich geplante methodische Vorgehen, das heißt die retrospektive Befragung der aus der Aktenanalyse untersuchten Stichprobe junger Menschen, nicht realisieren. So wurde die Stichprobe für die leitfadengestützten Interviews mit anschließender Analyse der Jugendamtsakten einem anderen Abgangsjahrgang entnommen.
>
> Die Datenanalyse liefert einen realistischen Überblick über (teil)stationäre Hilfen. Vergleicht man die Adressaten/Adressatinnen von Jugendhilfemaßnahmen mit der Allgemeinbevölkerung, so weisen diese einen niedrigeren sozioökonomischen Status auf (u. a. definiert über den Bildungsabschluss). Sie stammen hauptsächlich aus sozial benachteiligten, mehrfach belasteten Bevölkerungsschichten. Weiterhin sind Jungen in teilstationären Hilfen überrepräsentiert; insgesamt erhalten Mädchen seltener erzieherische Hilfen, die im Vergleich zu Jungen auch eine kürzere Dauer aufweisen. Die Bewertung der Hilfeverläufe ergab, dass sich der größte Teil der Hilfemaßnahmen für die Adressaten/Adressatinnen als hilfreich und nutzbringend darstellt. Nur etwa in einem Drittel der Fälle konnte die erzieherische Hilfe keine maßgeblichen Veränderungen der Situation der jungen Menschen bewirken, beziehungsweise deren schwierige Entwicklung aufhalten.
>
> Die Studie „Effekte erzieherischer Hilfen und ihre Hintergründe" (Schmidt et al. 2002) ging ebenfalls längsschnittlich vor: In einem prospektiven Untersuchungsdesign wurden zu vier Erhebungszeitpunkten insgesamt 211 Kinder in fünf verschiedenen Hilfeformen untersucht. Alle Erhebungen wurden auf ein den unterschiedlichen Hilfearten gemeinsames Grundgerüst zurückgeführt. Die Studie fand in verschiedenen Gebieten der Bundesrepublik statt, sodass regionale Einflüsse auf die Ergebnisse reduziert werden konnten. Die Hilfeverläufe wurden auf der Basis mündlicher und schriftlicher Daten erhoben, die untersuchten Kinder wurden nach acht Kriterien klassifiziert. Die Bewertung der Hilfen erfolgte dann nach Prozessqualität, Dauer und Effekte. Die Studie machte Hilfepläne überprüfbar. Sie setzte Hilfewahlen in Beziehung zu den verfügbaren Ausgangsinformationen und Prognosen zum erzielten Erfolg.

Beide Studien gelten insofern als bedeutend, als zum ersten Mal mit hohem Aufwand versucht wurde, den Prozessverlauf erzieherischer Hilfen detailliert zu beobachten und mögliche Effekte herauszuarbeiten. Beide Studien verfolgen jedoch zu viele Zwecke gleichzeitig. Gemessen werden sollten nicht nur die „Effekte" der erzieherischen Hilfen, sondern auch die Bedeutung der erzieherischen und beraterischen „Prozesse". Beide Studien hatten darüber hinaus das strategische Ziel, der Öffentlichkeit und der Politik deutlich machen zu wollen, dass sich solche Formen der Hilfe „lohnen". Daher sparen sie nicht mit Empfehlungen. Diese sind jedoch nicht wissenschaftlich logisch gefolgert, sondern im Grunde rein subjektiver Natur. Deutlich kommt hier noch einmal der Unterschied zu Grundlagenstudien zum Ausdruck: während sich diese um Objektivität und Theorieorientierung bemühen, sind Effekt- und Wirkungsstudien eher daran interessiert, die Plausibilität von Legitimationsmustern zu untermauern („Die vorhandenen erzieherischen Hilfen helfen tatsächlich!").

16.5.4 Adressat/innen- und Nutzer/innenforschung

Adressat/innenforschung

Der Begriff Adressat/in entstammt der lebensweltlichen Denktradition in der Sozialen Arbeit (siehe auch Kap. 23.3) und will insbesondere zum Ausdruck bringen, dass die Forschung „ein eher generalisiertes Interesse an der empirischen Verfasstheit der Lebenswelten und Lebenskontexte, den Selbstkonzepten, Deutungen und Wahrnehmungsmustern, den Problemlagen und Ressourcen derjenigen, die zu Adressaten Sozialer Arbeit geworden sind" (Schaarschuch/Oelerich 2005, S. 16), hat. Dabei steht das Interesse der Profession im Vordergrund, die Adressaten/Adressatinnen zu „verstehen" und ihnen dadurch eine optimale Unterstützung bereitstellen zu können, so wie dies etwa im Forschungsprojekt „Jugend und Schulden" der Johannes Gutenberg Universität Mainz versucht wird:

> „Ziel dieses 2013 begonnenen Forschungsvorhabens ist einerseits aufzudecken, welche Ursachen Überschuldung aus Sicht der betroffenen Jugendlichen und jungen Erwachsenen haben. Andererseits soll die Einstellung und der Umgang von Jugendlichen mit Geld untersucht werden. Zentral ist dabei, welche Deutungsmuster die Untersuchungsteilnehmer selbst bezüglich Geld und Schulden anführen, damit wirksame Präventionskonzepte hieran anknüpfen können. Insgesamt soll die Altersspanne von Jugendlichen und jungen Erwachsenen von 14 bis 25 Jahren erfasst werden. Dabei werden zwei Altersgruppen unterschieden, die sich wesentlich voneinander unterscheiden, die 14 bis 17 Jährigen und die 18 bis 25 Jährigen. (...) Um entsprechende Konzepte weiterzuentwickeln, möchte das Schuldnerfachberatungszentrum untersuchen, welche Einstellungen Jugendliche im Alter von 14 bis 17 Jahren zu Geld und Konsum haben. Es sollte danach gefragt werden, welche Bedingungen die Einstellung der Jugendlichen zu Geld prägen. Dabei gilt es, nicht nur kognitive Erklärungsmuster herauszuarbeiten, sondern auch die damit einhergehenden emotionalen Beweggründe und normativen Orientierungen zu analysieren. (...) Bisherige Studien zur Jugendverschuldung konnten zeigen, dass gerade in der Phase des Übergangs in die Selbstständigkeit zwischen dem 18. und 25. Lebensjahr ein erhöhtes Risiko besteht, in eine Überschuldungssituation zu geraten. In dieser Altersspanne werden junge Menschen vor eine Reihe von Entwicklungs-

> aufgaben gestellt, häufig kommt es zum Auszug aus dem Elternhaus und dem schrittweisen Aufbau einer selbstständigen Lebensführung. Im Rahmen der geplanten Forschungsarbeit soll untersucht werden, welche Bedeutung Schulden für junge Erwachsene haben, die sich im Übergang in die Eigenständigkeit befinden. Es soll analysiert werden, welche Personen, Institutionen und Bedingungen den Verlauf der Überschuldungssituation aus Sicht der Betroffenen beeinflussen und wie diese überindividuellen Faktoren gedeutet und in Entscheidungsprozesse mit einbezogen werden" (http://www.sfz.uni-mainz.de/jus/47.php).

Nutzer/innenforschung

Unter Nutzer/innenforschung versteht man ganz allgemein die systematische Erhebung, Analyse und Interpretation von Daten über Nutzer/innen und deren Nutzungsverhalten. Im Unterschied zu Adressaten/Adressatinnen, die allgemein als Zielgruppe sozialarbeiterischer Interventionen gesehen werden können, sind Nutzer/innen diejenigen, die eine Leistung tatsächlich in Anspruch nehmen. Nutzer/innen werden als aktive Subjekte verstanden, die sich die angebotenen Hilfeleistungen selbstständig aneignen (siehe dazu Kap. 23.4). Somit besteht das Erkenntnisinteresse dieser Forschung „in der Identifizierung nutzenfördernder und nutzenlimitierender Bedingungen der Aneignung zum Zweck der Erhöhung des Gebrauchswertes Sozialer Arbeit" (Schaarschuch/Oelerich 2005, S. 17). Zentraler Ansatzpunkt ist dabei „die Analyse der unmittelbaren Interaktion von Nutzern und Professionellen sowie absichtsvoll gestalteter sozialpädagogischer Arrangements, die genutzt werden, ohne dass Sozialpädagogen direkt anwesend sind" (Oelerich/Schaarschuch 2013, S. 89).

Im Mittelpunkt des Interesses stehen also nicht so sehr die Bedürfnisse der Adressaten und Adressatinnen (s. o.), sondern das Interesse der Organisation, die Inanspruchnahme und den Nutzen der durch die Einrichtung und deren Mitarbeiter/innen erbrachten Leistungen zu optimieren (ebd., S. 96). Nutzer/innenforschung untersucht z. B. die Häufigkeit der Nutzung verschiedener Angebote und die Zufriedenheit der Nutzer/innen mit Öffnungszeiten, Angeboten etc. von Einrichtungen. Meist ist die Relevanz solcher Untersuchungen regional eng begrenzt. Zudem stellt sich natürlich auch die Frage, ob den in solchen Befragungen geäußerten Wünschen und Interessen auch Folge geleistet werden soll und kann. Wunsch und Wirklichkeit – etwa bezüglich der Öffnungszeiten von Jugendzentren, Beratungsstellen etc. – liegen hier oftmals weit auseinander!

16.5.5 Auftragsforschung

Zwischen Evaluations-, Wirkungs- und der hier angesprochenen Auftragsforschung zu unterscheiden, ist im Bereich der Sozialen Arbeit nicht einfach. Drei Gründe sind dafür ausschlaggebend:

1. Es ist den Universitäten und damit den Professoren/Professorinnen ausdrücklich gestattet, Forschung mit Mitteln Dritter durchzuführen, und das dürfen auch private Mittel sein.
2. Aufgrund des innerbetrieblichen Drucks und der geringen staatlichen Forschungszuschüsse sehen sich die Forscher/innen zunehmend genötigt, solche extern zur Verfügung gestellten Mittel einzuwerben.
3. Gerade im Bereich der Sozialen Arbeit haben die verschiedenen Anbieter, vor allem die Wohlfahrtsverbände, ein zunehmend großes Interesse daran, sich ihre Leistungen und Ergebnisse durch wissenschaftliche Studien bestätigen zu lassen.

Wissenschaftlich gesehen können die Bedingungen, unter denen solche Aufträge erteilt werden, durchaus problematisch sein, da sich die Forscher/innen im Rahmen des Forschungsvertrags den Bedingungen der Auftraggeber/innen unterzuordnen haben.

„Unter Auftragsforschung ist im Allgemeinen das wissenschaftliche Forschen im Auftrag eines (oft privatwirtschaftlichen, aber auch öffentlichen) Mittelgebers in Form eines Forschungsauftrags oder einer Forschungskooperation zu verstehen. Das Ziel des Forschungsauftrags wird hierbei vom Auftrag-/Mittelgeber vorgegeben und die Forschungsresultate sowie auch die Publikations-, Schutz-, Urheber-, Nutzungs- und Verwertungsrechte sind ausschließlich oder zumindest zum Teil dem Auftraggeber vorbehalten. Kennzeichnend ist ein Verhältnis von Leistung und Gegenleistung. Der Forschungsauftrag unterliegt damit der Umsatzsteuerpflicht sowie der Vollkostenrechnung. Dies gilt auch für Dienstleistungsprojekte" (Auftragsforschung o. J.).

Lehmann und Ballweg (2012) haben beispielsweise im Rahmen einer Studie auf der Basis des Konzepts des „Social Return on Investment" nachzuweisen versucht, dass sich die Wirkungen der Interventionen einer sozialen Einrichtung aus einem wirtschaftlichen Blickwinkel „auszahlt". Untersucht wurde dabei das Adolf Mathes Haus, eine stationäre Einrichtung für Menschen in besonderen sozialen Schwierigkeiten gemäß § 67 SGB XII. In Auftrag gegeben wurde die Studie vom Bezirk Oberbayern, der als überörtlicher Sozialhilfeträger diese Einrichtung leitet (S. 474). Ihre Einschätzung der Ergebnisse lautet:

- *„Rund 32 % der investierten Mittel fließen sofort an öffentliche Kassen sowie soziale Sicherungssysteme zurück.*
- *Einen hohen Nutzen durch die Arbeit des Adolf Mathes Hauses haben andere öffentliche Träger, vor allem Kommunen (vermiedene Kosten für Unterbringung von Wohnungslosen), Bund (eingesparte SGB II-Leistungen) und Land (vermiedene Haftkosten).*
- *Monetär gut zu erfassen sind die erzielten Erfolge bei der Vermittlung in Arbeit und Wohnung.*
- *Die Verbesserung der Sozialkompetenzen der Bewohner lässt sich für die besonders unterstützungsbedürftigen Lebensbereiche sehr gut belegen. Die Anwendung fortgeschrittener sozialwissenschaftlicher Analysemethoden*

verdeutlicht diese Wirkung eindeutig. Zwar ist diese nicht monetarisierbar, die Datenbasis, die zu dieser Erkenntnis führt, ist jedoch dennoch ausgesprochen belastbar" (Lehmann/Ballweg 2012, S. 476).

Obwohl es sich dabei um eine reine Auftragsforschung handelte, erweist sich die Studie als in eingeschränktem Rahmen auch wissenschaftlich ertragreich, da die Forscher sich nicht damit begnügen, den spezifischen Auftrag ihres Geldgebers zu erfüllen, sondern es sich innerhalb der Untersuchung auch zum Ziel gesetzt hatten, das verwendete methodisches Instrumentarium – den Social Return on Investment (SROI) – zu erproben und weiterzuentwickeln. Wissenschaftlich orientierte Forscher/innen sollten insofern im Rahmen von Auftragsforschungen immer nachweisen können, dass der Auftrag nicht nur aus kommerziellen Grünen angenommen wird, sondern auch zur Weiterentwicklung wissenschaftlicher Erkenntnis.

TEIL III STUDIUM

17 DER STUDIENGANG SOZIALE ARBEIT

Seit den 1970er Jahren wurde die Akademisierung der Ausbildung im Bereich der Sozialen Arbeit konsequent vorangetrieben. Heute kann an Fachhochschulen, Gesamthochschulen, Akademien und Universitäten (im Rahmen der Erziehungswissenschaften) wie auch an privaten Hochschulen „Soziale Arbeit" studiert werden. Eine weitere Möglichkeit bietet das duale Studium: Hier wird die Ausbildung in einen hochschulischen und einen betrieblichen Teil gegliedert (Nodes 2011a, S. 13). Die Vielfalt und Differenzierung der Studienmöglichkeiten spiegelt sich nicht nur in der inhaltlichen Ausrichtung wider, sondern zeigt sich auch auf struktureller Ebene. Es gibt eine Vielzahl an unterschiedlichen Studienstrukturen und -anforderungen im Bereich der Sozialen Arbeit.

Im Folgenden soll zunächst dargestellt werden, wie sich die Akademisierung der Sozialen Arbeit bisher gestaltet hat (Kapitel 17.1), was es mit der Bologna-Reform auf sich hat und wie diese sich auf die derzeitige Studienstruktur der Sozialen Arbeit auswirkt (Kapitel 17.2). Danach wird näher auf die Grundlagen und Zielsetzungen der neuen Bachelor-, Master- und Promotionsstudiengänge eingegangen (Kapitel 17.3). Den Abschluss des Kapitels bilden einige Tipps, die dazu dienen sollen, die Studienauswahl und Studiengestaltung zu erleichtern (Kapitel 17.4).

17.1 Die Akademisierung der Sozialen Arbeit

In Deutschland, wie in den meisten anderen europäischen Ländern, findet die Ausbildung von Sozialarbeitern/Sozialarbeiterinnen auf akademischem Niveau statt (Hamburger et al. 2015, S. 123). Dabei können Bemühungen der Akademisierung Sozialer Arbeit inzwischen auf eine über hundertjährige Geschichte zurückblicken. Nachdem sich erste Ansätze zur Disziplinbildung an Universitäten, wie z. B. als Fürsorgewissenschaft (Arlt 1958) oder als Caritaswissenschaft (Keller 1925), nicht wirklich hatten durchsetzen lassen, wurde schließlich die Verwissenschaftlichung der Sozialen Arbeit seit den 1970er Jahren aus institutionellen und erkenntnistheoretischen Gründen weitgehend im Bereich der Sozialpädagogik vollzogen. Die Versuche einer vollständigen Aneignung des Themenbereichs der Sozialen Arbeit durch die universitäre Sozialpädagogik mussten dann aber etwa seit 1990 als endgültig gescheitert betrachtet werden. Denn vor allem die Komplexität des Gegenstandes Soziale Arbeit (siehe dazu etwa die Beschreibung der Arbeitsfelder in Kapitel 2) hat dazu geführt, dass nur noch das Studium an Fachhochschulen, heute zumeist als „Hochschulen für angewandte Wissenschaften" bezeichnet, den zentralen Zugang zum Berufsfeld Soziale Arbeit bildet.

Dass das Studium der Sozialen Arbeit sich inzwischen eines ungebrochenen hohen Interesses erfreut, zeigen nicht zuletzt stetig steigende Bewerber/innenzahlen und die damit verbundenen Studienzugangsbeschränkungen (Numerus Clausus). Bundesweit werden jährlich über 14.000 Studienanfänger/innen in Studiengängen der Sozialen Arbeit verzeichnet. Durch die Bologna-Reform und der damit einhergehenden Einführung der Bachelor- und Masterstudiengänge wurden auch die Studienmöglichkeiten zahlreicher und differenzierter: Im Jahr 2011 gab es bundesweit 236 Studiengänge im Bereich der Sozialen Arbeit mit insgesamt 45 unterschiedlichen Abschlüssen an 106 Hochschulen (Nodes 2011a, S. 7). Davon können 168 Studiengänge konkret der Sozialen Arbeit zugeordnet werden, hiervon gelten wiederum 113 als generalistisch ausgerichtet. Die weiteren Studienangebote haben zielgruppenspezifische, bildungsbezogene, pflegebezogene, gesundheitsbezogene und managementmethodenbezogene Ausrichtungen (DBSH 2011, S. 24 f.).

17.2 Die Bologna-Reform

Die Gestaltung der aktuellen Studiengänge der Sozialen Arbeit orientiert sich heute maßgeblich an den Ergebnissen des Abkommens von Bologna, wonach es keinen Unterschied mehr zwischen den verschiedenen Hochschultypen geben soll. Zu dieser Reform kam es, da im Jahre 1999 die 29 Bildungsminister/innen der Europäischen Union einen gemeinsamen einheitlichen europäischen Hochschulraum schaffen wollten und hierfür die sogenannte Bologna-Erklärung verfassten. Die erklärten Ziele hierbei waren,

- vergleichbare Hochschulabschlüsse zu schaffen,
- wechselseitige Anerkennung der Abschlüsse und einzelner Leistungen zu erleichtern,
- zyklische Studiensysteme einzuführen, die einen ersten berufsqualifizierenden Abschluss ermöglichen,
- ein gemeinsames europäisches Leistungspunktesystem einzuführen,
- modularisierte Studiengänge zu entwickeln,
- die Mobilität von Studierenden und Lehrenden zu erhöhen,
- die europäische Zusammenarbeit im Hochschulbereich voranzutreiben und zu stärken,
- Studiengänge flexibler und ausdifferenzierter zu gestalten (Lenz 2012, S. 303 ff.).

Für Deutschland wurden diese Zielsetzungen durch die Kultusministerkonferenz insbesondere in Hochschulrahmengesetzen konkretisiert, erklärtes Anliegen der Kultusminister/innen war dabei die Einführung der Bachelor- und Masterstruktur. Dadurch wurde eine inhaltliche und strukturelle Reform notwendig, die auf nationaler Ebene zu Verbesserungen führen sollte. Man erwartete sich eine stärkere Differenzierung der Angebote, die dann – je nach Qualifikation – flexibel genutzt werden sollten. Zudem hoffte man auf verkürzte Studienzeiten, höhere Erfolgs- und Abschlussquoten, eine Verbesserung der Arbeitsmarktfähigkeit und Berufsqualifikation der Absolventen/Absolventinnen („Employability"), internationale Anschlussfähigkeit, erhöhte Mobilität und internationale Attraktivität deutscher Hochschulen sowie Akzeptanz in Wissenschaft und Wirtschaft (KMK 2003).

Die Bewertung der Zielsetzungen der Bologna-Reform sind insgesamt widersprüchlich ausgefallen. Die Planer/innen der Reform in Ministerien und Politik scheinen zufrieden zu sein, von den von der Reform Betroffenen, wie z. B. Studierenden und Professoren/Professorinnen, sind vermehrt unzufriedene und kritische Töne zu vernehmen. Dabei richtet sich die Kritik sowohl gegen Fachliches als auch gegen das neue Bildungsverständnis. Dieses sei der Interdisziplinarität abträglich, weil es zu einer Kanonisierung des Wissens führe. Kritisch-reflexive Studienanteile würden zurückgedrängt, die Studienzeit aufgrund kürzerer Dauer verdichtet, sodass eine „Verschulung" des Studiums ausgemacht werden könne. Anstatt weniger, produziere das neue Studiensystem deutlich mehr Studienabbrecher/innen. Zudem könne ein einheitlicher europäischer Hochschulraum bis dato (noch) nicht ausgemacht werden, sodass das erklärte Ziel, international konkurrenz- und anschlussfähig zu werden, bisher nicht erreicht worden sei. Nicht zuletzt richtet sich die Kritik auch gegen die dadurch offenbar werdende Dominanz ökonomischer Zielsetzungen, wie z. B. Verkürzung von Studiengängen, Steigerung der Effizienz von Lehrveranstaltungen etc.

Nicht verschwiegen werden darf, dass für das Studium der Sozialen Arbeit mit dem Bologna-Prozess einige Hoffnungen verbunden waren. Unter anderem ging man davon aus, dass die Statusunterschiede zwischen Fachhochschulen und Universitäten zurückgehen würden und sich dies beispielsweise über Promotionen deutlich zeigen würde. Dieses Ziel konnte bisher nur in Ansätzen erreicht werden. Festzustellen ist jedoch, dass durch die Modularisierung mehr Transparenz in Studienstruktur und Studieninhalten geschaffen wurde und dass die Bologna-Reform aufgrund der Masterstudiengänge in der Sozialen Arbeit sowohl zu mehr Durchlässigkeit und Karrierechancen geführt hat als auch zu Ausdifferenzierungen und fachlichen Spezialisierungen. Eine wissenschaftliche Fundierung der Profession ist zunehmend erkennbar, da mehr genuine Theoriebildung und Forschung betrieben und eigener wissenschaftlicher Nachwuchs gefördert werden kann (Hill 2012, S. 296 ff.).

17.3 Die neuen Studienabschlüsse

Im Rahmen des Bologna-Prozesses kam es vor allem zu Änderungen, was die Struktur, den Aufbau und die Inhalte der Studiengänge anbelangt. Inzwischen sind alle Studiengänge der Sozialen Arbeit vollständig in das neue System Bachelor und Master überführt und das bis dahin geltende Diplom abgelöst worden (Nodes 2007, S. 10). Die Ausbildungssituation für Soziale Arbeit bleibt weiterhin differenziert, die „Grundstruktur von Fachschule, Fachhochschule und Universität bleibt erhalten, Bachelor und Master an Fachhochschulen und Universitäten bilden eine ‚Quer-Struktur'. Der Bachelor an Fachhochschulen dauert überwiegend sieben Semester, an den Universitäten sechs Semester" (Hamburger et al. 2015, S. 125).

17.3.1 Einführung einer neuen Studienstruktur

Mit dem Bologna-Prozess veränderten sich nicht nur die Abschlüsse und die Studiendauer, sondern in erster Linie die Studienstruktur und Studienorganisation. Die Gestaltung der neuen Strukturen (Anzahl der Semester, der Module, der Prüfungen, Studien- und Prüfungsordnungen) obliegt hochschulinternen Gremien und kann daher von Hochschule zu Hochschule stark variieren. Vorschläge und Beschlüsse der hochschulinternen Gremien hinsichtlich Struktur, Inhalt und Organisation müssen von den zuständigen Ministerien und in Akkreditierungs- und Reakkreditierungsverfahren bestätigt werden (Lenz 2012, S. 305). Als Akkreditierung wird das System der Zulassung der Studiengänge bezeichnet. Hierbei handelt es sich um ein international verbreitetes Genehmigungsverfahren von Studiengängen, welches von vom Akkreditierungsrat autorisierten Agenturen unter Mitwirkung von Vertretern/Vertreterinnen der Praxis durchgeführt wird. Zentrale Zulassungskriterien sind die Qualität des Studiengangs und dessen Arbeitsmarktrelevanz. Dazu werden fachliche Mindestanforderungen des Studienangebots ebenso geprüft wie dessen Marktfähigkeit. Eine Akkreditierung kann für höchstens fünf Jahre ausgesprochen werden (Nodes 2007, S. 12 ff.).

Eine strukturelle Neuerung, die seit Bologna durchgesetzt wurde, ist die Pflicht zur Modularisierung der Studieninhalte. Dadurch sollen Studienangebote transparent und vergleichbar dargestellt werden können. Das Studium wird nunmehr in unterschiedliche Module aufgeteilt, die sich im Idealfall auch an anderen Hochschulen im In- und Ausland belegen lassen. Module umfassen zusammengehörendes Fachwissen, sie werden so angeboten, dass sie in einem, maximal zwei Semestern abgeschlossen werden können. Was die Module beinhalten, muss schriftlich niedergelegt werden. Die Hochschulen beschreiben die Module daher anhand von Modulhandbüchern oder Modulkatalogen. Dabei muss stets erkenntlich sein, welche Inhalte und Themen behandelt werden, welche Kompetenzen erworben werden sollen, welche Zugangsvoraussetzungen bestehen, um welche Lehr- und Lernformen es sich handelt, wie die Prüfungsleistung gehandhabt wird, welche Literatur zu lesen ist, wie hoch der „workload", der zeitliche Aufwand – aufgeteilt in Präsenzzeit und Selbststudium – einzuschätzen ist, wie viele ECTS-Punkte, auch Credit-Points genannt erworben werden können, wie dieser Erwerb aufgeteilt wird etc. (Nodes 2007, S. 13; KUEI 2015).

ECTS-Punkte beschreiben dabei den zu erwartenden Zeitaufwand (ECTS steht für European Credit and Accumulation Transfer System), 1 ECTS steht für 30 Stunden aufzuwendender Zeit. Damit können Module auch in ihrer Wertigkeit und hinsichtlich ihres Arbeitsaufwandes miteinander verglichen werden. Pro Semester werden in der Regel 30 ECTS-Punkte erworben, das bedeutet, dass ein siebensemestriger Bachelorstudiengang prinzipiell mit 210 ECTS-Punkten abschließt. Bachelor- und Masterabschluss müssen insgesamt zu 300 Punkten führen. Gutgeschrieben werden die ECTS-Punkte immer modulbezogen, d. h. sie werden erst mit erfolgreichem Abschluss des Moduls erworben (ebd.). Für Dritte (z. B. Arbeitgeber) sichtbar, werden ausführliche Informationen zu dem jeweiligen Studiengang und den darin erworbenen Qualifikationen und

Kompetenzen im sogenannten „Diploma Supplement" bzw. „Transcript of records" festgehalten (KMK 2003) Dadurch können Studierende nicht nur ihre Noten ausweisen, das Zeugnis wird somit umfassender und genauer.

17.3.2 Ziele und Inhalte

Neben den dargestellten strukturellen Änderungen hat die Bologna-Reform auch dazu geführt, dass sich Ziele und Inhalte der Studiengänge geändert haben. Im Fokus steht nunmehr die Qualifizierung der Studierenden für den Arbeitsmarkt: die Berufsfähigkeit. „Die Reformen von Bologna forcieren eine berufsbezogene Kompetenzorientierung und damit die Abkehr von einem Abprüfen reines ‚Wissens'" (Moch et al. 2013, S. 221). Der bisher vorherrschende Bildungsbegriff wurde vom Lernbegriff ersetzt, das erklärte Ziel seit Bologna ist die Kompetenzentwicklung. Daran gibt es nicht wenig Kritik, wie z. B. Christiane Vetter formuliert:

„Obwohl der Kompetenzbegriff als relationaler Begriff definiert und deshalb normativ und kontextgebunden zu interpretieren ist, wird so getan, als sei Kompetenz eine zu erwerbende Eigenschaft. Der individuelle Mehrwert des Bildungsprozesses liegt jedoch in der Ergebnisoffenheit. In den Sozialwissenschaften, die seit Diltheys Credo vor allem am Verstehen ausgerichtet sind, lernten Studierende Verhältnisse und Einstellungen zu reflektieren. Sie erlebten, dass Bildung erst dann sichtbar wird, wenn Gelerntes vergessen wird. Heute wird dies jedoch als ineffektiv bezeichnet" (Vetter 2013, S. 57 f.).

Die Frage, was im jeweiligen Studiengang (Bachelor, Master, Promotion) – unabhängig von fachlichen Vorstellungen – als Mindestvoraussetzung erlernt werden soll, wird über den nationalen Qualifikationsrahmen bestimmt. Bisher wurden Studiengänge vor allem durch Studieninhalte, Zulassungskriterien und Studienlänge beschrieben. Im Qualifikationsrahmen wird nun der Fokus darauf gelegt, welche Qualifikationen ein Absolvent/eine Absolventin nach erfolgreichem Abschluss erlangt haben sollte. Eine solche Beschreibung beinhaltet folgende Punkte:

- allgemeine Darstellung des Qualifikationsprofils
- Auflistung der angestrebten Lernergebnisse
- Beschreibung der zu erwerbenden Kompetenzen und Fertigkeiten
- Beschreibung der formalen und strukturellen Aspekte eines Ausbildungslevels (Workload, Zulassungskriterien, Bezeichnung der Abschlüsse, formale Berechtigungen etc.).

Doch welche Inhalte und Kompetenzen sind konkret in einem Studium der Sozialen Arbeit zu erwerben? Für den DBHS ist zumindest die Zielsetzung sehr klar: „Ein gutes Studium der Sozialen Arbeit sollte wesentliche Schlüsselkompetenzen vermitteln, um sowohl auf Wissenschafts- wie auch auf Praxisebene bestehen zu können" (Nodes 2011a, S. 7). Die Grundlagen dazu sollen im Bachelorstudiengang gelegt, im Masterstudium dann vertieft und erweitert werden.

Zu den grundlegenden, im Studium zu erwerbenden Kompetenzen zählt der DBSH: Strategisch administrative Kompetenz, Methodenkompetenz, sozialpädagogische Kompetenz, sozialrechtliche Kompetenz, sozialadministrative Kompetenz, personale und kommunikative Kompetenz, professionsethische Kompetenz, sozialprofessionelle Beratungskompetenz und Kompetenz zur Durchführung von Praxisforschung und Evaluation (Leinenbach 2011, S. 20 ff.). Neben dem Erwerb berufsbezogener Kompetenzen geht es aber auch weiterhin darum, akademische Fähigkeiten zu entwickeln und Sozialarbeiter/innen auszubilden, die in der Lage sind, ihr Handeln wissenschaftlich zu begründen, zu reflektieren und kritisch zu hinterfragen (Moch et al. 2013, S. 221).

Um dies präziser auszugestalten und Hochschulen, Studierenden, Praktikern/ Praktikerinnen und Arbeitgebern hier eine inhaltliche Orientierung zu geben, hat der Fachbereichstag Soziale Arbeit (FBTS) einen Qualifikationsrahmen Soziale Arbeit (QR SArb) mit Empfehlungscharakter erarbeitet. Er legt keine inhaltlichen Vorgaben fest (Hill 2012, S. 291), zeigt aber sehr deutlich, welche inhaltliche Vorstellungen mit einem Studium der Sozialen Arbeit auf Bachelor- Master- und Promotionsniveau einhergehen. Anhand folgender Kategorien sollen zu erwerbende Kompetenzen verdeutlicht werden:

- Wissen und Verstehen/Verständnis
- Beschreibung, Analyse und Bewertung
- Planung und Konzeption Sozialer Arbeit
- Recherche und Forschung in der Sozialen Arbeit
- Organisation, Durchführung und Evaluation in der Sozialen Arbeit
- professionelle allgemeine Fähigkeiten und Haltungen in der Sozialen Arbeit
- Persönlichkeit und Haltungen.

Diese Kompetenzbereiche werden dann hinsichtlich allgemeiner und auf die jeweiligen Ausbildungsabschlüsse bezogener Kompetenzen konkretisiert und im Rahmen von inhaltlichen Modulen, die sich an der Bezugsdisziplin und den Bezugswissenschaften orientieren, dargestellt (Bartosch et al. 2008; FBTS 2003).

17.3.3 Bachelor-Studiengang

Mit dem Bachelor-Studiengang wird ganz allgemein die erste Studienstufe beschrieben. Hierbei handelt es sich um einen eigenständigen Studiengang, der zu einem ersten wissenschaftlichen und berufsqualifizierenden Abschluss führt. Da der Bachelor grundlegend auf Berufseinmündung zielt, müssen Studierende in einem Bachelorstudiengang die für die Einmündung in den Beruf notwendigen Kompetenzen, Methoden, Grundlagen und Qualifikationen erwerben können. Die Regelstudienzeit liegt dafür bei mindestens drei und höchstens vier Jahren, mindestens 180 ECTS-Punkte müssen dabei erworben werden (KMK 2003). In Abbildung 48 wird dargestellt, welche allgemeinen Kompetenzen laut nationalem Qualifikationsrahmen in einem Bachelorstudiengang zu erwerben sind.

Bachelorstudium	
Wissen und Verstehen	**Können**
Wissensverbreiterung: umfangreiches Wissen und Verstehen der wissenschaftlichen Grundlagen des eigenen Fachgebiets	**Instrumentale Kompetenz:** Fähigkeit, das Gelernte auf die berufliche Tätigkeit anwenden zu können, Problemlösungen anwenden und entwickeln
Wissensvertiefung: Wissen und Verstehen entsprechend dem aktuellen Stand der Fachliteratur, vertieft entsprechend dem aktuellen Forschungsstand, Kritisches Theorien- und Methodenverständnis des Fachgebiets	**Systemische Kompetenzen:** Fähigkeit, Informationen zu sammeln und zu bewerten, wissenschaftlich fundiert ableiten und begründen können, eigenständig Lernprozesse gestalten können
	Kommunikative Kompetenzen: fachliche Positionen formulieren und argumentieren können, Fähigkeit zum Austausch mit Fachvertretern und Laien, Fähigkeit zur Verantwortungsübernahme im Team

Abb. 48: Ziele im Bachelorstudiengang[64]

Das Studium der Sozialen Arbeit auf Bachelorniveau dauert in den meisten Bundesländern sieben Semester und endet mit 210 ECTS-Punkten, die Mindeststudiendauer liegt bei drei, die Höchstdauer bei vier Jahren (Nodes 2007, S. 11). Zulassungsvoraussetzung für einen Bachelor Soziale Arbeit in Deutschland ist die Allgemeine Hochschulreife oder die Fachhochschulreife (für Fachhochschulen); zudem werden teilweise Bewerber/innen zugelassen, die über ein Fachabitur im sozialen Bereich verfügen und/oder berufliche Erfahrung nachweisen können. Die meisten Studiengänge der Sozialen Arbeit sind in Deutschland zulassungsbeschränkt, unterliegen also einem Numerus Clausus. Außerdem wird an der überwiegenden Zahl der Hochschulen ein Nachweis über praktische Vorerfahrungen gefordert, zumeist wird das (erfolgreiche) Absolvieren eines sogenannten „Vorpraktikums" erwartet. Genaue Bedingungen legen die einzelnen Hochschulen fest, dabei kann die Dauer dieses Praktikums zwischen sechs Wochen und sechs Monaten betragen. Als Vorpraktikum anerkannt werden Tätigkeiten, die in einschlägigen Berufsfeldern der Sozialen Arbeit abgeleistet werden und damit einen Einblick in den Beruf ermöglichen. Auch Freiwilligendienste und Berufserfahrungen werden zumeist anerkannt.

Inhaltlich sind Bachelorstudiengänge der Sozialen Arbeit unterschiedlich ausgerichtet, je nach hochschulspezifischen Schwerpunktsetzungen. An vielen deutschen Hochschulen wird eine generalistische Ausrichtung des Studiengangs angeboten, die mit der Möglichkeit, einen Studienschwerpunkt zu wählen, kombiniert wird (Nodes 2011a, S. 13). Der Qualifikationsrahmen Soziale Arbeit beschreibt folgende allgemein inhaltlichen Kompetenzen, die durch einen Bache-

---

64 KMK 2005, S. 8 ff.

lorabschluss „Soziale Arbeit" erworben werden sollten: Kenntnis über wichtige Theorien, Methoden, Modelle und Konzepte, Fähigkeit zur kritischen Analyse, Konzeptentwicklung, Fähigkeit zum wissenschaftlichen Arbeiten, Teamfähigkeit, eigenständiges Arbeiten, reflektierter Umgang mit Methoden, Kommunikations- und Interaktionsfähigkeit, Verantwortungsbewusstsein und Bereitschaft zu lebenslangem Lernen (Bartosch et al. 2008).

17.3.4 Master-Studiengang

Aufbauend auf den Bachelorstudiengang werden Masterstudiengänge angeboten. Bachelor- und Masterstudiengänge sind eigenständige Studiengänge, die nicht ineinander integriert werden können. Ein Master setzt immer einen ersten berufsqualifizierenden Hochschulabschluss voraus, meist müssen noch weitere Zugangsvoraussetzungen (z. B. Notendurchschnitt, Eignung, Motivation etc.) erfüllt werden. Die Studiendauer kann zwischen einem und zwei Jahren variieren. Insgesamt müssen im Bachelor und Master 300 ECTS-Punkte erworben werden können (KMK 2003). Der an Fachhochschulen erworbene Master ist einem Universitätsabschluss gleichgestellt und berechtigt dadurch grundsätzlich zur Pro-

Masterstudium	
Wissen und Verstehen	**Können**
Wissensverbreiterung: auf Bachelorebene aufbauendes Wissen wesentlich erweitert. Grenzen, Lehrmeinungen und Besonderheiten des Fachgebiets können benannt und interpretiert werden	**Instrumentale Kompetenz:** Kenntnisse können auch in neuen und unbekannten Situationen angewandt werden
Wissensvertiefung: Fähigkeit zur Entwicklung und Anwendung eigener Ideen	**Systemische Kompetenzen:** produktiver Umgang mit Komplexität, Fähigkeit, wissenschaftlich fundierte Entscheidungen zu treffen, zu diskutieren und zu vertreten, Fähigkeit zur weitestgehend eigenständigen Durchführung von (forschungs- oder anwendungsbezogenen) Projekten
	Kommunikative Kompetenzen: fachliche Positionen auf dem aktuellen Forschungsstand basierend formulieren und argumentieren können, Fähigkeit zum wissenschaftlichen Austausch mit Fachvertretern und Laien, Fähigkeit zu gehobener Verantwortungsübernahme im Team

Abb. 49: Ziele im Masterstudiengang[65]

---

65 KMK 2005, S. 8 ff.

motion und zum Einstieg in den höheren Dienst. In Abbildung 49 wird dargestellt, welche allgemeinen Kompetenzen laut nationalem Qualifikationsrahmen in einem Masterstudiengang zu erwerben sind.

Masterstudiengänge sind hinsichtlich ihres Inhaltes entweder anwendungs- oder forschungsbezogen ausgerichtet (KMK 2003). Anwendungsorientierte Masterstudiengänge bereiten insbesondere auf Leitungsfunktionen und berufliche Aufgaben vor, weisen also einen stärkeren berufspraktischen Bezug auf und stellen den Erwerb von Schlüsselkompetenzen in den Fokus. Forschungsbezogene Masterstudiengänge bereiten auf Forschungstätigkeiten und eine wissenschaftliche Laufbahn vor, sollen also insbesondere dazu befähigen, eigenständig Forschungsarbeiten durchzuführen (Burde 2013, S. 65). Unterschieden werden muss außerdem zwischen konsekutiven Masterstudiengängen und Weiterbildungsmastern:

- Konsekutive Masterstudiengänge bauen direkt auf den Bachelorstudiengang auf und behandeln fachspezifische Inhalte auf höherem Niveau und mit wissenschaftlich vertiefter Ausrichtung.
- Weiterbildende Masterstudiengänge konzentrieren sich zumeist auf Themen, Methoden und Zielgruppen, die für die wissenschaftliche Durchdringung der Profession Soziale Arbeit besonders relevant sind, wie z. B. Sozialmanagement, Beratung, Gemeinwesenarbeit, Jugendhilfe etc. Diese Masterstudiengänge setzen in der Regel Berufserfahrung voraus, sind zumeist kostenpflichtig und wenden sich vornehmlich an Berufstätige (Nodes 2007, S. 12 ff.).

Für den Bereich der Sozialen Arbeit gibt es eine Vielzahl an Masterstudiengängen, ein Großteil davon ist spezialisiert, nur rund ein Viertel der verzeichneten Studiengänge hat eine generalistische Ausrichtung. Durch berufsbegleitende Masterstudiengänge kommt es zu einer intensiven Verzahnung von Theorie und Praxis. Der Qualifikationsrahmen Soziale Arbeit beschreibt als allgemeine inhaltliche Kompetenzen, die durch einen Masterabschluss in Sozialer Arbeit erworben werden können unter anderem: Wissen um wissenschaftliche Grundlagen der Sozialen Arbeit, selbstständige Analyse fachwissenschaftlicher Themen, Entwicklung von Lösungsstrategien, Entwicklung von eigenen Forschungsdesigns, Leitungskompetenzen und die Fähigkeit im internationalen Kontext wissenschaftlich zu arbeiten (Bartosch et al. 2008). Aufgrund der inhaltlichen Vertiefung und weiterführenden wissenschaftlichen Qualifikation sind hier auch die Anforderungen und Ansprüche an die Studierenden deutlich höher. Neben der grundlegenden Voraussetzung eines vorliegenden Bachelorabschlusses gelten für die meisten der Masterstudiengänge Soziale Arbeit Zulassungsbeschränkungen, um die Studierendenzahlen zu beschränken und eine „Bestenauswahl" zu betreiben. Masterstudiengänge der Sozialen Arbeit sind so konzipiert, dass ihre Studiendauer bei mindestens einem, höchstens zwei Jahren liegt, da die Gesamtstudienzeit Bachelor und Master maximal fünf Jahre betragen soll (Nodes 2007, S. 11 ff.).

Ein Master, egal, an welcher Hochschulform er erworben wurde, ist ein akademischer Abschluss, der zu Führungs- und Leitungstätigkeiten befähigen soll. Dies sollte sich in der Praxis auch über eine entsprechende Vergütung ausdrücken. Vermehrt kann aber festgestellt werden, dass Master, die an Universitäten absolviert wurden, hinsichtlich Promotion und Zugang zum Höheren Dienst bevorzugt werden (ebd.).

17.3.5 Promotionsstudiengang

Wie beschrieben, besteht seit dem Bologna-Prozess und der damit einhergehenden Umstellung auf Bachelor und Master, prinzipiell die Möglichkeit, auch mit einem (Fach)Hochschulabschluss der Sozialen Arbeit zu promovieren. Der Vorteil einer Promotion in Sozialer Arbeit liegt dabei auf der Hand: Mehr als bisher wird es möglich sein, eigenen hochqualifizierten Nachwuchs für Forschung, Lehre und Praxis zu gewinnen (Schmitt et al. 2013, S. 2 ff.).

Der nationale Qualifikationsrahmen beschreibt die allgemein zu erwerbenden Kompetenzen für eine Promotion (siehe Abbildung 50).

Promotionsstudium	
Wissen und Verstehen	**Können**
Wissensverbreiterung: systematisches Verständnis der Fachdisziplin umfassende Kenntnis der Forschungsmethoden und Fachliteratur	**Instrumentale Kompetenz:** Forschungsvorhaben eigenständig durchführen können
Wissensvertiefung: eigener Beitrag zur Forschung, die der Begutachtung durch internationale und nationale Wissenschaftler standhält und dazu dient, Wissen zu erweitern	**Systemische Kompetenzen:** Fähigkeit zur Identifikation wissenschaftlicher Fragestellungen, Analyse und Entwicklung neuer Ideen, Vorantreiben des wissenschaftlichen, gesellschaftlichen oder kulturellen Fortschritts
	Kommunikative Kompetenzen: mit Fachkollegen, akademischem und nicht-akademischem Publikum wissenschaftliche Erkenntnisse diskutieren können Fähigkeit zu Leitung und Führung

Abb. 50: Ziele im Promotionsstudiengang[66]

Da in Deutschland (Fach)Hochschulen noch nicht das Recht besitzen, eigenständig Promotionen abzunehmen, bedeutet dies für die Absolventen/Absolventinnen, dass sie nach geeigneten und motivierten Universitätsprofessoren und Universitätsprofessorinnen im In- und Ausland Ausschau halten müssen. Diese können im Rahmen von „kooperativen Promotionsverfahren" zusammen mit Fachhochschulprofessoren und Fachhochschulprofessorinnen geeignete Kandidaten/Kandidatinnen betreuen und zur Promotion führen. Es gibt also bis dato

---

66 KMK 2005, S. 8 ff.

keinen einfachen Weg zur Promotion, was motivierte Studierende aber nicht davon abhalten sollte, es dennoch zu wagen (Schmitt 2011, S. 4 ff.).

Auch wenn die Entwicklung im Bereich sozialarbeitswissenschaftlicher Promotionen sowohl quantitativ als auch qualitativ noch zu wünschen übrig lässt, so hat die Bologna-Reform doch zu einer stärkeren Wissenschaftsorientierung und Orientierung an europäischen Maßstäben im Bereich der Disziplin geführt. Auf Dauer wird sich daher eine weitere Verwissenschaftlichung und disziplinäre Vertiefung dieses Bereichs nicht aufhalten lassen (Erath 2012, S. 215 f.).

17.4 Wichtige Aspekte bei der Studienwahl

Da ein Studium prinzipiell eine große Herausforderung darstellt (kurze Studiendauer, psychische Belastungen, Verdichtung, Leistungsdruck etc.), scheint es umso wichtiger, dass sich Interessierte vorab ausführlich informieren und ihr Studienfach und ihren Studienort bewusst auswählen. Auf welches Studium die Wahl letztendlich fällt, muss eine persönliche Entscheidung bleiben. Dabei sollten Vorstellungen vom künftigen Arbeitsfeld ebenso berücksichtigt werden, wie Karrierewünsche, persönliche Neigungen und Fähigkeiten, örtliche Gebundenheit, Vereinbarkeit von Familie und Studium/Beruf etc. (Nodes 2011a, S. 7).

17.4.1 Zugänge und Verläufe

Der klassische Zugang zu einem Studium der Sozialen Arbeit verläuft über (Fach-)Hochschulen. Da dies, wie in diesem Kapitel dargestellt, nicht der einzige zielführende Weg ist, soll in Abbildung 51 gezeigt werden, welche Zugangsmöglichkeiten bei welcher Hochschulart bestehen und welche Besonderheiten dabei zu beachten sind. Dabei wird bewusst auf die Angebote an öffentlichen Hochschulen eingegangen und auf die Darstellung der privaten Hochschulen verzichtet.[67]

	Fachhochschule	**Duale Hochschule**	**Universität**
Bachelor	• Studium der Sozialen Arbeit • oftmals handlungsorientierte Ausrichtung, handlungsorientiertes Forschungsverständnis • Praktikum von mindestens 100 Tagen	• Studium der Sozialen Arbeit • Aufteilung des Studiums in einen schulischen und betrieblichen Teil, starke handlungsorientierte Ausrichtung, ausgeprägter Kontakt zur Praxis, (50 % des Studiums).	• Studium der Erziehungswissenschaften oder Pädagogik mit Schwerpunkt Sozialpädagogik, meist forschungs- und wissenschaftsorientierte Ausrichtung

---

67 Weiterführende Informationen zum Thema privater Hochschulen bietet Nodes (2007).

	Fachhochschule	Duale Hochschule	Universität
	Voraussetzung: mindestens Fachhochschulreife, Vorpraktikum, NC, **Dauer:** 6-7 Semester	**Voraussetzung:** mindestens Fachhochschulreife, Vorpraktikum, NC, **Dauer:** 6-7 Semester	**Voraussetzung:** allgemeine Hochschulreife **Dauer:** 6 Semester
Master	**Voraussetzung:** • abgeschlossenes Bachelorstudium, Nachweis von 210 ECTS-Punkten, zumeist NC • Konsekutiv und weiterbildend möglich **Dauer:** 3-4 Semester	**Voraussetzung:** • abgeschlossenes Bachelorstudium, Nachweis von 210 ECTS-Punkten, zumeist NC • Konsekutiv und weiterbildend möglich **Dauer:** 3-4 Semester	**Voraussetzung:** • abgeschlossenes Bachelorstudium, Nachweis von 210 ECTS-Punkten, zumeist NC • Konsekutiv und weiterbildend möglich **Dauer:** 3-4 Semester
Promotion	**Voraussetzung: 300 ECTS-Punkte, Promotionsberechtigung** wird ausschließlich an Universitäten angeboten, teilweise in Kooperation mit Fachhochschulen		

Abb. 51: Zugangsmöglichkeiten und Studienverläufe[68]

17.4.2 Hinweise zur Studienwahl

Vor der Bewerbung und Einschreibung für ein Studienangebot sollten Interessierte die einzelnen Studienangebote vergleichen. Dazu könnten folgende Hinweise hilfreich sein:

> • *Studienvoraussetzungen: Für welchen Hochschultyp und welches Studium werden die formalen Voraussetzungen erfüllt? Gibt es eine Zulassungsbeschränkung, wenn ja, wie sah diese in den letzten Jahren aus? Hat die Hochschule Erfahrung mit den angebotenen Studienabschlüssen?*
> • *Inhaltliche Schwerpunkte im Studium: Welcher der angebotenen Studiengänge spiegelt persönliche inhaltliche Interessen wider? Welche inhaltliche Ausrichtung ist gewünscht? Welche Schwerpunkte und Themen werden angeboten? Entsprechen die angebotenen Praxisanteile den eigenen Vorstellungen? Welcher akademische Werdegang wird angestrebt? Hierzu sollten z. B. Modulhandbücher und Vorlesungsverzeichnisse verglichen werden. Diese sind in der Regel auf den Homepages der Universitäten zu finden oder auf Nachfrage zu erhalten.*

---

68 Nach Nodes 2011a.

- *Berufliche Interessen: Welcher der Studiengänge spiegelt persönliche berufliche Interessen wider? Welche Arbeitsbereiche sind von Interesse? Wird der angebotene Abschluss auf dem Arbeitsmarkt nachgefragt? Gibt es Aussagen bezüglich künftiger Entwicklungen? Hierzu lohnt es sich, aktuelle Stellenanzeigen zu sondieren und Publikationen potenzieller Arbeitgeber und Berufsvertretern zu beachten.*
- *Wahl des Studiengangs: Welcher der Studiengänge erfüllt die persönlichen fachlichen und formalen Ansprüchen an ein Studium der Sozialen Arbeit? Wird mit dem Studium gleichzeitig die staatliche Anerkennung erworben? Ist der Studiengang akkreditiert? Wie ist die (Fach-)Hochschule materiell und personell ausgestattet? Wer unterrichtet? Haben die Lehrenden Praxiserfahrung, stehen sie in Kontakt mit der Praxis? Informationsquellen sind hier Verzeichnissen der Lehrenden, Homepages, Akkreditierungsgutachten etc.*
- *Wahl der Hochschule: Entsprechen die Lehr- und Lernformen an dieser Hochschule den eigenen Vorstellungen? Gibt es Möglichkeiten des Auslandsaufenthaltes? Welcher Hochschulstandort hat welche Vor- und Nachteile? Hierzu empfiehlt es sich, u. a. Informationen über den Grad der Zufriedenheit aktueller und ehemaliger Studierender einzuholen (Nodes 2011a, S. 9 ff.).*

18 LEHR- UND BETEILIGUNGSFORMEN AN HOCHSCHULEN

Um praktisches Erfahrungswissen mit wissenschaftlichem Wissen gewinnbringend zu verknüpfen, wird in der Sozialen Arbeit – im Unterschied zu anderen Disziplinen – professionelles Handeln sowohl am Lernort Hochschule als auch am Lernort Praxis gelehrt und gelernt. Denn professionelles Handeln setzt „die Fähigkeit (voraus), Theorieverstehen mit Fallverstehen und der Kompetenz zur Bewältigung berufspraktischer Fragen" (Merten 2014, S. 24) zu verknüpfen. Von zentraler Bedeutung für eine im Rahmen der Hochschule stattfindende Ausbildung ist daher zunächst die Auseinandersetzung mit den unterschiedlichen Lehr- und Beteiligungsformen an einer Hochschule. Dies soll in diesem Kapitel geschehen.

Dazu werden in einem ersten Teilkapitel die verschiedenen Lehr-/Lernformen und Prüfungsverfahren vorgestellt. Zugleich wird auf die hohe Bedeutung der Selbstständigkeit im akademischen Studium hingewiesen (Kap. 18.1). Da berufliche Handlungskompetenz nicht ausschließlich in akademischer Form gelehrt werden kann (Widulle 2009, S. 11 f.), beschäftigt sich das zweite Teilkapitel mit den praktischen Lehr- und Lernformen, insbesondere auch mit der Funktion des Praktikums (Kap. 18.2). Natürlich kann der hier vorliegende Text viele Aspekte des Studiums nur andeuten und Möglichkeiten grob aufzeigen. Wichtig ist hier allemal, dass die Studierenden Selbstständigkeit zeigen und ihren eigenen Weg durchs Studium finden. Eine gewisse Unorganisiertheit sollte nicht vorschnell zu Klagen führen; sie ist Ausdruck akademischen Denkens und Handelns, das sich nicht im Kleinkarierten und Kleingedruckten verliert, sondern die großen Linien erkennt und danach handelt!

18.1 Akademisches Lehren und Lernen

Eine akademische Ausbildung ist nicht allein auf Wissenserwerb ausgelegt. Dabei geht es immer auch um Wertevermittlung, Sozialkompetenz und kritisches Denken. Das Studium, verstanden als Bildungs- und Sozialisationsaufgabe, dient ganz allgemein immer auch dem Erwerb eines „akademischen Habitus", akademisch denken und handeln zu lernen (Moch et al. 2013, S. 222). Dazu gehört es beispielsweise, wissenschaftlich zu denken, forschend zu lernen, Fähigkeiten zum wissenschaftlichen Arbeiten zu erwerben, die eigene Haltung und das eigene Handeln zu reflektieren und Problembewusstsein zu entwickeln. Ebenso muss ein Studium der Sozialen Arbeit natürlich auch die Möglichkeit bieten, Fachwissen zu erwerben und die Auseinandersetzung mit sozialarbeitswissenschaftlichen Theorien ermöglichen. Dieser Prozess benötigt Zeit, birgt didaktische Herausforderungen (Vetter 2013, S. 58 f.) und muss von Studierenden und Lehrenden gleichermaßen engagiert gestaltet werden.

Die Organisation des Hochschulbetriebes funktioniert nach eigenen Regeln:

> *"Diese zu kennen ist notwendig (...). Hochschulen sind generell in Fachbereiche oder Fakultäten untergliedert. (...) Einige Fachbereiche sind in Institute unterteilt, die mitunter stark voneinander getrennt und nicht immer im besten Einvernehmen miteinander arbeiten. Fachbereiche und Fakultäten werden von einem Dekanat, welches in aller Regel aus dem Kreis der Lehrenden gebildet wird, geleitet. Ihm steht eine Verwaltung zur Seite"* (Kotthaus 2014, S. 28).

Aufgabe der Hochschule ist es in erster Linie, theorie- und methodenbezogene Lehrangebote bereitzustellen, in welchen forschungs- und wissenschaftsbasiertes Wissen institutionalisiert und kompetenzorientiert vermittelt werden kann (Merten 2014, S. 26).

Primäre Aufgaben der Lehrenden an der Hochschule sind demnach die Generierung und Überprüfung von Wissen ebenso wie die Wissensvermittlung, also Forschung und Lehre. Lehrende an Hochschulen sind Professoren und Professorinnen, wissenschaftliche Lehrkräfte und Mitarbeiter/innen sowie Lehrbeauftragte, die sich wissenschaftlich und praktisch ausgewiesen haben und dies in der Regel im Rahmen von Publikationen und Forschungsprojekten weiter tun. Sie sind jedoch – wie manchmal irrtümlich angenommen – keine Sozialarbeiter/-innen (mehr), was bedeutet, dass es ein Trugschluss wäre, davon auszugehen, dass „Lehrende der Sozialen Arbeit besonders ‚sozial' – etwa bei der Notengebung – gegenüber den Studierenden zu sein hätten" (Kotthaus 2014, S. 30 f.).

18.1.1 Akademische Lehrformen

Akademische Lehrveranstaltungen dienen vor allem dazu, Wissen zu vermitteln und selbstständige Lernprozesse seitens der Studierenden anzustoßen. Eigens entwickelte Module zielen nicht nur auf berufliches, sondern auch auf akademisches Wissen und Können. Neben der fachlichen Vermittlung geht es also immer auch darum, dass Studierende dazu befähigt werden, akademische Fähigkeiten und Fertigkeiten zu erlernen und auszuprobieren, wie z. B. zu recherchieren, eigene Texte zu verfassen, Konzepte zu erarbeiten, zu argumentieren, zu präsentieren etc. (Moch et al. 2013, S. 221 f.). Persönlichkeit und Engagement der Lehrenden sind hier nicht unwichtig. Wie der jeweilige Stoff vermittelt wird, hat eine nicht zu unterschätzende Auswirkung auf die Auseinandersetzung der Studierenden mit den Lerninhalten. Dabei geht es um personale, didaktische, organisatorische und soziale Fähigkeiten der Lehrenden. Sie benötigen unter anderem fachliche Expertise, Medienkompetenz, sie müssen Inhalte strukturieren, gestalten, organisieren etc. (Domes/Sagebiel 2016).

Für Studierende bedeutet akademisches Lernen, sich mit Lehrinhalten und einschlägiger Fachliteratur auseinanderzusetzen, das Lernangebot auszuschöpfen, sich mit Lehrenden und Kommilitonen/Kommilitoninnen auszutauschen und fachliches Handeln zu erproben. Dabei können Lehrveranstaltungen der Hochschule in Vorlesungen, Seminare und Übungen unterschieden werden, den bedeutendsten Medien akademischen Lernens (Bieker 2014, S. 16 ff.):

- Die **Vorlesung** ist eine typische Form des klassischen Frontalunterrichtes. Sie wird von den jeweiligen Dozierenden gestaltet und gesteuert, Inhalte werden von ihnen in Vortragsform dargebracht. Die Rolle der Studierenden ist hier die der aktiven Zuhörer/innen. Vorlesungen werden vor allem dann eingesetzt, wenn die Informationsvermittlung im Vordergrund steht, Orientierung und Überblick über ein Fachgebiet gegeben werden soll und viele Studierende bestimmte wesentliche Inhalte erlernen sollen (Widulle 2009, S. 110 ff.).
- Das **Seminar** ist eine Veranstaltung, in der die Studierenden aktiv in die Wissensvermittlung eingebunden werden. Dabei werden die Inhalte oftmals gemeinsam mit den jeweiligen Dozierenden erarbeitet und diskutiert. Die Studierenden sollen Gelegenheit erhalten, neben dem Wissenserwerb vor allem ihre Kompetenzen zu erweitern und zu vertiefen. Sie erlernen dabei die Methoden des wissenschaftlichen Arbeitens über Referate, Gruppenarbeiten und Diskussionen. Damit dies möglich wird, ist die Teilnehmer/innenzahl in Seminaren meist begrenzt und deutlich geringer als bei Vorlesungen.
- Die **Übung** ist inhaltlich meist mit einer Vorlesung verbunden. Hier werden Inhalte vertieft und wird Handeln eingeübt. Der Fokus liegt insbesondere auf Erproben und Training, daher ist auch hier die Zahl der Teilnehmer/innen meist begrenzt (https://home.ph-freiburg.de/jaegerfr/Index/der_kleine_unter¬ schied.htm). Klassische Übungen in der Sozialen Arbeit sind beispielsweise Übungen zu Gesprächsführung und methodischem Handeln.

Seitens der Studierenden sind häufig die Lehrformen besonders beliebt, bei denen der Praxisbezug auf den ersten Blick erkennbar ist, wie z. B. Projekte, Methodenseminare und Übungen. Theoretisch orientierte Vorlesungen und Seminare dagegen werden ihnen oftmals als zu trocken, langweilig und nicht für das spätere berufliche Handeln relevant eingestuft (Domes/Sagebiel 2016). Dennoch erfüllen die jeweiligen Lehrformen ihren spezifischen Zweck. Nur in der Kombination aller Formen kann eine umfassende, auf die berufliche Praxis vorbereitende Lehre realisiert werden.

18.1.2 Die akademischen Prüfformen

Prüfungen bieten die Möglichkeit, das erworbene Wissen und Können zu zeigen und dienen als Rückmeldung bezüglich des eigenen Leistungsstandes. Sie werden häufig als unangenehm und stressauslösend erlebt, können aber auch als positiv herausfordernd empfunden werden. Die Prüfkultur an Hochschulen hat sich seit Bologna gewandelt. Es gibt keine Vordiplom- und Diplomprüfungen mehr, die Kompetenzen werden nunmehr modular geprüft (Widulle 2009, S. 131). Die Erwartungen an die Prüfungsleistungen der Studierenden steigen mit zunehmender Studiendauer und Studienniveau, die Einhaltung wissenschaftlicher (Grund)Regeln wird jedoch ab Studienbeginn erwartet:

> „Niemand kann von Studienanfängerinnen bzw. -anfängern erwarten, den gleichen Grad an Erfahrung und Wissenschaftlichkeit vorzuweisen, wie dies bei Doktorandinnen und Doktoranden der Fall sein muss. Jedoch muss auch

bei Erstsemestern der Anspruch bestehen, sich so schnell wie möglich in die wissenschaftlichen Regeln und Verfahrensweisen einzufinden. Eine ausufernde eigene Meinung, grobe Strukturfehler, mangelnde Literaturrecherche, abgeschriebene Abschnitte, nicht korrigierte Texte, Alltagstheorien zur Absicherung der eigenen Argumentation etc. sind auch und vor allem bei Studienbeginnerinnen und -beginnern nicht zu tolerieren. Diese brauchen jedoch eine erhöhte Betreuung und intensive Rückmeldung, die sie auf Fehler hinweist" (Kotthaus 2014, S. 21).

Prüfungsformen und -möglichkeiten können höchst unterschiedlich sein, wie z. B. Vorträge/Referate, schriftliche Arbeiten, wie z. B. Hausarbeiten, Seminararbeiten, Portfolios, Essays, Bachelorarbeiten, Masterarbeiten, schriftliche und mündliche Prüfungen etc. (siehe dazu ausführlich Bieker 2014). Die Bewertung obliegt den Lehrenden. Teilweise wird hier kritisiert, dass Studierende der Sozialen Arbeit „zu weich" benotet würden und Lehrende in der Sozialen Arbeit verhältnismäßig niedrige Bewertungsmaßstäbe anlegten (Rohde 2015). Deswegen sollten Studierende die eigenen Prüfungsleistungen immer auch kontextualisiert einordnen und sich bewusst auch Herausforderungen im Bereich der Prüfungen stellen (Kotthaus 2014, S. 30 f.).

18.1.3 Selbstständigkeit als grundlegendes Prinzip akademischen Lernens

Die Besonderheit des akademischen Lernens liegt insbesondere in der starken Betonung der Eigenverantwortung und Selbstständigkeit der Studierenden und der Gestaltbarkeit des Studienverlaufs (Bieker 2014, S. 15). Lehre wird als Angebot betrachtet, sich Wissen anzueignen, darüber zu verfügen und es anzuwenden, obliegt den Studierenden. Hier geht es nicht darum, Faktenwissen zu reproduzieren, sondern Handlungskompetenz zu erwerben. Dazu müssen die Studierenden eigenverantwortlich und selbstständig handeln, sie müssen sich um den jeweiligen Kompetenzerwerb aktiv bemühen. Die hochschuldidaktische Herausforderung, diese Lernprozesse, Lernmotivationen etc., die sehr subjektiv und emotional geprägt sind, zu gestalten, kann nur im Zusammenspiel von Studierenden und Lehrenden bewältigt werden. Aufgabe der Lehrenden dabei ist es, multiple Perspektiven zu eröffnen, Handlungsbezüge herzustellen und förderliche Lehr- und Lernumgebungen zu schaffen. Aufgabe der Studierenden ist es, selbst aktiv und verantwortlich für den eigenen Erfolg zu werden.

„Was immer Sie selbst lesen, verstehen, exzerpieren, wiederholen oder überprüfen, bleibt Ihr geistiges Eigentum. Es besitzt eine höhere Wertigkeit und tiefere Verwurzelung, als wenn Sie sich ‚berieseln' lassen. Sobald Sie sich ‚bedienen' lassen, nehmen Sie eine luxuriöse Paschastellung ein, die weder dem Ernst der Lage noch dem Sinn eines Studiums entsprechen kann" (Knödler 2011, S. 12).

Selbstverantwortete Studienaktivitäten sind neben der aktiven Teilnahme an Lehrveranstaltungen (unabhängig von Anwesenheitspflicht) insbesondere Vor- und Nachbereitungen von Lehrveranstaltungen, Prüfungsvorbereitung, Erstellen der Leistungsnachweise, Arbeiten in Lerngruppen, Recherchen etc. (Bieker 2014, S. 26 ff.). Generell empfiehlt sich, nicht nur für die Prüfung zu lernen. Die Frage, „Ist das prüfungsrelevant?" ist eine der am häufigsten gestellten Fragen in Vorlesungen. Diese Frage ist obsolet, wenn man davon ausgeht, dass erst Verstehen einen zuverlässigen Abruf und die Anwendung des Gelernten ermöglicht. „Auswendig gelerntes Faktenwissen geht schnell wieder verloren und kann nicht sinngemäß genutzt werden, was gerade bei den Inhalten der Sozialen Arbeit und Pädagogik essentiell ist" (Widulle 2009, S. 106). Um neues Wissen behalten zu können, muss es zudem nicht nur verstanden, sondern auch auf das Wesentliche reduziert werden. Es gilt folglich zu lernen, wie Wesentliches von Unwesentlichem unterschieden werden kann, wie Informationen verdichtet werden, wie man Kerninhalte benennen kann etc. Es gibt eine Vielzahl an Methoden, die Hinweise dazu geben, wie Texte bearbeitet werden können, wie Wissen strukturiert und gelernt werden kann etc. (siehe hierzu ausführlich Widulle 2009; Bieker 2014). Die Auseinandersetzung mit diesen Methoden, das Finden der persönlichen Lernstrategie, aber auch Selbstmotivation, Selbstaktivierung, Selbstorganisation, Zeitmanagement und Selbststudium (Knödler 2011), sind Aufgaben, denen es sich im Studium zu stellen gilt. Hierzu gibt es in den seltensten Fällen Seminare und Kurse. Hier sind persönliches Engagement und Ehrgeiz gefragt.

18.2 Praktisches Lehren und Lernen

Fachhochschulen waren seit jeher auf die Praxis hin ausgerichtet. Durch den Bologna-Prozess und die damit einhergehende Verpflichtung, dass durch den Bachelor ein erster berufsqualifizierender Abschluss erworben werden kann, wurde diese grundlegende Orientierung noch verfestigt. Berufliche Handlungskompetenz kann nicht ohne praktische Anteile im Studium erlangt werden, praktische Lernerfahrungen werden als grundlegend für die Handlungskompetenz in der Sozialen Arbeit bewertet. Durch sie wird akademisches Wissen mit berufsbezogenen Kompetenzen verbunden. Die Lernorte Hochschule und Praxis sind dabei als gleichwertig anzusehen, beide tragen mit ihren spezifischen Möglichkeiten zu einer umfassenden Ausbildung der Studierenden bei (Roth/Gabler 2012).

Aufgrund der Komplexität des Arbeitsfeldes, der Rahmenbedingungen und der besonderen Anforderungen an professionelles und methodisches Handeln der Sozialen Arbeit kommt es nicht automatisch zu einer Koppelung hochschulischer und praxisbezogener Kompetenzen (Widulle 2009, S. 13), hierfür müssen besondere Räume und Möglichkeiten geschaffen werden.

18.2.1 Praktische Lehrformen

Ziel der praktischen Lehrformen ist es, Kompetenzen zu erweitern und den Transfer zwischen Theorie und Praxis zu ermöglichen und zu vertiefen. Erworbenes Wissen soll anhand einer Auseinandersetzung mit der Wirklichkeit der Sozialen Arbeit umgesetzt, angewandt, erprobt und überprüft werden. Praxis-, fallbezogenes und exemplarisches Handeln verhilft dabei den Studierenden einerseits dazu, Theorie mit Praxis zu verknüpfen, andererseits, das eigene Handeln zu reflektieren (Abplanalp 2005, S. 88). Dieser Lernprozess ist stark durch Kommunikation und Interaktion geprägt, er muss in großem Maße eigenverantwortlich und selbstgesteuert durch die Studierenden gestaltet werden. Wie dies an den einzelnen Hochschulen organisiert wird, ist unterschiedlich. Verschiedene Kompetenzfelder vermögen hier Orientierung zu geben, wie z. B. Selbstkompetenz, Sozialkompetenz, Methodenkompetenz, Fachkompetenz oder auch Handlungskompetenz, Wissenskompetenz und Haltungskompetenz (Schauder 2005, S. 20 ff.).

Zu den wichtigen praktischen Lehr-/Lernformen gehören – neben dem im nächsten Unterkapitel ausführlich dargestellten praktischen Studiensemester – vor allem

- allgemeine Einführungen in die Handlungsfelder der Sozialen Arbeit durch externe Lehrbeauftrage oder Sozialarbeiter/innen,
- Einführungen in konkrete Aufgabenbereiche durch Fachkräfte vor Ort,
- Besichtigung von Einrichtungen im näheren oder weiteren Umkreis,
- Mitarbeit in Praxisprojekten im Rahmen des Austauschs Hochschule-Praxis,
- Gestaltung von Praxistagen und Praxisbörsen,
- Übungen und Seminare zum methodischem Handeln mit konkreten Zielgruppen,
- Fallbesprechungsseminare mit Experten und Expertinnen etc. (Roth/Gabler 2012; Schauder 2005, S. 116; Abplanalp 2005, S. 88 f.)

18.2.2 Praktikum

Die berufspraktischen Ausbildungsphasen im Bachelorstudiengang sind ganz unterschiedlich in den Studienverlauf eingebettet und unterscheiden sich hinsichtlich Dauer und zeitlicher Intensität, von mehreren kurzen Praktika bis hin zu längeren Praxisphasen. Auch die Konzeption der Praxisphasen variiert von Hochschule zu Hochschule. Diese Vielfalt ergibt sich aus landespolitischen Vorgaben und lokalen Interessen (BAG 2007, S. 2 ff.). Rechtliche Vorgaben ergeben sich aus den jeweiligen Rahmenprüfungsordnungen der Länder.

Praxisphasen können studienintegriert verortet sein, wie z. B. ein praktisches Studiensemester oder Langzeitpraktika, aber auch postgradual, als Berufsanerkennungsjahr (BAG 2013, S. 5). Die Praxisausbildung muss immer eine mehrmonatige, fachlich angeleitete Praxistätigkeit sein, die nicht ausschließlich an externe Praxisorganisationen delegiert wird, sondern mit Angeboten seitens der Hochschule zum Theorie-Praxis-Transfer verknüpft wird. Damit wird sichergestellt, dass es zu einer Reflexion des praktischen Handelns vor wissenschaftlichem Hintergrund kommt (Roth/Merten 2014, S. 17, Becker-Lenz/Müller-Hermann 2014, S. 242). Die Praxisausbildung ist demnach eine Koproduktion von Hochschule, Studierenden und Praxis. Ziel des Praktikums ist es, außerhalb der Hochschule theoretisches Wissen, praktische Kenntnisse und Handlungsformen,

Reflexion von Haltungen und der beruflichen Identität in ausgewählten Arbeitsfeldern der Sozialen Arbeit zu ermöglichen (Schauder 2005, S. 125). Was gute Qualität in der praktischen Sozialarbeitsausbildung ausmacht, kann nicht pauschal beantwortet werden, da jede Praxisausbildung individuell verläuft und sich konkrete Lernerfahrungen nur bedingt vorgeben lassen, auch wenn Abläufe, Formales und Organisatorisches standardisiert und vorgeschrieben sind (Ackermann 2005, S. 17 ff.). So formuliert die Bundesarbeitsgemeinschaft der Praxisämter/-referate an Hochschulen für Soziale Arbeit in der Bundesrepublik Deutschland (BAG 2007, S. 9 ff.) übergreifende Ziele, die sich an den Schlüsselkompetenzen für die Soziale Arbeit orientieren. Insgesamt geht es dabei um die Entwicklung dreier Kompetenzen:

- Förderung der Berufskompetenz: Berufspraxis erfahren, Kenntnisse über Berufsfelder erwerben, Kenntnisse über Adressaten/Adressatinnen erwerben und vertiefen, Angebote kennen und anwenden, fachliches Handeln erlernen und ausüben, sozialwissenschaftliche Theorien in der Praxis überprüfen.
- Entwicklung der Berufsidentität: Ausformung eines beruflichen Habitus, Identifikation und Auseinandersetzung mit beruflichen Rollenträgern, Abgrenzungen zu anderen Berufsrollen, Steigerung der persönlichen und fachlichen Urteilsfähigkeit.
- Reflexionskompetenz: Weiterentwicklung der Selbst- und Fremdwahrnehmung, Einschätzung und Bewusstmachen der zugrunde liegenden Werte und Normen, Konsequenzen des eigenen Handelns abschätzen können (ebd.).

Individuelle Lernziele werden in einem Ausbildungsplan/Ausbildungskonzept konkretisiert und festgelegt, in welchem außerdem die institutionellen, strukturellen und inhaltlichen Rahmenbedingungen verschriftlicht werden (Abplanalp 2005, S. 98 f.). Eine Begleitung seitens der Hochschule findet dabei im Rahmen von Supervisionsangeboten zur Entwicklung der professionellen Identität, Rückmeldungen zu den Praxisberichten und Lerntagebüchern sowie Reflexionsgesprächen statt (Schauder 2005, S. 116).

18.2.3 Zur Bedeutung von Praxisanleitung

Im Rahmen der Praxisausbildung nimmt die Praxisanleitung eine zentrale Rolle ein, da sie berufliches Handeln für die Studierenden erlebbar macht und lehrende, unterstützende, beratende und beurteilende Funktion hat (Merten 2014, S. 26 ff.). Praxisanleiter/innen müssen den Praktikanten/Praktikantinnen für Denk- und Reflexionsprozesse zur Verfügung stehen, sie dabei fordern, aber nicht überfordern (Widulle 2009, S. 169 ff.). Die Aufgaben der Praxisanleitung sind dabei vielseitig: Kontinuierlich Hilfen und Möglichkeiten zur Reflexion, Verarbeitung und Integration bieten, die Praxisausbildung organisieren, gestalten und evaluieren, konkrete Lernsituationen und Möglichkeiten für den Theorie-Praxis-Transfer ermöglichen etc. (Schauder 2005, S. 117). Auf diese Weise sollen die Studierenden erste Schritte in Richtung einer eigenen professionellen Identitätsbildung ausführen können (Merten 2014, S. 40 ff.). Zu den Aufgaben der Praxisanleitung gehört immer auch die Leistungsbewertung und die Beurteilung, damit Aussagen über die fachlichen und persönlichen Fähigkeiten und eine mögliche berufliche Eignung der Studierenden getroffen werden können. Hierzu müssen Lerndefizite und erfolgreich absolvierte Lernschritte der Studierenden identifiziert und benannt werden (Güntert 2005, S. 140 ff.).

Praxisausbilder/innen übernehmen damit in zweifacher Hinsicht eine verantwortungsvolle Aufgabe. Zum einen für Organisationen und Träger der Sozialen Arbeit, da sie angehende Sozialarbeiter/innen in die Aufgaben der Organisation einführen, mit Abläufen und Strategien vertraut machen und somit neue Kollegen und Kolleginnen ausbilden und bewerten, zum anderen für die Hochschulen, da sie die Ausbildung am Lernort Praxis gewährleisten (Abplanalp 2005, S. 90 f.). Um diesen Aufgaben gerecht zu werden, benötigen Praxisausbilder/innen einen Studienabschluss im Bereich Soziale Arbeit, einschlägige Berufspraxis, qualifiziertes theoretisches Fachwissen, didaktisch-methodische Fertigkeiten der Lernbegleitung, Transfer- und Transformationskompetenz, Führungsqualitäten sowie eine gefestigte Persönlichkeit und eine geklärte Berufsidentität (Merten 2014, S. 26 ff.).

18.2.4 Überlegungen zur Wahl von Praktikumsplätzen

Während des Praktikums sind die Praktikanten und Praktikantinnen in besonderem Maße gefordert. Sie hospitieren und beobachten nicht nur, sondern sammeln eigene professionelle Erfahrungen, indem sie selbst handeln, reflektieren und immer mehr Verantwortung übertragen bekommen. Darüber hinaus müssen sie dazu befähigt werden, einen Transfer zwischen Theorie und Praxis herzustellen (Widulle 2009, S. 171 f.). Daher ist es sinnvoll, sich vorab Gedanken zur Wahl von Praktikumsplätzen zu machen:

- *Arbeitsfeld:* Welches Arbeitsfeld weckt das persönliche Interesse, welche Lernfelder lassen sich dort ausmachen? Sollen Kenntnisse aus dem Schwerpunkt vertieft werden? Soll ein neues Arbeitsfeld kennengelernt werden?
- *Organisation:* Ein erfolgreiches Praktikum will geplant sein. Welche Lernziele können wo erreicht werden? Erfüllt das Arbeitsfeld die von der Hochschule geforderten formalen Anforderungen? Gibt es ein Ausbildungskonzept?
- *Persönliche Ziele:* Welche persönlichen Lernerfahrungen sollen gemacht werden? Welches sind die individuellen Ziele? Wo liegen die persönlichen Interessen hinsichtlich Arbeitsfeld und Methodik? Welche Kompetenzen sollen vertieft oder neu erworben werden?
- *Anleitung:* Wie viel Raum wird für reflektierende Gespräche und Anleitung eingeräumt? Gibt es Möglichkeiten zu Supervision, Teamsitzungen etc.? Erfüllt die Anleitung die von der Hochschule geforderten formalen Anforderungen? (Berufserfahrung, Dauer der Tätigkeit im Arbeitsbereich, Beschäftigungsumfang etc.)

- **Strukturelle Gegebenheiten**: *Wie ist die Praxisstelle ausgestattet? Ist genügend Personal vorhanden oder sollen durch Praktikanten/Praktikantinnen Stellen kompensiert werden? Wird Vergütung/Aufwandsentschädigung/Übernahme von Fahrtkosten angeboten? Wird ein eigener Arbeitsplatz zur Verfügung gestellt?*

19 SELBSTSTUDIUM, WISSENSCHAFTLICHES ARBEITEN, STUDENTISCHE FORSCHUNG

Die Debatte um die wichtigsten Schlüsselkompetenzen in der Sozialen Arbeit (siehe hierzu Kapitel 3) zeigt, dass neben fach- und methodenspezifischen ganz selbstverständlich auch wissenschaftliche Kompetenzen, insbesondere auch die zur Durchführung von Forschung, zum Profil von Sozialarbeitern/Sozialarbeiterinnen gehören (Nodes 2007, S. 11). Denn nur wer mit den Regeln von Wissenschaft vertraut ist, kann die damit verbundenen Reflexionsmöglichkeiten in die Soziale Arbeit einbringen. Beobachtung und Reflexion der Sozialen Arbeit sind nur auf der Basis von Wissenschaft möglich, falls dafür erforderliche Kompetenzen nicht im eigenen Haus vorhanden sind, müsste diese Art der Beobachtung und Reflexion anderen Instanzen überlassen werden.

Dieses Kapitel beschäftigt sich daher in einem ersten Teilkapitel mit der Frage, welche Regeln beim wissenschaftlichen Arbeiten zu beachten sind (Kap. 19.1), und dann damit, wie man deren Einhaltung erlernt und sich letztendlich in die Lage versetzen kann, selbstständig wissenschaftlich zu arbeiten (Kapitel 19.2). Welche grundsätzlichen Überlegungen darüber hinaus bei der Erstellung von empirischen Arbeiten angestellt werden müssen, wird dann im dritten Teilkapitel dargestellt (Kap. 19.3). Schließlich dürfen besondere Hinweise für die Studierenden nicht fehlen, die nach dem Studium einen Weg als Sozialarbeitswissenschaftler/innen einschlagen wollen (Kapitel 19.4). Die Notwendigkeit, wissenschaftlichen Nachwuchs für die eigene Profession heranzuziehen, und die Benennung wissenschaftlicher Fähigkeiten und Fertigkeiten als Schlüsselkompetenzen kann und darf jedoch nicht darüber hinwegtäuschen, dass wissenschaftliches Arbeiten und studentisches Forschen etc. nicht allen Studierenden gleichermaßen liegt (Kotthaus 2014, S. 14).

19.1 Regeln des wissenschaftlichen Arbeitens und Forschens

Wissenschaftliches Arbeiten zielt darauf ab, Neues zu schaffen und dies auch entsprechend der Konventionen zu kommunizieren.

> *„Kommunikation ist ein zentraler Bestandteil aller Wissenschaftsdisziplinen, wobei schriftlicher Kommunikation ein besonderer Stellenwert zukommt, denn wissenschaftliche Erkenntnisse sollen möglichst allen Mitgliedern einer wissenschaftlichen Gemeinschaft (der sogenannten ‚scientific community') zur Verfügung stehen"* (Gruber et al. 2009, S. 10).

Im Laufe des Studiums kommt es daher zwangsläufig zur Auseinandersetzung mit unterschiedlichen Formen des wissenschaftlichen Arbeitens – von Referaten über Seminararbeiten bis zu Bachelor- und Masterthesis machen Studierende vielfach Bekanntschaft mit Formen des wissenschaftlichen Arbeitens. Nach dem Studium finden diese Formen ihre Entsprechung auch in der Berufspraxis wieder, in

Form von Publikationen, Vorträgen, der Präsentation von Ergebnissen etc. (Kotthaus 2014, S. 18 ff.). Wissenschaftliches Arbeiten gestaltet sich vielfältig, um darin erfolgreich zu sein, bedarf es entsprechender Haltungen ebenso wie Fertigkeiten und Fähigkeiten, Methoden und Systematiken, die erlernt werden können und müssen (Bieker 2014, S. 62 ff.) Alle wissenschaftliche „Produkte" auch studentischer Art müssen sich an folgenden Gütekriterien messen lassen:

- Ehrlichkeit: Wissenschaftler/innen müssen sowohl den Weg zum Erkenntnisgewinn als auch das Ergebnis ehrlich darstellen. Ergebnisse müssen wahrheitsgemäß wiedergegeben und Quellen offengelegt werden.
- Objektivität: Forschende müssen eine neutrale und analysierende Position einnehmen.
- Nachvollziehbarkeit: Der Forschungsprozess und die Ergebnisse müssen für Dritte nachvollziehbar und überprüfbar sein.
- Reliabilität: Die Forschung muss zuverlässig und exakt sein. Werden die gleichen Methoden, Materialien etc. bei einer Wiederholung der Untersuchung eingesetzt, müssen die gleichen Ergebnisse erzielt werden können.
- Validität: Forschung muss genau sein, es muss genau das untersucht und gemessen werden, was gemessen werden soll.
- Relevanz: Wissenschaftliche Arbeiten müssen dazu beitragen, neues Wissen zu schaffen, müssen zum wissenschaftlichen Fortschritt und zur Lösung von Praxisproblemen beitragen und/oder Informationswert besitzen.
- Originalität: Die wissenschaftliche Arbeit muss eine eigenständige Leistung darstellen.
- Vollständigkeit: Es dürfen keine Ergebnisse, Argumentationslinien etc. verschwiegen werden.
- Verständlichkeit: Die Arbeit muss in Struktur, Aufbau und Inhalt für Fachpublikum verständlich dargestellt sein (Balzert et al. 2008, S. 9 ff.).

Um diesen Gütekriterien wissenschaftlichen Arbeitens und Forschens entsprechen zu können, müssen die entsprechenden Regeln und Vorgehensweisen erlernt werden. Dabei sind gleichermaßen inhaltliche wie formale Fragen bedeutend. Im Laufe des Studiums steigen die Qualitätsansprüche an wissenschaftliche Arbeiten, ein Referat oder eine Seminararbeit sind weniger komplex als beispielsweise eine Bachelorarbeit. Die grundlegenden Regeln gelten aber für alle Formen wissenschaftlichen Arbeitens.

19.1.1 Der Umgang mit Quellen

In wissenschaftlichen Texten werden bereits vorhandene wissenschaftliche Erkenntnisse wiedergegeben, verarbeitet, eingeordnet, in Beziehung gesetzt und neben eigenen Forschungsergebnissen zur Grundlage neuer Erkenntnis. Grundvoraussetzung dafür ist der korrekte Umgang mit nicht-eigenen Gedanken.

> *„Es ist grundlegend wichtig, folgendes Prinzip zu verstehen: Die Angabe von Quellen bedeutet **nicht**, dass Ihre Arbeit schlechter, weniger originell oder minderwertig wäre. Niemand verlangt von Ihnen, eine komplett neue Theorie*

oder Erklärung für Phänomene, Fragestellungen und Sachverhalte zu formulieren. Im Gegenteil ist die Erwartung, dass Sie bestehende Diskurse zur Kenntnis nehmen und Ihre Überlegungen hieran anschließen. Dies ist ein Zeichen qualitativ-hochwertiger Arbeit – nicht die freien Assoziationen zu einer Thematik, die auf Ihren Schul- und Alltagserfahrungen beruhen" (Kotthaus 2014, S. 136, Hervorhebung i. O.).

Das planmäßige Erfassen von Quellen nennt man zitieren. In wissenschaftlichen Texten wird zitiert, um zu zeigen, dass und wie die Gedanken, Beobachtungen, Positionen, Ergebnisse und Informationen von anderen in die eigene Arbeit eingearbeitet wurden. Das bedeutet, dass überall dort Quellen anzugeben sind, wo es sich nicht um eine eigene Leistung oder Idee handelt, also sowohl bei der wörtlichen Übernahme von Textstellen, Tabellen, Abbildungen, Grafiken etc. als auch bei Textstellen, deren Gedanken man mit eigenen Worten wiedergibt. Unterschieden werden können demnach „direkte Zitate" (wörtliche Zitate) und „indirekte Zitate" (nicht-wörtliche Zitate) (Kotthaus 2014, S. 137 ff.). Alle Quellen müssen im Text immer so angegeben werden, dass Leser/innen die Originalquelle problemlos finden können. Dazu gibt es unterschiedliche Techniken, beispielsweise die Technik der Zitation mithilfe von Fußnoten oder die sogenannte Harvard-Methode, die Zitation innerhalb des Fließtextes (Bieker 2014, S. 143 ff.). Sämtliche in der Arbeit genutzten Quellen werden in alphabetischer Reihenfolge anhand der Nachnamen der Autoren/Autorinnen dann im Literaturverzeichnis vollständig angegeben.

Im Zusammenhang mit korrektem Umgang mit Quellen und wissenschaftlichem Zitieren ist immer auch die Rede von Plagiaten. Ein Plagiat liegt dann vor, wenn fremdes geistiges Eigentum als das eigene ausgegeben wird. Dies ist nicht nur ein grober Verstoß gegen akademische Integrität und das Qualitätskriterium der Ehrlichkeit, ein Plagiat kann auch hochschul- und strafrechtliche Folgen nach sich ziehen (Bieker 2014, S. 140 f.). Eine Bewertung mit „ungenügend" ist obligatorisch. Je nach Schwere des Verstoßes und Regelungen in Landeshochschulgesetzen und Prüfungsordnungen sind auch Ausschlüsse von Wiederholungsprüfungen oder die Exmatrikulation möglich. Auch ein nachträgliches Aberkennen des akademischen Grads und Titels kann die Folge sein (Kotthaus 2014, S. 167 ff.).[69]

19.1.2 Wissenschaftliches Formulieren

Wissenschaftliche Texte richten sich an Leser/innen eines bestimmten Fachgebietes und unterscheiden sich daher in Sprache und Stil stark von alltagssprachlichen Texten. Es kann davon ausgegangen werden, dass sich die Leser/innen wissenschaftlicher Texte auf einem gewissen fachlichen Niveau befinden und über grundlegende Kenntnisse im Bereich von Fachbegriffen und Fremdwörtern ver-

---

69 Wichtige weiterführende Literatur: Bieker (2014); Ebster/Stalzer (2008); Kotthaus (2014).

fügen. Dies bedeutet nicht, dass sich wissenschaftliche Formulierungen durch ein hohes Maß an Kompliziertheit und Unverständlichkeit auszeichnen. Im Gegenteil, die Kunst liegt gerade darin, so zu schreiben, dass komplizierte Sachverhalte wissenschaftlich und gleichzeitig verständlich dargestellt werden. Wissenschaftliche Formulierungen sollten prägnant, präzise, korrekt, sachlich und objektiv sein (Kühtz 2015, S. 13 ff.). Dies bedeutet auch, dass subjektive Aussagen in wissenschaftlichen Arbeiten keinen Platz haben. Zwar bestehen immer auch individuelle Zugänge zu Themen, sind Themenwahl, Argumentation etc. eine individuelle Entscheidung, trotzdem ist konsequent darauf zu achten, dass Ergebnisse und Argumente nicht einfach den persönlichen Einstellungen untergeordnet werden. Wertungen, Emotionen, persönliche Meinungen etc. sind konsequent zu vermeiden (Kotthaus 2014, S. 58 f.).Studierende sollten sich daher von Anfang an eine wissenschaftliche und sachliche Sprache aneignen und sich unter anderem auch daran orientieren, was sie möglichst vermeiden sollten:

- *ungenaue Angaben wie z. B. „irgendwie", „vielleicht", „manchmal", „unter Umständen", „eventuell"*
- *wertende Formulierungen wie „glücklicherweise", „bedauerlicherweise", „schlimm" etc.*
- *das Wort „Ich": Dies ist durch grammatikalische Umstellungen meist sehr gut lösbar*
- *Metaphern sollten nur dann eingesetzt werden, wenn sie eindeutig und für den wissenschaftlichen Text passend sind*
- *Wuchersätze, Verschachtelungen, inhaltsleere Sätze, Füllwörter und Floskeln*
- *Passivkonstruktionen und unnötige Substantivierungen*
- *Fehler in der Rechtschreibung, Grammatik und Zeichensetzung (Bieker 2014, S. 125; Kotthaus 2014, S. 100 ff.; Kühtz 2015).*

Besondere Aufmerksamkeit sollte man auch einer gendergerechten Sprache schenken. Geschlechtergerechtes Formulieren führt zwar immer wieder zu Herausforderungen, sollte aber gerade im Bereich der Sozialen Arbeit (mit einer überwiegenden Anzahl weiblicher Beschäftigter) selbstverständlich sein (Kotthaus 2014, S. 86 f.).

19.2 Anleitung zu selbstständigem wissenschaftlichen Arbeiten

Bei einer wissenschaftlichen Arbeit gilt es zu zeigen, dass der/die Betreffende in der Lage ist, sich eigenverantwortlich mit wissenschaftlichen Themen auseinanderzusetzen. Die folgenden Erläuterungen und Hinweise sollen den Einstieg in das selbstständige wissenschaftliche Arbeiten erleichtern (Ebster/Stalzer 2008, S. 17 ff.).

19.2.1 Organisation und Planung

Bis eine wissenschaftliche Arbeit erstellt ist, sind viele Arbeitsschritte unterschiedlicher Intensität notwendig. Zu Beginn herrscht meist Orientierungslosigkeit, deswegen sollte der gesamte Prozess organisiert und in planbare und organisierbare Teilaufgaben aufgeteilt werden (Bieker 2014, S. 67). Wie viel Zeit man für die Erstellung einer wissenschaftlichen Arbeit benötigt, hängt von unterschiedlichen Faktoren ab, insbesondere den persönlichen und zeitlichen Ressourcen. Als Richtwert gibt beispielsweise Kotthaus (2014, S. 61 ff.) 256 Stunden für die Erstellung einer Hausarbeit in den ersten Studiensemestern an, insgesamt rund 49 Arbeitstage. Für eine Bachelorarbeit rechnet Bieker (2014, S. 70 f.) unter Heranziehung verschiedener Quellen mit 60 Arbeitstagen à acht Stunden. Beide Berechnungen beziehen sich damit nicht auf die reine Schreibzeit, sondern umfassen sämtliche Arbeitsschritte, die beim Erstellen wissenschaftlicher Arbeiten anfallen. Diese sind vielfältig und unterschiedlich zeitaufwändig. Daher lohnt es sich, genau zu planen und vorzubereiten, um nicht beim Näherrücken des Abgabetermins in Bedrängnis zu geraten oder sich während des Erstellens der Arbeit zu überfordern. Notwendige Arbeitsschritte, die geplant und organisiert sein wollen sind:

- grundlegende Recherche
- Themenfindung
- Literaturrecherche
- Erstellung des Manuskriptes
- Korrekturphase
- Layout und Druck (Ebster/Stalzer 2007, S. 20 f.; Kotthaus 2014, S. 61 ff.).

Es ist ratsam, sich frühzeitig Gedanken darüber zu machen, ob eine empirische oder theoretische Arbeit erstellt werden soll, da diese unterschiedliche Anforderungen stellen. Bei empirischen Arbeiten kommen noch zusätzliche Arbeitsschritte hinzu (siehe Kapitel 19.3).

Zur Organisation und Planung zählt auch die Wahl des Betreuers/der Betreuerin. Manchmal kann gewählt werden, bei wem eine wissenschaftliche Arbeit erbracht werden kann (z. B. Bachelorarbeiten), manchmal, z. B. im Rahmen eines bestimmten Seminars, besteht diese Wahl nicht. In jedem Fall gilt es stets, frühzeitig Kontakt zu den betreuenden Dozenten und Dozentinnen aufzunehmen und die zu erbringende Leistung konkret abzusprechen (Kotthaus 2014, S. 33 ff.).

19.2.2 Themenfindung

Besonderes Augenmerk ist auch auf die Themenfindung zu legen, denn mit welchem Thema man sich beschäftigt hat nicht unerheblichen Einfluss auf die eigene Motivation und Qualität der Arbeit. Wird ein Thema vorgegeben, so müssen unterschiedliche Perspektiven und Standpunkte zum Thema dargestellt, gegeneinander abgewogen und dadurch die eigene Position dargestellt werden (Gruber et al. 2009, S. 17). Bei nicht vorgegebenen Themenstellungen muss die Fragestellung eigenständig erarbeitet werden. Basis hierfür bildet die Auswertung einschlägiger (Fach-)Literatur (Ebster/Stalzer 2008, S. 28 ff.). Zu den heranzuziehenden Auswahlkriterien sollte das eigene, aufrichtige Interesse am Thema genauso zählen wie die Machbarkeit. Wenn man sich selbst für das Thema begeistern kann, fällt es leichter, sich in schwierigen Phasen dafür zu motivieren. Wenn man selbst an den Ergebnissen der Arbeit interessiert ist, arbeitet man genauer und umfassender (Bortz/Döring 2006, S. 37 f.).

Ist das Thema gewählt, muss es konkret und präzise formuliert werden, denn nur mit einer klaren Fragestellung kann ein klares Ergebnis erzielt werden (Bieker 2014, S. 75 f.). Dabei sollte das Thema weder zu ausufernd, noch zu eng gefasst formuliert werden. Es müssen sich eine oder einige wenige klare wissenschaftliche Frage(n) an das Thema stellen lassen, anhand welcher dann die Thematik bearbeitet wird. Dies bedarf Zeit und Sorgfalt (Ebster/Stalzer 2008, S. 28 ff.).

19.2.3 Literaturrecherche

Es gibt nur sehr wenige Themen der Sozialen Arbeit, die so außergewöhnlich sind, dass es hierzu tatsächlich keine wissenschaftlichen Quellen gibt. Daher reagieren die meisten Lehrenden äußerst allergisch auf Sätze wie „Dazu gibt es keine Literatur!". Lehrende erkennen genau, ob sich Studierende ausreichend auf die Fragestellung vorbereitet haben und selbstständig nach wissenschaftlichen Quellen recherchiert haben (Kotthaus 2014, S. 30 ff.). Eine systematische Literaturrecherche erfordert Zeit und das Wissen, wo und wie am besten nach passender Literatur gesucht werden kann. Dazu bieten sich in erster Linie die Bibliotheken und Bibliothekskataloge an. Ebenso eignen sich wissenschaftliche Datenbanken und Portale. Zu möglichen Suchstrategien und gibt es zum einen unterschiedlichste Handbücher, zum anderen werden an Hochschulen zumeist Einführungskurse für Literaturrecherche angeboten (Kotthaus 2014, S. 30 ff.).

Bei der Literaturrecherche muss gezielt vorgegangen werden. Dies bedeutet, dass früh abgeschätzt werden muss, welche Texte für die eigene Arbeit relevant sein können und welche nicht. Neben klaren inhaltlichen Auswahlkriterien lohnt es sich auch, auf das Erscheinungsjahr zu achten, Schlagwörter zu sondieren sowie Klappentexte, Rezensionen und Zusammenfassungen zu lesen (Bieker 2014, S. 87 f.). Die Quellen müssen immer auch zur Fragestellung passen und den aktuellen Forschungsstand wiedergeben. Jedoch sind nicht alle Quellen für wissenschaftliche Arbeiten zu empfehlen, denn sie müssen nicht nur inhaltlichen Ansprüchen genügen, sondern auch zitierfähig und zitierwürdig sein. Dazu muss ersichtlich sein, wer Urheber/in der Quelle ist, diese/r muss fachlich/wissenschaftlich qualifiziert sein. Zudem muss die Quelle seriös und zugänglich sein. Da die Zitierwürdigkeit einer Quelle stets neu geprüft werden muss, kann hier keine pauschale Aussage dazu getroffen werden, welche Literatur wie zu nutzen ist. Wissenschaftliche Handbücher, Monografien, Fachzeitschriftenartikel, Beiträge in wissenschaftlichen Sammelbänden, wissenschaftliche Lexika und Veröffentlichungen amtlicher Stellen gelten als überwiegend zitierfähig (Bieker 2014, S. 82 ff.). Zudem ist darauf zu achten, dass Originalliteratur und Originalquellen

(Primärliteratur) genutzt und Texte von Autoren/Autorinnen gewählt werden, die mit dem Thema tatsächlich befasst sind und von Fachleuten rezitiert werden. Prinzipiell vermieden werden sollten populärwissenschaftliche Literatur, Abschlussarbeiten auf Bachelor- und Masterniveau, Lexikaeinträge (online und offline), „graue Literatur" (z. B. Manuale, Konzepte etc. aus der Praxis) sowie Vorlesungsskripte und Vortragsfolien (Kotthaus 2014, S. 108 ff.). Diese können der grundsätzlichen Orientierung bezüglich des Themas und der Fragestellung durchaus dienlich sein, bei näherem Befassen mit der Thematik sollten sie dann aber überflüssig werden. Auch das Internet bietet zahlreiche Möglichkeiten, an zitierwürdige und zitierfähige Quellen zu gelangen, hält diesbezüglich aber auch einige Fallstricke bereit. Private Webseiten oder offizielle Internetauftritte von Behörden und Einrichtungen können zwar informativ sein, eignen sich aber nicht als Quelle für eine wissenschaftliche Arbeit. Ebenso sind Portale für Seminararbeiten, Abschlussarbeiten und Onlinelexika keine wissenschaftlich akzeptablen Quellen, auch wenn sie sich mit wissenschaftlichen Themen auseinandersetzen. Hier ist Vorsicht geboten und Sorgfalt in der Prüfung der Quelle angebracht. Generell gilt, dass die Qualität der genutzten Quellen ausschlaggebend für die Qualität und damit der Wissenschaftlichkeit der erstellten Arbeit ist (Kotthaus 2014, S. 120 ff.).

19.2.4 Aufbau und Gliederung

Wissenschaftliche Arbeiten bestehen immer aus bestimmten Elementen und sind entsprechend aufzubauen. Ihr Aufbau wird in der Gliederung dargestellt und folgt einem gewissen Schema (Ebster/Stalzer 2008, S. 71 ff.; Kotthaus 2014, S. 82 ff.):

„Die Gliederung ist das Gerüst jeder Arbeit. In einer gestuften Abfolge von Kapiteln definiert sie – mehr oder weniger filigran – sämtliche Stränge, auf denen die Fragestellung der Arbeit untersucht werden soll. Die einzelnen Elemente müssen so angeordnet und aufeinander bezogen sein, dass es dem Leser Schritt für Schritt gelingt, dem Gang der Untersuchung zu folgen und die Argumentation des Verfassers nachzuvollziehen" (Bieker 2014, S. 11).

Durch die Gliederung werden die Struktur und Systematik des Textes dargestellt und die Argumentation verdeutlicht. Die Gliederungspunkte werden im Wortlaut im Inhaltsverzeichnis dargestellt. Auch hier gibt es einige zu beachtende Hinweise, die sich auf Inhalt und Form der Gliederung beziehen:

- *Die Gliederung sollte möglichst früh im Arbeitsprozess erstellt werden und kann wann immer notwendig verändert werden.*
- *Jeder Gliederungspunkt muss für den Text, die Argumentation relevant sein. Auf unwesentliche Punkte ist zu verzichten.*
- *Inhaltlich zusammengehörende Punkte sind auch in der Gliederung so abzubilden.*

- *Die Reihenfolge der Gliederungspunkte muss nachvollziehbar und logisch sein.*
- *Gliederungspunkte müssen so prägnant und aussagekräftig formuliert sein, dass daraus ersichtlich wird, was in diesem Punkt behandelt wird.*
- *Das Layout der Gliederung ist konsequent numerisch oder alpha-numerisch zu gestalten.*
- *Jede eingeführte Hierarchiestufe muss mindestens zweifach untergliedert werden (nach 2.1 muss zwangsläufig auch 2.2 erfolgen usw.).*
- *Zu viele Gliederungsebenen sind zu vermeiden, die empfohlene Höchstzahl der Gliederungsebenen liegt bei vier (Bieker 2014, S. 111 ff.; Kotthaus 2014, S. 82 ff.).*

19.2.5 Wissenschaftliches Schreiben

Wissenschaftliche Arbeiten folgen stets der Logik von Einleitung – Hauptteil – Schluss. Die Einleitung soll das Interesse der Leser/innen wecken, gezielt auf den Text hinführen, Aufmerksamkeit für das Thema generieren, einen inhaltlichen Orientierungsrahmen bieten, das Ziel der Arbeit deutlich machen, die Fragestellung und Methodik herausarbeiten und letztendlich den Aufbau der Arbeit erläutern. Hierzu empfiehlt es sich, die Einleitung am Ende des Schreibprozesses zu erstellen.

„Wie das Anschreiben bei einer Bewerbung, so prägt die Einleitung einer schriftlichen Arbeit nach dem Studium des Inhalts- und des Literaturverzeichnisses den ersten Eindruck des Lesers. Eine gelungene Einleitung begünstigt die Erwartung des Lesers, der Hauptteil werde ebenso gekonnt ausfallen. Das gilt natürlich auch umgekehrt. Wenn schon die Einleitung miserabel ist, warum sollte dann der Hauptteil exzellent sein? Legen Sie deshalb größten Wert auf ein überzeugendes Entrée" (Bieker 2014, S. 127).

Im Hauptteil der Abhandlung werden wichtige Begrifflichkeiten definiert, der Forschungsstand dargestellt, Hypothesen und Gedanken argumentativ miteinander verknüpft, Forschungsergebnisse dargestellt etc. Dabei soll nicht einseitig argumentiert, sondern ein ausgeglichenes, sachliches und belegbares Bild der Problematik gezeichnet werden. Schließlich soll deutlich gemacht werden, dass es sich hier nicht um eine Rezeption, sondern um eine kritische Aufarbeitung der Quellen handelt, die in einen eigenständigen wissenschaftlichen Standpunkt mündet (Kotthaus 2014, S. 89 ff.). Im Schlussteil werden die zentralen Aussagen und wichtigsten Ergebnisse noch einmal rekapituliert und diskutiert. Hier werden Schlussfolgerungen abgeleitet, aber weder neue Ergebnisse oder Argumente eingeführt, noch die persönliche Meinung zur Thematik dargestellt (Bieker 2014, S. 135 f.).

Wissenschaftliches Schreiben ist ein nicht-linearer Prozess. Man beginnt nicht am Anfang der Arbeit und beendet den Schreibprozess mit dem Schlusssatz, ganz im Gegenteil, meist wird die Einleitung zuletzt verfasst. Für den Prozess des Schreibens gilt: Im Laufe des Prozesses stößt man auf neue Quellen, ändert

Argumentationslinien etc. (Kotthaus 2014, S. 89 f.). Keine wissenschaftliche Arbeit entspricht bei der Abgabe ihrem ersten Entwurf. Je weiter man in die Materie eindringt, desto häufiger kommt es zu Änderungen. Daher wird empfohlen, zunächst mit einem Rohentwurf zu beginnen und sich Schritt für Schritt zum fertigen Manuskript vorzuarbeiten. Bei diesem Entwurf geht es in erster Linie um inhaltliche Aspekte. Welche Argumente sollen unter welchen Gliederungspunkten zum Tragen kommen? Wie soll der rote Faden verlaufen etc.? Um den Text zu erstellen, empfiehlt es sich, zunächst die einzelnen Gliederungspunkte mit den gesammelten Quelleninhalten und Exzerpten zu füllen. Dadurch ist bereits hier festzustellen, ob zu allen Gliederungspunkten ausreichend Material recherchiert wurde, ob ggfs. nachgearbeitet werden muss oder die Gliederung abzuwandeln ist. In einem nächsten Schritt können für die einzelnen Gliederungspunkte Gedankengänge und Argumentationslinien skizziert werden, dies wird in einem nächsten Schritt zur Grundlage für die konkrete Ausformulierung des Textes.

Nach der Ausformulierung muss die Arbeit in die richtige Form gebracht werden. Das Layout soll die Konzentration auf den Inhalt fördern (Bieker 2014, S. 132 ff., S. 165 ff.), ebenso ist zu klären, welche Form an der jeweiligen Hochschule bei der Erstellung der wissenschaftlichen Arbeit einzuhalten ist. Wie ist das Titelblatt zu gestalten, wie viel Rand ist zulässig, welche Schriftgröße und Schriftart ist erwünscht, welche Zeilenabstände sind zu berücksichtigen, wie sind Abbildungen und Tabellen zu beschriften etc. (Kotthaus 2014, S. 70 f.)? Nachdem der Schritt vom Rohentwurf zum gelayouteten Manuskript erfolgt ist, muss die Arbeit hinsichtlich Aufbau, Inhalt und Sprache nochmals genauestens überarbeitet werden (Bieker 2014, S. 132 ff.). Hierzu wird empfohlen, das Manuskript mit einigem zeitlichen Abstand zu überarbeiten, da der Text dadurch wieder neutraler gesehen und die eigene Argumentation kritisch hinterfragt werden kann. Hilfreich ist auch eine Korrektur durch Dritte (Gruber et al. 2009, S. 51 ff.). Dieser Arbeitsschritt nimmt nochmals viel Zeit in Anspruch und sollte bei der Planung mitberücksichtigt werden. Im Anschluss an die Korrektur stehen Druck und Abgabe an. Dabei muss vorab geklärt werden, wie viele Exemplare der Arbeit (bei Abschlussarbeiten werden zumeist mehrfache Ausfertigungen erwartet) wo und zu welchem Termin abgegeben werden müssen (Bieker 2014, S. 171 f.).

19.3 Hinweise für die Durchführung empirischer Arbeiten

Eine Besonderheit im Feld der wissenschaftlichen Arbeiten stellen empirische Arbeiten dar.

> *„Um in den Wirtschafts- und Sozialwissenschaften forschen zu können, müssen Sie nicht nur das Gebiet, das Sie untersuchen wollen, zumindest in seinen Grundzügen beherrschen, sondern auch die spezifischen Forschungs- und Datenerhebungsmethoden kennen. Wollen Sie eine Befragung durchführen, müssen Sie einen Fragebogen formulieren können, bei einer qualitativen Untersu-*

chung einen Leitfaden erstellen, bei einem Experiment die Versuchsbedingungen definieren und herstellen und vieles andere mehr. (...) Des Weiteren gehören auch die Auswertung der Rohdaten mit Hilfe von Software sowie die Interpretation der Ergebnisse zu den Aufgaben eines empirisch arbeitenden Wissenschaftlers" (Ebster/Stalzer 2008, S. 138).

Empirische Forschung folgt stets einer bestimmten Abfolge von Forschungsschritten, die in einem Forschungsdesign (vgl. Abb. 52) dargestellt werden.

Abb. 52: Exemplarischer Ablauf eines Forschungsprozesses[70]

Forschungsidee

Die Idee zur Forschung kann, z. B. im Rahmen einer Auftragsforschung oder der Mitarbeit in Forschungsprojekten, von außen herangetragen sein oder aber auch eigenständig entwickelt werden (siehe Kapitel 19.2.2). Es sollte darauf geachtet werden, dass eine wissenschaftlich relevante Fragestellung untersucht wird, deren Bearbeitung den Forscher/die Forscherin auch interessiert. So können frühzeitige Abbrüche verhindert werden. Die Forschungsidee ist aus mehreren Perspektiven zu prüfen: wird durch die Arbeit neues Wissen generiert, ist die Forschungsidee originell? Kann der/die Forschende zum Thema wertfrei bleiben und jegliche Ergebnisse akzeptieren? Kann die Idee, das Problem, die Frage präzise und vor allem wissenschaftlich formuliert werden? Ist das Thema unter Einbeziehung ethischer Aspekte empirisch untersuchbar (Bortz/Döring 2006, S. 37 ff.)?

---

70 Nach Ebster/Stalzer 2008, S. 141; Bortz/Döring 2006.

Theoriebezug/Forschungsstand

Das gewählte Thema muss in den aktuellen Wissensstand eingeordnet werden. Dazu muss überprüft werden, welche Theorien und Hypothesen zur Bearbeitung der Fragestellung herangezogen werden können (Ebster/Stalzer 2008, S. 141 ff.), ebenso ist der aktuelle Forschungsstand zu eruieren und darzustellen. Hierzu empfiehlt sich eine ausführliche Literaturrecherche, der Besuch von Fachtagungen etc., um zum einen den aktuellen Stand der Forschung zu identifizieren und zu klären, ob die eigene Fragestellung ggfs. schon überholt ist, zum anderen, um bedeutende akademische Vertreter/innen der Thematik ausfindig zu machen und den aktuellen Diskussionsstand in seiner Gänze darstellen zu können.

Hypothese/Forschungsfrage

Nach der Darstellung des Theoriebezugs im Literaturteil der Arbeit werden die (Arbeits-)Hypothesen formuliert. Dadurch wird die wissenschaftliche Fragestellung konkretisiert. Hypothesen werden aus bereits vorhandenen theoretischen oder empirischen Kenntnissen heraus begründet und so formuliert, dass sie widerspruchsfrei, präzise, falsifizierbar und operationalisierbar sind. Sie sollten so kurz wie möglich formuliert sein und keine Vorhersagen über mögliche Ergebnisse treffen, wohl aber Aussagen über Annahmen und Erwartungen im Sinne von „Wir gehen davon aus, dass, ...". Die Anzahl der Hypothesen sollte außerdem auf ein überschaubares Maß begrenzt sein, mehr als drei Hypothesen gelten als eher unüblich (Ebster/Stalzer 2008, S. 144 f.).

Konzeption der Untersuchung

Hier gilt es darzustellen, mit welchen methodischen Herangehensweisen das Ziel der Arbeit erreicht und wie die Forschungsfrage bearbeitet werden soll. Dazu ist zunächst eine Entscheidung notwendig, ob mit quantitativen oder qualitativen Methoden gearbeitet werden soll oder ob eine Verbindung mehrerer Erhebungs- und Auswertungsmethoden der Untersuchung dienlich sein kann. Kohärente Methoden zur Generierung von Hypothesen sind beispielsweise historische Studien, systematische Studien, vergleichende Studien, Fallstudien, qualitative Forschungsmethoden wie z. B. „Grounded Theory", Problemzentrierte Interviews, Narrative Interviews, Phänomenologische Textinterpretation etc. (Lamnek 2005). Als Methoden zur Überprüfung von Hypothesen bieten sich quantitative empirische Forschungsmethoden (Fragebogen, Experiment, Ex-post-facto-Design, Beobachtungen, Statistik etc.), Wiederholungsstudien, Metaanalysen an (Bortz/Döring 2006). Für Fragen der Praxisevaluation eignen sich z. B. Verfahrensstudien, Evaluationsstudien, Effektivitätsstudien und Aktionsforschung.

Welche Methodik zur Datenerhebung gewählt wird, beeinflusst weitere grundlegende Entscheidungen, z. B. wie Grundgesamtheiten festgelegt, wie Stichproben ausgewählt werden etc. Wie die Erhebung durchgeführt werden soll, muss genauestens geplant und beschrieben werden, auch die Methoden der Datenauswertung müssen bereits in der Phase der Konzeption der Untersuchung dargestellt werden. Diese strategischen Überlegungen werden im sogenannten Forschungsdesign niedergelegt (Ebster/Stelzer 2008, S. 210 ff.).

Durchführung der Untersuchung

Die Durchführung der Untersuchung wird maßgeblich davon beeinflusst, welche finanziellen, personellen, räumlichen und zeitlichen Ressourcen zur Verfügung stehen. Der Prozess der Erhebung sollte sorgfältig geplant, zugleich aber flexibel gehandhabt werden. Die Durchführung ist der angewandten Methode entsprechend zu dokumentieren, z. B. mittels Tonbandaufzeichnung, Videoaufzeichnung etc. (Bortz/Döring 2006, S. 78 ff.).

Datenauswertung

Je nach gewähltem Vorgehen – quantitativ oder qualitativ – und gewählter Erhebungsmethode bieten sich unterschiedliche Methoden zur Auswertung der gesammelten Daten an. In dieser Phase der Arbeit werden die Hypothesen überprüft und/oder die Forschungsfrage beantwortet (Bortz/Döring 2006, S. 84 ff.).

Darstellung der Ergebnisse

Bei der Darstellung der Ergebnisse geht es darum, die gewonnenen Erkenntnisse klar und verständlich wiederzugeben. Dazu werden die Ergebnisse zunächst beschrieben, anschließend werden Zusammenhänge vorgestellt, Hauptergebnisse kenntlich gemacht und durch Grafiken und Tabellen visualisiert. Darauffolgend kommt es zu einer umfassenden Diskussion der Ergebnisse, auch vor dem Hintergrund der theoretischen Einbettung und des Forschungsstandes. Zuletzt werden Aussagen zur Validität der Untersuchungsergebnisse getroffen. Schließlich kann eine Einschätzung gewagt werden, inwiefern beispielsweise die eigene Forschung der Entwicklung des Forschungsstandes zuträglich ist, welche neuen Fragestellungen sich daraus ergeben etc. (Ebster/Stalzer 2008, S. 214 ff.). Im Idealfall wird die Arbeit dann veröffentlicht. Denn erst auf der Basis von Publikationen werden Forschungsergebnisse sichtbar und damit überprüfbar (Kotthaus 2014, S. 42 f.).

19.4 Einige Tipps für angehende Sozialarbeitswissenschaftler/innen

Wissenschaft, egal welcher Fachrichtung, ist ein aufwändiges Geschäft. Weder wird man reich davon (Kotthaus 2014, S. 14), noch ist die Arbeit immer von Erfolg und Anerkennung gekrönt (Medawar 1979, S. 6 ff.). Deswegen sollte man sich vorab nicht nur Gedanken darüber machen, warum man den Weg als Sozialarbeitswissenschaftler/in einschlagen möchte, welche persönlichen Motive man verfolgt, sondern auch von den Erfahrungen anderer profitieren, die diesen Weg schon gegangen sind oder noch gehen:

- *Motive klären*
  „Den" Sozialarbeitswissenschaftler oder „die" Sozialarbeitswissenschaftlerin gibt es nicht, genauso wenig wie es „den" Wissenschaftler und „die" Wissenschaftlerin gibt. Die Motive, warum Menschen sich für die Wissenschaft entscheiden, sind vielfältig. Allen gemein ist aber, dass Wissenschaftler/innen neugierig und detailverliebt sind, und sie den Dingen auf den Grund gehen wollen. Sie wollen Phänomene und Zusammenhänge verstehen und erklären können. Deswegen sind Forschung und Wissenschaft aufregend, spannend und interessant, fordern aber auch viel Engagement und Einsatz.
- *Die eigenen Fähigkeiten einschätzen*
  Intellektuelle Fähigkeiten sind für Wissenschaft und Forschung nicht unwichtig, aber sie sind nicht alles. Angehende Wissenschaftler/innen müssen sich also vor allem die Frage stellen, ob Sie das notwendige Handwerkszeug erlernt haben bzw. dazu bereit sind, es zu erlernen, um in einer bestimmten Weise zu forschen.
- *Das eigene Forschungsinteresse herausfinden*
  Die Wahl des Forschungsthemas wird im Rahmen einer Anbindung an Forschungsprojekte, Doktorväter und Doktormütter bestimmt. Aber auch hier bleibt die Möglichkeit zu wählen, für welches Projekt/Thema man sich bewirbt. Um interessante Entdeckungen zu machen, muss man sich mit bedeutenden Problemen befassen. Forschungen müssen aber nicht zwingend bahnbrechend oder herausragend sein, es ist ausreichend, wenn Interesse der „Scientific Community", der Profession, der Praxis etc. an einer Thematik besteht oder die Bearbeitung der Thematik Nutzen verspricht.
- *Lernbereit bleiben*
  Im Bereich der Sozialarbeitswissenschaften werden Fähigkeiten benötigt, die man vielleicht nicht auf Anhieb mitbringt und die sich im Laufe der Zeit auch wandeln können. Dazu zählen methodische Fertigkeiten ebenso wie z. B. Sprachkenntnisse, Fachwissen usw. Diese sind erlernbar und erwerbbar. Angehende Wissenschaftler/innen müssen sich daher für ihre wissenschaftliche Laufbahn rüsten. Sie müssen gezielt lernen und lesen, um Hilfe und Unterstützung bitten und dürfen sich nicht entmutigen lassen
- *Sich vernetzen*
  Wissenschaftler/innen sind keine Einzelkämpfer. Sie benötigen den Austausch mit anderen Wissenschaftler/innen. Daher müssen sie sich vernetzen, Synergien erkennen und nutzen, Fachtagungen, Doktorandenkolloquien, Arbeitsgruppen etc. besuchen und ganz gezielt Kontakt zu anderen Wissenschaftler/innen suchen. Dabei müssen sie stets kritisch bleiben – den eigenen Arbeiten gegenüber genauso wie denen ihrer Kollegen/Kolleginnen (Medawar 1979).

20 SOZIALE ARBEIT ALS AKADEMISCHE TÄTIGKEIT

In diesem Kapitel soll noch einmal thesenhaft zusammengefasst werden, was von zukünftigen Sozialarbeitern/Sozialarbeiterinnen erwartet werden muss und warum ein Studium und die ständige theoretische und praktische Weiterbildung im Laufe der beruflichen Tätigkeit heute zu unverzichtbaren Voraussetzungen geworden sind. Um diesen Anforderungen gerecht werden zu können, müssen sich Sozialarbeiter/innen nicht explizit als Wissenschaftler/innen verstehen. Sie müssen aber, um Soziale Arbeit wirklich professionell betreiben zu können, in der Lage sein, ihre Praxis kontinuierlich aus der wissenschaftlichen Perspektive heraus zu denken, zu reflektieren und zu kommunizieren. Eine solche, ganz bewusst als akademische Tätigkeit betriebene Soziale Arbeit zeichnet sich insbesondere durch folgende Aspekte aus:

(1) Soziale Arbeit muss den Status einer akademisch gebildeten Profession ernst nehmen
Auch wenn es heute in Deutschland immer noch verpönt zu sein scheint, den Begriff Akademiker/in zu benutzen, so muss doch eindeutig festgehalten werden: Nicht nur beim Master- und Promotions-, sondern auch beim Bachelor-Abschluss handelt es sich um einen akademischen Grad. Und auch wenn den Fachhochschulen in Deutschland ein besonderer Status neben den Universitäten zukommt, so werden diese vom Wissenschaftsrat doch unmissverständlich als „gleichwertig" definiert. Dies hat in jüngster Zeit dazu geführt, dass sich die Fachhochschulen als „Hochschulen für angewandte Wissenschaften" bezeichnen, womit noch deutlicher zum Ausdruck kommen soll, dass Fachhochschulen wissenschaftlich gesehen nicht minderwertig sind.[71]

Ihre Aufgaben sind, wie die aller anderen Hochschularten

- *„der Pflege und der Entwicklung der Wissenschaften und der Künste durch Forschung, Lehre, Studium und Weiterbildung zu dienen,*
- *auf berufliche Tätigkeiten vorzubereiten, die die Anwendung wissenschaftlicher Erkenntnisse und Methoden oder die Fähigkeit zu künstlerischer Gestaltung erfordern,*
- *die internationale, insbesondere die europäische Zusammenarbeit im Hochschulbereich und den Austausch zwischen deutschen und ausländischen Hochschulen zu fördern,*
- *den Wissen- und Technologietransfer zu fördern"* (§ 2 HRG).

---

71 Im Übrigen gibt es zunehmend auch an den Universitäten zahlreiche „Institute für angewandte Forschung", wie z. B. das „Institut für Angewandte Physik" der Eberhard Karls Universität Tübingen oder das seit 2002 bestehende „Institut für Angewandte Ethik in Wirtschaft, Aus- und Weiterbildung" der Universität Passau. Dies zeigt, dass der Begriff „angewandt" keine Schmälerung wissenschaftlicher Praxis bedeuten muss, sondern eher den jeweiligen Typus der Forschung bestimmt!

Damit wird der qualitative Unterschied zu einer Berufsausbildung deutlich: Auch Fachhochschulstudierende müssen, ähnlich wie die Studierenden an Universitäten, in der Lage sein zu verstehen, wie Wissenschaft funktioniert, wie wissenschaftliche Erkenntnisse zustandekommen und wie wissenschaftliche Methoden für die Praxis fruchtbar gemacht werden können. Bei Berufsausbildungen dagegen geht es weitgehend um das selbstständige Aneignen der Voraussetzungen, die erforderlich sind, um einen staatlich anerkannten Beruf (mit allen damit verbundenen Rechten und Pflichten) ausüben zu können und zu dürfen. Auch Sozialarbeiter/innen und Sozialpädagogen/Sozialpädagoginnen erhalten eine staatliche Anerkennung, allerdings setzt diese zwingend den akademischen Grad eines „Bachelor of Arts" voraus. Die Sozialarbeiter/innen sollten sich dieses Status mehr bewusst sein, als sie in der Öffentlichkeit oftmals darlegen, denn es ist wichtig, der Klientel und der Gesellschaft gegenüber klarzustellen, wer man ist: Kein/e Ehrenamtliche/r, der/die aus moralischen Motiven unbedingt helfen möchte, sondern ein/e Professionelle/r, der/die reflexiv vorgeht und begründet analysieren, entscheiden und handeln muss, und im Rahmen des Studiums auch eine entsprechende Vorbereitung erhalten hat.

(2) Akademische Berufe werden dort eingesetzt, wo Entscheidungen unter der Bedingung von Unsicherheit getroffen werden müssen
Betrachtet man z. B. die Tätigkeiten von ehrenamtlichen Helfer/innen oder Absolvent/innen von Lehrberufen, dann zeigt sich, dass deren Tätigkeit in aller Regel klar strukturiert und ergebnisorientiert aufgebaut ist. Helfer/innen im Asylbereich organisieren Kleidung und Nahrung und verteilen diese an die Schutzbedürftigen, und Heilerziehungspfleger/innen betreuen und erziehen Kinder im Heim, in Tagesgruppen etc. im Rahmen einer klaren Tages- und Aufgabenstruktur. Im Unterschied zu Helfer/innen verfügen Heilerziehungspfleger/innen über ein Mehr an methodischem Wissen und die entsprechenden Kompetenzen, um dieses dann situativ einzusetzen.

Wissenschaftlich ausgebildete Kräfte benötigt man von der Sache her erst da, wo methodisches Wissen nicht mehr direkt zum Ziel führt, sondern „reflexiv" angewendet werden muss. So wenden z. B. Richter/innen die Methode der Kasuistik an und beziehen sich in ihren Entscheidungen auf vorausgegangene Entscheidungen. Da aber immer wieder völlig neue Fälle auftreten, reicht ein einfacher Vergleich von Tatbestand und Fall nicht aus; Richter/innen müssen „juristisch" denken können. Dies setzt aber wiederum voraus, dass sie über metatheoretisches und methodologisches Wissen verfügen, also die Fähigkeit besitzen, die wir als wissenschaftliches Denken bezeichnen!

Ähnlich ist dies bei Sozialarbeitern/Sozialarbeiterinnen, insofern diese nicht (wie leider häufig vorkommend) unterhalb ihrer Qualifikation beschäftigt sind. Fallarbeit, Case Management, Sozialraumarbeit etc. setzen neben methodischem Wissen auch die Kompetenz zur metatheoretischen Reflexion und zur Anwendung von wissenschaftlichen Methoden voraus. Zumal es bei dieser Arbeit nicht nur darum geht, eine bestimmte Methodik anzuwenden, zu evaluieren und zu verbessern (siehe Kap. 11.1), sondern sich selbst noch mit den Klienten/Klientinnen über mögliche neue Lösungswege zu verständigen.

(3) Akademisch ausgebildet zu sein muss nicht heißen, realitäts- und lebensfremd zu handeln
Natürlich kommt dem Status „akademisch" in unserer Gesellschaft eine ambivalente Bedeutung zu. Denn wenn Akademiker/innen z. B. im öffentlichen Dienst sehr viel besser bezahlt werden als Helfer/innen- oder Handwerker/innenberufe, dann muss es nicht wundern, wenn diese sich mit Argumenten wehren, die nicht immer von der Hand zu weisen sind. Akademiker/innen gelten im negativen Sinne häufig als realitäts- und lebensfremd, als zu „theoretisch" und überflüssig. Aber in einer auf Konkurrenz aufgebauten Gesellschaft differenzieren sich Professionen notgedrungenermaßen aus. Was für die Sozialarbeiter/innen letztendlich bedeutet: Entweder sie nehmen den akademischen Status bewusst an und handeln auch danach, oder sie akzeptieren, dass sie von der Gesellschaft nicht genügend ernstgenommen werden und die Sinnhaftigkeit ihres Studiums in Zweifel gezogen wird. Dabei bedeutet Handeln im akademischen Sinne nicht, besser oder effizienter zu handeln, sondern sein Handeln an bestimmten Regeln zu orientieren. Die Überlegungen dazu entspringen dem Wissen um die Möglichkeiten und Grenzen wissenschaftlichen Wissens und wissenschaftlicher Methodik. Entscheidungen können so besser vorbereitet und begründet werden.

(4) Akademisch ausgebildet zu sein heißt, motiviert und offen für Neues zu sein
Möglicherweise ist in unserer pragmatisch orientierten Welt außer Blick geraten, dass sich wissenschaftliches Denken vor allem durch Neugierde an der Sache und durch eine intrinsische Motivation gegenüber der eigenen Tätigkeit auszeichnet. Wissenschaftlich ausgebildete Menschen sind gewöhnt, nachzufragen, Zweifel zu formulieren, sich selbst und andere infrage zu stellen. Und sie tun dies nicht aus negativen Motiven heraus, sondern aus der Lust an der Erkenntnis!

Ganz wichtig dabei ist, dass niemand glaubt, nur Wissenschaftler/innen wären zu dieser Begeisterung fähig. Gerade die Geschichte der Sozialen Arbeit zeigt uns, wie viele Praktiker/innen ihre eigene Tätigkeit sehr aufwändig reflektiert haben und gegenüber Neuem und Interessantem stets aufgeschlossen waren. Nicht nur Alice Salomon, auch Jane Addams und viele andere berühmten Sozialarbeiter/innen am Beginn des 20. Jahrhundert haben sich sowohl als Praktiker/innen als auch als Wissenschaftler/innen verstanden und sind demnach Pionier/innen auf diesem Gebiet. Auf diese Weise sind nicht nur Schulen und Akademien, sondern auch Lehr- und Methodenbücher entstanden, die zeigen, wie sehr diese Menschen dazu motiviert waren, die Sache Soziale Arbeit als solche zu hinterfragen, zu erforschen und zu erproben.[72] Das Problem ist nur, da, wo diese Neugier nicht bereits im jungen Menschen vorhanden und dann durch das Studium weiterforciert wird, stellt sich im Berufsleben schnell Routine ein. Veränderungen werden dann zwar noch wahrgenommen, aber in der Regel als

---

72 Hier sind beispielsweise Salomon (1926) oder Addams (1902) zu nennen.

"Störungen" interpretiert. Wenn dieses Routine-Denken dann auch noch auf der Ebene der Führungskräfte und der Stabsfunktionen Einzug gehalten hat, droht einer Organisation der konzeptionelle Stillstand – der durch Supervision und Fortbildung zwar verzögert werden, letztendlich aber nur durch neue Strategien, die meist mit einem Wechsel der Führungskraft verbunden sein müssen, aufgebrochen werden kann.

(5) Akademisch ausgebildet zu sein heißt, Freude am konzeptionellen Denken zu haben
Interessierte und motivierte Studierende zeichnen sich fast immer dadurch aus, dass sie sich viele Gedanken über einen möglichen Praktikums- und später zukünftigen Arbeitsplatz machen. Dabei sind sie häufig gar nicht so sehr an der Frage interessiert, was sie dort konkret tun sollen, sondern daran, in welches konzeptionelle oder ideelle Umfeld diese Tätigkeit eingebettet sein wird. Diese Studierenden erwarten von den jeweiligen Einrichtungen, dass sie konzeptionell ausgerichtet sind und ihre Leistungen und Prozesse entsprechend theoretisch begründen können.

Wer konzeptionell und damit theoriegeleitet denkt, versucht nicht nur, die einzelnen Aspekte einer Tätigkeit zu begreifen, sondern immer alle Tätigkeiten im Rahmen des großen Ganzen zu verstehen und zu begründen. Denn erst im Rahmen des Konzepts einer alltagsorientierten Theorie der Altenarbeit wird z. B. verständlich, warum ein bestimmter Umgang mit Demenzkranken gepflegt und bestimmte sozialökologische Methoden eingesetzt werden etc. Und nur die Einrichtungen, die z. B. den konzeptionellen Unterschied zwischen den Begriffen „Sozialraumorientierung" und „Sozialraumarbeit" kennen, sind in der Lage, entsprechende strategische und methodische Entscheidungen zu treffen.

Leider werden die neugierigen Fragen der Studierenden häufig von den Leiter/-innen und Kollegen/Kolleginnen missverstanden: als Kritik an der gängigen Praxis, als Besserwisserei seitens der Hochschule etc. Aber dahinter versteckt sich lediglich das für jede/n Wissenschaftler/in der Welt natürlichste Anliegen: Das Interesse daran zu wissen, was hinter einer Fassade steckt und wie die jeweilige Vorgehensweise begründet und umgesetzt wird.

(6) Akademisch ausgebildet zu sein heißt, projektorientiert planen und handeln zu können und zu wollen
Weil wissenschaftlich denkende Menschen wissen, dass viele Erkenntnisse und Vorgehensweisen unsicher sind und stets das Risiko des Scheiterns besteht, gehen sie häufig „heuristisch" vor. Dabei geht man von der Annahme aus, dass das, was man vorhat zu tun, noch nicht vollumfänglich gesichert erscheint, trotzdem aber versucht werden muss. Die Praxis versucht diesem Gedanken unter anderem mit der Methode der „Projektarbeit" Rechnung zu tragen. Anstatt eine neue Idee sofort aufs ganze Haus zu übertragen, sollte sie möglicherweise erst in einer Abteilung erprobt werden. Auf diese Weise können die Mitarbeiter/-innen ganz unverblümt mit der neuen Methode umgehen, sie können sie in einer Atmosphäre der Offenheit und Bereitschaft für Neues ausprobieren, diskutieren, verbessern, verwerfen etc. Erweist sich dann die neue Methode als erfolg-

reich und sinnvoll, kann sie den Mitarbeitern/Mitarbeiterinnen der anderen Abteilungen vorgestellt werden. Erweist sie sich nicht als produktiv, wird sie aufgegeben, ohne dass dadurch allerdings ein Gefühl des Versagens oder der Frustration entsteht: Man hat es jedenfalls versucht und weiß es jetzt besser. Und man kennt diesen Vorgang ja schon aus dem Studium: Irrtümer sind für die Wissenschaft eine der wichtigsten Erkenntnisquellen.

(7) Akademisch ausgebildet zu sein heißt, sich immer wieder empirischer Daten zu bedienen und diese sachgerecht auszuwählen
Auch wenn alle Studierenden die Probleme der Messung von Ergebnissen, Erfolg, Effekte etc. im Bereich der Sozialen Arbeit kennen, so ist ihnen doch zugleich qua Studium bewusst geworden, dass Wissenschaft auf eine empirische Verifizierung ihrer Theorien nicht verzichten kann. Gleiches gilt natürlich auch für Manager/innen, letztendlich aber auch für alle wissenschaftlich denkende Mitarbeiter/innen: Daten helfen dabei, Analysen durchzuführen und auf dieser Basis dann sachlich begründete (und das heißt durch Daten abgesicherte) Entscheidungen zu treffen. Deshalb müssen Daten sorgfältig erhoben und ausgewertet werden. Hier kommt es vor allem darauf an, die jeweiligen methodischen Entscheidungen zu begründen, zumal die auf den jeweiligen Daten aufbauenden Argumente oftmals dazu eingesetzt werden, die notwendige Finanzierung zu begründen oder die professionellen Handlungen gegenüber der Klientel, Organisationen, Kostenträger etc. argumentativ abzusichern. Die Soziale Arbeit tut sich hier keinen Gefallen, wenn sie aufgrund fehlerhafter Daten unsauber argumentiert und dies dann von anderen, wissenschaftlich gleichermaßen kompetenten Kollegen/Kolleginnen aufgedeckt wird.

Eine Weiterentwicklung im Bereich der Sozialarbeitsforschung kann hier nur stattfinden, wenn sowohl eigener wissenschaftlicher Nachwuchs ausgebildet wird als auch die akademisch sozialisierten Praktiker/innen in der Lage sind, Methodenkritik zu betreiben: Sie müssen dazu bereit und fähig sein, wissenschaftliche Forschungsergebnisse sorgfältig auf ihr Zustandekommen hin zu analysieren und gegebenenfalls zu kritisieren, unabhängig davon, ob sie aus der Sozialarbeitswissenschaft oder von anderen Bezugsdisziplinen stammen.

(8) Akademisch ausgebildet zu sein heißt, Souveränität und Respekt gegenüber anderen Professionen zu zeigen
Wer selbst eine akademische Ausbildung durchlaufen hat und sich mit den Besonderheiten wissenschaftlicher Verfahren auskennt, der/die entwickelt auch Respekt gegenüber anderen Professionen. Denn Wissenschaft lehrt auch, das Wissen um die eigenen Grenzen zu erkennen und Respekt vor anderen Professionen zu entwickeln. Sozialarbeiter/innen müssen also zunächst der Öffentlichkeit gegenüber nachweisen, was sie leisten können und was nicht. Auf diese Weise werden sie von Klienten/Klientinnen, Gesellschaft und Wissenschaft verstärkt wahrgenommen und können als professionell und verlässlich anerkannt werden. Gleichzeitig müssen die Sozialarbeiter/innen jedoch dann auch ihre eigenen Grenzen erkennen und akzeptieren lernen. Erst diese Einsicht erlaubt es dann, in multi- und interdisziplinären Teams kollegial zusammenzuarbeiten. Denn jetzt

müssen die Sozialarbeiter/innen keine Angst mehr davor haben, bezüglich ihrer Kompetenzen und ihrer Bedeutung unterschätzt zu werden, denn diese können kenntlich gemacht werden. Trotzdem reichen die eigenen sozialarbeiterischen Kompetenzen und Möglichkeiten aber in der Regel nicht aus, um soziale Probleme lösen zu können, interprofessionelles Handeln wird erforderlich. Voraussetzung für eine gelungene multi- und interprofessionelle Zusammenarbeit ist es, die „Sprache" der anderen Profession(en) zu erkennen, zu verstehen und darin auch (zumindest in Grundzügen) kommunizieren zu können. Vor allem gilt es, sich nicht durch Fachtermini und Gepflogenheiten anderer Disziplinen einschüchtern zu lassen. Dies ist auch der Grund, warum Sozialarbeiter/innen nicht nur ihre eigene Disziplin studieren, sondern auch andere sozialwissenschaftliche Disziplinen kennen und verstehen sollten.

(9) Akademisch ausgebildet zu sein heißt, Freude am lebenslangen Lernen zu entwickeln
Die Bedeutung lebenslangen Lernens ist heute unbestritten, wird aber nicht selten als ein bloßer Zwang verstanden, sich stets an neue Erfordernisse im Beruf anzupassen und dann auch noch im Alter körperlich und geistig fit bleiben zu müssen. Dabei setzt das Konzept an der Biografie der Menschen an und will den/die Einzelne/n in die Lage versetzt, über die gesamte Lebensspanne hinweg eigenverantwortlich lernen und handeln zu können. Lernen wird dabei als Ausdruck von Lebensfreude und Erkenntniswillen verstanden, der nicht ausschließlich auf den Bereich des Arbeitslebens beschränkt werden darf, sondern auch in den gesellschaftlichen Rahmen und den privaten Bereich hineinwirken soll.

Für die Notwendigkeit lebenslangen Lernens spricht vor allem die Tatsache, dass einst erworbenes Wissen rasch an Bedeutung verliert, technische Geräte durch Innovationen ersetzt werden müssen und neue Kompetenzen erforderlich machen. Oftmals müssen auch als sicher geltende wissenschaftliche Befunde von neuen Erkenntnissen abgelöst werden. Dabei vollziehen sich diese Veränderungsprozesse heute nicht mehr nur im Bereich der Arbeitswelt, sondern auch im Bereich des Privaten. So ist es für die soziale Integration in unsere Gesellschaft unverzichtbar geworden, sich im Bereich der Informationstechnologie auszukennen und mit zahllosen elektronischen Medien kompetent umgehen zu können. Dabei sind Eigenverantwortung, Interesse und Disziplin beim Lernen zu einer wichtigen Voraussetzung geworden, da anders nachhaltige Lernergebnisse kaum erzielt werden können.

Voraussetzung dafür, dass lebenslanges Lernen gelingt, ist, dass sich die Betreffenden aktiv mit ihrer Umwelt auseinandersetzen und sich interessiert gegenüber Veränderungen und Entwicklungen zeigen. Auch hier haben die Menschen, die ein Studium absolviert haben, gewisse Vorteile, da sie gelernt haben, systematisch zu lernen und neugierig zu forschen. Und sie wissen, dass es gilt, widersprüchliche Meinungen zum gleichen Gegenstand auszuhalten und nach gemeinsamen Lösungen im Konfliktfall zu suchen.

(10) Akademisch ausgebildet zu sein bedeutet nicht, ein besserer oder wertvollerer Mensch zu sein

Die Debatte um das Für und Wider der Akademisierung eines bestimmten Prozentsatzes der Bevölkerung, wie sie z. B. von der OECD vorgeschlagen wurde, und im Gegensatz dazu die Warnung vor einer „Akademiker/innenschwemme" oder einem „Akademisierungswahn" (so z. B. Nida-Rümelin 2014) zeigen, dass in unserer Gesellschaft jede Idee damit rechnen muss, gründlich missverstanden zu werden. Denn weder ist eine akademische Ausbildung ein Selbstzweck an sich, noch bedeutet eine akademische Ausbildung zu besitzen kompetenter für eine Aufgabe zu sein. Entscheidend beim Ruf nach der Akademisierung von Berufen kommt es darauf an zu fragen, was damit erreicht werden soll. Und hier können sich Bedingungen und Anforderungen an bestimmte Tätigkeiten im Laufe der Zeit ändern und Anforderungen steigen, wie dies etwa zurzeit im Bereich der Vorschulerziehung mit der Einführung bundesweiter Bachelor- und Masterprogramme geschieht.

Grundsätzlich gilt jedoch: Da, wo besonders selbstverantwortlich und daher reflexiv gearbeitet werden muss, ist ein Studium unverzichtbar, da wo konkret und routiniert gehandelt werden kann, hilft ein Studium nicht weiter. Alles hat somit seine Berechtigung, aber nichts berechtigt zu Überheblichkeit und Arroganz! Dass sich in unserer Gesellschaft daraus immer sofort Konsequenzen für die Besoldung ergeben, ist eine Sache, die zum einen historisch bedingt ist, und zum anderen der Tatsache Rechnung zu tragen versucht, dass das Studium eine nicht unerhebliche finanzielle Investition ist, die sich später auszahlen soll. Allein, von der Sache her gesehen sind praktische Tätigkeiten in der Regel genauso wichtig und unverzichtbar für die Gesellschaft, wie wissenschaftsbasierte Tätigkeiten!

TEIL IV SOZIALE ARBEIT ALS PROFESSION

21 VOM BERUF ZUR PROFESSION

Als Profession wird in der Regel ein akademischer Beruf mit hohem Prestige betrachtet, der vor allem wegen der Herausforderung, die in der jeweiligen Aufgabe liegt, ausgeübt wird. Dazu ist eine spezifische Ausbildung erforderlich. Weitere Merkmale einer Profession sind: Ein hoher Grad an beruflicher Organisation (Standesorganisation), persönliche und sachliche Gestaltungs- und Entscheidungsfreiheit in der Tätigkeit sowie eine eigene Berufsethik. Die Profession wird heute sprachlich abgegrenzt gegenüber dem Job, der eher als befristete Tätigkeit verstanden wird, die ausschließlich dem Gelderwerb dient, und dem Beruf, der den Lebensunterhalt auf Dauer sichern soll. Zu den allgemein anerkannten Professionen gehörten zunächst nur wenige Berufe wie Arzt/Ärztin, Jurist/in, Geistliche/r. Heute streben viele Berufe nach einem Professionsstatus vor allem, indem sie sich akademisieren und in eigenen Berufskammern zusammenschließen – man denke nur etwa an die vielen Pflegeberufe, die mittels der Bachelor-/Master-Ausbildung wie z. B. in Physiotherapie, in Pflegewissenschaft, Gerontologie etc. einen höheren Status in unserer Gesellschaft zu erreichen versuchen.

Eine ähnliche Entwicklung hat sich in der Sozialen Arbeit gleich nach Entstehung der Fachhochschulen abgespielt, allerdings sind trotz Bologna-Reform noch immer Hochschullehrer/innen der Ansicht, die Soziale Arbeit sei – aufgrund der Komplexität ihres Gegenstands und der Schwierigkeiten, sie zu verwissenschaftlichen – „in ihrer Professionalität bedroht und herausgefordert" (Thiersch 2015, S. 43). In diesem Kapitel wird sehr viel optimistischer die Ansicht begründet und vertreten, dass sich die Soziale Arbeit in einem erfolgreich verlaufenden kontinuierlichen Professionalisierungsprozess befindet. Dieser wird erst in einigen Jahrzehnten abgeschlossen sein, wenn auch Abschlüsse in Master- und Promotionsstudiengängen zur Regel geworden sind und sich die Profession noch stärker organisiert und formiert hat.

Um diesen Zusammenhang zu verdeutlichen, werden in einem ersten Unterkapitel zunächst einige wichtige Stadien der Verberuflichung der Sozialen Arbeit bis in unsere Zeit hinein dargestellt und analysiert (Kap. 21.1). In einem zweiten Unterkapitel werden verschiedene, inzwischen als klassisch zu bezeichnende Versuche vorgestellt, die Soziale Arbeit professionstheoretisch zu begründen (Kap. 21.2): Ferchhoff (1993) sowie Dewe et al. (2001) gehen davon aus, dass sich die beiden klassischen Professionskonzepte, das des „altruistischen Helfers" und das des „rationalistischen Sozialingenieurs", nicht länger aufrechterhalten lassen. Sozialarbeit muss demnach, ganz in der Tradition der Hermeneutik, als Profession der „stellvertretenden Deutung" interpretiert werden (Kap. 21.2.1). Im Rahmen ihrer gesellschaftskritisch ausgerichteten Professionstheorie fordern Dewe/Otto (2012) die Entwicklung einer kritisch-dienstleistungsorientierten und reflexiven Sozialpädagogik/Soziale Arbeit. Aufgabe der Professionellen ist es dabei, die Rationalität des organisierten Hilfesystems immer wieder zu unterlaufen und den lebensweltlichen Erfahrungen und Erwartungen der Nutzer/innen Raum zu bieten (Kapitel 21.2.2). Die von Paulo Freire (1971, 1985, Freire/Shor 1987) nur fragmentarisch angedeutete Theorie vom

Sozialarbeiter/von der Sozialarbeiterin als „Agent of Change" ist jüngst von Lutz (2005) wieder aufgegriffen worden. Sie weist den Sozialarbeitern und Sozialarbeiterinnen im Rahmen eines erwachsenenpädagogischen Ansatzes die Aufgabe zu, in einem dialogischen, bewusstseinsbildenden Prozess mit der Klientel auch die gesellschaftlichen Strukturen zu verändern, die Abhängigkeit erzeugen (Kapitel 21.2.3). Die Professionstheorie von Staub-Bernasconi (2002) geht davon aus, dass Sozialarbeiter/innen für einen gerechten Ausgleich von Bedürfnissen und Pflichten auf Person-, Gruppen- und Gesellschaftsebene einzutreten haben. Normative Instanz, vor deren Hintergrund ein Interessengleich aller gefunden werden soll, sind ihrer Ansicht nach die Menschenrechte: Sozialarbeit wird zur Menschenrechtsprofession (Kapitel 21.2.4).

Mit dem von Kleve (2003) entwickelten Konzept einer „postmodernen" Profession kann in einem dritten Unterkapitel gezeigt werden, dass die Suche nach einer theoretisch begründeten Identität der Sozialen Arbeit für beendet erklärt werden muss. Denn Kleve zeigt sehr deutlich, dass in offenen, postmodernen Gesellschaften theoretisch (bzw. am Schreibtisch, im Rahmen einer Verordnung etc.) begründete Professionskonzepte keine Bedeutung haben können (Kap. 21.3). Letztendlich muss sich jede Profession durch eine fundierte Ausbildung und den Status, den sie auf dieser Basis und aufgrund der Anerkennung durch andere Professionen erhält, selbst den Respekt und autonomen Freiraum verschaffen, der verhindert, dass das Berufsbild in Schieflage gerät und sich Unbefugte die Kompetenzen anmaßen, die die Profession sich selbst exklusiv zuspricht (Kap. 21.4).

21.1 Stadien der Verberuflichung der Sozialen Arbeit

Wie wir bereits in Kapitel 1.1 aufgezeigt haben, beginnt die erste Form der Sozialen Arbeit als weitgehend unstrukturierte nachbarschaftliche Unterstützung bzw. in Form der ehrenamtlichen Hilfe auf der Basis von Spenden und Almosen. Diese Vor-Phase gegenseitiger Hilfeleistungen führt dann am Beginn des 20. Jahrhunderts zu einer ersten Form der Verberuflichung der Sozialen Arbeit in Deutschland. Dabei stehen zwei Intentionen im Vordergrund:

1. Einer „ersten Generation" von Wohlfahrtspflegerinnen ging es vor allem darum, sinnvolle Tätigkeitsfelder für Frauen zu erschließen. Dabei sollten die von den Frauen der Oberschicht bislang ehrenamtlich erbrachten Tätigkeiten in den Bereichen vergütet, für Frauen aller Schichten geöffnet und damit auf Dauer verberuflicht werden, in denen eine nicht nur gelegentliche, sondern permanente Anwesenheit von Fachkräften und/oder ein entsprechend hohes Fachwissen notwendig waren. Dementsprechend arbeitete der Großteil der besoldeten Frauen zunächst „in der Armen- und Waisenpflege, ein kleiner Teil in der Tuberkulose- und Alkoholfürsorge, in Mütterberatungsstellen und städtischen Milchküchen, im Arbeitsnachweis, Schulpflege und Polizeipflege" (Paulini 2013, S. 122).

2. Eine „zweite Generation" von Wohlfahrtspflegerinnen war dann nach dem Ersten Weltkrieg der Überzeugung, dass auch soziale Tätigkeiten nur dann qualifiziert erbracht werden können, wenn zugleich für eine „gute Vorbildung, gute Entlohnung und gesundheitlichen Schutz, für die, die ihn ausführen" (Wachenheim 1916, zitiert in Paulini 2013, S. 122), gesorgt wird. So entstand schließlich im November 1916 der „Deutsche Verband der Sozialbeamtinnen (DSV)", der sich zum Ziel setzte, „die beruflichen Interessen der Mitglieder in wirtschaftlicher, rechtlicher, sozialer und geistiger Beziehung" (ebd.) zu vertreten und zu fördern. Diese berufspolitische Bewegung wurde jedoch vor allem dadurch geschwächt, dass sich die katholischen und evangelischen Sozialbeamtinnen nicht dazu entschließen konnten, diesem Verband beizutreten. Bereits früh entstand auf diese Weise eine gespaltene Berufsorganisation, die nur mühsam durch einen Dachverband zusammengehalten wurde.

Warum diese Entwicklung nicht im Laufe der Zeit zu einer zufriedenstellenden Position der „Sozialbeamtinnen" geführt hat, ist nach Paulini insbesondere auf drei Gründe zurückzuführen:

1. Die Sozialbeamtinnen sahen sich sehr schnell den Widersprüchen zwischen der „Pflicht gegenüber der Volksgemeinschaft als solcher, der Pflicht gegenüber dem eigenen Stand und der Pflicht gegenüber denen, denen geholfen werden sollte" (Muthesius 1928, zitiert in Paulini 2013, S. 123), ausgesetzt;
2. Die Versuche, den Status des Berufes durch hohe Anforderungen zu erhöhen, wie z. B. Heraufsetzung des Aufnahmealters, Verlängerung von Vorbildungszeiten, freiwillige Eignungstests, freiwillige Verpflichtung zur Ehelosigkeit etc., blieben erfolglos;
3. Durch die Wirtschaftskrise ab 1929 verschlechterten sich die Anstellungsbedingungen weiter: „Überlastung und Hoffnungslosigkeit für den eigenen Stand und für die Klientel, die Massennot, Arbeitslosigkeit, Kürzungen bei Ansprüchen und Leistungen ausgesetzt war, bestimmten zum Ende der Weimarer Republik das Klima in den sozialen Ämtern und Einrichtungen" (ebd., S. 125).

Nachdem die Schrecken der NS-Zeit vorüber waren (viele jüdische Fürsorger/innen mussten emigrieren oder wurden in Konzentrationslagern ermordet, die Fürsorgearbeit wurde zur Arbeit an der Erb- und Rassenpflege verpflichtet etc.), entstand, abgesehen davon, dass der Begriff Sozialarbeiter/in trotz lediglich zwanzigprozentigem Männeranteil zunehmend vermännlicht wurde, nichts wirklich Neues, sodass es zu keiner einschlägigen beruflichen oder standesrechtlichen Verbesserung kam. Die Trennung zwischen einem weitgehend weiblich dominierten Außendienst und einem männlich dominierten (entscheidungsbefugten) Innendienst wurde erst 1972 durch die Schaffung des Allgemeinen Sozialen Dienstes (ASD) überwunden und erst die gesellschaftlichen Veränderungen seit 1968 führten schließlich zu einem neuen Selbstverständnis der Sozialarbeit als „männlich-akademisch, gewerkschaftlich orientiert und kritisch kämpferisch engagiert" (Groddeck 1994, zitiert in: ebd., S. 129). Auch diese Entwicklung konnte jedoch kaum als Fortschritt bezeichnet werden: Zum einen spiegelte sie nach wie vor einen latent bis offen zur Schau getragenen Sexismus wider und stand damit im extremen Gegensatz zu den (selbstgesetzten) Werten der Sozialen Arbeit, zum anderen war es offensichtlich erneut nicht gelungen, die Sozialarbeiter/innen zu einen und in einem gemeinsamen Berufsverband mehrheitlich zusammenzuführen.[73]

Dass sich die Soziale Arbeit als Beruf trotzdem kontinuierlich weiterentwickelt hat, hängt damit zusammen, dass die potenziellen Bewerber/innen drei Aspekte besonders wertschätz(t)en:

(1) Die staatliche Anerkennung des Studienabschlusses

Obwohl der Bachelor-Abschluss bereits genügt, um eine Tätigkeit im Bereich der Sozialen Arbeit durchführen zu können, streben fast alle Studierenden darüber hinaus die staatliche Anerkennung als Sozialarbeiter/in bzw. Sozialpädagoge/Sozialpädagogin an. Diese Vorgehensweise verschafft ihnen offensichtlich ein Mehr an Statussicherheit, die deshalb wichtig ist, da sie häufig in Organisationen arbeiten müssen, die als Vereine, Behörden, als kirchliche oder freie Verbände etc. völlig unterschiedlich und teilweise arbeitsrechtlich völlig unstrukturiert tätig sind. Der Zugang zur Erreichung der staatlichen Anerkennung muss in den Bundesländern, in denen ein Anerkennungsjahr vorgesehen ist, jedem Bewerber und jeder Bewerberin nach dem Studium der Sozialen Arbeit ermöglicht werden.

„Der Nachweis ist in einer eigenständigen Prüfung nach mindestens einjähriger Praxis in der Sozialen Arbeit während und/oder nach dem Studium der Sozialen Arbeit unter Beteiligung der zuständigen Stelle zu erbringen. Diese Stelle muss per Gesetz oder Verordnung auf der jeweiligen Landesebene von den zuständigen Landesministerien definiert werden. Der Ausbildungsbereich zur Staatlichen Anerkennung soll dazu befähigen, Aufgaben der Sozialen Arbeit in der Praxis öffentlicher und freier Träger selbständig und eigenverantwortlich unter Berücksichtigung der methodischen, rechtlichen, organisatorischen und finanziellen Rahmenbedingungen wahrzunehmen. Während der berufspraktischen Tätigkeit soll sich die Bewerberin/der Bewerber in die praktische Soziale Arbeit und in die damit verbundenen Verwaltungstätigkeiten sachgerecht einarbeiten und ihre/seine Fachkenntnisse vertiefen, um die theoretisch erworbenen Fachkenntnisse in die Praxis umzusetzen. Nach erfolgreichem Abschluss des Kolloquiums wird die Staatliche Anerkennung durch das zuständige Landesministerium erteilt. Die staatliche Anerkennung ist abzuerkennen, wenn schwerwiegende strafrechtlich relevante Verstöße vorliegen und ein entsprechender Eintrag im polizeilichen Führungszeugnis vorliegt" (http://www.dbsh.de/beruf/aus-und-weiterbildung/studium-soziale-arbeit/staatl-anerkennung-referendariat.html).

---

73 Nach Paulini (2013, S. 138) hat der Deutsche Berufsverband für Soziale Arbeit (DBSH) heute ca. 6.200 Mitglieder, bei insgesamt ca. 830.000 Beschäftigten in den sozialpädagogischen Kernberufen.

(2) Die weitgehende Vereinheitlichung von Vergütungsgrundsätzen und Aufstiegsprinzipien

Aufgrund des Wettbewerbs der verschiedenen Träger der Sozialen Arbeit um Mitarbeiter/innen spielt die teilweise Vereinheitlichung der Vergütungsgrundsätze eine wichtige Rolle und gibt zusätzliche Sicherheit. Sie kommt dadurch zustande, dass sich die Arbeitgeber/innen in der Regel an den Vergütungsrichtlinien des Bundes oder der Kommunen orientieren. Dementsprechend erfolgt die Bezahlung nach den Maßgaben des Tarifvertrags des öffentlichen Dienstes (TVöD) im Sozial- und Erziehungsdienst (SuE). Die Höhe des Gehalts richtet sich dabei nach der individuellen Einordnung in die jeweilige Entgeltgruppe und Altersstufe. Dabei bestehen nach wie vor im Detail voneinander abweichende Vergütungs- und Verhaltensregelungen bei den verschiedenen Trägern, alles in allem aber können die Sozialarbeiter/innen davon ausgehen, dass die Vorgaben des öffentlichen Dienstes weitgehend eingehalten werden. Die jeweilige Eingruppierung ist somit abhängig von der Art der Ausbildung, von absolvierten Weiterbildungen oder vom Umfang der bereits gesammelten Berufserfahrung. Auch der Grad der im Rahmen der Aufgabenstellung übertragenen Verantwortung hat Einfluss auf das Einkommen. Was die Möglichkeiten des Aufstiegs anbelangt, gilt bei den meisten Anstellungsträgern das Ancienitätsprinzip, bei dem davon ausgegangen wird, dass der/die jeweils dienstältere Mitarbeiter/in im Rahmen von Beförderungen bevorzugt wird.

(3) Die Möglichkeit, mit mäßiger Anstrengung einen akademischen Abschluss erreichen zu können

Da der durchschnittliche Einstiegsverdienst im Bereich der Sozialen Arbeit meist nur bei 1.800 € bis 2.500 € brutto pro Monat liegt, stellt sich natürlich die Frage, warum trotzdem so viele junge Menschen ein Studium der Sozialen Arbeit beginnen. Vor dem Hintergrund verschiedener, allerdings zumeist nicht repräsentativer Studien- und Berufswahluntersuchungen ergibt sich zusammenfassend folgendes Bild:

- Soziale Arbeit entspricht der Motivation junger Menschen, anderen helfen und die Gesellschaft sozialer und humaner gestalten zu wollen.
- Soziale Arbeit scheint deshalb attraktiv zu sein, da es vielfältige Bereiche umfasst, die mit den eigenen Vorerfahrungen, Fähigkeiten, Interessen und Neigungen verbunden werden können.
- Ein Studium der Sozialen Arbeit erscheint als nicht zu schwierig und zeitintensiv (Maier 1999; Mühlmann 2010).
- Das Studium verspricht seit einiger Zeit aufgrund der anhaltend starken Konjunktur und wachsender sozialer Aufgaben (Flüchtlingsbetreuung, Schulsozialarbeit etc.) gute berufliche Zukunftschancen und vielfältige Möglichkeiten.

Dabei entspricht die Studienwahl in der Regel einer Gefühlslage, bei der Vor- und Nachteile nicht systematisch abgewogen werden, sondern eher intuitiv entschieden wird. Fragt man Studierende konkret in Seminaren nach ihren Berufswahlmotiven (und legt ihnen keine vorformulierten Kategorien vor, denen sie sich nur anzuschließen brauchen), dann erntet man oft viel Schweigen. Dies ist nicht tragisch, denn junge Menschen verfügen noch nicht über so viel Erfahrung und Wissen, dass sie zwischen dem in der Öffentlichkeit vorhandenen Bild von Sozialarbeitern und Sozialarbeiterinnen (siehe dazu Kap. 25) und den steigenden Anforderungen im Bereich der Sozialen Arbeit, etwa durch die Qualitäts- und Wirkungsdebatte, durch mögliche Konflikte mit Klienten/Klientinnen, Überlastung bei Schutzaufträgen, unzulängliche Arbeitsbedingungen etc., unterscheiden und eine bewusste Wahl vollziehen könnten. Die Problematik besteht eher darin, dass die Studierenden, die nicht wirklich psychisch und physisch belastbar sind, den zunehmenden Anforderungen im Laufe ihrer beruflichen Karriere und den mit dem Beruf Soziale Arbeit verbundenen psychischen Belastungen, weniger gut gewachsen sind und entsprechend problematisch reagieren (Poulsen 2009).

21.2 Versuche zur professionstheoretischen Bestimmung Sozialer Arbeit

Zahlreiche Theoretiker/innen haben in der gut gemeinten Absicht, damit etwas zur Professionsentwicklung beizutragen, immer wieder versucht, das Denken und Handeln der Sozialarbeiter/innen – aus der Sicht gängiger Erkenntnistheorien – zu beleuchten und verständlich zu machen. Ziel sollte es dabei sein, die Tätigkeit wissenschaftlich zu begründen und damit zur Statussicherheit der Sozialarbeiter/innen beizutragen. Bedauerlicherweise wurde allerdings oftmals das Gegenteil erreicht!

21.2.1 Sozialarbeiter/innen als stellvertretende Lebensweltthermeneuten

Ausgangspunkt der Argumentation von Ferchhoff (1993, ähnlich Dewe et al. 2001) sind die seiner Ansicht nach fehlgeschlagenen, weil zu sehr legitimations- und standespolitisch ausgerichteten Versuche zur Begründung der Professionalität der Sozialarbeit/Sozialpädagogik. Hier soll dagegen den „ambivalenten *Binnenstrukturen* und der *Logik sozialarbeiterischen und sozialpädagogischen Handelns* professionstheoretische Aufmerksamkeit" (Ferchhoff 1993, S. 707) geschenkt werden.

> *„Das Interesse bewegt sich hin zu der Frage- und Problemstellung, wie die Komponenten konkreter Professionalität in direkten Kernaktivitäten und Handlungssituationen der Sozialarbeit und Sozialpädagogik rekonstruktiv zu thematisieren sind – ‚ausgehend von einer Analyse der Strukturbedingungen sozialpädagogischen Handelns' in den verschiedenen Tätigkeitsfeldern"* (ebd.).

Dazu will Ferchhoff die zwei klassischen Professionalisierungskonzepte um einen dritten Ansatz erweitern, von dem er den Eindruck hat, „daß er faktisch zentrale Elemente der beiden anderen Konzeptionen in einer integrativen Perspektive vereinigen kann und in ihm zumindest kontrafaktisch lebenslagen- bzw. lebensweltbezogene Vorstellungen und Orientierungen des beruflichen Handelns von Sozialarbeitern und Sozialpädagogen heute am ehesten repräsentiert sind" (ebd., S. 709; Dewe et al. 2001, S. 55).

Die drei Professionskonzepte werden von ihm folgendermaßen charakterisiert:

Das altruistische Professionskonzept
Dieses Konzept geht davon aus, dass die Fähigkeit zur Professionsausübung auf einer „innerseelischen charismatischen Disposition oder Gabe" beruht, die im Rahmen von Ausbildung und Beruf „verfestigt" (ebd.) wird. Grundlegende Kompetenzen, wie z. B. Kommunikationsfähigkeit, „erzieherische Leidenschaft" etc. werden dabei vorausgesetzt. Die beruflichen Tätigkeiten (helfen, beraten, erziehen etc.) werden als nicht methodisierbar definiert und der Einsatz spezifischer Methoden wird abgelehnt. „Moralität und das sozialsittliche Engagement sind zudem Garantien genug für die richtige soziale und didaktische Technik" (Ferchhoff 1993, S. 710).

Das technokratische Professionskonzept
Sozialarbeiter/innen lassen sich, ähnlich wie andere Professionelle auf Fachhochschulebene, dem Typus „Ingenieur" zuordnen. Der „Sozialingenieur" ist demnach durch „Rationalität, Vernunft, Verwissenschaftlichung und Fortschritt" gekennzeichnet. Soziale Arbeit wird verwissenschaftlicht, sie hilft mit öffentlichem Auftrag und administrativer Kontrolle. Das berufliche Helferwissen wird jetzt technisiert.

> *„Die Kriterien, Standards und Wissensgrundlagen, auf denen jene methodologischen und erkenntnistheoretischen Verfahren und Techniken der modernen Sozialwissenschaften beruhen, verlangen eine bestimmte erfahrungswissenschaftlich-rationale Schematisierung der Orientierung, vornehmlich quasi-deterministische Kausalvorstellungen über zuverlässige reproduzierbare Geschehensabläufe, die auch ohne Einsicht und Verständnis ihrer Prinzipien Berechenbarkeit, Einschätzung von Erfolgswahrscheinlichkeiten und Vorhersehbarkeit garantieren (,Rezeptwissen')"* (ebd., S. 711).

Diese Praktiker/innen verstehen sich nach Ferchhoff als wissenschaftlich ausgebildet und beanspruchen einen entsprechenden Status und ausreichend Reputation, zumal sie davon ausgehen, dass sich die Fülle an vorhandenem „Erklärungswissen" im Rahmen und unter Verwendung von beruflichen Fähigkeiten und Fertigkeiten direkt in ein „Handeln-Können" umsetzen lässt.

Das hermeneutische Professionskonzept
Beide zuvor erläuterten Konzepte genügen nach Ferchhoff den Anforderungen, die an eine „diskursive" Professionalität (ebd., S. 713) gestellt werden, nicht.

Denn eine solche Art der Professionalität müsste „die diskursiven und auf die Autonomie der individuellen Lebenspraxis zielenden Elemente des traditionellen Typs der Professionalisierung rekonstruieren und – verankert im symbolischen Netz der Professionsangehörigen – in die Figur des handlungskompetenten, ‚stellvertretenden Deuters' von Handlungssinn und Problemkonstellation transformieren" (ebd.) können. Dies kann nur gelingen, wenn Wissen, das in distanzierter Perspektive gewonnen worden ist, in die alltagsweltliche berufliche Praxis (rück)überführt wird.

„Der ‚Maßstab' für die jeweilige Angemessenheit professionalisierten Handelns im Rahmen einer sozialpädagogischen Intervention jenseits von Bevormundung, Unterordnung und Zwang ist mehr als ein geworfener ‚Notanker' für eine sozialarbeiterische und sozialpädagogische Professionalität und liegt in dem Können, die Adressaten, die sich-selbst-nicht (mehr) helfen können, bei der Bearbeitung ihrer sie bedrängenden lebenspraktischen Schwierigkeiten und Probleme so zu unterstützen, daß neue Problemdeutungshorizonte eröffnet und alternative Entscheidungswege zwecks Behandlung und Lösung angeboten und auch im Einverständnis mit ihnen gefunden werden" (ebd., S. 715).

Konzept der altruistischen Professionalisierung	Konzept der wissenschaftsrationalistischen Professionalisierung	Konzept der lebenslagenbezogenen Professionalisierung
Vorrang von Integrität Zentralwertbezogenheit	Vorrang von Wissensbeherrschung Leistung im universellen Rahmen	Vorrang von Lebensweltbezug Respekt vor der Autonomie der Lebenspraxis
kurative Einzelfallorientierung	funktionale Problem- bzw. Symptomorientierung	strukturierte Orientierung an Sozialbiographien und Lebenslagen
ganzheitliche Ausrichtung des Handelns	spezialisierte/segmenthafte Ausrichtung des Handelns	spezifische und diffuse Handlungsorientierung
klinisch-individuenbezogene Professionalität	sachbezogene Professionalität/Expertentum	handlungsstrukturbezogene Professionalität
Weisheit und berufliche Kunstlehren	wissenschaftliche (Steuerungs-)„Technologien"	wissenschaftliche Theorien und praktisch-politische „Kunstlehren"
Existenz eines professionellen Habitus	kein professioneller Habitus ausgebildet	Existenz eines professionellen Habitus
werttranszendentale Ethik	kognitiv-instrumentelle Ethik	reflexive „Ethik" (Selbstreferenz)
autonome professionelle Tätigkeit	professionelle Tätigkeit in Institutionen	professionelle Tätigkeit in Projekten

Versuche zur professionstheoretischen Bestimmung Sozialer Arbeit 455

Konzept der altruistischen Professionalisierung	Konzept der wissenschaftsrationalistischen Professionalisierung	Konzept der lebenslagenbezogenen Professionalisierung
Sinnstiftung/Aufklärung	Verhaltenskontrolle/Sozialtechnokratie	Sinnauslegung/-rekonstruktion
stellvertretende Problemdeutung und zugleich Problemlösung	stellvertretende Problemlösung/Entmündigung des Klienten	stellvertretende Problemdeutung/Mobilisierung von Selbsthilfepotenzialen
physische und psychische Heilsbringung	erzeugt (vordergründig) Sicherheiten/Absicherung gegen Risiken	erzeugt (möglicherweise vorübergehende) Verhaltensunsicherheiten/ Bewusstmachen von alternativen Handlungsmöglichkeiten
„Berufung"/Laufbahn	Karriere	Engagement
Selbstkontrolle	staatlich überformte Kontrolle	relative Autonomie von staatlicher Kontrolle
der „professionelle Altruist"	die „funktionale" Autorität	der „professionelle Hermeneut"

Abb. 53: Unterschiedliche Professionalisierungskonzepte[74]

Insbesondere aufgrund der Gefahr möglicher kolonialisierender Nebeneffekte gilt es allerdings zu verhindern, dass „die Autonomie der Erziehungs- und Hilfebedürftigen nicht durch Bevormundung und Unterordnung verletzt wird" (ebd., S. 717). Das hier konstruierte lebenslagen- und lebensweltorientierte Professionalisierungsmodell der stellvertretenden Deutung soll nach Ferchhoff nicht unmittelbar zu neuen professionellen Ratschlägen für Berufspraktiker führen,

> „(...) wohl aber zu reflexiven und relationalen Einsichten in die Mehrperspektivität der komplexen Handlungssituationen, der erwähnten widersprüchlichen Sphären und Paradoxien und auch in die Grenzen der sozialarbeiterischen und sozialpädagogischen Semantik, in die Grenzen des Voluntarismus sozialpädagogischer Konstruktionen und somit auch in die Möglichkeiten und Grenzen der eigenen beruflichen Tätigkeit" (ebd., S. 717).

Abbildung 53 zeigt noch einmal überblicksartig die verschiedenen idealtypischen Orientierungen einer altruistischen und wissenschaftsrationalistischen Professionalisierung und die von Ferchhoff und Dewe et al. vorgeschlagene Lösung. Individualität und Erfahrung bilden hierbei die Basis für Fachlichkeit und richtiges Handeln. Damit bleibt diese Professionstheorie in der Tradition der

---

74 Dewe et al. 2001, S. 57.

hermeneutischen Sozialpädagogik, und hier (im Gegensatz zu Haupert/Kraimer 1991, siehe dazu Kapitel 5.2) methodologisch gesehen auf einer wenig ausdifferenzierten Stufe. Dies kann offensichtlich nicht verhindert werden da sich nach Dewe

> „(...) *Professionswissen nur begrenzt in der Gestalt wissenschaftlicher Sätze präsentieren (lässt). Es kann auch nicht durch Beobachtung von außen, sondern nur durch Selbst-Reflexion zur Sprache gebracht werden, indem der Professionelle selbst sein ‚knowing how' in ein ‚knowing that' zu überführen sucht. Sofern Professionalität in der Relationierung zweier differenter Wissens- und Handlungssphären aufgeht, wozu wiederum Distanz vonnöten ist, bezeichnet (Selbst-)Reflexivität im Sinne der Steigerung des ‚knowing that' zum jederzeit verfügbaren Wissen darüber, was man tut, eine wichtige Komponente"* (Dewe 2000, S. 300).

Insgesamt schwankt der Ansatz zwischen theoretischer Überheblichkeit und praktischer Hilflosigkeit hin und her: Denn auf der einen Seite wird behauptet, Sozialarbeiter/innen verfügten über einen erheblich „weiteren Wissens- und Deutungshorizont" als die jeweilige Klientel selbst, um auf der anderen Seite dann zuzugeben, dass die vorgestellte Position „nicht unmittelbar zu neuen ‚professionellen Ratschlägen' für Berufspraktiker" führt, „wohl aber zu ‚heilsamen' Einsichten in die Grenzen der sozialarbeiterischen und sozialpädagogischen Semantik, in die Grenzen des Voluntarismus sozialpädagogischer Konstruktionen und somit auch in die sozialstaatlich aufgegebenen Grenzen der eigenen beruflichen Tätigkeit" (Dewe et al. 2001, S. 69).

Offensichtlich fällt es leicht, die beiden zuerst genannten Professionskonzepte zu kritisieren, ungleich schwerer dagegen erschient es, ein an hermeneutischen Grundpositionen orientiertes Professionsbild wirklich wissenschaftsbasiert zu zeichnen und zu legitimieren.

21.2.2 Soziale Arbeit als dienstleistungsorientiertes Professionshandeln

Der von Dewe/Otto (2012) wieder vorgetragene Versuch zur Bestimmung professionellen Handelns in der Sozialpädagogik/Sozialarbeit „geht von Fragen einer neuen Fachlichkeit über die systematische Reinterpretation der Professionalisierungstheorie im Kontext wissenstheoretischer Überlegungen aus und reicht bis hin zur neueren Dienstleistungsdiskussion" (Dewe/Otto 2012, S. 179). Ähnlich wie bei Ferchhoff (siehe Kapitel 21.2.1) wird professionelles Handeln als „stellvertretendes Handeln" interpretiert, allerdings ohne dass damit eine Übertragung der Verantwortung für die Interpretation der jeweiligen Problemsituation und mögliche Lösungen auf die Sozialarbeiter/innen verbunden wäre. Die besondere Eigenart des professionellen Handelns besteht demnach darin, lebensweltliche Schwierigkeiten diskursiv so auszulegen und zu deuten, dass sich daraus Perspektiven eröffnen und Entscheidungen begründen lassen.

> *„Reflexive Sozialpädagogik richtet ihren Blick auf die Relationierung unterschiedlicher Wissens- und Handlungsformen im Bereich professionalisierter*

Praxis angesichts situativer Handlungspragmatiken und auf Inhalt und Struktur professionellen Handelns" (ebd.).

Themenstellungen dieser professionellen, auf der Unterscheidung von Wissenschafts- und Handlungswissen beruhenden Betrachtungsweise sind zum einen „die Betrachtung und Analyse der Interaktion zwischen Professionellen und AdressatInnen Sozialer Arbeit bezüglich ihrer immanenten und differenten Deutungsmuster", zum anderen „die Betrachtung und Analyse der Verarbeitung der Interventionen und Deutungsangebote durch die AdressatInnen selbst, so wie Überlegungen zu auftretenden Veränderungen der Handlungsorientierungen von Professionellen und AdressatInnen" (ebd., S. 180).

Jedoch lässt sich diese Perspektive in dienstleistungsorientierten Gesellschaften nicht ohne Weiteres durchsetzen. Dazu sind nach Dewe/Otto seitens des Gesetzgebers sowie der Verwaltung die Vorgaben zu starr, die Verfahren zu sehr standardisiert und die Erwartungen der Klientel zu unterschiedlich. Folglich muss es die Aufgabe der Sozialarbeiter/innen im Rahmen dieses Ansatzes sein, neue Arbeitsformen und Handlungsmuster zu entwickeln, die es erlauben, die jeweiligen organisationalen Rationalitäten immer wieder zu unterlaufen und die lebensweltlichen Erfahrungen der Nutzer mit den professionellen und rechtlichen Vorgaben zu vermitteln. Demnach muss eine „‚wohlfahrtsökologische' Soziale Arbeit" die vorhandenen verwaltungsorientierten Denkmuster hinterfragen und eine „innovative disziplinäre Identität" (ebd., S. 181) entwickeln, die es erlaubt, „sowohl Zweit- und Drittfolgen als auch unbeabsichtigte Nebenfolgen des Einsatzes professioneller Dienstleistungsangebote unter Bedingungen zunehmender Unsicherheit in der Lebensführung und des unvermeidlichen Umgangs mit gesellschaftlichen Risiken reflexiv zu antizipieren" (ebd.).

Nachdem laut Dewe/Otto bislang keine Theorie der Sozialarbeit/Sozialpädagogik entwickelt werden konnte, die in der Lage gewesen wäre, über den Status differenzierter Wissensformen systematisch nachzudenken, bleibt einer reflexiven Sozialpädagogik nur die Möglichkeit, „die Binnenstrukturen bzw. die Strukturlogiken sozialpädagogischen Handelns" (ebd., S. 186) im Sinne einer Professionstheorie zu rekonstruieren. Die Sozialpädagogik kann, da sie sich an wissenschaftsexternen Maßstäben orientiert, lediglich als professionalisierte Reflexionswissenschaft verstanden werden. Im Rahmen einer solchen Professionstheorie stellt sich insbesondere die Frage nach der „Qualität der Zuständigkeit" (ebd., S. 187). Sozialpädagogisches Handeln entspricht demnach einer quer zu den tradierten Professionen zu typisierenden Tätigkeit, die sich nur sehr stark formalisiert umreißen lässt:

„Professionalität materialisiert sich gewissermaßen in einer spezifischen Qualität sozialpädagogischer Handlungspraxis, die eine Erhöhung von Handlungsoptionen, Chancenvervielfältigung und die Steigerung von Partizipations- und Zugangsmöglichkeiten auf Seiten der KlientInnen zur Folge hat" (ebd.).

Im Rahmen dieser sozialpädagogischen Handlungskompetenz werden Aktivitäten, wie z. B. Planung, Verwaltung, Controlling etc., erforderlich, stehen aber nicht im Zentrum der Aufmerksamkeit. Gegenwärtig zeigt sich allerdings nach Dewe/Otto, dass für ein professionelles Handeln in diesem Sinne

„(...) nicht wissenschaftsbasierte Kompetenz als solche konstitutiv ist, sondern vielmehr die jeweils situativ aufzubringende reflexive Fähigkeit, einen lebenspraktischen Problemfall kommunikativ auszulegen, indem soziale Verursachungen rekonstruiert werden, um den KlientInnen aufgeklärte Begründungen für selbst zu verantwortende lebenspraktische Entscheidungen anzubieten und subjektive Handlungsmöglichkeiten zu steigern" (ebd., S. 188).

Demnach muss jeder „Fall" kontextuell interpretiert werden. Was die Professionellen von Laien unterscheidet, macht die Tatsache aus, dass das professionelle Handeln stets auch Kompetenzanteile enthält, das über routinisierte Wissenskomponenten hinausgeht und „demokratische Rationalität" (ebd., S. 190) enthält. „KlientInnenorientierung, politische Partizipation und die systematische professionelle Reflexion machen die ‚relative Autonomie'" (ebd.) der Sozialpädagogen/Sozialpädagoginnen aus. Ziel ist demnach ein „partizipatorisch-demokratisch korrigiertes Professionsverständnis" (ebd., S. 191), in dem sich der Professionelle als „‚relational' Handelnder" versteht, als jemand, „der konsultiert wird, ohne unmittelbare Verwendungs- und Nützlichkeitsgarantieren angeben zu können" (ebd.).

Professionelle werden so zu Garanten der „erreichten Vernunft" der reflexiven Moderne, ihr spezifisches Professionswissen unterscheidet sie sowohl von Wissenschaftlern/Wissenschaftlerinnen als auch von Laien. Dienstleistungsorientiertes, reflexives Professionshandeln entsteht dann, wenn

„(...) mittels Fallrekonstruktion und wissenschaftlicher Reflexion der Alltag bzw. ein Problemzusammenhang gewissermaßen dekomponiert (wird), wobei im Prozess der Relationierung von Wissens- und Urteilsformen das ‚Neue' in Gestalt einer handhabbaren und lebbaren Problembearbeitung/-lösung gemeinsam mit dem Nutzer der Dienstleistung hervorgebracht wird" (ebd., S. 194 f.).

Auch Dewe/Otto bleiben dem sozialpädagogischen Paradigma verhaftet, innerhalb dessen die fundamentale Unterscheidung zwischen Sozialpädagoge/Sozialpädagogin und Klient/in letztendlich konstitutiv bleibt. Das Problem dieser Position ist dann aber, und darauf hat Müller bereits 1993 hingewiesen, dass sie Soziale Arbeit zu einer Berufspraxis macht, „in der *sozialwissenschaftlich gedacht und laienhaft gehandelt wird*":

„Weshalb sollten sich Sozialpädagogen und Sozialpädagoginnen noch um konsistente Rekonstruktionen ihres Feldes bemühen, wenn es doch keine fachlichen Handlungsregeln gibt und alles Entscheiden dem individuellen Urteil überlassen bleibt? Weshalb sollten sie sich dann noch um bessere Entscheidungen bemühen, wenn ihre Fachlichkeit nur aus ‚entscheidungsfreier Strukturdeutung' besteht? In dieser Lage kann man verhungern" (Müller 1993, S. 53 f.).

21.2.3 Sozialarbeiter/innen als „Agents of Change"

Insbesondere Paulo Freire (1985) hat in einigen wenigen Aufsätzen das Bild von den Sozialarbeitern und Sozialarbeiterinnen als „Agents of Change" geprägt. Dabei geht er – vor dem Hintergrund eines gesellschaftskritischen Ansatzes und der Forderung nach einer dialogischen Methode in der Erwachsenenbildung (siehe insb. Freire 1971; Freire/Shor 1987; Giroux 1983) – davon aus, dass die Aufgabe der Sozialen Arbeit darin besteht, vor allem solche Bewusstseinsveränderungen bei der Klientel auszulösen, die auch Veränderungen seitens der Gesellschaft zur Folge haben können. Ausgangspunkt dabei ist die kritische Sicht auf die gesellschaftliche Wirklichkeit, die sich nicht mit klischeehaften Zuschreibungen von Menschen mit sozialen Problemen – als Arme, psychisch Kranke, Asoziale etc. – zufrieden gibt, sondern diese im Licht der Totalität spiegelt und dadurch erst deren wahren Aussagegehalt entdeckt. Der/die Sozialarbeiter/in agiert nach Freire nicht alleine und isoliert, sondern im Rahmen einer gesellschaftlichen Struktur die sich im Wandel befindet, obwohl gesellschaftliche Interessen bestehen, die gerade diesen Wandel zu verhindern suchen. Genau dieser Tatsache gegenüber kann er/sie nicht neutral sein:

Therefore, one cannot be a social worker and be like the educator who's coldly neutral technician. To keep our options secret, to conceal them in the cobwebs of technique or to disguise them by claiming neutrality does not constitute neutrality: quite the contrary, it helps maintain the status quo" (Freire 1985, S. 39).

Konservative Sozialarbeiter/innen werden dementsprechend bemüht sein, wohlfahrtsstaatliche Lösungen zu bevorzugen. Ihnen geht es lediglich um eine Normalisierungsarbeit im Sinne der bestehenden Ordnung, die letztendlich jedoch nur den Interessen der Mächtigen dient. Auf diese Weise wird wirkliche Veränderung zugunsten einer oberflächlichen, letztendlich aber inhumanen Gesamtsituation verhindert. Diese konservativen Sozialarbeiter/innen verhindern Veränderungen, weil sie mit den Folgen eines möglichen Wandels nicht zufrieden sind, sie misstrauen dem Neuen und befürchten insbesondere, ihren gesellschaftlichen Status zu verlieren. Ihre Art der Kommunikation stellt keinen Platz für Kreativität, Kooperation und kritische Reflexion zur Verfügung (ebd., S. 39). Erst wenn die Sozialarbeiter/innen die Widersprüche in der gesellschaftlichen Struktur erkennen und verstehen, können sie damit beginnen, ihre Wahrnehmung zu verändern. Damit wird Gesellschaft noch nicht verändert, jedoch können die Menschen jetzt erkennen, dass die soziale Wirklichkeit verändert werden kann und es sich dabei nicht um ein Schicksal, sondern um eine Wahl handelt: die Wahl zur Veränderung (ebd., S. 39 f.).

Freire lehnt dabei nicht nur den Realismus (der sich mit den Tatsachen abfinden will), sondern auch den Idealismus ab, der dazu führt, dass man sich nach einem angeblich früher dagewesenen Ideal sehnt. Ziel seiner dialogischen Methode ist es, die Realität mit den in ihr verborgenen, weil noch unentdeckten Möglichkeiten zu konfrontieren:

> *"First, by claiming that neutrality of action cannot exist and by refusing to administer to individuals or groups or communities through purely anaesthetic forms of action, the social worker who opts for change strives to unveil reality. She or he works with, never on, people whom she or he considers subjects, not objects or incidences, of action"* (ebd., S. 40).

Sozialarbeiter/innen erfüllen nach Freire insofern eine „Vorhutfunktion": sie stehen nicht über den anderen und führen diese an, sie sind jedoch auch nicht völlig passiv. Sie tun das, was in einer bestimmten historischen und konkreten Situation getan werden kann und muss. Methodisch orientiert sich die Soziale Arbeit nach Freire an den „generativen Themen" (Freire 1971) der jeweiligen Klientel. Diese werden zunächst analysiert und dann der jeweiligen Klientel präsentiert. Gemeinsam im Dialog werden dann die Themen entschlüsselt und die dahinter liegenden strukturellen Probleme (z. B. Alkoholismus als Folge inhumaner Arbeits- und Lebensbedingungen) aufgedeckt. Indem die Klientel sich der „wahren" Ursachen ihrer Probleme bewusst wird, kann der Dialog zu gemeinsamen, die Realität verändernden Aktionen führen.

Dass der Ansatz von Freire durchaus noch zeitgemäß ist, zeigt die Tatsache, dass dieser erst jüngst von Ronald Lutz (2005) unter der Forderung nach einem Mehr an „Parteilichkeit" der Sozialarbeiter/innen gegenüber ihrer Klientel aufgegriffen worden ist. Lutz geht davon aus, dass das dynamische Menschenbild von Freire, das den Menschen als „entwicklungsoffen, kulturschöpferisch und dialogfähig" bezeichnet und ihm Fähigkeiten wie „Demut, Toleranz, Glaube und Liebe" zuschreibt, zum Ausgangspunkt einer neuen, die „Anerkennung des Anderen" (Lutz 2005, S. 135) betonenden Sozialarbeit werden muss. Darin gilt es, die „Kultur des Schweigens" (Paulo Freire) zu überwinden, Menschen an Entscheidungen zu beteiligen und ihnen wieder „Räume zu eröffnen, in denen sie sich als Gestalter ihrer eigenen Welt erleben können, um somit Vertrauen in die eigenen Fähigkeiten zu gewinnen" (Lutz 2005, S. 143).

Insbesondere im Bereich von Projekten mit dem Ziel, eine „Soziale Stadt" zu entwickeln, ergeben sich nach Lutz vielfältige Chancen zur Umsetzung des Freire'schen Ansatzes. Denn gerade solche Ansätze machen

> *„(...) bezogen auf eine befreiende Praxis Sozialer Arbeit, die Entwicklung von Autonomie erforderlich. Dies bedarf eines grundlegenden Vertrauens in die Fähigkeiten des Menschen und deren prinzipielle Anerkennung als kulturschöpferische, dialogfähige und entwicklungsoffene Wesen. Makler sozialer Dienste können das nicht leisten, da es ein menschliches Handeln erforderlich macht, das nur in der Begegnung von Menschen möglich wird, die sich gegenseitig achten und ihr Menschsein in eine gegenseitige Beziehung einbringen"* (ebd., S. 144).

Auf diese Weise werden die Sozialarbeiter/innen dazu aufgefordert, Anstöße zur Veränderung der Alltagspraxis zu geben. Ob sich auf dieser eher entmethodisierten Basis eine sinnvolle berufliche Identität ausbilden kann, muss freilich fraglich bleiben. Aber eine solche ist von Freire gar nicht angedacht, sondern soll im Dialog stets neu erworben werden.

21.2.4 Soziale Arbeit als moralische Profession

Sozialarbeiter/innen haben sich nicht nur früher als Vertreter/innen einer moralischen Profession verstanden, sondern tun dies auch heute noch (Pantucek/Vyslouzil 1999). Sie erheben dabei den Anspruch, mehr oder weniger allgemeingültige Aussagen nicht nur über die moralisch „richtige" Art und Weise der Hilfeerbringung zu formulieren, sondern auch moralische Urteile über die Gesellschaft, die Organisationen der Sozialen Arbeit etc. zu fällen. Eine wichtige Position kommt dabei im deutschsprachigen Raum vor allem der Position von Staub-Bernasconi (2002) zu, die davon ausgeht, dass die Soziale Arbeit in der Lage sei, „sich auf wissenschaftlicher und berufsethischer Basis ein eigenes Bild der Problemsituation zu machen und – davon ausgehend – einen selbstbestimmten Auftrag zu formulieren", im Rahmen dessen „der Dienst gegenüber den Menschen höher (steht) als die Loyalität zur Organisation" (Staub-Bernasconi 2002, S. 253).

Ganz im Einklang mit der allgemeinen Erklärung der Vereinten Nationen zu den Aufgaben der Sozialarbeit sowie der Präambel der IASSW (International Association of Schools of Social Work) fordert sie die Profession dazu auf, sich am Kampf für die weltweite Umsetzung der Menschenrechte zu beteiligen. Gleichzeitig soll die Soziale Arbeit ihrer Ansicht nach auch der Sorge für das Wohlergehen der Menschen Rechnung tragen und ihr „mittels sanfter Normkontrollen" Ausdruck verleihen. Insgesamt hat sie zur Umsetzung eines an den Menschenrechten orientierten Gesellschaftsbildes beigetragen, indem sie Machtverhältnisse analysiert, offenlegt und Veränderung anstrebt.

„Eine systemische Ethik geht von der Prämisse aus, dass sich individuelle und soziale Werte nicht nur gegenseitig beeinflussen, sondern auch bedingen: Freiheitswerte und -rechte ermöglichen u. a. repressions- und damit angstfreie Gesellschafts-, genauer Struktur- und Ungerechtigkeitskritik sowie Versammlungs- und Demonstrationsfreiheit im Hinblick auf sozialen Wandel. Soziale Ordnungs-, Solidar-, Gerechtigkeitswerte und Sozialrechte ermöglichen die Befreiung von Elend, Armut, Unwissenheit, sozialer Benachteiligung zu aktiver, frei gewählter Partizipation und sozialer Gestaltung. Die dazugehörige Ethik bezieht sich auf Normen, die eine sachgerechte Kombination von Selbst- und Fremdbestimmung, Individual- und Sozialrechten sowie Pflichten ermöglichen. In Termini der UNO-Menschenrechtsdeklaration von 1948 müssen sowohl die Freiheits- und Bürgerrechte als auch die Sozialrechte verbindlich einlösbar sein. Da Individuen nur in sozialen Organisationsformen überleben und Lebensqualität entwickeln können, müssen diese sozial konstruiert sein, dass in ihnen die menschlichen Bedürfnisse und legitimen Wünsche befriedigt werden können. Die Menschen sind also nicht dazu da, supponierte ‚Bedürfnisse' von Organisationen oder ‚der Gesellschaft' zu erfüllen" (Staub-Bernasconi 2002, S. 252).

Auch wenn die Theorie von Staub-Bernasconi in Deutschland teilweise großen Anklang gefunden und der Begriff der „Menschenrechtsprofession" Karriere gemacht hat (siehe dazu ausführlich Kap. 11.2.1), so erweist es sich bei näherem Hinsehen doch als schwierig, die Zielsetzungen der Sozialen Arbeit normativsubstanziell zu begründen und zu formulieren. Denn hier gilt es mindestens drei Ebenen voneinander zu unterscheiden:

(1) Die Soziale Arbeit als Garantin der Umsetzung der Menschenrechte
Die Soziale Arbeit als eine Profession zu begründen, die sich der Umsetzung der Menschenrechte verpflichtet sieht, setzt nicht nur voraus, dass es einen Konsens darüber gibt, welche Menschenrechte als verbindlich gelten sollen (es gibt Menschenrechte der ersten, der zweiten und der dritten Generation), sondern auch darüber, wie diese Menschenrechte konkret umzusetzen sind. Menschenrechte verpflichten insbesondere Staaten (und damit die Politiker/innen) und sie können von einzelnen Staaten in Notlagen auch teilweise außer Kraft gesetzt werden. Wenn sich die Soziale Arbeit also als Menschenrechtsprofession definiert, dann stellt sich die Frage, woher sie das Wissen hat und das Mandat dafür ableitet, solche fundamentalen Entscheidungen für die gesamte Weltgesellschaft zu treffen und ob es sich hier nicht lediglich um eine „Menschenrechtsarbeit im Rahmen von wohlfahrtsstaatlicher Politik" (Treichler 2004, S. 94) handelt. Denn Moral entwickelt sich weitgehend autonom und nicht ohne Konflikte, und nicht einmal totalitäre Gesellschaften bzw. Glaubensrichtungen sind in der Lage, Gesellschaft(en) als Ganze moralisch zu normieren und zu steuern. Alle Versuche, mittels normativer Theorien die gelungene Umsetzung der Menschenrechte substanziell zu beschreiben, z. B. in Form von Mindest- und Höchstlöhnen, erlaubtem und nicht erlaubtem Konsum etc., müssen deshalb in Zweifel gezogen werden.

(2) Die Soziale Arbeit als Kritikerin der Nicht-Einhaltung der Menschenrechte
Versteht sich die Profession der Sozialen Arbeit als Kritikerin der Nicht-Einhaltung der Menschenrechte, so wird die Sache etwas plausibler. Zumindest gravierende Menschenrechtsverletzungen (der Menschenrechte der ersten Generation) lassen sich klar erkennen und benennen. Und das sollten auch die professionellen Sozialarbeiter/innen da tun, wo dies nötig ist. Dabei stellt sich allerdings nicht nur die Frage, ob nicht auch andere Professionen, wie z. B. Anwälte/Anwältinnen, Ärzte/Ärztinnen, Juristen/Juristinnen etc., sich dazu verpflichtet fühlen sollten, Menschenrechtsverletzungen anzuprangern, sondern auch, ob nicht spezialisierte Organisationen und darin arbeitende Experten/Expertinnen, wie z. B. Amnesty International, Pro Asyl etc., in einer hoch differenzierten Gesellschaft nicht besser geeignet und effektiver darin sind, solche Kritiken auf der Basis empirischer Daten und hohem Detailwissen öffentlich zu formulieren. Dallmann (2007, S. 67) warnt hier die Soziale Arbeit vor einem zunehmend inflationären Gebrauch von moralischen Urteilen, der dazu führen kann, dass moralische Bewertungen abgewertet werden (So schlimm ist es nun auch wieder nicht!) oder zu Pauschalierungen und damit verbundenen Desillusionierungen führen (Alle Politiker/innen sind doch korrupt!).

(3) Berufsethik als professionelle Moralpolitik
Als Lösung der schwierigen Problematik, die Soziale Arbeit angemessen ethisch zu verorten, schlägt Dallmann die Entwicklung einer „angemessenen Moralpolitik" (ebd., S. 65) vor:

„Eine systemtheoretisch angeregte Ethik nimmt Abschied von präskriptiven Ethikmodellen und orientiert sich stattdessen an der faktischen moralischen Kommunikation und ihren Auswirkungen. In dieser Perspektive liegt es nahe, Ethik als hermeneutisches Unterfangen zu begreifen, welches vom gelebten Ethos ausgeht und sich gegebenenfalls als kritische Rekonstruktion dieses Ethos begreift" (ebd., S. 68).

Von den Sozialarbeitern/Sozialarbeiterinnen wird demzufolge vor allem erwartet, dass sie ihr Handeln vor dem Hintergrund des sozialarbeiterischen Ethos rechtfertigen können. Dieses Ethos ist allerdings in Deutschland noch unzureichend formuliert, zudem bekennen sich noch viel zu wenige Sozialarbeiter/innen zum Berufstand als solchem. Andere Länder sind hier schon erheblich weiter (Erath 2006, S. 229 ff.).

21.3 Soziale Arbeit als „postmoderne" Profession

Im Rahmen einer konstruktivistischen Argumentation erteil Kleve (2003, S. 118 ff.) einer theoretisch-wissenschaftlich begründeten Professionsbestimmung eine klare Absage. Bei der Sozialarbeit handelt es sich seiner Ansicht nach nicht mehr um eine moderne, sondern um eine „postmoderne" und damit „unzeitgemäße" Profession. Er geht davon aus, dass es in postmodernen Gesellschaften, die durch Ambivalenz und Uneindeutigkeit gekennzeichnet sind, keinen Sinn mehr ergibt, nach der Identität der Sozialarbeit zu fragen. Im Gegenteil, „die Postmoderne erlaubt es, aus der *modernen Not* der sozialarbeiterischen Identitätsproblematik eine *postmoderne Tugend* der sozialarbeiterischen Identität der Identitätslosigkeit zu machen" (ebd., S. 120, Hervor. d. Verf.).

„Eigenschaftslosigkeit ist die hervorragende und maßgebliche Eigenschaft der praktischen Sozialarbeit. Ihre unreine Identität, ihre ‚Schmuddeligkeit' ist nicht ihr Makel, sondern ihr Markenzeichen, nicht ihr Defizit, sondern ihre Kompetenz, mehr noch: Eigenschaftslos zu sein ist ihr Erfolgsrezept, Schmuddeligkeit ihr Prinzip" (ebd., S. 120).

Grund für diese Eigenschaftslosigkeit ist nach Kleve ein doppelter Generalismus. So ist die Sozialarbeit „universell generalistisch", weil sie viele Zielgruppen teilweise über ganze Lebensphasen hinweg begleitet, „spezialisiert generalistisch" ist sie, weil sie sich mit Hilfe ihrer Organisationen auf unterschiedliche Arbeitsgebiete und Zielgruppenorientierungen begrenzt, im konkreten methodischen Arbeiten dann aber einen „ganzheitlichen Ansatz" favorisiert.

„Aufgrund ihrer spezialisiert-generalistischen Orientierung steht die Sozialarbeit fast zwangsläufig zwischen vielen Stühlen, handelt sie sich vielfältige Ambivalenzen ein, ist sie mit den widersprüchlichen System- und Lebenswelten der Menschen konfrontiert. Genau daraus resultiert ihre fragmentierte Identität, pointiert ausgedrückt: ihre Identität der Identitätslosigkeit. Daraus

erwachsen auch ihre sozialen Funktionen, die man als vermittelnde, transversale Funktionen bezeichnen kann" (ebd., S. 122).

Sozialarbeiter/innen sollten demnach keine eigene Fachsprache mehr bemühen, sondern sich zum Ziel setzen, zwischen den verschiedenen Fachsprachen zu vermitteln. Sie sind demzufolge „Kommunikationsvirtuosen" (ebd., S. 122 im Anschluss an Münch), sie überspringen Professions- und Disziplingrenzen, sie generieren „ein Spezialwissen zweiter Ordnung" (ebd., S. 123) und erweisen sich so als „Trendsetter" künftiger Professionsentwicklungen, „weil Probleme, die andere Professionen gerade zu sehen beginnen, der Sozialarbeit schon lange vertraut sind" (Knoll, in ebd., S. 123).

So deutet Kleve die Schwäche der Sozialarbeit, sich nicht klar definieren zu können, in Stärke um. Sozialarbeit erweist sich insofern als postmoderne Profession in einer zumindest noch partiell modernen Gesellschaft. Eine sich in Entwicklung befindende Sozialarbeitswissenschaft hat nach Kleve dazu beizutragen, „dass die Sozialarbeit ihre Identität weiterhin offen hält, dass sie endlich erkennt, worin die Stärke, die Kompetenz, der Erfolg, die Zukunft der Sozialarbeit liegt: eben in ihrer Offenheit, Fragilität, Collagenhaftigkeit, Ambivalenz" (ebd., S. 124).

Kleve geht davon aus, dass die Praxis den Umgang mit Ambivalenzen und Uneindeutigkeiten (Kontingenz) „gelernt" hat, dass sich die Probleme aber in der Konstruktion einer Sozialarbeitswissenschaft fortsetzen könnten, die immer unterkomplex erscheinen muss, sofern sie Wissenschaftskonzepte benutzt, die auf Eindeutigkeit ausgelegt sind.

> *„Diese Bewußtheit der Kontingenz, Situationen immer auch anders, ja sogar völlig gegensätzlich deuten zu können, ist für psychosoziale Praktiker offensichtlich eine Selbstverständlichkeit. Was der Praxis, der Profession Sozialarbeit untrennbar eingeschweißt zu sein scheint, entbehrt allerdings die Disziplin Sozialarbeit, die Sozialarbeitswissenschaft" (Kleve 1999, S. 26).*

Radikaler formuliert dies deshalb Bardmann (2005), der mit seiner Argumentation direkt an dem konstruktivistischen Forscher Heinz von Foerster anschließt:

> *„Social workers dabble in innumerable theoretical and disciplinary arenas without ever becoming fully immersed in any one theory or discipline. Some 'disciplined' thinkers are annoyed by the 'haphazard way' in which social workers deal with scientific approaches. This is how it may appear at least to the representatives of the different sciences. However, from a social worker's perspective it is a different matter: only very few scientific approaches pass the quality test of practical applicability and usefulness! That is why regarding their scientific status social workers always have remained – for good reasons and in the best sense of the word – without theory, ie. theoretically unorthodox and scientifically irreverent rugrats. They work – in their own sovereign way – through an ever growing heap of 'refuse'; that also includes scientific 'refuse'" (Bardmann 2005, S. 13).*

Kleve und Bardmann zeigen so mit ihrer konstruktivistischen Sichtweise die Grenzen einer allzu konkreten Bestimmung der Merkmale der Sozialen Arbeit als Profession auf. In postmodernen Gesellschaften verfügt offensichtlich niemand mehr über die Macht, jenseits von formalen oder organisationalen Regelungen bestimmte Positionen und damit verbundene Machtansprüche durchzusetzen. Der Sozialen Arbeit bleibt insofern nichts anderes übrig, als sich so wie die anderen Professionen zu verhalten und sich also entsprechend formal (durch Studium, Wissenschaft, Weiterbildung etc.) zu etablieren.

21.4 Professionalisierung durch Akademisierung und Selbstorganisation

„Für die Fachdiskussion der Sozialen Arbeit bestätigen sich durch unsere Forschungsergebnisse die Zweifel am professionellen Selbstverständnis der SozialarbeiterInnen im beruflichen Einsatz. (...) Zu vermuten ist vielmehr, dass sich in der Selbstdarstellung der von uns interviewten ASD-MitarbeiterInnen eine höchst individuelle Aneignung ihrer Berufstätigkeit ausdrückt. Fachliche Vorgaben von Seiten der Dienste werden zwar benannt, es scheint jedoch nur dann zu gelingen, diese auch in Arbeitshandeln umzusetzen, wenn sie mit dem Selbst- und Weltbild der SozialarbeiterInnen vereinbar sind" (Schweikart 2003, S. 438).

Wenn sich, wie im Zitat zum Ausdruck kommt, die Profession Soziale Arbeit gerade durch eine höchst individuelle Art der Aneignung professionsspezifischer Methoden und Techniken auszeichnet, dann kann so etwas in einer (post-)modernen Gesellschaft nur akzeptiert werden, wenn die Betreffenden nachweislich über die dafür erforderlichen metakognitiven und metamethodischen Kompetenzen verfügen. Dies bedeutet nichts anderes, als dass die Praktiker/innen der Sozialen Arbeit in die Lage versetzt werden müssen, ihr eigenes Wissens- und Kompetenzmanagement zu betreiben. Was darunter im Einzelnen zu verstehen ist, kann nur von den für berufliches Wissen in unserer Gesellschaft zuständigen Instanzen, den Wissenschaften, den Hochschulen und den Berufsverbänden festgelegt werden.

So ist es z. B. den psychologischen Psychotherapeuten erlaubt, in hohem Maße professionell und zugleich individuell zu arbeiten. Warum sie in unserer Gesellschaft trotzdem anerkannt sind, hat mit zweierlei Dingen zu tun. Zum einen müssen diese sich im Rahmen eines über ein fünf- bis sechsjähriges Bachelor- und Masterstudium sowie einer zwei- bis dreijährigen Weiterbildung ihre berufliche Auszeichnung sehr aufwändig „verdienen", zum anderen „wachen" Berufs- und Fachverbände sowie die Krankenkassen darüber, dass sich die Praktiker/innen regelmäßigen Supervisionen und Qualitätsüberprüfungen unterziehen und ein lebenslanges Wissensmanagement betreiben.

Überträgt man diese Konstruktion auf gleichfalls gesellschaftlich relevante Aufgabenbereiche, wie z. B. den Kinderschutz, die Gefährdetenhilfe, die Suchtberatung etc., dann versteht man, warum in den USA – einem Land, das von Berufsausbildungen nicht viel hält – ungefähr 20 % der Sozialarbeiter/innen ein Masterstudium erfolgreich absolviert haben und eine Mehrzahl im Laufe ihrer beruflichen Laufbahn spezifische, meist von Universitäten vergebene Zusatzzertifikate erwirbt. Denn ohne eine hohe Qualifikation besteht dort keinerlei Aussicht auf Anerkennung in der Gesellschaft (Center for Health Force Studies et al. 2006, S. 6).

Als Konsequenz aus dieser Tatsache kann Sozialarbeitern und Sozialarbeiterinnen zur Verbesserung ihres professionellen Status nur eine Doppelstrategie vorgeschlagen werden: Zum einen muss es ihnen gelingen, die mit der Bologna-Reform von 1999 verbundenen neuen Möglichkeiten der Studienstrukturgestaltung offensiv zu nutzen (1), und zum anderen müssen sie den ernsthaften Versuch unternehmen, sich als Berufskollegen und -kolleginnen konsequent unter dem Dach einer gemeinsamen Kammer zusammenzuschließen (2).

(1) Durchgehende Akademisierung

Bislang sind alle Versuche zur Spezifizierung und Akademisierung der Ausbildung der Sozialarbeiter/innen an Wohlfahrtsschulen, sozialen Frauenschulen, höheren Fachschulen und schließlich Fachhochschulen in Bezug auf eine zufriedenstellende gesellschaftliche Anerkennung gescheitert (Kruse 2013, S. 154). Im Gegenteil: Immer wieder wurden Vorwürfe laut, die sozialen Berufe seien bloße „Trittbrettfahrer" (Pfaffenberger, zitiert in Kruse 2013, S. 155) der Bildungsreform der 1960er und 1970er Jahre, was lediglich zu einer „Scheinprofessionalisierung" (Grohall, zitiert in Kruse 2013, S. 155) geführt hätte.

Erst das Bologna-Übereinkommen von 1999 hat mit dem Ziel, für ganz Europa eine einheitliche Studienstruktur zu schaffen und mit gleichwertigen Abschlüssen (Bachelor, Master und Promotion) zu versehen, auch die deutsche Hochschullandschaft strukturell grundlegend verändert (siehe ausführlich Kap. 17.2). Auf diese Weise konnte nach einigen Schwierigkeiten eine Hochschullandschaft etabliert werden, die auch dem Studienfach Soziale Arbeit entgegenkommt und eine neue Fülle an Möglichkeiten bietet:

- Studierende im Bachelorstudiengang können nach Abschluss des Studiums die staatliche Anerkennung beantragen bzw. erwerben und als Professionelle im sozialen Bereich tätig werden.
- Der Titel eines Bachelors erweist sich im gesamten Hochschulsystem als anschlussfähig und berechtigt zum Übergang in eine Vielzahl berufsbezogener und wissenschaftlich orientierter Masterstudiengänge nicht nur im Bereich der Sozialen Arbeit, sondern auch in verwandten Bereichen, wie z. B. Soziologie, Politikwissenschaft, Wirtschaftswissenschaften, Gesundheitswissenschaften etc..
- Über den Weg der Promotion an Universitäten oder in Form kooperativer Promotionen kann eigenes Lehrpersonal für das Fachgebiet Sozialarbeitswissenschaft rekrutiert und damit das zentrale Fach gestärkt werden.

- Nicht zuletzt erweisen sich die deutschen Abschlüsse nun als europäisch anschlussfähig: Studierende aus allen europäischen Ländern können jetzt an ausländischen Hochschulen studieren und sich dort erbrachte Leistungen und Abschlüsse im Heimatland anrechnen lassen. Auf diese Weise entsteht ein Austausch, der dazu beiträgt, dass auch eine europäische und internationale Professionsidentität der Sozialen Arbeit entwickelt werden kann (Erath 2012).

Dass Fachhochschulen bzw. Hochschulen für Angewandte Wissenschaften schon lange keine geringeren akademischen Leistungen zeigen als Universitäten, kommt nicht nur in einer langen Liste hochdotierter Forschungsprojekte zum Ausdruck. Auch von offizieller Seite aus sehen sich alle Fachbereiche heute dazu aufgerufen und dabei unterstützt, offensiv Forschung zu betreiben und berufsnahe Zusatzqualifikationen im Rahmen hochschuleigener oder -naher Weiterbildungsinstitute anzubieten (Hochschulrektorenkonferenz 1997).

Zusammenfassend kommt Kruse deshalb zum Schluss, dass die Entwicklungen der letzten Jahre durchaus zu Optimismus bezüglich der Zukunftsfähigkeit der Profession und Wissenschaft Sozialer Arbeit Anlass geben können:

"Festzuhalten ist, dass die Soziale Arbeit über eine lange Wissenschaftstradition und eine breite wissenschaftliche Basis verfügt. Langsam und auf verschiedenen Wegen hat sich eine akademische Ausbildung herausgebildet, die heute kaum noch grundlegend hinterfragt werden kann. Die Schaffung und Nutzung wissenschaftlichen Wissens stellt neben der Entwicklung und der Lehre eigener Methoden und der relativen Autonomie der Ausbildungsinstitutionen einen zentralen Baustein für die Soziale Arbeit als Profession dar" (Kruse 2013, S. 160).

Voraussetzung dafür ist freilich, dass die Studierenden die inzwischen kaum mehr überschaubaren Möglichkeiten entsprechend motiviert wahrnehmen. Denn das Ansehen der Sozialen Arbeit wird in dem Maße wachsen, in dem nicht mehr eine Vielzahl der Bachelorabsolventinnen und -absolventen das Bild bestimmt, sondern ein entsprechend starker Anteil von Studierenden mit hochschulanerkannten Zusatzzertifikaten, von Masterabsolventen und -absolventinnen sowie von Promotionsstudierenden.

(2) Zunehmende Selbstorganisation

Wenn vor allem die Träger der Sozialen Arbeit einer Akademisierung der Sozialen Arbeit auch noch gegenwärtig misstrauisch gegenüberstehen (Kruse 2013, S. 155 f.), dann sollten die Sozialarbeiter/innen daraus (endlich) den Schluss ziehen, dass ihre professionellen Interessen nicht (immer) mit denen ihrer vorwiegend verbandlichen Arbeitgeber übereinstimmen müssen.

Das Ansehen eines Sozialarbeiters/einer Sozialarbeiterin z. B. einer kirchlichen Organisation wird immer in hohem Maße davon abhängen, wie stark die damit verbundenen sozialen und religiösen Werte von der Öffentlichkeit wahrgenommen werden. Solche trägereigenen Werte sind zweifellos wichtig und anerkennenswert, sie tragen aber auch dazu bei, dass die jeweilige Arbeit ökonomisch wenig Anerkennung findet und dass fachliche Argumente bei der Arbeit jederzeit durch moralische Argumente in Zweifel gezogen werden können. Dies löst eine für den Beruf fatale Kettenreaktion aus, die durch folgende Glieder gekennzeichnet ist:

1. Für die überwiegende Mehrzahl der Abiturienten und Abiturientinnen kommt ein Studium der Sozialen Arbeit aufgrund des damit verbundenen geringen bzw. negativen Statusgewinns nicht in Frage.
2. Von den dann noch verbleibenden Schulabsolventen/Schulabsolventinnen wird der Studiengang Soziale Arbeit (auch aufgrund der eigenen schwierigen sozioökonomischen Lage) häufig dazu genutzt, um „mit begrenztem Aufwand an Zeit, Kraft und Streß" (Maier 1995, S. 77) zu einem gleichzeitig als „weich" eingeschätzten Hochschulabschluss (ebd., S. 176) zu gelangen.
3. Dozierende und Fachbereiche an Fachhochschulen reagieren auf diese Situation häufig damit, dass sie insbesondere die formalen und wissenschaftlichen Anforderungen zurückfahren. Auf eine „aussagekräftige Rückmeldung an Studierende und an das Beschäftigungssystem durch Noten (wird) faktisch verzichtet" (ebd., S. 176).
4. Die Arbeitgeber stellen Berufseinsteiger/innen nur dann ein, wenn Stellen frei oder neu geschaffen werden. Eine bewusste Auswahl findet kaum statt und eine intensive Einarbeitungszeit ist selten gewährleistet.
5. Aufgrund der geringen Bildungsaspiration der Berufsanfänger/innen und der zögerlichen beruflichen Förderung von Mitarbeiter/innen, insbesondere fehlender Programme zur Frauenförderung (siehe dazu Kap. 22.1), kommt es häufig zu einem weitgehenden Stillstand in der persönlichen und beruflichen Entwicklung.
6. Die Arbeitgeber versuchen mangelnde fachliche Weiterentwicklungen ihrer Mitarbeiter/innen nicht durch einen verstärkten Austausch mit Hochschulen und Weiterbildungsinstituten zu unterstützen, sondern entweder durch Diskussion formaler Vorgaben (wie z. B. Anweisungen, Checklisten, Dokumentvorlagen etc.) oder durch die Verbindlichmachung verbandlicher Werte (wie z. B. Nächstenliebe, Solidarität, Christenpflicht etc.) zu ersetzen (Bourdieu 1998, S. 193 ff.).

Damit vollzieht sich ein Teufelskreis, den viele Fachhochschulprofessoren und -professorinnen gut kennen, den sich aber eine auf gesellschaftliche Anerkennung bedachte Profession nicht leisten kann. Es bleibt der Berufsgruppe der Sozialarbeiter/innen also nichts anderes übrig, als sich selbst zu organisieren und eine eigene Instanz zu schaffen, die

a) sie davor schützt, dass sich „Unbefugte" die gleichen Kompetenzen anmaßen (Sozialarbeit kann doch jeder!), die nur durch ein Studium im Bereich der Sozialen Arbeit erworben werden kann,
b) die im Studium zu erwerbenden Kompetenzen klar definiert und deren Nachweis am Ende gewissenhaft überprüft,

c) dafür sorgt, dass sich berufstätige Sozialarbeiter/innen regelmäßig fortbilden, Weiterbildungsmaßnahmen und -studiengänge wahrnehmen und sich stets auf dem neuesten Stand der Entwicklung der Praxis und Disziplin befinden,
d) sicher stellt, dass sich Sozialarbeiter/innen in der Ausübung ihrer Tätigkeit an fachlichen und ethischen Berufsstandards orientieren, und
e) in der Lage ist, durchzusetzen, dass inkompetente, gegen ethische Standards verstoßende Sozialarbeiter/innen Berufsverbot erhalten.

Damit dies möglich wird, müssen sich die Sozialarbeiter/innen in einer Weise zusammenschließen, die es ihnen erlaubt, als Einheit aufzutreten und zu sprechen. Dazu ist es erforderlich, eine gemeinsame Berufsorganisation zu gründen, deren Zugangsbedingungen eng auszulegen und eine Satzung zu entwickeln, die den fachlichen und moralischen Vorstellungen der Sozialarbeiter/innen Ausdruck verleiht. Diese Berufsorganisation ist dann auch in der Lage, auf Ausbildungs- und Studienbedingungen Einfluss zu nehmen und auf diese Weise dazu beizutragen, dass die Fachlichkeit der Sozialen Arbeit erhalten und gestärkt wird.

Kurz gesagt: Es wird also an der Sozialen Arbeit als Profession selbst liegen, inwiefern sie bereit und willens ist, sich auf der Basis eines gesunden Selbstbewusstseins, das der Bedeutung der praktischen Tätigkeit gerecht wird, professionspolitisch zu etablieren und zu agieren!

22 SOZIALE ARBEIT ALS BERUFLICHE TÄTIGKEIT – POSITIONEN UND AUFGABEN

Die Schwierigkeiten, das Berufsfeld Soziale Arbeit für Studierende und interessierte Mitbürger/innen zu beschreiben, sind vor allem dem Umstand geschuldet, dass sich dahinter eine Fülle an teilweise attraktiven, aber auf den ersten Blick nicht sichtbaren Tätigkeitsbereichen verbirgt. Ähnlich wie das Studium der Rechtswissenschaft oder der Medizin führt das Studium der Sozialen Arbeit nicht direkt in eine „einschlägige" Tätigkeit ein, sondern bereitet eher auf ein breites Feld von Tätigkeiten vor, indem dann eine oder mehrere der drei (relativ abstrakten) Intentionen umgesetzt werden sollen: Intervention, Prävention oder Gesellschaftskritik (siehe dazu ausführlich Kap. 1.2).

Wie solche Tätigkeiten genau erbracht werden, entzieht sich weitgehend dem Blick der Öffentlichkeit. Damit sind keine guten Voraussetzungen dafür gegeben, Menschen, die sich für das Soziale interessieren, angemessen auf diese Arbeit aufmerksam zu machen. Nach einer Studie der Organisation Ashoka in Zusammenarbeit mit der Unternehmensberatung McKinsey[75] kommt hier zudem negativ hinzu, dass soziale Unternehmen als unattraktive Arbeitgeber gelten. Demnach sind nur acht Prozent der über 18-Jährigen überhaupt bereit, im Sozialsektor zu arbeiten, bei den Berufseinsteigern und Berufseinsteigerinnen sind es sogar nur vier Prozent. Als Gründe dafür werden insbesondere die geringen Verdienstmöglichkeiten sowie fehlende Weiterbildungsmöglichkeiten und Karriereperspektiven angegeben. Dazu kommt, dass die sozialen Einrichtungen ihre Mitarbeiter/innen meist nicht auf dem freien Markt, sondern in ihrem Umfeld suchen. Viele möglicherweise hoch motivierte Bewerber/innen können auf diese Weise aber erst gar nicht erreicht werden.

In diesem Kapitel[76] sollen daher die mit der Berufseinmündung und Karriereentwicklung in Verbindung stehenden Probleme und Fragestellungen angesprochen und diskutiert werden. Dazu werden in einem ersten Teilkapitel mögliche Hindernisse, die sich aus dem Umgang sozialer Einrichtungen mit Berufsanfänger/innen und Mitarbeiter/innen ergeben, dargestellt (Kap. 22.1). In einem zweiten Teilkapitel wird dann anhand von Tätigkeitsbeschreibungen und Fallbeispielen zu belegen versucht, dass zufriedenstellende und erfolgreiche Karrieren im sozialen Bereich auch derzeit schon möglich sind, wenn die Betreffenden ihre Biografie selbst in die Hand nehmen, bewusst und zielorientiert gestalten und das nötige Quantum Glück haben, das man braucht, um in eine interessante Position zu gelangen (Kap. 22.2). Was geschehen muss, damit sich der gesamte Bereich der Personalentwicklung und -förderung in sozialen Einrichtungen auf Dauer noch verbessert und sich die Soziale Arbeit als eine attraktive und angese-

---

75 Siehe dazu ausführlich: http://www.zeit.de/karriere/beruf/2013-02/soziale-unternehmen-karrierechancen.
76 Der Verfasser und die Verfasserin bedanken sich insbesondere bei Markus Rossa für zahlreiche Hinweise und Beispiele.

hene berufliche Tätigkeit etablieren kann, wird dann im letzten Teilkapitel dargelegt und diskutiert (Kap. 22.3).

22.1 Schwierigkeiten bei der Personalentwicklung und Karriereplanung

Wenn man davon ausgeht, dass die Vergütungen im Bereich der Sozialen Arbeit bei vielen Arbeitgeber/innen dem Besoldungsschema des öffentlichen Dienstes angepasst sind und die Verdienstspannen heute bei berufserfahrenen Sozialarbeiter/innen „theoretisch" durchaus im Bereich von 35.000 bis 45.000 Euro und bei Führungskräften von 50.000 bis 80.000 Euro pro Jahr liegen können, dann erscheint dies der Qualifikation und Tätigkeit der Sozialarbeiter/innen durchaus angemessen zu sein. Zumal viele Mitarbeiter/innen im sozialen Bereich ja gerade darauf Wert legen, nicht nur für Geld arbeiten zu wollen, sondern damit auch die Absicht verbinden, eine moralische Haltung zum Ausdruck zu bringen.

Wenn man allerdings genauer darauf schaut, wer wie viel in diesem Bereich arbeitet und verdient, dann zeigt sich insbesondere in Bezug auf Frauen, die ja die große Mehrheit der Sozialarbeiter/innen stellen, ein ernüchterndes Bild: Auffällig ist zum einen, dass die Einkommen der Beschäftigten zwischen den öffentlichen und freien Trägern stark variieren. So liegt das durchschnittliche Netto-Monatseinkommen aller Befragten bei 1.577 Euro (bei durchschnittlich 34 Wochenstunden), bei den freien Trägern jedoch mit ca. 1.400 Euro (bei durchschnittlich 31 Wochenstunden) noch deutlich niedriger. Zum anderen zeigt sich, dass die Einkommenssituation der weiblichen Sozialarbeiterinnen drastisch schlechter ausfällt. Etwa 31 % der in Brandenburg im Bereich der Kinder- und Jugendhilfe weiblichen Beschäftigten verdient demnach weniger als 1.250 Euro netto (GEW 2011). Damit stellt sich die Frage, warum es den Beschäftigten nicht gelingt, im Laufe ihrer beruflichen Entwicklung die möglichen o. a. Endbesoldungsstufen zu erreichen. Nach Ansicht vieler mit der Personalentwicklung im sozialen Bereich Befassten (zusammenfassend: Positionspapier 2006) sind dafür vor allem folgende Probleme maßgebend ursächlich:

(1) Unstrukturierter Einstieg ins Berufsleben

Bereits der berufliche Einstieg vieler Absolventen/Absolventinnen des Bachelorstudiengangs Soziale Arbeit in den Arbeitsmarkt erfolgt wenig zielgerichtet. Viele unter ihnen sind eng regional ausgerichtet, wenige fachspezifisch orientiert: Man sucht daher wenig aktiv und systematisch das Gesamtangebot an Stellen ab. Oftmals lassen sich Studierende meist vom Angebot „überraschen" bzw. von bereits Bekanntem (Praktikumsstellen, Stellen im regionalen Umfeld etc.) leiten. Häufig begnügen sich die Berufseinsteiger/innen dabei bewusst mit Stellen, deren Schwerpunkte im Vorfeld einschlägiger Tätigkeiten der Sozialen Arbeit liegen – also zum Beispiel als Gruppenerzieher/innen im Heim oder Jugendhaus, als Mitarbeiter/innen in Kindertagesstätten, in Wohngruppen etc.

Ausschlaggebend für die Einstellungsentscheidung seitens der Arbeitgeber ist meist der Nachweis persönlicher Qualitäten und Kompetenzen, wie z. B. Zuverlässigkeit, Engagement, persönliche Bekanntschaft etc. Häufig, so berichten Absolventen/Absolventinnen, finden nur kurze unstrukturierte Einstellungsgespräche mit dem gesamten Team statt, man „beschnuppert" sich und findet dann schnell zu einer Entscheidung. Auf fachliche Kenntnisse wird bei Einstellungsverfahren häufig kaum Wert gelegt; die Träger/innen und Leiter/innen der jeweiligen Einrichtungen gehen davon aus, dass die neuen Mitarbeiter/innen zunächst Erfahrungen sammeln und so langsam in das jeweilige Arbeitsgebiet hineinwachsen sollen. Manchmal werden die Neuen auch in schwierigen Arbeitsfeldern, wie z. B. dem Allgemeinen Sozialen Dienst, der Streetwork etc., bewusst ins „kalte Wasser" geworfen. Ein natürlicher „Stresstest" soll offensichtlich zeigen, ob jemand für die Arbeit geeignet und genügend motiviert ist oder nicht. Die „Neuen" müssen sich dann schnell an die Arbeitsweisen der erfahrenen Kollegen und Kolleginnen anpassen und können und sollen sich dann später über zumeist selbst ausgewählte Fort- und Weiterbildungen das nötige methodische Knowhow verschaffen.

(2) Fehlendes Problembewusstsein seitens der Einrichtungen

Natürlich sind die Berufseinsteiger/innen nicht allein für diese Situation verantwortlich zu machen. Denn auch diejenigen unter ihnen, die ihren Einstieg bewusst und strukturiert zu gestalten versuchen, haben mit folgenden Schwierigkeiten zu kämpfen:

1. Nur wenige Einrichtungen schreiben ihre Stellen differenziert landes- bzw. bundesweit aus und werben mit profilierten Eigendarstellungen für eine Tätigkeit in der eigenen Einrichtung. Häufig fallen die jeweiligen Stellenausschreibungen pauschal aus („engagiert", „teamfähig" etc.); insbesondere „langjährig tätige" und „erfahrene" Sozialarbeiter/innen werden dabei angesprochen. Allerdings entsprechen die gebotenen Leistungen (geringes Einstiegsgehalt, oftmals befristete Tätigkeit, wenig Verantwortungsspielräume etc.) meist in keiner Weise den Erwartungen von Berufserfahrenen, was dazu führt, dass diese sich nicht bewerben und letztendlich doch auf Berufseinsteiger/innen zurückgegriffen wird.
2. Die meisten Einrichtungen bereiten Berufseinsteiger/innen nicht systematisch auf ihre beruflichen Tätigkeiten vor. So gibt es auch in größeren Einrichtungen kaum durchstrukturierte Einstiegs- oder Traineeprogramme. In der Regel werden die neuen Mitarbeiter/innen sofort in den regulären Dienst eingeplant und lernen dann durch Tun, durch Nachfragen oder über Fehlerhinweise. Auf diese Weise findet ein mühseliger, häufig auch demotivierender Weg der Einarbeitung statt, der erst da endet, wo neue Einsteiger/innen auftauchen und wieder die Rolle der „Unerfahrenen" übernehmen.
3. Da die meisten Einrichtungen um die Mängel bei den Verfahren zur Auswahl und Einarbeitung neuer Mitarbeiter/innen wissen, tendieren sie dazu, neue Mitarbeiter/innen vor allem auf ihre charakterliche Eignung (dargelegt z. B.

durch die Mitgliedschaft in einer christlichen Kirche, durch politische Zuverlässigkeit, durch Kleidung, Aussehen etc.) zu prüfen. Auf diese Weise will man offensichtlich sicher gehen, dass nur solche Mitarbeiter/innen zum Zuge kommen, die in die jeweilige Einrichtungs- oder Teamkultur „passen". Auf gute Abschlusszeugnisse und zusätzliche Hochschulabschüsse, wie z. B. einen Master, wird oftmals kaum Wert gelegt, zumal damit die Angst vor Konkurrenz verbunden ist. Die Neuen sollen sich ja unten einordnen und nicht gleich an erfahreneren Kolleg/innen „vorbeiziehen" können.
4. Um die Mitarbeiter/innen zu motivieren, werden ihnen dann später – oftmals als Belohnung – Fortbildungen „genehmigt", wobei es dabei häufig aber nicht so sehr darauf ankommt, dass diese sachlich angemessen sind. Nicht selten wird zudem erwartet, dass die Mitarbeiter/innen für Fortbildungen selbst aufkommen, sich an den Kosten beteiligen oder Urlaubstage einsetzen etc.

(3) Diffamierung des Begriffs „Karriere"

Menschen mit hohen sozialen Motiven tendieren nicht selten dazu, stark individualisierten und erfolgsorientierten Menschen Ressentiments entgegenzubringen und eine „neoliberale Attitüde" zu unterstellen (Spetsmann-Kunkel 2013). Dies ist möglicherweise auch der Grund dafür, dass der Begriff „Karriere" oder „Karriereplanung" in sozialen Einrichtungen kaum Verwendung findet. Man redet im sozialen Bereich (noch) nicht gerne offen über Gehaltserhöhungen, Leistungsvergütungen und Aufstiegsmöglichkeiten, erwartet sie aber durchaus stillschweigend. Junge Menschen, die an einer erfolgversprechenden und auf Dauer zufriedenstellenden beruflichen Karriere interessiert sind, neigen daher eher dazu, in die Wirtschaft zu wechseln.

Legt man die von Rosenstiel et al. (1993) identifizierten Karrieretypen zugrunde, dann zeigt sich die Problematik der Personalakquise im sozialen Bereich sehr deutlich:

- Mit dem Typ „Karrierist/in" bezeichnet Rosenstiel die Mitarbeiter/innen, die nach einem hierarchischen Aufstieg streben. Charakteristisch für diesen Typus ist ein ausgeprägtes Streben nach Einflussmöglichkeiten, Kompetenzen und hoher Entlohnung. Für diesen Typus ist in sozialen Einrichtungen derzeit überhaupt kein Platz, denn ein offenes Bekenntnis zur Karriere könnte in vielen Einrichtungen einem „Todesurteil" gleichkommen. „Wir brauchen Indianer und keine Häuptlinge", soll ein führender Verbandsvertreter einmal gegenüber Vertretern und Vertreterinnen von Masterstudiengängen gesagt haben. Damit kommt sehr klar zum Ausdruck, wie viele Träger zunächst eine klare Form der Unterordnung erwarten. Aufstiege in solchen Einrichtungen erfolgen nach dem Ancienitätsprinzip: je länger man in einer Einrichtung ist, desto höher wird die Chance auf Aufstieg, auch wenn das bedeuten kann, dass die Nachteile des „Peter-Prinzips" in Kauf genommen werden. Will sagen: Mitarbeiter/innen werden so lange befördert, bis sie eine Tätigkeitsstufe

erreicht haben, der sie wirklich nicht mehr gewachsen sind. Deutlich wird hier: Für sehr motivierte Absolventen/Absolventinnen ist in vielen sozialen Einrichtungen kein Platz.
- Unter dem Begriff „freizeitorientiert" versteht Rosenstiel den Typus, der nicht bereit ist, zugunsten der Arbeitszeit auf Freizeit zu verzichten, u. a. weil er sich auch restriktiven Bedingungen, d. h. geringen Entscheidungsspielräumen und monotonen Tätigkeiten ausgesetzt sieht. Mitarbeiter/innen, auf die diese Beschreibung zutrifft, findet man im Bereich der Sozialen Arbeit häufig, denn viele Absolventen/Absolventinnen wechseln ganz bewusst in Bereiche, die sich gut mit den eigenen inhaltlichen Vorlieben verbinden lassen, wie z. B. bestimmte Formen der Jugend- und Jugendkulturarbeit, der Erziehungs- und Betreuungsarbeit im Heim, der Behindertenarbeit, aber auch in Bereichen mit klar geregelten Arbeitszeiten etc.
- „Alternativ-Engagierte" sind nach Rosenstiel Personen, die eine den „Karrieristen/Karrieristinnen" vergleichbare Leistungsbereitschaft aufweisen, diese jedoch in den Dienst bestimmter Ideale stellen. Die Voraussetzung dafür ist aber, dass die Unternehmen diesem Typus genügend Freiräume für eigene Verwirklichungsmöglichkeiten geben, so wie dies moderne Firmen heute im Rahmen der Einräumung von „Sabbaticals", „Home-Office-Zeiten", projektorientiertem Arbeiten etc. anbieten. Im sozialen Bereich sind jedoch die meisten Einrichtungen zurzeit noch nicht darauf vorbereitet, sich mit innovativem, kritischem und idealistischem Personal etc. auseinanderzusetzen.[77]

Eine Folge dieser Situation ist, dass es im sozialen Bereich kaum so etwas wie eine explizit durchdachte Karrierebegleitung gibt. Insbesondere die Masterabsolventen und -absolventinnen leiden momentan darunter, dass viele Einrichtungen keine Verwendung für sie zu haben scheinen. Dabei ist der Bedarf an Führungskräften enorm, jedoch haben die Einrichtungen mit jungen Führungskräften, die direkt von den Hochschulen kommen, kaum Erfahrung und befürchten daher den Verlust von Kontrolle.

(4) Fehlende Frauenförderung

Alle namhaften Firmen in Deutschland halten heute gezielte Programme zur Förderung von Frauen vor, wie das Beispiel von BMW zeigt:

> *Zur Umsetzung der Zielkorridore in der Dimension Gender sind im Unternehmen gezielte Aktivitäten im Bereich Frauenförderung notwendig. In der BMW Group haben wir hierzu folgende Maßnahmen umgesetzt:*
>
> *a) Eine gezielte Prüfung bei der Besetzung interner Führungs- und Fachpositionen.*
> *b) Maßnahmen zur Vereinbarkeit von Beruf und Familie, die über die gesetzlichen Regelungen zu Mutterschutz, Elternzeit und Pflegezeit hinausgehen:*

---

77 Siehe dazu auch: http://www.iiqii.de/PresseSpiegel/KarriereankerWisoKoeln250504.pdf.

> - Kinderbetreuungsstätten in München, Dingolfing, Regensburg, sowie Belegplätze in Berlin und Leipzig
> - Familienservice für Kinderbetreuung, Home- und Eldercare
> - Vielfältige Teilzeitarbeitsmöglichkeiten
> - Mobilarbeit
> - Vollzeit Select (zusätzlich bis zu 20 Urlaubstage bei entsprechender Minderung des Entgelts)
> - BMW Familienpflegezeit
>
> c) 100 Tage Coaching Programm für Frauen auf dem Weg in Führungsfunktionen.
> d) Teilnahme am Cross Mentoring Programm der Stadt München.
> e) Unterstützung von innerbetrieblichen Frauennetzwerken.

Obwohl es sich bei der Sozialen Arbeit um eine Tätigkeit handelt, die zu über 80 % von Frauen ausgeübt wird, gibt es bei den großen Verbänden, von den kleineren Organisationen ganz abgesehen, so gut wie keine Frauenförderpläne. Es bleibt also offensichtlich noch eine ganze Zeit lang so, wie es bislang war: „Sozialarbeit: ein Frauenberuf unter männlicher Anleitung!" (Sachße 2003, 267).

22.2 Positionen, Aufgaben und Fallbeispiele

Vor dem Hintergrund dieser kritischen Bestandsaufnahme droht möglicherweise ganz außer Blick zu geraten, dass sich im Bereich der Sozialen Arbeit trotzdem interessante und anspruchsvolle Aufgabenbereiche und Tätigkeitsprofile ausmachen lassen. Im Folgenden sollen einige dieser Bereiche charakterisiert, bezüglich ihrer Anforderungen präzisiert und dann an einem konkreten, anonymisierten Fallbeispiel aus dem professionellen Umkreis des Autors und der Autorin kurz dargestellt werden. Allerdings gilt es hierbei zu berücksichtigen, dass alle Personen, die hier aufgeführt werden, ihre „Karriere" nicht den sozialen Einrichtungen verdanken, denen sie angehören, sondern ihrem konsequenten und entschiedenen Handeln. Und einer gehörigen Portion Glück möglicherweise!

22.2.1 Sozialarbeiter/innen als Generalisten/Generalistinnen

Position

Als Generalist/in wird in der Regel bezeichnet, wer eine Vielzahl von unterschiedlichen Fähigkeiten mit sich bringt und einsetzt. Im Bereich der Sozialen Arbeit arbeiten Generalisten/Generalistinnen mit Menschen mit komplexen Problemen vor dem Hintergrund eines klaren gesetzlichen Auftrags. Dazu müssen sie in der Lage sein, die unterschiedlichen Teilaspekte einer Problemlage zu erfassen und mit der Klientel in Kooperation mit spezialisierten Diensten „abzuarbeiten". Im Bereich der Sozialen Arbeit sind Generalisten/Generalistinnen in vielen Bereichen, wie z. B. im Allgemeinen Sozialen Dienst, in der Krankenhaussozialarbeit, in der Kinder- und Jugendhilfe etc., zu finden. Hier im Folgenden soll das Beispiel der „rechtlichen Betreuer/innen" vorgestellt werden.

Aufgaben

„Rechtliche Betreuer/innen haben die Aufgabe, die Interessen der Betreuten als gesetzliche Vertreter wahrzunehmen und sie im Rahmen der vom Gericht angeordneten Aufgabenkreise zu vertreten. Hierbei hat der/die Betreuer/in das Wohl, aber auch die subjektiven Wünsche des/der Betreuten zu berücksichtigen. Die Betreuer/innen unterliegen der Aufsicht des Betreuungsgerichtes. Sie müssen regelmäßig Bericht erstatten und ggf. Vermögensverzeichnisse erstellen sowie die Einnahmen und Ausgaben der Betreuten durch Kontoauszüge und Belege nachweisen und dem Gericht nach Aufforderung zur Prüfung vorlegen (Rechnungslegung). Das Bürgerliche Gesetzbuch (§§ 1896–1908k BGB) sieht keine gesetzlich definierten Wirkungskreise vor, sondern überlässt es dem Gericht, die erforderlichen Aufgabengebiete zu finden, die genau den Bedürfnissen des Betroffenen entsprechen. Mögliche Aufgabenkreise sind vor allem

- *Vermögensangelegenheiten*
- *Gesundheitsfürsorge*
- *Aufenthaltsbestimmung*
- *Wohnungsangelegenheiten*
- *Post- und Fernmeldeangelegenheiten*
- *Vertretung gegenüber Behörden, Versicherungen und Sozialleistungsträgern"* (http://www.betreuungsnetz.de/information/aufgaben).

Fallbeispiel

Frau S. arbeitet seit 20 Jahren als rechtliche Betreuerin. Mit 25 Jahren begann sie bei einem großen konfessionellen Träger in dem damals wie heute äußerst aktuellen Feld der Migrationsberatung, in welchem Anfang/Mitte der 1990er Jahre speziell durch die hohe Anzahl der Spätaussiedler/innen ein steigender Bedarf an Sozialarbeiter/Sozialarbeiterinnen entstand. Die vielfältigen Belange der Migranten/Migrantinnen sowie ein Interesse für verwaltungsrechtliche Abläufe ließen sie in den ersten fünf Jahren ihres Berufslebens mannigfaltige Erfahrungen sammeln und dies durch spezifische Weiterbildungen vertiefen. Da sie in manchen Fällen als Migrationsberaterin immer auch schon am Schnittpunkt zum Betreuungsrecht agierte, bewarb sie sich um eine frei gewordene Stelle bei ihrem Träger. Eine intensive Einführungsfortbildung zum Betreuungsrecht, welche über die Jahre durch aktualisierende Weiterbildungen (z. B. Sozialrechtsreformen wie „HARTZ IV") regelmäßig aufgefrischt wurde, veranlassten den Träger schließlich dazu, sie zusätzlich als Multiplikatorin einzusetzen. So konnte sie ihr breites Wissen an ehrenamtliche Betreuer/innen weitergeben. Hierunter zählen z. B. Fachvorträge oder allgemeine Beratungen rund um die Vorsorgevollmacht. Derzeit betreut sie bei einem wö-

> chentlichen Stundenumfang von 30 Stunden 25 Menschen mit unterschiedlichsten Problemlagen sowie ein Netzwerk von ca. 75 ehrenamtlichen Betreuer/innen.

22.2.2 Sozialarbeiter/innen als Spezialisten/Spezialistinnen

Position

Spezialisten/Spezialistinnen kennen sich in einem Fachgebiet besonders gut aus. Ihre Kenntnisse sind hochdifferenziert und sie sind in der Lage, kompetent und zielorientiert zu handeln. Aufgrund der zunehmenden Ausdifferenzierung der Gesellschaft und der Undurchschaubarkeit vieler Teilsysteme hat auch im Bereich der Sozialen Arbeit ein gewisses Spezialistentum Einzug gehalten. Solche Personen lassen sich heute vor allem in hoch ausdifferenzierten Bereichen finden, wie z. B. der Schuldner- und Insolvenzberatung, der Asylberatung etc., in denen detaillierte Kenntnisse und Kompetenzen, was Kommunikation, Schriftverkehr, Verhandlungssicherheit, Fachlichkeit etc. anbelangt, vorausgesetzt werden.

Aufgaben

„Die Schuldnerberatung Nürnberg beschreibt ihre Aufgaben wie folgt: Wir beraten Sie:

- *über Ihre Rechte als Schuldner;*
- *über Ihre Ansprüche, z. B. Leistungsansprüche*
- *nach dem Sozialgesetzbuch;*
- *über die Rechtmäßigkeit der Forderungen;*
- *bei Ihrer Haushaltsplanung;*
- *bei Verhandlungen mit Gläubigern;*
- *z. B. bei Ratenzahlungen, Stundungen, Vergleichen etc.;*
- *über das Verbraucherinsolvenzverfahren;*
- *und versuchen gemeinsam mit Ihnen, Wege aus Ihrer*
- *Schuldensituation zu finden"* (http://www.iska-nuernberg.de/schuldnerbera¬ tung/Schuldnerallgem707.pdf).

Fallbeispiel

> Herr O. ist 53 Jahre alt und arbeitet seit 25 Jahren als Schuldner- und Insolvenzberater bei einem kirchlich getragenen sozialen Dienst in einer Großstadt. Bei seinem Berufseinstieg vor ca. 28 Jahren hatte er eine Stelle inne, die eine Mischung aus allgemeiner Sozial-/Lebens- und Migrationsberatung darstellte. Im Laufe der Jahre wurde die Aufgabe Migrationsberatung aus der Stelle herausgenommen und in einem eigenen Dienst erfasst. Da die Probleme der Klientel in der Sozial- und Lebensberatung immer häufiger mit den Phänomen der Verschuldung einhergin-

> gen und dadurch verstärkt wurden, absolvierte er aus eigenem Interesse heraus eine umfangreiche Fortbildung im Bereich der Schuldnerberatung. Als im Jahre 1999 die Reform der Insolvenzordnung erfolgte und nun auch Privatinsolvenzen möglich wurden, durchlief er eine weitere intensive Weiterbildung mit dem Ziel, als ein von der Regierung von Oberbayern anerkannter Schuldner- und Insolvenzberater tätig sein zu können und auch Privatinsolvenzfälle begleiten und per Fallpauschalen abrechnen zu dürfen. Aufgrund der großen Nachfrage differenzierte sich die genannte Schuldner- und Insolvenzberatung unter federführender Leitung und Expertise von Herrn O. weiter aus und umfasst zum heutigen Zeitpunkt vier Personen mit 3,0 Stellenanteilen.

22.2.3 Sozialarbeiter/innen in Stabsfunktion

Position

Auch im Bereich der Sozialen Arbeit wird die Bedeutung der Maßnahmen zum Qualitätsmanagement und zur Qualitätssicherung zunehmend anerkannt (siehe dazu ausführlich Kap. 4.5). Dabei umfasst dieser Bereich viele weitere Teilbereiche, wie z. B. Sicherheitsmanagement, Gebäudemanagement, Risikomanagement, Gesundheitsmanagement, Personalmanagement etc., die von Mitarbeiter/-innen in Stabsfunktion organisiert und verantwortet werden müssen.

So sind inzwischen alle Organisationen gefordert, unabhängige Qualitätsbeauftragte zu benennen, zu schulen und so auszustatten, dass diese den zu erfüllenden Aufgaben gerecht werden können.

Aufgaben

Typische Aufgaben der/des Qualitätsbeauftragten sind insbesondere:
- Mitwirkung und fachliche Anleitung bei der Planung und Umsetzung der unternehmensspezifischen Qualitätspolitik und Qualitätsziele.
- Kommunikation der Qualitätsgrundsätze zur Förderung des Qualitätsbewusstseins im Unternehmen.
- ständige Überprüfung und Bewertung der Weiterentwicklung des QMS.
- Koordinierung, Beratung und Schulung der Führungskräfte und der operativen Mitarbeiter/innen in allen Fragen des Qualitätsmanagements.
- Koordination der Erarbeitung, Aktualisierung und Weiterentwicklung der QM-Vorgabedokumente: Arbeitsanweisungen, Verfahrensanweisungen und sonstige operative Dokumente (http://www.qualitaetsmanagement.me/qmb-¬qualitaetsmanagementbeauftragter/).

Natürlich erfordert die Erfüllung dieser Aufgaben ein vielfältiges theoretisches Wissen, Kompetenzen im Umgang mit Datenerfassungs- und Auswertungssystemen und die Fähigkeit zur Präsentation von Ergebnissen und zur Moderation von Qualitätsentwicklungsprozessen. Grundsätzlich erscheint es deshalb wichtig, dass der/die Qualitätsbeauftragte „vom Fach" ist und nicht zu formalistisch vorgeht. Denn im Mittelpunkt des Interesses steht die Verbesserung der sozialarbeiterischen Leistungen für die Klienten/Klientinnen und nicht nur die Ansammlung und Auswertung von Daten.

Fallbeispiel

> *Herr N. ist seit acht Jahren für einen privaten Anbieter im Bereich der Jugendhilfe als Qualitätsbeauftragter tätig. Bereits im Rahmen seines Studiums der Sozialen Arbeit beschäftigte er sich sehr intensiv mit sozialarbeitswissenschaftlichen Fragestellungen. Im Rahmen eines kleineren Praxisforschungsprojekts zum Thema „Qualitätsentwicklung" war er als studentischer Mitarbeiter tätig und mit Fragen des Qualitätsmanagements, insbesondere der Standardisierung und Messung von Qualität beschäftigt. Nach wenigen Jahren der praktischen Arbeit mit Jugendlichen wurde sein Arbeitgeber im Rahmen der Arbeit in Qualitätszirkeln auf die Kompetenzen von Herrn N. aufmerksam. Er sprach ihn darauf an und bat ihn, das Amt des Qualitätsbeauftragten zu übernehmen. Im Rahmen verschiedener Fortbildungsveranstaltungen zum Qualitätsauditor/Qualitätsbeauftragten etc. konnte Herr N. seine Kompetenzen erweitern. Heute verantwortet er den gesamten Bereich des Qualitätsmanagements eigenständig und ist für die Entwicklung des Qualitätshandbuches und der Verfahren zur Evaluation der Qualität voll verantwortlich.*

22.2.4 Sozialarbeiter/innen als Manager/innen

Position

Das Management beschäftigt sich ganz allgemein gesprochen mit Fragen der Planung, Steuerung und Kontrolle eines Unternehmens. Manager/innen sind in sozialen Unternehmen zunehmend unverzichtbar, da viele Einrichtungen lediglich über ehrenamtliche Vorstände verfügen und sich dementsprechend das in der heutigen Zeit unverzichtbare fachliche und strategische Knowhow für die kompetente Führung und Organisation eines sozialen Unternehmens über diese Position „einkaufen" müssen. Manager/innen in der Sozialen Arbeit sind noch selten vom Fach, viele kommen aus anderen Studiengängen, wie z. B. der Psychologie, der Soziologie, den Verwaltungswissenschaften, den Rechtswissenschaften, den Wirtschaftswissenschaften etc.

Aufgaben

Insgesamt gesehen stehen beim Management u. a. folgende Aufgaben im Vordergrund:

- Entwicklung von Zielsetzungen und Zielvorgaben auf unterschiedlichen Ebenen der Einrichtung auf der Basis von unternehmerischen und strategischen Entscheidungen bzw. als Folge von Verhandlungen mit dem Betriebsrat, dem Aufsichtsrat etc.;

- Planung aller erforderlichen Handlungen und Prozesse unter Berücksichtigung technischer, personeller, wirtschaftlicher etc. Faktoren;
- Steuerung aller ablaufenden Prozesse auf der Basis von Datenfeedback und ständiger Verbesserungsvorschläge;
- Durchführung wichtiger Aufgaben, die von rangniedrigeren Managern/Managerinnen nicht übernommen werden können oder sollen;
- Kontrolle von Ergebnissen und Zielabweichungen, Entwicklung von Verbesserungsmaßnahmen, Überwachung von Qualitätsaudits etc.[78]

Fallbeispiel

Frau H. leitet seit 15 Jahren das Beratungszentrum eines konfessionell geprägten Trägers und trägt die Personalverantwortung für ca. 75 Mitarbeitende, die in den verschiedensten Handlungsfeldern der Sozialen Arbeit (Asyl, Sucht, Erziehungsberatung, Schuldnerberatung, Jugendsozialarbeit, Ganztagesbetreuung an Schulen etc.) arbeiten. Ihr beruflicher Werdegang ist in den ersten 15 Jahren durch praktische Erfahrungen in der Migrationsberatung und als Berufsbetreuerin beim gleichen Träger geprägt. Eine Bewerbung auf die vakante Leitungsstelle ließ sie zunächst ohne weitere Qualifikationen in das beschriebene Amt kommen. Aufgrund ihres großen Interesses an der neuen Aufgabe eignete sich Frau H. zunehmend die Kompetenzen an, die notwendig sind, um die klassischen Aufgaben des mittleren Managements zu erfüllen: Planung und Weiterentwicklung des Angebotsspektrums (strategisch), Personalführung (operativ), politische Repräsentierung in Gremien und Fachausschüssen (fachpolitisch). Frau H. leistet häufig nur die Vorarbeit für wichtige Entscheidungen, endgültige Beschlüsse werden dann vom ehrenamtlichen Vorstand getroffen. Frau H. wünscht sich natürlich, dass die Zeit kommen wird, wo auch die gesamten Entscheidungsbefugnisse endgültig in fachliche Hände gelegt werden und sie möglicherweise dann die volle Managementaufgabe übernehmen kann.

22.2.5 Sozialarbeiter/innen als Verbandsvertreter/innen

Position

In Deutschland gibt es einige tausend Verbände mit sozialen Zielsetzungen, sie werden deshalb als wichtig erachtet, weil davon ausgegangen wird, dass sie die für ein demokratisches politisches System notwendige gesellschaftliche Vielfalt zum Ausdruck bringen und repräsentieren. Den Anspruch, einen wichtigen Aspekt der Volkssouveränität zum Ausdruck zu bringen, erfüllen die Verbände vor allem durch folgende vier Funktionen:

---

[78] Siehe dazu: http://w4.humanithesia.org/files/VirtuelleFuehrung/Management-Aufgaben%20und%20-Modelle.pdf.

- Interessenaggregation: Eine Vielfalt von unterschiedlichen Meinungen und Positionen innerhalb der Gesellschaft wird durch die Verbände strukturiert und gebündelt und kann jetzt in Form von verbandspolitischen Programmatiken und Zielen in Erscheinung treten.
- Interessenselektion: Im Rahmen der verbandsinternen Willensbildung werden vor allem Interessen formuliert, die als realistisch durchsetzbar erscheinen. Auf diese Weise „filtert" der Verband die zahllosen Erwartungen und Wünsche und macht diese dann handhabbar.
- Interessenartikulation: Durch den Versuch der politischen Einflussnahme entstehen kollektive Verhaltenserwartungen, die dann im politischen System weiter kommuniziert und austariert werden können.
- Integration politischer Interessen: Verbände binden die/den Einzelne/n in das politische System ein und schaffen auf diese Weise das Gefühl des Dazugehörens. Diese Funktion ist also für die Befriedung der Gesellschaft elementar.[79]

Aufgaben

Die Aufgabe der Vorstände der einzelnen Verbände besteht darin, den Verband zu führen und rechtlich zu vertreten, Mitgliederentscheidungen herbeizuführen, Ausgaben und Rücklagenentnahmen zu kontrollieren und den Vorstand zu organisieren.

Fallbeispiel

Frau I. ist hauptamtlicher und geschäftsführender Vorstand eines überregional tätigen Sozialverbandes. Nach dem Studium stieg sie (stets politisch aktiv und interessiert) als hauptamtliche Mitarbeiterin in diesen Verband ein, bei dem sie sich durch persönliches und leidenschaftliches Engagement für die Sache des Verbandes schnell gut integrieren konnte. Vor allem der persönlichen Wertschätzung durch den Gesamtvorstand verdankt sie die Ernennung zur Geschäftsführerin. Inzwischen vertritt sie die Interessen des Verbandes in politischen Gremien und in der Öffentlichkeitsarbeit. Zudem plant und konzipiert sie das Jahresprogramm, das sich aus vielfältigen Unternehmungen und Veranstaltungen für die verschiedenen Zielgruppen sowie Fachvorträgen, Workshops und Bildungsangeboten zusammensetzt.

22.2.6 Sozialarbeiter/innen als Amtsleiter/innen

Position

Amtsleiter/innen unterstehen direkt den Oberbürgermeister/innen bzw. Landräten/Landrätinnen und sind weisungsgebunden. Sie sind ihren Vorgesetzten ge-

---

79 http://www.bpb.de/apuz/29798/funktionen-von-verbaenden-in-der-modernen-gesellschaft?p=all.

genüber für einen Teilbereich der öffentlichen Verwaltung, z. B. Jugendamt, Sozialamt, Ausländeramt etc. verantwortlich. Die Stellen dafür werden in der Regel landes- oder bundesweit ausgeschrieben. Aufgrund der Nähe zur Politik kommt dem Amt eine besondere Bedeutung zu. Für die Bewerber/innen um diese Positionen bedeutet dies vor allem, dass sie berücksichtigen müssen, dass kommunalpolitische Faktoren eine wichtige Rolle bei der Wahl von Amtsleitern und -leiterinnen spielen. Wer mit einer solchen Funktion liebäugelt, darf sich nicht darauf beschränken, sich fachlich zu profilieren, sondern muss auch über genügend politische Beziehungen verfügen, muss wichtige Netzwerke, Verbände etc. kennen und darin tätig (gewesen) sein, um für eine solche Position in Betracht zu kommen.

Aufgaben

Da die Politik inzwischen davon ausgeht, dass Amtsleiter/innen „vom Fach" sein sollten, ergeben sich auch für Sozialarbeiter/innen mit Masterabschluss sehr interessante Karrierechancen.[80]

Eine Stellenausschreibung der Stadt Wülfrath vom 13.11.2015[81] beschreibt die Aufgaben der Jugendamtsleiter/in wie folgt:

- Personal- und Budgetverantwortung für das Jugendamt
- Entwicklung, Abstimmung, Koordinierung und Steuerung von Zielen, Konzepten und Maßnahmen des Jugendamtes
- Entwicklung und Implementierung fachlicher Standards
- Entgelt- und Budgetverhandlungen mit Trägern der Jugendhilfe unter Beachtung der Wirtschaftlichkeit
- Durchführung von Qualitätsdialogen mit freien Trägern und Trägerkonferenzen
- jährliche Anpassung und Weiterentwicklung der Produkte der Jugendhilfe für die Haushaltsplanung
- Zusammenarbeit mit der Dezernatsleitung und der Verwaltungsführung, den politischen und fachlichen Gremien, den Trägern der Jugendhilfe und kooperierenden Systemen, wie dem Bildungsbereich und dem Gesundheitswesen
- Zusammenarbeit mit ehrenamtlich tätigen Bürgern und dem Jugendamtselternbeirat
- Bearbeitung von Beschwerden und Anfragen
- Erstellen von Vorlagen und Stellungnahmen für den Dezernenten, die Verwaltungsführung und den Jugendhilfeausschuss
- Vertretung des Fachamtes in regionalen und überregionalen Facharbeitskreisen
- Leitung der Abteilung Kinder- und Jugendförderung und der Fliege

---

80 Zwar ist der Masterabschluss nicht zwingend erforderlich, da aber möglicherweise in größeren Kommunen alle anderen Amtsleiter/innen über einen vollakademischen Grad verfügen, wird dieser dann meist auch in den sozialen Ämtern vorausgesetzt.
81 http://www.stepstone.de/stellenangebote–Jugendamtsleiter-in-Wuelfrath-Stadt-Wuelfrath–3511290-inline.htm.

- Initiierung und Koordination der Öffentlichkeitsarbeit.

Fallbeispiel

> *Frau M. ist seit ihrer Jugend in einer mittleren Großstadt im Sozialbereich ehrenamtlich und politisch tätig. Auch während ihrer Praktika im Rahmen ihres Diplomstudiums an der Fachhochschule brachte sie sich in die Sozialarbeit dieser Kommune ein. Im Rahmen einer mehr als 15-jährigen Tätigkeit als Leiterin eines zentral gelegenen „Bürgertreffs" konnte sie ihre Kontakte zu allen wichtigen Stake Holdern vertiefen und sich in verschiedene Bürger/innenbegehren etc. konstruktiv einbringen. Als schließlich die Wahl der neuen Leitung des Jugendamtes anstand, wurde unter anderen auch Frau M. angesprochen, sich zu bewerben. Seit sieben Jahren ist sie nun im Amt und aufgrund ihrer Kenntnis der lokalen Gegebenheiten und ihrer vielfältigen Kontakte im Bereich der Kommunalpolitik und der Verbände eine geschätzte Ansprechpartnerin, fachliche Vertreterin und politische Strategin für die Belange von Kindern und Jugendlichen in dieser Stadt.*

22.2.7 Sozialarbeiter/innen als Sozialunternehmer/innen

Position

Im Zuge der wachsenden Nachfrage nach personenbezogenen Dienstleistungen, der zunehmenden Ausdifferenzierung des Hilfebedarfs der Klientel und der sich durchsetzenden Marktorientierung sind auch neue Arbeitsperspektiven für engagierte Sozialarbeiter/innen, die sich selbstständig machen möchten, entstanden. Bereits heute wird der Anteil der Selbstständigen in der Sozialen Arbeit auf 6 % geschätzt, ein großer Teil von ihnen hat eigene Unternehmen auf privatwirtschaftlicher oder gemeinnütziger Basis mit teilweise erheblichem wirtschaftlichem und fachlichem Erfolg gegründet.

Aufgaben

Das von der Bundesregierung unterstützte RKW-Kompetenzzentrum formuliert folgende Persönlichkeitsvoraussetzungen, die sich begünstigend auf den Erfolg und die Gesundheit eines Unternehmers auswirken können:

- *„Ziele & Motivation: Zielstrebigkeit, Ergebnisorientierung, klare Zielsetzung, Fähigkeit zur Selbstmotivation, Ausdauer (kann Ziele formulieren, stellt Pläne auf, liefert Ergebnisse, gibt bei Rückschlägen nicht auf, hat schon länger Projekte/Aufgaben bearbeitet).*
- *Umgang mit Mitarbeitern/Führung: Mitarbeitermotivation, Teamfähigkeit, Mitarbeiterführung, Organisationstalent, Institutionen-Kenntnis (macht Zielvorgaben, begründet Zielvorgaben, verteilt Arbeit, lobt, leitet gerne Besprechungen, löst Probleme in kurzer Zeit).*

- *Soziale Kompetenz: Kontaktfreudigkeit, Konfliktbereitschaft, Durchsetzungsfähigkeit, Einfühlungsvermögen (geht auf Andere zu, hört zu, meidet Auseinandersetzungen nicht, widerspricht auch mal, gibt auch mal nach, argumentiert ruhig und analytisch).*
- *Umgang mit Kunden: Akquisitionskompetenz, Vertriebskompetenz, Abschlussstärke (wirkt sympathisch, kennt die Rituale).*
- *BWL: Profitorientierung, Marktkenntnis, Marketingkenntnisse (kennt Konkurrenz und Zielgruppe, hat eine Marketingstrategie).*
- *Kreativität: Innovationsfähigkeit, Weltoffenheit, Querdenken, Interdisziplinarität (fragt nach anderen Meinungen, kennt neue Medien, bedient sich anderer Fachleute, ist vielseitig interessiert).*
- *Emotionale Stabilität: Belastbarkeit, Risikobereitschaft, Krisenfestigkeit, Gelassenheit (wirkt trotz Stress gelassen, ist zur Aufnahme von Darlehen/ Krediten bereit, bleibt auch gegenüber Bürokraten cool, geht kalkulierbare Risiken ein).*
- *Kognitive Kompetenz: Wesentliches erkennen können, Entscheidungsfreude, Konzentrationsfähigkeit (setzt Prioritäten, wägt Vor- und Nachteile von Alternativen ab, antwortet nach angemessener Zeit).*
- *Ausstrahlung: Sicheres Auftreten, sympathisches Äußeres, Selbstbewusstsein, Vertrauenswürdigkeit (ist freundlich, ist angemessen gekleidet, lächelt, ist pünktlich).*
- *Selbsterfahrung: Abgrenzungsstärke, Fähigkeit zur Selbstüberprüfung, Rollenbewusstsein (erinnert sich an Irrtümer und Fehler, verhält sich in unterschiedlichen Situationen jeweils angemessen, kann sich selbst kritisieren, analysiert Erfolge und Misserfolge).*
- *Wissen/Bildung: Fachkenntnisse, EDV, globalistische Bildung, aktuell informiert etc. (abgeschlossene Ausbildung, beherrscht MS-Office, Internet, spricht Fremdsprachen, liest Wirtschaftsmagazine, hat mind. ein Jahr Berufserfahrung).*
- *Selbstreflexion/Selbstakzeptanz: überprüft die innere Einstellung bzw. Haltung (Transformation unangemessener Haltungen in angemessene).*
- *Gesundheitskompetenz: Zusammenhang von Arbeit und Gesundheit, Entspannungsfähigkeit, Work-Life-Balance (kann abschalten, ernährt sich gesund, bewegt sich regelmäßig, schafft gesunde Arbeitsbedingungen)"* (http://www.guss-net.de/gesundheit-und-sicherheit/gruender/kompetenzen-¬ nutzen/anforderungen-an-gruender-ein-ueberblick/).

Fallbeispiel

Herr W. galt schon während seines Studiums als Querdenker und Freigeist. Er konnte sich nie recht vorstellen, bei einem klassischen Träger der Sozialen Arbeit angestellt zu sein und die mit dieser Form der Anstellung verbundenen Zwänge und Einschränkungen auf sich nehmen zu müssen. Deshalb gründete er gleich nach dem Studium eine GmbH und bot der Kommune im Bereich der Jugendhilfe-

> *maßnahmen seine Dienste an. Da Herr W. – im Gegensatz zu den klassischen Anbietern vor Ort – sehr sport-, abenteuer- und freizeitorientierte Jugendhilfemaßnahmen anbietet, konnte sich sein Unternehmen nach zehn Jahren zu einem regional geschätzten Anbieter für Hilfen zur Erziehung mit Einzel- und Gruppenangeboten entwickeln. Herr W. operiert hier stets am „Puls der Zeit" und überarbeitet jährlich die Gesamtkonzeption im Hinblick auf innovative und zeitgemäße Angebote für Jugendliche. Zu seiner, meist freiberuflich angestellten Belegschaft zählen neben Sozialpädagogen/Sozialpädagoginnen und Sozialarbeiter/innen auch Sportwissenschaftler/innen, zertifizierte Antigewalttrainer/innen, Förderlehrer/innen, Psychologen/Psychologinnen und Kampfkünstler/innen.*

22.3 Personalentwicklung als Zukunftsaufgabe

Nimmt man ernst, was die einschlägigen Theorien über gegenwärtige und zukünftige Generationen in Bezug auf Leistungsbereitschaft und Arbeitseinsatz aussagen, dann kann man davon ausgehen, dass die Mitarbeiter/innen auch im sozialen Bereich immer weniger bereit sein werden, sich in einer Firma durch einen voll umfänglichen Einsatz nach oben durchzukämpfen. Vielmehr erwartet die Generation Y, dass ihnen die Firmen ein Umfeld bereitstellen, in dem Arbeit und Freizeit, Arbeitgeber- und Arbeitnehmerinteressen sorgfältig ausbalanciert werden können (zusammenfassend: Dahlmann 2014). Als Beispiel kann hier vor allem der Bereich der Kindererziehung gelten: Immer mehr Frauen und Männer möchten gerne ihre berufliche Karriere unterbrechen, um Zeit fürs eigene Kind zu haben, ohne allerdings deswegen bereit zu sein, zukünftige materielle Nachteile oder finanzielle Einbußen in Kauf zu nehmen.

Diese Ansprüche sind vor allem insofern nicht von der Hand zu weisen, als es in den kommenden Jahren in allen Bereichen zu einer Knappheit an Bewerbern und Bewerberinnen kommen wird, und diese dann in eine stärkere Position innerhalb des Betriebs kommen werden.

Die Einrichtungen oder Unternehmen im sozialen Bereich müssen sich insofern dreifach neu ausrichten:

1. Sie müssen den Rückstand, den sie innerhalb der Personalentwicklung gegenüber wirtschaftlichen Unternehmen haben, aufholen. Dieser Rückstand ist oben in Kap. 22.1 bereits beschrieben worden.
2. Sie müssen damit rechnen, dass „Arbeitssegmente, die geringe Qualifikationen voraussetzen, chronisch schrumpfen" (Alheit/Dausien 2010, S. 721) werden, was bedeutet, dass das alte System der Fort- und Weiterbildung zum Zwecke der Erweiterung isolierter Kompetenzen an seine Grenzen kommt.
3. Sie müssen sich am neuen Konzept des „biografischen Lernens" (ebd., S. 722) orientieren, um überhaupt noch Menschen für sich gewinnen zu können, die für die Dauer ihrer beruflichen Karriere sozial motiviert und engagiert bleiben.

Grundsätzlich umfasst das Konzept des lebenslangen Lernens folgende Elemente (ebd., S. 723 ff.):

- Allgemeinbildung: Sie erfolgt im Rahmen von Schule und Hochschule und ermöglicht bestimmte Startchancen und bildet die Voraussetzung für spätere Weichenstellen im beruflichen Lebensweg.
- Berufliche Erstausbildung: Sie baut auf den durch die Allgemeinbildung geschaffenen Kompetenzen auf und bildet die Grundlage für den Einstieg in die Erwerbsbiografie. Dabei spielt die Qualität des ausbildenden Unternehmens eine wichtige Rolle.
- Berufliche Weiterbildung: Sie eröffnet zwar neue Möglichkeitsräume, bleibt aber häufig vom Ausgangsniveau und von vorstrukturierten Laufbahn- und Karrieremustern abhängig. Als weiterführende Möglichkeiten bieten sich nachgeholte Bildungsabschlüsse, die ständige Weiterbildung und Qualifizierung sowie die Erfüllung eigener „Bildungswünsche" an.

Biografisches Lernen bedeutet nun, dass es für die/den Einzelne/n in Zukunft nicht nur darum gehen kann und wird, die verschiedenen Elemente zu nutzen, sondern vor allem darum, die verschiedenen Stadien des lebenslangen Lernens persönlich bedeutsam werden zu lassen. Dies setzt aber voraus, dass die Unternehmen die (biografisch begründeten) Erwartungen der Mitarbeiter/innen viel ernster nehmen als bisher und bereit sind, unkonventionelle Wege der Personalführung zu gehen.

Die im Folgenden dargestellten Beispiele sollen zeigen, wie eine zukünftige Personalförderung nicht aussehen sollte:

- *Sozialarbeiter W ist nach zehnjähriger Familienzeit wieder in sein altes Sozialunternehmen zurückgekommen. Nach drei Jahren beruflicher Tätigkeit wächst in ihm der Wunsch, ein Masterstudium berufsbegleitend aufzunehmen. Darauf stellt ihn die Einrichtung vor die Alternative: wie gewohnt weiterarbeiten oder kündigen!*
- *Die sehr erfahrene Sozialarbeiterin X bekommt von einer Fachhochschule das Angebot, für zwei Jahre als Praxisdozentin tätig zu sein. Ihr Anstellungsträger, eine mittelgroße Kommune, ist nicht bereit, sie für die Dauer dieser Tätigkeit zu beurlauben. Das Argument: Die Stadt ist nicht dazu da, um die Arbeit an Hochschulen zu unterstützen!*
- *Sozialarbeiterin Y möchte mit Partner und Kleinkindern im Rahmen einer zwölfmonatigen Auszeit eine Weltreise durchführen. Der Arbeitgeber sieht darin einen Luxuswunsch, den er nicht zu erfüllen bereit ist. Frau Y soll bleiben oder kündigen!*
- *Sozialarbeiterin Z möchte gerne ihr Wissen im Bereich der Psychoanalyse vertiefen und beantragt eine Weiterbildung zur „Familientherapeutin". Die Einrichtung ist daran nicht interessiert und untersagt der Mitarbeiterin die Durchführung dieser Maßnahme auch in ihrer Freizeit und auf eigene Kosten mit dem Argument, die Arbeit würde dadurch Schaden leiden.*

Es ist nicht die Zielsetzung dieses Kapitels, das Thema Weiterbildung und lebenslanges Lernen umfassend zu behandeln. Aber zumindest anhand der Beispiele dürfte deutlich geworden sein, dass dieser Bereich weit mehr erfordert, als die klassischen Instrumente der Personalentwicklung einzusetzen. Kaum jemand wird sich auf Dauer mehr allein um der reinen Ehre willen lebenslang an eine Organisation binden.

Gerade wenn man davon ausgeht, dass nicht wenige Menschen, die im sozialen Bereich arbeiten möchten, einen eher kreativen, innovativen reflexiven etc. Lebensstil führen wollen, dann müssen sich insbesondere die Einrichtungen der Sozialen Arbeit mit ihren Personalabteilungen darauf einstellen: Sie sollten in ihren unterstützenden Maßnahmen mindestens genauso innovativ und kreativ sein wie ihre Mitarbeiter/innen!

23 DIE PROFESSION UND IHRE KLIENTEL

Eine der größten Schwierigkeiten im Bereich der Sozialen Arbeit ergibt sich aus dem Umstand, dass es keinen eindeutigen Begriff für die Menschen gibt, an die sich ihre Angebote richten.

Während Rechtsanwälte und Rechtsanwältinnen von ihren „Mandanten/Mandantinnen" ein imperatives Mandat erhalten, wonach sie verpflichtet sind, ausschließlich deren Interessen zu vertreten und bei Zuwiderhandlung zur Rechenschaft gezogen werden können, suchen „Patienten/Patientinnen" bei Ärzten/Ärztinnen nach einem vertrauensvollen Verhältnis, im Rahmen dessen der Arzt/die Ärztin die jeweiligen Sorgen und Ängste ernst nimmt und durch Fachkompetenz eine unter Umständen vorliegende Krankheit feststellt und zu heilen oder zumindest zu lindern versucht. Konstitutiv für beide Verhältnisse ist in jedem Falle eine ungleiche Machtverteilung (Glahn o. J.).

Einen so klaren Begriff vom hilfesuchenden Menschen kann die Soziale Arbeit natürlich nicht bieten, und dies hat damit zu tun, dass bereits in deren Grundauftrag, der „Hilfe zur Selbsthilfe", die Problematik zum Ausdruck kommt, dass

1. in jedem Hilfeprozess stets die (noch) vorhandene Autonomie des/der Hilfesuchenden und deren persönlicher Wille zu berücksichtigen ist, und
2. der Auftrag, der sich aus diesem Willen und der spezifischen Lebenssituation ableitet, von den Sozialarbeitern/Sozialarbeiterinnen erst im Dialog bzw. im Rahmen einer Metakommunikation ausgehandelt werden muss.

Entsprechend sind in unterschiedlichen Arbeitsfeldern und Praxen eine Vielzahl von Begriffen entstanden. Diese Begriffe gehen theoretischen Trends nach und können somit auch wieder außer Gebrauch geraten. So ist es heute zum Beispiel nicht mehr üblich, von „Fürsorgefällen" zu sprechen, da sich dahinter ein Menschenbild verbirgt, das den Menschenrechten, wie wir sie heute allgemein akzeptieren, nicht mehr entspricht.

In diesem Kapitel sollen daher alle heute gängigen Begrifflichkeiten vorgestellt, deren theoretischer Hintergrund erläutert und implizite Chancen und Gefahren der jeweiligen Begriffsanwendung aufgezeigt werden. Es sind dies der seit langem gebräuchliche und aus der Therapie stammende Begriff „Klient/in" (Kap. 23.1), der meist nur im Bereich der Bewährungshilfe verwendete Begriff „Proband/in" (Kap. 23.2), der häufig von Vertretern und Vertreterinnen des Lebensweltansatzes gebrauchte Begriff „Adressat/in" (Kap. 23.3), der heute z. B. im Bereich des Internets auftauchende neutrale Begriff „Nutzer/in" (Kap. 23.4), der aus der Sozialwirtschaft abgeleitete Begriff „Kunde/Kundin" (Kap. 23.5), der aus dem Sozialrecht stammende Begriff „Leistungsberechtigte/r" (Kap. 23.6) und der im Rahmen politikwissenschaftlicher Ansätze verwendete Begriff „Bürger/in" (Kap. 23.7).

Alle Begriffe sind geeignet, die Aufmerksamkeit der Sozialen Arbeit auf bestimmte Aspekte ihrer Zielgruppen zu lenken und müssen daher sorgfältig auf ihre praktischen Implikationen hin analysiert werden. Welcher Begriff dann wann und wo verwendet werden muss oder soll, muss dann in den jeweiligen

Organisationen vor dem Hintergrund konzeptioneller Überlegungen entschieden werden (Kap. 23.8).

23.1 Soziale Arbeit als schützende Profession: der Klient/die Klientin

Der Begriff „Klient/in" stammt ursprünglich aus dem Lateinischen und bedeutet nach dem Duden so viel wie „Schutzbefohlener" oder „Höriger". Seit den 1960 Jahren hat sich dieser Begriff vor allem aufgrund der damals vorherrschenden Orientierung der Sozialarbeit/Sozialpädagogik an Theorien und Begriffen der (kritischen) Psychotherapie eingebürgert. Damit sollte zum Ausdruck gebracht werden, „dass es sich bei der Klientenbeziehung um eine asymmetrische Arbeitsbeziehung handelt, in der fachlich geschulte Professionelle anderen Menschen zeitlich und inhaltlich begrenzt Hilfe und Unterstützung in persönlichen Lebensfragen bieten" (Großmaß 2011, S. 3). Gleichzeitig sollte angedeutet werden, dass die Beziehung zwischen Therapeut/in und Klient/in ein zentraler Wirkfaktor für den Erfolg einer Therapie ist („therapeutische Allianz") und dass eine solche Beziehung nur dann erfolgreich wirken kann, wenn das Wissen des Therapeuten/der Therapeutin über eine vorliegende Störung vom Klienten/von der Klientin angenommen und genutzt wird.

Seit den 1980er Jahre hat sich dann im Bereich der Sozialen Arbeit anstelle des Begriffs der „therapeutischen" der der „helfenden" Beziehung eingebürgert. Grund dafür war die eingehende Auseinandersetzung mit der Methodik der klientenzentrierten Gesprächstherapie von Carl Rogers (siehe ausführlich Kap. 10.4). Dabei sind vor allem zwei mögliche Interpretationen entstanden:

(1) Nach Bechtler (1997) zielt die Methode der helfenden Beziehung in sehr behutsamer Weise darauf, die „Gesamtheit der zwischen Klient(-System) und Sozialarbeiter in einem Hilfeproz(eß ablaufenden Interaktionen mit dem Ziel der psychosozialen Problemlösung für den Klienten" (S. 457) zu gestalten. Die Grundsätze der klientenorientierten Therapie sollen dabei vor allem (und nur dann!) methodisch eingesetzt werden, wenn Schwierigkeiten oder Hindernisse im Hilfeprozess durch Beziehungsstörungen ausgelöst werden:

> *„Im Ablauf der helfenden Beziehung sind folgende Phasen zu unterscheiden, die in den verschiedenen Arbeitsformen (Einzel-, Familien- und Gruppenarbeit) eine jeweils spezifische Ausprägung erfahren: Die erste Phase ist gekennzeichnet durch das Bemühen des Sozialarbeiters, das Vertrauen des Klienten zu gewinnen und ihn zur aktiven Mitarbeit zu motivieren. Im Kontrakt werden Bedingungen und Ziele der gemeinsamen Arbeit festgelegt. Auf der Basis einer ausreichend stabilen vertrauensvollen Beziehung kann in der zweiten Phase an der Problemlösung gearbeitet werden. Die Beziehung Sozialarbeiter-Klient wird i. d. R. nur dann thematisiert, wenn sie durch Störungen, wie z. B. starke Übertragungsreaktionen etc., beeinträchtigt ist. Die helfende Beziehung kann modellhaft genutzt werden in der Weise, daß der Klient im Umgang mit dem Sozialarbeiter seine konflikthaften Einstellungen und Erfahrungen auf*

die Beziehungen in seiner Umwelt übertragen lernt. In der Schlußphase wird die erreichte Problemlösung stabilisiert und die Ablösung und das Selbständigwerden des Klienten vorbereitet" (ebd.).

(2) Nach Ansicht von Mechthild Seithe (2008) kann die „helfende Beziehung" als Basis für eine eigenständige „Sozialpädagogische Variante der Klientenzentrierten Beratung" genutzt werden, wenn sie im Sinne der von ihr entwickelten Methode des „Engaging" (ebd., S. 14) interpretiert wird. Im Rahmen dieses Verständnisses werden alle persönlichen und sachbezogenen Aufgaben und Themen in der Beratungsarbeit „durch den Einsatz der Klientenzentrierten Beratung als Basis- oder Hintergrundmethode" so unterfüttert, dass eine „empathische Arbeit (…) in allen möglichen Phasen und Beratungszusammenhängen" möglich wird, sodass „die Klientenzentrierte Beratung auch in der Sozialen Arbeit in vollem Umfang und in allen Praxisfeldern und im Kontext der meisten methodischen Zugänge ihre Wirkung in Richtung Empowerment ihrer Klientel entfalten kann" (ebd., S. 133). Seithe ist zudem der Überzeugung, dass sich mit diesem Ansatz nicht nur Motivierungsprobleme überwinden lassen. Auch eine (ernsthafte) Konfrontation mit den Klienten und Klientinnen erscheint ihrer Ansicht nach dann unproblematisch, wenn sie eingebunden ist „in eine nicht-direktive, empathische und akzeptierende Grundhaltung, die es vermeidet, die KlientIn zu etwas zu zwingen, sie zu blamieren, zu überreden, sie fremd zu bestimmen, ihr Ziele und Lösungen vorzugeben oder sie als Objekt zu behandeln" (ebd., S. 43). Klientenzentrierung erscheint damit als Lösung für alle Beratungsaufgaben in der Sozialen Arbeit: „Man macht sich dabei die Erfahrung zunutze, dass sich Menschen paradoxerweise häufig dann ändern, wenn man sie annimmt, wie sie sind" (ebd., S. 39).

Deutlich wird in beiden Darstellungen, dass eine im Sinne von Carl Rogers verstandene Klientenorientierung ein wichtiges Element im Beratungsprozess sein kann. Und die mit dem Begriff „Klient/in" verbundene sozialarbeiterische Haltung wird sicher von vielen beratungsuchenden Personen als durchaus angenehm empfunden, da sie Schutz und Verständnis signalisiert, etwas, was die Klientel oftmals von ihrer eigenen Umwelt ja gerade nicht erhält. Dieser therapeutische Schutzraum erlaubt es ihnen, sich zu öffnen und die verdeckten Ursachen von Schwierigkeiten und Störungen zu identifizieren und zu bearbeiten.

Wie effektiv dieser methodische Zugang tatsächlich ist, kann hier nicht beurteilt werden, insbesondere da anzunehmen ist, dass die Sozialarbeiter/innen das dafür erforderliche Vertrauensverhältnis in der Regel sowohl wegen zeitlicher Begrenzungen als auch aufgrund fehlender methodischer Kompetenzen nicht gezielt aufbauen können (Arnold 2003, S. 159 f.). In der Praxis scheint es eher zu „einem inneren Abschied von hochgesteckten Idealen" zu kommen, „die als ‚Worthülsen' (Galuske 2002, S. 73) für methodisches Handeln zu Grundprinzipien der täglichen praktischen Arbeit gemacht werden" (Arnold 2003, S. 159).

Allerdings ergeben sich aus sozialarbeitswissenschaftlicher Sicht neben den methodischen auch einige grundsätzliche Einwände gegenüber einer vorbehaltlosen Anwendung eines klientenorientierten Ansatzes in der Praxis der Sozialen Arbeit:

1. Eine solche Form der persönlichen Beratung kann von der Klientel aufgrund der damit verbundenen Nähe auch als Beeinträchtigung der eigenen Persönlichkeit, als Kolonialisierung der eigenen Lebenswelt empfunden werden und zu Gegenreaktionen wie z. B. Ablehnung, Abwehr, Widerstand etc. führen.
2. Die Soziale Arbeit kann sich nicht damit begnügen, lediglich die subjektive Seite der jeweiligen sozialen Problematik (d. h. die Sichtweise der Klientel) zu thematisieren und zu bearbeiten. Wenn es aber auch darum geht, objektiv oder stellvertretend zu handeln, dann birgt dieses ungleiche Verhältnis auch die „Gefahr der Bevormundung und der Missachtung der Bedürfnisse der Klienten" (Mairhofer 2014, S. 81) in sich.
3. Wichtige Machtungleichgewichte können sich vor allem dadurch einstellen, dass die Sozialarbeiter/innen nicht nur als Personen, sondern auch als Mitglieder von Organisationen mit den dazugehörenden Entscheidungs- und Sanktionsbefugnissen handeln. Damit aber verfügen sie auch über „die Kontrolle institutioneller Ressourcen, die Definitionsmacht im Hinblick auf relevante Wirklichkeitsbereiche (z. B. Diagnosen) und die Beziehungsmacht in professionellen Settings" (Mairhofer 2014, S. 29).
4. Wenn die klientenzentrierte Methode in der Sozialen Arbeit sich zum Ziel setzt, in Richtung „Empowerment" zu wirken (Seithe 2014, S. 133), dann stellt sich die Frage, wie dies im Rahmen dieser Methode erreicht werden kann. Anders formuliert: Kann Empowerment nicht erst da wirksam werden, wo die Klientenzentriertheit aufhört?
5. Zudem stellt sich natürlich auch die Frage, ob die Mehrzahl der Professionellen überhaupt über die für eine solche beziehungsorientierte Hilfeform erforderlichen personalen und professionellen Handlungskompetenzen verfügt. Wenn Therapeuten/Therapeutinnen auf der Basis eines Psychologiestudiums dafür jahrelange Zusatzausbildungen benötigen, so erscheint ein solches Kompetenzniveau für die Mehrheit der Sozialarbeiter/innen kaum erreichbar.

Vieles spricht offensichtlich dafür, dass die Soziale Arbeit das Prinzip der Klientenorientierung nur in wenigen Arbeitsfeldern und unter der Bedingung einsetzt, dass es sich hierbei um (persönlichkeits-)schwache und damit wenig autonom handelnde Klienten und Klientinnen handelt, die sich freiwillig unter den Schutz von Sozialarbeiter/innen begeben, die für diese Art der Beziehungsgestaltung in besonderem Maße geschult sind. Auf diese Weise können diese Menschen in ihrer Persönlichkeitsentwicklung gestützt werden und lernen, zunehmend selbstbewusst zu handeln. Spätestens wenn erste Fortschritte erreicht sind, sollte aber eine Orientierung einsetzen, die sich die volle Selbstständigkeit zum Ziel setzt und die das Treffen von Entscheidungen und das Eingehen der damit verbundenen Risiken den Klienten/Klientinnen selbst überlässt (Mührel 2008).

23.2 Soziale Arbeit als ausführende Profession: der Proband/die Probandin

Da die Tätigkeit als hauptamtliche/r Bewährungshelfer/in in allen Bundesländern eine abgeschlossene Ausbildung als akademische Sozialarbeiter/in mit staatlicher Anerkennung voraussetzt, muss hier auch der Begriff Proband/in, der insbesondere für straffällig gewordene und unter Bewährung stehende Personen verwendet wird, erwähnt werden. Sozialarbeiter/innen, die hier tätig sind, betreuen Menschen, die zum Teil sehr schwierig, gefährdet und möglicherweise gefährlich sind und nicht selten in ihrem Leben erhebliche Schädigungen erfahren und ungünstige Wege eingeschlagen haben. Hierbei spielt zunächst vor allem die Wahrnehmung einer Aufsichtsfunktion eine entscheidende Rolle. Bewährungshelfer/-innen müssen die Lebensführung ihrer Probanden/Probandinnen beobachten und beaufsichtigen, im Zweifelsfall gegenüber den Gerichten Auflagenverstöße melden und fachlich begründete Beurteilungen über die Entwicklung der jeweiligen Persönlichkeit abgeben. Dabei fungiert in der Regel der/die Präsident/in des jeweiligen Landgerichtes als Dienstaufsicht, die Fachaufsicht wiederum liegt bei den Richtern/Richterinnen, die im Einzelfall zuständig sind.

Bewährungshelfer/innen sollen den Probanden/Probandinnen einerseits Hilfestellung zur Lebensbewältigung geben und sie andererseits davor bewahren, erneut straffällig zu werden. Wie stark die Sozialarbeiter/innen in diesem Bereich jedoch vor allem kontrollierend auf deren Leben einwirken, zeigt die folgende Tätigkeitsbeschreibung des Deutschen Berufsverbandes für Soziale Arbeit e. V.:

„Der(die) BewährungshelferIn entscheidet darüber, welche Einzelheiten der Lebensumstände des Probanden dem Richter mitzuteilen sind. Manche Richter und BewährungshelferInnen vertreten die Meinung, daß in den Berichten nur wenige Fakten anzuführen sind, z. B. Wohnung, Arbeit, Finanzverhältnisse, Straftaten, Gefährdungsfaktoren. Andere Richter und BewährungshelferInnen halten demgegenüber eine ausführliche Berichterstattung für notwendig, weil der Richter umfassend über das Verhalten des Verurteilten und die Arbeit mit ihm unterrichtet werden müsse und nur so eine gerechte richterliche Entscheidung sichergestellt werden könne.“[82]

Wenn zugleich für diese Arbeit Einzelgespräche, Hausbesuche und vielfältige Kontakte zu den Angehörigen und sonstigen Kontaktpersonen als vorrangige Methoden genannt werden (ebd.), dann stellt sich die Frage, wie die Sozialarbeiter/innen mit dem damit verbundenen Konflikt umgehen, dass sachlich-rechtliche Entscheidungen durch vertrauliche Informationen beeinflusst und insbesondere die Privatsphäre der Probanden/Probandinnen massiv verletzt und damit gegen zentrale ethische Prinzipien der Sozialen Arbeit verstoßen wird. Vor diesem Hintergrund ist es interessant zu sehen, dass sich die im DBSH e. V. zusammengeschlossenen Sozialarbeiter/innen trotzdem vehement gegen die Einführung eines „Sozialdienstes Justiz", der „Bewährungshilfe, Führungsaufsicht, Gerichts-

---

82 https://www.dbsh.de/beruf/berufsbilder/bewaehrungshelferin.html.

hilfe und vielleicht sogar den Sozialdienst der Vollzugsanstalten umfaßt" (ebd.), aussprechen. Sie tun dies aus dem Grund, weil sie befürchten, dass ein eigenständiges Berufsbild, in Großbritannien z. B. der „Probation Officer", sie noch stärker von den Werten, Zielen und Methoden der Sozialen Arbeit entfernen und den Vorgaben der Justizministerien unterwerfen würde.

Die Soziale Arbeit befindet sich in diesem Bereich offensichtlich in einem Dilemma. Um wichtige Aspekte eines sozialarbeiterischen Zugangs zu den Probanden/Probandinnen der Straffälligenhilfe sicherstellen zu können, wie z. B. Beziehungsarbeit, Sorge um materielle und familiäre Problemlagen etc., soll und muss offensichtlich der Nachteil einer Zuspitzung des doppelten Mandats in Form der Wahrnehmung von Aufsichtsrechten und -pflichten gegenüber den Betroffenen in Kauf genommen werden.

Aus dem Dargestellten wird ersichtlich, dass die Verwendung des Begriffs „Proband/in" offensichtlich als Sonderfall sozialarbeiterischer Beziehungsgestaltung aufgefasst und von den betreffenden Sozialarbeitern und Sozialarbeiterinnen entsprechend umsichtig gehandhabt werden muss. Mit Sicherheit kann man allerdings davon ausgehen, dass in diesem Beziehungsverhältnis berufsethische Konflikte die Regel sind und von den jeweils verantwortlichen Praktiker/innen persönlich gelöst werden müssen. Um diesen Konflikten auszuweichen, fordern z. B. Kurze/Störkel-Lang dazu auf, vertrauensvolle Beziehungen nicht ins Zentrum der Bemühungen zu stellen (in: Arnold 2003, S. 139). Andere plädieren für eine Arbeitsteilung zwischen Sozialarbeitern/Sozialarbeiterinnen mit der Funktion „Bewährungshilfe" und Laienhelfern/Laienhelferinnen mit der Funktion „Beziehungsarbeit" (Müller-Kohlenberg, in: ebd., S. 140). Dies widerspräche allerdings nicht nur der o. a. methodischen Bedeutung von Beziehungsarbeit für den Erfolg Sozialer Arbeit, sondern auch der Behauptung, dass Beziehungsarbeit nicht einfach intuitiv zu leisten ist, sondern erlernt werden muss. Insofern stellt Wolfgang Klug zu Recht die Frage, ob es nicht an der Zeit wäre, anzuerkennen, dass eine Allgemeine Sozialarbeitswissenschaft, wie sie an den grundständigen Studiengängen gelehrt wird, damit überfordert ist, in komplexe Aufgabenfelder umfassend einzuführen, und ob es deshalb nicht sinnvoll wäre, die Bewährungshilfe als „Fachsozialarbeit" zu konstituieren und in weiterführenden Studiengängen vertiefend anzubieten (Klug 2014, S. 407).

23.3 Soziale Arbeit als gestaltende Profession: der Adressat/ die Adressatin

Um die mit dem Begriff Klient/in verbundenen theoretischen und praktischen Schwierigkeiten erst gar nicht aufkommen zu lassen, gebrauchen insbesondere die Vertreter/innen einer alltags- und lebensweltorientierten Sozialen Arbeit den Begriff „Adressat/in". Der Grundgedanke dabei ist, dass man Menschen in psychosozialen Problemlagen möglicherweise bereits dann ausreichend unterstützen kann, wenn man im Rahmen einer empirisch ausgerichteten Lebenslagenforschung versucht, deren Bedürfnisse und Bedarfe (z. B. nach persönlicher

Beratung, nach Formen der Kinderbetreuung, nach ökologischen und materiellen Ressourcen etc.) zu erheben und über die Entwicklung eines umfassenden, niedrigschwelligen und damit nichtstigmatisierenden Hilfeangebots zu befriedigen. Voraussetzung dafür, dass dies gelingt, ist allerdings nicht nur die fundierte Kenntnis der allgemeinen Lebenslagen der jeweiligen Zielgruppen, sondern auch deren Lebensläufe und Lebenswelten. Vorhandene Angebote müssen also stets qua Datenerhebung auf ihre Passgenauigkeit überprüft und vor dem Hintergrund der Vorstellungen der Adressaten/Adressatinnen abgeglichen werden (Thiersch 2002, S. 160). Von den Adressaten/Adressatinnen wird dabei erwartet, dass sie die Angebote als hilfreich anerkennen, denn „Adressat_innen beschreiben somit die Personen in der Sozialen Arbeit, welche die Angebote tatsächlich nutzen" (Graßhoff 2015, S. 8).

Der Begriff Adressat/in rückt die Personen, um die es geht, in den Mittelpunkt und erwartet, dass die jeweiligen Hilfen an deren Lebenssituation ausgerichtet werden. Graßhoff (2015, S. 7) bezeichnet „Adressat_innenorientierung" (sic!) daher auch als eine normative Haltung, die „implizit mit einer gewisse(n) kritische(n) Distanz zu den bestehenden Angeboten und Institutionen der Sozialen Arbeit und den Kompetenzen der Fachkräften verbunden ist" (ebd., S. 12). Der Ansatz geht also davon aus, dass bisherige Angebote zu wenig an den Belangen der Betroffenen orientiert waren und daher immer wieder neu justiert werden müssen.

Insbesondere im Bereich der Sozialraumorientierten Sozialen Arbeit (siehe dazu ausführlich Kap. 10.2.3) gibt es zahlreiche Versuche, die Bedürfnisse und Bedarfe der Adressaten/Adressatinnen nicht nur im Vorgriff durch sozialplanerische Maßnahmen zu erheben, sondern auch mit diesen gemeinsam zu entwickeln und umzusetzen. So gibt es heute in allen Großstädten z. B. kommunal oder verbandlich organisierte Informations- und Beratungszentren für alte und pflegebedürftige Menschen, die nicht nur die Aufgabe haben, über die vorhandenen Angebote zu informieren, sondern zugleich auch sich verändernde oder verstärkende Bedarfe zu registrieren und darauf entsprechend zu reagieren. Auch im Bereich der Kinder- und Jugendhilfe spielt die sozialraumorientierte Planung eine große Rolle. Hier gehen Städte sogar dazu über, auch die Verwaltungs- und Planungsstellen in den Sozialraum hinein zu verlagern, um so vor Ort die Adressaten/Adressatinnen besser informieren und unterstützen zu können. Andere Beispiele sind die Versorgungsnetzwerke in den Bereichen Gesundheit oder Psychiatrie.

Eine völlig neue Form dieser Hilfe soll derzeit im Bereich psychosozial belasteter Familien durch „Familienhebammen" entstehen (Graßhoff et al. 2015, S. 15), wobei die Schwerpunkte der Arbeit wesentlich über die bisherige Tätigkeit der Hebamme hinausgehen sollen:

- Förderung und Beobachtung der Entwicklung der Mutter-Kind-Beziehung
- Beobachtung der körperlichen und emotionalen Entwicklung des Kindes
- Anleitung zu altersentsprechender Ernährung, Pflege und Förderung
- Beratung zu altersentsprechender und kindgerechter Ernährung nach der Stillzeit

- Beratung in allen Lebenslagen rund um die Geburt bis zum ersten Geburtstages eines Kindes
- Motivation von Mutter, Vater und Kind in schwierigen Lebensumständen durch Hilfe zur Selbsthilfe
- Unterstützung, Beratung und Begleitung von Eltern mit eingeschränkter Fähigkeit zur Alltagsbewältigung
- Begleitung zu Ärzten und Behörden
- Netzwerk- und Kooperationsarbeit zur Schließung von Versorgungslücken
- Integration der Familie in bestehende Gruppenangebote
- Überleitung in weitere Hilfen
- interkulturelle Kompetenz
- Diversity, kultursensible Begleitung.[83]

Gerade dieses Beispiel zeigt jedoch, wie schwierig es ist, das Prinzip der Adressaten-/Adressatinnenorientierung in der Praxis umzusetzen. Denn die Problematik dabei besteht vor allem darin zu entscheiden, ob viele oder nur wenige Familien eine „Familienhebamme" benötigen und in Anspruch nehmen sollen, und was geschieht, wenn Familien (die nach der Konzeption zufolge eine Familienhebamme benötigen) eine solche Hilfe ablehnen. Die Verwendung des Begriffs „Adressat/in" in der Sozialen Arbeit muss insofern sehr kritisch diskutiert und theoretisch aufgearbeitet werden (Bitzan/Bolay 2013). Denn tatsächlich liegen Gewinn und Verlust für die Soziale Arbeit nahe beieinander:

Gelingt es, mit Hilfe von empirischen Untersuchungen die tatsächlichen Bedürfnisse und wichtigen Hilfeformen bestimmter Adressaten/Adressatinnen zu identifizieren, so lassen sich darauf bezogene Maßnahmen sehr leicht begründen und einführen. Gleichzeitig können mit diesem neuen Begriff und dessen Implikationen „die partizipatorischen Verhältnisse von Adressatinnen und Adressaten gegenüber den Professionellen verbessert und eine ‚Ausbalancierung von Asymmetrien' erreicht" werden. Auf diese Weise kann es möglicherweise gelingen, „den Betroffenen mehr Einfluss zu sichern, um mit ihren eigenen Vorstellungen und Bewertungen in fachlichen Aushandlungsprozessen nicht nur akzeptiert, sondern als Subjekte wahrgenommen zu werden" (Oechler 2009, S. 10). Wenn aber – wie mehrfach dargestellt wurde – davon auszugehen ist, dass sich die Biografien und Lebensweisen der Menschen noch stärker individualisieren und ausdifferenzieren werden, als dies bislang der Fall ist, dann besteht auch die Gefahr, dass standardisierte Hilfen an den individuellen Bedürfnissen und Interessen der Adressaten/Adressatinnen vorbeigehen. In diesen Fällen muss es schließlich zu Konflikten zwischen den Anbietern und den Adressaten/Adressatinnen der verschiedenen Hilfen kommen. Dies könnte insbesondere der Fall sein, wenn diese

1. „die professionelle Zuständigkeit der Sozialen Arbeit bezweifeln oder kritisieren" oder „statt einer professionellen Zuständigkeit die Vorzüge einer ‚nichtprofessionellen' Bearbeitung eines Problems bevorzugen" (Graßhoff et al. 2015, S. 305);

---

83 http://www.familienhebamme.de/.

2. die Fachlichkeit einer Einrichtung insgesamt kritisch thematisieren oder eine Einrichtung nicht mehr nutzen, und auf diese Weise „das Konstrukt pädagogischer Professionalität (...) ins Wanken" (ebd., S. 306) bringen;
3. eigene Vorstellungen über die Relevanz von Partizipationsrechten in Form von starken Mit- bzw. Selbstbestimmungsrechten einfordern und diese entsprechend massiv gegen die Erwartungen der Professionellen, z.B. in Form von persönlichen Angriffen oder Beleidigungen (ebd., S. 313 ff.), durchzusetzen versuchen.

Auch der Begriff „Adressat/in" bleibt insofern ambivalent und ist nicht dazu in der Lage, das latent bestehende Spannungsverhältnis zwischen Professionellen und Adressaten/Adressatinnen völlig aufzuheben. Trotzdem steht die Soziale Arbeit in der Pflicht, aus der (empirischen) Kenntnis der jeweiligen Bedürfnisse heraus datengestützte, auf Expertisen aufbauende Konzepte zu entwickeln, die mehrheitsfähig sind und die deren Zustimmung und aktive Mitwirkung an der Umsetzung erwarten lassen. Allerdings müssen diese Konzepte entsprechend flexibel umgesetzt und müssen Spielräume für individuelle Lösungen eingeräumt werden. Und solche Konzepte dürfen den Betroffenen nicht einfach mit der Begründung aufgezwungen werden, es handle sich hier um eine „Best Practice": Adressaten/Adressatinnen müssen auch in die Lage versetzt werden, sich nicht „adressieren" zu lassen, um ihre eigene Identität, Lebensform etc. bewahren zu können.

Gerade am Beispiel des Ausbaus der Kinderkrippen in Deutschland lässt sich zeigen, wie die wohlmeinende Sorge um berufstätige Eltern und ihre Kinder eben nicht nur zu einer starken Erweiterung des Krippenangebots geführt hat. Gleichzeitig haben nicht nur die Wirtschaftsverbände, sondern auch Politiker/innen und Pädagogen/Pädagoginnen zunehmend eine gesellschaftliche Erwartungshaltung zementiert und alimentiert, die davon ausgeht, dass Frauen nach der Babyphase nicht nur deshalb sehr schnell in ihren Beruf zurückgehen sollten, weil dies der Wirtschaft (und damit dem Staat) nutzt, sondern auch den Kindern in Form einer pädagogischen Frühförderung zu Gute kommt.[84] Auf diese Weise ist ein durch Gebührensatzungen, Öffnungszeiten, institutionelle Routinen, Mitmachpflichten etc. geprägtes, pädagogisch zertifiziertes „Versorgungssystem" entstanden, das dem Teil der Familien, die weitgehend autonom über die Art und Weise der Sozialisation ihres Kleinkindes bestimmen wollen, in keiner Weise gerecht wird und auch gar nicht mehr gerecht zu werden versucht. Eine stundenweise Betreuung von Kindern, die Öffnung von Räumen in Kinderkrippen für Eltern-Kind-Gruppen etc. ist nicht vorgesehen, weil sie das (gewollt!) homogene Bild von den Adressaten/Adressatinnen (d. h. den berufstätigen Müttern) gefährden würde.

---

84 Siehe z. B. Gutknecht (2012).

23.4 Soziale Arbeit als Dienstleistung: der Nutzer/die Nutzerin

Mit der Übernahme des Begriffs Nutzer/in versucht die Soziale Arbeit die mit dem Begriff Adressat/in verbundenen Schwierigkeiten der punktgenauen Beschreibung der Lebenslagen der jeweiligen Personen, die die Dienste der Sozialen Arbeit in Anspruch nehmen, zu vermeiden. Sie tut das zum einen, um die mit einer genaueren Kennzeichnung möglicherweise verbundenen Stigmatisierungen (als behindert, arm etc.) zu vermeiden, zum anderen um die Art der Nutzung der angebotenen Leistungen den Betreffenden selbst zu überlassen. Es handelt sich somit „um die Bezeichnung, die am radikalsten von allen konkreten Besonderheiten der Menschen abstrahiert" (Großmaß 2011, S. 7). Soziale Arbeit wird auf diese Weise zu einem offen zugänglichen Dienstleistungsangebot, aus dem Einzelne dann ihren individuellen „Nutzen" ziehen können, aber nicht müssen. Mit dem Nutzerbegriff geht man nämlich davon aus, dass jede Form der professionellen Hilfe als eine Art „Infrastruktur", ähnlich der Internet-Plattformen, funktioniert. Dabei ist die Relation zwischen Sender und Empfänger „nicht mehr die einer – wenn auch medial vermittelten – Beziehung, sie existiert als jederzeit aktivierbare Möglichkeit, in der beide Seiten der Kommunikation auch anonym bleiben können" (Großmaß 2011, S. 3).

Ähnlich wie in der Logik der „Adressatenorientierung" werden verschiedenste Dienste zur Verfügung gestellt, allerdings werden deren Relevanz und damit deren Existenzberechtigung nicht mehr so sehr fachlich (aufgrund der je spezifischen Merkmale der „Adressaten/Adressatinnen" und daraus resultierender Bedürfnisse) begründet, sondern eher im Nachhinein durch die entsprechende Wahrnehmung durch die Nutzer/innen verifiziert. Solche für alle Nutzungen offenen Angebote gibt es nicht nur im Bereich von Onlinediensten, wie z. B. kommunale Informationsportale, Internetauftritte der Verbände und Einrichtungen etc. Auch viele Beratungsleistungen (z. B. der Verbraucherzentren, der Bürgerzentren, der Seniorenzentren, der Familienzentren und Familienberatungsstellen etc.) werden heute frei zugänglich zur Verfügung gestellt und können nach individuellen Bedürfnissen genutzt werden.

Dabei ist die Anzahl solcher Angebote momentan stetig wachsend und das Gesamtangebot kaum mehr überschaubar. So lässt sich feststellen, dass es diese nutzerorientierte Angebote inzwischen in allen Arbeitsfeldern der Sozialen Arbeit gibt. Konsequent angewendet hätte der Nutzer/innenbegriff viele Vorteile:

> *Die Kommunen könnten (wie z. B. in den nordischen Ländern) unter der Nutzer/ -innenperspektive Plätze in Kinderkrippen völlig bedingungsfrei anbieten, ohne damit irgendwelche konkreten gesellschaftspolitischen oder ideologischen Absichten zu verbinden. Die dafür Verantwortlichen müssten nur der Überzeugung oder Meinung sein, dass Kinderkrippen zu modernen, arbeitsteiligen und individualisierten Gesellschaften gehören und könnten es allein den Familien überlassen zu entscheiden, ob sie diese nutzen wollen oder nicht. Damit würden viele Probleme entfallen, die sich für junge Familien in Deutschland derzeit stellen, denn die „Nutzer/innen" dieser Krippen müssten nicht mehr ihre Kinder krippenplatzorien-*

> *tiert planen oder sich persönlich „outen", indem sie versuchen, gravierende persönliche Gründe für eine Platzzuweisung vorzubringen oder sich genötigt sehen, Plätze gerichtlich einzuklagen.*

Neben der Beendigung ideologischer Auseinandersetzungen über soziale Dienste (Brauchen wir Kinderkrippen oder nicht? Wer hat ein Anrecht auf einen Krippenplatz, wer nicht?) liegt ein Vorteil dieser Betrachtungsweise aus der Sicht der Sozialen Arbeit vor allem darin, dass davon auszugehen ist, dass sich die Nutzer/innen an der „Produktion" der gemeinsamen Dienstleistung (hier: Krippenerziehung) eher aktiv beteiligen werden, als wenn sie dazu genötigt würden. Zumal eine aktive Beteiligung eine grundlegende Voraussetzung für die Wirksamkeit jeder sozialen Dienstleistung darstellt und ohne die Bereitschaft zur Zusammenarbeit „eine angemessene und Ziel führende Problemanalyse und Interventionsplanung" (Mairhofer 2014, S. 21) gar nicht möglich ist.

Damit wird deutlich, dass der Begriff Nutzer/in, wenn er „als neutraler Platzhalter" (ebd., S. 25) verwendet wird, eine sehr wichtige Funktion einnimmt: Er erlaubt nämlich den Professionellen, auf der Basis disziplineigener Theorien und Annahmen über mögliche Nutzer/innen und intendierte Effekte, diese dazu zu „ermächtigen", „mit den Füßen" über die Relevanz und fachliche Geeignetheit eines Angebots zu entscheiden. Geschehen kann dies – wie auf den guten Internetplattformen bereits verwirklicht – durch eine Kommunikationspolitik der Einrichtungen, die nicht nur vielfältige Informationen, Hotlines, Beschwerdemöglichkeiten etc. vorhält, sondern die sich dem Kriterium der allgemeinen Akzeptanz durch ihre Nutzer/innen stellt: Soziale Dienste definieren sich dann vor allem über den Grad ihrer Nutzung.

Allerdings besteht derzeit nach Schaarschuch/Oelerich noch das Problem, dass ein „wissenschaftliches Wissen darüber, welche Aspekte und Dimensionen professionellen Handelns die Nutzer/innen im Hinblick auf die kompetente Bearbeitung der sich ihnen stellenden Lebensanforderungen als nützlich erachten und wie sie sich professionelles Handeln aneignen" (2005, S. 21), derzeit so gut wie nicht zur Verfügung steht. Soziale Arbeit als nutzerorientierte Profession muss sich dieser Aufgabe und der damit verbundenen Schwierigkeiten entsprechend stellen:

> *„So gibt es Hinweise darauf, dass der von den Nutzern wahrgenommene Nutzen eines Angebotes in der Zeit Veränderungen unterliegt und in der Retrospektive möglicherweise umgedeutet wird oder sich erst in der Zukunft einstellt; oftmals weist der von den Nutzern benannte Nutzen einen hohen Grad an Konformität mit den offiziösen Programmzielen auf. Dies verweist auf die Frage nach der möglichen Prägung des wahrgenommenen Nutzens durch das Programm" (Oelerich/Schaarschuch 2005, S. 96).*

Vor allem drei Einwände können gegen eine solche konsequente Neuausrichtung (Carr 2007) der Sozialen Arbeit vorgebracht werden:

1. Die Tatsache, dass insbesondere die Nutzer/innen der sozialen Dienste zumeist nur eingeschränkt in der Lage sind, autonom und sachgemäß über Relevanz oder Notwendigkeit einer sozialen Hilfe zu entscheiden, könnte zu einer ineffizienten Nutzung von Leistungen führen.
2. Das Prinzip der Nutzer/innenorientierung könnte die sozialen Einrichtungen dazu animieren, fachlich nutzlose, aber bei den Nutzern/Nutzerinnen beliebte Leistungen zu entwickeln: Mittelverschwendung wäre die Folge.
3. Das Prinzip der Nutzer/innenorientierung könnte auch dazu führen, dass die persönlichen und ethischen Motive der Professionellen vehement an Bedeutung verlieren. Zudem könnte dieser Begriff in Verbindung mit dem des Kunden/der Kundin eine weitere Welle der Kommodifizierung (d. h. der Entwicklung völlig isolierter, warenähnlicher Formen) sozialer Dienstleistungen auslösen und einen Exodus der engagierten Sozialarbeiter/innen aus dem Sozialbereich nach sich ziehen.

23.5 Soziale Arbeit als Geschäft: der Kunde/die Kundin

Zu einem der am heftigsten umstrittenen Begriffe im Bereich der Sozialen Arbeit gehört der Kundenbegriff. Dieser Begriff ist im Zusammenhang mit den Reformen im Verwaltungswesen, vor allem dem „Neuen Steuerungsmodell" der KGST eingeführt worden. Dabei wird davon ausgegangen, dass die Bürger/innen einer Kommune oder eines Landkreises als Steuerzahler/innen nicht mehr von Ämtern verwaltet, sondern – auch aufgrund der Einführung von kostendeckenden Preisen – nun als Kunden und Kundinnen des Einwohnermeldeamts, des Standesamts, der Sozialämter etc. zu behandeln seien. Dabei stand auch der Gedanke im Hintergrund, die oftmals als „langsam" und „schwerfällig" empfundene Verwaltung durch den Druck der „Kundenorientierung" in Richtung „Effizienz" und „Dienstleistungsqualität" zu reformieren (siehe dazu Kap. 4.3).

Definiert wird der Begriff Kunde/Kundin als eine Person, „die mittels eines, in der Regel durch Geld vermittelten Äquivalenztausches Waren erwirbt und nutzt". Zudem ist der Kundenstatus von der „Vorstellung der Kundensouveränität geprägt, also der Freiheit, als Marktteilnehmer nur solche Verträge einzugehen, die persönlich nützlich und unter Kosten-Nutzen-Gesichtspunkten sinnvoll erscheinen" (Mairhofer 2014, S. 82). Voraussetzung dafür, dass dies möglich ist, sind existierende Märkte, zu denen die Kunden/Kundinnen einen Zugang haben müssen. Die Firmen sind dann ihrerseits daran interessiert, Gewinne und Marktanteile zu erzielen. Aufgrund von Konkurrenz werden sie schließlich dazu gezwungen, knapp zu kalkulieren und eine hohe Qualität zu liefern.

Obwohl dieser ökonomische Ansatz die im sozialen Bereich stattfindenden Kommunikationen nicht wirklich abbilden kann, da hier viele psychologische Faktoren (wie z. B. Kultur, Tradition, Emotion, soziale Abhängigkeit etc.) eine entscheidende Rolle spielen, handelt es sich bei dieser Theorie nicht nur um eine lediglich „theoretisch nützliche Fiktion" (Czada, in Mairhofer 2014, S. 84). Denn immerhin hat sie dazu geführt, dass zahlreiche Versuche gestartet worden sind, die Position der Hilfesuchenden im Bereich der Sozialen Arbeit durch verschiedene, dem Wirtschaftssektor entliehene Maßnahmen mit durchaus beachtlichem Erfolg zu stärken, allerdings ohne dass alle damit verbundenen Widersprüche und möglichen Nebenwirkungen hätten ausgeschlossen werden können (Mairhofer 2014, S. 107 ff.):

- Steigerung der Service-Qualität: Die Steigerung der Kundenfreundlichkeit ist ein zentrales Anliegen öffentlicher Dienste, kann allerdings auch dazu führen, dass lediglich der Verwaltungsservice steigt, nicht aber die Beratungs-, Unterstützungs-, Hilfeleistung etc.
- Stärkung des Verbraucherstatus: Kunden/Kundinnen werden darüber aufgeklärt, welche Leistungen sie erwarten und wie sie sich gegen Mängel in der Leistungserbringung schützen können. Gleichzeitig werden sie über Beschwerdemöglichkeiten, Rückgaberechte, Entschädigungsansprüche etc. umfassend informiert. Dies bedeutet jedoch nicht, dass jeder Beschwerde entsprochen wird.
- Wohlfahrtskontrakte: Konkrete Eingliederungsvereinbarungen und Leistungsabsprachen haben dazu beigetragen, dass die Nutzer/innen nicht länger als bevormundete Objekte der sozialstaatlichen Verwaltung fungieren. Die Kundenposition soll somit auch vor der Willkür von Professionellen schützen und dazu beitragen, dass die jeweiligen Programme effektiver sind. Allerdings werden die Kunden/Kundinnen im Rahmen dieser Vereinbarungen schließlich doch dazu „gezwungen", ihren Mitwirkungspflichten nachzukommen.
- Budgets und Gutscheine: Persönliche Budgets im Bereich der Menschen mit Behinderungen und Kindergartengutscheine für Eltern stärken diese in ihrer Macht als Verbraucher/innen. Allerdings bestimmen nach wie vor die Sozialleistungsträger, welche Leistungen als budgetfähig gelten, Zuzahlungen können sich jedoch nur leistungsstarke Kunden/Kundinnen leisten.
- Wunsch- und Wahlrecht: Den Kunden und Kundinnen, z. B. den Eltern, wird ein Mitbestimmungsrecht bei der Entscheidung über die Unterbringung ihres Kindes eingeräumt. Dieses Recht ist allerdings nur im Rahmen der örtlichen Gegebenheiten einlösbar, vor Gericht einklagen lassen sich solche Rechte in der Regel nicht.

Da sich eine Kundenposition im Bereich der sozialen Dienste offensichtlich nicht so ohne Weiteres festigen lässt, haben Politik und Staat zusätzlich versucht, via Verbraucherschutzrechte und Kontrollen mögliche Marktverzerrungen und Ungerechtigkeiten zu korrigieren. Trotzdem sind gewisse Widersprüchlichkeiten geblieben:

1. Die Neuorientierung der Ämter und sozialen Dienste wurde von nicht wenigen Betroffenen in der Weise aufgefasst, als wäre man jetzt tatsächlich Kunde/Kundin mit den entsprechenden Rechten am „Markt" und hat dann doch viel Frustration erzeugt, da es sich hier um eine „unechte Kundschaft" handelt: Wer sich auf dem Einwohnermeldeamt unqualifiziert behandelt fühlt, kann nun mal nicht einfach zu einem anderen gehen, und wer zum Beispiel mit der Beratungsstelle oder dem Kindergarten eines bestimmten Trägers

nicht zufrieden ist, kann nicht so ohne Weiteres zu einem anderen Träger wechseln etc.
2. Der Kundenbegriff impliziert streng genommen „eine Verobjektivierung der Adressaten (als Mittel zum Zweck der Profitmaximierung)" (Stark 2006, S. 2). Ziel ist hier nicht nur die rasche Behebung des Problems, sondern die langfristige Bindung der Kunden/Kundinnen. Dies kann und darf aber nicht im Interesse der Sozialen Arbeit liegen, die sich der Autonomie ihrer Klientel und dem Leitsatz „Hilfe zur Selbsthilfe" verpflichtet sieht.
3. Die neue Rede von „Kunde/Kundin" hat auch deshalb Unfrieden in die Soziale Arbeit hineingetragen, weil viele Professionelle meinen, dass damit eine Unterordnung ihrer Tätigkeit unter den Markt und das kapitalistische System und damit einen Verrat an den Werten der Sozialen Arbeit einhergeht. Befürchtet wird hier, dass im Falle einer völligen Ökonomisierung der Sozialen Arbeit auch alle weiteren „Dämme" brechen werden und Soziale Arbeit schließlich zum reinen Geschäft würde (z. B. Seithe 2012).
4. Schwierigkeiten, im Bereich der Sozialen Arbeit eine echte Kundenorientierung einzuführen, ergeben sich natürlich auch aus der Tatsache, dass die Hilfebedürftigen häufig mittellos und somit gar nicht in der Lage sind, die autonome Position eines Kunden/einer Kundin mit dem entsprechenden Geld als Druckmittel einzunehmen. Gleichzeitig zeigen empirische Untersuchungen, „dass es im Wesentlichen Mitglieder der unteren sozialen Schichten bzw. benachteiligter Gruppen sind, die schlecht auf Märkten zurechtkommen" (Mairhofer 2014, S. 85), und zwar nicht nur aufgrund mangelnder materieller Ressourcen, sondern auch eines Mangels an „identitätsbezogenen und soziokulturellen Entfaltungsmöglichkeiten" (ebd., S. 86).
5. In der Regel werden die sozialen Dienste über Steuern finanziert, was bedeutet, dass letztendlich die jeweils bestehenden politischen Kräfteverhältnisse darüber entscheiden, wer was, wie viel und in welcher Form erhält. Insofern hängt die Verwendung des Kundenbegriffs sehr stark von den jeweils aktuellen wirtschaftlichen Verhältnissen einer Gesellschaft ab.

Weitgehend unstrittig ist heute, dass die Debatte um die Kundenorientierung in der Sozialen Arbeit zu einer Intensivierung der Diskussion um die Qualität und Effizienz von Leistungen geführt hat. Insgesamt hat sich jedoch gezeigt, dass der Begriff Kunde/Kundin nicht gut geeignet ist, das Verhältnis der Sozialarbeiter/innen zu ihrer Klientel zu charakterisieren und zu falschen Erwartungen auf beiden Seiten führt: Weder werden die Kunden/Kundinnen in die Lage versetzt, die mit dieser Position verbundenen Versprechen einzulösen, noch ermöglicht dies den Sozialarbeitern/Sozialarbeiterinnen und sozialen Diensten, entsprechend strategisch ausgerichtet am Markt aufzutreten und zu agieren.

23.6 Soziale Arbeit als rechtliche Praxis: der/die Leistungsberechtigte

Im Rahmen einer rechtlichen Betrachtungsweise werden die Personen, die Hilfen erhalten, meist als Leistungsberechtigte bezeichnet. Darunter versteht man die in der jeweiligen Vorschrift genannte Person, die einen Anspruch auf Leistungen nach den verschiedenen Sozialgesetzbüchern hat. Dabei gilt der Erhalt von Leistungen entweder für alle Personen, für die eine Leistung gesetzlich vorgesehen ist (z. B. Bewährungshilfe aufgrund eines Gefängnisaufenthalts etc.), für alle Personen, die einen bestimmten Bedarf konkret nachweisen können (z. B. Kindergeld, da Kinder vorhanden sind, Arbeitslosigkeit, da man seine Arbeit verloren hat etc.), oder nur für die Personen, für die Sachverständige auf der Basis eines Gutachtens einen solchen Bedarf für erforderlich halten (Heimplatz aufgrund der Entscheidung des Jugendamtes, Pflegehilfen aufgrund der Einstufung in eine Pflegestufe etc.). In der Sozialen Arbeit spielt diese Sichtweise vor allem im Bereich der Entscheidung über eine Leistungszusage und dem damit verbundenen Wunsch- und Wahlrecht (z. B. SGB VIII § 4) eine wichtige Rolle. Demnach sind die Leistungsberechtigten auch dazu berechtigt, darüber mit zu entscheiden, an welchem Ort und durch welchen Träger eine Leistung erbracht werden soll. Der Hilfeprozess gleicht so einem Aushandlungsprozess, in dem die Leistungserbringer (die Kommunen, Landkreise) mit den Leistungsberechtigten aushandeln, in welcher Weise eine Hilfeleistung erfolgen soll. Im Kinder- und Jugendhilfebereich geschieht dies natürlich vor allem deshalb, um unnötige Konflikte zu vermeiden und Zwangsmaßnahmen zu verhindern.

Die grundsätzliche Problematik dieses Begriffs, der die Hilfebedürftigen zunächst in eine komfortable Position versetzt, besteht allerdings darin, dass die Leistungsberechtigten zwar einen Anspruch auf Leistungen und ein Mitspracherecht bei deren Auswahl haben, nicht jedoch darauf, wie diese Leistung konkret ausfallen soll. Die Entscheidung darüber obliegt der Politik und der lokalen Verwaltung, die den finanziellen Rahmen definiert, sowie den verschiedenen Aufsichtsbehörden, die im Verein mit den Trägern der ausführenden sozialen Dienste im Rahmen von Pflegesatz- oder Qualitätsvereinbarungen konkrete finanzielle Rahmenrichtlinien und darauf bezogen qualitative Standards etc. definieren und deren Einhaltung kontrollieren und sanktionieren. Nur in manchen Bereichen, wie z. B. den Alten- und Pflegeheimen, können sich wohlhabende Leistungsberechtigte durch Zuzahlungen höhere qualitative Standards „einkaufen".

Vor allem am Beispiel der Pflegeversicherung, die anfänglich drei, dann vier und inzwischen fünf Pflegestufen unterscheidet, wird deutlich, wie wenig dynamisch der Begriff der „Leistung" ist und wie dabei die Gefahr entsteht, dass

- Leistungen, auf die die Leistungsberechtigten einen gesetzlichen Anspruch haben, seitens der Leistungsgeber zunehmend standardisiert und materialisiert werden. Dieses Problem zeigt sich dann bei der Definition der Pflegestufen: Medizinisch und konkret sichtbare Beeinträchtigungen sind leichter zu diagnostizieren, als unsichtbare;

- sich die Sozialarbeiter/innen bei der Leistungsübermittlung vor allem am Prinzip der (sachlichen) Richtigkeit und (formalen) Fehlerfreiheit orientieren. Persönliche Aspekte der Leistungserbringung geraten in den Hintergrund bzw. gefährden die vorformulierte Qualität;
- bei der Entwicklung von Standards in den Einrichtungen stets Überlegungen zur Kostenkontrolle die Diskussion bestimmen und
- sozial motiviertes Personal resigniert, da es keine Möglichkeit sieht, Qualitätsstandards und organisationale Vorgaben mit den eigenen fachlichen und ethischen Ansprüchen in Einklang zu bringen.

23.7 Soziale Arbeit als politische Praxis: der Bürger/die Bürgerin

Insgesamt noch wenig Gebrauch im Bereich der Sozialen Arbeit findet der Vorschlag, die Personen, die Unterstützung brauchen, ganz bewusst als „Bürger/innen" zu bezeichnen (Mairhofer 2014). Mit der Verwendung dieses Begriffs ist die politisch motivierte Absicht verbunden, die Personen, die Hilfeleistungen erhalten, in ihrer Bedeutung zu stärken. Hilfeleistungen sollen hier zu allgemein verbrieften Rechten der Bürger/innen eines Staates werden. Die Soziale Arbeit muss dann in diesem Rahmen aktiv und reaktiv dafür sorgen, dass die betreffenden Menschen die ihnen zugestandenen Rechte wahrnehmen können. Anwaltschaft zu übernehmen, bedeutet dann vor allem, ein Hilfeersuchen als Anspruch eines Bürgers/einer Bürgerin zu werten und entsprechend zu bearbeiten (Ewijk 2009, S. 71 f.).

Mit dieser Form der bewussten Bürger/innenorientierung sind insbesondere folgende Zielsetzungen verbunden:

1. Mit dem Bürger/innenbegriff soll die Stellung der Nutzer/innen sozialer Dienste gestärkt werden. Die Pflicht der Sozialarbeiter/innen, sachgemäß und effektiv zu helfen, wird damit nicht nur zu einer professionell-dienstlichen, sondern auch zu einer moralisch-staatsbürgerlichen Verpflichtung.
2. Die damit verbundene Forderung nach einer aktiven Beteiligung der Bürger/-innen an den Entscheidungsprozessen im Rahmen der verschiedenen Hilfeprozesse soll unter den Begriffen „Bürgergesellschaft", „bürgerliches Engagement" etc. (Möller 2002) zu einer „Demokratisierung der Sozialen Arbeit" (ebd., S. 210) und damit zu einer noch stärkeren Akzeptanz der verschiedenen Hilfeangebote führen.
3. Mit der über konkrete Hilfen hinaus gehenden zusätzlichen Zielsetzung der „Förderung der politischen Partizipation der Adressaten" soll gewährleistet werden, dass die Bürger/innen ihre Rechte auch in anderen Bereichen verstärkt wahrnehmen. Soziale Arbeit erhält hier auch den Auftrag zur staatsbürgerlichen Erziehung und wird zur „Pädagogik des Sozialen" (Möller 2002, S. 46).

4. Im Rahmen ihrer Öffentlichkeitsarbeit soll sich Soziale Arbeit selbst so transparent präsentieren, dass die Bürger/innen auf deren Gestalt und den Umfang ihrer Maßnahmen politisch Einfluss nehmen können.

Gleichzeitig ist mit dem Bürger/innenbegriff die Erwartung verbunden, dass dadurch Stigmatisierungen der Betroffenen in Grenzen gehalten werden. So firmiert etwa eine von einem sozialen Verein herausgegebene Odachlosenzeitung unter dem Titel: Bürger in Schwierigkeiten (BISS).[85]

Bürger/innenorientierung hat insbesondere in den Niederlanden eine starke Tradition. Im Rahmen einer Theorie des „Community Building" vertritt zum Beispiel Ewijk (2009, S. 174) die Ansicht, dass es gilt, eine neue Form der bürger/innenorientierten Sozialen Arbeit („Citizenship-based social work") zu entwickeln, die darauf abzielt, alle Bürger/innen zusammenzuführen und alle Maßnahmen zu unterstützen, die der Steigerung der Selbstverantwortung, der sozialen Verantwortung und der Umsetzung sozialer Rechte dienen. Sehr deutlich wird hier, dass sich die geforderte Bürger/innenorientierung am Grundsatz des „aktivierenden Sozialstaats" orientiert: Bürger/innen sollen „gefördert und gefordert" werden, wobei sich die Frage stellt, wer darüber bestimmt, in welchem Maße das eine oder das andere geschieht.

Tatsächlich verspricht die Bürger/innenorientierung sehr viel und ist mit tatsächlich neuen Anforderungen an die Soziale Arbeit verbunden, die allerdings aus zwei Gründen auch kritisch betrachtet werden muss:

1. Zum einen kann das Prinzip der Bürger/innenorientierung insbesondere insofern missverstanden werden, als damit suggeriert wird, die entsprechenden sozialen Hilfen dienten allein letztendlich dazu, „die aktive politische Teilhabe der Bürger zu stärken" (ebd., S. 173). Dies könnte allerdings dazu führen, dass alle die Menschen von Hilfen ausgeschlossen würden, die nicht im strengen Sinne Staatsbürger/innen sind und nicht das Recht haben, am politischen Leben teilzunehmen.[86] Und dies sind im Bereich der Sozialen Arbeit nicht wenige, eine Mehrklassen-Sozialarbeit könnte die Folge sein!
2. Zum anderen stellt sich die Frage, in welcher Form die Professionellen den Bürgern und Bürgerinnen gegenüber auftreten sollen und, falls das gelingt, was dies für Auswirkungen auf das in der Sozialen Arbeit typische „inversasymmetrische Verhältnis" (ebd., S. 174) hat.

---

85 http://biss-magazin.de/.
86 Nach Alfred Marshall (in: Mairhofer 2014, S. 155) konstituieren staatsrechtlich gesehen erst das Gesamt der drei Arten von Staatsbürgerrechten den vollen Staatsbürgerstatus: „liberale Freiheitsrechte, wie bspw. das Recht auf Meinungsfreiheit, Gedanken- und Glaubensfreiheit, Vertragsfreiheit oder das Recht auf Eigentum, politische Teilhaberechte, worunter er das aktive und passive Wahlrecht summiert sowie soziale Rechte, wie z. B. das Recht auf ein Mindestmaß an wirtschaftlicher Wohlfahrt und Sicherheit, das Recht an einem vollen Anteil am gesellschaftlichen Erbe, das Recht auf ein Leben als zivilisiertes Wesen entsprechend der gesellschaftlich vorherrschenden Standards" (ebd., S. 155 f.).

Wenn Soziale Arbeit zum konkreten und politisch-pädagogisch initiierten Dienst an den Bürgern/Bürgerinnen wird, stellt sich zusätzlich die Frage, ob darin überhaupt noch ein Platz für notwendige Formen der Sozialstaatskritik bleibt. Wenn Mairhofer davon spricht, dass „ein solches ‚bürgerorientiert-paternalistisches' Handeln (…) in kommunikativer Auseinandersetzung mit den Adressaten und auf der Basis einer sorgfältigen Analyse der persönlichen oder sozialen Möglichkeiten der Nutzer erfolgen und Emanzipations- und Entwicklungspotenziale (Autonomie) eröffnen muss" (Mairhofer 2014, S. 233), so wird der Widerspruch deutlich, in dem die Soziale Arbeit sich hier befindet. Denn eine der Gesellschaft und dem Staat unkritisch gegenüberstehende Soziale Arbeit könnte damit eine ihrer wesentlichen Intentionen nicht erfüllen und müsste als „affirmativ" bezeichnet werden.

23.8 Soziale Arbeit als verständigungsorientiertes Handeln

Ruth Großmaß hält die verschiedenen Versuche, das Verhältnis zwischen der Sozialen Arbeit und den Personen, die sie nutzen, begrifflich zu präzisieren, für durchaus wichtig. Ihrer Ansicht nach

1. stellt die Übernahme der verschiedenen Bezeichnungen durch die Soziale Arbeit „keine feindliche Infiltration von außerhalb" (Großmaß 2011, S. 5) dar, denn es werden nur solche Begriffe aufgenommen, die in der Lage sind, den fachlichen Diskurs anzureichern und
2. dienen die Begriffe vor allem dazu, alle Zielgruppen der Sozialen Arbeit zu umfassen und Fachtermini zu vermeiden, die letztendlich nur die Gefahr der Stigmatisierung mit sich führen.

Allerdings weist sie zugleich auch auf eine ernstzunehmende Problematik in der zeitlichen Entwicklung der verschiedenen Begriffe hin. Betrachtet man diese – von Klient/Klientin über Proband/in, Adressat/in, Kunde/Kundin, Nutzer/in, Leistungsberechtigte/r und Bürger/in – dann zeigt sich sehr deutlich ein gewisser Trend:

„Es gibt im Diskurs der Sozialen Arbeit eine Tendenz weg von der Konzeptionalisierung der Hilfebeziehung als Beziehung zwischen Personen hin zu einer Konzeptionalisierung der Sozialen Arbeit als gegebene Infrastruktur, zu der sich Privatpersonen „frei" in Beziehung setzen können" (ebd., S. 6).

Genau deshalb erscheint der zuletzt vorgestellte Begriff „Bürger/in" so statthaft, aber auch so problematisch zu sein. Denn der Begriff suggeriert ein Versprechen, das niemand vollumfänglich einlösen kann: Es geht darum, Hilfebedürftige vor unzumutbaren Übergriffen, die möglicherweise mit der Hilfeleistung verbunden sein können, zu schützen. Hilfebedürftige sollen demzufolge unter allen Umständen als (politisch) Gleichberechtigte akzeptiert werden. Welche Rolle spielen dann aber fachliche Argumente?

Nach Franz Stimmer handelt es sich hierbei nicht nur um einen Streit um Begriffe, sondern um wichtige ethische Fragestellungen. Die einzelnen Begriffe müssten seiner Ansicht nach positiv genutzt werden, um auf dem Wege des „verständigungsorientierten Handelns (im Einzelfall und generell, d. V.) eine sach- oder problemgerechte Lösung anzustreben" (Stimmer 2012, S. 64). Organisationen sollten demnach darüber entscheiden, welche Begriffe sie wie dynamisch verstehen und verwenden möchten. Zumal sich dies stets auch wiederum ändern kann: aus Adressaten/Adressatinnen könnten leicht wieder Klienten/Klientinnen, dann Kunden/Kundinnen und schließlich wiederum Bürger/innen werden etc.!

24 PROFESSION UND FREI-GEMEINNÜTZIGE TÄTIGKEIT

Warum die Soziale Arbeit in unserer vom ökonomischen Denken bestimmten Gesellschaft stets um ihre Anerkennung zu kämpfen hat, hängt sehr stark mit der Tatsache zusammen, dass sie historisch ihren Ausgangspunkt im Bereich der nachbarschaftlichen Hilfe und im Ehrenamt hat (Luhmann 1973). Daher sieht sie sich gezwungen, sich ständig mit der Frage auseinanderzusetzen, ob eine Professionalisierung sozialer Hilfen für bestimmte Fälle überhaupt notwendig ist, und ob nicht noch zu entwickelnde bzw. bereits vorhandene Formen des Ehrenamts, der Freiwilligenarbeit, des Volunteering, des bürgerschaftlichen Engagements etc. die gleichen gesellschaftlichen Funktionen effektiver und kostengünstiger erfüllen könnten. Aber auch da, wo die Soziale Arbeit möglicherweise für sich in Anspruch nehmen kann, dass sie Leistungen erbringt, die nur von Professionellen erbracht werden können, bleibt sie aufgrund ihres Anspruchs, eine umfassende Hilfe in komplexen Notlagen zu leisten, auf eine Zusammenarbeit mit informellen Hilfeformen angewiesen. Sie muss sich also schon aus ihrem eigenen Interesse heraus auf ein strukturiertes Zusammenspiel mit den frei-gemeinnützigen Tätigkeiten einlassen. Diese Überlegungen erscheinen i. Ü. vor allem heute auch deshalb von großer Bedeutung, da die Aufgaben der Sozialen Arbeit aufgrund der sich verändernden Notlagen – „weg von materiellen hin zu immateriellen Notlagen, auf die weder das staatliche noch das familiale Hilfesystem adäquat zur reagieren imstande sind" (Siegler 1991, S. 27) – sehr personalintensiv geworden sind und, neben wenigen methodisch anspruchsvollen Tätigkeiten, häufig auch ohne Vorbildung zu erbringende Tätigkeiten beinhalten (zuhören, begleiten etc.).

Diese Fragestellungen sollen in diesem Kapitel erörtert werden. Ausgangspunkt ist dabei die Tatsache, dass sich die ehrenamtlichen und freiwilligen Tätigkeiten sehr stark gewandelt und sich heute am besten mit Wehner et al. (2015, S. 5) als „frei-gemeinnützige Tätigkeiten" bezeichnen lassen. Als solche zeichnen sie sich – wie im ersten Teilkapitel dargestellt werden wird – durch einen hohen Grad an Autonomie aus (Kap. 24.1). In einem zweiten Teilkapitel wird gezeigt, wie diese Tätigkeiten – auch unter dem Einfluss vieler politischer Kampagnen – sich quantitativ stetig ausgeweitet und damit einen hohen Grad an gesellschaftlicher Akzeptanz erworben haben (Kap. 24.2). Vor diesem Hintergrund gilt es dann zu fragen, welche gesellschaftlichen Interessen dazu beitragen, dass diesem Bereich eine so große Aufmerksamkeit geschenkt wird. Anders formuliert: Wer profitiert von diesem Bereich und welche Probleme sind mit den jeweiligen „Vereinnahmungen" verbunden (Kap. 24.3)? Die unterschiedlichen gesellschaftlichen Interessen spiegeln sich auch in den vielfältigen Motivlagen der Freiwilligen wider: Sie sind multifaktoriell und lassen sich nicht durch eindimensionale Unterstellungen vom „Gutmenschen" charakterisieren. Diese Motivlagen stellen jedoch in ihrer oftmaligen Widersprüchlichkeit die sozialen Einrichtungen vor große Herausforderungen (Kap. 24.4). Im fünften Teilkapitel werden dann die vielfältigen Formen der Zusammenarbeit zwischen Ehrenamtlichen und Professionellen im Bereich der Sozialen Arbeit konkretisiert, charakterisiert und bewertet (Kap. 24.5). Dass eine solche Zusammenarbeit zukünftig im Sinne eines Freiwilligenmanagement organisiert und durchstrukturiert werden muss, ergibt sich demnach von selbst. Dabei gilt es jedoch, Sorge dafür zu tragen, dass die frei-gemeinnützige Tätigkeit nicht zu einer angeleiteten Helfer/innentätigkeit reduziert wird, sondern ihre eigenständige positive Funktion erfüllen kann (Kap. 24.6).

24.1 Vom Ehrenamt zur frei-gemeinnützigen Tätigkeit

Wie bereits angedeutet, lassen sich in der Literatur bis heute ganz unterschiedliche Begriffe von dem, wovon hier die Rede sein soll, finden. Dies hat vor allem damit zu tun, dass Begriffe immer auch dem historischen Wandel unterliegen und dem Einfluss gesellschaftlicher, wissenschaftlicher, theoretischer etc. Diskurse ausgesetzt sind. Dass die gängigen Begriffe heute für eine allgemeine Kennzeichnung nicht mehr besonders dienlich sind und wenig zur Klärung der sich daraus ergebenden Problematiken beitragen, ergibt sich aus zwei Gründen:

(1) Es existieren viele Begriffe nebeneinander, die implizite Widersprüche enthalten

- *Ehrenamt(lichkeit):* Dieser (möglicherweise als Überbegriff zunehmend ungeeignete) Begriff bezeichnet in der Regel die Übernahme eines „formalisierten, unentgeltlich verrichteten und zeitlich begrenzten" (Güntert 2015, S. 78) Amtes für eine politische Gemeinde (z. B. Stadtrat/-rätin), für eine Kirche (z. B. Kirchenpfleger/in, Jugendleiter/in) oder eine Einrichtung (z. B. die „grünen Damen/Herren" in Krankenhäusern). Ehrenamtliche werden in der Regel offiziell ernannt und von den Verantwortlichen entsprechend unterstützt und begleitet, dabei können häufig Abhängigkeit und Unterordnung die Folge sein. Untersuchungen zeigen zudem, dass viele Ehrenamtliche unter hohen Verpflichtungsgefühlen leiden (ebd). Nicht selten versuchen Ehrenamtliche – wie etwa das Beispiel der internationalen Sportverbände zeigt – einen persönlichen Nutzen aus ihrer Position zu ziehen. Auf diese Weise können Amt und Mission in den Hintergrund geraten oder gar gravierend beschädigt werden. In aktuellen Publikationen wird der Begriff des Ehrenamts heute immer weniger verwendet. Dies hat auch damit zu tun, dass der Einfluss der lokalen Kirchengemeinden auf die Ehrenamtlichen im Bereich der sozialen Dienste eher an Bedeutung verliert. Außerdem engagieren sich jüngere Erwachsene meist nur noch kurzfristig im Rahmen von Projekten, das Ehrenamt besitzt dagegen eher einen Dauercharakter.
- *Freiwilligenarbeit:* Dieser Begriff wird vor allem für Tätigkeiten verwendet, die von den Betreffenden selbst gewählt und ohne Entlohnung im gemeinnützigen Bereich geleistet werden. Dabei spielt es keine Rolle, ob es sich um for-

melle Tätigkeiten (durch Bestellung, z. B. zur Hausaufgabenbetreuer/in, zur Familienberater/in etc.), oder informelle (z. B. durch die Übernahme gelegentlicher Übersetzungsleistungen etwa für Flüchtlinge) handelt. Ein besonderer Wert wird hier vor allem auf den Umstand gelegt, dass die jeweilige Tätigkeit freiwillig erfolgt und den persönlichen Motiven und Qualifikationen der Betreffenden Rechnung trägt. Dabei besteht allerdings nicht selten die Gefahr, dass die Freiwilligen aus der Tatsache ihrer Freiwilligkeit das Recht ableiten, die ihnen zugeteilte Aufgabe sehr eigenwillig zu interpretieren und so z. B. bei der Begleitung einer Jugendreise ins Ausland eher an ihre eigene Erholung denken, als sich an den Interessen der Jugendlichen zu orientieren etc.

- *Bürgerschaftliches Engagement:* Dieser Begriff bezeichnet den freiwilligen, nicht allein auf finanzielle Vorteile gerichteten, das Gemeinwohl fördernden Einsatz von Bürgern/Bürgerinnen zur Erreichung gemeinsamer Ziele. So unterteilt der „Wegweiser Bürgergesellschaft" die verschiedenen Aktivitäten nach folgenden Rubriken: „Mitgestalten: Engagement und Ehrenamt"; „Mitentscheiden: Partizipation und Politik"; „Mitteilen: News und Nützliches".[87] Oftmals wird bei diesen Aktivitäten deutlich, dass die Verfolgung sozialer oder politischer Interessen auch im eigenen Sinne ist: Der neue Fußgängerübergang erlaubt mehr Sicherheit auch für die eigenen Kinder, die Verhinderung einer Asylunterkunft erhält auch den Wert des eigenen Hauses etc. Damit setzt sich dieses Engagement nicht selten dem Vorwurf aus, wenig selbstlos zu sein und neue Formen des „Frustbürgertums" zu begünstigen. Auf der anderen Seite wird diese Art des Engagements jedoch gerade von kommunaler und staatlicher Seite aus stark gefördert (siehe dazu z.B http://¬www.buergerengagement.de/).
- *(Corporate) Volunteering/Citizenship:* Dabei handelt es sich um eine systematisch betriebene Form des gesellschaftlichen Engagements von Unternehmen, die als Teil der Unternehmensstrategie in die Unternehmenskultur integriert ist (vgl. etwa: Bundesministerium für Wirtschaft und Technologie 2008). Charakteristisch dafür ist, dass die Unternehmen zur Lösung bzw. Linderung gesellschaftlicher Probleme beitragen möchten. Die Kooperation umfasst neben finanziellen Zuwendungen seitens des Unternehmens auch das Zurverfügungstellen von Know-how, Logistik, Informationen, Netzwerken sowie Mitarbeitern und Mitarbeiterinnen. Wesentlich hierbei ist, dass das Engagement bewusst gegenüber der Öffentlichkeit kommuniziert wird, um dadurch einen Nutzen für das Unternehmen zu erzielen (Westebbe/Logan 1995, S. 17). Nicht selten führt diese Form der Tätigkeit zu einem eher oberflächlichen Aktionismus: Mitarbeiter/innen einer Firma (erkennbar durch Firmenlogo auf dem T-Shirt!) gestalten das Sommerfest eines Behindertenheimes, streichen die Wände im Altenheim etc. Es handelt sich also hier sehr stark um ein von oben verordnetes, künstlich inszeniertes Engagement, das wenig freie und authentische Züge trägt und möglicherweise der Sache selbst nicht immer einen guten Dienst erweist. Ganz nach dem Motto „Tue Gutes und rede darüber"

---

87 http://www.buergergesellschaft.de/1/.

steht die Nutzbarmachung des Engagements für das Unternehmen mindestens genauso im Mittelpunkt wie das Engagement für die Betroffenen.

(2) Begriffe werden synonym verwendet und damit inhaltslos

Wie unsystematisch mit den Begriffen umgegangen wird und dass heute kaum mehr zwischen den Begriffen Ehrenamt und Freiwilligenarbeit unterschieden wird, zeigt zum Beispiel ein Blick auf die Homepage der Akademie für Ehrenamtlichkeit Deutschland.

„Die Akademie für Ehrenamtlichkeit Deutschland (AfED) ist das bundesweite Kompetenzzentrum für Freiwilligenmanagement und Qualitätsentwicklung in der freiwilligen Arbeit. Wir setzen uns für eine nachhaltige Freiwilligenkultur in der Zivilgesellschaft ein. Wir unterstützen Organisationen in der Entwicklung einer passgenauen Strategie für ihre Freiwilligenarbeit und vermitteln dafür notwendige Handlungskompetenzen. Wir begleiten die fachlich Verantwortlichen und qualifizieren die Freiwilligen für ihr weiteres Engagement. Dabei verbindet die AfED aktuelle wissenschaftliche Erkenntnisse und langjährige praktische Erfahrungen. Offenheit für neue Ideen und Kooperationen prägen unser Selbstverständnis" (http://www.ehrenamt.de/1382_Ueb¬er_uns.htm).

Vor diesem Hintergrund ergibt der Vorschlag von Wehner et al. (2015) durchaus Sinn, im Folgenden für die Bezeichnungen aller Aktivitäten den Begriff der „frei-gemeinnützigen Tätigkeit" zu verwenden:

„Frei-gemeinnützige Tätigkeit umfasst unbezahlte, selbst oder institutionell organisierte, sozial ausgerichtete Arbeit; gemeint ist ein persönliches, gemeinnütziges Engagement, das mit einem regelmäßigen, projekt- oder eventbezogenen Zeitaufwand verbunden ist, prinzipiell auch von einer anderen Person ausgeführt und potenziell auch bezahlt werden könnte" (Wehner et al. 2015, S. 5).

Im Rahmen dieser Definition kommt sehr deutlich zum Ausdruck, dass moderne Menschen nur noch dann gemeinnützige Tätigkeiten übernehmen werden, wenn sie dies „frei" tun können. Das bedeutet nicht nur, dass sie sich für eine Tätigkeit frei entscheiden wollen, sondern auch noch einen entsprechenden Freiraum erwarten, um die jeweilige Tätigkeit zumindest teilautonom gestalten zu können. Damit wird der Vorstellung, freiwillige Helfer/innen könnten und sollten als minderqualifizierte Zusatzkräfte mithilfe von moralischen Argumenten angeworben werden, um dann untergeordnete Hilfsdienste zu leisten, eine klare Absage erteilt.

Denn im Sozialen gibt es keine wichtigen oder unwichtigen, übergeordneten oder untergeordneten Tätigkeiten. Wer am Krankenbett sitzt oder alten Menschen die Haare wäscht erweist ihnen gegenüber einen mitmenschlichen Dienst, der nicht graduell qualifiziert werden kann. Genau deshalb sperrt sich ja die frei-gemeinnützige Tätigkeit in der Regel auch gegen jeden Versuch einer monetären Vergütung oder organisationalen Instrumentalisierung. Beides würde die Betreffenden in eine Position der strukturellen Abhängigkeit führen!

24.2 Die (zunehmend) freiwillige Gesellschaft – Zur Datenlage

Bei der Ausübung frei-gemeinnütziger Tätigkeiten handelt es sich inzwischen um einen gesellschaftlichen Trend. Insbesondere die Öffnung des Ehrenamts hin zur Freiwilligenarbeit und die vielfältigen bundesweiten Programme, wie z. B. „Freiwilligendienst aller Generationen" (FDaG), „Mehrgenerationenhäuser", „Bundesfreiwilligendienst" etc., haben zu einer sehr starken Ausdehnung des betreffenden Personenkreises, aber auch zur Frage geführt, inwiefern es sich hier um verdeckte Arbeitskräfte und damit prekäre Arbeitsverhältnisse handelt (Notz 2012, S. 97 ff.). Daher sind die im Folgenden aufgeführten Daten durchaus mit Vorsicht zu genießen. Denn nach dem Freiwilligensurvey von 2009 (der neue Bericht von 2015 lag im Januar 2016 noch nicht vor) sind in Deutschland derzeit ca. 23 Millionen Bundesbürger/innen (ca. 28 %) freiwillig engagiert, nach einer Berliner Studie sind in der Bundeshauptstadt sogar ein Drittel der Bevölkerung freiwillig aktiv (Beerbaum 2011, S. IV). Die Schwerpunkte der Tätigkeiten liegen in den Bereichen Soziales, Kindergarten/Schule, Sport und Kunst/Kultur. Die Engagementquote (d. h. der Anteil an Übernahme bestimmter Aufgaben, Arbeiten oder Funktionen im Rahmen von Vereinen, Organisationen, Gruppen oder öffentlichen Einrichtungen) liegt 2009 bundesweit bei 36 % (+ 2 % gegenüber 1999) und das Engagement-Potenzial (d. h. Personen, die aktuell nicht engagiert sind, die aber zu einem Engagement bereit wären) bei 37 % (+ 11 % gegenüber 1999).

Bei den Tätigkeitsbereichen rangiert der Bereich Sport (10 %) vor den Bereichen Kindergarten, Schule, Kirche und Religion (je 7 %) sowie Kultur und Musik (5 %). Insgesamt sind mehr Männer (40 %) als Frauen (32 %) engagiert, die höchste Engagementquote liegt bei den 35- bis 59-Jährigen. Bei Personen mit hohem Bildungsniveau liegt die Engagementquote bei 43 %, mit mittlerem Bildungsniveau bei 37 % und mit niedrigem bei 26 %.

Als Motive für die Freiwilligenarbeit werden am Häufigsten genannt:

- die Gesellschaft zumindest im Kleinen mitgestalten (61 %);
- mit anderen Menschen zusammenkommen (60 %);
- Qualifikationen erwerben (27 %);
- Ansehen und Einfluss im Lebensumfeld erwerben (12 %);
- beruflich vorankommen (10 %).

Als Erwartungen an die frei-gemeinnützige Tätigkeit stehen folgende Motive im Vordergrund:

- Spaß an der Tätigkeit;
- anderen Menschen helfen;
- etwas fürs Gemeinwohl tun;
- mit sympathischen Menschen zusammenkommen;

- eigene Kenntnisse und Erfahrungen einbringen.

Die Frage, ob diese Daten tatsächlich zur Erhellung der Situation der frei-gemeinnützigen Tätigkeit beitragen, soll hier nicht gestellt werden (kritisch dazu: Leif 2011). Was man vor allem erkennen kann ist, dass die Bundes- und Landesregierungen offensichtlich ein großes Interesse haben, sowohl in Erfahrung zu bringen, wer genau die frei-gemeinnützig Tätigen sind, als auch daran, dem Thema immer wieder eine große öffentliche Aufmerksamkeit zu verschaffen. Denn je mehr Bürger/innen aktiv engagiert sind, umso mehr wird der „Mythos der Beteiligungspolitik" (ebd., S. 3) genährt und umso stärker sehen sich die Politiker/innen in ihrem Entscheidungshandeln legitimiert!

24.3 Frei-gemeinnützige Tätigkeit im Spannungsfeld unterschiedlicher Interessen

Wenn, wie oben dargestellt, das Wesen der frei-gemeinnützigen Tätigkeit darin besteht, dass Menschen sich aus freien Stücken dazu bereit erklären, soziale, kulturelle oder anderweitig wichtige gesellschaftliche Aufgaben unentgeltlich zu übernehmen, dann handelt es sich dabei um ein Ideal, das die unterschiedlichsten Interessenträger (Staat, Wirtschaft, Verbände etc.) für sich zu beeinflussen und zu nutzen versuchen. Damit aber geraten diese Tätigkeiten in ein gesellschaftliches Spannungsfeld zwischen den Polen frei – nicht frei, ehrenamtlich – bezahlt, gemeinnützig – eigennützig etc.

24.3.1 Das politische Interesse: Inklusion in bestehende Machtverhältnisse

Frei-gemeinnützige Tätigkeiten haben eine lange Tradition und werden und wurden politisch vor allem dann bejaht und gefördert, wenn sie das jeweils bestehende System stabilisieren.

Verschiedene Stadien der Entwicklung lassen sich aufzeigen (Engel 2013):

- Bereits die Preußische Städteordnung forderte die Bürger/innen im Rahmen einer gezielten „Engagementpolitik" dazu auf, „Gemeingeist und Bürgersinn" zu beleben, die „schlafenden und falsch geleiteten Kräfte und zerstreut liegenden Kenntnisse" zu nutzen und so zum „Einklang zwischen dem Geist der Nation" und den „Ansichten und Bedürfnissen der Bürger/innen" (Engel 2013, S. 134) beizutragen. Leitbild war dabei „die Selbstverwaltung der sozialen und lokalen Angelegenheiten von Bürgern, welche (...) aufgrund des Prinzips des an den Bürgerstatus gekoppelten Ehrenamtes auf den männlichen Teil der Bevölkerung beschränkt blieb" (ebd., S. 135). Konkret hieß dies, dass Männer z. B. als ehrenamtliche Armenpfleger bis zu vier Familien betreuen durften, in dem sie Bedarfe feststellten und an lokale Kommissionen weiterleiteten, während die Frauen eher im Bereich der privaten Vereinigungen und Vereine ehrenamtlich tätig waren.

- Während der Weimarer Zeit kam es neben einer Verberuflichung der kommunalen Wohlfahrtspflege (erste Säule) zu einer gesetzlichen Absicherung und Unterfütterung der zweiten Säule des gerade entstehenden wohlfahrtsstaatlichen Systems: den Organisationen der freien Wohlfahrtspflege. Damit wurde das bürgerschaftliche Engagement fast völlig in die private Wohlfahrtspflege hinein verlagert. Männer übernahmen nun die Führungsrollen in den Verbänden, Frauen ausführende Rollen mit dem Ziel, die Schwachen zu stützen und den Aufbau einer gesunden Volksgemeinschaft zu befördern.
- Im Dritten Reich wurden die Wohlfahrtsverbände dann durch die Nationalsozialistische Volkswohlfahrt (NSV) und den Öffentlichen Gesundheitsdienst (ÖGD) ersetzt und umgepolt. Engagierte Helfer/innen sollten jetzt – straff organisiert – dazu beitragen, „die Stärken der Volksgemeinschaft (zu) gewährleisten" und das Volk zu „maximaler Opferbereitschaft" anzutreiben (ebd., S. 138).
- Im Zuge der schnell voranschreitenden Verberuflichung und Expansion der Sozialen Arbeit seit den 1970er Jahren kam es schließlich zu einer teilweisen Verlagerung des bürgerlichen Engagements in Richtung „Selbsthilfegruppen, vielfältige Frauen- oder Stadtteilprojekte und ökologische Initiativen" (ebd., S. 139). Dabei zielte die radikale Variante dieser Idee darauf ab, die staatliche Macht zu bekämpfen und einzugrenzen, die gemäßigte dagegen verfolgte die Absicht, den Staat stärker von Bürgerinnen und Bürgern mitzugestalten.

In unserer heutigen Gesellschaft sind inzwischen wieder Tendenzen erkennbar, die darauf hinweisen, dass das bürgerschaftliche Engagement zunehmend instrumentalisiert und verwaltet wird. Dies belegen zum Beispiel die vielen Kampagnen, die Freiwilligen- und Ehrenamtsportale etc., die nicht nur dazu genutzt werden, frei-gemeinnützige Arbeit zu fördern, sondern auch dazu, Bürger/innenpotenzial „staatstragend" zu vereinnahmen. Sebastian Braun weist hier warnend darauf hin, dass ein „vernutztes" freiwilliges Engagement zum Rückgang führen wird und unsere Demokratie schädigt (Braun 2009, in ebd., S. 140). Offensichtlich kann die lückenlose Erfassung und Einpassung aller Bürger/innen in frei-gemeinnützige Tätigkeiten nicht das Ziel einer offenen Gesellschaft sein!

24.3.2 Das ökonomische Interesse: Reduktion von sozialen Kosten

Aus ökonomischer Sicht bemisst sich der Wert frei-gemeinnütziger Tätigkeiten vor allem darin, inwiefern es gelingt, notwendig entstehende Kosten sowohl für die Allgemeinheit als auch für die betreffenden Organisationen zu vermindern. Dabei geht man davon aus, dass solche Kosten nur sehr vage im Rahmen von zwei Modellen bestimmt werden können (siehe Hollerweger 2000, S. 49 ff.):

- *Marktalternative:* Im Rahmen dieser Berechnungsform wird davon ausgegangen, dass jede frei-gemeinnützige Tätigkeit durch eine alternative Beschäftigung ersetzt werden müsste und dass die dafür aufgewendeten Kosten den ersparten Betrag ausmachen. Allerdings ist diese Methode nicht unproblematisch, da sie die frei-gemeinnützige Tätigkeit mit professionellen Tätigkeiten

gleichsetzt und Fragen nach der Produktivität der jeweilig Beschäftigten offen lässt.
- *Opportunitätskosten:* Hier wird der Wert in Rechnung gestellt, auf den die frei-gemeinnützig Tätigen verzichten, um der unbezahlten Tätigkeit nachgehen zu können. Problematisch dabei ist, dass diese Personen unterschiedlich qualifiziert sind und insofern sehr unterschiedliche Beträge angesetzt werden müssten. Zudem erbringen sie diese Leistungen ja häufig in ihrer Freizeit!

Die Diskussion um die Berechnung solcher Kosten (die von Verbänden immer wieder angestellt werden, um die Politiker/innen von der Bedeutung ihres Tuns zu überzeugen) hat nun nicht nur dazu geführt, den Wert der frei-gemeinnützigen Tätigkeit hervorzuheben, sondern auch die Debatte darüber verstärkt, inwiefern frei-gemeinnützige Tätigkeiten nicht zumindest teilweise vergütet werden sollten: Möglicherweise – so wird argumentiert – hält eine Nicht-Vergütung Bürger/innen mit weniger Geld davon ab, eine solche Tätigkeit aufzunehmen. Daher sind Geldzahlungen und Aufwandsentschädigungen im frei-gemeinnützigen Bereich zunehmend üblich und ist der Anteil freiwillig engagierter Tätigkeit mit einer „gewissen Vergütung" weiter gewachsen (Notz 2012, S. 100 ff.). Insbesondere in Bereichen wie der Altenpflege werden „ehrenamtliche" Tätigkeiten – als gemeinwohlorientierte Nebentätigkeiten – oftmals auch zu marktähnlichen Konditionen und über Stellenanzeigen ausgeschrieben.

Doch je stärker frei-gemeinnützige Tätigkeiten monetär gesteuert werden, umso mehr entsteht die Gefahr, dass nicht nur der Anteil der Freiwilligen in den Einrichtungen steigt, die geringfügig beschäftigt oder durch Aufwandsentschädigungen teilvergütet werden, sondern möglicherweise auch der Anteil an Professionellen in ungesicherten Beschäftigungsverhältnissen. Denn wenn sich eine Tätigkeit auch ohne Ausbildung ausüben lässt, so muss sich das auf Dauer negativ auf das Gehaltsniveau der Professionellen auswirken. Auf diese Weise kann es schließlich zu „Grenzverwischungen" kommen, die deshalb kontraproduktiv sind, da „die komparativen Vorteile der Hilfesysteme für die Bewältigung spezieller immaterieller Notlagen nicht mehr erkennbar sind" (Siegler 1991, S. 30). Konkret ausgedrückt: Wenn ehrenamtliche Betreuer/innen von Menschen mit Behinderung die gleichen Aufgaben durchführen und die gleichen Kompetenzen für sich in Anspruch nehmen wie professionelle Sozialarbeiter/innen, dann stellt sich ein methodisches Mittelmaß ein, unter dem dann vor allem die jeweiligen Klientinnen und Klienten zu leiden haben. Professionell und freiwillig erbrachte Leistungen müssen also soweit wie möglich auch qualitativ sehr genau voneinander unterschieden werden.

Damit stellt sich die Frage, wie verhindert werden kann, dass die frei-gemeinnützige Tätigkeit ihren originären Wert verliert. In der Praxis versucht man deshalb noch deutlicher zwischen „Lohn-Tätigkeiten" zu unterscheiden, für die es ein Gehalt gibt, „qualifizierenden Tätigkeiten" (FSJ, Praktikant/innen etc.), für die es eine Art großzügiges Taschengeld gibt, „ehrenamtlichen Tätigkeiten", für die eine (pauschalierte) Aufwandsentschädigung vorgesehen ist, und „frei gemeinnützigen Tätigkeiten", die unentgeltlich erfolgen. Würde man diese Unterscheidungen nicht mehr treffen, müsste schließlich der Markt entscheiden, welche Tätigkeit wie vergütet werden muss: Freie Tätigkeiten würden jetzt in dieselbe Abhängigkeit geraten wie bezahlte. Nicht zuletzt würde damit ein wichtiges Element einer Gesellschaft von freien Menschen aufgegeben!

24.3.3 Das individuelle Interesse: Selbstverwirklichung

Natürlich fördert Gesellschaft frei-gemeinnützige Tätigkeiten auch dadurch, dass sie den Menschen, die dies tun, soziale Vorteile verspricht. Wer frei-gemeinnützig tätig ist, bringt in einer leistungsorientierten Gesellschaft seine Überlegenheit zum Ausdruck und kann dafür mit einer allgemeinen Anerkennung rechnen,

- dass er/sie als leistungsstarker Mensch seine Zeit nicht nur dafür verwendet, sich um sich selbst, sondern auch um die Schwächeren der Gesellschaft zu kümmern (zeitliche Überlegenheit):

> *Herr V ist Rentner und hat Zeit, als Schulwegbegleiter Kinder vor und nach Schulschluss über den Gehweg zu begleiten. Außerdem verbringt er gerne Zeit mit Kindern und freut sich, wenn sie ihm von ihren schulischen Sorgen berichten und er sie zumindest emotional unterstützen kann.*

- dass er/sie bereit ist, anderen Menschen am eigenen Wissen, Begabungen, Bildung etc. teilhaben zu lassen (kulturelle Überlegenheit):

> *Herr W ist begeisterter Segelflieger und hat dem Jugendhaus angeboten, für interessierte Jugendliche ein Wochenendangebot zu organisieren. Es macht ihm Freude, auch solchen Menschen den Zugang zu seinem geliebten Hobby zu eröffnen, die dafür nicht genügend Geld mitbringen.*

- dass er/sie bereit ist, auf eigene monetäre Vorteile zu verzichten, um sich um die Belange anderer zu kümmern (ökonomische Überlegenheit):

> *Frau X ist Unternehmensberaterin und verfügt über genügend Geld. Daher verzichtet sie auf einen Teil ihrer Vortragstätigkeiten und die damit verbundenen lukrativen Einnahmen und kümmert sich in der dadurch entstehenden freien Zeit um Menschen mit psychischen Problemen.*

- dass er/sie als großzügiger Mensch bereit ist, sich für andere einzusetzen (moralische Überlegenheit):

> *Angesichts der zunehmenden Anfeindungen gegenüber Flüchtlingen hat Frau Y beschlossen, sich an einem Tag der Woche um unbegleitete minderjährige Flüchtlingen zu kümmern. Sie organisiert ein Freizeit- und Besichtigungsprogramm und nimmt Kontakt mit Arbeitgeber/innen auf.*

- dass er/sie sich aus ethischen Überlegungen heraus entschlossen hat, sich für eine bestimmte Sache einzusetzen (ethische Überlegenheit):

> *Frau Z hält die Entwicklung der gesamten Ernährungspolitik in Deutschland für ethisch bedenklich und unterstützt eine Initiative zur bewussten Ernährung in Altenheimen.*

Diese Beispiele zeigen: Im Hintergrund jeder frei-gemeinnützigen Tätigkeit steht ein persönliches Interesse, das unverzichtbar ist, gleichzeitig aber auch zum Problem werden kann. Frei-gemeinnützig Tätige stehen in der Gefahr, über das Ziel der jeweiligen Tätigkeit hinauszuschießen, sich zu erschöpfen oder zu überfordern. Organisationen, die frei-gemeinnützig Tätige beschäftigen, müssen sich also sorgfältig mit den verschiedenen Interessenten und Interessentinnen beschäftigen und im Rahmen von Maßnahmen des Freiwilligenmanagements dafür sorgen, dass eine solche Tätigkeit nicht für beide Seiten kontraproduktiv wird (siehe dazu Kap. 24.6).

24.4 Funktionen frei-gemeinnütziger Tätigkeiten

Grundsätzlich ist es bei der Rekrutierung wenig sinnvoll, Freiwillige nach ihren genauen Motiven für die Übernahme einer frei-gemeinnützig Tätigkeit zu befragen. Denn die gängigen Antworten sind in der Regel durch gesellschaftliche Stereotypien bereits präformiert und genormt. Und die „wahren" Motive bleiben den Betreffenden meist unbewusst und können nur von außen beobachtet und registriert werden.

Nach Oostlander et al. (2015) unterscheidet sich die frei-gemeinnützige Arbeit „sehr deutlich von anderen Formen prosozialen Handelns" (S. 60), die eher von Spontaneität und Authentizität geprägt sind. Demnach basieren die Motive der Freiwilligen auf einem persönlichen Kalkül und müssen also eher „funktional" betrachtet werden. Freiwilliges Helfen ist somit eine Folge strategischer Überlegungen und kann insgesamt sechs unterschiedliche (den Freiwilligen mehr oder weniger unbewusste) Funktionen erfüllen und dazu dienen,

1. eigene Wertvorstellungen zum Ausdruck zu bringen: *Wertefunktion*. Frei gemeinnützig Tätige im Bereich der Sterbebegleitung bezeugen ihre vom christlichen Glauben bestimmte Einstellung zum Leben.

2. Neues zu erlernen und Unbekanntes zu erschließen: *Erfahrungsfunktion.* Frei-gemeinnützig Tätige im Bereich der Psychiatrie sind interessiert an der Lebens- und Erfahrungswelt der psychisch Kranken und am Zutritt zu psychiatrischen Anstalten.
3. die eigene berufliche Karriere zu fördern und nützliche Kontakte zu knüpfen: *strategische Funktion.* Zukünftige Manager/innen wissen, dass sie im Vorstellungsgespräch auf den Punkt „Social Commitment" angesprochen werden. Eine frei-gemeinnützige Tätigkeit ist also ein gutes und wichtiges Investment in die berufliche Zukunft.
4. den Erwartungen anderer besser zu entsprechen: *soziale Anpassungsfunktion.* Wenn Bekannte oder Nachbarn sich in sozialen Projekten engagieren, so entsteht ein sozialer Druck, dasselbe zu tun: Ein Beispiel dafür sind die „Charity Ladies", die es sich zur Aufgabe gemacht haben, mit eigenem Geld oder dem ihrer Partner/innen Wohltätigkeitsveranstaltungen zu organisieren.
5. die Bedeutung der eigenen Person und das Gefühl, gebraucht zu werden, zu steigern: *Selbstwertfunktion.* Wer in Rente geht, erfährt durch die Mitarbeit in Freiwilligenprojekten soziale Anerkennung und persönliche Bereicherung. Zudem bietet eine solche Tätigkeit eine klare Tagesstruktur an.
6. sich von eigenen Sorgen und Schuldgefühlen abzulenken: *Schutzfunktion.* Wer ein Kind durch einen Unfall verloren hat, kann die Zeit, die er diesem Kind nicht geben konnte, anderen Kindern „schenken": durch regelmäßige Besuche im Kinderkrankenhaus, auf einer Palliativstation etc.

Die Kenntnis der verschiedenen funktionalen Motive von Freiwilligen sind insofern wichtig zu wissen, da sie den Verantwortlichen deutlich machen, dass frei-gemeinnützig Tätige Motive mitbringen, die für die eine Tätigkeit hilfreich, für eine andere möglicherweise weniger hilfreich sein können und daher die Betreffenden für eine bestimmte Tätigkeit mehr oder weniger geeignet erscheinen lassen. Führungskräfte in der Sozialen Arbeit müssen also dafür Sorge tragen, dass

- die Passung zwischen Motiven und Tätigkeiten, auch als „Kontingenzerwartungen" (Bierhoff 2012, S. 37) bezeichnet, optimiert wird: Die Arbeit mit behinderten Menschen setzt möglicherweise eher klare Vorstellungen über den Wert des Menschen voraus und eignet sich weniger für die Karriereorientierung;
- sich die jeweilgen Motive der Helfer/innen nicht in irgendeiner Weise ungünstig oder negativ auf die jeweiligen Tätigkeiten auswirken können: Die Arbeit mit Kindern leidet, wenn Helfer/innen über ein schwaches Selbstwertgefühl verfügen und sich von den Kindern Anerkennung und Nähe erhoffen;
- sich ein Ausgleich zwischen den persönlichen Vorlieben bezüglich der Aufnahme einer „attraktiven" Möglichkeit zum freiwilligen Engagement und dem tatsächlichen Bedarf herstellen lässt.

Solche Problematiken weisen i. Ü. darauf hin, dass es heute nicht mehr nur genügt, möglichst viele frei-gemeinnützig Tätige zu rekrutieren, sondern sie mit großer Sorgfalt und Respekt auszuwählen und zu pflegen. Denn die Zufriedenheit und damit auch die Produktivität ehrenamtlicher Helfer/innen hängt vor allem davon ab, inwieweit es gelingt,

- die sich im Laufe des Engagements verändernden Motive (von altruistischen zu stärker egoistischen Motiven) zu berücksichtigen;
- den Zeitaufwand in realistischen Grenzen (in der Regel zwei bis fünf Stunden pro Woche) zu halten;
- ein Netzwerk aufzubauen, das sich gegenseitig motiviert und stabilisiert;
- die persönliche Verantwortung der Ehrenamtlichen auf ein mittleres Maß zu beschränken (Bierhoff 2012, S. 38).

24.5 Soziale Arbeit und Freiwilligen(mit)arbeit

Da die Organisationen der Sozialen Arbeit selbst zu einem großen Teil aus ehrenamtlichen oder frei-gemeinnützigen Initiativen heraus entstanden sind, lassen sich die jeweiligen Unterschiede zwischen professionellem und ehrenamtlichem Handeln von außen oftmals kaum ausmachen. Daher sollten sie in der Regel sowohl theoretisch als auch methodisch begründet werden. Systematisch gesehen lassen sich folgende Verbindungen und daraus resultierende Chancen und Probleme unterscheiden:

(1) Mitarbeit in fachlich und methodisch anspruchsvollen Arbeitsfeldern

Einrichtungen, die über wichtige Entscheidungskompetenzen bezüglich ihres Arbeitsfeldes und der Art und Weise des Umgangs mit ihrer Klientel verfügen, zeichnen sich durch einen hohen, auf der Basis theoretischer Kenntnisse und methodischer Erfahrung ausgewiesenen Grad an Professionalität aus. Sie tendieren in der Regel dazu, frei-gemeinnützig Tätige nur in den Bereichen einzusetzen, die mit wenig Verantwortung und damit wenig Risiko verbunden sind. So können z. B. ehrenamtlich Tätige in einer Schuldner- oder Suchtberatungsstelle – wenn überhaupt – nur administrative Aufgaben oder konkrete, eng begrenzte Tätigkeiten (Übersetzungsleistungen, Begleitungen etc.) unter Anleitung der Professionellen durchführen.

Das Frauenhaus der SKF in Bamberg sieht beispielsweise die Mitarbeit von Ehrenamtlichen vor allem in folgenden Bereichen vor.

Wo Ehrenamtliche helfen können

- *bei der Kinderbetreuung*
- *bei der Freizeitgestaltung*
- *im Bürodienst und*
- *im Rufbereitschaftsdienst.*

> *Alle Mitarbeiterinnen im Frauenhaus arbeiten parteilich für die Belange der Frauen und Kinder (http://www.skf-bamberg.de/einrichtungen/beratung-und-hilfe-fu¬ er-frauen/frauenhaus/ehrenamtliche.html).*

(2) Mitarbeit in alltagsorientierten Arbeitsfeldern

In Einrichtungen, die stärker alltagsorientiert arbeiten, lassen sich die verschiedenen Dienste gleichwertiger auf Professionelle und Ehrenamtliche verteilen. Allerdings ist es auch hier von Vorteil, wenn jede/r Ehrenamtliche einem/einer Professionellen zugeordnet wird, sodass die jeweilige Letztverantwortung organisational abgesichert ist.

So gelten etwa in der Berliner Aidshilfe folgende Grundsätze für die Arbeit mit Ehrenamtlichen:

> - *Kein Ehrenamt ohne Hauptamt: Jede/r Ehrenamtliche ist einem Team und damit einer hauptamtlichen Koordination zugeordnet.*
> - *Kein Hauptamt ohne Ehrenamt: Das Ehrenamt hat in allen Funktionseinheiten der Aidshilfe seinen Platz.*
> - *Kein Ehrenamt ohne Ausbildung: Alle ehrenamtlichen Mitarbeiter/innen werden systematisch auf ihren Einsatz vorbereitet (Beerbaum 2011, S. VII).*

(3) Mitarbeit als zusätzliche Unterstützung

Ehrenamtliche können auch als Vorstände, Berater/innen oder als „Fortschrittsträger/innen" genutzt werden, um die Einrichtung dabei zu unterstützen, sich zu entwickeln, zu verbessern, sich besser zu vernetzen, zu finanzieren etc. Allerdings ist hierbei eine gewisse Zurückhaltung bei der Bewertung fachlicher Fragen sinnvoll und sollte den Fachkräften überlassen bleiben:

> *„Förderverein – offene Hand, offenes Herz für die Kinder von St. Pauli*
> *Millionen Touristen strömen jährlich durch St. Pauli. Aber kaum einer weiß, dass hier, in einem der ärmsten Stadtteile Hamburgs, viele Kinder aufwachsen. Die Wohnungen sind eng und oft überbelegt, es gibt kaum Spielplätze oder Grünflächen. Zum Alltag der Kinder gehören Lärm, Gewalt, Prostitution und Drogen.*
> *‚Wenn man auf St. Pauli lebt, muss man starke Nerven haben.' Anna, 10 Jahre*
> *Fast 85 % der Grundschulkinder um den Kiez leben auf Sozialhilfeniveau. Doch den Kindern fehlt es nicht nur an Geld. Liebevolle Zuwendung, Geborgenheit, kreative und phantasievolle Anregungen sind für ihre positive Entwicklung gleichermaßen wichtig. Viele Kinder meinen: ‚Das Leben kostet teuer!'*
> *Unser Förderverein möchte den Kindern von St. Pauli helfen! Daher unterstützen wir das Stadtteilzentrum Kölibri (GWA) bei der Jugend- und Kulturarbeit. Seit 33 Jahren arbeitet das Kölibri erfolgreich und kompetent für die Menschen in diesem*

> *Viertel. Die Kinder nennen das Kölibri ‚unser Wohnzimmer' und fragen sich: ‚Was würden wir ohne das Kölibri machen?'*
> - *Unser Förderverein unterstützt solche Tätigkeiten, die für die meisten Kinder selbstverständlich sind, aber auf St. Pauli ohne unsere Hilfe nicht möglich wären.*
> - *Lesecafé und Leseclub, Leseförderung*
> - *Hausaufgabenhilfe, wenn es in der Schule nicht richtig läuft*
> - *Musik und Theaterworkshops, Kinderzirkus und Hip Hop Dancing*
> - *Aktiv mitmachen beim Mitternachtsfußball, Schwimmen und Schlittschuhlaufen*
> - *Kleine Ferienfahrten, Ausflüge in die Natur und ins Museum*
> - *BIG POINT, St. Pauli – Fit für den Beruf*
> *(http://www.gwa-stpauli.de/menue_gwa/foerderverein.html).*

(4) Mitarbeit als Gründer/innen

Ehrenamtliche werden selbst aktiv und gründen eigene Vereine, in denen sie selbst zusammen mit wenigen Professionellen auch eigenständig tätig werden. Im Hintergrund steht hier die Idee, dass ein gemeinsames und gleichwertiges soziales und politisches Engagement Professionelle und Ehrenamtliche zugleich verbinden und anregen kann.

> *Der insel-Förderverein für psychisch kranke Menschen e.V. hat sich 1987 aus einer Initiative von Angehörigen psychisch kranker Menschen und Mitarbeitern der psychiatrischen Klinik Ingolstadt gegründet. Angehörige, Betroffene und Profis haben es sich zur Aufgabe gemacht, Anstöße zur Verbesserung der Lebensqualität psychisch kranker Menschen in Ingolstadt und der Region zu geben. Wir fühlen uns der Tradition verpflichtet, gemeinsam zu einer besseren Integration in das Gemeinwesen beizutragen. Dies wollen wir zum einen durch die Förderung des Einzelnen, zum anderen durch Aufzeigen von Defiziten innerhalb der Gesellschaft und durch die Einflussnahme auf die sozialen und strukturellen Bedingungen erreichen (http://www.insel-in.de/).*

Das grundsätzliche Problem bei allen Formen der Zusammenarbeit ist, dass es den Beteiligten gelingen muss, die Unterschiede zwischen den beiden Tätigkeitstypen, trotz deren „struktureller Differenz" produktiv zu machen (siehe dazu ausführlich: Beher/Liebig 2012, S. 979). Dabei muss es gelingen, auf der Basis von gegenseitiger Akzeptanz und Wertschätzung folgende Aspekte offen und klar zu kommunizieren:

- Die Art und der Umfang der unterschiedlichen Honorierung professioneller und frei-gemeinnütziger Leistungen: Wenn soziale Gerechtigkeit ein wichtiges Motiv für die Aufnahme einer frei-gemeinnützigen Tätigkeit ist (Jiranek et al.

2015), dann muss es der Organisation gelingen, einen „gerechten" Umgang mit allen Formen von Vergütungen und Anerkennungsbezeigungen vorzunehmen und transparent zu machen.
- Der Unterschied zwischen einem an Methoden orientiertem, teilweise standardisierten, professionellen Vorgehen und dem erfahrungsorientierten, teilweise emotionalisierten Laienwissen des frei-gemeinnützigen Tätigen: Dieser Unterschied wird häufig als eine Möglichkeit der Optimierung von sozialen Diensten betrachtet. Denn Freiwillige bringen etwas ein, was Professionellen fehlt: Spontaneität, Alltagsnähe etc. Diese Eigenschaften dürfen aber nicht zum Vorwurf an die Professionellen geraten, sondern müssen zum Vorteil der Nutzer/innen verwendet werden.
- Die unterschiedlichen Qualitätsvorstellungen: Beide Seiten müssen dazu gebracht werden, die unterschiedlichen Sichtweisen zu erkennen, zu verstehen, zu respektieren und in den Arbeitsablauf zu integrieren. Dabei darf es zu keinem Konkurrenzdenken kommen, verschiedene Vorgehensweisen müssen sich ergänzen und dem gemeinsamen Ziel unterordnen lassen (Wehner et al. 2015, S. 7).

In einer empirischen Studie kommen Schie et al. (2015) zu einem interessanten Ergebnis über die hochkomplexen Zusammenhänge zwischen Aufgabenmerkmalen, organisationalen Rahmenbedingungen und Führungsstilen einerseits, und dem Grad an Zufriedenheit der Freiwilligen andererseits:

„Für eine aus Sicht der Freiwilligen erfreuliche Tätigkeit, die Lebendigkeit, Hingabe und ein Aufgehen in der Tätigkeit selbst ermöglicht, sind besonders die Aufgabenmerkmale, also vielfältige und bedeutsame Aufgaben mit direkter Rückmeldung zur Arbeitsleistung relevant. Die Aufgabenmerkmale fördern damit indirekt auch das Engagement der Freiwilligen zugunsten der Hilfeleistungsempfänger, denn freudige Freiwillige setzen sich vermutlich auch für diese stärker ein. Die meist vorhandene hohe Zufriedenheit der Freiwilligen kann erhalten oder verbessert werden, wenn organisationale Rahmenbedingungen wie etwa der Informationsfluss und der Führungsstil der Koordinatoren stimmig sind. Die Loyalität der Freiwilligen gegenüber der NPO wird hingegen gewonnen, wenn die persönlichen Werte der Freiwilligen mit den Werten der Organisation in Übereinstimmung gebracht werden. Nur die wahrgenommene Passung der Wertvorstellungen fördert auch die Bereitschaft der Freiwilligen, für rein organisationale Anliegen zu arbeiten" (Schie et al. 2015, S. 145).

24.6 Freiwilligenmanagement

Lange Zeit war man der Ansicht, dass ehrenamtliche Tätigkeiten zum Nulltarif zu haben seien und sich daher doppelt lohnten: als unentgeltliche Tätigkeit verursachen sie keine Kosten und, weil die Freiwilligen zumeist eine gewisse Alltagsnähe zur Klientel haben, erfüllen sie zugleich eine sozialintegrative Funktion.

Heute wissen wir, dass eine kontinuierliche Mitarbeit von Freiwilligen durch die jeweilige Organisation gesteuert werden muss, denn nicht nur ein gestiegenes Selbstbewusstsein der Freiwilligen lässt sie Tätigkeiten, die sich nicht mit ihren Motiven decken, schneller abbrechen. Zugleich sind viele Menschen heute sehr mobil, sodass häufige Orts- und Arbeitsplatzwechsel zu ständigen Veränderungen im Kreis der Freiwilligen führen können. Hinzu kommt, dass die Zahl der Freiwilligen, die in den letzten Jahren stetig angestiegen ist, sicher nicht mehr unbegrenzt vermehrbar ist. Es wird also in Zukunft darauf ankommen, das Engagementpotenzial durch geeignete organisationale Maßnahmen auf einem Niveau zu sichern, das weit über das bislang notwendige Format hinausgeht (zusammenfassend: Rosenkranz/Weber 2012; Reifenhäuser et al. 2012).

> *Wie schnell sich Dinge verändern, zeigt der Asylbereich: Wenn wie in den 1970er Jahren wenige Ehrenamtliche eine überschaubare Anzahl von Asylbewerber/innen im Rahmen von kirchlich motivierten, weitgehend informell organisierten Helfergruppierungen unterstützt haben, so hat sich die Situation heute, angesichts von über einer Million von Flüchtlingen 2015, geändert. Wenn plötzlich Hunderte oder Tausende von Helfer/innen aktiv werden sollen, dann muss dies in den einzelnen Kommunen strategisch geplant und konzertiert umgesetzt werden.*

Organisationen müssen also heute intensiver darüber nachdenken, ob, und falls ja, in welcher Weise sie Ehrenamtliche einbeziehen wollen und wie das konkret organisiert werden kann. Da sich das gestiegene Selbstvertrauen der Helfer/innen nicht mehr einfach instrumentalisieren lässt, erkennen die Organisationen zunehmend die hohen Anforderungen, die an die Professionellen gestellt werden, die mit den Freiwilligen zusammenarbeiten müssen (Habeck 2015). In den letzten Jahren hat sich daher in der Praxis zunehmend der Begriff des „Freiwilligenmanagement" eingebürgert. Damit soll zum Ausdruck kommen, dass die Freiwilligen ein hohes Gut sind, das es nicht nur im Selbstverständnis der gesamten Organisation zu berücksichtigen, sondern auch ganz konkret durch vielfältige Maßnahmen zu schützen gilt.

Zu den Aufgabenbereichen von Freiwilligenmanagement zählen nach Biedermann (2012, S. 60 ff., ähnlich Kegel 2012, S. 73) vor allem:

(1) Durchführung von Bedarfsanalysen und die Entwicklung von Aufgabenprofilen für Freiwillige

Nach Rosenkranz/Görtler (2012) müssen die Organisationen bei der Planung vor allem den sich andeutenden Paradigmenwechsel „von der Gestaltung des *Wachstums* zur Gestaltung der *Schrumpfung*" (ebd., S. 48, kursiv i. O.) berücksichtigen. Sie fordern daher zu einem „strategischen, demographisch-basierten Freiwilligenmanagement" (ebd., S. 54) auf, bei dem insbesondere folgende Aspekte beachtet werden müssen:

- Ermittlung und Kenntnis der eigenen Daten: Sozialstruktur, Alter, Wünsche etc. der Ehrenamtlichen;
- Berücksichtigung der Auswirkungen niedriger Fertilität, wie z. B. Wettbewerb um junge Ehrenamtliche, da Ehrenämter nicht mehr „vererbt" werden, etc.;
- Differenzierung der Jugendlichen nach demografischen Daten, Identifizierung verschiedener Milieus und neuer Gruppen, wie z. B. Jugendliche mit Migrationshintergrund etc.;
- Einsatz neuer Medien zur Gewinnung neuer Ehrenamtlicher, Erhöhung der eigenen Attraktivität durch öffentliche Darstellung;
- Kooperation mit Unternehmen, um mit „Cooperate Volunteering" gezielt Berufstätige zu erreichen, etc. (ebd., S. 54 ff.).

Organisationen, die nicht zu spät reagieren wollen, müssen vor dem Hintergrund dieser Daten rechtzeitig ihren Bedarf an Ehrenamtlichen in ihrem Aufgabenbereich feststellen, um daraus geeignete Formen der attraktiven, von den Ehrenamtlichen möglichst frei oder wenigstens mitzugestaltender Mitarbeit identifizieren und profiliert beschreiben zu können.

(2) Gewinnung von neuen Freiwilligen durch geeignete Formen der Öffentlichkeitsarbeit und Werbung

Aufgrund des steigenden Wachstums im Bereich der Vereine, Stiftungen und sozialen Projekten, geht Biedermann (2012, S. 62) davon aus, dass der Wettbewerb um die Freiwilligen stark zunehmen wird. Organisationen müssen dementsprechend vielfältige Informationen streuen: durch kontinuierliche Presse- und Informationsarbeit, durch Faltblätter, Plakate, Social Media, Aktivitäten, Freiwilligentage, Aktionen und Kampagnen. Im Rahmen von Erstgesprächen sollten die Interessen und Kompetenzen der Freiwilligen ausgelotet werden, auf der Basis von Hospitationen kann es dann zum „Matching", d. h. zu verbindlichen Vereinbarungen über die gemeinsame Zusammenarbeit kommen (siehe dazu z. B.: Freiwilligenagentur Stuttgart o. J.).

(3) Förderung einer gewinnbringenden Kooperation von Freiwilligen und Hauptamtlichen

Ist die Bedeutung der Freiwilligenmitarbeit genügend im Leitbild und im Gesamtverständnis einer Einrichtung verankert, dann gilt es in der konkreten Zusammenarbeit zwischen Hauptamtlichen und Freiwilligen „die Kooperation beider Gruppen zu fördern" (ebd., S. 63). Als geeignete Maßnahmen haben sich dabei unter anderem erwiesen:

- Entwicklung klarer Aufgabenteilungen;
- Schaffung einer hohen Transparenz der jeweiligen Arbeitsbedingungen;
- Durchführung geeigneter Maßnahmen zur Teambildung;
- Sicherung einer positiven Grundhaltung der Professionellen den Ehrenamtlichen gegenüber.

(4) Begleitung, fachliche Unterstützung und Qualifizierung der Freiwilligen

Nach einer Einführung der Freiwilligen in Arbeitsabläufe und Stützprozesse durch Vormachen oder durch Übergabe geeigneter Vorgabedokumente ist eine kontinuierliche Begleitung unerlässlich. Eine zusätzliche fachliche Unterstützung kann zudem durch interne Teamschulungen oder externe Fort- und Weiterbildungen, aber auch durch konkrete Förder- und Motivationsgespräche erfolgen. Zu verhindern gilt es in jedem Fall, dass sich unbewusst fachlich wenig geeignete Routinen bilden, die dann auf lange Sicht zu einem Qualitätsverlust der Arbeit führen.

(5) Entwicklung geeigneter Formen der Anerkennung des freiwilligen Engagements

Die Anerkennung der jeweiligen Leistungen sollte den Erwartungen der Freiwilligen entsprechen, sie kann durch Jahresempfänge, Weihnachtsfeiern und Zeitungsberichte etc. erfolgen, sollte aber in jedem Falle auf einer Kultur der Anerkennung basieren. Freiwillige wollen nicht nur gelobt, sondern auch durch geeignete Maßnahmen gefordert, unterstützt, gehört etc. werden.

(6) Qualitätssicherung durch Evaluation der Freiwilligenarbeit

Eine regelmäßige und offen durchgeführte Evaluation der Freiwilligenarbeit trägt ebenfalls zur Wertschätzung bei. Freiwillige sollten als unverzichtbarer Teil der Organisation in alle Evaluationsmaßnahmen mit einbezogen und konsequent daran beteiligt werden, Qualität zu analysieren, zu diskutieren und zu verbessern (siehe dazu Kap. 4.5). Selbstverständlich können und müssen die (hoffentlich guten) Evaluationsergebnisse dann wieder in die Maßnahmen der Werbung und der Öffentlichkeitsarbeit Eingang finden.

(7) Management von Risiken und Gewährleistungen

Um die möglichen (Haftungs-)Risiken, die mit einer Mitarbeit von Freiwilligen in einer Organisation verbunden sind, weitgehend ausschließen zu können, sind vielfältige rechtliche Fragen zu bedenken (zusammenfassend: Apfelböck 2012). Hier gilt es vielfältige Maßnahmen zu ergreifen, die sicherstellen, dass von den Freiwilligen keine Gefahr für die Qualität, die Sicherheit, die Würde etc. der jeweiligen Klientel ausgehen kann. Wichtige Maßnahmen sind:

- Feststellung der Unbescholtenheit und Geeignetheit von Ehrenamtlichen durch Leumundszeugnisse, Strafregisterauszug etc.;
- Führung von Nachweisen zum Gesundheitszustand auf der Basis von Gesundheitszeugnissen und Testaten, vor allem bezüglich des Ausschlusses ansteckender Krankheiten;

- Sicherung der Belastbarkeit durch geeignete Maßnahmen der Mitarbeitermotivation und konkret gesteuerte Erholungsmaßnahmen (Urlaubsanspruch);
- Überwachung der Tätigkeiten in geeigneter Form, z. B. durch Arbeitsnachweise, Dokumente, Protokolle etc.;
- Durchführung von Auswertungsgesprächen und Besprechungen im Team;
- Durchführung von Evaluationsmaßnahmen zur Qualitätssicherung (ebd.).

Nach einer Studie von Sandra Habeck ruft der Begriff des Freiwilligenmanagement bei vielen Beteiligten im sozialen Bereich „einen gewissen Widerstand" hervor. Trotzdem weisen die Befunde ihrer Studie darauf hin, dass es keine Alternative dazu gibt:

1. Obwohl Aufgabenbeschreibungen für Freiwilligenmanagement noch ausstehen und theoretisches Wissen kaum vorhanden ist, wird ein wachsender Bedarf nach hauptamtlichen Freiwilligenmanagern/-managerinnen formuliert.
2. Da wo ein/e hauptamtliche/r Freiwilligenmanager/in eingestellt ist, hat diese/r eine hohe Bedeutung und wirkt sich quantitativ und qualitativ positiv auf die Ehrenamtsarbeit, auf die Organisation und auf die einzelnen Ehrenamtlichen aus.
3. Ein adäquates Freiwilligenmanagement in den Organisationen, in welchen Ehrenamt und Freiwilligenarbeit verortet ist, wird dementsprechend künftig immer stärker zu einem entscheidenden Kriterium für die Zukunftsfähigkeit von bürgerschaftlichem Engagement.
4. Um hauptamtliches Freiwilligenmanagement in Organisationen zu implementieren, zu verstetigen und gesellschaftlich zu etablieren, sind tiefgreifende Entwicklungsprozesse erforderlich, allen voran erhebliche organisationale und professionsbezogene Entwicklungen (Habeck 2015, S. 290 ff.).

Inzwischen sind in diesem Bereich zahlreiche Ausbildungsprogramme entstanden. So bietet z. B. der Verein „Die Hilfsbereitschaft e. V." einen eigenen Ausbildungsgang „Freiwilligen-Management" mit folgender Ausschreibung an:

„Die Freiwilligen – das unbekannte Wesen? Wie können Organisationen optimal mit Freiwilligen kooperieren?
Seit 1997 bietet der Treffpunkt Hilfsbereitschaft als Kooperationspartner der Akademie für Ehrenamtlichkeit Deutschland Qualifizierungskurse zum Strategischen Freiwilligenmanagement für haupt- und ehrenamtlich Tätige an. In der Regel einmal jährlich mit Standort Berlin werden die Fortbildung zur ‚Freiwilligenkoordination' (3 Tage) sowie daran anschließende Fortbildung ‚Strategisches Freiwilligenmanagement' (9 Tage) angeboten, darüber hinaus durch die Akademie für Ehrenamtlichkeit Deutschland auch in anderen Teilen Deutschlands" (http://www.die-hilfsbereitschaft.de/content/qualifizierung-¬ausbildungsgang-freiwilligen-management).

25 PROFESSION UND ÖFFENTLICHKEIT

Der bewusste Umgang mit der Öffentlichkeit hat in der Sozialen Arbeit eine lange Tradition, da sie angesichts ständiger Geldnot dazu gezwungen war und ist, ein Bild von sich zu zeichnen, das die im Rahmen von konkreten Kampagnen etc. angesprochenen Bürger/innen dazu motivieren soll, Gelder für als unverzichtbar geltende professionelle Dienste zu spenden. Dazu wurde zunächst das Bild von den auf der Basis eines einfachen Gehalts weitgehend uneigennützig und selbstlos agierenden, sozial engagierten Professionellen entwickelt und gepflegt. Zielgruppenorientierte Spendenaufrufe konnten dann durch die Zusammenführung verschiedenster Argumentationen plausibilisiert werden, wie z. B.

- einer „dramatisierende Beschreibung" des zu beseitigenden Elends;
- einer Explikation der damit verbundenen Gefahren für die Gesellschaft;
- den „Nachweis der Angemessenheit der vorgeschlagenen Problemlösung";
- der Versicherung, dass die Spenden weitestgehend den Notleidenden zukommen und dass die werbende Organisation einen guten fachlichen und moralischen Ruf hat (Hamburger 2012, S. 1000).

An dieser Werbestrategie hat sich bis heute nichts grundlegend geändert, zumal die Soziale Arbeit in Deutschland sehr stark verbandlich geprägt ist und deren Selbstverständnis gerade darin wurzelt, Hilfe nicht nur als rational begründete, professionelle Tätigkeit (im Sinne eines Beitrags zur Lösung gesellschaftlicher Probleme), sondern vor allem als moralische (Bürger/innen- oder Christen/Christinnen-)Pflicht zu etablieren und zu manifestieren. Aus diesem Denken heraus rührt schließlich auch die Erwartung der Professionellen, von der Öffentlichkeit für den teilweisen Verzicht auf Geld und Karriere sowie für den besonderen Einsatz für schwierige Zielgruppen entsprechend gewürdigt zu werden.

Natürlich liegen die Vorteile einer solchen Vorgehensweise auf der Hand, zumindest so lange, wie die Gesellschaft diesem Bild vertraut. Risse entstehen aber dann, wenn wichtige Teile ihre Überzeugungskraft verlieren und das Gesamtbild zerstören. Welche Entwicklungen sich hier abspielen und wie Professionelle damit umgehen können und müssen, wird in diesem Kapitel aufgezeigt. Dazu werden in einem ersten Teilkapitel einige wichtige Ergebnisse der Selbst- und Fremdbildforschung zur Profession Soziale Arbeit dargelegt und problematisiert (Kap. 25.1). Vor diesem Hintergrund können dann die Grundprobleme bei der öffentlichen Darstellung der Leistungen der Profession deutlich gemacht werden. Sie bestehen vor allem in der Schwierigkeit, dass es nicht gelingt, Hilfeprozesse transparent zu machen, die mediale Aufmerksamkeit sachgemäß zu beeinflussen, die Selbstgerechtigkeit der Wohlfahrtsverbände auf ein erträgliches Maß zurückzuführen und die Professionellen als Experten und Expertinnen nachhaltig zu etablieren (Kap. 25.2). Inwiefern hier die systematische Beeinflussung der Öffentlichkeit durch ein strategisches und operatives Öffentlichkeitsmanagement der Organisationen und Verbände Verbesserungen nach sich ziehen kann und wird, bleibt abzuwarten (Kap. 25.3). Um auch zukünftig als glaubwürdig und kompetent zu gelten ist es in jedem Falle unverzichtbar, dass sich die Profession stärker auf die Beschreibung und Reflexion ihrer konkreten Tätigkeiten und Methoden konzentriert und von allen Versuchen distanziert, sich für fremdbestimmte Zwecke instrumentalisieren zu lassen (Kap. 25.4).

25.1 Selbst- und Fremdbild der Profession

Nach einer (leider etwas älteren) Studie des Deutschen Berufsverbandes für Soziale Arbeit e. V. aus dem Jahre 1997 mit dem Titel: „Stellenwert und Funktionen der Sozialen Arbeit im Bewußtsein der Bevölkerung Deutschlands" (DBSH 1997) genießt die Soziale Arbeit einen durchaus guten Ruf. Dies wird insbesondere aus folgenden Ergebnissen abgeleitet. Demnach

- sind 87 % der Befragten der Meinung, die Soziale Arbeit helfe dabei, soziale Konflikte zu vermeiden;
- sind über 65 % der Befragten der der Ansicht, Soziale Arbeit könne dazu beitragen, die Folgen des Konkurrenzkampfes in der Gesellschaft zu mildern und Kriminalität zu vermeiden;
- halten 61 % die Sozialarbeiter/innen für sehr wichtig, 28 % für wichtige Ansprechpartner/innen für Schwache und Ausgestoßene und
- bewundern 62 % den Einsatz von Sozialarbeitern und Sozialarbeiterinnen für die Sache der Schwachen und Benachteiligten sehr, 23 % zumindest teilweise.

Über dieses Ergebnis könnte die Soziale Arbeit eigentlich stolz sein, müsste sie nicht gleichzeitig feststellen, dass ihr Bild in den Medien weniger schmeichelhaft ausfällt. So kommt Franz Hamburger (2012) auf einer allerdings eher schmalen Basis von Forschungsarbeiten zum Schluss, dass in der medialen Öffentlichkeit insbesondere folgende, eher abschätzige Bilder über das Wesen der Profession, der Klientel etc. der Sozialen Arbeit dominieren:

- Im Allgemeinen herrscht in den Medien eine „voyeuristische" Darstellungsweise vor. „Sensationelle Fälle mit relativ extrem abweichendem Verhalten" (Gaedt, in: Hamburger 2012, S. 1009) werden bei der Beschreibung bevorzugt und so die Neugier der Empfänger/innen bedient. Die Adressat/innen der Sozialen Arbeit werden (mit Ausnahme von Kindern) häufig stigmatisiert und für ihre Probleme als selbst verantwortlich gezeichnet.
- „Die Praxis der Sozialen Arbeit selbst erscheint als alltägliche und alltagsnahe, dem nichtberuflichen Handeln nahe stehende Tätigkeit" (ebd., S. 1010). Ihre Interventionen (z. B. die der Jugendhilfe) werden „als hilflos und wirkungslos, ihre Konzepte als ‚lasch', ‚naiv' und ‚unreflektiert' dargestellt" (ebd., S. 1009). Eher positiv werden die Professionellen lediglich im Zusammenhang mit Freizeit- und Kulturmaßnahmen im lokalen Bereich erwähnt.
- Die Organisationen der Sozialen Arbeit werden sowohl als sinnvolle (weil helfende) wie auch als „kontrollfreie" Räume wahrgenommen. Außerdem werden sie zu Teilen als „Last" für die Gesellschaft empfunden, von der sich diese durch (mehr oder weniger notwendige) Zuschüsse und Spenden zu befreien versucht.

Wie auch immer man die Repräsentativität und Validität dieser Untersuchungsbefunde bewerten mag, deutlich kommt in diesen Bildern zum Ausdruck, dass es der Sozialen Arbeit zwar gelungen ist, sich als wichtiges Teilsystem der Gesellschaft zu etablieren (Bommes/Scherr 1996), nicht aber eine dem professionellen Selbstbild gerecht werdende Darstellung der Adressaten/Adressatinnen, der Ziele, der methodischen Vorgehensweisen und der Ergebnisse über die Medien in die Öffentlichkeit hinein zu vermitteln. Denn auch die oben erwähnte Studie des DBSH belegt zwar die generelle öffentliche Anerkennung für die Soziale Arbeit, bewundert aber werden die Professionellen offensichtlich nicht so sehr für ihre Professionalität, sondern vor allem für ihren karitativen oder diakonischen Einsatz für Schwache und Ausgegrenzte.

Für den DBSH ist das Ergebnis vor allem deshalb ernüchternd, weil es ihm als Berufsverband darum geht, ein professionelles Verständnis zu positionieren, um daraus mögliche tarifliche Forderungen ableiten zu können. Seine Schlussfolgerung aus der Untersuchung lautet dementsprechend wie folgt:

„In dieser Situation ist für die Sicherung der Profession von besonderer Bedeutung, Gegenstrategien zu den aktuellen Entwicklungen im Bereich der sozialen Sicherheit und auf dem ‚Markt sozialer Dienstleistungen' zu entwerfen und umzusetzen, damit diese ihre Wertschätzung in der Bevölkerung bewahren und ausbauen kann" (DBSH 1997).

25.2 Grundprobleme der öffentlichen Darstellung

25.2.1 Unsichtbarkeit und Prozesshaftigkeit der erbrachten Leistung

Doch – wie genau sollen und können diese Gegenstrategien aussehen. So folgerichtig die Forderung des DBSH ist, so ergeben sich doch einige Schwierigkeiten bei dem Versuch, eine dem eigenen Selbstbild angenäherte Sichtweise der Sozialen Arbeit in der Öffentlichkeit um- und durchzusetzen:

(1) Probleme bei der Beschreibung und Steuerung von Dienstleistungen

Da es sich bei der Sozialen Arbeit um einen Einsatz am Menschen handelt, gelten die Grundsätze der Dienstleistungstheorie. Insbesondere persönliche Dienstleistungen sind aber durch Merkmale geprägt, die sich einer exakten Steuerung und Darstellung weitgehend entziehen (siehe dazu zusammenfassend: Bruhn 2013, S. 21 ff.):

- Immaterialität: Persönliche Dienstleistungen sind nicht physisch greifbar (intangibel) und somit nicht lagerbar, Probleme bei der Kapazitäts- und Zeitplanung (schwankender Personaleinsatz) können die Folge sein. Eine logische Folge davon ist auch der immerwährende und nicht lösbare Streit um die erforderliche Menge an Personal in sozialen Einrichtungen.
- Uno-actu-Prinzip: Produktion und Konsum der Dienstleistung fallen zusammen, Qualität findet also nur situativ statt. Zudem treten Klienten und Klien-

tinnen als Co-Produzenten auf und wirken so an der endgültig erkennbaren Qualität der Dienstleistung mit. Sozialarbeiter/innen sind also in der Leistungserbringung von ihrem Gegenüber abhängig und können so nicht alleine über den Grad der Qualität ihrer Leistung bestimmen. Gefühle der Ohnmacht und Frustration, für die die Klienten/Klientinnen verantwortlich gemacht werden, können die Folge sein.
- Nicht-Transportierbarkeit: Dienstleistungen können nicht einfach multipliziert und an vielen Standorten mit der gleichen Qualität erbracht werden, da sie mit konkreten Personen verbunden sind. Daraus folgt auch, dass eine Standardisierung der Leistungen nur ansatzweise möglich ist, da persönliche Merkmale bei der Erbringung eine wichtige Rolle spielen.
- Vagheit des Leistungsversprechens: Aus alledem folgt, dass die Sozialarbeiter/-innen nicht im Vorhinein eine bestimmte Qualität bzw. ein Ergebnis ihrer Leistung versprechen können. Qualitätsschwankungen sind insofern nicht auszuschließen und müssen ständig kommuniziert und auf der Beziehungsebene geklärt werden. Der dazu erforderliche häufige Kontakt mit den Klientinnen und Klienten wird möglicherweise dann von außen als „ineffizient" bewertet und angeprangert.

Alle dargelegten Aspekte lassen deutlich werden, wie schwierig es ist, das „Produkt" Soziale Arbeit angemessen zu beschreiben, zu präsentieren und dessen Effekte positiv zu kommunizieren. Denn Öffentlichkeit braucht einfache und klare Botschaften, die die Soziale Arbeit aber gerade nicht liefern kann. Wollte sie die gesamte Komplexität ihrer Hilfeprozesse kommunizieren, dann könnte in einer an Effizienz orientierten Gesellschaft leicht der Eindruck entstehen, der/die jeweilige Professionelle wäre nicht in der Lage, eine bestimmte Unterstützungsleistung zu „liefern". Tatsächlich aber können sehr viele Umstände eintreten, die auch bei einer optimalen Prozessgestaltung dazu führen, dass anvisierte Ziele nicht erreicht werden und erwartbare Effekte nicht eintreten. Um dies in der erforderlichen Klarheit auszuführen wäre Zeit erforderlich, Zeit, die sich die Öffentlichkeit heute nicht mehr nehmen wird!

(2) Probleme beim Nachweis von Ergebnissen

Nicht nur aus systemtheoretischer, sondern auch hermeneutischer Sicht ist eine direkte Intervention in das psychische System einer Person nicht möglich. Beratungsgespräche, Trainingsmaßnahmen etc. können zwar angeboten und sachgemäß durchgeführt werden, inwiefern sie aber konkrete Auswirkungen auf die Beteiligten haben, entzieht sich der exakten Kontrolle. Häufig brauchen Verhaltensänderungen Zeit und stellen sich Ergebnisse später ein, ohne dass noch ein Zusammenhang zu den Maßnahmen der Sozialen Arbeit hergestellt werden kann. Zudem darf die professionelle Soziale Arbeit aus rechtlichen Gründen – selbst wenn sie es könnte – nicht über die Freiheit des individuellen Entschlusses der Klienten und Klientinnen, sich zu ändern, verfügen. Jede/r Klient/in hat auch das Recht, sich nicht anzupassen und die Exklusion der Inklusion vorzuziehen.

Möglicherweise war und ist es hier ein Fehler der Professionellen, dass sie das Prinzip der Autonomie ihrer Klientel nicht vehement genug in der Öffentlichkeit vertreten. Im Gegenteil: diese wird als wenig selbstbewusst, auf Hilfe hoffend und für Hilfe dankbar gezeichnet. So aber trägt die Soziale Arbeit möglicherweise ungewollt dazu bei, dass die Öffentlichkeit, vertreten durch Medien und öffentlich werdende Meinungen in Form von Leserbriefen, Demonstrationen, Diskussionsrunden etc., das Bild von dem Klienten und der Klientin als „Bürger/in" mit unveräußerlichen Rechten nicht kennt und nicht akzeptiert. Die Gesellschaft erwartet, dass Klienten/Klientinnen sich ihrer Mängel oder Probleme bewusst sind und diese – unabhängig von der Frage, wer für diese verantwortlich ist oder war – möglichst unverzüglich in Kooperation mit den Sozialarbeiter/innen bearbeiten und beheben wollen!

(3) Probleme bei der Darstellung komplexer Problemlösungsverfahren

Hilfeleistungen durch Soziale Arbeit werden meist nicht im Rahmen eines einmaligen Kontakts erbracht. Wäre dies der Fall, so könnte deren Qualität mit einem einfachen Evaluationskriterium (War die Hilfe erfolgreich?) überprüft und festgestellt werden. Professionelle Hilfeprozesse erschöpfen sich aber nicht im Informieren, Aufmerksammachen oder Korrigieren, sondern zeichnen sich in der Regel durch ihre Prozesshaftigkeit aus. Dabei gilt es im Rahmen von mehrstufigen Vorgehensweisen, wie z. B. im Case Management, komplexe Problemlagen multimodal, multiprofessionell und intersystemisch zu bearbeiten. Im Hilfeverlauf kann es dann zu Irritationen, Konflikten etc. kommen, die für das anvisierte Ergebnis durchaus konstruktiv sein, aber als den Erfolg ermöglichende Bedingungsfaktoren erst später erkannt werden können. Anders formuliert: Professionelle Soziale Arbeit hat es meist mit „nicht-trivialen Problemstellungen" zu tun, deren Wesen es gerade ist, dass sie nicht mit trivialen Methoden gelöst werden können. Wie aber kann es gelingen, solche nicht-trivialen Lösungsprozesse öffentlichkeitswirksam zu präsentieren?

Alle drei dargestellten Aspekte machen somit deutlich, dass es außergewöhnlich aufwändig und schwierig ist, Hilfeprozesse in den Medien anschaulich darzustellen und bezüglich ihrer Komplexität angemessen zu repräsentieren. Ähnlich wie den Ärzten/Ärztinnen gegenüber müsste die Öffentlichkeit auch den Sozialarbeitern/Sozialarbeiterinnen gegenüber bereit sein, ein besonderes Vertrauen entgegenzubringen. Warum das im Bereich der Medizin leichter gelingt, hängt möglicherweise mit dem hohen Status zusammen, der der Ärzteschaft im Gegensatz zur Profession Soziale Arbeit in unserer Gesellschaft eingeräumt wird.

25.2.2 Einseitigkeit der medialen Aufmerksamkeit

Die Schwierigkeiten, Soziale Arbeit angemessen in der Öffentlichkeit zu präsentieren, liegen auch in der Tatsache begründet, dass es in einer Gesellschaft, in der sich die Bürger/innen zu jeder Zeit und an jedem Ort über jedes Thema informieren können, den verschiedenen Medien immer weniger gelingt, für die vorhandenen Informationen, News oder Themenstellungen eine zureichende öffentliche Aufmerksamkeit zu erhalten. So werden heute zunehmend Tageszeitungen eingestellt und kämpfen die übrig gebliebenen ums Überleben: durch Wochenendabonnements, Online-Angebote, Zeitungs-Apps, Joint Ventures mit privaten Fernsehkanälen etc.

In der damit verbundenen Konkurrenzsituation zwischen den verschiedenen Anbietern genügt es nicht mehr, Informationen nur danach zu bewerten, ob sie interessant oder wichtig sind, sondern müssen sich die Redakteure und Redakteurinnen stets die Frage stellen, ob die anvisierten Rezipienten/Rezipientinnen die Informationen überhaupt wahrnehmen wollen. Da aber in der Weltsicht des modernen, individualisierten Menschen das Soziale nur insofern als positiv relevant erscheint, als es noch mit der eigenen Person (bzw. der Familie, Clique etc.) in Verbindung gebracht werden kann, ist davon auszugehen, dass es ein Interesse an sozialen Themenstellungen nur noch bei negativen Schlagzeilen gibt. Demzufolge bleibt den Medien offensichtlich gar nichts anderes übrig, als über Soziales so zu berichten, dass Aufmerksamkeit entsteht. Da sich die Leistungen der Sozialen Arbeit aber selten positiv interessant darstellen lassen (höchstens als Einweihung neuer Gebäude, als Tag der offenen Tür etc.), rücken sie meist dann in den Vordergrund, wenn negative Informationen die Öffentlichkeit emotional aufzurühren in der Lage sind.

Insofern ist es nicht verwunderlich, wenn in den Medien, da wo es um Soziale Arbeit geht, zunehmend über gravierende negative Vorfälle im Bereich des Kinderschutzes sowie der Heim- und Behindertenarbeit berichtet wird. Kaum eine Woche vergeht heute mehr, ohne dass von Vorfällen berichtet wird, bei denen Sozialarbeiter/innen die Vernachlässigung ihrer Schutz- und Einwirkungspflichten vorgeworfen wird. Erschüttert hat die Öffentlichkeit nicht nur z. B. der Tod des kleinen Kevin aus Bremen, der – unter der Aufsicht des Jugendamts stehend – vom drogenabhängigen Pflegevater auf grausame Weise misshandelt und schließlich zu Tode gekommen ist (Bremische Bürgerschaft 2007). Auch die ständigen Berichte über körperliche Übergriffe und sexuelle Misshandlungen in Heimen, die offensichtlich noch immer nicht endgültig einer furchtbaren Vergangenheit angehören, tragen dazu bei, das Bild der aufopferungsvoll sorgenden Sozialarbeiter/innen in Verruf zu bringen.

Dabei hat es keinen Sinn, diese Vorfälle als menschliches Versagen Einzelner zu verharmlosen. Für die Zukunft, muss es folglich darum gehen, die Ursachen solcher schrecklichen Vorkommnisse offen und vorbehaltlos zu analysieren, zu kommunizieren, nämlich als letztendlich persönlich zu verantwortendes Fehlverhalten einzelner Kollegen und Kolleginnen, das in der Regel systemisch (mit)bedingt ist. Bedauerlicherweise fehlt es der Profession dazu noch an professionseigenen fachlichen Standards und ethischen Codes und an einer Institution, die befugt ist, die Analyse und Aufklärung solcher Verfehlungen im Sinne der Profession in die Hand zu nehmen und gegebenenfalls Berufsverbote auszusprechen. Wenn Sozialarbeiter/innen sich nach wie vor durch einen Einrichtungswechsel den Konsequenzen eines Berufsvergehens entziehen können, so ist dies ein Skandal!

25.2.3 Fehlendes bzw. nicht wahrgenommenes Expertentum

Möglicherweise steht das fehlende Engagement bei der Aufdeckung solcher Missstände auch im Zusammenhang mit der Tatsache, dass es bis heute nicht gelungen ist, Professionelle im Bereich der Sozialen Arbeit als kompetente Experten/Expertinnen im Rahmen von Talkshows, Expertenrunden etc. zu platzieren. Wenn in den Medien Themen aus dem Bereich der Sozialen Arbeit behandelt werden, dann treten heute entweder die Vertreter/innen rechts- und politikwissenschaftlicher, soziologischer, psychologischer oder kriminologischer Fachrichtungen auf, oder angebliche Spezialisten/Spezialistinnen, wie z. B. Suchthelfer/innen, Drogenexperten/Drogenexpertinnen, Familienberater/innen etc. (Puhl 2004, S. 49). Dies führt dann auch dazu, dass die Sozialarbeiter/innen in der Öffentlichkeit in Verbindung mit einem „insgesamt positiven, wenn auch harmlosen Image, durchaus gutmütig, wenn auch vielleicht verschlafen und nicht allzu effizient" (ebd.) gebracht werden. Konsequenterweise verschleiern die in den derzeit prominenten Fernsehserien auftretenden Sozialarbeiter/innen zumeist ihre professionelle Herkunft und leiten ihre Kompetenzen eher methodisch ab: die „Supernanny" tritt als Erziehungsberaterin, die Sozialpädagogin in „Teenager außer Kontrolle" als Familientherapeutin und der Diplomsozialpädagoge in „Raus aus den Schulden" als „Schuldnerberater" auf.

Allerdings ist diese Strategie durchaus konsequent, denn die gesellschaftliche Attraktivität der Sozialen Arbeit besteht vor allem in der Hoffnung, soziale Probleme könnten durch konkrete und beobachtbare Eingriffe möglichst schnell und umfassend gelöst werden. Nur wer dieses Moment „bedient", wird medientauglich! Andere, mit der Sozialen Arbeit aufs engste verbundene Aspekte, wie der der Prävention und der der Gesellschaftskritik, sind weitaus schwieriger zu kommunizieren und führen, wenn sie medial thematisiert werden, oftmals in eine völlige Unübersichtlichkeit und Vagheit. Denn wie sollte es denn gelingen können, Themenstellungen wie „Gewalt bei Jugendlichen" oder „Integration von Flüchtlingen" in ihrer Komplexität im Rahmen eines zehnminütigen Interviews umfassend zu problematisieren und einer Lösung nahezubringen, ohne sich einer unzulässigen Reduktion der Komplexität des Problems schuldig zu machen! Die Vertreter/innen einer komplexen Theorie der Sozialen Arbeit würden daher zumeist als Schwätzer, Ideologen, Gut-Menschen etc. dargestellt, denen sich nicht zuzuhören lohnt. Natürlich gilt dies nicht nur für Professionelle, sondern auch insbesondere für Sozialarbeitswissenschaftler/innen. Während der Öffentlichkeit eine Vielzahl an „bedeutenden" Politikwissenschaftler/innen, Soziologen/Soziologinnen, Psychologen/Psychologinnen, Gesundheitswissenschaftler/innen etc. bekannt ist, scheint im Bereich der Sozialarbeitswissenschaft niemand derzeit „medientauglich" zu sein.

Dies macht noch einmal deutlich, dass komplexe soziale Probleme nur dann in den Medien angemessen kommuniziert werden können, wenn sie von den jeweiligen Sprechern und Sprecherinnen hoch strukturiert und entlang der drei Intentionen der Sozialen Arbeit (Intervention, Prävention, Gesellschaftskritik) aufbereitet werden. Zugleich gälte es dann auch deutlich zu machen, dass die drei Intentionen zumeist der intersystemischen Kooperation bedürfen und weder von der Sozialen Arbeit allein, noch von der Gesellschaft pauschal zu einem endgültigen Erfolg geführt werden können.

25.2.4 Profession – Einrichtung – Verband: Wer repräsentiert die Soziale Arbeit?

Ein nicht zu unterschätzender Einfluss auf das komplizierte Verhältnis der Sozialen Arbeit zur Öffentlichkeit ist im Übrigen der Tatsache geschuldet, dass die Soziale Arbeit nach außen in unterschiedlicher Form und daher nie einheitlich auftritt: Als Soziale Arbeit der Professionellen (1), als Soziale Arbeit der einzelnen Einrichtungen oder Einrichtungsverbünde vor Ort (2) und als Soziale Arbeit der Wohlfahrtsverbände (3).

(1) Die Soziale Arbeit der Professionellen

Da wo Soziale Arbeit in Form von einzelnen oder mehreren Professionellen auftritt, muss sich die Öffentlichkeit darüber bewusst sein, dass es sich hier zumeist um persönlich geprägte Erfahrungsberichte handelt und dass die damit verbundenen fachlichen Aussagen und Einschätzungen nur mit Vorsicht verallgemeinert werden dürfen. Und auch wenn Sozialarbeitswissenschaftler/innen möglicherweise über mehr systematisierte Wissen verfügen, so kann man sich beim derzeitigen Stand der Disziplin nicht sicher sein, ob es sich bei der jeweiligen Aussage um eine Einzelmeinung oder um eine herrschende Lehrmeinung (State of the Art, Best Practice etc.) handelt. Die Sozialarbeitsforschung hat hier noch einen weiten Weg vor sich, um einen Fundus an Grundwissen zu schaffen, der dann über Studium und Ausbildung zum sicheren Allgemeinwissen der Profession werden könnte (siehe dazu Kap. 16). Wenn also Professionelle die Soziale Arbeit in der Öffentlichkeit häufig nicht wie gewünscht kompetent vertreten, so sind meist nicht nur sie selbst dafür verantwortlich, sondern die Disziplin selbst, der es noch nicht gelungen ist, ein Mindestmaß an fachlichem Wissen zu entwickeln, zu verbreiten und durchzusetzen.

(2) Die Soziale Arbeit der Einrichtungen

Die Soziale Arbeit in einzelnen Einrichtungen oder Einrichtungsverbünden ist geprägt vom Streben nach öffentlicher Anerkennung und Unterstützung durch eine optimale Performance. Das hier vorherrschende Denken orientiert sich an der Theorie des Sozialmanagement und betrachtet Öffentlichkeit als „strategisches, die gesamte Organisation umfassendes und durchdringendes, intern und extern wirkendes Kommunikationsinstrument" (Schürmann 2004, S. 15). Darin erscheint die Öffentlichkeit als „Ressource", die es zu erschließen gilt, um Vorteile für die Organisation zu erzielen. Externe Öffentlichkeitsarbeit gerät hier zur „Marktstrategie" und zur „sozialen Werbung" (ebd.), was dazu führt, dass die Einrichtungen danach streben, sich in der Öffentlichkeit entsprechend attraktiv zu präsentieren. Fragen der Professionalität spielen häufig eine eher geringe Rolle, hier wird mit bebilderten Informationsschriften, Kurzclips und medialen Auftritten um die Sympathie der Öffentlichkeit geworben. Dass dabei die

Interessen der Adressaten/Adressatinnen aus den Augen verloren werden, weil mit pauschalierenden, stigmatisierenden Vokabeln gearbeitet wird, muss offensichtlich um des Erfolges willen in Kauf genommen werden. So berichten nicht wenige Sozialarbeitsmanager/innen, dass sie für Werbezwecke geeignete Fotos (insbesondere von notleidenden Kindern) „installieren" und problematische Aspekte einer bestimmten Klientel eher ausblenden, sodass nur das in die Öffentlichkeit dringen kann, was auch dem Spendenaufkommen nutzt.

Auf Dauer muss diese Strategie natürlich zu einer Verunsicherung in der Öffentlichkeit führen, da sie sich – aufgrund vielfältiger Berichte über angeblich hoch geschätzte Einrichtungen – nicht mehr sicher sein kann, ob „dass was drauf steht, auch drin ist". Eine solche Art von Werbemaßnahmen könnte insofern auf Dauer das gleiche Schicksal erleiden, wie derzeit die der Banken und Versicherungen: Je mehr Hochglanz den Empfängern entgegentritt, desto vorsichtiger sollte man gegenüber dem jeweiligen Versprechen sein!

(3) Die Soziale Arbeit der Verbände

Bereits im Jahr 1998 monierte die Monopolkommission, ein unabhängiges Gremium, das die Bundesregierung und die gesetzgebenden Körperschaften auf den Gebieten der Wettbewerbspolitik, des Wettbewerbsrechts und der Regulierung berät, in einem Gutachten, dass die Arbeit der Sozialverbände durch ein „kartellartiges Erscheinungsbild" geprägt sei. Fehlentwicklungen sind demnach vor allem durch schwer überschaubare Mischfinanzierungen und dadurch entstanden, dass die Verbände Leistungen erbringen, über deren Bedarf und Preise sie zugleich in staatlichen Gremien, wie z. B. den Sozial- und Jugendhilfeausschüssen, mitbestimmen (Fischer 2012). Offensichtlich sichert man sich hier gegenseitig Wettbewerbsvorteile zu und zeigt Tendenzen einer Kartellbildung.

Eine Folge dieser zunehmend öffentlichen Diskussion ist nicht nur der Beginn eines schleichenden Vertrauensschwundes der Bürger/innen in die verbandliche Arbeit, was die Verwendung von Geldern betrifft und mit der Einführung eines „DZI-Spendensiegels" (http://www.dzi.de/) zu korrigieren versucht wurde. Zugleich entwickelt sich derzeit ein zunehmendes Misstrauen gegenüber den von den Verbänden publizierten fachlichen Aussagen: So kommt zum Beispiel der Paritätische Wohlfahrtsverband im Rahmen seines Armutsberichts von 2013 zum Ergebnis, dass die Armutsquote „von 15,5 % ein neues Rekordhoch erreicht (hat und nunmehr) rund 12,5 Millionen Menschen" umfasst (Armut 2014). Kritiker/innen dieses Berichts aber bemängeln, dass das Gutachten „Armut" mit „Ungleichheit" verwechselt und wesentlich differenzierter hätte ausfallen müssen, da es vielen Menschen heute objektiv wirtschaftlich besser gehe als früher. Die Gefahr, die mit solchen Strategien verbunden ist, liegt auf der Hand und ist auch nicht zu verhindern. Daher stellt sich die Frage, ob es sinnvoll ist, wenn Wohlfahrtsverbände empirische Forschungen in Auftrag geben, deren Ergebnisse letztendlich im eigenen Interesse liegen: Denn je mehr Armut vorhanden ist, desto mehr rechtfertigt sich die Forderung nach mehr sozialer Unterstützung und desto mehr kommen die „eigenen" Einrichtungen ins Spiel, quasi „ins Geschäft"!

Die hier vorgenommene Analyse zeigt, dass sich die Soziale Arbeit – was ihre Wissensbasis anbelangt – noch in der Entwicklung befindet und deshalb darauf achten muss, ihre fachlichen Positionen aufgrund des mangelnden Wissensstandes nicht zu ungestüm zu vertreten. Zugleich sollte sie sich vor einer zu großen Nähe zu einzelnen Einrichtungen oder Verbänden hüten. Denn, diese haben ihre eigenen Interessen, die oftmals nicht immer völlig identisch mit denen der Profession sind. Nicht jede/r, die/der soziale Probleme aufzeigt und deren Behebung anmahnt, ist daran interessiert, dass ein realitätsgerechtes Bild der Profession in der Öffentlichkeit entsteht!

25.3 Soziale Arbeit und Öffentlichkeitsarbeit (Public Relations)

Auch wenn die Profession also durchaus Grund hat, dem Bild, das die verschiedenen Organisationen und Verbände zeichnen, gegenüber vorsichtig zu sein, so gibt es doch auch ernsthafte Gründe dafür, dass sie große Anstrengungen unternehmen sollten der Öffentlichkeit ein positives (aber natürlich auch realistisches) Bild der Sozialen Arbeit zu vermitteln. Denn wenn „Stärke und Erfolg der Sozialen Arbeit sich am Grad ihrer öffentlichen Präsenz ablesen lassen" (Schürmann 2004, S. 13), dann kommen die soziale Organisationen gar nicht umhin, sich dem gezielten Management ihrer Öffentlichkeitsarbeit zuzuwenden. Womit dann natürlich auch für Professionelle neue Funktionen entstehen.

Dabei geht die Theorie der Öffentlichkeitsarbeit (engl. Public Relations) davon aus, dass es das Ziel sein muss, dazu beizutragen, dass eine Organisation in der Öffentlichkeit zu einem „Begriff", einer „Marke" wird, die zunehmend bekannt wird und dadurch Attraktivität und Vertrauen auch auf neue Zielgruppen ausstrahlt. Auf diese Weise können neue Märkte erschlossen und zusätzliche Ressourcen eingeworben werden. Zugleich wirkt diese Reputation in die Einrichtung zurück und führt dazu, dass zusätzlich das „betriebliche Selbstbewusstsein und die Leistungsbereitschaft der Mitarbeiter/innen" (ebd., S. 15) gesteigert wird.

Inhaltlich umfasst der Begriff drei wichtige Aspekte (Springer Gabler Verlag, o. J. b):

(1) Öffentlichkeitsarbeit als strategische Führungsaufgabe
Die strategische Öffentlichkeitsarbeit ist die bewusste, zielgerichtete und systematische Gestaltung der Kommunikationsaktivitäten im Unternehmen, die im Folgenden anhand der Vorlagen von Märtin (2009) verkürzt dargestellt werden:
Ihre Aufgaben sind:

1. Aufmerksamkeit erzeugen durch Themen, Projekte, Aktionen!
2. Wahrnehmung erhöhen: sinnlich und wahrnehmbar!
3. Bekanntheit steigern durch breite mediale Präsenz!
4. Orientierung geben durch Aufzeigen von Folgen von Handeln und Nicht-Handeln!

5. Einstellungen verändern durch glaubhafte (Sinn)Angebote!
6. Unterstützung gewinnen durch Appelle und Angebote!
7. Beziehungen von Dauer gestalten durch permanenten Dialog!

Dabei werden Kommunikationsprozesse zwischen Absendern/Absenderinnen und Adressaten/Adressatinnen konzeptionell im Rahmen folgender Bestandteile entwickelt:

- Vision und Konzept als Grundlage: Leitbilder und Konzeptionen werden im Team entwickelt und sind Basis der Arbeit.
- Projektarbeit und Kampagnen als Rahmen: Die Möglichkeiten von Projekt- und Kampagnenarbeit werden bewusst eingesetzt.
- Definierte Aufgabenfelder: Aufgaben werden beschrieben und befähigten Personen übertragen.
- Kommunikationsziele: Information, Dialog und Image. Dieses „Kommunikationsdreieck" dient zur Orientierung bei der Planung sämtlicher Aktivitäten.
- Zielformulierungen: Jede strategische Arbeit benötigt konkrete Zielformulierungen.
- Zielgruppensegmentierung: Da es nicht „die" Öffentlichkeit gibt, muss mehr über die einzelnen Dialoggruppen aufgebaut werden.
- Zielgruppengerechte und kreative Auswahl der Instrumente: „Der Wurm muss dem Fisch schmecken – und nicht dem Angler".
- Aktive Beziehungsarbeit: Die Gestaltung von Beziehungen ist eine zentrale Aufgabe.
- Evaluation: Wir überprüfen, ob wir unsere Ziele erreichen.

(2) Öffentlichkeitsarbeit als operatives Kommunikationsinstrument

Externe Öffentlichkeitsarbeit:
Hier geht es insbesondere darum, die vielfältigen Formen und Methoden der Öffentlichkeitsarbeit optimal einzusetzen, wie z. B. das Vorhalten von Logos, Symbolen, Namen und Farben im Rahmen des Corporate Design, die Aufarbeitung der Inhalte im Rahmen von Grafik-, Bild- und Textkonzepten, die kontinuierliche aktive Pressearbeit, die Durchführung von Informationsveranstaltungen, Events, Social-Sponsoring-Aktivitäten etc. (Schürmann 2004, S. 63 ff.).

Interne Öffentlichkeitsarbeit:
Diese dient dazu, die innerorganisationalen Voraussetzungen zu schaffen, damit das im Rahmen der externen Arbeit öffentlichkeitswirksam Dargestellte auch durch eine entsprechende Qualität des Personals und der Arbeitsstrukturen abgedeckt ist. Eine Grundvoraussetzung dafür ist die Motivation aller Mitarbeiter/-innen. Diese kann vor allem durch eine optimale interne Kommunikation und Betriebskultur gesichert werden. Als Ziele und Methoden hierfür gelten vor allem: Umfassende Information aller durch vielfältige interne Kommunikationsmedien, Sicherung einer optimalen Personalkommunikation durch Einzelgespräche, Sitzungs- und Fortbildungskultur, Events etc. (ebd., S. 21–61).

(3) Strukturelle Öffentlichkeitsarbeit
Im Rahmen neuerer Konzepte zur Öffentlichkeitsarbeit wird zunehmend davon ausgegangen, dass „das ‚klassische' *normative* Modell einer diskutierenden Öffentlichkeit" zugunsten eines „Modells (massenspezifischer) Teilöffentlichkeiten" (Dulisch 1998, S. 35, kursiv i. O.) ersetzt werden muss. Solche Teilöffentlichkeiten lassen sich heute vor allem im Bereich der „persönlichen Netzwerke der interpersonalen Kommunikation" finden. Wichtig sind diese Teilöffentlichkeiten, weil hier Themenstellungen gleichzeitig „egozentriert" und „kongruent" behandelt werden (ebd.). Eine solchermaßen offene Art der Kommunikation kann dem/der Öffentlichkeitsarbeitsbeauftragten Auskunft darüber gehen, was wo „im Gespräch ist" und was möglicherweise von vielen geglaubt und gedacht wird, ohne dass dies in der öffentlichen Meinung zum Ausdruck kommt. Auf diese Weise können unter Umständen für die Einrichtungen ganz neue, besonders engagierte etc. Kreise erschlossen und mithilfe der neuen IT-Dienste wie z. B. Twitter, Facebook etc. medial bedient werden.

Einführung und Umsetzung einer solchen Strategie der Öffentlichkeitsarbeit können im Rahmen eines Stufenmodells erfolgen. Denn, auch wenn die meisten Organisationen bereits seit Langem Öffentlichkeitsarbeit betreiben, so fehlt vielen doch noch das Bewusstsein für den hohen Stellenwert dieses Bereichs in einer multimedialen Gesellschaft. Wie hochdifferenziert eine solche Umsetzung zu erfolgen hat, zeigt der Zehn-Stufen Plan von Bläse (1982, S. 194 f.):

1. Ist-Analyse (Ermittlung des bestehenden Images mit Hilfe von Datenanalysen und Befragungen)
2. Soll-Analyse (Festlegung des Wunsch-Images und konkreter PR-Ziele durch Leitbilddiskussionen und Teamtage)
3. Soll-Ist-Vergleich (Analyse der Differenzen hinsichtlich des Images durch externes Datenfeedback)
4. Definition und Gewichtung der Zielgruppen nach Maßgabe der Stärken und Schwächen einer Einrichtung
5. Strategische Phase: Festlegung der Kommunikationsinhalte
6. Festlegung des PR-Etats inkl. Einplanung unerwartet entstehender Kosten
7. Taktische Phase: Entwicklung eines Maßnahmenkatalogs inkl. Budgetierung
8. Detaillierte Zeit- und Terminplanung
9. Durchführung der Maßnahmen einschließlich Budget-Kontrolle
10. Überprüfung der erzielten Wirkungen anhand der Zielsetzungen mit Hilfe von empirischen Evaluationsverfahren

Wird die Öffentlichkeitsarbeit nicht strategisch verfolgt, besteht die Gefahr, dass Hochglanzprospekte und Versprechungen entstehen, die dann nicht durch eine entsprechend qualifizierte Praxis gedeckt sind und schließlich zu einer fachlich-moralischen Blamage führen.

25.4 Die Herausforderung an die Profession: Arbeiten am komplexen Bild

Insbesondere die öffentliche Rezeption des Streiks der Erzieher/innen und Sozialarbeiter/innen im Frühjahr 2015 hat zu drei Einsichten geführt:

> 1. *Während der gesamten Streikphase war die Absicht der Streikenden erkennbar, als normale Arbeitnehmer/innen behandelt werden zu wollen. Es ging ihnen darum, die zu diesem Zeitpunkt vorfindliche wirtschaftliche Lage und die damit verbundene angespannte Personalsituation im sozialen Bereich für eine Aufwertung der eigenen Bezüge zu nutzen.*
> 2. *Von der breiten Öffentlichkeit ist das generelle Interesse der Bediensteten im sozialen Bereich an einer guten Bezahlung durchweg anerkannt und als legitim akzeptiert worden. Erziehungs- und Sozialarbeit werden offenkundig heute von der Gesellschaft durchweg geschätzt und anerkannt: niemand möchte wirklich, dass dort Billigjobs entstehen!*
> 3. *Insbesondere aufgrund des lang anhaltenden Streiks und der damit verbundenen langen Schließungszeiten in den Einrichtungen sind die vom Streik betroffenen berufstätigen Eltern zunehmend auf Distanz zu den Streikenden gegangen. Tarifrechtliche Streitigkeiten dürfen, so wurde jetzt argumentiert, nicht auf dem Rücken der Schwachen (d. h. der Kinder und Eltern, die dringend auf eine verlässliche und gute Betreuung angewiesen sind) ausgetragen werden. Klienten und Klientinnen der Sozialen Arbeit haben sich nicht zu Wort gemeldet.*

Deutlich zeigt sich hier, dass die Gesellschaft soziale Dienste in einer anderen Weise wahrnimmt als etwa die Industriearbeit oder die Tätigkeit in Banken etc. Im Vordergrund der Erwartungen steht, dass sich die Soziale Arbeit die Sorge um das Wohlergehen der jeweiligen Klientel kümmert und nicht um ihr eigenes! Damit anerkennt die Öffentlichkeit i. Ü. nur das, was die Soziale Arbeit für sich selbst als „ihr" Markenzeichen („Bei uns in guten Händen!") beansprucht. Zuerst die Klientel, dann die Bezahlung, die Karriere etc.!

Damit wird aber zugleich deutlich, dass die Eigenart des Sozialen zur Herausforderung für jede Profession wird: Arbeiten im Sozialen bedeutet immer, an unterschiedlichen Maßstäben gemessen zu werden, an Fachlichkeit *und* Moral, Kompetenz *und* Hingabe. Diese zusätzlichen, „unbezahlbaren" Leistungen sind in die bescheidenen Gehälter der im sozialen Bereich Tätigen bereits „eingepreist". Wer mehr will, muss der Gesellschaft den „doppelten" Gewinn, den sie von der Sozialen Arbeit hat, deutlich machen. Ähnlich wie gute Verkäufer/innen, die den Kunden/Kundinnen den „Mehrwert" einer Anschaffung zu vermitteln suchen, muss die Soziale Arbeit als Profession Argumentationsmuster entwickeln, die nicht nur den „Wert" sozialer Leistungen (Hilfe für Andere), sondern auch den damit verbundenen „Mehrwert" deutlich machen. Dieser Mehrwert entsteht vor allem im Mikro- und Meso-Bereich dadurch, dass Eltern bei der Sorge für ein Kind entlastet werden, Familien gestärkt, Arbeitnehmer unterstützt werden etc. Im Makrobereich zahlt sich Erziehungs- und Sozialarbeit dadurch aus, dass eine Gesellschaft, die sich Professionelle in diesen Bereichen leistet, sich nicht nur als moralisch überlegen gegenüber anderen erweist, sondern damit auch einen (präventiven) Beitrag zur Gewährleistung sozialer Sicherheit und sozialen Friedens leistet. Und auch durch ihre konstruktive Gesellschaftskritik bietet die Soziale Arbeit einen nicht zu unterschätzenden Mehrwert.

> *Den Wert von Altenheimen, Tagesstätten für psychisch Kranke oder Kindergärten allein danach zu be„wert"en, dass dies den Angehörigen bzw. Eltern erlaubt, einer beruflichen Tätigkeit nachzugehen, erscheint professionell gesehen als fatal. Dementgegen müss(t)en die sozialen Berufe deutlich machen, dass der Mehrwert dieser Hilfen deren Wert um ein Mehrfaches übersteigt. Denn das Leben und Lernen in der Gruppe, die Anregungen durch Bildungs- und Entwicklungsangebote von Fachkräften etc. können auch von beruflich freigestellten Familienangehörigen nicht annähernd geleistet werden. Zudem tragen die vielen (teil-)stationären Einrichtungen nicht zuletzt dazu bei, dass die Zahl der körperlichen Misshandlungen von Schutzbefohlenen in Familien zurückgehen!*

Die Profession Soziale Arbeit muss also den Wert und Mehrwert, den sie schafft, ständig kommunizieren. Zugleich folgt daraus, dass sich die Profession noch stärker fachlich profilieren und ausdifferenzieren muss. Nur über die Betonung alter und neuer Formen der Spezialisierung (Insolvenzberatung, Suchttherapie etc.) entstehen „Fachstellen", die nicht nur fachlich Anspruchsvolles, sondern auch höhere Vergütungen zu bieten in der Lage sind.

Insgesamt kann die Profession Soziale Arbeit ein positiv-konstruktives Image nur dann entwickeln, wenn es ihr gelingt, drei Aspekte miteinander zu verbinden:

- eine dem Wohl der jeweiligen Klientel und dem Wohl der Gesellschaft verpflichtete moralische Grundorientierung, die auf einer persönlichen Entscheidung basiert;
- das Wissen um die Tatsache, dass man als Profession, in welcher Position auch immer, zusätzlich einen unverzichtbaren fachlichen, sachlichen und nachweislichen Beitrag zur Sicherung eines guten Lebens aller beizutragen in der Lage ist;
- die Sorge um ein einheitliches Auftreten als Profession, die sich dazu verpflichtet zu gewährleisten, dass schwarze Schafe dieses gute Bild nicht trüben.

26 SOZIALE ARBEIT ALS ETABLIERTE UND ANSCHLUSSFÄHIGE PROFESSION

In diesem, das Buch abschließenden Kapitel soll ein thesenhaft vorgetragener Beitrag zum Stand und zur Weiterentwicklung der Profession geleistet werden. Dabei wird die Meinung vertreten, dass sich die Soziale Arbeit als professionelle Praxis gesellschaftlich weitestgehend etabliert hat, sich aber mit dem gegenwärtigen Status quo nicht begnügen darf. Um weiter voranzukommen, muss sie sowohl den Weg der Selbstfindung (z. B. als autonome Praxis), der inneren Ausdifferenzierung (z. B. nach Arbeitsfeldern, Modellen, Methoden etc.) als auch den der Verbesserung ihrer Anschlussfähigkeit nach außen (z. B. gegenüber anderen Professionen, Systemen etc.) konsequent weiter gehen.

1. Praktische Anschlussfähigkeit: Sozialarbeiter/innen tun etwas, was unverzichtbar ist und andere nicht tun können!
Gerade die derzeit stattfindende Debatte um den Umgang mit den hohen Flüchtlingszahlen zeigt, dass eine auf dem Prinzip der Subsidiarität basierende Gesellschaft sehr wohl in der Lage ist, mittels freiwilliger Helfer/innen eine Kultur der Erstversorgung und Unterstützung über einen längeren Zeitraum hinweg zu garantieren. Die eigentliche und schwierigere Herausforderung – darüber ist sich unsere Gesellschaft aber auch im Klaren – stellt sich erst, wenn die Flüchtlinge „angekommen" sind. Dann wird es vor allem um die Lösung folgender Probleme gehen:

- Zugang zu Nahrung, Kleidung und Geld: Welche Ansprüche bestehen und wie können diese optimal eingelöst werden? Wie lassen sich individuelle Bedürfnisse und Wünsche mit den einzelnen zumeist rechtlich definierten Hilfeansprüchen verbinden?
- Inklusion in den Arbeitsmarkt und das Bildungssystem: Über welche Kompetenzen verfügen die einzelnen Personen und welche Angebotsformen eignen sich für welche Gruppe? Welche vorbereitenden Maßnahmen (z. B. Sprachkurse, Einführungskurse etc.) müssen zur Verfügung gestellt werden? Wie können vor allem minderjährige Flüchtlinge angemessen begleitet, unterstützt und geschützt werden?
- Integration in den sozialen Nahraum: Wo lässt sich Wohnraum finden und welche Formen der sozialen Unterstützung durch Nachbarn, soziale Dienste, Selbsthilfegruppen, Ehrenamtliche etc. können mittelfristig bereitgehalten werden.

Für den Umgang mit solchen Herausforderungen hat in modernen Gesellschaften nur die Soziale Arbeit auf der Basis schriftlich fixierter Programme und professioneller Erfahrungen formal und inhaltlich befriedigende Lösungen anzubieten. Kaum eine andere Profession wird sich – aus Respekt vor der komplexen Problematik und aufgrund mangelnder professioneller Erfahrung – darauf einlassen, hier anders als berufsnah (z. B. durch ärztliche, psychologische, rechtliche

Dienstleistungen etc.) tätig zu werden. Soziale Arbeit gilt hier als die bevorzugte Profession, die solche Aufgaben übernehmen kann und muss, auch wenn sie dabei keinen hundertprozentigen Erfolg ihrer Maßnahmen versprechen kann. Eine individualisierte Gesellschaft muss auch damit rechnen, dass hilfebedürftige Personen sich gegen angebotene Hilfeformen entscheiden, mit bestimmten Hilfen nichts anfangen können oder diese sogar ablehnen werden. Dieses Problem darf aber nicht die öffentliche Akzeptanz der praktischen Sozialen Arbeit schmälern, denn die (vernünftige!) Soziale Arbeit verspricht nicht vorschnell die Integration aller Flüchtlinge in unsere Gesellschaft, diese Aufgabe würde sie hoffnungslos überfordern und der Politik und der Zivilgesellschaft überlassen bleiben. Die Soziale Arbeit übernimmt lediglich die Aufgaben, mit denen sie sich auskennt, nämlich

- die grundlegenden Bedingungen für eine solche Integration/Inklusion zu benennen und dort zu schaffen, wo ausreichend erfolgversprechende Programme vorhanden sind;
- erforderlich werdende komplexe Unterstützungsprozesse mit anderen Teilsystemen der Gesellschaft zu kommunizieren und zu moderieren, und
- im Dialog mit den Betroffenen und auf der Basis einer solidarischen Grundhaltung durch Information, Aufklärung, Beratung etc. optimale Voraussetzungen für deren Inklusion in die einzelnen Teilsysteme der Gesellschaft zu schaffen.

2. Methodische Anschlussfähigkeit: Sozialarbeiter/innen entwickeln für ihr Aufgabenspektrum zunehmend methodisch begründete Vorgehensweisen, Kompetenzprofile und Ausbildungsmuster

Betrachtet man die Geschichte der Sozialarbeit seit den 1970er Jahren, so zeigt sich vor allem, dass viele neuere methodische Entwicklungen ihren Ausgangspunkt in der Praxis nehmen. So waren es vor allem interessierte und versierte Sozialarbeiter/innen aus der Praxis, die dazu beigetragen haben, die methodischen Überlegungen, die der klientenzentrierte Ansatz von Carl Rogers liefert, in die Praxis einzuführen und für diese fruchtbar zu machen. Genau das Gleiche ist im Rahmen der Rezeption des systemischen Denkens geschehen: Nicht über das Studium oder die Wissenschaft sind die entsprechenden methodischen und technischen Verfahrensweisen öffentlich bekannt geworden, sondern auch hier zunächst über die Praxis, die sich via Konferenzen, Fortbildungsveranstaltungen etc. in diese Methoden eingearbeitet und sie dann zunehmend in den Alltag implementiert hat.

Theoriebildung und Forschung in der Sozialen Arbeit sind dann erst später auf die entsprechenden erkenntnistheoretischen Zugänge aufmerksam geworden und haben diese schließlich wissenschaftlich rezipiert, vertieft und so dazu beigetragen, die verschiedenen Ansätze, die in diesem Falle der Psychologie zugeordnet werden können, in die Allgemeine Sozialarbeitswissenschaft zu integrieren. Auf diese Weise sind dann zunehmend Modelle entstanden und Methoden für den Gebrauch in der Sozialen Arbeit präzisiert worden, die heute allen Studierenden der Sozialen Arbeit vermittelt werden und damit inzwischen zum Allgemeingut an Wissen innerhalb der Sozialen Arbeit geworden sind.

Weitere methodische Aneignungen, wie z. B. die Übernahme ressourcentheoretischer Ansätze, dem Spacing etc., werden in Zukunft nach dem gleichen Muster erfolgen. Auf diese Weise wird und kann die Soziale Arbeit ihre Anschlussfähigkeit an methodische Entwicklungen unter Beweis stellen und den Dialog mit anderen Professionen kontinuierlich aufrechterhalten.

3. Organisationale Anschlussfähigkeit: Sozialarbeiter/innen handeln nicht im luftleeren Raum, sondern in Organisationen, die Programme für die Soziale Arbeit entwickeln und auf die Qualität in der Ausführung achten
Bereits im Jahr 1973 hat Niklas Luhmann darauf hingewiesen, dass das fachliche Niveau einer Profession ganz wesentlich vom Grad der Organisiertheit des jeweiligen Handelns abhängt. Organisationen sind im Gegensatz zu Individuen für das jeweilige Handeln ihrer Mitglieder voll verantwortlich, einzelne Sozialarbeiter/innen können sich im Gegensatz dazu immer auf individuelle Einzelfälle oder Notsituationen etc. berufen. Daher müssen sie auch dafür Sorge tragen, dass niemand in der Organisation eine Aufgabe ausführt, der er oder sie aus irgendwelchen Gründen nicht gewachsen ist. Zum anderen ist die Organisation auch für die Effektivität und Effizienz ihrer Programme verantwortlich. Organisationen müssen daher auch für den Fall Vorkehrungen treffen, dass Hilfe misslingt. Denn der

> „(...) organisatorische Schwerpunkt der Durchführung sozialer Hilfe liegt heute in Entscheidungsprogrammen – das heißt in Regeln, nach denen die Richtigkeit von Entscheidungen beurteilt wird. Im großen und ganzen bestimmt die Optik der Programme das, was an sozialer Hilfe geschieht bzw. nicht geschieht. Organisierte Arbeit richtet sich nach den Gesichtspunkten, unter denen ihr Ergebnis für gut befunden und abgenommen wird, und wo solche Gesichtspunkte fehlen, bildet sie sie aus. Das hat eine Fülle von Konsequenzen, die man in ihrer Gesamtheit überblicken muß, um ein Urteil über den eigentümlichen Stil organisierter Sozialhilfe zu gewinnen" (Luhmann 1973, S. 33).

Eine Folge dieser Entwicklung ist die wachsende Bedeutung des Aspekts der Strukturqualität in den einzelnen Einrichtungen. Denn die Organisationen sind natürlich auch gegenüber den verschiedenen Kostenträgern verpflichtet, Standards kontinuierlich weiterzuentwickeln und Innovationen kenntlichzumachen. Zumal sie ja wiederum in einer Quasi-Konkurrenz zu anderen Organisationen stehen, die dieselbe Aufgabe auch gerne übernehmen würden. Aber auch ihrer Klientel und ihren Mitarbeiter/innen gegenüber stehen die Organisationen der Sozialen Arbeit in der Pflicht, sich an aktuellen Erkenntnissen aus Wissenschaft und Praxis zu orientieren.

Das Schicksal der Sozialen Arbeit ist insofern zu einem großen Teil mit der Entwicklung ihrer Organisationen verbunden. Daher ist es eine wichtige Aufgabe der Professionellen, sich in organisationale Fragen einzubringen und geeignete Modelle der Steuerung und des Managements von Einrichtungen der Sozialen Arbeit zu erproben und umzusetzen. Die Aufgabe der Sozialarbeitswissenschaft besteht also darin, nicht nur die Praxis, sondern auch die Organisationen der

Sozialen Arbeit zu beobachten, zu kritisieren und sie in ihrer Weiterentwicklung zu unterstützen.

4. Anschlussfähigkeit hinsichtlich Status und Profession: Sozialarbeiter/innen eröffnen sich neue Wege der Karrierebildung
Noch in den 1970er Jahren ging man davon aus, dass für eine Tätigkeit im Bereich der Sozialen Arbeit ein umfassendes Bekenntnis zur Orientierung an sozialen Werten vorausgesetzt werden muss. Dabei war man sich oft der konkreten Umsetzung nicht bewusst und deshalb der Ansicht, dass vor allem die Studierenden bevorzugt aufgenommen werden sollten, die vorher in der kirchlichen oder verbandlichen Jugendarbeit, im Sportverein etc. ehrenamtlich gearbeitet oder ein ziviles Jahr in einer Einrichtung für Menschen mit Behinderung etc. verbracht haben. Andere, damit einhergehende Motive, etwa die Hoffnung auf einen wenig anstrengenden Arbeitsplatz, die Angst vor Konkurrenz etc. wurden meist übersehen. Dies hat nicht unwesentlich zur Burnout-Problematik in den lehrenden und sozialen Berufen beigetragen (Schmidbauer 1992).

Insbesondere durch die Reform von Bologna haben sich jedoch zwei Dinge entscheidend verändert: Zum einen berechtigt der Abschluss des Bachelorstudiengangs Soziale Arbeit nicht nur zu Ausübung des Berufs „Sozialarbeiter/in", sondern auch zum Weiterstudium im Rahmen von berufsbegleitenden oder vollzeitlich organisierten Masterstudiengängen. Nach Abschluss eines solchen Studiengangs steht den Absolventen/Absolventinnen der Zugang zum höheren Dienst und zur Promotion offen. Damit ist die Gleichwertigkeit des Abschlusses mit anderen wissenschaftlichen Abschlüssen formal festgestellt. Zum anderen sind die Absolventen/Absolventinnen des Bachelorstudiengangs aber nicht mehr genötigt, ausschließlich in Masterstudiengänge für Soziale Arbeit zu wechseln. Die Regelungen von Bologna erlauben es, jetzt auch in andere sozialwissenschaftliche Fächer oder Studiengänge, wie z.B. in die Soziologie, die Wirtschaftswissenschaften, die Pädagogik etc. überzuwechseln. Insgesamt wird so das Bachelorzeugnis nicht nur zu einem Nachweis der konkreten Berufsfähigkeit, sondern auch zu einem Zertifikat, das an andere Studiengänge anschlussfähig macht.

Für die Studiengänge im Bereich der Sozialen Arbeit hat diese Veränderung eine gravierende Bedeutung. Denn zunehmend werden sich nicht mehr nur Studienbewerber/innen mit dem Berufsziel Soziale Arbeit um einen Studienplatz bewerben, sondern auch solche, die irgendeine akademische Tätigkeit im gesamten Bereich der sozialen Dienste anstreben. Karriere wird für diese Studierenden kein Unwort mehr sein. Denn moderne Soziale Arbeit begnügt sich nicht mehr nur mit der Erbringung konreter Hilfeleistungen, sondern umfasst ebenso vielfältigste weitere Aufgaben, von der Entwicklung und Überprüfung von Hilfeprogrammen, der Leitung von Einrichtungen und Abteilungen, der Sicherstellung deren Finanzierung, der Dokumentation, der Entwicklung von IT-Lösungen etc. Auf diese Weise entstehen viele Möglichkeiten und Chancen für junge Menschen im sozialen Bereich. Die für die Personalentwicklung Verantwortlichen müssen also lernen, damit entsprechend angemessen umzugehen, solche Karrieren zuzulassen und über Traineeprogramme und Weiterbildungsstudiengänge allen Interessierten eine Chance geben, sich persönlich und fachlich zu entwickeln.

5. Berufsständische Anschlussfähigkeit: Sozialarbeiter/innen beginnen damit, sich in einem Berufsverband oder einer Berufskammer zu formieren
Die Vielzahl an Wohlfahrtsverbänden und die damit verbundenen besonderen, z. B. kirchlichen Arbeitsverhältnisse im Bereich der Sozialen Arbeit in Deutschland haben auch dazu geführt, dass sich die Sozialarbeiter/innen lange Zeit nicht genötigt sahen, sich in einem Berufsverband zusammenzuschließen. Ein diesbezüglicher Trend scheint sich jedoch inzwischen, wenn auch nur sehr langsam, anzubahnen. Solche Verbände oder Kammern könnten insbesondere folgende Funktionen erfüllen:

- Die Begriffe Sozialarbeiter/in und Sozialpädagoge/Sozialpädagogin sind zwar gesetzlich geschützt, erst ein offizieller Zusammenschluss der Professionellen erlaubt es aber, ein konkretes Bewusstsein für Zusammengehörigkeit und Gleichheit jenseits (abgehobener) professionstheoretischer Zuschreibungen zu entwickeln.
- Berufsständische Organisationen tragen auch zur Entwicklung eines Bewusstseins der fachlichen Zusammengehörigkeit aller Beteiligten bei. Nicht selten werden dort Maßnahmen der Fort- und Weiterbildung verpflichtend vorgeschrieben.
- Berufsorganisationen entwickeln in der Regel zunehmend einen hohen Grad an Organisiertheit und sind dann in der Lage, für die Professionellen zu sprechen, Expertisen zu entwickeln und Stellungnahmen abzugeben. Mit zunehmender Größe finden diese Organisationen auch politisches Gehör und können zu wichtigen Fürsprecherinnen nicht nur für sich selbst, sondern auch für die Klientel der Sozialen Arbeit werden.
- Standesorganisationen übernehmen auch Verantwortung nach innen. Wichtige berufliche Voraussetzungen werden definiert und festgeschrieben, Schlüsselqualifikationen benannt, Verhaltenskodexe und Qualitätsstandards werden entwickelt, berufsethische Fragestellungen diskutiert und allgemein verbindliche Lösungen festgeschrieben. Verfehlungen der eigenen Mitglieder können jetzt verfolgt und Berufsverbote ausgesprochen werden. Damit schützt sich die Organisation vor schwarzen Schafen, die eine ganze Berufsgruppe in Misskredit bringen können, etc. und verhindert, dass ungeeignete Berufsangehörige ihr Unwesen treiben.

Berufsverbände tragen zur Weiterentwicklung der Profession bei. Je mehr die Sozialarbeiter/innen professionsbezogen denken und handeln, umso stärker wird ihnen bewusst werden, dass sich ihre Identität nicht aus der Zugehörigkeit zu einer konkreten Trägerschaft ergibt, sondern aus der Aneignung professioneller Kompetenzen, die im Rahmen des Studiums und der beruflichen Tätigkeit erworben worden sind. Diese Kompetenzen gilt es vor denen zu schützen, die sich anmaßen, auch ohne sie auskommen zu können. Und dazu müssen sich die Sozialarbeiter/innen auf Dauer noch stärker solidarisieren und integrieren, so wie dies der DBSH fordert:

- Soziale Arbeit und ihre Berufsangehörigen müssen in der Qualität ihrer Arbeit und Beauftragung erkennbar sein; dies betrifft die Ebenen der Qualifikation und der Qualitätssicherung.
- Die Arbeitsbedingungen in den Tätigkeitsfeldern der Sozialen Arbeit müssen es der Profession ermöglichen, eine den fachlichen und ethischen Prinzipien entsprechende Praxis zu entfalten.
- Die (sozial-)politischen Entwicklungen sind so zu beeinflussen, dass soziale Gerechtigkeit gefördert wird und die strukturellen Rahmensetzungen für das Klientel so gesetzt werden, dass die Interventionen der Sozialen Arbeit auch tatsächlich Sinn ergeben können.
- Die Arbeitsbedingungen und Einkommen in der Sozialen Arbeit müssen Ausdruck der Wertschätzung sein und den hohen Anforderungen des Berufes gerecht werden.

6. Professionspolitische Anschlussfähigkeit: Soziale Arbeit tauscht sich auch international zunehmend über berufseigene Ziele und Werte aus und findet eine Basis für gemeinsame Orientierungen

Die „International Federation of Social Workers (IFSW)" ist eine weltweit operierende Organisation von Sozialarbeitern und Sozialarbeiterinnen, die es sich zur Aufgabe gestellt haben, mit den Strategien und Methoden der Sozialen Arbeit dazu beizutragen, dass Soziale Gerechtigkeit, Menschenrechte und soziale Entwicklungen weltweit umgesetzt werden. Die Organisation ist kontinentbezogen aufgestellt, alle Sozialarbeiter/innen sind aufgerufen, Mitglied zu werden.

Folgende Kernaufgaben der Sozialen Arbeit werden festgelegt:

„Social work, in various parts of the world, is targeted at interventions for social support and for developmental, protective, preventive and/or therapeutic purposes. Drawing on available literature, the feedback from colleagues during consultations and the commentary on the international definition of social work, the following core purposes of social work have been identified:

- *Facilitate the inclusion of marginalised, socially excluded, dispossessed, vulnerable and at-risk groups of people.*
- *Address and challenge barriers, inequalities and injustices that exist in society.*
- *Form short and longer-term working relationships with and mobilise individuals, families, groups, organisations and communities to enhance their well-being and their problem-solving capacities.*
- *Assist and educate people to obtain services and resources in their communities.*
- *Formulate and implement policies and programmes that enhance people's well-being, promote development and human rights, and promote collective social harmony and social stability, insofar as such stability does not violate human rights.*
- *Encourage people to engage in advocacy with regard to pertinent local, national, regional and/or international concerns.*

- *Act with and/or for people to advocate the formulation and targeted implementation of policies that are consistent with the ethical principles of the profession.*
- *Act with and/or for people to advocate changes in those policies and structural conditions that maintain people in marginalised, dispossessed and vulnerable positions, and those that infringe the collective social harmony and stability of various ethnic groups, insofar as such stability does not violate human rights.*
- *Work towards the protection of people who are not in a position to do so themselves, for example children and youth in need of care and persons experiencing mental illness or mental retardation, within the parameters of accepted and ethically sound legislation.*
- *Engage in social and political action to impact social policy and economic development, and to effect change by critiquing and eliminating inequalities.*
- *Enhance stable, harmonious and mutually respectful societies that do not violate people's human rights.*
  Promote respect for traditions, cultures, ideologies, beliefs and religions amongst different ethnic groups and societies, insofar as these do not conflict with the fundamental human rights of people.
- *Plan, organize, administer and manage programmes and organisations dedicated to any of the purposes delineated above"* (IFSW).

Die Organisation hat zudem auch Standards für die Ausbildung entwickelt und ist an internationalen Zeitschriften beteiligt. Was insbesondere deutsche Sozialarbeiter/innen daraus ableiten können, ist, dass Soziale Arbeit eine weltweit angesehene Profession darstellt. Deren Bedeutung und gesellschaftliche Rolle erkennt man allerdings erst, wenn man sich, als Student/in, Praktiker/in, Wissenschaftler/in, Lehrende/r etc. international vernetzt und über den nationalen Tellerrand hinausblickt, z. B. durch die Nutzung internationaler Publikationen, Teilnahme an bi- oder internationalen Fachtagungen bzw. Kongressen und Austauschprogrammen.

7. Interprofessionelle Anschlussfähigkeit: Sozialarbeiter/innen werden zu geschätzten Mitarbeitern und Mitarbeiterinnen im multiprofessionellen Team

Mit der zunehmenden Anerkennung der Profession in der Öffentlichkeit steigt auch die Anerkennung durch andere Berufsgruppen. Da Soziale Arbeit überall da beteiligt ist, wo komplexe Probleme gelöst werden müssen, kann auf Teamwork nicht verzichtet werden. So kann z. B. für den Bereich Krankenhaussozialarbeit gezeigt werden, dass die Sozialarbeiter/innen unverzichtbare Partner/innen bei der Betreuung, Begleitung und Entlassung von Patientinnen und Patienten sind. Sie tragen nicht nur dazu bei, Krankenhausaufenthalte sozial abzufedern, sondern auch Operationen erfolgreicher durchzuführen und Krankheitsverläufe abzukürzen. Voraussetzung dafür ist aber natürlich, dass sich die entsprechenden Sozialarbeiter/innen partnerschaftlich in die Zusammenarbeit einbringen und kompetent ihre diesbezüglichen Aufgabenstellungen erfüllen. Dafür wiederum ist das Wissen der anderen Professionellen um die Kenntnisse und Kompetenzen der Sozialarbeiter/innen eine wichtige Voraussetzung. Wenn oft Sozialarbeiter/innen als die charakterisiert werden, die mit den Klienten/Klientinnen vor allem reden, ohne über konkrete methodische Kompetenzen zu verfügen, dann muss die Profession dem wichtige professionseigene Qualitätsstandards entgegenhalten und diese entsprechend kommunizieren, wie z. B.

- das Prinzip der Alltagsorientierung, nachdem alle Hilfen dazu beitragen müssen, die aktuelle Lebenssituation der Betroffenen in der von ihnen gewünschten Hinsicht zu verbessern;
- das Modell des Case Management, das davon ausgeht, dass viele einzelne Hilfeleistungen „systemisch", d. h. erst zusammen dazu beitragen können, ein Problem zu lösen;
- die Bedeutung der Methode der motivierenden Gesprächsführung, die erst dafür sorgt, dass Klienten/Klientinnen angesichts der Komplexität ihres Problems die Bereitschaft entwickeln, Schritte auf eine Veränderung hin zu unternehmen etc.

Insgesamt bedeutet dies: Die Praktiker/innen der Sozialen Arbeit müssen auf ihre eigene Weise „sprachmächtig" werden und so die Anschlussfähigkeit an andere professionelle Zugänge demonstrieren. Letztendlich kann eine eindeutige berufliche Identität heute von keiner Profession mehr nachgewiesen werden, dazu erweisen sich viele Phänomene, wie z. B. Krankheit, Behinderung, Benachteiligung, als zu komplex. Es gilt: „Identität gibt es also nicht, sondern sie ist ein Konstrukt, das sich in der Interaktion mit anderen Wissens- und Erfahrungsräumen herstellt" (Stauber 2011, S. 108). Daraus folgt aber auch: Je mehr sich die Soziale Arbeit in den Dialog mit anderen Professionen begibt, desto mehr kann sie über sich selbst in Erfahrung bringen und sich dementsprechend als unverzichtbar positionieren.

8. Wissenschaftliche Anschlussfähigkeit: Sozialarbeiter/innen handeln zunehmend auf der Basis der im Studium erworbenen wissenschaftlichen Erkenntnisse

Berufsbilder verändern sich heute fortwährend: Was sich frühere Generationen noch durch Ausbildung aneignen konnten, kann heute schon ein Studium erforderlich machen. Diese Tatsache zeigt bereits ein Blick in die gängigen Handwerksberufe. Während früher im Bereich des Hausbaus häufig nur der/die Architekt/in ein Studium absolviert hatte und alle anderen Beteiligten aus Ausbildungsberufen stammten, kann man heute beobachten, dass die für Bautätigkeiten verantwortlichen Handwerker/innen nicht selten Studienabschlüsse z. B. in „Heizungs- und Klimatechnik", in „Elektrotechnik" etc. nachweisen können. Offensichtlich lassen sich die vielen Entwicklungen am Bau nicht mehr ohne ein Studium durchschauen und praktisch umsetzen.

Eine wissenschaftliche Fundierung der Sozialen Arbeit wird in gleicher Weise zunehmend unerlässlich. Die Aufgabe der Sozialarbeitswissenschaft besteht dann darin, fachliche Innovationen über Grundlagenforschung vorzubereiten und deren Implementierung in die Praxis per Wissens- oder Technologietransfer möglich zu machen. Dabei besteht das Besondere und Wichtige der Wissenschaften darin, dass hier ohne Zeit- und Fehlervermeidungsdruck geforscht und erprobt werden kann. Denn niemand wird den Wissenschaftlern und Wissenschaftlerinnen vorwerfen, Experimente durchgeführt zu haben, die sich vom Resultat her als nicht sinnvoll erweisen. Gerade im Spiel mit dem Code Wahrheit/Unwahrheit zeichnet sich Wissenschaft durch ihre methodisch bestimmte Vorgehensweise aus, die „Alltagsrelevanz gar nicht riskieren (will) – oder allenfalls: in homöopathischen Dosierungen, etwa in der Form geprüfter Technologien" (Luhmann 1990, S. 325).

Moderne Soziale Arbeit setzt also nicht nur praktische Erfahrung, sondern auch die Kenntnis der Relevanz von wissenschaftlichen Disziplinen voraus. Die Reflexionsleistungen, die Wissenschaft bietet, erscheinen heute auch im Bereich der Sozialen Arbeit als unverzichtbar. Genau deshalb benötigen Sozialarbeiter/ -innen einen akademischen Abschluss und genau darin begründet sich die Notwendigkeit, weiterführende Master- und Promotionsstudiengänge anzubieten und zu nutzen!

9. Europäische Anschlussfähigkeit: Fachliche Dialoge und transnationale Entwicklungen in Europa werden in den Hochschulen in Deutschland zunehmend rezipiert

Europa spielt für die Soziale Arbeit insofern eine bedeutende Rolle, weil dessen politische, rechtliche, ökonomische etc. Entwicklungen ganz konkrete Auswirkungen auf die Situation in den einzelnen Ländern haben. Je stärker sich Europa von einer ökonomischen zu einer politisch-kulturellen und rechtlichen Einheit entwickelt, umso gravierender wirken sich gemeinschaftliche Überzeugungen, wie etwa die Philosophie des Activating Welfare State, die Strategie des New Public Management etc. auch auf die konkrete Praxis der Sozialen Arbeit aus. Damit aber sieht sich die Soziale Arbeit nicht nur in einen nationalen, sondern auch europäischen Kontext eingebunden, im Rahmen dessen die verschiedenen nationalen Reflexionen und Praxen als möglicherweise andersartig, aber doch „funktional" gleichwertig erkannt werden können.

> *„Unterschiedliche Ausprägungen müssen jetzt nicht mehr als nichtssagend oder unzutreffend diskreditiert werden, sondern können als intrasystemische Dialoge identifiziert und zur Anregung der eigenen Diskurse verwendet werden. Gleichzeitig kann sich Sozialarbeit auch mit den von anderen Teilsystemen der Gesellschaft, wie z. B. Sozialpolitik, Recht, Verwaltung, Wirtschaft, ausgehenden Einflüssen im Rahmen intersystemischer Dialoge auseinandersetzen" (Erath 2012, S. 16).*

Daher gilt es, den bereits begonnenen europäischen Austausch noch intensiver zu betreiben (siehe dazu: Straub 2006), wofür gute Fremdsprachenkenntnisse seitens der Studierenden und die Bereitschaft, ein Semester an einer Partnerhochschule zu studieren, eine wichtige Voraussetzung darstellen. Seitens der Dozierenden erfordert dies die Bereitschaft zu europäischem Austausch in Form von Lehr- und Forschungsaufenthalten, Kooperationen, Tagungen etc. und die

Mühe, sich mehrsprachig aufzustellen. Wenn es somit pragmatisch-begründete oder wissenschaftliche fundierte Erkenntnisse für eine bestimmte gute oder beste Praxis in Europa gibt, dann kann und darf sich kein anderes Land diesem Wissen entziehen.

> *"On this view, (all European, d. V.) practitioners are encouraged to be knowledgeable about findings coming from all types of studies, and to use them in their work in an integrative manner, taking into consideration clinical experience and judgement, clients' preferences and values, and context of intervention"* (Neve/Slonim-Nevo 2011, S. 18).

10. Internationale Anschlussfähigkeit: Soziale Arbeit wird zunehmend auch in Deutschland zu einer anerkannten wissenschaftlichen Profession und Disziplin
Natürlich darf eine pragmatische und wissenschaftlich begründete Praxis nicht bei Vergleichen mit anderen europäischen Ländern stehen bleiben. Nicht nur in Europa, sondern auch in den USA, in Australien, in Indien und China etc. gibt es an Hochschulen ausgebildete Sozialarbeiter/innen, Sozialarbeitswissenschaftler/innen, Forschungsprojekte und disziplinären Austausch im Rahmen von Fachzeitschriften und Websites. Auch die professionellen Sozialarbeiter/innen und die Schulen für Soziale Arbeit sind international organisiert und vernetzt. Dennoch können aufgrund der teilweise recht unterschiedlichen gesellschaftlichen Systeme, rechtlichen Grundlagen praktische Verfahren und wissenschaftliche Erkenntnisse aus diesen Ländern nicht ohne Weiteres nach Deutschland transferiert werden. Sie können aber sehr wohl dazu beitragen, die Gedankenwelt der Sozialen Arbeit durch „heuristische Modelle" vielfältig anzureichern.

Hier bietet vor allem die Ebene des Masterstudiums eine Plattform für die Wahrnehmung und den Austausch mit anderen Kontinenten. Denn die großen Entwicklungen in einer Disziplin lassen sich schon lange nicht mehr national überblicken, sondern bedürfen einer internationalen Gesamtschau. Insbesondere empirische Forschungsergebnisse müssen jetzt verglichen und Anregungen für Anschlussprojekte gegeben werden. Und auch die wachsende Zahl internationaler Zeitschriften und die zunehmende Tendenz, Forschungsergebnisse in englischer Sprache zu kommunizieren, wird schließlich dazu führen, dass auf Dauer eine internationale Community im Bereich der Praxis, der Profession und der Wissenschaft entstehen kann.

Vor dem Hintergrund der dargestellten Punkte wird deutlich, dass schon viel erreicht wurde und sich vielfältige Möglichkeiten der Weiterentwicklung bieten. Dies geschieht nicht von selbst, dazu bedarf es einer Professionalität, die sich konsequent akademisch aufstellt und wissenschaftlich orientiert. Ein gesundes Selbstbewusstsein scheint zudem von Vorteil zu sein, sowohl für das Erbrachte und als auch für das noch zu Erbringende!

Literaturverzeichnis

Abplanalp, E. (2005): Planen und Steuern der Ausbildungspraktika. In: Abplanalp, E. (Hrsg.): *Lernen in der Praxis. Die Praxisausbildung im Studium der Sozialen Arbeit.* Luzern: Interact, S. 87–114.

Ackermann, G. (2005): Aspekte einer guten Praxisausbildung – einleitende Gedanken im Kontext der Qualitätsdiskussion. In: Abplanalp, E. (Hrsg.): *Lernen in der Praxis. Die Praxisausbildung im Studium der Sozialen Arbeit.* Luzern: Interact, S. 17–32.

Adams, A. (2003): *The Modernisation of Social Work Practice and Management in England.* Materialien zur vergleichenden Sozialarbeitswissenschaft und zu interkulturellen/internationalen Sozialarbeit. Band 2. Eichstätt: ISIS e. V.

Addams, J. (1902): *Democracy and Social Ethics.* New York: Macmillan.

Adorno, T. W. et al. (1969): *Der Positivismusstreit in der deutschen Soziologie.* Darmstadt, Neuwied: Luchterhand.

Ärztliches Zentrum für Qualität in der Medizin (Hrsg.) (2009): *Kompendium Q-M-A. Qualitätsmanagement in der ambulanten Versorgung.* 3. überarb. und erw. Aufl. Köln: Deutscher Ärzteverlag.

Ahrens-Eipper, S., Nelius, K. (2015): *Verstärkerpläne: Materialien zur Selbst- und Fremdverstärkung.* Halle a. d. Saale: kjp.

Aiginger, K., Guger, A. (2006): The European Socio-Economic Model. In: Giddens, A. et al. (Eds.): *Global Europe, Social Europe.* Cambridge: Polity Press, pp. 124–150.

AKS (2013): Solidarische Soziale Arbeit. Diskussionspapier des Arbeitskreises Kritische Soziale Arbeit vom 12. Januar 2013. Abrufbar unter: http://www.aks-dresden.org/¬uploads/media/Diskussionspapier_Solidarische_Soziale_Arbeit_END.pdf (Zugriff vom 10.12.2015).

Albert, H. (1969): *Traktat über kritische Vernunft.* 2. Aufl. Tübingen: Mohr.

Alheit, P., Dausien, B. (2010): Bildungsprozesse über die Lebensspanne. Zur Politik und Theorie lebenslangen Lernens. In: Tippelt, R., Schmidt, B. (Hrsg.): *Handbuch Bildungsforschung.* 2., überarb. und erw. Aufl. Wiesbaden: VS Verlag für Sozialwissenschaften, S. 713–734.

Alisch, L. M., Rössner, L. (1977): *Grundlagen einer generellen Verhaltenstheorie. Theorie des Diagnostizierens und Folgeverhalten.* München, Basel: Reinhardt.

Allemann-Ghionda, C. (2004): *Einführung in die Vergleichende Erziehungswissenschaft.* Weinheim, Basel: Beltz.

Amado, A. N. et al. (1989): Research Review of Effectiveness of Case Management in the United States. In: Linz, M. H. et al. (Eds.): *Case Management: Historical, Current and Future Perspectives.* Cambridge: Brookline Books, pp. 1–20.

Aner, K., Karl, U. (Hrsg.) (2010): *Handbuch Soziale Arbeit und Alter.* Wiesbaden: VS Verlag für Sozialwissenschaften.

Anhorn, R. et al. (2012): Zur Einführung: Kristallisationspunkte kritischer Sozialer Arbeit. In: Ahorn, R. et al. (Hrsg.): *Kritik der Sozialen Arbeit – kritische Soziale Arbeit.* Wiesbaden: VS Verlag für Sozialwissenschaften, S. 1–25.

Ansen, H. (2015): Klinische Sozialarbeit. In: Otto, H. U., Thiersch, H. (Hrsg.): *Handbuch Soziale Arbeit. Grundlagen der Sozialarbeit und Sozialpädagogik.* 5., erw. Aufl. München, Basel: Reinhardt, S. 876–882.

Antidiskriminierungsstelle des Bundes (Hrsg.) (2013): Leitfaden: Netzwerke in der Antidiskriminierungsarbeit. Abrufbar unter: http://www.antidiskriminierungsstelle.de/Shared¬Docs/Downloads/DE/publikationen/Leitfaden_Netzwerke_in_der_Antidiskriminierungsa¬rbeitz_20130603.pdf?__blob=publicationFile (Zugriff vom 11.12.2015).

Apfelböck, K. (2012): Rechtsfragen des Ehrenamts. Zum Haftungs- und Versicherungsrecht für Ehrenamtliche. In: Rosenkranz, D., Weber, A. (Hrsg.): *Freiwilligenarbeit. Einführung*

in das Management von Ehrenamtlichen in der Sozialen Arbeit. 2. Aufl. Weinheim, Basel: Beltz Juventa, S. 141–157.
Arbeitsgruppe Pädagogische Lernförderung e. V.: Soziales Kompetenztraining. Abrufbar unter: http://www.apl-wiesbaden.de/www.apl-wiesbaden.de/Sozial_Kompetenztraining.¬html (Zugriff vom 20.10.2015).
Arlt, I. (1958): *Wege zu einer Fürsorgewissenschaft.* Wien: Verlag Notring der Wissenschaftlichen Verbände Österreichs.
Armut (2014): Armutsbericht des Paritätischen Gesamtverbandes. Abrufbar unter: http://¬www.der-paritaetische.de/armutsbericht/die-zerklueftete-republik/ (Zugriff vom 26.08.2015).
Arnold, S. (2003): Vertrauensaufbau in der Sozialen Arbeit. In: Fabian, T., Schweikart, R. (Hrsg.): *Brennpunkte Sozialer Arbeit.* Münster, Hamburg, London: LIT, S. 117–166.
Auftragsforschung (o. J.): Auftragsforschung und Dienstleistungsprojekte. Hrsg. von der Universität Gießen. Abrufbar unter: http://www.uni-giessen.de/forschung/forschungsfoer¬derung/dmprojekte1/allgemeinehinweise/ auftragsforschung (Zugriff vom 13.12.2015).
Auhagen, A. E., Bierhoff, H.-W. (Hrsg.) (2003): *Angewandte Sozialpsychologie. Das Praxisbuch.* Weinheim, Basel, Berlin: Beltz.
Autès, M. (1999): *Les paradoxes du travail social.* Paris: Dunod.
Bachman, W. (1998): *Wie geht denn das? Eine Einführung in die Kunst des Fragens und systemischen NLP.* Paderborn: Jungfermannsche Verlagsbuchhandlung.
Baecker, D. (1994): Soziale Hilfe als Funktionssystem der Gesellschaft. In: *Zeitschrift für Soziologie 23,* S. 93–110.
Bäumer, G. (1981/1929): Die historischen und sozialen Voraussetzungen der Sozialpädagogik und die Entwicklung ihrer Theorie. In: Nohl, H., Pallat, L. (Hrsg.): *Handbuch der Pädagogik. Bd. 5: Sozialpädagogik.* Weinheim, Basel: Langensalza, S. 1–17.
BAG (Hrsg.) (2007): Berufliche Qualifizierung in Studium und Praxis. Empfehlungen zur Praxisanleitung in der Sozialen Arbeit. Abrufbar unter: http://www.bagprax.de/data/pu¬blikationen/bag/Bag_ Praxisorientierung_februar_2007.pdf (Zugriff vom 04.12.2015).
BAG (Hrsg.) (2013): Qualifizierung in Studium und Praxis. Empfehlungen zur Praxisanleitung in der Sozialen Arbeit. Abrufbar unter: http://www.bagprax.de/data/publikationen/¬bag/BAG_Broschuere_2013_ Qualifizierung_in_Studium_und_Praxis.pdf (Zugriff vom 04.12.2015).
Balzert et al. (2008): *Wissenschaftliches Arbeiten – Wissenschaft, Quellen, Artefakte, Organisation, Präsentation.* Dortmund: W3l.
Bamberger, G. (2015): *Lösungsorientierte Beratung. Praxishandbuch.* 5., überarb. Aufl. Weinheim, Basel: Beltz.
Bang, R. (1964): *Die helfende Beziehung als Grundlage der persönlichen Hilfe. Ein Wegweiser der Hilfe von Mensch zu Mensch.* München, Basel: Reinhardt.
Bangö, J. (2006): *Sozialarbeitswissenschaft heute: Wissen, Bezugswissenschaften und Grundbegriffe.* Stuttgart: Lucius und Lucius.
Bardmann, T. M. (2005): Social Work: ‚Profession without Qualities' Attempt to Link Social Work and Cybernetics. Abrufbar unter: http://www.hs-niederrhein.de/fb06/dozen¬ten/bardmann/ebenen/down/download/social.doc (Zugriff vom 08.04.2005).
Bartmann, U., Grün, C. (2004): Die Rolle der Verhaltensmodifikation als Methode aus der Sicht von Berufspraktikern. In: *Verhaltenstherapie & Psychosoziale Praxis 36,* S. 81–87.
Bartosch, U. et al. (2008): Qualifikationsrahmen Soziale Arbeit (QR SArb) Version 5.1. Abrufbar unter: http://www.fbts.de/uploads/media/QRSArb_Version_5.1.pdf (Zugriff vom 25.11.2015).
Bartsch, C., Tillmann, H. (Hrsg.) (2009): *Resozialisierung. Handbuch.* 3. Aufl. Baden-Baden: Nomos.
Basaglia, F. (1971): *Die negierte Institution oder die Gemeinschaft der Ausgeschlossenen. Ein Experiment der psychiatrischen Klinik in Görz.* Frankfurt a. M.: Suhrkamp.

Baudis, R. (2014): *Abhängigkeit und Entscheiden: Ein Handbuch.* Rudersberg: Verlag für Psychologie, Sozialarbeit und Sucht.
Bauer, P. (2011): Multiprofessionelle Kooperation in Teams und Netzwerken – Anforderung an Soziale Arbeit. In: *Zeitschrift für Sozialpädagogik 9*, S. 341–361.
Bauer, R. (2013): Von der Liebestätigkeit zur Dienstleistung – Vom Verein zum Sozialunternehmen. In: Hering, S. (Hrsg.): *Was ist Soziale Arbeit. Traditionen – Widersprüche – Wirkungen.* Opladen, Berlin, Toronto: Budrich, S. 91–104.
Baumann, J. (1984): *Einführung in die Rechtswissenschaft. Ein Studienbuch.* 7., überarb. Aufl. München: Beck.
Baur, D. et al. (1998): *Leistungen und Grenzen von Heimerziehung. Ergebnisse einer Evaluationsstudie stationärer und teilstationärer Erziehungshilfen.* Stuttgart, Berlin, Köln: Kohlhammer.
Bechtler, H. (1997): Helfende Beziehung. In: Deutscher Verein für öffentliche und private Fürsorge (Hrsg.): *Fachlexikon der sozialen Arbeit.* 4., vollst. überarb. Aufl. Stuttgart, Berlin, Köln: Kohlhammer, S. 457–458.
Beck, S., Perry, T. (2008): Studie Soziale Segregation. Nebeneinander und Miteinander in der Stadtgesellschaft. In: *vhw FW 3*, S. 115–122.
Beck, U. (1986): *Risikogesellschaft. Auf dem Weg in eine andere Moderne.* Frankfurt a. M: Suhrkamp.
Becker, M. (2014): *Soziale Stadtentwicklung und Gemeinwesenarbeit in der Sozialen Arbeit.* Stuttgart: Kohlhammer.
Becker-Lenz, R., Müller-Hermann, S. (2014): Die Bildung des professionellen Habitus im Studium der Sozialen Arbeit. In: Roth, C., Merten, U. (Hrsg.): *Praxisausbildung konkret. Am Beispiel des Bachelor in Sozialer Arbeit der Fachhochschule Nordwestschweiz FHNW.* Opladen, Berlin, Toronto: Budrich, S. 23–46.
Beerbaum, S. (2011): Soziale Arbeit und freiwilliges Engagement. In: *Arbeitsmarkt Bildung/Kultur/Sozialwesen 38*, S. IV–VII.
Beher, K., Liebig, R. (2012): Soziale Arbeit als Ehrenamt. In: Thole, W. (Hrsg.): *Grundriss Soziale Arbeit. Ein einführendes Handbuch.* 4. Aufl. Wiesbaden: VS Verlag für Sozialwissenschaften, S. 975–985.
Belschner, W. et al. (1975): *Verhaltenstherapie in Erziehung und Unterricht.* Stuttgart: Kohlhammer.
Benecke, C. (2014): *Klinische Psychologie und Psychotherapie. Ein integratives Lehrbuch.* Stuttgart: Kohlhammer.
Berg, I. K. (1992): *Familien-Zusammenhalt(en). Ein kurz-therapeutisches und lösungsorientiertes Arbeitsbuch.* Dortmund: Verlag Modernes Leben.
Berg, W. (2006): Anregungen zur Komparativen Sozialarbeitswissenschaft. Der internationale Vergleich. In: *Soziale Arbeit 52*, S. 242–249.
Bergmann, W. (1981): Lebenswelt, Lebenswelt des Alltags oder Alltagwelt? Ein grundbegriffliches Problem „alltagstheoretischer" Ansätze. In: *Kölner Zeitschrift für Soziologie und Sozialpsychologie 33*, S. 50–72.
Bestmann, S. (2014): Fallunspezifische Arbeit in sozialräumlich organisierten Leistungsfeldern. In: Fürst, R., Hinte, W. (Hrsg.): *Sozialraumorientierung. Ein Studienbuch zu fachlichen, institutionellen und finanziellen Aspekten.* Wien: Facultas, S. 85–100.
Bettinger, F. (2005): Sozialer Ausschluss und kritisch-reflexive Sozialpädagogik. Konturen einer subjekt- und lebensweltorientierten Kinder- und Jugendarbeit. In: Bettinger, F. et al. (Hrsg.): *Sozialer Ausschluss und Soziale Arbeit.* Wiesbaden: VS Verlag für Sozialwissenschaften, S. 350–382.
Bettinger, F. (2012): Bedingungen kritischer Sozialer Arbeit. In: Ahorn, F. et al. (Hrsg.): *Kritik der Sozialen Arbeit – kritische Soziale Arbeit.* Wiesbaden: VS Verlag für Sozialwissenschaften, S. 163–190.

Beushausen, J. (2010): Ressourcenorientierte stabilisierende Interventionen. In: *Kontext 41*, S. 287–307.
Biedermann, C. (2012): Freiwilligen-Management: Die Zusammenarbeit mit Freiwilligen organisieren. In: Rosenkranz, D., Weber, A. (Hrsg.): *Freiwilligenarbeit. Einführung in das Management von Ehrenamtlichen in der Sozialen Arbeit*. 2., aktualisierte Aufl. Weinheim, Basel: Beltz Juventa, S. 57–66.
Bieker, R. (2014): *Soziale Arbeit studieren. Leitfaden für wissenschaftliches Arbeiten und Studienorganisation*. 2., aktualisierte und erg. Aufl., Stuttgart: Kohlhammer.
Bieker, R., Floerecke, P. (Hrsg.) (2011): *Träger, Arbeitsfelder und Zielgruppen der Sozialen Arbeit*. Stuttgart: Kohlhammer.
Bierhoff, H. W. (2012): Wie entsteht soziales Engagement und wie wird es aufrechterhalten? In: Rosenkranz, D., Weber, A. (Hrsg.): *Freiwilligenarbeit. Einführung in das Management von Ehrenamtlichen in der Sozialen Arbeit*. 2., aktualisierte Aufl. Weinheim, Basel: Beltz Juventa, S. 36–45.
Bilson, A. (Ed.) (2005): *Evidence-Based Practice in Social Work*. London: Whiting & Birch.
Birgmeier, B. (2010): *Sozialpädagogisches Coaching: Theoretische und konzeptionelle Grundlagen und Perspektiven für Soziale Berufe*. Weinheim, München: Juventa.
Birgmeier, B. (2011): Soziale Arbeit: Handlungswissenschaft oder Handlungswissenschaft? Eine Skizze zur Bestimmung des Begriffs der „Handlungswissenschaften" aus der Perspektive von Grundlagenwissenschaften und Angewandten Wissenschaften. In: Mührel, E., Birgmeier, B. (Hrsg.): *Theoriebildung in der Sozialen Arbeit. Entwicklungen in der Sozialpädagogik und der Sozialarbeitswissenschaft*. Wiesbaden: VS Verlag für Sozialwissenschaften, S. 123–148.
Birgmeier, B., Mührel, E. (2011): *Wissenschaftliche Grundlagen der Sozialen Arbeit*. Schwalbach a. Ts: Wochenschau Verlag.
Bitzan, M., Bolay, E. (2013): Konturen eines kritischen Adressatenbegriffs. In: Graßhoff, G. (Hrsg.): *Adressaten, Nutzer, Agency*. Wiesbaden: Springer Fachmedien, S. 35–52.
Bläse, D. (1982): Methodischer Rahmen für Planung, Durchführung und Kontrolle von Öffentlichkeitsarbeit. In: Haedrich, G. et al. (Hrsg.): *Öffentlichkeitsarbeit: Dialog zwischen Institutionen und Gesellschaft. Ein Handbuch*. Berlin, New York: De Gruyter, S. 187–199.
Blair, T., Schröder, G. (1999): *Der Weg nach vorne für Europas Sozialdemokraten*. Berlin: Glasnost Archiv.
Blanz, M., Schermer, F. J. (2013): Methoden der Verhaltensorientierten Sozialen Arbeit. In: Balz, M. et al. (Hrsg.): *Verhaltensorientierte Soziale Arbeit. Grundlagen, Methoden, Handlungsfelder*. Stuttgart: Kohlhammer, S. 63–102.
Blanz, M. et al. (2014): Zur Theorie und Praxis der Verhaltensorientierten Sozialen Arbeit. In: *Unsere Jugend 66*, S. 326–342.
Bleck, C. (2011): *Effektivität und Soziale Arbeit. Analysemöglichkeiten und -grenzen in der beruflichen Integrationsförderung*. Berlin: Frank & Timme.
Blom, A. (2012): Methoden der empirischen Sozialforschung I. Folienset. Abrufbar unter: http://survex.de/fileadmin/user_upload/Qualitative_Methoden_der_empirischen_Sozialforschung.pdf (Zugriff vom 10.12.2015).
Boal, A. (1989): *Theater der Unterdrückten: Übungen und Spiele für Schauspieler und Nicht-Schauspieler*. Frankfurt a. M.: Suhrkamp.
Böhmer, A. (2015): *Verfahren und Handlungsfelder der Sozialplanung. Grundwissen für die Soziale Arbeit*. Wiesbaden: Springer VS.
Böhnisch, L. (2012): *Sozialpädagogik der Lebensalter. Eine Einführung*. Weinheim, München: Juventa.
Bördlein, C. (2013): Wissenschaftstheoretische und verhaltenswissenschaftliche Grundlagen der Verhaltensorientierten Sozialen Arbeit. In: Blanz, M. et al. (Hrsg.): *Verhaltensorien-*

tierte Soziale Arbeit. Grundlagen, Methoden, Handlungsfelder. Stuttgart: Kohlhammer, S. 34–60.
Bohmeyer, A., Kurzke-Maasmeier, S. (2007): Ethikkodizes und ethische Deliberationsprozesse in der Sozialen Arbeit. In: Lob-Hüdepohl, A., Lesch, W. (Hrsg.): *Ethik Sozialer Arbeit. Ein Handbuch.* Paderborn: Schöningh, S. 162–180.
Bolay, E. (2011): Kooperation unter Wahrung und Nutzung von Differenz. Ein anerkennungstheoretischer Zugang. In: *Zeitschrift für Sozialpädagogik 9*, S. 417–433.
Bolkovac, M. (2007): Sozialpolitik im internationalen Vergleich. Abrufbar unter: http://¬www.voegb.at/bildungsangebote.
Bommes, M., Scherr, A. (1996): Soziale Arbeit als Exklusionsvermeidung, Inklusionsvermittlung und/oder Exklusionsverwaltung. In: Merten, R (Hrsg.): *Sozialarbeitswissenschaft – Kontroversen und Perspektiven.* Berlin: Luchterhand, S. 93–119.
Bortz, J., Döring, N. (2006): *Forschungsmethoden und Evaluation für Human- und Sozialwissenschaftler.* 4., überarb. Aufl. Heidelberg: Springer Medizin.
Bourdieu, P. (1998): *Praktische Vernunft. Zur Theorie des Handelns.* Frankfurt a. M: Suhrkamp.
Brack, R. (2002): *Minimalstandards für die Aktenführung in der Sozialarbeit: Vorschlag zur Vereinheitlichung der Erfassung von Merkmalen zu Klient- bzw. Beratungsdaten.* Luzern: Interact.
Brack, R., Geiser K. (Hrsg.) (2003): *Aktenführung in der Sozialarbeit: Neue Perspektiven für die klientbezogene Dokumentation als Beitrag zur Qualitätssicherung.* Bern, Stuttgart, Wien: Haupt.
Bremische Bürgerschaft (2007): Bericht des Untersuchungsausschusses zur Aufklärung von mutmaßlichen Vernachlässigungen der Amtsvormundschaft und Kindeswohlsicherung durch das Amt für Soziale Dienste. Drucksache 16/1381 vom 18. April 2007.
Brezinka, W. (1978): *Metatheorie der Erziehung. Eine Einführung in die Grundlagen der Erziehungswissenschaft, der Philosophie der Erziehung und der Praktischen Pädagogik.* München, Basel: Reinhardt.
Brinkmann, V. (2014): Sozialwirtschaft und Soziale Arbeit in der Freien Wohlfahrtspflege: Tradition – Ökonomisierung – Professionalisierung. In: Brinkmann, V. (Hrsg.): *Sozialwirtschaft und Soziale Arbeit im Wohlfahrtsverband. Tradition, Ökonomisierung und Professionalisierung.* Berlin: LIT, S. 1–28.
Brodbeck, J. et al. (2007): *Grundlagenstudie Spielsucht: Prävalenzen, Nutzung der Glücksspielangebote und deren Einfluss auf die Diagnose des Pathologischen Spielens.* Schlussbericht August 2007. Bern: Institut für Psychologie Klinische Psychologie und Psychotherapie.
Bronfenbrenner, U. (1981). *Die Ökologie der menschlichen Entwicklung: Natürliche und geplante Experimente.* Stuttgart: Klett-Cotta.
Brüderl, J. (2008): Replikation in den Sozialwissenschaften. Folienset. Abrufbar unter: http://www.sowi.uni-mannheim.de/lehrstuehle/lessm/veranst/Replikation%20Vortrag.pdf (Zugriff vom 28.10.2015).
Bruhn, M. (2013): *Qualitätsmanagement für Dienstleistungen: Handbuch für ein erfolgreiches Management.* 9., vollst. überarb. und erw. Aufl. Berlin: Springer Gabler.
Brunkhorst, H. (1983): Systemtheorie. In: Lenzen, D., Mollenhauer, K. (Hrsg.): *Enzyklopädie Erziehungswissenschaft. Handbuch und Lexikon der Erziehung. Band 1: Theorien und Grundbegriffe der Erziehung und Bildung.* Stuttgart: Klett-Cotta, S. 193–213.
Brunner, E. J. (2007): Systemische Beratung. In: Nestmann, F. et al. (Hrsg.): *Handbuch der Beratung.* 2. Aufl. Tübingen: dgvt, S. 655–661.
Buckley, A. (2008): Best Practice in den deutschen Sozialen Diensten. Suche – Begriffe – Bestandsaufnahme. In: Markert, A. (Hrsg.): *Soziale Arbeit und Sozialwirtschaft.* Berlin: LIT, S. 99–114.

Budde, W., Früchtel, F. (2005): Sozialraumorientierte Soziale Arbeit – Ein Modell zwischen Lebenswelt und Steuerung. In: *Nachrichtendienst des Deutschen Vereins 7/8*, S. 238–242, 287–292.
Budde, W., Früchtel, F. (2009): Eco-Maps und Genogramme als Netzwerkperspektive in der sozialräumlichen Fallarbeit. In: sozialraum.de (1) Ausgabe 2/2009. Abrufbar unter: http://www.sozialraum.de/eco-maps-und-genogramme-als-netzwerkperspektive.php (Zugriff vom 29.10.2015).
Budde, W. et al. (2004): Ressourcencheck. Ein strukturiertes Gespräch über Stärken und was daraus zu machen ist. In: *Sozialmagazin 6*, S. 14–22.
Budde, W. et al. (2004a): Der Ressourcencheck in der Anwendung. In: *Sozialmagazin 6*, S. 23–27.
Büchner, S. (2012): *Soziale Arbeit als transdisziplinäre Wissenschaft.* Wiesbaden: VS Verlag für Sozialwissenschaften.
Buer, F. (2005): Coaching, Supervision und die vielen anderen Formate. Ein Plädoyer für ein friedliches Zusammenspiel. In: *Organisationsberatung, Supervision, Coaching 12*, S. 278–296.
Bühl, W. L. (2003): *Historische Soziologie – Theoreme und Methoden.* Münster, Hamburg, London: LIT.
Bürgi, A., Eberhart, H. (2006): *Beratung als strukturierter kreativer Prozess. Ein Lehrbuch für die ressourcenorientierte Praxis.* Göttingen: Vandenhoeck & Ruprecht.
Buestrich, M. et al. (2008): *Die Ökonomisierung sozialer Dienste und sozialer Arbeit.* Baltmannsweiler: Schneider.
Bundesministerium für Arbeit und Soziales (2015): Freie Wohlfahrtspflege. Abrufbar unter: https://www.in-die-zukunft-gedacht.de/de/page/84/thema/713/themen.html (Zugriff vom 22.09.2015).
Bundesministerium für Wirtschaft und Technologie (Hrsg.) (2008): *Jahreswirtschaftsbericht 2008. Kurs halten.* Paderborn: Bonifatiusverlag.
Bunge, M. (1989): *Ethics. The Good and the Right. Vol. 8 of Treatise on Basic Philosophy.* Dordrecht: Reidel.
Bunge, M. (1996): *Finding Philosophy in Social Science.* New Haven, London: Yale University Press.
Burde, B. (2013): Master als (zweiter) akademischer Abschluss – und dann? Eine Analyse von zwei Masterstudiengängen der Sozialen Arbeit. In: Moch, M. et al. (Hrsg.): *Berufseinstieg in die Soziale Arbeit.* Ibbenbüren: Münstermann, S. 63–81.
Burke, B., Harrison, P. (1998): Anti-Oppressive Practice. In: Adams, R. et al. (Eds.): *Social Work. Themes, Issues and Critical Debates.* London: Macmillan.
Butler, J. (1991): *Das Unbehagen der Geschlechter.* Frankfurt a. M.: Suhrkamp.
Candeias, M. (2008): Prekarisierung und prekäre Soziale Arbeit. In: Spatscheck, C. et al. (Hrsg.): *Soziale Arbeit und Ökonomisierung. Analysen und Handlungsstrategien.* Berlin, Milow, Straßburg: Schibri, S. 94–110.
Carr, S. (2007): Participation, Power, Conflict and Change: Theorizing Dynamics of Service User Participation in the Social Care System of England and Wales. In: *Critical Social Policy 27*, S. 266–276.
Center for Health Force Studies et al. (2006): Licensed Social Workers in the United States 2004. Supplement. Abrufbar unter: http://workforce.socialworkers.org/studies/supplemental/supplement_ch2.pdf (Zugriff vom 02.01.2016).
Chassé, K. A., Wensierski, H. J. v. (Hrsg.) (2008): *Praxisfelder der Sozialen Arbeit. Eine Einführung.* 4., aktualisierte Aufl. Weinheim, München: Juventa.
Cigno, K., Bourn, D. (Eds.) (1998): *Cognitive-Behavioural Social Work in Practice.* Aldershot: Ashgate.
Classen, G. (2008): *Sozialleistungen für MigrantInnen und Flüchtlinge. Handbuch für die Praxis.* Karlsruhe: Von Loeper.

Claßen, A., Nießen, K. (2006): *Das Trainingsraum-Programm. Unterrichtsstörungen pädagogisch auflösen*. Mülheim: Verlag an der Ruhr.
Coates, J (2004): *Ecology and Social Work. A New Paradigm*. Winnipeg: Fernwood Publishing.
Como-Zipfel, F. (2013*)*: Wissenschaftshistorische und berufsethische Grundlagen der Verhaltensorientierten Sozialen Arbeit. In: Blanz, M. et al. (Hrsg.): *Verhaltensorientierte Soziale Arbeit. Grundlagen, Methoden, Handlungsfelder*. Stuttgart: Kohlhammer, S. 13–33.
Coulshed, V., Orme, J. (1998): *Social Work Practice. An Introduction*. 3rd Ed. London: Macmillan.
Dahlmann, A. (2014): *Generation Y und Personalmanagement*. München, Mering: Hampp.
Dahme, H. J., Wohlfahrt, N. (2004): Entwicklungstendenzen einer neuen Sozialstaatlichkeit in Europa. In: Homfeldt, H. G., Brandhorst, K. (Hrsg.): *International vergleichende Soziale Arbeit. Sozialpolitik – Kooperation – Forschung*. Hohengehren, Baltmannsweiler: Schneider, S. 24–38.
Dallmann, H. U. (2007): Ethik im systemtheoretischen Denken. In: Lob-Hüdepohl, W., Lesch, W. (Hrsg.): *Ethik Sozialer Arbeit. Ein Handbuch*. Paderborn: Schöningh, S. 57–68.
Dann, H. D. (1994): Pädagogisches Verstehen: Subjektive Theorien und erfolgreiches Handeln von Lehrkräften. In: Reusser, K., Reusser-Weyeneth, M. (Hrsg.): *Verstehen. Psychologischer Prozess und didaktische Aufgabe*. Bern, Göttingen, Toronto, Seattle: Huber, S. 163–182.
DBSH (1997): Stellenwert und Funktionen der Sozialen Arbeit im Bewußtsein der Bevölkerung Deutschland. Abrufbar unter: http://www.dbsh.de/fileadmin/downloads/DemoscopeStudie.pdf (Zugriff vom 25.08.2015).
DBSH (2011): Branchenbuch grundständige Studienangebote Soziale Arbeit. 2. Aufl. Abrufbar unter: http://www.dbsh.de/fileadmin/downloads/branchenbuch-soziale-arbeit-ba.pdf (Zugriff vom 24.11.2015).
DBSH (2015): Ethik in der Sozialen Arbeit. Abrufbar unter: http://www.dbsh.de/beruf/berufsethik.html (Zugriff vom 04.06.2015).
DBSH (o. J.) Deutscher Berufsverband für Soziale Arbeit e. V. Abrufbar unter: https://www.dbsh.de/ (Zugriff vom 25.11.2015).
Degele, N., Winter, G. (2009): *Intersektionalität. Zur Analyse sozialer Ungleichheiten*. Bielefeld: transcript.
Deinet, U. (2009): *Methodenbuch Sozialraum*. Wiesbaden: VS Verlag für Sozialwissenschaften.
Deinet, U. (Hrsg.) (2011): *Sozialräumliche Jugendarbeit: Grundlagen, Methoden und Praxiskonzepte*. 3., überarb. Aufl. Wiesbaden: VS Verlag für Sozialwissenschaften.
Deinet, U. (2014): Das Aneignungskonzept als Praxistheorie für die Soziale Arbeit. In: *sozialraum.de* (6) Ausgabe 1/2014. Abrufbar unter: http://www.sozialraum.de/das-aneignungskonzept-als-praxistheorie-fuer-die-soziale-arbeit.php.
Deinet, U., Krisch, R. (2006): *Der sozialräumliche Blick der Jugendarbeit. Methoden und Bausteine zur Konzeptentwicklung und Qualifizierung*. Wiesbaden: Leske und Budrich.
Deinet, U., Sturzenhecker, B. (Hrsg.) (2005): *Handbuch Offene Kinder- und Jugendarbeit*. Wiesbaden: VS Verlag für Sozialwissenschaften.
Demirovic, A. (2012): Was bedeutet die Aktualität Kritischer Theorie? In: Ahorn, R. et al. (Hrsg.): *Kritik der Sozialen Arbeit – kritische Soziale Arbeit*. Wiesbaden: VS Verlag für Sozialwissenschaften, S. 27–42.
Deutscher Verein (1986): *Handbuch der örtlichen Sozialplanung*. Frankfurt a. M.: Deutscher Verein für öffentliche und private Fürsorge.

Dewe, B. (1998): „Lebenswelt" – eine Orientierung für die Sozialarbeit? In: Pantucek, P., Vyslouzil, M. (Hrsg.): *Theorie und Praxis Lebenswelt-orientierter Sozialarbeit.* St. Pölten: Sozaktiv, S. 13–27.

Dewe, B. (2000): Perspektiven der modernen Professionstheorie für sozialpädagogisches Handeln. In: Müller, S. et al. (Hrsg.): *Soziale Arbeit: Gesellschaftliche Bedingungen und professionelle Perspektiven.* Neuwied, Kriftel: Luchterhand, S. 289–302.

Dewe, B. (2009): Reflexive Sozialarbeit im Spannungsfeld von evidenzbasierter Praxis und demokratischer Rationalität – Plädoyer für die handlungslogische Entfaltung reflexiver Professionalität. In: Becker-Lenz R. et al. (Hrsg.): *Professionalität in der Sozialen Arbeit. Standpunkte, Kontroversen, Perspektiven.* Wiesbaden: VS Verlag für Sozialwissenschaften, S. 89–109.

Dewe, B. (2015): Erwachsenenbildung. In: Otto H. U., Thiersch, H. (Hrsg.): *Handbuch Soziale Arbeit. Grundlagen der Sozialarbeit und Sozialpädagogik.* 5., erw. Aufl. München, Basel: Reinhardt, S. 376–388.

Dewe, B., Otto, H.-U. (2001): Profession. In: Otto, H.-U., Thiersch, H. (Hrsg.): *Handbuch Sozialarbeit/Sozialpädagogik.* 5. Aufl. Neuwied: Luchterhand, S. 1399–1423.

Dewe, B., Otto, H. U. (2012): Reflexive Sozialpädagogik. Grundstrukturen eines neuen Typus dienstleistungsorientierten Professionshandelns. In: Thole, W. (Hrsg.): *Grundriss Soziale Arbeit. Ein einführendes Handbuch.* 4. Aufl. Opladen: Leske und Budrich, S. 197–217.

Dewe, B., Otto, H. U. (2015): Profession. In: Otto, H. U., Thiersch, H. (Hrsg.): *Handbuch Soziale Arbeit. Grundlagen der Sozialarbeit und Sozialpädagogik.* 5., erw. Aufl. München, Basel: Reinhardt, S. 1233–1244.

Dewe, B. et al. (2001): *Professionelles soziales Handeln. Soziale Arbeit im Spannungsfeld zwischen Theorie und Praxis.* 3. Aufl. Weinheim, München: Juventa.

Dexheimer, A. (2011): *Forschung in der Sozialen Arbeit. Ein Beitrag zu einem mehrdimensionalen methodologischen Fundament.* Bad Heilbrunn: Klinkhardt.

DGSA (o. J.): Fachgruppe Internationale Soziale Arbeit. Abrufbar unter: http://dgsainfo.de¬/fachgruppen/ internationale_soziale_arbeit.html (Zugriff vom 10.09.2015).

Dilthey, W. (1979): *Der Aufbau der geschichtlichen Welt in den Geisteswissenschaften.* Gesammelte Schriften. Band 7. 7., unveränderte Aufl. Göttingen: Vandenhoeck & Ruprecht.

Doel, M. (1998): Task-Centred Work. In: Adams, R. et al. (Eds.): *Social Work. Themes, Issues and Critical Debates.* London: Macmillan, pp. 196–206.

Döpfner, M. et al. (2007): *Therapieprogramm für Kinder mit hyperkinetischem und oppositionellem Problemverhalten THOP.* 4., vollst. überarb. Aufl. Weinheim: Beltz Psychologie.

Dollinger, B. (Hrsg.) (2010): *Handbuch Jugendkriminalität: Kriminologie und Sozialpädagogik im Dialog.* Wiesbaden: VS Verlag für Sozialwissenschaften.

Domes, M. (2008): Krise der Ethik oder Ethik als Krisendisziplin? Ein (kurzer) Kommentar zum Verhältnis von Sozialer Arbeit, Sozialpsychiatrie und Ethik. In: *Sozialpsychiatrische Informationen 38,* S. 24–27.

Domes, M., Sagebiel, J. (2016): *Theorie als Medium zur Identitätsbildung – Die Bedeutung der Person des/der Lehrenden in der Vermittlung von Theorien der Sozialen Arbeit.* Unveröffentlichtes Manuskript.

Dominelli, L. (1998): Anti-Oppressive Practice in Context. In: Adams, R. et al (Eds.): *Social Work. Themes, Issues and Critical Debates.* London: Macmillan, pp. 3–22.

Dominelli, L. (2002): *Anti-Oppressive Social Work. Theory and Practice.* Basingstoke: Palgrave.

Dulisch, R. (1998): *Schreiben in Werbung, PR und Journalismus. Zum Berufsbild des Texters für Massenmedien.* Opladen, Wiesbaden: Westdeutscher Verlag.

Ebster, C., Stalzer, L. (2008): *Wissenschaftliches Arbeiten für Wirtschafts- und Sozialwissenschaftler*. 3., überarb. Aufl. Wien: facultas wuv.
Eby, M., Morgan, A. (2008): Accountability. In: Frazer, S., Mathews, S. (Eds): The Critical Practitioner in Social Work and Health Care. Los Angeles: Sage, pp. 186–202.
Eckmann, M., Eser Davolio, M. (2003): *Rassismus angehen statt übergehen. Theorie und Praxisanleitung für Schule, Jugendarbeit und Erwachsenenbildung*. Luzern: Pestalozzianum.
Effinger, H. (o. J.): Wissen was man tut und tun was man weiß – Zur Entwicklung von Handlungskompetenzen im Studium der Sozialen Arbeit. Abrufbar unter: http://www.hof-university.de/fileadmin/user_upload/betriebswirtschaft/PDF/Schluesselqualifikationen_BW.pdf) (Zugriff vom 15.09.2015).
Ehlert, G. (2012): *Gender in der Sozialen Arbeit: Konzepte, Perspektiven, Basiswissen*. Schwalbach a. Ts: Wochenschau Verlag.
Eichhorn, P. (2005): Ökonomische Herausforderungen an soziale Dienste in Europa. In: Linzbach, C. et al. (Hrsg.): *Die Zukunft der sozialen Dienste vor der Europäischen Herausforderung*. Baden-Baden: Nomos, S. 106–113.
Einfach teilhaben (o. J.): Persönliches Budget. Abrufbar unter: http://www.einfach-teilhaben.de/DE/StdS/Finanz_Leistungen/Pers_Budget/pers_budget_node.html (Zugriff vom 07.09.2015).
Elsen, S. (2005): Gemeinwesenökonomie – eine reale Utopie befreiender Sozialer Arbeit. In: Lutz, R. (Hrsg.): *Befreiende Sozialarbeit. Skizzen einer Vision*. Oldenburg: Freire, S. 169–190.
Elsen, S. (2007): *Die soziale Ökonomie des Gemeinwesens – eine problemorientierte Einführung*. Weinheim, München: Juventa.
Elsen, S. (2011): *Solidarische Ökonomie und die Gestaltung des Gemeinwesens – Perspektiven und Ansätze ökosozialer Transformation von unten*. Neu-Ulm: AG-SPAK.
Engel, A. (2013): Soziale Arbeit als Ehrenamt. In: Hering, S. (Hrsg.): *Was ist Soziale Arbeit. Traditionen – Widersprüche – Wirkungen*. Opladen, Berlin, Toronto: Budrich, S. 133–144.
Engel, F., Sickendiek, U. (2004): Beratung. In: Krüger, H., Grunert, C. (Hrsg.): *Wörterbuch Erziehungswissenschaft*. Wiesbaden: Budrich, S. 35–41.
Engelke, E. (2009): *Die Wissenschaft Soziale Arbeit: Werdegang und Grundlagen*. 3., überarb. und erw. Aufl. Freiburg i. Br.: Lambertus.
Engelke, E. et al. (2014): *Theorien der Sozialen Arbeit. Eine Einführung*. 6. Aufl. Freiburg i. Br.: Lambertus.
Eppenstein, T., Kiesel, D. (2008): *Soziale Arbeit interkulturell*. Stuttgart: Kohlhammer.
Erath, P. (2006): *Sozialarbeitswissenschaft. Eine Einführung*. Stuttgart: Kohlhammer.
Erath, P. (2007): Sozialarbeitswissenschaft als Disziplin – drei kritische Fragen. In: *Sozialmagazin 32*, S. 40–46.
Erath, P. (2012): *Sozialarbeit in Europa. Fachliche Dialoge und transnationale Entwicklungen*. Stuttgart: Kohlhammer.
Esping-Andersen, G. (1998): *The Three Worlds of Welfare Capitalism*. Cambridge: Polity Press.
Ewers, M. (2000): Case Management im Schatten von Managed Care: Sozial- und gesundheitspolitische Grundlagen. In: Ewers, M., Schaeffer, D. (Hrsg.): *Case Management in Theorie und Praxis*. Bern, Göttingen, Toronto, Seattle: Huber, S. 29–52.
Ewers, M. (2000a): Das angloamerikanische Case Management: Konzeptionelle und methodische Grundlagen. In: Ewers, M./Schaeffer, D. (Hrsg.): *Case Management in Theorie und Praxis*. Bern, Göttingen, Toronto, Seattle: Huber, S. 53–90.
Ewijk, H. v. (2009): *European Social Policy and Social Work. Citizenship-Based Social Work*. London, New York: Routledge.

Exner, A (2012): Mythos Geld. Abrufbar unter: http://www.streifzuege.org/2012/mythos-¬geld-ein-diskussionsanstoss-in-5-akten (Zugriff vom 24.07.2015).
Faß, R. (2009): *Helfen mit System. Systemsteuerung im Case Management.* Marburg: Tectum.
FBTS (2003): Fachbereichstag Soziale Arbeit in Görlitz. Abrufbar unter: http://www.fbts.de/ ¬ fachbereichstage/goerlitz-2013.html (Zugriff vom 07.09.2015).
FBTS (2015): Netzwerk für Rekonstruktive Soziale Arbeit – zur Entwicklung von Forschung, Lehre und beruflicher Praxis. Abrufbar unter: http://www.fbts.de/arbeitskreise/¬rekonstruktive-soziale-arbeit.html (Zugriff vom 07.06.2015).
Fehren, O., Kalter, B. (2014): Zur Debatte um Sozialraumorientierung in Theorie- und Forschungsdiskursen. In: Fürst, R., Hinte, W. (Hrsg.): *Sozialraumorientierung. Ein Studienbuch zu fachlichen, institutionellen und finanziellen Aspekten.* Wien: Facultas, S. 29–43.
Felsch, P. (2015): *Der lange Sommer der Theorie. Geschichte einer Revolte 1960–1990.* München: Beck.
Fend, H. (1982): *Gesamtschule im Vergleich: Bilanz der Ergebnisse des Gesamtschulversuch.* Weinheim, München: Beltz.
Fengler, J. (1998): *Feedback geben: Strategien und Übungen.* Weinheim, München: Beltz.
Ferchhoff, W. (1993): Was wissen und können Sozialpädagogen? Neue professionstheoretische Überlegungen zum Theorie-Praxis-Verhältnis in der Sozialpädagogik. In: *Pädagogische Rundschau 47*, S. 705–719.
Fischer, K. (2012): Caritas und Diakonie bedienen sich beim Staat. Abrufbar unter: http://¬www.wiwo.de/politik/deutschland/wohlfahrtsverbaende-caritas-und-diakonie-bedienen-¬sich-beim-staat/7397380.html (Zugriff vom 28.12.2015).
Foerster, H. v. (2005): *Sicht und Einsicht. Versuche zu einer operativen Erkenntnistheorie.* Heidelberg: Auer.
Foucart, J. (2008): Travail social et construction scientifique. In: *Pensées plurielles 19*, pp. 95–103.
Foucault, M. (1980): *Power/Knowledge. Selected Interviews and Other Writings 1972–1977.* Ed. Gordon, C. Sussex: Harvester Press.
Franklin, C. et al. (2009): A Meta-Analysis of Published School Social Work Practice Studies 1980–2007. In: *Research on Social Work Practice 19*, S. 667–677.
Frei, R, Hartmann, J. (2006): Gender-Manifest. Plädoyer für eine kritisch reflektierende Praxis in der genderorientierten Bildung und Beratung. Berlin. Abrufbar unter: http://¬www.gender.de/mainstreaming/Gender Manifest01_2006.pdf (Zugriff vom 06.06.2015).
Freire, P. (1971): *Pädagogik der Unterdrückten. Bildung als Praxis der Freiheit.* Stuttgart: Kreuzverlag.
Freire, P. (1985): *The Politics of Education. Culture Power and Liberation.* Introduction by Henry A. Giroux. Massachusetts: Bergin & Garvey.
Freire, P., Shor, I. (1987): *A Pedagogy for Liberation. Dialogues on Transforming Education.* Basingstoke: Macmillan.
Freiwilligenagentur Stuttgart (o. J.). Abrufbar unter: https://www.stuttgart.de/freiwilligen¬agentur (Zugriff vom 15.11.2015)
Frey, R., Hartmann, J. (2006): Gender-Manifest. Plädoyer für eine kritisch reflektierende Praxis in der genderorientierten Bildung und Beratung. Abrufbar unter: http://www.gen¬der.de/mainstreaming/GenderManifest01_2006.pdf (Zugriff vom 10.11.2015).
Friedrich, A. (2009): *Personalarbeit in Organisationen Sozialer Arbeit. Theorie und Praxis der Professionalisierung.* Wiesbaden: VS Verlag für Sozialwissenschaften.
Friesenhahn, G. J., Kniephoff-Knebel, A. (2011): *Europäische Dimensionen Sozialer Arbeit.* Schwalbach a. Ts.: Wochenschau Verlag.
Früchtel, F. et al. (2007): *Sozialer Raum und Soziale Arbeit. Textbook: Theoretische Grundlagen.* Wiesbaden: VS Verlag für Sozialwissenschaften.

Früchtel, F. et al. (2007a): *Sozialer Raum und Soziale Arbeit. Fieldbook: Methoden und Techniken*. Wiesbaden: VS Verlag für Sozialwissenschaften.

Füssenhäuser, C. (2008): Reflexive Sozialpädagogik: Professions- und/oder Wissenschaftspolitik? In: Bielefelder Arbeitsgruppe 8 (Hrsg.): *Soziale Arbeit in Gesellschaft*. Wiesbaden: Springer VS, S. 136–142.

Fuhr, T. et al. (Hrsg.) (2011): *Erwachsenenbildung – Weiterbildung*. Paderborn: Schöningh UTB.

Gängler, H., Schröer, W. (2005): Sozialpädagogische Historie. Verstreute Forschung und transdisziplinäre Vernetzung. In: Schweppe, C., Thole, W. (Hrsg.): *Sozialpädagogik als forschende Disziplin. Theorie, Methode, Empirie*. Weinheim, München: Juventa, S. 175–184.

Gahleitner, S. (2008): *Klinische Sozialarbeit: Zielgruppen und Arbeitsfelder*. Bonn: Psychiatrie-Verlag.

Gall, R. (2011): Curriculum und Methodik des Coolness-Trainings. In: Weidner, J., Kilb, R. (Hrsg.): *Handbuch Konfrontative Pädagogik*. Weinheim, München: Juventa, S. 132–139.

Galperin, P. J. (1975): Die geistige Handlung als Grundlage für die Bildung von Gedanken und Vorstellungen. In: Galperin, P. J., Leontjew, A. N. (Hrsg.): *Probleme der Lerntheorie*. Berlin: Volk und Wissen, S. 29–42.

Galuske, M. (2002): *Methoden der sozialen Arbeit. Eine Einführung*. 4. Aufl. Weinheim, München: Juventa.

Germain, C. B., Gitterman, A. (1999): *Praktische Sozialarbeit. Das „Life Model" der Sozialen Arbeit. Fortschritte in Theorie und Praxis*. 3., völlig neu bearb. Aufl. Stuttgart: Lucius & Lucius.

GEW (2011): Macht und Ohnmacht in der Sozialen Arbeit: Strukturen Sozialer Dienstleistungen in Berlin und Brandenburg und ihre Bedeutung für die Beschäftigungssituation der Fachkräfte. Abrufbar unter: http://www.gew-berlin.de/public/media/MO_Abschluss¬bericht_Fachkraeftebefragung.pdf (Zugriff vom 29.11.2015).

Giddens, A. (1997): *Jenseits von links und rechts: Die Zukunft radikaler Demokratie*. Frankfurt a. M.: Suhrkamp.

Giddens, A. (Ed.) (2001): *The Global Third Way Debate*. Cambridge: Polity Press.

Giesecke, H. (1973): *Offensive Sozialpädagogik*. Göttingen: Vandenhoeck & Ruprecht.

Giesecke, H. (2000): *Politische Bildung. Didaktik und Methodik für Schule und Jugendarbeit*. 2., überarb. und erw. Aufl. Weinheim, München: Juventa.

Giesecke, H. (2005): *Wie lernt man Werte? Grundlagen der Sozialerziehung*. Weinheim, München: Juventa.

Gildhoff-Fröhlich, K. (2006): *Freiburger Anti-Gewalt-Training (FAGT) Ein Handbuch*. Stuttgart: Kohlhammer.

Girtler, R. (2004): *10 Gebote der Feldforschung*. Münster: LIT.

Giroux, H. A. (1983): *Theory and Resistance in Education. A Pedagogy for the Opposition*. South Hadely: Bergin & Garvey.

Gissel-Palkovich, I. (2011): *Lehrbuch Allgemeiner Sozialer Dienst – ASD: Rahmenbedingungen, Aufgaben und Professionalität*. Weinheim, München. Beltz Juventa.

Glahn, J. (o. J.): Arzt-Patienten-Verhältnis. Abrufbar unter: http://www.philopedia.de/¬index.php/teilbereiche/bereichsethiken/medizinethik/10-das-arzt-patienten-verhaeltnis (Zugriff vom 15.08.2015).

Glänzel, G., Schmitz, B. (2012): *Hybride Organisationen – Spezial- oder Regelfall?* In: Helmut, K. et al. (Hrsg.): *Soziale Investitionen. Interdisziplinäre Perspektiven*. Wiesbaden: VS Verlag für Sozialwissenschaften, S. 181–204.

Glaserfeld, E. v. (1997): *Radikaler Konstruktivismus*. Frankfurt a. M.: Suhrkamp.

Graßhoff, G. et al. (2015): *Jugendliche als Adressatinnen und Adressaten der Jugendhilfe. Rekonstruktionen von jugendlichen Biografien im Kontext von Jugendarbeit und Erziehungshilfe.* Weinheim, München: Beltz Juventa.
Greca, R., Erath, P. (Hrsg.) (1995): *Regionalisierung sozialer Dienste in Deutschland. Beiträge zur Fachtagung an der Katholischen Universität Eichstätt.* In Zusammenarbeit mit dem Sozialreferat Abt. Sozialplanung der Landeshauptstadt München. Eichstätt: Katholische Universität.
Gref, K. (1995): Was macht Streetwork aus? Inhalte – Methoden – Kompetenzen. In: Becker, G., Simon, T. (Hrsg.): *Handbuch Aufsuchende Jugend- und Sozialarbeit.* Weinheim, München: Juventa, S. 13–20.
Großmaß, R. (2011): „Klienten", „Adressaten", „Nutzer", „Kunden" – diskursanalytische Überlegungen zum Sprachgebrauch in den sozialen Berufen. Abrufbar unter: http://www.¬ash-berlin.eu/hsl/freedocs/200/Diskursanalytische_Ueberlegungen_zur_Zielgruppenbezei¬chnung_in_sozialen_Berufen.pdf (Zugriff vom 15.08.2015).
Gruber, H. et al. (2009): *Wissenschaftliches Schreiben. Ein Praxisbuch für Studierende der Geistes- und Sozialwissenschaften.* Wien: Böhlau.
Güntert, S. (2005): Beurteilen in der Praxisausbildung. In: Abplanalp, E. (Hrsg.) (2005): *Lernen in der Praxis. Die Praxisausbildung im Studium der Sozialen Arbeit.* Luzern: Interact, S. 139–173.
Güntert, S. T. (2015): Selbstbestimmung in der Freiwilligenarbeit. In: Wehner, T., Güntert, S. T. (Hrsg.): *Psychologie der Freiwilligenarbeit. Motivation, Gestaltung und Organisation.* Berlin, Heidelberg: Springer, S. 77–94.
Gusy, B. et al. (1990): *Aufsuchende soziale Arbeit. Qualitätsmerkmale von Streetwork und ihrer institutionellen Rahmenbedingungen.* Berlin: SPI.
Gusy, B. et al. (1994): *Aufsuchende Sozialarbeit in der AIDS-Prävention – das „Streetwork"-Modell.* 21. Schriftenreihe des Bundesministeriums für Gesundheit. Baden-Baden: Nomos.
Gutknecht, G. (2012): *Bildung in der Kinderkrippe. Wege zur professionellen Responsivität.* Stuttgart: Kohlhammer.
Haas, H., Hanselmann, P. G (2005): Qualitätsmanagement im Kontext der Gestaltung sozialer Dienste in Europa. In: Linbach, C. et al. (Hrsg.): *Die Zukunft der sozialen Dienste vor der Europäischen Herausforderung.* Baden-Baden: Nomos, S. 463–487.
Habeck, S. H. (2015): *Freiwilligenmanagement. Exploration eines erwachsenenpädagogischen Berufsfeldes.* Wiesbaden: Springer VS.
Habermas, J. (1981): *Theorie des kommunikativen Handelns. Erster Band: Handlungsrationalität und gesellschaftliche Rationalisierung.* Frankfurt a. M.: Suhrkamp.
Häcker, T. (2007): Professionalisierung des Lehrer/innenhandelns durch Professional Development Portfolios. In: *Erziehung und Unterricht 157,* S. 382–391.
Halfar, B. (2005): Wirkungsorientierte Finanzierung in der Jugend(verbands)arbeit. In: *Nachrichtendienst des Deutschen Vereins für öffentliche und private Fürsorge 85,* S. 419–425.
Halfar, B. (2009): Sozialwirtschaft als spezifische Dienstleistungsproduktion. In: *Nachrichtendienst des Deutschen Vereins für öffentliche und private Fürsorge 89,* S. 479–483.
Halfar, B. (2009a): Social Return on Investment eines sozialen Unternehmens. In: Horvath, P. (Hrsg.): *Erfolgreiche Steuerungs- und Reportingsysteme in verbundenen Unternehmen.* Stuttgart: Schaeffer-Pöschel, S. 199–206.
Halfar, B. (2014*): Kann der Social Return on Investment (SROI) die Jugendhilfe besser legitimieren?* In: *Jugendhilfe 52,* S. 292–296.
Halfar, B., Kobelt, R. (2011): Kooperationen, Fusionen, Übernahmen, Konzernbildungen. In: *Sozialwirtschaft aktuell 10,* S. 1–4.
Halfar, B. et al. (2014): *Controlling in der Sozialwirtschaft. Handbuch.* Baden-Baden: Nomos.

Hamburger, F. (2012): Soziale Arbeit und Öffentlichkeit. In: Thole, W. (Hrsg.): *Grundriss Soziale Arbeit. Ein einführendes Handbuch.* 4. Aufl. Wiesbaden: VS Verlag für Sozialwissenschaften, S. 999–1022.

Hamburger, F. et al. (2015): Ausbildung für Soziale Arbeit in Europa. In: Otto, H.-U., Thiersch, H. (Hrsg.): *Handbuch Soziale Arbeit. Grundlagen der Sozialarbeit und Sozialpädagogik.* 5., erw. Aufl. München: Reinhardt, S. 123–130.

Hammerschmidt, P. (1999): *Wohlfahrtsverbände im NS-Staat. Die NSV und die konfessionellen Verbände Caritas und Innere Mission im Gefüge der Wohlfahrtspflege des Nationalsozialismus.* Wiesbaden: VS Verlag für Sozialwissenschaften.

Hammerschmidt, P. (2003): *Finanzierung und Management von Wohlfahrtsanstalten 1920 bis 1936.* Stuttgart: Steiner.

Hampe-Grosser, A. (2006): Systemisches Case Management mit Multiproblemfamilien. In: Kleve, H. et al. (Hrsg.): *Systemisches Case-Management. Falleinschätzung und Hilfeplanung in der Sozialen Arbeit.* Heidelberg: Auer, S. 126–181.

Hansbauer, P. (2012): Sozialpädagogische Institute und ihre Funktion für Forschung, Evaluation und Beratung. In: Thole, W. (Hrsg.) *Grundriss Soziale Arbeit. Ein einführendes Handbuch.* 4. Aufl. Wiesbaden: VS Verlag für Sozialwissenschaften, S. 1205–1215.

Hanschitz, R. C. et al. (2009): *Transdisziplinarität in Forschung und Praxis. Chancen und Risiken partizipativer Prozesse.* Wiesbaden: VS Verlag für Sozialwissenschaften.

Hansen, E. (2005): Risiken in der Sozialen Arbeit. In: *Sozialmagazin 25*, S. 13–36.

Haupert, B., Kraimer, K. (1991): Die Heimatlosigkeit der SA/SP. Stellvertretende Deutung und typologisches Verstehen als Wege zu einer eigenständigen Profession. In: *Pädagogische Rundschau 45*, S. 177–196.

Haye, B., Kleve, H. (2006): Systemische Schritte helfender Kommunikation. Sechs-Phasen-Modell für die Falleinschätzung und die Hilfeplanung. In: Kleve, H. et al. (Hrsg.): *Systemisches Case-Management. Falleinschätzung und Hilfeplanung in der Sozialen Arbeit.* Heidelberg: Auer, S. 111–135.

Heckhausen, H. (1972): Discipline and Interdisciplinarity. In: OECD (Ed.): *Interdisciplinarity: Problems of Teaching and Research in Universities.* Paris: OECD Centre for Education, Research and Innovation, S. 83–89.

Heimgartner, A. (2009): *Komponenten einer prospektiven Entwicklung der Sozialen Arbeit.* Münster: LIT.

Helmold, M., Klumpp, M. (2011): *Schlanke Prinzipien im Lieferantenmanagement.* Schriftenreihe Logistikforschung Band 22. Essen: FOM Hochschule für Oekonomie & Management.

Heiner, M. (1988): Einleitung: Perspektiven der Praxisforschung. In: Heiner, M. (Hrsg.): *Praxisforschung in der sozialen Arbeit.* Freiburg i. Br.: Lambertus, S. 7–16.

Heiner, M. (1994): Reflexion und Evaluation methodischen Handelns in der Sozialen Arbeit. Basisregeln, Arbeitshilfen und Fallbeispiele. In: Heiner, M. (Hrsg.): *Methodisches Handeln in der Sozialen Arbeit.* Freiburg i. Br.: Lambertus, S. 102–183.

Heiner, M. (Hrsg.) (1994a): *Selbstevaluation als Qualifizierung in der Sozialen Arbeit. Fallstudien aus der Praxis.* Freiburg i. Br.: Lambertus.

Heiner, M. (Hrsg.) (1996): *Qualitätsentwicklung durch Evaluation.* Freiburg i. Br.: Lambertus.

Heiner, M. (Hrsg.) (1998): *Experimentierende Evaluation. Ansätze zur Entwicklung lernender Organisationen.* Weinheim, München: Juventa.

Heiner, M. (2004): *Professionalität in der Sozialen Arbeit. Theoretische Konzepte, Modelle und empirische Perspektiven.* Stuttgart: Kohlhammer.

Heiner, M. (2009): Fallverstehen, Typen der Falldarstellung und kasuistische Kompetenz. Abrufbar unter: http://www.uni-tuebingen.de/fileadmin/Uni_Tuebingen/Fakultaeten/So¬zialVerhalten/Insitut_f%C3%BCr_Erziehungswissenschaft/Dokumente/Sozialp%C3%A¬

4dagogik/Sozialp%C3%A4dagogiktag_2009/Heiner_Fallverstehen.pdf (Zugriff vom 01.06.2015).
Heiner, M. (2010): *Kompetent Handeln in der Sozialen Arbeit.* München, Basel: Reinhardt.
Heiner, M. (2012): Handlungskompetenz und Handlungstypen. Überlegungen zu den Grundlagen methodischen Handelns. In: Thole, W. (Hrsg.): *Grundriss Soziale Arbeit. Ein einführendes Handbuch.* 4. Aufl. Wiesbaden: VS Verlag für Sozialwissenschaften, S. 611–624.
Heinrichs, N. et al. (2008): *Prävention bei Paaren und Familien.* Göttingen: Hogrefe.
Henschel, A. (2008): *Jugendhilfe und Schule: Handbuch für eine gelingende Kooperation.* Wiesbaden: VS Verlag für Sozialwissenschaften.
Hensen, G. (Hrsg.) (2006): *Markt und Wettbewerb in der Jugendhilfe. Ökonomisierung im Kontext von Zukunftsorientierung und fachlicher Notwendigkeit.* Weinheim, München: Juventa.
Herbart, J. F. (1806): *Allgemeine Pädagogik.* Göttingen: Röwer.
Hering, S. (2004): Die Geschichte der Sozialen Arbeit in Osteuropa 1900–1960. Forschungsstand, erste Befunde und komparative Aspekte. In: Homfeldt, H. G., Brandhorst, K. (Hrsg.): *Grundlagen der sozialen Arbeit. Band 10: International vergleichende Soziale Arbeit.* Baltmannsweiler: Schneider Hohengehren, S. 122–136.
Hering, S., Münchmeier, R. (2007): *Geschichte der Sozialen Arbeit. Eine Einführung.* Weinheim, München: Beltz Juventa.
Herriger, N. (1996): Kompetenzdialog. Empowerment in der sozialen Einzelhilfe. In: *Soziale Arbeit 45*, S. 190–195.
Herriger, N. (1997/2014): *Empowerment in der Sozialen Arbeit. Eine Einführung.* Stuttgart, Berlin, Köln: Kohlhammer.
Herrmann, F. (2015): Planungstheorie. In: Otto, H. U., Thiersch, H. (Hrsg.): *Handbuch Soziale Arbeit. Grundlagen der Sozialarbeit und Sozialpädagogik.* 5., erw. Aufl. Neuwied, Kriftel: Luchterhand, S. 1191–1202.
Herwig-Lempp, J (1993): „Einfallsarbeit" in der Fallberatung. Das Modell der Teamberatung. In: *Sozialpädagogik 35*, S. 150–158.
Herwig-Lempp, J. (2002): Von der Familientherapie zur Systemischen Sozialarbeit. In: Nühlen, M. (Hrsg.): *Geschichte und Geschichten II, Merseburger Geschichte und andere historische Streifzüge.* Merseburg: Eigenverlag FH Merseburg, S. 162-186.
Hesse, J. (1999): Die lösungs- und ressourcenorientierte Kurztherapie in Deutschland und den USA. In: Döring-Meijer, H. (Hrsg.): *Ressourcenorientierung – Lösungsorientierung. Etwas mehr Spaß und Leichtigkeit in der systemischen Therapie und Beratung.* Göttingen: Vandenhoeck & Ruprecht, S. 47–69.
Hesser, K. E. (o. J.): Zeitlich befristete, aufgabenzentrierte Beratungen in der Sozialarbeit. Abrufbar unter: http://www.avenirsocial.ch/sozialaktuell/sozial_aktuell_3049_3052.pdf (Zugriff vom 10.06.2015).
Heydorn, H. J. (1967): Vom Zeugnis möglicher Freiheit. In: Heydorn, J. H. (Hrsg.): *Bildung und Konfessionalität. Kritische Beiträge zur Bildungstheorie.* Frankfurt a. M.: Diesterweg.
Hildenbrand, B. (2015): *Einführung in die Genogrammarbeit.* 4. Aufl. Heideberg: Auer.
Hill, B. (2012): Die Bologna Reform und das Studium der Sozialen Arbeit: Professionalisierung oder Dequalifizierung? In: Becker-Lenz, R. et al. (Hrsg.): *Professionalität Sozialer Arbeit und Hochschule. Wissen, Kompetenz, Habitus und Identität im Studium Sozialer Arbeit.* Wiebaden: VS Verlag für Sozialwissenschaften, S. 287–302.
Hill, B. et al. (2013): Selbsthilfe und Soziale Arbeit – Geschichte, Konzeptionen und Praxis. In: Hill, B. et al. (Hrsg.): *Selbsthilfe und Soziale Arbeit. Das Feld neu vermessen.* Weinheim, Basel: Beltz Juventa, S. 26–58.
Hinte, W. (1980): *Non-direktive Pädagogik.* Opladen: Westdeutscher Verlag.

Hinte, W. (2002): Von der Gemeinwesenarbeit über die Stadtteilarbeit zur Initiierung bürgerschaftlichen Engagements. In: Thole, W. (Hrsg.): *Grundriss Soziale Arbeit. Ein einführendes Handbuch.* Opladen: Leske und Budrich, S. 535–548.

Hinte, W. (2012): Von der Gemeinwesenarbeit über die Sozialraumorientierung zur Initiierung von bürgerschaftlichem Engagement. In: Thole, W. (Hrsg.): *Grundriss Soziale Arbeit. Ein einführendes Handbuch.* 4. Aufl. Wiesbaden: VS Verlag für Sozialwissenschaften, S. 663–674.

Hinte, W. (2014): Das Fachkonzept „Sozialraumorientierung" – Grundlage und Herausforderung für professionelles Handeln. In: Fürst, R., Hinte, W. (Hrsg.): *Sozialraumorientierung. Ein Studienbuch zu fachlichen, institutionellen und finanziellen Aspekten.* Wien: Facultas, S. 7–8.

Hochschulrektorenkonferenz (1997): Zur Einführung von Bachelor- und Masterstudiengängen/-abschlüssen. Entschließung des 183. Plenums vom 10. November 1997. Abrufbar unter: https://www.hrk.de/positionen/beschluesse-nach-thema/convention/zur-einfuehrung-von-bachelor-und-masterstudiengaengen-abschluessen/ (Zugriff vom 15.01.2016).

Hochuli-Freund, U., Stotz, W. (2011): *Kooperative Prozessgestaltung in der Sozialen Arbeit. Ein methodenintegratives Lehrbuch.* Stuttgart: Kohlhammer.

Hollstein-Brinkmann, H. (1993): *Soziale Arbeit und Systemtheorien.* Freiburg i. Br.: Lambertus.

Hollerweger, E. (2000): Ökonomische Bedeutung ehrenamtlicher Arbeit. In: Roessler, M. et al. (Hrsg.): *Gemeinwesenarbeit und Bürgerschaftliches Engagement. Eine Abgrenzung.* Wien: ÖGB.

Homann, K., Suchanek, A. (2000): *Ökonomik. Eine Einführung.* Tübingen: Mohr Siebeck.

Homfeldt, H. G., Sting, S. (2006): *Soziale Arbeit und Gesundheit. Eine Einführung.* München: Reinhardt.

Homfeldt, H. G., Sting, S. (2015): Gesundheit und Krankheit. In: Otto, H. U., Thiersch, H. (Hrsg.): *Handbuch Soziale Arbeit. Grundlagen der Sozialarbeit und Sozialpädagogik.* 5., erw. Aufl. München: Reinhardt, S. 620–632.

Honneth, A. (2010): *Kampf um Anerkennung: Zur moralischen Grammatik sozialer Konflikte.* Frankfurt a. M.: Suhrkamp.

Horkheimer, M. (1984): Ideologie und Handeln. In: Lenk, K. (Hrsg.): *Ideologie. Ideologiekritik und Wissenssoziologie.* 9. Aufl. Frankfurt a. M.: Campus, S. 245–252.

Horkheimer, M., Adorno, T. W. (1969/1947): *Dialektik der Aufklärung. Philosophische Fragmente.* Frankfurt a. M.: S. Fischer.

Hornstein, W. (1985): Die Bedeutung erziehungswissenschaftlicher Forschung für die Praxis sozialer Arbeit. Anmerkungen zu einer notwendigen Bestandsaufnahme. In: *Neue Praxis 15*, S. 463–477.

Hosemann, W., Geiling, W. (2013): *Einführung in die Systemische Soziale Arbeit.* 2. Aufl. München: Reinhardt UTB.

Hummel, K. (1978): Altenarbeit als *Gemeinwesenarbeit.* In: *Blätter der Wohlfahrtspflege 2*, S. 34–39.

Huster, E. (Hrsg.) (2012): *Handbuch Armut und soziale Ausgrenzung.* Wiesbaden: Springer VS.

Iben, G. (2008): *Sozialarbeit – Armut und Randgruppen.* In: Chassé, K. A., Wensierski, H. J. v. (Hrsg.): *Praxisfelder der Sozialen Arbeit. Eine Einführung.* 4. aktualisierte Aufl. Weinheim, München: Juventa, S. 273–287.

IFSW (2016): The International Federation of Social Workers (IFSW). Abrufbar unter: http://ifsw.org/what-we-do/ (Zugriff vom 05.01.2016).

Jakob, G. (1997): Sozialpädagogische Forschung. Ein Überblick über Methoden und Ergebnisse qualitativer Studien in Handlungsfeldern der Sozialen Arbeit. In: Jakob, G., Wensierski, H.-J. v. (Hrsg.): *Rekonstruktive Sozialpädagogik. Konzepte und Methoden sozial-*

pädagogischen Verstehens in Forschung und Praxis. Weinheim, München: Juventa, S. 125–160.
Jiranek, P. et al. (2015): Soziale Gerechtigkeit – ein eigenständiges Motiv für Freiwilligenarbeit. In: Wehner, T., Güntert, S. T. (Hrsg.): *Psychologie der Freiwilligenarbeit. Motivation, Gestaltung und Organisation.* Berlin, Heidelberg: Springer, S. 95–108.
Jordan, E. et al. (2012): *Kinder- und Jugendhilfe. Einführung in Geschichte und Handlungsfelder, Organisationsformen und gesellschaftliche Problemlagen.* 3. Aufl. Weinheim: Beltz Juventa.
Jovelin, E. (2008): *Histoire du travail social en Europe.* Dirigé par E. Jovelin. Paris: Vuiber.
Jüster, M. (2015): *Die verfehlte Modernisierung der Freien Wohlfahrtspflege. Eine institutionalistische Analyse der Sozialwirtschaft.* Baden-Baden: Nomos.
JULE (Hrsg.) (1998): Was leisten stationäre und teilstationäre Erziehungshilfen? Zentrale Ergebnisse und Folgerungen der wissenschaftlichen Untersuchung Jugendhilfeleistungen (JULE). In: *EREV-Schriftenreihe 39*, S. 23–63.
Jurkowski, E. T., Tracy, M. B. (2000): Comparative International Research. In: Thyer, B. A. (Ed.): *The Handbook of Social Work Research Methods.* Thousand Oaks, London, New Delhi: Sage, S. 455–472.
Kahl, M. (1995): Die Rolle des Streetworkers. Zwischen Kumpanei und Kontrolle. In: Becker, G., Simon, T. (Hrsg.): *Handbuch aufsuchende Jugend- und Sozialarbeit. Theoretische Grundlagen, Arbeitsfelder, Praxishilfen.* Weinheim, München: Juventa, S. 87–99.
Kahnemann, D. (2012): *Schnelles Denken, langsames Denken.* München: Siedler.
Kanfer, F. H., Schefft, B. K. (1988): *Guiding the Process of Therapeutic Change.* Champaign: Research Press.
Kant, I. (1784): Beantwortung der Frage: Was ist Aufklärung? In: *Berlinische Monatsschrift 4*, S. 481–494.
Karl, U. (2006): Soziale Altenarbeit und Altenbildungsarbeit – vom aktiven zum profilierten, unternehmerischen Selbst? In: Weber, S., Maurer, S. (Hrsg.): *Gouvernementalität und Erziehungswissenschaft: Wissen – Macht – Transformation.* Wiesbaden: VS Verlag für Sozialwissenschaft, S. 301–319.
Kaufmann, F. X. (1982): Elemente einer soziologischen Theorie sozialpolitischer Intervention. In: Kaufmann, F. X. (Hrsg.): *Staatliche Sozialpolitik und Familie.* München: Oldenbourg, S. 49–86.
Kaufmann, F. X. (2002): Die freie Wohlfahrtspflege in der wohlfahrtsstaatlichen Entwicklung Europas. In: Güntert, B. J. et al. (Hrsg.): *Freie Wohlfahrtspflege und europäische Integration.* Gütersloh: Kaiser, S. 49–67.
Kawamura-Reindl, G., Schneider, S. (2015): *Lehrbuch Soziale Arbeit mit Straffälligen.* Weinheim, München: Beltz Juventa.
Kegel, T. (2012): Perspektive strategisches Freiwilligenmanagement. In: Rosenkranz, D., Weber, A. (Hrsg.): *Freiwilligenarbeit. Einführung in das Management von Ehrenamtlichen in der Sozialen Arbeit.* 2. Aufl. Weinheim: Juventa, S. 67–77.
Kehl, K. et al. (2012): Social Return on Investment: Auf dem Weg zu einem integrativen Ansatz der Wirkungsforschung. In: Anheier, H. K. et al. (Hrsg.): *Soziale Investitionen.* Wiesbaden: VS Verlag für Sozialwissenschaften, S. 313–331.
Kelle, U. (2008): *Die Integration qualitativer und quantitativer Methoden in der empirischen Sozialforschung. Theoretische Grundlagen und methodologische Konzepte.* 2. Aufl. Wiesbaden: VS Verlag für Sozialwissenschaften.
Keller, F. (1925): *Caritaswissenschaft.* Freiburg i. Br.: Herder.
Kessl, F. (2005): *Der Gebrauch der eigenen Kräfte.* Weinheim, München: Juventa.
Kessl, F. (2006): Soziale Arbeit als Regierung – eine machtanalytische Perspektive. In: Weber, S., Maurer, S. (Hrsg.): *Gouvernementalität und Erziehungswissenschaft: Wissen – Macht – Transformation.* Wiesbaden: VS Verlag für Sozialwissenschaft, S. 63–75.

Kessl, F. (2011): Von der Omnipräsenz der Kooperationsforderung in der Sozialen Arbeit. Eine Problematisierung. In: *Zeitschrift für Sozialpädagogik 9*, S. 405–415.

Kessl, F. (2012): Warum eigentlich „kritisch"? Eine Kontextualisierung gegenwärtiger Projekte der Kritik in der Sozialen Arbeit. In: Ahorn, R. et al. (Hrsg.): *Kritik der Sozialen Arbeit – kritische Soziale Arbeit*. Wiesbaden: VS Verlag für Sozialwissenschaften, S. 191–206.

Kessl, F., Reutlinger. C. (2010): *Sozialraum. Eine Einführung*. Wiesbaden: Springer VS.

Kessl, F., Maurer, S. (2005): Soziale Arbeit. In: Kessl, F. et al. (Hrsg.): *Handbuch Sozialraum*. Wiesbaden: VS Verlag für Sozialwissenschaften, S. 111–128.

Keßler, S. (2011): Soziale Arbeit mit Flüchtlingen und Asylsuchenden. In: Bieker, R., Floerecke, P. (Hrsg.): *Träger, Arbeitsfelder und Zielgruppen der Sozialen Arbeit*. Stuttgart: Kohlhammer, S. 246–258.

Klammer, U., Leiber, S. (2008): Wohlfahrtstaatswandel in Europa: Konvergenz der Aktivierungspolitiken? In: Busch, K. (Hrsg.): *Wandel der Wohlfahrtsstaaten in Europa*. Baden-Baden: Nomos, S. 95–130.

Klassen, M. (2010): *Soziale Problemlösung als Aufgabe der Sozialen Arbeit, des Case- und Sozialmanagements. Lehrbuch*. Innsbruck: Studia Universitätsverlag.

Klein, M. (2013): Verhaltensorientierte Soziale Arbeit mit suchtkranken Menschen. In: Blanz, M. et al. (Hrsg.): *Verhaltensorientierte Soziale Arbeit. Grundlagen, Methoden, Handlungsfelder*. Stuttgart: Kohlhammer, S. 141–154.

Klein, S. (Hrsg.) (2010): *Praxishandbuch betriebliche Sozialarbeit: Prävention und Intervention in modernen Unternehmen*. Kröning: Asanger.

Kleiner, M. S. (2001): *Michel Foucault: Einführung in sein Denken*. Frankfurt a. M., New York: Campus.

Klemenz, B. (2003): *Ressourcenorientierte Diagnostik und Intervention bei Kinder und Jugendlichen*. Tübingen: dgvt.

Kleve, H. (1999): *Postmoderne Sozialarbeit. Ein systemtheoretisch-konstruktivistischer Beitrag zur Sozialarbeitswissenschaft*. Aachen: Kersting.

Kleve, H. (1999a): Soziale Arbeit als stellvertretende Inklusion. Eine ethische Reflexion aus postmodern-systemtheoretischer Perspektive. In: Pantucek, P., Vyslouzil, M. (Hrsg.): *Die moralische Profession. Menschenrechte & Ethik in der Sozialarbeit*. St. Pölten: SozAktiv, S. 67–86.

Kleve, H. (2003): *Sozialarbeitswissenschaft, Systemtheorie und Postmoderne. Grundlegungen und Anwendungen eines Theorie- und Methodenprogramms*. Freiburg i. Br.: Lambertus.

Kleve, H. (2005): Sozialarbeitswissenschaft. Historische und theoretische Fragmente einer transdisziplinären Perspektive. Abrufbar unter: http://www.ash-berlin.eu/hsl/freedocs/¬142/sozialarbeitswissenschaft.pdf.

Kleve, H. (2007): *Ambivalenz, System und Erfolg. Provokationen postmoderner Sozialarbeit*. Heidelberg: Auer.

Kleve, H. (2010): *Konstruktivismus und Soziale Arbeit. Einführung in Grundlagen der systemisch-konstruktivistischen Theorie und Praxis*. 4., durchges. Aufl. Wiesbaden: VS Verlag für Sozialwissenschaften.

Klug, W. (2003): *Mit Konzept planen – effektiv helfen. Ökosoziales Case Management in der Gefährdetenhilfe*. Freiburg i. Br.: Lambertus.

Klug, W. (2014): Bewährungshilfe auf dem Weg zur Fachsozialarbeit? Programmatik einer zukunftsfähigen Profession. In: *Bewährungshilfe: Soziales – Strafrecht – Kriminalpolitik 61*, S. 396–409.

Klug, W., Zobrist, P. (2013): *Motivierte Klienten trotz Zwangskontext. Tools für die Soziale Arbeit*. München: Reinhardt.

KMK (2003): 10 Thesen zur Bachelor- und Masterstruktur in Deutschland. Beschluss der Kultusministerkonferenz vom 12.06.2003. Abrufbar unter: http://www.kmk.org/filead¬

min/veroeffentlichungen_beschluesse/2003/2003_06_12-10-Thesen-Bachelor-Master-in-
D.pdf (Zugriff vom 25.11.2015).
KMK (2005): Qualifikationsrahmen für Deutsche Hochschulabschlüsse. Im Zusammenwirken von Hochschulrektorenkonferenz, Kultusministerkonferenz und Bundesministerium für Bildung und Forschung erarbeitet und von der Kultusministerkonferenz am 21.04.2005 beschlossen. Abrufbar unter: http://www.kmk.org/fileadmin/veroeffentlichungen_beschluesse/2005/2005_04_21-Qualifikationsrahmen-HS-Abschluesse.pdf (Zugriff vom 26.11.2015).
Knödler, C. (2011): *Erfolgreich im Studium der Sozialen Arbeit. Die besten Methoden, Techniken, Strategien für zielorientiertes und entspanntes Lernen.* Regensburg: Walhalla.
Kobel, A. (2006): Einführung in die aufgabenzentrierte, zeitlich befristete Beratung. In: Epstein, L., Brown, L. B.: *Aufgabenzentrierte, zeitlich befristete Beratung in der Sozialarbeit.* Luzern: Interact, S. 12–23.
Koch, C. (2014): *Wie wirtschaftet die Sozialwirtschaft? Eine Abrechnung.* Freiburg i. Br.: Lambertus.
Kölsch, H. C. (2000): *NLP kurz und praktisch. Neurolinguistisches Programmieren.* Freiburg i. Br.: Bauer Hermann.
König, E., Zedler, P. (1983): *Einführung in die Wissenschaftstheorie der Erziehungswissenschaft.* Düsseldorf: Schwann.
König, J. (2000): *Einführung in die Selbstevaluation. Ein Leitfaden zur Bewertung der Praxis der sozialen Arbeit.* Freiburg i. Br.: Lambertus.
König, R. (2002): *Familiensoziologie.* Schriften. Ausgabe letzter Hand. Band 14. Hrsg. von R. Nave-Herz. Opladen: Leske und Budrich.
Kollmorgen, R. (2009): Postsozialistische Wohlfahrtsregime in Europa – Teil der „Drei Welten" oder eigener Typus? Ein empirisch gestützter Rekonzeptualisierungsversuch. In: Pfau-Effinger, B. et. al. (Hrsg.): *International vergleichende Sozialforschung.* Wiesbaden: VS Verlag für Sozialwissenschaften, S. 65–92.
Kotthaus, J. (2014): *FAQ Wissenschaftliches Arbeiten. Für Studierende der Sozialen Arbeit.* Opladen, Toronto: Budrich.
Kraus, B. (2014): Gelebtes Leben und erlebtes Leben. Zur erkenntnistheoretischen Differenz zwischen Lebenswelt und Lebenslage. In: Köttig, M. et al. (Hrsg.): *Soziale Wirklichkeiten in der Sozialen Arbeit. Wahrnehmen, analysieren, intervenieren.* Opladen: Budrich, S. 61–72.
Kreidenweis, H. (2012): *Lehrbuch Sozialinformatik.* 2. Aufl. Baden-Baden: Nomos.
Kreutz, H. (1988): Änderungen der politischen und gesellschaftlichen Wertvorstellungen. In: Kreutz, H. (Hrsg.): *Pragmatische Soziologie. Beiträge zur wissenschaftlichen Diagnose und praktischer Lösung gesellschaftlicher Gegenwartsprobleme.* Wiesbaden: Springer Fachmedien, S. 195–208.
Kromrey, H. (1999): *Empirische Sozialforschung: Modelle und Methoden der Datenerhebung und Datenauswertung.* 8., durchgreifend überarb. und erw. Aufl. Opladen: Leske und Budrich.
Kron, F. W. (1999): *Wissenschaftstheorie für Pädagogen.* München, Basel: Reinhardt.
Krüger, H. H. (2002): *Einführung in Theorien und Methoden der Erziehungswissenschaft.* 3., durchges. Aufl. Opladen: Leske und Budrich.
Krumm, V. (1983): Kritisch-rationale Erziehungswissenschaft. In: Lenzen, D., Mollenhauer, K. (Hrsg.): *Enzyklopädie Erziehungswissenschaft. Band 1: Theorien und Grundbegriffe der Erziehung und Bildung.* Stuttgart: Klett-Cotta, S. 139–154.
Kruse, E. (2013): Die Akademisierung der Profession Sozialer Arbeit. In: Hering, S. (Hrsg.): *Was ist Soziale Arbeit? Traditionen – Widersprüche – Wirkungen.* Opladen, Berlin, Toronto: Budrich, S. 149–164.
Kubisch, S. (2014): Spielarten des Rekonstruktiven. Entwicklungen von Forschung in der Sozialen Arbeit. In: Mührel, E., Birgmeier, B. (Hrsg.): *Perspektiven sozialpädagogischer*

Forschung. Methodologien – Arbeitsfeldbezüge – Forschungspraxen. Wiesbaden: Springer VS, S. 155–172.

KUEI (2015): Fakultät für Soziale Arbeit 2015: Modulhandbuch Bachelor „Soziale Arbeit" vom 5. Mai 2015, Abrufbar unter http://www.ku.de/fileadmin/18/pdf/MHB_Bachelor_¬Soziale_Arbeit_03062015_3.pdf (Zugriff vom 25.11.2015).

Kühtz, S. (2015): *Wissenschaftlich formulieren. Tipps und Textbausteine für Studium und Schule.* 3., überarb. und aktualisierte Aufl. Paderborn: Schöningh.

Kuhlmann, C. (2013): *Geschichte Sozialer Arbeit I. Studienbuch.* Schwalbach a. Ts.: Wochenschau Verlag.

Kuhn, T. S. (1976): *Die Struktur wissenschaftlicher Revolutionen.* 2. Aufl. Frankfurt a. M.: Suhrkamp.

Kunz, T., Puhl, R. (Hrsg.) (2011): *Arbeitsfeld Interkulturalität: Grundlagen, Methoden und Praxisansätze der Sozialen Arbeit in der Zuwanderungsgesellschaft.* Weinheim: Beltz Juventa.

Kurzweg, K. (1987): Jugendlicher Drogenkonsum und Mobile Jugendarbeit. In: Specht, W. (Hrsg.): *Die gefährliche Straße. Jugendkonflikte und Stadtteilarbeit.* Bielefeld: KT-Verlag, S. 263–278.

Laan, G. v. d. (2000): Social Work in the Netherlands. In: Adams, A. et al. (Eds.): *Fundamentals of Social Work in Selected European Countries.* Lyme Regis: Russell House, pp. 83–101.

Lambers, H. (2015): *Theorien der Sozialen Arbeit. Ein Kompendium und Vergleich.* 2., überarb. Aufl. Opladen, Toronto: Budrich UTB.

Lambers, H. (2015a): *Management in der Sozialen Arbeit und in der Sozialwirtschaft. Ein systemtheoretisch reflektiertes Managementmodell.* Weinheim, Basel: Beltz Juventa.

Lamnek, S. (2005): *Qualitative Sozialforschung. Lehrbuch.* 4. Aufl. Weinheim, Basel: Beltz.

Lamp, F. (2007): *Soziale Arbeit zwischen Umverteilung und Anerkennung. Der Umgang mit Differenz in der sozialpädagogischen Theorie und Praxis.* Bielefeld: transcript.

Langosch, A. (2015): *Ressourcenorientierte Beratung und Therapie.* München: Reinhardt.

Laucht, M. (2009): Vulnerabilität und Resilienz in der Entwicklung von Kindern. Ergebnisse der Mannheimer Längsschnittstudie. In: Birsch, K. H., Hellbrügge, T. (Hrsg.): *Bindung und Trauma. Risiken und Schutzfaktoren für die Entwicklung von Kindern.* Stuttgart: Klett-Cotta, S. 53–71.

Lehmann, M. et al. (Hrsg.) (2014): *Gesundheit und Haft. Handbuch für Justiz, Medizin, Psychologie und Sozialarbeit.* Lengerich: Pabst Science.

Lehmann, N. (2008): *Migrantinnen im Frauenhaus. Biographische Perspektiven auf Gewalterfahrungen.* Opladen, Berlin, Toronto: Budrich.

Lehmann, R., Ballweg, T. (2012): Soziale Arbeit zahlt sich aus: der Social Return on Investment einer stationären Einrichtung der Wohnungslosenhilfe. In: *Nachrichtendienst des Deutschen Vereins 92,* S. 474–478.

Leif, T. (2011): Mythos Politische Beteiligung – Phantom Bürgergesellschaft: Analyse-Abstinenz und Reflexions-Defizit der Politik. In: *BBE Newsletter 3.* Abrufbar unter: http://¬www.b-b-e.de/fileadmin/inhalte/aktuelles/2011/03/nl3_leif.pdf (Zugriff vom 03.01.2016).

Leinenbach, M. (2011): Generalistisches Grundstudium. Forderungen des DBSH zur Ausbildung und Qualitätssicherung in der Sozialen Arbeit. In: DBSH, Deutscher Berufsverband für Soziale Arbeit e. V. (Hrsg.): *Branchenbuch grundständige Studienangebote Soziale Arbeit.* 2. Aufl., S. 16–22. Abrufbar unter: http://www.dbsh.de/fileadmin/downloads/¬branchenbuch-soziale-arbeit-ba.pdf (Zugriff vom 24.11.2015).

Leiprecht, R. (2013): „Subjekt' und ‚Diversität' in der Sozialen Arbeit. In: Spatscheck, C., Wagenblass, S. (Hrsg.): *Bildung, Teilhabe und Gerechtigkeit. Gesellschaftliche Herausforderungen und Zugänge Sozialer Arbeit.* Weinheim, Basel: Beltz Juventa, S. 184–199.

Leitner, W. (2009): Elterliche Trennung im Blickfeld schulischer Handlungsperspektiven. In: *Heilpädagogische Forschung 35,* S. 87–98.

Lempp, J. H. (1993): „Einfallsarbeit" in der Fallarbeit. Das Modell der Teamberatung. In: *Sozialpädagogik 35*, S. 150–158.
Lenz, A. (2002): Empowerment und Ressourcenaktivierung. Perspektiven für die psychosoziale Praxis. In: Lenz, A., Stark, W. (Hrsg.): *Empowerment. Neue Perspektiven für psychosoziale Praxis und Organisation*. Fortschritte der Gemeindepsychologie und Gesundheitsförderung Band 10. Tübingen: dgvt, S. 13–54.
Lenz, A. (2008): *Interventionen bei Kindern psychisch kranker Eltern. Grundlagen, Diagnostik und therapeutische Maßnahmen*. Göttingen: Hogrefe.
Lenz, A., Stark, W. (Hrsg.) (2002): *Empowerment. Neue Perspektiven für psychosoziale Praxis und Organisation*. Tübingen: dgvt.
Lenz, G. (2012): Im Sog der Ökonomisierungswelle – strukturelle Rahmenbedingungen zur Produktion von Professionalität in der Sozialen Arbeit. In: Becker-Lenz, R. et al. (Hrsg.): *Professionalität Sozialer Arbeit und Hochschule. Wissen, Kompetenz, Habitus und Identität im Studium Sozialer Arbeit*. Wiesbaden: Springer VS, S. 303–316.
Lenz, K. (2003): *Soziologie der Zweierbeziehung: Eine Einführung*. 2. Aufl. Wiesbaden: Westdeutscher Verlag.
Levold, T., Wirsching, M. (Hrsg.) (2014): *Systemische Therapie und Beratung. Das große Lehrbuch*. Heidelberg: Auer.
Lewin, K. (1948): Aktionsforschung und Minderheitenprobleme. In: Lewin, K. (Hrsg.): *Die Lösung sozialer Konflikte*. Bad Neuheim: Christian, S. 278–298.
Lickona, T. (1989): *Wie man gute Kinder erzieht! Die moralische Entwicklung des Kindes von der Geburt bis zu Jugendalter und was Sie dazu beitragen können*. München: Kindt.
Lloyd, M. (2002): Care Management. In: Adams, R. et al. (Eds.): *Critical Practice in Social Work*. Basingstoke, New York: Palgrave, pp. 159–168.
Lob-Hüdepohl, A., Lesch, W. (2007): *Ethik Sozialer Arbeit. Ein Handbuch*. Paderborn: Schöningh.
Louchková, I., Adams, A. (2001): Research in Social Work. In: Adams, A. et al. (Eds.): *Key Themes in European Social Work. Theory, Practice, Perspectives*. Lyme Regis: Russell House, pp. 27–38.
Lowy, L. (1988): Case Management in der Sozialarbeit. In: *Soziale Einzelhilfe*. Brennpunkte Sozialer Arbeit. Frankfurt a. M.: Diesterweg, S. 31–39.
Lüders, C. (1998): Sozialpädagogische Forschung – was ist das? Eine Annäherung aus der Perspektive qualitativer Sozialforschung. In: Rauschenbach, T., Thole, W. (Hrsg.): *Sozialpädagogische Forschung. Gegenstand und Funktionen, Bereiche und Methoden*. Weinheim, München: Juventa, S. 113–132.
Lüssi, P. (2001): *Systemische Sozialarbeit. Praktisches Lehrbuch der Sozialberatung*. 5. Aufl. Stuttgart: Haupt.
Luhmann, N. (1973): Formen des Helfens im Wandel gesellschaftlicher Bedingungen. In: Otto, H. U., Schneider, S. (Hrsg.): *Gesellschaftliche Perspektiven der Sozialarbeit*. Neuwied, Berlin: Luchterhand, S. 21–43.
Luhmann, N. (1990): *Die Wissenschaft der Gesellschaft*. Frankfurt a. M.: Suhrkamp.
Luhmann, N. (1992): System und Absicht der Erziehung. In: Luhmann, N., Schorr, K.-E. (Hrsg.): *Zwischen Absicht und Person, Fragen an die Pädagogik*. Frankfurt a. M.: Suhrkamp, S. 102–124.
Luhmann, N. (1997): *Die Gesellschaft der Gesellschaft*. Frankfurt a. M.: Suhrkamp.
Lutz, R. (2005): Erschöpfte Sozialarbeit. Eine Rekonstruktion ihrer Rahmungen. In: *Neue Praxis 35*, S. 126–145.
Lutz, R. (2008): Wandel der Sozialen Arbeit – Perspektiven der Sozialen Arbeit. Abrufbar unter: http://www.bpb.de/apuz /31335/perspektiven-der-sozialen-arbeit?p=all (Zugriff vom 20.09.2015).
Lutz, R. (2011): *Das Mandat der Sozialen Arbeit*. Wiesbaden: VS Verlag für Sozialwissenschaften.

Lutz R., Simon, T. (2012): *Lehrbuch der Wohnungslosenhilfe. Eine Einführung in Praxis, Positionen und Perspektiven.* Weinheim, München: Juventa.

Lyotard, J. F. (2012/1979): *Das postmoderne Wissen.* Hrsg. von P. Engelmann. 7. Aufl. Wien: Passagen Verlag.

Märtin, R. (2009): *Strategische Öffentlichkeitsarbeit für die Kommunalpolitik. Texte der KommunalAkademie.* Bonn: Friedrich-Ebert-Stiftung.

Maier, K. (1995): *Berufsziel Sozialarbeit/Sozialpädagogik. Biographischer Hintergrund, Studienmotivation, soziale Lage während des Studiums, Studierverhalten und Berufseinmündung angehender SozialarbeiterInnen/SozialpädagogInnen.* Freiburg i. Br.: FEL.

Maier, K. (1999): Zum Selbstverständnis von Sozialarbeitsforschung. In: Maier, K. (Hrsg.): *Forschung an Fachhochschulen für Soziale Arbeit. Bestandsaufnahme und Perspektiven.* Freiburg i. Br.: Kontaktstelle für praxisorientierte Forschung, S. 125–142.

Mairhofer, A. (2014): *Nutzerorientierung in der Sozialen Arbeit. Implikationen der Personenkonzepte Klient, Kunde und Bürger.* Berlin: LIT.

Manifest (2006): Gender-Manifest. Plädoyer für eine kritisch reflektierende Praxis in der genderorientierten Bildung und Beratung. Abrufbar unter: http://www.gender.de/mainstreaming/GenderManifest01_2006.pdf.

Marburger, H. (1981): *Entwicklung und Konzepte der Sozialpädagogik.* 2. Aufl. München: Juventa.

Matter, H., Alpanalp, E. (2009): *Sozialarbeit mit Familien. Eine Einführung.* 2., überarb. und erg. Aufl. Bern: Haupt.

Maturana, H. (2001): *Was ist erkennen? Die Welt entsteht im Auge des Betrachters.* München: Goldmann.

Maurer, S. (2012): ‚Doppelspur der Kritik' – Feministisch inspirierte Perspektiven und Reflexionen zum Projekt einer ‚Kritischen Sozialen Arbeit'. In: Ahorn, R. et al. (Hrsg.): *Kritik der Sozialen Arbeit – kritische Soziale Arbeit.* Wiesbaden: VS Verlag für Sozialwissenschaften, S. 299–323.

Maurer, S., Kessl, F. (2014): Radikale Reflexivität. eine realistische Perspektive für die (sozial)pädagogische Forschung. In: Mührel, E., Birgmeier, B. (Hrsg.): *Perspektiven sozialpädagogischer Forschung. Methodologien – Arbeitsfeldbezüge – Forschungspraxen.* Wiesbaden: Springer VS, S. 141–153.

Maus, F. et al.: *Schlüsselkompetenzen der Sozialen Arbeit für die Tätigkeitsfelder Sozialarbeit und Sozialpädagogik.* Schwalbach a. Ts.: Wochenschau Verlag.

Mayring, P. (1997): *Qualitative Inhaltsanalyse.* 6. Aufl. München: Beltz.

Mayring, P. (2002): *Einführung in die qualitative Sozialforschung. Eine Anleitung zum qualitativen Denken.* 5. Aufl. Weinheim, Basel: Beltz.

Mayring. P. (2015): *Qualitative Inhaltsanalyse. Grundlagen und Techniken.* 12., vollst. überarb. und aktualisierte Aufl. Weinheim, München: Beltz.

Medawar, P. B. (1979): *Advice to a Young Scientist.* New York: Basic Books.

Meinhold, M. (1994): Ein Rahmenmodell zum methodischen Handeln. In: Heiner, M. (Hrsg.): *Methodisches Handeln in der Sozialen Arbeit.* Freiburg i. Br.: Lambertus, S. 184–217.

Meinhold, M. (2012): Über Einzelfallhilfe und Case Management. In: Thole, W. (Hrsg.): *Grundriss Soziale Arbeit. Ein einführendes Handbuch.* 4. Aufl. Wiesbaden: VS Verlag für Sozialwissenschaften, S. 635–647.

Meinhold, M., Matul, C. (2011): *Qualitätsmanagement aus der Sicht von Sozialarbeit und Ökonomie.* 2., überarb. und aktualisierte Aufl. Baden-Baden: Nomos.

Menke, M. (2015): *Gesundheit, Pflege, Altern: Grundwissen für heilpädagogische, soziale und pflegerische Berufe.* Stuttgart: Kohlhammer.

Merten, U. (2014): Praxisausbildung in der Sozialen Arbeit – delegierte Verantwortung im Ausbildungsprozess. In: Roth, C., Merten, U. (Hrsg.): *Praxisausbildung konkret. Am Bei-*

spiel des Bachelor in Sozialer Arbeit der Fachhochschule Nordwestschweiz FHNW. Opladen, Berlin, Toronto: Budrich, S. 23–46.
Merton, R. K. (1995/1949): *Soziologische Theorie und soziale Struktur.* Berlin, New York: De Gruyter.
Micheel, H. G. (2013): Methodische Aspekte der Wirkungsforschung. In: Graßhoff, G. (Hrsg.): *Adressaten, Nutzer, Agency.* Wiesbaden: Springer Fachmedien, S. 182–193.
Michel-Schwartze, B. (2002): *Handlungswissen in der Sozialen Arbeit.* Opladen: Leske und Budrich.
Michel-Schwartze, B. (2009): Fallarbeit – ein theoretischer und methodischer Zugang. In: Michel-Schwartze, B. (Hrsg.): *Methodenbuch Soziale Arbeit.* 2., überarb. und erw. Aufl. Wiesbaden: VS Verlag für Sozialwissenschaften, S. 121–154.
Micus-Loos, C. (2011): Feministisches Gedankengut – ein veraltetes Konzept in der Sozialen Arbeit? Abrufbar unter: http://www.feministisches-institut.de/feministische_soziale-arbeit/ (Zugriff vom 28.05.2015).
Middendorff, E. et al. (2012): *Die wirtschaftliche und soziale Lage der Studierenden in Deutschland 2012. 20. Sozialerhebung des Deutschen Studentenwerks durchgeführt durch das HIS-Institut für Hochschulforschung.* Berlin: BMBF.
Miethe, I. (2007): Rekonstruktion und Intervention. Zur Geschichte und Funktion eines schwierigen und innovativen Verhältnisses. In: Miethe, I. et al. (Hrsg.): *Rekonstruktion und Intervention. Interdisziplinäre Beiträge zur rekonstruktiven Sozialarbeitsforschung.* Opladen, Farmington Hills: Budrich, S. 9–34.
Miller, T. (2001): *Systemtheorie und Soziale Arbeit. Ein Lehr- und Arbeitsbuch.* Stuttgart: Enke.
Miller, W. R., Rollnick, S. (2015): *Motivational Interviewing.* 3. Aufl. Freiburg i. Br.: Lambertus.
Mitter, W. (2015): Das Verhältnis von vergleichender Erziehungswissenschaft und Bildungspolitik. In: Parreira do Amaral, M., Amos, S. K. (Hrsg.): *Internationale und Vergleichende Erziehungswissenschaft. Geschichte, Theorie, Methode und Forschungsfelder.* Münster, New York: Waxmann, S. 17–40.
Moch, M. et al. (2013): Hochschuldidaktische und berufspolitische Perspektiven und Herausforderungen – Zusammenfassung und Erkenntnisse. In: Moch, M. et al. (Hrsg.): *Berufseinstieg in die Soziale Arbeit.* Ibbenbüren: Münstermann, S. 218–231.
Moeller, M. L. (1992): *Anders helfen. Selbsthilfegruppen und Fachleute arbeiten zusammen.* Frankfurt a. M.: Fischer.
Möller, F. (2007): Methodenvorlesung: Historische Methode. Abrufbar unter: http://www.phil.uni-greifswald.de/fileadmin/mediapool/general_studies/MethodenWS07-08.pdf (Zugriff vom 20.09.2015).
Möller, K. (2002): *Auf dem Weg in die Bürgergesellschaft? Soziale Arbeit als Unterstützung bürgerschaftlichen Engagements.* Opladen: Leske und Budrich.
Mollenhauer, K. (1964): Sozialpädagogik. In: Groothoff, H. H., Reimers, E. (Hrsg.): *Fischer Lexikon Pädagogik.* Frankfurt a. M.: Fischer, S. 291–300.
Mols, M. et al. (Hrsg.) (2003): *Politikwissenschaft. Eine Einführung.* 4., aktualisierte und erw. Aufl. Paderborn, München, Wien, Zürich: Schöningh.
Montada, L., Kals, E. (2001): *Mediation – Lehrbuch für Psychologen und Juristen.* Weinheim: Beltz.
Mücke, K. (1998): *Systemische Beratung und Psychotherapie. Ein pragmatischer Ansatz.* Berlin: Öko-Systeme.
Mühlmann, T. (2010): *Studien- und Berufserwartungen von Studienanfängern Sozialer Arbeit. Ergebnisse einer quantitativen Befragung von Studierenden Sozialer Arbeit zu ihren Merkmalen, Erfahrungen, Gründen der Studien- und Hochschulwahl sowie berufsbezogenen Interessen, Einstellungen und Zielen zu Beginn ihres Studiums.* Norderstedt: Books on Demand.

Mühlum, A. (Hrsg.) (2004): *Sozialarbeitswissenschaft. Wissenschaft der Sozialen Arbeit.* Freiburg i. Br.: Lambertus.
Mühlum, A. (2011): Arbeitsfeld Hospiz und Palliative Care – Soziale Arbeit mit sterbenden und trauernden Menschen. In: Bieker, R., Floerecke, P. (Hrsg.): *Träger, Arbeitsfelder und Zielgruppen der Sozialen Arbeit.* Stuttgart: Kohlhammer, S. 304–316.
Mührel, E. (2008): Verstehen und Achten. Abrufbar unter: http://tocs.ulb.tu-darmstadt.de/¬132543001.pdf (Zugriff vom 10.11.2015).
Müller, B. (1993): Wissenschaftlich denken – laienhaft handeln. Zum Stellenwert der Diskussion über sozialpädagogische Methoden. In: Rauschenbach, T. et al. (Hrsg.): *Der sozialpädagogische Blick. Lebensweltorientierte Methoden in der Sozialen Arbeit.* Weinheim, München: Juventa, S. 83–92.
Müller, B. (1994): *Sozialpädagogisches Können. Ein Lehrbuch zur multiperspektivischen Fallarbeit.* 2., veränderte Aufl. Freiburg i. Br.: Lambertus.
Müller, B. (2002): Professionalisierung. In: Thole, W. (Hrsg.): *Grundriss Soziale Arbeit. Ein einführendes Handbuch.* Opladen: Leske und Budrich, S. 725–744.
Müller, B. (2012): *Sozialpädagogisches Können. Ein Lehrbuch zur multiperspektivischen Fallarbeit.* 7., verb. und erw. Aufl. Freiburg i. Br.: Lambertus.
Müller, C. W. (2006): *Wie Helfen zum Beruf wurde.* Weinheim, München: Beltz Juventa.
Müller, C. W. (2010): Entwicklungen und Perspektiven der Sozialen Arbeit als Profession. In: Gahleitner, S. B. et al. (Hrsg): *Disziplin und Profession Soziale Arbeit: Entwicklungen und Perspektiven.* Leverkusen: Budrich, S. 21–28.
Müntnich, M., Wießner, F. (2002): Soziale Experimente und Modellversuche: Ein Beitrag zur Evaluation von Neuansätzen in der Arbeitsmarktpolitik. In: Kleinhenz, G. (Hrsg.): *IAB-Kompendium Arbeitsmarkt- und Berufsforschung. Beiträge zur Arbeitsmarkt- und Berufsforschung.* BeitrAB 250, S. 415–427.
Munsch, C. (2012): Praxisforschung in der Sozialen Arbeit. In: Thole, W. (Hrsg.): *Grundriss Soziale Arbeit. Ein einführendes Handbuch.* 4. Aufl. Wiesbaden: VS Verlag für Sozialwissenschaften, S. 1177–1189.
Natorp, P. (1985): *Pädagogik und Philosophie. Drei pädagogische Abhandlungen.* Besorgt von W. Fischer und J. Ruhloff. 2. Aufl. Paderborn: Schöningh.
Nestmann, F (2007): Ressourcenorientierte Beratung. In: Nestmann, F. et al. (Hrsg.): *Das Handbuch der Beratung 2: Ansätze, Methoden und Felder.* Tübingen: dgvt, S. 725–735.
Neubert, D. (2007): Biographische Rekonstruktion einer Essstörung. In: Giebeler, C. et al. (Hrsg.): *Fallverstehen und Fallstudien. Interdisziplinäre Beiträge zur rekonstruktiven Sozialarbeitsforschung. Rekonstruktive Forschung in der Sozialen Arbeit.* Band 1. Opladen, Farmington Hills: Budrich, S. 67–78.
Neuffer, M. (2002): *Case Management. Soziale Arbeit mit Einzelnen und Familien.* Weinheim, München: Juventa.
Neve I., Slonim-Nevo, V. (2011): The Myth of Evidence-Based Practice: Towards Evidence-Informed Practice. In: *British Journal of Social Work* 41, pp. 1–22.
Nicolini, H. (2012): *Sozialmanagement: Grundlagen.* Köln: Bildungsverlag EINS.
Nida-Rümelin, J. (2014): *Der Akademisierungswahn. Zur Krise beruflicher und akademischer Bildung.* Hamburg: Edition Körber-Stiftung.
Nieke, W. (2015): Interkulturelle Soziale Arbeit. In: Otto, H. U., Thiersch, H. (Hrsg.): *Handbuch Soziale Arbeit. Grundlagen der Sozialarbeit und Sozialpädagogik.* 5., erw. Aufl. München, Basel: Reinhardt, S. 717–724.
Niemälä, P., Hämäläinen, J. (2001): The Role of Social Policy in Social Work. In: Adams, A. et al. (Eds.): *Key Themes in European Social Work. Theory, Practice, Perspectives.* Lyme Regis: Russell House, pp. 6–14.
Niemeyer, C. (2015): *Sozialpädagogisches Verstehen verstehen. Eine Einführung in ein Schlüsselproblem Sozialer Arbeit.* Weinheim, Basel: Beltz Juventa.

NLP (2015): Das NLP Kommunikationsmodell. Abrufbar unter: http://www.nlp-gesund¬
heitswesen.de/Kommunikationsmodell.108.0.html (Zugriff vom 20.11.2015).
Nodes, W. (2007): *Masterstudiengänge für die Soziale Arbeit. Ein Studienführer.* München, Basel: Reinhardt Verlag
Nodes, W. (2011): Beschäftigungssituation Sozialarbeiter: geringe Bezahlung, hohe Belastung und Stellenwachstum. Teil 2. In: *Forum Sozial* 4, S. 45–50.
Nodes, W. (2011a): „Drum prüfe, wer sich ewig bindet". Hinweise zur Wahl des „richtigen" Studiengangs und der passenden Hochschule. In: DBSH, Deutscher Berufsverband für Soziale Arbeit e. V.: *Branchenbuch grundständige Studienangebote Soziale Arbeit.* 2. Auflage, S. 7–15. Abrufbar unter: http://www.dbsh.de/fileadmin/downloads/branchen¬buch-soziale-arbeit-ba.pdf (Zugriff vom 24.11.2015).
Nohl, H. (1965): *Aufgaben und Wege der Sozialpädagogik. Vorträge und Aufsätze.* Weinheim: Beltz.
Nohl, H. (1978/1933): *Die pädagogische Bewegung in Deutschland und ihre Theorie.* Frankfurt a. M.: Schulte-Bulmke.
Notz, G. (2012): *„Freiwilligendienste" für alle. Von der ehrenamtlichen Tätigkeit zur Prekarisierung der „freiwilligen" Arbeit.* Neu-Ulm: AG SPAK Bücher.
Nussbaum, M. C. (1997): Capabilities and Human Rights. In: *Fordham Law Review* 66, pp. 273–300.
Nussbaum, M. C. (2006): *Frontiers of Justice. Disability, Nationality, Species Membership.* Cambridge, London: Belknap.
Obrecht, W. (1996): Ein normatives Modell rationalen Handelns. Theoretisches Wissen im professionellen Handeln der Sozialen Arbeit. In: Verein zur Förderung der sozialen Arbeit als akademische Disziplin (Hrsg.): *Beiträge zur Theoriebildung und Forschung in Sozialer Arbeit. Symposium Soziale Arbeit.* Köniz: Edition Soziothek, S. 109–201.
Obrecht, W. (2015): Professionalität ohne professionelles Wissen. Probleme der Sozialwissenschaften als Bezugswissenschaften der Sozialarbeitswissenschaft als Handlungswissenschaft. In: Becker-Lenz, R. et al. (Hrsg.): *Bedrohte Professionalität. Einschränkungen und aktuelle Herausforderungen für die soziale Arbeit.* Wiesbaden: Springer VS, S. 1–28.
Oechler, M. (2009): *Dienstleistungsqualität in der Sozialen Arbeit. Eine rhetorische Modernisierung.* Wiesbaden: Springer VS.
Oelerich, G., Schaarschuch, A. (2005): Der Nutzen Sozialer Arbeit. In: Oelerich, G., Schaarschuch, A. (Hrsg.): *Soziale Dienstleistungen aus Nutzersicht. Zum Gebrauchswert Sozialer Arbeit.* München: Reinhardt, S. 80–98.
Oelerich, G., Schaarschuch, A. (2013): Sozialpädagogische Nutzerforschung. In: Graßhoff, G. (Hrsg.): *Adressaten, Nutzer, Agency.* Wiesbaden: Springer Fachmedien, S. 85–98.
Oelkers, J. (2010): *Reformpädagogik.* Stuttgart: Klett Kallmeyer.
Oelschlägel, D. (2001): Strategiediskussionen in der Sozialen Arbeit und das Arbeitsprinzip Gemeinwesenarbeit. In: Hinte, W. et al. (Hrsg.): *Grundlagen und Standards der Gemeinwesenarbeit.* Münster: Votum, S. 54–74.
Oevermann, U. (2002): Professionalisierungsbedürftigkeit und Professionalisiertheit pädagogischen Handelns. In: Kraul, M. (Hrsg.): *Biographie und Profession.* Bad Heilbrunn: Klinkhardt, S. 19–63.
Oostlander, J. et al. (2015): Motive für Freiwilligenarbeit – der funktionale Ansatz am Beispiel eines generationenübergreifenden Projekts. In: Wehner, T., Güntert, S. T. (Hrsg.): *Psychologie der Freiwilligenarbeit. Motivation, Gestaltung und Organisation.* Berlin, Heidelberg: Springer, S. 59–76.
Ortiz-Müller, W. (2010): Theorie für die Praxis – Vom fraglichen Nutzen der Krisenmodelle. In: Ortiz-Müller et al. (Hrsg.): *Praxis Krisenintervention. Handbuch für helfende Berufe: Psychologen, Ärzte, Sozialpädagogen, Pflege- und Rettungskräfte.* 2., überarb. Aufl. Stuttgart: Kohlhammer, S. 64–76.

Ortmann, F. (2005): Sozialplanung. In: Kreft, D., Mielenz, I. (Hrsg.): *Wörterbuch Soziale Arbeit. Aufgaben, Praxisfelder, Begriffe und Methoden der Sozialarbeit und Sozialpädagogik.* 5. Aufl. Weinheim, München: Juventa, S. 852–854.
Otto, H. U., Schneider K. (2009): Zur Wirksamkeit Sozialer Arbeit. In: *Forum 288*, S. 20–23.
Otto, H. U., Thiersch, H. (Hrsg.) (2015): *Handbuch Soziale Arbeit. Grundlagen der Sozialarbeit und Sozialpädagogik.* 5., erw. Aufl. München, Basel: Reinhardt.
Otto, H. U. et al. (2010): Wieviel und welche Normativität benötigt die Soziale Arbeit? Befähigungsgerechtigkeit als Maßstab sozialarbeiterischer Kritik. In: *Neue Praxis 40*, S. 137–163.
Pantucek, P. (2005): Ecomap. Abrufbar unter: http://www.pantucek.com/diagnose/mat/ecomap/ecomap.pdf (Zugriff vom 10.12.2015).
Pantucek, P. (2009): *Soziale Diagnostik. Verfahren für die Praxis sozialer Arbeit.* 2., verb. Aufl. Wien: Böhlau.
Pantucek, P., Vyslouzil, M. (Hrsg.) (1999): *Die moralische Profession. Menschenrechte & Ethik in der Sozialarbeit.* St. Pölten: SozAktiv.
Papenkort, U., Rath, M. (1994): Braucht Sozialarbeits(wissenschaft) Philosophie? Bemerkungen zur Philosophie als ‚Grundwissenschaft'. In: *Archiv für Wissenschaft und Praxis der sozialen Arbeit 25*, S. 22–32.
Parsons, T. (1973): Beiträge zur soziologischen Theorie. Hrsg. von D. Rüschemeyer. Darmstadt: Luchterhand.
Paulini, C. (2013*): Soziale Arbeit als Beruf.* In: Hering, S. (Hrsg.): *Was ist Soziale Arbeit? Traditionen – Widersprüche – Wirkungen.* Opladen, Berlin, Toronto: Budrich, S. 121–131.
Pauls, H. (2011): *Klinische Sozialarbeit. Grundlagen und Methoden psychosozialer Behandlung.* Weinheim, München: Juventa.
Payne, M. (1997): *Modern Social Work Theory.* 2nd ed. Basingstoke: Palgrave.
Perko, G. (2013): Social Justice – eine (Re)Politisierung der sozialen Arbeit. In: Großmaß, R., Anhorn, R. (Hrsg.): *Kritik der Moralisierung, Perspektiven Kritischer Sozialer Arbeit.* Wiesbaden: Springer Fachmedien, S. 227–239.
Peters, F. (Hrsg.) (1999): *Diagnosen – Gutachten – hermeneutisches Fallverstehen. Rekonstruktive Verfahren zur Qualifizierung individueller Hilfeplanung.* Frankfurt a. M.: IGFH.
Pfeifer-Schaupp, H.-U. (1994): *Jenseits der Familientherapie. Systemische Konzepte der Sozialen Arbeit.* Freiburg i. Br.: Lambertus.
Pfeifer-Schaupp, H.-U. (2002): *Systemische Praxis. Modelle – Konzepte – Perspektiven.* Freiburg i. Br.: Lambertus.
Pfingsten, U. (2007): Ein Erklärungsmodell sozialer Kompetenzen und Kompetenzprobleme/Intervention. In: Hinsch, R., Pfingsten, U.: *Gruppentraining sozialer Kompetenzen. Grundlagen, Durchführung, Anwendungsbeispiele.* 5., vollst. überarb. Aufl. Weinheim, Basel: Beltz PVU, S. 12–72.
Pierce, W. S. (1973): *Lectures on Pragmatism/Vorlesungen über Pragmatismus.* Englisch-deutsch. Mit Einleitung und Anmerkungen hrsg. von E. Walter. Hamburg: Meiner.
Polutta, A. (2011): Wirkungsorientierte Steuerung sozialer Dienste. In: Polutta, A. (Hrsg.): *Handbuch Kommunale Sozialpolitik.* Wiesbaden: Springer VS, S. 372–382.
Popper, K. (1973/1934): *Logik der Forschung.* 3. Aufl. Tübingen: Mohr.
Poser, H. (2012): *Wissenschaftstheorie. Eine philosophische Einführung.* 2., überarb. und erw. Aufl. Stuttgart: Reclam.
Positionspapier (2006): Positionspapier des Deutschen Vereins zur Bedeutung der Fortbildung im Kontext der Personalentwicklung für die Zukunftssicherung der Sozialen Arbeit. Abrufbar unter: http://www.awo-bundesakademie.org/fileadmin/user_upload/PDFs/Positionspapier.pdf (Zugriff vom 03.01.2016).

Possehl, K. (1993): *Methoden der Sozialarbeit. Theoretische Grundlagen und 15 Praxisbeispiele aus der Sozialen Einzelhilfe*. Frankfurt a. M.: Lang.
Poulsen, I. (2009): *Burnoutprävention im Berufsfeld Soziale Arbeit. Perspektive zur Selbstfürsorge von Fachkräften.* Wiesbaden: VS Verlag für Sozialwissenschaften.
PRAEDIAS (o. J): PRAEDIAS – ein verhaltensorientiertes Gruppenprogramm zur Prävention des Typ-2-Diabetes. Abrufbar unter: http://www.researchgate.net/publication/2653¬97150_PRAEDIAS_-_ein_verhaltensorientiertes_Gruppenprogramm_zur_Prvention_des_¬Typ-2-Diabetes (Zugriff vom 03.12.2015).
Puhl, R. (2004): *Klappern gehört zum Handwerk. Funktion und Perspektive von Öffentlichkeitsarbeit in der Sozialen Arbeit.* Weinheim, München: Juventa.
Raisch, M. (1998): Netzwerkmoderation in der Sozialpsychiatrie. Interventionen im Spannungsfeld zwischen Familie und Betreuungsnetzwerk. In: Röhrle, B. et al. (Hrsg.): *Netzwerkintervention. Fortschritte der Gemeindepsychologie und Gesundheitsförderung. Band 2*. Tübingen: dgvt, S. 153–168.
Rapoport, A. (1986): *General System Theory. Essential Concepts & Applications.* Tunbridge Wells, Cambridge/Mass.: Abacus.
Rauschenbach, T., Züchner I. (2015): Berufs- und Professionsgeschichte der Sozialen Arbeit. In: Otto, H. U., Thiersch, H. (Hrsg.): *Handbuch Soziale Arbeit. Grundlagen der Sozialarbeit und Sozialpädagogik.* 5., erw. Aufl. München, Basel: Reinhardt, S. 175–186.
Redl, F. (1976): *Erziehung schwieriger Kinder.* München: Piper.
Reifenhäuser, C. et al. (2012): *Freiwilligen-Management.* 2., überarb. Aufl. Augsburg: Ziel.
Reinecker, H. (2005): *Grundlagen der Verhaltenstherapie.* 3., vollst. überarb. Aufl. Weinheim: Beltz.
Reinfandt, C. (2015): Das Wissen der Systeme. Niklas Luhmanns Erkenntnis als Konstruktion. In: Pörksen, B. (Hrsg.): *Schlüsselwerke des Konstruktivismus.* 2. Aufl. Wiesbaden: Springer VS, S. 277–289.
Rheinberg, R. (2008): *Motivation.* Stuttgart: Kohlhammer.
Rieger, G. (2003): Anwaltschaftlichkeit – Herzstück Sozialer Arbeit. In: *Soziale Arbeit 52*, S. 96–105.
Ritscher, W. (2007): *Soziale Arbeit systemisch. Ein Konzept und seine Anwendung.* Göttingen: Vandenhoeck & Ruprecht.
Ritzer, G. (1997): *Die McDonaldisierung der Gesellschaft.* Frankfurt a. M.: Fischer.
Robertis, C. D. (2007): *Métholdologie de l'intervention en travail social.* Nouvelle édition. Paris: Bayard.
Roberts-DeGennaro, M. (1993): Generalist Model of Case Management Practice. In: *Journal of Case Management 2*, pp. 106–111.
Röh, D. (2009): *Soziale Arbeit in der Behindertenhilfe.* München: Reinhardt.
Röh, D. (2011): „...was Menschen zu tun und zu sein in der Lage sind." Befähigung und Gerechtigkeit in der Sozialen Arbeit: Der capability approach als integrativer Theorierahmen?!. In: Mührel, E., Birgmeier, B. (Hrsg.): *Theoriebildung in der Sozialen Arbeit.* Wiesbaden: VS Verlag für Sozialwissenschaften, S. 103–121.
Röh, D. (2013): *Soziale Arbeit, Gerechtigkeit und das gute Leben. Eine Handlungstheorie zur daseinsmächtigen Lebensführung.* Wiesbaden: Springer VS.
Röh, D. (2013a): Klassifikationen in der Sozialen Arbeit. Vorschlag eines gegenstands- und funktionsbasierten Rahmens. In: Gahleitner S. B., Hahn, G., Glemser, R. (Hrsg.): *Psychosoziale Diagnostik. Klinische Sozialarbeit. Beiträge zur psychosozialen Praxis und Forschung. Band 5.* Köln: Psychiatrie Verlag, S. 80–93.
Röhrle, B., Sommer, G. (1998): Zur Effektivität netzwerkorientierter Interventionen. In: Röhrle, B. (Hrsg.): *Netzwerkintervention.* Tübingen: dgvt, S. 13–47.
Roer, D. (2012): Biografie-Arbeit. Ein tätigkeitstheoretisch fundierter Ansatz rekonstruktiver Sozialer Arbeit. In: *Tätigkeitstheorie. Journal für tätigkeitstheoretische Forschung in Deutschland 9*, S. 49–72.

Rössner, L. (1977): *Erziehungs- und Sozialarbeitswissenschaft. Eine einführende System-Skizze*. München, Basel: Reinhardt.
Rogers, C. (1992): *Die Entwicklung der Persönlichkeit*. Stuttgart: Klett-Cotta.
Rohde, B. (2015): Durchaus studiert – mit heißem Bemühn? Abrufbar unter: http://www.¬sozial.de/index.php?id=14&tx_ttnews[tt_news]=27512&cHash=272c1db11e2dcfe00c203f51ef77622f (Zugriff vom 05.12.2015).
Romm, N. R. A. (2001): *Accountability in Social Reasearch. Issues and Debates*. New York, Boston, Dordrecht, London, Moscow: Kluwer Academic/Plenum Publishers.
Rosenkranz, D., Weber, A. (2012): *Freiwilligenarbeit. Einführung in das Management von Ehrenamtlichen in der Sozialen Arbeit*. 2. Aufl. Weinheim, Basel: Beltz Juventa.
Rosenkranz, D., Görtler, E. (2012): Woher kommen künftig die Freiwilligen? Die Notwendigkeit einer gezielten Engagementplanung in der Wohlfahrspflege. In: Rosenkranz, D., Weber, A. (Hrsg.): *Freiwilligenarbeit. Einführung in das Management von Ehrenamtlichen in der Sozialen Arbeit*. 2. Aufl. Weinheim, Basel: Beltz Juventa, S. 46–56.
Rosenstiel, L. v. et al. (Hrsg.) (1993): *Führung von Mitarbeitern. Handbuch für erfolgreiches Personalmanagement*. 2., überarb. und erw. Aufl. Stuttgart: Schäffer-Poeschel.
Rossmeissl, D., Przybilla, A. (2006): *Schulsozialpädagogik. Denken und Tun als Weg zum mündigen Menschen*. Bad Heilbrunn: Klinkhardt.
Roth, A., Gabler, H. (2012): Praxisorientierung im Studium. Aspekte zur Komplementarität der Lernorte (Fach)Hochschule und Berufspraxis im Bachelorstudium der Sozialen Arbeit. In: *Sozial Extra 12*, S. 24–28.
Roth, C., Merten, U. (2014): Editorial. In: Roth, C., Merten, U. (Hrsg.): *Praxisausbildung konkret. Am Beispiel des Bachelor in Sozialer Arbeit der Fachhochschule Nordwestschweiz FHNW*. Opladen, Berlin, Toronto: Budrich, S. 17–21.
Roth, H. (1976): *Pädagogische Anthropologie I*. Hannover: Schroedel.
Sachße, C. (1998): Entwicklung und Perspektiven des Subsidiaritätsprinzips. In: Strachwitz, R. Graf (Hrsg.): *Dritter Sektor – dritte Kraft. Versuch einer Standortbestimmung*. Berlin: Raabe, S. 369–382.
Sachße, C. (2003): *Mütterlichkeit als Beruf. Sozialarbeit, Sozialreform und Frauenbewegung 1871 bis 1921*. Weinheim, München: Juventa.
Sackett, D. L. et al. (1997): *Evidence-Based Medicine. How to Practice and Teach*. Edinburgh: Churchill Livingstone.
Salomon, A. (1926): *Soziale Diagnose*. Berlin: Carl Heymanns Verlag.
Sander, A. (2003): *Über Integration zur Inklusion. Entwicklungen der schulischen Integration von Kindern und Jugendlichen mit sonderpädagogischem Förderbedarf auf ökosystemischer Grundlage am Beispiel des Saarlandes*. St. Ingbert: Röhrig.
Santen, E. v., Seckinger, M. (2011): Die Bedeutung von Vertrauen für interorganisatorische Beziehungen – ein Dilemma für die Soziale Arbeit. In: *Zeitschrift für Sozialpädagogik 9*, S. 387–404.
Schaarschuch, A., Oelerich, G. (2005): Theoretische Grundlagen und Perspektiven sozialpädagogischer Nutzerforschung. In: Oelerich, G., Schaarschuch, A. (Hrsg.): *Soziale Dienstleistungen aus Nutzersicht*. München, Basel: Reinhardt, S. 9–27.
Schaitl, H. (2001): *Case Management. US-amerikanische Modelle und ihre Anwendbarkeit in sozialen Diensten in Deutschland – dargestellt am Beispiel der ambulanten Wohnungslosenhilfe*. Diplomarbeit. Katholische Universität Eichstätt-Ingolstadt.
Schaller, K. (1974): *Einführung in die kritische Erziehungswissenschaft*. Darmstadt: Wissenschaftliche Buchgesellschaft.
Schartmann, D., Bieker, R. (2011): Teilhabe am Arbeitsleben – Integrationsfachdienste für Menschen mit Behinderung. In: Bieker, R., Floerecke, P. (Hrsg.): *Träger, Arbeitsfelder und Zielgruppen der Sozialen Arbeit*. Stuttgart: Kohlhammer, S. 191–205.

Schauder, A. (2005): Didaktik, Methoden und Medien in der Praxisausbildung. In: Abplanalp, E. (Hrsg.): *Lernen in der Praxis. Die Praxisausbildung im Studium der Sozialen Arbeit.* Luzern: Interact, S. 115–138.

Schefold, W. (1996): Sozialwissenschaftliche Aspekte international vergleichender Forschung in der Sozialpädagogik. In: Treptow, R. (Hrsg.): *Internationaler Vergleich und Soziale Arbeit.* Rheinfelden, Berlin: VS Verlag für Sozialwissenschaften, Springer, S. 89–106.

Schefold, W. (2012): Sozialpädagogische Forschung. In: Thole, W. (Hrsg.): *Grundriss Soziale Arbeit. Ein einführendes Handbuch.* 4. Aufl. Wiesbaden: VS Verlag für Sozialwissenschaften, S. 875–896.

Schellberg, K. (2010): Der Social Return on Investment als ein Konzept zur Messung des Mehrwerts des Sozialen. xit GmbH. Abrufbar unter: http://www.prof.schellberg.net/¬SROI_Artikel_17_03_2010_Endversion.pdf (Zugriff vom 20.11.2015).

Schie, S. v. et al. (2015): Gestaltung von Aufgaben und organisationalen Rahmenbedingungen in der Freiwilligenarbeit. In: Wehner, T., Güntert, S. T. (Hrsg.): *Psychologie der Freiwilligenarbeit. Motivation, Gestaltung und Organisation.* Berlin, Heidelberg: Springer, S. 131–150.

Schilling, J., Zeller, S. (2012): *Soziale Arbeit. Geschichte – Theorie – Profession.* 5., durchges. Aufl. München, Basel: Reinhardt.

Schimpf, E., Stehr, J. (Hrsg.) (2012): *Kritisches Forschen in der Sozialen Arbeit.* Wiesbaden: VS Verlag für Sozialwissenschaften.

Schlattmann, M., Tietze, W. (2008): Früherziehung, Kindergarten und Kindertagesbetreuung. In: Chassé, K. A., Wensierski, H. J. v. (Hrsg.): *Praxisfelder der Sozialen Arbeit. Eine Einführung.* 4., aktualisierte Aufl. Weinheim, München: Juventa, S. 19–33.

Schlippe, A. v., Schweitzer, J. (2002): *Lehrbuch der systemischen Therapie und Beratung.* 8. Aufl. Göttingen: Vandenhoeck & Ruprecht.

Schlüter, B., Scholz, S. (2007): Rollenwandel der Wohlfahrtspflege in der Europäischen Union: Organisatorische und rechtliche Aspekte. In: Linzbach, C. et al. (Hrsg.): *Globalisierung und Europäisches Sozialmodell.* Baden-Baden: Nomos, S. 189–214.

Schmidbauer W. (1992): *Hilflose Helfer. Über die seelische Problematik der helfenden Berufe.* Reinbek bei Hamburg: Rowohlt.

Schmidbauer, W. (2007): *Das Helfersyndrom: Hilfe für Helfer.* Reinbek bei Hamburg: Rowohlt.

Schmidt, G. (1999): Hypno-systemische Kompetenzentfaltung. Nutzungsmöglichkeiten der Problemkonstruktion. In: Döring-Meijer, H. (Hrsg.): *Ressourcenorientierung – Lösungsorientierung. Etwas mehr Spaß und Leichtigkeit in der systemischen Therapie und Beratung.* Göttingen: Vandenhoeck & Ruprecht, S. 70–129.

Schmidt, M. et al. (2002): *Effekte erzieherischer Hilfen und ihre Hintergründe.* Stuttgart: Kohlhammer.

Schmidt, R. (2008): Soziale Altenarbeit und ambulante Altenhilfe. In: Chassé, K. A., Wensierski, H. J. v. (Hrsg.): *Praxisfelder der Sozialen Arbeit. Eine Einführung.* 4., aktualisierte Aufl. Weinheim, München: Juventa, S. 209–221.

Schmidt-Grunert, M. (2009): *Soziale Arbeit in Gruppen. Eine Einführung.* Freiburg i. Br.: Lambertus.

Schmitt, R., Fachgruppe Promotionsförderung nach FH-Abschluss der DGSA (2011): Eine Handreichung für Promotionsinteressierte und Promovierende. 7., überarb. und erg. Fassung vom 28.10.2011. Abrufbar unter: http://web.hszg.de/~schmitt/promotionen/v2/pro¬motion_gesamt.pdf (Zugriff vom 26.11.2015).

Schmitt, R. et al. (2013): Promotion in der Sozialen Arbeit. Zum Umgang mit dem fehlenden Promotionsfach an Universitäten und dem fehlenden Promotionsrecht an Fachhochschulen. Positionspapier.

Schmitz, N. (2014): Wohin steuert soziale Arbeit? In: Brinkmann, V. (Hrsg.) (2014): *Sozialwirtschaft und Soziale Arbeit im Wohlfahrtsverband. Tradition, Ökonomisierung und Professionalisierung*. Berlin: LIT, S. 81–114.

Schnyder, U. (2000): Ambulante Krisenintervention. In: Schnyder, U., Sauvant, J. D. (Hrsg.): *Krisenintervention in der Psychiatrie*. Bern: Huber, S. 55–74.

Schönig, W. (2006): Soziale Arbeit als Intervention. Versuch einer integrierten Definition mit Blick auf Sozialpolitik und soziale Dienste. In: *Sozialmagazin 31*, S. 38–45.

Schönig, W. (2011): Sozialraumorientierte Soziale Arbeit. In: Bieker, R., Floerecke, P. (Hrsg.) (2011): *Träger, Arbeitsfelder und Zielgruppen der Sozialen Arbeit*. Stuttgart: Kohlhammer, S. 405–418.

Schönig, W. (2012): *Duale Rahmentheorie Sozialer Arbeit. Luhmanns Systemtheorie und Deweys Pragmatismus im Kontext situativer Interventionen*. Weinheim, Basel: Beltz Juventa.

Schriewer, J. (2000): Comparative Education Methodology in Transition. Towards a Science of Complexity. In: Schriewer, J. (Ed.): *Discourse Formation in Comparative Education*. Frankfurt a. M.: Lang, pp. 3–52.

Schroeder, J., Storz, M. (1994): Alltagsbegleitung und nachgehende Betreuung. Umriß eines Konzeptes zur präventiven Kooperation mit jungen Menschen in erschwerten Lebenslagen. In: Schroeder, J., Storz, M. (Hrsg.): *Einmischungen. Alltagsbegleitung junger Menschen in riskanten Lebenslagen*. Langenau-Ulm: Vaas, S. 10–20.

Schröder, M., Schründer-Lenze, A, (2012): Zur Wirksamkeit von Sprachförderung im Elementarbereich. In: *Zeitschrift für Grundschulforschung 5*, S. 20–22.

Schröer, H. (o. J.): Vielfalt gestalten. Kann soziale Arbeit von Diversity Konzepten lernen?. Abrufbar unter: http://www.mittendrinundaussenvor.de/fileadmin/bilder/vielfalt_leben_¬ und_gestalten.pdf (Zugriff vom 20.12.2015).

Schröer, W. (1999): *Sozialpädagogik und die Soziale Frage*. Weinheim, München: Beltz Juventa.

Schubert, F. C. (1993): Lebensweltorientierte Sozialarbeit – Grundpostulate, Selbstverständnis und Handlungsperspektiven. In: Klüsche, W. (Hrsg.): *Professionelle Identitäten in der Sozialarbeit, Sozialpädagogik. Anstöße, Herausforderungen und Rahmenbedingungen im Prozess der Entwicklung eines beruflichen Selbstverständnisses*. Aachen: Kersting, S. 163–209.

Schubert, F. C. (1994): Den Blick erweitern: Sozialökologische Konzeptionen in Sozialarbeit und Beratung. In: Klüsche, W. (Hrsg.): *Grundpositionen sozialer Arbeit. Gesellschaftliche Horizonte – Emotion und Kognition – Ethische Implikationen*. Mönchengladbach: Fachhochschule Niederrhein, Fachbereich Sozialwesen, S. 31–59.

Schubert, F. C. (2004): Lebensführung in der Postmoderne: Belastungen, Risiken, Bewältigungsformen. In: Schubert, F. C., Busch, H. (Hrsg.): *Lebensorientierung und Beratung. Sinnfindung und weltanschauliche Orientierungskonflikte in der (Post-)Moderne*. Mönchengladbach: Hochschule Niederrhein, S. 19–49.

Schubert, F. C. (2004a): Lebensführung als Balance zwischen Belastung und Bewältigung – Beiträge aus der Gesundheitsforschung zu einer psychosozialen Beratung. In: Schubert, F. C., Busch, H. (Hrsg.): *Lebensorientierung und Beratung. Sinnfindung und weltanschauliche Orientierungskonflikte in der (Post-)Moderne*. Mönchengladbach: Hochschule Niederrhein, S. 137–214.

Schubert, F. C. (2014): Lebensweltorientierung und Person-Umwelt-Transaktion – ein Fundament Klinischer Sozialarbeit und psychosozialer Beratung. In: Gahleitner, S. B. et al. (Hrsg.): *Psychosoziale Interventionen*. Klinische Sozialarbeit Band 6. Köln: Psychiatrie-Verlag, S. 36–53.

Schubert, F. C. (2014a): Psychosoziale Beratung und Lebensführung – ein transaktionales Verständnis von (reflexiver) Beratung. In: *Journal für Psychologie 22*, S. 1–15.

Schubert, H., Veil, K. (2013): Beziehungsbrücken zwischen Lebenswelten und Systemwelt im urbanen Sozialraum. In: *sozialraum.de* (5) Ausgabe 1/2013. Abrufbar unter: http://¬www.sozialraum.de/beziehungsbruecken-zwischen-lebenswelten-und-systemwelt-im-urb¬anen-sozialraum.php.

Schürmann, E. (2004): *Öffentlichkeitsarbeit für soziale Organisationen. Praxishandbuch für Strategien und Aktionen.* Weinheim, München: Juventa.

Schulsozialarbeit (o. J.): Bundesweite Informations- und Vernetzungsseite zur Schulsozialarbeit in Deutschland. Abrufbar unter: http://www.schulsozialarbeit.net/1.html (Zugriff vom 10.09.2015).

Schulz, W. (1972): *Philosophie in der veränderten Welt.* Stuttgart: Klett-Cotta.

Schulz-Rackoll, R. (2008): Sozialhilfe. In: Chassé, K. A., Wensierski, H. J. v. (Hrsg.): *Praxisfelder der Sozialen Arbeit. Eine Einführung.* 4., aktualisierte Aufl. Weinheim, München: Juventa, S. 288–299.

Schulz von Thun, F. (2001): *Miteinander reden 1. Störungen und Klärungen. Allgemeine Psychologie der Kommunikation.* 34. Aufl. Reinbek bei Hamburg: Rowohlt.

Schumacher, T. (2007): *Soziale Arbeit als ethische Wissenschaft. Topologie einer Profession.* Stuttgart: Lucius & Lucius.

Schumacher, T. (2014): *Lehrbuch der Ethik in der Sozialen Arbeit.* Weinheim, München: Beltz Juventa.

Schumann, M. (1997): Qualitative Forschungsmethoden in der (sozial)pädagogischen Ausbildung. In: Friebertshäuser, B., Prengel, A. (Hrsg.): *Handbuch Qualitative Forschungsmethoden in der Erziehungswissenschaft.* Weinheim, München: Juventa, S. 661–677.

Schweder, M. (Hrsg.) (2015): *Handbuch Jugendstrafvollzug.* Weinheim: Beltz Juventa.

Schweikart, R. (2003): Identitätsbildende Effekte beruflicher Arbeit. In: Fabian, T., Schweikart, R. (Hrsg.): *Brennpunkte Sozialer Arbeit.* Münster, Hamburg, London: LIT, S. 391–440.

Schweppe, C. (Hrsg.) (2003): *Qualitative Forschung in der Sozialpädagogik.* Leverkusen: Leske und Budrich.

Schweppe, C. (2012): Soziale Altenarbeit. In: Thole, W. (Hrsg.): *Grundriss Soziale Arbeit. Ein einführendes Handbuch.* 4. Aufl. Wiesbaden: VS Verlag für Sozialwissenschaften, S. 505–521.

Seithe, M. (2008): Schulsozialarbeit. In: Chassé, K. A., Wensierski, H. J. v. (Hrsg.): *Praxisfelder der Sozialen Arbeit. Eine Einführung.* 4., aktualisierte Aufl. Weinheim, München: Juventa, S. 78–88.

Seithe, M. (2008a): *Engaging. Möglichkeiten Klientenzentrierter Beratung in der Sozialen Arbeit.* Wiesbaden: VS Verlag für Sozialwissenschaften.

Seithe, M. (2012): *Schwarzbuch Soziale Arbeit.* Wiesbaden: VS Verlag für Sozialwissenschaften.

Seithe, M. (2013): Zur Notwendigkeit der Politisierung der Sozialarbeitenden. In: *sozialmagazin 28*, S. 1–24.

Seithe, M., Wiesner-Rau, C. (Hrsg.) (2014): *„Das kann ich nicht mehr verantworten!": Stimmen zur Lage der Sozialen Arbeit.* Neumünster: Paranus Verlag der Brücke Neumünster.

Sen, A. (2000): *Ökonomie für den Menschen. Wege zur Gerechtigkeit und Solidarität in der Marktwirtschaft.* München: dtv.

Shazer, S. de (2008): *Der Dreh. Überraschende Wendungen und Lösungen in der Kurzzeittherapie.* 10. Aufl. Heidelberg: Auer.

Siegler, B. F. (1991): Zum Verhältnis von professioneller und ehrenamtlicher sozialer Hilfe unter ökonomischen Gesichtspunkten. In: *Arbeit und Sozialpolitik 1/2*, S. 25–31.

Simon, F. B. (1993): *Unterschiede, die Unterschiede machen. Klinische Epistemologie: Grundlagen einer systemischen Psychiatrie und Psychosomatik.* Frankfurt a. M.: Suhrkamp.

Simon, F. B. (2000): *Zirkuläre Fragen. Systemische Therapie in Fallbeispielen: Ein Lehrbuch*. Heidelberg: Auer.
Simon, T. (2011): Ambulante Arbeit mit wohnungslosen Menschen. In: Bieker, R., Floerecke, P. (Hrsg.): *Träger, Arbeitsfelder und Zielgruppen der Sozialen Arbeit*. Stuttgart: Kohlhammer, S. 221–232.
Simsa, R. et al. (2013): Das Konzept des Social Return on Investment: Grenzen und Perspektiven. In: Gmür, M. et al. (Hrsg.): *Performance Management in Nonprofit-Organisationen. Theoretische Grundlagen, empirische Ergebnisse und Anwendungsbeispiele*. Bern, Stuttgart, Wien: Haupt, S. 198–205.
Skiba, R. J., Knesting, K. (2014): Zero Tolerance, Zero Evidence. An Analysis of School Disciplinary Practice. In: *New Directions for School Development 92*, pp. 17–43.
Social Justice (o. J.): Abrufbar unter: http://www.social-justice.eu/socialjustice.html (Zugriff vom 12.12.2015).
Sommerfeld, P. (1998): Erkenntnistheoretische Grundlagen der Sozialarbeitswissenschaft und Konsequenzen für die Forschung. In: Steinert, E. et al. (Hrsg.): *Sozialarbeitsforschung. Was sie ist und leistet*. Freiburg i. Br.: Lambertus, S. 13–31.
Sommerfeld, P. (1998a): Spezifische Sozialarbeitsforschung. Ein Resümee zu den dargestellten Forschungsprojekten. In: Steinert, E. (Hrsg.): *Sozialarbeitsforschung. Was sie ist und leistet*. Freiburg i. Br.: Lambertus, S. 182–192.
Sommerfeld, P. (2015): Sozialpädagogische Forschung. In: Otto, H. U., Thiersch, H. (Hrsg.): *Handbuch Soziale Arbeit. Grundlagen der Sozialarbeit und Sozialpädagogik*. 5., erw. Aufl. München, Basel: Reinhardt, S. 1571–1584.
Sonneck, G. (2000): *Krisenintervention und Suizidverhütung*. Wien: Facultas.
Soydan, H. (1999): *The History of Ideas in Social Work*. Birmingham: Venture Press.
Spatschek, C. (2009): Theorie- und Methodendiskussion. In: sozialraum.de (1) Ausgabe 1/2009. Abrufbar unter: http://www.sozialraum.de/spatscheck-theorie-und methodendiskussion.php (Zugriff vom 11.02.2015).
Spatscheck, C., Wolf-Ostermann, K. (2016): *Sozialraumanalysen. Ein Arbeitsbuch für soziale, gesundheits- und bildungsbezogene Dienste*. Opladen: Budrich UTB.
Speck, O. (1991): *Chaos und Autonomie in der Erziehung. Erziehungsschwierigkeiten unter moralischem Aspekt*. München: Reinhardt.
Spetsmann-Kunkel, M. (Hrsg.) (2013): *Soziale Arbeit und Neoliberalismus. Eine Tagungsdokumentation*. Aachen: KathoNRW.
Spiegel, H. v. (2013): *Methodisches Handeln in der Sozialen Arbeit*. 5., vollst. überarb. Aufl. München, Basel: Reinhardt.
Springer Gabler Verlag (Hrsg.) (o. J.a): Gabler Wirtschaftslexikon, Stichwort: Konstruktivismus. Abrufbar unter: http://wirtschaftslexikon.gabler.de/Archiv/2759/konstruktivismus-v8.html (Zugriff vom 20.08.2015).
Springer Gabler Verlag (Hrsg.) (o. J.b): Gabler Wirtschaftslexikon, Stichwort: Öffentlichkeitsarbeit. Abrufbar unter: http://wirtschaftslexikon.gabler.de/Archiv/142160/oeffentlichkeitsarbeit-v6.html (Zugriff vom 10.09.2015).
Stark, C. (2006): Klient oder Kunde? Kritische Überlegungen zum Kundenbegriff in der Sozialen Arbeit. Abrufbar unter: http://www.sozialearbeit.at/ (Zugriff vom 15.08.2015).
Stark, W. (1996): *Neue Handlungskompetenzen in der psychosozialen Praxis*. Freiburg i. Br.: Lambertus.
Stark, W. (2002): Gemeinsam Kräfte entdecken – Empowerment als kompetenz-orientierter Ansatz einer zukünftigen psychosozialen Arbeit. In: Lenz, A., Stark, W. (Hrsg.): *Empowerment. Neue Perspektiven für psychosoziale Praxis und Organisation*. Tübingen: dgvt, S. 55–76.
Staub-Bernasconi, S. (1994): Soziale Probleme – Soziale Berufe – Soziale Praxis. In: Heiner, M. (Hrsg.): *Methodisches Handeln in der Sozialen Arbeit*. Freiburg i. Br.: Lambertus, S. 11–101.

Staub-Bernasconi, S. (1995): *Systemtheorie, soziale Probleme und Soziale Arbeit: lokal national, international oder: Vom Ende der Bescheidenheit.* Stuttgart, Wien: Haupt.
Staub-Bernasconi, S. (2002): Soziale Arbeit und Soziale Probleme. In: Thole, W. (Hrsg.): *Grundriss Soziale Arbeit. Ein einführendes Handbuch.* Opladen: Leske und Budrich, S. 267–282.
Staub-Bernasconi, S. (2007): Vom beruflichen Doppel- zum professionellen Tripelmandat. Wissenschaft und Menschenrechte als Begründungsbasis der Profession Sozialen Arbeit. In: *Sozialarbeit in Österreich*, 2, S. 8–17.
Staub-Bernasconi, S. (2007a): *Soziale Arbeit als Handlungswissenschaft. Systemtheoretische Grundlagen und professionelle Praxis. Lehrbuch.* Bern, Stuttgart, Wien: Haupt.
Stauber, B. (2011): These aus identitätskritischer Perspektive. In: Thiersch, H., Treptow, R. (Hrsg.): *Zur Identität der Sozialen Arbeit. Positionen und Differenzen in Theorie und Praxis.* Lahnstein: Verlag Neue Praxis, S. 108–111.
Steckmann, U. (2010): Autonomie, Adaptivität und das Paternalismusproblem – Perspektiven des Capability Approach. In: Otto, H. U., Ziegler, H. (Hrsg.): *Capabilities. Handlungsbefähigung und Verwirklichungschancen in der Erziehungswissenschaft.* 2. Aufl. Wiesbaden: VS Verlag für Sozialwissenschaften, S. 90–115.
Steinacker, S. (2013): Kritik um „68" – Akteure, Konzepte und Wirkungen kritischer Sozialer Arbeit seit den ausgehenden sechziger Jahren. In: Hünersdorf, B., Hartmann, J. (Hrsg.): *Was ist und wozu betreiben wir Kritik in der Sozialen Arbeit?* Wiesbaden: Springer Fachmedien, S. 33–49.
Sticher-Gil, B. (1997): Zum Gegenstand der Sozialarbeitsforschung. Klärungen unter Bezugnahme auf die dargestellten Forschungsprojekte. In: Steinert, E. et al. (Hrsg.): *Sozialarbeitsforschung. Was sie ist und leistet.* Freiburg i. Br.: Lambertus, S. 155–174.
Stimmer, F. (2012): *Grundlagen des methodischen Handelns in der Sozialen Arbeit.* Stuttgart: Kohlhammer.
Stöcker-Zafari, H. (2011): Soziale Arbeit mit Migrantenfamilien. In: Bieker, R., Floerecke, P. (Hrsg.): *Träger, Arbeitsfelder und Zielgruppen der Sozialen Arbeit.* Stuttgart: Kohlhammer, S. 233–245.
Stoll, B. (2013): *Betriebliche Sozialarbeit: Aufgaben und Bedeutung.* 2. Aufl. Regensburg: Walhalla.
Straßburger, G. (2009): Sozialraumorientierte interkulturelle Arbeit. In: sozialraum.de (1) Ausgabe 1/2009. Abrufbar unter: http://www.sozialraum.de/sozialraumorientierte-interkulturelle-arbeit.php (Zugriff vom 29.10.2015).
Straub, U. (2006): Jenseits der Mobilität. Internationalisierung fängt zu Hause an. In: *Sozialmagazin 31*, S. 10–19.
Straub, U. (2006a): Anti-Opressive Social Work als kritische Soziale Arbeit. In: *Widersprüche. Zeitschrift für sozialistische Politik im Bildungs-, Gesundheits- und Sozialbereich* 26, S. 119–125.
Straub, U. (2006b): Anti-Oppressive Practice in der Sozialen Arbeit: Erfahrungsbericht aus Großbritannien. In: *sozialmagazin 31*, S. 24–29.
Struck, N., Schröer, W. (2015): Kinder- und Jugendhilfe. In: Otto, H. U., Thiersch, H. (Hrsg.): *Handbuch Soziale Arbeit. Grundlagen der Sozialarbeit und Sozialpädagogik.* 5., erw. Aufl. München, Basel: Reinhardt, S. 804–814.
Stuckstätte, E. C. (2011): Übergang Schule–Beruf: Soziale Arbeit mit benachteiligten Jugendlichen. In: Bieker, R., Floerecke, P. (Hrsg.): *Träger, Arbeitsfelder und Zielgruppen der Sozialen Arbeit.* Stuttgart: Kohlhammer, S. 175–190.
Stückrath-Taubert, E. (Hrsg.) (1975): *Erziehung zur Befreiung. Volkspädagogik in Lateinamerika.* Reinbek bei Hamburg: Rowohlt.
Stumpp, G. et al. (2009): *Wirkungseffekte Mobiler Jugendarbeit in Stuttgart (WIMO). Eine empirische Studie.* Tübingen: Institut für Erziehungswissenschaften.

Suchert, V. et al. (2013): Die Vorhersage des erstmaligen Binge Drinking bei Jugendlichen. Abruf unter: http://www.ift-nord.de/forschung (Zugriff vom 10.10.2015).
Sutton, C. (1994): *Social Work, Community Work and Psychology*. Leicester: BPS.
SVR (2014): Diskriminierung am Ausbildungsmarkt. Ausmaß, Ursachen und Handlungsperspektive. Hrsg. vom Sachverständigenrat Deutscher Stiftungen. Berlin: SVR. Abrufbar unter: http://www.svr-migration.de/wp-content/uploads/2014/11/SVR-FB_Diskriminierung-am-Ausbildungsmarkt.pdf (Zugriff vom 31.12.2015).
Sydow, K. v. (2015): *Systemische Therapie*. München: Reinhardt.
Tangenberg, K. M. (2005): Faith-Based Human Services Initiatives: Considerations for Social Work Practice and Theory. In: *Social Work 50*, pp. 197–206.
Tausch, R., Tausch, A. (1998): *Erziehungspsychologie*. Göttingen, Toronto, Zürich: Hogrefe.
Thiele, C. (2002): *Zur Rezeption des Empowerment-Ansatzes in Deutschland, England und den USA – Ein Vergleich*. Eichstätt: Institut für vergleichende Sozialarbeitswissenschaft und interkulturelle/internationale Sozialarbeit (ISIS).
Thiersch, H. (1978): Alltagshandeln und Sozialpädagogik. In: *Neue Praxis 8*, S. 6–25.
Thiersch, H. (1986): *Die Erfahrung der Wirklichkeit. Perspektiven einer alltagsorientierten Sozialpädagogik*. Weinheim, München: Juventa.
Thiersch, H. (1996): Sozialarbeitswissenschaft: Neue Herausforderung oder Altbekanntes? In: Merten, R. (Hrsg.): *Sozialarbeitswissenschaft – Kontroversen und Perspektiven*. Neuwied, Berlin, Kriftel: Luchterhand, S. 1–19.
Thiersch, H. (2001): Der Beitrag der Sozialarbeit für die Gestaltung des Sozialen. Ein Resümee. In: Lange, D./Fritz, K. (Hrsg.): *Soziale Fragen – Soziale Antworten. Die Verantwortung der Sozialarbeit für die Gestaltung des Sozialen. Verhandlungen des 3. Bundeskongresses Sozialarbeit*. Neuwied, Kriftel: Luchterhand. S. 15–21.
Thiersch, H. (Hrsg.) (2002): *Positionsbestimmungen der Sozialen Arbeit. Gesellschaftspolitik, Theorie und Ausbildung*. Weinheim, München: Juventa.
Thiersch, H. (2002a): Lebensweltorientierte Soziale Arbeit und Forschung. In: Thiersch, H. (Hrsg.): *Positionsbestimmungen der Sozialen Arbeit. Gesellschaftspolitik, Theorie und Ausbildung*. Weinheim, München: Juventa, S. 167–176.
Thiersch, H. (2007): Lebensweltorientierte Beratung. In Nestmann, F. et al. (Hrsg.): *Das Handbuch der Beratung Band 2: Ansätze, Methoden und Felder*. Tübingen: dgvt, S. 699–709.
Thiersch, H. (2012): *Lebensweltorientierte Soziale Arbeit. Aufgaben der Praxis im sozialen Wandel*. 8. Aufl. Weinheim, München: Juventa.
Thiersch, H. (2015): Berufsidentität und Lebensweltorientierte Soziale Arbeit. Essayistische Überlegungen zur Frage nach der Berufsidentität. In: Becker-Lenz, R. et al. (Hrsg.): *Bedrohte Professionalität. Einschränkungen und aktuelle Herausforderungen für die soziale Arbeit*. Wiesbaden: Springer VS, S. 43–61.
Thiersch, H. et al. (2002): Lebensweltorientierte Soziale Arbeit. In: Thole, W. (Hrsg.): *Grundriss Soziale Arbeit. Ein einführendes Handbuch*. 2., überarb. und aktualisierte Aufl. Wiesbaden: VS Verlag für Sozialwissenschaften, S. 161–177.
Thiersch, R. (2015): Kindertagesbetreuung – Frühpädagogik. In: Otto, H. U., Thiersch, H. (Hrsg.): *Handbuch Soziale Arbeit. Grundlagen der Sozialarbeit und Sozialpädagogik*. 5., erw. Aufl. München, Basel: Reinhardt, S. 815–829.
Thole, W. (Hrsg.) (2012): *Grundriss Soziale Arbeit. Ein einführendes Handbuch*. 4. Aufl. Wiesbaden: VS Verlag für Sozialwissenschaften.
Thole, W., Cloos, P. (2000): Nimbus und Habitus Überlegungen zum sozialpädagogischen Professionalisierungsprojekt. In: Homfeldt, H.-G., Schulze-Krüdener, J. (Hrsg.): *Wissen und Nichtwissen. Herausforderungen für die Soziale Arbeit in der Wissensgesellschaft*. Weinheim, Basel: Juventa, S. 277–297.
Thompson, N. (1993): *Anti-Discriminatory Practice*. London: Macmillan.

Tippelt, R. (2010): *Handbuch Erwachsenenbildung/Weiterbildung.* 5. Aufl. Wiesbaden: VS Verlag für Sozialwissenschaften.

Trede, W. (2011): Stationäre Erziehungshilfen. In: Bieker, R., Floerecke, P. (Hrsg.): *Träger, Arbeitsfelder und Zielgruppen der Sozialen Arbeit.* Stuttgart: Kohlhammer, S. 121–134.

Treichler, A. (2004): Wi(e)der Fremdenfeindlichkeit und Rassismus – Europäische Grundlagen und menschenrechtliche Perspektiven der Antidiskriminierungsarbeit. In: Treichler, A., Cyrus, N. (Hrsg.): *Handbuch Soziale Arbeit in der Einwanderungsgesellschaft.* Frankfurt a. M.: Brandes & Apsel, S. 71–98.

Uhlendorff, U. (1997): Sozialpädagogisch-hermeneutische Diagnosen und Hilfeplanung. In: Jakob, G., Wensierski, H. J. v. (Hrsg.): *Rekonstruktive Sozialpädagogik. Konzepte und Methoden sozialpädagogischen Verstehens in Forschung und Praxis.* Weinheim: Juventa, S. 255–270.

Uhlendorff, U. (2002): *Geschichte des Jugendamtes. Entwicklungslinien öffentlicher Jugendhilfe 1871 bis 1929.* Weinheim, München. Beltz Juventa.

Unger, H. v. (2014): *Partizipative Forschung.* Wiesbaden: Springer VS.

Vetter, C. (2013): Akademisierung als Qualifizierung zum beruflichen Handeln. Das Beispiel Elementarpädagogik im Studiengang Soziale Arbeit. In: Moch, M. et al. (Hrsg.): *Berufseinstieg in die Soziale Arbeit.* Ibbenbüren: Münstermann, S. 50–62.

Völzke, R. (1997): Biographisches Erzählen im beruflichen Alltag. In: Jakob, G., Wensierski, H. J. v. (Hrsg.): *Rekonstruktive Sozialpädagogik. Konzepte und Methoden sozialpädagogischen Verstehens in Forschung und Praxis.* Weinheim: Juventa, S. 271–285.

Wagner, G. G., Huschka, D. (2012): Datenverfügbarkeit reicht nicht, um Replikationsstudien zur Routine zu machen! Abrufbar unter: http://www.ratswd.de/download/RatSWD_WP_2012/RatSWD_WP_194.pdf (Zugriff vom 28.10.2015).

Wahl, W. (o. J.): Rekonstruktion alltäglicher Lebenswelt. Beiträge zur Kritik und Fundierung eines sozialarbeitswissenschaftlichen Lebenswelt-Begriffs. Abrufbar unter: http://www.webnetwork-nordwest.de/dokumente /lebenswelt.pdf (Zugriff vom 30.12.2015).

Waterkamp, D. (2006): *Vergleichende Erziehungswissenschaft. Ein Lehrbuch.* Münster, New York, München, Berlin: Waxmann.

Watzlawick, P. et al. (1996): *Menschliche Kommunikation.* Bern, Stuttgart, Toronto: Huber.

Watzlawick, P., Weakland, J. H. (Hrsg.) (1990): *Interaktion.* München, Zürich: Piper.

Wehner, T., Güntert, S. T. (Hrsg.) (2015): *Psychologie der Freiwilligenarbeit. Motivation, Gestaltung und Organisation.* Berlin, Heidelberg: Springer.

Wehner, T. et al. (2015): Frei-gemeinnützige Tätigkeit: Freiwilligenarbeit als Forschungs- und Gestaltungsfeld der Arbeits- und Organisationspsychologie. In: Wehner, T., Güntert, S. T. (Hrsg.): *Psychologie der Freiwilligenarbeit. Motivation, Gestaltung und Organisation.* Berlin, Heidelberg: Springer, S. 3–22.

Weiß, B., Wagner. M. (2008): Potentiale und Probleme von Meta-Analysen in der Soziologie. In: *Sozialer Fortschritt* 57, S. 250–255.

Welsch, W. (1996): *Vernunft. Die zeitgenössische Vernunftkritik und das Konzept der transversalen Vernunft.* Frankfurt a. M.: Suhrkamp.

Wendelin, H. (2010): *Intensivpädagogische Erziehungshilfen im Ausland. Strukturen, Prozesse und Rahmenbedingungen.* Dissertation. Universität Siegen.

Wendt, W. F. (2013): *Sozialwirtschaft. Ein Brevier ihrer Lehre.* Freiburg i. Br.: Centaurus.

Wendt, W. R. (1982): *Ökologie und Soziale Arbeit.* Stuttgart: Enke.

Wendt, W. R. (1990): *Ökosozial denken und handeln. Grundlagen und Anwendungen in der Sozialarbeit.* Freiburg i. Br.: Lambertus.

Wendt, W. R. (Hrsg.) (1995): *Unterstützung fallweise. Case Management in der Sozialarbeit.* 2., erw. Aufl. Freiburg i. Br.: Lambertus.

Wendt, W. R. (2005): Maßgaben für eine gute Praxis: die Evidenzbasierung Sozialer Arbeit. In: *Blätter der Wohlfahrtspflege* 152, S. 168–173.

Wendt, W. R. (2008): *Geschichte der Sozialen Arbeit. Band 1: Die Gesellschaft vor der sozialen Frage.* 5. Aufl. Stuttgart: Lucius & Lucius UTB.
Wendt, W. R. (2008a): *Geschichte der Sozialen Arbeit. Band 2: Die Profession im Wandel ihrer Verhältnisse.* 5. Aufl. Stuttgart: Lucius & Lucius UTB.
Wendt, W. R. (2010): *Das ökosoziale Prinzip. Soziale Arbeit, ökologisch verstanden.* Freiburg i. Br.: Lambertus.
Wensierski, H. J. v. (Hrsg.) (2008): *Praxisfelder der Sozialen Arbeit. Eine Einführung.* 4., aktualisierte Aufl. Weinheim, München: Juventa.
Werner, S. (2014): *Konfrontative Gewaltprävention. Pädagogische Formen der Gewaltbehandlung.* Weinheim, München: Beltz Juventa.
Westebbe, A., Logan, S. (1995): *Corporate Citizenship. Unternehmen im gesellschaftlichen Dialog.* Wiesbaden: Gabler.
Widulle, Wolfgang (2009): *Handlungsorientiert Lernen im Studium. Arbeitsbuch für soziale und pädagogische Berufe.* Wiesbaden: VS Verlag für Sozialwissenschaften.
Willberg, H.-A. (2015): *Lehrbuch Kognitive Seelsorge II. Neuropsychologie, Ätiologie, Diagnostik und Beratungsstruktur.* Norderstedt: Books on Demand.
Willke, H. (1987): Strategien der Intervention in autonome Systeme. In: Baecker, D. et al. (Hrsg.): *Theorie als Passion. Niklas Luhmann zum 60. Geburtstag.* Frankfurt a. M.: Suhrkamp, S. 333–361.
Willke, H. (1988): Systemtheoretische Grundlagen des therapeutischen Eingriffs in autonome Systeme. In: Reiter, L. (Hrsg.): *Von der Familientherapie zur systemischen Perspektive.* Berlin, Heidelberg: Springer, S. 41–50.
Willke, H. (1993): *Systemtheorie.* 4. Aufl. Stuttgart, Jena: Fischer.
Winkler, M (1988): *Eine Theorie der Sozialpädagogik.* Stuttgart: Klett-Cotta.
Wöhrle, A. (2015): Sozialmanagement. In: Otto, H. U., Thiersch, H. (Hrsg.): *Handbuch Soziale Arbeit. Grundlagen der Sozialarbeit und Sozialpädagogik.* 5., erw. Aufl. München, Basel: Reinhardt, S. 1562–1570.
Zacher, H. F. (1992): Stand und Perspektiven der Forschung und Lehre auf dem Gebiet der Sozialarbeit, insbesondere im Rahmen kirchlicher Fachhochschulen. In: Deutscher Verein für öffentliche und private Fürsorge (Hrsg.): *Sozialpolitik und Wissenschaft. Positionen zur Theorie und Praxis der sozialen Hilfen.* Frankfurt a. M.: Deutscher Verein für öffentliche und private Fürsorge, S. 361–379.
Ziegler, H. et al. (2012): Capabilities und Grundgüter als Fundament einer sozialpädagogischen Gerechtigkeitsperspektive. In: Thole, W. (Hrsg.): *Grundriss Soziale Arbeit. Ein einführendes Handbuch.* 4. Aufl. Wiesbaden: VS Verlag für Sozialwissenschaften, S. 297–310.
Zippel, Christian (2009): *Soziale Arbeit für alte Menschen. Ein Handbuch für die berufliche Praxis.* Frankfurt a. M.: Mabuse.
Züchner, I. (2007): *Aufstieg im Schatten des Wohlfahrtsstaates. Expansion und aktuelle Lage der Sozialen Arbeit im internationalen Vergleich.* Weinheim, München: Juventa.

Abbildungsverzeichnis

Abb. 1:	Soziale Arbeit als Praxis, Profession, Wissenschaft und Studium	13
Abb. 2:	Soziale Arbeit als Intervention, Prävention und Gesellschaftskritik	28
Abb. 3:	Unterschiedliche Funktionsbeschreibungen der Sozialen Arbeit	33
Abb. 4:	Arbeitsfelder, Angebotsformen und Methoden der Kinder- und Jugendhilfe	38
Abb. 5:	Arbeitsfelder, Angebotsformen und Methoden der Erziehungs- und Familienhilfe	40
Abb. 6:	Arbeitsfelder, Angebotsformen und Methoden der Erwachsenenbildung	42
Abb. 7:	Arbeitsfelder, Angebotsformen und Methoden der Altenhilfe	44
Abb. 8:	Arbeitsfelder, Angebotsformen, Methoden der Gefährdetenhilfe/Resozialisierung	46
Abb. 9:	Arbeitsfelder, Angebotsformen, Methoden im Bereich Gesundheit/Rehabilitation	48
Abb. 10:	Arbeitsfelder, Angebotsformen, Methoden im Bereich Armut und Ausgrenzung	51
Abb. 11:	Darstellung im Bereich Interkulturelle/Internationale Sozialer Arbeit	53
Abb. 12:	Arbeitsfelder, Angebote, Methoden der Sozialraumorientierten Sozialen Arbeit	55
Abb. 13:	Arbeitsfelder, Angebotsformen und Methoden der Sozialwirtschaft	57
Abb. 14:	Wichtige Kompetenzbereiche in der Sozialen Arbeit	61
Abb. 15:	Der ASPIRE-Prozess	65
Abb. 16:	Sozialarbeiterisches Handeln als Problemlösungsprozess	67
Abb. 17:	Matrix sozialpädagogischer Fallarbeit	72
Abb. 18:	Arbeitsebenen, Arbeitsprinzipien und Arbeitsschritte	73
Abb. 19:	Methodisches Handeln im Rahmen von vier Einflussgrößen	77
Abb. 20:	Handlungsbereiche und Planungstypen	79
Abb. 21:	Prozessbezogene und bereichsbezogene Kompetenzmuster	82
Abb. 22:	Arbeitsprinzipien, Handlungskompetenzen, Handlungstypen, Wissensbausteine	84
Abb. 23:	Soziale Arbeit als organisiertes Handeln im Wohlfahrtsstaat	88
Abb. 24:	Die verschiedenen Elemente im Welfare Mix	90
Abb. 25:	Grundzüge der ISO 9001	102
Abb. 26:	Konzeptionelles Management	105
Abb. 27:	Schritte bei der Reflexion konkreten Handelns	115
Abb. 28:	Der PDCA-Zyklus	116
Abb. 29:	Die sich beratende Praxis	117
Abb. 30:	Von der externen Beobachtung zur sich vergewissernden Praxis	118
Abb. 31:	Differenz zwischen Wissenschaft und Praxis	150
Abb. 32:	The fields of history of ideas in social work	162
Abb. 33:	Die Sozialarbeitswissenschaft und ihre Bezugsdisziplinen	165

Abb. 34: Dreischritt einer logischen Erklärung	178
Abb. 35: Grundelemente sozialarbeiterischer Professionskompetenz	187
Abb. 36: Theoretisch-empirische Grundlagen des Fallverstehens in der Sozialarbeit	187
Abb. 37: Maxime der Sozialraumorientierung	195
Abb. 38: Zeitpunkte der Präventionsarbeit	203
Abb. 39: Zielgruppen und Prävention	204
Abb. 40: Die Problemkarte	225
Abb. 41: Der Doppelfokus der Sozialen Arbeit	230
Abb. 42: Wissensformen und die fünf Phasen einer rationalen Handlung	235
Abb. 43: Das „Tripelmandat" der Sozialen Arbeit	238
Abb. 44: Phasen und Ziele professionellen Handelns	254
Abb. 45: Cognitive behavioural social work	263
Abb. 46: „4M" zur Einschätzung der Gegenseite	304
Abb. 47: Zentrale Aspekte der Fallstudien	382
Abb. 48: Ziele im Bachelorstudiengang	409
Abb. 49: Ziele im Masterstudiengang	410
Abb. 50: Ziele im Promotionsstudiengang	412
Abb. 51: Zugangsmöglichkeiten und Studienverläufe	413
Abb. 52: Exemplarischer Ablauf eines Forschungsprozesses	434
Abb. 53: Unterschiedliche Professionalisierungskonzepte	454

Peter Erath

Sozialarbeit in Europa

Fachliche Dialoge und transnationale Entwicklungen

2011. 250 Seiten. Kart.
€ 29,90
ISBN 978-3-17-021814-7

In der deutschen Sozialarbeit war bislang die wissenschaftliche Reflexion eng national eingehegt. Ein Blick nach Europa über den deutschsprachigen Zaun hinweg fand kaum statt. Dabei bieten Theorien und Praxen aus anderen Ländern bei näherer Betrachtung überraschende Einsichten und zeigen alternative praktische Lösungen für die Probleme der Sozialarbeit auf. Die einzelnen nationalen Praxen lassen sich aufgrund ähnlicher Rahmenbedingungen (Modernisierung, Individualisierung, Ökonomisierung Europas, europäische Gemeinschaft) als gesellschaftliche Antworten auf ähnliche Fragen aufeinander beziehen, miteinander vergleichen und auf ihre Relevanz hin diskutieren.
Im Mittelpunkt des Buches steht also die Frage, was die Sozialarbeit in Deutschland von Europa lernen kann. Das Buch liefert dafür nicht zuletzt einen Überblick über Beispiele von Best Practice, aber auch Bad Practice, über vorbildliche und weniger nachahmenswerte nationale Strategien und Praxen Sozialer Arbeit.

Prof. Dr. Peter Erath lehrt Theorien der Sozialen Arbeit und Pädagogik an der Fakultät für Soziale Arbeit der Katholischen Universität Eichstätt-Ingolstadt.

W. Kohlhammer GmbH
70549 Stuttgart
vertrieb@kohlhammer.de

Franz Stimmer
Harald Ansen

Beratung in psychosozialen Arbeitsfeldern

Grundlagen – Prinzipien – Prozess

2016. 402 Seiten. Kart.
€ 49,-
ISBN 978-3-17-021143-8

Beratung ist in der modernen Gesellschaft mit ihren Unsicherheiten ein Angebot, das in alle Lebensbereiche Eingang gefunden hat. Eine hohe Beratungsnachfrage hat ein wachsendes Beratungsangebot nach sich gezogen, das alle Lebensalter und alle Lebenslagen umfasst. In dem Lehrbuch wird eine übergreifende Systematik entwickelt, die der Orientierung in einem zunehmend unübersichtlichen Feld dient. Ebenso bunt wie die Anlässe ist die Vielfalt der Beratungsansätze. Grundlage des Buches bildet ein Beratungsmodell, in dem Theorien, Definitionen, begriffliche Abgrenzungen, Prozesse, Methoden sowie rechtliche Fragen differenziert systematisiert sind. Die verschiedenen Beratungsformen werden auf der Grundlage dieses Modells vorgestellt. Praxisbeispiele illustrieren die jeweiligen Beschreibungen.

Prof. Dr. Franz Stimmer lehrte an der Leuphana Universität Lüneburg mit dem Schwerpunkt Methodenlehre und Beratung.
Prof. Dr. Harald Ansen lehrt an der Hochschule für Angewandte Wissenschaften Hamburg mit dem Schwerpunkt Theorien und Methoden der Sozialen Arbeit.

W. Kohlhammer GmbH
70549 Stuttgart
vertrieb@kohlhammer.de